VADE MECUM de Legislação PGE/RJ

Caio Vinicius Sousa e Souza
Alan de Oliveira Dantas Cruz
Eloise Moreira Campos Monteiro Barreto

VADE MECUM de Legislação PGE/RJ

2021

EDITORA *Jus*PODIVM
www.editorajuspodivm.com.br

EDITORA *Jus*PODIVM
www.editorajuspodivm.com.br

Rua Território Rio Branco, 87 – Pituba – CEP: 41830-530 – Salvador – Bahia
Tel: (71) 3045.9051
• Contato: https://www.editorajuspodivm.com.br/sac

Copyright: Edições *Jus*PODIVM

Capa: Ana Caquetti

V123 Vade Mecum de legislação – PGE/RJ / autores Caio Vinicius Sousa e Souza, Alan de Oliveira Dantas Cruz, Eloise Moreira Campos Monteiro Barreto – Salvador: Editora JusPodivm, 2021.
1.056 p.

Inclui índices.
ISBN 978-65-5680-381-4.

1. Procuradoria Geral do Estado. 2.Vade Mecum. 3. Serviço Público - Concursos. I. Souza, Caio Vinicius Sousa e. II. Cruz, Alan de Oliveira Dantas. III. Barreto, Eloise Moreira Campos Monteiro. IV. Título.

CDD 340.06081

ÍNDICE CRONOLÓGICO

ÍNDICE ALFABÉTICO-REMISSIVO GERAL

A

I

IMPOSTOS

- *Impostos do Estado - art. 199, CE*
- *Impostos dos Municípios - art. 200, CE*
- *Imposto Sobre Circulação de Mercadorias (ICMS) - arts. 4º a 70 do Decreto-Lei 5/1975 (Código Tributário Estadual)*
- *Imposto Sobre Circulação de Mercadorias (ICMS) - Lei 2.657/1996*
- *Imposto Sobre Circulação de Mercadorias (ICMS) - Serviço de transporte rodoviário intermunicipal de passageiros - Lei 2.778/1997*
- *Imposto Sobre a Propriedade de Veículos Automotores (IPVA) - Lei 2.877/1997*
- *Imposto Sobre a Propriedade de Veículos Automotores (IPVA) - Autorização de compensação de dívidas de IPVA com créditos de salários atrasados de servidores - Lei 7.725/2017*
- *Imposto Sobre a Propriedade de Veículos Automotores (IPVA) - Vedação de cobrança após a comunicação de venda do veículo - Lei 8.002/2018*
- *Imposto Sobre a Transmissão Causa Mortis e Doações (ITD) - Lei 7.174/2015*
- *Imposto Sobre a Transmissão de Bens Imóveis e de Direitos - arts. 71 a 103 do Decreto-Lei 5/1975 (Código Tributário Estadual)*

J

JUDICIÁRIO

- *Disposições gerais - arts. 151 a 157, CE*
- *Competência dos Tribunais - arts. 158 a 159, CE*
- *Tribunal de Justiça - arts. 160 a 162, CE*
- *Juízes de Direito - arts. 164 e 165, CE*
- *Justiça Militar - art. 166, CE*
- *Justiça de Paz - art. 168, CE*
- *Juizado de Execuções Penais - art. 169, CE*
- *Juizados Especiais Cíveis e Criminais na Justiça do Estado do Rio de Janeiro - Lei 2.556/1996*

L

LICITAÇÕES

- *Licitações - Decreto 3.149/1980*
- *Licitações e Contratos Administrativos no RJ - arts. 212 a 247, Lei 287/1979*

LEIS

- *Iniciativa - arts. 112 a 118, CE*
- *Iniciativa popular - arts. 119 e 120, CE*

M

MEIO AMBIENTE

- *Normas gerais - arts. 261 a 282, CE*
- *Comissão Estadual de Controle Ambiental (CECA) - Resolução SEMA nº 130/1996*
- *Estudos de Impacto Ambiental - Lei nº 1.356/1988*
- *Instituto Estadual do Ambiente (INEA) - Lei nº 5.101/2007*
- *Princípio de análise coletiva de EIA/RIMA - Lei nº 3.111/1988*
- *Procuradoria do Patrimônio e do Meio Ambiente - art. 33, Resolução PGE nº 3.968/2016*

N

NACIONALIDADE BRASILEIRA,

- *Inscrição em concurso público - art. 2º, §10, 1, Decreto-Lei no 220/1975*
- *Governador - art. 137, I, CE*

DIREITO CONSTITUCIONAL

CONSTITUIÇÃO DO ESTADO DO RIO DE JANEIRO

(ATUALIZADA ATÉ A EMENDA CONSTITUCIONAL Nº 79, DE 2020)

ÍNDICE

PREÂMBULO

Nós, Deputados Estaduais Constituintes, no pleno exercício dos poderes outorgados pelo artigo 11 do Ato das Disposições Transitórias da Constituição da República Federativa do Brasil, promulgada em 5 de outubro de 1988, reunidos em Assembléia e exercendo nossos mandatos, em perfeito acordo com a vontade política dos cidadãos deste Estado quanto à necessidade de ser construída uma ordem jurídica democrática, voltada à mais ampla defesa da liberdade e da igualdade de todos os brasileiros, e ainda no intransigente combate à opressão, à discriminação e à exploração do homem pelo homem, dentro dos limites autorizados pelos princípios constitucionais que disciplinam a Federação Brasileira, promulgamos, sob a proteção de Deus, a presente CONSTITUIÇÃO DO ESTADO DO RIO DE JANEIRO

TÍTULO I
DOS PRINCÍPIOS FUNDAMENTAIS

Art. 1º. O povo é o sujeito da Vida Política e da História do Estado do Rio de Janeiro.

Art. 2º. Todo o poder emana do povo, que o exerce por meio de representantes eleitos ou diretamente, nos termos desta Constituição.

Art. 3º. A soberania popular, que se manifesta quando a todos são asseguradas condições dignas de existência, será exercida:

I - pelo sufrágio universal e pelo voto direto e secreto com valor igual para todos;

II - pelo plebiscito;

III - pelo referendo;

IV - pela iniciativa popular do processo legislativo.

Art. 4º. O Estado do Rio de Janeiro é o instrumento e a mediação da soberania do povo fluminense e de sua forma individual de expressão, a cidadania.

Art. 5º. O Estado do Rio de Janeiro, integrante, com seus municípios, da República Federativa do Brasil, proclama e se compromete a assegurar em seu território os valores que fundamentam a existência e a organização do Estado Brasileiro, quais sejam: além da soberania da Nação e de seu povo, a dignidade da pessoa humana, os valores sociais do trabalho e da livre iniciativa, o pluralismo político; tudo em prol do regime democrático, de uma sociedade livre, justa e solidária, isenta do arbítrio e de preconceitos de qualquer espécie.

Art. 6º. O Estado do Rio de Janeiro rege-se por esta Constituição e pelas leis que adotar, observados os princípios constitucionais da República Federativa do Brasil.

Art. 7º. São Poderes do Estado, independentes e harmônicos entre si, o Legislativo, o Executivo e o Judiciário.

TÍTULO II
DOS DIREITOS E GARANTIAS FUNDAMENTAIS

Capítulo I
DOS DIREITOS E DEVERES INDIVIDUAIS E COLETIVOS

Art. 8º - Todos têm o direito de viver com dignidade.

Parágrafo único. É dever do Estado garantir a todos uma qualidade de vida compatível com a dignidade da pessoa humana, assegurando a educação, os serviços de saúde, a alimentação, a habitação, o transporte, o saneamento básico, o suprimento energético, a drenagem, o trabalho remunerado, o lazer, as atividades econômicas e a acessibilidade, devendo as dotações orçamentárias contemplar preferencialmente tais atividades, segundo planos e programas de governo. (Nova redação dada pela Emenda Constitucional nº 51/2011)

Art. 9º - O Estado do Rio de Janeiro garantirá, através de lei e dos demais atos dos seus órgãos e agentes, a imediata e plena efetividade dos direitos e garantias individuais e coletivos, mencionados na Constituição da República, bem como de quaisquer outros decorrentes do regime e dos princípios que ela adota e daqueles constantes dos tratados internacionais firmados pela República Federativa do Brasil.

§ 1º - Ninguém será discriminado, prejudicado ou privilegiado em razão de nascimento, idade, etnia, raça, cor, sexo, estado civil, trabalho rural ou urbano, religião, convicções políticas ou filosóficas, deficiência física ou mental, por ter cumprido pena nem por qualquer particularidade ou condição.

§ 2º - O Estado e os Municípios estabelecerão sanções de natureza administrativa, econômica e financeira a quem incorrer em qualquer tipo de discriminação, independentemente das sanções criminais previstas em lei.

§ 3º - Serão proibidas as diferenças salariais para trabalho igual, assim como critérios de admissão e estabilidade profissional discriminatórios por quaisquer dos motivos previstos no § 1º e atendidas as qualificações das profissões estabelecidas em lei.

§ 4º - A todos, no âmbito judicial e administrativo, são assegurados a razoável duração do processo e os meios que garantam a celeridade de sua tramitação. (Acrescentado pela Emenda Constitucional nº 37, de 31 de maio de 2006.)

Art. 10. As omissões do Poder Público na esfera administrativa, que tornem inviável o exercício dos direitos constitucionais, serão supridas, no prazo fixado em lei, sob pena de responsabilidade da autoridade competente, após requerimento do interessado, sem prejuízo da utilização do mandado de injunção, da ação de inconstitucionalidade e demais medidas judiciais.

Art. 11. Qualquer cidadão é parte legítima para propor ação popular que vise anular ato lesivo ao patrimônio público ou de entidade na qual o Estado participe, à moralidade administrativa, ao meio ambiente e ao patrimônio histórico e cultural, ficando o autor, salvo comprovada má fé, isento de custas judiciais e do ônus da sucumbência.

Art. 12. São assegurados a todos, independentemente do pagamento de taxas, emolumentos ou de garantia de instância, os seguintes direitos:

I - de petição e representação aos Poderes Públicos em defesa de direitos ou para coibir ilegalidade ou abuso de poder;

II - da obtenção de certidões em repartições públicas para a defesa de direitos e esclarecimentos de situações de interesse pessoal.

Art. 13. São gratuitos para os que percebem até 1 (um) salário mínimo, os desempregados e para os reconhecidamente pobres, na forma da lei:

I - o registro civil de nascimento e respectiva certidão;

II - o registro e a certidão de óbito;

III - a expedição de cédula de identidade individual;

IV - a celebração do casamento civil e a respectiva certidão;

V - o sepultamento e os procedimentos a ele necessários, inclusive o fornecimento de esquife pelo concessionário de serviço funerário. (Inciso declarado inconstitucional por decisão do STF na ADIN 1221-5)

Art. 14. É garantida, na forma da lei, a gratuidade dos serviços públicos estaduais de transporte coletivo, mediante passe especial, expedido à vista de comprovante de serviço de saúde oficial, a pessoa portadora:

I - de doença crônica, que exija tratamento continuado e cuja interrupção possa acarretar risco de vida;

II - de deficiência com reconhecida dificuldade de locomoção.

Art. 15. São gratuitas as ações de habeas corpus e habeas data e, na forma da lei, os atos necessários ao exercício da cidadania.

Art. 16. Os procedimentos administrativos respeitarão a igualdade entre os administrados e o devido processo legal, especialmente quanto à exigência da publicidade, do contraditório, da ampla defesa, da moralidade e da motivação suficiente.

Art. 17. Ao jurisdicionado é assegurada a preferência no julgamento da ação de inconstitucionalidade, do habeas corpus, do mandado de segurança individual ou coletivo, do habeas data, do mandado de injunção, da ação popular, da ação indenizatória por erro judiciário e da ação de alimentos.

Art. 18. Ninguém será discriminado ou, de qualquer forma, prejudicado pelo fato de haver litigado ou estar litigando com os órgãos estaduais nas esferas administrativa ou judicial.

Art. 19. Todos têm direito de receber, no prazo fixado em lei, informações objetivas, de interesse particular, coletivo ou geral, acerca dos atos e projetos do Estado e dos Municípios, bem como dos respectivos órgãos da administração pública direta ou indireta.

Art. 20. Todos têm direito de tomar conhecimento gratuitamente do que constar a seu respeito nos registros ou bancos de dados públicos, estaduais e municipais, bem como do fim a que se destinam essas informações, podendo exigir, a qualquer tempo, a retificação e atualização das mesmas.

§ 1º – O habeas data poderá ser impetrado em face do registro ou banco de dados ou cadastro de entidades públicas ou de caráter público.

§ 2º – Os bancos de dados no âmbito do Estado ficam obrigados, sob pena de responsabilidade, a averbar gratuitamente as baixas das anotações em seus registros, compilados das mesmas fontes, que originaram a anotação.

Art. 21. Não poderão ser objeto de registro os dados referentes a convicções filosófica, política e religiosa, a filiação partidária e sindical, nem os que digam respeito à vida privada e à intimidade pessoal, salvo quando se tratar de processamento estatístico, não individualizado.

Art. 22. São invioláveis a intimidade, a vida privada, a honra e a imagem das pessoas, assegurado o direito de resposta proporcional ao agravo, além da indenização pelo dano material ou moral decorrente da violação de qualquer daqueles direitos.

§ 1º – É inviolável a liberdade de consciência e de crença, sendo assegurado o livre exercício dos cultos religiosos e garantida, na forma da lei, a proteção dos locais de culto, suas liturgias e seguidores.

§ 2º – Não serão admitidas a pregação da intolerância religiosa ou a difusão de preconceitos de qualquer espécie.

§ 3º – São invioláveis as sedes de entidades associativas, ressalvados os casos previstos em lei.

Art. 23. Todos podem reunir-se pacificamente, sem armas, em locais abertos, independentemente de autorização, desde que não frustrem outra reunião anteriormente convocada para o mesmo local, sendo exigido apenas prévio aviso à autoridade.

Parágrafo único – A força policial só intervirá para garantir o exercício do direito de reunião e demais liberdades constitucionais, bem como para a defesa da segurança pessoal e do patrimônio público e privado, cabendo responsabilidade pelos excessos que cometer.

Art. 24. A tortura, o tráfico ilícito de entorpecentes e drogas afins, o terrorismo e os crimes definidos como hediondos serão objeto de prioritária prevenção e repressão pelos órgãos estaduais e municipais competentes, sem prejuízo da responsabilidade penal e cível, nos termos do artigo 5º, XLIII, da Constituição da República.

Parágrafo único – Nos crimes de que trata este artigo, cabe ao Estado implementar um programa de proteção às testemunhas. (Parágrafo único acrescentado pelo artigo 1º da Emenda Constitucional nº 08, de 02 de junho de 1998.)

Art. 25. Aos litigantes e aos acusados em processo administrativo ou judicial, o Poder Público garantirá o contraditório e ampla defesa, com os meios e recursos a ela inerentes.

Art. 26. O civilmente identificado não será submetido à identificação criminal, salvo nas hipóteses previstas em lei.

Art. 27. O Estado garantirá a dignidade e a integridade física e moral dos presos, facultando-lhes assistência espiritual, assegurando o direito de visita e de encontros íntimos a ambos os sexos, assistência médica e jurídica, aprendizado profissionalizante, trabalho produtivo e remunerado, além de acesso a dados relativos ao andamento dos processos em que sejam partes e à execução das respectivas penas.

§ 1º – O estabelecimento prisional destinado a mulheres terá, em local anexo e independente, creche, atendida por pessoal especializado, para menores até a idade de seis anos.

§ 2º – O aprendizado profissionalizante e o trabalho produtivo remunerado serão administrados e exercidos em unidades prisionais, industriais e/ou agrícolas, com lotação carcerária máxima de duzentos homens.

§ 3º – O trabalho do presidiário será remunerado no mesmo padrão do mercado de trabalho livre, considerando-se a natureza do serviço e a qualidade da prestação oferecida.

§ 4º – O salário do presidiário será pago diretamente pelo Estado.

§ 5º – O trabalho desempenhado pelo presidiário será de sua livre escolha, de acordo com as possibilidades do sistema penitenciário do Estado e das conveniências públicas.

§ 6º – Tanto quanto possível, o Estado utilizará o trabalho dos presidiários na produção de bens de consumo e de serviços do próprio Estado.

§ 7º – É lícito aos presidiários optar pelo recolhimento à Previdência Social e ao Fundo de Garantia do Tempo de Serviço para os efeitos da seguridade social, quando voltarem à liberdade ou em proveito dos seus dependentes.

§ 8º – A opção acima prevista e o desempenho de tarefas de trabalho não afetarão o regime disciplinar interno dos presidiários, nem constituirão pretexto para qualquer tipo de favor.

§ 9º – Os princípios estabelecidos neste artigo não poderão superar a garantia de assistência semelhante ao cidadão livre, de baixa renda.

Art. 28. Incorre em falta grave, punível na forma da lei, o responsável por qualquer órgão público, seu preposto ou agente, que impeça ou dificulte, sob qualquer pretexto, a verificação imediata das condições da permanência, alojamento e segurança para os que estejam sob guarda do Estado, por parlamentares federais ou estaduais, autoridades judiciárias, membros do Ministério Público, da Defensoria Pública, representantes credenciados da Ordem dos Advogados do Brasil, ou quaisquer outras autoridades, instituições ou pessoas com tal prerrogativa por força da lei ou de sua função.

Art. 29. Ninguém será preso senão em flagrante delito ou por ordem escrita e fundamentada de autoridade judiciária competente, salvo nos casos de transgressão militar ou crime propriamente militar, definidos em lei.

§ 1º – O preso será informado de seus direitos, entre os quais o de permanecer calado, sendo-lhe assegurada a assistência da família e de advogado.

§ 2º – O preso tem direito à identificação dos responsáveis por sua prisão ou por seu interrogatório policial.

§ 3º – A prisão de qualquer pessoa e o local onde se encontra serão comunicados imediatamente ao juiz competente e à família do preso ou à pessoa por ele indicada.

§ 4º – Todo cidadão, preso por pequeno delito e considerado réu primário, não poderá ocupar celas com presos de alta periculosidade ou já condenados.

Art. 30. O Estado obriga-se, através da Defensoria Pública, a prestar assistência jurídica integral e gratuita aos que comprovarem insuficiência de recursos.

§ 1º – A lei disporá, como função institucional da Defensoria Pública, sobre o atendimento jurídico pleno de mulheres e familiares vítimas de violência, principalmente física e sexual, através da criação de um Centro de Atendimento para Assistência, Apoio e Orientação Jurídica à Mulher.

§ 2º – Comprova-se a insuficiência de recursos com a simples afirmação do assistido, na forma da lei.

Art. 31. A pequena propriedade rural, assim definida em lei, desde que trabalhada pela família, não será objeto de penhora para o pagamento de débitos decorrentes de sua atividade produtiva, dispondo a lei sobre os meios de financiar o seu desenvolvimento.

Art. 32. O Estado deverá garantir o livre acesso de todos os cidadãos às praias, proibindo, nos limites de sua competência, quaisquer edificações particulares sobre as areias.

Art. 33. Para garantia do direito constitucional de atendimento à mulher, vítima de violência, principalmente física e sexual, ficam instituídas as Delegacias Especializadas de Atendimento à Mulher.

§ 1º – O corpo funcional das Delegacias Especializadas de Atendimento à Mulher será composto, preferencialmente, por servidores do sexo feminino, com formação profissional específica.

§ 2º – O Estado providenciará, nos setores técnicos da Polícia Civil, a instalação de serviços especiais de atendimento à mulher, constituídos, preferencialmente, por servidores do sexo feminino.

Art. 34. O Estado garantirá a criação e a manutenção de abrigos para acolhimento provisório de mulheres e crianças, vítimas de violência, bem como auxílio para subsistência, na forma da lei.

Art. 35. O Estado garantirá o direito à auto-regulação da fertilidade como livre decisão da mulher, do homem ou do casal, tanto para procriar como para não o fazer, competindo-lhe, nos diversos níveis administrativos, fornecer os recursos educacionais, científicos e assistenciais para assegurar o exercício daquele direito, vedada qualquer atuação coercitiva ou indutiva de instituições públicas ou privadas.

Art. 36. Observado o princípio fundamental da dignidade da pessoa, a lei disporá que o Sistema Único de Saúde regulará as pesquisas genéticas, e de reprodução em seres humanos, avaliadas, em cada caso, por uma comissão estadual interdisciplinar.

Parágrafo único – Na comissão a que se refere este artigo, deverá ser garantida a participação de um membro do movimento autônomo de mulheres e de um do Conselho Estadual dos Direitos da Mulher.

Art. 37. Será instituído sistema estadual de creches e pré-escolas.

Parágrafo único – Creche e pré-escola são entidades de prestação de serviços às crianças, para o atendimento das necessidades biopsicossociais na faixa de 0 a 6 anos.

Art. 38. O título de domínio e a concessão de uso do solo, nas áreas urbana ou rural, serão conferidos ao homem ou à mulher, ou a ambos, independentemente do estado civil.

Capítulo II
DOS DIREITOS SOCIAIS

Art. 39. São direitos sociais a educação, a saúde, a alimentação, o trabalho, a moradia, o lazer, a segurança, a previdência social, a proteção à maternidade e à infância, a assistência aos desamparados, na forma da Constituição. (NR – nova redação dada pelo art. 8º da Emenda Constitucional nº 53, de 26/06/2012)

Art. 40. A liberdade de associação profissional ou sindical será assegurada pelos agentes estaduais e municipais, respeitados os princípios estabelecidos na Constituição da República.

Art. 41. É assegurado o direito de greve, consagrado pela Constituição da República, competindo aos trabalhadores decidir sobre a oportunidade de exercê-lo e sobre os interesses que devem por meio dele defender.

§ 1º - Os serviços ou atividades essenciais e o atendimento das necessidades inadiáveis da comunidade serão definidos pela lei federal.

§ 2º - Os abusos cometidos sujeitarão os responsáveis às penas da lei.

Art. 42. Os empregados serão representados na proporção de 1/3 (um terço), nos conselhos de administração e fiscal das empresas públicas e sociedades de economia mista.

§ 1º - O Estado e os Municípios garantirão a institucionalização de comissões paritárias de trabalho, nos órgãos da administração pública direta, indireta ou fundacional.

§ 2º - Os representantes dos trabalhadores serão eleitos para um mandato de dois anos, por votação secreta entre todos os empregados, vedadas a eleição daqueles que exercem cargo ou função de confiança e a reeleição.

§ 3º - É assegurada a participação dos trabalhadores e empregadores nos colegiados dos órgãos públicos em que seus interesses profissionais ou previdenciários sejam objeto de discussão e deliberação.

§ 4º - Os representantes dos trabalhadores, a partir do registro de sua candidatura e até um ano após o término do mandato, têm assegurada a estabilidade no emprego, nos termos da legislação trabalhista.

§ 5º - Nas entidades de que trata o caput deste artigo serão estabelecidas comissões permanentes de acidentes de trabalho, compostas eqüitativamente de representantes da empresa e dos trabalhadores, para prevenção dos mesmos e assistência de toda espécie aos acidentados.

Art. 43. O Estado garantirá a educação não diferenciada a alunos de ambos sexos, eliminando práticas discriminatórias, não só nos currículos escolares como no material didático.

Art. 44. A lei criará mecanismos de estímulo ao mercado de trabalho da mulher, inclusive por incentivos específicos.

Capítulo III
DA FAMÍLIA. DA CRIANÇA, DO ADOLESCENTE, DO IDOSO

Art. 45. É dever da família, da sociedade e do Estado assegurar à criança, ao adolescente, ao jovem e ao idoso, com absoluta prioridade, o direito à vida, à saúde, à alimentação, à educação, ao lazer, à profissionalização, à cultura, à dignidade, ao respeito, à liberdade e à convivência familiar e comunitária, além de colocá-los a salvo de toda forma de negligência, discriminação, exploração, violência, crueldade e opressão. (Nova redação dada pelo art. 21 da Emenda Constitucional nº 53, de 26/06/2012)

Art. 46. É reconhecida como entidade familiar a união estável entre homem e mulher e a comunidade formada por pai, mãe ou qualquer dos ascendentes ou descendentes.

Art. 47. Os filhos havidos ou não da relação de casamento, ou por adoção, terão os mesmos direitos ou qualificações, proibidas quaisquer designações discriminatórias relativas à filiação, garantindo o Estado o acesso gratuito aos meios ou recursos necessários à determinação da paternidade ou da maternidade.

Art. 48. Os direitos e deveres referentes à sociedade conjugal são exercidos igualmente pelo homem e pela mulher.

Art. 49. A lei disporá sobre a criação de mecanismos que facilitem o trânsito e as atividades da gestante em qualquer local.

Art. 50. As pessoas jurídicas de direito público, poderão receber menores de 14 a 18 anos incompletos, para estágio supervisionado, educativo e profissionalizante.

§ 1º – Considera-se estágio supervisionado, educativo e profissionalizante, a atividade realizada sob forma de iniciação, treinamento e encaminhamento profissional do menor estagiário.

§ 2º – À criança e ao adolescente trabalhadores, inclusive àqueles na condição de aprendiz, ficam assegurados todos os direitos sociais previstos na Constituição da República.

(A Lei nº 1752, de 26 de novembro de 1990, regulamenta o disposto no art. 50 da Constituição Estadual, referente a estágios supervisionados de menores em empresas estaduais.)

Art. 51. A Administração punirá o abuso, a violência e a exploração, especialmente sexual, da criança, do adolescente, do idoso e também do desvalido, sem prejuízo das sanções penais cabíveis.

Parágrafo único – A lei disporá sobre criação e o funcionamento de centros de recebimento e encaminhamento de denúncias referentes a violências praticadas contra crianças e adolescentes, inclusive no âmbito familiar, e sobre as providências cabíveis.

Art. 52. Serão elaborados programas de prevenção e atendimento especializado à criança e ao adolescente dependente de entorpecentes e drogas afins.

Art. 53. É vedada ao Poder Público a transferência compulsória, para outros Estados e Municípios que não o de sua origem, de crianças e adolescentes atendidos direta ou indiretamente por instituições oficiais, visando garantir a unidade familiar.

Art. 54. Cabe ao Poder Público estimular, através de assistência jurídica e incentivos fiscais, o acolhimento de crianças ou adolescentes, sob a forma de guarda, feito por pessoa física.

Art. 55. Às crianças e aos adolescentes assegurar-se-á direito a juizado de proteção, com especialização e competência exclusiva, nas comarcas de mais de duzentos mil habitantes.

Art. 56. O acesso ao crédito público somente se permitirá a pessoas jurídicas que comprovarem prestar assistência, através de creche, aos filhos dos seus trabalhadores, atendidos os requisitos da lei.

Art. 57. À criança e ao adolescente é garantido o pleno e formal conhecimento de infração que lhes seja atribuída e a ampla defesa por profissionais habilitados, na forma da lei.

Art. 58. A família ou entidade familiar será sempre o espaço preferencial para o atendimento da criança, do adolescente e do idoso.

Art. 59. O Estado eliminará, progressivamente, à medida que criar meios adequados que os substituam, o sistema de internato para as crianças e adolescentes carentes.

Art. 60. Em caso de conduta anti-social, a criança e o adolescente deverão ser conduzidos a órgão especializado, que conte com a permanente assistência de psicólogo e assistente social, atendo-se sempre à sua peculiar condição de pessoa em desenvolvimento, garantida a convocação imediata dos pais ou responsáveis, se houve, e, na falta destes, a notificação do Conselho Estadual de Defesa da Criança e do Adolescente.

Art. 61. A família, a sociedade e o Estado têm o dever de amparar as pessoas idosas, assegurando-lhes participação na comunidade, defendendo-lhes a dignidade e o bem-estar, garantido o direito à vida.

Parágrafo único – Lei disporá sobre programas de atendimento aos idosos, executados preferencialmente em seus lares, referentes à integração familiar e comunitária, saúde, habitação e lazer.

Art. 62. O Estado garantirá na forma da lei a participação de entidades de defesa dos direitos da criança, do adolescente e do idoso na fiscalização do cumprimento dos dispositivos previstos neste capítulo, através da organização de Conselhos de Defesa dos seus direitos.

Capítulo IV
DA DEFESA DO CONSUMIDOR

Art. 63. O consumidor tem direito à proteção do Estado.

Parágrafo único – A proteção far-se-á, entre outras medidas criadas em lei, através de:

I – criação de organismos de defesa do consumidor;

II - desestímulo à propaganda enganosa, ao atraso na entrega de mercadorias e ao abuso na fixação de preços;

III - responsabilidade das empresas comerciais, industriais e de prestação de serviços pela garantia dos produtos que comercializam, pela segurança e higiene das embalagens, pelo prazo de validade e pela troca dos produtos defeituosos;

IV - responsabilização dos administradores de sistemas de consórcio pelo descumprimento dos prazos de entrega das mercadorias adquiridas por seu intermédio;

V - obrigatoriedade de informação na embalagem em linguagem compreensível pelo consumidor, sobre a composição do produto, a data da sua fabricação e o prazo de sua validade;

VI - determinação para que os consumidores sejam esclarecidos acerca do preço máximo de venda e do montante do imposto a que estão sujeitas as mercadorias comercializadas;

VII - autorização às associações, sindicatos e grupos da população para exercer, por solicitação do Estado, o controle e a fiscalização de suprimentos, estocagens, preços e qualidade dos bens e serviços de consumo;

VIII - assistência jurídica integral e gratuita ao consumidor, curadorias de proteção no âmbito do Ministério Público e Juizados Especiais de Pequenas Causas, obrigatórios nas cidades com mais de duzentos mil habitantes;

IX - estudos sócio-econômicos de mercado, a fim de estabelecer sistemas de planejamento, acompanhamento e orientação de consumo capazes de corrigir as distorções e promover seu crescimento;

X - atuação do Estado como regulador do abastecimento, impeditiva da retenção de estoques.

TÍTULO III
DA ORGANIZAÇÃO ESTADUAL

Capítulo I
DISPOSIÇÕES PRELIMINARES

Art. 64. A organização político-administrativa do Estado do Rio de Janeiro compreende o Estado-membro e os seus municípios, todos entidades autônomas e exercendo suas competências constitucionais em seus respectivos territórios e circunscrições.

§ 1º - O território do Estado tem como limites geográficos os existentes e demarcados na data da promulgação desta Constituição, compreendendo a área continental e suas projeções marítima e aérea e só podendo ser alterado mediante aprovação de sua população e lei complementar federal.

§ 2º – A Cidade do Rio de Janeiro é a Capital do Estado.

Art. 65. No exercício de sua autonomia o Estado editará leis, expedirá decretos, praticará atos e adotará medidas pertinentes aos seus interesses, às necessidades da administração e ao bem-estar do seu povo.

Parágrafo único – O Estado poderá celebrar convênios com a União, outros Estados e Municípios ou respectivos órgãos da administração indireta, inclusive fundacional, para execução de suas leis, serviços ou decisões por servidores federais, estaduais ou municipais.

Art. 66. São símbolos estaduais a bandeira, o hino e o brasão.

Art. 67. Incluem-se entre os bens do Estado:

I – os que atualmente lhe pertencem e os que lhe vierem a ser atribuídos;

II – as áreas, nas ilhas oceânicas e costeiras, que estiverem em seu domínio, excluídas as sob domínio da União, Municípios ou terceiros;

III – as ilhas fluviais e lacustres e as terras devolutas situadas em seu território, não pertencentes à União;

IV – as águas superficiais ou subterrâneas, fluentes, emergentes e em depósito, ressalvadas, neste caso, na forma da lei, as decorrentes de obras da União.

Art. 68. Os bens imóveis do estado não podem ser objeto de doação nem de utilização gratuita por terceiros, nem de aluguel, salvo mediante autorização do Governador, se o beneficiário for pessoa jurídica de direito público interno, entidade componente de sua administração indireta ou fundação instituída pelo Poder Público, bem como nos casos legalmente previstos para regularização fundiária. (Nova redação dada pela Emenda nº 42/2009.)

§ 1º – Exceto no caso de imóveis residenciais destinados à população de baixa renda, através de órgão próprio estatal, a alienação, a título oneroso, de bens imóveis do Estado ou de suas autarquias dependerá de autorização prévia da Assembléia Legislativa, salvo nos casos previstos em lei complementar, e será precedida de licitação, dispensada quando o adquirente for uma das pessoas referidas no caput deste artigo ou nos casos de dação em pagamento, permuta ou investidura.

§ 2º – O disposto no parágrafo anterior não se aplica aos bens imóveis das sociedades de economia mista e de suas subsidiárias, que não sejam de uso próprio para o desenvolvimento de sua atividade nem aos que constituam exclusivamente objeto dessa mesma atividade.

§ 3º - As entidades beneficiárias de doação do Estado ficam impedidas de alienar bem imóvel que dela tenha sido objeto. No caso de o bem doado não mais servir às finalidades que motivaram o ato de disposição, reverterá ao domínio do Estado, sem qualquer indenização, inclusive por benfeitorias de qualquer natureza, nele introduzidas.

§ 4º - Na hipótese de privatização de empresa pública ou sociedade de economia mista, mediante expressa autorização legislativa, seus empregados terão preferência, em igualdade de condições, para assumi-las sob a forma de cooperativas.

§ 5º - As exigência previstas neste artigo poderão ser dispensadas no caso de imóveis destinados a programas de regularização fundiária, inclusive para fins de assentamento de população de baixa renda, na forma da lei complementar, que disporá, ainda, sobre as condições e procedimentos específicos para a alienação de imóveis públicos e para sua utilização pelos beneficiários no âmbito dos referidos programas. (Nova redação dada pela Emenda nº 42/2009.)

§ 6º - É vedada a concessão de uso de bem imóvel do Estado a empresa privada com fins lucrativos, quando o bem possuir destinação social específica.

Art. 69. As ações de sociedades de economia mista pertencentes ao Estado não poderão ser alienadas a qualquer título, sem expressa autorização legislativa. (Artigo declarado parcialmente inconstitucional pelo STF, na ADIN 234, para excluir todas as interpretações que não sejam a de considerar exigível a autorização legislativa somente quando a alienação de ações do Estado em sociedade de economia mista implique a perda de seu controle acionário.)

Parágrafo único - Sem prejuízo do disposto neste artigo, as ações com direito a voto das sociedades de economia mista só poderão ser alienadas desde que mantido o controle acionário, representado por 51% das referidas ações.

(Parágrafo declarado inconstitucional pelo STF, na ADIN 234)

Art. 70. Incumbe ao Poder Público, na forma da lei, diretamente ou sob regime de concessão ou permissão, sempre através de licitação, a prestação de serviços públicos.

Parágrafo único - A lei disporá sobre:

I - o regime das empresas concessionárias e permissionárias de serviços públicos, o caráter especial de seu contrato e de sua prorrogação, bem como as condições de caducidade, fiscalização e rescisão da concessão ou permissão;

II - os direitos dos usuários;

III - política tarifária;

IV - a obrigação de manter serviço adequado.

Art. 71. É vedado ao Estado e aos Municípios:

I – instituir cultos religiosos ou igrejas, subvencioná-los, embaraçar-lhes o exercício ou manter com eles ou com seus representantes relações de dependência ou aliança, ressalvada, na forma da lei, a colaboração de interesse público;

II – recusar fé aos documentos públicos ou exigir reconhecimento de firma;

III – criar distinções entre brasileiros ou preferências entre si.

Capítulo II
DA COMPETÊNCIA DO ESTADO

Art. 72. O Estado exerce todas as competências que não lhe sejam vedadas pela Constituição da República.

§ 1º – As competências político-administrativas do Estado são exercidas com plenitude sobre as pessoas, bens e atividades em seu território, ressalvadas as competências expressas da União e dos Municípios.

§ 2º – Cabe ao Estado explorar diretamente ou mediante concessão os serviços locais de gás canalizado, na forma da lei. (Nova redação dada pelo art. 3º da Emenda Constitucional nº 53, de 26/06/2012)

§ 3º – Na construção de novos gasodutos para transporte de gás combustível deverão ser executadas derivações, as quais possibilitem o atendimento aos municípios que tenham seu território cortado por esses gasodutos, em locais a serem definidos pelas autoridades municipais em acordo com a concessionária dos serviços de distribuição de gás canalizado.

Art. 73. É competência do Estado, em comum com a União e os Municípios:

I – zelar pela guarda da Constituição, das leis e das instituições democráticas e conservar o patrimônio público;

II – cuidar da saúde, assistência pública e da proteção das pessoas portadoras de deficiência;

III – proteger os documentos, as obras e outros bens de valor histórico, artístico e cultural, os monumentos, as paisagens naturais notáveis e os sítios arqueológicos;

IV – impedir a evasão, a destruição e a descaracterização de obras de arte e de outros bens de valor histórico, artístico ou cultural;

V – proporcionar os meios de acesso a cultura, a educação e a ciência;

VI – proteger o meio ambiente e combater a poluição em qualquer de suas formas;

VII – preservar as florestas, a fauna e a flora;

VIII – fomentar a produção agropecuária e organizar o abastecimento alimentar;

IX – promover programas de construção de moradias e a melhoria das condições habitacionais e de saneamento básico;

X – combater as causas da pobreza e os fatores de marginalização, promovendo a integração social dos setores desfavorecidos;

XI – registrar, acompanhar e fiscalizar as concessões de direitos de pesquisa e exploração de recursos hídricos e minerais em seus territórios;

XII – estabelecer e implantar política de educação para a segurança do trânsito.

Art. 74. Compete ao Estado, concorrentemente com a União, legislar sobre:

I – direito tributário, financeiro, penitenciário, econômico e urbanístico;

II – orçamento;

III – juntas comerciais;

IV – custas dos serviços forenses;

V – produção e consumo;

VI – florestas, caça, pesca, fauna, conservação da natureza, defesa do solo e dos recursos naturais, proteção ao meio ambiente e controle da poluição;

VII – proteção ao patrimônio histórico, cultural, artístico, turístico e paisagístico;

VIII – responsabilidade por dano ao meio ambiente, ao consumidor, a bens e direitos de valor artístico, estético, histórico, turístico e paisagístico;

IX – educação, cultura, ensino e desporto;

X – criação, funcionamento e processo do juizado de pequenas causas;

XI – procedimentos em matéria processual;

XII – previdência social, proteção e defesa da saúde;

XIII – assistência jurídica e defensoria pública;

XIV – proteção e integração social das pessoas portadoras de deficiência;

XV – proteção à infância e à juventude;

XVI – organização, garantias, direitos e deveres das polícias civil e penal. (Nova redação dada pela Emenda Constitucional nº 77, de 20/10/2020)

§ 1º - O Estado, no exercício de sua competência suplementar, observará as normas gerais estabelecidas pela União.

§ 2º - Inexistindo lei federal sobre normas gerais, o Estado exercerá a competência legislativa plena, para atender às suas peculiaridades.

§ 3º - A superveniência de lei federal sobre normas gerais suspende a eficácia da lei estadual, no que lhe for contrário.

Capítulo III
DAS REGIÕES METROPOLITANAS, AGLOMERAÇÕES URBANAS E MICRORREGIÕES

Art. 75. O Estado poderá criar, mediante lei complementar, regiões metropolitanas, microrregiões a aglomerações urbanas, constituídas por agrupamentos de municípios limítrofes para integrar a organização o planejamento e a execução de funções públicas e serviços de interesse comum.

§ 1º - Os Municípios que integrem agrupamentos não perdem a autonomia política, financeira e administrativa.

§ 2º - As regiões metropolitanas, as microrregiões e as aglomerações urbanas disporão de um órgão executivo e de um Conselho Deliberativo compostos na forma da lei complementar que incluirá representantes dos poderes Executivo e Legislativo, de entidades comunitárias e da sociedade civil.

§ 3º - O Estado e os Municípios estabelecerão mecanismos de cooperação de recursos para assegurar a realização das funções públicas e serviços de interesse comum das regiões, microrregiões e aglomerações urbanas.

§ 4º - Os Municípios que suportarem os maiores ônus decorrentes de funções públicas de interesse comum terão direito a compensação financeira a ser definida em lei complementar.

Art. 76. É facultada aos municípios, mediante aprovação das respectivas Câmaras Municipais, a formação de consórcios intermunicipais, para o atendimento de problemas específicos dos consorciados no período de tempo por eles determinado.

Capítulo IV
DA ADMINISTRAÇÃO PÚBLICA

Seção I
DISPOSIÇÕES GERAIS

Art. 77. A administração pública direta, indireta ou fundacional, de qualquer dos Poderes do Estado e dos Municípios, obedecerá aos princípios da legalidade, impessoalidade, moralidade, publicidade, interesse coletivo e, também, ao seguinte:

I – os cargos, empregos e funções públicas são acessíveis aos brasileiros que preencham os requisitos estabelecidos em lei;

II – a investidura em cargo ou emprego público da administração direta, indireta ou fundacional depende de aprovação prévia em concurso público de provas ou de provas e títulos, ressalvadas as nomeações para cargo em comissão declarado em lei de livre nomeação e exoneração;

III – não haverá limite máximo de idade para a inscrição em concurso público, constituindo-se, entretanto, em requisito de acessibilidade ao cargo ou emprego a possibilidade de permanência por cinco anos no seu efetivo exercício;

IV – o prazo de validade do concurso público será de até dois anos, prorrogável uma vez, por igual período;

V – tanto no prazo de validade quanto no de sua prorrogação, previstos no edital de convocação, o aprovado em concurso público de provas ou de provas e títulos será, observada a classificação, convocado com prioridade sobre novos concursados para assumir cargo ou emprego, na carreira;

VI – a convocação do aprovado em concurso far-se-á mediante publicação oficial, e por correspondência pessoal;

VII – a classificação em concurso público, dentro do número de vagas obrigatoriamente fixado no respectivo edital, assegura o provimento no cargo no prazo máximo de cento e oitenta dias, contado da homologação do resultado; (Artigo declarado inconstitucional pelo STF no RE 229450, em 10/02/2000.)

VIII – os cargos em comissão e as funções de confiança serão exercidos, preferencialmente, por servidores ocupantes de cargo de carreira técnica ou profissional, nos casos e condições previstos em lei;

IX – os cargos de natureza técnica só poderão ser ocupados pelos profissionais legalmente habilitados e de comprovada atuação na área;

X – a administração fazendária e seus servidores fiscais terão, em suas áreas de competência e jurisdição, precedência sobre os demais setores administrativos, na forma da lei;

XI – a lei estabelecerá os casos de contratação por tempo determinado para atender à necessidade temporária de excepcional interesse público;

XII – à revisão geral da remuneração dos servidores públicos, sem distinção de índices entre servidores públicos civis e militares, far-se-á sempre na mesma data;

XIII – a remuneração e o subsídio dos ocupantes de cargos, funções e empregos públicos da administração direta, autárquica e fundacional, dos Poderes do Estado do Rio de Janeiro, do Ministério Público, do tribunal de Contas do Estado, da procuradoria Geral do Estado e da Defensoria Pública e os proventos, pensões ou outra espécie remuneratória, percebidos cumulativamente ou não, incluídas as vantagens pessoais ou de qualquer outra natureza, não poderão exceder o subsídio mensal, em espécie, dos Desembargadores do Tribunal de Justiça, nos termos do § 12 do art. 37 da Constituição da República Federativa do Brasil; (Nova redação dada pela Emenda Constitucional nº 58, de 26 de junho 2014.)

XIV - os vencimentos dos cargos do Poder Legislativo e do Poder Judiciário não poderão ser superiores aos pagos pelo Poder Executivo;

XV - é vedada a vinculação ou equiparação de vencimentos, para o efeito de remuneração de pessoal do serviço público, ressalvado o disposto no inciso anterior e no artigo 82, § 1º, desta Constituição;

XVI - os acréscimos pecuniários percebidos por servidor público não serão computados nem acumulados, para fins de concessão de acréscimos ulteriores, sob o mesmo título ou idêntico fundamento;

XVII - o servidor público estadual, civil ou militar, poderá gozar licença especial e férias na forma da lei ou de ambas dispor, sob a forma de direito de contagem em dobro para efeito de aposentadoria ou tê-las transformadas em pecúnia indenizatória, segundo sua opção; (Parágrafo com declaração de inconstitucionalidade pelo STF, na ADIN - 227, quanto à expressão "ou tê-las transformadas em pecúnia indenizatória, segundo sua opção".)

XVIII - os vencimentos dos servidores públicos, civis e militares, são irredutíveis e a remuneração observará o que dispõem os incisos XIII e XIV deste artigo e o artigo 153, III e § 2º, I, da Constituição da República;

XIX - é vedada a acumulação remunerada de cargos públicos, exceto quando houver compatibilidade de horários:

a) a de dois cargos de professor, assim considerado o de especialista de educação;

b) a de um cargo de professor com outro técnico ou científico;

c) e de dois cargos privativos de médico;

d) a de dois cargos de natureza técnico-pedagógica exercidos em instituições educacionais estaduais, desde que o requisito de escolaridade para sua ocupação seja o curso de graduação em Pedagogia; (Alínea incluída pela Emenda Constitucional nº 78, de 03 de novembro de 2020)

e) a de dois cargos de natureza técnico-pedagógica exercidos em instituições educacionais municipais, desde que o requisito de escolaridade para sua ocupação seja o curso de graduação em Pedagogia; (Alínea incluída pela Emenda Constitucional nº 78, de 03 de novembro de 2020)

f) a de dois cargos de natureza técnico-pedagógica, sendo um exercido em instituição educacional estadual e outro exercido em instituição educacional municipal ou federal, desde que o requisito de escolaridade para sua ocupação seja o curso de graduação em Pedagogia; (Alínea incluída pela Emenda Constitucional nº 78, de 03 de novembro de 2020)

g) a de dois cargos de natureza técnico-pedagógica, sendo um exercido em instituição educacional municipal e outro exercido em instituição educacional federal, desde que o requisito de escolaridade para sua ocupação seja o curso de graduação em Pedagogia. (Alínea incluída pela Emenda Constitucional nº 78, de 03 de novembro de 2020)

XX – a proibição de acumular não se aplica a proventos de aposentadoria, mas se estende a empregos e funções e abrange autarquias, empresas públicas, sociedades de economia mista e fundações mantidas pelo Poder Público;

XXI – somente por lei específica poderão ser criadas, empresa pública, sociedade de economia mista, autarquia ou fundação pública;

XXII – depende de autorização legislativa, em cada caso, a criação de subsidiárias das entidades mencionadas no inciso anterior, assim como a participação de qualquer delas em empresa privada;

XXIII – ressalvada a legislação federal aplicável, ao servidor público estadual é proibido substituir, sob qualquer pretexto, trabalhadores de empresas privadas em greve;

XXIV – aos servidores públicos do Estado é vedado serem proprietários, controlarem direta ou indiretamente, ou fazerem parte da administração de empresas privadas fornecedoras de suas instituições ou que delas dependam para controle ou credenciamento e, na forma da lei:

a) as vedações deste inciso estender-se-ão aos parentes diretos, consangüíneos ou afins, assim como aos seus prepostos;

b) as punições específicas aos transgressores desta norma serão impostas, sem prejuízos das sanções genéricas que lhes sejam aplicáveis.

XXV – ressalvados os casos especificados na legislação, as obras, serviços, compras e alienações serão contratados mediante processo de licitação pública que assegure igualdade de condições e de pagamentos a todos os concorrentes, com previsão de atualização monetária para os pagamentos em atraso, penalidades para os descumprimentos contratuais, permitindo-se, no ato convocatório, somente as exigências de qualificação técnica, jurídica e econômico-financeira indispensáveis à garantia do cumprimento das obrigações.

XXVI - os servidores públicos não poderão ser colocados à disposição de outros setores da administração pública da União, dos Estados e dos Municípios, antes de completarem dois anos de efetivo exercício funcional no órgão de origem;

XXVII - os servidores da administração pública direta, colocados à disposição da administração pública indireta ou fundacional, quando da transferência para a inatividade, incorporarão aos proventos a complementação de vencimentos que venham percebendo, desde que caracterizada essa situação há, no mínimo, oito anos consecutivos.

XXVIII - a licença médica para tratamento de saúde, concedida aos servidores públicos, que exceder o prazo de 120 (cento e vinte) dias no período de 12 (doze) meses, a contar do primeiro dia de afastamento, será concedida mediante avaliação por junta médica oficial. (Acrescentado pela Emenda Constitucional nº 46/2011)

XXIX - É vedada a nomeação de pessoas que se enquadram nas condições de inelegibilidade nos termos da legislação federal para os cargos de Secretário de Estado, Subsecretário, Procurador Geral de Justiça, Procurador Geral do Estado, Defensor Público Geral, Superintendentes e Diretores de órgãos da administração pública indireta, fundacional, de agências reguladoras e autarquias, Chefe de Polícia Civil, Titulares de Delegacias de Polícia, Comandante Geral da Polícia Militar, Comandante Geral do Corpo de Bombeiros, Comandantes de Batalhões de Polícia Militar, Comandante de Quartéis de Bombeiro Militar, Reitores das Universidades Públicas Estaduais e ainda para todos os cargos de livre provimento dos poderes Executivo, Legislativo e Judiciário do Estado. (Acrescentado pela Emenda Constitucional nº 50/2011)

XXX - As atividades do sistema de controle interno, previstas no Art. 129, essenciais ao funcionamento da administração pública, contemplarão, em especial, as funções de ouvidoria, controladoria e auditoria governamental, e serão desempenhadas por Órgão de natureza permanente, e exercidas por servidores organizados em carreira específica, na forma de Lei. (Acrescentado pela Emenda Constitucional nº 68, de 28 de julho de 2016)

§ 1º - Compreende-se na administração direta os serviços sem personalidade jurídica própria, integrados na estrutura administrativa de qualquer dos Poderes do Estado; na administração indireta, constituída de entidades dotadas de personalidade jurídica própria, as autarquias, as empresas públicas e as sociedades de economia mista, bem como as subsidiárias dessas entidades, incluindo as fundações instituídas ou mantidas pelo Poder Público.

§ 2º - Considera-se:

I - autarquia - o serviço autônomo criado por lei, com personalidade jurídica de direito público, patrimônio e receita próprios, para executar atividades típicas da administração pública, que requeiram, para seu melhor funcionamento, gestão administrativa e financeira descentralizada;

II - empresa pública - a entidade dotada de personalidade jurídica de direito privado com patrimônio próprio e capital público maioritariamente do Estado, criada por lei para a exploração de atividade econômica que o Governo seja levado a exercer por força de contingência ou de conveniência administrativa, podendo revestir-se de qualquer das formas admitidas em direito;

III - sociedade de economia mista - a entidade dotada de personalidade jurídica de direito privado, criada por lei para a exploração de atividade econômica, sob a forma de sociedade anônima, cujas ações com direito a voto pertençam em sua maioria ao Estado ou a entidade da administração indireta;

IV - fundação pública - a entidade dotada de personalidade jurídica de direito privado, sem fins lucrativos, criada em virtude de autorização legislativa, para o desenvolvimento de atividades que não exijam execução por órgãos ou entidades de direito público, com autonomia administrativa, patrimônio próprio gerido pelos respectivos órgãos de direção, e funcionamento custeado por recursos do Estado e de outras fontes.

§ 3º - A publicidade dos atos e programas, obras e serviços dos órgãos públicos somente poderá ser feita em caráter educativo e de orientação social, dela não podendo constar nomes, símbolos ou imagens que caracterizem promoção pessoal de autoridades ou servidores públicos.

§ 4º - A não observância do disposto nos incisos II e V deste artigo implicará a nulidade do ato e a punição da autoridade responsável, nos termos da lei.

§ 5º - As reclamações relativas à prestação de serviços públicos serão disciplinadas em lei.

§ 6º - Os atos de improbidade administrativa importarão a perda da função pública, a indisponibilidade dos bens e o ressarcimento ao erário, na forma e gradação previstas em lei, sem prejuízo da ação penal cabível.

§ 7º - As pessoas jurídicas de direito público e as de direito privado prestadoras de serviços públicos responderão pelos danos que seus agentes, nessa qualidade, causarem a terceiros, assegurado o direito de regresso contra o responsável nos casos de dolo ou culpa.

§ 8º - Os Conselhos, Seccional da Ordem dos Advogados do Brasil e Regionais das demais profissões regulamentadas, serão obrigatoriamente chamados a participar de todas as fases do processo de concurso público, desde a elaboração dos editais até a homologação e publicação dos resultados, sempre que nos referidos concursos se exigirem conhecimentos técnicos dessas categorias, cabendo, na inexistência dos Conselhos, idêntico direito às entidades de funcionários.

§ 9º - O Estado não subvencionará nem beneficiará, com isenção ou redução de tributos, taxas, tarifas, ou quaisquer outras vantagens, as entidades dedicadas a atividades educacionais, culturais, hospitalares, sanitárias, esportivas ou recreativas, cujos atos constitutivos e estatutos não disponham expressamente esses fins exclusivamente filantrópicos e não lucrativos, ou que, de forma direta ou indireta, remunerem seus instituidores, diretores, sócios ou mantenedores.

§ 10 – É vedada ao Poder Público, direta ou indiretamente, a publicidade de qualquer natureza, fora do território do Estado, para fins de propaganda governamental.

§ 11 – São vedadas, na Administração Pública do Estado do Rio de Janeiro:

I – a nomeação de cônjuge, companheiro ou parente, até o terceiro grau civil inclusive, de membro de Poder, para cargo em comissão declarado em Lei de livre nomeação e exoneração ou função de confiança, qualquer que seja a denominação ou símbolo da gratificação;

II – a contratação, sem que seja por concurso público, ainda que por tempo determinado, para atender a necessidade temporária de excepcional interesse público, das pessoas descritas no inciso anterior. (Acrescentado pela Emenda Constitucional nº 34/2005.)

§ 12 – A vedação prevista no parágrafo anterior estende-se aos membros de órgão coletivo, reciprocamente, de modo que não poderão as pessoas mencionadas exercer qualquer das funções previstas, no referido órgão. (Acrescentado pela Emenda Constitucional nº 34/2005.)

§ 13 – O disposto no parágrafo anterior não se aplica a servidores efetivos. (Acrescentado pela Emenda Constitucional nº 34/2005.)

§ 14 – Em caso de violação do disposto nos parágrafos 11 e 12 deste artigo, as autoridades públicas e membros de Poder incorrerão em falta disciplinar grave e serão solidariamente responsáveis com os beneficiados, sem prejuízo das sanções de outra ordem cabíveis e da nulidade dos atos praticados. (Acrescentado pela Emenda Constitucional nº 34/2005.)

§ 15 – O disposto nas alíneas d, e, f, g do inciso XIX aplica-se igualmente ao ocupante de cargo de natureza técnico-pedagógica que seja titular de diploma de licenciatura de nível superior, desde que também seja pós-graduado em uma das áreas da Pedagogia. (Acrescentado pela Emenda Constitucional nº 78, de 03 de novembro de 2020)

Art. 78. Qualquer que seja a causa mortis do servidor público civil ou militar, será de cem por cento da remuneração total o valor mínimo da pensão devida a seus dependentes na forma da lei.

Seção II
DO CONTROLE ADMINISTRATIVO (arts. 79 a 81)

Art. 79. O controle dos atos administrativos do Estado e dos Municípios será exercido pelo Poder Legislativo, pelo Ministério Público, pela sociedade, pela própria administração e, no que couber, pelo Tribunal de Contas do Estado. (Nova redação dada pelo artigo 3º da Emenda Constitucional nº 04, de 20 de agosto de 1991.)

Parágrafo único - Haverá uma instância colegiada administrativa para dirimir controvérsias entre o Estado e seus servidores públicos civis.

Art. 80. A administração pública tem o dever de anular os próprios atos, quando eivados de vícios que os tornem ilegais, bem como a faculdade de revogá-los, por motivo de conveniência ou oportunidade, respeitados neste caso os direitos adquiridos, além de observado, em qualquer circunstância, o devido processo legal.

Art. 81. A autoridade que, ciente de vício invalidador de ato administrativo, deixar de saná-lo, incorrerá nas penalidades da lei pela omissão, sem prejuízo das sanções previstas no artigo 37, § 4º, da Constituição da República, se for o caso.

Seção III
DOS SERVIDORES PÚBLICOS CIVIS

Art. 82. O Estado e os Municípios instituirão regime jurídico único e planos de carreira para os servidores da administração pública direta, das autarquias e das fundações públicas.

§ 1º - A lei assegurará, aos servidores da administração direta, isonomia de vencimentos para cargos de atribuições iguais ou assemelhados do mesmo Poder ou entre os de servidores dos Poderes Executivo, Legislativo e Judiciário, ressalvadas as vantagens de caráter individual e as relativas à natureza ou ao local de trabalho.

§ 2º - O benefício da pensão por morte corresponderá à totalidade dos vencimentos ou proventos do servidor falecido, até o limite estabelecido em lei, observado o disposto no artigo 89, § 5º, desta Constituição.

§ 3º - O pagamento dos servidores do Estado será feito, impreterivelmente, até o 10º (décimo) dia útil de cada mês. (Parágrafo declarado inconstitucional pelo STF, na ADIN 247, por violação ao art. 5º, LIV, da CF)

§ 4º - Os vencimentos, vantagens ou qualquer parcela remuneratória, pagos com atraso, deverão ser corrigidos monetariamente, de acordo com os índices oficiais aplicáveis à espécie. (Nova redação dada pela Emenda Constitucional nº 30/2003.)

§ 5º - As regras previstas neste artigo se aplicarão também aos empregados públicos, no âmbito de toda a administração pública estadual. (Acrescentado pela Emenda Constitucional nº 65, de 15 de junho de 2016.)

Art. 83. Aos servidores públicos civis ficam assegurados, além de outros que a lei estabelecer, os seguintes direitos:

I - salário mínimo;

II - irredutibilidade do salário;

III - garantia de salário, nunca inferior ao mínimo, para os que percebem remuneração variável;

IV - décimo terceiro salário com base na remuneração integral ou no valor da aposentadoria;

V - remuneração do trabalho noturno superior à do diurno;

VI - remuneração do serviço extraordinário superior, no mínimo, em cinquenta por cento à do normal;

VII - salário família para os seus dependentes;

VIII - duração do trabalho normal não superior a oito horas diárias e quarenta semanais, facultada a compensação de horários;

IX - incidência da gratificação adicional por tempo de serviço sobre o valor dos vencimentos;

X - repouso semanal remunerado, preferencialmente aos domingos;

XI - gozo de férias anuais remuneradas com, pelo menos, um terço a mais do que o salário normal;

XII - licença à gestante, sem prejuízo do emprego e do salário, com a duração de cento e oitenta dias, contados a partir da alta da Unidade de Tratamento Intensivo, em caso de nascimento prematuro, prorrogável no caso de aleitamento materno, por, no mínimo, mais 30 (trinta) dias, estendendo-se, no máximo, até 90 (noventa) dias, e no caso de perda gestacional; (Nova redação dada pela Emenda Constitucional nº 63, de 21 de dezembro de 2015.)

XIII - licença paternidade, sem prejuízo do emprego e do salário, contados a partir da alta da Unidade de Tratamento Intensivo, em caso de nascimento prematuro, com a duração de 30 (trinta) dias, mesmo em caso de perda gestacional da esposa ou perda gestacional da esposa ou companheira; (Nova redação dada pela Emenda Constitucional nº 65, de 15 de junho de 2016.)

XIV - licença maternidade de 180 dias e paternidade com duração de 30 dias, nos casos de adoção. (Nova redação dada pela Emenda Constitucional nº 65, de 15 de junho de 2016.)

XV - proteção do mercado de trabalho da mulher, mediante incentivos específicos, nos termos da lei;

XVI - redução dos riscos inerentes ao trabalho, por meio de normas de saúde, higiene e segurança;

XVII – indenização em caso de acidente de trabalho, na forma da lei;

XVIII – redução da carga horária e adicional de remuneração para as atividades penosas, insalubres ou perigosas, na forma da lei;

XIX – proibição de diferença de salários, de exercício de funções e de critério de admissão por motivo de sexo, idade, etnia ou estado civil;

XX – o de opção, na forma da lei, para os efeitos de contribuição mensal, tanto aos submetidos a regime jurídico único quanto aos contratados sob regime da Legislação Trabalhista que sejam, simultaneamente, segurados obrigatórios de mais de um Instituto de Previdência Social sediado no Estado;

XXI – redução em cinquenta por cento de carga horária de trabalho de servidor estadual, responsável legal por portador de necessidades especiais que requeira atenção permanente;

XXII – o de relotação aos membros do magistério público, no caso de mudança de residência, observados os critérios de distância estabelecidos em lei.

XXIII – licença para tratamento de saúde; (Acrescentado pela Emenda Constitucional nº 65, de 15 de junho de 2016.)

XXIV – licença por motivo de doença em pessoa da família; (Acrescentado pela Emenda Constitucional nº 65, de 15 de junho de 2016.)

XXV – licença para serviço militar, na forma que legislação especifica; (Acrescentado pela Emenda Constitucional nº 65, de 15 de junho de 2016.)

XXVI – licença para acompanhar o cônjuge; (Acrescentado pela Emenda Constitucional nº 65, de 15 de junho de 2016.)

XXVII – licença a título de prêmio; (Acrescentado pela Emenda Constitucional nº 65, de 15 de junho de 2016.)

XXVIII – licença para desempenho de mandato legislativo ou executivo; (Acrescentado pela Emenda Constitucional nº 65, de 15 de junho de 2016.)

§ 1º – O período de licença à gestante, nos termos do inciso XII deste artigo, em caso de perda gestacional, será de 30 (trinta) dias, em caso de aborto não criminoso, e de 120 (cento e vinte) dias, quando a gestação tiver duração igual ou superior a 20 (vinte) semanas, ou o feto tiver peso corporal igual ou superior a 500 (quinhentos) gramas, e/ou estatura igual ou superior a 25 (vinte e cinco) centímetros. (Acrescentado pela Emenda Constitucional nº 63, de 21 de dezembro de 2015.)

§ 2º – Os direitos previstos nos incisos deste artigo, ressalvado o inciso XXII, aplicam-se indistintamente aos servidores e empregados públicos no âmbito de toda a administração pública estadual. (Nova redação dada pela Emenda Constitucional nº 65, de 15 de junho de 2016.)

§ 3º - Salvo os casos previstos nos incisos XXV, XXVI e XXVIII, o servidor ou empregado público não poderá permanecer em licença por prazo superior à 24 (vinte e quatro) meses. (Acrescentado pela Emenda Constitucional nº 65, de 15 de junho de 2016.)

§ 4º - As licenças dos incisos XII, XXIII e XXIV, serão concedidas pelo órgão médico oficial competente ou por outros aos quais aquele transferir ou delegar atribuições, e pelo prazo indicado nos respectivos laudos. (Acrescentado pela Emenda Constitucional nº 65, de 15 de junho de 2016.)

§ 5º - Estando o servidor ou empregado público, ou pessoa de sua família, absolutamente impossibilitado de locomover-se e não havendo na localidade qualquer dos órgãos referidos neste artigo, poderá ser admitido laudo expedido por órgão médico de outra entidade pública e, na falta deste atestado, passado por médico particular, com firma reconhecida. (Acrescentado pela Emenda Constitucional nº 65, de 15 de junho de 2016.)

§ 6º - Nas hipóteses referidas no parágrafo anterior, o laudo ou atestado deverá ser encaminhado ao órgão médico competente, no prazo máximo de 3 (três) dias, contados da primeira falta ao serviço, sendo que a licença respectiva somente será considerada concedida com a homologação do laudo ou atestado, e será sempre publicada. (Acrescentado pela Emenda Constitucional nº 65, de 15 de junho de 2016.)

§ 7º - Será facultado ao órgão competente, em caso de dúvida razoável, exigir nova inspeção por outro médico ou junta oficial. (Acrescentado pela Emenda Constitucional nº 65, de 15 de junho de 2016.)

§ 8º - No caso do laudo ou atestado não ser homologado, o funcionário será obrigado a reassumir o exercício do cargo ou emprego público dentro de 3 (três) dias, contados da publicação do despacho denegatório, sendo considerados como de efetivo exercício os dias em que deixou de comparecer ao serviço, por conta de tal justificativa. (Acrescentado pela Emenda Constitucional nº 65, de 15 de junho de 2016.)

§ 9º - Se, na hipótese do parágrafo anterior, a não homologação decorrer de falsa afirmativa por parte do médico atestante, os dias de ausência do servidor ou empregado público serão tidos como faltas ao serviço, sujeitos, aquele e estes, à apuração e definição das responsabilidades cabíveis. (Acrescentado pela Emenda Constitucional nº 65, de 15 de junho de 2016.)

Art. 84. É garantido ao servidor público civil o direito à livre associação sindical, observado, no que couber, o disposto no artigo 8º da Constituição da República.

Parágrafo único - A lei disporá sobre a licença sindical para os dirigentes de Federações e Sindicatos de servidores públicos, durante o exercício do mandato, resguardados os direitos e vantagens inerentes à carreira da cada um.

Art. 85. O desconto em folha de pagamento, pelos órgãos competentes da Administração Pública, é obrigatório em favor de entidade de classe, sem fins lucrativos, devidamente constituída e registrada, desde que regular e expressamente autorizado pelo associado.

Art. 86. O direito de greve será exercido nos termos e nos limites definidos em Lei específica. (Nova redação dada pela Emenda Constitucional nº 29, de 11 de junho de 2003)

Art. 87. Ao servidor público em exercício de mandato eletivo aplicam-se as seguintes disposições:

I - tratando-se de mandato eletivo federal, estadual ou distrital, ficará afastado de seu cargo, emprego ou função;

II - investido no mandato de Prefeito, será afastado do cargo, emprego ou função, sendo-lhe facultado optar pela remuneração;

III - investido no mandato de Vereador ou Juiz de Paz, havendo compatibilidade de horários, perceberá as vantagens de seu cargo, emprego ou função, sem prejuízo da remuneração do cargo eletivo, e não havendo compatibilidade, aplicar-se-á a norma do inciso anterior;

IV - em qualquer caso que exija o afastamento para o exercício de mandato eletivo, seu tempo de serviço será contado para todos os efeitos legais, exceto para promoção por merecimento;

V - para efeito de benefício previdenciário, no caso de afastamento, os valores serão determinados como se no exercício estivesse.

Art. 88. A assistência previdenciária e social aos servidores públicos estaduais será prestada, em suas diferentes modalidades e na forma da legislação ordinária pelos atuais Instituto de Previdência do Estado do Rio de Janeiro - IPERJ, Instituto de Previdência da Assembleia Legislativa do Estado do Rio de Janeiro - IPALERJ e Instituto de Assistência dos Servidores do Estado do Rio de Janeiro - IASERJ.

Art. 89. O servidor será aposentado:

I - por invalidez permanente, com os proventos integrais, quando decorrentes de acidente em serviço, moléstia profissional ou doença grave, contagiosa ou incurável, especificadas em lei, e proporcionais nos demais casos;

II - compulsoriamente, com proventos proporcionais ao tempo de contribuição, aos setenta anos de idade, ou setenta e cinco anos de idade, na forma de Lei Complementar; (Nova redação dada pela Emenda Constitucional nº 62, de 08 de dezembro de 2015.)

III - voluntariamente;

a) aos trinta e cinco anos de serviço, se homem, e aos trinta se mulher, com proventos integrais;

b) aos trinta anos de efetivo exercício em funções de magistério, se professor, assim considerado especialista em educação, e vinte e cinco, se professora, nas mesmas condições, com proventos integrais;

c) aos trinta anos de serviço, se homem, e aos vinte e cinco, se mulher, com proventos proporcionais a esse tempo;

d) aos sessenta e cinco anos de idade, se homem, e aos sessenta, se mulher, com proventos proporcionais ao tempo de serviço.

§ 1º - Serão observadas as exceções ao disposto no inciso III, a e c, no caso de exercício de atividades consideradas penosas, insalubres ou perigosas, bem como as disposições sobre a aposentadoria em cargos ou empregos temporários, na forma prevista na legislação federal.

§ 2º - O tempo de serviço público federal, estadual ou municipal será computado integralmente para os efeitos de aposentadoria e disponibilidade.

§ 3º - É assegurada, para efeito de aposentadoria, a contagem recíproca do tempo de serviço nas atividades públicas e privadas, inclusive do tempo de trabalho comprovadamente exercido na qualidade de autônomo, fazendo-se a compensação financeira segundo os critérios estabelecidos em lei.

§ 4º - Na incorporação de vantagens ao vencimento ou provento do servidor, decorrentes do exercício de cargo em comissão ou função gratificada, será computado o tempo de serviço prestado ao Estado nesta condição, considerados, na forma da lei, exclusivamente os valores que lhes correspondam na administração direta estadual.

§ 5º - Os proventos da aposentadoria serão revistos, na mesma proporção e na mesma data, sempre que se modificar a remuneração dos servidores em atividade, sendo também estendidos aos inativos quaisquer benefícios ou vantagens posteriormente concedidos aos servidores em atividade, inclusive quando decorrentes da transformação ou reclassificação do cargo ou função em que se deu a aposentadoria.

§ 6º - O valor incorporado a qualquer título pelo servidor ativo ou inativo, como direito pessoal, pelo exercício de funções de confiança ou de mandato, será revisto na mesma proporção e na mesma data, sempre que se modificar a remuneração do cargo que lhe deu causa. (Parágrafo declarado inconstitucional pelo STF, na ADI 3848.)

§ 7º - Na hipótese de extinção do cargo que deu origem à incorporação de que trata o parágrafo anterior, o valor incorporado pelo servidor será fixado de acordo com a remuneração de cargo correspondente.

§ 8º - O Estado providenciará para que os processos de aposentadoria sejam solucionados, definitivamente, dentro de 90 (noventa) dias, contados da data do protocolo.

§ 9º - Com base em "dossier" com documentação completa de todos os inativos, os benefícios de paridade serão pagos independente de requerimento e apostila, responsabilizando-se o funcionário que der causa a atraso ou retardamento superior a 90 (noventa) dias.

§ 10 - A aposentadoria por invalidez poderá, a requerimento do servidor, ser transformada em seguro reabilitação, custeado pelo Estado, visando a reintegrá-lo em novas funções compatíveis com suas aptidões.

§ 11 - Ao servidor referido no parágrafo anterior é garantida a irredutibilidade de seus proventos, ainda que na nova função em que venha a ser aproveitado, a remuneração seja inferior à recebida a título de seguro reabilitação.

§ 12 - Considera-se como proventos de aposentadoria o valor resultante da soma de todas as parcelas a eles incorporadas pelo Poder Público.

§ 13 - As regras previstas nos incisos I e III, bem como nos parágrafos anteriores deste artigo, se aplicarão, no que couber, aos empregados públicos, no âmbito de toda a administração pública estadual. (Acrescentado pela Emenda Constitucional nº 65, de 15 de junho de 2016.)

Art. 90. São estáveis, após dois anos de efetivo exercício, os servidores nomeados em virtude de concurso público.

§ 1º - O servidor público estável só perderá o cargo em virtude de sentença judicial transitada em julgado ou mediante processo administrativo em que lhe que seja assegurada ampla defesa.

§ 2º - Invalidada por sentença judicial a demissão do servidor estável, será ele reintegrado, e o eventual ocupante da vaga reconduzido ao cargo de origem, sem direito à indenização, aproveitado em outro cargo ou posto em disponibilidade.

§ 3º - Ocorrendo extinção do cargo, o funcionário estável ficará em disponibilidade remunerada, com vencimentos e vantagens integrais, pelo prazo máximo de um ano, até seu aproveitamento obrigatório em função equivalente no serviço público.

§ 4º - O servidor público civil demitido por ato administrativo, se absolvido pela justiça, na ação que deu causa a demissão, será reintegrado ao serviço público com todos os direitos adquiridos. (Parágrafo acrescido pela Emenda Constitucional nº 43/2009 e declarado Inconstitucional através da Representação nº 0031439.78.2010.8.19.0000)

Seção IV
DOS SERVIDORES PÚBLICOS MILITARES

Art. 91. São servidores militares estaduais os integrantes da Polícia Militar e do Corpo de Bombeiros Militar.

§ 1º - As patentes, com prerrogativas, direitos e deveres a elas inerentes, são asseguradas em plenitude aos oficiais da ativa, da reserva ou reformados da Polícia Militar e do Corpo de Bombeiros Militar, sendo-lhes privativos os títulos, postos e uniformes militares.

§ 2º - As patentes dos oficiais da Polícia Militar e do Corpo de Bombeiros Militar são conferidas pelo Governador do Estado.

§ 3º - O militar em atividade que aceitar cargo público civil permanente será transferido para a reserva.

§ 4º - O militar da ativa, que aceitar cargo, emprego ou função pública temporária, não eletiva, ainda que da administração indireta, ficará agregado ao respectivo quadro e, enquanto permanecer nessa situação, só poderá ser promovido por antigüidade, contando-se-lhe o tempo de serviço apenas para aquela promoção a transferência para a reserva, sendo, depois de dois anos de afastamento, contínuos ou não, transferido para a inatividade.

§ 5º - Ao servidor militar são proibidas a sindicalização e a greve, sendo livre, no entanto, a associação de natureza não sindical, sem fins lucrativos, garantido o desconto em folha de pagamento das contribuições expressamente autorizadas pelo associado.

§ 6º - O militar, enquanto em efetivo serviço, não pode estar filiado a partidos políticos.

§ 7º - O oficial e a praça só perderão o posto, a patente e a graduação se forem julgados indignos do oficialato, da graduação ou com eles incompatíveis, por decisão de tribunal competente.

§ 8º - O oficial condenado na justiça comum ou militar a pena privativa de liberdade superior a dois anos, por sentença transitada em julgado, será submetido ao julgamento previsto no parágrafo anterior.

§ 9º - A lei disporá sobre os limites de idade, a estabilidade e outras condições de transferência do servidor militar para a inatividade.

§ 10 - Aplica-se aos servidores a que se refere este artigo, e a seus pensionistas, o disposto nos artigos 82, § 2º e 89, § 5º, desta Constituição.

§ 11 - O Estado fornecerá aos servidores militares os equipamentos de proteção individual adequados aos diversos riscos a que são submetidos em suas atividades operacionais.

§ 12 - Será designado para as corporações da Polícia Militar e do Corpo de Bombeiros Militar um pastor evangélico que desempenhará a função de orientador religioso em quartéis, hospitais e presídios com direito a ingressar no oficialato capelão. (Norma declarada inconstitucional na ADI 3478 - 3. O direito dos militares à assistência religiosa exige que o Estado abstenha-se de qualquer predileção, sob pena de ofensa ao art. 19, I, da CRFB. Norma estadual que demonstra predileção por determinada orientação religiosa em detrimento daquelas inerentes aos demais grupos é incompatível com a regra constitucional de neutralidade e com o direito à liberdade de religião. 4. Ação Direta de Inconstitucionalidade julgada procedente.)

§ 13 - O servidor público militar estadual demitido por ato administrativo, se absolvido pela justiça, na ação que deu causa a demissão, será reintegrado à Corporação com todos os direitos restabelecidos. (Parágrafo acrescido pela Emenda Constitucional nº 45/2010 e declarado Inconstitucional através da Representação nº 0031439.78.2010.8.19.0000)

Art. 92. Aos servidores militares ficam assegurados os seguintes direitos:

I - garantia de salário, nunca inferior ao mínimo, para os que recebem remuneração variável;

II - décimo terceiro salário com base na remunerarão integral ou no valor da aposentadoria;

III - salário-família para os seus dependentes;

IV - gozo de férias anuais remuneradas com, pelo menos, um terço a mais do que o salário normal;

V - licença à gestante, sem prejuízo do emprego e do salário, com a duração de cento e oitenta dias, contados a partir da alta da Unidade de Tratamento Intensivo, em caso de nascimento prematuro, prorrogável no caso de aleitamento materno, por, no mínimo, mais 30 (trinta) dias, estendendo-se, no máximo, até 90 (noventa) dias, e no caso de perda gestacional, nos termos no § 1º do Art. 83; (Nova redação dada pela Emenda Constitucional nº 63, de 08 de dezembro de 2015.)

VI - licença paternidade, sem prejuízo do emprego e do salário, contados a partir da alta da Unidade de Tratamento Intensivo, em caso de nascimento prematuro, com a duração de 30 (trinta) dias, mesmo em caso de perda gestacional da esposa ou companheira; (Nova redação dada pela Emenda Constitucional nº 65, de 15 de junho de 2016.)

VII - licença especial para os adotantes, nos termos fixados em lei;

VIII - elegibilidade do alistável, atendidas as seguintes condições:

a) se contar menos de dez anos de serviço deverá afastar-se da atividade;

b) se contar mais de dez anos de serviço, será agregado pela autoridade superior e, se eleito, passará automaticamente, no ato da diplomação, para a inatividade.

IX – aos servidores militares estaduais será permitido o porte de arma, para a sua defesa pessoal e dos concidadãos, fora do horário de serviço.

Parágrafo único – O disposto nos incisos V, VI, VIII, XVI, XVII e XXI do art. 83 desta Constituição aplica-se aos servidores a que se refere este artigo, que também terão assegurado adicional de remuneração para as atividades penosas, insalubres ou perigosas, na forma da Lei. (Parágrafo único acrescentado pela Emenda Constitucional nº 02, de 06 de agosto de 1991, e declarado inconstitucional pelo STF na ADIN – 858.)

Art. 93. A lei disporá sobre a pensão militar estadual.

TÍTULO IV
DOS PODERES DO ESTADO

Capítulo I
DO PODER LEGISLATIVO

Seção I
DISPOSIÇÕES PRELIMINARES

Art. 94. O Poder Legislativo é exercido pela Assembléia Legislativa, composta de Deputados, representantes do povo, eleitos entre cidadãos brasileiros, maiores de 21 anos, no exercício dos direitos políticos, por voto direto e secreto, na forma da legislação federal.

Parágrafo único – O número de deputados à Assembléia Legislativa corresponderá ao triplo da representação do Estado na Câmara dos Deputados e, atingido o número de trinta e seis, será acrescido de tantos quantos forem os deputados federais acima de doze.

Art. 95. Cada legislatura terá a duração de quatro anos, iniciando-se com a posse dos eleitos.

Art. 96. Salvo disposição constitucional em contrário, as deliberações da Assembléia Legislativa e de suas Comissões serão tomadas por maioria de votos, presente a maioria absoluta de seus membros.

Parágrafo único – As deliberações, a que se refere o "caput" deste artigo, serão sempre tomadas por voto aberto. (Acrescentado pela Emenda Constitucional nº 20, de 29 de maio de 2001.)

Art. 97. Ao Poder Legislativo fica assegurada autonomia funcional, administrativa e financeira.

Seção II
DAS ATRIBUIÇÕES DA ASSEMBLÉIA LEGISLATIVA

Art. 98. Cabe à Assembleia Legislativa com a sanção do Governador do Estado, não exigida esta para o especificado nos artigos 99 e 100, legislar sobre todas as matérias de competência do Estado, entre as quais:

I - sistema tributário, arrecadação e distribuição de rendas;

II - plano plurianual, diretrizes orçamentárias, orçamento anual, operações de crédito e dívida pública;

III - planos e programas estaduais de desenvolvimento, em conformidade com os planos e programas nacionais;

IV - normas gerais sobre exploração ou concessão dos serviços públicos, bem como encampação e reversão destes, ou a expropriação dos bens de concessionárias ou permissionárias e autorizar cada um dos atos de retomada ou intervenção;

V - criação, transformação e extinção de cargos, empregos e funções públicas, observado o que estabelece o art. 145, caput, VI, da Constituição; (Nova redação dada pelo art. 11 da Emenda Constitucional nº 53, de 26/06/2012.)

VI - normas gerais sobre alienação, cessão, permuta, arrendamento ou aquisição de bens públicos;

VII - transferência temporária da sede do Governo;

VIII - organização e fixação dos efetivos da Polícia Militar e do Corpo de Bombeiros Militar, observadas as diretrizes fixadas na legislação federal;

IX - organização administrativa, judiciária, do Ministério Público, da Procuradoria Geral do Estado, da Defensoria Pública e do Tribunal de Contas do Estado; (Nova redação dada pelo artigo 3º da Emenda Constitucional nº 04, de 20 de agosto de 1991.

X - criação, incorporação, fusão e desmembramento de Municípios;

XI - exploração direta ou mediante concessão a empresa estatal em que o Poder Público estadual detenha a maioria do capital com direito a voto, com exclusividade de distribuição de serviços de gás canalizado;

XII - instituição de regiões metropolitanas, aglomerações urbanas e microrregiões;

XIII - criação, estruturação e atribuições das Secretarias de Estado e entidades da administração pública indireta.

XIV - fixar, por lei de sua iniciativa, os subsídios dos Deputados Estaduais, consoante § 2° do artigo 27 da Constituição Federal; (Inciso acrescentado pelo art. 1º da Ementa Constitucional nº 49/2011)

XV - fixar, por lei de sua iniciativa, os subsídios do Governador, do Vice-Governador e dos Secretários de Estado, consoante § 2° do artigo 28 da Constituição Federal. (Inciso acrescentado pelo art. 1º da Ementa Constitucional nº 49/2011)

XVI - tombamentos para fins de proteção de áreas ambientais e ecossistemas e conservação de patrimônio histórico e cultural. (Inciso acrescentado pela Emenda Constitucional nº 60, de 23 de junho de 2015.)

Art. 99. Compete privativamente à Assembleia Legislativa:

I - dispor sobre seu Regimento Interno, polícia e serviço administrativo de sua Secretaria, bem como criar, prover, transformar e extinguir os respectivos cargos, fixar sua remuneração, observados os parâmetros estabelecidos na lei de diretrizes orçamentárias;

II - eleger os membros da Mesa Diretora, com mandato de dois anos, permitida a reeleição.

III - autorizar o Governador a ausentar-se do Estado por mais de quinze dias consecutivos;

IV - autorizar o Governador e Vice-Governador a se ausentarem do País; (STF - ADIN - 678-9/600 - O Tribunal julgou procedente o pedido formulado na inicial para declarar a inconstitucionalidade do inciso IV do artigo 99 da Constituição do Estado do Rio de Janeiro, e, no § 1º do artigo 143, da mesma Constituição, da expressão "nem do Território Nacional por qualquer prazo". Publicação 21/11/2002.)

V - estabelecer e mudar temporariamente sua sede, a de suas reuniões, bem como o local de reunião de suas comissões permanentes;

VI - dar posse ao Governador e ao Vice-Governador, bem como receber os respectivos compromissos ou renúncias;

VII - sustar os atos normativos do Poder Executivo que exorbitem do poder regulamentar ou dos limites de delegação legislativa;

VIII - julgar anualmente as contas do Governador, apreciar os relatórios sobre a execução dos planos de Governo e proceder à tomada de contas, quando não apresentadas dentro de sessenta dias, após a abertura da Sessão Legislativa;

IX - (Inciso revogado pelo art. 4º da Emenda Constitucional nº 49/2011);

X - fiscalizar e controlar os atos do Poder Executivo, inclusive os da administração indireta;

XI - zelar pela preservação de sua competência legislativa em face da atribuição normativa dos outros Poderes;

XII - autorizar, por dois terços dos seus membros, a instauração de processo contra o Governador, o Vice-Governador e os Secretários de Estado;

XIII - processar e julgar o Governador e o Vice-Governador nos crimes de responsabilidade e os Secretários de Estado nos crimes da mesma natureza conexos com aqueles; (Parágrafo declarado inconstitucional pelo STF, na ADI 4772/RJ.)

XIV - processar e julgar o Procurador-Geral de Justiça, o Procurador-Geral do Estado e o Defensor Público Geral do Estado nos crimes de responsabilidade; (Nova redação dada pela Emenda Constitucional nº 16, de 14 de dezembro de 2000.)

XV - Aprovar previamente, por escrutínio aberto, após argüição pública, a escolha de Conselheiros do Tribunal de Contas do Estado, indicados pelo Governador; (Nova redação dada pela Emenda Constitucional nº 19, de 29 de maio de 2001.)

XVI - suspender a execução, no todo ou em parte, de lei ou de ato normativo estadual ou municipal declarado inconstitucional por decisão definitiva do Tribunal de Justiça;

XVII - destituir, por deliberação da maioria absoluta, o Procurador-Geral da Justiça antes do término de seu mandato, na forma da lei complementar respectiva;

XVIII - apreciar, anualmente, as contas do Tribunal de Contas do Estado; (Nova redação dada pelo artigo 3º da Emenda Constitucional nº 04, de 20 de agosto de 1991.)

XIX - pedir intervenção federal, se necessário, para assegurar o livre exercício de suas funções;

XX - apreciar e aprovar convênios, acordos, convenções coletivas ou contratos celebrados pelo Poder Executivo com os Governos Federal, Estadual ou Municipal, entidades de direito público ou privado, ou particulares, de que resultem para o Estado quaisquer encargos não estabelecidos na lei orçamentária; (Inciso declarado inconstitucional pelo STF, na ADIN 676.)

XXI - autorizar referendo e convocar plebiscito;

XXII - autorizar previamente alienação, a título oneroso, de bens do Estado, na conformidade desta Constituição;

XXIII - receber renúncia de mandato de Deputado;

XXIV - emendar a Constituição, promulgar leis no caso do silêncio do Governador, expedir decretos legislativos e resoluções;

XXV - declarar a perda de mandato de Deputado, por maioria absoluta de seus membros;

XXVI - autorizar previamente operações financeiras externas de interesse do Estado;

XXVII - apreciar decretos de intervenção nos Municípios;

XXVIII - ordenar a sustação de contrato impugnado pelo Tribunal de Contas;

XXIX - apreciar vetos;

XXX - (Inciso revogado pelo art. 4º da Emenda Constitucional nº 49/2011).

XXXI - aprovar, por iniciativa de um terço e pelo voto favorável de três quintos de seus membros, moção de desaprovação a atos dos Secretários de Estado, sobre cujo processo de discussão e votação disporá o Regime Interno da Assembléia Legislativa, assegurando-lhes o direito de defesa em Plenário; (Inciso declarado inconstitucional - STF - ADIN - 676-2/600)

XXXII - autorizar previamente, por maioria absoluta dos Deputados, proposta de empréstimo externo a ser apresentada pelo Governador ao Senado Federal;

XXXIII - autorizar a criação, fusão ou extinção de empresas públicas ou de economia mista, bem como o controle acionário de empresas particulares pelo Estado; (O STF decidiu, na ADIN 234, que só necessária essa autorização quando se cuide de alienar o controle acionário da sociedade de economia mista.)

XXXIV - escolher dois terços dos membros do Tribunal de Contas do Estado. (Nova redação dada pelo artigo 3º da Emenda Constitucional nº 04, de 20 de agosto de 1991.)

Parágrafo único - Nos casos previstos nos incisos XIII e XIV, funcionará como Presidente o do Tribunal de Justiça, limitando-se a condenação, que somente será proferida por dois terços dos votos da Assembléia Legislativa, à perda do cargo, com inabilitação, por oito anos, para o exercício de função pública, sem prejuízo das demais sanções cabíveis.

Art. 100. A Assembléia Legislativa, por maioria simples, ou qualquer de suas Comissões, poderá convocar Secretários de Estado e Procuradores Gerais para prestar, pessoalmente, informações sobre assuntos de sua pasta, previamente determinados, importando a ausência, sem justificação adequada, crime de responsabilidade.

§ 1º - O Secretário de Estado poderá comparecer à Assembléia Legislativa e a qualquer de suas Comissões, por sua iniciativa e mediante entendimento prévio com a Mesa Diretora, para fazer exposição sobre assuntos relevante de sua pasta.

§ 2º - A Mesa Diretora da Assembleia Legislativa poderá encaminhar pedidos escritos de informação a Secretários de Estado ou a qualquer das pessoas referidas no caput deste artigo, importando em crime de responsabilidade a recusa, ou o não-

-atendimento no prazo de trinta dias, bem como a prestação de informações falsas. (Parágrafo acrescentado pelo Art. 1º da Emenda Constitucional nº 53 de 26/06/2012)

Art. 101. A qualquer Deputado ou Comissão da Assembléia Legislativa é permitido formular requerimento de informação sobre atos do Poder Executivo e de suas entidades de administração indireta, até o limite de doze requerimentos por ano e por requerente, constituindo crime de responsabilidade, nos termos da lei, o não atendimento no prazo de trinta dias, ou a prestação de informações falsas.

Parágrafo único - Recebidos pela Mesa Diretora, pedidos de convocação de Secretários de Estado ou Procuradores Gerais ou requerimentos de informação deverão ser encaminhados aos respectivos destinatários dentro de, no máximo, dez dias.

Seção III
DOS DEPUTADOS

Art. 102 Os Deputados são invioláveis, civil e penalmente, por quaisquer de suas opiniões, palavras e votos. (Nova redação dada pelo art. 15 da Emenda Constitucional nº 53, de 26/06/2012)

§ 1º - Os Deputados, desde a expedição do diploma, serão submetidos a julgamento perante o Tribunal de Justiça.

§ 2º - Desde a expedição do diploma, os membros da Assembleia Legislativa não poderão ser presos, salvo em flagrante de crime inafiançável. Nesse caso, os autos serão remetidos dentro de vinte e quatro horas à Assembleia Legislativa, para que, pelo voto da maioria de seus membros, resolva sobre a prisão.

§ 3º - Recebida a denúncia contra o Deputado, por crime ocorrido após a diplomação, o Tribunal de Justiça dará ciência à Assembleia Legislativa, que, por iniciativa de partido político nela representado e pelo voto da maioria de seus membros, poderá, até a decisão final, sustar o andamento da ação.

§ 4º - O pedido de sustação será apreciado pela Assembleia Legislativa no prazo improrrogável de quarenta e cinco dias do seu recebimento pela Mesa Diretora.

§ 5º - A sustação do processo suspende a prescrição, enquanto durar o mandato.

§ 6º - Os Deputados não serão obrigados a testemunhar sobre informações recebidas ou prestadas em razão do exercício do mandato, nem sobre as pessoas que lhes confiaram ou deles receberam informações.

§ 7º - A incorporação de Deputados às Forças Armadas, embora militares e ainda que em tempo de guerra, dependerá de prévia licença da Assembleia Legislativa.

§ 8º - As imunidades de Deputados subsistirão durante o estado de sítio, só podendo ser suspensas mediante o voto de dois terços dos membros da Assembleia Legislativa, nos casos de atos praticados fora do recinto da Assembleia Legislativa, que sejam incompatíveis com a execução da medida.

§ 9º - Autoriza o livre acesso a deputados estaduais, independentemente de serem membros de Comissões Permanentes ou Temporárias da Assembleia Legislativa do Estado do Rio de Janeiro, aos órgãos e empresas da Administração Pública Estadual direta e indireta, para fins de fiscalização de assuntos relacionados à atividade parlamentar. (Acrescentado pela Emenda Constitucional nº 74, de 18/12/2019)

Art. 103. Os Deputados não poderão:

I - desde a expedição do diploma:

a) firmar ou manter contrato com pessoa jurídica de direito público, autarquia, empresa pública, sociedade de economia mista ou empresa concessionária de serviço público, salvo quando o contrato obedecer a cláusulas uniformes;

b) aceitar ou exercer cargo, função ou emprego remunerado, inclusive os de confiança, nas entidades constantes da alínea anterior;

II - desde a posse:

a) ser proprietários, controladores ou diretores de empresa que goze de favor decorrente de contrato com pessoa jurídica de direito público, ou nela exercer função remunerada;

b) ocupar cargo ou função de confiança nas entidades referidas no inciso I, a;

c) patrocinar causa em que seja interessada qualquer das entidades a que se refere o inciso I, a;

d) ser titulares de mais de um cargo ou mandato público eletivo.

Art. 104. Perderá o mandato o Deputado:

I - que infringir qualquer das proibições estabelecidas no artigo anterior;

II - cujo procedimento for declarado incompatível com o decoro parlamentar;

III - que deixar de comparecer, em cada sessão legislativa, à terça parte das sessões ordinárias, salvo licença ou missão autorizada pela Assembleia Legislativa;

IV - que perder ou tiver suspensos os direitos políticos;

V - quando o decretar a Justiça Eleitoral, nos casos previstos na Constituição da República;

VI - que sofrer condenação criminal em sentença transitada em julgado.

§ 1º – É incompatível com o decoro parlamentar, além dos casos definidos no Regimento Interno, o abuso das prerrogativas asseguradas a membro da Assembleia Legislativa ou a percepção de vantagens indevidas.

§ 2º – Nos casos dos incisos I, II e VI, a perda do mandato será decidida pela Assembleia Legislativa, por voto aberto e maioria absoluta, mediante provocação da Mesa Diretora ou de partido político com representação na Casa, assegurada ampla defesa. (Nova redação dada pela Emenda Constitucional nº 55, de 03/12/2013)

§ 3º – Nos casos previstos nos incisos III a V, a perda será declarada pela Mesa, de ofício ou mediante provocação de qualquer de seus membros, ou de partido político representado na Assembleia Legislativa, assegurada plena defesa.

§ 4º – A renúncia de parlamentar submetido a processo que vise ou possa levar à perda do mandato, nos termos deste artigo, terá seus efeitos suspensos até as deliberações finais de que tratam os §§ 2º e 3º. (Parágrafo acrescentado pela Emenda Constitucional nº 53, de 26/06/2012)

Art. 105. Não perderá o mandato o Deputado:

I – investido no cargo de Ministro de Estado, Governador de Território, Secretário de Estado, do Distrito Federal, de Território, Secretário Municipal de Prefeitura de Capital e de Município com no mínimo 300.000 eleitores, ou de Chefe de missão diplomática temporária; (Nova redação dada pela Emenda Constitucional nº 14, de 06 de dezembro de 2000.)

II – licenciado por motivo de doença, ou para tratar, sem remuneração, de interesse particular, desde que, neste caso, o afastamento não ultrapasse cento e vinte dias por sessão legislativa.

§ 1º – O suplente será convocado nos casos de vaga, de investidura nos cargos ou funções previstas neste artigo, ou de licença superior a cento e vinte dias.

§ 2º – Ocorrendo vaga e não havendo suplente, far-se-á eleição para preenchê-la se faltarem mais de quinze meses para o término do mandato.

§ 3º – Na hipótese do inciso I deste artigo, o Deputado pode optar pela remuneração do mandato.

Art. 106. A remuneração dos Deputados Estaduais será fixada em cada legislatura, para a subsequente, pela Assembleia Legislativa, observado o que dispõem os artigos 150, II, 153, III e 153, § 2º, I, da Constituição da República.

Seção IV
DAS REUNIÕES

Art. 107. A Assembleia Legislativa reunir-se-á anualmente na Capital do Estado de 1º de fevereiro a 30 de junho e de 1º de agosto a 31 de dezembro. (Nova redação dada pela Emenda Constitucional nº 33, de 10/03/2004)

§ 1º - As reuniões marcadas para essas datas serão transferidas para o primeiro dia útil subsequente, quando recaírem em sábados, domingos e feriados.

§ 2º - A sessão legislativa não será interrompida sem a aprovação do projeto de lei de diretrizes orçamentárias.

§ 3º - A Assembleia Legislativa reunir-se-á em sessões preparatórias, a partir de 1º de fevereiro, no primeiro ano da legislatura, para a posse de seus membros; no primeiro e no terceiro anos, para eleição da Mesa Diretora. (Nova redação dada pela Emenda Constitucional nº 06, de 29 de dezembro de 1994.)

§ 4º - A convocação extraordinária da Assembleia Legislativa será feita:

I - pelo seu Presidente, em caso de intervenção em Município, bem como para receber o compromisso e dar posse ao Governador e ao Vice-Governador do Estado;

II - pela Mesa Diretora ou a requerimento de um terço dos Deputados que compõem a Assembleia Legislativa para apreciação de ato do Governador do Estado que importe em crime de responsabilidade;

III - pelo Governador do Estado, pelo Presidente da Assembleia Legislativa ou a requerimento da maioria dos seus membros, em caso de urgência ou interesse público relevante.

§ 5º - Na sessão legislativa extraordinária, a Assembleia Legislativa somente deliberará sobre a matéria para a qual tiver sido convocada.

§ 6º - Quando houver convocação extraordinária, os Deputados não farão jus a qualquer tipo de remuneração adicional. (Acrescentado pela Emenda Constitucional nº 33, de 10/03/2004.)

§ 7º - A Assembleia Legislativa poderá reunir-se de forma itinerante, conforme calendário previamente determinado, em Municípios Pólos das Regiões do Estado. (Acrescentado pela Emenda Constitucional nº 36, de 31/05/2006.)

Art. 108. A Assembleia Legislativa reservará um período para a manifestação de representantes de entidades civis, na forma que dispuser o Regimento Interno.

Seção V
DAS COMISSÕES

Art. 109. A Assembleia Legislativa terá comissões permanentes e temporárias, constituídas na forma e com as atribuições previstas nos respectivos Regimento ou ato legislativo de sua criação.

§ 1º - Na constituição da Mesa Diretora e de cada Comissão, é assegurada, tanto quanto possível, a representação proporcional dos partidos ou dos blocos parlamentares com participação na Assembleia Legislativa.

§ 2º - Às comissões, em relação a matéria de sua competência, além de outras atribuições previstas nesta Constituição, cabe:

I - discutir e votar projeto de lei que dispensar na forma do Regimento, a deliberação do plenário, salvo recurso de um décimo dos membros da Assembleia Legislativa;

II - realizar audiências públicas com entidades representativas da sociedade civil;

III - convocar, na forma do artigo 100 desta Constituição, Secretário de Estado ou Procurador-Geral para prestar informações sobre assuntos inerentes a atribuições de sua pasta;

IV - receber petições, reclamações, representações ou queixas contra atos ou omissões das autoridades ou entidades públicas;

V - solicitar depoimento de qualquer autoridade ou cidadão;

VI - apreciar programas de obras, planos estaduais, regionais e setoriais de desenvolvimento e sobre eles emitir parecer.

§ 3º - As comissões parlamentares de inquérito, que terão poderes de investigação próprios das autoridades judiciais, além de outros previstos no Regimento Interno da Casa, serão criadas a requerimento de um terço dos membros da Assembleia Legislativa, para apuração de fato determinado e por prazo certo, sendo suas conclusões, se for o caso, encaminhadas ao Ministério Público, para que promova a responsabilidade civil ou criminal dos infratores.

§ 4º - Durante o recesso, haverá uma comissão representativa da Assembleia Legislativa, com atribuições definidas no Regimento Interno, cuja composição reproduzirá, tanto quanto possível, a proporcionalidade da representação partidária, eleita na última sessão ordinária de cada período legislativo.

Seção VI
DO PROCESSO LEGISLATIVO

Art. 110. O processo legislativo compreende a elaboração de:

I - emendas à Constituição;

II - leis complementares à Constituição;

III - leis ordinárias;

IV - leis delegadas;

V - decretos legislativos;

VI - resoluções.

Subseção I
DA EMENDA À CONSTITUIÇÃO

Art. 111. A Constituição poderá ser emendada mediante proposta:

I - de um terço dos membros de Assembleia Legislativa;

II - do Governador do Estado;

III - de mais da metade das Câmaras Municipais do Estado, manifestando-se, cada uma delas, pela maioria relativa de seus membros.

IV - de iniciativa popular, subscrita por, no mínimo, um por cento do eleitorado estadual, distribuído, pelo menos, em um décimo dos municípios existentes no Estado, com não menos de três décimos por cento dos eleitores de cada um deles. (Inciso acrescentado pela Emenda Constitucional nº 56, de 18/12/2013)

§ 1º - Em qualquer caso, a proposta de emenda será discutida e votada, em dois turnos, considerando-se aprovada quando obtiver, em ambas as votações, votos favoráveis de três quintos dos membros da Assembleia Legislativa.

§ 2º - A Emenda à Constituição será promulgada pela Mesa Diretora da Assembleia Legislativa, com o respectivo número de ordem.

§ 3º - A Constituição não poderá ser emendada na vigência de intervenção federal, de estado de defesa ou de estado de sítio.

§ 4º - A matéria constante de proposta de emenda rejeitada ou havida por prejudicada não pode ser objeto de nova proposta na mesma sessão legislativa.

Subseção II
DAS LEIS

Art. 112. A iniciativa das leis complementares e ordinárias cabe a qualquer membro ou Comissão da Assembleia Legislativa, ao Governador do Estado, ao Tribunal de Justiça, ao Ministério Público, a Defensoria Pública e aos cidadãos, na forma e nos casos previstos nesta Constituição. (Nova redação dada pela Emenda Constitucional nº 72, de 04 de junho de 2019.)

§ 1º - São de iniciativa privativa do Governador do Estado as leis que:

I - fixem ou alterem os efetivos da Polícia Militar e do Corpo de Bombeiros Militar;

II - disponham sobre:

a) criação de cargos, funções ou empregos públicos na administração direta e autárquica do Poder Executivo ou aumento de sua remuneração;

b) servidores públicos do Estado, seu regime jurídico, provimento de cargos, estabilidade e aposentadoria de civis, reforma e transferência de militares para a inatividade;

c) organização do Ministério Público, sem prejuízo da faculdade contida no artigo 172 desta Constituição, da Procuradoria Geral do Estado e da Defensoria Pública;

d) criação e extinção de Secretarias de Estado e órgãos da administração pública, observado o disposto o art. 145, caput, VI, da Constituição; (Nova redação dada pelo art. 12 da Emenda Constitucional nº 53, de 26/06/2012)

§ 2º - Não será objeto de deliberação proposta que vise conceder gratuidade em serviço público prestado de forma indireta, sem a correspondente indicação da fonte de custeio.

§ 3º - Em caso de dúvida em relação as matérias de competência exclusiva do Governador (a) do Estado, a Sanção torna superado o possível vício de iniciativa. (Acrescentado pela Emenda Constitucional nº 38, de 31 de maio de 2006.)

Art. 113. Não será admitido aumento da despesa prevista:

I - nos projetos de iniciativa exclusiva do Governador do Estado, ressalvando o disposto no artigo 210, § 3º desta Constituição;

II - nos projetos sobre organização dos serviços administrativos da Assembleia Legislativa, dos Tribunais e do Ministério Público.

Art. 114. O Governador do Estado pode solicitar urgência para apreciação de projetos de sua iniciativa.

§ 1º - Se, no caso deste artigo, a Assembleia Legislativa não se manifestar sobre a proposição em até quarenta e cinco dias, esta deverá ser incluída na Ordem do Dia, sobrestando-se a deliberação quanto aos demais assuntos, para que se ultime a votação.

§ 2º - Os prazos de que trata o parágrafo anterior não correm nos períodos de recesso da Assembleia Legislativa, nem se aplicam, aos projetos de código.

Art. 115. O Projeto de Lei, se aprovado, será enviado ao Governador do Estado, o qual, aquiescendo, o sancionará.

§ 1º – Se o Governador do Estado considerar o Projeto de Lei, no todo ou em parte, inconstitucional ou contrário ao interesse público, veta-lo-á total ou parcialmente, no prazo de quinze dias úteis, contado da data do recebimento e comunicará, dentro de quarenta e oito horas, os motivos do veto ao Presidente da Assembleia Legislativa.

§ 2º – O veto parcial somente abrangerá texto integral de artigo, de parágrafo, de inciso ou de alínea.

§ 3º – Decorrido o prazo de quinze dias úteis, o silêncio do Governador importará sanção.

§ 4º – O veto será apreciado no prazo de trinta dias a contar de seu recebimento, só podendo ser rejeitado pelo voto da maioria absoluta dos membros da Assembleia Legislativa, em escrutínio aberto. (Nova redação dada pela Emenda Constitucional nº 18, de maio de 2001.)

§ 5º – Se o veto for rejeitado, será o projeto enviado, para promulgação, ao Governador.

§ 6º – Esgotado, sem deliberação, o prazo estabelecido no § 4º, o veto será colocado na Ordem do Dia da sessão imediata, sobrestadas as demais proposições, até sua votação final.

§ 7º – Se a lei não for promulgada dentro de quarenta e oito horas, pelo Governador nos casos dos §§ 3º e 5º, o Presidente da Assembleia Legislativa a promulgará e, se este não o fizer em igual prazo, caberá ao primeiro Vice-Presidente fazê-lo.

Art. 116. A matéria constante de Projeto de Lei rejeitado somente poderá constituir objeto de novo projeto, na mesma sessão legislativa, mediante proposta da maioria absoluta dos membros da Assembleia Legislativa.

Art. 117. As leis delegadas serão elaboradas pelo Governador do Estado, que deverá solicitar a delegação à Assembleia Legislativa.

§ 1º – Não serão objeto de delegação os atos de competência exclusiva da Assembleia Legislativa, a matéria reservada à lei complementar, nem a legislação sobre:

I – organização do Poder Judiciário, do Ministério Público e da Defensoria Pública, a carreira e garantia de seus membros; (Nova redação dada pela Emenda Constitucional nº 72, de 04 de junho de 2019.)

II – planos plurianuais, diretrizes orçamentárias e orçamentos.

§ 2º – A delegação ao Governador do Estado terá a forma de resolução da Assembleia Legislativa, que especificará seu conteúdo e os termos do seu exercício.

§ 3º - Se a resolução determinar a apreciação do projeto pela Assembleia Legislativa, esta a fará em votação única, vedada qualquer emenda.

Art. 118. As leis complementares serão aprovadas por maioria absoluta e receberão numeração distinta das leis ordinárias.

Parágrafo único - Considerar-se-ão leis complementares, entre outras previstas nesta Constituição:

I - (Revogado pela Emenda Constitucional nº 39/2006.)

II - Lei Orgânica do Tribunal de Contas do Estado; (Nova redação dada pelo artigo 3º da Emenda Constitucional nº 04, de 20 de agosto de 1991.)

III - Lei Orgânica do Ministério Público;

IV - Lei Orgânica da Procuradoria Geral do Estado;

V - Lei Orgânica do Ministério Público junto ao Tribunal de Contas;

VI - Lei Orgânica da Defensoria Pública;

VII - Lei Orgânica da Carreira de Fiscal de Rendas;

VIII - Estatuto dos Servidores Públicos Civis;

IX - Estatuto dos Servidores Públicos Militares;

X - Lei Orgânica da Polícia Civil.

Subseção III
DA INICIATIVA POPULAR

Art. 119. A iniciativa popular pode ser exercida pela apresentação à Assembleia Legislativa de Projeto de Lei devidamente articulado e subscrito por, no mínimo, dois décimos por cento do eleitorado do Estado, distribuídos em pelo menos dez por cento dos Municípios, com não menos de um décimo por cento dos eleitores de cada um deles.

Parágrafo único. O Projeto de Lei de iniciativa popular poderá ser parcial ou totalmente subscrito por meio de assinatura digital autenticada. (Parágrafo acrescentado pela Emenda Constitucional nº 61, de 17 de novembro de 2015.)

Art. 120. Mediante proposição devidamente fundamentada de dois quintos dos Deputados ou de cinco por cento dos eleitores inscritos no Estado, será submetida a plebiscito popular questão relevante para os destinos do Estado.

§ 1º - A votação será organizada pelo Tribunal Regional Eleitoral, no prazo de três meses após a aprovação da proposta, assegurando-se formas de publicidade gratuita para os partidários e os opositores da proposição.

§ 2º - Serão realizadas, no máximo, duas consultas plebiscitárias por ano, admitindo-se até cinco proposições por consulta, e vedada a sua realização nos quatro meses que antecederem à realização de eleições municipais, estaduais e nacionais.

§ 3º - O Tribunal Regional Eleitoral proclamará o resultado do plebiscito que será considerado como decisão definitiva sobre a questão proposta.

§ 4º - A proposição que já tenha sido objeto de plebiscito popular somente poderá ser reapresentada com intervalo de três anos.

§ 5º - O Estado assegurará ao Tribunal Regional Eleitoral os recursos necessários à realização das consultas plebiscitárias.

Seção VII
DA PROCURADORIA GERAL DA ASSEMBLÉIA LEGISLATIVA

Art. 121. A consultoria jurídica, a supervisão dos serviços de assessoramento jurídico, bem como a representação judicial da Assembleia Legislativa, quando couber, são exercidas por seus Procuradores, integrantes da Procuradoria Geral da Assembleia Legislativa, diretamente vinculada ao Presidente.

§ 1º - A carreira de Procurador da Assembleia Legislativa, a organização e o funcionamento da instituição serão disciplinados em Lei Complementar, dependendo o respectivo ingresso de provimento condicionado à classificação em concurso público de provas e títulos, com a participação da Ordem dos Advogados do Brasil.

§ 2º - O Procurador-Geral da Assembleia Legislativa, chefe da instituição, será nomeado pela Mesa Diretora dentre cidadãos de notável saber jurídico e reputação ilibada. (Nova redação dada pelo art. 1º da Emenda Constitucional nº 10, de junho de 1998.)

Seção VIII
DA FISCALIZAÇÃO CONTÁBIL, FINANCEIRA E ORÇAMENTÁRIA

Art. 122. A fiscalização contábil, financeira, orçamentária, operacional e patrimonial do Estado e das entidades da Administração Direta e Indireta, quanto à legalidade, legitimidade, economicidade, aplicação das subvenções e renúncia de receitas, será exercida pela Assembleia Legislativa, mediante controle externo e pelo sistema de controle interno de cada Poder.

Parágrafo único - Prestará contas qualquer pessoa física ou entidade pública que utilize, arrecade, guarde, gerencie ou administre dinheiros, bens e valores públicos, ou pelos quais o Estado responda ou que, em nome deste, assuma obrigações de natureza pecuniária.

Art. 123. O controle externo, a cargo da Assembleia Legislativa, será exercido com o auxílio do Tribunal de Contas do Estado, ao qual compete:

I – apreciar as contas prestadas anualmente pelo Governador do Estado, mediante parecer prévio que deverá ser elaborado em sessenta dias a contar de seu recebimento;

II – julgar as contas dos administradores e demais responsáveis por dinheiros, bens e valores públicos dos três poderes, da administração direta e indireta, incluídas as empresas públicas, autarquias, sociedades de economia mista e as fundações instituídas ou mantidas pelo Poder Público Estadual, e as contas daqueles que derem causa a perda, extravio ou outra irregularidade de que resulte prejuízo à Fazenda Estadual;

III – apreciar, para fins de registro, a legalidade dos atos de admissão de pessoal, a qualquer título, na administração direta e indireta, incluídas as fundações instituídas ou mantidas pelo Poder Público, excetuadas as nomeações para cargos de provimento em comissão, bem como a das concessões de aposentadorias, transferências para a reserva, reformas e pensões, ressalvadas as melhorias posteriores que não alterem o fundamento legal do ato concessório;

IV – realizar, por iniciativa própria da Assembleia Legislativa, de Comissão técnica ou de inquérito, inspeções e auditorias de natureza contábil, financeira, orçamentária, operacional e patrimonial, nas unidades administrativas dos Poderes Legislativo, Executivo e Judiciário, e demais entidades referidas no inciso II;

V – fiscalizar a aplicação de quaisquer recursos repassados pelo Estado mediante convênio, acordo, ajuste ou outros instrumentos congêneres;

VI – prestar as informações solicitadas pela Assembleia Legislativa, ou por qualquer de suas Comissões, sobre a fiscalização contábil, financeira, orçamentária, operacional e patrimonial, e sobre resultados de auditorias e inspeções realizadas;

VII – aplicar aos responsáveis, em caso de ilegalidade de despesa ou irregularidade de contas, as sanções previstas em lei, que estabelecerá, dentre outras cominações, multa proporcional ao dano causado ao erário;

VIII – assinar prazo para que o órgão ou entidade adote as providências necessárias ao exato cumprimento da lei, se verificada ilegalidade;

IX – sustar, se não atendido, a execução do ato impugnado, comunicando a decisão à Assembleia Legislativa;

X – representar ao Poder competente sobre irregularidades ou abusos apurados.

§ 1º – No caso de contrato, o ato de sustação será adotado diretamente pela Assembleia Legislativa, que solicitará, de imediato, ao Poder Executivo as medidas cabíveis.

§ 2º – Se a Assembleia Legislativa ou o Poder Executivo, no prazo de noventa dias, não efetivar as medidas previstas no parágrafo anterior, o Tribunal decidirá a respeito.

§ 3º – As decisões do Tribunal de que resulte imputação de débito ou multa terão eficácia de título executivo.

§ 4º – O Tribunal encaminhará à Assembleia Legislativa, trimestral e anualmente, relatório de suas atividades.

§ 5º – Os responsáveis pelo sistema de controle interno previsto neste artigo, na área contábil, serão, necessariamente, contabilistas inscritos no Conselho Regional de Contabilidade do Estado do Rio de Janeiro.

§ 6º – Aplica-se ao Tribunal de Contas, no que couber, o disposto no artigo 152, §§ 1º e 3º, desta Constituição.

Art. 124. A fiscalização contábil, financeira, orçamentária, operacional e patrimonial dos Municípios, e de todas as entidades de sua administração direta e indireta e fundacional, é exercida mediante controle externo da Câmara Municipal e pelos sistemas de controle interno do respectivo Poder Executivo, na forma estabelecida em lei.

§ 1º – O controle externo da Câmara Municipal será exercido com o auxílio do Tribunal de Contas do Estado, que emitirá parecer prévio sobre as contas do Prefeito.

§ 2º – Somente por decisão de dois terços dos membros da Câmara Municipal deixará de prevalecer o parecer prévio, emitido pelo Tribunal de Contas do Estado, sobre as contas que o Prefeito prestará anualmente.

§ 3º – No Município do Rio de Janeiro, o controle externo é exercido pela Câmara Municipal, com o auxílio do Tribunal de Contas do Município, aplicando-se, no que couber as normas estabelecidas nesta seção, inclusive as relativas ao provimento de cargos de Conselheiro e os termos dos §§ 3º e 4º do artigo 131 desta Constituição.

§ 4º – As contas do Tribunal de Contas do Município do Rio de Janeiro serão submetidas, anualmente, à apreciação da Câmara Municipal do Rio de Janeiro.

Art. 125. Compete ao Tribunal de Contas do Estado, além de outras atribuições conferidas por lei:

I – dar parecer prévio sobre a prestação anual de contas da administração financeira dos Municípios elaborado em sessenta dias, a contar de seu recebimento;

II – encaminhar a Câmara Municipal e ao Prefeito o parecer sobre as contas e sugerir as medidas convenientes para a final apreciação da Câmara;

III – julgar as contas dos administradores e demais responsáveis por dinheiros, bens e valores públicos da administração direta e indireta dos Municípios, incluídas as fundações e sociedades instituídas e mantidas pelo Poder Público Municipal, e as contas dos que derem causa a perda, extravio ou outra irregularidade de que resulte prejuízo ao erário;

IV – apreciar, para fins de registro, a legalidade dos atos de admissão de pessoal, a qualquer título, na administração direta e indireta, incluídas as fundações instituídas e mantidas pelo Poder Público, excetuadas as nomeações para cargo de provimento em comissão, bem como a legalidade das concessões de aposentadorias e pensões, ressalvadas as melhorias posteriores que não alterem o fundamento legal do ato concessório;

V – realizar, por iniciativa própria da Câmara Municipal, de Comissão Técnica ou de Inquérito, inspeções e auditorias de natureza contábil, financeira, orçamentária, operacional e patrimonial, nas unidades administrativas da Câmara Municipal do Poder Executivo Municipal e demais entidades referidas no inciso III;

VI – prestar as informações solicitadas pela Câmara Municipal ou por qualquer das respectivas Comissões, sobre a fiscalização contábil, financeira, orçamentária, operacional e patrimonial, e sobre resultados de auditorias e de inspeções realizadas;

VII – aplicar aos responsáveis, em caso de ilegalidade de despesa ou irregularidade de contas, as sanções previstas em lei que estabelecerá, entre outras cominações, multa proporcional ao dano causado ao erário;

VIII – assinar prazo para que o órgão ou entidade adote as providências necessárias ao exato cumprimento da lei, se verificada ilegalidade;

IX – sustar, se não atendido, a execução do ato impugnado, comunicando a decisão a Câmara Municipal;

X – representar ao Poder competente sobre irregularidades ou abusos apurados.

§ 1º – No caso de contrato, o ato de sustação será adotado diretamente pela Câmara Municipal, que solicitará, de imediato, ao respectivo Poder Executivo as medidas cabíveis.

§ 2º – Se a Câmara Municipal ou o Prefeito, no prazo de noventa dias, não efetivar as medidas previstas no parágrafo anterior, o Tribunal de Contas do Estado decidirá a respeito.

§ 3º – As decisões do Tribunal de Contas do Estado, de que resulte imputação de débito ou multa, terão eficácia de título executivo.

XI – Considerar em juízo o responsável em processos de prestação ou tomada de contas, para todos os efeitos de direito, com a entrada do processo no Tribunal de Contas, estabelecendo-se o contraditório quando tomar ciência da decisão prolatada. (Acrescentado pela Emenda Constitucional nº 57, de 13 de maio de 2014.)

XII – Julgar as prestações ou tomada de contas e registrar os atos de pessoal que a administração não puder anular em até cinco anos contados do término do exercício seguinte àquele em que estas lhe tiverem sido apresentadas. (Acrescentado pela Emenda Constitucional nº 57, de 13 de maio de 2014.)

§ 1º – Ficam obrigados os Chefes de Poderes Estadual e Municipais, bem como seus subordinados hierárquicos, de cargos políticos os administrativos, a fornecerem ao responsável, nos termos do caput deste artigo, os documentos, certidões e informações por ele solicitados com a finalidade de exercer o seu direito de defesa perante ao Tribunal de Contas. (Acrescentado pela Emenda Constitucional nº 57, de 13 de maio de 2014.)

§ 2º – A apresentação dos documentos, certidões e informações a que se refere o parágrafo anterior será feita obrigatoriamente dentro de 10 (dez) dias contados da data da solicitação protocolada. (Acrescentado pela Emenda Constitucional nº 57, de 13 de maio de 2014.)

§ 3º – O descumprimento do disposto nos parágrafos 1º e 2º deste artigo implicará na responsabilidade solidária pela apresentação dos documentos, certidões e informações ao Tribunal de Contas, sujeitando-se às mesmas penalidades decorrentes do não atendimento a diligência ou decisão do Tribunal, e servirá de fundamento para a prorrogação dos prazos processuais de acordo com as circunstâncias do caso concreto. (Acrescentado pela Emenda Constitucional nº 57, de 13 de maio de 2014.)

§ 4º – Observada a garantia constitucional da duração razoável do processo (CF-1988, art. 5º, inciso LXXVIII), este prazo poderá ser prorrogado, uma única vez, nos casos de necessidade, por decisão fundamentada do Conselheiro Relator. (Acrescentado pela Emenda Constitucional nº 57, de 13 de maio de 2014.)

§ 5º – A pretensão punitiva do Tribunal de Contas prescreverá quando a paralisação da tramitação de feito ultrapassar o prazo de 05 (cinco) anos. (Acrescentado pela Emenda Constitucional nº 57, de 13 de maio de 2014.)

Art. 126. As contas dos Municípios ficarão, durante sessenta dias, anualmente, a disposição de qualquer contribuinte, para exame e apreciação, o qual poderá questionar-lhes a legitimidade nos termos da lei.

(Artigos 124, 125, 126 e seus parágrafos e incisos foram acrescentados pelo artigo 2º da Emenda Constitucional nº 04, de 20 de agosto de 1991. A partir do artigo 123 (atual 127), todos os artigos foram renumerados.)

Art. 127. A Comissão permanente a que se refere o artigo 210, § 1º, desta Constituição, diante de indícios de despesas não autorizadas, ainda que sob a forma de investimentos não programados ou de subsídios não aprovados, poderá solicitar a autoridade governamental responsável que, no prazo de cinco dias, preste os esclarecimentos necessários.

§ 1º - Não prestados os esclarecimentos, ou considerados insuficientes, a comissão solicitará ao Tribunal pronunciamento conclusivo sobre a matéria, no prazo de trinta dias.

§ 2º - Entendendo o Tribunal irregular a despesa, a Comissão, se julgar que o gasto possa causar dano irreparável ou grave lesão à economia pública, proporá à Assembleia Legislativa sua sustação.

Art. 128. O Tribunal de Contas do Estado, integrado por sete Conselheiros, tem sede na Capital, quadro próprio de pessoal e jurisdição em todo território estadual, exercendo, no que couber, as atribuições previstas no art. 158 da Constituição. (NR - Nova redação pela Emenda Constitucional nº 59, de 08 de abril de 2015).

§ 1º - Os Conselheiros do Tribunal de Contas do Estado serão nomeados dentre brasileiros que satisfaçam os seguintes requisitos:

I - mais de trinta e cinco e menos de sessenta e cinco anos de idade; (Nova redação dada pela Emenda Constitucional nº 64, de 17 de maio de 2016.)

II - idoneidade moral e reputação ilibada;

III - notórios conhecimentos jurídicos, contábeis, econômicos e financeiros ou de administração pública;

IV - mais de dez anos de exercício de função ou de efetiva atividade profissional que exija os conhecimentos mencionados no inciso anterior.

§ 2º - Os Conselheiros do Tribunal de Contas do Estado serão escolhidos:

I - três pelo Governador do Estado, com a aprovação da Assembleia Legislativa, sendo dois alternadamente dentre auditores e membros do Ministério Público junto ao Tribunal, indicados em lista tríplice pelo Tribunal, segundo os critérios de antiguidade e merecimento;

II - quatro pela Assembleia Legislativa.

§ 3º - Os Conselheiros do Tribunal de Contas do Estado terão as mesmas garantias, prerrogativas, impedimentos, vencimentos e vantagens dos Desembargadores do Tribunal de Justiça, aplicando-se-lhes, quanto à aposentadoria e pensão, as normas constantes do art. 89.

§ 4º - O auditor, quando em substituição a Conselheiro, terá as mesmas garantias e impedimentos do titular e, quando no exercício das demais atribuições da judicatura, as de juiz de direito da mais alta entrância. (Nova redação dada pelo art. 7º da Emenda Constitucional nº 53, de 26/06/2012.)

§ 5º - Os Conselheiros, nos casos de crimes comuns e nos de responsabilidade, serão processados e julgados, originariamente, pelo Superior Tribunal de Justiça. (Parágrafo renumerado pelo art. 7º da Emenda Constitucional nº 53, de 26/06/2012)

§ 6º - São infrações administrativas de Conselheiro do Tribunal de Contas, sujeitas a julgamento pela Assembléia Legislativa e sancionadas, mesmo na forma tentada, com o afastamento do cargo:

I - impedir o funcionamento administrativo de Câmara Municipal ou da Assembléia Legislativa;

II - desatender, sem motivo justo, pedido de informações, de auditoria ou de inspeção externa, formulado por Câmara Municipal ou pela Assembléia Legislativa;

III - não cumprir prazo constitucional ou legal para o exercício de sua atribuição;

IV - deixar de prestar contas à Assembléia Legislativa;

V - incidir em quaisquer das proibições do art. 167 da Constituição da República;

VI - praticar, contra expressa disposição de lei, ato de sua competência ou omitir-se na sua prática;

VII - omitir-se ou negligenciar na defesa de bens, rendas, direitos ou interesses, sujeitos à administração do Tribunal de Contas;

VIII - proceder de modo incompatível com a dignidade e o decoro do cargo. (Parágrafo acrescentado pela Emenda Constitucional nº 40/2009 e renumerado pelo art. 7º da Emenda Constitucional nº 53, de 26/06/2012. Parágrafo com eficácia suspensa por liminar na ADIN 4190)

§ 7º - Assegurados o contraditório e ampla defesa, o processo administrativo por fato descrito no parágrafo anterior obedecerá ao seguinte rito:

I - a notícia, por escrito e com firma reconhecida, poderá ser formulada por qualquer pessoa;

II - a instauração do processo administrativo dependerá de aprovação pela maioria absoluta da Assembléia Legislativa, após a leitura da notícia em Plenário;

III - constituir-se-á comissão processante especial, composta por cinco Deputados sorteados, os quais elegerão o Presidente e o Relator;

IV - recebidos os autos, o Presidente determinará a citação do noticiado, remetendo-lhe cópia integral do processo administrativo, para que, no prazo de cinco dias, apresente defesa prévia, por escrito, indique as provas que pretender produzir e arrole testemunhas, até o máximo de dez;

V – o noticiado deverá ser intimado de todos os atos do processo, pessoalmente, ou na pessoa de seu procurador, com a antecedência, pelo menos, de vinte e quatro horas, sendo-lhe permitido assistir às diligências e audiências, bem como formular perguntas e reperguntas às testemunhas e requerer o que for de interesse da defesa;

VI – concluída a instrução, será aberta vista do processo ao noticiado, para razões escritas no prazo de cinco dias, após o que a comissão processante emitirá parecer final, pela procedência ou improcedência da notícia;

VII – havendo julgamento, o parecer final será lido com Plenário e, depois, o noticiado, ou seu procurador, terá o prazo máximo de uma hora para produzir sua defesa oral;

VIII – concluída a defesa, proceder-se-á a tantas votações quantas forem as infrações articuladas na notícia, considerando-se afastado do cargo, o noticiado que for declarado, pelo voto aberto da maioria absoluta dos Deputados, como incurso em qualquer das infrações especificadas na notícia;

IX – o processo será concluído em noventa dias, contados da data em que se efetivar a notificação do acusado, sob pena de arquivamento. (Parágrafo acrescentado pela Emenda Constitucional nº 40/2009 e renumerado pelo art. 7º da Emenda Constitucional nº 53, de 26/06/2012. Parágrafo com eficácia suspensa por liminar na ADIN 4190)

§ 8º – Fica vedada a nomeação para Conselheiro do Tribunal de Constas o cidadão que:

I – tenha contra sua pessoa representação julgada procedente pela Justiça Eleitoral, em decisão transitada em julgado ou proferida por órgão colegiado, em processo de apuração de abuso do poder econômico ou político, para a eleição na qual concorrem ou tenham sido diplomados, bem como para as que se realizaram nos 8 (oito) anos anteriores;

II – que forem condenados, em decisão transitada em julgado ou proferida por órgão judicial colegiado, desde a condenação até o transcurso do prazo de 8 (oito) anos após o cumprimento da pena, pelos crimes:

1. contra a economia popular, a fé pública, a administração pública e o patrimônio público;

2. contra o patrimônio privado, o sistema financeiro, o mercado de capitais e os previstos na lei que regula a falência;

3. contra o meio ambiente e a saúde pública;

4. eleitorais, para os quais a lei comine pena privativa de liberdade;

5. de abuso de autoridade, nos casos em que houver condenação à perda do cargo ou à inabilitação para o exercício de função pública;

6. de lavagem ou ocultação de bens, direitos e valores;

7. de tráfico de entorpecentes e drogas afins, racismo, tortura, terrorismo e hediondos;

8. de redução à condição análoga à de escravo;

9. contra a vida e a dignidade sexual; e

10. praticados por organização criminosa, quadrilha ou bando;

III - que forem declarados indignos do oficialato, ou com ele incompatíveis;

IV - os que tiverem suas contas relativas ao exercício de cargos ou funções públicas rejeitadas por irregularidade insanável que configure ato doloso de improbidade administrativa, e por decisão irrecorrível do órgão competente, salvo se esta houver sido suspensa ou anulada pelo Poder Judiciário.

V - os detentores de cargo na administração pública direta, indireta ou fundacional, que beneficiarem a si ou a terceiros, pelo abuso do poder econômico ou político, que forem condenados em decisão transitada em julgado ou proferida por órgão judicial colegiado, nos 8 (oito) anos anteriores a data de indicação;

VI - que forem condenados, em decisão transitada em julgado ou proferida por órgão colegiado da Justiça Eleitoral, por corrupção eleitoral, por captação ilícita de sufrágio, por doação, captação ou gastos ilícitos de recursos de campanha ou por conduta vedada aos agentes públicos em campanhas eleitorais;

VII - o Presidente da República, o Governador de Estado e do Distrito Federal, o Prefeito, os membros do Congresso Nacional, das Assembleias Legislativas, da Câmara Legislativa, das Câmaras Municipais, que renunciarem a seus mandatos desde o oferecimento de representação ou petição capaz de autorizar a abertura de processo por infringência a dispositivo da Constituição Federal, da Constituição Estadual, da Lei Orgânica do Distrito Federal ou da Lei Orgânica do Município, nos 8 (oito) anos anteriores a data da nomeação;

VIII - que forem condenados à suspensão dos direitos políticos, em decisão transitada em julgado ou proferida por órgão judicial colegiado, por ato doloso de improbidade administrativa que importe lesão ao patrimônio público e enriquecimento ilícito, desde a condenação ou o trânsito em julgado até o transcurso do prazo de 8 (oito) anos após o cumprimento da pena;

IX - que forem excluídos do exercício da profissão, por decisão sancionatória do órgão profissional competente, em decorrência de infração ético profissional, salvo se o ato houver sido anulado ou suspenso pelo Poder Judiciário;

X – a pessoa física e os dirigentes de pessoas jurídicas responsáveis por doações eleitorais tidas por ilegais por decisão transitada em julgado ou proferida por órgão colegiado da Justiça Eleitoral, observando-se o procedimento previsto no art. 22;

XI – os magistrados e os membros do Ministério Público que forem aposentados compulsoriamente por decisão sancionatória, que tenham perdido o cargo por sentença ou que tenham pedido exoneração ou aposentadoria voluntária na pendência de processo administrativo disciplinar. (Parágrafo acrescentado pela Emenda Constitucional nº 52, de 26/06/2012 e renumerado pelo art. 7º da Emenda Constitucional nº 53, de 26/06/2012.)

Art. 129. Os Poderes Legislativo, Executivo e Judiciário manterão, de forma integrada, sistema de controle interno com a finalidade de:

I – avaliar o cumprimento das metas previstas no plano plurianual, a execução dos programas de governo e dos orçamentos do Estado;

II – comprovar a legalidade e avaliar os resultados, quanto à eficácia e eficiência da gestão orçamentária, financeira e patrimonial nos órgãos e entidades da administração estadual, bem como da aplicação de recursos públicos por entidades de direito privado;

III – exercer o controle das operações de crédito, avais e garantias, bem como dos direitos e haveres do Estado;

IV – apoiar o controle externo no exercício de sua missão institucional.

Parágrafo único – Os responsáveis pelo controle interno, ao tomarem conhecimento de qualquer irregularidade ou ilegalidade, dela darão ciência ao Tribunal de Contas do Estado, sob pena de responsabilidade solidária.

Art. 130. Os Conselheiros do Tribunal de Contas, ainda que em disponibilidade, não poderão exercer outra função pública, nem qualquer profissão remunerada, salvo uma de magistério, nem receber, a qualquer título ou pretexto, participação nos processos, bem como dedicar-se à atividade político-partidária, sob pena de perda do cargo.

Art. 131. O Tribunal de Contas prestará suas contas, anualmente, à Assembleia Legislativa, no prazo de sessenta dias da abertura da sessão legislativa.

Art. 132. Qualquer cidadão, partido político, associação ou sindicato é parte legítima para, na forma da lei, denunciar irregularidades ou ilegalidades perante o Tribunal de Contas do Estado.

Art. 133. É de competência exclusiva do Tribunal de Contas elaborar o seu Regimento Interno, dispor sobre sua organização e funcionamento, solicitar criação, transformação ou extinção de cargos, empregos e funções do quadro de pessoal e seu estatuto, e a fixação da respectiva remuneração, observados os parâmetros estabelecidos na lei de diretrizes orçamentárias.

Parágrafo único – A consultoria jurídica, a supervisão dos serviços jurídicos e a representação judicial do Tribunal de Contas, quando couber, são exercidas por seus Procuradores, integrantes da Procuradoria Geral do Tribunal de Contas, instituição a ser regulada por Lei Complementar. (Parágrafo acrescentado pelo art. 1º da Emenda Constitucional nº 12, de 17 de agosto de 1999.)

Art. 134. Lei disporá sobre a organização e funcionamento do Tribunal de Contas, podendo dividi-lo em Câmaras e criar delegações ou órgãos destinados a auxiliá-lo no exercício de suas funções e na descentralização dos seus trabalhos, incluindo-se entre as atribuições de seus membros a participação nesses órgãos, quando designados pelo Tribunal.

Capítulo II
DO PODER EXECUTIVO

Seção I
DO GOVERNADOR E DO VICE-GOVERNADOR DO ESTADO

Art. 135. O Poder Executivo é exercido pelo Governador do Estado, auxiliado pelos Secretários de Estado.

Art. 136. A eleição do Governador e do Vice-Governador de Estado, para mandato de quatro anos, realizar-se-á, simultaneamente, no primeiro domingo de outubro, em primeiro turno, e no último domingo de outubro, em segundo turno, se houver, do ano do término do mandato de seus antecessores e a posse ocorrerá em 1º de janeiro do ano subsequente. (NR – Nova redação dada pelo art. 4º da Emenda Constitucional nº 53, de 26/06/2012.)

§ 1º – A eleição do Governador do Estado importará a do Vice-Governador com ele registrado.

§ 2º – A eleição do Governador do Estado é feita por sufrágio universal e pelo voto direto e secreto.

§ 3º – (Parágrafo revogado pelo art. 5º da Emenda Constitucional nº 53, de 26/06/2012.)

Art. 137. São condições de elegibilidade para Governador e Vice-Governador do Estado:

I – nacionalidade brasileira;

II – pleno exercício dos direitos políticos;

III – domicílio eleitoral na circunscrição do Estado pelo prazo fixado em lei;

IV – filiação partidária;

V – idade mínima de trinta anos.

Art. 138. Será considerado eleito Governador do Estado o candidato que, registrado por partido político, obtiver a maioria absoluta de votos, não computados os em branco e os nulos.

§ 1º – Se nenhum candidato alcançar maioria absoluta na primeira votação, far-se-á nova eleição em até vinte dias após a proclamação do resultado, concorrendo os dois candidatos mais votados, considerando-se eleito o que obtiver a maioria dos votos válidos.

§ 2º – Se, antes de realizado o segundo turno, ocorrer morte, desistência ou impedimento legal de candidato, convocar-se-á, dentre os remanescentes, o de maior votação.

§ 3º – Se, na hipótese dos parágrafos anteriores, remanescer, em segundo lugar, mais de um candidato com a mesma votação, qualificar-se-á o mais idoso.

Art. 139. O Governador e o Vice-Governador do Estado tomarão posse em sessão da Assembleia Legislativa, prestando o compromisso de manter, defender e cumprir a Constituição, observar as leis e promover o bem geral do povo do Estado do Rio de Janeiro.

Parágrafo único – Se, decorridos dez dias da data fixada para a posse, o Governador ou o Vice-Governador do Estado, salvo motivo de força maior, não tiver assumido o cargo, este será declarado vago.

Art. 140. Substituirá o Governador, no caso de impedimento, e suceder-lhe-á, no de vaga, o Vice-Governador.

Parágrafo único – O Vice-Governador do Estado, além de outras atribuições que lhe forem conferidas por lei complementar, auxiliará o Governador, sempre que por ele convocado para missões especiais.

Art. 141. Em caso de impedimento do Governador e do Vice-Governador, ou de vacância dos respectivos cargos, serão sucessivamente chamados ao exercício da chefia do Poder Executivo o Presidente da Assembleia Legislativa e o Presidente do Tribunal de Justiça.

Art. 142. Vagando os cargos de Governador e de Vice-Governador do Estado, far-se-á eleição noventa dias depois de aberta a última vaga.

§ 1º – Ocorrendo a vacância nos últimos dois anos do período governamental, a eleição para ambos os cargos será feita trinta dias depois da última vaga, pela Assembleia Legislativa, na forma da lei. (NR – Nova redação dada pelo art. 6º da Emenda Constitucional nº 53, de 26/06/2012)

§ 2º – Em qualquer dos casos, os eleitos deverão completar o período de seus antecessores.

Art. 143. O Governador residirá na Capital do Estado.

§ 1º - O Governador não pode ausentar-se do Estado por mais de quinze dias consecutivos, nem do Território Nacional por qualquer prazo, sem prévia autorização da Assembleia Legislativa, sob pena de perda do cargo. (Parágrafo declarado parcialmente inconstitucional pelo STF, na ADIN 678, quanto à expressão "nem do Território Nacional por qualquer prazo".)

§ 2º - O Vice-Governador não pode ausentar-se do Território Nacional por mais de quinze dias consecutivos, sem prévia autorização da Assembleia Legislativa, sob pena de perda do cargo.

§ 3º - Tratando-se de viagem oficial, o Governador, no prazo de quinze dias a partir da data do retorno, deverá enviar à Assembleia Legislativa relatório circunstanciado sobre o resultado da mesma.

Art. 144. Aplicam-se ao Governador e ao Vice-Governador, no que couber, as proibições e impedimentos estabelecidos para os Deputados Estaduais.

Parágrafo único – Perderá o mandato o Governador que assumir outro cargo ou função na administração pública direta ou indireta, ressalvada a posse em virtude de concurso público e observado o disposto no artigo 87, I, IV e V, desta Constituição.

Seção II
DAS ATRIBUIÇÕES DO GOVERNADOR DO ESTADO

Art. 145. Compete privativamente ao Governador do Estado:

I - nomear e exonerar os Secretários de Estado;

II - exercer, com o auxílio dos Secretários de Estado, a direção superior da administração estadual;

III - iniciar o processo legislativo, na forma e nos casos previstos nesta Constituição;

IV - sancionar, promulgar e fazer publicar as leis bem como expedir decretos e regulamentos para sua fiel execução;

V - vetar projetos de lei, total ou parcialmente;

VI - dispor, mediante decreto, sobre: (Nova redação dada pelo art. 13 da Emenda Constitucional nº 53, de 26/06/2012.)

a) organização e funcionamento da administração estadual, que não implicar aumento de despesa nem criação ou extinção de órgãos públicos;

b) extinção de funções ou cargos públicos, quando vagos;

VII – decretar e executar a intervenção nos Municípios, nomeando o Interventor, nos casos previstos nesta Constituição;

VIII – remeter mensagens e plano de governo à Assembleia Legislativa por ocasião da abertura da Sessão Legislativa, expondo a situação do Estado e solicitando as providências que julgar necessárias;

IX – nomear o Procurador-Geral da Justiça, dentre os indicados em lista tríplice composta, na forma da lei, por integrantes da carreira do Ministério Público;

X – nomear os Conselheiros do Tribunal de Contas do Estado; (Nova redação dada pelo artigo 3º da Emenda Constitucional nº 04, de 20 de agosto de 1991.)

XI – nomear magistrado, no caso previsto no parágrafo único do artigo 157 desta Constituição, bem como o Procurador-Geral do Estado e o Defensor Público Geral do Estado, estes observados os artigos 176, § 1º e 180, parágrafo único, respectivamente; (Nova redação dada pela Emenda Constitucional nº 16, de 14 de dezembro de 2000.)

XII – enviar à Assembleia Legislativa o plano plurianual, o projeto de lei de diretrizes orçamentárias e as propostas de orçamento previstas nesta Constituição;

XIII – prestar, anualmente, à Assembleia Legislativa, dentro de sessenta dias após a abertura da Sessão Legislativa, as contas referentes ao exercício anterior;

XIV – prover e extinguir os cargos públicos estaduais, na forma da lei;

XV – exercer outras atribuições previstas nesta Constituição.

XVI – nomear o Defensor Público Geral do Estado, dentre os indicados em lista tríplice composta, na forma da Lei, por integrantes da carreira da Defensoria Pública; (Acrescentado pela Emenda Constitucional nº 16, de 14 de dezembro de 2000.)

Parágrafo único – O Governador do Estado poderá delegar as atribuições mencionadas nos incisos VI e XIV, primeira parte, aos Secretários de Estado, ao Procurador-Geral da Justiça ou ao Procurador-Geral do Estado, que observarão os limites traçados nas respectivas delegações.

Seção III
DA RESPONSABILIDADE DO GOVERNADOR DO ESTADO

Art. 146. São crimes de responsabilidade os atos do Governador do Estado que atentarem contra a Constituição da República, a do Estado e, especialmente, contra:

I – a existência da União, do Estado ou dos Municípios;

II – o livre exercício do Poder Legislativo, do Poder Judiciário e do Ministério Público;

III - o exercício dos direitos políticos, individuais e sociais;

IV - a segurança interna do País ou do Estado;

V - a probidade na administração;

VI - a lei orçamentária;

VII - o cumprimento das leis e das decisões judiciais.

Parágrafo único - As normas de processo e julgamento bem como a definição desses crimes são as estabelecidas por lei federal.

Art. 147. O Governador do Estado, admitida a acusação pelo voto de dois terços dos Deputados, será submetido a julgamento perante o Superior Tribunal de Justiça, nas infrações penais comuns, ou perante a Assembleia Legislativa, nos crimes de responsabilidade. (STF - ADI 4772/RJ - Declarada a inconstitucionalidade do inciso XIII do art. 99, bem como das expressões "admitida a acusação pelo voto de dois terços dos Deputados (...) ou perante a Assembleia Legislativa, nos crimes de responsabilidade", constantes do caput e "(...) após a instauração do processo pela Assembleia Legislativa", prevista no inciso II, do § 1º do art. 147, em 12 de junho de 2017.)

§ 1º - O Governador ficará suspenso de suas funções:

I - nas infrações penais comuns, se recebida a denúncia ou queixa-crime pelo Superior Tribunal de Justiça;

II - nos crimes de responsabilidade, após a instauração do processo pela Assembleia Legislativa. (STF - ADI 4772/RJ - Declarada a inconstitucionalidade do inciso XIII do art. 99, bem como das expressões "admitida a acusação pelo voto de dois terços dos Deputados (...) ou perante a Assembleia Legislativa, nos crimes de responsabilidade", constantes do caput e "(...) após a instauração do processo pela Assembleia Legislativa", prevista no inciso II, do § 1º do art. 147, em 12 de junho de 2017.)

§ 2º - Se, decorrido o prazo de cento e oitenta dias, o julgamento não estiver concluído, cessará o afastamento do Governador, sem prejuízo do regular prosseguimento do processo.

§ 3º - Enquanto não sobrevier sentença condenatória, nas infrações penais comuns, o Governador do Estado não estará sujeito à prisão. (Parágrafo declarado inconstitucional pelo STF na ADIN - 1.022-1/600, de 1994)

§ 4º - O Governador do Estado, na vigência de seu mandato, não pode ser responsabilizado por atos estranhos ao exercício de suas funções. (Parágrafo declarado inconstitucional pelo STF na ADIN - 1.022-1/600, de 1994)

Seção IV
DOS SECRETÁRIOS DE ESTADO

Art. 148. Os Secretários de Estado serão escolhidos dentre brasileiros maiores de vinte e um anos e no exercício dos direitos políticos.

Parágrafo único – Compete ao Secretário de Estado, além de outras atribuições estabelecidas nesta Constituição e na lei:

I – exercer a orientação, coordenação e supervisão dos órgãos e entidades da administração estadual na área de sua competência e referendar os atos e decretos assinados pelo Governador;

II – expedir instruções para a execução das leis, decretos e regulamentos;

III – apresentar ao Governador do Estado relatório anual das atividades realizadas pela Secretaria;

IV – praticar os atos pertinentes às atribuições que lhe forem outorgadas ou delegadas pelo Governador do Estado.

Art. 149 A lei disporá sobre a criação e extinção de Secretarias de Estado e órgãos da administração pública. (NR – Emenda Constitucional 53, de 26/06/2012)

Art. 150. Os Secretários de Estado, nos crimes comuns e nos de responsabilidade, serão julgados pelo Tribunal de Justiça.

Parágrafo único – Nos crimes de responsabilidade, conexos com os do Governador, o julgamento será efetuado pela Assembleia Legislativa.

Capítulo III
DO PODER JUDICIÁRIO

Seção I
DISPOSIÇÕES GERAIS

Art. 151. São Órgãos do Poder Judiciário: (Artigo com nova redação pela Emenda Constitucional nº 07, de 27 de maio de 1998.)

I – o Tribunal de Justiça;

II – os Juízes de Direito;

III – o Tribunal do Júri;

IV – os Conselhos da Justiça Militar;

V – os Juizados Especiais e suas Turmas Recursais.

§ 1º - Em cada comarca existirá, pelo menos, um Tribunal do Júri, presidido por Juiz de Direito e composto de Jurados, nos termos da lei processual penal.

§ 2º - Os Juízes de Paz, sem função jurisdicional, integrarão a administração da Justiça.

Art. 152. O Poder Judiciário é assegurada autonomia administrativa e financeira.

§ 1º - O Tribunal de Justiça elaborará a proposta orçamentária do Poder Judiciário dentro dos limites estipulados em conjunto com os demais Poderes na Lei de Diretrizes Orçamentárias.

§ 2º - O encaminhamento da proposta, depois de aprovada pelo Tribunal de Justiça, será feito pelo seu Presidente, à Assembleia Legislativa. (Nova Redação dada pela Emenda Constitucional nº 07, de 27 de maio de 1998.)

§ 3º - Não encaminhadas as respectivas propostas orçamentárias dentro do prazo estabelecido na lei de diretrizes orçamentárias, o Poder Executivo considerará, para fins de consolidação da proposta orçamentária anual, os valores aprovados na lei orçamentária vigente, ajustados de acordo com os limites estipulados na forma do § 1º deste artigo. (Acrescentado pela Emenda Constitucional nº 37, de 31 de maio de 2006.)

§ 4º - Se as propostas orçamentárias de que trata este artigo forem encaminhadas em desacordo com os limites estipulados na forma do § 1º, o Poder Executivo procederá aos ajustes necessários para fins de consolidação da proposta orçamentária anual. (Acrescentado pela Emenda Constitucional nº 37, de 31 de maio de 2006.)

§ 5º - Durante a execução orçamentária do exercício, não poderá haver a realização de despesas ou a assunção de obrigações que extrapolem os limites estabelecidos na lei de diretrizes orçamentárias, exceto se previamente autorizadas, mediante a abertura de créditos suplementares ou especiais. (Acrescentado pela Emenda Constitucional nº 37, de 31 de maio de 2006.)

Art. 153. À exceção dos créditos de natureza alimentícia, os pagamentos devidos pela Fazenda Estadual ou Municipal, em virtude de sentença judicial, serão feitos exclusivamente na ordem cronológica de apresentação dos precatórios e à conta dos créditos respectivos, proibida a designação de casos ou de pessoas nas dotações orçamentárias e nos créditos adicionais abertos para este fim.

§ 1º - É obrigatória a inclusão, no orçamento das entidades de direito público, de verba necessária ao pagamento dos seus débitos, constantes de precatórios judiciários, apresentados até 1º de julho, data em que terão atualizados os seus valores, fazendo-se o pagamento até o final do exercício seguinte.

§ 2º - As dotações orçamentárias e os créditos abertos serão consignados ao Poder Judiciário, recolhendo-se as importâncias respectivas a repartição competente, cabendo ao Presidente do Tribunal de Justiça determinar o pagamento, segundo as possibilidades do depósito, e autorizar, a requerimento do credor e exclusivamente para o caso de preterimento do seu direito de precedência, o sequestro da quantia necessária à satisfação do crédito.

§ 3º - Os maiores de 65 anos de idade terão preferência no recebimento de precatórios referentes a créditos de natureza alimentícia. (Acrescentado pela Emenda Constitucional nº 21, de 29 de maio de 2001.)

Art. 154. Os juízes gozam das seguintes garantias:

I - vitaliciedade, que, no primeiro grau, só será adquirida após dois anos de exercício, dependendo a perda do cargo, nesse período, de deliberação do Tribunal de Justiça, e, nos demais casos, de sentença judicial transitada em julgado;

II - inamovibilidade, salvo por motivo de interesse público, na forma do artigo 156, VIII, desta Constituição;

III - irredutibilidade de vencimentos; a remuneração observará o que dispõem o artigo 77, XIII, desta Constituição, e artigos 150, II, 153, III e 153, § 2º, I, da Constituição da República.

Art. 155. Aos juízes é vedado:

I - exercer, ainda que em disponibilidade, outro cargo ou função, salvo uma de magistério;

II - receber, a qualquer título ou pretexto, custas ou participação em processo;

III - dedicar-se à atividade político-partidária.

IV - receber, a qualquer título ou pretexto, auxílios ou contribuições de pessoas físicas, entidades públicas ou privadas, ressalvadas as exceções previstas em Lei; (Acrescentado pela Emenda Constitucional nº 37, de 31 de maio de 2006.)

V - exercer a advocacia no juízo ou tribunal do qual se afastou, antes de decorridos três anos do afastamento do cargo por aposentadoria ou exoneração. (Acrescentado pela Emenda Constitucional nº 37, de 31 de maio de 2006.)

Art. 156. A magistratura estadual terá seu regime jurídico estabelecido no Estatuto da Magistratura, observados os seguintes princípios:

- (O STF, na ADI 2700, julgada em agosto de 2019, declarou inconstitucional a redação do artigo 156 de acordo com as Emendas Constitucionais Estaduais 28/2002 e 37/2006, do Estado do Rio de Janeiro, restabelecendo sua redação original)

I - ingresso na carreira, cujo cargo inicial será o de juiz substituto, por concurso público de provas e títulos, promovido pelo Tribunal de Justiça com a participação da

Ordem dos Advogados do Brasil, em todas as suas fases, obedecendo-se, nas nomeações, à ordem de classificação; (Redação original)

- Redação declarada inconstitucional pela ADI 2700: I – ingresso na carreira, cujo cargo inicial será o de juiz substituto, mediante concurso público de provas e títulos, promovido pelo Tribunal de Justiça com a participação da Ordem dos Advogados do Brasil em todas as fases, exigindo-se do bacharel em direito, no mínimo, três anos de atividade jurídica e obedecendo-se, nas nomeações, à ordem de classificação; (Nova redação dada pela Emenda Constitucional nº 37, de 31 de maio de 2006.)

II – promoção de entrância para entrância, alternadamente, por antiguidade e merecimento, observado o seguinte:

a) é obrigatória a promoção do juiz que figure por três vezes consecutivas, ou cinco alternadas, em listas de merecimento;

b) a promoção por merecimento pressupõe dois anos de exercício na respectiva entrância e integrar o juiz a primeira quinta parte da lista de antiguidade desta, salvo se não houver, com tais requisitos, quem aceite o lugar vago;

c) a aferição do merecimento pelos critérios de presteza e segurança no exercício da jurisdição e pela frequência e aproveitamento em cursos reconhecidos de aperfeiçoamento; (Redação original)

- Redação declarada inconstitucional pela ADI 2700: c) aferição do merecimento conforme o desempenho e pelos critérios objetivos de produtividade e presteza no exercício da jurisdição e pela frequência e aproveitamento em cursos oficiais ou reconhecidos de aperfeiçoamento; (Nova redação dada pela Emenda Constitucional nº 37, de 31 de maio de 2006.)

d) na apuração da antiguidade, o Tribunal somente poderá recusar o juiz mais antigo pelo voto de dois terços de seus membros, conforme procedimento próprio, repetindo-se a votação até fixar-se a indicação; (Redação original)

- Redação declarada inconstitucional pela ADI 2700: d) na apuração de antiguidade, o Tribunal somente poderá recusar o juiz mais antigo pelo voto fundamentado de dois terços de seus membros, conforme procedimento próprio, e assegurada ampla defesa, repetindo-se a votação até fixar-se a indicação; (Nova redação dada pela Emenda Constitucional nº 37, de 31 de maio de 2006.)

e) a recusa de promoção de juízes por antiguidade será; tomada pelo voto nominal de dois terços de todos os membros efetivos do Órgão Especial do Tribunal, tal como previsto no artigo 93, II, "d", da Constituição Federal, motivando-se cada voto, e pressupõe a prévia aplicação de penalidade após o regular processo administrativo disciplinar, ou a notícia de fato grave, que dê ensejo a instauração do referido processo, nos termos da legislação própria; (Redação original)

- Redação declarada inconstitucional pela ADI 2700: e) não será promovido o juiz que, injustificadamente, retiver autos em seu poder além do prazo legal, não podendo devolvê-los ao cartório sem o devido despacho ou decisão. (Nova redação dada pela Emenda Constitucional nº 37, de 31 de maio de 2006.)
- Redação declarada inconstitucional pela ADI 2700: f) – concretizada a recusa de promoção, deverá ser instaurado processo administrativo disciplinar no prazo de quinze dias, sob pena de nulidade da deliberação e responsabilidade do órgão coletivo.

III – o acesso aos Tribunais de segundo grau será feito por antigüidade e merecimento, alternadamente, apurados na última entrância ou no Tribunal de Alçada, quando se tratar de promoção para o Tribunal de Justiça, observados o inciso II e a classe de origem; (Redação original)

- Redação declarada inconstitucional pela ADI 2700: III – o acesso ao Tribunal de segundo grau far-se-á por antiguidade e merecimento, alternadamente, apurados na última ou única entrância; (Nova redação dada pela Emenda Constitucional nº 37, de 31 de maio de 2006.)

IV – previsão de cursos oficiais de preparação e aperfeiçoamento de magistrados como requisitos para ingresso e promoção na carreira; (Redação original)

- Redação declarada inconstitucional pela ADI 2700: IV – previsão de cursos oficiais de preparação, aperfeiçoamento e promoção de magistrados, constituindo etapa obrigatória do processo de vitaliciamento a participação em curso oficial ou reconhecido por escola nacional de formação e aperfeiçoamento de magistrados; (Nova redação dada pela Emenda Constitucional nº 37, de 31 de maio de 2006.)

V – os vencimentos dos magistrados serão fixados com diferença não superior a dez por cento de uma para outra das categorias da carreira, não podendo, a título nenhum, exceder os dos Ministros do Supremo Tribunal Federal; (Redação original)

- Redação declarada inconstitucional pela ADI 2700: V – os subsídios dos magistrados serão fixados com diferença não superior a dez por cento nem inferior a cinco por cento de uma para outra das categorias da carreira, sendo o subsídio da mais elevada categoria equivalente a noventa inteiros e vinte e cinco centésimos por cento do subsídio mensal fixado para os Ministros do Supremo Tribunal Federal; (Nova redação dada pela Emenda Constitucional nº 37, de 31 de maio de 2006.)

VI – a aposentadoria com proventos integrais é compulsória, por invalidez ou aos setenta anos de idade, e facultativa, aos trinta anos de serviço, após cinco anos de exercício efetivo na judicatura; (Redação original)

- Redação suspensa pela ADI 5304: VI – a aposentadoria dos magistrados observará o disposto no artigo 40 da Constituição da República, sendo compulsória, por invalidez, ou aos setenta e cinco anos de idade, na forma da lei complementar, o que também se aplica aos membros do Ministério Público e da Defensoria Pública, consoante o § 2º do artigo 172 e a alínea "f" do inciso I do artigo 181 da Constituição Estadual, respectivamente; (Nova redação pela Emenda Constitucional nº 59, de 08 de abril de 2015)

VII - o juiz titular residirá na respectiva comarca; (Redação original)

- Redação declarada inconstitucional pela ADI 2700: VII - o juiz titular residirá na respectiva comarca, salvo autorização do Tribunal; (Nova redação dada pela Emenda Constitucional nº 37, de 31 de maio de 2006.)

VIII - o ato de remoção, disponibilidade e aposentadoria do magistrado, por interesse público, fundar-se-á em decisão por voto de dois terços do órgão especial do Tribunal de Justiça, assegurada ampla defesa; (Redação original)

- Redação declarada inconstitucional pela ADI 2700: VIII - o ato de remoção, disponibilidade e aposentadoria do magistrado, por interesse público, fundar-se-á em decisão por voto da maioria absoluta do órgão especial do Tribunal de Justiça ou do Conselho Nacional de Justiça, assegurada ampla defesa; (Nova redação dada pela Emenda Constitucional nº 37, de 31 de maio de 2006.)

IX - todos os julgamentos dos órgãos do Poder Judiciário serão públicos, e fundamentadas todas as decisões, sob pena de nulidade, podendo a lei, se o interesse público o exigir, limitar a presença, em determinados atos, às próprias partes e seus advogados, ou somente a estes; (Redação original)

- Redação declarada inconstitucional pela ADI 2700: IX - remoção a pedido ou a permuta de magistrados de comarca de igual entrância atenderá, no que couber, ao disposto nas alíneas a, b, c e e do inciso II; (Nova redação dada pela Emenda Constitucional nº 37, de 31 de maio de 2006.)

X - as decisões administrativas dos tribunais serão motivadas, sendo que as disciplinares serão tomadas pelo voto da maioria absoluta de seus membros; (Redação original)

- Redação declarada inconstitucional pela ADI 2700: X - todos os julgamentos dos órgãos do Poder Judiciário serão públicos, e fundamentadas todas as decisões, sob pena de nulidade, podendo a lei limitar a presença, em determinados atos, às próprias partes e a seus advogados, ou somente a estes, em casos nos quais a preservação do direito à intimidade do interessado no sigilo não prejudique o interesse público à informação; (Nova redação dada pela Emenda Constitucional nº 37, de 31 de maio de 2006.)

XI - nos tribunais com número superior a vinte e cinco julgadores poderá ser constituído órgão especial, com o mínimo de onze e o máximo de vinte e cinco membros, para o exercício das atribuições administrativas e jurisdicionais da competência do tribunal pleno. (Redação original)

- Redação declarada inconstitucional pela ADI 2700: XI – as decisões administrativas do Tribunal serão motivadas e em sessão pública, sendo as disciplinares tomadas pelo voto da maioria absoluta de seus membros; (Nova redação dada pela Emenda Constitucional nº 37, de 31 de maio de 2006.)
- Redação declarada inconstitucional pela ADI 2700: XII – no Tribunal, havendo número superior a vinte e cinco julgadores, poderá ser constituído órgão especial, com o mínimo de onze e o máximo de vinte e cinco membros, para o exercício das atribuições administrativas e jurisdicionais delegadas da competência do tribunal pleno, provendo-se metade das vagas por antiguidade e a outra metade por eleição pelo tribunal pleno; (Acrescentado pela Emenda Constitucional nº 37, de 31 de maio de 2006.)
- Redação declarada inconstitucional pela ADI 2700: XIII – a atividade jurisdicional será ininterrupta, sendo vedadas férias coletivas nos juízos e no Tribunal, funcionando, nos dias em que não houver expediente forense normal, juízes em plantão permanente; (Acrescentado pela Emenda Constitucional nº 37, de 31 de maio de 2006.)
- Redação declarada inconstitucional pela ADI 2700: XIV – o número de juízes na unidade jurisdicional será proporcional à efetiva demanda judicial e à respectiva população; (Acrescentado pela Emenda Constitucional nº 37, de 31 de maio de 2006.
- Redação declarada inconstitucional pela ADI 2700: XV – os servidores receberão delegação para a prática de atos de administração e atos de mero expediente sem caráter decisório; (Acrescentado pela Emenda Constitucional nº 37, de 31 de maio de 2006.)
- Redação declarada inconstitucional pela ADI 2700: XVI – a distribuição de processos será imediata, em todos os graus de jurisdição. (Acrescentado pela Emenda Constitucional nº 37, de 31 de maio de 2006.)

Art. 157. Um quinto dos lugares dos Tribunais do Estado será composto de membros do Ministério Público, com mais de dez anos de carreira, e de advogados de notório saber jurídico e de reputação ilibada, com mais de dez anos de efetiva atividade profissional, indicados em lista sêxtupla pelos órgãos de representação das respectivas classes.

Parágrafo único – Recebidas as indicações, o Tribunal de Justiça formará lista tríplice, enviando-a ao Governador que, nos vinte dias subsequentes, escolherá um de seus integrantes para nomeação.

Seção II
DA COMPETÊNCIA DOS TRIBUNAIS

Art. 158. Compete privativamente aos tribunais:

I – por sua composição plena:

a) eleger seus órgãos diretivos;

b) elaborar seus regimentos internos, com observância das normas de processo e das garantias processuais das partes, dispondo sobre a competência e o funcionamento dos respectivos órgãos jurisdicionais e administrativos;

II – por seus órgãos específicos:

a) organizar suas secretarias e serviços auxiliares, zelando pelo exercício da atividade correicional respectiva;

b) conceder licença, férias e outros afastamentos a seus membros e servidores que lhes forem imediatamente vinculados;

c) autorizar a permuta ou transferência, a pedido de seus membros, de uma para outra Câmara;

d) prover, por concurso público de provas, ou de provas e títulos, obedecido o disposto no artigo 77, II, desta Constituição, os cargos dos seus serviços auxiliares, exceto os de confiança assim definidos em lei.

Art. 159. Somente pelo voto da maioria absoluta de seus membros ou de membros do respectivo órgão especial poderão os tribunais declarar a inconstitucionalidade de lei ou ato normativo do Poder Público.

Seção III
DO TRIBUNAL DE JUSTIÇA

Art. 160. O Tribunal de Justiça, com sede na Capital e jurisdição em todo o território do Estado, compõe-se de Desembargadores em número que a lei fixar.

Art. 161. Compete ao Tribunal de Justiça:

I – propor à Assembleia Legislativa, observado o artigo 213, desta Constituição, levados em consideração, no que couber o movimento forense nos dois anos anteriores, o número de habitantes e de eleitores, a receita tributária e a extensão territorial a ser abrangida:

a) a alteração do número dos membros dos Tribunais;

b) a criação e a extinção de cargos e a fixação de vencimentos dos desembargadores, dos juízes, inclusive dos tribunais inferiores, onde houver, dos serviços auxiliares e os dos juízos que lhes forem vinculados;

c) a criação ou extinção de tribunais inferiores;

d) a criação de novos cargos de juízes e a alteração da organização e da divisão judiciárias.

II - solicitar a intervenção do Estado para garantir o livre exercício do Poder Judiciário, nos termos desta Constituição e da Constituição da República;

III - prover os cargos de juízes, na forma prevista nesta Constituição;

IV - processar e julgar originariamente:

a) a representação de inconstitucionalidade de lei ou ato normativo, estadual ou municipal, em face da Constituição Estadual;

b) a representação do Procurador-Geral da Justiça que tenha por objeto a intervenção em Município;

c) nos crimes comuns, o Vice-Governador e os Deputados;

d) nos crimes comuns e de responsabilidade:

1 - os Secretários de Estado, ressalvado o disposto no parágrafo único do artigo 150, desta Constituição;

2 - os juízes estaduais e os membros do Ministério Público, das Procuradorias Gerais do Estado, da Assembleia Legislativa e da Defensoria Pública e os Delegados de Polícia, ressalvada a competência da Justiça Eleitoral;

3 - os Prefeitos, os Vice-Prefeitos e os Vereadores;

e) mandado de segurança e o habeas data contra atos:

1 - do Governador;

2 - do próprio Tribunal;

3 - da Mesa Diretora e do Presidente da Assembleia Legislativa;

4 - do Tribunal de Contas do Estado; (Nova redação dada pelo artigo 3º da Emenda Constitucional nº 04, de 20 de agosto de 1991.)

5 - dos Secretários de Estado;

6 - dos Procuradores-Gerais da Justiça, do Estado e da Defensoria Pública;

7 - do Prefeito da Capital e dos Municípios com mais de 200.000 eleitores.

f) o habeas corpus, quando o coator ou paciente for autoridade ou funcionário cujos atos estejam sujeitos diretamente à sua jurisdição, ou se trate de crime cuja ação penal seja de sua competência originária ou recursal;

g) o mandado de injunção, quando a elaboração da norma regulamentadora for atribuição de órgão, entidade ou autoridade estadual, da administração direta ou indireta;

h) a revisão criminal e a ação rescisória de julgados seus e dos juízes, no âmbito de sua competência recursal;

i) a execução de sentença nas causas de sua competência originária, facultada a delegação de atribuições para a prática de atos processuais;

V - julgar, em grau de recurso, as causas decididas em primeira instância, no âmbito de sua competência;

VI - exercer as demais atribuições que lhe são conferidas pela Lei de Organização e Divisão Judiciárias.

§ 1º - O Tribunal de Justiça poderá funcionar descentralizadamente, constituindo Câmaras regionais, a fim de assegurar o pleno acesso do jurisdicionado à justiça em todas as fases do processo. (Acrescentado pela Emenda Constitucional nº 37, de 31 de maio de 2006.)

§ 2º - O Tribunal de Justiça instalará a justiça itinerante, com a realização de audiências e demais funções da atividade jurisdicional, nos limites territoriais da respectiva jurisdição, servindo-se de equipamentos públicos e comunitários. (Acrescentado pela Emenda Constitucional nº 37, de 31 de maio de 2006.)

Art. 162. A representação de inconstitucionalidade de leis ou de atos normativos estaduais ou municipais, em face desta Constituição, pode ser proposta pelo Governador do Estado, pela Mesa, por Comissão Permanente ou pelos membros da Assembleia Legislativa, pelo Procurador-Geral da Justiça, pelo Procurador-Geral do Estado, pelo Procurador-Geral da Defensoria Pública, Defensor Público Geral do Estado, por Prefeito Municipal, por Mesa de Câmara de Vereadores, pelo Conselho Seccional da Ordem dos Advogados do Brasil, por partido político com representação na Assembléia Legislativa ou em Câmara de Vereadores, e por federação sindical ou entidade de classe de âmbito estadual. (Nova redação dada pela Emenda Constitucional nº 16, de 14 de dezembro de 2000.)

§ 1º - O Procurador-Geral da Justiça deverá ser previamente ouvido nas ações de inconstitucionalidade.

§ 2º - Declarada a inconstitucionalidade, por omissão de medida para tornar efetiva norma constitucional, será dada ciência ao Poder competente para adoção das providências necessárias e, em se tratando de órgão administrativo, para fazê-lo em 30 (trinta) dias.

§ 3º – Quando não for o autor da representação de inconstitucionalidade, o Procurador-Geral do Estado nela oficiará.

§ 4º – Declarada a inconstitucionalidade, a decisão será comunicada a Assembleia Legislativa ou a Câmara Municipal.

Seção IV
DOS TRIBUNAIS DE ALÇADA E DE OUTROS TRIBUNAIS CRIADOS POR LEI

Art. 163 (Artigo suprimido pelo artigo 3º da Emenda Constitucional nº 07, de 27 de maio de 1998.)

Seção V
DOS JUÍZES DE DIREITO

Art. 164. Os Juízes de Direito, integrando a magistratura de carreira, exercem a jurisdição comum de primeiro grau, nas Comarcas e Juízos, conforme estabelecido na Lei de Organização e Divisão Judiciárias.

Art. 165. Para dirimir conflitos fundiários, o Tribunal de Justiça proporá a criação de varas especializadas, designando juízes de entrância especial, com competência exclusiva para questões agrárias. (Nova redação dada pela Emenda Constitucional nº 37, de 31 de maio de 2006.)

Parágrafo único – Sempre que necessário à eficiente prestação jurisdicional, o juiz se fará presente no local do litígio.

Seção VI
DOS CONSELHOS DE JUSTIÇA MILITAR

Art. 166. A Lei Estadual poderá criar, mediante proposta do Tribunal de Justiça, a Justiça Militar estadual, constituída, em primeiro grau, pelos juízes de direito e pelos Conselhos de Justiça e, em segundo grau, pelo próprio Tribunal de Justiça.

§ 1º – Compete à Justiça Militar estadual processar e julgar os militares dos Estados, nos crimes militares definidos em lei e as ações judiciais contra atos disciplinares militares, ressalvada a competência do júri quando a vítima for civil, cabendo ao tribunal competente decidir sobre a perda do posto e da patente dos oficiais e da graduação das praças.

§ 2º – Compete aos juízes de direito do juízo militar processar e julgar, singularmente, os crimes militares cometidos contra civis e as ações judiciais contra atos disciplinares militares, cabendo ao Conselho de Justiça, sob a presidência de juiz de direito, processar e julgar os demais crimes militares. (Nova redação dada pela Emenda Constitucional nº 37, de 31 de maio de 2006.)

Seção VII
DOS JUIZADOS ESPECIAIS

Art. 167. Serão criados juizados especiais providos por Juízes togados, ou togados e leigos, para a conciliação, o julgamento e a execução de causas cíveis de menor complexidade e infrações penais de menor potencial ofensivo mediante os procedimentos oral e sumaríssimo, permitidos, nas hipóteses previstas em lei, a transação e o julgamento de recursos por turmas de juízes de primeiro grau.

Seção VIII
DA JUSTIÇA DE PAZ

Art. 168. À Justiça de Paz, remunerada, composta de bacharéis em Direito, eleitos pelo voto direto, universal e secreto, com mandato de quatro anos, compete, na forma da lei, celebrar casamentos, verificar, de ofício ou em face de impugnação apresentada, o processo de habilitação, exercer atribuições conciliatórias, sem caráter jurisdicional, além de outras previstas em lei.

Seção IX
DO JUIZADO DE EXECUÇÕES PENAIS

Art. 169. Fica criado o Juizado das Execuções Penais provido por Juízes togados, nas Comarcas do Estado do Rio de Janeiro, com o concurso da Curadoria e Defensoria Pública nos seus feitos, regulamentado por lei ordinária, proposta por mensagem do Poder Judiciário.

Art. 169-A – As custas e emolumentos serão destinados exclusivamente ao custeio dos serviços afetos às atividades específicas da Justiça. (Acrescentado pela Emenda Constitucional nº 37, de 31 de maio de 2006.)

Capítulo IV
DAS FUNÇÕES ESSENCIAIS À JUSTIÇA

Seção I
DO MINISTÉRIO PÚBLICO

Art. 170. O Ministério Público é instituição permanente, essencial à função jurisdicional do Estado, incumbindo-lhe a defesa da ordem jurídica, do regime democrático e dos interesses sociais e individuais indisponíveis.

§ 1º – São princípios institucionais do Ministério Público a unidade, a indivisibilidade e a independência funcional.

§ 2º – Ao Ministério Público é assegurada autonomia funcional, administrativa e financeira, cabendo-lhe, dentre outras competências:

I - propor à Assembleia Legislativa, observado o disposto no artigo 213 desta Constituição, a criação e extinção de seus cargos e serviços auxiliares, bem como a fixação de vencimentos de seus membros e servidores;

II - prover os cargos iniciais de carreira e de seus serviços auxiliares por concurso público de provas e de provas e títulos;

III - prover os cargos de confiança, assim definidos em lei;

IV - editar atos de provimento derivado e desprovimento;

V - praticar atos próprios de gestão, na forma da lei complementar;

VI - elaborar suas folhas de pagamento e expedir os competentes demonstrativos;

VII - adquirir bens e serviços e efetuar a respectiva contabilização.

§ 3º - O Ministério Público elaborará sua proposta orçamentária dentro dos limites estabelecidos na lei de diretrizes orçamentárias, observando-se, dentre outras, as seguintes normas:

I - os recursos correspondentes às suas dotações orçamentárias próprias e globais, compreendidos os créditos suplementares e especiais, ser-lhe-ão entregues até o dia 20 (vinte) de cada mês.

II - os recursos próprios, não originários do Tesouro Estadual, serão utilizados em programas vinculados às finalidades da instituição, vedada outra destinação.

§ 4º - Se o Ministério Público não encaminhar a respectiva proposta orçamentária dentro do prazo estabelecido na lei de diretrizes orçamentárias, o Poder Executivo considerará, para fins de consolidação da proposta orçamentária anual, os valores aprovados na Lei orçamentária vigente, ajustados de acordo com os limites estipulados na forma do § 3º. (Nova redação dada pela Emenda Constitucional nº 37, de 31 de maio de 2006.)

§ 5º - Se a proposta orçamentária de que trata este artigo for encaminhada em desacordo com os limites estipulados na forma do § 3º, o Poder Executivo procederá aos ajustes necessários para fins de consolidação da proposta orçamentária anual. (Acrescentado pela Emenda Constitucional nº 37, de 31 de maio de 2006.)

§ 6º - Durante a execução orçamentária do exercício, não poderá haver a realização de despesas ou a assunção de obrigações que extrapolem os limites estabelecidos na lei de diretrizes orçamentárias, exceto se previamente autorizadas, mediante a abertura de créditos suplementares ou especiais. (Acrescentado pela Emenda Constitucional nº 37, de 31 de maio de 2006.)

§ 7º - O Ministério Público, pelos órgãos de atuação, poderá requisitar aos órgãos públicos estaduais da administração, direta e indireta, todos os meios necessários ao desempenho de suas atribuições. (Acrescentado pela Emenda Constitucional nº 37, de 31 de maio de 2006.)

Art. 171. O Ministério Público tem por chefe o Procurador-Geral de Justiça.

§ 1º - O Ministério Público, pelo voto secreto e universal de seus membros, formará lista tríplice, dentre integrantes da carreira, com mais de dois anos de atividade, para escolha do Procurador-Geral de Justiça, que será nomeado pelo Chefe do Poder Executivo, para período de dois anos, permitida uma recondução.

§ 2º - O Procurador-Geral de Justiça poderá ser destituído por deliberação da maioria absoluta do Poder Legislativo, na forma da lei complementar respectiva.

Art. 172. Lei complementar, cuja iniciativa é facultada ao Procurador-Geral da Justiça, estabelecerá a organização, as atribuições e o estatuto do Ministério Público, observadas, quanto a seus membros:

I - as seguintes garantias:

a) vitaliciedade, após dois anos de exercício, não podendo perder o cargo senão por sentença judicial transitada em julgado;

b) inamovibilidade, salvo por motivo de interesse público, mediante decisão do órgão colegiado competente do Ministério Público, pelo voto da maioria absoluta de seus membros, assegurada ampla defesa; (Nova redação dada pela Emenda Constitucional nº 37, de 31 de maio de 2006.)

c) irredutibilidade de subsídio, observado quanto a remuneração o que dispõem os artigos 77, XIII, desta Constituição, e 39, § 4º, da Constituição da República, com as ressalvas dos seus arts. 37, X e XI, 150, II, 153, III, 153, § 2º, I, da Constituição da República; (Nova redação dada pela Emenda Constitucional nº 37, de 31 de maio de 2006.)

II - as seguintes vedações:

a) receber, a qualquer título ou pretexto, auxílios ou contribuições de pessoas físicas, entidades públicas ou privadas, ressalvadas as exceções previstas em Lei; (Nova redação dada pela Emenda Constitucional nº 37, de 31 de maio de 2006.)

b) exercer a advocacia;

c) participar de sociedade comercial, na forma da lei;

d) exercer, ainda que em disponibilidade, qualquer outra função pública, salvo uma de magistério;

e) exercer atividade político-partidária; (Nova redação dada pela Emenda Constitucional nº 37, de 31 de maio de 2006.)

f) exercer a advocacia no juízo ou tribunal perante o qual atuava quando do afastamento do cargo por aposentadoria ou exoneração, antes de decorridos três anos. (Acrescentado pela Emenda Constitucional nº 37, de 31 de maio de 2006.)

§ 1º - O ingresso na carreira do Ministério Público far-se-á mediante concurso público de provas e títulos, promovido pela Procuradoria-Geral de Justiça, assegurada a participação da Ordem dos Advogados do Brasil na sua realização, exigindo-se do bacharel em direito, no mínimo, três anos de atividade jurídica e observada, na nomeação, a ordem de classificação. (Nova redação dada pela Emenda Constitucional nº 37, de 31 de maio de 2006.)

§ 2º - Aplica-se ao Ministério Público, no que couber, o disposto no art. 156. (Nova redação dada pela Emenda Constitucional nº 37, de 31 de maio de 2006.)

Art. 173. São funções institucionais do Ministério Público:

I - promover, privativamente, a ação penal pública, na forma da lei;

II - zelar pelo efetivo respeito dos Poderes Públicos e dos serviços de relevância pública aos direitos assegurados nesta e na Constituição da República, promovendo as medidas necessárias à sua garantia;

III - promover o inquérito civil e a ação civil pública, para proteção do patrimônio público e social, do meio ambiente, do consumidor, do contribuinte, dos grupos socialmente discriminados e de qualquer outro interesse difuso e coletivo;

IV - promover a ação de inconstitucionalidade ou representação para fins de intervenção do Estado, nos casos previstos nesta Constituição;

V - atuar, além das hipóteses do inciso anterior, em qualquer caso em que seja argüida por outrem, direta ou indiretamente, inconstitucionalidade de lei ou ato normativo;

VI - expedir notificação nos procedimentos administrativos de sua competência, requisitando informações e documentos para instruí-los, na forma da lei complementar respectiva;

VII - exercer o controle externo da atividade policial, na forma da lei complementar mencionada no artigo anterior;

VIII - requisitar diligências investigatórias e a instauração de inquérito policial, indicados os fundamentos jurídicos de suas manifestações processuais;

IX - exercer outras funções que lhe forem conferidas, desde que compatíveis com sua finalidade, sendo-lhe vedada a representação judicial e a consultoria jurídica de entidades públicas;

X – fiscalizar a aplicação de verbas públicas destinadas às instituições assistenciais;

XI – receber petições, reclamações, representações ou queixas de qualquer pessoa por desrespeito aos direitos assegurados nesta Constituição e na da República.

§ 1º – A legitimação do Ministério Público para as ações civis previstas neste artigo não impede a de terceiros, nas mesmas hipóteses, segundo o disposto na Constituição da República e na lei.

§ 2º – As funções do Ministério Público só podem ser exercidas por integrantes da carreira, que deverão residir na comarca ou sede da região da respectiva lotação, salvo autorização do chefe da instituição. (Nova redação dada pela Emenda Constitucional nº 37, de 31 de maio de 2006.)

§ 3º – Para os fins do inciso IX deste artigo, o Ministério Público poderá ser dotado de órgãos de atuação especializados em meio ambiente, direitos do consumidor, direitos dos grupos socialmente discriminados, sem prejuízo de outros que a lei criar. A estes poderão ser encaminhadas, as denúncias de violações de direitos e descumprimento das leis que lhes são relativos, ficando a autoridade que receber a denúncia solidariamente responsável, em caso de omissão, nos termos da lei.

§ 4º – A distribuição de processos no Ministério Público será imediata. (Acrescentado pela Emenda Constitucional nº 37, de 31 de maio de 2006.)

§ 5º – Lei de iniciativa do Procurador-Geral de Justiça, observado o disposto no art. 173, § 2º, criará a Ouvidoria do Ministério Público, competente para receber reclamações e denúncias de qualquer interessado contra membros ou órgãos do Ministério Público, inclusive contra seus serviços auxiliares, representando diretamente ao Conselho Nacional do Ministério Público. (Acrescentado pela Emenda Constitucional nº 37, de 31 de maio de 2006.)

Art. 174. Aos membros do Ministério Público junto ao Tribunal de Contas aplicam-se as disposições desta seção pertinentes a direitos, vedações e forma de investidura.

Art. 175. Para fiscalizar e superintender a atuação do Ministério Público, bem como, para velar pelos seus princípios institucionais, haverá um Conselho Superior, estruturado na forma de lei complementar.

Seção II
DA PROCURADORIA GERAL DO ESTADO

Art. 176. A representação judicial e a consultoria jurídica do Estado, ressalvados o disposto nos artigos 121 e 133, parágrafo único, são exercidas pelos Procuradores do Estado, membros da Procuradoria-Geral, instituirão essencial à Justiça, diretamente vinculada ao Governador, com funções, como órgão central do sistema de supervisão dos serviços jurídicos da administração direta e indireta no âmbito do Poder Executivo. (Artigo com nova redação dada pelo art. 2º da Emenda Constitucional nº 12, de 17 de agosto de 1991.)

§ 1º – O Procurador-Geral do Estado, nomeado pelo Governador do Estado dentre os integrantes das duas classes finais da carreira, maiores de 35 (trinta e cinco) anos e com mais de 10 (dez) anos de carreira, integra o Secretariado Estadual. (Nova redação dada pela Emenda Constitucional nº 26, de 10 abril de 2002.)

§ 2º – Os Procuradores do Estado, com iguais direitos e deveres, são organizados em carreira na qual o ingresso depende de concurso público de provas e títulos realizados pela Procuradoria Geral do Estado, assegurada a participação da Ordem dos Advogados do Brasil, observados os requisitos estabelecidos em lei complementar.

§ 3º – A Procuradoria Geral oficiará obrigatoriamente no controle interno da legalidade dos atos do Poder Executivo e exercerá a defesa dos interesses legítimos do Estado, incluídos os de natureza finaceiro-orçamentária, sem prejuízo das atribuições do Ministério Público.

§ 4º – Lei complementar disciplinará a organização e o funcionamento da Procuradoria Geral do Estado, bem como a carreira e o regime jurídico dos Procuradores do Estado.

§ 5º – A Procuradoria Geral do Estado terá dotação orçamentária própria, sendo-lhe assegurada autonomia administrativa e financeira, bem como a iniciativa, em conjunto com o Governador do Estado, de sua proposta orçamentária dentro dos limites estabelecidos na lei de diretrizes orçamentárias. (Nova redação dada pela Emenda Constitucional nº 26, de 10 de abril de 2002.)

§ 6º – Compete privativamente à Procuradoria Geral do Estado a cobrança judicial e extrajudicial da dívida ativa do Estado.

Art. 177. O Conselho da Procuradoria Geral do Estado, órgão de assessoramento do Procurador-Geral, é integrado por ele, com voto próprio e de qualidade, e por onze Procuradores eleitos pelos demais em escrutínio direto e secreto, competindo-lhe, entre outras atribuições estabelecidas em lei complementar, elaborar listas para promoção por merecimento na carreira de que trata o § 2º do artigo 176.

Seção III
DA ADVOCACIA E DA DEFENSORIA PÚBLICA

Art. 178. O advogado é indispensável à administração da justiça, sendo inviolável por seus atos e manifestações no exercício da profissão, nos limites da lei.

Art. 179. A Defensoria Pública é instituição essencial à função jurisdicional do Estado, incumbindo-lhe, como expressão e instrumento do regime democrático, fundamentalmente, a orientação jurídica integral e gratuita, a postulação e a defesa, em todos os graus e instâncias, judicial e extrajudicialmente, dos direitos e interesses individuais e coletivos dos necessitados, na forma da lei.

§ 1º – À Defensoria Pública são asseguradas autonomia funcional e administrativa e a iniciativa de sua proposta orçamentária dentro dos limites estabelecidos na lei de diretrizes orçamentárias e subordinação ao disposto no art. 152, § 2º. (Nova redação dada pela Emenda Constitucional nº 37, de 31 de maio de 2006.)

§ 2º – São princípios institucionais da Defensoria Pública a unicidade, a impessoalidade e a independência funcional. (Acrescentado pela Emenda Constitucional nº 37, de 31 de maio de 2006.)

§ 3º – São funções institucionais da Defensoria Pública, dentre outras que lhe são inerentes, as seguintes: (Renumerado para § 3º em virtude de acréscimo do § 2º pela Emenda Constitucional nº 37, de 31/05/2006.)

I – promover a conciliação entre as partes em conflitos de interesses;

II – atuar como curador especial;

III – atuar junto às delegacias de polícia e estabelecimentos penais;

IV – atuar como defensora do vínculo matrimonial;

V – patrocinar:

a) ação penal privada;

b) ação cível;

c) defesa em ação penal;

d) defesa em ação civil;

e) ação civil pública em favor das associações necessitadas que incluam entre suas finalidades estatutárias a proteção ao meio ambiente e a de outros interesses difusos e coletivos; (Nova redação dada pela Emenda Constitucional nº 37, de 31 de maio de 2006.)

f) os direitos e interesses do consumidor lesado, desde que economicamente hipossuficiente, na forma da Lei; (Nova redação dada pela Emenda Constitucional nº 37, de 31 de maio de 2006.)

g) a defesa do interesse do menor e do idoso, na forma da lei;

h) os interesses de pessoas jurídicas de direito privado e necessitadas na forma da lei;

i) a assistência jurídica integral às mulheres vítimas de violência específica e seus familiares.

Art. 180. A Defensoria Pública tem como órgão administrativo sua Procuradoria Geral, ocupando na estrutura administrativa estadual posição equivalente à de Secretaria de Estado.

Parágrafo único – A Defensoria Pública, pelo voto secreto e universal de seus membros, formará lista tríplice, dentre os integrantes da carreira, para escolha do Defensor Público Geral do Estado, cuja nomeação e exoneração se dará na forma da Lei Complementar respectiva. (Nova redação dada pela Emenda Constitucional nº 16, de 14 de dezembro de 2000.)

Art. 181. Lei complementar de autoria da Defensoria Pública disporá sobre sua organização e funcionamento, seus direitos, deveres, prerrogativas, atribuições e regime disciplinar dos seus membros, observadas, entre outras: (Nova redação dada pela Emenda Constitucional nº 72, de 04 de junho de 2019)

I – as seguintes diretrizes:

a) a Defensoria Pública é organizada em cargos de carreira, providos, na classe inicial, mediante concurso público de provas e títulos, promovidos por sua Procuradoria Geral Defensoria Pública Geral, com a participação da Ordem dos Advogados do Brasil, obedecendo-se, nas nomeações, à ordem de classificação;

b) autonomia administrativa e financeira, com dotação orçamentária própria, assegurada a iniciativa de sua proposta orçamentária dentro dos limites estabelecidos na Lei de diretrizes orçamentárias. (Nova redação dada pela Emenda Constitucional nº 24, de 05 de maio de 2002.)

c) residência do Defensor Público titular na comarca onde estiver lotado, nos termos da lei;

d) promoção segundo os critérios de antiguidade e merecimento, alternadamente, na forma da lei;

e) distribuição territorial proporcional à população das regiões e municípios, assegurando-se a lotação de pelo menos um defensor em cada comarca.

f) aposentadoria dos membros da Defensoria Pública nos termos do artigo 172, § 2º, desta Constituição;

g) o Defensor Público, após dois anos de exercício na função, não perderá o cargo senão por sentença judicial transitada em julgado. (Alínea declarada inconstitucional pelo STF na ADIN 230-9, transitada em julgado em 04/11/2014.)

II – a garantia de inamovibilidade;

III – a vedação do exercício da advocacia fora das atribuições institucionais;

IV – as seguintes prerrogativas:

a) requisitar, administrativamente, de autoridade pública e dos seus agentes ou de entidade particular: certidões, exames, perícias, vistorias, diligências, processos, documentos, informações, esclarecimentos e providências, necessários ao exercício de suas atribuições; (Alínea declarada inconstitucional pelo STF na ADIN 230-9, transitada em julgado em 04/11/2014.)

b) comunicar-se pessoal e reservadamente com o preso, tendo livre acesso e trânsito a qualquer local e dependência em que ele se encontrar;

c) ter livre acesso e trânsito a estabelecimentos públicos e os destinados ao público no exercício de suas funções.

Art. 181-A. Compete à Defensoria Pública, dentro de sua autonomia funcional, administrativa e financeira, nos limites dispostos no artigo 213 desta Constituição, propor à Assembleia Legislativa a criação e extinção de seus cargos e serviços auxiliares, bem como a fixação de vencimentos de seus membros e servidores. (Acrescentado pela Emenda Constitucional nº 72, de 04 de junho de 2019.)

Seção IV
DAS DISPOSIÇÕES GERAIS

Art. 182. Às carreiras disciplinadas neste Título aplicam-se os princípios dos artigos 77, XIV e 82, § 1º, desta Constituição.

Parágrafo único – A remuneração dos Procuradores-Gerais das carreiras referidas neste artigo, excluído tão-somente o adicional por tempo de serviço, não poderá ser inferior ao maior teto estabelecido no âmbito dos Poderes do Estado, garantindo-se aos cargos da classe mais elevada, a título de vencimento-base e representação, não menos de 95% (noventa e cinco por cento) da remuneração daqueles, com exclusão do referido adicional, e, aos cargos das demais classes, somatório de vencimento-base e representação, com diferença não excedente a 10% (dez por cento) de classe a classe, a partir da mais elevada. (Parágrafo declarado inconstitucional pelo STF, na ADIN 138-8/600.)

CAPÍTULO ÚNICO
DA SEGURANÇA PÚBLICA

Art. 183. A segurança pública, que inclui a vigilância intramuros nos estabelecimentos penais, dever do Estado, direito e responsabilidade de todos, é exercida para a preservação da ordem pública e da incolumidade das pessoas e do patrimônio, pelos seguintes órgãos estaduais: (O STF declarou a inconstitucionalidade das expressões "que inclui a vigilância intramuros nos estabelecimentos penais", na ADIN – 236-8/600)

I – Polícia Civil;

II – Polícia Penal; (NR – Nova redação dada pela Emenda Constitucional nº 77, de 20/10/2020)

III – Polícia Militar;

IV – Corpo de Bombeiros Militar.

V – Departamento Geral de Ações Socioeducativas. (Inciso acrescentado pela Emenda Constitucional nº 76, de 29/09/2020)

§ 1º – Os municípios poderão constituir guardas municipais destinadas à proteção de seus bens, serviços e instalações, conforme dispuser a lei.

§ 2º – Os órgãos de segurança pública serão assessorados pelo Conselho Comunitário de Defesa Social, estruturado na forma da lei, guardando-se a proporcionalidade relativa à respectiva representação.

§ 3º – Os membros do Conselho referido no parágrafo anterior serão nomeados pelo Governador do Estado, após indicação pelos órgãos e entidades diretamente envolvidos na prevenção e combate à criminalidade, bem como pelas instituições representativas da sociedade, sem qualquer ônus para o erário ou vínculo com o serviço público.

§ 4º – Nas jurisdições policiais com sede nos Municípios, o delegado de polícia será escolhido entre os delegados de carreira, por voto unitário residencial, por período de dois anos, podendo ser reconduzido, dentre os componentes de lista tríplice apresentada pelo Superintendente da Polícia Civil:

a) o delegado de polícia residirá na jurisdição policial da delegacia da qual for titular;

b) a autoridade policial será destituída, por força de decisão de maioria simples do Conselho Comunitário da Defesa Social do Município onde atuar; (Alínea declarada inconstitucional pelo STF, na ADIN 244)

c) o voto unitário residencial será representado pelo comprovante de pagamento de imposto predial ou territorial. (Alínea declarada inconstitucional pelo STF, na ADIN 244)

§ 5º – Lei específica definirá a organização, funcionamento e atribuições do órgão responsável pelas perícias criminalística e médico-legal, que terá organização e estrutura próprias. (Parágrafo acrescentado pela Emenda Constitucional nº 35/2005, e declarado inconstitucional pelo STF na ADIN 3644.)

§ 6° – Fica autorizada a criação, na forma da lei complementar, do Fundo Estadual de Investimentos e ações de Segurança Pública e Desenvolvimento Social, destinado à implementação de programas e projetos nas áreas de segurança pública e de desenvolvimento social a ela associadas. (Incluído pela Emenda Constitucional nº 70, de 12 de dezembro de 2017.)

§ 7° - Constituirá recurso para o fundo de que trata o § 6° deste artigo, entre outros, 5% (cinco por cento) da compensação financeira a que se refere o Art. 20, § 1°, da Constituição Federal, calculados na forma da lei complementar, a que faz jus o Estado do Rio de Janeiro, quando se tratar de petróleo e gás extraído da camada do pré-sal. (Incluído pela Emenda Constitucional nº 70, de 12 de dezembro de 2017.)

§ 8º – O preenchimento do quadro de servidores de polícia penal será feito por meio da transformação dos cargos atuais inspetores de segurança e administração penitenciária em policiais penais e, também, por meio de concurso público. (Incluído pela Emenda Constitucional nº 77, de 20/10/2020.)

§ 9º – A lei definirá a estrutura da polícia penal e seus quadros. (Incluído pela Emenda Constitucional nº 77, de 20/10/2020.)

Art. 184 A Polícia Militar e o Corpo de Bombeiros Militar, forças auxiliares e reserva do Exército, subordinam-se, com a Polícia Civil e a Polícia Penal, ao Governador do Estado. (Nova redação dada pela Emenda Constitucional nº 77, de 20/10/2020)

Art. 185 O exercício da função policial é privativo do policial de carreira, recrutado exclusivamente por concurso público de provas ou de provas e títulos, submetido a curso de formação policial.

Parágrafo único – Os integrantes dos serviços policiais serão reavaliados periodicamente, aferindo-se suas condições físicas e mentais para o exercício do cargo, na forma da lei.

Art. 186 Para atuar em colaboração com organismos federais, deles recebendo assistência técnica, operacional e financeira, poderá ser criado órgão especializado para prevenir e reprimir o tráfico e a facilitação do uso de entorpecentes e tóxicos.

Art. 187 A pesquisa e a investigação científica aplicadas, a especialização e o aprimoramento de policiais civis, penais e militares e dos integrantes do Corpo de Bombeiros Militar serão orientados para contar com a cooperação das universidades, por intermédio de convênio. (NR)

Art. 188. À Polícia Civil, dirigida por Delegados de Polícia de carreira, incumbem, ressalvada a competência da União, as funções de Polícia Judiciária e a apuração das infrações penais, exceto as militares. (Incluído pela Emenda Constitucional nº 77, de 20/10/2020.)

§ 1º – A carreira de Delegado de Polícia faz parte da carreira única da polícia civil, dependendo o respectivo ingresso de classificação em concurso público de provas e títulos e, por ascensão, sendo que metade das vagas será reservada para cada uma dessas formas de provimento, podendo ser aproveitadas para concurso público as vagas que não forem preenchidas pelo instituto de ascensão. (Parágrafo declarado inconstitucional pelo STF, na ADIN - 245-7/600)

§ 2º – Aos delegados de polícia de carreira aplica-se o princípio de isonomia de vencimentos previsto no artigo 82, § 1º, correspondente às carreiras disciplinadas no artigo 182, ambos desta Constituição, na forma do artigo 241 da Constituição da República.

Art. 188-A. A Polícia Penal é instituição permanente e vinculada ao órgão administrador do Sistema Penal, com atribuições de segurança, vigilância e custódia dos estabelecimentos penais do Estado do Rio de Janeiro, fixadas em lei complementar de iniciativa do Poder Executivo. (NR).

§ 1º – A Polícia Penal será dirigida, exclusivamente, por policial penal de carreira de último nível, nomeado pelo Governador do Estado, dentre os policiais penais do Estado do Rio de Janeiro. (NR)

§ 2º – A Escola de Gestão Penitenciária será transformada em Academia Especializada de Polícia Penal e deverá ser dirigida, a partir de 31/12/2022, por policial penal de carreira nomeado pelo Secretário do órgão administrador do Sistema Penal, a qual compete a formação e aperfeiçoamento dos policiais penais do Estado do Rio de Janeiro. (NR)

Art.188-B. A Lei Orgânica da Polícia Penal disporá sobre: (Incluído pela Emenda Constitucional nº 77, de 20/10/2020.)

I – estrutura, organização, funcionamento, carreira, formação, direitos e deveres, proibições e processo disciplinar; (NR)

II – atribuições de segurança dos estabelecimentos penais, fiscalização de medidas alternativas à pena de prisão e outras correlatas ao sistema penal; (NR)

III – o Conselho de Polícia Penal e a Corregedoria de Polícia Penal. (NR)

Art. 189. Cabem à Polícia Militar a polícia ostensiva e a preservação da ordem pública; ao Corpo de Bombeiros Militar, além das atribuições definidas em lei, incumbe a execução de atividades de defesa civil.

§ 1º – A lei disporá sobre os limites de competência dos órgãos policiais mencionados no caput deste artigo.

§ 2º – As corporações militares do Estado serão comandadas por oficial combatente da ativa, do último posto dos respectivos quadros, salvo no caso de mobilização nacional.

§ 3º – É assegurada aos servidores militares estaduais isonomia de vencimentos com os servidores militares federais. (Parágrafo declarado inconstitucional pelo STF, na ADIN 237.)

Art. 190. Na divulgação pelas entidades policiais aos órgãos de comunicação social dos fatos pertinentes à apuração das infrações penais é assegurada a preservação da intimidade, da vida privada, da honra e da imagem das vítimas envolvidas por aqueles fatos, bem como das testemunhas destes.

Art. 191. Ao abordar qualquer cidadão no cumprimento de suas funções, o servidor policial deverá, em primeiro lugar, identificar-se pelo nome, cargo, posto ou graduação e indicar o órgão onde esteja lotado.

TÍTULO VI
DA TRIBUTAÇÃO E DO ORÇAMENTO

Capítulo I
DO SISTEMA TRIBUTÁRIO ESTADUAL

Seção I
DOS PRINCÍPIOS GERAIS

Art. 192. 0 sistema tributário estadual será regulado pelo disposto na Constituição da República, em leis complementares federais, nesta Constituição e em leis estaduais complementares e ordinárias.

Art. 193. O Estado e os Municípios balizarão a sua ação no campo da tributação pelo princípio da justiça fiscal e pela utilização dos mecanismos tributários, prioritariamente, como instrumento de realização social, através do fomento da atividade econômica e coibição de práticas especulativas e distorções de mercado.

Art. 194. O Estado e os Municípios poderão instituir os seguintes tributos:

I – impostos de sua competência;

II – taxas, em razão do exercício do poder de polícia ou pela utilização, efetiva ou potencial, de serviços públicos de sua atribuição, específicos e divisíveis, prestados ao contribuinte ou postos à sua disposição;

III – contribuição de melhoria, decorrente de obras públicas.

§ 1º – Sempre que possível, os impostos terão caráter pessoal e serão graduados segundo a capacidade econômica do contribuinte, facultado à administração tributária, especialmente para conferir efetividade a esses objetivos, identificar, respeitados os direitos individuais e nos termos da lei, o patrimônio, os rendimentos e as atividades econômicas do contribuinte.

§ 2º – As taxas não poderão ter base de cálculo própria de impostos.

§ 3º – O Estado pode, mediante convênio com o Município, coordenar e unificar os serviços de fiscalização e arrecadação de tributos, bem como delegar à União, a outros Estados ou Municípios, ou deles receber encargos de administração tributária.

§ 4º – Nenhuma taxa, à exceção das decorrentes do exercício do poder de polícia, poderá ser aplicada em despesas estranhas aos serviços para os quais foi criada.

§ 5º – A competência tributária do Estado e dos Municípios é exercida sobre a área dos respectivos territórios, incluídos nestes as projeções aérea e marítima de sua área continental, especialmente as correspondentes partes da plataforma continental, do mar territorial e da zona econômica exclusiva.

§ 6º – O Estado poderá firmar convênios com os Municípios, incumbindo estes de prestar informações e coligir dados, em especial os relacionados com o trânsito de mercadorias ou produtos, com vista a resguardar o efetivo ingresso de tributos estaduais nos quais tenham participação, assim como o Estado deverá informar os dados das operações com cartões de crédito às municipalidades, para fins de fiscalização e recolhimento do Imposto sobre Serviços de Qualquer Natureza, como disposto no Art. 199 do Código Tributário Nacional.

§ 7º – A disponibilização das informações para os municípios ocorrerá mensalmente e de forma continuada, por meio eletrônico, contendo o rol de todas as operações com cartões de crédito e de débito ocorridas em seus respectivos territórios, no período do mês anterior. Deverá a relação explicitar, para cada administradora de cartões, os nomes dos vendedores de mercadorias e/ou de serviços e os valores de suas operações discriminadas.

(Parágrafos 6º e 7º acrescentados pela Emenda Constitucional nº 69, de 20 de junho de 2017.)

Art. 195. O Estado e os Municípios poderão instituir contribuição, cobrada de seus servidores, para o custeio em benefício destes, de sistemas de previdência e de assistência social.

Seção II
DAS LIMITAÇÕES DO PODER DE TRIBUTAR

Art. 196. Sem prejuízo de outras garantias asseguradas ao contribuinte, é vedado ao Estado e aos Municípios:

I – exigir ou aumentar tributo sem lei que o estabeleça;

II – instituir tratamento desigual entre contribuintes que se encontrem em situação equivalente, proibida qualquer distinção em razão de ocupação profissional ou função por eles exercida, independentemente da denominação jurídica dos rendimentos, títulos e direitos;

III - cobrar tributos:

a) em relação a fatos geradores ocorridos antes do início da vigência da lei que os houver instituído ou aumentado;

b) no mesmo exercício financeiro em que haja sido publicada a lei que os instituiu ou aumentou;

c) antes de decorridos noventa dias da data em que haja sido publicada a lei que os instituiu ou aumentou, observado o disposto na alínea b. (Alínea acrescentada pelo art. 16 da Emenda Constitucional nº 53, de 26/06/2012)

IV - utilizar tributo com efeito de confisco;

V - estabelecer limitações ao tráfego de pessoas ou bens por meio de tributos interestaduais, intermunicipais ou quaisquer outros, ressalvada a cobrança de pedágio pela utilização de vias conservadas pelo Poder Público;

VI - instituir impostos sobre:

a) patrimônio, renda ou serviços, uns dos outros, de outros Estados, ou da União Federal;

b) templos de qualquer culto;

c) patrimônio, renda ou serviços dos partidos políticos inclusive suas fundações, das entidades sindicais dos trabalhadores e das instituições de educação e de assistência social, sem fins lucrativos, atendidos os requisitos da lei;

d) livros, jornais, periódicos, papel destinado a sua impressão e veículos de radiodifusão. (Alínea declarada inconstitucional, pelo STF, na ADIN 773, quanto à expressão "e veículos de radiodifusão".)

§ 1º - A vedação de que trata a alínea a do inciso VI é extensiva às autarquias e fundações instituídas e mantidas pelo Poder Público, no que se refere ao patrimônio, à renda e aos serviços vinculados às suas finalidades essenciais ou às delas decorrentes.

§ 2º - O disposto na alínea a do inciso VI e no parágrafo anterior não se aplica ao patrimônio, à renda e aos serviços relacionados com a exploração de atividades econômicas regidas pelas normas aplicáveis a empreendimentos privados, ou em que haja contraprestação ou pagamento de preços ou tarifas pelo usuário, nem exonera o promitente comprador da obrigação de pagar o imposto relativamente ao bem imóvel.

§ 3º - As vedações expressas nas alíneas b e c do inciso VI compreendem somente o patrimônio, a renda e os serviços relacionados com as finalidades essências das entidades nelas mencionadas.

§ 4º – A lei determinará medidas para que os consumidores sejam esclarecidos acerca dos impostos estaduais e municipais que incidam sobre mercadorias e serviços.

Art. 197. São isentas de impostos estaduais e municipais as operações de transferências de imóveis desapropriados para fins de reforma agrária.

Art. 198. A concessão de anistia ou remissão que envolva matéria tributária ou previdenciária só poderá ser concedida por lei específica, estadual ou municipal.

Seção III
DOS IMPOSTOS DO ESTADO

Art. 199. Compete ao Estado instituir:

I – impostos sobre:

a) transmissão causa mortis e doação, de quaisquer bens ou direitos; (Regulamentada pela Lei nº 1427/1989)

b) operações relativas à circulação de mercadorias e sobre prestações de serviços de transporte interestadual ou intermunicipal e de comunicação, ainda que as operações e as prestações se iniciem no exterior; (Regulamentada pela Lei nº 2657/1996)

c) propriedade de veículos automotores. (Regulamentada pela Lei nº 2877/1997.)

II – adicional de até cinco por cento do que for pago à União, por pessoas físicas ou jurídicas domiciliadas no território do Estado, a título do imposto previsto no artigo 153, III, da Constituição da República, incidente sobre lucros, ganhos e rendimentos de capital apurados na forma da legislação federal.

§ 1º – Relativamente ao imposto de que trata o inciso I, a, deste artigo, é competente o Estado para exigir o tributo sobre os bens imóveis e respectivos direitos, quando situados em seu território e sobre os bens móveis, títulos e créditos, quando neste Estado se processar o inventário ou arrolamento, ou nele tiver o doador o seu domicílio.

§ 2º – Se o doador tiver domicílio ou residência no exterior, ou se aí o de cujus possuía bens, era residente ou domiciliado, ou teve o seu inventário processado, a competência para instituir o tributo de que trata o inciso I, a, deste artigo, observará o disposto em lei complementar federal.

§ 3º – As alíquotas do imposto de que trata o inciso I, a, deste artigo não excederão os limites estabelecidos pelo Senado Federal.

§ 4º – O imposto de que trata o inciso I, b, deste artigo será não cumulativo, compensando-se o que for devido, em cada operação relativa à circulação de mercadorias ou prestação de serviços, com o montante cobrado nas operações anteriores realizadas neste, noutro Estado ou no Distrito Federal. A isenção ou não incidência, salvo determinação em contrário da legislação, não implicará crédito de imposto para compensação daquele devido nas operações ou prestações seguintes e acarretará anulação do crédito do imposto relativo às operações anteriores.

§ 5º - As alíquotas aplicáveis às operações e prestações interestaduais e de exportação serão as fixadas em Resolução do Senado Federal.

§ 6º - As alíquotas mínimas e máximas, nas operações internas do imposto de que trata o inciso I, b, deste artigo, obedecerão ao que possa vir a ser determinado pelo Senado Federal, na forma do disposto na Constituição da República.

§ 7º - Salvo deliberação em contrário dos Estados e do Distrito Federal, nos termos do disposto na Constituição da República, as alíquotas internas, nas operações relativas à circulação de mercadorias e nas prestações de serviços, não poderão ser inferiores às previstas para as operações interestaduais.

§ 8º - Em relação às operações e prestações que destinem bens e serviços a consumidor final localizado em outro Estado, adotar-se-á:

a) alíquota interestadual, quando o destinatário for contribuinte do imposto;

b) alíquota interna, quando o destinatário não for contribuinte dele.

§ 9º - O imposto de que trata o inciso I, b, deste artigo:

I - incidirá também:

a) sobre a entrada de mercadoria importada do exterior, ainda quando se tratar de bem destinado a consumo ou ativo fixo do estabelecimento, assim como sobre serviço prestado no exterior, cabendo o imposto ao Estado do Rio de Janeiro, se neste estiver situado o estabelecimento destinatário da mercadoria ou do serviço;

b) sobre o valor total da operação, quando mercadorias forem fornecidas com serviços não compreendidos na competência tributária dos Municípios;

II - não incidirá:

a) sobre operações que destinem ao exterior produtos industrializados, excluídos os semielaborados definidos em lei complementar;

b) sobre operações que destinem a outros Estados petróleo, inclusive lubrificantes, combustíveis líquidos e gasosos dele derivados, e energia elétrica;

c) sobre o ouro, nas hipóteses definidas no artigo 153, § 5º, da Constituição da República;

III - não compreenderá, em sua base de cálculo, o montante do imposto sobre produtos industrializados, quando a operação, realizada entre contribuinte e relativa a produto destinado à industrialização ou à comercialização, configure fato gerador de incidência dos dois impostos, bem como o valor correspondente aos encargos financeiros acrescidos ao preço à vista nas vendas a prestações efetuadas por estabelecimentos varejistas a consumidor final, sem interveniência de instituição financeira, na forma em que a lei dispuser.

§ 10 – À exceção do imposto de que trata o inciso I, b, deste artigo, nenhum outro tributo estadual incidirá sobre as operações relativas à energia elétrica, combustíveis líquidos e gasosos, lubrificantes e minerais do País.

§ 11 – Quanto ao imposto de que trata o inciso I, b, deste artigo, observa-se-á a lei complementar federal, no tocante a:

I – definição de seus contribuintes;

II – substituição tributária;

III – compensação do imposto;

IV – fixação, para efeito de cobrança e definição do estabelecimento responsável, do local das operações relativas à circulação de mercadorias e das prestações de serviços;

V – exclusão da incidência do imposto, nas exportações para o exterior, de serviços e outros produtos, além dos mencionados no § 9º, II, a;

VI – casos de manutenção de crédito, relativamente à remessa para outro Estado e exportação para o exterior, de serviços e de mercadorias;

VII – concessão e revogação de isenções, incentivos e benefícios fiscais, mediante deliberação dos Estados e Distrito Federal.

§ 12 – O imposto previsto no inciso I, b, poderá ser seletivo, em função da essencialidade das mercadorias e dos serviços.

Seção IV
DOS IMPOSTOS DOS MUNICÍPIOS

Art. 200. Compete aos Municípios instituir impostos sobre:

I – propriedade predial e territorial urbana;

II – transmissão inter vivos, a qualquer título, por ato oneroso, de bens imóveis, por natureza ou acessão física, e de direitos reais sobre imóveis, exceto os de garantia, bem como cessão de direitos a sua aquisição;

III – vendas a varejo de combustíveis líquidos e gasosos, exceto óleo diesel;

IV – serviços de qualquer natureza, não compreendidos no inciso I, b, do artigo 155, da Constituição da República, definidos em lei complementar federal.

§ 1º - O imposto de que trata o inciso I poderá ser progressivo, nos termos da lei municipal, de forma a assegurar o cumprimento da função social da propriedade.

§ 2º - O imposto de que trata o inciso II não incide sobre a transmissão de bens ou direitos incorporados ao patrimônio de pessoa jurídica em realização de capital, nem sobre a transmissão de bens ou direitos decorrentes de fusão, incorporação, cisão ou extinção de pessoa jurídica, salvo se nesses casos, a atividade preponderante do adquirente for a compra e venda desses bens ou direitos, locação de bens imóveis ou arrendamento mercantil.

§ 3º - O imposto de que trata o inciso II compete ao Município da situação do bem.

§ 4º - A competência municipal para instituir e cobrar o imposto mencionado no inciso III não exclui a do Estado para instituir e cobrar, na mesma operação, o imposto de que trata o inciso I, b, do artigo 199, desta Constituição.

§ 5º - A fixação das alíquotas máximas dos impostos previstos nos incisos III e IV e a exclusão da incidência do imposto previsto no inciso IV, nas exportações de serviços para o exterior, serão estabelecidas em lei complementar federal.

Seção V
DA REPARTIÇÃO DAS RECEITAS TRIBUTÁRIAS

Art. 201. Pertencem ao Estado:

I - o produto da arrecadação do imposto da União sobre renda e proventos de qualquer natureza, incidente na fonte, sobre rendimentos pagos, a qualquer título, por ele, suas autarquias e pelas fundações que instituir e mantiver;

II - vinte por cento do produto da arrecadação do imposto que a União instituir no exercício da competência que lhe é atribuída pelo artigo 154, inciso I, da Constituição da República;

III - sua cota no Fundo de Participação dos Estados, e a que lhe couber no produto da arrecadação do imposto sobre produtos industrializados, nos termos do artigo 159, inciso I, a, e II, da Constituição da República;

IV - trinta por cento da arrecadação, no Estado, do imposto a que se refere o artigo 153, inciso V, e seu § 5º, da Constituição da República, incidente sobre o ouro, quando definido em lei como ativo financeiro ou instrumento cambial.

Art. 202. Pertencem aos Municípios:

I - o produto da arrecadação do imposto da União sobre renda e proventos de qualquer natureza, incidente na fonte, sobre rendimentos pagos a qualquer título, por eles, suas autarquias e pelas fundações que instituírem e mantiverem;

II - cinqüenta por cento do produto da arrecadação do imposto da União sobre a propriedade territorial rural, relativamente aos imóveis situados em cada um deles;

III - cinqüenta por cento do produto da arrecadação do imposto estadual sobre a propriedade de veículos automotores licenciados no território de cada um deles;

IV - vinte e cinco por cento do produto de arrecadação do imposto estadual sobre as operações relativas à circulação de mercadorias e sobre prestações de serviços de transporte interestadual e intermunicipal e de comunicação;

V - a respectiva cota no Fundo de Participação dos Municípios, previsto no artigo 159, I, b, da Constituição da República;

VI - setenta por cento da arrecadação, conforme a origem do imposto a que se refere o artigo 153, inciso V, da Constituição da República, incidente sobre o ouro, quando definido em lei como ativo financeiro ou instrumento cambial;

VII - vinte e cinco por cento dos recursos recebidos pelo Estado, nos termos do artigo 159, § 3º, da Constituição da República.

Parágrafo único - As parcelas de receitas pertencentes aos Municípios, mencionadas no inciso IV deste artigo, serão creditadas, conforme os seguintes critérios:

I - três quartos, no mínimo, na proporção do valor adicionado nas operações relativas à circulação de mercadorias e nas prestações de serviços, realizadas em seus territórios;

II - até um quarto, de acordo com o que dispuser a lei estadual.

Art. 203. O Estado divulgará, através da imprensa oficial, até o último dia do mês subseqüente ao da arrecadação, os montantes de cada um dos tributos arrecadados, bem como os recursos recolhidos, os valores de origem tributária entregues e a entregar e a expressão numérica dos critérios de rateio.

Parágrafo único - Os dados serão discriminados por Município.

Art. 204. Os Municípios divulgarão, até o último dia do mês subseqüente ao da arrecadação, os montantes de cada um dos tributos arrecadados, bem como os recursos recolhidos.

Art. 205. O Estado repassará a totalidade dos recursos de origem tributária, pertencentes aos Municípios, até o décimo dia do mês subseqüente ao da arrecadação.

Parágrafo único - O não cumprimento do prazo máximo fixado neste artigo implica, além da responsabilidade funcional, a atualização monetária dos valores não repassados.

Art. 206. É vedada a retenção ou qualquer restrição à entrega e ao emprego dos recursos atribuídos aos municípios, na Seção VI do Capítulo I do Título VI da Constituição da República, neles compreendidos adicionais e acréscimos relativos a impostos.

Parágrafo único – A vedação prevista neste artigo não impede o Estado de condicionar a entrega de recursos ao pagamento de seus créditos, inclusive de suas autarquias. (Nova redação dada pelo art. 10 da Emenda Constitucional nº 53, de 26/06/2012.)

Capítulo II
DAS FINANÇAS PÚBLICAS

Seção I
DISPOSIÇÕES GERAIS

Art. 207. Lei complementar disporá sobre finanças públicas, observados os princípios estabelecidos na Constituição da República e em lei complementar federal.

Art. 208. Os depósitos judiciais de qualquer natureza serão, obrigatoriamente, realizados no Banco do Estado do Rio de Janeiro S.A.

Parágrafo único – Todos os serviços prestados pelo Banco do Estado do Rio de Janeiro S.A. serão remunerados na forma da lei.

Seção II
DOS ORÇAMENTOS

Art. 209. Leis de iniciativa do Poder Executivo estabelecerão:

I – o plano plurianual;

II – as diretrizes orçamentárias;

III – os orçamentos anuais.

§ 1º – A lei que instituir o plano plurianual estabelecerá, de forma regionalizada, as diretrizes, objetivos e metas da administração pública estadual para as despesas de capital e outras delas decorrentes e para as relativas aos programas de duração continuada.

§ 2º – A lei de diretrizes orçamentárias compreenderá as metas e prioridades da administração pública estadual, incluindo as despesas de capital para o exercício financeiro subseqüente, orientará a elaboração da lei orçamentária anual, disporá sobre as alterações na legislação tributária e estabelecerá a política de aplicação das agências financeiras oficiais de fomento.

§ 3º – O Poder Executivo publicará, até trinta dias após o encerramento de cada bimestre, relatório resumido da execução orçamentária.

§ 4º – Os planos e programas estaduais, regionais e setoriais previstos nesta Constituição serão elaborados em consonância com o plano plurianual e apreciados pela Assembléia Legislativa.

§ 5º – A lei orçamentária anual compreenderá:

I – o orçamento fiscal referente aos Poderes do Estado, seus fundos, órgãos e entidades da administração direta e indireta, inclusive fundações instituídas e mantidas pelo Poder Público;

II – o orçamento de investimento das empresas em que o Estado, direta ou indiretamente, detenha a maioria do capital social com direito a voto;

III – o orçamento da seguridade social, abrangendo todas as entidades e órgãos a ela vinculados, da administração direta ou indireta, bem como os fundos e fundações instituídos e mantidos pelo Poder Público.

§ 6º – O projeto de lei orçamentária será acompanhado de demonstrativo regionalizado do efeito, sobre as receitas e despesas, decorrente de isenções, anistias, remissões, subsídios e benefícios de natureza financeira, tributária e creditícia.

§ 7º – Os orçamentos previstos no § 5º, I e II, deste artigo, compatibilizados com o plano plurianual, terão entre suas funções a de reduzir desigualdades inter-regionais, segundo critério populacional.

§ 8º – A lei orçamentária anual não conterá dispositivo estranho à previsão da receita e à fixação da despesa, não se incluindo na proibição a autorização para abertura de créditos suplementares e contratação de operações de crédito, ainda que por antecipação de receita, nos termos da lei.

§ 9º – Cabe a Lei Complementar: (Acrescentado pela Emenda Constitucional nº 75, de 18/12/2019)

I – dispor sobre critérios para a execução equitativa, além de procedimentos que serão adotados quando houver impedimentos legais e técnicos, cumprimento de restos a pagar e limitação das programações de caráter obrigatório, para a realização do disposto nos §§ 11 e 12 do art. 210.

§ 10 – A administração tem o dever de executar as programações orçamentárias, adotando os meios e as medidas necessários, com o propósito de garantir a efetiva entrega de bens e serviços à sociedade. (Acrescentado pela Emenda Constitucional nº 75, de 18/12/2019)

Art. 210. Os projetos de lei relativos ao plano plurianual, às diretrizes orçamentárias, ao orçamento anual e aos créditos adicionais serão apreciados pela Assembleia Legislativa.

§ 1º – Caberá a uma comissão permanente de Deputados:

I - examinar e emitir parecer sobre os projetos referidos neste artigo e sobre as contas apresentadas anualmente pelo Governador do Estado;

II - examinar e emitir parecer sobre os planos e programas estaduais, regionais e setoriais previstos nesta Constituição e exercer o acompanhamento e a fiscalização orçamentária, sem prejuízo da atuação das demais Comissões da Assembléia Legislativa, criadas de acordo com o artigo 109, desta Constituição.

§ 2º - As emendas serão apresentadas na Comissão, que sobre elas emitirá parecer, e apreciadas, na forma regimental, pelo Plenário.

§ 3º - As emendas ao projeto de lei do orçamento anual, ou aos projetos que o modifiquem, somente podem ser aprovadas caso:

I - sejam compatíveis com o plano plurianual e com a lei de diretrizes orçamentárias;

II - indiquem os recursos necessários, admitidos apenas os provenientes de anulação de despesa, excluídas as que incidam sobre:

a) dotações para pessoal e seus encargos;

b) serviço da dívida;

c) transferências tributárias constitucionais para Municípios;

III - sejam relacionadas:

a) com a correção de erros ou omissões ou

b) com os dispositivos do texto do projeto de lei.

§ 4º - O Governador do Estado poderá enviar mensagem à Assembleia Legislativa para propor modificação nos projetos a que se refere este artigo, enquanto não iniciada a votação, na Comissão permanente, da parte cuja alteração é proposta.

§ 5º - Os projetos de lei do plano plurianual, das diretrizes orçamentárias e do orçamento anual serão enviados pelo Governador do Estado à Assembleia Legislativa, nos termos da lei complementar a que se refere o artigo 165, § 9º, da Constituição da República.

§ 6º - Aplicam-se aos projetos mencionados neste artigo, no que não contrariar o disposto nesta seção, as demais normas relativas ao processo legislativo.

§ 7º - Os recursos que, em decorrência de veto, emenda ou rejeição do projeto de lei orçamentária anual, ficarem sem despesas correspondentes poderão ser utilizados, conforme o caso, mediante créditos especiais ou suplementares, com prévia e específica autorização legislativa.

§ 8º – Na apreciação e votação do orçamento anual o Poder Executivo colocará à disposição do Poder Legislativo todas as informações sobre a situação do endividamento do Estado, detalhadas para cada empréstimo existente, e acompanhadas das agregações e consolidações pertinentes.

§ 9º – As emendas individuais e de bancada de parlamentares por regiões de governo ao projeto de lei orçamentária serão de 0,37% (zero virgula trinta e sete por cento) da receita corrente líquida prevista no projeto encaminhado pelo Poder Executivo, dos quais serão, no mínimo de 30% (trinta por cento) destinado para serviços de saúde e no mínimo de 30% (trinta por cento) para educação. (Acrescentado pela Emenda Constitucional nº 75, de 18/12/2019.)

§ 10 – A execução do montante destinado a ações e serviços públicos de saúde e educação previsto no inciso I do § 9º, inclusive custeio, será computada para fins do cumprimento do inciso II do § 2º do art. 198 da Constituição Federal, vedada a destinação para pagamento de pessoal ou encargos sociais. (Acrescentado pela Emenda Constitucional nº 75, de 18/12/2019)

§ 11 – É obrigatória a execução orçamentária e financeira das programações a que se refere o § 9º deste artigo, em montante correspondente a 0,37% (zero vírgula trinta e sete por cento) da receita corrente líquida realizada no exercício anterior, conforme os critérios para a execução equitativa da programação definidos na lei complementar prevista no § 9º do art. 165 (da C.F). (Acrescentado pela Emenda Constitucional nº 75, de 18/12/2019)

§ 12 – A garantia de execução de que trata o § 11 deste artigo aplica-se também às programações incluídas por todas as emendas individuais e de bancada de parlamentares por regiões de governo, no montante de até 0,37% (zero vírgula trinta e sete por cento) da receita corrente líquida realizada no exercício anterior. (Acrescentado pela Emenda Constitucional nº 75, de 18/12/2019.)

§ 13 – As programações orçamentárias previstas nos §§ 11 e 12 deste artigo não serão de execução obrigatória nos casos dos impedimentos de ordem técnica. (Acrescentado pela Emenda Constitucional nº 75, de 18/12/2019.)

§ 14 – Quando a transferência obrigatória do Estado para a execução da programação prevista nos §§ 11 e 12 deste artigo for destinada a Municípios, independerá da adimplência do ente federativo destinatário e não integrará a base de cálculo da receita corrente líquida para fins de aplicação dos limites de despesa de pessoal de que trata o caput do art. 169 da Constituição Federal. (Acrescentado pela Emenda Constitucional nº 75, de 18/12/2019.)

§ 15 – Se for verificado que a reestimativa da receita e da despesa poderá resultar no não cumprimento da meta de resultado fiscal estabelecida na lei de diretrizes orçamentárias, os montantes previstos nos §§ 11 e 12 deste artigo poderão ser reduzidos em até a mesma proporção da limitação incidente sobre o conjunto das demais despesas discricionárias. (Acrescentado pela Emenda Constitucional nº 75, de 18/12/2019.)

§ 16 – Considera-se equitativa a execução das programações de caráter obrigatório que observe critérios objetivos e imparciais e que atenda de forma igualitária e impessoal às emendas apresentadas, independentemente da autoria. (Acrescentado pela Emenda Constitucional nº 75, de 18/12/2019.)

§ 17 – As programações de que trata o § 12 deste artigo, quando versarem sobre o início de investimentos com duração de mais de 1 (um) exercício financeiro ou cuja execução já tenha sido iniciada, deverão ser objeto de emenda pela mesma bancada, a cada exercício, até a conclusão da obra ou do empreendimento. (Acrescentado pela Emenda Constitucional nº 75, de 18/12/2019)

(Artigos 2º e 3º da Emenda Constitucional nº 75, de 18/12/2019 (D.O. 20/12/2019) – Art. 2º A partir do 3º (terceiro) ano posterior à promulgação desta Emenda Constitucional até o último exercício de vigência do regime previsto na Emenda Constitucional Federal nº 95, de 15 de dezembro de 2016, a execução prevista no § 12 do art. 210 da Constituição Estadual corresponderá ao montante de execução obrigatória para o exercício anterior, corrigido na forma estabelecida no inciso II do § 1º do art. 107 do Ato das Disposições Constitucionais Transitórias da Constituição Federal. – Art. 3º Esta Emenda Constitucional entra em vigor na data de sua publicação e produzirá efeitos a partir da execução orçamentária do exercício financeiro subsequente ao término do Regime de Recuperação Fiscal.)

Art. 211. São vedados:

I – o início de programas ou projetos não incluídos na lei orçamentária anual, bem como a paralisação de programas ou projetos nas áreas de educação, saúde e habitação já iniciados, havendo recursos orçamentários específicos ou possibilidade de suplementação dos mesmos, quando se tenham esgotado;

II – a realização de despesas ou a assunção de obrigações diretas que excedam os créditos orçamentários ou adicionais;

III – a realização de operações de crédito que excedam o montante das despesas de capital, ressalvadas as autorizadas mediante créditos suplementares ou especiais com finalidade precisa, aprovados pela Assembléia Legislativa, por maioria absoluta;

IV – a vinculação de receita de impostos a órgão, fundo ou despesa, ressalvadas a repartição do produto da arrecadação dos impostos a que se referem os artigos 158 e 159 da Constituição da República, a destinação de recursos para manutenção e desenvolvimento do ensino como determinado pelo artigo 212 da Constituição da República, a prestação de garantia às operações de crédito por antecipação de receita previstas no artigo 165, § 8º, da Constituição da República e a destinação de recursos para as entidades públicas de fomento ao ensino e à pesquisa científica e tecnológica, prevista no artigo 218, § 5º, da Constituição da República;

V – a abertura de crédito suplementar ou especial sem prévia autorização legislativa e sem indicação dos recursos correspondentes;

VI – a transposição, o remanejamento ou a transferência de recursos de uma categoria de programação para outra ou de um órgão para outro, sem prévia autorização legislativa;

VII – a concessão ou utilização de créditos ilimitados;

VIII – a utilização, sem autorização legislativa específica, de recursos dos orçamentos fiscal e da seguridade social, para suprir necessidade ou cobrir déficit de empresas, fundações e fundos, inclusive dos mencionados no artigo 209, § 5º, desta Constituição;

IX – a instituição de fundos de qualquer natureza, sem prévia autorização legislativa.

§ 1º – Nenhum investimento, cuja execução ultrapasse um exercício financeiro, poderá ser iniciado sem prévia inclusão no plano plurianual, ou sem lei que autorize a inclusão, sob pena de crime de responsabilidade.

§ 2º – Os créditos especiais e extraordinários terão vigência no exercício financeiro em que forem autorizados, salvo se o ato de autorização for promulgado nos últimos quatro meses daquele exercício, caso em que, reabertos nos limites de seus saldos, serão incorporados ao orçamento do exercício financeiro subseqüente.

§ 3º – A abertura de crédito extraordinário somente será admitida para atender a despesas imprevisíveis e urgentes, como as decorrentes de guerra, comoção interna ou calamidade pública, observado o processo legislativo do artigo 167, § 3º, da Constituição da República.

§ 4º – Fica vedada ao Estado e aos Municípios a contratação de empréstimos sob garantia de receitas futuras sem previsão do impacto a recair nas subseqüentes administrações financeiras estadual e municipais.

Art. 212. Os recursos correspondentes às dotações orçamentárias, compreendidos os créditos suplementares e especiais, destinados aos órgãos dos Poderes Legislativo e Judiciário, do Ministério Público e da Defensoria Pública, ser-lhes-ão entregues até o dia 20 de cada mês, em duodécimos, na forma da Lei complementar a que se refere o art. 207. (Nova redação dada pela Emenda Constitucional nº 37, de 31 de maio de 2006.)

Parágrafo único – (Revogado pela Emenda Constitucional nº 37, de 31 de maio de 2006.)

Art. 213. A despesa com pessoal ativo e inativo do Estado não poderá exceder os limites estabelecidos em lei complementar.

§ 1º – A concessão de qualquer vantagem ou aumento de remuneração, a criação de cargos ou alteração de estrutura de carreiras, bem como a admissão de pessoal, a qualquer título, pelos órgãos e entidades da administração direta ou indireta, inclusive fundações instituídas e mantidas pelo Poder Público, só poderão ser feitas:

I – se houver prévia dotação orçamentária suficiente para atender às projeções de despesa de pessoal e aos acréscimos dela decorrentes;

II – se houver autorização específica na lei de diretrizes orçamentárias, ressalvadas as empresas públicas e as sociedades de economia mista.

§ 2º – Todo e qualquer incentivo fiscal concedido pelo Estado não será considerado para redução do limite de que trata este artigo.

TÍTULO VII
DA ORDEM ECONÔMICA FINANCEIRA E DO MEIO AMBIENTE

Capítulo I
DOS PRINCÍPIOS GERAIS DA ATIVIDADE ECONÔMICA

Art. 214. O Estado e os Municípios, observados os preceitos estabelecidos na Constituição da República, atuarão no sentido da realização do desenvolvimento econômico e da justiça social, prestigiando o primado do trabalho e das atividades produtivas e distributivas da riqueza, com a finalidade de assegurar a elevação do nível e qualidade de vida e o bem-estar da população.

Art. 215. Como agentes normativos e reguladores da atividade econômica, o Estado e os Municípios exercerão, na forma da lei, as funções de fiscalização, incentivo e planejamento, sendo este determinante para o setor público e indicativo para o setor privado, cuja iniciativa é livre desde que não contrarie o interesse público.

§ 1º – A lei estabelecerá as diretrizes e bases do planejamento do desenvolvimento equilibrado, consideradas as características e as necessidades dos Municípios, e das regiões do Estado, bem como a sua integração.

§ 2º – A lei apoiará e estimulará o cooperativismo e outras formas de associativismo.

§ 3º – A pessoa jurídica em débito com o fisco, com obrigações trabalhistas ou com o sistema da seguridade social não poderá contratar com o poder público nem dele receber benefícios ou incentivos fiscais ou creditícios.

Art. 216. O Estado e os Municípios garantirão a função social da propriedade urbana e rural.

§ 1º - A função social é cumprida quando a propriedade rural atende, simultaneamente, segundo critérios e graus de exigência estabelecidos em lei, aos seguintes requisitos:

I - aproveitamento racional e adequado;

II - utilização adequada dos recursos naturais disponíveis e preservação do meio ambiente;

III - observância das disposições que regulam as relações de trabalho;

IV - exploração que favoreça o bem-estar dos proprietários e dos trabalhadores.

§ 2º - Em caso de perigo público iminente, a autoridade competente poderá usar de propriedade particular, assegurada ao proprietário indenização ulterior, se houver dano.

Art. 217. As empresas em que o Estado detenha, ou venha a deter, direta ou indiretamente, a maioria do capital com direito a voto, são patrimônio do Estado e só poderão ser extintas, fundidas ou ter alienado o controle acionário, mediante lei.

Art. 218. Na direção executiva das empresas públicas, das sociedades de economia mista e fundações instituídas pelo poder público participarão, com 1/3 (um terço) de sua composição, representantes de seus servidores, eleitos por estes mediante voto direto e secreto, atendidas as exigências legais para o preenchimento dos referidos cargos.

Parágrafo único - Aplica-se aos representantes referidos neste artigo o disposto no inciso VIII, do artigo 8º, da Constituição da República.

Art. 219. Na aquisição de bens e serviços, o Poder Público Estadual, por seus órgãos da administração direta e indireta, dará tratamento preferencial a empresa sediada em seu território.

Art. 220. O Estado adotará política integrada de fomento à indústria, ao comércio e aos serviços, em especial ao turismo, à produção agrícola e à agropecuária, à produção avícola e pesqueira, à produção mineral, através de assistência tecnológica e crédito específico, bem como estimulará o abastecimento mediante a instalação de rede de armazéns, silos e frigoríficos, da construção e conservação de vias de transportes para o escoamento e circulação, de suprimentos de energia e planejamento de irrigação, delimitando as zonas industriais e rurais que receberão incentivo prioritário do Poder Público.

Parágrafo único - Os Poderes Públicos estimularão a empresa pública ou privada que gerar produto novo e sem similar, destinado ao consumo da população de baixa renda, ou realizar novos investimentos em seu território, úteis aos seus interesses econômicos e sociais, e especialmente às atividades relacionadas ao desenvolvimento de pesquisas e produção de material ou equipamento especializado para pessoas portadoras de deficiências.

Art. 221. O Estado dará prioridade ao desenvolvimento das regiões e municípios onde a pobreza e as desigualdades sociais sejam maiores.

Parágrafo único - Fica autorizada a instituição de um Fundo Especial para a execução do previsto no caput, atendido o disposto no § 7º do artigo 209 desta Constituição.

Art. 222. Não haverá limites para localização de estabelecimentos que exerçam atividades congêneres, respeitadas as limitações da legislação federal.

Capítulo II
DA POLÍTICA INDUSTRIAL, COMERCIAL E DE SERVIÇOS

Art. 223. Na elaboração e execução das políticas industrial, comercial e de serviços, o Estado garantirá a efetiva participação dos diversos setores produtivos, especialmente as representações empresariais e sindicais.

Art. 224. As políticas industrial, comercial e de serviços a serem implantadas pelo Estado priorizarão as ações que, tendo impacto social relevante, estejam voltadas para a geração de empregos, elevação dos níveis de renda e da qualidade de vida e redução das desigualdades regionais, possibilitando o acesso da população ao conjunto de bens socialmente prioritários.

Art. 225. O Estado elaborará uma política específica para o setor industrial, privilegiando os projetos que promovam a desconcentração espacial da indústria e o melhor aproveitamento das suas potencialidades locais e regionais.

Art. 226. Fica criado o Fundo de Desenvolvimento Econômico, voltado para o apoio e estímulo de projetos de investimentos industriais prioritários do Estado.

§ 1º - Ao Fundo de Desenvolvimento Econômico serão destinados recursos de, no mínimo, 10% (dez por cento) do total anualmente transferido para o Estado, proveniente do Fundo de Participação dos Estados, previsto no artigo 159, inciso I, letra "a", da Constituição da República, dos quais 20% (vinte por cento) se destinarão a projetos de microempresas e de empresas de pequeno porte.

§ 2º - Caberá à agência de financiamento a que se refere o artigo 54 do Ato das Disposições Constitucionais Transitórias a administração do Fundo.

§ 3º - Na aplicação dos recursos do Fundo, obedecer-se-á o disposto no artigo 221 desta Constituição.

Art. 227. O Estado promoverá e incentivará o turismo, como fator de desenvolvimento econômico e social bem como de divulgação, valorização e preservação do patrimônio cultural e natural, cuidando para que sejam respeitadas as peculiaridades locais, não permitindo efeitos desagregadores sobre a vida das comunidades envolvidas, assegurando sempre o respeito ao meio ambiente e à cultura das localidades onde vier a ser explorado.

§ 1º - O Estado definirá a política estadual de turismo buscando proporcionar as condições necessárias para o pleno desenvolvimento dessa atividade.

§ 2º - O instrumento básico de intervenção do Estado no setor será o plano diretor de turismo, que deverá estabelecer, com base no inventário do potencial turístico das diferentes regiões, e com a participação dos Municípios envolvidos, as ações de planejamento, promoção e execução da política de que trata este artigo.

§ 3º - Para cumprimento do disposto no parágrafo anterior, caberá ao Estado, em ação conjunta com os Municípios, promover especialmente:

I - o inventário e a regulamentação do uso, ocupação e fruição dos bens naturais e culturais de interesse turístico;

II - a infra-estrutura básica necessária à prática do turismo, apoiando e realizando investimentos na produção, criação e qualificação dos empreendimentos, equipamentos e instalações ou serviços turísticos, através de linhas de crédito especiais e incentivos;

III - o fomento ao intercâmbio permanente com outros Estados da Federação e com o exterior, visando fortalecimento do espírito de fraternidade e aumento do fluxo turístico nos dois sentidos, bem como a elevação da média de permanência do turismo em território do Estado;

IV - a construção de albergues populares, objetivando o lazer das camadas mais pobres da população;

V - a adoção de medidas específicas para o desenvolvimento dos recursos humanos para o setor.

§ 4º - Serão estimuladas a realização de programações turísticas para os alunos das escolas públicas, para trabalhadores sindicalizados e para os idosos, dentro do território do Estado, bem como a implantação de albergues da juventude.

Art. 228. O Estado e os Municípios concederão especial proteção às microempresas e empresas de pequeno porte, como tais definidas em lei, que receberão tratamento jurídico diferenciado, visando o incentivo de sua criação, preservação e desenvolvimento, através da eliminação, redução ou simplificação, conforme o caso, de suas obrigações administrativas, tributárias, creditícias e previdenciárias, nos termos da lei, assegurando-lhes, entre outros, direito a:

I - redução de tributos e obrigações acessórias estaduais e municipais, com dispensa do pagamento de multas por infrações formais, das quais não resulte falta de pagamento de tributos;

II - notificação prévia, para início de ação ou procedimento administrativo ou tributário-fiscal de qualquer natureza ou espécie;

III - habilitação sumária e procedimentos simplificados para participação em licitações públicas, bem como preferência na aquisição de bens e serviços de valor compatível com o porte das micro e pequenas empresas;

IV - criação de mecanismos descentralizados, a nível regional, para o oferecimento de pedidos e requerimentos de qualquer espécie, junto a órgãos de registros públicos, civis e comerciais, bem como perante a quaisquer órgãos administrativos tributários ou fiscais;

V - obtenção de incentivos especiais, vinculados à absorção de mão-de-obra portadora de deficiências ou constituída de menores carentes.

Parágrafo único - As entidades representativas das microempresas e das empresas de pequeno porte participarão na elaboração de políticas governamentais voltadas para esse segmento e no colegiado dos órgãos públicos em que seus interesses sejam objeto de discussão e deliberação.

Capítulo III
DA POLÍTICA URBANA

Art. 229. A política urbana a ser formulada pelos municípios e, onde couber, pelo Estado, atenderá ao pleno desenvolvimento das funções sociais da cidade com vistas à garantia e melhoria da qualidade de vida de seus habitantes.

§ 1º - As funções sociais da cidade são compreendidas como o direito de todo o cidadão de acesso a moradia, transporte público, saneamento básico, energia elétrica, gás canalizado, abastecimento, iluminação pública, saúde, educação, cultura, creche, lazer, água potável, coleta de lixo, drenagem das vias de circulação, contenção de encostas, segurança e preservação do patrimônio ambiental e cultural.

§ 2º - O exercício do direito de propriedade atenderá à função social quando condicionado às funções sociais da cidade e às exigências do plano diretor.

§ 3º - Aos Municípios, nas leis orgânicas e nos planos diretores, caberá submeter o direito de construir aos princípios previstos neste artigo.

Art. 230. Para assegurar as funções sociais das cidades e da propriedade, o Estado e o Município, cada um nos limites de sua competência, poderão utilizar os seguintes instrumentos:

I – tributários e financeiros:

a) imposto predial e territorial urbano progressivo, e diferenciado por zonas e outros critérios de ocupação e uso do solo;

b) taxas e tarifas diferenciadas por zonas, segundo os serviços públicos oferecidos;

c) contribuição de melhoria;

d) incentivos e benefícios fiscais e financeiros, nos limites das legislações próprias;

e) fundos destinados ao desenvolvimento urbano.

II – institutos jurídicos:

a) discriminação de terras públicas;

b) desapropriação;

c) parcelamento ou edificação compulsórios;

d) servidão administrativa;

e) limitação administrativa;

f) tombamento de imóveis;

g) declaração de área de preservação ou proteção ambiental;

h) cessão ou permissão;

i) concessão real de uso ou domínio;

j) poder de polícia;

l) – outras medidas previstas em lei.

Art. 231. O plano diretor, aprovado pela Câmara Municipal, obrigatório para as áreas urbanas de mais de vinte mil habitantes, é o instrumento básico da política de desenvolvimento e expansão urbana.

§ 1º – O plano diretor é parte integrante de um processo contínuo de planejamento a ser conduzido pelos municípios, abrangendo a totalidade dos respectivos territórios e contendo diretrizes de uso e ocupação do solo, vocação das áreas rurais, defesa dos mananciais e demais recursos naturais, vias de circulação integradas, zoneamento, índices urbanísticos, áreas de interesse especial e social, diretrizes econômico-financeiras e administrativas.

§ 2º – É atribuição exclusiva dos municípios, a elaboração do plano diretor e a condução de sua posterior implementação.

§ 3º – As intervenções de órgãos federais, estaduais e municipais deverão estar de acordo com as diretrizes definidas pelo plano diretor.

§ 4º – É garantida a participação popular, através de entidades representativas, nas fases de elaboração e implementação do plano diretor, em conselhos municipais a serem definidos em lei.

§ 5º – Nos municípios com população inferior a vinte mil habitantes serão obrigatoriamente estabelecidas, com a participação das entidades representativas, diretrizes gerais de ocupação do território que garantam, através de lei, as funções sociais da cidade e da propriedade.

§ 6º – O projeto de plano diretor e a lei de diretrizes gerais previstos neste artigo regulamentarão, segundo as peculiaridades locais, as seguintes normas básicas dentre outras:

I – proibição de construções e edificações sobre dutos, canais, valões e vias similares de esgotamento ou passagem de cursos d'água;

II – condicionamento da desafetação de bens de uso comum do povo à prévia aprovação das populações circunvizinhas ou diretamente interessadas;

III – restrição à utilização de área que apresente riscos geológicos.

Art. 232. O abuso de direito pelo proprietário urbano acarretará, além das civis e criminais, sanções administrativas na forma da lei.

Art. 233. As terras públicas estaduais não utilizadas, subutilizadas e as discriminadas serão prioritariamente destinadas a assentamentos de população de baixa renda e a instalação de equipamentos coletivos, respeitados o plano diretor, ou as diretrizes gerais de ocupação do território.

§ 1º – É obrigação do Estado e dos Municípios manter atualizados os respectivos cadastros imobiliários e de terras públicas abertos a consultas dos cidadãos.

§ 2º – Nos assentamentos em terras públicas e ocupadas por população de baixa renda ou em terras não utilizadas ou subutilizadas, o domínio ou a concessão real de uso serão concedidos ao homem ou à mulher ou a ambos, independentemente de estado civil.

Art. 234. No estabelecimento de diretrizes e normas relativas ao desenvolvimento urbano, o Estado e os Municípios assegurarão:

I – urbanização, regularização fundiária e titulação das áreas faveladas e de baixa renda, sem remoção dos moradores, salvo quando as condições físicas da área imponham risco à vida de seus habitantes;

II – regularização dos loteamentos clandestinos, abandonados ou não titulados;

III – participação ativa das entidades representativas no estudo, encaminhamento e solução dos problemas, planos, programas e projetos que lhes sejam concernentes;

IV – preservação das áreas de exploração agrícola e pecuária e estímulo a essas atividades primárias;

V – preservação, proteção e recuperação do meio ambiente urbano e cultural;

VI – criação de áreas de especial interesse urbanístico, social, ambiental, turístico e de utilização pública;

VII – especialmente às pessoas portadoras de deficiência, livre acesso a edifícios públicos e particulares de freqüência aberta ao público e a logradouros públicos, mediante eliminação de barreiras arquitetônicas e ambientais.

VIII – utilização racional do território e dos recursos naturais, mediante controle da implantação e do funcionamento de atividades industriais, comerciais, residenciais e viárias.

Parágrafo único – O Estado prestará assistência aos Municípios para consecução dos objetivos estabelecidos neste artigo.

Art. 235. Terão obrigatoriamente de atender a normas vigentes e ser aprovados pelo Poder Público Municipal quaisquer projetos, obras e serviços, a serem iniciados em território de Município, independentemente da origem da solicitação.

Art. 236. A lei municipal, na elaboração de cujo projeto as entidades representativas locais participarão, disporá sobre o zoneamento, o parcelamento do solo, seu uso e sua ocupação, as construções e edificações, a proteção ao meio ambiente, o licenciamento a fiscalização e os parâmetros urbanísticos básicos objeto do plano diretor.

Art. 237. Os direitos decorrentes da concessão de licença, manterão sua validade nos prazos e limites estabelecidos na legislação municipal.

Parágrafo único – Os projetos, aprovados pelos municípios, só poderão ser modificados com a concordância de todos os interessados ou por decisão judicial, observados os preceitos legais regedores de cada espécie.

Art. 238. A prestação dos serviços públicos a comunidades de baixa renda independerá do reconhecimento de logradouros e da regularização urbanística ou registrária das áreas em que se situem e de suas edificações ou construções.

Art. 239. Incumbe ao Estado e aos Municípios promover e executar programas de construção de moradias populares e garantir condições habitacionais e infra-estrutura urbana, em especial as de saneamento básico, escola pública, posto de saúde e transporte.

Art. 240. O Poder Público estimulará a criação de cooperativas de moradores, destinadas à construção da casa própria e auxiliará o esforço das populações de baixa renda na edificação de suas habitações.

Art. 241. Ficam asseguradas à população as informações sobre cadastro atualizado das terras públicas e planos de desenvolvimento urbanos e regionais.

Capítulo IV
DOS SERVIÇOS PÚBLICOS

Art. 242. Compete ao Estado organizar e prestar, diretamente ou sob regime de concessão ou permissão, os serviços públicos de interesse estadual, metropolitano ou microrregional, incluído o de transporte coletivo, que tem caráter essencial.

§ 1º - Compete ao Estado legislar sobre o sistema de transportes intermunicipal, bem como sobre os demais modos de transportes de sua competência, estabelecidos em lei.

§ 2º - O transporte coletivo de passageiros é um serviço público essencial sendo da atribuição do Poder Público o seu planejamento e a sua operação direta ou mediante regime de concessão ou permissão.

§ 3º - O planejamento e as condições de operação dos serviços de transporte de passageiros, com itinerários intermunicipais, são da atribuição do Estado, na forma da lei.

§ 4º - Serão estabelecidos em lei os critérios de fixação de tarifas dos serviços públicos de transportes.

§ 5º - Os veículos de transportes rodoviários de passageiros, fabricados para esse fim específico, devem respeitar o livre acesso e circulação dos idosos e de portadores de deficiência.

§ 6º - A adaptação dos veículos de transporte coletivo atualmente existentes, a fim de garantir acesso adequado aos idosos e portadores de deficiência, será regulada por lei.

Art. 243. Compete ao município organizar e prestar, diretamente ou sob regime de concessão ou permissão, os serviços públicos de interesse local, incluído o de transporte coletivo, que tem caráter essencial como no artigo 30, V, da Constituição da República.

Art. 244. Autorizado na forma do parágrafo único do artigo 22 da Constituição da República, o Estado legislará sobre questões específicas de trânsito e transporte, além de, no âmbito de sua competência, comum à União e aos Municípios, estabelecer e implantar política de educação para a segurança do trânsito.

Parágrafo único - Os sistemas rodoviários, ferroviários e hidroviários por onde circulem cargas deverão ser projetados, implantados e operados considerando as regiões produtoras e consumidoras em termos de:

I – implantação da rede de rodovias para escoamento de produção à rede troncal;

II – implantação de silos, armazéns e centros de comercialização de produtos;

III – terminais de integração multimodal.

Art. 245. Aos maiores de sessenta e cinco anos é garantida a gratuidade nos transportes coletivos urbanos e intermunicipais. (Nova redação dada pela Emenda Constitucional nº 03, de 08 de agosto de 1991.)

Parágrafo único – Aos vigilantes uniformizados e sindicalizados será, na forma da lei, concedida gratuidade nos transportes públicos.

Art. 246. O gás produzido na Bacia de Campos, e que, nos termos do § 2º do artigo 25 da Constituição da República, é de distribuição exclusiva do Estado, terá prioritária comercialização, de até 50% (cinqüenta por cento), na própria região norte/nordeste fluminense.

Capítulo V
DA POLÍTICA AGRÁRIA

Art. 247. A política agrária do Estado será orientada no sentido de promover o desenvolvimento econômico e a preservação da natureza, mediante práticas científicas e tecnológicas, propiciando a justiça social e a manutenção do homem no campo, pela garantia às comunidades do acesso à formação profissional, educação, cultura, lazer e infra-estrutura.

Parágrafo único – O órgão formulador do desenvolvimento geral das atividades agrárias do Estado será o Conselho Estadual de Política Agrária constituído na forma da lei, em cuja composição é garantida a ampla participação dos trabalhadores rurais e suas entidades representativas.

Art. 248. Compete ao Instituto Estadual de Terras e Cartografia, organizado sob a forma de autarquia e obedecida a legislação específica da União, promover:

I – através de sua Procuradoria, ações discriminatórias objetivando a identificação, de limitação e arrecadação de áreas devolutas, incorporando-as ao patrimônio imobiliário do Estado e divulgando amplamente seus resultados; (STF ADI 241. Decisão: O Tribunal, por unanimidade, julgou procedente o pedido formulado na ação direta para declarar a inconstitucionalidade do artigo 245, I (atual artigo 248, I), da Constituição do Estado do Rio de Janeiro, no ponto em que prevê o desempenho por procuradoria especializada de "ações discriminatórias objetivando a identificação, delimitação e arrecadação de áreas devolutas, incorporando-se ao patrimônio imobiliário do Estado e divulgando amplamente seus resultados", nos termos do voto do Relator. Impedido o Ministro Roberto Barroso. Ausentes, justificadamente, os Ministros Dias Toffoli (Presidente) e Luiz Fux. Presidência do Ministro Celso de Mello. – Plenário, 11.04.2019. – Acórdão, DJ 07.05.2019.)

II - levantamento das terras ociosas e inadequadamente aproveitadas;

III - cadastramento das áreas de conflito pela posse da terra e adoção de providências que garantam solução dos impasses;

IV - levantamento de áreas agrícolas ocupadas por posseiros, apoiando-os, no caso de indivíduos ou famílias que trabalham diretamente a gleba, incumbindo-se a Defensoria Pública e o serviço jurídico do órgão das ações de proteção, legitimação e reconhecimento da posse e da propriedade da terra, inclusive das ações de usucapião especial;

V - realização do cadastro geral das propriedades rurais do Estado com indicação do uso do solo, produção, cultura agrícola e desenvolvimento científico e tecnológico das unidades de produção;

VI - regularização fundiária dos projetos de assentamento de lavradores, em áreas de domínio público;

VII - convênios com entidades públicas federais, municipais e entidades privadas para implementação dos planos e projetos especiais de reforma agrária;

VIII - viabilizar utilização de recursos humanos, técnicos e financeiros destinados à implementação dos planos e projetos especiais de assentamento nas áreas agrícolas;

IX - desapropriação de áreas rurais para assentamento e implementação de fazendas experimentais;

X - administração dos imóveis rurais de propriedade do Estado;

XI - levantamento das terras agricultáveis próximas às áreas urbanas e adoção de medidas com objetivo de preservá-las dos efeitos prejudiciais da expansão urbana;

XII - Obras de infra-estrutura econômica e social para consolidação dos assentamentos rurais e projetos especiais de reforma agrária.

Parágrafo único - Incumbe à Procuradoria do órgão realizar, juntamente com o órgão técnico competente e as entidades representativas das comunidades urbanas e rurais, os trabalhos de identificação de terras devolutas e promover, nas instâncias administrativa e judicial, a sua discriminação para assentamentos humanos, urbanos ou rurais, conforme seja a vocação das terras discriminadas, excluídas as comprovadamente necessárias à formação e preservação de reservas biológicas, florestais e ecológicas.

Art. 249. As terras públicas situadas fora da área urbana serão destinadas preferencialmente ao assentamento de famílias de origem rural, projetos de proteção ambiental ou pesquisa e experimentação agropecuárias.

§ 1º - Entende-se por famílias de origem rural as de proprietários de minifúndios, parceiros, subparceiros, arrendatários, subarrendatários, posseiros, assalariados permanentes ou temporários, agregados, demais trabalhadores rurais e migrantes de origem rural.

§ 2º - Os órgãos estaduais da administração direta e indireta, incumbidos das políticas agrária e agrícola, destinarão parte de seus respectivos orçamentos ao desenvolvimento dos assentamentos de que trata este artigo.

§ 3º - As terras devolutas incorporadas através de ação discriminatória, desde que não localizadas em área de proteção ambiental obrigatória, serão destinadas ao assentamento de famílias de origem rural.

Art. 250. A regularização de ocupação, referente a imóvel rural incorporado ao patrimônio público estadual, far-se-á através de concessão do direito real de uso, inegociável pelo prazo de dez anos.

Parágrafo único - A concessão do direito real de uso de terras públicas subordinar-se-á obrigatoriamente, além de a outras que forem estabelecidas pelas partes, sob pena de reversão ao outorgante, às cláusulas definidoras:

I - da exploração da terra, direta, pessoal ou familiar, para cultivo ou qualquer outro tipo de exploração que atenda aos objetivos da política agrária;

II - da residência permanente dos beneficiários na área objeto do contrato;

III - da indivisibilidade e intransferibilidade das terras pelos outorgados e seus herdeiros, a qualquer título, sem autorização expressa e prévia do outorgante;

IV - de manutenção das reservas florestais obrigatórias e observância das restrições de uso do imóvel, nos termos da lei.

Art. 251. A alienação ou concessão, a qualquer título, de terras públicas estaduais com área superior a 50 hectares, dependerá de prévia aprovação da Assembléia Legislativa.

§ 1º - Não se aplica o disposto neste artigo às terras destinadas a assentamento.

§ 2º - As terras devolutas do Estado não serão adquiridas por usucapião.

Capítulo VI
DA POLÍTICA AGRÍCOLA

Art. 252. Na elaboração e execução da política agrícola, o Estado garantirá a efetiva participação dos diversos setores da produção, especialmente dos produtores e trabalhadores rurais através de suas representações sindicais e organizações similares, inclusive na elaboração de planos plurianuais de desenvolvimento agrícola, de safras e operativos anuais.

Art. 253. As ações de apoio à produção dos órgãos oficiais somente atenderão aos estabelecimentos agrícolas que cumpram a função social da propriedade segundo se define no artigo 216.

Art. 254. A política agrícola a ser implementada pelo Estado dará prioridade à pequena produção e ao abastecimento alimentar através de sistema de comercialização direta entre produtores e consumidores, competindo ao Poder Público:

I - garantir a prestação de serviço de assistência técnica e extensão rural gratuitas, a benefício dos pequenos e médios produtores, aos trabalhadores rurais, suas famílias e suas organizações;

II - incentivar e manter pesquisa agropecuária que garanta o desenvolvimento do setor de produção de alimentos, com progresso tecnológico voltado aos pequenos e médios produtores, às características regionais e aos ecossistemas;

III - planejar e implementar a política de desenvolvimento agrícola compatível com a política agrária e com a preservação do meio ambiente e conservação do solo, estimulando os sistemas de produção integrados, a policultura, a agricultura orgânica e a integração entre agricultura, pecuária e aqüicultura;

IV - fiscalizar e controlar o armazenamento, o abastecimento de produtos agropecuários e a comercialização de insumos agrícolas em todo o território do Estado, estimulando a adubação orgânica e o controle integrado das pragas e doenças;

V - desenvolver programas de irrigação e drenagem, eletrificação rural, produção e distribuição de mudas e sementes, de reflorestamento, bem como de aprimoramento de rebanhos;

VI - instituir programa de ensino agrícola associado ao ensino não formal e à educação para preservação do meio ambiente;

VII - utilizar seus equipamentos, mediante convênio com cooperativas agrícolas ou entidades similares, para o desenvolvimento das atividades agrícolas dos pequenos produtores e dos trabalhadores rurais;

VIII - estabelecer convênios com os municípios para conservação permanente das estradas vicinais.

Art. 255. Incumbe diretamente ao Estado, garantir:

I - execução da política agrícola, especialmente em favor de pequenos produtores, proprietários ou não;

II - controle e fiscalização da produção, comercialização, armazenamento, transporte interno e uso de agrotóxicos e biocidas em geral, exigindo o cumprimento de receituários agronômicos;

III – preservação da diversidade genética tanto animal quanto vegetal;

IV – manter barreiras sanitárias a fim de controlar e impedir o ingresso, no território estadual, de animais e vegetais contaminados por pragas e doenças.

Art. 256. A conservação do solo é de interesse público em todo o território do Estado, impondo-se à coletividade e ao Poder Público o dever de preservá-lo e cabendo a este:

I – estabelecer regimes de conservação e elaborar normas de preservação dos recursos do solo e da água, assegurando o uso múltiplo desta;

II – orientar os produtores rurais sobre técnicas de manejo e recuperação de solos, através do serviço de extensão rural;

III – desenvolver e estimular pesquisas de tecnologia de conservação do solo;

IV – desenvolver infra-estrutura física e social que garanta a produção agrícola e crie condições de permanência do homem no campo;

V – proceder ao zoneamento agrícola, considerando os objetivos e as ações de política agrícola prevista neste capítulo.

Capítulo VII
DA POLÍTICA PESQUEIRA

Art. 257. O Estado elaborará política específica para o setor pesqueiro, enfatizando sua função de abastecimento alimentar, promovendo o seu desenvolvimento e ordenamento, incentivando a pesca artesanal e a aqüicultura através de programas específicos de crédito, rede pública de entrepostos, pesquisa, assistência técnica e extensão pesqueira e estimulando a comercialização direta aos consumidores.

§ 1º – Na elaboração da política pesqueira, o Estado garantirá a efetiva participação dos pequenos piscicultores e pescadores artesanais ou profissionais, através de suas representações sindicais, cooperativas e organizações similares.

§ 2º – Entende-se por pesca artesanal a exercida por pescador que tire da pesca o seu sustento, segundo a classificação do órgão competente.

§ 3º – Incumbe ao Estado criar mecanismos de proteção e preservação das áreas ocupadas por comunidades de pescadores.

Art. 258. O disposto nos artigos 254 e 257 desta Constituição é aplicável, no que couber, à atividade pesqueira, estendendo-se às zonas costeiras, às águas continentais e à pesca artesanal as regras ali estabelecidas para proteção prioritária dos solos e da pequena produção rural.

Art. 259. É vedada e será reprimida na forma da lei, pelos órgãos públicos, com atribuição para fiscalizar e controlar as atividades pesqueiras, a pesca predatória sob qualquer das suas formas tais como:

I - práticas que causam riscos às bacias hidrográficas e zonas costeiras de território do Estado;

II - emprego de técnicas e equipamentos que possam causar danos à capacidade de renovação do recurso pesqueiro;

III - nos lugares e épocas interditados pelos órgãos competentes.

Parágrafo único - Reverterão aos setores de pesquisa e extensão pesqueira e educacional os recursos captados na fiscalização e controle sobre atividades que comportem riscos para as espécies aquáticas, bacias hidrográficas e zonas costeiras.

Art. 260. A assistência técnica e a extensão pesqueira compreenderão:

I - difusão de tecnologia adequada à conservação de recursos naturais e à melhoria das condições de vida do pequeno produtor pesqueiro e do pescador artesanal;

II - estímulo à associação e organização dos pequenos produtores pesqueiros e dos pescadores artesanais ou profissionais;

III - integração da pesquisa pesqueira com as reais necessidades do setor produtivo.

Capítulo VIII
DO MEIO AMBIENTE

Art. 261. Todos têm direito ao meio ambiente ecologicamente saudável e equilibrado, bem de uso comum do povo e essencial à qualidade de vida, impondo-se a todos, e em especial ao Poder Público, o dever de defendê-lo, zelar por sua recuperação e proteção, em benefício das gerações atuais e futuras.

§ 1º - Para assegurar a efetividade desse direito, incumbe ao Poder Público:

I - fiscalizar e zelar pela utilização racional e sustentada dos recursos naturais;

II - proteger e restaurar a diversidade e a integridade do patrimônio genético, biológico, ecológico, paisagístico, histórico e arquitetônico;

III - implantar sistema de unidades de conservação, representativo dos ecossistemas originais do espaço territorial do Estado, vedada qualquer utilização ou atividade que comprometa seus atributos essenciais;

IV - proteger e preservar a flora e a fauna, as espécies ameaçadas de extinção, as vulneráveis e raras, vedadas as práticas que submetam os animais à crueldade, por ação direta do homem sobre os mesmos;

V - estimular e promover o reflorestamento ecológico em áreas degradadas, objetivando especialmente a proteção de encostas e dos recursos hídricos, a consecução de índices mínimos de cobertura vegetal, o reflorestamento econômico em áreas ecologicamente adequadas visando a suprir a demanda de matéria-prima de origem florestal e a preservação das florestas nativas;

VI - apoiar o reflorestamento econômico integrado, com essências diversificadas, em áreas ecologicamente adequadas, visando suprir a demanda de matérias-primas de origem vegetal;

VII - promover, respeitada a competência da União, o gerenciamento integrado dos recursos hídricos, na forma da lei, com base nos seguintes princípios:

a) adoção das áreas das bacias e sub-bacias hidrográficas como unidades de planejamento e execução de planos, programas e projetos;

b) unidade na administração da quantidade e da qualidade das águas;

c) compatibilização entre os usos múltiplos, efetivos e potenciais;

d) participação dos usuários no gerenciamento e obrigatoriedade de contribuição para recuperação e manutenção da qualidade em função do tipo e da intensidade do uso;

e) ênfase no desenvolvimento e no emprego de método e critérios biológicos de avaliação da qualidade das águas;

f) proibição do despejo nas águas de caldas ou vinhotos, bem como de resíduos ou dejetos capazes de torná-las impróprias, ainda que temporariamente, para o consumo e a utilização normais ou para a sobrevivência das espécies;

VIII - promover os meios defensivos necessários para evitar a pesca predatória;

IX - controlar e fiscalizar a produção, a estocagem, o transporte, a comercialização e a utilização de técnicas, métodos e instalações que comportem risco efetivo ou potencial para a qualidade de vida e o meio ambiente, incluindo formas geneticamente alteradas pela ação humana;

X - condicionar, na forma da lei, a implantação de instalações ou atividades, efetiva ou potencialmente causadoras de alterações significativas do meio ambiente à prévia elaboração de estudo de impacto ambiental, a que se dará publicidade;

XI - determinar a realização periódica, preferencialmente por instituições científicas e sem fins lucrativos, de auditorias nos sistemas de controle de poluição e prevenção de riscos de acidentes das instalações e atividades de significativo potencial poluidor, incluindo a avaliação detalhada dos efeitos de sua operação sobre a qualidade física, química e biológica dos recursos ambientais;

XII – estabelecer, controlar e fiscalizar padrões de qualidade ambiental, considerando os efeitos sinérgicos e cumulativos da exposição às fontes de poluição, incluída a absorção de substâncias químicas através da dieta alimentar, com especial atenção para aquelas efetiva ou potencialmente cancerígenas, mutagênicas e teratogênicas;

XIII – garantir o acesso dos interessados às informações sobre as fontes e causas da degradação ambiental;

XIV – informar sistematicamente à população sobre os níveis de poluição, a qualidade do meio ambiente, as situações de risco de acidentes e a presença de substâncias potencialmente danosas à saúde na água potável e nos alimentos;

XV – promover medidas judiciais e administrativas de responsabilização dos causadores de poluição ou de degradação ambiental, e dos que praticarem pesca predatória;

XVI – buscar a integração das universidades, centros de pesquisa, associações civis, organizações sindicais para garantir e aprimorar o controle da poluição;

XVII – estimular a pesquisa, o desenvolvimento e a utilização de tecnologias poupadoras de energia, bem como de fontes energéticas alternativas que possibilitem, em particular nas indústrias e nos veículos, a redução das emissões poluentes.

XVIII – estabelecer política tributária visando à efetivação do princípio poluidor-pagador e o estímulo ao desenvolvimento e implantação de tecnologias de controle e recuperação ambiental mais aperfeiçoadas, vedada a concessão de financiamentos governamentais e incentivos fiscais às atividades que desrespeitem padrões e normas de proteção ao meio ambiente;

XIX – acompanhar e fiscalizar as concessões de direitos de pesquisa e exploração de recursos hídricos e minerais efetuadas pela União no território do Estado;

XX – promover a conscientização da população e a adequação do ensino de forma a incorporar os princípios e objetivos de proteção ambiental;

XXI – implementar política setorial visando a coleta seletiva, transporte, tratamento e disposição final de resíduos urbanos, hospitalares e industriais, com ênfase nos processos que envolvam sua reciclagem;

XXII – criar o Conselho Estadual do Meio Ambiente, de composição paritária, no qual participarão os Poderes Executivo e Legislativo, comunidades científicas e associações civis, na forma da lei;

XXIII – instituir órgãos próprios para estudar, planejar e controlar a utilização racional do meio ambiente;

XXIV - aprimorar a atuação na prevenção, apuração e combate nos crimes ambientais, inclusive através da especialização de órgãos;

XXV - fiscalizar e controlar, na forma da lei, a utilização de áreas biologicamente ricas de manguezais, estuários e outros espaços de reprodução e crescimento de espécies aquáticas, em todas as atividades humanas capazes de comprometer esses ecossistemas;

XXVI - criar, no Corpo de Bombeiros Militar, unidade de combate a incêndios florestais, assegurando a prevenção, fiscalização, combate a incêndios e controle de queimadas.

§ 2º - As condutas e atividades comprovadamente lesivas ao meio ambiente sujeitarão os infratores a sanções administrativas, com a aplicação de multas diárias e progressivas nos casos de continuidade da infração ou reincidência, incluídas a redução do nível de atividade e a interdição, além da obrigação de reparar, mediante restauração os danos causados.

§ 3º - Aquele que utilizar recursos ambientais fica obrigado, na forma da lei a realizar programas de monitoragem a serem estabelecidos pelos órgãos competentes.

§ 4º - A captação em cursos d'água para fins industriais será feita a jusante do ponto de lançamento dos efluentes líquidos da própria indústria, na forma da lei.

§ 5º - Os servidores públicos encarregados da execução da política estadual do meio ambiente, que tiverem conhecimento de infrações persistentes, intencionais ou por omissão, dos padrões e normas ambientais deverão, imediatamente, comunicar o fato ao Ministério Público, indicando os elementos de convicção, sob pena de responsabilidade administrativa, na forma da lei.

Art. 262. A utilização dos recursos naturais com fins econômicos será objeto de taxas correspondentes aos custos necessários à fiscalização, à recuperação e à manutenção dos padrões de qualidade ambiental.

§ 1º - Aos municípios que tenham seus recursos hídricos utilizados para abastecer de água potável a população do Estado do Rio de Janeiro é assegurada participação na arrecadação tarifária ou compensação financeira em face da exploração econômica dos mencionados recursos, devendo os respectivos resultados serem processados separadamente em favor de cada um daqueles Municípios, por volume de água fornecida, e calculados em proporção compatível com os valores dos royaltes pagos à outros Municípios pela exploração de petróleo e de gás natural. (Parágrafo acrescentado pela Emenda Constitucional nº 22, de 27 de junho de 2001.)

§ 2º - Os resultados financeiros que venham a ser obtidos em decorrência do disposto no parágrafo anterior deverão ser aplicados integralmente em programas conjuntos com o Estado para tratamento de despejos urbanos e industriais e de resíduos sólidos, de proteção e de utilização racional de água e de outros programas que garantam a fiscalização, a recuperação e a manutenção dos padrões de qualidade ambiental nos Municípios de que cogitam o artigo anterior. (Parágrafo acrescentado pela Emenda Constitucional nº 22, de 27 de junho de 2001.)

§ 3º - Aos Municípios de Nova Iguaçú, Japeri, Queimados, Belford Roxo, Mesquita, Nilópolis, São João de Meriti, Duque de Caxias, Guapimirim, Magé e outros que venham a integrar a Baixada Fluminense, abrangendo inclusive os Municípios de Niterói, São Gonçalo, Itaboraí e o Bairro de Paquetá, no Município do Rio de Janeiro, integrantes do sistema de abastecimento de água denominado IMUNA - LARANJAL, fica assegurada, no sistema de abastecimento de água à população do Estado do Rio de Janeiro, uma distribuição prioritária correspondente a 30% (trinta por cento) do volume de recursos hídricos provenientes dos dois primeiros e do Município de Magé no presente referido. (Parágrafo acrescentado pela Emenda Constitucional nº 22, de 27 de junho de 2001.)

Art. 263. Fica autorizada a criação, na forma da lei, do Fundo Estadual de Conservação Ambiental e Desenvolvimento Urbano - FECAM, destinado à implementação de programas e projetos de recuperação e preservação do meio ambiente, bem como de desenvolvimento urbano, vedada sua utilização para pagamento de pessoal da administração pública direta e indireta ou de despesas de custeio diversas de sua finalidade. (Nova redação dada pela Emenda Constitucional nº 15, de 14 de dezembro de 2000.)

§ 1º - Constituirão recursos para o fundo de que trata o caput deste artigo, entre outros:

I - 5% (cinco por cento) da compensação financeira a que se refere o art. 20, § 1º, da Constituição da República e a que faz jus o Estado do Rio de Janeiro. (Nova redação dada pela Emenda Constitucional nº 31, de 21 de agosto de 2003.)

II - O produto das multas administrativas e de condenações judiciais por atos lesivos ao meio ambiente;

III - dotações e créditos adicionais que lhe forem atribuídos;

IV - empréstimos, repasses, doações, subvenções, auxílios, contribuições, legados ou quaisquer transferências de recursos;

IV - empréstimos, repasses, doações, subvenções, auxílios, contribuições, legados ou quaisquer transferências de recursos, excepcionados os recursos privados referidos no § 4° do presente artigo; (Nova redação dada pela Emenda Constitucional nº 70, de 12 de dezembro de 2017.)

V - rendimentos provenientes de suas operações ou aplicações financeiras.

VI - 5% (cinco por cento) da compensação financeira, a que se refere o Art. 20, § 1º, da Constituição Federal, calculados na forma da lei, a que faz jus o Estado do Rio de Janeiro, quando se tratar de petróleo e gás extraído da camada do pré-sal, não se aplicando, nesse caso, o disposto no inciso I. (Nova redação dada pela Emenda Constitucional nº 70, de 12 de dezembro de 2017.)

§ 2º – O disciplinamento da utilização dos recursos do Fundo de que trata este artigo caberá a um Conselho de que participarão, necessariamente, o Ministério Público e representantes da comunidade, na forma a ser estabelecida em lei. (Nova redação dada pela Emenda Constitucional nº 15, de 14 de dezembro de 2000.) (Parágrafo declarado parcialmente inconstitucional, pelo STF, na ADI 3161, com decisão final proferida em outubro de 2020: "julgou o pedido parcialmente procedente, para atribuir interpretação conforme a Constituição ao § 2º do art. 263 da Constituição do Estado do Rio de Janeiro, com a redação conferida pela Emenda Constitucional nº 15/2000, delimitando que o mesmo trata apenas da participação facultativa de membro do Ministério Público, para exercício de atribuições ministeriais no âmbito das atividades do referido Conselho, mediante designação do Procurador-Geral de Justiça e sem o recebimento de remuneração adicional, nos termos do voto do Ministro Alexandre de Moraes, Redator para o acórdão.)

§ 3º – Os programas e projetos ambientais a que se refere o "caput" deste artigo incluem, entre outros, os seguintes:

I – implantação de sistema de coleta e tratamento de esgotos domésticos;

II – implantação de sistemas de coleta de lixo, com ênfase na coleta seletiva e destinação final adequadas de resíduos sólidos urbanos e sua reciclagem;

III – programas de conservação, reaproveitamento, reciclagem de energia, co-geração e eficiência energética, e desenvolvimento de energias alternativas, como a solar e eólica, entre outras;

IV – programas e projetos de educação ambiental na rede pública estadual, incluindo intervenção desta na preservação das áreas do entorno das escolas, na forma da lei;

V – programas de desenvolvimento urbano integrados aos projetos locais e regionais de desenvolvimento que contemplem soluções para os problemas ambientais locais;

VI – programas de despoluição dos ambientes de trabalho com monitoramento da qualidade ambiental das empresas e desenvolvimento e implantação de tecnologias alternativas não poluentes que preservem a saúde do trabalhador;

VII – programas de defesa dos recursos hídricos, incluindo a implantação dos comitês de bacias hidrográficas, na forma da lei;

VIII – programas de monitoragem e fiscalização da presença de agrotóxicos nos alimentos e de implementação de sistemas agrícolas integrados e não poluentes, como os da agricultura biológica e orgânica;

IX – programas de fiscalização e inibição da pesca predatória e de estimulo à piscicultura e maricultura;

X – programas de recuperação de áreas degradadas e de reflorestamento ecológico, incluindo a produção de mudas;

XI – fiscalização e recuperação da Mata Atlântica e proteção da biodiversidade;

XII – demarcação da faixa marginal de proteção das lagoas e lagunas;

XIII – programas de prevenção e combate a incêndios em Florestas;

XIV – implantação das unidades de conservação da natureza, como parques, reservas e área de preservação ambiental, incluindo plano diretor, plano de manejo, demarcação, sede e educação ambiental das populações dos entornos;

XIV – implantação das unidades de conservação da natureza, como parques, reservas e área de preservação ambiental, incluindo plano diretor, plano de manejo, demarcação, sede e educação ambiental das populações dos entornos, sem prejuízo do que dispõe a disciplina específica prevista no § 4º do presente artigo; (Nova redação dada pela Emenda Constitucional nº 70, de 12 de dezembro de 2017.)

XV – programas de tratamento e destinação final de lixo químico;

XVI – reforço dos sistemas de fiscalização ambiental;

XVII – programas de proteção à fauna, incluindo centros de triagem de animais, prevenção e fiscalização;

XVIII – reforço de equipamentos e instalações do BPFMA, DPMA e Corpo de Bombeiros do Estado do Rio de Janeiro;

XIX – utilização de recursos como contrapartida a programas com financiamento internacional, tais como, Programa de Despoluição da Baía de Guanabara e/ou de Despoluição da Baía de Sepetiba;

XX – programa de divulgação em mídia de campanhas publicitárias, tais como o combate aos balões e pela reciclagem de pilhas e garrafas plásticas;

XXI – programa de ecologia urbana, tais como ciclovias, implantação de combustíveis menos poluentes nos transportes e nas indústrias, defesa das encostas;

XXII – recomposição e manutenção de manguezais e áreas protegidas;

XXIII – monitoragem e melhoria da qualidade do ar e da água potável e da balneabilidade;

XXIV – programa para equipar e capacitar as cooperativas de catadores;

XXV – programas de relocalização (quando couber) de populações que ocupem áreas de preservação ambiental, incluindo habitação digna e reinstalação;

XXVI – desenvolvimento de programas de eco-turismo;

XXVII – implantação do Centro de Referência de Segurança e Crimes Ambientais;

XXVIII – implantação do Centro de Referência da Saúde do Trabalhador em Ambientes de Trabalho;

XXIX – campanhas e programas de orientação do consumidor aos custos do desperdício e às qualidades e riscos ambientais dos produtos;

XXX – mapeamento das áreas e atividades de risco, na forma da Lei. (Acrescentado pela Emenda Constitucional nº 15, de 14 de dezembro de 2000.)

§ 4º – É considerado recurso privado, e não constitui receita do FECAM (Fundo Estadual de Conservação Ambiental e Desenvolvimento Urbano), o montante de recursos devido pelos empreendedores nos casos de licenciamento ambiental de empreendimentos de significativo impacto ambiental decorrentes da compensação ambiental estabelecida no âmbito do Sistema Nacional de Unidades de Conservação da Natureza – SNUC. (Acrescentado pela Emenda Constitucional nº 70, de 12 de dezembro de 2017.)

§ 5º – Os passivos não liquidados, cuja competência tenha ocorrido a partir do ano de 2015 até dezembro de 2019, poderão ser extintos, salvo se for o caso de despesas de exercícios anteriores, nos termos da Lei 4.320, de 17 de março de 1964. (Acrescentado pela Emenda Constitucional nº 73, de 18 de dezembro de 2019.)

§ 6º – O percentual não aplicado no Fundo Estadual de Conservação Ambiental e Desenvolvimento Urbano – FECAM –, a partir do exercício de 2015, não se converterá em obrigação de aplicação em exercícios posteriores ao Estado. (Acrescentado pela Emenda Constitucional nº 73, de 18 de dezembro de 2019.)

Art. 264. A implantação e a operação de instalações que utilizem ou manipulem materiais radioativos, estarão sujeitas ao estabelecimento e à implementação de plano de evacuação da população das áreas de risco e a permanente monitoragem de seus efeitos sobre o meio ambiente e a saúde da população.

Parágrafo único – As disposições deste artigo não se aplicam à utilização de radioisotopos previstos no artigo 21, XXIII, "b", da Constituição da República.

Art. 265. Os projetos governamentais da administração direta ou indireta, que exijam a remoção involuntária de contingente da população, deverão cumprir, dentre outras, as seguintes exigências:

I - pagamento prévio e em dinheiro de indenização pela desapropriação, bem como dos custos de mudança e reinstalação, inclusive, neste caso, para os não-proprietários, nas áreas vizinhas às do projeto, de residências, atividades produtivas e equipamentos sociais.

II - implantação, anterior à remoção, de programas sócio-econômicos que permitam às populações atingidas restabelecerem seu sistema produtivo garantindo sua qualidade de vida;

III - implantação prévia de programas de defesa ambiental que reduzam ao mínimo os impactos do empreendimento sobre a fauna, a flora e as riquezas naturais e arqueológicas.

Art. 266. O Estado promoverá, com a participação dos Municípios e das comunidades, o zoneamento ambiental de seu território.

§ 1º - A implantação de áreas ou pólos industriais, bem como as transformações de uso do solo, dependerão de estudo de impacto ambiental, e do correspondente licenciamento.

§ 2º - O registro dos projetos de loteamento dependerá do prévio licenciamento na forma da legislação de proteção ambiental.

§ 3º - Os proprietários rurais ficam obrigados, na forma da lei, a preservar e a recuperar, com espécies nativas suas propriedades.

Art. 267. A extinção ou alteração das finalidades das áreas das unidades de conservação dependerá de lei específica.

Art. 268. São áreas de preservação permanente:

I - os manguezais, lagos, lagoas e lagunas e as áreas estuarinas;

II - as praias, vegetação de restingas quando fixadoras de dunas, as dunas, costões rochosos e as cavidades naturais subterrâneas-cavernas;

III - as nascentes e as faixas marginais de proteção de águas superficiais;

IV - as áreas que abriguem exemplares ameaçados de extinção, raros, vulneráveis ou menos conhecidos, na fauna e flora, bem como aquelas que sirvam como local de pouso, alimentação ou reprodução;

V - as áreas de interesse arqueológico, histórico, científico, paisagístico e cultural;

VI - aquelas assim declaradas por lei;

VII - a Baía de Guanabara.

Art. 269. São áreas de relevante interesse ecológico, cuja utilização dependerá de prévia autorização dos órgãos competentes, preservados seus atributos essenciais:

I - as coberturas florestais nativas;

II - a zona costeira;

III - o Rio Paraíba do Sul;

IV - a Ilha Grande;

V - a Baía da Guanabara;

VI - a Baía de Sepetiba.

Art. 270. As terras públicas ou devolutas, consideradas de interesse para a proteção ambiental, não poderão ser transferidas a particulares a qualquer título.

Art. 271. A iniciativa do Poder Público de criação de unidades de conservação, com a finalidade de preservar a integridade de exemplares dos ecossistemas, será imediatamente seguida dos procedimentos necessários a regularização fundiária, demarcação e implantação da estrutura de fiscalização adequadas.

Art. 272. O Poder Público poderá estabelecer restrições administrativas de uso de áreas privadas para fins de proteção de ecossistemas.

Parágrafo único - As restrições administrativas de uso a que se refere este artigo deverão ser averbadas no registro imobiliário no prazo máximo de um ano a contar de seu estabelecimento.

Art. 273. As coberturas florestais nativas existentes no Estado são consideradas indispensáveis ao processo de desenvolvimento equilibrado e à sadia qualidade de vida de seus habitantes e não poderão ter suas áreas reduzidas.

Art. 274. As empresas concessionárias ou permissionárias de serviços públicos deverão atender aos dispositivos de proteção ambiental em vigor.

Art. 275. Fica proibida a introdução no meio ambiente de substâncias cancerígenas, mutagênicas e teratogênicas, além dos limites e das condições permitidas pelos regulamentos dos órgãos do controle ambiental.

Art. 276. A implantação e a operação de atividades efetiva ou potencialmente poluidoras dependerão de adoção das melhores tecnologias de controle para proteção do meio ambiente, na forma da lei.

Parágrafo único - O Estado e os Municípios manterão permanente fiscalização e controle sobre os veículos, que só poderão trafegar com equipamentos antipoluentes, que eliminem ou diminuam ao máximo o impacto nocivo da gaseificação de seus combustíveis.

Art. 277. Os lançamentos finais dos sistemas públicos e particulares de coleta de esgotos sanitários deverão ser precedidos, no mínimo, de tratamento primário completo, na forma da lei.

§ 1º – Fica vedada a implantação de sistemas de coleta conjunta de águas pluviais e esgotos domésticos ou industriais.

§ 2º – As atividades poluidoras deverão dispor de bacias de contenção para as águas de drenagem, na forma da lei.

Art. 278. É vedada a criação de aterros sanitários à margem de rios, lagos, lagoas, manguezais e mananciais.

Art. 279. O Estado exercerá o controle de utilização de insumos químicos na agricultura e na criação de animais para alimentação humana, de forma a assegurar a proteção do meio ambiente e a saúde pública.

Parágrafo único – O controle a que se refere este artigo será exercido, tanto na esfera da produção quanto na de consumo, com a participação do órgão encarregado da execução da política de proteção ambiental.

Art. 280. A lei instituirá normas para coibir a poluição sonora.

Art. 281. Nenhum padrão ambiental do Estado poderá ser menos restritivo do que os padrões fixados pela Organização Mundial de Saúde.

Art. 282. As empresas concessionárias do serviço de abastecimento público de água deverão divulgar, semestralmente, relatório de monitoragem da água distribuída à população, a ser elaborado por instituição de reconhecida capacidade técnica e científica.

Parágrafo único – A monitoragem deverá incluir a avaliação dos parâmetros a serem definidos pelos órgãos estaduais de saúde e meio ambiente.

TÍTULO VIII
DA ORDEM SOCIAL

Capítulo I
DISPOSIÇÃO GERAL

Art. 283. A ordem social tem como base o primado do trabalho, e como objetivo o bem-estar e a justiça sociais.

Capítulo II
DA SEGURIDADE SOCIAL

Seção I
DISPOSIÇÃO GERAL

Art. 284. O Estado e os Municípios, com a União, integram um conjunto de ações e iniciativas dos Poderes Públicos e da sociedade, destinado a assegurar os direitos relativos à saúde, à previdência e assistência sociais, de conformidade com as disposições da Constituição da República e das leis.

§ 1º - As receitas do Estado e dos Municípios, destinados a seguridade social, constarão dos respectivos orçamentos.

§ 2º - Para efeito de aposentadoria, é assegurada a contagem recíproca do tempo de contribuição na administração pública e na atividade privada, rural e urbana, inclusive na condição de autônomo, hipótese em que os diversos sistemas de previdência social se compensarão financeiramente, segundo critérios estabelecidos em lei.

Art. 285. Será garantida pensão por morte de servidor, homem ou mulher, ao cônjuge ou companheiro e dependentes.

Parágrafo único - A pensão mínima a ser paga aos pensionistas do Instituto de Previdência do Estado do Rio de Janeiro - IPERJ, não poderá ser de valor inferior ao de 1 (um) salário mínimo.

Art. 286. É facultado ao servidor público que não tenha cônjuge, companheiro ou dependente, legar a pensão por morte a beneficiários de sua indicação, respeitadas as condições e a faixa etária previstas em lei para a concessão do benefício a dependentes. (Artigo declarado inconstitucional pelo STF, na ADIN 240)

Seção II
DA SAÚDE

Art. 287. A saúde é direito de todos e dever do Estado, assegurada mediante políticas sociais, econômicas e ambientais que visem a prevenção de doenças físicas e mentais, e outros agravos, o acesso universal e igualitário às ações de saúde e a soberana liberdade de escolha dos serviços, quando esses constituírem ou complementarem o Sistema Unificado e Descentralizado de Saúde, guardada a regionalização para sua promoção, proteção e recuperação.

Art. 288. As ações e serviços de saúde são de relevância pública, cabendo ao Poder Público dispor, nos termos da lei, sobre sua regulamentação, fiscalização e controle, devendo sua execução ser feita com prioridade, diretamente ou através de terceiros, preferencialmente por entidades filantrópicas e, também, por pessoa física ou jurídica de direito privado.

Art. 289. As ações e serviços públicos de saúde integram uma rede regionalizada e hierarquizada e constituem um sistema único de saúde, de acordo com as seguintes diretrizes:

I - integração das ações e serviços de saúde dos Municípios ao Sistema Único de Saúde;

II - descentralização político-administrativa, com direção única em cada nível, respeitada a autonomia municipal, garantindo-se os recursos necessários;

III - atendimento integral, universal e igualitário, com acesso a todos os níveis dos serviços de saúde da população urbana e rural, contemplando as ações de promoção, proteção e recuperação de saúde individual e coletiva, com prioridade para as atividades preventivas e de atendimento de emergência e urgência, sem prejuízo dos demais serviços assistenciais;

IV - participação na elaboração e controle das políticas e ações de saúde de membros de entidades representativas de usuários e de profissionais de saúde, através de conselho estadual de saúde, deliberativo e paritário, estruturado por lei complementar;

V - municipalização dos recursos, tendo como parâmetros o perfil epidemiológico e demográfico, e a necessidade de implantação, expansão e manutenção dos serviços de saúde de cada Município;

VI - elaboração e atualização periódicas do Plano Estadual de Saúde, em termos de prioridade e estratégias regionais, em consonância com o Plano Nacional de Saúde e de acordo com as diretrizes do conselho estadual;

VII - outras, que venham a ser adotadas em legislação complementar.

Art. 290. É assegurada, na área de saúde, a liberdade de exercício profissional e de organização de serviços privados, na forma da lei, de acordo com os princípios da política nacional de saúde e das normas gerais estabelecidas pelo conselho estadual de saúde.

Art. 291. As instituições privadas poderão participar de forma complementar do sistema único de saúde, mediante o contrato de direito público ou convênio, tendo preferência as entidades filantrópicas e as sem fins lucrativos.

§ 1º - A decisão sobre a contratação de serviços privados deverá ser precedida de audiência dos conselhos municipais de saúde, quando de abrangência municipal, e do conselho estadual de saúde, quando de abrangência estadual.

§ 2º - Aos serviços de saúde de natureza privada, que descumpram as diretrizes do sistema único de saúde, ou os termos previstos nos contratos firmados com o Poder Público, aplicar-se-ão as sanções previstas em lei.

§ 3º – É vedada a participação direta ou indireta de empresas estrangeiras ou de empresas brasileiras de capital estrangeiro na assistência à saúde no Estado, salvo nos casos previstos em lei.

§ 4º – É vedada a destinação de recursos públicos para auxílios ou subvenções às instituições privadas com fins lucrativos.

Art. 292. O sistema único de saúde será financiado com recursos do orçamento do Estado, da seguridade social, da União e dos Municípios, além de outras fontes.

Parágrafo único. Os recursos financeiros do sistema de saúde serão administrados, em cada esfera, por fundos de natureza contábil, criados na forma da lei.

Art. 293. Ao sistema único de saúde compete, além de outras atribuições estabelecidas na Lei Orgânica da Saúde:

I – ordenar a formação de recursos humanos na área de saúde, bem como a capacitação técnica e reciclagem permanente;

II – garantir aos profissionais da área de saúde um plano de cargos e salários único, o estímulo ao regime de tempo integral e condições adequadas de trabalho em todos os níveis;

III – promover o desenvolvimento de novas tecnologias e a produção de medicamentos, matérias-primas, insumos imunobiológicos e contraceptivos de barreira por laboratórios oficias do Estado, abrangendo também a homeopatia, a acupuntura, a fitoterapia e outras práticas de comprovada base científica, que serão adotadas pela rede oficial de assistência à população;

IV – criar e implantar sistema estadual público de sangue, componentes e derivados, para garantir a auto-suficiência do Estado no setor, assegurando a preservação da saúde do doador e do receptor de sangue, bem como a manutenção de laboratórios e hemocentros regionais;

V – dispor sobre a fiscalização e normatização da remoção de órgãos, tecidos e substâncias, para fins de transplantes, pesquisa, especialmente sobre a reprodução humana e tratamento, vedada a sua comercialização;

VI – participar na elaboração e atualização de plano estadual de alimentação e nutrição;

VII – controlar, fiscalizar e inspecionar procedimentos, produtos e substâncias que compõem os medicamentos, contraceptivos, imunobiológicos, alimentos, compreendido o controle de seu teor nutricional, bem como bebidas e águas para consumo humano, cosméticos, perfumes, produtos de higiene, saneantes, domissanitários, agrotóxicos, biocidas, produtos agrícolas, drogas veterinárias, sangue, hemoderivados, equipamentos médico-hospitalares e odontológicos, insumos, e outros de interesse para a saúde;

VIII - manter laboratório de referência de controle de qualidade;

IX - participar na fiscalização das operações de produção, transporte, guarda e utilização, executadas com substâncias e produtos psicoativos, tóxicos e radioativos;

X - desenvolver ações visando à segurança e à saúde do trabalhador, integrando sindicatos e associações técnicas, compreendendo a fiscalização, normatização e coordenação geral na prevenção, prestação de serviços e recuperação, mediante:

a) medidas que visem à eliminação de riscos de acidentes, doenças profissionais e do trabalho, e que ordenem o processo produtivo, para esse fim;

b) informações aos trabalhadores a respeito de atividades que comportem riscos à saúde e dos métodos para o seu controle;

c) controle e fiscalização dos ambientes e processos de trabalhos nos órgãos ou empresas públicas e privadas, incluindo os departamentos médicos;

d) direito de recusa ao trabalho em ambientes sem controle adequado de riscos, assegurada a permanência no emprego;

e) promoção regular e prioritária de estudos e pesquisas em saúde do trabalho;

f) proibição do uso de atestado de esterilização e de teste gravidez como condição para admissão ou permanência no trabalho;

g) notificação compulsória, pelos ambulatórios médicos dos órgãos ou empresas públicas ou privadas, das doenças profissionais e dos acidentes de trabalho;

h) intervenção, interrompendo as atividades em local de trabalho em que haja risco iminente ou naqueles em que tenham ocorrido graves danos à saúde do trabalhador;

XI - coordenar e estabelecer diretrizes e estratégias das ações de vigilância sanitária e epidemiológica e colaborar no controle do meio ambiente e saneamento;

XII - determinar que todo estabelecimento, público ou privado, sob fiscalização de órgãos do sistema único de saúde, seja obrigado a utilizar coletor seletivo de lixo hospitalar;

XIII - formular e implantar política de atendimento à saúde de portadores de deficiência, bem como coordenar e fiscalizar os serviços e ações específicas, de modo a garantir a prevenção de doenças ou condições que favoreçam o seu surgimento, assegurando o direito à habilitação, reabilitação e integração social, com todos os recursos necessários, inclusive o acesso aos materiais e equipamentos de reabilitação;

XIV - implantar política de atendimento à saúde das pessoas consideradas doentes mentais, devendo ser observados os seguintes princípios:

a) rigoroso respeito aos direitos humanos dos doentes;

b) integração dos serviços de emergência psiquiátricos e psicológicos aos serviços de emergência geral;

c) prioridade e atenção extra-hospitalar, incluído atendimento ao grupo familiar, bem como ênfase na abordagem interdisciplinar;

d) ampla informação aos doentes, familiares e à sociedade organizada sobre os métodos de tratamento a serem utilizados;

e) garantia da destinação de recursos materiais e humanos para a proteção e tratamento adequado ao doente mental nos níveis ambulatorial e hospitalar;

XV – garantir destinação de recursos materiais e humanos na assistência às doenças crônicas e à terceira idade, na forma da lei;

XVI – estabelecer cooperação com a rede pública de ensino, de modo a promover acompanhamento constante às crianças em fase escolar, prioritariamente aos estudantes do primeiro grau;

XVII – incentivar, através de campanhas promocionais educativas e outras iniciativas, a doação de órgãos;

XVIII – prover a criação de programa suplementar que garanta fornecimento de medicação às pessoas portadoras de necessidades especiais, no caso em que seu uso seja imprescindível à vida.

Parágrafo único. O Estado, na forma da lei, concederá estímulos especiais às pessoas que doarem órgãos possíveis de serem transplantados, quando de sua morte, com o propósito de restabelecerem funções vitais à saúde.

Art. 294. O Estado garantirá assistência integral à saúde da mulher em todas as fases de sua vida através da implantação de política adequada, assegurando:

I – assistência à gestação, ao parto e ao aleitamento;

II – direito à auto-regulação da fertilidade como livre decisão da mulher, do homem ou do casal, tanto para exercer a procriação quanto para evitá-la;

III – fornecimento de recursos educacionais, científicos e assistenciais, bem como acesso gratuito aos métodos anticoncepcionais, esclarecendo os resultados, indicações e contra-indicações, vedada qualquer forma coercitiva ou de indução por parte de instituições públicas ou privadas;

IV – assistência à mulher, em caso de aborto, provocado ou não, como também em caso de violência sexual, asseguradas dependências especiais nos serviços garantidos direta ou indiretamente pelo Poder Público;

V – adoção de novas práticas de atendimento relativas ao direito da reprodução mediante consideração da experiência dos grupos ou instituições de defesa da saúde da mulher.

Art. 295. O Estado, através dos órgãos competentes, determinará a fluoretização do cloreto de sódio, na proporção fixada pela autoridade responsável.

Art. 296. Será fiscalizado a produção, distribuição e comercialização de processos químicos ou hormonais e artefatos de contracepção, proibindo-se a comercialização e uso em fase de experimentação.

Art. 297. O Estado regulamentará em relação ao sangue, coleta, processamento, estocagem, tipagem, sorologia, distribuição, transporte, descarte, indicação e transfusão, bem como sua procedência e qualidade ou componente destinado à industrialização, seu processamento, guarda, distribuição e aplicação.

Art. 298. O Estado assegurará a todo cidadão o fornecimento de sangue, componentes e derivados, bem como obter informações sobre o produto do sangue humano que lhe tenha sido aplicado.

Art. 299. A assistência farmacêutica faz parte da assistência global à saúde, e as ações a ela correspondentes devem ser integradas ao sistema único de saúde, garantindo-se o direito de toda a população aos medicamentos básicos, que constem de lista padronizada dos que sejam considerados essenciais.

Art. 300. O Estado só poderá adquirir medicamentos e soros imunobiológicos produzidos pela rede privada, quando a rede pública, prioritariamente a estadual, não estiver capacitada a fornecê-lo.

Parágrafo único. O Estado garantirá o investimento permanente na produção estatal de medicamentos à qual serão destinados recursos especiais.

Art. 301. O Poder Público, mediante ação conjunta de suas áreas de educação e saúde, garantirá aos alunos da rede pública de ensino acompanhamento médico-odontológico, e às crianças que ingressem no pré-escolar exames e tratamentos oftalmológico e fonoaudiológico.

Art. 302. Os municípios deverão no âmbito de sua competência, estabelecer medidas de proteção à saúde dos cidadãos não fumantes em escolas, restaurantes, hospitais, transportes coletivos, repartições públicas, cinemas, teatros e demais estabelecimentos de grande afluência de público.

Art. 303. O Estado instituirá mecanismos de controle e fiscalização adequados para coibir a imperícia, a negligência, a imprudência e a omissão de socorro nos estabelecimentos hospitalares oficiais e particulares, cominando penalidades severas para os culpados.

Parágrafo único. Quando se tratar de estabelecimento particular, as penalidades poderão variar da imposição de multas pecuniárias à cassação da licença de funcionamento.

Art. 304. As empresas privadas prestadoras de serviços de assistência médica, administradoras de planos de saúde, deverão ressarcir o Estado e os Municípios das despesas com o atendimento dos segurados respectivos em unidades de saúde pertencentes ao poder público estadual ou municipal.

§ 1º – Parágrafo único. O pagamento será de responsabilidade das empresas a que estejam associadas as pessoas atendidas em unidades de saúde do Estado ou dos Municípios. (Renumerado pela Emenda Constitucional nº 79/2020.)

§ 2º – Fica vedada, sob pena de responsabilidade, o tratamento preferencial, diferenciado ou exclusivo dos pacientes de planos de saúde ou particular, inclusive quando efetuados por Organizações Sociais, Organizações da Sociedade Civil de Interesse Público ou Fundações Públicas ou Privadas. (Incluído pela Emenda Constitucional nº 79/2020.)

Seção III
DA ASSISTÊNCIA SOCIAL

Art. 305. O Estado e os Municípios prestarão assistência social a quem dela necessitar, obedecidos os princípios e normas da Constituição da República.

Parágrafo único – Será assegurada, nos termos da lei, a participação da população, por meio de organizações representativas, na formulação das políticas e no controle das ações de assistência social.

Capítulo III
DA EDUCAÇÃO, DA CULTURA E DO DESPORTO

Seção I
DA EDUCAÇÃO

Art. 306. A educação, direito de todos e dever do Estado e da família, promovida e incentivada com a colaboração da sociedade, visa ao pleno desenvolvimento da pessoa e a formação do cidadão; o aprimoramento da democracia e dos direitos humanos; a eliminação de todas as formas de racismo e de discriminação; o respeito dos valores e do primado do trabalho; à afirmação do pluralismo cultural; a convivência solidária a serviço de uma sociedade justa, fraterna, livre e soberana.

Art. 307. O ensino será ministrado com base nos seguintes princípios:

I – igualdade de condições para o acesso e permanência na escola;

II - liberdade de aprender, ensinar, pesquisar e divulgar o pensamento, a arte e o saber, vedada qualquer discriminação;

III - pluralismo de ideias e de concepções pedagógicas, e coexistência de instituições públicas e privadas de ensino;

IV - ensino público, gratuito para todos, em estabelecimentos oficiais, observado o critério da alínea abaixo:

a) na eventualidade de, em unidade escolar oficial de pré-escolar, 1º grau, 2º grau ou de ensino supletivo, haver necessidade de opção para a ocupação de vaga em decorrência de a demanda de matrículas ser superior à oferta de vagas, dar-se-á preferência aos candidatos comprovadamente carentes;

V - valorização dos profissionais da educação escolar, garantidos, na forma da lei, planos de carreira, com ingresso exclusivamente por concurso público de provas e títulos, aos das redes públicas; (Nova redação dada pelo art. 18 da Emenda Constitucional nº 53, de 26/06/2012)

VI - gestão democrática do ensino público, na forma da lei, atendendo as seguintes diretrizes:

a) participação da sociedade na formulação da política educacional e no acompanhamento de sua execução;

b) criação de mecanismos para prestação de contas à sociedade da utilização dos recursos destinados à educação;

c) participação de estudantes, professores, pais e funcionários, através de funcionamento de conselhos comunitários em todas as unidades escolares, com o objetivo de acompanhar o nível pedagógico da escola, segundo normas dos Conselhos Estadual e Municipal de Educação.

VII - garantia de padrão de qualidade;

VIII - educação não diferenciada entre sexos, seja no comportamento pedagógico ou no conteúdo do material didático;

IX - regionalização, inclusive para o ensino profissionalizante, segundo características sócio-econômicas e culturais, respeitado o estabelecido no artigo 317, desta Constituição.

X - animação cultural compreendida como instrumento pedagógico e de promoção da dignidade da pessoa humana. (Inciso acrescentado pelo art. 1º da Emenda Constitucional nº 44, de 12 de maio de 2010.)

Art. 2º da Emenda Constitucional nº 44, de 12 de maio de 2010, "Art. 2º - Após a promulgação da presente Emenda Constitucional, os animadores culturais somente poderão ser contratados, na forma do § 4º do art. 198 da Constituição Federal. Parágrafo único. Os profissionais que, na data de promulgação desta Emenda e a qualquer título, desempenharem as atividades de animação cultural na rede estadual de educação, na forma da lei, ficam dispensados de se submeter ao processo seletivo público a que se refere o § 4º do art. 198 da Constituição Federal, desde que tenham sido contratados a partir de anterior processo de seleção pública e nomeados nos termos do Decreto nº 19.803, de 31 de março de 1994."

XI – piso salarial profissional nacional para os profissionais da educação escolar pública, nos termos de lei estadual. (Inciso acrescentado pelo art. 18 da Emenda Constitucional nº 53, de 26/06/2012.)

Art. 308. O dever do Estado e dos Municípios com a educação será efetivado mediante garantia de:

I – ensino público fundamental, obrigatório e gratuito, com o estabelecimento progressivo do turno único;

II – oferta obrigatória do ensino fundamental e gratuito aos que a eles não tiverem acesso na idade própria;

III – progressiva extensão da obrigatoriedade e gratuidade do ensino médio;

IV – atendimento educacional especializado aos portadores de deficiência e ensino profissionalizante na rede regular de ensino, quando necessário, por professores de educação especial;

V – atendimento especializado, aos alunos superdotados, a ser implantado por legislação específica;

VI – atendimento obrigatório e gratuito em creches e pré-escolas às crianças de zero a seis anos de idade, mediante atendimento de suas necessidades biopsicossociais, adequado aos seus diferentes níveis de desenvolvimento, com preferência à população de baixa renda;

VII – acesso ao ensino obrigatório e gratuito, que constitui direito público subjetivo;

VIII – oferta de ensino noturno regular, adequado às condições do educando;

IX – atendimento ao educando, no ensino fundamental, através de programas suplementares de material didático-escolar, transporte, alimentação e assistência à saúde;

X – liberdade de organização dos alunos, professores, funcionários e pais de alunos, sendo facultada a utilização das instalações do estabelecimento de ensino para as atividades das associações;

XI - submissão, quando necessário, dos alunos matriculados na rede regular de ensino a testes de acuidade visual e auditiva, a fim de detectar possíveis desvios de desenvolvimento;

XII - eleições diretas, na forma da lei, para direção das instituições de ensino mantidas pelo Poder Público, com a participação da comunidade escolar; (Parágrafo declarado inconstitucional pelo STF, na ADIN 2997.)

XIII - assistência à saúde no que respeita ao tratamento médico-odontológico e atendimento aos portadores de problemas psicológicos ou destes decorrentes.

§ 1º - A não oferta, ou a oferta insuficiente do ensino obrigatório e gratuito pelo Poder Público, importará responsabilidade da autoridade competente, nos termos da lei.

§ 2º - Compete ao Poder Público recensear, periodicamente, as crianças em idade escolar, com a finalidade de orientar a política de expansão da rede pública e a elaboração do plano estadual de educação.

§ 3º - O Estado prestará assistência técnica e material aos municípios para o desenvolvimento do ensino fundamental e pré-escolar.

§ 4º - Ao educando portador de deficiência física, mental ou sensorial assegura-se o direito de matrícula na escola pública mais próxima de sua residência.

Art. 309. A Universidade do Estado do Rio de Janeiro, organizada sob forma de fundação de direito público, goza de autonomia didático-científica, administrativa e de gestão financeira e patrimonial, para o exercício de suas funções de ensino, pesquisa e extensão.

§ 1º - O poder público destinará anualmente à Universidade do Estado do Rio de Janeiro - UERJ, dotação definida de acordo com a lei orçamentária estadual nunca inferior a 6% da receita tributária líquida, que lhe será transferida em duodécimos, mensalmente. (Parágrafo declarado inconstitucional pelo STF, na ADIN 4102.)

§ 2º - A Universidade do Estado do Rio de Janeiro deverá encaminhar, anualmente, ao Conselho Superior da Fundação de Amparo à Pesquisa do Estado do Rio de Janeiro (FAPERJ), plano de aplicação financeira na área científica, tecnológica e acadêmica para acompanhamento de sua execução.

§ 3º - As receitas próprias da Universidade serão por ela geridas em conta no Banco do Estado do Rio de Janeiro e sua aplicação será apreciada pelo Tribunal de Contas.

§ 4º - O ensino, nos cursos regulares da Universidade do Estado do Rio de Janeiro - UERJ, obedecerá ao disposto nos artigos 206, IV, da Constituição da República.

§ 5º - O controle social do trabalho e do desempenho da Universidade do Estado do Rio de Janeiro será exercido por um Conselho Comunitário de caráter consultivo, criado por lei, com participação de representantes dos Poderes Públicos e de entidades da sociedade civil.

§ 6º – O poder público destinará anualmente à Universidade do Estado do Rio de Janeiro – UERJ, dotação definida de acordo com a lei orçamentária estadual que lhe será transferida em duodécimos, mensalmente. (Acrescentado pela Emenda Constitucional nº 71, de 2017.)

Art. 309-A. O poder público destinará anualmente à Universidade Estadual do Norte Fluminense Darcy Ribeiro – UENF e à Fundação Centro Universitário Estadual da Zona Oeste – UEZO, dotação definida de acordo com a lei orçamentária estadual que lhe será transferida em duodécimos, mensalmente. (Acrescentado pela Emenda Constitucional nº 71, de 2017.)

Art. 310. A escolha dos reitores das universidades públicas estaduais será efetuada por meio de eleição direta e secreta, com a participação da comunidade universitária, de acordo com seus estatutos.

Art. 311. O Estado atuará no sentido de interiorizar o ensino superior público e gratuito, o que, na Região Metropolitana, do Rio de Janeiro, se fará, obrigatória e preferencialmente, através da Universidade do Estado do Rio de Janeiro.

Parágrafo único. Nos Municípios de Duque de Caxias e São Gonçalo, a interiorização referida neste artigo será feita, através da Universidade do Estado do Rio de Janeiro, pela expansão de suas unidades em funcionamento naqueles municípios.

Art. 312. O ensino é livre à iniciativa privada, atendidas as seguintes condições:

I – cumprimento das normas gerais da educação nacional;

II – autorização e avaliação de qualidade, pelo Poder Público, segundo as normas dos Conselhos Federal e Estadual de Educação;

III – garantia pelo Poder Público de mecanismos de controle indispensáveis à necessária autorização para a cobrança de taxas, mensalidades e quaisquer outros pagamentos.

Parágrafo único – O não atendimento às normas legais relativas ao ensino e a seus profissionais acarretará sanções administrativas e financeiras.

Art. 313. O ensino religioso, de matrícula facultativa, constituirá disciplina dos horários normais das escolas públicas de ensino fundamental.

Art. 314. O Estado aplicará, anualmente, nunca menos de 35% (trinta e cinco por cento) da receita de impostos, compreendida a proveniente de transferências, na manutenção e desenvolvimento do ensino público, incluídos os percentuais referentes à UERJ (6%) e à FAPERJ (2%). (Artigo declarado inconstitucional pelo STF, na ADIN 4102.)

§ 1º - A parcela da arrecadação de impostos transferida pelo Estado aos Municípios não é considerada, para efeito de cálculo previsto neste artigo, receita estadual.

§ 2º - A distribuição dos recursos públicos assegurará prioridade ao ensino obrigatório, nos termos dos planos nacional e estadual de educação, e garantirá um percentual mínimo de 10% (dez por cento) para a educação especial. (O STF, na ADIN 4102, declarou inconstitucional a expressão "e garantirá um percentual mínimo de 10% (dez por cento) para a educação especial".)

§ 3º - Os programas suplementares de alimentação e assistência ao educando, no ensino fundamental, serão financiados com recursos provenientes de contribuições sociais e de outras dotações orçamentárias.

§ 4º - O ensino fundamental público terá como fonte adicional de financiamento a contribuição social do salário-educação, recolhido, na forma da lei, pelas empresas, que dela poderão deduzir a aplicação realizada no ensino fundamental para seus empregados e dependentes.

§ 5º - Os recursos federais transferidos ao Estado para aplicação no ensino de 1º grau serão distribuídos entre o Estado e os Municípios na exata proporção entre o número de matrículas na rede oficial de 1º grau de cada um e o número total de matrículas na rede pública estadual e municipal e repassados integralmente aos municípios no mês subseqüente ao da transferência feita pela União. (Parágrafo declarado inconstitucional pelo STF, na ADIN 4102.)

Art. 315. Os recursos públicos estaduais destinados à educação serão dirigidos exclusivamente à rede pública de ensino.

Parágrafo único - Às escolas filantrópicas ou comunitárias, comprovadamente sem fins lucrativos e que ofereçam ensino gratuito a todos que nelas estudam, poderá ser destinado um percentual máximo de 3% (três por cento) dos recursos de que trata este artigo.

Art. 316. O Estado e os Municípios, na elaboração de seus planos de educação, considerarão o Plano Nacional de Educação de duração plurianual, visando a articulação e ao desenvolvimento do ensino em seus diversos níveis, e a integração das ações do Poder Público, que conduzam a:

I - erradicação do analfabetismo;

II - universalização do atendimento escolar;

III - melhoria da qualidade de ensino;

IV - formação para o trabalho;

V - promoção humanística, científica e tecnológica do País.

Parágrafo único. A lei organizará, nos termos do § 1º do artigo 211 da Constituição da República, o sistema estadual integrado de ensino, constituído pelos vários serviços educacionais desenvolvidos no território fluminense.

Art. 317. Serão fixados conteúdos mínimos para o ensino de 1º e 2º graus, em complementação regional àqueles a serem fixados pela Lei de Diretrizes e Bases da Educação Nacional, de modo a assegurar formação básica comum e respeito aos valores culturais e artísticos nacionais e latino-americanos.

§ 1º – Às comunidades indígenas serão também assegurados a utilização de suas línguas maternas e processos próprios de aprendizagem.

§ 2º – Os programas a serem elaborados observarão, obrigatoriamente, as especificidades regionais.

§ 3º – A língua espanhola passa a constar do núcleo obrigatório de disciplinas de todas as séries do 2º grau da rede estadual de ensino, tendo em vista, primordialmente, o que estabelece a Constituição da República em seu artigo 4º, parágrafo único.

§ 4º – Será introduzida, como disciplina obrigatória, nos currículos de 2º grau, da rede pública e privada, em todo o território do Estado do Rio de Janeiro, a Sociologia.

Art. 318. A lei disporá sobre a instalação de creches e escolas oficiais na construção de conjuntos habitacionais.

Art. 319. O Conselho Estadual de Educação, incumbido de normatizar, orientar e acompanhar o ensino nas redes pública e privada, com atribuições e composição a serem definidas em lei, terá os seus membros indicados pelo Governador do Estado entre pessoas de comprovado saber, com representantes das entidades mantenedoras de ensino, dos trabalhadores do ensino e dos usuários.

Parágrafo único. A composição da metade do conselho a que se refere este artigo terá a indicação de seus membros referendada pela Assembléia Legislativa.

Art. 320. Proverá o Estado a sua rede de ensino de condições plenas de abrigar tantos quantos busquem matrículas nas séries de 1º grau, na faixa etária dos sete aos quatorze anos, sendo proibida a sua negativa.

§ 1º – O remanejamento e a criação de complexos escolares serão admitidos, conforme disposições legais específicas.

§ 2º – Na rede estadual de ensino, nas escolas de 2º segmento do 1º grau, far-se-á obrigatória a inclusão de atividades de iniciação e prática profissionais, objetivando promover o respeito dos valores e do primado do trabalho, tendo em vista as características sócio-econômicas e culturais regionais, e a carga curricular oficial.

Art. 321. Os membros do magistério público não poderão ser afastados do exercício de regência de turma salvo para ocupar funções diretivas ou chefias onde sejam absolutamente indispensáveis e exclusivamente na estrutura da Secretaria de Educação do Estado, ressalvado o disposto no parágrafo único do artigo 84.

Seção II
DA CULTURA

Art. 322. O Estado garantirá a todos o pleno exercício dos direitos culturais e o acesso às fontes da cultura nacional, estadual e municipal, e apoiará e incentivará a valorização e a difusão das manifestações culturais, através de:

I - atuação do Conselho Estadual de Cultura;

II - articulação das ações governamentais no âmbito da cultura, da educação, dos desportos, do lazer e das comunicações;

III - criação e manutenção de espaços públicos devidamente equipados e acessíveis, à população para as diversas manifestações culturais, inclusive através de uso de próprios estaduais, vedada a extinção de espaço público, sem criação, na mesma área, de espaço equivalente. (Nova redação dada pelo artigo 1º da Emenda Constitucional nº 09, de 02 de junho de 1998.)

IV - estímulo à instalação de bibliotecas nas sedes dos Municípios e Distritos, assim como atenção especial à aquisição de bibliotecas, obras de arte e outros bens particulares de valor cultural;

V - incentivo ao intercâmbio cultural com países estrangeiros, com outros Estados da Federação, bem como o intercâmbio cultural dos municípios fluminenses, uns com os outros;

VI - promoção do aperfeiçoamento e valorização dos profissionais da cultura, da criação artística, inclusive a cinematográfica;

VII - proteção das expressões culturais, incluindo as indígenas, afro-brasileiras, e de outros grupos participantes do processo cultural, bem como o artesanato;

VIII - proteção dos documentos, das obras e outros bens de valor histórico, artístico, cultural e científico, os monumentos, as paisagens naturais notáveis e os sítios arqueológicos, espeleológicos, paleontológicos e ecológicos;

IX - manutenção de suas instituições culturais devidamente dotadas de recursos humanos, materiais e financeiros, promovendo pesquisa, preservação, veiculação e ampliação de seus acervos;

X - preservação, conservação e recuperação de bens nas cidades e sítios considerados instrumentos históricos e arquitetônicos.

Parágrafo único. A lei estabelecerá o Plano Estadual de Cultura, de duração plurianual, visando ao desenvolvimento cultural do Estado e à integração das ações do poder público que conduzem à: (Parágrafo acrescentado pelo art. 17 da Emenda Constitucional nº 53, de 26/06/2012.)

I – defesa e valorização do patrimônio cultural estadual;

II – produção, promoção e difusão de bens culturais;

III – formação de pessoal qualificado para a gestão da cultura em suas múltiplas dimensões;

IV – democratização do acesso aos bens de cultura;

V – valorização da diversidade étnica e regional.

Art. 323. O Conselho Estadual de Cultura, incumbido de regulamentar, orientar e acompanhar a política cultural do Estado, terá suas atribuições e composições definidas em lei, observando-se a representação das áreas de trabalhadores e empresários da cultura.

Parágrafo único – A lei disporá sobre a composição do Conselho Estadual de Cultura, devendo a indicação de seus membros ser submetida à Assembléia Legislativa.

Art. 324. O Poder Público, com a colaboração da comunidade, promoverá e protegerá o patrimônio cultural do Estado do Rio de Janeiro por meio de inventários, registros, vigilância, tombamento, desapropriação e de outras formas de acautelamento e preservação.

§ 1º – Os documentos de valor histórico-cultural terão sua preservação assegurada, inclusive mediante recolhimento a arquivo público estadual.

§ 2º – Os danos e ameaças ao patrimônio cultural serão punidos na forma da lei.

Seção III
DO DESPORTO

Art. 325. É dever do Estado fomentar práticas desportivas formais e não formais, inclusive para pessoas portadoras de deficiências, como direito de cada um, observados:

I – a autonomia das entidades desportivas dirigentes e associações, quanto à sua organização e ao seu funcionamento;

II – O voto unitário nas decisões das entidades desportivas;

III – a destinação de recursos públicos à promoção prioritária do desporto educacional e, em casos específicos, para a do desporto de alto rendimento;

IV – o tratamento diferenciado para o desporto profissional e o não-profissional;

V - a participação mínima de 20 (vinte) clubes no campeonato de futebol profissional da primeira divisão;

VI - a proteção e o incentivo a manifestações esportivas de criação nacional e olímpicas.

§ 1º - O Estado assegurará o direito ao lazer e à utilização criativa do tempo destinado ao descanso, mediante oferta de área pública para fins de recreação, esportes e execução de programas culturais e de projetos turísticos intermunicipais.

§ 2º - O Poder Público, ao formular a política de esporte e lazer, considerará as características sócio-culturais das comunidades interessadas.

Art. 326. O Poder Público incentivará as práticas desportivas, inclusive através de:

I - criação e manutenção de espaços adequados para a prática de esportes nas escolas e praças públicas;

II - ações governamentais com vistas a garantir aos municípios a possibilidade de construírem e manterem espaços próprios para a prática de esportes;

III - promoção, em conjunto com os municípios, de jogos e competições esportivas amadoras, regionais e estaduais, inclusive de alunos da rede pública.

Art. 327. A educação física é disciplina curricular, regular e obrigatória nos ensinos fundamental e médio.

Parágrafo único - Nos estabelecimentos de ensino público e privado deverão ser reservados espaços para a prática de atividades físicas, equipados materialmente e com recursos humanos qualificados.

Art. 328. O atleta selecionado para representar o Estado ou o País em competições oficiais terá, quando servidor público, no período de duração das competições, seus vencimentos, direitos e vantagens garantidos, de forma integral, sem prejuízo de sua ascensão funcional.

Art. 329. Os estabelecimentos especializados em atividades de educação física, esportes e recreação ficam sujeitos a registro, supervisão e orientação normativa do Poder Público, na forma da lei.

Capítulo IV
DOS ÍNDIOS

Art. 330. O Estado contribuirá, no âmbito da sua competência, para o reconhecimento, aos índios, de sua organização social, costumes, línguas, crenças e tradições, e os direitos originários sobre as terras que tradicionalmente ocupam, sua demarcação, proteção e o respeito a todos os seus bens, obedecendo-se ao que dispõe a Constituição da República.

Capítulo V
DA CIÊNCIA E TECNOLOGIA

Art. 331. O Poder Público promoverá e incentivará a pesquisa e a capacitação científica e tecnológica, bem como a difusão do conhecimento, visando ao progresso da ciência e ao bem-estar da população.

§ 1º – A pesquisa e a capacitação tecnológicas voltar-se-ão preponderantemente para o desenvolvimento econômico e social do Estado do Rio de Janeiro.

§ 2º – O Poder Público, nos termos da lei, apoiará e estimulará as empresas que invistam em pesquisa, criação de tecnologia adequada ao País, formação e aperfeiçoamento de seus recursos humanos, que pratiquem sistemas de remuneração que assegurem ao empregado, desvinculada do salário, participação nos ganhos econômicos resultantes da produtividade de seu trabalho e que se voltem especialmente às atividades relacionadas ao desenvolvimento de pesquisas e produção de material ou equipamento especializado para pessoas portadoras de deficiência.

Art. 332. O Estado do Rio de Janeiro destinará, anualmente, à Fundação de Amparo à Pesquisa – FAPERJ, 2% (dois por cento) da receita tributária do exercício, deduzidas as transferências e vinculações constitucionais e legais.

Nova redação dada pela Emenda Constitucional nº 32, de 09 de dezembro de 2003

Art. 333. As políticas científica e tecnológica tomarão como princípios o respeito à vida e à saúde humana, o aproveitamento racional e não predatório dos recursos naturais, a preservação e a recuperação do meio ambiente, bem como o respeito aos valores culturais do povo.

§ 1º – As universidades e demais instituições de pesquisa sediadas no Estado devem participar no processo de formulação e acompanhamento da política científica e tecnológica.

§ 2º – O Estado garantirá, na forma da lei, o acesso às informações que permitam ao indivíduo, às entidades e à sociedade o acompanhamento das atividades de impacto social, tecnológico, econômico e ambiental.

§ 3º – No interesse das investigações realizadas nas universidades, institutos de pesquisas ou por pesquisadores isolados, fica assegurado o amplo acesso às informações coletadas por órgãos oficiais, sobretudo no campo dos dados estatísticos de uso técnico e científico.

§ 4º – A implantação ou expansão de sistemas tecnológicos de grande impacto social, econômico ou ambiental devem ser objeto de consulta à sociedade, na forma da lei.

Capítulo VI
DA COMUNICAÇÃO SOCIAL

Art. 334. A manifestação do pensamento, a criação, a expressão e a informação, sob qualquer forma, processo ou veículo não sofrerão qualquer restrição, observados os princípios da Constituição da República e da legislação própria.

§ 1º - São vedadas a propaganda, as divulgações e as manifestações, sob qualquer forma, que atentem contra minorias raciais, étnicas ou religiosas, bem assim a constituição e funcionamento de empresas ou organizações que visem ou exerçam aquelas práticas.

§ 2º - Está assegurada a obrigatoriedade da regionalização da produção cultural, artística e jornalística, estabelecendo-se os percentuais em lei complementar.

Art. 335. Os órgãos de comunicação social pertencentes ao Estado, a fundações instituídas pelo Poder Público ou a quaisquer entidades sujeitas, direta ou indiretamente, ao seu controle econômico, serão utilizados de modo a assegurar a possibilidade de expressão e confronto das diversas correntes de opinião.

§ 1º - Lei criará o Conselho de Comunicação Social, que será responsável pelas diretrizes gerais a serem seguidas pelos órgãos de comunicação social do Estado.

§ 2º - Não será permitida veiculação pelos órgãos de comunicação social de propaganda discriminatória de raça, etnia, credo ou condição social.

§ 3º - Nos meios de radiodifusão sonora do Estado, o Poder Legislativo terá direito a um espaço mínimo de trinta minutos nos dias em que se realizarem sessões, para informar a sociedade fluminense sobre suas atividades.

Art. 336. Os partidos políticos e as organizações sindicais, profissionais, comunitárias, ambientais ou dedicadas à defesa de direitos humanos, de âmbito estadual, terão direito a tempos de antena nos órgãos de comunicação social do Estado, segundo critérios a serem definidos por lei.

Art. 337. As emissoras de televisão dos Poderes Públicos Estadual e Municipais, se houver, terão intérpretes para deficientes auditivos nos noticiários e comunicações oficiais.

Capítulo VII
DOS DIREITOS DAS PESSOAS PORTADORAS DE DEFICIÊNCIAS

Art. 338. É dever do Estado assegurar às pessoas portadoras de qualquer deficiência a plena inserção na vida econômica e social e o total desenvolvimento de suas potencialidades, obedecendo os seguintes princípios:

I – proibir a adoção de critérios diferentes para a admissão, a promoção, a remuneração e a dispensa no serviço público estadual garantindo-se a adaptação de provas, na forma da lei;

II – assegurar às pessoas portadoras de deficiência o direito à assistência desde o nascimento, incluindo a estimulação precoce, a educação de primeiro e segundo graus e profissionalizante, obrigatórias e gratuitas, sem limite de idade;

III – garantir às pessoas portadoras de deficiências o direito à habilitação e reabilitação com todos os equipamentos necessários;

IV – com a participação estimulada de entidades não governamentais, prover a criação de programas de prevenção de doenças ou condições que levam à deficiência, e atendimento especializado para os portadores de deficiência física, sensorial ou mental, e de integração social do adolescente portador de deficiência, mediante treinamento para o trabalho e a convivência;

V – elaborar lei que disponha sobre normas de construção dos logradouros e dos edifícios de uso público e de fabricação de veículos de transporte coletivo, a fim de garantir acesso adequado às pessoas portadoras de deficiência;

VI – garantir as pessoas portadoras de deficiência física, pela forma que a lei estabelecer, a adoção de mecanismos capazes de assegurar o livre acesso aos veículos de transporte coletivo, bem assim, aos cinemas, teatros e demais casas de espetáculos públicos;

VII – instituir organismo deliberativo sobre a política de apoio à pessoa portadora de deficiência, assegurada a participação das entidades representativas das diferentes áreas de deficiência;

VIII – assegurar a formação de recursos humanos, em todos os níveis, especializados no tratamento, na assistência e na educação dos portadores de deficiência;

IX – garantir o direito à informação e à comunicação, considerando-se as adaptações necessárias às pessoas portadoras de deficiência;

X – conceder gratuidade nos transportes coletivos de empresas públicas estaduais para as pessoas portadoras de deficiência, com reconhecida dificuldade de locomoção, e seu acompanhante;

XI – regulamentar e organizar o trabalho das oficinas abrigadas para pessoas portadoras de deficiência, enquanto estas não possam integrar-se no mercado de trabalho competitivo;

XII – estabelecer obrigatoriedade de utilização de tecnologias e normas de segurança destinadas à prevenção de doenças ou condições que levem a deficiências.

Art. 339. O Estado promoverá, diretamente ou através de convênios, censos periódicos de sua população portadora de deficiência.

Art. 340. O Estado implantará sistemas de aprendizagem e comunicação para o deficiente visual e auditivo, de forma a atender às suas necessidades educacionais e sociais.

Art. 341. Leis municipais instituirão organismos deliberativos sobre a política municipal de apoio à pessoa portadora de deficiência, assegurando a participação de suas entidades representativas onde houver.

Art. 342. Cabe ao Poder Público celebrar os convênios necessários a garantir aos deficientes físicos as condições ideais para o convívio social, o estudo, o trabalho e a locomoção, inclusive mediante reservas de vagas nos estacionamentos públicos.

Parágrafo único – A gratuidade nos gastos inerentes dar-se-á à vista de passes especiais expedidos por autoridade competente.

TÍTULO IX
DA ORGANIZAÇÃO MUNICIPAL

Capítulo I
DAS DISPOSIÇÕES PRELIMINARES

Art. 343. Os Municípios são unidades territoriais que integram a organização político-administrativa da República Federativa do Brasil, dotados de autonomia política, administrativa e financeira, nos termos assegurados pela Constituição da República, por esta Constituição e pela respectiva Lei Orgânica.

Art. 344. São Poderes do Município:

I – o Poder Legislativo, representado pela Câmara Municipal, composta de Vereadores;

II – o Poder Executivo, representado pelo Prefeito.

Art. 345. O Município será regido por Lei Orgânica, votada em dois turnos, com o intervalo mínimo de dez dias, e aprovada por dois terços dos membros da Câmara Municipal, que a promulgará, atendidos os princípios estabelecidos na Constituição da República, nesta Constituição e os seguintes preceitos:

I – eleição do Prefeito, do Vice-Prefeito e dos Vereadores, para mandato de quatro anos, mediante pleito direto e simultâneo;

II – eleição do Prefeito e do Vice-Prefeito até noventa dias antes do término do mandato dos que devam suceder, aplicadas as regras do artigo 77 da Constituição da República, no caso de Municípios com mais de duzentos mil eleitores;

III – posse do Prefeito e do Vice-Prefeito, perante a Câmara Municipal, no dia 1º de janeiro do ano subseqüente ao da eleição;

IV – inviolabilidade dos Vereadores por suas opiniões, palavras e votos no exercício do mandato e na circunscrição do Município;

V – proibições e incompatibilidades, no exercício da vereança, similares, no que couber, ao disposto na Constituição da República para os membros do Congresso Nacional e, nesta Constituição, para os membros da Assembléia Legislativa;

VI – julgamento do Prefeito e do Vice-Prefeito perante o Tribunal de Justiça;

VII – cooperação das associações representativas no planejamento municipal e iniciativa popular de projetos de lei de interesse específico do Município ou de bairros mediante manifestações de, pelo menos cinco por cento do eleitorado;

VIII – similaridade das atribuições da Câmara Municipal, de suas Comissões Permanentes e de Inquérito, no que couber, ao disposto nesta Constituição para o âmbito estadual.

Parágrafo único – O total da despesa do Poder Legislativo Municipal, incluídos os subsídios dos Vereadores e excluídos os gastos com inativos, não poderá ultrapassar os seguintes percentuais, relativos ao somatório da receita tributária e das transferências previstas no art. 153, § 5º, e arts. 158 e 159, todos da Constituição da República, efetivamente realizado no exercício anterior:

I – 7% (sete por cento) para Municípios com população de até 100.000 (cem mil) habitantes;

II – 6% (seis por cento) para Municípios com população entre 100.000 (cem mil) e 300.000 (trezentos mil) habitantes;

III – 5% (cinco por cento) para Municípios com população entre 300.001 (trezentos mil e um) e 500.000 (quinhentos mil) habitantes;

IV – 4,5% (quatro inteiros e cinco décimos por cento) para Municípios com população entre 500.001 (quinhentos mil e um) e 3.000.000 (três milhões) de habitantes;

V – 4% (quatro por cento) para Municípios com população entre 3.000.001 (três milhões e um) e 8.000.000 (oito milhões) de habitantes;

VI – 3,5% (três inteiros e cinco décimos por cento) para Municípios com população acima de 8.000.001 (oito milhões e um) habitantes. (Parágrafo acrescentado pelo art. 20 da Emenda Constitucional nº 53, de 26/06/2012.)

Art. 346. O número de Vereadores será fixado pela Lei Orgânica Municipal e guardará proporção com a população do Município, observado o limite máximo de: (Nova redação dada pelo art. 19 da Emenda Constitucional nº 53, de 26/06/2012)

I - 9 (nove) Vereadores, nos Municípios de até 15.000 (quinze mil) habitantes;

II - 11 (onze) Vereadores, nos Municípios de mais de 15.000 (quinze mil) habitantes e de até 30.000 (trinta mil) habitantes;

III - 13 (treze) Vereadores, nos Municípios com mais de 30.000 (trinta mil) habitantes e de até 50.000 (cinquenta mil) habitantes;

IV - 15 (quinze) Vereadores, nos Municípios de mais de 50.000 (cinquenta mil) habitantes e de até 80.000 (oitenta mil) habitantes;

V - 17 (dezessete) Vereadores, nos Municípios de mais de 80.000 (oitenta mil) habitantes e de até 120.000 (cento e vinte mil) habitantes;

VI - 19 (dezenove) Vereadores, nos Municípios de mais de 120.000 (cento e vinte mil) habitantes e de até 160.000 (cento sessenta mil) habitantes;

VII - 21 (vinte e um) Vereadores, nos Municípios de mais de 160.000 (cento e sessenta mil) habitantes e de até 300.000 (trezentos mil) habitantes;

VIII - 23 (vinte e três) Vereadores, nos Municípios de mais de 300.000 (trezentos mil) habitantes e de até 450.000 (quatrocentos e cinquenta mil) habitantes;

IX - 25 (vinte e cinco) Vereadores, nos Municípios de mais de 450.000 (quatrocentos e cinquenta mil) habitantes e de até 600.000 (seiscentos mil) habitantes;

X - 27 (vinte e sete) Vereadores, nos Municípios de mais de 600.000 (seiscentos mil) habitantes e de até 750.000 (setecentos cinquenta mil) habitantes;

XI - 29 (vinte e nove) Vereadores, nos Municípios de mais de 750.000 (setecentos e cinquenta mil) habitantes e de até 900.000 (novecentos mil) habitantes;

XII - 31 (trinta e um) Vereadores, nos Municípios de mais de 900.000 (novecentos mil) habitantes e de até 1.050.000 (um milhão e cinquenta mil) habitantes;

XIII - 33 (trinta e três) Vereadores, nos Municípios de mais de 1.050.000 (um milhão e cinquenta mil) habitantes e de até 1.200.000 (um milhão e duzentos mil) habitantes;

XIV - 35 (trinta e cinco) Vereadores, nos Municípios de mais de 1.200.000 (um milhão e duzentos mil) habitantes e de até 1.350.000 (um milhão e trezentos e cinquenta mil) habitantes;

XV - 37 (trinta e sete) Vereadores, nos Municípios de 1.350.000 (um milhão e trezentos e cinquenta mil) habitantes e de até 1.500.000 (um milhão e quinhentos mil) habitantes;

XVI – 39 (trinta e nove) Vereadores, nos Municípios de mais de 1.500.000 (um milhão e quinhentos mil) habitantes e de até 1.800.000 (um milhão e oitocentos mil) habitantes;

XVII – 41 (quarenta e um) Vereadores, nos Municípios de mais de 1.800.000 (um milhão e oitocentos mil) habitantes e de até 2.400.000 (dois milhões e quatrocentos mil) habitantes;

XVIII – 43 (quarenta e três) Vereadores, nos Municípios de mais de 2.400.000 (dois milhões e quatrocentos mil) habitantes e de até 3.000.000 (três milhões) de habitantes;

XIX – 45 (quarenta e cinco) Vereadores, nos Municípios de mais de 3.000.000 (três milhões) de habitantes e de até 4.000.000 (quatro milhões) de habitantes;

XX – 47 (quarenta e sete) Vereadores, nos Municípios de mais de 4.000.000 (quatro milhões) de habitantes e de até 5.000.000 (cinco milhões) de habitantes;

XXI – 49 (quarenta e nove) Vereadores, nos Municípios de mais de 5.000.000 (cinco milhões) de habitantes e de até 6.000.000 (seis milhões) de habitantes;

XXII – 51 (cinquenta e um) Vereadores, nos Municípios de mais de 6.000.000 (seis milhões) de habitantes e de até 7.000.000 (sete milhões) de habitantes;

XXIII – 53 (cinquenta e três) Vereadores, nos Municípios de mais de 7.000.000 (sete milhões) de habitantes e de até 8.000.000 (oito milhões) de habitantes; e

XXIV – 55 (cinquenta e cinco) Vereadores, nos Municípios de mais de 8.000.000 (oito milhões) de habitantes.

Parágrafo único – A população do Município será aquela existente até 31de dezembro do ano anterior ao da eleição, apurada pelo órgão federal competente.

Art. 347. Os subsídios dos Vereadores obedecerão ao disposto no artigo 29-A da Constituição da República.

Parágrafo único. Os subsídios do Prefeito, do Vice-Prefeito e dos Secretários Municipais obedecerão ao disposto no inciso V do artigo 29 da Constituição da República. (Nova redação dada pelo art. 2º da Emenda Constitucional nº 49/2011.)

Art. 348. Os subsídios dos Vereadores serão fixados por lei, a qual deve ser publicada no mesmo veículo de comunicação que divulgue os demais atos municipais, de iniciativa da Câmara Municipal, em cada Legislatura para a subsequente, consoante inciso VI do artigo 29 da Constituição Federal. (Nova redação dada pelo art. 3º da Emenda Constitucional nº 49/2011.)

Art. 349. Aos Vereadores aplica-se o disposto nos parágrafos 1º, 2º, 3º, 5º e 6º do artigo 102 desta Constituição. (Artigo com eficácia suspensa por força de liminar proferida pelo STF na ADIN 558.)

Art. 350. Lei Municipal poderá dispor sobre a criação e a organização de quadro de voluntários para o combate a incêndio, socorro em caso de calamidade pública ou de defesa permanente do meio ambiente.

Parágrafo único - O quadro de voluntários, a que se refere este artigo, ficará sujeito aos padrões, normas e fiscalização do Corpo de Bombeiros Militar do Estado do Rio de Janeiro, condicionada a respectiva criação à celebração de convênios entre o Município e a mencionada corporação para garantia da padronização de estrutura, instrução e equipamentos operacionais.

Art. 351. Os Municípios podem celebrar convênios para execução de suas leis, de seus serviços ou de suas decisões por outros órgãos ou servidores públicos federais, estaduais ou de outros Municípios.

Parágrafo único - Os Municípios podem também através de convênios, prévia e devidamente autorizados por leis municipais, criar entidades intermunicipais de administração indireta para a realização de obras, atividades e serviços específicos de interesse comum, dotadas de personalidade jurídica própria, com autonomia administrativa e financeira e sediadas em um dos Municípios convenentes.

Art. 352. Lei municipal disporá, com vistas a facilitar a locomoção de pessoas portadoras de deficiência, a previsão de rebaixamentos, rampas e outros meios adequados de acesso, em logradouros, edificações em geral e demais locais de uso público, bem como a adaptação das já existentes.

Art. 353. Fica assegurado aos servidores públicos estatutários dos Municípios que não disponham de órgãos de previdência e assistência médico-hospitalar, o direito de filiarem-se aos correspondentes órgãos do Estado, na forma estabelecida em lei estadual.

Parágrafo único - Lei Complementar definirá os critérios para o cumprimento do disposto neste artigo.

Art. 354. Nenhuma lei, decreto, resolução ou ato administrativo municipal produzirá efeitos antes de sua publicação.

§ 1º - A publicação será feita em jornal de circulação local e, não havendo, na seção competente do Diário Oficial do Estado ou a escolha recairá sobre jornal de circulação regional com sede em município limítrofe, com afixação de cópia do ato na sede da Prefeitura.

§ 2º - A escolha de órgão particular de imprensa para a divulgação das leis, resoluções e atos municipais, quando houver mais de um no Município, será feita mediante licitação em que se levarão em conta não só as condições de preço, como as circunstâncias de freqüência, horário, tiragem e distribuição.

§ 3º - Os atos não-normativos poderão ser publicados por extrato.

§ 4º - Será responsabilizado civil e criminalmente quem efetuar o pagamento de qualquer retribuição a funcionário ou servidor, de que não tenha sido publicado o respectivo ato de nomeação, admissão, contratação ou designação.

Capítulo II
DA INTERVENÇÃO DO ESTADO NOS MUNICÍPIOS

Art. 355. O Estado não intervirá nos Municípios, exceto quando:

I - deixar de ser paga, sem motivo de força maior, por 2 (dois) anos consecutivos, a dívida fundada;

II - não forem prestadas contas devidas, na forma da lei;

III - não tiver sido aplicado o mínimo exigido da receita municipal na manutenção e desenvolvimento do ensino e nas ações e serviços públicos de saúde; (Nova redação dada pelo art. 9º da Emenda Constitucional nº 53, de 26/06/2012.)

IV - o Tribunal de Justiça der provimento a representação, para assegurar a observância de princípios desta Constituição, ou para prover a execução de lei, de ordem ou de decisão judicial.

Parágrafo único - O não pagamento da dívida fundada, referido no inciso I, não ensejará a intervenção quando o inadimplemento esteja vinculado a gestão anterior, conforme for apurado em auditoria que o Prefeito solicitará ao Tribunal de Contas do Estado, dentro de noventa dias após sua investidura na Chefia do Executivo Municipal. (Nova redação dada pelo artigo 3º da Emenda Constitucional nº 04, de 20 de agosto de 1991.)

Art. 356. A decretação da intervenção observará os seguintes requisitos:

I - comprovado o fato ou a conduta prevista nos incisos I a IV do artigo 35 da Constituição da República, de ofício ou mediante representação do interessado, inclusive por intermédio da provocação de dois terços, no mínimo, dos membros da Câmara Municipal, o Governador decretará a intervenção e submeterá o decreto, com a respectiva justificativa, dentro de 24 horas, à apreciação da Assembléia Legislativa que, se estiver em recesso, será para tal fim convocada;

II - o decreto de intervenção especificará a amplitude, o prazo e as condições de execução e, se couber, nomeará o interventor;

III – quando não couber a nomeação do interventor, assumirá o Vice-Prefeito, ou, caso este tenha sido afastado juntamente com o Prefeito, o Presidente da Câmara Municipal;

IV – o interventor prestará contas de seus atos ao Governador e a Câmara Municipal;

V – cessados os motivos da intervenção, as autoridades municipais afastadas de suas funções a elas retornarão, quando for o caso, sem prejuízo da apuração da responsabilidade civil ou criminal decorrente de seus atos;

VI – no caso do inciso IV do artigo 35 da Constituição da República a decretação de intervenção dependerá de requisição do Tribunal de Justiça, e o decreto limitar-se-á a suspender a execução do ato impugnado, se essa medida bastar para o restabelecimento da normalidade.

Capítulo III
DA CRIAÇÃO, INCORPORAÇÃO OU ANEXAÇÃO, FUSÃO E DESMEMBRAMENTO DE MUNICÍPIOS

Art. 357. A criação, a incorporação, a fusão e o desmembramento de municípios, far-se-ão por Lei Estadual, dentro do período determinado por Lei Complementar Federal, e dependerão de consulta prévia, mediante plebiscito, às populações dos municípios envolvidos após divulgação dos Estudos de Viabilidade Municipal, apresentados e publicados na forma da Lei. (Nova redação dada pela Emenda Constitucional nº 23, de 09 de agosto de 2001.)

Parágrafo único – A participação de qualquer município em uma região metropolitana, aglomeração urbana ou microrregião dependerá de prévia aprovação pela respectiva Câmara Municipal. (Parágrafo declarado inconstitucional pelo STF, na ADIN 1841.)

Capítulo IV
DA COMPETÊNCIA DOS MUNICÍPIOS

Art. 358. Compete aos Municípios, além do exercício de sua competência tributária e da competência comum com a União e o Estado, previstas nos artigos 23, 145 e 156 da Constituição da República:

I – legislar sobre assuntos de interesse local;

II – suplementar a legislação federal e a estadual, no que couber;

III – instituir e arrecadar os tributos de sua competência, bem como aplicar suas rendas, sem prejuízo da obrigatoriedade de prestar contas e publicar balancetes nos prazos fixados em lei;

IV - criar, organizar e suprimir distrito, observada a legislação estadual;

V - organizar e prestar, diretamente ou sob regime de concessão ou permissão, os serviços públicos de interesse local, incluído o de transporte coletivo, que tem caráter essencial;

VI - manter, com a cooperação técnica e financeira da União e do Estado, programas de educação pré-escolar e de ensino fundamental e, ainda, atendimento especial aos que não freqüentaram a escola na idade própria;

VII - prestar, com a cooperação técnica e financeira da União e do Estado, serviços de atendimento à saúde da população;

VIII - promover, no que couber, adequado ordenamento territorial, mediante planejamento e controle do uso, do parcelamento e da ocupação do solo urbano;

IX - promover a proteção do patrimônio histórico-cultural local, observada a legislação e a ação fiscalizadora federal e estadual e apoiar a atividade cultural.

X - Fica garantido aos Municípios o direito de liberdade de decisão quanto à associação ou não à Associação Estadual de Municípios do Rio de Janeiro - AEMERJ e da Confederação Nacional de Municípios - CNM, inclusive com pagamento de contribuição. (Acrescentado pela Emenda Constitucional nº 47/2011.)

Art. 359. Na elaboração e na execução da política de desenvolvimento urbano e seus instrumentos legais, o Município observará o disposto nos artigos 182 e 183, da Constituição da República, de modo a promover e assegurar a gestão democrática e participativa da cidade e condições de vida urbana digna.

Parágrafo único - Os planos diretores municipais incluirão obrigatoriamente as zonas de proteção de aeródromos, visando, desta forma, preservar os aeroportos do crescimento urbano desordenado.

Capítulo V
DO PATRIMÔNIO MUNICIPAL

Art. 360. Constituem patrimônio do Município os seus direitos, os bens móveis e imóveis de seu domínio pleno, direto ou útil, e a renda proveniente do exercício das atividades de sua competência e prestação de seus serviços.

§ 1º - O Município, com prévia autorização legislativa e mediante concessão de direito real de uso, poderá transferir áreas de seu patrimônio para implantação de indústrias ou formação de distritos industriais.

§ 2º - Aos bens imóveis dos municípios aplica-se, no que couber o disposto no artigo 68 desta Constituição.

Art. 360-A - Os Prefeitos podem delegar aos Secretários Municipais e dirigentes de autarquias e fundações municipais a competência de serem ordenadores de despesas das respectivas contas de gestão. (Artigo acrescentado pela Emenda Constitucional nº 54, de 18/12/2012.)

Parágrafo único. O ato de delegação a que se refere o caput deverá ser publicado no Diário Oficial do Estado do Rio de Janeiro - DOE-RJ.

Capítulo VI
DA FISCALIZAÇÃO FINANCEIRA E ORÇAMENTÁRIA DOS MUNICÍPIOS

(A Emenda Constitucional nº 04, de 20 de agosto de 1991, suprimiu o "Capítulo VI - Da Fiscalização Financeira e Orçamentária dos Municípios" - composto pelos arts. 358, 359, 360 e 361, seus parágrafos e incisos, deste Título.)

TÍTULO X
DAS DISPOSIÇÕES GERAIS

Art. 361. Os servidores da administração autárquica e fundacional ficam sujeitos ao mesmo regime jurídico de deveres, proibições, impedimentos, vencimentos, direitos, vantagens e prerrogativas que vigorar para cargos, funções ou empregos de atribuições iguais ou assemelhados da administração direta.

Art. 362. É mantido o Instituto de Previdência da Assembléia Legislativa do Estado do Rio de Janeiro - IPALERJ.

Art. 363. Os Assistentes Jurídicos do Poder Executivo exercerão suas funções, sob supervisão da Procuradoria Geral do Estado, no Serviço Jurídico da Administração Direta e Indireta, sem representação judicial.

Parágrafo único - À carreira de Assistente Jurídico serão reservadas as funções de assessoramento jurídico, atividade da advocacia cujo exercício lhe é inerente, sendo-lhe vedada, além da representação judicial, como previsto neste artigo, a consultoria jurídica, também privativa de Procuradores do Estado, nos termos do artigo 132 da Constituição da República.

Art. 364. O Banco do Estado do Rio de Janeiro S.A. é considerado patrimônio do povo do Estado do Rio de Janeiro não podendo suas ações ordinárias nominativas, representativas do controle acionário, ser alienadas, a qualquer título, a pessoas físicas ou jurídicas, de direito público ou privado, nem negociadas, expropriadas ou penhoradas. (Artigo declarado inconstitucional pelo STF, na ADIN - 1348)

Parágrafo único - A arrecadação de impostos, taxas, contribuições e demais receitas do Estado e dos órgãos vinculados à administração direta e indireta, bem como os respectivos pagamentos a terceiros, serão processados, com exclusividade, pelo Banco do Estado do Rio de Janeiro S.A., salvo nas localidades onde este não possuir agência ou posto e nas quais poderão ser efetuados por outros estabelecimentos. (Declarado inconstitucional pelo STF, na ADIN - 1348)

Art. 365. Os serviços notariais e de registro são exercidos na forma do artigo 236 da Constituição da República.

Art. 366. A lei não prejudicará o direito adquirido, o ato jurídico perfeito e a coisa julgada.

Art. 367. O Estado e os Municípios não concederão autorização para o funcionamento de indústrias que fabriquem armas de fogo.

Parágrafo único – O Poder Público estabelecerá restrições à atividade comercial que explore a venda de armas de fogo e munições.

Art. 368. Na aplicação, integração e interpretação das leis, decretos e outros atos normativos estaduais, ressalvada a existência de norma estadual específica, observar-se-ão os princípios vigentes quanto às da Constituição e das leis federais.

Art. 369. São mantidos os atuais símbolos, brasão, hino e bandeira do Estado do Rio de Janeiro.

ATO DAS DISPOSIÇÕES CONSTITUCIONAIS TRANSITÓRIAS

Art. 1º. O Governador, o Presidente do Tribunal de Justiça e os membros da Assembléia prestarão compromisso de manter, defender e cumprir esta Constituição, no ato e na data de sua promulgação.

Art. 2º. Os vencimentos, a remuneração, as vantagens e os adicionais, bem como os proventos de aposentadoria que estejam sendo percebidos em desacordo com a Constituição serão imediatamente reduzidos aos limites dela decorrentes, não se admitindo, neste caso, invocação de direito adquirido ou percepção de excesso a qualquer título.

Art. 3º. Os servidores públicos civis do Estado e dos Municípios, da administração direta, autárquica e das fundações públicas, em exercício na data de promulgação da Constituição da República, há pelo menos cinco anos continuados, e que não tenham sido admitidos na forma regulada no artigo 37 daquela Constituição, são considerados estáveis no serviço público.

§ 1º – O tempo de serviço dos servidores referidos neste artigo será contado como título quando se submeterem a concurso para fins de efetivação, na forma da lei.

§ 2º – O disposto neste artigo não se aplica aos ocupantes de cargos, funções e empregos de confiança ou em comissão, nem aos que a lei declare de livre exoneração, cujo tempo de serviço não será computado para os fins do caput deste artigo, exceto se se tratar de servidor.

§ 3º – O disposto neste artigo não se aplica aos professores de nível superior, nos termos da lei.

Art. 4º. Ficam extintos os efeitos jurídicos de qualquer ato legislativo ou administrativo, lavrado a partir da instalação da Assembléia Nacional Constituinte, que tenha por objeto a concessão de estabilidade a servidor da administração direta ou indireta, inclusive das fundações instituídas e mantidas pelo Poder Público, admitido sem concurso público.

Art. 5º. É restabelecida, desde a data da extinção ou transformação dos respectivos cargos e empregos, a carreira organizada pela Lei nº 918, de 06 de novembro de 1985, nela reinvestidos automaticamente, em fiel obediência ao princípio do § 3º do artigo 41 da Constituição da República, os servidores públicos civis que lhes detinham a titularidade.

Parágrafo único – No cumprimento do disposto no caput do artigo 7º do Ato das Disposições Transitórias desta Constituição, a lei estabelecerá a lotação numérica da carreira de Assistente Jurídico, que será composta de advogados, aprovados em concurso público de provas e títulos, mantendo-se sua atual lotação e extinguindo-se até a fixada os cargos excedentes, à medida que se tornem vagos.

Art. 6º. Os valores dos proventos de aposentadoria dos servidores estaduais oriundos de cargos extintos serão revistos como determinado pela Constituição da República, em seus artigos 39, § 1º e 40, § 4º, obedecendo ainda ao disposto nos artigos 2º, parágrafo único e 6º da Lei Estadual nº 579, de 18 de outubro de 1982.

Art. 7º. O Estado e os Municípios editarão leis estabelecendo critérios para a compatibilização de seus quadros de pessoal ao disposto no artigo 39 da Constituição da República e à reforma administrativa dela decorrente, no prazo de dezoito meses, contados da sua promulgação.

Parágrafo único – Entre os critérios a que se refere este artigo, será estabelecido sempre o da garantia da estabilidade, que o servidor público estadual já tenha adquirido, ainda que venha a ser transferido, compulsoriamente ou mediante opção, da administração direta para a indireta ou tenha modificado o seu regime jurídico.

Art. 8º. Até a promulgação da Lei Complementar referida no artigo 169 da Constituição da República, o Estado e os Municípios não poderão despender com pessoal mais do que sessenta e cinco por cento do valor das respectivas receitas correntes.

Parágrafo único – O Estado e os Municípios, quando a respectiva despesa de pessoal exceder o limite previsto neste artigo, deverão retornar àquele limite, reduzindo o percentual excedente à razão de um quinto por ano.

Art. 9º. As empresas públicas e sociedades de economia mista do Estado promoverão a adequação dos seus estatutos às disposições desta Constituição no prazo de 180 (cento e oitenta) dias a contar da respectiva promulgação.

Art. 10. Ao ex-combatente que tenha participado efetivamente de operações bélicas durante a Segunda Guerra Mundial, nos termos da Lei nº 5.315, de 12 de setembro de 1967, serão assegurados os seguintes direitos:

I – aproveitamento no serviço público, sem a exigência de concurso, com estabilidade;

II – assistência médica, hospitalar e educacional gratuita extensiva aos dependentes;

III – aposentadoria com proventos integrais, aos vinte e cinco anos de serviço efetivo, em qualquer regime jurídico;

IV – prioridade na aquisição da casa própria para os que não a possuam ou para suas viúvas ou companheiras.

Art. 11. É assegurado aos militares estaduais o exercício cumulativo de dois cargos ou de empregos privativos de profissionais de saúde, que estejam sendo exercidos por esses profissionais na administração pública direta ou indireta. (Artigo com constitucionalidade questionada perante o STF, na ADIN 1100, sem deferimento de liminar)

§ 1º – É assegurado o exercício cumulativo de dois cargos ou empregos privativos de profissionais de saúde que estivessem sendo exercidos na administração pública direta ou indireta na data da promulgação da Constituição da República.

§ 2º – Para os fins do parágrafo anterior, consideram-se cargos ou empregos privativos de profissionais de saúde os de pessoal de nível superior: Assistente Social, Bioquímico (Patologista Clínico), Enfermeiro, Farmacêutico (Bioquímico), Fisioterapeuta, Fonoaudiólogo, Nutricionista, Odontólogo, Psicólogo, Sanitarista, Terapeuta Ocupacional; de nível técnico e auxiliar: Técnico auxiliar de enfermagem, de fisioterapia, de laboratório, de nutrição, de radiologia, de saneamento, de farmácia, de odontologia, protético, inspetor sanitário, visitador sanitário; e de nível elementar: atendente, agente de saneamento, agente de saúde pública, ocupados nos estabelecimentos ou unidades de saúde e sujeitos à fiscalização do exercício profissional pela Secretaria de Estado de Saúde nos termos do Decreto-Lei nº 214, de 17.07.75, e do Decreto nº 1.754, de 14.03.78, do Estado do Rio de Janeiro.

§ 3º – Servidores da Administração direta, indireta e autárquica que estejam acumulando dois cargos remunerados comprovarão, a partir da promulgação desta Constituição, a efetiva compatibilidade de horários entre os dois.

Art. 11-A. É assegurado ao membro da Polícia Judiciária exercer sua função cumulativamente com um cargo de professor, na forma da lei. (Acrescentado pela Emenda Constitucional nº 66, de 21 de junho de 2016.)

Art. 12. A lei manterá os atuais Juízes de paz até a posse de novos titulares, assegurando-lhes os direitos e atribuições conferidas a estes, e designará o dia para a eleição prevista no artigo 168 desta Constituição.

Art. 13. (Artigo pela Emenda Constitucional nº 07, de 27 de maio de 1998.)

Art. 14. Ressalvados os créditos de natureza alimentar, o valor dos precatórios judiciais, pendentes de pagamento na data da promulgação da Constituição da República, incluído o remanescente de juros e correção monetária, poderá ser pago em moeda corrente, com atualização, em prestações anuais, iguais e sucessivas, no prazo máximo de oito anos, a partir de 1º de julho de 1989, por decisão que tenha sido editada pelo Poder Executivo até cento e oitenta dias da promulgação da Constituição da República.

Parágrafo único – Poderão as entidades devedoras, para cumprimento do disposto neste artigo, emitir em cada ano no exato montante do dispêndio, títulos da dívida pública, não computáveis para efeito do limite global de endividamento.

Art. 15. Serão estatizadas as serventias de foro judicial assim definidas em lei, respeitados os direitos dos atuais titulares.

Art. 16. O disposto no artigo 236 da Constituição da República não se aplica aos serviços notariais e de registro que já tenham sido oficializados pelo Poder Público, respeitando-se o direito de seus servidores.

§ 1º – São considerados servidores notariais e de registro, para o direito de opção respeitado neste artigo, os notários e registradores titulares e interinos, seus substitutos, bem como os auxiliares dos respectivos serviços.

§ 2º – É de noventa dias, a contar da data da promulgação desta Constituição, o prazo para a manifestação do direito de opção dos servidores por permanecerem ou não no regime remuneratório em que se encontram.

§ 3º – Torna-se efetivo, em caso de vacância, o direito à titularidade dos serviços notariais e de registro, em favor do respectivo substituto, desde que, legalmente investido, tenha ingressado na atividade, há mais de cinco anos, até a data da promulgação da Constituição Federal. (Parágrafo declarado inconstitucional pelo STF, na ADIN 552)

§ 4º – Ficam mantidos os atuais serviços notariais e de registro existentes no Estado, enquanto não forem disciplinadas em lei as disposições do artigo 236 da Constituição da República.

Art. 17. No prazo de sessenta dias da promulgação desta Constituição, proceder-se-á, no âmbito dos órgãos de pessoal e previdenciários estaduais, à verificação do cumprimento do disposto no artigo 20 das Disposições Constitucionais Transitórias da Constituição da República, assegurando-se igualdade de remuneração entre os servidores ativos e inativos.

Art. 18. A partir da data de publicação desta Emenda Constitucional, a primeira vaga de Conselheiro do Tribunal de Contas, dentre os escolhidos pela Assembléia Legislativa, será provida após escolha pelo Governador, aprovada pela Assembléia Legislativa, de acordo com lista tríplice formulada pelo Tribunal de Contas entre membros do Ministério Público, respeitando-se, a partir de então, para o provimento das vagas seguintes, a forma de escolha do Conselheiro que será sucedido. (Nova redação dada pela Emenda Constitucional nº 25, de 03 de abril de 2002.)

Art. 19. Os mandatos do Governador e Vice-Governador do Estado, eleitos no dia 15 de novembro de 1986, terminarão em 15 de março de 1991.

Art. 20. A Assembléia Legislativa reunir-se-á em sessões preparatórias em primeiro de fevereiro de 1991 para a posse de seus membros e eleição da Mesa Diretora para mandato até primeiro de janeiro de 1993.

Art. 21. Promulgada a Constituição do Estado, caberá à Câmara Municipal, no prazo de seis meses, votar a Lei Orgânica respectiva, em dois turnos de discussão e votação, respeitado o disposto na Constituição da República e nesta Constituição.

Parágrafo único – As Câmaras Municipais, no prazo de 10 (dez) dias, a contar da promulgação desta Constituição, elaborarão Regimento específico, que, inclusive, poderá permitir eleição de nova Mesa Diretora para a tramitação e votação da Lei Orgânica respectiva, obedecidos os princípios e diretrizes desta Constituição e da Constituição Federal

Art. 22. Até 31 de dezembro de 1989, o disposto no artigo 150, III, b, da Constituição da República, não se aplica aos impostos de que tratam os artigos 155, I, a e b, 156, II e III, da Constituição da República, que podem ser cobrados trinta dias após a publicação da lei que os tenha instituído ou aumentado.

Art. 23. Fica estabelecida a redução, pelo período de 10 (dez) anos da base de cálculo do ICMS devido pelas empresas industriais que, nesse período, estejam ou venham a se instalar no Pólo Industrial do Município de Campos dos Goytacazes, criado por decreto vigente.

§ 1º – A redução a que se refere este artigo alcançará somente as operações relativas a mercadorias e prestações de serviços pertinentes às atividades do referido Pólo Industrial.

§ 2º – As bases de cálculo obedecerão a seguinte escala anual de redução:

1990 – 50% (cinqüenta por cento).

1991 – 58,33% (cinqüenta e oito virgula trinta e três por cento).

1992 - 66,66% (sessenta e seis virgula sessenta e seis por cento).

1993 - 75% (setenta e cinco por cento).

1994 a 1999 - 75% (setenta e cinco por cento).

§ 3º - Nas operações mencionadas no § 1º, as alíquotas internas serão as previstas para as interestaduais.

§ 4º - O Governo Estadual envidará esforços no sentido de obter autorização legal que conceda aos Municípios do Norte e Noroeste Fluminense, em relação aos tributos de competência federal e estadual o que hoje é concedido aos Municípios do Norte do Estado de Minas Gerais, e aos Municípios do Estado do Espírito Santo.

Art. 24. O Poder Executivo do Estado e dos Municípios reavaliará todos os incentivos fiscais de natureza setorial ora em vigor, propondo ao Poder Legislativo respectivo as medidas cabíveis.

§ 1º - Considerar-se-ão revogados, após dois anos a partir da data da promulgação da Constituição da República, os incentivos que não forem confirmados por lei.

§ 2º - A revogação não prejudicará os direitos que já tiverem sido adquiridos, àquela data, em relação a incentivos concedidos sob condição e com prazo certo.

§ 3º - Os incentivos concedidos por convênio entre estados, celebrados nos termos do artigo 23, § 6º, da Constituição de 1967, com a redação da Emenda nº 1, de 17 de outubro de 1969, também deverão ser reavaliados e reconfirmados nos prazos deste artigo.

Art. 25. Até que sejam fixadas em lei complementar federal, as alíquotas máximas do imposto municipal sobre vendas a varejo de combustíveis líquidos e gasosos não excederão a três por cento.

Art. 26. No prazo de doze meses, o Poder Público dará execução plena aos planos diretores das áreas de proteção ambiental e dos parques estaduais, assegurada a participação dos poderes públicos municipais e de representantes das associações civis locais que tenham como objetivo precípuo a proteção ambiental.

Art. 27. A contar da promulgação desta Constituição o Estado promoverá, no prazo máximo de dois anos:

I - o estabelecimento de métodos de avaliação do potencial carcinogênico, teratogênico e mutagênico de substâncias químicas e fontes de radioatividade, a serem revistas periodicamente;

II - a conclusão da demarcação e, quando couber, a regularização fundiária, bem como a elaboração dos planos diretores, a implantação de estruturas de fiscalização adequadas e a averbação no registro imobiliário das restrições administrativas de uso das áreas de relevante interesse ecológico e das unidades de conservação;

III – a demarcação da orla e da faixa marginal de proteção dos lagos, lagoas e lagunas;

IV – o levantamento das áreas devolutas para promover ação discriminatória através da Procuradoria Geral do Estado;

V – a conclusão de regularização dos assentamentos rurais sob sua responsabilidade;

VI – a criação do Conselho Estadual de Política Agrícola e do Instituto de Terras e Cartografia.

Art. 28. A adaptação ao que estabelece o artigo 211, III, desta Constituição, deverá processar-se no prazo de cinco anos, reduzindo-se o excesso à base de, pelo menos, um quinto por ano.

Art. 29. É concedida anistia aos servidores do Estado que tenham sofrido penas disciplinares, excetuados deste benefício os que hajam sido demitidos e os que foram penalizados por improbidade, por atos lesivos ao erário público ou ao patrimônio de terceiros, e, ainda, os que tenham sido condenados por decisão judicial transitada em julgado. (Artigo declarado inconstitucional pelo STF, na ADIN 233)

Art. 30. É considerada nula e de nenhum efeito qualquer sanção disciplinar aplicada em período anterior a esta Constituição, aos servidores civis, desde que não tenham sido demitidos e que, no inquérito criminal correspondente, tenham sido absolvidos, arquivados ou impronunciados, cujas sentenças tenham transitado em julgado até esta data. (Artigo declarado inconstitucional pelo STF, na ADIN 233)

Parágrafo único – Fica, desde já, restabelecido o status funcional da época da apenação, desde que, satisfeitas as exigências legais vigentes, não produzindo, em qualquer hipótese, vantagens financeiras a qualquer título. (Parágrafo declarado inconstitucional pelo STF, na ADIN 233)

Art. 31. O Estado deverá executar plano de construção dos foros das comarcas.

Art. 32. A Imprensa Oficial do Estado e as gráficas oficiais dos Municípios, da administração direta ou indireta, inclusive fundações instituídas e mantidas pelo Poder Público, promoverão edição popular do texto integral desta Constituição, que será posta à disposição das escolas, dos cartórios, dos sindicatos, dos quartéis, das igrejas e de outras instituições representativas da comunidade, gratuitamente, de modo que cada cidadão, no âmbito do Estado, possa receber um exemplar da Constituição do Estado do Rio de Janeiro.

Art. 33. Fica assegurada aos pensionistas legatários, pensão mínima equivalente ao salário mínimo. (Artigo declarado inconstitucional pelo STF, na ADIN 240)

Art. 34. O Estado apoiará o Tribunal Regional Eleitoral em todas as providências necessárias para que, nas eleições de 1990, seja implantado Sistema Eletrônico de Processamento de Dados para as fases de votação e apuração.

Art. 35. A revisão constitucional será realizada após a da Constituição da República, pelo voto da maioria absoluta dos membros da Assembléia Legislativa.

Art. 36. No prazo de um ano a contar da promulgação da Constituição Estadual, a Assembléia Legislativa promoverá Comissão de exame analítico e pericial dos atos e fatos geradores do endividamento externo do Estado do Rio de Janeiro.

§ 1º – A Comissão terá força legal de Comissão Parlamentar de Inquérito para os fins de requisição e convocação e atuará com o auxílio do Tribunal de Contas do Estado.

§ 2º – Apuradas irregularidades, a Assembléia Legislativa proporá ao Poder Executivo a declaração de nulidade do ato e encaminhará o processo ao Ministério Público, que formalizará, no prazo de sessenta dias, ação cabível.

Art. 37. Poderão optar pelo regime anterior, no que respeita às garantias e vantagens, os membros das carreiras disciplinadas no Título IV, admitidos até a promulgação da Constituição, observando-se, quanto às vedações, a situação jurídica vigente na data da promulgação da Constituição da República.

Art. 38. É estabelecido o prazo máximo de 06 (seis) meses, a contar da promulgação desta Constituição, para que os Poderes do Estado assumam, mediante iniciativa em matéria de sua competência, o processo legislativo das leis complementares a esta Constituição, a fim de que possam ser discutidas e aprovadas no prazo, também máximo, de 12 (doze) meses da mencionada promulgação.

Parágrafo único – As Comissões Permanentes da Assembléia Legislativa elaborarão, no prazo de iniciativa deste artigo, os projetos do Legislativo, em matéria do âmbito de sua competência específica, de forma a serem discutidos e convertidos em lei nos termos fixados.

Art. 39. O plano diretor urbano, quando obrigatório, ou a lei de diretrizes gerais de ocupação do território, deverão ser elaborados e aprovados no prazo de até 1 (um) ano da data da promulgação da Lei Orgânica Municipal.

§ 1º – O prazo mencionado no caput deste artigo fica prorrogado por 90 (noventa) dias, caso o projeto não tenha sido encaminhado ao Legislativo, para apreciação, com a antecedência de igual período. (Parágrafo acrescentado pela Emenda Constitucional nº 1, de 26 de junho de 1991.)

§ 2º – O Projeto de Plano Diretor que tenha sido rejeitado pela Câmara Municipal, dentro do prazo fixado no caput deste artigo, poderá ser reapresentado pelo Executivo Municipal até 90 (noventa) dias após a promulgação da Lei Orgânica do Município no período da prorrogação estabelecida pelo parágrafo anterior, tendo o

Legislativo Municipal o prazo de até 60 (sessenta) dias para deliberação a contar da data de sua reapresentação. (Parágrafo acrescentado pela Emenda Constitucional nº 1, de 26 de junho de 1991.)

Art. 40. Os jogos tidos como de azar poderão ser explorados, mediante concessão do Estado, com o fim de incentivo ao turismo e como forma de lazer social nos termos em que dispuser a lei federal.

Parágrafo único – A definição de zonas turísticas para o funcionamento de cassinos dependerá de lei.

Art. 41. Fica criada a Zona Franca de Turismo com incentivo de livre acesso do comércio e indústria do ramo de hotelaria e turismo, com isenção de impostos estaduais, com base em permuta por construção, instalação e manutenção de hospitais de atendimento público, a ser regida por lei complementar.

Art. 42. Serão revistas pela Assembléia Legislativa, no prazo de 3 (três) anos, através de comissão especial, todas as doações, vendas, concessões ou cessões, a qualquer título, de terras públicas estaduais com área superior a 50 hectares, realizadas a partir de 15 de março de 1975.

Art. 43. No âmbito da competência estadual a lei definirá a utilização e o aproveitamento da bacia hidrográfica do Rio Paraíba do Sul.

Art. 44. Durante os próximos trinta anos, uma dotação orçamentária anual, no mínimo equivalente a cinqüenta por cento dos recursos do fundo estadual de conservação ambiental, criado no artigo 263 desta Constituição, será destinada a investimentos na recuperação e na defesa dos ecossistemas da Baía de Guanabara e do Rio Paraíba do Sul.

Art. 45. O turno único de atividades educacionais, previsto no artigo 308, I, com oito horas de duração, será progressivamente implantado, no prazo de cinco anos, a partir da promulgação desta Constituição.

Parágrafo único – A proibição do artigo 321 desta Constituição vigorará a partir da respectiva promulgação, não afetando aqueles que já se encontrem lotados em outras esferas de administração.

Art. 46. No prazo de doze meses a contar da promulgação desta Constituição, implantar-se-á o sistema Braille em pelo menos um estabelecimento da rede oficial de ensino em cada região fluminense, de forma a atender às necessidades educacionais e sociais das pessoas portadoras de deficiência visual.

Parágrafo único – O Estado criará a carreira de intérprete para deficientes auditivos.

Art. 47. Para os fins do artigo 332 desta Constituição, o percentual de 2% (dois por cento) da receita tributária do Estado será atingido progressivamente da seguinte forma:

I - em 1990: 1,5%;

II - de 1991 em diante: 2%.

Parágrafo único - Durante os cinco próximos exercícios a Fundação de Amparo à Pesquisa - FAPERJ transferirá ao Fundo de Apoio ao Desenvolvimento Tecnológico - FATEC, um terço da dotação estipulado no artigo 332 para sua formação.

Art. 48. Na conformidade do artigo 60 das Disposições Transitórias da Constituição da República, o Estado implementará, a partir de 1990, o Plano Emergencial de Erradicação do Analfabetismo, valendo-se de meios existentes no sistema estadual de ensino e de recursos comunitários.

Art. 49. O Estado criará a Universidade Estadual do Norte Fluminense, com sede em Campos dos Goytacazes, no prazo máximo de 3 (três) anos da promulgação desta Constituição.

§ 1º - Fica assegurada a instalação dos cursos de Veterinária, Agronomia e Engenharia, respectivamente nos Municípios de Santo Antônio de Pádua, Itaocara e Itaperuna.

§ 2º - Se até dezoito meses após a promulgação desta Constituição a lei de criação da Universidade Estadual do Norte Fluminense não tiver sido aprovada, as unidades referidas no caput e no § 1º deste artigo serão implantadas pela Universidade do Estado do Rio de Janeiro.

Art. 50. Será constituído um Conselho Estadual de Defesa dos Direitos Humanos para conhecer de qualquer violação de direitos humanos, providenciar sua reparação, abrir inquéritos, processos e encaminhá-los aos órgãos públicos competentes.

Parágrafo único - Lei Complementar definirá sua organização, estrutura, composição e autonomia financeira.

Art. 51. Fica criado o Conselho Estadual de Defesa da Criança e do Adolescente, como órgãos normativo, consultivo, deliberativo e controlador da política integrada de assistência à infância e à juventude.

Parágrafo único - A lei disporá sobre a organização, composição e funcionamento do Conselho, garantindo a participação de representantes do Poder Judiciário, Ministério Público, Defensoria Pública, Ordem dos Advogados do Brasil, órgãos públicos encarregados da execução da política de atendimento à infância e à juventude, assim como, em igual número, de representantes de organizações populares de defesa dos direitos da criança e do adolescente, legalmente constituídas e em funcionamento há pelo menos um ano. (Parágrafo submetido ao Plenário do STF, na ADI 3463, com julgamento parcialmente procedente para declarar a inconstitucionalidade da expressão "Poder Judiciário" e conferir interpretação conforme à Constituição a fim de assentar que a participação do Ministério Público no Conselho Estadual de Defesa da Criança e do Adolescente deve se dar na condição de membro convidado sem direito a voto.)

Art. 52. O Estado promoverá a criação do Conselho Estadual de Alimentação e Nutrição - CEAN - no prazo de 1 (um) ano da promulgação da Constituição, na forma da lei.

Art. 53. O Estado empreenderá ações visando a transferência para o seu patrimônio do serviço de energia elétrica e de televisão educativa prestados no seu território.

Art. 54. Denominar-se-á Agência Estadual de Financiamento de Longo Prazo a mencionada no artigo 226, § 2º, desta Constituição, criada para promoção do desenvolvimento estadual, através do apoio financeiro a projetos de implantação, modernização e racionalização de empresas brasileiras de capital nacional.

Parágrafo único - Lei de iniciativa do Poder Executivo disporá sobre a organização e funcionamento do Fundo de Desenvolvimento Econômico e da Agência Estadual de Financiamento de Longo Prazo, que o administrará.

Art. 55. As indústrias que se instalarem no Norte e Noroeste Fluminense, dentro de um ano, a contar da data da promulgação desta Constituição, ficam isentas do pagamento de todos os impostos e taxas estaduais pelo período de 5 (cinco) anos a contar da data da sua inauguração.

Art. 56. Durante dez anos o Estado aplicará, no mínimo, 10% (dez por cento) dos recursos do Fundo para o Desenvolvimento de que trata o artigo 226 nos projetos de infra-estrutura para industrialização, assegurando o desenvolvimento econômico das regiões norte e noroeste fluminenses, de acordo com os planos municipais e regionais de desenvolvimento, ficando assegurada aos Municípios do noroeste fluminense a metade dos recursos destinados às regiões.

Art. 57. O Município do Rio de Janeiro será Centro Financeiro do Estado do Rio de Janeiro, cabendo às autoridades estaduais e municipais fomentar a atividade financeira no Município do Rio de Janeiro.

§ 1º - Fica revogado, expressamente, o artigo 3º da Lei nº 1381, de 03.11.88, restabelecendo-se incisos I, II e III do artigo 24 do Decreto-Lei 5/75.

§ 2º - As multas conseqüentes do não recolhimento dos impostos e taxas estaduais aos cofres do Estado não poderão ser inferiores a duas vezes o seu valor. (Parágrafo declarado inconstitucional pelo STF, na ADIN 551)

§ 3º - As multas conseqüentes da sonegação dos impostos ou taxas estaduais não poderão ser inferiores a cinco vezes o seu valor. (Parágrafo declarado inconstitucional pelo STF, na ADIN 551)

§ 4º - Nos noventa dias da promulgação desta Constituição, o Poder Executivo Estadual tomará as medidas cabíveis para obter da União Federal a plena satisfação das obrigações desta, decorrentes da Lei Complementar Federal nº 20, de 01.07.74, em favor do Estado e do Município do Rio de Janeiro.

Art. 58. Os termos de cessão ou permissão de uso de imóveis do Estado, assinados com instituições pias, religiosas, filantrópicas, de assistência social, de atividades culturais e sócio-esportivas, ou sindicais, sem fins lucrativos e com mais de 5 (cinco) anos de vigência, ficam prorrogados por tempo indeterminado e enquanto cumpridas a destinação e finalidade para as quais foram criadas.

Art. 59. Ficam expressamente revogados, a partir de 180 (cento e oitenta) dias da promulgação desta Constituição, sujeito este prazo a prorrogação por lei, todos os dispositivos legais que atribuam ou deleguem a órgão do Poder Executivo competência assinalada pela Constituição à Assembléia Legislativa, especialmente no que tange a ação normativa e à alocação, ou transferência de recursos de qualquer espécie.

Art. 60. O direito assegurado pelo artigo 352, desta Constituição efetivar-se-á através da adaptação de edifícios e logradouros num prazo de dezoito meses a contar de sua promulgação.

Art. 61. A lei objetivará atribuir aos servidores militares estaduais, por força do disposto nos artigos 42 e 144, § 6º, da Constituição da República e observado o princípio do seu artigo 37, inciso XI, remuneração que não seja inferior à dos postos ou graduações correspondentes no Exército, e que não lhe poderá, em caso algum, ser superior. (Artigo declarado inconstitucional pelo STF, na ADIN 237)

Parágrafo único – Nos termos dos artigos 165, II e § 2º, e 169, parágrafo único, II, da Constituição da República, a aplicação da norma programática deste artigo far-se-á gradualmente, no prazo de dezoito meses a contar da promulgação desta Constituição.

Art. 62. (Revogado pela Emenda Constitucional nº 27/2002)

Art. 63. (Revogado pela Emenda Constitucional nº 27/2002)

Art. 64. Ficam assegurados os benefícios, direitos, vantagens e os respectivos regimes jurídicos já concedidos, por atos da Administração Pública Estadual, aos seus servidores, ativos e inativos, com base na legislação estadual decorrente de legislação federal de anistia.

Art. 65. Aos magistrados que, ao tempo da entrada em vigor da Lei Complementar Federal nº 35, de 14 de março de 1979 (Lei Orgânica da Magistratura Nacional) exerciam o cargo de Professor do Magistério Público Estadual, de primeiro ou segundo grau, fica assegurado o direito a aposentadoria na atividade de educador, computado o tempo decorrido e asseguradas as vantagens, como se em exercício estivessem desde o afastamento do cargo.

Art. 66. Lei de iniciativa do Poder Executivo estabelecerá a obrigatoriedade da colocação, em lugar de destaque, do retrato do Protomártir da Independência – JOAQUIM JOSÉ DA SILVA XAVIER – O Tiradentes – em todas as repartições públicas estaduais e municipais.

Art. 67. São mantidos, com suas atribuições atuais, os cargos de Procurador dos quadros de pessoal do Departamento de Estradas de Rodagem e do Instituto de Previdência do Estado do Rio de Janeiro que se extinguirão à medida que vagarem, aos mesmos aplicando-se o disposto nos artigos 77, XIV, e 82, § 1º, desta Constituição.

Art. 68. Na edição da Lei Complementar a que se refere o § 1º do artigo 121 desta Constituição, assegurar-se-á aproveitamento na carreira, observado o disposto no artigo 11 da Lei 1279, de 15 de março de 1988, dos seus atuais destinatários, cujos cargos extinguir-se-ão à medida que forem aproveitados. (Artigo declarado inconstitucional pelo STF, na ADIN 242)

Art. 69. Ficam restabelecidos os direitos à transformação de cargo de servidores públicos civis do Estado que a tenham requerido com base em lei publicada até 05 de outubro de 1988. (Artigo declarado inconstitucional pelo STF, na ADIN 248)

Art. 70. Consideram-se abrangidos pelas disposições dos artigos 2º e 6º do Decreto nº 11.940, de 26 de setembro de 1988, os ocupantes, quando da expedição do Decreto nº 980, de 28 de outubro de 1976, do cargo de Assessor Administrativo do antigo Quadro III.

Art. 71. O décimo-terceiro salário devido aos servidores do Estado será pago em duas parcelas, simultaneamente, com o pagamento dos meses de julho e dezembro. (Artigo declarado inconstitucional pelo STF, na ADIN 1448)

Art. 72. É assegurada a isenção de pagamento de taxas de inscrição para todos postulantes a investidura em cargo ou emprego público, desde que comprovem insuficiência de recursos, na forma da lei.

Art. 73. Fica assegurada a nomeação nos respectivos cargos aos candidatos aprovados em concursos públicos; promovidos, anteriormente à promulgação desta Constituição, pelos Poderes Executivo, Legislativo e Judiciário estaduais, que, por motivo de sexo, idade, cor e estado civil, não o foram, em decorrência de aplicação de legislação ou regulamento normativo destes concursos, observada a existência de cargos vagos.

Art. 74. Os servidores estaduais que, à época da promulgação da Constituição da República, contavam cinco anos de serviço efetivo, serão transformados ou transferidos de cargos ou categorias funcionais, submetendo-se a prova de títulos e concurso interno. (Artigo declarado inconstitucional pelo STF, na ADIN 248)

Art. 75. Ficam incluídos no quadro suplementar da Secretaria de Estado de Educação todos os professores que já trabalham em regime de subvenção pelo período mínimo de 10 (dez) anos letivos. (Artigo declarado inconstitucional pelo STF, na ADIN 249)

Parágrafo único – Os professores subvencionados, que atenderem o requisito deste artigo passarão a perceber vencimentos e vantagens iguais aos professores dos quadros de pessoal da Secretaria de Estado de Educação, de acordo com o tempo de efetivo trabalho comprovado. (Parágrafo declarado inconstitucional pelo STF, na ADIN 249)

Art. 76. Serão criadas Subdelegacias da Polícia Civil nos Distritos com mais de mil habitantes.

Art. 77. Os servidores públicos civis estatutários ou contratados, que tenham exercido ou estejam no exercício de suas atribuições em qualquer órgão da administração direta do Estado e que comprovem o desempenho das atribuições de encarregado de garagem e motorista, poderão optar pelo ingresso na classe de motorista policial do quadro permanente da polícia civil, no prazo de trinta dias a contar da promulgação desta Constituição. (Artigo declarado inconstitucional pelo STF, na ADIN 231)

Art. 78. Fica assegurado direito de reversão ao serviço ativo aos policiais que, embora hajam completado sessenta e cinco anos de idade, não tiveram formalizada sua aposentadoria compulsória até a data da promulgação da Constituição da República. (Artigo declarado inconstitucional pelo STF, na ADIN 250)

Art. 79. Os Detetives-Inspetores e Escrivães de 1ª Classe, com mais de 35 anos de serviço na carreira policial, Bacharéis em Direito há mais de 10 (dez) anos e que tenham cumprido, no mínimo, 280 (duzentos e oitenta) horas/aula na Academia de Polícia do Estado, no Curso de Acesso à carreira de Delegado de Polícia, ficam acessados à carreira de Delegado de Polícia, 3ª classe, da Secretaria de Estado de Polícia, do Estado do Rio de Janeiro. (Artigo declarado inconstitucional pelo STF, na ADIN 308)

Art. 80. Fica assegurado aos Detetives-Inspetores e Escrivães de Polícia de 1ª Classe, Bacharéis em Direito, com mais de 10 anos de efetivo serviço no grupo POL que, à época da promulgação da Constituição Federal, possuíam mais de 5 anos na classe e que tenham freqüentado o mínimo de 50% de horas/aula no curso específico inerente ao cargo, o aproveitamento na classe inicial do cargo de Delegado de Polícia. (Artigo declarado inconstitucional pelo STF, na ADIN 231)

Art. 81. Ficam declarados nulos e de nenhum efeito os Decretos do Exmo. Sr. Governador do Estado, editados até 31.12.86, que, à revelia do encaminhamento da Corregedoria Geral da Justiça do Estado, oficializaram serventias do foro extrajudicial, mistas ou não, mantida a efetivação dos respectivos substitutos.

Art. 82. Aos atuais titulares das Serventias Judiciais e Extrajudiciais fica assegurado o direito de aposentadoria, desde que, nesta data, preencham os requisitos legais necessários, com direito a percepção equivalente a 60% (sessenta por cento) dos proventos que percebem os Juízes de Direito da Comarca respectiva. (Artigo declarado inconstitucional pelo STF, na ADIN 139)

Art. 83. O pessoal demitido da Rádio Roquete Pinto, sem justa causa, após dezembro de 1986, e cujos processos ainda não tenham sido julgados por decisão irrecorrível, poderá optar por sua readmissão no emprego, com direito de contagem do período de afastamento como tempo de serviço, desde que desista da ação e, conseqüentemente, da percepção de indenizações legais.

Parágrafo único - Não se incluem no benefício deste artigo aqueles cuja prestação de serviços se tenha iniciado em período em que a lei eleitoral proibia contratações sob pena de nulidade.

Art. 84. Caberá aos hospitais da rede oficial, após o parto, expedição do registro do nascimento, cabendo aos cartórios a sua autenticação e, nos demais casos, em conformidade com a lei.

Art. 85. O vale-transporte será emitido, comercializado e distribuído pelas empresas operadoras de transporte coletivo de passageiros, custeado pelos empregadores, sendo vedado o repasse tarifário e admitida a delegação.

Parágrafo único - Ficam estendidos os benefícios do vale-transporte a todos os servidores públicos estaduais, da administração direta e indireta.

Art. 86. Ficam proibidos, em todo o território do Estado do Rio de Janeiro, a comercialização, uso ou utilização de qualquer produto à base de clorofluorcarbonos (CFC'S) e à base de cloro (Bifemilas Policloradas) - Ascarel.

Parágrafo único - Fica estabelecido o prazo de até um ano da data da promulgação desta Constituição para substituição das substâncias que menciona este artigo, por sucedâneos não tóxicos.

Art. 87. Entre os requisitos da lei complementar prevista no artigo 18, § 4º da Constituição da República para a criação, incorporação, fusão e o desmembramento de Municípios, constarão:

I - população estimada igual ou superior à população do Município de menor número de habitantes do Estado;

II - arrecadação no último exercício de 5 (cinco) milésimos por cento de arrecadação estadual de impostos;

III - plebiscito que resulte o voto favorável da maioria dos eleitores que tiverem comparecido às urnas, em manifestação a que se tenham apresentado pelo menos 50% dos eleitores inscritos na área a ser emancipada.

Art. 88. No dia 15 de novembro de 1990, o eleitorado de Engenheiro Paulo de Frontin decidirá, através de plebiscito, sobre o retorno da denominação de "Rodeio" ao Município.

Art. 89. O Estado providenciará a derrubada de todas as edificações existentes que impeçam o exercício do direito previsto no artigo 32 desta Constituição, promovendo junto à Justiça Federal a nulidade dos Atos que venham a autorizar construções em desacordo com a legislação.

Art. 90. Estendem-se aos ex-detentores de mandato eletivo por sufrágio universal e direto, que tiveram seus direitos políticos suspensos por Atos Institucionais, os benefícios de que cuida o inciso I do artigo 53 dos Atos das Disposições Constitucionais Transitórias da Constituição da República. (Artigo declarado inconstitucional pelo STF, na ADIN 229)

Art. 91. Até cento e oitenta dias após a promulgação desta Constituição serão realizados plebiscitos destinados a deliberar sobre a disposição da população local interessada em transformar seus respectivos distritos em Municípios autônomos e independentes, ou na anexação de distritos e vilas, na seguinte ordem: (Artigo, com seus incisos e parágrafos, declarado inconstitucional pelo STF, na ADIN 222)

I – nos Distritos de Imbariê e Xerém, ambos do Município de Duque de Caxias, que constituirão um único Município denominado Imbariê;

II – no Distrito de Japeri, Município de Nova Iguaçu;

III – no Distrito de Varre-Sai, Município de Natividade;

IV – no Distrito de Armação de Búzios, do Município de Cabo Frio;

V – no Distrito de Rio das Ostras, do Município de Casimiro de Abreu;

VI – no Distrito de Bacaxá, do Município de Saquarema;

VII – no Distrito de Macuco, do Município de Cordeiro;

VIII – no Distrito de Barão de Inoã, do Município de Maricá;

IX – no Distrito de Iguaba Grande, do Município de São Pedro da Aldeia;

X – na Vila de Campelo, hoje pertencente ao Distrito de Paraoquena, do Município de Santo Antônio de Pádua, nos seus atuais limites, para ser anexada ao Município de Miracema;

XI – no Distrito de Engenheiro Passos, hoje 8º Distrito do Município de Resende, nos seus atuais limites, para ser anexado ao Município de Itatiaia.

§ 1º – Observadas as normas legais que regem a matéria, caberá ao Tribunal Regional Eleitoral, coordenar os plebiscitos e tomar as iniciativas necessárias à realização dos mesmos.

§ 2º – Lei complementar de que trata o § 4º do artigo 18 da Constituição Federal terá o seu anteprojeto elaborado por uma comissão interpartidária com representação proporcional, a ser criada dentro de 30 dias da promulgação desta Constituição, e deverá ser discutida e votada no prazo de 60 dias a contar do prazo anterior.

§ 3º – O plebiscito referido no inciso I será feito em conjunto.

§ 4º – Nos plebiscitos referidos nos incisos X e XI, somente estarão habilitados a votar os eleitores inscritos nas 62ª e 69ª Seções da 34ª Zona Eleitoral de Vila Campelo e os inscritos no Distrito de Engenheiro Passos, respectivamente, até a data da promulgação desta Constituição.

§ 5º – Proclamados os resultados pelo T.R.E. nos casos dos incisos X e XI e sendo aprovada a anexação, a mesma deverá ser concretizada no prazo de 30 (trinta) dias.

Art. 92. Ficam restabelecidos, a contar da data da promulgação desta Constituição, os direitos e vantagens dos servidores militares estaduais do antigo Estado da Guanabara, decorrentes de situações jurídicas efetivamente constituídas até a vigência da Lei Estadual nº 2.276, de 21 de novembro de 1973. (Artigo declarado inconstitucional pelo STF, na ADIN 237)

Art. 93 Até a entrada em vigor da Lei Complementar de que tratam o inciso II do art.89 e o inciso VI do art. 156 da Constituição Estadual, Conselheiros do Tribunal de Contas, Magistrados e membros do Ministério Público e da Defensoria Pública do Estado do Rio de Janeiro aposentar-se-ão, compulsoriamente, aos setenta e cinco anos de idade. (Artigo com eficácia suspensa, por decisão do STF nas ADIs 5304 e 5298)

Art. 94 São desvinculados das destinações constitucionais e legais previstas, 30% (trinta por cento) da disponibilidade financeira (saldo) dos Fundos do Estado do Rio de Janeiro, do Poder Executivo, 20% (vinte por cento) para o Fundo Especial da Polícia Militar do Estado do Rio De Janeiro – FUNESPOM – e 20% (vinte por cento) para o Fundo Especial do Corpo de Bombeiros do Estado do Rio De Janeiro – FUNESBOM. (Acrescentado pela Emenda Constitucional nº 73, de 18 de dezembro de 2019.)

§ 1º – Os recursos desvinculados previstos no caput deverão ser transferidos à Conta Única do Tesouro Estadual até 31 de janeiro do exercício seguinte ao da apuração da disponibilidade financeira.

§ 2º – Fica excetuada da base de cálculo da desvinculação prevista no caput a parcela integrante do Fundo Especial da Polícia Militar do Estado do Rio De Janeiro – FUNESPOM – oriunda da contribuição consignada do soldo do servidor policial militar em folha de pagamento.

Art. 95 A desvinculação de que trata o artigo anterior da presente Emenda Constitucional não se aplica aos seguintes Fundos do Poder Executivo: (Acrescentado pela Emenda Constitucional nº 73, de 18 de dezembro de 2019)

I – Fundo Especial Acadepol;

II – Fundo Estadual da Cultura;

III – Fundo de Recuperação Econômica de Municípios Fluminenses;

IV - Fundo de Microcrédito para Empreendedores das Comunidades Pacificadas do Rio de Janeiro - Fundo UPP Empreendedor;

V - Fundo Estadual de Assistência Social - FEAS;

VI - Fundo de Apoio ao Desenvolvimento Tecnológico;

VII - Fundo Estadual de Fomento à Economia Popular Solidária;

VIII - Fundo Especial da Polícia Civil - Funespol;

IX - Fundo para Infância e Adolescência - FIA;

X - Fundo Estadual de habitação de Interesse Social - FEHIS;

XI - Fundo Estadual de Combate à Pobreza e às Desigualdades Sociais - FECP.

Art. 96 Enquanto perdurar o Estado de Calamidade Financeira no âmbito da Administração Pública, além do percentual disposto no artigo 94 do Ato das Disposições Constitucionais Transitórias, o Poder Executivo poderá desvincular e utilizar o percentual adicional de 20% (vinte por cento) da disponibilidade financeira (saldo) do Fundo Estadual de Conservação Ambiental e Desenvolvimento Urbano - FECAM -, ficando obrigada a execução do saldo remanescente dos fundos de que trata o artigo 1º desta Emenda Constitucional. (Acrescentado pela Emenda Constitucional nº 73, de 18 de dezembro de 2019.)

Art. 97 O disposto nos artigos 94 e 96 do Ato das Disposições Constitucionais Transitórias não se aplicam aos recursos decorrentes ou vinculados a ordem judicial ou a Termos de Ajustamento de Conduta - TAC - firmados e assinados no âmbito do Fundo Especial da Polícia Militar do Estado do Rio de Janeiro - FUNESPOM -, Fundo Estadual de Conservação Ambiental e Desenvolvimento Urbano - FECAM - e do Fundo Estadual de recursos Hídricos - FUNDRHI. (Acrescentado pela Emenda Constitucional nº 73, de 18 de dezembro de 2019)

Rio de Janeiro, 05 de outubro de 1989.

LEI COMPLEMENTAR Nº 84, DE 14 DE MAIO DE 1996

- REGULAMENTA O ARTIGO 213 DA CONSTITUIÇÃO ESTADUAL E DÁ OUTRAS PROVIDÊNCIAS.

Art. 1º. As despesas totais com pessoal ativo e inativo dos Poderes Executivo, Legislativo e Judiciário, inclusive fundações, empresas públicas e sociedades de economia mista pagas com receitas correntes do Estado, não poderão, em cada exercício financeiro, exceder a 60% (sessenta por cento) das respectivas receitas correntes líquidas.

Art. 2º. Para os fins previstos no artigo anterior os Poderes Executivo, Legislativo e Judiciário editarão, no prazo de 15 dias a contar da publicação desta Lei, suas metas mensais de despesas de pessoal, até a adequarem ao percentual ali previsto, conforme prazo estipulado no § 1º, inciso III do art. 1º da Lei Complementar Federal nº 82 de março de 1995.

§ 1º – Para os mesmos fins o Poder Executivo editará, no prazo de 15 (quinze) dias a contar da publicação desta Lei, suas metas anuais de aumento real de arrecadação.

§ 2º – Ao final de cada exercício financeiro, o Poder Executivo publicará o resultado final das receitas correntes respectivas, excluídas as transferências a municípios, cujo montante servirá de base para o cálculo das metas previstas no caput.

§ 3º – O Estado do Rio de Janeiro publicará, até 30 (trinta) dias após o encerramento de cada mês, demonstrativo da execução orçamentária, do mês e até o mês, explicitando, de forma individualizada, os valores de cada item considerado para efeito de cálculo das receitas correntes líquidas, das despesas totais de pessoal e, consequentemente, da referida participação.

§ 4º – Se as despesas totais com pessoal ativo e inativo que trata o artigo 1º excederem, no exercício da publicação desta Lei Complementar, ao limite nele fixado, deverão retornar àquele limite no prazo máximo de três exercícios financeiros, incluído aquele em que esta Lei Complementar entrar em vigor, à razão de um terço do excedente por exercício.

Art. 3º. Sempre que não forem alcançadas as metas de redução fixadas, será suspensa a prática de todos os atos que importem em incremento da despesa de pessoal, especialmente:

I - admissão de pessoal, exceto nas áreas de saúde e educação;

II - cessão e disposição de servidores;

III - concessão de adicional por tempo de serviço;

IV - reenquadramento, em qualquer de suas modalidades;

V - concessão de incorporação de cargo em comissão e funções gratificadas;

VI - adicionais e vantagens pecuniárias em geral;

VII - criação de cargo em comissão ou funções gratificadas.

§ 1º - As providências descritas nos incisos I a VII só poderão ser adotadas pelo Governador do Estado, mediante exposição de motivos circunstanciada, desde que respeitadas as metas previamente estabelecidas.

§ 2º - Igual procedimento será adotado pelos presidentes do Poder Legislativo e do Poder Judiciário, mediante exposição de motivos circunstanciada, desde que respeitadas as metas previamente estabelecidas.

Art. 4º. Os Poderes Executivo, Legislativo e Judiciário editarão, no prazo de 90 (noventa) dias, suas metas de redução de cargos comissionados, com o objetivo de adequarem suas despesas com pessoal ao estabelecido no artigo 1º desta Lei.

Art. 5º. Esta Lei Complementar entrará em vigor na data da sua publicação, revogadas as disposições em contrário.

Rio de Janeiro, 14 de maio de 1996.

MARCELO ALENCAR

Governador

DIREITO ADMINISTRATIVO

DECRETO Nº 3.149, DE 28 DE ABRIL DE 1980

- REGULAMENTA O TÍTULO XI DO CÓDIGO DE ADMINISTRAÇÃO FINANCEIRA E CONTABILIDADE PÚBLICA, APROVADO PELA LEI Nº 287, DE 04/12/79, QUE DISPÕE SOBRE AS LICITAÇÕES E OS CONTRATOS ADMINISTRATIVOS.

ÍNDICE

Capítulo I
Das Licitações

Seção I
Das Disposições Preliminares

Art. 1º. O presente decreto disciplina o regime jurídico das obras, serviços, compras e alienações, bem como os contratos, da administração direta e autárquica do Estado.

Art. 2º. Para os fins deste decreto considera-se:

I - Obra - todo trabalho de construção, reforma ou reparação de bens imóveis, realizado por execução direta ou indireta;

II - Serviço - A prestação de utilidade concreta à Administração, consistindo em atividades tais como demolição, fabricação, conserto, instalação, montagem, operação, conservação, manutenção, transporte, comunicação ou trabalhos técnicos-profissionais e a locação de bens móveis e imóveis.

III - Compra - toda aquisição remunerada de bens para fornecimento de uma só vez ou parceladamente;

IV - Alienação - toda transferência de domínio de bens a terceiros;

V - Execução direta - a realização de obra ou serviço por servidores ou empregados da Administração, por conta e risco desta;

VI - Execução indireta - a realização de obra ou serviço por terceiros, sob qualquer dos seguintes regimes ou modalidades:

a) Empreitada por preço global - quando se contrata a execução da obra ou do serviço por preço certo e total.

b) Empreitada por preço unitário - quando se contrata a execução, por preço certo, de unidades determinadas de uma obra ou serviço;

c) Administração contratada - quando se contrata a execução da obra ou do serviço, mediante reembolso das despesas e pagamento da remuneração ajustada para os trabalhos de administração;

d) Tarefa - quando se ajusta mão-de-obra para pequenos trabalhos, por preço certo, com ou sem fornecimento de materiais;

e) Prestação de serviço técnico-profissional especializado - quando contratada com profissional ou empresa especializada, mediante pagamento por qualquer das modalidades previstas na alíneas anteriores.

VII - Projeto básico - o conjunto de elementos que defina a obra ou serviço, ou o complexo de obras ou serviços que compõem o empreendimento, e que possibilite a estimativa de seu custo final e do prazo de execução.

Seção II
Das Obras e Serviços

Art. 3º. Nenhuma obra ou serviço será licitado ou contratado, quando dispensável a licitação, sem existência ou previsão de recursos orçamentários e aprovação prévia de projeto básico pela autoridade competente, sob pena de nulidade dos atos e de responsabilidade de quem os ordenou ou permitiu, ressalvados, quanto à exigência de projeto básico, os casos previstos no art. 8º.

§ 1º - A programação da obra ou serviço deverá prever o custo atual e o custo final, levando-se em consideração os prazos de execução.

§ 2º - A autorização da despesa abrangerá o custo da obra ou serviço projetado, cuja execução estiver programada para o exercício em que se realizar a licitação.

§ 3º - Quando os recursos disponíveis só permitirem execução parcial, cada etapa ou conjunto de etapas será objeto de licitação distinta, desde que escolhida a modalidade de licitação que regeria a totalidade da obra ou serviço.

§ 4º - É vedado o parcelamento da execução de obra ou serviço, quando houver recursos disponíveis para a execução total, salvo quando determinado por motivos técnicos.

Art. 4º. É vedada a participação do autor do projeto, ou da empresa a que este pertença, na licitação para execução da obra ou do serviço projetado.

Parágrafo Único - É permitida a participação do autor do projeto ou da empresa a que este pertença, desde que, como consultor ou técnico, a serviço exclusivo da Administração, para fins da execução da obra ou do serviço.

Art. 5º. As obras e serviços destinados a atendimento de uma mesma espécie de serviço público, terão projetos padronizados por categorias, classes ou tipos, exceto quando o projeto-padrão não atender às condições peculiares do local ou às exigências específicas de sua execução.

Art. 6º. Nos projetos de obras e serviços serão considerados principalmente os seguintes requisitos:

I - segurança;

II - funcionalidade e adequação ao interesse público;

III - economia na execução, conservação e operação;

IV – possibilidade de emprego de mão-de-obra e materiais existentes no local, para execução, conservação e operação;

V – facilidade na execução, conservação e operação, sem prejuízo da durabilidade da obra ou do serviço;

VI – adoção das normas técnicas obrigatórias ou recomendadas.

Art. 7º. A prestação de serviços de alimentação a estabelecimentos e serviços públicos, tais como prisões, penitenciárias, sanatórios, hospitais, escolas, asilos, orfanatos, abrigos e demais instituições assistenciais fica sujeita a normas regulamentares, expedidas pela respectiva Secretaria de Estado, observadas as peculiaridades locais e atendidos os seguintes requisitos:

I – obediência ao princípio da licitação;

II – preço por unidade de refeição;

III – ajuste para fornecimento periódico, sujeito a revisão, de acordo com os índices oficiais de atualização dos preços em questão, quando superior a três meses o período de fornecimento;

IV – cardápio padronizado e alimentação balanceada, de acordo com os princípios de nutrologia e os hábitos alimentares da região;

V – adoção de refeições industrializadas, sempre que conveniente para a Administração.

Seção III
Dos Serviços Técnico-Profissionais Especializados

Art. 8º. Para os fins deste decreto, consideram-se serviços técnico-profissionais especializados:

I – estudos e projetos de qualquer natureza e finalidade;

II – perícias, pareceres, laudos técnicos e avaliações em geral;

III – assessoria, consultoria e auditoria;

IV – fiscalização e supervisão de obras e serviços;

V – supervisão e orientação do treinamento e aperfeiçoamento do pessoal.

Seção IV
Das Compras

Art. 9º. As compras deverão atender, sempre que possível, ao princípio da padronização do material.

Art. 10. A Secretaria de Estado de Administração publicará lista dos materiais com as respectivas especificações, atualizando-a periodicamente.

Parágrafo Único - As compras de material ou equipamento serão promovidas de acordo com as codificações e especificações do Sistema de Classificação de Materiais e Equipamentos - SCNE e realizadas por classe ou grupo. (Parágrafo Único acrescentado pelo Decreto nº 7.126, de 29/12/83.)

Art. 11. As compras serão efetuadas diretamente pelos órgãos da administração direta e autárquica do Estado, na forma da legislação específica.

Parágrafo Único - No caso de gêneros ou produtos alimentícios, as compras poderão ser realizadas por unidade administrativa, inclusive por estabelecimento escolar, hospitalar, penal, de assistência social ou delegacias de polícia. (Parágrafo Único acrescentado pelo Decreto nº 7.126, de 29/12/83.)

Art. 12. As compras de gêneros alimentícios perecíveis, efetuadas diretamente ao produtor, nos centros de produção, poderão ser realizadas com base no preço do dia, devidamente comprovado.

Seção V
Das Alienações

Art. 13. A alienação de bem imóvel da administração direta e autárquica far-se-á nos termos do art. 5º da Constituição do Estado e na forma da legislação específica.

Art. 14. Mediante decisão do Governador ou de autoridade a que seja delegada tal competência, bem como de titular de autarquia, é permitida a alienação de bens móveis do Estado, nos termos do art. 169º da Lei nº 287, de 04/12/79.

§ 1º - A alienação, salvo na hipótese de permuta, far-se-á mediante licitação, aplicáveis, no que couber, as normas previstas neste decreto para as compras, obras ou serviços, especialmente no que se refere aos limites e dispensa de licitação.

§ 2º - Na alienação de bens será dispensada a licitação:

1 - na permuta;

2 - na negociação de ações em bolsa, com autorização legislativa;

3 - na alienação de títulos, obedecida a legislação pertinente;

4 - nas vendas inferiores, a 5 (cinco) Valores de Referência;

5 - nos mesmos casos previstos para aquisição com dispensa de licitação;

6 - na incorporação ao patrimônio de sociedades de economia mista e empresas públicas estaduais ou federais, através de subscrição e integralização do capital social.

§ 3º - Nos casos dos itens 2 e 3 do parágrafo anterior será previamente ouvida a Secretaria de Estado da Fazenda e dos itens 1 e 6 ser-lhe-ão feitas as devidas comunicações, para fins de registro contábil e controle patrimonial.

Seção VI
Das Licitações e sua Dispensa

Art. 15. As obras, serviços, compras e alienações na administração direta e autárquica do Estado do Rio de Janeiro realizar-se-ão com estrita observância do princípio da licitação, salvo as exceções previstas no § 3º do art. 21º.

Art. 16. São modalidades de licitação:

I - a concorrência;

II - a tomada de preços;

III - o convite.

§ 1º - Concorrência é a modalidade de licitação a que deve recorrer a Administração nos casos de compras, obras ou serviços de vulto, em que se admite a participação de qualquer licitante através de convocação da maior amplitude.

§ 2º - Nas concorrências haverá, obrigatoriamente, uma fase inicial de habilitação preliminar destinada a comprovar a plena qualificação dos interessados para realização do fornecimento ou execução da obra ou do serviço programado.

§ 3º - Tomada de preços é a modalidade de licitação entre interessados previamente registrados, observada a necessária habilitação e convocada por edital, na forma prevista no art. 17º.

§ 4º - Convite é a modalidade de licitação entre interessados no ramo pertinente ao objeto da licitação, em número mínimo de 3 (três), escolhidos pela unidade administrativa, registrados ou não, e convocados por escrito com antecedência mínima de 3 (três) dias úteis.

§ 5º - Quando cabíveis, serão admitidos, como modalidade de licitação, o leilão e o concurso, observadas as exigências de publicidade de que trata o art. 17º.

§ 6º - Sempre que razões técnicas determinem o fracionamento da obra ou serviço em duas ou mais partes, será escolhida a modalidade de licitação que regeria a totalidade da obra ou do serviço.

§ 7º - Para a venda de bens móveis, avaliados isoladamente ou em lote, em quantia não superior a 1.000 (um mil) UFERJ, a administração poderá preferir o leilão, realizado por leiloeiro público.

§ 8º - As licitações para fornecimento de materiais ou equipamentos, realizadas sob a modalidade de tomada de preços, poderão admitir propostas de preços unitários considerados válidos para um período de 90 (noventa) dias, contados da data da adjudicação, durante o qual prevalecerão, para atender às requisições que se tornarem necessárias ao serviço público.

§ 9º - A dispensa de licitação com fundamento na alínea "c" do § 3º, do art. 21º poderá ser solicitada para os itens não cotados pelos licitantes, mantidas as condições preestabelecidas.

Art. 17. A publicidade das licitações será assegurada:

I - no caso de concorrência, mediante publicação no órgão oficial e na imprensa diária local, com antecedência mínima de 15 (quinze) dias, de notícia resumida de sua abertura, indicando-se o local em que os interessados poderão obter o edital e todas as informações necessárias;

II - no caso de tomada de preços, mediante afixação de edital, com antecedência mínima de 10 (dez) dias, em local acessível aos interessados, e comunicação às respectivas entidades de classe, facultada a publicação.

§ 1º - Em qualquer caso, se prevista a celebração de contrato escrito, será desde logo assegurada aos interessados a obtenção da respectiva minuta.

§ 2º - Atendendo à natureza do objeto e ao vulto da concorrência, a Administração poderá ampliar os prazos indicados neste artigo e utilizar outras formas de publicidade.

Art. 18. Para a realização de tomadas de preços, manter-se-á registro cadastral de habilitação de firmas, periodicamente atualizado e consoante com as qualificações especificas estabelecidas em função da natureza e do vulto dos fornecimentos, obras ou serviços.

§ 1º - Serão fornecidos certificados de registro aos interessados inscritos.(Renumerado o parágrafo único, como § 1º, pelo art. 4º do Decreto nº 7.126, de 29/12/83.)

§ 2º - Nas licitações por Tomada de Preços, promovidas por Comissões Regionais ou Especiais de Licitação, em que se apresentarem licitantes, não inscritos no Registro Central de Fornecedores do Estado, o procedimento licitatório se desdobrará em duas fases, a primeira das quais será destinada ao recebimento dos Certificados de Registro dos licitantes já inscritos e ao exame da documentação dos licitantes não registrados, para efeito, nesse caso, da expedição, pela própria Comissão, do Registro Provisório a que se refere o inciso II do art. 9º do Decreto nº 1.064, de 31/12/76, introduzido pelo Decreto nº 7.167, de 03/02/84.(introduzido pelo Decreto. nº 7.126, de 29/12/83 e alterado pelo Decreto. nº 7.168, de 03/02/84.)

§ 3º - Serão desde logo considerados inabilitados e não poderão participar da segunda fase da licitação, destinada ao recebimento das propostas, os licitantes que não tiverem sua documentação aprovada provisoriamente pela Comissão. (introduzido pelo Decreto. nº 7.126, de 29/12/83 e alterado pelo Decreto. nº 7.168, de 03/02/84.)

§ 4º - O registro provisório expedido pela Comissão Regional ou Especial de Licitação terá validade, no âmbito da respectiva Secretaria ou entidade de que faça parte, até que seja ratificado ou cancelado pela Superintendência de Material da Secretaria de Estado de Administração, na forma prevista no parágrafo único do art. 9º do Decreto nº 1.064, de 31/12/76, com a redação dada pelo Decreto nº 7.167, de 03/02/84. (introduzido pelo Decreto. nº 7.168, de 03/02/84.)

§ 5º - Para a expedição do Registro Provisório, as Comissões Regionais ou Especiais de Licitação adotarão, no que couber, os mesmos critérios utilizados pelo órgão Central do Sistema de Administração de Material para a expedição do Certificado de Registro. (introduzido pelo Decreto. nº 7.168, de 03/02/84.)

Art. 19. Nas obras e serviços poderão ser adotados os seguintes regimes de execução:

I - execução direta;

II - execução indireta, nas seguintes modalidades:

a) empreitada por preço global;

b) empreitada por preço unitário;

c) administração contratada;

d) tarefas;

e) prestação de serviço técnico-profissional especializado.

Art. 20. Quando se tratar de execução de obra ou serviço, com financiamento obtido em estabelecimentos financeiros oficiais nacionais ou entidades oficiais internacionais, poderá constar, do edital, cláusula que discipline a aplicação de normas especiais de faturamento e/ou reajustamento dos preços contratados.

Art. 21. As modalidades de licitação observarão os seguintes limites de valores, considerado como unidade de cálculo o maior Valor de Referência fixado nos termos da Lei Federal:

I - para obras; (Redação dada pelo Decreto. nº 7.126, de.29/12/83, D.O.I 30/12/83).

a) Convite - se inferior a 1.250 (mil duzentos e cinqüenta) vezes o maior valor de referência;

b) Tomada de Preços - se inferior a 35.000 (trinta e cinco mil) vezes o maior valor de referência;

c) Concorrência - se igual ou superior a 35.000 (trinta e cinco mil) vezes o maior valor de referência.

II - para compras, serviços ou alienação: (Redação dada pelo Decreto. nº 7.126, de.29/12/83, D.O.I 30/12/83.)

a) Convite - se inferior a 250 (duzentos e cinqüenta) vezes o maior valor de referência;

b) Tomada de Preços - se inferior a 25.000 (vinte e cinco mil) vezes o maior valor de referência;

c) Concorrência - se igual ou superior a 25.000 (vinte e cinco mil) vezes o maior valor de referência.

§ 1º - O Valor de Referência a ser utilizado é o vigente na data em que a abertura da licitação for autorizada ou na data em que a licitação for dispensada.

§ 2º - Se convier ao interesse público, poderá a Administração optar por modalidade de licitação prevista para valores mais elevados, independentemente dos limites fixados.

§ 3º - É dispensável a licitação:

a) nos casos de guerra, grave perturbação da ordem ou calamidade pública;

b) quando sua realização comprometer a segurança nacional, a juízo do Governador do Estado;

c) quando não acudirem interessados à licitação anterior, mantidas, neste caso, as condições preestabelecidas;

d) na aquisição de bens que só possam ser fornecidos por produtor, empresa ou representante comercial exclusivos, bem como na contratação de serviços com profissionais ou empresas de notória especialização;

e) na aquisição de obras de arte e objetos históricos;

f) quando a operação envolver, exclusivamente, concessionário de serviço público, pessoa de direito público interno ou entidade sujeita ao seu controle majoritário;

g) na aquisição ou arrendamento de imóveis destinados ao serviço público;

h) nos casos de emergência, caracterizada a urgência de atendimento de situação que possa ocasionar graves prejuízos ou comprometer a segurança de pessoas, obras, bens ou serviços;

i) nas compras ou execução de obras e serviços que envolverem importância inferior a 15 (quinze) vezes, no caso de compra e serviços, e a 125 (cento e vinte e cinco) vezes, no caso de obras, o maior valor de referência. (Redação dada pelo Decreto nº 7.126, de 29/12/83)

§ 4º – A dispensa de licitação, no caso das alíneas "d", "e", "g" e "h", será imediatamente justificada perante a autoridade superior, que a ratificará ou não, e, sendo o caso, promoverá a responsabilidade de quem a determinou.

§ 5º – O disposto no parágrafo anterior só se aplica ás despesas de valor superior a 150 (cento e cinqüenta) vezes o Valor de Referência, exceto a dispensa de licitação com base na alínea "h" deste artigo.

Art. 22. Na aquisição de material ou equipamento e na prestação de serviços, quando a dispensa ocorrer com fundamento na alínea "d" do § 3º do artigo anterior, deverá ser apresentada justificativa pormenorizada da sua excepcionalidade, que comprove a exclusividade ou a notória especialização, quanto à natureza do material, equipamento ou serviço, bem como da seleção do fornecedor ou executante.

Art. 23. Entende-se por contratação de serviços com profissionais ou empresas de notória especialização para os fins do disposto na letra "d" do § 3º do art. 21º, aquela capaz de exigir na seleção do executor de confiança, um grau de subjetividade insuscetível de ser medido pelos critérios objetivos de qualificação inerente ao processo licitatório, por ser o serviço singular ou incomum.

Art. 24. Para os fins do disposto no § 4º do art. 21º, considera-se autoridade superior:

1 – no caso de titulares de autarquias, o Secretário de Estado a que estiver vinculado o órgão interessado;

2 – no caso de delegação de competência, a autoridade delegante.

§ 1º – A dispensa de licitação não resultante da concessão de adiantamento dependerá de inclusão, no respectivo processo, dos seguintes elementos:

1 – caracterização da situação excepcional que justifique a dispensa;

2 – indicação do dispositivo legal aplicável;

3 – razões da escolha do contratante;

4 – justificativa do preço.

§ 2º - No caso da alínea "i" do art. 21º não se exigirá a inclusão, no processo, dos elementos indicados nos itens 1, 3 e 4 do parágrafo anterior.

Art. 25. Constarão, obrigatoriamente, do edital de licitação, sob pena de invalidade:

I - indicação da modalidade de licitação;

II - dia, hora e local;

III - quem receberá as propostas;

IV - condições de apresentação de propostas e de participação na licitação, com indicação do preço estimado;

V - critério de julgamento;

VI - descrição sucinta e precisa do objeto da licitação;

VII - local e horário em que serão prestadas informações e fornecidas plantas, instruções, especificações, minuta de contrato e outros elementos relativos à licitação;

VIII - prazo e condições de execução e de entrega do objeto de licitação;

IX - modalidade de garantia, se exigida;

X - outras indicações específicas relativas à licitação, inclusive, se convier à Administração, a limitação das variações, até 10% (dez por cento) para mais ou para menos, admissíveis nas propostas, em relação ao orçamento previamente calculado, sujeita a indicação da limitação à aprovação da autoridade que determinou a licitação.

§ 1º - O edital deverá ser datado e assinado pela autoridade que o expedir e permanecerá no processo da licitação, extraindo-se cópias, integrais ou resumidas, para divulgação.

§ 2º - A licitação mediante convite deverá atender, no que couber, ao disposto neste artigo.

Art. 26. Nas licitações de âmbito internacional, o edital deverá ajustar-se, no que couber, às disposições das normas legais e administrativas federais, especialmente no que se refere à política monetária e do comércio exterior.

Seção VII
Da Habilitação

Art. 27. O edital de licitação indicará, no preâmbulo, o número de ordem em série anual, o nome da entidade ou serviço interessado, a finalidade da licitação, a menção de que a mesma será regida por este decreto, o local, dia e hora do recebimento da documentação e das propostas, bem como da abertura dos respectivos envelopes.

Art. 28. Na habilitação para as licitações só se exigirá comprovação relativa a:

I - personalidade jurídica;

II - capacidade técnica;

III - idoneidade financeira;

IV - regularidade fiscal, referente à atividade em cujo exercício se licita ou contrata.

§ 1º - A documentação relativa à personalidade jurídica compreenderá, conforme o caso:

1 - cédula de identidade;

2 - inscrição comercial, no caso de firma individual;

3 - ato constitutivo e alterações subseqüentes, devidamente registrados, em se tratando de sociedade comercial, acompanhados, no caso de sociedade por ações, da ata da assembléia em que ocorreu eleição da diretoria em exercício arquivada e publicada, constando da publicação a respectiva certidão de arquivamento;

4 - no caso de sociedade civil, ato constitutivo e respectivas alterações, devidamente registrados, acompanhados de prova da investidura da diretoria em exercício;

5 - decreto de autorização, devidamente arquivado, em se tratando de firma ou sociedade estrangeira em funcionamento no País.

§ 2º - A documentação relativa à capacidade técnica compreenderá:

1 - registro ou inscrição na entidade profissional competente;

2 - atestado de desempenho anterior de atividade pertinente e compatível, em quantidades e prazos, com o objeto da licitação, fornecidos por pessoas de direito público ou privado, indicando local, natureza, volume, qualidade, quantidade, prazos e outros dados característicos da obra, serviço ou fornecimento;

3 - relatório especificado referente às instalações e à aparelhagem técnica adequadas e disponíveis para a execução das prestações objeto da licitação e suas condições operacionais;

4 - relação do pessoal integrante das equipes técnica e administrativa da empresa, acompanhada dos respectivos currículos profissionais.

§ 3º - A documentação relativa à idoneidade financeira compreenderá:

1 - prova do capital realizado;

2 - o último balanço e respectiva demonstração da conta de resultado, sendo facultada, de acordo com o vulto e natureza da licitação e nos termos estabelecidos no edital, a exigência de outros balanços e respectivas demonstrações da conta de resultado;

3 – demonstração do faturamento bruto do último exercício;

4 – certidões negativas de pedidos de falência ou concordata e do protesto de títulos, expedidas pelo distribuidor da sede do interessado;

5 – atestado de estabelecimento bancário.

§ 4° – As empresas estrangeiras que não funcionem no País comprovarão o exigido nos parágrafos anteriores mediante documentos equivalentes, autenticados pelos respectivos consulados e traduzidos para a língua nacional por tradutor juramentado.

§ 5° – Os documentos referidos nos parágrafos anteriores poderão ser apresentados em original, cópia autenticada obtida por qualquer processo de reprodução, ou mediante sua publicação em órgão da imprensa oficial de qualquer das pessoas de direito público interno.

§ 6º – Poderá ser ainda exigida a relação de compromissos assumidos pelo interessado, que importem diminuição de capacidade operativa ou absorção de disponibilidade financeira, com referência ao período de execução do contrato a que se refere a licitação.

§ 7º – A documentação de que trata este artigo poderá ser dispensada nos casos de licitação mediante convite e, em qualquer caso, acrescida de outras exigências, conforme se dispuser no respectivo edital.

Art. 29. Desde que previsto no ato convocatório, poderão licitar pessoas físicas ou jurídicas reunidas em consórcio constituído para a licitação, sendo, porém, vedado ao consorciado, na mesma licitação, competir isoladamente ou por intermédio de outro consórcio.

Parágrafo único – O edital determinará o número máximo de integrantes do consórcio.

Art. 30. As pessoas físicas ou jurídicas consorciadas instruirão seus pedidos de habilitação com prova do ato de constituição do consórcio, devidamente registrado no Cartório de Registro de Títulos e Documentos, em que constem:

I – designação do seu representante legal;

II – composição;

III – definição dos objetivos da consorciação;

IV – compromissos e obrigações dos consorciados para com o consórcio, dentre os quais o de que cada consorciado responderá individual e solidariamente pelas exigências de ordem fiscal e administrativa pertinente à licitação, até o recebimento definitivo do objeto do contrato.

V – declaração expressa de responsabilidade solidária de todos os consorciados pelos atos praticados sob consórcio, em relação à licitação e ao contrato;

VI – compromisso de que o consórcio não se extinguirá ou modificará enquanto não definitivamente recebido o objeto do contrato, sem prévia e expressa autorização da Administração, salvo o caso previsto no § 3º.

VII – declaração de que o consórcio não tem nem terá, na constância do contrato, personalidade jurídica distinta, nem adotará denominação própria, salvo o caso previsto no § 3º.

§ 1º – As capacidades técnicas e financeiras do consórcio corresponderão ao somatório das de seus componentes.

§ 2º – Na constituição de consórcio integrado por empresas nacionais e estrangeiras serão obedecidas as normas específicas, cabendo sempre a brasileiro, sua representação.

§ 3º – As limitações previstas nos itens VI e VII não se aplicam, no caso de fusão ou incorporação das empresas consorciadas, na forma da legislação pertinente.

§ 4º – Aplicar-se-ão aos consórcios, no que couber, as demais disposições deste decreto, especialmente as relativas à habilitação.

Seção VIII
Do Procedimento e Julgamento

Art. 31. O exame de habilitação preliminar e o julgamento das concorrências e tomadas de preços serão atribuídos à Comissão Especial de, pelo menos, 3 (três) membros. (Redação dada pelo Decreto nº 6.666, de 30/05/83.)

Art. 32. A licitação só será iniciada após definição suficiente do seu objeto e, se referente a obras, quando houver anteprojeto e especificações bastante para perfeito entendimento da obra a realizar.

Parágrafo único – O disposto na parte final deste artigo não se aplicará quando a licitação versar sobre a taxa única de redução ou acréscimo dos preços unitários, objeto de tabela de preços oficial.

Art. 33. A atuação do licitante no cumprimento de obrigações assumidas será anotada no respectivo cadastro.

Art. 34. A elaboração de projetos poderá ser objeto de concurso, com estipulações de prêmios aos concorrentes classificados, obedecidas as condições que se fixarem em edital.

Art. 35. São competentes para a prática de todos os atos do procedimento licitatório os ordenadores de despesa.

Parágrafo único – A competência prevista neste artigo poderá ser objeto de delegação, mediante ato normativo expresso, a ser comunicado ao Tribunal de Contas e à Secretaria de Estado de Fazenda.

Art. 36. A concorrência será processada e julgada com observância do seguinte procedimento:

I – abertura dos envelopes "documentação" e apreciação desta;

II – devolução dos envelopes "proposta", fechados, aos concorrentes inabilitados, desde que não tenha havido recurso ou que este tenha sido definitivamente denegado;

III – abertura das propostas dos concorrentes habilitados, desde que não interposto recurso, manifestada desistência expressa deste ou definitivamente julgados os recursos interpostos;

IV – classificação das propostas;

V – desempate por meio de nova licitação entre os autores das propostas empatadas ou por meio de sorteio, a critério da Administração;

VI – aprovação da licitação, com adjudicação do objeto da concorrência ao vencedor, publicando-se no Diário Oficial do Estado o respectivo despacho;

VII – restituição da garantia aos demais licitantes, ressalvado o disposto nos §§ 5º e 6º do art. 41º.

§ 1º – A abertura dos envelopes "documentação" e "proposta" será feita em sessões públicas, previamente designadas, das quais se lavrarão atas circunstanciadas, assinadas pela Comissão e pelos licitantes presentes.

§ 2º – Todos os documentos contidos nos envelopes "documentação" e nos envelopes "proposta" serão rubricados pela comissão e, facultativamente, pelos licitantes presentes.

§ 3º – É facultado à comissão ou autoridade competente, em qualquer fase da concorrência, promover diligência destinada a esclarecer e complementar a instrução de processo, vedada, porém, a concessão de prazo para juntada de documentos de habilitação não apresentados na ocasião oportuna.

§ 4º – 0 disposto neste artigo aplica-se, no que couber, à tomada de preços e ao convite, dispensável, quanto a este último, a publicação no Diário Oficial do Estado, previsto no inciso VI.

Art. 37. No julgamento das propostas serão consideradas, conforme o caso, no interesse do serviço público, as condições seguintes; (Redação dada pelo Decreto nº 6.120, de 06/10/82.)

I – qualidade;

II – rendimento;

III – preço;

IV – pagamento;

V – prazos;

VI – outras, previstas no edital ou no convite.

§ 1º – No exame do preço serão consideradas todas as circunstâncias de que resulte vantagem para a Administração, sendo obrigatória, porém, justificação escrita do órgão ou autoridade competente, sempre que não for escolhida a proposta de menor preço.

§ 2º – Revogado pelo Decreto 7.126 de 29/12/83.

§ 3º – Revogado pelo Decreto 7.126 de 29/12/83.

§ 4º – Os casos especiais, verificados nas Secretarias ou nos órgãos a elas vinculados, serão submetidos à decisão do Governador do Estado.

§ 5º – Não será considerada oferta de vantagem não prevista no edital ou convite, nem preço ou vantagem baseados em oferta de outro licitante.

§ 6º – Aplicam-se os critérios fixados neste artigo às autarquias, sociedades de economia mista, empresas públicas e fundações instituídas ou mantidas pelo Poder Público Estadual.

Art. 38. Serão desclassificadas:

I – as propostas que não atendam às exigências do edital ou convite;

II – as propostas manifestamente inexeqüíveis.

§ 1º – Serão eliminadas as propostas que excederem as variações, para mais ou para menos, previstas em edital, dos preços correntes na praça ou do orçamento previamente calculado para a obra, o serviço ou aquisição de material.

§ 2º – Na hipótese do parágrafo anterior, se convier ao Serviço Público, poderão ser reexaminados os valores que serviram de base para a licitação, ficando sobrestado o julgamento final das propostas, até a verificação da procedência daqueles excedentes, com vistas à possibilidade de adjudicação ao licitante que tenha apresentado a melhor proposta.

Art. 39. O ato que instaurar a licitação será anulado se ocorrer ilegalidade no seu processamento ou julgamento, e poderá ser revogado quando, a juízo exclusivo da Administração, for a licitação considerada inoportuna ou inconveniente ao interesse público.

Art. 40. A critério da autoridade competente, em cada caso, poderá ser exigida prestação de garantia nas licitações de obras, serviços ou compras, com objetivo de assegurar o cumprimento das obrigações do licitantes e, se for o caso, a assinatura de contrato.

Art. 41. A prestação de garantia, quando exigida, poderá revestir as seguintes modalidades:

I - caução em dinheiro, fidejussória ou em títulos da dívida pública da União, e, de preferência, do Estado do Rio de Janeiro;

II - caução em ações ou letras de sociedade de economia mista de que o Estado seja detentor da maioria acionária;

III - fiança bancária;

IV - seguro-garantia;

V - hipoteca.

§ 1º - Os títulos da Dívida Pública e as ações ou letras de sociedade de economia mista indicados nos itens I e II, serão caucionados pelo seu valor nominal.

§ 2º - Os títulos da Dívida Pública, da União e do Estado do Rio de Janeiro, do tipo reajustável, serão caucionados pelo seu valor atual devidamente comprovado.

§ 3º - O valor da garantia, quando exigida, não excederá de 50% (cinqüenta por cento) do valor que será fixado para a garantia do respectivo contrato.

§ 4º - As garantias de proposta poderão ser liberadas ou convertidas em caução contratual, uma vez adjudicado o objeto da licitação.

§ 5º - A caução contratual só será restituída após integral cumprimento do contrato, mediante ato liberatório expresso da autoridade que representou o Estado em sua celebração.

§ 6º - A garantia será liberada após o julgamento da licitação, salvo as prestadas pelos primeiro e segundo colocados, cuja restituição dependerá da assinatura do contrato ou de ato equivalente, ou, ainda, da ocorrência da hipótese prevista no § 3º do art. 56º.

§ 7º - Além das garantias enumeradas neste artigo a Administração poderá exigir compromisso de entrega de material ou equipamento contratado, firmado pelo fabricante ou produtor ou por seu representante autorizado.

§ 8º - Compete à Secretaria de Estado de Fazenda baixar normas sobre cauções e depósitos.

Art. 42. Nos casos de atraso no fornecimento de material, na prestação de serviço ou na realização de obra, ainda que dispensada a licitação, será aplicada ao adjudicatário a multa moratória de 1% (um por cento) ao dia, por dia útil que exceder o prazo, sobre o valor da nota de empenho, ou do saldo não atendido, respeitados os limites da lei civil.

§ 1º - Poderá ser relevada a multa de que trata este artigo, desde que a Administração declare não ter havido prejuízo para o serviço público.

§ 2º - A multa moratória de que trata o presente artigo não elide a estabelecida no art. 86º, inciso I, que é cabível quando o adjudicatário deixar de cumprir a obrigação assumida em licitação. esgotados os prazos concedidos.

§ 3º - Será obrigatoriamente publicados no órgão oficial do Estado:

a) o despacho que conceder prorrogação;

b) os atos de aplicação de sanções.

Art. 43. Haja ou não declaração no edital, qualquer ato constante do procedimento citatório será anulado de ofício ou mediante recurso, se ocorrer ilegalidade no respectivo processamento ou julgamento, podendo ainda a licitação ser revogada se assim convier ao interesse público, a juízo da autoridade superior àquela que proceder à licitação.

Parágrafo único - O anulamento ou a revogação constará obrigatoriamente de decisão fundamentada e será publicado.

Capítulo II
Dos Contratos Administrativos

Seção I
Das Disposições Preliminares

Art. 44. Salvo disposição em contrário, os contratos da administração direta e autárquica do Estado regulam-se, no que couber, pelos princípios e disposições gerais que regem os contratos de direito civil, no que concerne ao acordo de vontades e ao objeto, observadas, em tudo o mais, e especialmente no que respeita à correspondente atividade administrativa preparatória e de controle, as normas deste decreto.

§ 1º - Os contratos estabelecerão com clareza e precisão os direitos, obrigações e responsabilidades das partes e as condições de seu cumprimento e execução, em conformidade com os termos da licitação a que se vinculam.

§ 2º - Os contratos celebrados com dispensa da licitação devem atender aos termos do ato que os autorizou e da respectiva proposta quando for o caso.

§ 3º - São competentes para a prática de todos os atos contratuais as autoridades competentes para o procedimento licitatório.

Art. 45. São cláusulas necessárias, em todo contrato, as que estabeleçam:

I - o objeto e seus elementos característicos;

II - o regime de execução;

III - o preço e as condições de pagamento, e quando for o caso, as condições e critérios de reajustamento;

IV - os prazos de inicio e término com a submissão ao cronograma aprovado;

V - o valor, a dotação orçamentária e o empenho da despesa;

VI - as penalidades e o valor da multa;

VII - as garantias contratuais, quando exigidas, observado no que couber, o disposto no art. 41º,

VIII - os casos de rescisão;

IX - o direito de rescisão administrativa por ato escrito unilateral nos casos indicados no art. 83º, incisos I a XII;

X - quando for o caso, as condições de importação ou exportação, a data e a taxa de câmbio para conversão ou o critério para sua determinação.

Art. 46. Todo contrato mencionará no preâmbulo, obrigatoriamente, os nomes das partes e de seus representantes, a finalidade, o número do processo da licitação ou da respectiva dispensa, a sujeição incondicional e irrestrita dos contratantes às normas deste decreto, às suas cláusulas contratuais e à legislação tributária pertinente.

Parágrafo único - Excetuam-se da obrigação do disposto neste artigo "in fine" as pessoas jurídicas de direito público interno não integrantes da administração estadual.

Art. 47. No contrato com pessoa domiciliada ou residente no estrangeiro, é obrigatória a cláusula que declare competente o foro da capital do Estado do Rio de Janeiro para dirimir qualquer questão contratual, bem como a nomeação de procurador com poderes especiais para receber citação inicial, acordar, confessar, desistir, transigir, comprometer-se em árbitro e dar quitação.

§ 1º - Os contratos poderão conter cláusula compromissória, que deverá prever o funcionamento do juízo arbitral.

§ 2º - As garantias contratuais serão calculadas dentro da seguinte tabela; (Alterado pelo Decreto nº 8.133, de 03/06/85.)

1 – No caso de obras: 1,5% sobre o valor do contrato;

2 – No caso de fornecimento e serviços de 2% (dois por cento) até 5% (cinco por cento) sobre o valor do contrato; (Redação dada pelo Decreto nº 21.669, 28/09/95.)

3 – Os percentuais de garantia previstos neste parágrafo terão reforço proporcional sempre que os contratos tiverem seus valores alterados por aditamento.

Art. 48. Salvo disposição contrária de lei especial, os contratos não poderão ter vigência indeterminada, admitida, porém, sua prorrogação, observadas as formalidades previstas para a celebração dos mesmos.

§ 1º – Os contratos, convênios, acordos ou ajustes com a União, outros Estados, Distrito Federal, Territórios e Municípios poderão ser celebrados com prazo de vigência indeterminado.

§ 2º – Quando se tratar de fornecimento de gêneros alimentícios a ser efetuado por órgão da administração indireta da União, Estado ou Município, de locação de serviço ou de imóvel, de fornecimento de medicamentos, nos casos de matrícula ou internamento em estabelecimento escolar, ou hospitalar, bem como em outros casos análogos, a critério do Governador, a Administração poderá reconhecer a decorrência dos efeitos contratuais, num prazo máximo de 180 (cento e oitenta) dias, a partir da data anterior à emissão da nota de empenho e desde que tais efeitos não ultrapassem o exercício financeiro.

§ 3º – Os prazos de início, de etapas de execução, de conclusão e de entrega admitem prorrogação a critério da Administração, mantidos os demais direitos, obrigações e responsabilidades, desde que ocorra algum dos seguintes motivos:

1 – alteração relevante do projeto ou especificação, pela Administração;

2 – superveniência de fato excepcional e imprevisível, estranho à vontade das partes, que altere fundamentalmente as condições de execução;

3 – interrupção da execução ou diminuição do ritmo de trabalho, por ordem e no interesse da Administração;

4 – aumento das quantidades inicialmente previstas no contrato, nos limites permitidos por este Decreto;

5 – impedimento total ou parcial de execução do contrato pela superveniência de caso fortuito ou força maior, reconhecido pela Administração, em documento contemporâneo à sua ocorrência;

6 – omissão ou atraso de providências a cargo da Administração, de que resulte direta ou indiretamente impedimento total ou parcial da execução.

§ 4º - A prorrogação de prazo para o cumprimento de obrigação assumida em virtude de contrato formal ou outro documento convencional previsto no parágrafo único do art. 53º, competirá à autoridade que tenha firmado o termo contratual, ou, quando não houver contrato, ao titular da Unidade Orçamentária diretamente interessada na aquisição do material, na prestação do serviço ou na realização da obra.

§ 5º - 0 prazo de que trata o parágrafo anterior somente poderá ser objeto de prorrogação se o adjudicatário a requerer antes da respectiva extinção e desde que não cause prejuízo à Administração.

Art. 49. Nos contratos para arrendamento de prédios ou execução de obras, ou de serviços de grande vulto, deverão ser empenhadas tão-somente as prestações que, presumivelmente, serão pagas dentro de cada exercício.

Art. 50. As normas deste decreto, salvo disposição em contrário, se aplicam a todo ato de natureza convencional, entre outros, os acordos, convênios, convenções, ajustes, compromissos, prorrogações, aditamentos, revisões e distratos em que for parte a administração direta do Estado ou entidade de sua administração autárquica.

Art. 51. As despesas relativas à celebração de qualquer contrato, inclusive as de sua publicação, cabem ao contratante, salvo os casos especiais em que no interesse exclusivo da Administração e por convenção expressa, sejam assumidas pelo Estado.

Seção II
Da Formalização dos Contratos

Art. 52. Os contratos e seus aditamentos serão lavrados nas repartições interessadas:

I - em instrumento avulso, ficando o original no processo respectivo;

II - em termo, com força de escritura pública, lavrado em livro próprio;

III - em livro de folha solta, ao qual se destinará a via original;

IV - mediante escritura pública, quando a lei o exigir;

§ 1º - As minutas dos termos de contrato da administração direta serão obrigatoriamente submetidas ao exame da Procuradoria Geral do Estado, salvo quando o contrato obedecer a cláusulas uniformes constantes de padrão aprovado; (Redação dada pelo Decreto nº 4.022, de 14/04/81.)

1 - pela citada Procuradoria; ou

2 - pelo órgão competente da União, em se tratando de contrato a ser com esta celebrado.

§ 2º – O contrato será publicado no órgão oficial do Estado, dentro do prazo de 20 (vinte) dias de sua assinatura, em extrato que deverá conter: identificação do instrumento, partes, objeto, prazo, valor, número do empenho, reajustamento e fundamento do ato.

§ 3º – Cópia autenticada do contrato será encaminhada ao Tribunal de Contas do Estado, para conhecimento, até o quinto dia útil seguinte ao de sua assinatura. (Redação dada pelo Decreto nº 7.212, de 23/03/84.)

Art. 53. Nos casos em que a concorrência é exigida, ainda que esta, nos termos do § 3º do art. 21º, haja sido dispensada, o contrato escrito é obrigatório, sob pena de nulidade do ato que não revestir essa formalidade.

Parágrafo único – Nos demais casos, ainda que dispensável a licitação, os atos de que possam decorrer obrigações de natureza convencional só serão válidos se constarem de documento emitido na forma regulamentar, assim consideradas entre outros, a carta-contrato, a nota de empenho, a autorização de compra ou a ordem de execução de serviço.

Art. 54. Em qualquer caso, no contrato ou documento que a ele corresponder não poderão ser dispensadas condições exigidas na licitação, nem exigidas as que nela não figurem.

Art. 55. É nulo e de nenhum efeito o contrato verbal com a Administração.

Art. 56. A Administração convocará o interessado para, dentro do prazo de 30 (trinta) dias, a contar da publicação do despacho que aprovar a licitação, assinar o contrato, aceitar ou retirar o instrumento equivalente.

§ 1º – O prazo para assinatura do contrato poderá ser prorrogado uma vez, por 15 (quinze) dias, quando solicitado durante seu transcurso pelo interessado, e desde que comprovadamente ocorra motivo justo, aceito pela Administração.

§ 2º – Sem prejuízo das penalidades aplicáveis, é facultado á Administração, quando o convocado deixar de assinar o termo de contrato ou não aceitar ou não retirar o instrumento equivalente, convocar o segundo colocado para fazê-lo em igual prazo, ou, convindo a interesse público, revogar o ato que instaurou a licitação.

§ 3º – Decorridos os prazos previstos neste artigo, sem que ocorra convocação, ficam os licitantes classificados em primeiro e segundo lugares liberados das obrigações e responsabilidades assumidas, desde que solicitem liberação por escrito.

Seção III
Da Modificação e Revisão dos Contratos

Art. 57. Os contratos poderão ser modificados nos seguintes casos:

I - unilateralmente, pela Administração:

a) quando houver modificação do projeto ou das especificações, para melhor adequação técnica aos seus objetivos;

b) quando necessária a modificação do seu valor, em decorrência de acréscimo ou diminuição quantitativa do respectivo objeto, nos limites permitidos neste Decreto;(Redação dada pelo Decreto nº 8.133, de 03/06/85.)

c) quando necessário o restabelecimento do equilíbrio econômico-financeiro do contrato, mediante solicitação do contratado. (Introduzido pelo Decreto nº 9.611, de 23/01/87.)

II - bilateralmente, por acordo das partes:

a) quando conveniente a substituição ou reforço da garantia de execução;

b) quando necessária a modificação do regime de execução ou do modo de fornecimento, em face de verificação técnica da dificuldade, ou impossibilidade dos mesmos, nos termos contratuais originários;.

c) quando necessária a modificação da modalidade de pagamento, por imposição de relevantes circunstâncias supervenientes, mantido o valor inicial;

d) quando necessário o reajustamento de preços, nas condições e de acordo com os critérios estabelecidos neste Decreto.

§ 1º - O contratante fica obrigado a aceitar, nas mesmas condições contratuais, os acréscimos ou supressões que se fizerem nas obras, serviços ou compras, até 25% (vinte e cinco por cento) do valor inicial do contrato, e, no caso particular de reforma de edifícios, até o limite de 50% (cinqüenta por cento) para os seus acréscimos, excluída do cálculo a parcela correspondente a eventual reajustamento.

§ 2º - Para os fins previstos no parágrafo anterior, se no contrato não houvessem sido estabelecidos preços unitários para obras ou serviços, esses serão fixados mediante acordo, respeitados os limites estabelecidos naquele parágrafo.

§ 3º - No caso de supressão de obras, se o contratante, antes de notificado, já houver adquirido. e posto no local dos trabalhos os materiais correspondentes, a Administração reembolsá-lo-á dos preços de aquisição, regularmente comprovados, passando os mesmos à plena propriedade do Estado.

§ 4º - No caso de acréscimo de obras, serviços ou compras, os aditamentos contratuais serão procedidos na forma do parágrafo seguinte e poderão, em caso de relevante interesse público, e mediante expressa autorização do Governador do Estado, ultrapassar os limites fixados no § 1º deste artigo, devendo os respectivos termos de aditamento serem assinados pela mesma autoridade que tenha firmado o termo contratual. (Redação dada pelo .Decreto nº 8.133, de 03/06//85.)

§ 5º - Toda e qualquer alteração deverá ser, justificada por escrito e previamente autorizada pela autoridade competente, devendo ser formalizada por meio de termo de aditamento, que poderá ser único, lavrado no processo originário até o final da obra, serviço ou compra. Em se tratando de reajustamento de preços, o termo de aditamento será procedido da demonstração dos respectivos cálculos.

§ 6º - Nos casos de restabelecimento do equilíbrio econômico-financeiro do contrato, a que se refere a alínea "c", do inciso I, a Administração deverá considerar, em cada caso, dentre outros aspectos pertinentes, as condições peculiares a cada licitação e as cláusulas contratuais referentes a preços e reajustamentos, submetendo-se a modificação do contrato às seguintes condições. (Acrescentado pelo Decreto nº 9.611, de 23/01/87)

a) o reajustamento do preço somente poderá alcançar o preço da parte da obra ou serviço ainda por executar, não cabendo alteração que alcance a parte executada, mesmo que seu preço não tiver sido pago;

b) o reajustamento do preço terá como limite o custo estrito de execução da obra ou serviço, sem acréscimo de qualquer margem de lucro, apurado no momento do reajustamento de acordo com os mesmos elementos, e critérios usados na formação do preço contratual;

c) não será objeto de reajustamento a parte da obra ou serviço em atraso, conforme o respectivo cronograma.

Art. 58. Salvo disposição contrária, a revisão dos contratos poderá efetuar-se independentemente de cláusula expressa, observadas, porém, entre outras, as condições e formalidades previstas para a celebração daqueles.

Art. 59. A revisão dos contratos, nas condições previstas no ato convocatório da licitação, poderá efetuar-se desde que os preços unitários positivem variações mínimas de 10% (dez por cento) para mais ou para menos, inclusive pela criação, aumento ou diminuição de impostos, taxas e encargos sociais ou alterações dos valores do salário-mínimo.

Parágrafo único - O disposto neste artigo se aplica aos contratos de empreitada por preço global, em relação aos preços dos itens que sofrerem alterações.

Art. 60. Não serão passíveis de reajustamento os preços de:

I - trabalhos de natureza exclusivamente técnica, entre eles incluídos os projetos de arquitetura, de estrutura, de instalações e outros congêneres;

II - materiais depositados na obra anteriormente à variação dos preços no mercado;

III - contratos que envolvam apenas fornecimento de material.

§ 1º - Não se aplica o disposto no presente artigo aos contratos cujo prazo previsto for igual ou superior a um ano.

§ 2º - Em nenhuma hipótese, a revisão excluirá do contrato o reconhecimento de que os riscos da execução correm por conta do adjudicatário.

Art. 61. O reajustamento do preço unitário, referente a material ou equipamento importado para obras ou serviços adjudicados, a ser empregado ou instalado pelo adjudicatário, obedecerá às seguintes normas:

I - será considerado, exclusivamente, o preço FOB do material ou equipamento em vigor na data da proposta do adjudicatário e na praça de origem, na moeda em que a aquisição foi feita, sendo determinada a variação do seu valor de acordo com as oscilações do câmbio oficial entre a data .da proposta e a do fechamento do câmbio;

II - será determinada por órgão técnico do Estado a variação das despesas referentes à importação.

Parágrafo único - Cabe ao órgão fiscal do Estado determinar, em face do cronograma aprovado para a execução da obra ou serviço, a ocasião em que o adjudicatário deverá garantir a importação do material ou equipamento.

Art. 62. Em caso de equipamento ou produto de fabricação nacional de emprego ou instalação em obra ou serviço, que, a critério da Administração, seja reconhecido de natureza especial, poderá ser feito reajustamento de preços unitários, sendo lícito considerar as fórmulas que, para esse fim, sejam fornecidas pelos órgãos federais reguladores de preços.

§ 1º - Para efeito do disposto neste artigo considera-se prestação de serviços à fabricação de equipamentos ou implementos pela indústria nacional.

§ 2º - Nos contratos firmados por órgãos da administração direta, indireta e fundações instituídas ou mantidas pelo Poder Público, entre si ou com outros órgãos da União, Estados e Municípios, admitir-se-á o emprego de preços indexados segundo padrões estabelecidos em lei federal.

Art. 63. O reajustamento de preços compreenderá apenas as variações ocorridas e será efetivado quando uma das partes contratantes comunicar à outra, em época oportuna, a ocorrência aludida no art. 59º e for a mesma devidamente comprovada.

§ 1º - A verificação das variações a que alude o art. 59º deste Decreto, será efetuada mediante a incorporação dos índices de custos mensais determinados por órgão técnico do Estado e publicado mensalmente em órgão oficial.

§ 2º - O reajustamento de cada preço unitário contratual será calculado com o emprego da seguinte fórmula:

$$R = \frac{0{,}9\ (i - 1)\ Po,}{io}$$

R = valor do reajustamento de preço unitário contratual;

i = valor do índice de custo mensal ou média aritmética dos índices de custos mensais, referentes ao mês ou meses abrangidos pela execução dos serviços correspondentes à fatura;

io = índice de custo do mês em que se baseou a Administração para a elaboração do orçamento básico das obras ou serviços;

Po = valor do preço unitário contratual.

Art. 64. A fiscalização será feita obrigatória e rigorosamente com relação aos serviços executados em cada mês e o reajustamento de preços, neste caso, basear-se-á, exclusivamente, nos índices de custo determinados em cada um desses períodos de tempo.

Parágrafo único – Os princípios sobre revisão de contratos previstos neste Decreto aplicam-se nos casos em que houver dispensa de contrato formal.

Art. 65. Ocorrendo, atraso na execução da obra ou serviço, em conseqüência de ação ou omissão pela qual seja responsável uma das partes contratantes, o reajustamento dos preços correspondente ao período de atraso não será feito na forma a beneficiar a parte inadimplente.

§ 1º – Quando a responsabilidade pelo atraso couber ao Estado, o reajustamento obedecerá às seguintes normas:

1 – se os preços aumentarem, prevalecerão os índices vigorantes nesse período;

2 – se os preços diminuírem, prevalecerão os índices vigorantes no inicio do período do referido atraso.

§ 2º – Quando a responsabilidade pelo atraso couber aos adjudicatários, havendo ou não prorrogação de contrato, não terão os mesmos direito a qualquer reajustamento, ainda que decorrente de força maior ou caso fortuito.

Art. 66. O pagamento das despesas decorrentes de reajustamento de preços correrá à conta de dotação própria, ressalvado o disposto no art. 68º.

Parágrafo único – Os pagamentos referentes a reajustamento de preços constituirão faturas isoladas.

Art. 67. Se necessária a expedição de novas notas de empenho para atender às despesas do reajustamento contratual, será este efetivado mediante:

I - termos aditivos, quando os serviços ou obras ainda estiverem em execução ou não tenham sido aceitos;

II - termos de ajuste de contas, quando os serviços ou obras já tenham sido concluídos e aceitos em caráter provisório;

III - faturas, quando os serviços ou obras já tenham sido aceitos em caráter definitivo.

§ 1º - Quando não houver condição para emissão de nova nota de empenho, para atender ao reajustamento de preços de obras ou serviços baseados em preços unitários, a Administração poderá determinar a redução das quantidades de serviço, de modo a não ultrapassar a importância empenhada, a. fim de compensar o valor do reajustamento.

§ 2º - No caso previsto no parágrafo anterior não caberá indenização ao adjudicatário pela redução da obra.

Art. 68. A despesa com reajustamento de preços também poderá correr à conta da mesma dotação em que foi empenhada a despesa da obra ou serviço, devendo, no contrato e na nota de empenho, ficar mencionadas as parcelas para o atendimento do serviço ou da obra e do reajustamento de preços.

Seção IV
Da Execução dos Contratos

Art. 69. O contrato deverá ser executado fielmente, de acordo com as cláusulas avençadas e as normas deste decreto, respondendo o inadimplente pelas conseqüências da inexecução total ou parcial.

Art. 70. A execução do contrato deverá ser acompanhada e fiscalizada por representante da Administração, especialmente designado.

Parágrafo único - O representante anotará em registro próprio as ocorrências relativas à execução do contrato, determinando o que for necessário à regularização das faltas ou defeitos observados. No que exceder à sua competência, comunicará o fato à autoridade superior, em tempo hábil; para adoção das medidas cabíveis.

Art. 71. O contratante deverá manter, no local da obra ou serviço, preposto aceito pela Administração, para prover ao que disser respeito à regular execução do contrato.

Art. 72. O contratante é obrigado a reparar, corrigir, remover, reconstruir ou substituir, à sua expensas, no todo ou em parte, bens ou prestações objeto do contrato em que se verificarem vícios, defeitos ou incorreções resultantes de execução irregular ou do emprego ou fornecimento de materiais inadequados ou desconformes com as especificações.

Art. 73. O contratante é responsável por danos à Administração ou a terceiros, decorrentes de culpa ou dolo, na execução do contrato, não excluída ou reduzida essa responsabilidade pela presença de fiscalização ou pelo acompanhamento da execução por órgão da Administração.

Art. 74. O contratante é responsável por encargos trabalhistas, previdenciários, fiscais e comerciais, decorrentes da execução do contrato, salvo disposição legal ou cláusula contratual em contrário, podendo a Administração, a qualquer tempo, exigir a comprovação do cumprimento de tais encargos, como condição do pagamento dos créditos do contratante.

Parágrafo único - A Administração poderá exigir, também, seguro para garantia de pessoas e bens necessários à execução do contrato ou com ele relacionados. Nos contratos precedidos de licitação, a exigência deverá constar, especificamente, do edital ou do convite.

Art. 75. Mediante despacho fundamentado, poderá a Administração consentir na cessão do contrato, desde que esta convenha ao interesse público e o cessionário atenda às exigências previstas no artigo 28º, nos seguintes casos; (Redação dada pelo Decreto. nº 8.401 de 05/09/85)

I - quando ocorrerem os motivos de rescisão contratual previstos nos incisos I a IV e VIII a XII do artigo 83º;

II - quando tiver sido dispensada a licitação ou em que esta houver sido realizada pelas modalidades de convite ou tomada de preços.

Parágrafo único - Em qualquer caso, o consentimento na cessão não importa na quitação, exoneração ou redução da responsabilidade, da cedente perante a Administração.

Art. 76. O contratante, sem prejuízo das responsabilidades contratuais e legais, poderá subcontratar parte da obra, serviço ou fornecimento, até o limite em que o admita, em cada caso, a Administração.

Art. 77. Executado o contrato, o seu objeto será aceito mediante decisão da autoridade competente:

I - em se tratando de obras e serviços:

a) provisoriamente, após parecer circunstanciado de comissão de três membros designados pela autoridade competente;

b) definitivamente, após parecer circunstanciado da comissão constituída na forma acima, depois de decorrido o prazo de observação e de vistoria que comprove o exato cumprimento dos termos contratuais, observado o disposto nos arts. 73º e 74º.

II – em se tratando de compras:

a) provisoriamente, para efeito de posterior verificação da conformidade do material com a especificação;

b) definitivamente, após a verificação da qualidade e quantidade do material.

§ 1º – Nos casos de aquisição de equipamento de valor individual superior a 3.000 (três mil) vezes o Valor de Referência, o recebimento far-se-á mediante termo circunstanciado e, nos demais, mediante recibo.

§ 2º – O recebimento provisório ou definitivo não exclui a responsabilidade civil pela solidez e segurança da obra, e, em geral, pela perfeita execução do contrato.

§ 3º – Salvo se houver exigência a ser cumprida pelo adjudicatário, o processamento da aceitação provisória ou definitiva deverá ficar concluído no prazo de 30 (trinta) dias úteis, contados da entrada do respectivo requerimento no protocolo da repartição interessada.

Art. 78. Poderá ser dispensado o recebimento provisório nos seguintes casos:

I – gêneros perecíveis, alimentação preparada e outros materiais, a critério da Administração, de acordo com o que dispuser o edital;

II – serviços profissionais;

III – obras e serviços de valor até 250 (duzentos e cinqüenta) vezes o Valor de Referência, desde que não se componham de aparelhos, equipamentos ou instalações sujeitos a verificação de qualidade, funcionamento e produtividade.

Parágrafo único – Nos casos deste artigo, o recebimento será feito mediante recibo.

Art. 79. Salvo disposição em contrário, constante do edital, convite ou ato normativo, os ensaios, testes e demais provas requeridos por normas técnicas oficiais para a verificação da boa execução do objeto do contrato, correm por conta do contratante.

Art. 80. A Administração rejeitará, no todo ou em parte, obra, serviço ou fornecimento, se em desacordo com o contrato, podendo, entretanto, recebê-los com o abatimento de preço que couber, desde que lhe convenha.

Seção V
Da Inexecução e da Rescisão dos Contratos

Art. 81. A inexecução total ou parcial enseja a rescisão do contrato, com as conseqüências nele previstas ou por este decreto determinadas.

Art. 82. A rescisão administrativa dos contratos independerá de previsão em cláusula expressa.

Art. 83. Constituem motivo para rescisão de contrato:

I – a falta de cumprimento ou o irregular cumprimento de cláusulas contratuais, especificações, projetos ou prazos, bem como inobservância do disposto no § 5º do art. 86º;

II – a demora na execução, capaz de fazer presumir a não conclusão de obra, serviço ou fornecimento, nos prazos estipulados;

III – o atraso no inicio de obra, serviço ou fornecimento;

IV – a paralisação parcial ou total de obra, serviço ou fornecimento, sem justa causa e prévia comunicação à Administração;

V – a cessão ou a transferência total ou parcial do contrato, a subcontratação total ou parcial ou a associação do contratante com outrem sem permissão prévia e escrita da Administração;

VI – o desatendimento às determinações regulares de autoridade designada para acompanhar e fiscalizar sua execução, bem como às de seus superiores;

VII – a reincidência, ainda que não especifica, em faltas na sua execução, desde que anotadas estas na forma do parágrafo único do art. 70º;

VIII – a decretação de falência, o pedido de concordata ou a verificação de insolvência do contratante, na forma da lei;

IX – a dissolução da sociedade ou o falecimento do contratante;

X – a alteração social ou a modificação da finalidade ou da estrutura da empresa que, a juízo da Administração, prejudique a execução do contrato;

XI – razões de interesse do serviço público, a juízo da autoridade indicada no art. 35º;

XII – a declaração de inidoneidade para licitar e contratar com a administração estadual;

XIII – a supressão, por parte da Administração, de obras, serviços ou compras, acarretando modificação do valor inicial do contrato, além do limite permitido neste Decreto;

XIV – a suspensão da sua execução, por ordem escrita da Administração, por prazo superior a 120 (cento e vinte) dias, salvo quando decorrente, tal medida, de calamidade pública, grave perturbação da ordem interna, guerra ou interesse da segurança pública;

XV - o atraso superior a 180 (cento e oitenta) dias dos pagamentos devidos pela Administração, decorrentes de obras, serviços ou fornecimento já recebidos, salvo se decorrentes de calamidade pública, grave perturbação da ordem interna ou guerra, não se incluindo, nesse prazo, os débitos decorrentes de eventuais reajustamentos de preços relativos a pagamentos já efetuados;

XVI - a não liberação, por parte da Administração, de área, local ou objeto para execução de obra, serviço ou fornecimento, nos prazos contratuais;

XVII - a ocorrência de caso fortuito ou de força maior regularmente comprovados, que impossibilite total ou parcial a execução do contrato.

Art. 84. A rescisão do contrato poderá ser:

I - administrativa, determinada por ato unilateral da Administração, nos casos. enumerados nos incisos I a XII do artigo anterior;

II - amigável, por acordo entre as partes, obedecidas as formalidades estabelecidas para a celebração do contrato;

III - judicial, nos termos da lei aplicável.

§ 1º - A rescisão administrativa unilateral e a amigável deverão ser precedidas de decisão expressa e fundamentada da autoridade que celebrou o contrato.

§ 2º - No caso do inciso XI do artigo anterior serão ressarcidos os prejuízos regularmente comprovados.

Art. 85. A rescisão de que trata o inciso I do artigo anterior acarretará as seguintes conseqüências, sem prejuízo da aplicação das penalidades administrativas e das sanções civis cabíveis:

I - assunção imediata do objeto do contrato, no estado e local em que se encontrar, por ato próprio da Administração;

II - ocupação e utilização do local, instalações, equipamentos, material e pessoal empregados na execução do contrato, necessários à sua continuidade, sem prejuízo de sua posterior devolução e ressarcimento, mediante avaliação;

III - perda da garantia contratual;

V - retenção dos créditos decorrentes do contrato;

V - responsabilidade do contratante inadimplente pelos prejuízos causados à Administração.

§ 1º - A aplicação das medidas previstas nos incisos I e II ficará a critério da Administração, que poderá dar continuidade à obra ou serviço por execução direta ou indireta.

§ 2º - É permitido à Administração, no caso de concordata do contratante, manter o contrato, assumido o controle direto das atividades que entender possam ser afetadas pelo estado do contratante.

§ 3º - Na hipótese do inciso II deste artigo, o ato deverá ser precedido de autorização expressa do Governador do Estado.

§ 4º - Na hipótese de falecimento do contratante e na rescisão por motivo de interesse público, não terão lugar as conseqüências previstas nos incisos II a V deste artigo.

Capítulo III
Das Penalidades e dos Recursos

Seção I
Das Penalidades

Art. 86. Sem prejuízo das perdas e danos e da multa moratória cabíveis nos termos da lei civil, a Administração poderá impor ao licitante, adjudicatório ou contratante, pelo descumprimento total ou parcial das obrigações a que esteja sujeito, as seguintes sanções:

I - multa administrativa, graduável conforme a gravidade da infração e no valor vigente à data de sua imposição;

II - suspensão temporária da faculdade de licitar e impedimento de contratar com a Administração;

III - declaração de inidoneidade para licitar e contratar com a Administração.

§ 1º - A declaração de inidoneidade será publicada no órgão oficial.

§ 2º - A recusa, expressa ou não, do adjudicatário de assinar o contrato e aceitar ou retirar o instrumento correspondente, dentro do prazo estipulado, importa descumprimento total .das obrigações assumidas, mediante a admissão como licitante.

§ 3º - As sanções previstas neste artigo podem cumular-se e não excluem a rescisão unilateral do contrato.

§ 4º - Os atos de aplicação de sanções serão motivados e obrigatoriamente publicados no órgão oficial.

§ 5º - A multa será descontada da garantia do respectivo contrato, cumprindo ao contratante, integralizá-la em 48 (quarenta e oito) horas, depois da notificação, sob pena de rescisão unilateral.

§ 6º - Se a multa aplicada for superior ao valor da garantia prestada, responderá o contratante pelo imediato recolhimento da diferença.

§ 7º - A aplicação da sanção estabelecida no inciso III é de competência exclusiva do Governador do Estado, devendo ser precedida de defesa do interessado, no prazo de 10 (dez) dias.

§ 8º - As penalidades previstas nos incisos I e II serão impostas pela autoridade a que se refere o art. 35º.

Art. 87. O valor das multas administrativas não excederá, em seu total, o equivalente a 20% (vinte por cento) do valor do contrato ou do empenho.

Seção II
Dos Recursos

Art. 88. Os atos da Administração em matéria disciplinada por este decreto podem ser impugnados pelo interessado mediante:

I - recurso, nos casos de:

a) habilitação ou inabilitação do licitante, no prazo de 3 (três) dias da intimação do ato ou da lavratura da ata;

b) adjudicação no prazo de 5 (cinco) dias da intimação do ato;

c) anulação ou revogação do ato que instaurar a licitação, no prazo de 5 (cinco) dias da intimação daquelas;

d) rescisão e aplicação das penas de suspensão temporária ou multa, no prazo de 5 (cinco) dias da intimação do ato;

II - representação, no prazo de 5 (cinco) dias da intimação do ato ou decisão relacionada com o objeto da licitação ou do contrato, de que não caiba recurso;

III - pedido de reconsideração de decisão do Governador; no, caso do § 7º do art. 86º, no prazo de 30 (trinta) dias da intimação do ato.

§ 1º - A intimação dos atos referidos neste artigo far-se-á pessoalmente, por publicação no órgão oficial ou através do Correio, com aviso de recebimento (A.R.).

§ 2º - Somente o recurso previsto na alínea "a" do inciso I, deste artigo, terá efeito suspensivo.

§ 3º - O recurso será dirigido à autoridade superior, por intermédio da que praticou o ato recorrido, podendo esta reconsiderar a decisão, no prazo de 3 (três) dias, ou, neste mesmo prazo, fazer subir o recurso, devidamente informado. Neste caso, a decisão deverá ser proferida dentro do prazo de 30 (trinta) dias, contados da interposição do recurso.

Art. 89. Admitir-se-á, a qualquer tempo, pedido de revisão do ato que aplicar a pena de declaração de inidoneidade para licitar e contratar com a Administração quando esse violar literal disposição de lei, fundar-se em falsa prova ou resultar de erro de fato e, ainda, quando, após decorridos 2 (dois) anos da aplicação da pena, forem aduzidos novos fatos e circunstância que demonstrem a reabilitação do interessado.

Capítulo IV

Seção I
Das Disposições Gerais e Transitórias

Art. 90. A matéria regulada por este decreto aplicam-se subsidiariamente as disposições do Decreto nº 2.030, de 11/08/78.

Art. 91. Quando o objeto do contrato interessar a mais de uma entidade pública, caberá, dentre elas, à entidade contratante responder pela sua boa, execução, fiscalização e pagamento, facultado às demais acompanhar-lhe a execução.

Art. 92. O sistema instituído neste decreto não impede a pré-qualificação de licitante, especialmente nas concorrências de grande vulto e alta complexidade técnica.

Art. 93. As Secretarias de Estado e as autarquias cujas competências sejam estritamente de obras ou serviços, poderão expedir normas que lhes sejam peculiares, observadas as disposições deste decreto.

Art. 94. Enquanto não redigida pela Procuradoria-Geral do Estado as cláusulas uniformes previstas no § 1º do art. 52º, fica dispensada a remessa àquele órgão dos contratos que obedeçam a minutas já aprovadas em casos semelhantes a atualmente em uso.

Art. 95. Este Decreto entrará em vigor na data de sua publicação, revogadas as disposições em contrário, especialmente os Decretos nº 362, de 19/09/75; 515, de 17/12/75; 1.063, de 31/12/76; 1.905, de 15/06/78 e 2.571, de 04/06/79.

Rio de Janeiro, 28 de abril de 1980.

A. DE P. CHAGAS FREITAS

RESOLUÇÃO SEMA Nº 130, DE 25 DE JANEIRO DE 1996

- APROVA CONSOLIDAÇÃO DO REGIMENTO INTERNO DA COMISSÃO ESTADUAL DE CONTROLE AMBIENTAL CECA.

ÍNDICE

O SECRETÁRIO DE ESTADO DE MEIO AMBIENTE, no uso de suas atribuições legais e tendo em vista o disposto nos Decretos nº 21.258, de 1º de janeiro de 1995 e nº 21.287, de 23 de janeiro de 1995,

RESOLVE:

Art. 1º. Aprovar a consolidação do Regimento Interno da Comissão Estadual de Controle Ambiental - CECA da Secretaria de Estado de Meio Ambiente, que passa a viger na forma do Anexo que esta acompanha.

Art. 2º. Esta Resolução entrará em vigor na data de sua publicação, revogadas as disposições em contrário.

Rio de Janeiro, 25 de janeiro de 1996.

Embaixador FLÁVIO MIRAGAIA PERRI

SECRETÁRIO DE ESTADO DE MEIO AMBIENTE

Regimento Interno da Comissão Estadual de Controle Ambiental - CECA.

Capítulo I
Da finalidade

Art. 1º. A Comissão Estadual de Controle Ambiental - CECA, órgão colegiado integrante da estrutura básica da Secretaria de Estado de Meio Ambiente, diretamente vinculado ao Secretário de Estado, tem por finalidade exercer a supervisão e o controle da utilização racional do meio ambiente no território do Estado do Rio de Janeiro, competindo-lhe:

I - exercer o poder de polícia inerente ao controle da poluição e à proteção ambiental;

II - proceder ao licenciamento ambiental das instalações ou atividades real ou potencialmente poluidoras;

III - regulamentar o funcionamento do Sistema de Licenciamento de Atividades Poluidoras, instituído pelo Decreto nº 1.633, de 21 de dezembro de 1977, mediante a edição de Deliberações aprovando as necessárias Instruções, Normas e Diretrizes, bem como outros atos complementares que se fizerem necessários;

IV - aprovar e propor ao Secretário de Estado de Meio Ambiente as medidas necessárias ao controle da poluição e à proteção ambientam que extrapolem seu âmbito de competência;

V - funcionar como órgão consultivo da Secretaria de Estado de Meio Ambiente nas matérias que lhe forem submetidas pelo Secretário de Estado.

Capítulo II
Da organização

Art. 2º. O Secretário de Estado de Meio Ambiente exercerá diretamente as funções de coordenação e supervisão da atuação da CECA, sendo nesse mister auxiliado pelo Secretário Executivo da CECA.

Parágrafo único - O cargo de Secretário Executivo da CECA será exercido por profissional de nível superior nomeado pelo Governador do Estado por indicação do Secretario de Estado de Meio Ambiente.

Art. 3º. A CECA será assim constituída:

I - Plenário;

II – Câmara de Normalização;

III – Câmara de Licenciamento e Fiscalização; e

IV – Secretaria Executiva.

Art. 4º. A CECA será integrada pelo Secretário Executivo, pelos Presidentes da Fundação Estadual de Engenharia do Meio Ambiente – FEEMA, da Fundação Instituto Estadual de Florestas – IEF, da Fundação Superintendência Estadual de Rios e Lagoas – SERLA, do Departamento de Recursos Minerais – DRM e mais. 19 (dezenove) membros, assim qualificados:

I – representante do Gabinete Civil;

II – representante do Gabinete Militar;

II – representante da Secretaria de Estado de Planejamento e Controle;

IV – representante da Secretaria de Estado de Administração;

V – representante da Secretaria de Estado de Justiça e Interior;

VI – representante da Secretaria de Estado de Segurança Pública;

VII – representante da Secretaria de Estado de Fazenda;

VIII – representante da Secretaria de Estado de Cultura e Esporte;

IX – representante da Secretaria de Estado de Educação;

X – representante da Secretaria de Estado de Transportes;

XI – representante da Secretaria de Estado de Saúde;

XII – representante da Secretaria de Estado de Trabalho e Ação Social;

XIII – representante da Secretaria de Estado de Indústria, Comércio e Turismo;

XIV – representante da Secretaria de Estado de Ciência e Tecnologia;

XV – representante da Secretaria de Estado de Obras e Serviços Públicos;

XVI – representante da Secretaria de Estado de Agricultura, Abastecimento e Pesca;

XVII – representante da Secretaria de Estado de Habitação e Assuntos Fundiários;

XVIII – representante da Secretaria de Estado de Desenvolvimento da Baixada Fluminense e Municípios Adjacentes;

XIX – representante, convidado, do Ministério do Meio Ambiente, da Amazônia Legal e dos Recursos Hídricos;

§ 1º – Os representantes e respectivos suplentes, referidos nos incisos 1 a XIY, serão indicados por ofício do titular do órgão a ser representado, sendo designados por Portaria do Secretário de Estado de Meio Ambiente, publicada no Diário Oficial do Estado do Rio de Janeiro.

§ 2º – Os Presidentes de entidades vinculadas, referidos no capar, em seus impedimentos, serão substituídos por seus substitutos legais, na forma do respectivo Estatuto.

§ 3º – Os representantes das Secretarias de Estado na CECA têm a atribuição específica de articular no âmbito da respectiva Secretaria o cumprimento das diretrizes emanadas do Fórum de Orientação da Política Ambiental do Estado do Rio de Janeiro e, no que couber, das Deliberações baixadas pela CECA.

§ 4 – O Secretário Executivo, por dever de oficio, deverá comparecer à todas as reuniões, tanto do Plenário como das Câmaras, nelas tendo direito à voz, mas não a voto.

§ 5 – Sem direito a voto, comparecerá às reuniões realizadas no âmbito da CECA 1 (um) Subsecretário Adjunto e o Assessor Jurídico da Secretaria de Estado de Meio Ambiente.

Seção I
Do Plenário

Art. 5º. O Plenário, constituído por todos os integrantes da CECA, se reunirá, por convocação do Secretário de Estado de Meio Ambiente, com antecedência mínima de 3 (três) dias úteis, sempre que este julgar necessário, sendo que a pauta dos assuntos a serem discutidos será distribuída juntamente com o documento de convocação.

§ 1 – O Plenário se reunirá sob a presidência do Secretário de Estado ou de seu representante para isso especialmente indicado, com a presença mínima de 7 (sete) de seus integrantes, deliberando pela maioria simples dos presentes.

§ 2 – O Secretário de Estado de Meio Ambiente poderá ouvir a opinião do Plenário, no exercício de sua função consultiva, sobre as questões que julgar conveniente, inclusive sobre recursos impetrados contra decisões adotadas pela Câmara de Licenciamento e Fiscalização, admitida a convocação do recorrente, para a apresentação de suas razões.

Seção II
Das subcomissões e grupos de trabalho

Art. 6º. O Secretário de Estado de Meio Ambiente poderá constituir Subcomissões ou Grupos de Trabalho para estudo de assuntos específicos, mediante Resolução que fixará a sua constituição, matéria a ser abordada e prazo para apresentação de relatório conclusivo, o qual, se for o caso, poderá ser submetido à apreciação do Plenário.

Seção III
Da Câmara de Normalização

Art. 7º. À Câmara de Normalização, que será composta por todos os integrantes da CECA e cujas reuniões serão presididas pelo Secretário de Estado, compete:

I - implementar as diretrizes gerais e específicas da Política Estadual de Controle Ambiental;

II - aprovar as Instruções, Normas, Diretrizes e outros atos complementares necessários ao perfeito funcionamento do Sistema de Licenciamento de Atividades Poluidoras - SLAP;

III - propor a adoção de medidas para o aperfeiçoamento da política ambiental do Estado, inclusive instrumentos econômicos de incentivos, estímulos e desestímulos;

IV - fixar de critérios para o arbitramento dos valores de penalidades pecuniárias a serem aplicadas aos infratores, inclusive por setores de atividades, volume e impacto da poluição causada, repercussão social da infração;

V - estabelecer critérios para a aplicação de penalidades alternativas ou compensatórias e para a realização de audiências Públicas, bem como para a lavratura de termos de ajustamento de conduta, consoante previsto no § 6' do artigo 5' da Lei da Ação Civil Pública (Lei n7.347, de 24 de julho de 1985);

VI - deliberar sobre as matérias que lhe sejam submetidas pelo Secretário de Estado.

Art. 8º. A Câmara de Normalização se reunirá, por convocação de seu Presidente, com a presença mínima de 6 (seis) de seus componentes, deliberando pela maioria simples dos presentes.

Seção IV
Da Câmara de Licenciamento e Fiscalização

Art. 9º. À Câmara de Licenciamento e Fiscalização compete:

I - determinar a expedição das licenças ambientais, estabelecendo suas condicionantes e restrições, ou denegar os requerimentos de licença;

II - aplicar as penalidades cabíveis aos infratores da legislação de controle ambiental, mediante apreciação dos Autos de Constatação lavrados pelos órgãos fiscalizadores;

III - dar solução final à processos de licenciamento amblental para os quais tenham sido convocadas audiências públicas;

IV - propor ao Secretário de Estado de Meio Ambiente a interdição de instalações que contrariem o disposto na legislação vigente.

Art. 10. A Câmara de Licenciamento e Fiscalização será presidida pelo Subsecretário de Estado de Meio Ambiente e terá como membros natos os Presidentes da FEEMA, do IEF, da SERLA e do DRM, sendo os demais componentes, também integrantes da CECA, convocados para as reuniões deliberativas pelo Secretário Executivo, ratione materiae, consoante a pauta organizada para cada reunião.

Parágrafo único - Em seus impedimentos o Subsecretário de Estado de Meio Ambiente será substituído na presidência da Comissão, por um dos Subsecretários Adjuntos para isso designado pelo Secretário de Estado de Meio Ambiente.

Art. 11. A Câmara de Licenciamento e Fiscalização se reunirá ordinariamente nas datas previstas em calendário que estabelecerá semestralmente, podendo o seu Presidente, sempre que o volume da matéria a ser apreciada não possa ser esgotada nas reuniões ordinárias, convocar até 2 (duas) reuniões extraordinárias por mês.

Art. 12. A pauta das reuniões da Câmara de Licenciamento e Fiscalização, depois de aprovada pelo Presidente da CECA será divulgada com a antecedência mínima de 5 (cinco) dias úteis, podendo participar das reuniões, independentemente da convocação pessoal prevista no artigo 10, os integrantes da CECA que tiverem interesse nos assuntos dela constantes

§ 1º - Os relatórios e os processos administrativos incluídos na pauta a que se refere o caput ficarão à disposição para exame pelos integrantes da CECA, na sala da Secretaria Executiva até 1 (uma) hora antes do início da respectiva reunião.

§ 2º - A inclusão de processos extra-pauta poderão ser autorizados extraordinariamente pelo Presidente da CECA, por escrito, com, pelo menos, 1 (uma) semana de antecedência.

Art. 13. As reuniões deliberativas da Câmara de Licenciamento e Fiscalização somente serão instaladas com a presença de todos os seus membros natos, ou seus substitutos legais, deliberando pela maioria simples dos presentes.

§ 1º - As sessões deliberantes da Câmara de Licenciamento e Fiscalização serão divididas em duas partes: na primeira serão discutidos os processos cujo relatório escrito haja sido distribuído para discussão naquela sessão; na segunda tomar-se-ão as decisões cujo relatório haja sido discutido na sessão anterior

§ 2º - Nos casos mais urgentes, em que haja relevante interesse ambiental, como naqueles em que o órgão fiscalizador tenha adotado alguma medida emergencial, o Presidente da CECA poderá determinar a quebra desta dupla etapa, sendo o processo discutido e decidido na mesma sessão, sendo relatado pelo Presidente da Câmara.

§ 3º - Das decisões adotadas pela Câmara de Licenciamento e Fiscalização, caberá recurso, com efeito suspensivo, no prazo de 15 (quinze) dias de sua publicação no Diário Oficial do Estado do Rio de Janeiro, ao Secretário de Estado de Meio Ambiente.

§ 4º - Os recursos que se fundamentem em razões de fato, deverão ser acompanhados de documentos hábeis que possam desconstituir as provas produzidas, que tenham fundamentado a decisão recorrida.

Art. 14. Por decisão da Câmara de Licenciamento e Fiscalização, poderá ser delegada a seu Presidente a aplicação de penalidades pecuniárias ate 500 (quinhentas) UFERJS, calculadas na forma do disposto no Decreto nº 8.974, de 15 de maio de 1986, com a redação dada pelo Decreto nº 15.12 1, de 19 de junho de 1990, contando-se de sua publicação no Diário Oficial do Estado do Rio de Janeiro o prazo de 15 (quinze) dias para eventual recurso a ser impetrado junto à própria Câmara.

Art. 15. As multas cujo pagamento tenha sido sustado na forma do artigo 12 do Decreto nº 8.974, de 15 de maio de 1986, com a redação determinada pelo artigo 8º do Decreto n' 21.287, de 23 de janeiro de 1995, somente serão relevadas depois da comprovação, mediante laudo subscrito pelo órgão fiscalizador, que a irregularidade punida tenha sido efetivamente corrigida ou sanada.

Seção V
Da Secretaria Executiva

Art. 16. A Secretaria Executiva da CECA será composta pelos funcionários administrativos colocados à sua disposição, sob a chefia Secretário Executivo, competindo-lhe:

I - providenciar o cumprimento das decisões do Plenário e das Câmaras, adotando as medidas administrativas compatíveis;

II - providenciar as publicações necessárias no Diário Oficial do Estado do Rio de Janeiro;

III - receber, preparar e instruir os processos e correspondências encaminhadas à CECA;

IV - providenciar a distribuição dos processos, para relatório, entre os integrantes da CECA, na forma do determinado pelo Secretário Executivo;

V - preparar e distribuir as pautas para as reuniões do Plenário e das Câmaras;

VI - providenciar a convocação dos integrantes da CECA para as várias reuniões, na forma das instruções do Secretário Executivo;

VII - receber, classificar, arquivar e processar os papéis de interesse da CECA;

VIII - manter o controle da freqüência do pessoal lotado na Secretaria Executiva;

IX – providenciar junto ao Departamento Geral de Administração da SEMA o apoio logístico aos trabalhos da CECA;

X – executar outras atividades que lhe forem determinadas pelo Secretário Executivo.

§ 1º – A FEEMA, na sua qualidade de órgão técnico da CECA e de executora da Política Estadual de Controle Ambiental, que lhe é conferida pelo artigo 5º do Decreto-lei nº 134, de 16 de junho de 1975, propiciará à Secretaria Executiva da CECA, por intermédio de unidade administrativa para isto especialmente constituída, o apoio técnico que se fizer necessário.

§ 2º – As demais entidades vinculadas, quando se tratar de assunto de sua peculiar competência, também deverão prestar à Secretaria Executiva da CECA o apoio técnico que lhes for solicitado.

§ 3º – As penalidades de interdição impostas pelo Secretário de Estado de Meio Ambiente na forma do disposto no Decreto 8.974, de 15 de maio de 1986, serão executadas pelas entidades que tenham constatado a infração, sob orientação do Secretário Executivo da CECA.

Art. 17. Ao Secretário Executivo da CECA, compete:

I – fazer executar os trabalhos de competência da Secretaria Executiva;

II – distribuir para relatório, dentre os integrantes da CECA, processos ou expedientes que devam ser objeto de deliberação no âmbito respectivo

III – secretariar, providenciando a lavratura das respectivas atas, as reuniões do Plenário e das Câmaras, assinando-as, juntamente com o Presidente da reunião respectiva;

IV – acompanhar e prestar apoio aos trabalhos das subcomissões e grupos de trabalho;

V – fazer publicar as deliberações adotadas pelo Plenário e pelas Câmaras, assinando-as e se responsabilizando pela sua exatidão;

VI – promover a realização de sindicâncias ou diligências necessárias ao trabalho da CECA;

VII – assinar os Autos de Infração, bem como, a correspondência e os expedientes relativos às reuniões;

VIII – organizar as pautas de trabalho das reuniões do Plenário e das Câmaras, submetendo-as previamente ao Secretário de Estado, quando for o caso;

IX – baixar instruções para o bom andamento dos serviços da Secretaria Executiva;

X - apresentar, anualmente, ao Secretário de Estado circunstanciado relatório dos trabalhos da CECA e da Secretaria Executiva.

Capítulo III
Disposições Gerais

Art. 18. Os integrantes da CECA serão remunerados por reunião a que comparecerem, limitadas a 4 (quatro) reuniões remuneradas por mês, no correspondente mensal a 20 % (vinte por cento) do símbolo DG.

Art. 19. As Deliberações adotadas pela CECA após a publicação deste Regimento Interno, serão publicadas no Diário Oficial do Estado do Rio de Janeiro e passarão a ser numeradas seqüencialmente pela ordem de sua aprovação, continuando em vigência as Deliberações CECA até então publicadas, mantida sua numeração original.

Parágrafo único - As Deliberações terão sua numeração precedidas dos seguintes prefixos "Deliberação CECA/ P nº", para as adotadas pelo Plenário, "Deliberação CECA/ CN nº", paras as adotadas pela Câmara de Normalização e pelo prefixo "Deliberação CECA/ CLF nº", para as emitidas pela Camarada de Licenciamento e Fiscalização.

Art. 20. Os integrantes da CECA poderão, nas reuniões a que estiverem presentes, seja no Plenário ou nas Câmaras, pedir "vistas" de processos em discussão, cujo prazo não poderá ser maior que o interregno das reuniões.

§ 1º - Os processos para os quais seja requerida "vistas" será excluído da pauta da reunião em que esta for solicitada e, automaticamente, incluído na pauta da reunião subseqüente;

§ 2º - Caso mais de um dos participantes tenha requerido "vistas", o prazo para exame será comum, de forma que o processo, devidamente instruído, possa ser decidido na próxima reunião.

Art. 21. Os processos que devam ser submetidos à decisão da CECA, somente entrarão em discussão depois de relatados por um de seus integrantes, escolhido por rodízio que abrangerá todos os seus integrantes, que terá o prazo máximo de 15 (quinze) dias para apresentação do relatório.

§ 1º - Os relatórios deverão ser apresentados à Secretaria Executiva, por escrito, 48 (quarenta e oito) horas antes de sua apreciação, para fins de divulgação aos integrantes da CECA.

§ 2º - Antes de distribuí-los para relatório, o Secretário Executivo fará a análise dos processos recebidos e poderá solicitar instrução complementar do mesmo ao órgão de origem.

§ 3º - O prazo do "caput" não admite prorrogação.

Art. 22. Os casos omissos deste Regimento Interno serão resolvidos pelo Secretário de Estado de Meio Ambiente.

LEI Nº 1.356, DE 03 DE OUTUBRO DE 1988

- DISPÕE SOBRE OS PROCEDIMENTOS VINCULADOS À ELABORAÇÃO, ANÁLISE E APROVAÇÃO DOS ESTUDOS DE IMPACTO AMBIENTAL.

Art. 1º. Dependerá da elaboração de Estudos de Impacto Ambiental e do respectivo Relatório de Impacto Ambiental - RIMA a serem submetidos à aprovação da Comissão Estadual de Controle Ambiental - CECA, os licenciamento da implantação e da Ampliação das seguintes instalações e/ou atividades:

I - estradas de rodagem com duas ou mais pistas de rolamento;

II - ferrovias;

III - portos e terminais de minério, petróleo e produtos químicos;

IV - aeroportos, conforme definidos na legislação pertinente;

V - oleodutos, gasodutos, minerodutos e emissários submarinos de esgotos sanitários ou industriais;

VI – linhas de transmissão de energia elétrica, com capacidade acima de 230 kw;

VII - barragens e usinas de geração de energia elétrica (qualquer que seja a fonte de energia primária), com capacidade igual ou superior a 10 mw;

VIII - extração de combustível fóssil (petróleo, xisto, carvão);

IX - extração de minério, inclusive areia;

X - abertura e drenagem de canais de navegação, drenagem ou irrigação, retificação de cursos d'água, abertura de barras e embocaduras, transposição de bacias, construção de diques;

XI – aterros sanitários, processamento e destino final de resíduos tóxicos ou perigosos;

XII – complexos ou unidades petroquímicas, cloroquímicas, siderúrgicas e usinas de destilação de álcool;

XIII – distritos industriais e Zonas Estritamente Industriais – ZEI;

XIV – projetos de desenvolvimento urbano e exploração econômica de madeira ou lenha em áreas acima de 50 (cinquenta) hectares, ou menores quando confrontantes com unidades de conservação da natureza ou em áreas de interesse especial ou ambiental, conforme definidas pela legislação em vigor;

XV – projetos agropecuários em áreas superiores a 200 (duzentos) hectares, ou menores quando situados total ou parcialmente em áreas de interesse especial ou ambiental, conforme definidas pela legislação em vigor;

XVI – qualquer atividade que utilize carvão vegetal, derivados ou produtos similares acima de 10 (dez) toneladas por dia.

§ 1º – Com base em justificativa técnica adequada e em função de magnitude das alterações ambientais efetivas ou potenciais decorrentes de sua implantação, a Comissão Estadual de Controle Ambiental – CECA poderá determinar a elaboração do Estudo de Impacto Ambiental e do respectivo Relatório de Impacto Ambiental – RIMA para o licenciamento de projetos não relacionados no caput deste artigo.

§ 2º – Parágrafo revogado pela Lei nº 2894/98.

§ 3º – As instalações relacionadas nos incisos III, VII, XII e XIII já implantadas e ainda não licenciadas tem o prazo máximo de dois anos para dar início ao processo de licenciamento previsto na legislação de proteção ambiental, devendo cumprir as exigências constantes desta Lei.

§ 4º – O início da implantação ou ampliação de qualquer atividade ou instalação relacionada neste artigo sem a obtenção da Licença de Instalação e o descumprimento do disposto em seu parágrafo 3º implicará na imposição da multa máxima diária prevista na legislação estadual, retroativa à data em que se iniciou a infração, até a paralisação das atividades de implantação ou até que sejam sanadas as irregularidades

§ 5º – A Comissão Estadual de Controle Ambiental – CECA, com base em parecer técnico da Fundação Estadual de Engenharia do Meio Ambiente – FEEMA – que conclua pela ausência de potencial e significativo dano ambiental, poderá dispensar, para as instalações e/ou atividades constantes nos incisos do caput, a elaboração do estudo de impacto ambiental, desde que a licença preveja as medidas necessárias à preservação e proteção do meio ambiente, aplicando-se o disposto neste parágrafo aos licenciamentos já concedidos, que tenham atendido aos seus termos. (Parágrafo acrescentado pela Lei nº 1912/91)

§ 6º - A critério da Comissão Estadual de Controle Ambiental - CECA, e segundo a Instrução Técnica que baixar em cada caso especifico, no caso de atividades minerárias, em função de sua natureza, peculiaridades, localização e porte, poderá ser exigida a apresentação de um único Estudo de Impacto Ambiental - EIA e respectivo Relatório de Impacto Ambiental - RIMA, abrangendo várias lavras, desde que as mesmas sejam vizinhas ou contíguas e causem impactos ambientais cumulativos a um mesmo ecossistema. (Parágrafo acrescentados pela Lei nº 2535/96)

§ 7º - Ainda no caso de atividades minerárias, em se tratando de mineral da Classe II, à critério da Comissão Estadual de Controle Ambiental - CECA, em função de sua natureza, porte, localização e peculiaridades, poderá a apresentação do Estudo de Impacto Ambiental - EIA, e respectivo Relatório de Impacto Ambiental - RIMA, ser substituída pela elaboração e apresentação de Plano de Controle Ambiental - PCA, que conterá os projetos executivos de minimização dos impactos ambientais avaliados na fase da Licença Prévia - LP - acompanhado dos demais documentos necessários, segundo diretrizes a serem estabelecidas em cada caso particular. (Parágrafo acrescentados pela Lei nº 2535/96)

§ 8º - Os empreendimentos de geração de energia incluídos nos item VII, desde que a fonte primária seja alternativa como a eólica, solar e biomassa, poderão ser submetidos ao regime de licenciamento simplificado com a apresentação de um Relatório Ambiental Simplificado - RAS. (Acrescentado pela Lei nº 4235/2003.)

§ 9º - Os municípios do Estado do Rio de Janeiro, que apresentam uma população inferior a 200 mil habitantes, tendo como base o Censo Demográfico do Instituto Brasileiro de Geografia e Estatísticas mais recente, poderão ser submetidos ao Regime de Licenciamento Simplificado, com a apresentação de um Relatório Ambiental Simplificado - RAS, para implantação de Aterros Sanitários ou Usinas de Reciclagem de Resíduos Sólidos. (Parágrafo incluído pela Lei nº 4517/2005.)

§ 10 - As obras ou serviços de dragagem em ambientes costeiros e de drenagem e dragagem de sistemas hídricos interiores, incluindo a disposição final do material dragado/escavado em ambientes costeiros e em terra no âmbito da iniciativa pública e privada, destinadas à recuperação de áreas alagáveis, contaminadas ou degradadas, poderão ser submetidas ao regime de licenciamento simplificado com a apresentação de um "Relatório Ambiental Simplificado - RAS", mediante parecer técnico da Fundação Estadual de Engenharia do Meio Ambiente - FEEMA - que conclua pela ausência de potencial e significativo dano ambiental, e com base nas Diretrizes Técnicas da FEEMA concernentes ao Licenciamento Ambiental de Dragagem e Disposição Final de Material. (Acrescentado pela Lei nº 5000/2007.)

Art. 2º. A Fundação Estadual de Engenharia do Meio Ambiente - FEEMA orientará a realização de cada Estudo de Impacto Ambiental através de Instrução Técnica - IT específica, de forma a compatibilizá-lo com as peculiaridades do projeto, as características ambientais da área e a magnitude dos impactos.

Parágrafo único - Não serão aceitas inscrições de quem já possui imóvel próprio de qualquer natureza, sendo sumariamente canceladas aquelas que forem aceitas e que venham a ser constatadas estar neste caso.

Art. 3º. O Relatório de Impacto Ambiental sintetizará, de forma objetiva, as informações constantes do Estudo de Impacto Ambiental, e será elaborado com linguagem corrente, adequada à compreensão por parte de representantes das comunidades atingidas.

Art. 4º. O nome e a formação profissional de todos os técnicos responsáveis pela elaboração do Estudo de Impacto Ambiental deverão constar desse documento.

Parágrafo único - Constatada a imperícia, sonegação de informações ou omissão de qualquer dos técnicos, a Fundação Estadual de Engenharia Meio Ambiente - FEEMA deverá comunicar imediatamente o fato ao Conselho Regional competente para apuração e aplicação das penalidades cabíveis.

Art. 5º. O Estudo de Impacto Ambiental e o Relatório de Impacto Ambiental - RIMA serão acessíveis à consulta pública na sede da Fundação Estadual de Engenharia do Meio Ambiente - FEEMA e em local de fácil acesso nos Municípios diretamente atingidos pela implantação do projeto.

§ 1º - O início da elaboração do Estudo de Impacto Ambiental e, após sua conclusão, os locais, horários e prazos em que os documentos a que se refere o caput deste artigo, bem como as convocações para as audiências públicas a que se refere o artigo 6º desta Lei, serão objeto de publicação no primeiro caderno de, no mínimo, 3 (três) jornais diários de grande circulação em todo o Estado do Rio de Janeiro, sob o título "Estudo de Impacto Ambiental" ou "Audiência Pública".

§ 2º - Os prazos para consulta pública não poderão ser inferiores a 30 (trinta) dias, contados a partir da data de publicação a que se refere o § 1º deste artigo.

§ 3º - As manifestações escritas encaminhadas à Fundação Estadual de Engenharia do Meio Ambiente - FEEMA até 10 (dez) dias após o término do período de consulta pública a que se refere o parágrafo anterior serão consideradas na elaboração do parecer técnico a ser encaminhado a Comissão Estadual de Controle do Meio Ambiente - CECA e anexadas ao processo de licenciamento.

§ 4º - A Comissão de Controle do Meio Ambiente e de Defesa Civil da Assembléia Legislativa e a Curadoria de Justiça, além dos órgãos governamentais que manifestarem interesse até 15 (quinze) dias após a publicação do inicio da realização do Estudo de Impacto Ambiental - RIMA, à época de seu encaminhamento à Fundação Estadual de Engenharia do Meio Ambiente - FEEMA.

Art. 6º. Objetivando esclarecer aspectos obscuros ou litigiosos relacionados aos impactos ambientais do projeto, serão realizadas audiências públicas antes da expedição da Licença Prévia, a critério da Comissão Estadual de Controle Ambiental -

CECA, quando julgar conveniente para a proteção do interesse social e do patrimônio natural, ou sempre que solicitadas:

a) por associações legalmente constituídas há mais de 1 (um) ano e que tenham entre seus objetivos a proteção do meio ambiente ou de interesses comunitários, direta ou indiretamente, atingidos pelo projeto;

b) o curador do meio ambiente com atribuições na área do projeto;

c) .... VETADO ....

§ 1º - O prazo máximo para o encaminhamento do requerimento objetivando a realização de audiências públicas será coincidente com p prazo a que se refere o artigo 5º, parágrafo 3º desta Lei.

§ 2º - Em função da localização geográfica da sede ou residência dos solicitantes e da complexidade do tema, poderá haver mais de uma audiência pública sobre o mesmo projeto e respectivo Relatório de Impacto Ambiental - RIMA.

§ 3º - As audiências públicas serão realizadas em locais e horários compatíveis com as possibilidades de acesso das comunidades interessadas.

§ 4º - A Fundação Estadual de Engenharia do Meio Ambiente - FEEMA buscará estimular a participação das comunidades locais das audiências públicas através do envio de informações aos meios de comunicação e associações civis.

§ 5º - Durante as audiências públicas será facultada a manifestação oral e escrita dos participantes.

§ 6º - Ao final de cada audiência pública será lavrada uma ata sucinta, que será anexada à cópia do Relatório de Impacto Ambiental a que se refere o artigo 6º desta Lei.

Art. 7º. Correrão por conta do proponente de projeto todas as despesas com:

a) elaboração e reprodução do Estudo de Impacto Ambiental e do Relatório de Impacto Ambiental - RIMA;

b) publicação em jornais a que se refere o artigo 5º, § 1º, desta Lei;

c) análise e emissão de pareceres técnicas relativos ao Estudo de Impacto Ambiental;

d) monitoragem.

Parágrafo único - A critério da Fundação Estadual de Engenharia de Meio Ambiente - FEEMA e do proponente ao projeto, e análise e a emissão dos pareceres a que se refere o item c deste artigo poderão ser contratadas diretamente com universidades públicas e instituições de pesquisa, sem que a Fundação Estadual de Engenharia do Meio Ambiente - FEEMA se obrigue a acolher os pareceres técnicos assim formulados.

Art. 8º. Em todos os casos previstos no artigo 1º desta Lei, uma cópia das Licenças relativas ao Projeto de Estudo de Impacto Ambiental, do Relatório de Impacto Ambiental e dos relatórios de monitoragem permanecerão acessíveis à consulta pública na Biblioteca ou Centro de Documentação da Fundação Estadual de Engenharia do Meio Ambiente – FEEMA.

Art. 9º. Esta Lei entrará em vigor na data de sua publicação, revogadas as disposições em contrário.

Rio de Janeiro, 03 de outubro de 1988.

W. MOREIRA FRANCO

Governador

LEI Nº 3.111, DE 18 DE NOVEMBRO DE 1998

- COMPLEMENTA A LEI Nº 1356, DE 03 DE OUTUBRO DE 1988, ESTABELECENDO O PRINCÍPIO DE ANÁLISE COLETIVA DE EIA/RIMA, QUANDO NUMA MESMA BACIA HIDROGRÁFICA.

O GOVERNADOR DO ESTADO DO RIO DE JANEIRO,

Faço saber que a Assembléia Legislativa do Estado do Rio de Janeiro decreta e eu sanciono a seguinte Lei:

Art. 1º. Quando houver mais de um EIA/RIMA para a mesma bacia hidrográfica, a Fundação Estadual de Engenharia do Meio Ambiente deverá realizar a análise conjunta dos empreendimentos, para definir a capacidade de suporte do ecossistema, a diluição dos poluentes e os riscos civis, sem prejuízo das análises individuais dos empreendimentos.

Art. 2º. O não atendimento ao previsto nesta Lei anulará o licenciamento ambiental.

Art. 3º. Esta Lei entrará em vigor na data de sua publicação, revogadas as disposições em contrário.

Rio de Janeiro, 18 de novembro de 1998.

MARCELLO ALENCAR

Governador

LEI Nº 4.555, DE 06 DE JUNHO DE 2005

- EXTINGUE A AGÊNCIA REGULADORA DE SERVIÇOS PÚBLICOS CONCEDIDOS DO ESTADO DO RIO DE JANEIRO - ASEP - RJ, CRIA A AGÊNCIA REGULADORA DE SERVIÇOS PÚBLICOS CONCEDIDOS DE TRANSPORTES AQUAVIÁRIOS, FERROVIÁRIOS E METROVIÁRIOS E DE RODOVIAS DO ESTADO DO RIO DE JANEIRO - AGETRANSP E DÁ OUTRAS PROVIDÊNCIAS.

ÍNDICE

Capítulo I
DA AUTARQUIA

Art. 1º. Fica extinta a Agência Reguladora de Serviços Públicos Concedidos do Estado do Rio de Janeiro ASEP – RJ, com personalidade jurídica de Direito Público e plena autonomia administrativa, técnica e financeira, criada pela Lei nº 2.686, de 13/02/1997, sendo criada, sem aumento de despesa, a Agência Reguladora de Serviços Públicos Concedidos de Transportes Aquaviários, Ferroviários e Metroviários e de Rodovias do Estado do Rio de Janeiro – AGETRANSP, autarquia especial, com plena autonomia administrativa, técnica e financeira, cuja vinculação será estabelecida em Decreto, que lhe fixará a estrutura administrativa, atribuições e normas de funcionamento.

Parágrafo único – As competências estabelecidas em leis, decretos e contratos, convênios ou quaisquer outros instrumentos congêneres, conferidas à Agência Reguladora de Serviços Públicos Concedidos do Estado do Rio de Janeiro – ASEP – RJ serão atribuídas à AGETRANSP, no âmbito de sua competência e de sua finalidade, bem como poderão ser, a ela destinados, patrimônio, cargos do Quadro de Pessoal Permanente e do Quadro de Cargos em Comissão, ocupados ou vagos, direitos e obrigações da agência ora extinta, inclusive o acervo de decisões, de modo a assegurar a continuidade na prestação dos serviços então de responsabilidade daquela autarquia.

Art. 2º. A AGETRANSP tem por finalidade exercer o poder regulatório, acompanhando, controlando e fiscalizando as concessões e permissões de serviços públicos concedidos de transporte aquaviário, ferroviário e metroviário e de rodovias nos quais o Estado figure, por disposição legal ou pactual, como o Poder Concedente ou Permitente, nos termos das normas legais regulamentares e consensuais pertinentes.

§ 1º – Para os fins desta lei entende-se por serviço público, concedido, permitido ou outorgado:

I – de transporte:

a) aquaviário: aquele destinado a passageiros, a cargas ou veículos, consistente nas travessias das águas internas ou costeiras, entre pontos de atracação previamente definidos e organizados, e operado por embarcações de grande, médio ou pequeno porte;

b) ferroviário: destinado a passageiros e prestado através da utilização de linhas ferroviárias, e

c) metroviário: destinado a passageiros e prestado através da utilização de linhas metroviárias.

II – de rodovias: a construção e operação de rodovias através de concessão ou permissão.

§ 2º – Ficam excluídos das atividades finalísticas da AGETRANSP e dos efeitos desta Lei os seguintes serviços públicos:

I – os previstos no Decreto-Lei nº 276, de 22 de julho de 1975, cuja disciplina foi outorgada à autarquia criada pela Lei nº 1.221, de 06 de novembro de 1987;

II – aqueles que, na área de energia do Estado do Rio de Janeiro, o Estado figure, por disposição legal ou pactual, como Poder Concedente ou Permitente, nos termos das normas legais regulamentares e consensuais pertinentes;

III – os de esgoto sanitário e industrial e de abastecimento de água e de coleta e disposição de resíduos sólidos prestados pelas empresas outorgadas, concessionárias e permissionárias, e por serviços autônomos dos municípios.

Art. 3º. No exercício de suas atividades, pugnará a AGETRANSP pela garantia dos seguintes princípios fundamentais:

I – prestação pelos concessionários, de serviço adequado ao pleno atendimento dos usuários, tanto qualitativa quanto quantitativamente;

II – a existência de regras claras inclusive sob o ponto de vista tarifário, com vistas à manutenção do equilíbrio econômico-financeiro dos contratos;

III – estabilidade nas relações envolvendo o Poder Concedente, concessionários e usuários, no interesse de todas as partes envolvidas;

IV – proteção dos usuários contra práticas abusivas e monopolistas;

V – a expansão dos sistemas, o atendimento abrangente da população, a otimização ao uso dos bens coletivos e a modernização e aperfeiçoamento dos serviços prestados;

VI – a modicidade das tarifas para os usuários;

VII – eqüidade no tratamento dispensado aos usuários, às diversas entidades reguladas e demais instituições envolvidas na prestação ou regulação dos transportes, permitidos ou concedidos.

Art. 4º. Compete à AGETRANSP, no âmbito de suas atribuições e responsabilidades, observadas as disposições legais e pactuais pertinentes:

I – zelar pelo fiel cumprimento da legislação e dos contratos de concessão ou permissão de serviços públicos relativos à esfera de suas atribuições;

II – dirimir, como instância administrativa definitiva, conflitos envolvendo o Poder Concedente ou Permitente, os concessionários ou permissionários de serviços públicos concedidos de transporte aquaviário, ferroviário e metroviário e de rodovias e respectivos usuários;

III – decidir, como instância administrativa definitiva, em tempo hábil, em obediência aos contratos, os pedidos de revisão de tarifas de serviços públicos concedidos ou permitidos;

IV – fiscalizar, diretamente ou mediante delegação, os aspectos técnico, econômico, contábil e financeiro, sempre nos limites estabelecidos em normas legais, regulamentares ou pactuais, os contratos de concessão ou permissão de serviços públicos, aplicando diretamente as sanções cabíveis;

V – expedir deliberações e instruções tendo por objeto os contratos submetidos a sua competência, inclusive fixando prazos para cumprimento de obrigações por parte das concessionárias e permissionárias, voluntariamente ou quando instada por conflito de interesses;

VI – determinar diligências junto ao Poder Concedente, concessionários, permissionários e usuários dos serviços, podendo para tanto ter amplo acesso aos dados e informações relativos aos contratos de sua competência;

VII - promover estudos sobre a qualidade dos serviços públicos concedidos e permitidos com vistas a sua maior eficiência;

VIII - contratar serviços técnicos, vistorias, estudos, auditorias ou exames necessários ao exercício das atividades de sua competência com entes públicos ou privados;

IX - dar publicidade às suas decisões;

X - aprovar seu regimento interno, bem assim a proposta de seu orçamento, a ser incluída no Orçamento Geral do Poder Executivo;

XI - receber, por intermédio da Ouvidoria, sugestões e reclamações de usuários de serviços públicos concedidos ou permitidos sob seu controle, para submissão à apreciação do Conselho-Diretor, com vistas à adoção e julgamento das medidas que entender cabíveis;

XII - respeitar integralmente os prazos legais quanto à apreciação dos pedidos das concessionárias de retomada de equilíbrio físico-financeiro, reajuste tarifário e revisão contratual;

XIII - interagir com as autoridades federais, estaduais e municipais responsáveis pela regulamentação e fiscalização dos serviços públicos de transporte, bem como por outras atividades que afetem esses serviços;

XIV - deliberar, na esfera administrativa, quanto à interpretação das normas legais e contratuais, no que se refere a serviços públicos de transporte, fixando a orientação a ser adotada nos casos omissos;

XV - estabelecer padrões de serviço adequado, garantindo ao usuário regularidade, continuidade, eficiência, segurança, atualidade, generalidade, cortesia na sua prestação e modicidade das tarifas;

XVI - exigir, conforme previsto nos contratos de concessão ou permissão, a expansão e a modernização dos serviços delegados, de modo a buscar a sua universalização e melhoria dos padrões de qualidade, ressalvada a competência do Estado quanto à definição das políticas setoriais e seu caráter de intermodalidade;

XVII - firmar convênios com agências correlatas de âmbito federal para exercer fiscalização de atividades no território do Estado do Rio de Janeiro;

XVIII - resguardar os direitos garantidos pela Lei nº 8.078/90 - Código de Defesa do Consumidor.

§ 1º - Poderá a AGETRANSP aceitar, parcial ou integralmente, a delegação de atribuições compatíveis com a sua esfera de competência.

§ 2º - A AGETRANSP, ao tomar conhecimento de fato que configure ou possa configurar infração da ordem econômica, deverá comunicá-lo ao Conselho Administrativo de Defesa Econômica - CADE, à Secretaria de Direito Econômico do Ministério da Justiça ou à Secretaria de Acompanhamento Econômico do Ministério da Fazenda, conforme o caso.

Capítulo II
DO PATRIMÔNIO E DAS RECEITAS

Art. 5º. A autonomia financeira da AGETRANSP será assegurada pelas seguintes fontes de recursos:

I - recursos oriundos da cobrança de taxa de regulação prevista pelo art. 19 desta Lei;

II - dotações orçamentárias atribuídas pelo Estado em seus orçamentos, bem como créditos adicionais;

III - doações, legados, subvenções e contribuições de qualquer natureza;

IV - valores resultantes de convênios firmados com outros órgãos de direito público ou entidades privadas, nacionais ou estrangeiras;

V - recursos provenientes de convênio acordos ou contratos que vierem a celebrar;

VI - produto das aplicações financeiras de seus recursos;

VII - recursos de outras fontes e eventuais.

Parágrafo único - As contribuições contratuais, porventura estabelecidas, só poderão ser alteradas com anuência da AGETRANSP, por decisão unânime de seu Conselho-Diretor.

Capítulo III
DO CONSELHO DIRETOR

Art. 6º. O Conselho-Diretor da AGETRANSP é o seu órgão deliberativo superior, incumbindo-lhe exercer as competências previstas nesta Lei, conforme dispuser o seu regimento interno.

Parágrafo único - Compete privativamente ao Conselho-Diretor o exercício das competências previstas nos incisos II, III, V e X, do art. 4º desta Lei.

Art. 7º. O Conselho-Diretor da AGETRANSP será formado por 05 (cinco) Conselheiros indicados pelo Governador do Estado, e por este nomeados uma vez aprovados, após audiência pública, pela Assembléia Legislativa, cabendo a um deles a Presidência do Conselho, também por indicação do Governador do Estado.

§ 1º - Os Conselheiros deverão satisfazer simultaneamente as seguintes condições:

I - ser brasileiro;

II - possuir ilibada reputação e insuspeita idoneidade moral;

III – ter notável saber jurídico ou econômico ou de administração ou técnico em área específica sujeita ao exercício do Poder Regulatório da AGETRANSP, evidenciado por experiência profissional compatível por prazo superior a 10 (dez) anos;

IV – não participar como sócio acionista ou quotista do capital de empresa submetida efetiva ou potencialmente à jurisdição da AGETRANSP;

V – não ser cônjuge, companheiro ou parente consanguíneo ou afim, em linha reta ou colateral, até o terceiro grau, de dirigente, administrador ou conselheiro de empresas submetidas efetiva ou potencialmente à jurisdição da AGETRANSP, ou com pessoa que detenha mais de 1% (um por cento) de seu capital.

§ 2º – Os Conselheiros deverão apresentar certidões negativas dos Distribuidores Cíveis e Criminais e dos Cartórios de Títulos e Documentos.

Art. 8º. É ainda vedado ao Conselheiro, sob pena de perda do mandato:

I – exercer qualquer cargo ou função de controlador, diretor, administrador, gerente, preposto, mandatário ou consultor de empresa submetida efetiva ou potencialmente à jurisdição da AGETRANSP;

II – receber a qualquer título quantias, descontos, vantagens ou benefícios de empresas concessionárias ou permissionárias de serviços públicos;

III – ser sócio quotista ou acionista de empresa concessionária ou permissionária de serviços públicos;

IV – exercer atividade político-partidária;

V – manifestar-se publicamente, salvo nas sessões do Conselho-Diretor, sobre assunto submetido à AGETRANSP, ou que, pela sua natureza, possa vir a ser objeto de apreciação pela mesma.

Art. 9º. Até 12 (doze) meses após deixar o cargo, seja pelo término do mandato, pela desistência ou destituição do cargo, é vedado ao ex-Conselheiro do Conselho - Diretor da AGETRANSP:

I – representar qualquer pessoa ou interesse perante a Agência;

II – deter participação, exercer cargo ou função em organização sujeita à regulação da Agência;

III – utilizar em benefício próprio, informações privilegiadas obtidas em decorrência do cargo exercido.

Parágrafo único – A infringência ao disposto neste artigo sujeitará o ex-Conselheiro a uma multa de 100.000 (cem mil) UFIR-RJ cobrável pela AGETRANSP, pela via executiva, sem prejuízo de outras sanções cíveis, administrativas ou criminais porventura cabíveis.

Art. 10. Os cargos de Conselheiros serão de dedicação exclusiva, vedada qualquer acumulação que não as constitucionalmente admitidas.

Art. 11. O mandato dos Conselheiros será de 04 (quatro) anos, admitida uma única recondução.

§ 1º - Os Conselheiros, no ato de posse, anualmente e ao fim dos respectivos mandatos, apresentarão o último Imposto de Renda contendo a declaração de bens.

§ 2º - A posse dos Conselheiros implica em prévia assinatura do termo de compromisso, cujo conteúdo espelhará o constante nos incisos IV e V do § 1º do art. 7º e nos incisos I a III do art. 9º e, todos desta Lei.

Art. 12. As deliberações do Conselho-Diretor serão tomadas em sessão pública e, devidamente fundamentadas, publicadas no Diário Oficial do Estado do Rio de Janeiro.

Parágrafo único - Facultar-se-á a participação ativa nas deliberações do Conselho, sem direito a voto, e objetivando a defesa dos respectivos interesses em questões específicas, de prepostos ou representantes do Poder Concedente ou Permitente, dos concessionários, aos permissionários, dos usuários e dos municípios envolvidos.

Art. 13. Uma vez nomeado, o Conselheiro só perderá o cargo por decisão judicial irrecorrível, condenação penal definitiva por crime doloso punido com pena igual ou superior a 02 (dois) anos de reclusão ou ainda por decisão da maioria dos membros da Assembléia Legislativa em processo de iniciativa do Governador do Estado ou do próprio Conselho-Diretor em que lhe seja assegurada ampla defesa.

Art. 14. No caso de vacância do cargo de Conselheiro, procederá o Governador a nova nomeação, exclusivamente pelo prazo que faltar à complementação do respectivo mandato, observada a parte final do *caput* do art. 7º desta Lei.

Capítulo IV
DA SECRETARIA EXECUTIVA

Art. 15. A AGETRANSP contará com uma Secretaria Executiva, dirigida por um Secretário Executivo nomeado pelo Governador do Estado, à qual incumbirá, conforme detalhar o regimento interno da autarquia, servir como seu principal órgão executivo, prestar apoio ao Conselho-Diretor, e executar a coordenação dos diversos setores e órgãos da entidade.

Capítulo V
DA ESTRUTURA ADMINISTRATIVA

Art. 16. A AGETRANSP contará, em sua estrutura administrativa, com Quadro de Pessoal Permanente, admitido exclusivamente por concurso público, e Quadro de Cargos em Comissão previsto nos Anexos I e II desta Lei. (O TJ RJ, na ADI 08/2009, declarou a inconstitucionalidade das normas do art. 16 quanto à expressão "previstos nos Anexos I e II desta lei", dos § 1º e § 2º, Anexos I e II, apenas nas partes relativas a dois cargos de Advogado – provimento efetivo, anexo I – e a dois cargos de Gerente de Câmara, anexo II.)

§ 1º – O quantitativo de cargos constante do Anexo I – Quadro de Pessoal Permanente é oriundo do resultado obtido com a repartição de cargos do Quadro de Pessoal Permanente da ASEP – RJ.

§ 2º – O Quadro de Cargos em Comissão previsto no Anexo II resulta da repartição de cargos do respectivo Quadro da ASEP – RJ.

§ 3º – Aplicam-se aos servidores do quadro permanente da AGETRANSP, no que couber, todas as disposições contidas na Lei Estadual 3739, de 20 de dezembro de 2001, excetuando-se aquelas alteradas por esta lei.

Art. 17. A AGETRANSP poderá requisitar servidores públicos para assistirem aos trabalhos de rotina necessários para o fiel desempenho de suas atribuições.

Art. 18. Aqueles que estiverem prestando serviços na AGETRANSP poderão perceber gratificação de encargos especiais não superiores ao maior encargo pago aos servidores estaduais, sendo necessária a expressa autorização do Governador do Estado em processo criado especificamente para esse fim.

Capítulo VI
DA TAXA DE REGULAÇÃO

Art. 19. A Taxa de Regulação de Serviços Concedidos e Permitidos será recolhida diretamente pelo Concessionário ou Permissionário de Transportes Aquaviário, Ferroviário ou Metroviário e de Rodovias, aos cofres do Fundo de Regulação de Serviços Concedidos e Permitidos do Estado do Rio de Janeiro, criado pela presente Lei, cuja alíquota será 0,5% (meio por cento) sobre o somatório das receitas das tarifas auferidas mensalmente pelo Concessionário ou Permissionário, nas atividades sujeitas à regulação da AGETRANSP, nos termos do art. 2º desta Lei, excluídos os tributos sobre elas incidentes.

§ 1º – A taxa a que se refere o *caput* deste artigo deverá ser recolhida até o décimo dia útil do mês subseqüente ao do ingresso da receita correspondente às tarifas cobradas pelo Concessionário ou Permissionário.

§ 2º – O não recolhimento da taxa no prazo fixado no parágrafo anterior implicará em multa de 10% (dez por cento), e juros moratórios de 1% (um por cento) a cada 30 (trinta) dias de atraso, bem assim na incidência de correção monetária, na forma da legislação em vigor.

§ 3º – Fica criado o Fundo de Regulação dos Serviços Concedidos e Permitidos do Estado do Rio de Janeiro, ao qual compete arrecadar e gerir os recursos provenientes do recolhimento da taxa de regulação de serviços concedidos e permitidos, devidos pelas concessionárias e permissionárias à AGETRANSP e AGENERSA - Agência Reguladora de Energia e Saneamento Básico do Estado do Rio de Janeiro:

I - o Fundo será gerido por um Conselho Diretor, formado por 02 (dois) membros, sendo um o Presidente da AGETRANSP e outro o Presidente da AGENERSA;

II - os recursos do Fundo serão repartidos meio a meio entre a AGETRANSP e a AGENERSA;

III - o Poder Executivo fica autorizado a abrir créditos suplementares e programas de trabalho necessários à criação do Fundo de Regulação dos Serviços Concedidos e Permitidos do Estado do Rio de Janeiro, o qual será regulamentado por ato próprio do Poder Executivo.

Capítulo VII
DAS DISPOSIÇÕES FINAIS E TRANSITÓRIAS

Art. 20. Aos atuais Conselheiros do Conselho Diretor da ASEP - RJ, enquanto não expirados os mandatos e até 12 (doze) meses após a extinção dos respectivos mandatos, são aplicáveis os ônus, direitos e os deveres prescritos nesta Lei.

§ 1º - Em conseqüência do disposto no *caput*, os atuais Conselheiros do Conselho Diretor da ASEP - RJ, bem como aqueles cuja extinção dos respectivos mandatos não tenha completado 12 (doze) meses até a entrada em vigor desta lei, ficam liberados da vinculação e da vedação previstas no art. 9º e seu parágrafo único, bem como no art. 11, todos da Lei nº 2686, de 13.02.1997.

§ 2º - O Chefe do Poder Executivo poderá, a seu critério, indicar um ou mais atuais Conselheiros da ASEP - RJ, desde que com a concordância por escrito do(s) indicado(s), para exercer(em) seu(s) mandato(s) na AGENERSA, garantindo ao(s) mesmo(s) todos os direitos pessoais conferidos aos atuais Conselheiros da ASEP - RJ transferidos para a AGETRANSP, excetuado o prazo restante do mandato, ao qual se aplicará o disposto na respectiva Lei da criação da AGENERSA, respeitado o direito adquirido e o ato jurídico perfeito.

Art. 21. Fica o Poder Executivo autorizado a ratear, a seu critério, entre a AGETRANSP e a Agência Reguladora de Energia e Saneamento Básico do Estado do Rio de Janeiro - AGENERSA, o saldo financeiro das receitas previstas no art. 19 da Lei nº 2.686, de 13/02/1997.

Art. 22. Fica o Poder Executivo autorizado a abrir créditos adicionais e criar programas de trabalho específicos, quando necessários à implantação da presente Lei. (Nova redação dada pela Lei nº 4566/2005.)

Art. 23. Esta Lei entrará em vigor 15 (quinze) dias a partir da data de sua publicação, revogadas as disposições em contrário, em especial a Lei nº 2686, de

13/02/1997, respeitados os direitos dos atuais Conselheiros da ASEP - RJ ao exercício de seus mandatos, excetuados os casos previstos na lei da criação da AGENERSA.

Rio de Janeiro, 06 de junho de 2005.

ROSINHA GAROTINHO

Governadora

ANEXO I
QUADRO DE PESSOAL PERMANENTE

Cargos	Requisitos mínimos para ingresso	Quantitativo
Regulador	Nível Superior Completo e 10 (dez) anos de experiência profissional	04
Analista de Regulação	Nível Superior Completo	10
Técnico de Regulação	Técnico de Contabilidade, Técnico de Informática ou Nível Médio Completo	07
Assistente de Regulação	Nível Médio Completo	03
Advogado *	Nível Superior em Direito com experiência profissional mínima de 10 (dez) anos	02
Total		26

ANEXO II
QUADRO DE CARGOS EM COMISSÃO

Cargos	Símbolo	Total
Conselheiro	SE	05
Secretário Executivo	SS	01
Procurador Geral	SS	01
Gerente de Câmara *	SA	02
Assessor de Conselheiro	DG	05
Assessor Especial	DG	02
Assessor-Chefe	DG	03
Ouvidor	DG	01
Chefe de Gabinete	CG	01
Superintendente	DG	02
Assessor	DAS-8	09
Diretor de Departamento	DAS-8	05
Assistente	DAS-6	11
Total		48

LEI Nº 4.556, DE 06 DE JUNHO DE 2005

- CRIA, ESTRUTURA, DISPÕE SOBRE O FUNCIONAMENTO DA AGÊNCIA REGULADORA DE ENERGIA E SANEAMENTO BÁSICO DO ESTADO DO RIO DE JANEIRO - AGENERSA, E DÁ OUTRAS PROVIDÊNCIAS.

ÍNDICE

Capítulo I
DA AUTARQUIA

Art. 1º. Fica instituída, sob a forma de autarquia especial, a Agência Reguladora de Energia e Saneamento Básico do Estado do Rio de Janeiro – AGENERSA, com personalidade jurídica de direito público e plena autonomia administrativa, técnica e financeira, e cuja vinculação será definida em decreto, que lhe fixará a estrutura administrativa, atribuições e normas de funcionamento.

Art. 2º. A AGENERSA tem por finalidade exercer o poder regulatório, acompanhando, controlando e fiscalizando as concessões e permissões de serviços públicos concedidos:

I – na área de energia do Estado do Rio de Janeiro, nela incluída a distribuição de gás canalizado e outras formas de energia, nos quais o Estado figure por disposição legal ou pactual, como Poder Concedente ou Permitente, nos termos das normas legais regulamentares e consensuais pertinentes;

II – na área de serviços de esgoto sanitário e industrial e de abastecimento de água e de coleta e disposição de resíduos sólidos prestados pelas empresas outorgadas, concessionárias e permissionárias, nas quais o Estado figure como Poder Concedente ou Permitente, nos termos das normas legais, regulamentares e consensuais pertinentes, e por serviços autônomos dos municípios, estes, respeitados os limites de autonomia municipal, mediante convênios.

§ 1º – A AGENERSA poderá exercer funções, nas concessões e permissões de serviços públicos de energia, por delegação, quando o Poder Concedente for a União, mediante convênio específico.

§ 2º – Para efeitos desta Lei, consideram-se compreendidos nos serviços públicos de saneamento básico os sistemas de:

I – abastecimento de água, integrado pelo conjunto de obras, instalações e equipamentos que têm por finalidade realizar as etapas de captação, adução, tratamento, reservação e distribuição de água;

II – esgotamento sanitário, integrado pelo conjunto de obras, instalações e equipamentos que têm por finalidade realizar as etapas de coleta, transporte, tratamento das águas residuárias ou servidas e destinação final adequada dos resíduos do seu tratamento.

Art. 3º. No exercício de suas atividades, pugnará a AGENERSA pela garantia dos seguintes princípios fundamentais:

I – prestação pelos concessionários, de serviço adequado ao pleno atendimento dos usuários, tanto qualitativa quanto quantitativamente;

II – a existência de regras claras inclusive sob o aspecto tarifário, com vistas à manutenção do equilíbrio econômico-financeiro dos contratos;

III – estabilidade nas relações envolvendo o Poder Concedente, concessionários ou permissionários e usuários, no interesse de todas as partes envolvidas;

IV – a modicidade das tarifas para os usuários;

V – proteção dos usuários contra práticas abusivas e monopolistas;

VI – a expansão dos sistemas, o atendimento abrangente da população, a otimização ao uso dos bens coletivos e a modernização e aperfeiçoamento, eficiência e economicidade dos serviços prestados;

VII - eqüidade no tratamento dispensado aos usuários, às diversas entidades reguladas e demais instituições envolvidas na prestação ou regulação dos serviços de energia e saneamento básico, permitidos ou concedidos;

Art. 4º. Compete à AGENERSA, no âmbito de suas atribuições e responsabilidades, observadas as disposições legais e pactuais pertinentes:

I - zelar pelo fiel cumprimento da legislação e dos contratos de concessão ou permissão de serviços públicos relativos à esfera de suas atribuições;

II - dirimir, como instância administrativa definitiva, conflitos envolvendo o Poder Concedente ou Permitente, os concessionários ou permissionários de serviços públicos na área de energia e saneamento básico e os respectivos usuários, excetuados os serviços públicos de energia elétrica; (Nova redação dada pela Lei 8638/2019.)

III - decidir, como instância administrativa definitiva, os pedidos de revisão de tarifas de serviços públicos concedidos ou permitidos, mediante apresentação, quando for o caso, de planilhas de custos elaboradas de forma detalhada pelos concessionários ou permissionários;

IV - fiscalizar, diretamente ou mediante delegação, os aspectos técnico, econômico, contábil e financeiro, sempre nos limites estabelecidos em normas legais, regulamentares ou pactuais, os contratos de concessão ou permissão de serviços públicos, aplicando diretamente as sanções cabíveis;

V - expedir deliberações e instruções tendo por objeto os contratos submetidos a sua competência, inclusive fixando prazos para cumprimento de obrigações por parte das concessionárias e permissionárias, de ofício ou quando instada por conflito de interesses;

VI - determinar diligências junto ao Poder Concedente, concessionários, permissionários e usuários dos serviços, podendo para tanto ter amplo acesso aos dados e informações relativos aos contratos de sua competência;

VII - promover, com auxílio de entidades públicas e privadas, estudos sobre a qualidade dos serviços públicos concedidos e permitidos com vistas à sua maior eficiência;

VIII - contratar serviços técnicos, vistorias, estudos, auditorias ou exames necessários ao exercício das atividades de sua competência com entes públicos ou privados;

IX - dar publicidade às suas decisões;

X - aprovar seu regimento interno, bem assim a proposta de seu orçamento, a ser incluída no Orçamento Geral do Poder Executivo;

XI - receber, por intermédio da Ouvidoria, sugestões e reclamações de usuários de serviços públicos concedidos ou permitidos sob seu controle, para submissão à apreciação do Conselho-Diretor, com vistas à adoção e julgamento das medidas que entender cabíveis;

XII – respeitar integralmente os prazos legais quanto à apreciação dos pedidos das concessionárias de retomada de equilíbrio físico-financeiro, reajuste tarifário e revisão contratual;

XIII – exigir, conforme previsto nos contratos de concessão ou permissão, a expansão e a modernização dos serviços delegados, de modo a buscar a sua universalização e a melhoria dos padrões de qualidade, ressalvada a competência do Estado quanto a definição das políticas setoriais;

XIV – estabelecer padrões de serviço adequado, garantindo ao usuário regularidade, continuidade, eficiência, segurança, atualidade, generalidade e cortesia na sua prestação e modicidade das tarifas;

XV – deliberar, na esfera administrativa, quanto à interpretação das normas legais e contratuais, no que se refere a serviços públicos de energia e saneamento básico, fixando a orientação a ser adotada nos casos omissos, excetuados os serviços públicos de energia elétrica. (Nova redação dada pela Lei 8638/2019.)

XVI – interagir com as autoridades federais, estaduais e municipais responsáveis pela regulamentação e fiscalização dos serviços públicos de energia e saneamento básico, bem como por outras atividades que afetem esses serviços;

XVII – resguardar os direitos garantidos pela Lei nº 8.078/90 – Código de Defesa do Consumidor.

§ 1º – Poderá a AGENERSA aceitar, parcial ou integralmente, a delegação de atribuições compatíveis com a sua esfera de competência.

§ 2º – A AGENERSA, ao tomar conhecimento de fato que configure ou possa configurar infração da ordem econômica, deverá comunica-lo ao Conselho Administrativo de Defesa Econômica – CADE, à Secretaria de Direito Econômico do Ministério da Justiça ou à Secretaria de Acompanhamento Econômico do Ministério da Fazenda, conforme o caso.

§ 3º – Fica o Estado do Rio de Janeiro autorizado a firmar Convênio de Cooperação com a União, através das suas agências reguladoras, AGENERSA e Agência Nacional de Energia Elétrica – ANEEL, respectivamente, para exercer, por delegação, as atividades descentralizadas de energia elétrica nos termos do Art. 20 da Lei nº 9.427 de 26 de dezembro de 1996. (Incluído pela Lei 8638/2019.)

Capítulo II
DO PATRIMÔNIO E DAS RECEITAS

Art. 5º. A autonomia financeira da AGENERSA será assegurada pelas seguintes fontes de recurso:

I - recursos oriundos da cobrança de taxa de regulação prevista no art. 19 desta Lei;

II - dotações orçamentárias atribuídas pelo Estado em seus orçamentos, bem como créditos adicionais;

III - doações, legados, subvenções e contribuições de qualquer natureza;

IV - valores resultantes de convênios firmados com outros órgãos de direito público ou entidades privadas, nacionais ou estrangeiras;

V - recursos provenientes de convênio acordos ou contratos que vierem a celebrar;

VI - produto das aplicações financeiras de seus recursos;

VII - recursos de outras fontes e eventuais.

Parágrafo único - As contribuições contratuais, porventura estabelecidas, só poderão ser alteradas com anuência da AGENERSA, por decisão unânime de seu Conselho-Diretor.

Capítulo III
DO CONSELHO DIRETOR

Art. 6º. O Conselho-Diretor da AGENERSA é o seu órgão deliberativo superior, incumbindo-lhe exercer as competências previstas nesta Lei, conforme dispuser o seu regimento interno.

Parágrafo único - Compete privativamente ao Conselho-Diretor o exercício das competências previstas nos incisos II, III, V e X do art. 4º desta Lei.

Art. 7º. O Conselho-Diretor da AGENERSA será formado por 05 (cinco) Conselheiros indicados pelo Governador do Estado, e por este nomeados uma vez aprovados, após audiência pública, pela Assembléia Legislativa, cabendo a um deles a Presidência do Conselho, também por indicação do Governador do Estado.

§ 1º - Os Conselheiros deverão satisfazer simultaneamente as seguintes condições:

I - ser brasileiro;

II - possuir ilibada reputação e insuspeita idoneidade moral;

III - ter notável saber jurídico ou econômico ou de administração ou técnico em área específica sujeita ao exercício do Poder Regulatório da AGENERSA, evidenciado por experiência profissional compatível por prazo superior a 10 (dez) anos;

IV - não participar como sócio acionista ou quotista do capital de empresa submetida efetiva ou potencialmente à jurisdição da AGENERSA;

V – não ser cônjuge, companheiro ou parente consangüíneo ou afim, em linha reta ou colateral, até terceiro grau, de dirigente, administrador ou conselheiro de empresas submetidas efetiva ou potencialmente à jurisdição da AGENERSA, ou com pessoa que detenha mais de 1% (um por cento) de seu capital.

§ 2º – Os Conselheiros deverão apresentar certidões negativas dos Distribuidores Cíveis e Criminais e dos Cartórios de Títulos e Documentos.

Art. 8º. É ainda vedado ao Conselheiro, sob pena de perda do mandato:

I – exercer qualquer cargo ou função de controlador, diretor, administrador, gerente, preposto, mandatário ou consultor de empresa submetida efetiva ou potencialmente à jurisdição da AGENERSA;

II – receber a qualquer título quantias, descontos, vantagens ou benefícios de empresas concessionárias ou permissionárias de serviços públicos;

III – ser sócio quotista ou acionista de empresa concessionária ou permissionária de serviços públicos;

IV – exercer atividade político-partidária;

V – manifestar-se publicamente, salvo nas sessões do Conselho-Diretor, sobre assunto submetido à AGENERSA, ou que, pela sua natureza, possa vir a ser objeto de apreciação pela mesma.

Art. 9º. Até 12 (doze) meses após deixar o cargo, seja pelo término do mandato, pela desistência ou pela destituição do cargo, é vedado ao ex-Conselheiro do Conselho-Diretor da AGENERSA:

I – representar qualquer pessoa ou interesse perante a Agência;

II – deter participação, exercer cargo ou função em organização sujeita à regulação da Agência;

III – utilizar em benefício próprio, informações privilegiadas obtidas em decorrência do cargo exercido.

Parágrafo único – A infringência ao disposto no caput deste artigo sujeitará o ex-Conselheiro a uma multa de 100.000 (cem mil) UFIR-RJ cobrável pela AGENERSA, pela via executiva, sem prejuízo de outras sanções cíveis, administrativas ou criminais porventura cabíveis.

Art. 10. Os cargos de Conselheiros serão de dedicação exclusiva, vedada qualquer acumulação que não as constitucionalmente admitidas.

Art. 11. O mandato dos Conselheiros será de 04 (quatro) anos, admitida uma única recondução.

§ 1º – Os Conselheiros, no ato de posse, anualmente e ao fim dos respectivos mandatos, apresentarão o último Imposto de Renda contendo a declaração de bens.

§ 2º - A posse dos Conselheiros implica em prévia assinatura do termo de compromisso, cujo conteúdo espelhará o constante nos incisos IV e V do § 1º do art. 7º e nos incisos I a III do art. 9º, todos desta Lei.

Art. 12. As deliberações do Conselho-Diretor serão tomadas em sessão pública e, devidamente fundamentadas, publicadas no Diário Oficial do Estado do Rio de Janeiro.

§ 1º - Facultar-se-á a participação ativa nas deliberações do Conselho, sem direito a voto, e objetivando a defesa dos respectivos interesses em questões específicas, de prepostos ou representantes do Poder Concedente ou Permitente, dos concessionários, aos permissionários, dos usuários e dos municípios envolvidos.

§ 2º - Nas reuniões do Conselho em que estiver submetida à deliberação questão de interesse de município(s) que detenha(m) parcela do Poder Concedente na área de saneamento, garantir-se-á a presença de um vogal por ele(s) indicado, com direito a voto.

§ 3º - O vogal indicado na forma do § 2º deste artigo deverá atender aos requisitos do § 1º do artigo 7º desta Lei, e não perceberá qualquer subsídio ou remuneração da AGENERSA.

Art. 13. Uma vez nomeado, o Conselheiro só perderá o cargo nas hipóteses legais previstas no Art. 9º da Lei Federal 9.986, de 18 de julho de 2000", que assim dispõe: (Nova redação dada pela Lei 8638/2019.)

> Art. 9º. O membro do Conselho Diretor ou da Diretoria Colegiada somente perderá o mandato:
>
> I - em caso de renúncia;
>
> II - em caso de condenação judicial transitada em julgado ou de condenação em processo administrativo disciplinar;
>
> III - por infringência de quaisquer das vedações previstas no Art. 8º-B desta Lei.

Art. 14. No caso de vacância do cargo de Conselheiro, procederá o Governador a nova nomeação, exclusivamente pelo prazo que faltar à complementação do respectivo mandato, observada a parte final do caput do art. 7º desta Lei.

Capítulo IV
DA SECRETARIA EXECUTIVA

Art. 15. A AGENERSA contará com uma Secretaria Executiva, dirigida por um Secretário Executivo nomeado pelo Governador do Estado, à qual incumbirá, conforme detalhar o regimento interno da autarquia, servir como seu principal órgão executivo, prestar apoio ao Conselho-Diretor, e executar a coordenação dos diversos setores e órgãos da entidade.

Capítulo V
DA ESTRUTURA ADMINISTRATIVA

Art. 16. A AGENERSA contará, em sua estrutura administrativa, com Quadro de Pessoal Permanente e Quadro de Cargos em Comissão, previstos nos Anexos I e II desta Lei. (O TJ RJ, na ADI 08/2009, declarou a inconstitucionalidade das normas do art. 16 quanto à expressão "previstos nos Anexos I e II desta lei", dos § 1º e § 2º, Anexos I e II, apenas nas partes relativas a dois cargos de Advogado - provimento efetivo, anexo I - e a dois cargos de Gerente de Câmara, anexo II.)

§ 1º - O quantitativo de cargos constante do Anexo I - Quadro de Pessoal Permanente é oriundo do resultado obtido com a repartição de cargos do Quadro de Pessoal Permanente da ASEP - RJ.

§ 2º - O Quadro de Cargos em Comissão previsto no anexo II resulta da repartição dos cargos do respectivo Quadro da ASEP - RJ, acrescido do quantitativo suficiente ao funcionamento da AGENERSA.

Art. 17. A AGENERSA poderá requisitar servidores públicos para assistirem aos trabalhos de rotina necessários para o fiel desempenho de suas atribuições.

Art. 18. Aqueles que estiverem prestando serviços na AGENERSA, poderão perceber gratificação de encargos especiais, não superiores ao maior encargo pago aos servidores estaduais, sendo necessária expressa autorização do Governador do Estado em processo criado especificamente para este fim. (Nova redação dada pela Lei nº 4567/2005.)

Capítulo VI
DA TAXA DE REGULAÇÃO

Art. 19. A Taxa de Regulação de Serviços Concedidos e Permitidos será recolhida diretamente pelo Concessionário ou Permissionário aos cofres do Fundo de Regulação de Serviços Concedidos e Permitidos do Estado do Rio de Janeiro, criado pela Lei de Criação da AGETRANSP, na área de energia ou saneamento básico, cuja alíquota será 0,5% (meio por cento) sobre o somatório das receitas das tarifas auferidas mensalmente pelo Concessionário ou Permissionário, nas atividades sujeitas à regulação da AGENERSA, nos termos do art. 2º desta Lei, excluídos os tributos sobre elas incidentes.

§ 1º - A taxa a que se refere o caput deste artigo deverá ser recolhida até o décimo dia útil do mês subseqüente ao do ingresso da receita correspondente às tarifas cobradas pelo Concessionário ou Permissionário.

§ 2º - O não recolhimento da taxa no prazo fixado no parágrafo anterior implicará em multa de 10% (dez por cento), e juros moratórios de 1% (um por cento) a cada 30 (trinta) dias de atraso, bem assim na incidência de correção monetária, na forma da legislação em vigor.

§ 3º – O disposto neste artigo não se aplica aos serviços públicos de energia elétrica de que trata a Lei nº 9.427, de 26 de dezembro de 1996. (Incluído pela Lei 8638/2019.)

Capítulo VII
DAS DISPOSIÇÕES FINAIS E TRANSITÓRIAS

Art. 20. Excepcionalmente, na primeira instalação do Conselho-Diretor da AGENERSA, 01 (um) Conselheiro terá mandato de 04 (quatro) anos, 03 (três) terão mandato de 03 (três) anos e 01 (um) terá mandato de 02 (dois) anos, circunstância que constará dos respectivos atos de nomeação.

Parágrafo único – No caso do Chefe do Poder Executivo, ter a seu critério, indicado um ou mais dos atuais Conselheiros da ASEP – RJ para exercício do mandato na AGENERSA, caberá ao Chefe do Poder Executivo indicar o tempo do respectivo mandato no ato de sua nomeação.

Art. 21. As competências estabelecidas em leis, decretos, contratos, convênios ou quaisquer outros instrumentos congêneres, conferidas à Agência Reguladora de Serviços Públicos Concedidos do Estado do Rio de Janeiro – ASEP – RJ relativas às atividades finalísticas da AGENERSA, serão a ela transferidas, bem como poderão ser, a ela transferidos, também, patrimônio, cargos do Quadro de Pessoal Permanente e do Quadro de Cargos em Comissão, ocupados ou vagos, direitos e obrigações e inclusive o acervo de decisões, de modo a assegurar a continuidade na prestação dos serviços então de responsabilidade daquela autarquia.

Art. 22. Fica o Poder Executivo autorizado a ratear, a seu critério, entre a AGENERSA e a Agência Reguladora de Serviços Públicos Concedidos de Transporte Aquaviários, Ferroviários e Metroviários e de Rodovias do Estado do Rio de Janeiro – AGETRANSP, o saldo financeiro das receitas previstas no art. 19 da Lei nº 2.686, de 12/2/1997.

Art. 23. Para que não haja prejuízo à regulação das atividades de energia e saneamento básico no Estado do Rio de Janeiro, desde a publicação desta Lei, até o efetivo início das atividades pela AGENERSA, suas competências serão exercidas, transitoriamente, pela ASEP – RJ e, na ausência desta, pela pessoa jurídica que vier a sucedê-la.

Art. 24. Fica o Poder Executivo autorizado a abrir créditos adicionais e criar programas de trabalho específicos, quando necessários à implantação da presente Lei. (Nova redação dada pela Lei nº 4567/2005.)

Art. 25. Esta Lei entrará em vigor a partir de 15 (quinze) dias da data de sua publicação, revogadas as disposições em contrário.

Rio de Janeiro, 06 de junho de 2005.

ROSINHA GAROTINHO

Governadora

ANEXO I
QUADRO DE PESSOAL PERMANENTE

Cargos	Requisitos mínimos para ingresso	Quantitativo
Regulador	Nível Superior Completo e 10 (dez) anos de experiência profissional	05
Analista de Regulação	Nível Superior Completo	11
Técnico de Regulação	Técnico de Contabilidade, Técnico de Informática ou Nível Médio Completo	08
Assistente de Regulação	Nível Médio Completo	04
Advogado *	Nível Superior em Direito, com no mínimo 10 (dez) anos de experiência	02
Total		30

ANEXO II
QUADRO DE CARGOS EM COMISSÃO

Cargos	Símbolo	Total
Conselheiro	SE	05
Secretário Executivo	SS	01
Procurador Geral	SS	01
Gerente de Câmara *	SA	03
Assessor de Conselheiro	DG	05
Assessor Especial	DG	03
Assessor-Chefe	DG	03
Ouvidor	DG	01
Chefe de Gabinete	CG	01
Superintendente	DG	02
Assessor	DAS-8	09
Diretor de Departamento	DAS-8	05
Assistente	DAS-6	11
Total		50

LEI Nº 5.101, DE 04 DE OUTUBRO DE 2007

- DISPÕE SOBRE A CRIAÇÃO DO INSTITUTO ESTADUAL DO AMBIENTE - INEA E SOBRE OUTRAS PROVIDÊNCIAS PARA MAIOR EFICIÊNCIA NA EXECUÇÃO DAS POLÍTICAS ESTADUAIS DE MEIO AMBIENTE, DE RECURSOS HÍDRICOS E FLORESTAIS.

ÍNDICE

Capítulo I

Art. 1º. Esta Lei dispõe sobre a unificação da atuação da administração indireta estadual em matéria ambiental, visando maior eficiência na preservação do meio ambiente.

Art. 2º. Fica criado o Instituto Estadual do Ambiente - INEA, entidade integrante da Administração Pública Estadual Indireta, submetida a regime autárquico especial e vinculada à Secretaria de Estado do Ambiente, com a função de executar as políticas estaduais do meio ambiente, de recursos hídricos e de recursos florestais adotadas pelos Poderes Executivo e Legislativo, com sede na Capital do Estado.

§ 1º – O instituto terá como órgão máximo o Conselho Diretor, devendo contar, também, com uma Procuradoria, uma Corregedoria, uma Biblioteca, um Laboratório de Análises de Qualidade Ambiental, uma Ouvidoria, Agências Regionais, além das unidades especializadas incumbidas de diferentes funções. (Parágrafo e incisos com redação dada pela Lei 7511/2017.)

I - As Agências Regionais dispostas neste parágrafo, deverão ser instaladas e situadas obedecendo o critério de distribuição de acordo com as Regiões Hidrográficas existentes.

II - Nos casos em que houver baixa demanda administrativa e necessidade de contenção de despesas, uma Agência Regional poderá atender a demanda administrativa de outra Agência da Região Hidrográfica limítrofe, desde que haja viabilidade técnica, devidamente justificada.

§ 2º - A natureza de autarquia especial conferida ao Instituto é caracterizada por autonomia administrativa, financeira e patrimonial, assegurando-se-lhe, nos termos desta Lei, as prerrogativas necessárias ao exercício adequado de sua competência.

§ 3º - O Instituto integrará o Sistema Nacional do Meio Ambiente - SISNAMA, o Sistema Nacional de Gerenciamento de Recursos Hídricos - SNGRH, Sistema Estadual de Gerenciamento de Recursos Hídricos - SEGRH e Sistema Nacional de Unidades de Conservação - SNUC.

Art. 3º. A instalação do Instituto implicará na extinção da Fundação Estadual de Engenharia do Meio Ambiente - FEEMA, da Fundação Superintendência Estadual de Rios e Lagoas - SERLA, da Fundação Instituto Estadual de Florestas - IEF, com a conseqüente transferência de suas competências e atribuições.

Art. 4º. Caberá ao Poder Executivo instalar o Instituto, devendo o seu regulamento, aprovado por decreto do Governador, fixar-lhe a estrutura organizacional.

§ 1º - A edição do regulamento marcará:

I - a instalação do Instituto, investindo-o automaticamente no exercício de suas atribuições e

II - a extinção:

a) da Fundação Estadual de Engenharia do Meio-Ambiente - FEEMA, criada pelo Decreto-lei nº 39, de 24 de março de 1975;

b) da Fundação Superintendência Estadual de Rios e Lagoas - SERLA, criada pelo Decreto-lei nº 39, de 24 de março de 1975, e transformada em Fundação por meio da Lei nº 1.671, de 21 de junho de 1990;

c) da Fundação Instituto Estadual de Florestas - IEF, criada pela Lei nº 1.071, de 18 de novembro de 1986 e transformada em fundação pela Lei nº 1.315, de 07 de junho de 1988.

III - a transferência ao Instituto de todo o acervo técnico e patrimonial e de todos os cargos em comissão e funções gratificadas das fundações mencionadas no inciso II;

IV - a transferência ao Instituto de todas as atribuições e competências anteriormente exercidas pelas fundações mencionadas no inciso II.

§ 2º - As receitas arrecadadas pelas fundações referidas passarão a ser arrecadadas pelo Instituto.

Art. 5º. Ao Instituto compete implementar, em sua esfera de atribuições, a política estadual de meio ambiente e de recursos hídricos fixada pelos órgãos competentes, em especial:

I - conduzir os processos de licenciamento ambiental de competência estadual e expedir as respectivas licenças, determinando a realização e aprovando os estudos prévios de impacto ambiental, observado o disposto no § 1º deste artigo;

II - exercer o poder de polícia em matéria ambiental e de recursos hídricos, sem prejuízo das atribuições dos demais órgãos do Sistema Estadual de Gerenciamento de Recursos Hídricos, aplicando medidas acauteladoras e sanções administrativas, em decorrência da prática de infrações administrativas ambientais, observado o disposto nos §§ 2º e 3º deste artigo;

III - expedir normas regulamentares sobre as matérias de sua competência, respeitadas as competências dos órgãos de deliberação coletiva vinculados à Secretaria de Estado do Ambiente, em especial o Conselho Estadual de Recursos Hídricos e a Comissão Estadual de Controle Ambiental - CECA;

IV - editar atos de outorga e extinção de direito de uso dos recursos hídricos;

V - efetuar a cobrança aos usuários pelo uso dos recursos hídricos, sem prejuízo das atribuições dos demais órgãos do Sistema Estadual de Gerenciamento de Recursos Hídricos;

VI - aprovar Projetos de Alinhamento de Rio (PAR) e Projetos de Alinhamento de Orla de Lagoa ou Laguna (PAOL), demarcar Faixas Marginais de Proteção (FMP) e expedir autorização prevista na Lei nº 650, de 11 de janeiro de 1983, observado, quanto a esta, o § 4º deste artigo;

VII - gerir as unidades estaduais de conservação da natureza e outros espaços territoriais e seus componentes a serem especialmente protegidos, incluindo aqueles não previstos no Sistema Nacional de Unidades de Conservação - SNUC;

VIII - fixar o valor a ser cobrado pela visitação das unidades estaduais de conservação, bem como pelos serviços e atividades de cada unidade;

IX - expedir a autorização de que trata o § 3º do art. 36 da Lei Federal nº 9.985, de 18 de julho de 2000, observado o disposto no § 4º deste artigo;

X - celebrar termos de ajustamento de conduta, nas hipóteses previstas na legislação;

XI - resolver quanto à celebração, alteração ou extinção de seus contratos, bem como quanto à nomeação, exoneração e demissão de servidores, realizando os procedimentos necessários, na forma em que dispuser o regulamento;

XII – adquirir, administrar e alienar seus bens, observada a legislação específica;

XIII – formular à Secretaria de Estado do Ambiente – SEA proposta de orçamento;

XIV – aprovar o seu regimento interno;

XV – elaborar relatório anual de suas atividades, nele destacando o cumprimento da política de meio ambiente, dos recursos hídricos e dos recursos florestais;

XVI – enviar o relatório anual de suas atividades à Secretaria de Estado do Ambiente – SEA e, por intermédio da Chefia do Poder Executivo, à Assembléia Legislativa do Estado, disponibilizando-o posteriormente na rede mundial de computadores;

XVII – promover ações de recuperação ambiental;

XVIII – realizar ações de controle e desenvolvimento florestal.

§ 1º – A expedição da licença ambiental será de competência da Comissão Estadual de Controle Ambiental – CECA nas seguintes hipóteses:

I – atividades e empreendimentos executados pelo próprio Instituto e que estejam sujeitos ao licenciamento ambiental;

II – atividades e empreendimentos previstos nos incisos III, V e XII do art. 1º da Lei nº 1.356, de 03 de outubro de 1988;

III – outras atividades potencialmente causadoras de significativa degradação do meio ambiente especificadas no regulamento desta Lei;

§ 2º – O regulamento da presente Lei poderá estabelecer que a aplicação de determinadas sanções seja atribuída à Comissão Estadual de Controle Ambiental – CECA ou ao Secretário de Estado do Ambiente.

§ 3º – O regulamento da presente Lei poderá estabelecer as hipóteses nas quais, contra decisões finais tomadas pelo Instituto, caberá a interposição de recurso administrativo, a ser apresentado no prazo de 15 (quinze) dias, perante a Comissão Estadual de Controle Ambiental – CECA ou perante o Secretário de Estado do Ambiente.

§ 4º – Quando as atividades ou empreendimentos sujeitos à obtenção das autorizações de que tratam os incisos VI e IX do caput deste artigo estiverem igualmente sujeitas ao licenciamento ambiental estadual, este absorverá as autorizações em questão.

Art. 6º. O INEA poderá proceder à descentralização do licenciamento ambiental de atividades de pequeno e médio impacto ambiental aos municípios, desde que cumpridas as seguintes condições:

I – disponha o município de infra-estrutura administrativa necessária para execução do convênio, dando conhecimento para o público do local onde serão requeridas as licenças;

II – tenha implementado e em funcionamento o Conselho Municipal de Meio Ambiente, instância colegiada, consultiva e deliberativa de gestão ambiental, com representação da sociedade civil paritária à do Poder Público;

III – possua, nos quadros do órgão municipal de meio ambiente, ou à disposição desse órgão, profissionais habilitados para realização do licenciamento ambiental;

IV – possua servidores municipais com competência para o exercício da fiscalização ambiental da atividade licenciada, bem como estrutura própria para o exercício de força coercitiva, no sentido de aplicar as penalidades previstas em lei;

V – possua legislação suplementar própria, necessária a disciplinar o licenciamento ambiental e prevendo sanções administrativas pelo descumprimento das restrições de licença e para reprimir outras infrações administrativas ambientais;

VI – possua plano diretor e

VII – tenha implantado o Fundo Municipal de Meio Ambiente.

Parágrafo único – Os Municípios limítrofes poderão estabelecer consórcios objetivando potencializar a infra-estrutura, os técnicos e as despesas necessárias ao licenciamento.

Capítulo II
Do Conselho Diretor

Art. 7º. O Conselho Diretor será composto pelo presidente e todos diretores, que decidirão por maioria absoluta. (Nova redação dada pela Lei 7511/2017.)

§ 1º – Cabe ao presidente o voto próprio e de qualidade.

§ 2º – Cada diretor votará com independência, fundamentando seu voto.

Art. 8º. As sessões do Conselho Diretor serão registradas em atas, que ficarão arquivadas na Biblioteca e na rede mundial de computadores, no sítio eletrônico do Instituto, disponíveis para conhecimento geral.

§ 1º – Quando a publicidade puder violar segredo protegido por lei, os registros correspondentes serão mantidos em sigilo.

§ 2º – As sessões deliberativas do Conselho Diretor que se destinem a decidir sobre processos de licenciamento ambiental serão públicas, permitidas as suas gravações por meios eletrônicos e assegurado aos interessados o direito de delas obter transcrições, ressalvado o disposto na parte final do inciso VI do art. 9º da presente Lei.

§ 3º – O Conselho Diretor se reunirá no mínimo uma vez por mês.

Art. 9º. Compete ao Conselho Diretor:

I – submeter ao Governador, por intermédio da Secretaria de Estado do Ambiente, as modificações do regulamento do Instituto;

II – editar normas sobre matérias de competência do Instituto;

III – aprovar o regimento interno;

IV – resolver sobre a aquisição e a alienação de bens;

V – autorizar a contratação de serviços de terceiros, na forma da legislação em vigor;

VI – decidir sobre processos de licenciamento ambiental de competência do Instituto, observado o § 1º do art. 5º desta Lei, ressalvadas as hipóteses de atividades ou empreendimentos de baixo impacto, que poderão ser submetidos a processos simplificados de licenciamento, cometidos à diretoria específica.

VII – deliberar sobre as minutas de atos normativos que serão disponibilizados à consulta pública.

Parágrafo único – Fica vedada a realização por terceiros da fiscalização de competência do INEA, ressalvadas as atividades de apoio técnico e administrativo, bem como a fiscalização que tenha sido objeto de delegação por meio de convênio ou outro instrumento celebrado com pessoas jurídicas de direito público.

Art. 10. O Conselho Diretor submeterá relatório anual ao Governador e ao Tribunal de Contas, nos termos da regulamentação desta Lei.

Art. 11. Os membros do Conselho Diretor deverão ter reputação ilibada, formação universitária e elevado conceito no campo de sua especialidade, devendo ser escolhidos e nomeados pelo Governador.

Parágrafo único – VETADO.

Art. 12. Caberá também aos diretores a direção dos órgãos administrativos do Instituto.

Art. 13. Até dois anos após deixar o cargo, é vedado ao membro do Conselho Diretor representar qualquer pessoa ou interesse perante o Instituto.

Parágrafo único – É vedado, ainda, ao ex-membro do Conselho Diretor do INEA e da Comissão Estadual de Controle Ambiental – CECA utilizar informações privilegiadas obtidas em decorrência do cargo exercido, sob pena de incorrer nas penalidades da legislação vigente.

Art. 14. Cabe ao diretor-presidente a representação do Instituto, o comando hierárquico sobre o pessoal e o serviço, exercendo todas as competências administrativas correspondentes, bem como a presidência das sessões do Conselho Diretor.

§ 1º – O Instituto contará com uma Procuradoria, sendo o cargo de Procurador-Chefe privativo de Procurador do Estado.

§ 2º – A representação judicial do Instituto será exercida pela Procuradoria-Geral do Estado.

Capítulo III
Da Atividade e do Controle

Art. 15. A atividade do Instituto será juridicamente condicionada pelos princípios da legalidade, probidade administrativa, supremacia do interesse público, celeridade, finalidade, razoabilidade, proporcionalidade, impessoalidade, igualdade, publicidade, eficiência, devido processo legal, ampla defesa e moralidade.

Art. 16. Ressalvados os documentos e os autos cuja divulgação possa violar segredo protegido ou a intimidade nos termos da legislação própria vigente, todos os demais, uma vez finalizados, permanecerão abertos à consulta do público na Biblioteca e, sempre que possível, no sítio eletrônico do Instituto.

Parágrafo único – Desde que requerido e aprovado na forma do caput deste artigo o Instituto garantirá o tratamento confidencial das informações técnicas, operacionais, econômico-financeiras e contábeis que solicitar às empresas, nos termos do regulamento.

Art. 17. Os atos normativos ou decisórios do Instituto deverão ser sempre acompanhados da exposição formal dos motivos que os justifiquem.

Art. 18. Os atos normativos somente produzirão efeito após publicação no Diário Oficial do Estado e, aqueles de alcance particular, após a correspondente notificação.

Art. 19. Na invalidação de atos será garantida previamente a manifestação dos interessados.

Art. 20. O Ouvidor e o Corregedor serão nomeados pelo Governador para mandatos de dois anos, admitida uma única recondução, devendo possuir notável saber jurídico, administrativo e comprovada experiência na área ambiental.

Parágrafo único – O Ouvidor terá acesso a todos os assuntos e contará com o apoio administrativo de que necessitar, competindo-lhe produzir, semestralmente ou quando oportuno, apreciações críticas sobre a atuação do Instituto, encaminhando-as ao Conselho Diretor, à Secretaria de Estado do Ambiente, a outros órgãos do Poder Executivo e à Assembléia Legislativa do Estado, fazendo publicá-las para conhecimento geral.

Art. 21. A Corregedoria acompanhará e fiscalizará permanentemente o desempenho dos servidores do Instituto, avaliando sua eficiência e o cumprimento dos deveres funcionais, realizando correições e conduzindo processos disciplinares na forma do regulamento.

Capítulo IV
Das Disposições Finais e Transitórias

Art. 22. O Poder Executivo poderá, com a participação do Instituto, celebrar convênios ou outros instrumentos com pessoas jurídicas de direito público, tendo como objeto a execução conjunta, ou por delegação, de atividades específicas e determinadas que, objeto da presente Lei, sejam de competência do Estado ou das demais pactuantes.

§ 1º – A celebração de convênios ou outros instrumentos com pessoas de direito público, previstos no caput deste artigo, deverá ser comunicada à Assembléia Legislativa do Estado do Rio de Janeiro.

§ 2º – Fica proibida a contratação de auditoria ambiental e EIA/RIMAs por parentes até o 2º grau dos gestores do órgão, no âmbito do Estado do Rio de Janeiro.

Art. 23. Serão transferidos para o quadro de pessoal do Instituto, a contar da data de sua instalação, todos os cargos de provimento efetivo e empregos públicos integrantes dos quadros de pessoal das fundações referidas no inciso II do § 1º do art. 4º desta Lei.

§ 1º – Lei específica, de iniciativa do Poder Executivo, disporá sobre o quadro de cargos e carreiras do Instituto e sobre as eventuais transformações dos cargos transferidos na forma do caput deste artigo.

§ 2º – Os servidores públicos titulares de cargos de provimento efetivo serão organizados em quadro permanente e os empregados públicos, em quadro suplementar, permanecendo estes regidos pela legislação trabalhista pertinente, com garantia de seus direitos e vantagens, extinguindo-se os empregos à medida em que vagarem.

Art. 24. Os servidores do INEA serão regidos pelo Regime Estatutário.

Art. 25. Ficam criados os cargos mencionados nos quantitativos e com atribuições previstos no Anexo I desta Lei.

Art. 26. Fica desde já autorizada a abertura e realização de concurso público de provas para o preenchimento de 75 (setenta e cinco) vagas de nível superior descritas no Anexo I, bem como de 170 (cento e setenta) vagas existentes e ociosas de nível médio e superior indicadas no Anexo III, previstas na Lei nº 4.791/2006, na Lei nº 4.792/2006 e na Lei nº 4.793/2006, totalizando 245 (duzentos e quarenta e cinco) vagas.

Parágrafo único – O regime de trabalho de que trata o caput do presente artigo é de 40 (quarenta) horas semanais.

Art. 27. Os artigos 13, 25, 29 e 30, da Lei nº 3.467, de 14 de setembro de 2000, que fica acrescida de um artigo 24-A, passam a vigorar com a seguinte redação, modificando-se ainda o título da Seção IV do Capítulo II:

Art. 13. O auto de infração será lavrado com base no auto de constatação e nos demais elementos do processo, pelo servidor ou órgão próprio do Instituto Estadual do Ambiente - INEA ou, quando assim estabelecido em Regulamento, pelo órgão próprio ou pelo titular da Secretaria de Estado do Ambiente.

Parágrafo único - (...)

(...)

II - o prazo para interposição de impugnação; (...)

Seção IV - Da impugnação e do recurso

Art. 24-A. Contra o auto de infração poderá ser interposta impugnação, no prazo máximo de 15 (quinze) dias corridos, contados da data da ciência da autuação.

§ 1º - Caso formulado pedido de produção de provas o processo será instruído na forma dos artigos 16 a 22 desta Lei.

§ 2º - Inexistindo pedido de produção de provas ou tendo sido formulado pedido manifestamente protelatório ou dispensável, o processo será remetido para decisão, na forma do art. 24 desta Lei.

Art. 25. Da decisão que apreciar a impugnação ao auto de infração, poderá o infrator interpor recurso para o órgão próprio do Instituto Estadual do Ambiente - INEA ou, quando assim estabelecido em Regulamento, para o órgão próprio ou para o titular da Secretaria de Estado do Ambiente, no prazo de 15 (quinze) dias contados da intimação, nos termos do art. 14 desta Lei.

Art. 29. (...)

(...)

§ 2º - A decisão produzirá efeito de imediato e vigorará pelo prazo máximo de 60 (sessenta) dias.

§ 3º - Intimado o infrator da providência cautelar aludida, o agente fiscalizador, sob pena de infração disciplinar grave, comunicará o fato a seu superior imediato para que este dê ciência ao diretor competente do Instituto Estadual do Ambiente - INEA, ou a seu Conselho Diretor, nos casos de sua competência, a fim de que, fundamentadamente e no prazo máximo de 60 (sessenta) dias, seja suspensa ou ratificada a medida.

Art. 30. Aplicam-se, no que couber, as disposições relativas ao processo administrativo, constantes do Título IV do Decreto nº 31.896, de 20 de setembro de 2002."(NR)

Art. 28. Esta Lei entrará em vigor na data de sua publicação, revogadas as disposições em contrário, em especial o § 9º do art. 2º, os §§ 4º e 5º do art. 29 e o art. 98 da Lei nº 3.467, de 14 de setembro de 2000.

Rio de Janeiro, 04 de outubro de 2007.

SÉRGIO CABRAL

Governador

ANEXO I
CARGOS CRIADOS PARA O INSTITUTO ESTADUAL DO AMBIENTE - INEA

CARGOS	QUANTITATIVO
GEÓGRAFO	11
GEÓLOGO	6
ARQUITETO	6
ENGENHEIRO CIVIL	4
ENGENHEIRO HIDRÁULICO	7
ENGENHEIRO FLORESTAL	13
ENGENHEIRO QUÍMICO	9
ENGENHEIRO DE SEGURANÇA DO TRABALHO	1
ENGENHEIRO SANITARISTA	4
ENGENHEIRO DE MINAS	1
ENGENHEIRO AGRÔNOMO	4
ENGENHEIRO DE PETRÓLEO	4
TECNÓLOGO	5
	TOTAL: 75

ANEXO II
DESCRIÇÃO DAS ATRIBUIÇÕES DOS CARGOS CONSTANTES DO ANEXO I

GEÓGRAFO
Análise da organização e da dinâmica espacial em escala local e regional, caracterização fisiográfica, análises integradas e multicriteriais dos parâmetros geográficos, estudos e diagnósticos ambientais, formulação de planos de gestão territorial e ambiental, etc. Estruturação de Sistema de Informação Geográfica (SIG), tratamento e interpretação de imagens de satélite, desenvolvimento de aplicativos relacionados ao geoprocessamento, análises integradas e multicriteriais, zoneamentos ambientais, cartografia digital, avaliação de EIA/RIMA e estudos ambientais.

GEÓLOGO
Análise e avaliação de condicionantes lito-estruturais, com enfoque para análises de impactos associados à extração mineral, hidrogeologia e contaminação do solo e subsolo(lençol e aqüíferos); avaliação de EIA/RIMA no que diz respeito as aspectos geológicos e geofísicos.

ARQUITETO
Analise de viabilidade locacional de empreendimentos, análise de parâmetros urbanísticos, análise de impacto de vizinhança, proposição de zoneamentos ambientais, estudos urbanísticos, proposição de projetos de ordenamento territorial; avaliação de EIA/RIMA e estudos ambientais.

ENGENHEIRO CIVIL
Estudar, projetar, dirigir e fiscalizar a construção de obras de edifícios, de captação e abastecimento d'água, de drenagem e irrigação, de pavimentação, de aproveitamento de energia, de urbanismo e outras pertinentes à Engenharia Civil; avaliação de EIA/RIMA e estudos ambientais.

ENGENHEIRO HIDRÁULICO
Concepção, elaboração, verificação e coordenação de projetos de obras hidráulicas e instalações hidro-sanitárias de estruturas, envolvendo estruturas hidráulicas de sistemas de água de refrigeração, de sistemas de drenagem pluvial e esgotos sanitários, de sistemas de tratamento de água e esgotos e de obras marítimas. Desenvolvimento de estudos e projetos de sistemas hidráulicos em geral (inclusive instalações hidro-sanitárias), incluindo recirculação térmica, transientes hidráulicos, estudos em modelos reduzidos, modelagem matemática, estudos de seleção de sítios, estudos de escoamentos subsuperficiais, investigações hidrológicas e investigações oceanográficas. Executar tarefas correlatas; avaliação de EIA/RIMA e estudos ambientais.

ENGENHEIRO FLORESTAL
Atuar na área de estudos e planejamento ambientais para projetos de empreendimentos de geração elétrica (usinas hidrelétricas, térmicas e outras); contribuir para a elaboração de estudos de impacto ambiental (inventários hidrelétricos, EIA/RIMA's), através de levantamentos de campo e elaboração de diagnósticos, prognósticos e indicação de medidas e programas de controle relativos a recursos florestais, solos, aptidão agrícola, e usos e cobertura vegetal do solo; contribuir para a elaboração de Projetos Básicos Ambientais (PBA), com a caracterização dos impactos ambientais e a descrição de medidas, planos e programas relativos ao aproveitamento científico e monitoramento da flora, recuperação de áreas degradadas e implantação de faixa ciliar; participar do planejamento de atividades de conservação de recursos naturais do solo e da flora, visando a manutenção da biodiversidade; participar do planejamento de projetos de extensão florestal e educação ambiental nos aspectos relacionados à preservação da flora e da fauna. Planejar e controlar os programas florestais e ambientais aplicados nas instalações da empresa ou os conveniados com entidades externas; elaborar e acompanhar projetos globais relativos a programas de ocupação florestal, paisagismo, controle de erosão, manutenção de áreas verdes, inventário e manejo de áreas silvestres, produção de mudas e outras atividades correlatas ao ecossistema terrestre no âmbito da empresa; avaliação de EIA/RIMA e estudos ambientais.

ENGENHEIRO QUÍMICO
Análise e avaliação de atividades envolvidas em industriais de transformação com processos físicos, químicos e físico-químicos; análise e avaliação de atividades relacionadas a indústria petrolífera e seus derivados, de gás e de energia; análise e avaliação de sistemas de tratamento de efluentes domésticos e industriais; análise e avaliação de sistemas de tratamento de resíduos gasosos, emissão e imissão de contaminantes do ar; análise e avaliação de contaminantes no ar, água, solos, bem como em amostras de vegetais e de tecido animal; executar ações de antecipação, avaliação e controle de riscos dentro dos ambientes de trabalho com vistas à defesa da integridade da pessoa humana, à promoção da saúde e à proteção do meio ambiente; interpretar normas e elaborar procedimentos técnicos de produtos químicos; elaborar procedimentos operacionais para as atividades de operação e manutenção; avaliação de EIA/RIMA e estudos ambientais.

ENGENHEIRO DE SEGURANÇA DO TRABALHO
Promover a atualização de normas e manuais de segurança; elaborar relatórios de segurança industrial; formar e coordenar o funcionamento da CIPA - Comissão Interna de Prevenção de Acidentes do Trabalho; elaborar mapeamento de riscos em projetos e empreendimentos instalados com a finalidade de dimensionar medidas para assegurar a segurança no trabalho; elaborar o Programa de Controle Médico e Saúde Ocupacional; dimensionar a utilização de equipamentos de segurança individual e coletivo; estabelecer estoque mínimo de equipamentos de segurança individuais e coletivos (EPI e EPC), bem como especificar os referidos materiais para compra; avaliar relatório de segurança; avaliação de EIA/RIMA e estudos ambientais.

ENGENHEIRO SANITARISTA
Aplicação da legislação ambiental e das normas técnicas da ABNT; elaboração de diagnósticos de sistemas (abastecimento de água, esgotamento sanitário, drenagem urbana e resíduos sólidos/lixo); análise de projetos das partes constituintes de cada sistema das técnicas de construção das partes constituintes dos sistemas e dos procedimentos de operação e manutenção dos sistemas; avaliação de EIA/RIMA e estudos ambientais.

ENGENHEIRO DE MINAS
Análise e avaliação de planos de lavra, planos de aproveitamento econômico, pesquisas minerais com ênfase em planejamento de lavra e recuperação em projetos de extração de substâncias minerais diversas; avaliação de EIA/RIMA e estudos ambientais.

ENGENHEIRO DE PETRÓLEO
Executar atividades especializadas em assuntos que envolvam a aplicação de conhecimentos e técnicas inerentes à Engenharia de Petróleo, em terra e no mar, tais como: planejamento, elaboração de projetos, coordenação, fiscalização e assistência técnica às atividades de: perfuração, completação, restauração, estimulação e limpeza de poços petrolíferos; processamento e movimentação de gás natural; controle diário da produção de óleo, gás e água dos reservatórios; tratamento e movimentação do petróleo das estações até os oleodutos; desparafinação de linhas de surgência e de poços; elevação de petróleo; estudos de comportamento e acompanhamento de reservatórios de petróleo. Participar de estudos de impacto ambiental e de segurança das operações realizadas.

TECNÓLOGO
Avaliar processos de produção visando otimizar recursos naturais, e economizar energia e água. O Tecnólogo deve conhecer a legislação aplicável à área ambiental e saber aplicá-la na proteção dos recursos naturais. Deve atuar no reconhecimento, avaliação e gerenciamento das questões ambientais visando a melhoria contínua do meio ambiente em bases sustentáveis, mediante elaboração de avaliações e pareceres técnicos. Deve identificar os processos de degradação natural e conhecer os parâmetros de qualidade ambiental do solo, da água, do ar. Identificar os aspectos ambientais, determinar os impactos e enquadrar nos requisitos legais. Analisar os aspectos *sociais,* econômicos e culturais envolvidos nas questões ambientais. Avaliar os impactos ambientais causados pelas atividades industriais, suas conseqüências na saúde e no ambiente. Aplicar os conhecimentos tecnológicos para solucionar problemas relacionados com a poluição ambiental de atividades produtivas. Conhecer os processos necessários ao monitoramento das instalações e ao tratamento e controle de resíduos líquidos, sólidos e gasosos, provenientes de atividades urbanas e industriais; avaliação de EIA/RIMA e estudos ambientais.

ANEXO III
RELAÇÃO DO QUANTITATIVO DOS 170 CARGOS EXISTENTES E OCIOSOS AUTORIZADOS PARA CONCURSO CONFORME O ART. 24 DA PRESENTE LEI
NÍVEL SUPERIOR

CARGOS	QUANTITATIVO
ANALISTA AMBIENTAL - QUÍMICO	28
ANALISTA AMBIENTAL - BIÓLOGO	38
ANALISTA AMBIENTAL - FARMACÈUTICO	3
ANALISTA AMBIENTAL - METEROLOGISTA	3
ANALISTA ADMINISTRATIVO - ADMINISTRADOR	12
ANALISTA ADMINISTRATIVO - ECONOMISTA	3
ANALISTA ADMINISTRATIVO - CONTADOR	3
ANALISTA ADMINISTRATIVO - ASSISTENTE SOCIAL	1
ANALISTA DE SISTEMAS	6
ADVOGADO	6
BIBLIOTECÁRIO	1
SECRETÁRIA EXECUTIVA	2
VETERINÁRIO	2
AUDITOR	2
	TOTAL: 110

NÍVEL MÉDIO
CARGOS QUANTITATIVO

TÉCNICO EM QUÍMICA	18
TÉCNICO EM LABORATÓRIO	16
TÉCNICO FLORESTAL	8
TÉCNICO EM COMPUTAÇÃO	8
TÉCNICO EM DESENHO	2
ASSISTENTE ADMINISTRATIVO	8
	TOTAL: 60

LEI Nº 5.427, DE 01 DE ABRIL DE 2009

- ESTABELECE NORMAS SOBRE ATOS E PROCESSOS ADMINISTRATIVOS NO ÂMBITO DO ESTADO DO RIO DE JANEIRO E DÁ OUTRAS PROVIDÊNCIAS.

ÍNDICE

Capítulo I
DAS DISPOSIÇÕES GERAIS

Art. 1º. Esta Lei estabelece normas sobre atos e processos administrativos no âmbito do Estado do Rio de Janeiro, tendo por objetivo, em especial, a proteção dos direitos dos administrados e o melhor cumprimento dos fins do Estado.

§ 1º - Para os fins desta Lei, considera-se:

I - órgão: a unidade de atuação integrante da estrutura da Administração direta e da estrutura de uma entidade da Administração indireta;

II - entidade: unidade de atuação dotada de personalidade jurídica;

III - autoridade: o servidor ou agente público dotado de poder de decisão.

§ 2º - Os preceitos desta Lei também se aplicam aos poderes Legislativos, Judiciários, ao Ministério Público, Defensoria Pública e Tribunal de Contas do Estado, quando no desempenho de função administrativa.

Art. 2º. O processo administrativo obedecerá, dentre outros, aos princípios da transparência, legalidade, finalidade, motivação, razoabilidade, proporcionalidade, moralidade, ampla defesa, contraditório, segurança jurídica, impessoalidade, eficiência, celeridade, oficialidade, publicidade, participação, proteção da confiança legítima e interesse público.

§ 1º - Nos processos administrativos serão observadas, entre outras, as seguintes normas:

I - atuação conforme a lei e o direito;

II - objetividade no atendimento do interesse público, vedada a promoção pessoal de agentes ou autoridades;

III - atendimento afins de interesse geral, vedada a renúncia total ou parcial de poderes, salvo autorização em Lei;

IV - atuação segundo padrões éticos de probidade, decoro e boa-fé;

V - impulsão, de ofício, do processo administrativo, sem prejuízo da atuação dos interessados;

VI - indicação dos pressupostos de fato e de direito que determinarem a decisão;

VII - divulgação oficial dos atos administrativos, ressalvadas as hipóteses de sigilo previstas na Constituição da República;

VIII - adequação entre meios e fins, vedada a imposição de obrigações, restrições e sanções em medida superior àquelas estritamente necessárias ao atendimento do interesse público;

IX – observância das formalidades essenciais à garantia dos direitos dos administrados;

X – adoção de formas simples, suficientes para propiciar adequado grau de certeza, segurança e respeito aos direitos dos administrados;

XI – proibição de cobrança de despesas processuais, ressalvadas as previstas em lei;

XII – interpretação da norma administrativa da forma que melhor garanta o atendimento do fim público a que se dirige, vedada a aplicação retroativa de nova interpretação, desfavorável ao administrado, que se venha dar ao mesmo tema, ressalvada a hipótese de comprovada má-fé;

XIII – garantia dos direitos à comunicação, à apresentação de alegações finais, à produção de provas; à interposição de recursos, nos processos que possam resultar sanções e nas situações de litígio.

§ 2º – Qualquer ato que implique dispêndio ou concessão de direitos deverá ter seu respectivo extrato publicado na imprensa oficial.

Capítulo II
DOS DIREITOS DO ADMINISTRADO

Art. 3º. O administrado tem os seguintes direitos perante a Administração, sem prejuízo de outros que lhe sejam assegurados:

I – ser tratado com respeito pelas autoridades e servidores, que deverão facilitar o exercício de seus direitos e o cumprimento de suas obrigações;

II – ter ciência da tramitação dos processos administrativos em que tenha a condição de interessado, ter vista dos autos, obter cópias de documentos nele contidos, permitida a cobrança pelos custos da reprodução, e conhecer as decisões proferidas, na forma dos respectivos regulamentos, ressalvadas as hipóteses de sigilo admitidas em direito;

III – formular alegações e apresentar documentos antes da decisão, os quais serão objeto de consideração pelo órgão competente;

IV – fazer-se assistir, facultativamente, por advogado, salvo quando obrigatória a representação.

Capítulo III
DOS DEVERES DO ADMINISTRADO

Art. 4º. São deveres do administrado perante a Administração, sem prejuízo de outros previstos em ato normativo:

I – expor os fatos conforme a verdade;

II – proceder com lealdade, urbanidade e boa-fé;

III - não agir de modo temerário;

IV - prestar as informações que lhe forem solicitadas e colaborar para o esclarecimento dos fatos.

Capítulo IV
DO INÍCIO DO PROCESSO

Art. 5º. O processo administrativo pode iniciar-se de ofício, a Requerimento, Proposição ou Comunicação do administrado.

Art. 6º. A petição inicial, salvo casos em que for admitida solicitação oral, deve ser formulada por escrito e conter os seguintes elementos essenciais:

I - entidade, órgão ou autoridade administrativa a que se dirige;

II - identificação do requerente ou de quem o represente;

III - domicílio do requerente ou local para recebimento de comunicações;

IV - formulação do pedido, da comunicação, ou da proposição, com exposição dos fatos e de seus fundamentos;

V - data e assinatura do requerente ou de seu representante.

§ 1º - É vedada à Administração a recusa imotivada de recebimento de petições, devendo o servidor orientar o requerente quanto ao suprimento de eventuais falhas.

§ 2º - Constatada a ausência de algum dos elementos essenciais do requerimento pela autoridade competente para o julgamento ou para a instrução, será determinado o suprimento da falta pelo requerente, concedendo-se, para tanto, prazo não inferior a 24 (vinte e quatro) horas úteis nem superior a 10 (dez) dias úteis, a contar da correspondente comunicação, sob pena de arquivamento, salvo se a continuação do feito for de interesse público.

§ 3º - A Proposição será apreciada conforme critérios de conveniência e oportunidade da Administração, segundo as prioridades definidas pelas autoridades competentes.

§ 4º - A renovação de pedidos já examinados, tendo como objeto decisão administrativa sobre a qual não caiba mais recurso, caracterizando abuso do direito de petição, será apenada com multa de 100 UFIR-RJ (cem unidades fiscais de referência do Rio de Janeiro) a 50.000 UFIR-RJ (cinqüenta mil unidades fiscais de referência do Rio de Janeiro), observando-se, na aplicação da sanção, de competência do Secretário de Estado ou da autoridade máxima da entidade vinculada, a capacidade econômica do infrator e as disposições desta Lei relativas ao processo administrativo sancionatório.

Art. 7º. Os órgãos e entidades administrativas deverão elaborar modelos ou formulários padronizados, visando a atender hipóteses semelhantes.

Art. 8º. Quando os pedidos de uma pluralidade de interessados tiverem conteúdo e fundamentos idênticos, poderão ser formulados em um único requerimento, salvo se houver preceito legal em contrário ou se a aglutinação puder prejudicar a celeridade do processamento.

Capítulo V
DOS INTERESSADOS

Art. 9º. Poderão atuar no processo administrativo os interessados como tais designados:

I - as pessoas físicas ou jurídicas que se apresentem como titulares de direitos ou interesses individuais, ou no exercício do direito de representação;

II - aqueles que, sem haverem iniciado o processo, tenham direitos ou interesses que possam ser afetados pela decisão a ser adotada;

III - as organizações e associações representativas, no tocante a direitos e interesses coletivos;

IV - as pessoas físicas ou as associações legalmente constituídas quanto a direitos ou interesses difusos.

Parágrafo único. A atuação no processo administrativo, nos casos dos incisos III e IV deste artigo, dependerá de comprovação de pertinência temática por parte das pessoas neles indicadas.

Capítulo VI
DA COMPETÊNCIA

Art. 10. A competência é irrenunciável e se exerce pelos órgãos administrativos a que for atribuída como própria, ressalvadas as hipóteses de delegação e avocação previstas nesta Lei ou em Leis específicas.

Parágrafo único. O disposto neste artigo não impede a celebração de convênios, consórcios ou instrumentos congêneres, nos termos de legislação própria.

Art. 11. Um órgão administrativo e seu titular poderão, se não houver impedimento legal, delegar parte de sua competência a outros órgãos ou titulares, quando for conveniente, em razão de circunstâncias de natureza técnica, social, econômica, jurídica ou territorial.

§ 1º - O disposto neste artigo aplica-se à delegação de competência dos órgãos colegiados aos respectivos presidentes.

§ 2º - Não podem ser objeto de delegação as matérias de competência exclusiva do órgão ou autoridade.

Art. 12. O ato de delegação e sua revogação deverão ser publicados no meio oficial.

§ 1º – O ato de delegação especificará as matérias e os poderes transferidos, os limites da atuação do delegado, os objetivos da delegação e o recurso cabível, podendo conter ressalva do exercício da atribuição delegada.

§ 2º – O ato de delegação é revogável a qualquer tempo pela autoridade delegante.

§ 3º – As decisões adotadas por delegação devem mencionar explicitamente esta qualidade e considerar-se-ão editadas pelo delegante.

§ 4º – A delegação poderá ser admitida por meio de convênio ou outros atos multilaterais assemelhados.

Art. 13. Será permitida, em caráter excepcional e por motivos relevantes devidamente justificados, a avocação temporária de competência atribuída a órgão hierarquicamente inferior, observados os princípios previstos no art. 2º desta Lei.

Art. 14. Os órgãos e entidades administrativas, bem como as pessoas jurídicas de direito privado prestadoras de serviços públicos, divulgarão publicamente os locais das respectivas sedes e eventuais alterações, horários de atendimento e de prestação dos serviços e, quando conveniente, a unidade funcional competente em matéria de interesse especial, bem como meios de informação à distância e quaisquer outras informações de interesse geral.

Parágrafo único. A administração disciplinará a divulgação das informações previstas no *caput* deste artigo por meio eletrônico.

Art. 15. Inexistindo competência legal específica, o processo administrativo terá início perante a autoridade de menor grau hierárquico para decidir.

Capítulo VII
DOS IMPEDIMENTOS E DA SUSPEIÇÃO

Art. 16. Pode ser argüida a suspeição de autoridade ou agente que tenha amizade íntima ou inimizade notória com algum dos interessados ou com os respectivos cônjuges, companheiros, parentes e afins até o terceiro grau.

Art. 17. Fica impedido de atuar em processo administrativo o servidor ou autoridade que:

I – tenha interesse direto ou indireto na matéria ou na solução do processo;

II – seja cônjuge, companheiro, parente ou afim até o terceiro grau de qualquer dos interessados;

III – tenha dele participado ou dele venha a participar como perito, testemunha ou representante ou se tais situações ocorrerem quanto a qualquer das pessoas indicadas no artigo anterior;

IV – esteja litigando judicial ou administrativamente com o interessado ou com qualquer das pessoas indicadas no artigo anterior.

Art. 18. A autoridade ou servidor que incorrer em impedimento tem o dever de comunicar o fato à autoridade competente, abstendo-se de atuar.

Parágrafo único. A omissão no dever de comunicar o impedimento constitui falta grave, para efeitos disciplinares.

Capítulo VIII
DA FORMA, TEMPO E LUGAR DOS ATOS DO PROCESSO

Art. 19 Os atos do processo administrativo não dependem de forma determinada senão quando a lei expressamente a exigir.

§ 1º – Os atos do processo deverão ser produzidos por escrito, em vernáculo, com a data e o local de sua realização, a identificação e a assinatura da autoridade responsável.

§ 2º – Salvo imposição legal, o reconhecimento de firma somente será exigido quando houver dúvida de autenticidade.

§ 3º – A autenticação de documentos produzidos em cópia poderá ser feita pelo órgão administrativo.

§ 4º – O processo deverá ter suas páginas numeradas seqüencialmente e rubricadas.

§ 5º – A Administração Pública poderá disciplinar, mediante decreto, a prática e a comunicação oficial dos atos processuais por meios eletrônicos, atendidos os requisitos técnicos exigidos na legislação específica, em especial os de autenticidade, integridade e validade jurídica.

Art. 20. Os atos do processo devem realizar-se em dias úteis, no horário normal de funcionamento da repartição pela qual tramitar, salvo nos casos de urgência e interesse público relevante.

§ 1º – Poderão ser concluídos após o horário normal de expediente os atos já iniciados, cuja eventual interrupção possa causar dano ao interessado ou à Administração.

§ 2º – Os atos do processo devem realizar-se preferencialmente na sede do órgão, cientificando-se o interessado se outro for o local de realização.

Art. 21. Inexistindo disposição específica, os atos do órgão ou autoridade responsável pelo processo e dos administrados que dele participem devem ser praticados no prazo de quinze dias úteis, salvo justo motivo.

Capítulo IX
DA COMUNICAÇÃO DOS ATOS

Art. 22. O órgão competente para a condução do processo determinará a intimação do interessado para ciência de decisão ou efetivação de diligências.

§ 1º – A intimação deverá conter:

I – identificação do intimado e nome do órgão ou entidade administrativa;

II – finalidade da intimação;

III – data, local e hora em que deva comparecer;

IV – se o intimado deverá comparecer pessoalmente ou se poderá fazer-se representar;

V – informação da continuidade do processo independentemente do seu comparecimento;

VI – indicação dos fatos e fundamentos legais pertinentes.

§ 2º – A intimação observará a antecedência mínima de três dias úteis quanto à data de comparecimento.

§ 3º – A intimação pode ser efetuada por ciência no processo, por via postal com aviso de recebimento, por telegrama ou outro meio que assegure a ciência do interessado.

§ 4º – No caso de interessados indeterminados, desconhecidos ou com domicílio indefinido, a intimação deve ser efetuada por meio de publicação oficial.

§ 5º – As intimações serão nulas quando feitas sem observância das prescrições legais, mas o comparecimento do administrado supre sua falta ou irregularidade.

Art. 23. O desatendimento da intimação não importa no reconhecimento da verdade dos fatos, nem na renúncia a direito material pelo administrado.

Parágrafo único. O interessado poderá atuar no processo a qualquer tempo recebendo-o no estado em que se encontrar, observado o seguinte:

I – nenhum ato será repetido em razão de sua inércia;

II – no prosseguimento do processo será assegurado o direito ao contraditório e à ampla defesa.

Art. 24. Devem ser objeto de intimação os atos do processo que resultem para o interessado em imposição de deveres, ônus, sanções ou restrição ao exercício de direitos.

Capítulo X
DA INSTRUÇÃO

Art. 25. As atividades de instrução destinadas a averiguar e comprovar os elementos necessários à tomada de decisão realizam-se de ofício, sem prejuízo do direito dos interessados de requerer a produção de provas e a realização de diligências.

Parágrafo único. Os atos de instrução que exijam a atuação dos interessados devem realizar-se do modo que lhes seja menos oneroso.

Art. 26. Cabe ao interessado a prova dos fatos que tenha alegado, sem prejuízo do dever atribuído ao órgão competente para a instrução e do disposto no art. 33 desta Lei.

Parágrafo único. São inadmissíveis no processo administrativo as provas obtidas por meios ilícitos.

Art. 27. Quando a matéria do processo envolver assunto de interesse geral, o órgão competente poderá, mediante despacho motivado, abrir período de consulta pública para manifestação de terceiros, antes da decisão do pedido, se não houver prejuízo para a parte interessada.

§ 1º – A abertura da consulta pública será objeto de divulgação pelos meios oficiais, a fim de que pessoas físicas ou jurídicas possam examinar os autos do processo, bem como a documentação posta à disposição pelo órgão competente, fixando-se prazo para o oferecimento de alegações escritas, que deverão ser consideradas pela Administração.

§ 2º – O comparecimento de terceiro à consulta pública não confere, por si só, a condição de interessado no processo, mas atribui-lhe o direito de obter da Administração resposta fundamentada, que poderá ser comum para todas as alegações substancialmente iguais.

Art. 28. Antes da tomada de decisão, a juízo da autoridade, diante da relevância da questão, poderá ser realizada audiência pública para debates sobre a matéria do processo.

Art. 29. Os órgãos e entidades administrativas, em matéria relevante, poderão valer-se de outros meios de participação singular ou coletiva de administrados, diretamente ou por meio de organizações e associações legalmente reconhecidas.

Art. 30. Os resultados da consulta e audiência públicas e de outros instrumentos de participação de administrados serão divulgados, preferencialmente, por meio eletrônico, com indicação sucinta das suas conclusões e fundamentação.

Art. 31. Quando necessária à instrução do processo, a audiência de outros órgãos ou entidades administrativas poderá ser realizada em reunião conjunta, com a participação de titulares ou representantes dos órgãos competentes, lavrando-se a respectiva ata, a ser juntada ao processo.

Art. 32. A administração pública não conhecerá requerimentos ou requisições de informações, documentos ou providências que:

I - não contenham a devida especificação do objeto e finalidade do processo a que se destinam;

II - não sejam da competência do órgão requisitado;

III - acarretem ônus desproporcionais ao funcionamento do serviço, ressalvada a possibilidade de colaboração da entidade ou órgão requisitante.

Art. 33. Quando o interessado declarar que fatos e dados estão registrados em documentos existentes no próprio órgão responsável pelo processo ou em outro órgão administrativo, a autoridade competente para a instrução, verificada a procedência da declaração, proverá, de ofício, à obtenção dos documentos ou das respectivas cópias, ou justificará a eventual impossibilidade de fazê-lo.

Art. 34. O interessado poderá, na fase instrutória e antes da tomada de decisão, juntar documentos e pareceres, requerer diligências e perícias, bem como aduzir alegações referentes à matéria objeto do processo.

Parágrafo único. Somente poderão ser recusadas, mediante decisão fundamentada, as provas propostas pelos interessados quando sejam ilícitas ou manifestamente impertinentes, desnecessárias ou protelatórias.

Art. 35. Quando for necessária a prestação de informações ou a apresentação de provas pelos interessados ou terceiros, serão expedidas intimações para esse fim, mencionando-se data, prazo, forma e condições de atendimento.

Parágrafo único. Não sendo atendida a intimação, poderá o órgão competente, se entender relevante a matéria, suprir de ofício a omissão, não se eximindo de proferir a decisão.

Art. 36. Quando os elementos ou atuações solicitados ao interessado forem imprescindíveis à apreciação de pedido formulado, o não atendimento no prazo fixado pela Administração implicará o arquivamento do processo.

Art. 37. O interessado já qualificado no processo será intimado de prova ou diligência ordenada, com antecedência mínima de três dias úteis, mencionando-se data, hora e local de realização.

Art. 38. Quando deva ser obrigatoriamente ouvido um órgão consultivo, o parecer deverá ser emitido no prazo máximo de trinta dias, salvo norma especial ou comprovada necessidade de prorrogação.

§ 1º - Se um parecer obrigatório e vinculante deixar de ser emitido no prazo fixado, o processo não terá seguimento até a respectiva apresentação, responsabilizando-se quem der causa ao atraso.

§ 2º - Se um parecer obrigatório e não vinculante deixar de ser emitido no prazo fixado, o processo poderá ter prosseguimento e ser decidido com sua dispensa, sem prejuízo da responsabilidade de quem se omitiu no atendimento.

§ 3º - A divergência de opiniões na atividade consultiva não acarretará a responsabilidade pessoal do agente, ressalvada a hipótese de erro grosseiro ou má-fé.

Art. 39. Quando por disposição de ato normativo devam ser previamente obtidos laudos técnicos de órgãos administrativos e estes não cumprirem o encargo no prazo assinalado, o órgão responsável pela instrução deverá solicitar laudo técnico de outro órgão dotado de qualificação e capacidade técnica equivalentes, sem prejuízo da apuração de responsabilidade de quem se omitiu na diligência.

Art. 40. Encerrada a instrução, o interessado terá o direito de manifestar-se no prazo máximo de dez dias, salvo se outro prazo for legalmente fixado.

Art. 41. O interessado tem direito à obtenção de vista dos autos e de certidões das peças que integram o processo ou cópias reprográficas dos autos, para fazer prova de fatos de seu interesse, ressalvados os casos de informações relativas a terceiros, protegidas por sigilo ou pelo direito à privacidade, à honra e à imagem.

Art. 42. Quando o órgão de instrução não for o competente para emitir a decisão final, elaborará relatório circunstanciado indicando a pretensão deduzida, o resumo das fases do procedimento e formulará proposta de decisão, objetivamente justificada, encaminhando o processo à autoridade com competência decisória.

Capítulo XI
DAS PROVIDÊNCIAS ACAUTELADORAS

Art. 43. Em caso de perigo ou risco iminente de lesão ao interesse público ou à segurança de bens, pessoas e serviços, a Administração Pública poderá, motivadamente, adotar providências acauteladoras.

Parágrafo único. A implementação da medida acauteladora será precedida de intimação do interessado direto para se manifestar em prazo não inferior a 48 (quarenta e oito) horas, salvo quando:

I - o interessado for desconhecido ou estiver em local incerto e não sabido; ou

II - o decurso do prazo previsto neste parágrafo puder causar danos irreversíveis ou de difícil reparação.

Capítulo XII
DO DEVER DE DECIDIR

Art. 44. A Administração tem o dever de emitir decisão conclusiva nos processos administrativos e sobre solicitações ou reclamações, em matéria de sua competência.

Art. 45. Concluída a instrução de processo administrativo, a Administração tem o prazo de até trinta dias para decidir, salvo prorrogação, por igual período, expressamente motivada.

Art. 46. No exercício de sua função decisória, poderá a Administração firmar acordos com os interessados, a fim de estabelecer o conteúdo discricionário do ato terminativo do processo, salvo impedimento legal ou decorrente da natureza e das circunstâncias da relação jurídica envolvida, observados os princípios previstos no art. 2º desta Lei, desde que a opção pela solução consensual, devidamente motivada, seja compatível com o interesse público.

Art. 47. Quando a decisão proferida num determinado processo administrativo se caracterizar como extensível a outros casos similares, poderá o Governador, após manifestação da Procuradoria-Geral do Estado, mediante ato devidamente motivado, atribuir-lhe eficácia vinculante e normativa, com a devida publicação na imprensa oficial.

Parágrafo único. O efeito vinculante previsto neste artigo poderá ser revisto, a qualquer tempo, de ofício ou por provocação, mediante edição de novo ato, mas dependerá de manifestação prévia da Procuradoria Geral do Estado.

Capítulo XIII
DA MOTIVAÇÃO

Art. 48. As decisões proferidas em processo administrativo deverão ser motivadas, com indicação dos fatos e dos fundamentos jurídicos, quando:

I – neguem, limitem, modifiquem ou extingam direitos;

II – imponham ou agravem deveres, encargos ou sanções;

III – dispensem ou declarem a inexigibilidade de processo licitatório;

IV – julguem recursos administrativos;

V – decorram de reexame de ofício;

VI – deixem de aplicar jurisprudência firmada sobre a questão, ou discrepem de pareceres, laudos, propostas e relatórios oficiais;

VII - importem em anulação, revogação, suspensão ou convalidação de ato administrativo;

VIII - acatem ou recusem a produção de provas requeridas pelos interessados;

IX - tenham conteúdo decisório relevante;

X - extingam o processo.

§ 1º - A motivação deve ser explícita, clara e congruente, podendo consistir em declaração de concordância com fundamentos de anteriores pareceres, informações, decisões ou propostas, que, neste caso, serão parte integrante do ato e deverão compor a instrução do processo.

§ 2º - Na solução de vários assuntos da mesma natureza, poderão ser utilizados recursos de tecnologia que reproduzam os fundamentos das decisões, desde que este procedimento não prejudique direito ou garantia dos interessados e individualize o caso que se está decidindo.

§ 3º - A motivação das decisões de órgãos colegiados e comissões, proferidas oralmente, constará da respectiva ata, de acórdão ou de termo escrito.

Capítulo XIV
DA DESISTÊNCIA E OUTROS CASOS DE EXTINÇÃO DO PROCESSO

Art. 49. O interessado poderá, mediante manifestação escrita, desistir total ou parcialmente do pedido formulado ou, ainda, renunciar a direitos disponíveis.

§ 1º - Havendo vários interessados, a desistência ou renúncia atinge somente quem as tenha formulado.

§ 2º - A desistência ou renúncia do interessado, conforme o caso, não prejudica o prosseguimento do processo, se a Administração considerar que o interesse público assim o exige.

Art. 50. O órgão competente poderá declarar extinto o processo quando exaurida sua finalidade ou o objeto da decisão se tornar impossível, inútil ou prejudicado por fato superveniente.

Capítulo XV
DA ANULAÇÃO, REVOGAÇÃO E CONVALIDAÇÃO

Art. 51. A Administração deve anular seus próprios atos, quando eivados de vício de legalidade, e pode, respeitados os direitos adquiridos, revogá-los por motivo de conveniência ou oportunidade.

Parágrafo único. Ao beneficiário do ato deverá ser assegurada a oportunidade para se manifestar previamente à anulação ou revogação do ato.

Art. 52. Em decisão na qual se evidencie não acarretarem lesão ao interesse público nem prejuízo a terceiros, os atos que apresentarem defeitos sanáveis poderão ser convalidados pela própria Administração.

Parágrafo único. Admite-se convalidação voluntária, em especial, nas seguintes hipóteses:

I – vícios de competência, mediante ratificação da autoridade competente;

II – vício de objeto, quando plúrimo, mediante conversão ou reforma;

III – quando, independentemente do vício apurado, se constatar que a invalidação do ato trará mais prejuízos ao interesse público do que a sua manutenção, conforme decisão plenamente motivada.

Art. 53. A Administração tem o prazo de cinco anos, a contar da data da publicação da decisão final proferida no processo administrativo, para anular os atos administrativos dos quais decorram efeitos favoráveis para os administrados, ressalvado o caso de comprovada má-fé.

§ 1º – No caso de efeitos patrimoniais contínuos, o prazo de decadência contar-se-á da percepção do primeiro pagamento.

§ 2º – Sem prejuízo da ponderação de outros fatores, considera-se de má-fé o indivíduo que, analisadas as circunstâncias do caso, tinha ou devia ter consciência da ilegalidade do ato praticado.

§ 3º – Os Poderes do Estado e os demais órgãos dotados de autonomia constitucional poderão, no exercício de função administrativa, tendo em vista razões de segurança jurídica ou de excepcional interesse social, restringir os efeitos da declaração de nulidade de ato administrativo ou decidir que ela só tenha eficácia a partir de determinado momento que venha a ser fixado.

Capítulo XVI
DO RECURSO ADMINISTRATIVO E DA REVISÃO

Art. 54. Das decisões proferidas em processos administrativos e das decisões que adotem providências acauteladoras cabe recurso.

Parágrafo único. Salvo exigência legal, a interposição de recurso administrativo independe de caução.

Art. 55. O recurso administrativo interpõe-se por meio de requerimento endereçado ao órgão ou autoridade prolatora da decisão impugnada, devendo ser expostos os fundamentos do pedido de nova decisão, permitida a juntada de documentos.

Parágrafo único. Se o recorrente alegar violação ou não-incidência de enunciado ou súmula vinculante, o órgão ou autoridade competente para decidir o recurso explicitará as razões da aplicabilidade ou inaplicabilidade do enunciado, conforme o caso.

Art. 56. O recurso interposto contra decisão interlocutória ficará retido nos autos para apreciação em conjunto com o recurso interposto contra a decisão final, admitida a retratação pelo órgão ou autoridade administrativa, em cinco dias úteis.

Parágrafo único. Demonstrada a possibilidade de ocorrência de prejuízo de difícil ou incerta reparação, a autoridade recorrida ou a imediatamente superior poderá, de ofício ou a pedido, determinar o processamento do recurso em autos específicos e, em sendo o caso, atribuir-lhe efeito suspensivo.

Art. 57. O julgamento do recurso administrativo caberá à autoridade ou órgão imediatamente superior àquela que houver proferido a decisão recorrida, salvo expressa disposição legal ou regulamentar em sentido diverso.

§ 1º – Apresentado o recurso, o órgão ou autoridade administrativa poderá modificar, fundamentadamente, a sua decisão no prazo de cinco dias úteis. Não o fazendo, deverá encaminhar o processo ao órgão ou autoridade competente para julgamento do recurso.

§ 2º – Não sendo encaminhado o recurso ao órgão ou autoridade no prazo previsto no *caput* deste artigo, o interessado poderá reclamar diretamente contra o retardo ou negativa de seguimento, por qualquer meio, inclusive eletrônico, desde que documentado.

§ 3º – Não havendo justo motivo, a autoridade que der causa ao atraso será responsabilizada administrativamente, sem prejuízo das sanções civis e criminais aplicáveis.

Art. 58. Salvo disposição legal em contrário, o recurso não tem efeito suspensivo.

Parágrafo único. Havendo justo receio de prejuízo de difícil ou incerta reparação decorrente da execução, a autoridade recorrida ou a imediatamente superior poderá, de ofício ou a pedido, atribuir efeito suspensivo ao recurso.

Art. 59. Podem interpor recurso administrativo:

I – os titulares de direitos e interesses que tenham integrado o processo;

II – todos aqueles cujos direitos ou interesses individuais, coletivos ou difusos, forem indiretamente afetados pela decisão recorrida, observado o parágrafo único do art. 9º desta Lei.

Art. 60. Salvo disposição legal específica, é de quinze dias o prazo para interposição de recurso administrativo dirigido contra decisão final, e de cinco dias o prazo para interposição de recurso administrativo dirigido contra decisão interlocutória ou decisão que adotar providência acauteladora, contados a partir da ciência ou divulgação oficial da decisão recorrida.

Art. 61. Recebido o recurso, o órgão ou autoridade competente para dele conhecer e julgar deverá intimar os demais interessados já qualificados no processo para apresentar razões no prazo de cinco dias, na forma do art. 22, § 3º, desta Lei.

§ 1º – Quando a lei não fixar prazo diferente, o recurso administrativo deverá ser decidido no prazo máximo de trinta dias, a partir do encerramento do prazo previsto no caput.

§ 2º – O prazo mencionado no dispositivo anterior poderá ser prorrogado por igual período, mediante justificativa explícita.

Art. 62. O recurso não será conhecido quando interposto:

I – fora do prazo;

II – perante órgão incompetente;

III – por quem não tenha legitimidade ou interesse em recorrer;

IV – após exaurida a esfera administrativa.

§ 1º – Na hipótese do inciso II, o processo administrativo será remetido ao órgão ou autoridade competente.

§ 2º – O não conhecimento do recurso não impede a Administração de rever de ofício o ato ilegal, desde que não ocorrida a preclusão administrativa.

Art. 63. O órgão ou autoridade competente para decidir o recurso poderá confirmar, modificar, anular ou revogar, total ou parcialmente, a decisão recorrida.

Parágrafo único. Se o órgão ou autoridade administrativa com competência para julgar o recurso concluir pelo agravamento da situação do recorrente, deverá, antes do julgamento definitivo, notificá-lo para que formule alegações, sem prejuízo da adoção de medidas de eficácia imediata, nos casos de urgência e interesse público relevante.

Art. 64 A Administração poderá rever suas decisões, desde que apoiada em fatos novos ou desconhecidos à época do julgamento, que guardem pertinência com o objeto da decisão, na forma desta Lei: (Nova redação dada pela Lei 8.949/2020.)

I – de ofício, observado o disposto no art. 53 desta Lei;

II – por provocação do interessado, independentemente de prazo.

Art. 65. Da revisão do processo não poderá resultar agravamento de sanção eventualmente aplicada.

Parágrafo único. Admitir-se-á, todavia, a aplicação ou o agravamento de sanção em revisão administrativa, no prazo e nas condições previstas no art. 53 desta Lei, quando fundada a revisão em fatos ou circunstâncias desconhecidas pela Administração na época do julgamento.

Art. 66. Das decisões finais produzidas no âmbito das entidades da administração indireta caberá recurso administrativo, por motivo de ilegalidade, nas mesmas condições estabelecidas neste capítulo, para o titular da Secretaria de Estado à qual se vinculem.

§ 1º – O recorrente deverá demonstrar, em preliminar do recurso, para apreciação exclusiva do Secretário de Estado, a existência da repercussão geral.

§ 2º – Para efeito da repercussão geral, será considerada a existência, ou não, de questões relevantes do ponto de vista econômico, político, social ou jurídico, que ultrapassem os interesses subjetivos do caso específico em exame.

§ 3º – O recurso não será conhecido quando a questão jurídica nele versada não oferecer repercussão geral, nos termos deste artigo.

§ 4º – A decisão do recurso será precedida de manifestação do órgão de assessoramento jurídico da Secretaria de Estado.

§ 5º – A decisão do recurso limitar-se-á à declaração da ilegalidade da decisão e, em sendo o caso, devolverá o processo à entidade de origem para prolação de nova decisão.

Capítulo XVII
DOS PRAZOS

Art. 67. Os prazos começam a correr a partir da data da cientificação oficial, excluindo-se da contagem o dia do começo e incluindo-se o do vencimento.

§ 1º – Considera-se prorrogado o prazo até o primeiro dia útil seguinte, se o vencimento ocorrer em dia em que não haja expediente ou se este houver sido encerrado antes da hora normal.

§ 2º – Os prazos expressos em dias contam-se de modo contínuo.

§ 3º – Os prazos fixados em meses ou anos contam-se de data a data.

§ 4º – Se no mês do vencimento não houver o dia equivalente àquele do início do prazo, tem-se como termo o último dia do mês.

Art. 68. Salvo motivo de força maior devidamente comprovado, os prazos processuais não se suspendem.

Capítulo XVIII
DAS DISPOSIÇÕES GERAIS SOBRE PROCESSO ADMINISTRATIVO SANCIONATÓRIO

Art. 69. Nenhuma sanção administrativa será aplicada à pessoa física ou jurídica pela administração, sem que lhe seja assegurada ampla e prévia defesa, em procedimento sancionatório.

Art. 70. Sem prejuízo das circunstâncias atenuantes e agravantes previstas em legislação específica, para imposição e gradação de sanções administrativas, a autoridade competente observará:

I – a gravidade do fato, tendo em vista os motivos da infração e suas conseqüências;

II – os antecedentes do infrator, quanto ao cumprimento da legislação violada;

III – a situação econômica do infrator.

Art. 71. São circunstâncias que sempre atenuam a penalidade:

I – o baixo grau de instrução ou escolaridade do infrator;

II – a reparação espontânea do dano, ou sua limitação significativa;

III – a comunicação prévia, pelo infrator, do risco de danos a bens, pessoas e serviços;

IV – a colaboração com os agentes encarregados da vigilância e da fiscalização da atividade.

Art. 72. São circunstâncias que sempre agravam a penalidade, quando não constituem ou qualificam a infração:

I – reincidência nas infrações;

II – ausência de comunicação, pelo infrator, do risco de danos a bens, pessoas e serviços;

III – ter o infrator cometido a infração:

a) para obter vantagem pecuniária ou por outro motivo torpe;

b) coagindo outrem para a execução material da infração;

c) afetando ou expondo a perigo, de maneira grave, a saúde pública ou o meio ambiente;

d) causando danos à propriedade alheia;

e) à noite;

f) mediante fraude ou abuso de confiança;

g) mediante abuso do direito de licença, permissão ou autorização;

h) no interesse de pessoa jurídica mantida, total ou parcialmente, por verbas públicas ou beneficiada por incentivos fiscais.

Art. 73. Na aplicação de multas serão observadas as seguintes regras:

I - se o infrator, cumulativamente, não for reincidente na prática de infrações administrativas, não tiver agido com dolo e não tiverem ocorrido circunstâncias agravantes, o valor da multa não poderá ultrapassar um terço do valor máximo previsto para a respectiva infração, não podendo, em qualquer caso, ser inferior ao mínimo previsto;

II - se, além dos elementos previstos no inciso anterior, a infração for cometida por pessoa física, microempresa ou empresa de pequeno porte, o valor da multa não poderá ultrapassar um quarto do valor máximo previsto para a respectiva infração, não podendo, em qualquer caso, ser inferior ao mínimo previsto.

Art. 74. Prescreve em cinco anos a ação punitiva da Administração Pública Estadual, direta e indireta, objetivando apurar infração à legislação em vigor, contados da data da prática do ato ou, no caso de infração permanente ou continuada, do dia em que tiver cessado.

§ 1º - Incide a prescrição no procedimento administrativo paralisado por mais de três anos, pendente de julgamento ou despacho, cujos autos serão arquivados de ofício ou mediante requerimento da parte interessada, sem prejuízo da apuração da responsabilidade funcional decorrente da paralisação, se for o caso.

§ 2º - Interrompe-se a prescrição:

I - pela notificação do indiciado ou acusado, inclusive por meio de edital;

II - por qualquer ato inequívoco, que importe apuração do fato;

III - pela decisão condenatória recorrível.

§ 3º - Suspende-se a prescrição durante a vigência de termo de ajustamento de conduta ou outro instrumento congênere.

§ 4º - A prescrição da ação punitiva não afeta a pretensão da administração de obter a reparação dos danos causados pelo infrator.

Capítulo XIX
DISPOSIÇÕES FINAIS

Art. 75. Os processos administrativos específicos continuarão a reger-se por legislação própria, aplicando-se-lhes os princípios e, subsidiariamente, os preceitos desta Lei.

Art. 76. A Administração Pública pode, na persecução de seus fins e nos limites do seu poder discricionário, celebrar quaisquer contratos, consórcios, convênios e acordos administrativos, inclusive pactos de subordinação com seus órgãos ou com administrados, salvo impedimento legal ou decorrente da natureza e das circunstâncias da relação jurídica envolvida, observados os princípios previstos no art. 2º desta Lei.

Art. 77. O Governador poderá editar enunciado vinculante, mediante decreto, para tornar obrigatória a aplicação de decisão judicial definitiva, cujo conteúdo seja extensível a situações similares, mediante solicitação, devidamente motivada, do Procurador-Geral do Estado.

§ 1º – O enunciado vinculante poderá ser revisto pelo Governador, a qualquer tempo, mediante novo decreto, respeitados os direitos adquiridos.

§ 2º – A edição, revisão ou revogação do enunciado vinculante previsto neste artigo dependerá de manifestação prévia da Procuradoria-Geral do Estado.

Art. 78. Esta Lei entrará em vigor 90 (noventa) dias após a data de sua publicação.

Rio de Janeiro, em 01 de abril de 2009.

SÉRGIO CABRAL

Governador

LEI Nº 7.167, DE 21 DE DEZEMBRO DE 2015

- DISPÕE SOBRE CONCURSOS PÚBLICOS NO ÂMBITO DO ESTADO DO RIO DE JANEIRO.

Art. 1º. Ficam os órgãos da administração pública direta e indireta ou fundacional do Estado do Rio de Janeiro obrigados a nomear os candidatos aprovados em concurso público dentro do limite de vagas disponibilizadas em edital, ainda que tenha expirado o prazo da validade do concurso.

§ 1º - O prazo para o cumprimento do disposto no caput deste artigo será até um mês do término de validade do concurso.

§ 2º - No caso de superação do limite prudencial ou máximo de despesas de pessoal, fixado na lei de responsabilidade fiscal, deverá o órgão competente justificá-la, mediante a apresentação, em Diário Oficial do Estado e em sua respectiva página eletrônica, das seguintes demonstrações:

a) estimativa de impacto orçamentário-financeiro da nomeação dos concursados no exercício em que iniciar a execução e nos dois seguintes (art. 16, I, da LRF);

b) origem dos recursos para remuneração dos concursados (art. 17, § 1º, da LRF);

c) quaisquer outras que se façam necessárias e hábeis para demonstrar a superação do limite acima aludido.

Art. 2º. O não cumprimento do disposto no § 2º do artigo 1º desta Lei ensejará, ao órgão nomeante, a obrigação de devolução, monetariamente atualizada, dos valores pagos pela inscrição, no prazo máximo de 30 (trinta) dias, a contar do término da validade do concurso.

Art. 3º. Esta Lei entra em vigor na data de sua publicação.

Assembleia Legislativa do Estado do Rio de Janeiro, em 21 de dezembro de 2015.

DEPUTADO JORGE PICCIANI

Presidente

LEI Nº 7.989, DE 14 DE JUNHO DE 2018

- DISPÕE SOBRE O SISTEMA DE CONTROLE INTERNO DO PODER EXECUTIVO DO ESTADO DO RIO DE JANEIRO, CRIA A CONTROLADORIA GERAL DO ESTADO DO RIO DE JANEIRO E O FUNDO DE APRIMORAMENTO DE CONTROLE INTERNO, ORGANIZA AS CARREIRAS DE CONTROLE INTERNO, E DÁ OUTRAS PROVIDÊNCIAS.

ÍNDICE

TÍTULO I
DAS DISPOSIÇÕES PRELIMINARES

Art. 1º. Esta Lei trata do Sistema de Controle Interno do Poder Executivo do Estado do Rio de Janeiro - SICIERJ, com as suas finalidades, macrofunções, atividades, organização, estrutura e competências, da criação da Controladoria Geral do Estado do Rio de Janeiro - CGE, do Fundo de Aprimoramento do Controle Interno - FACI-RJ, e da organização das carreiras de Controle Interno, para os fins previstos no inciso XXX do artigo 77 da Constituição Estadual.

Art. 2º. O SICIERJ visa a assegurar o controle, a fiscalização contábil, financeira, orçamentária, operacional, patrimonial e funcional, quanto à legalidade, legitimidade e economicidade na gestão dos recursos públicos e à avaliação dos resultados obtidos pela administração, nos termos dos artigos 74 da Constituição Federal e 129 da Constituição Estadual, e tem por finalidade subsidiar:

I - O exercício da direção superior da Administração Pública Estadual, a cargo do Governador de Estado;

II - O aperfeiçoamento da gestão e governança públicas, nos aspectos de formulação, planejamento, coordenação, execução e monitoramento das políticas públicas, pelos órgãos e entidades da Administração Direta e Indireta.

Parágrafo Único. A atuação mencionada no caput deste artigo deverá ter como finalidade criar condições para que a gestão governamental atue em consonância com os princípios que devem reger a administração pública, contribuindo para que seus objetivos sejam alcançados e suas ações sejam conduzidas segundo os preceitos de economicidade, eficiência, eficácia e efetividade.

Art. 3º. Fica criada, sem aumento de despesa, a Controladoria Geral do Estado do Rio de Janeiro - CGE, com status de Secretaria, diretamente vinculada ao Chefe do Poder Executivo, instituição permanente e essencial à Administração Pública, que atuará como responsável pela coordenação e definição de diretrizes gerais de controle interno, sem prejuízo das demais funções que lhes são atribuídas nesta Lei e em ato normativo próprio.

TÍTULO II
DAS CONCEITUAÇÕES

Art. 4º. O Controle Interno do Estado compreende o plano de organização e todos os métodos e medidas adotados pela administração para salvaguardar os ativos, desenvolver a eficiência nas operações, avaliar o cumprimento dos programas, objetivos, metas e orçamentos e das políticas administrativas e fiscais prescritas, verificar a exatidão e a fidelidade das informações e assegurar o cumprimento da Lei.

§ 1° - A responsabilidade primária por estabelecer, manter, monitorar e aperfeiçoar os controles internos é do titular do órgão ou entidade, sem prejuízo das responsabilidades secundárias que cabem às chefias, direção e demais gestores em seus respectivos âmbitos de atuação;

§ 2° - As atividades da CGE não se confundem com o controle interno, stricto senso, de responsabilidade do titular de cada órgão ou entidade.

Art. 5º. Entende-se por Sistema de Controle Interno o conjunto de órgãos e entidades do Poder Executivo Estadual organizados por macrofunções e atividades de controle, que devem agir de forma articulada, multidisciplinar, integrada e sob a orientação técnico - normativa da CGE para o desempenho das atribuições de controle interno indicadas na Constituição Federal e na Estadual, compreendendo:

I - a instituição de procedimentos administrativos na execução dos atos de gestão financeira, orçamentária, patrimonial, contábil e administrativa, inclusive de gestão de pessoas, visando garantir, com razoável segurança, o alcance dos objetivos institucionais;

II - A eficácia, eficiência, celeridade, transparência e segurança da aplicação, gestão, guarda e arrecadação de bens, valores e dinheiros públicos estaduais ou pelos quais o Estado seja responsável;

III - O controle exercido diretamente pelos diversos níveis de chefia objetivando o cumprimento dos programas, metas e orçamentos e a observância à legislação e às normas que orientam a atividade específica da unidade controlada;

IV - O controle, pelas diversas unidades da estrutura organizacional, da observância à legislação e às normas gerais que regulam o exercício das atividades auxiliares;

V - O controle orçamentário e financeiro das receitas e despesas, efetuado pelos órgãos dos Sistemas de Planejamento e Orçamento e de Contabilidade e Finanças;

VI - O controle destinado a avaliar a eficiência e eficácia do controle interno da administração e a assegurar a observância dos dispositivos constitucionais e dos relativos aos incisos I a V do artigo 59 da Lei Complementar Federal nº 101, de 04 de maio de 2000.

Art. 6º. Para efeitos desta Lei, entende-se como:

I - Macrofunções do controle interno: são funções de controle interno estruturadas em nível superior que visam dar suporte ao processo de gestão, desempenhadas sob a temática de:

a) Auditoria Governamental: tem por finalidade avaliar os controles internos e gerenciar os riscos corporativos dos órgãos e entidades da Administração Direta e Indireta, examinar a legalidade, legitimidade e avaliar os resultados da gestão contábil, financeira, orçamentária, operacional e patrimonial quanto à economicidade, eficácia, eficiência e efetividade; assim como orientar e acompanhar a gestão governamental, desenhada para adicionar valor e melhorar as operações de uma organização;

b) Ouvidoria: tem por finalidade fomentar o controle social e a participação popular, por meio do recebimento, registro e tratamento de manifestações do cidadão sobre os serviços prestados à sociedade e a adequada aplicação de recursos públicos;

c) Transparência: tem por finalidade fomentar o controle social e a participação popular, por meio da definição de mecanismos que contribuam para a acessibilidade, clareza e integridade das informações disponibilizadas à sociedade;

d) Corregedoria: tem por finalidade prevenir e apurar os ilícitos disciplinares praticados no âmbito da Administração Pública, e promover a responsabilização administrativa de pessoa jurídica pela prática de atos lesivos à Administração Pública e negociar os acordos de leniência previstos na Lei nº 12.846/2013;

II – Integridade: é a função de controle interno que tem por finalidade conceber políticas e procedimentos destinados a prevenir a corrupção;

III – Combate à corrupção: é a função de controle interno que tem por finalidade construir mecanismos de combate à malversação de recursos públicos.

TÍTULO III
DA ORGANIZAÇÃO DO SISTEMA DE CONTROLE INTERNO DO PODER EXECUTIVO DO ESTADO DO RIO DE JANEIRO

Art. 7º. A organização do Sistema de Controle Interno do Poder Executivo do Estado do Rio de Janeiro, de acordo com as suas finalidades e características técnicas, compreende:

I – A Controladoria Geral do Estado do Rio de Janeiro – CGE, como Órgão Central de Controle Interno – OCI, que se subdividirá na seguinte estrutura organizacional básica:

a) Auditoria Geral do Estado;

b) Ouvidoria e Transparência Geral do Estado;

c) Corregedoria Geral do Estado;

II – Unidades de Controle Interno – UCI, vinculadas a órgãos e entidades da Administração Direta e Indireta do Poder Executivo, diretamente subordinadas ao respectivo titular, tecnicamente subordinada à Auditoria Geral do Estado, responsáveis pela avaliação dos controles internos do respectivo órgão ou entidade e pela identificação e avaliação de riscos aos objetivos organizacionais, sem prejuízo das demais funções que lhes são atribuídas por esta Lei ou em ato normativo próprio, observado o princípio da segregação de funções, denominadas Auditoria Setorial ou equivalente;

III – Unidades de Ouvidoria Setorial – UOS, vinculadas a órgãos e entidades da Administração Direta e Indireta do Poder Executivo, diretamente subordinadas ao respectivo titular, tecnicamente subordinada à Ouvidoria e Transparência Geral do Estado, responsáveis por fomentar o controle social e a participação popular, sem prejuízo das demais funções que lhes são atribuídas por esta Lei ou em ato normativo próprio, observado o princípio da segregação de funções, denominadas Ouvidoria Setorial ou equivalente;

IV - Unidades de Corregedoria Setorial - UCS, vinculadas a órgãos e entidades da Administração Direta e Indireta do Poder Executivo, diretamente subordinadas ao respectivo titular, tecnicamente subordinada à Corregedoria Geral do Estado, responsáveis por prevenir e apurar os ilícitos disciplinares praticados no âmbito da Administração Pública, e promover a responsabilização administrativa de pessoa física, jurídica e funcional pela prática de atos lesivos à Administração Pública, sem prejuízo das demais funções que lhes são atribuídas por esta Lei ou em ato normativo próprio, observado o princípio da segregação de funções, denominadas Corregedoria Setorial ou equivalente;

V - Conselho Superior de Controle Interno - COSCIERJ, órgão de decisão colegiada, direcionador das atividades da CGE, com as funções precípuas de estabelecimento de diretrizes gerais e de avaliação do desempenho;

§ 1º - A CGE contará com Assessoria Jurídica, chefiada por Procurador do Estado; § 2º A representação gráfica da estrutura organizacional básica da CGE consta do Anexo I, que integra a presente Lei;

§ 3º - A estrutura organizacional, atribuições e cargos em comissão que compõem a CGE, criados sem aumento de despesa por intermédio da transformação e redistribuição de cargos em comissão do Poder Executivo, serão estabelecidos em ato próprio, em um prazo de 120 (cento e vinte) dias, a partir da promulgação desta Lei;

§ 4º - O Poder Executivo disporá, em regulamento e no prazo de 120 (cento e vinte) dias, a partir da promulgação desta Lei, sobre os requisitos e definições complementares inerentes à competência, à estrutura e ao funcionamento do SICIERJ de que trata esta Lei;

§ 5º - Os órgãos e entidades da Administração Direta e Indireta deverão, em um prazo de 180(cento e oitenta) dias, a partir da promulgação desta Lei, organizar as respectivas unidades de controle constantes dos incisos II, III e IV do art. 7º, observadas as seguintes diretrizes:

a) todos os órgãos da administração direta deverão possuir unidades de controle para desempenharem as macrofunções de Auditoria Governamental, Ouvidoria e Corregedoria;

b) as entidades da administração indireta deverão ter, ao menos, Unidades de Controle Interno para exercerem a macrofunção de Auditoria Governamental;

c) os órgãos da administração direta poderão desempenhar as macrofunções de ouvidoria e corregedoria das entidades da administração indireta a eles vinculados, caso as referidas entidades não tenham estruturado tais macrofunções.

TÍTULO IV
DAS RESPONSABILIDADES

Capítulo I
DA CONTROLADORIA GERAL DO ESTADO DO RIO DE JANEIRO

Art. 8º. São responsabilidades da Controladoria Geral do Estado do Rio de Janeiro - CGE:

I - coordenar e supervisionar, no âmbito do SICIERJ, as macrofunções de Auditoria Governamental, Ouvidoria, Transparência e Corregedoria, realizando em especial os seguintes atos:

a) expedir normas gerais sobre os procedimentos de controle;

b) exercer a supervisão técnica das UCI, UOS e UCS, prestando, como órgão central de controle interno, a orientação normativa que julgar necessária;

c) instituir, manter e propor sistemas de informações para subsidiar o desenvolvimento das funções do SICIERJ, aprimorar os controles, agilizar as rotinas e melhorar a qualidade das informações;

II - atender às diretrizes e orientações emanadas do COSCIERJ;

III - acompanhar a divulgação dos instrumentos de transparência da gestão fiscal nos termos da Lei Complementar Federal nº 101/2000, aferindo a consistência das informações constantes de tais documentos;

IV - monitorar o processo de planejamento estratégico e a elaboração do plano plurianual, da lei de diretrizes orçamentárias e da lei orçamentária anual, mormente o cumprimento dos respectivos prazos e dos requisitos necessários à efetiva participação social;

V - propor a melhoria ou implantação de sistemas da administração pública, com o objetivo de aprimorar os controles internos, agilizar as rotinas e melhorar o nível das informações;

VI - alertar formalmente a autoridade administrativa competente para que instaure, imediatamente, as ações destinadas a apurar os atos ou fatos inquinados de ilegais, ilegítimos ou antieconômicos que resultem em prejuízo ao erário, praticadas por agentes públicos, ou quando não forem prestadas as contas;

VII – representar ao Tribunal de Contas do Estado do Rio de Janeiro – TCE-RJ sobre as irregularidades e ilegalidades que evidenciem danos ou prejuízos ao erário não reparados integralmente pelas medidas adotadas pela administração;

VIII – monitorar o processo de elaboração da Prestação de Contas do Governador, promovendo a articulação com os órgãos do poder executivo e o TCE-RJ;

IX – emitir o relatório e parecer conclusivo relativo à Prestação de Contas do Governador do Estado;

X – elaborar e fiscalizar o cumprimento do Código de Ética para os servidores ocupantes de cargos das carreiras de Controle Interno do Estado;

XI – criar condições para o exercício do controle social sobre os programas e ações contemplados com recursos oriundos dos orçamentos do Estado;

XII – estabelecer diretrizes para que os órgãos e entidades das Administrações Direta e Indireta elaborem e monitorem indicadores de desempenho de suas atividades;

XIII – definir estratégias de transparência na Administração Pública para fins de cumprimento da legislação que rege a matéria;

XIV – realizar a gestão do Portal da Transparência do Poder Executivo Estadual;

XV – coordenar, promover e acompanhar as políticas de transparência e acesso à informação prevista na legislação;

XVI – estabelecer diretrizes e estratégias de prevenção e de combate à corrupção;

XVII – estabelecer o plano de capacitação dos servidores que integram o SICIERJ;

XVIII – instaurar e conduzir, sem exclusividade, no âmbito do Poder Executivo Estadual, o Procedimento de Investigação Preliminar destinado à averiguação de indícios de autoria e materialidade de todo e qualquer fato que possa acarretar a aplicação das sanções previstas na Lei Federal nº 12.846, de 1º de agosto de 2013;

XIX – apurar, no âmbito do Poder Executivo, em competência concorrente com a autoridade máxima do órgão ou entidade lesada, a responsabilidade administrativa de pessoa jurídica que possa resultar na aplicação das sanções previstas no art. 6º da Lei nº 12.846/2013, por meio de Processo Administrativo de Responsabilização – PAR, que poderá ser precedido de Procedimento de Investigação Preliminar, de caráter sigiloso e não punitivo, podendo ainda avocar os procedimentos já instaurados pelo órgão ou entidade lesada nas hipóteses previstas no artigo 9º, §§ 1º e 2º, desta lei;

XX – avocar a competência do órgão ou entidade atingida para a apuração e julgamento dos atos previstos como infração administrativa à Lei Federal nº 8.666/93, ou a outras normas de licitações e contratos da administração, que também sejam tipificados como atos lesivos na Lei Federal nº 12.846/2013, mas tenham sido praticados antes da sua entrada em vigor, se estiver presente qualquer das circunstâncias previstas no artigo 9º, §§ 1º e 2º, desta Lei, observando o PAR na sua tramitação;

XXI - celebrar, no âmbito do Poder Executivo Estadual, Acordo de Leniência, nos termos do Capítulo V, da Lei Federal nº 12.846, de 1º de agosto de 2013, inclusive nos processos previstos no inciso XX deste artigo;

XXII - coordenar e supervisionar a apuração de responsabilidades do servidor público por infração praticada no exercício de suas atribuições ou que tenha relação com as atribuições do cargo que ocupa, conduzindo diretamente a apuração em se tratando de servidor integrante de seus quadros;

XXIII - instaurar ou avocar os procedimentos disciplinares de competência das Unidades Setoriais nas hipóteses previstas no artigo 9º, § 1ºdesta Lei;

XXIV - propor ações de racionalização dos recursos públicos, e a reorganização de órgãos e entidades por meio de fusão, extinção, privatização, municipalização e federalização;

XXV - elaborar o planejamento estratégico da CGE;

XXVI - prestar assistência direta e imediata ao Governador do Estado, assim como atender suas demandas especiais em matérias relacionadas ao Sistema de Controle Interno;

XXVII - acompanhar a implementação das convenções e dos compromissos nacionais ou internacionais assumidos pelo Poder Executivo Estadual, que tenham como objeto o controle interno e a auditoria;

XXVIII - participar e opinar nos processos de reforma e de reorganização administrativa, propostos pelo Poder Executivo Estadual, que afetem a função de controle;

XXIX - acompanhar a implementação da Lei nº 7.753, de 17 de outubro de 2017, no âmbito das empresas que celebrarem contrato, consórcio, convênio, concessão ou parceria público-privado com a administração pública direta, indireta e fundacional do Estado do Rio de Janeiro;

XXX - monitorar o cumprimento das contrapartidas decorrentes de processos de concessão de benefícios fiscais;

XXXI - exercer outras atividades compatíveis com as funções do Sistema de Controle Interno.

§ 1º - As ações e deliberações da CGE não podem representar substituição ou revisão do juízo discricionário dos agentes públicos legitimados para a definição das políticas públicas dos órgãos e entidades da Administração Pública estadual;

§ 2º - O exercício das atribuições da CGE não pode ensejar a redução ou suspensão da autonomia conferida pela lei específica que autoriza a criação da entidade integrante da Administração Pública indireta ou a autonomia inerente à sua natureza;

§ 3º - Somente o Chefe do Poder Executivo Estadual poderá demandar à CGE para alterar seu Planejamento Estratégico, seu Plano Anual de Auditoria ou para realizar ações de controle;

§ 4º - As ações e deliberações da CGE não podem representar substituição ou revisão das interpretações, manifestações e expedientes de natureza jurídica dos órgãos do sistema jurídico do Estado, os quais são submetidos à supervisão, coordenação e orientação técnico-jurídica da Procuradoria Geral do Estado;

§ 5º - Excluem-se das atribuições da CGE previstas nos incisos XVIII a XX deste artigo a instauração, condução, avocação e julgamento de investigação preliminar e/ou PAR pertinente a atos praticados contra a Procuradoria Geral do Estado.

§ 6º - Excluem-se das atribuições da CGE previstas nos incisos XXII e XXIII deste artigo a coordenação e supervisão das apurações conduzidas no âmbito das corregedorias da Procuradoria Geral do Estado, Secretaria de Estado de Segurança Pública, Secretaria de Estado da Administração Penitenciária, Secretaria de Estado de Defesa Civil e Corregedoria Tributária da Secretaria Estadual de Fazenda e Planejamento, bem como a instauração ou avocação dos procedimentos disciplinares de competência de tais corregedorias.

§ 7º - Exclui-se da atribuição da Controladoria Geral do Estado prevista no inciso XXI deste artigo a celebração de acordo de leniência pertinente a atos praticados contra a Procuradoria Geral do Estado, que será o órgão competente nesta hipótese;

§ 8º - A celebração de Acordo de Leniência no âmbito do Poder Executivo Estadual, prevista no inciso XXI deste artigo, poderá ser condicionada à atuação em conjunto com a Procuradoria Geral do Estado.

§ 9º - A atuação conjunta da Controladoria Geral do Estado e da Procuradoria Geral do Estado será estabelecida por ato do Governador.

Art. 9º. No exercício de suas atividades, a CGE poderá avocar os processos administrativos instaurados pelas unidades de controle constantes dos incisos II, III e IV do art. 7º, para exame de sua regularidade ou para corrigir-lhes o andamento, inclusive com a aplicação das sanções cabíveis.

§ 1º - A avocação que se refere o caput deste artigo deverá ser aprovada pela maioria dos membros do Conselho Superior do Controle Interno do Estado do Rio de Janeiro - COSCIERJ.

§ 2º - A CGE poderá exercer, a qualquer tempo, a competência prevista no caput deste artigo se presente qualquer das seguintes circunstâncias:

I – caracterização de omissão da autoridade originariamente competente;

II – inexistência de condições objetivas para sua realização no órgão ou entidade atingida;

III – complexidade, repercussão e relevância da matéria; ou

IV – apuração que envolva atos e fatos relacionados a mais de um órgão ou entidade da administração pública estadual.

§ 3º – Em se tratando de PAR, a competência prevista no caput deste artigo também poderá ser exercida pela CGE se a pessoa jurídica mantiver contratos com o órgão ou entidade atingida em patamar superior ao valor a ser fixado na regulamentação desta Lei.

§ 4º – A competência prevista no caput e nos §§ 2º e 3º deste artigo não se aplica aos procedimentos administrativos instaurados pela Procuradoria Geral do Estado para a apuração de responsabilidade disciplinar e para a apuração de responsabilidade administrativa de pessoas jurídicas, assim como aos demais casos previstos em lei;

§ 5º – Excluem-se das atribuições da CGE os atos praticados no âmbito das corregedorias da Procuradoria Geral do Estado, da Secretaria de Estado de Segurança Pública, da Secretaria de Estado da Administração Penitenciária, e da Secretaria de Estado de Defesa Civil, e, ainda da Corregedoria Tributária da Secretaria Estadual de Fazenda e Planejamento.

Capítulo II
DA AUDITORIA GERAL DO ESTADO

Art. 10. A Auditoria Geral do Estado, representada pelo Auditor-Geral do Estado, tem as seguintes competências:

I – regular e atuar, no âmbito do Poder Executivo, na atividade de auditoria interna, especialmente nas modalidades de auditoria de conformidade, auditoria de desempenho e serviços de assessoramento para adicionar valor e melhorar as operações dos órgãos e entidades;

II – avaliar o cumprimento dos planos, programas, objetivos e metas espelhadas em documentos de estratégia governamental de longo prazo, no plano plurianual, na lei de diretrizes orçamentárias e na lei do orçamento anual, inclusive quanto a ações descentralizadas executadas à conta de recursos oriundos dos orçamentos fiscal e de investimentos;

III – acompanhar a execução de programas de governo e políticas públicas, com foco na gestão por resultado, por meio de mensuração e acompanhamento de indicadores de economicidade, eficiência, eficácia e efetividade, servindo de subsídio para a atuação das demais macrofunções do SICIERJ;

IV – medir e avaliar os controles internos e efetuar o gerenciamento dos riscos a serem realizados, mediante metodologia e programação próprias:

a) em órgãos e entidades do Estado ou por ele controlados, para avaliar os controles financeiro, orçamentário, operacional e patrimonial, a aplicação de subvenções e a renúncia de receitas, registrando eventuais desvios no cumprimento da legislação e recomendando medidas necessárias à regularização das situações constatadas e à proteção ao erário;

b) na aplicação dos recursos orçamentários e financeiros, oriundos de quaisquer fontes, quanto à sua aplicação nos projetos e nas atividades a que se destinam;

c) na gestão dos recursos públicos estaduais repassados a órgãos e a entidades públicas ou privadas, por meio de convênios, acordos e ajustes de qualquer natureza;

d) na execução dos contratos, convênios, consórcios, acordos e ajustes de qualquer natureza;

e) em caráter especial, a juízo do Chefe do Poder Executivo Estadual ou do Controlador-Geral do Estado.

V – exercer o controle das operações de crédito, avais, garantias, direitos e dos haveres do Estado;

VI – informar à área correcional infração disciplinar ou indícios de sua ocorrência, detectados na execução da auditoria governamental;

VII – informar à área de integridade ato lesivo à Administração Pública, conforme definido na Lei Federal nº 12.846/2013, ou indícios de sua ocorrência, detectados na execução da auditoria governamental;

VIII – expedir recomendações aos órgãos auditados e coordenar, monitorar e avaliar a sua implantação visando:

a) à correção de irregularidades e de impropriedades;

b) à adoção de mecanismos que assegurem a probidade na guarda, conservação e na aplicação de valores, dinheiros e outros bens do Estado;

c) ao aprimoramento de métodos para o cumprimento de normas.

IX – propor a melhoria ou implantação de sistemas na Administração Pública, com o objetivo de aprimorar os controles internos, agilizar as rotinas e melhorar o nível das informações;

X – submeter ao COSCIERJ o seu plano anual de auditoria e o relatório anual de atividades para conhecimento e aprovação;

XI – estabelecer diretrizes para a elaboração do plano anual de auditoria das UCIs;

XII – elaborar relatórios gerenciais;

XIII – assessorar os titulares dos órgãos e entidades nos assuntos relacionados com as atividades de controle interno, gestão de riscos e auditoria;

XIV – elaborar normas e orientações para regular as atividades de controle interno, gestão de riscos e auditoria;

XV – promover a realização de pesquisas, seminários, cursos e capacitação de agentes públicos sobre assuntos relativos às atividades de controle interno, gestão de riscos e auditoria.

Capítulo III
DA OUVIDORIA E TRANSPARÊNCIA GERAL DO ESTADO

Art. 11. A Ouvidoria e Transparência Geral do Estado, representada pelo Ouvidor-Geral do Estado, têm as seguintes competências:

I – coordenar a implantação e supervisão de sistemas de acesso entre o cidadão e Administração Pública, correspondendo às suas necessidades de disponibilidade e facilidade de uso, para recepcionar, examinar e dar tratamento às manifestações e aos pedidos de acesso à informação, e encaminhá-las aos órgãos e entidades competentes para as providências cabíveis;

II – apoiar e coordenar campanhas de fomento à cultura da transparência e de conscientização do direito fundamental de acesso à informação para o incentivo à participação popular e ao controle social das atividades e serviços oferecidos pela Administração Pública;

III – realizar a mediação administrativa, com as unidades dos órgãos e entidades para a correta e ágil instrução das demandas apresentadas, com o objetivo de manter o cidadão ciente quanto ao andamento e resultado de sua manifestação, a fim de que a conclusão ocorra dentro do prazo legal estabelecido;

IV – realizar o julgamento dos recursos interpostos contra decisão exarada pelo titular do órgão ou entidade, dentro das normas que regem o acesso à informação, com exceção daqueles interpostos contra decisão da Procuradoria Geral do Estado;

V – organizar, analisar, consolidar e guardar as informações oriundas das demandas recebidas de seus usuários;

VI – elaborar relatórios gerenciais periódicos com indicadores e análises técnicas sobre as atividades de ouvidoria e de acesso à informação;

VII – publicizar as atividades, ações e resultados alcançados pela transparência e pelo sistema de ouvidoria;

VIII - prover os gestores com informações, a partir de dados e estatísticas oriundos das manifestações dos usuários, de modo a revelar oportunidades de melhoria ou inovação em seus processos institucionais;

IX - assessorar o titular do órgão ou entidade nos assuntos relacionados com as atividades de ouvidoria e transparência pública;

X - elaborar normas e orientações para regular a transparência e o sistema de ouvidoria;

XI - promover a realização de pesquisas, seminários, cursos e capacitação de agentes públicos sobre assuntos relativos à ouvidoria, à transparência e ao acesso à informação;

XII - observar, no desenvolvimento de seus trabalhos, as diretrizes emanadas do colegiado responsável pela governança estratégica do programa de transparência vigente no âmbito do poder executivo estadual;

XIII - promover o incremento da transparência pública e do acesso à informação nos os órgãos e nas entidades do Poder Executivo Estadual;

XIV - monitorar a aplicação da lei de acesso à informação, no âmbito da administração pública estadual, efetuando verificações temporárias e recomendações necessárias às autoridades superiores;

XV - propor a evolução das consultas e demais funcionalidades do Portal da Transparência do Governo do Estado, com o objetivo de aprimorar a divulgação das informações junto à sociedade;

XVI - receber e responder os pedidos de acesso à informação, apresentados na Controladoria Geral do Estado, e submetê-los, quando couber, à unidade responsável pelo fornecimento da informação;

XVII - elaborar orientação para atendimento de requisições por todos os órgãos e entidades do Poder Executivo Estadual.

Capítulo IV
DA CORREGEDORIA GERAL DO ESTADO

Art. 12. A Corregedoria Geral do Estado, representada pelo Corregedor-Geral do Estado, tem as seguintes competências:

I - planejar, coordenar, controlar e avaliar as atividades de correição no âmbito do Poder Executivo Estadual;

II - propor ao Controlador-Geral do Estado a elaboração das diretrizes e procedimentos de correição do Poder Executivo Estadual, incluindo a política de prevenção e combate à corrupção, e supervisionar a sua aplicação pelas Unidades Setoriais;

III – instaurar e instruir os procedimentos disciplinares relacionados a servidores da CGE, com recomendação de adoção das medidas e/ou sanções pertinentes;

IV – propor às Unidades de Corregedoria Setoriais a instauração de procedimentos disciplinares com base nas denúncias e nos relatórios encaminhados pela ouvidoria e auditoria, quando estes indicarem infração disciplinar ou apresentarem indícios de sua ocorrência, e nas denúncias apresentadas diretamente à unidade correcional;

V – propor ao Controlador-Geral do Estado a instauração ou avocação dos procedimentos disciplinares de competência das Unidades Setoriais nas hipóteses previstas no artigo 9º, § 2º, desta Lei;

VI – propor ao Controlador-Geral a instauração ou, nas hipóteses previstas no artigo 9º, §§ 2º e 3º, desta lei, a avocação dos Processos Administrativos de Responsabilização – PAR da pessoa jurídica previstos na Lei nº 12.846/2013 e/ou respectivas Investigações Preliminares, pertinentes a atos lesivos a órgão ou entidade pública estadual;

VII – propor ao Controlador-Geral a avocação da competência do órgão ou entidade atingida para a apuração e julgamento dos atos previstos como infração administrativa à Lei Federal nº 8.666/93, ou a outras normas de licitações e contratos da administração, que também sejam tipificados como atos lesivos na Lei Federal nº 12.846/2013, mas tenham sido praticados antes da sua entrada em vigor, se estiver presente qualquer das circunstâncias previstas no artigo 9º, §§ 2º e 3º, desta Lei;

VIII – conduzir e instruir as Investigações Preliminares e/ou PARs instaurados ou avocados pelo Controlador-Geral, com recomendação de adoção das medidas e/ou sanções pertinentes;

IX – estruturar, em caráter permanente, as comissões condutoras dos processos instaurados ou avocados pelo Controlador-Geral para a apuração de ilícitos funcionais e da responsabilidade administrativa da pessoa jurídica, a serem formadas por servidores, treinados para a atividade de investigação, sendo possível a requisição de especialistas de órgãos ou entidades públicas estaduais para auxílio técnico, em razão da especificidade do conhecimento requerido;

X – propor ao Controlador-Geral a celebração de acordos de leniência, nos termos do Capítulo V, da Lei Federal nº 12.846, de 1º de agosto de 2013, e, por delegação específica do Controlador-Geral, conduzir a sua negociação;

XI – produzir informações para sustentar análises de riscos, com o propósito de instrumentalizar, com dados qualitativos e quantitativos, os responsáveis pela capacitação e educação continuada, assim como os responsáveis pelas demais ações de controle interno em especial a orientação preventiva;

XII – atuar, preventivamente, com base nas informações resultantes dos procedimentos apuratórios, a fim de aprimorar a gestão pública e reduzir a ocorrência dos ilícitos funcionais e;

XIII – elaborar proposta de Código de Conduta Profissional dos servidores da CGE, a ser submetida ao Controlador-Geral do Estado.

XIV – auditar as empresas que celebrarem contrato, consórcio, convênio, concessão ou parceria público-privado com a administração pública direta, indireta e fundacional do Estado do Rio de Janeiro, objetivando aferir o cumprimento dos preceitos estabelecidos na Lei nº 7.753, de 17 de outubro de 2017.

§ 1º – A competência da Corregedoria Geral do Estado prevista neste artigo não se aplica à Procuradoria Geral do Estado, tampouco aos atos praticados no âmbito das corregedorias da Secretaria de Estado Segurança Pública, Secretaria de Estado da Administração Penitenciária e Secretaria de Estado de Defesa Civil, e, ainda da Corregedoria Tributária da Secretaria Estadual de Fazenda e Planejamento;

§ 2º – Se a conduta ou fato apurado pela Corregedoria Geral do Estado implicar dano ao erário, como o extravio, perda ou deterioração de bens, recursos ou dinheiros públicos, e o prejuízo não estiver sendo apurado ou discutido no âmbito de Processo Administrativo de Responsabilização – PAR ou de acordo de leniência, o Corregedor-Geral, sem prejuízo das demais medidas cabíveis, informará à autoridade competente, a fim de que promova a tomada de contas e dê ciência ao Tribunal de Contas do Estado do Rio de Janeiro.

Art. 13. No exercício da atividade de correição, o Controlador-Geral do Estado poderá aplicar ao agente público as penas previstas no Estatuto dos Servidores Públicos do Estado do Rio de Janeiro e no respectivo Regulamento, ressalvados os casos de competência privativa do Governador do Estado, nos termos dos referidos diplomas normativos.

Capítulo V
DO CONSELHO SUPERIOR DO CONTROLE INTERNO DO ESTADO DO RIO DE JANEIRO

Seção I
Da Organização e Competências

Art. 14. Fica criado o Conselho Superior do Controle Interno do Estado do Rio de Janeiro – COSCIERJ, integrado por 5 (cinco) membros natos, e 5 (cinco) membros eleitos, sendo:

I – membros natos:

a) o Controlador-Geral do Estado;

b) o Subcontrolador-Geral do Estado;

c) o Auditor-Geral do Estado;

d) o Corregedor-Geral do Estado;

e) o Ouvidor-Geral do Estado.

II – membros eleitos: 5 (cinco) servidores da carreira de Controle Interno de nível superior em efetivo exercício e lotados na Controladoria Geral do Estado, eleitos, na forma do regulamento, pelos próprios servidores, por voto direto, secreto e periódico, nomeados por ato do Governador do Estado.

§ 1º – O Controlador-Geral do Estado presidirá o COSCIERJ e poderá exercer voto, exclusivamente, para o desempate de deliberações;

§ 2º – Serão eleitos, também, 5 (cinco) suplentes que assumirão em caso de vacância, licença, impedimento, afastamento, férias ou renúncia dos membros titulares;

§ 3º – Os membros natos indicarão seus respectivos suplentes dentre os servidores integrantes de sua estrutura;

§ 4º – Os membros eleitos terão mandato de 3 (três) anos, permitida uma única recondução por mais 3 (três) anos.

Art. 15. São competências do COSCIERJ:

I – estabelecer diretrizes gerais de atuação da CGE;

II – analisar e opinar, sobre divergências de entendimentos técnicos no âmbito da CGE, ou sempre que houver divergência de posicionamentos, em matérias relacionadas às funções do SICIERJ;

III – avaliar anualmente o desempenho da CGE;

IV – sugerir procedimentos que promovam o aperfeiçoamento e a integração das ações de incremento da transparência e de combate à corrupção e à impunidade;

V – propor estudos e estratégias que fundamentem propostas legislativas e administrativas tendentes a maximizar as macrofunções listadas no Art. 6º, desta lei;

VI – opinar em assuntos que lhe venham a ser submetidos pela CGE, cuja relevância demande maior acuidade deliberativa;

VII – elaborar o seu regimento interno;

VIII – aprovar a política e as diretrizes do SICIERJ, incluindo as macrofunções listadas no Art. 6º, desta lei;

IX – propor, analisar, deliberar e opinar acerca de matérias que visem à fixação de orientação técnica sobre o controle interno do Poder Executivo do Estado do Rio de Janeiro, sejam de natureza operacional ou relacionadas à atividade meio, para a Administração Pública Estadual Direta e Indireta;

X - propor ao Controlador-Geral projetos ou atividades a serem implementadas na CGE;

XI - participar da organização de concurso público para ingresso nas carreiras de Controle Interno;

XII - analisar e pronunciar-se sobre os planos de educação continuada e de qualificação profissional dos servidores das carreiras de Controle Interno;

XIII - estabelecer diretrizes, mediante plano estratégico, e aprovar o plano de aplicação dos recursos do FACI-RJ;

XIV - aprovar o Regimento Interno do FACI-RJ e suas eventuais modificações;

XV - pronunciar-se sobre qualquer matéria que lhe seja encaminhada pelo Controlador-Geral do Estado;

XVI - deliberar sobre matéria ou questão proposta por seus membros.

Parágrafo Único. O funcionamento do COSCIERJ será regulamentado no regimento interno próprio.

Capítulo VI
DOS CARGOS DA ESTRUTURA DA CONTROLADORIA GERAL DO ESTADO

Art. 16. Fica criado o cargo em comissão de Controlador-Geral do Estado, sem aumento de despesa, ao qual são assegurados as prerrogativas, representação, remuneração e impedimentos de Secretário de Estado, cabendo-lhe a supervisão e a coordenação das unidades integrantes da estrutura da Controladoria Geral do Estado.

§ 1º - O cargo em comissão de Controlador-Geral do Estado será criado em razão da transformação e redistribuição de cargos do poder executivo a ser definido no mesmo ato que trata o § 3º do art. 7º desta Lei;

§ 2º - O cargo de Controlador-Geral do Estado será de livre escolha e nomeação do chefe do Poder Executivo;

§ 3º - O Controlador-Geral do Estado, ao tomar posse, assinará declaração de compromisso de cumprimento das normas éticas e profissionais do Estado do Rio de Janeiro e apresentará, em envelope lacrado, a indicação das atividades anteriormente exercidas, todos os bens, diretos e passivos de sua responsabilidade e conflitos de interesse reais e potenciais com o interesse público;

§ 4º - O titular do cargo de Controlador-Geral do Estado deverá atender aos seguintes requisitos específicos, além dos demais previstos nesta lei:

I – ser, preferencialmente, servidor efetivo ocupante da carreira de Controle Interno de nível superior;

II – escolaridade universitária completa;

III – idoneidade moral e reputação ilibada;

IV – Notório conhecimento nas áreas de controle interno, auditoria e administração pública; e

V – mais de dez anos de exercício de função ou de efetiva atividade profissional que exija os conhecimentos mencionados e práticas de controle interno no setor público.

§ 5º – O Controlador-Geral do Estado será substituído e representado, em seus impedimentos, afastamentos legais ou sempre que necessário, pelo Subcontrolador-Geral do Estado, cargo de livre nomeação com prerrogativas, representação, remuneração e impedimentos de Subsecretário de Estado.

Art. 17. Ficam criados, sem aumento de despesa, os cargos em comissão de Subcontrolador-Geral do Estado, Auditor-Geral do Estado, Corregedor-Geral do Estado e Ouvidor-Geral do Estado.

§ 1º – Os cargos em comissão serão criados em razão da transformação e redistribuição de cargos do poder executivo a ser definido no mesmo ato que trata o § 3º do art. 7º desta Lei;

§ 2º – Os ocupantes dos cargos em comissão, ao tomarem posse, deverão assinar declaração de compromisso de cumprimento das normas éticas e profissionais do Estado do Rio de Janeiro e apresentará, em envelope lacrado, a indicação das atividades anteriormente exercidas, todos os bens, direitos e passivos de sua responsabilidade e conflitos de interesse reais e potenciais com o interesse público, bem como a Declaração Anual do Imposto de Renda;

§ 3º – O titular dos cargos em comissão de Subcontrolador-Geral do Estado, Auditor-Geral do Estado, Corregedor-Geral do Estado e Ouvidor-Geral do Estado deverão atender aos seguintes requisitos específicos, além dos demais previstos nesta lei:

I – ser servidor efetivo ocupante da carreira de Controle Interno de nível superior;

II – idoneidade moral e reputação ilibada; e

III – mais de dez anos de exercício na carreira de Controle Interno.

Art. 18. Os demais cargos em comissão da estrutura organizacional da CGE serão criados sem aumento de despesa por intermédio da transformação e redistribuição de cargos do poder executivo a ser definido no mesmo ato que trata o § 3º do art. 7º desta Lei.

Capítulo VII
DO FUNDO DE APRIMORAMENTO DO CONTROLE INTERNO

Art. 19. Fica instituído o Fundo de Aprimoramento do Controle Interno - FACI-RJ, vinculado à Controladoria Geral do Estado do Rio de Janeiro - CGE, destinado a:

I - financiamento de ações e programas dos órgãos do SICIERJ, com a finalidade de prevenir, fiscalizar e reprimir a prática de ilícitos que causam prejuízo ao erário ou que gerem enriquecimento ilícito de servidores públicos estadual ou das pessoas jurídicas relacionadas no parágrafo único do artigo 1º da Lei Federal nº 12.846/2013;

II - realização de campanhas educacionais e de conscientização sobre transparência, controle social, prevenção e combate à corrupção;

III - aprimoramento profissional dos servidores do SICIERJ conformação, capacitação e treinamento em cursos ou disciplinas relativas às suas atividades, inclusive material didático, participação em congressos, seminários e afins e fornecimento de bolsas de estudos, parciais ou integrais;

IV - aquisição, desenvolvimento, implantação, manutenção, e aperfeiçoamento da estrutura operacional, material, tecnológica e de sistemas de recursos humanos de apoio às atividades de controle interno;

V - aquisição, construção, ampliação, locação e reforma de bens móveis e imóveis que sirvam a CGE;

VI - assinaturas pela CGE de periódicos especializados e aquisição de livros, manuais e afins;

VII - impressão, publicação e divulgação de periódicos no âmbito da CGE;

VIII - despesas com deslocamento de servidores em exercício na CGE, para atendimento de necessidades inerentes às suas atividades institucionais;

IX - retribuição, em pecúnia, a servidores da CGE, por atuação como instrutores, conferencistas e afins, em cursos, treinamentos e eventos similares promovidos, na forma aprovada pelo COSCIERJ e regulamentada por ato do Controlador-Geral do Estado;

X - outras atividades correlatas, mediante apresentação prévia de justificativa fundamentada ao COSCIERJ.

§ 1º - A gestão do FACI-RJ será feita segundo as diretrizes aprovadas pelo COSCIERJ;

§ 2º - A regulamentação do FACI-RJ será realizada por meio de Decreto estadual.

§ 3º - Os recursos do FACI-RJ não poderão ser utilizados para pagamento de despesa de pessoal.

Art. 20. Constituem receitas do FACI-RJ:

I - o valor das multas civis aplicadas com base na Lei Federal n° 8.429, de 02 de junho de 1992;

II - o valor das multas administrativas aplicadas pelo Estado do Rio de Janeiro, com base nas Leis Federais n° 8.666, de 21 de junho de 1993 e nº 12.846 de 1° de agosto de 2013;

III - doações de pessoas físicas ou jurídicas, nacionais ou estrangeiras;

IV - transferências orçamentárias provenientes de outras entidades públicas nacionais ou internacionais;

V - convênios celebrados nos âmbitos federal, estadual e municipal;

VI - as provenientes de dotações constantes dos orçamentos do Estado;

VII - os rendimentos de qualquer natureza, auferidos com a remuneração, decorrentes da aplicação dos recursos e patrimônio do FACI-RJ;

VIII - outras receitas orçamentárias ou extraorçamentárias que possam ser atribuídas ao FACI-RJ.

§ 1º - As pessoas físicas ou jurídicas referidas no inciso III deste artigo deverão apresentar certidões negativas de débito com a fazenda pública federal, estadual e do município de sua sede e as que dizem respeito às criminais, no ato da doação;

§ 2º - As pessoas físicas ou jurídicas referidas no inciso III deste artigo que tenham contra si decisões de colegiados em processos de improbidade e corrupção ficam impedidas de realizarem doações para FACI-RJ instituído por esta Lei, até que cumpram sua sentença;

§ 3º - As pessoas jurídicas que tenham contratos com o Estado do Rio de Janeiro oriundos das modalidades de licitações previstas na Lei Federal nº 8.666/93 ficam impedidas de doar para este Fundo;

§ 4º - Os recursos do FACI-RJ ficam vinculados às finalidades específicas previstas no artigo 19 desta Lei, devendo ser utilizados exclusivamente para atender ao objeto de sua vinculação, ainda que em exercício financeiro diverso daquele em que ocorrer o ingresso.

Art. 21. Os recursos a que se refere o artigo 20 desta Lei serão depositados em conta corrente bancária específica de instituições financeiras oficiais do Estado, em nome do FACI-RJ e à disposição da CGE, responsável pela gestão e administração dos recursos.

§ 1º – Fica autorizada a aplicação financeira das disponibilidades do FACI-RJ em operações ativas de baixo risco, de modo a preservá-las contra eventual perda do poder aquisitivo da moeda.

§ 2º – O saldo credor do FACI-RJ, apurado em balanço no término de cada exercício financeiro, será transferido para o exercício seguinte, a seu crédito.

Art. 22. A CGE dará publicidade no Portal da Transparência do Governo do Estado do Rio de Janeiro acerca da aplicação dos recursos que compõem o FACI-RJ.

Art. 23. Qualquer cidadão ou associação privada poderá apresentar à CGE projetos relativos às finalidades previstas para o Fundo descritas no art. 19 desta lei.

TÍTULO V
DO PROVIMENTO DOS CARGOS, DAS NOMEAÇÕES E DA ORGANIZAÇÃO DAS CARREIRAS

Capítulo I
DO PROVIMENTO DOS CARGOS

Art. 24. Os cargos em comissão da CGE, ligados à atividade fim, deverão, exclusivamente, ser ocupados por servidores de nível superior das carreiras de controle interno, de que tratam a Lei nº 5.756, de 29 de junho de 2010, e a Lei nº 6.601, de 28 de novembro de 2013, à exceção dos cargos que compõem as comissões previstas no inciso IX do artigo 12 desta Lei, que poderão ser ocupados por servidores com formação compatível com a matéria envolvida na apuração.

Art. 25. Os cargos em comissão de Subcontrolador-Geral do Estado, Auditor-Geral do Estado, Corregedor-Geral do Estado e Ouvidor-Geral do Estado serão providos, exclusivamente, por servidores da carreira de Controle Interno de nível superior, de que tratam a Lei nº 5.756, de 29 de junho de 2010, e a Lei nº 6.601, de 28 de novembro de 2013.

Art. 26. Os cargos em comissão de assessoramento, no âmbito da CGE serão providos, preferencialmente, por servidores das carreiras de controle interno, de que tratam a Lei nº 5.756, de 29 de junho de 2010, e a Lei nº 6.601, de 28 de novembro de 2013.

Art. 27. Poderão ter exercício na CGE, para atuação em atividade meio ou de assessoria, servidores cedidos de outros órgãos e entidades de administração pública federal, estadual e municipal, respeitadas as regras de cessão.

Art. 28. Os cargos em comissão e funções de confiança, no âmbito das unidades de controle constantes dos incisos II, III e IV do art. 7º, serão providos, preferencialmente, por servidores efetivos dos órgãos e entidades em que a unidade tiver atuação.

Parágrafo único. Na hipótese de provimento dos cargos de que trata este artigo, por servidores não efetivos dos órgãos e entidades, poderão ter exercício nas referidas unidades, independentemente da ocupação de cargo em comissão ou função de confiança, para atuação em atividade meio ou fim, servidores cedidos de outros órgãos e entidades de administração pública federal, estadual e municipal, respeitadas as regras de cessão.

Capítulo II
DAS NOMEAÇÕES

Art. 29. É vedada a nomeação para o exercício de cargo, inclusive em comissão, no âmbito do SICIERJ, de pessoas que tenham sido nos últimos 5 (cinco) anos:

I – responsáveis por atos julgados irregulares, em decisão definitiva, por Tribunal de Contas da União, do Estado, do Distrito Federal ou do Município, ou ainda, por conselho de contas do Município;

II – punidas, em decisão da qual não caiba recurso administrativo, em processo disciplinar por ato lesivo ao patrimônio público de qualquer esfera de governo;

III – condenadas em processo criminal, em sentença transitada em julgado, por prática de crimes contra a Administração Pública, capitulados nos Títulos II e XI da Parte Especial do Código Penal Brasileiro, na Lei Federal no 7.492, de 16 de junho de 1986, e na Lei Federal no 8.429/1992; e

IV – condenadas, em processo judicial transitado em julgado, por atos de improbidade administrativa.

V – inelegíveis, por decisão de órgão colegiado.

Parágrafo único. Deverão ser exonerados os servidores ocupantes de cargos em comissão ou funções de confiança no âmbito do SICIERJ que forem alcançados pelas hipóteses previstas neste artigo.

Capítulo III
DA ORGANIZAÇÃO DA CARREIRA

Art. 30. Ficam transferidos da Secretaria de Estado de Fazenda e Planejamento do Rio de Janeiro – SEFAZ e passam a formar o quadro de pessoal efetivo da Controladoria Geral do Estado do Rio de Janeiro – CGE os cargos e seus ocupantes das carreiras de Analista de Controle Interno e Agente de Controle Interno, de que tratam a Lei nº 5.756/2010 e a Lei nº 6.601/2013, levando-se em consideração o tempo de exercício ocupado na carreira.

Art. 31. O cargo de provimento efetivo de Analista de Controle Interno, de que tratam a Lei nº 5.756 de 29 de junho de 2010 e a Lei nº 6.601 de 28 de novembro de 2013, passa a ser denominado Auditor do Estado, a partir da data de publicação desta Lei, mantidas as mesmas atribuições e funções, com todos os seus direitos, garantias e deveres. Parágrafo único. O Auditor do Estado desempenha atividades típicas de Estado, no âmbito do Poder Executivo Estadual.

Capítulo IV
DAS VEDAÇÕES E GARANTIAS

Art. 32. Aplicam-se aos servidores das carreiras de Controle Interno os direitos, deveres e as garantias constantes na legislação estatutária e na Constituição Estadual.

Parágrafo único. Os servidores das carreiras de Controle Interno observarão código de ética profissional.

Art. 33. Constituem-se em garantias e prerrogativas dos servidores das carreiras de Controle Interno da Controladoria Geral do Estado:

I – independência profissional para o desempenho das atividades;

II – acesso a todas as dependências do órgão ou entidade auditada ou inspecionada, mediante apresentação da Carteira de Identidade Funcional, bem como a documentos, valores e livros considerados indispensáveis ao cumprimento de suas atribuições, não lhe podendo ser sonegado, sob qualquer pretexto, nenhum processo, documento ou informação em meio físico ou eletrônico;

III – livre acesso à consulta dos sistemas de dados do Poder Executivo, abrangendo toda a base de dados, transações e relatórios do sistema;

IV – livre manifestação técnica e independência profissional e intelectual, observado o dever de motivação de seus atos;

V – imunidade profissional, não constituindo injúria ou difamação punível, qualquer manifestação de sua parte, no exercício de sua atividade, sem prejuízo das sanções disciplinares, pelos excessos que cometer;

VI – não sofrer nenhuma restrição funcional em decorrência das declarações que emitir no exercício de suas atribuições em processo administrativo, relatório de auditoria ou outro documento produzido na qualidade de integrante das carreiras de Controle Interno;

VII – requisitar auxílio e colaboração de agentes e autoridades públicas, inclusive força policial, se necessário, para garantir a efetividade do exercício de suas atribuições.

§ 1º – As garantias previstas neste artigo deverão se restringir àquelas necessárias à defesa do interesse público, sendo os integrantes das carreiras de Controle Interno responsabilizados administrativamente pelo excesso ou utilização indevida que delas vier a fazer uso;

§ 2º – O agente público que, por ação ou omissão, causar embaraço, constrangimento ou obstáculo à atuação de servidor do SICIERJ, no desempenho de suas funções institucionais, ficará sujeito à responsabilidade administrativa, civil e penal, conforme previsto na legislação pertinente;

§ 3º – Quando a documentação ou informação prevista neste artigo envolver assuntos de caráter sigiloso, deverá ser dispensado tratamento especial de acordo com o estabelecido em regulamento próprio;

§ 4º – Os integrantes das carreiras de Controle Interno deverão guardar sigilo sobre dados e informações pertinentes aos assuntos a que tiver acesso em decorrência do exercício de suas funções, utilizando-os, exclusivamente, para a elaboração de pareceres e relatórios destinados à autoridade competente, sob pena de responsabilidade administrativa, civil e penal;

§ 5º – Os servidores a que se refere o caput deste artigo não são passíveis de responsabilização por suas opiniões técnicas, quando devidamente fundamentadas, que possuem caráter exclusivamente recomendatório, ressalvada a hipótese de dolo ou erro grosseiro.

Art. 34. Aplicam-se aos demais servidores lotados na CGE os mesmos deveres e garantias estabelecidos nos artigos 32 e 33 desta Lei.

TÍTULO VI
DAS DISPOSIÇÕES GERAIS E TRANSITÓRIAS

Art. 35. O parágrafo único do artigo 2º da Lei nº 6.601, de 28 de novembro de 2013, passa a vigorar com a seguinte redação:

> "Parágrafo único. O concurso público a que se refere o caput poderá ser realizado por áreas de especialização, exigindo-se curso superior em algumas das seguintes áreas de competência: Administração, Ciências Atuariais, Ciências Contábeis, Ciências Jurídicas, Ciências Econômicas, Engenharia, Estatística e de Tecnologia da Informação e será organizado conforme dispuser o edital de abertura, observada a legislação pertinente."

Art. 36. Fica a Controladoria Geral do Estado responsável por ceder servidores da carreira de Auditor do Estado para compor o quadro de direção do Órgão Central de Contabilidade do Estado do Rio de Janeiro, da estrutura da Secretaria de Estado de Fazenda e Planejamento do Rio de Janeiro – SEFAZ, até que seja concluído o concurso para suprir as vagas de contador.

Parágrafo único. Os Auditores do Estado cedidos para a Contadoria Geral do Estado e para os cargos em comissão dos responsáveis das unidades de controle constantes dos incisos II, III e IV do art. 7º desta Lei terão todos os direitos e vantagens dos servidores em exercício na Controladoria Geral do Estado.

Art. 37. As despesas da CGE correrão à conta de dotações próprias, fixadas anualmente no Orçamento Fiscal do Estado.

Art. 38. Fica a Secretaria de Estado de Fazenda e Planejamento do Rio de Janeiro - SEFAZ autorizada a proceder com os remanejamentos orçamentários necessários à criação da CGE.

Art. 39. O artigo 15 da Lei nº 6.601, de 28 de novembro de 2013, passa a vigorar acrescido de um parágrafo quarto, com a seguinte redação:

> "§ 4º As limitações de que tratam o caput e o parágrafo 2º não se aplicam para a disposição ou a cessão destinada ao exercício de cargo em comissão de titular das Unidades de Controle Interno (UCI), Unidades de Ouvidoria Setorial (UOS) e Unidades de Corregedoria Setorial (UCS)."

Art. 40. A competência para a celebração de acordo de leniência no âmbito do Poder Executivo Estadual, prevista no art. 8º, XXI, desta Lei, será exclusiva da Procuradoria Geral do Estado para as propostas de negociação de acordo de leniência que forem apresentadas no período de 12 (doze) meses a contar da entrada em vigor da presente Lei.

Parágrafo único. Ato conjunto da Procuradoria Geral do Estado e da Controladoria Geral do Estado disciplinará a transferência a esta última do conhecimento referente às negociações dos acordos de leniência iniciadas após a entrada em vigor desta Lei.

Art. 41. Esta Lei entrará em vigor na data de sua publicação.

Rio de Janeiro, em 14 de junho de 2018.

LUIZ FERNANDO DE SOUZA

Governador

LEI Nº 8.079, DE 27 DE AGOSTO DE 2018

- DISPÕE SOBRE O DIREITO À CONTINUIDADE DO FORNECIMENTO DE ENERGIA ELÉTRICA ÀS FAMÍLIAS DOS PORTADORES DE DOENÇA, CUJO TRATAMENTO MÉDICO REQUEIRA O USO CONTINUADO DE APARELHOS E DÁ OUTRAS PROVIDÊNCIAS.

Art. 1º. Fica assegurada a continuidade do fornecimento de energia elétrica às residências das famílias dos portadores de doença, cujo tratamento médico requeira o uso continuado de aparelhos, equipamentos ou instrumentos que, para o seu funcionamento, demandem o consumo de eletricidade.

Parágrafo único. Para fazer uso do direito, o cliente deve cumprir todos os requisitos necessários à comprovação de sua condição, tal como fixado pela empresa distribuidora.

Art. 2º. A concessionária que descumprir a presente lei, a qualquer pretexto, cometerá infração, aplicando-se multa diária de 500 UFIRs-RJ (quinhentas Unidades Fiscais de Referência) por cada infração.

Art. 3º. A garantia de continuidade do serviço não isenta o consumidor do pagamento dos eventuais valores devidos para a concessionária, aplicando-se as normas de direito do consumidor no que couber.

Art. 4º. Esta Lei entra em vigor na data de sua publicação.

Rio de Janeiro, em 27 de agosto de 2018.

LUIZ FERNANDO DE SOUZA

Governador

LEI Nº 8.099, DE 17 DE SETEMBRO DE 2018

- OBRIGA AS CONCESSIONÁRIAS DE SERVIÇOS PÚBLICOS ESSENCIAIS A INFORMAR EM TEMPO REAL SOBRE INTERRUPÇÃO DE SEUS SERVIÇOS.

- Norma submetida a ação de inconstitucionalidade – http://portal.stf.jus.br/processos/detalhe.asp?incidente=5647191

Art. 1º. As concessionárias de serviços públicos essenciais no estado do Rio de Janeiro, ficam obrigadas a informar, através de todos os meios de comunicação possíveis, inclusive redes sociais, em tempo real, a interrupção de seus serviços que vier a ocorrer por qualquer causa natural ou provocada.

§ 1° – A informação de que trata o caput deverá especificar o motivo da interrupção, e a previsão de seu restabelecimento.

§ 2º – Quando a interrupção dos serviços for programada, as concessionárias deverão informar com antecedência mínima de 24 horas.

Art. 2º. O não atendimento do previsto nesta Lei sujeitará o responsável ao pagamento de multa nos termos do Código de Defesa do Consumidor, que deverá ser revertida ao Fundo Especial de Apoio à Programas de Proteção e Defesa do Consumidor – FEPROCON.

Art. 3º. Esta Lei entrará em vigor na data de sua publicação.

Rio de Janeiro, em 17 de setembro de 2018.

LUIZ FERNANDO DE SOUZA

Governador

DIREITO

PROCESSUAL CIVIL

LEI Nº 2.556, DE 21 DE MAIO DE 1996

- CRIA OS JUIZADOS ESPECIAIS CÍVEIS E CRIMINAIS NA JUSTIÇA DO ESTADO DO RIO DE JANEIRO, DISPÕE SOBRE SUA ORGANIZAÇÃO, COMPOSIÇÃO E COMPETÊNCIA E DÁ OUTRAS PROVIDÊNCIAS.

ÍNDICE

Capítulo I
DA CRIAÇÃO E DA ESTRUTURA

Art. 1º. Fica criado, no âmbito do Poder Judiciário, o Sistema Estadual de Juizados Especiais Cíveis e Criminais para a conciliação, julgamento e execução de causas cíveis de menor complexidade e infrações penais de menor potencial ofensivo pelo Poder Judiciário.

Parágrafo único – O processo orientar-se-á pelos critérios de oralidade, simplicidade, informalidade, economia processual e celeridade, buscando, sempre que possível, a conciliação ou transação.

Art. 2º. Integram o Sistema de Juizados Especiais:

I – os Juizados Especiais Cíveis;

II - os Juizados Especiais Criminais;

III - os Juizados Especiais Adjuntos Cíveis;

IV - os Juizados Especiais Adjuntos criminais;

V - as Turmas Recursais Cíveis

VI - as Turmas Recursais Criminais

Art. 3º. O Órgão Especial do Tribunal de Justiça poderá, por proposta do Conselho da Magistratura, transformar Juízos Cíveis e Criminais em Juizados Especiais, assim como Juizados Especiais e Juizados Adjuntos Cíveis em Criminais, bem como os Criminais em Cíveis, a instalação de novos Juizados Especiais e Adjuntos, além da instalação de Juizados em substituição aos Adjuntos, de acordo com necessidade do serviço. (STF - ADI 4235 de 2009)

Art. 4º. O acesso ao Juizado Especial independerá, em primeiro grau de Jurisdição do pagamento de taxas ou despesas.

Capítulo II
DOS JUIZADOS CÍVEIS E CRIMINAIS E JUIZADOS ADJUNTOS

Art. 5º. Os Juizados Especiais Cíveis e Criminais são unidades Jurisdicionais autônomas, presididas por Juiz de Direito e servidas por cartório judiciais oficializados com servidores próprios, e terão a competência prevista no Capítulo II, seção I e Capítulo III, Lei nº 9.099/95.

Parágrafo único - Nos Juizados, conforme a necessidade do serviço, poderão ser designados pelo Presidente do Tribunal de Justiça outros Juízes de Direito, titulares ou não, ou Juízes Substitutos.

Art. 6º. Os serviços de cartório poderão ser prestados, e as audiências realizadas fora da sede do Juizado, em bairros ou cidades circunvizinhas, ocupando instalações do Foro ou de outros.

Art. 7º. Os Juizados Especiais Adjuntos Cíveis e Criminais terão a mesma composição e competência das unidades jurisdicionais cíveis e criminais previstas no artigo 5º, e funcionarão em anexo a determinadas varas judiciais das comarcas de primeiras e algumas de segunda entrâncias, atuando, preferencialmente, o respectivo Juiz Titular, podendo o Presidente do Tribunal de Justiça designar outros Juízes de Direito, titulares ou não ou Juízes Substitutos, para auxilio.

Art. 8º. A jurisdição dos Juizados Especiais Cíveis e Criminais se estenderá pelas áreas das regiões administrativas a eles vinculados nesta Lei e pelas seguintes Comarcas: Angra dos Reis, Araruama, Barra do Piraí, Barra Mansa, Belford Roxo, Cabo Frio, Campos dos Goytacazes, Duque de Caxias, Itaboraí, Itaguaí, Itaperuna, Macaé,

Magé, Maricá, Nilópolis, Niterói, Nova Friburgo, Nova Iguaçu, Petrópolis, Queimados, Resende, São Gonçalo, São João de Meriti, Teresópolis, Três Rios, Valença e Volta Redonda. (Nova redação dada pela Lei nº 3812/2002.)

Art. 9º. A Jurisdição dos Juizados Adjuntos Cíveis e Criminais será a da respectiva comarca de primeira ou de segunda entrância onde estiverem situados, ressalvado o disposto no artigo anterior.

Art. 10. Os Juizados Especiais Cíveis, além da competência prevista no artigo 3º da Lei nº 9.099/95 deverão conciliar os litígios regulados pela Lei nº 8.078/90 (Código de Defesa do Consumidor), que versem sobre matéria cível.

Art. 11. Os Juizados Especiais Adjunto Cíveis e Criminais utilizarão o mesmo de servidores lotados nas varas a que estiverem anexados, podendo o Corregedor-Geral da Justiça designar aqueles que atuarão exclusivamente nos feitos que ali tramitam.

Art. 12. Os conciliadores e juízes leigos serão selecionados por concurso público, os primeiros, preferencialmente, entre bacharéis e bacharelandos em Direito, e os segundos, entre advogados, ficando ambos impedidos de exercer a advocacia e de manter vínculo com escritório de advocacia que atue perante os Juizados Especiais, enquanto no desempenho de suas funções. (Nova redação dada pela Lei nº 4578/2005.)

§ 1º - Os conciliadores e juízes leigos serão designados pelo Presidente do Tribunal de Justiça e exercerão suas funções pelo prazo de 02 (dois) anos, vedada a recondução dos juízes leigos, e poderão ser dispensados, a qualquer momento, atendendo à conveniência do serviço. (Nova redação dada pela Lei nº 4578/2005.)

§ 2º - Quando não houver número suficiente de inscritos, fica autorizada a dispensa do concurso público para recrutamento dos conciliadores dos Juizados Especiais e Adjuntos na respectiva área de atuação, os quais serão designados pelo Presidente do Tribunal de Justiça, por indicação do juiz em exercício no Juizado respectivo. (Nova redação dada pela Lei nº 4578/2005.)

§ 3º - A função de conciliador não será remunerada. O exercício das funções de conciliador e juiz leigo será computado no tempo de prática forense, nos termos do disposto no artigo 165, § 3º do Código de Organização e Divisão Judiciárias do Estado do Rio de Janeiro. (Nova redação dada pela Lei nº 4578/2005.)

§ 4º - Entende-se por bacharelando, para efeitos desta lei, o estudante regularmente matriculado no curso de Direito, cursando a partir do terceiro ano ou do quinto período, de instituição de ensino superior oficial ou reconhecida pelo Ministério da Educação. (Nova redação dada pela Lei nº 4578/2005.)

§ 5º - O exercício das funções de conciliador ou juiz leigo, por período superior a um ano, será considerado como título em concurso público para a Magistratura de carreira do Estado do Rio de Janeiro. (Nova redação dada pela Lei nº 4578/2005.)

§ 6º – Revogado.

§ 7º – Revogado.

§ 8º – Os conciliadores que já estiverem exercendo a função nos juizados cíveis e criminais não precisarão submeter-se a concurso público. (Nova redação dada pela Lei nº 4578/2005.)

Art. 13. A designação dos conciliadores e juízes leigos é da competência do Presidente do Tribunal de Justiça. (NR)

Parágrafo único – Aplicam-se aos juízes leigos e aos conciliadores as normas disciplinares a que estão sujeitos os servidores da Justiça." (Nova redação dada pela Lei nº 4578/2005.)

Art. 14. Os atos processuais serão públicos e poderão realizar-se na parte da manhã e em horário noturno.

Art. 15. Nos casos de homologação de acordo civil e aplicação de pena restritiva de direitos ou multa, as despesas processuais serão reduzidas de metade

Capítulo III
DAS TURMAS RECURSAIS CÍVEIS E CRIMINAIS

Art. 16. Cada Turma Recursal, Cível e Criminal será composta de 03 (três) Juízes Titulares e 03 (três) suplentes, todos togados e em exercício no primeiro grau de jurisdição.

§ 1º – O Presidente do Tribunal de Justiça definirá, por ato, o número, a composição e horário de funcionamento, bem como designará os Juízes das Turmas Recursais.

§ 2º – A Turma Recursal será presidida pelo Juiz mais antigo dentre os seus integrantes.

§ 3º – Resolução do Conselho da Magistratura disporá sobre Regimento Interno das Turmas Recursais Cíveis e Criminais.

Capítulo IV
DOS CARGOS E FUNÇÕES

Art. 17. Ficam criados 59 Juizados Especiais com competência para os feitos Cíveis e 54 Juizados Especiais com competência para os feitos criminais, previstos na Lei nº 9.099 de 1995, assim discriminados: (Nova redação dada pela Lei nº 4629/2005.)

1) – I Juizado Especial Cível – I Região Administrativa;

2) – II Juizado Especial Cível – II Região Administrativa;

3) – III Juizado Especial Cível – III Região Administrativa;

4) – IV Juizado Especial Cível – IV Região Administrativa;

5) – V Juizado Especial Cível – V Região Administrativa;

6) – VI Juizado Especial Cível – VI Região Administrativa;

7) – VII Juizado Especial Cível – VII Região Administrativa;

8) – VIII Juizado Especial Cível – VIII Região Administrativa;

9) – IX Juizado Especial Cível – IX Região Administrativa;

10) – X Juizado Especial Cível – X Região Administrativa;

11) – XI Juizado Especial Cível – XI Região Administrativa;

12) – XII Juizado Especial Cível – XII Região Administrativa;

13) – XIII Juizado Especial Cível – XIII Região Administrativa;

14) – XIV Juizado Especial Cível – XIV Região Administrativa;

15) – XV Juizado Especial Cível – XV Região Administrativa;

16) – XVI Juizado Especial Cível – XVI Região Administrativa;

17) – XVII Juizado Especial Cível – XVII Região Administrativa;

18) – XVIII Juizado Especial Cível – XVIII Região Administrativa;

19) – XIX Juizado Especial Cível – XIX Região Administrativa;

20) – XX Juizado Especial Cível – XX Região Administrativa;

21) – XXI Juizado Especial Cível – XXI Região Administrativa;

22) – XXII Juizado Especial Cível – XXII Região Administrativa;

23) – XXIII Juizado Especial Cível – XXIII Região Administrativa;

24) – XXIV Juizado Especial Cível – XXIV Região Administrativa;

25) – XXV Juizado Especial Cível – XXV Região Administrativa;

26) – XXVI Juizado Especial Cível – XXVI Região Administrativa;

27) – XXVII Juizado Especial Cível – XXVII Região Administrativa;

28) – XXVIII Juizado Especial Cível – XXVIII Região Administrativa;

29) – XXIX Juizado Especial Cível – XXIX Região Administrativa;

30) – XXX Juizado Especial Cível – XXX Região Administrativa;

31) – I Juizado Especial Criminal – I Região Administrativa;

32) – II Juizado Especial Criminal – II Região Administrativa;

33) – III Juizado Especial Criminal – III Região Administrativa;

34) – IV Juizado Especial Criminal – IV Região Administrativa;

35) – V Juizado Especial Criminal – V Região Administrativa;

36) – VI Juizado Especial Criminal – VI Região Administrativa;

37) – VII Juizado Especial Criminal – VII Região Administrativa;

38) – VIII Juizado Especial Criminal – VIII Região Administrativa;

39) – IX Juizado Especial Criminal – IX Região Administrativa;

40) – X Juizado Especial Criminal – X Região Administrativa;

41) – XI Juizado Especial Criminal – XI Região Administrativa;

42) – XII Juizado Especial Criminal – XII Região Administrativa;

43) – XIII Juizado Especial Criminal – XIII Região Administrativa;

44) – XIV Juizado Especial Criminal – XIV Região Administrativa;

45) – XV Juizado Especial Criminal – XV Região Administrativa;

46) – XVI Juizado Especial Criminal – XVI Região Administrativa;

47) – XVII Juizado Especial Criminal – XVII Região Administrativa;

48) – XVIII Juizado Especial Criminal – XVIII Região Administrativa;

49) – XIX Juizado Especial Criminal – XIX Região Administrativa;

50) – XX Juizado Especial Criminal – XX Região Administrativa;

51) – XXI Juizado Especial Criminal – XXI Região Administrativa;

52) – XXII Juizado Especial Criminal – XXII Região Administrativa;

53) – XXIII Juizado Especial Criminal – XXIII Região Administrativa;

54) – XXIV Juizado Especial Criminal – XXIV Região Administrativa;

55) – XXV Juizado Especial Criminal – XXV Região Administrativa;

56) – XXVI Juizado Especial Criminal – XXVI Região Administrativa;

57) – XXVII Juizado Especial Criminal – XXVII Região Administrativa;

58) – XXVIII Juizado Especial Criminal – XXVIII Região Administrativa;

69) – XXIX Juizado Especial Criminal – XXIX Região Administrativa;

60) – XXX Juizado Especial Criminal – XXX Região Administrativa;

61) – I Juizado Especial Cível de Barra Mansa;

62) – I Juizado Especial Criminal de Barra Mansa;

63) – I Juizado Especial Cível de Belford Roxo;

64) – I Juizado Especial Criminal de Belford Roxo;

65) – I Juizado Especial Cível de Campos dos Goytacazes;

66) – I Juizado Especial Criminal de Campos dos Goytacazes;

67) – I Juizado Especial Cível de Duque de Caxias;

68) – II Juizado Especial Cível de Duque de Caxias;

69) – I Juizado Especial Criminal de Duque de Caxias;

70) – II Juizado Especial Criminal de Duque de Caxias;

71) – I Juizado Especial Cível de Nilópolis;

72) – I Juizado Especial Criminal de Nilópolis;

73) – I Juizado Especial Cível de Niterói;

74) – II Juizado Especial Cível de Niterói;

75) – I Juizado Especial Criminal de Niterói;

76) – II Juizado Especial Criminal de Niterói;

77) – I Juizado Especial Cível de Nova Friburgo;

78) – I Juizado Especial Criminal de Nova Friburgo;

79) – I Juizado Especial Cível de Nova Iguaçu;

80) – II Juizado Especial Cível de Nova Iguaçu;

81) – I Juizado Especial Criminal de Nova Iguaçu;

82) – II Juizado Especial Criminal de Nova Iguaçu;

83) – I Juizado Especial Cível de Petrópolis;

84) – I Juizado Especial Criminal de Petrópolis;

85) – I Juizado Especial Cível de São Gonçalo;

86) – II Juizado Especial Cível de São Gonçalo;

87) – I Juizado Especial Criminal de São Gonçalo;

88) – II Juizado Especial Criminal de São Gonçalo;

89) – I Juizado Especial Cível de São João de Meriti;

90) – I Juizado Especial Criminal de São João de Meriti;

91) – I Juizado Especial Cível de Volta Redonda;

92) – I Juizado Especial Criminal de Volta Redonda;

93) – I Juizado Especial Cível de Angra dos Reis

94) – I Juizado Especial Criminal de Angra dos Reis

95) – I Juizado Especial Cível de Araruama

96) – I Juizado Especial Cível de Barra do Piraí

97) – I Juizado Especial Cível de Cabo Frio

98) – I Juizado Especial Criminal de Itaboraí

99) – I Juizado Especial Cível de Itaguaí

100) – I Juizado Especial Criminal de Itaguaí

101) – I Juizado Especial Cível de Itaperuna

102) – I Juizado Especial Criminal de Itaperuna

103) – I Juizado Especial Cível de Macaé

104) – 1 Juizado Especial Cível de Magé

105) – I Juizado Especial Cível de Maricá

106) – I Juizado Especial Criminal de Queimados

107) – I Juizado Especial Cível de Resende

108) – I Juizado Especial Criminal de Resende

109) - I Juizado Especial Cível de Teresópolis

110) - I Juizado Especial Cível de Três Rios

111) - I Juizado Especial Criminal de Três Rios;

112) - I Juizado Especial Cível de Valença.

- itens 93 ao 112, acrescentados pela Lei nº 3812/2002.

* 113 - I Juizado Especial Criminal de Cabo Frio.

- Item acrescentado pela Lei nº 4629/2005.

Art. 18. Ficam criados os cargos dc provimento efetivo:

I - 60 (sessenta) cargos de Juiz de Direito de entrância especial e 32 cargos de Juízes de Direito de entrância do interior;

II - 92 (noventa e dois) cargos de Titular;

III - 184 (cento e oitenta e quatro) cargos de Oficiais de Justiça Avaliador;

IV - 276 (duzentos e setenta e quatro) cargos de Técnico Judiciário Juramentado;

V - 184 (cento e oitenta e quatro) cargos de Auxiliar Judiciário

VI - 184 (cento e oitenta e quatro) cargos de Auxiliar de Cartório.

Art. 19. Uma vez instalada os Juizados e as Turmas Recursais, serão a eles distribuídos os feitos de sua competência, vedada a redistribuirão dos processos em andamento.

Parágrafo único - Aos atuais ofícios de registro de distribuição competirá o respectivo registro dos feitos, mediante listagens pelo serviço competente.

Art. 20. O Órgão Especial determinará a instalação progressiva dos Juizados Especiais

§ 1º - O provimento dos cargos criados nesta Lei será efetuado da seguinte forma:

I - No primeiro ano de vigência desta Lei, serão providos 30 (trinta) cargos de Juiz de Direito, 30 (trinta) cargos de Titular, 60 (sessenta) cargos de Oficial de Justiça, 90 (noventa) cargos de Técnico Judiciário Juramentado, 60 (sessenta) cargos de Auxiliar de Cartório;

II - No segundo ano de vigência desta Lei, serão providos 30 (trinta) cargos de Juiz de Direito, 30 (trinta) cargos de Titular, 60 (sessenta) cargos de Oficial de Justiça, 90 (noventa) cargos de Técnico Judiciário Juramentado, 60 (sessenta) cargos de Auxiliar Judiciário e 60 (sessenta) cargos de Auxiliar de Cartório;

III – No terceiro ano da vigência desta Lei, serão providos os cargos restantes necessários à estruturação total dos Juizados Especiais, na forma estabelecida no Artigo 18 desta Lei.

§ 2º – Enquanto não instalados todos os Juizados Especiais previstos nesta Lei por força da regra estabelecidas no caput deste artigo, a competência territorial de cada órgão será fixada por ato do Presidente do Tribunal de Justiça.

Capítulo V
DAS DISPOSIÇÕES FINAIS

Art. 21. Enquanto não instalados os Juizados Especiais, compete aos Juízes Cíveis e Criminais, nas respectivas áreas de atuação, segundo designação da Presidência do Tribunal, processar e julgar as matérias de sua competência.

Art. 22. as instalações, móveis e materiais dos atuais Juizados de pequenas causas serão aproveitados pelos Juizados Especiais e Adjuntos Cíveis e Criminais.

Art. 23. As despesas decorrentes da presente Lei correrão à conta da dotação orçamentária consignadas no programa de Trabalho 03.01.02.04.0131.750.

Parágrafo único – Esta dotação não poderá ser suplementada com base nas autorizações contidas nos artigos 5º, 6º, e 7º da Lei nº 2.521, de 18 de janeiro de 1996.

Art. 24. A autoridade policial a que se refere o art. 69 da Lei nº 9.099, de 26 de setembro de 1995, é o Delegado de Polícia, de que trata o art. 144 § 4º da Constituição Federal.

Art. 25. esta lei entrará em vigor na data de sua publicação, revogadas as disposições em contrário.

Rio de Janeiro, 21 de maio de 1996.

MARCELLO ALENCAR

Governador

LEI Nº 5.781, DE 01 DE JULHO DE 2010

- ALTERA A LEI Nº 2.556, DE 21.05.1996, QUE CRIA OS JUIZADOS ESPECIAIS CÍVEIS E CRIMINAIS NA JUSTIÇA DO ESTADO DO RIO DE JANEIRO, DISPÕE SOBRE SUA ORGANIZAÇÃO, COMPOSIÇÃO E COMPETÊNCIA, CRIANDO OS JUIZADOS ESPECIAIS DA FAZENDA PÚBLICA, A ESTRUTURA DAS TURMAS RECURSAIS CÍVEIS, CRIMINAIS E DA FAZENDA PÚBLICA E DÁ OUTRAS PROVIDÊNCIAS.

ÍNDICE

Capítulo I
DA CRIAÇÃO E DA ESTRUTURA

Art. 1º. Fica criado, no âmbito do Poder Judiciário, o Sistema Estadual de Juizados Especiais, formando pelos Juizados Especiais Cíveis, Juizados Especiais Criminais e Juizados Especiais da Fazenda Pública para a conciliação, julgamento e execução de causas cíveis de menor complexidade, causas cíveis de interesse do Estado até o valor de 60 (sessenta) salários mínimos e infrações penais de menor potencial ofensivo.

Parágrafo único. O processo orientar-se-á pelos critérios de oralidade, simplicidade, informalidade, economia processual e celeridade, buscando, sempre que possível, a conciliação ou transação.

Art. 2º. Integram o Sistema de Juizados Especiais:

I – os Juizados Especiais Cíveis;

II – os Juizados Especiais Criminais;

III – os Juizados Especiais da Fazenda Pública;

IV – os Juizados Especiais Adjuntos Cíveis;

V – os Juizados Especiais Adjuntos criminais;

VI – as Turmas Recursais Cíveis;

VII – as Turmas Recursais Criminais;

VIII – as Turmas Recursais da Fazenda Pública.

Art. 3º. O Órgão Especial do Tribunal de Justiça poderá, por proposta do Presidente do Tribunal de Justiça, ouvidas a Comissão de Apoio à Qualidade (COMAQ) e a Comissão de Juizados Especiais (COJES), transformar Juízos Cíveis, Criminais e da Fazenda Pública em Juizados Especiais, assim como Juizados Especiais e Juizados Adjuntos Cíveis em Criminais, bem como os Criminais em Cíveis ou da Fazenda Pública.

Art. 4º. O acesso aos Juizados Especiais Cíveis e de Fazenda Pública, em primeira instância independe do pagamento de custas, taxas ou quaisquer despesas.

Capítulo II
DOS JUIZADOS CÍVEIS E CRIMINAIS E JUIZADOS ADJUNTOS

Art. 5º. Os Juizados Especiais Cíveis e Criminais, com a competência prevista no Capitulo II, Seção I e no Capitulo III da Lei nº 9.099/95, são unidades jurisdicionais autônomas, presididas por Juiz de Direito e servidas por cartórios judiciais e serventuários próprios.

Parágrafo único. Nos Juizados, conforme a necessidade do serviço, poderão ser designados, para auxílio, pelo Presidente do Tribunal de Justiça outros Juízes de Direito, titulares ou não, ou Juízes Substitutos.

Art. 6º. Os serviços de cartório e as audiências poderão ser prestados, quando necessário, fora das sedes dos Juizados, em bairros ou cidades circunvizinhas.

Art. 7º. Os Juizados Especiais Adjuntos Cíveis e Criminais terão a mesma composição e competência das unidades jurisdicionais cíveis e criminais previstas no artigo 5º, e funcionarão em anexo a determinadas serventias judiciais das comarcas de primeira, segunda entrância e algumas de entrância especial, atuando, preferencialmente, o respectivo Juiz Titular, podendo, no entanto, o Presidente do Tribunal de Justiça designar outros Juízes de Direito, titulares ou não ou Juízes Substitutos, para auxilio.

Art. 8º. Na Comarca da Capital a jurisdição dos Juizados Especiais Cíveis se estenderá pelas áreas das Regiões Administrativas determinadas por esta Lei, assim discriminadas:

I - I Juizado Especial Cível - I Região Administrativa;

II - II Juizado Especial Cível - II Região Administrativa;

III - III Juizado Especial Cível - III Região Administrativa;

IV - IV Juizado Especial Cível - IV Região Administrativa;

V - V Juizado Especial Cível - V Região Administrativa;

VI - VI Juizado Especial Cível - VI Região Administrativa;

VII - VII Juizado Especial Cível - VII Região Administrativa;

VIII - VIII Juizado Especial Cível - VIII Região Administrativa;

IX - IX Juizado Especial Cível - IX Região Administrativa;

X - X Juizado Especial Cível - X Região Administrativa;

XI - XI Juizado Especial Cível - XI Região Administrativa;

XII - XII Juizado Especial Cível - XII Região Administrativa;

XIII - XIII Juizado Especial Cível - XIII Região Administrativa;

XIV - XIV Juizado Especial Cível - XIV Região Administrativa;

XV - XV Juizado Especial Cível - XV Região Administrativa;

XVI - XVI Juizado Especial Cível - XVI Região Administrativa;

XVII - XVII Juizado Especial Cível - XVII Região Administrativa;

XVIII - XVIII Juizado Especial Cível - XVIII Região Administrativa;

XIX - XIX Juizado Especial Cível - XIX Região Administrativa;

XX - XX Juizado Especial Cível - XX Região Administrativa;

XXI - XXI Juizado Especial Cível - XXI Região Administrativa;

XXII - XXII Juizado Especial Cível - XXII Região Administrativa;

XXIII - XXIII Juizado Especial Cível - XXIII Região Administrativa;

XXIV - XXIV Juizado Especial Cível - XXIV Região Administrativa;

XXV - XXV Juizado Especial Cível - XXV Região Administrativa;

XXVI - XXVI Juizado Especial Cível - XXVI Região Administrativa;

XXVII - XXVII Juizado Especial Cível - XXVII Região Administrativa;

XXVIII - XXVIII Juizado Especial Cível - XXVIII Região Administrativa;

XXIX - XXIX Juizado Especial Cível - XXIX Região Administrativa;

Art. 9º. Na Comarca da Capital a jurisdição dos Juizados Especiais Criminais se estenderá pelas áreas de atuação das Delegacias de Polícia de cada Região, assim discriminadas:

I - I Juizado Especial Criminal - Botafogo: áreas das 7ª Delegacia Policial - Santa Teresa (Santa Teresa), 9ª Delegacia Policial - Flamengo (Glória, Catete, Laranjeiras, Flamengo e Cosme Velho) e 10ª Delegacia Policial - Botafogo (Humaitá, Botafogo e Urca);

II - II Juizado Especial Criminal: áreas das 1ª Delegacia Policial - Praça Mauá (Parte da Região Administrativa do Centro), 4ª Delegacia Policial - Praça da República (Santo Cristo, Gamboa, Saúde e parte da Região Administrativa do Centro), 5ª Delegacia Policial - Mem de Sá (Parte da Região Administrativa do Centro) e 37ª Delegacia Policial - Ilha do Governador (Ribeira, Pitangueiras, Bancários, Portuguesa, Jardim Carioca, Cidade Universitária, Zumbi, Cacuia, Cocotá, Praia da Bandeira, Freguesia, Jardim Guanabara, Moneró, Galeão, Tauá, Paquetá);

III - III Juizado Especial Criminal: áreas das 6ª Delegacia Policial - Cidade Nova (Cidade Nova e parte da Região Administrativa do Centro, Estácio, Catumbi e Rio Comprido), 17ª Delegacia Policial - São Cristóvão (São Cristóvão, Mangueira, Caju, parte de Benfica e Parte da Praça da Bandeira - Estação da Leopoldina) e 25ª Delegacia Policial - Engenho Novo (Jacarezinho, Riachuelo, Jacaré, São Francisco Xavier, Rocha, Sampaio e Engenho Novo);

IV - IV Juizado Especial Criminal - Leblon: áreas das 14ª Delegacia Policial - Leblon (Leblon e Ipanema), 15ª Delegacia Policial - Gávea (Jardim Botânico, São Conrado, Gávea, Vidigal, Rocinha e Lagoa), 12ª Delegacia Policial - Leme (Parte de Copacabana e Leme) e 13ª Delegacia Policial - Copacabana (Parte de Copacabana);

V - V Juizado Especial Criminal - Regional Méier: áreas das 23ª Delegacia Policial - Méier (Parte do Méier, parte de Todos os Santos, Cachambi), 24ª Delegacia Policial - Piedade (Parte do Engenho de Dentro, Pilares, Abolição, Encantado, Piedade); 26ª Delegacia Policial - Todos os Santos (Parte de Todos os Santos, parte do Méier, parte do Engenho de Dentro, Água Santa e Lins de Vasconcelos) e 44 ª Delegacia Policial - Inhaúma (Inhaúma, Engenho da Rainha, Tomaz Coelho, Maria da Graça e Del Castilho);

VI - VII Juizado Especial Criminal - Regional Pavuna: áreas das 31ª Delegacia Policial - Ricardo de Albuquerque (Guadalupe, Anchieta, Parque Anchieta e Ricardo de Albuquerque) e 39ª Delegacia Policial - Pavuna (Acari, Barros Filho, Costa Barros e Pavuna);

VII - VIII Juizado Especial Criminal: áreas das 18ª Delegacia Policial - Praça da Bandeira (Parte da Praça da Bandeira, Maracanã e parte da Tijuca), 19ª Delegacia Policial - Tijuca (Alto da Boa Vista e parte da Tijuca) e 20ª Delegacia Policial - Grajaú (Vila Isabel, Grajaú e Andaraí);

VIII - IX Juizado Especial Criminal - Regional Barra da Tijuca: área da 16ª Delegacia Policial - Barra da Tijuca (Joá, Carmorim, Vargem Grande, Grumari, Itanhangá, Vargem Pequena, Recreio dos Bandeirantes e Barra da Tijuca) e da 42ª DP - Recreio dos Bandeirantes (Carmorim, Vargem Grande, Grumari, Vargem Pequena e Recreio dos Bandeirantes);

IX - X Juizado Especial Criminal - Regional Leopoldina: áreas das 21ª Delegacia Policial - Bonsucesso (Parte de Ramos, parte de Benfica, Maré, Bonsucesso, Higienópolis, Manguinhos), 22ª Delegacia Policial - Penha (Parte superior da Penha Circular, Penha, Olaria, parte do Complexo do Alemão, Morros do Alemão e Nova Brasília, parte de Braz de Pina), 27ª Delegacia Policial - Vicente de Carvalho (Vila Kosmos, Vila da Penha, Vista Alegre, Irajá, Vicente de Carvalho e parte de Colégio, lado par da Av. Automóvel Clube) e 38ª Delegacia Policial - Braz de Pina (Jardim América, Vigário Geral, Parada de Lucas, Cordovil, parte de Braz de Pina e parte da Penha Circular);

X - XV Juizado Especial Criminal - Regional Madureira: áreas das 28ª Delegacia Policial - Campinho (Campinho, Cascadura, Praça Seca e Quintino Bocaiúva), 29ª Delegacia Policial - Madureira (Madureira, Engenheiro Leal, Cavalcante, Turiaçu, Vaz Lobo), 30ª Delegacia Policial - Marechal Hermes (Marechal Hermes, Bento Ribeiro e Oswaldo Cruz) e 40ª Delegacia Policial - Honório Gurgel (Honório Gurgel, Rocha Miranda, parte de Colégio, lado ímpar da Av. Automóvel Clube e Coelho Neto);

XI - XVI Juizado Especial Criminal - Regional Jacarepaguá: áreas das 32ª Delegacia Policial - Jacarepaguá (Anil, Gardênia Azul, Cidade de Deus, Curicica, Taquara) e 41ª Delegacia Policial - Tanque (Vila Valqueire, Tanque, Pechincha, Freguesia e Jacarepaguá);

XII - XVII Juizado Especial Criminal - Regional Bangu: áreas das 33ª Delegacia Policial - Realengo (Deodoro, Vila Militar, Magalhães Bastos, Campo dos Afonsos, Realengo, Jardim Sulacap) e 34ª Delegacia Policial - Bangu (Padre Miguel, Bangu e Senador Camará);

XIII - XVIII Juizado Especial Criminal - Regional Campo Grande: áreas das 35ª Delegacia Policial - Campo Grande (Santíssimo, Campo Grande, Senador Vasconcelos, Cosmos e Inhoaíba) e 43ª Delegacia Policial (Guaratiba, Barra de Guaratiba e Pedra de Guaratiba).

XIV - XIX Juizado Especial Criminal da Comarca da Capital, vinculado à 2ª Vara Criminal - Regional de Santa Cruz, tem a sua competência territorial correspondente a área de circunscrição da área da 36ª Delegacia Policial – Santa Cruz (Paciência, Santa Cruz e Sepetiba);

Art. 10. Fora da Comarca da Capital a jurisdição dos Juizados Especiais Cíveis e Criminais abrangerá as seguintes comarcas: Angra dos Reis, Araruama, Barra do Piraí, Barra Mansa, Belford Roxo, Cabo Frio, Campos dos Goytacazes, Duque de Caxias, Itaboraí, Itaguaí, Itaperuna, Macaé, Magé, Maricá, Nilópolis, Niterói, Nova Friburgo, Nova Iguaçu, Petrópolis, Queimados, Resende, São Gonçalo, São João de Meriti, Teresópolis, Três Rios, Valença e Volta Redonda, todas assim discriminadas:

I – I Juizado Especial Cível de Barra Mansa;

II – I Juizado Especial Criminal de Barra Mansa;

III – I Juizado Especial Cível de Belford Roxo;

IV – I Juizado Especial Cível de Campos dos Goytacazes

V – II Juizado Especial Cível de Campos dos Goytacazes;

VI – I Juizado Especial Criminal de Campos dos Goytacazes

VII – I Juizado Especial Cível de Duque de Caxias;

VIII – II Juizado Especial Cível de Duque de Caxias;

IX – I Juizado Especial Criminal de Duque de Caxias;

X – I Juizado Especial Cível de Nilópolis;

XI – II Juizado Especial Cível de Nilópolis;

XII – I Juizado Especial Cível de Niterói;

XIII – II Juizado Especial Cível de Niterói;

XIV – III Juizado Especial Cível de Niterói;

XV – I Juizado Especial Cível da Região Oceânica;

XVI – I Juizado Especial Criminal de Niterói;

XVII – I Juizado Especial Cível de Nova Friburgo;

XVIII – I Juizado Especial Criminal de Nova Friburgo;

XIX – I Juizado Especial Cível de Nova Iguaçu;

XX – II Juizado Especial Cível de Nova Iguaçu;

XXI – III Juizado Especial Cível de Nova Iguaçu;

XXII – I Juizado Especial Criminal de Nova Iguaçu;

XXIII – I Juizado Especial Cível de Petrópolis;

XXIV – II Juizado Especial Cível de Petrópolis;

XXV – I Juizado Especial Cível de Itaipava;

XXVI – I Juizado Especial Cível de São Gonçalo;

XXVII – II Juizado Especial Cível de São Gonçalo;

XXVIII – I Juizado Especial Cível de Alcântara;

XXIX – II Juizado Especial Cível de Alcântara;

XXX – I Juizado Especial Criminal de São Gonçalo;

XXXI – I Juizado Especial Cível de São João de Meriti;

XXXII – I Juizado Especial Criminal de São João de Meriti;

XXXIII – I Juizado Especial Cível de Volta Redonda;

XXXIV – II Juizado Especial Cível de Volta Redonda;

XXXV – I Juizado Especial Criminal de Volta Redonda;

XXXVI – I Juizado Especial Cível de Angra dos Reis;

XXXVII – I Juizado Especial Cível de Araruama;

XXXVIII – I Juizado Especial Cível de Barra do Piraí;

XXXIX – I Juizado Especial Cível de Cabo Frio;

XL – I Juizado Especial Cível de Itaboraí;

XLI – I Juizado Especial Cível de Itaguaí;

XLII – I Juizado Especial Cível de Itaperuna;

XLIII – I Juizado Especial Cível de Macaé;

XLIV – I Juizado Especial Cível de Magé;

XLV – I Juizado Especial Cível da Vila Inhomirim;

XLVI – I Juizado Especial Cível de Maricá;

XLVII – – I Juizado Especial Cível de Resende;

XLVIII - I Juizado Especial Criminal de Resende;

XLIX - I Juizado Especial Cível de Teresópolis;

L - I Juizado Especial Cível de Três Rios;

LI - I Juizado Especial Cível de Valença.

Art. 11. Os Juizados Especiais Criminais vinculados a serventias judiciais são aqueles que embora criados por Lei e servidos por cartórios judiciais e serventuários próprios, ainda permanecem sem a formalização de sua instalação e desprovidos de Juiz Titular, atuando os magistrados em exercício nos Juízos aos quais se encontram vinculados.

Art. 12. A Jurisdição dos Juizados Adjuntos Cíveis e Criminais será a da respectiva comarca de primeira entrância, segunda entrância ou entrância especial onde estiverem situados, ressalvado o disposto no artigo anterior.

Art. 13. Os Juizados Especiais Adjunto Cíveis e Criminais utilizarão os mesmos servidores lotados nas varas a que estiverem anexados, podendo o Tribunal de Justiça designar aqueles que atuarão exclusivamente nos feitos que ali tramitam.

Art. 14. Os atos processuais serão públicos e poderão realizar-se na parte da manhã e em horário noturno ou fora da sede dos juizados.

Art. 15. Nos casos de homologação de acordo civil e aplicação de pena restritiva de direitos ou multa, as despesas processuais serão reduzidas de metade.

Capítulo III
DOS JUIZADOS DA FAZENDA PÚBLICA

Art. 16. Os Juizados Especiais da Fazenda Pública são unidades Jurisdicionais autônomas, presididas por Juiz de Direito e servidas por cartórios judiciais oficializados com servidores próprios, com a competência de processar, conciliar e julgar causas cíveis de interesse do Estado e dos Municípios, até o valor de 60 (sessenta) salários mínimos.

§ 1º - Não se incluem na competência do Juizado Especial da Fazenda Pública:

I – as ações de mandado de segurança, de desapropriação, de divisão e demarcação, populares, por improbidade administrativa, execuções fiscais e as demandas sobre direitos ou interesses difusos e coletivos;

II – as causas sobre bens imóveis dos Estados e Municípios, autarquias e fundações públicas a eles vinculadas;

III – as causas que tenham como objeto a impugnação da pena de demissão imposta a servidores públicos civis ou sanções disciplinares aplicadas a militares.

§ 2º – Quando a pretensão versar sobre obrigações vincendas, para fins de competência do Juizado Especial, a soma de 12 (doze) parcelas vincendas e de eventuais parcelas vencidas não poderá exceder o valor referido no caput deste artigo.

Art. 17. Nos Juizados Especiais da Fazenda Pública, conforme a necessidade do serviço, poderão ser designados, para auxílio, pelo Presidente do Tribunal de Justiça outros Juízes de Direito, titulares ou não, ou Juízes Substitutos.

Art. 18. As audiências e os serviços do cartório somente poderão, excepcionalmente, ser realizadas fora da sede do Juizado na hipótese do Projeto Justiça Itinerante.

Parágrafo único. Havendo necessidade de realizar as audiências e os serviços do cartório fora da sede do juízo, conforme previsto no caput as procuradorias estaduais e municipais serão comunicadas com antecedência mínima de 60 (sessenta) dias.

Art. 19. A jurisdição dos Juizados Especiais da Fazenda Pública se estenderá pelas áreas das Regiões Administrativas Fazendárias Especiais a eles vinculados nesta Lei, abrangendo as seguintes Comarcas:

I – 1ª Região Administrativa Fazendária Especial: Comarca da Capital;

II – 2ª Região Administrativa Fazendária Especial: Comarca de Itaboraí, Maricá, Niterói, Rio Bonito, São Gonçalo e Silva Jardim;

III – 3ª Região Administrativa Fazendária Especial: Comarca de Paraíba do Sul, Petrópolis, Sapucaia, São José do Vale do Rio Preto, Teresópolis e Três Rios;

IV – 4ª Região Administrativa Fazendária Especial: Comarca de Belford Roxo, Duque de Caxias, Guapimirim, Japeri, Magé, Nilópolis, Nova Iguaçu, Queimados e São João de Meriti;

V – 5ª Região Administrativa Fazendária Especial: Comarca de Barra do Piraí, Barra Mansa, Itatiaia, Pinheiral, Porto Real/Quatis, Resende, Rio das Flores, Volta Redonda e Valença;

VI – 6ª Região Administrativa Fazendária Especial: Comarca de Carapebus/Quissamã, Campos dos Goytacazes, Cambuci, Conceição de Macabu, Macaé, São Francisco do Itabapoana, São Fidelis e São João da Barra;

VII – 7ª Região Administrativa Fazendária Especial: Comarca de Engenheiro Paulo de Frontin, Mendes, Miguel Pereira, Paty do Alferes, Paracambi, Piraí e Vassouras;

VIII – 8ª Região Administrativa Fazendária Especial: Angra dos Reis, Itaguaí, Mangaratiba, Paraty, Rio Claro e Seropédica;

IX – 9ª Região Administrativa Fazendária Especial: Comarca de Bom Jardim, Cachoeiras de Macacu, Cantagalo, Carmo, Cordeiro, Duas Barras, Nova Friburgo, Santa Maria Madalena, São Sebastião do Alto, Sumidouro e Trajano de Moraes;

X – 10ª Região Administrativa Fazendária Especial: Comarca de Bom Jesus do Itabapoana, Italva, Itaperuna, Itaocara, Laje do Muriaé, Miracema, Natividade, Porciúncula e Santo Antônio de Pádua;

XI – 11ª Região Administrativa Fazendária Especial: Araruama, Arraial do Cabo, Armação de Búzios, Cabo Frio, Casimiro de Abreu, Iguaba Grande, Rio das Ostras, São Pedro da Aldeia e Saquarema.

Art. 20. A Jurisdição dos Juizados da Fazenda Pública será a da respectiva Região Administrativa Fazendária Especial, conforme o disposto no artigo anterior.

Art. 21. Nas Regiões Administrativas Fazendárias Especiais onde houver necessidade de criação de mais de um Juizado Especial da Fazenda Pública, existirá uma única estrutura cartorária, com servidores em número suficiente para o atendimento da demanda, na forma regulamentada por ato do Presidente do Tribunal de Justiça.

§ 1º – O Presidente do Tribunal de Justiça designará, entre os Juízes Titulares, o coordenador do Cartório Único.

§ 2º – O Juiz coordenador receberá o valor equivalente a verba de acumulação pelo exercício das funções administrativas e gerenciais do cartório unificado.

Art. 22. Os atos processuais serão públicos e poderão realizar-se na parte da manhã e em horário noturno.

Art. 23. No foro onde estiver instalado o Juizado Especial da Fazenda Pública, a sua competência é absoluta.

Seção I
Da Representação dos Réus

Art. 24. A realização de acordos por parte dos réus observará o seguinte:

I – o Estado, suas autarquias, fundações, e empresas estatais, excetuadas as não dependentes, poderão celebrar acordos nas hipóteses e nos limites disciplinados por ato do Procurador Geral do Estado, observado o limite máximo de 35 (trinta e cinco) salários mínimos;

II – as estatais não dependentes poderão celebrar acordos nas hipóteses e nos limites disciplinados por ato de sua Diretoria, cuja minuta será previamente submetida à Procuradoria Geral do Estado;

III – os municípios, suas autarquias, fundações e empresas estatais, poderão celebrar acordos nas hipóteses e nos limites disciplinados em lei própria.

§ 1º - A representação judicial das autarquias e fundações estaduais é privativa da Procuradoria Geral do Estado do Rio de Janeiro, independentemente de mandato, exceto:

I - no que se refere às universidades públicas estaduais, que serão representadas na forma em que dispuser os seus estatutos;

II - nas demandas em que ocorra ou possa ocorrer um conflito de interesses entre o Estado e uma de suas agências reguladoras, hipótese em que esta será representada por seu órgão jurídico ou mediante outra forma admitida em seu regulamento;

III - nas hipóteses de que trata o § 2º deste artigo.

§ 2º - Mediante iniciativa exclusiva e justificada do Procurador Geral do Estado, poderá o Governador do Estado autorizar a contratação de advogados para, sob supervisão da Procuradoria Geral do Estado, representar judicialmente as autarquias e fundações em processos da competência dos juizados especiais da fazenda pública.

§ 3º - A representação judicial das autarquias, fundações e empresas públicas municipais por seus procuradores ou advogados, ocupantes de cargos ou empregos efetivos dos respectivos quadros, independe da apresentação do instrumento de mandato.

§ 4º - O Estado, os Municípios, suas autarquias, fundações e empresas públicas poderão designar para a audiência, por escrito, representantes judiciais com poderes para conciliar ou transigir nos processos de competência dos Juizados Especiais, advogados ou não.

§ 5º - Não será obrigatória a presença de preposto nas ações propostas em face dos Estados, municípios, autarquias e fundações.

Art. 25. O empresário individual, as microempresas e as empresas de pequeno porte poderão ser representados por preposto credenciado, munido de carta de preposição com poderes para transigir, sem necessidade de vínculo empregatício.

Seção II
Das Obrigações de Pequeno Valor

Art. 26. São obrigações de pequeno valor, a serem pagas independentemente de precatório:

I - as que tenham como limite o valor de 20 (vinte) salários-mínimos, quanto ao Estado; (Nova redação dada pela Lei 7507/2016.)

II - as que tenham como limite o valor estabelecido nas Leis Municipais.

§ 1º - As obrigações de pequeno valor terão como limite mínimo o maior valor de benefício do regime geral da previdência social, nos termos do § 4º do art. 100 da Constituição Federal.

§ 2º - Até que se dê a publicação das leis de que trata o inciso II deste artigo, nos termos do § 2º, do art. 13, da Lei nº 12.153/2009, os valores serão de até 30 (trinta) salários mínimos, quanto aos Municípios.

§ 3º - Os pagamentos serão feitos pela entidade devedora, mediante requisições de pequeno valor, no prazo máximo de sessenta dias.

Seção III
Do Procedimento

Art. 27. Recebida a petição inicial, será expedido mandado de citação, na forma do art. 7º da Lei Federal nº 12.153, de 22 de dezembro de 2009, consignando as seguintes informações:

I - fixação de prazo mínimo de 10 (dez) dias para que o Réu informe se há possibilidade de conciliação ou necessidade de produção de prova oral, de modo a confirmar-se a necessidade de realização de audiência;

II - a data de realização da audiência de conciliação, observado o inciso anterior;

III - advertência de que, no caso de manifestação de desinteresse na realização de conciliação ou produção de prova oral, o termo final do prazo de apresentação de resposta do Réu será a data designada na forma do inciso II deste artigo;

IV - requisição de documentos que o Juízo considerar necessários ao deslinde da controvérsia, que deverão ser apresentados pelo Réu até a data da audiência de conciliação ou juntamente com a sua resposta.

Parágrafo único. O mandado de citação poderá fixar a data de realização da audiência de instrução e julgamento, que poderá ser a mesma prevista para a realização da audiência de conciliação, para as hipóteses em que, embora inviável a conciliação, seja necessária a produção de prova oral, na forma do artigo 29.

Art. 28. A audiência de conciliação só será realizada quando houver possibilidade de acordo entre as partes, presumindo-se tal possibilidade caso o réu não se manifeste em sentido contrário, na forma do inciso I do artigo anterior.

Parágrafo único. Os réus poderão fornecer aos juizados listas de matérias em relação às quais consideram inviável qualquer conciliação ou acordo, hipótese nas quais não serão realizadas audiências de conciliação.

Art. 29. A audiência de instrução e julgamento só será realizada quando houver necessidade de prova oral.

Parágrafo único. A fim de atender o disposto neste artigo, o autor, sob pena de preclusão, informará na petição inicial a eventual necessidade de realização de prova oral, arrolando as testemunhas cuja oitiva é pretendida.

Art. 30. Havendo possibilidade de conciliação, a respectiva audiência poderá, nos termos do Capítulo IV desta lei, ser conduzida por Conciliador ou Juiz Leigo, autorizando-se a aplicação do artigo 24, § 4º deste diploma legal.

Art. 31. Os Juizados Especiais da Fazenda Pública adotarão o processo eletrônico desde a sua instalação.

Art. 32. Na comunicação dos atos, será utilizado, como regra, o meio eletrônico, competindo ao Estado e aos Municípios o credenciamento necessário para recebimento das citações, intimações e demais comunicações dos atos.

Parágrafo único. Excepcionalmente poderá ser utilizado o meio tradicional de comunicação dos atos processuais.

Capítulo IV
DOS CONCILIADORES E JUÍZES LEIGOS

Art. 33. Os conciliadores e juízes leigos serão escolhidos por processo público de seleção, os primeiros, preferencialmente, entre bacharéis e bacharelandos em Direito, e os segundos, entre advogados, ficando ambos impedidos de exercer a advocacia e de manter vínculo com escritório de advocacia que atue perante os Juizados Especiais, enquanto no desempenho de suas funções.

§ 1º - Os conciliadores e juízes leigos serão designados pelo Presidente do Tribunal de Justiça e exercerão suas funções pelo prazo de 02 (dois) anos, permitida a recondução de acordo com critérios de conveniência e oportunidade, e poderão ser dispensados, a qualquer momento, atendendo à conveniência do serviço.

§ 2º - Quando não houver número suficiente de inscritos, fica autorizada a dispensa do processo público de seleção para recrutamento dos conciliadores dos Juizados Especiais e Adjuntos na respectiva área de atuação, os quais serão designados pelo Presidente do Tribunal de Justiça, por indicação do juiz em exercício no Juizado respectivo.

§ 3º - O exercício das funções de conciliador e juiz leigo será computado no tempo de prática forense, nos termos do disposto nos artigos 165, § 2º do Código de Organização e Divisão Judiciárias do Estado do Rio de Janeiro e 7º, § 1º, III da Lei nº 5.535, de 10 de setembro de 2009.

§ 4º - Entende-se por bacharelando, para efeitos desta lei, o estudante regularmente matriculado no curso de Direito, cursando a partir do terceiro ano ou do quinto período, de instituição de ensino superior oficial ou reconhecida pelo Ministério da Educação.

§ 5º - O exercício das funções de conciliador ou juiz leigo, por período superior a um ano, será considerado como título em concurso público para a Magistratura de carreira do Estado do Rio de Janeiro.

§ 6º – Os conciliadores que já estiverem exercendo a função nos juizados cíveis e criminais não precisarão submeter-se a processo público de seleção.

Art. 34. A designação dos conciliadores e juízes leigos é da competência do Presidente do Tribunal de Justiça.

Parágrafo único. Aplicam-se aos juízes leigos e aos conciliadores as normas disciplinares a que estão sujeitos os servidores da Justiça.

Capítulo V
DAS TURMAS RECURSAIS CÍVEIS, CRIMINAIS EDA FAZENDA PÚBLICA

Art. 35. Ficam criadas 10 (dez) Turmas Recursais, sendo 5 (cinco) Cíveis, 3 (três) da Fazenda Pública e 2 (duas) Criminais, com competência para julgamento de Mandados de Segurança, Habeas-Corpus e recursos das decisões proferidas pelos Juizados Especiais de todas as Comarcas do Estado do Rio de Janeiro, bem como de outras ações e recursos a que a lei lhes atribuir competência.

Art. 36. Cada Turma Recursal, Cível, da Fazenda ou Criminal, terá composição de no mínimo três magistrados em exercício no primeiro grau de jurisdição, com mandato de 2 (dois) anos, preferencialmente integrantes do sistema do Juizado Especial, selecionados pelo Conselho da Magistratura e designados pelo Presidente do Tribunal de Justiça.

§ 1º – O Presidente do Tribunal de Justiça definirá por ato o horário de funcionamento das Turmas Recursais.

§ 2º – A Turma Recursal será presidida pelo Juiz mais antigo na Turma dentre os seus integrantes e, em caso de empate, o mais antigo na entrância.

§ 3º – A Turma Recursal terá membros suplentes, que substituirão os membros efetivos nos seus impedimentos e afastamentos.

§ 4º – A designação dos juízes da Turma Recursal obedecerá aos critérios de antiguidade e merecimento.

§ 5º – Para o critério de merecimento considerar-se-á inclusive a atuação no Sistema dos Juizados Especiais.

§ 6º – É vedada a recondução, salvo quando não houver outro juiz na área de competência da Turma Recursal.

§ 7º – A atuação dos juízes efetivos nas Turmas Recursais dar-se-á com prejuízo da jurisdição de sua serventia de origem, salvo decisão em contrário e motivada do órgão responsável pela designação.

§ 8º - Na excepcional hipótese de atuação cumulativa no órgão singular e na Turma Recursal, a produtividade do magistrado na Turma Recursal também será considerada para todos os fins.

§ 9º - A escolha dos juízes integrantes da Turma Recursal deverá ocorrer no mês de janeiro.

§ 10 - O mandato do juiz integrante da Turma Recursal terá início no mês de fevereiro.

Art. 37. Cada Juiz integrante da Turma Recursal contará com estrutura de Gabinete integrada pelo seu secretário, um auxiliar de gabinete e dois assistentes de gabinete, podendo ter auxílio de estagiários de Direito.

Art. 38. Resolução do Conselho da Magistratura disporá sobre Regimento Interno das Turmas Recursais e sobre a Turma de Uniformização.

Art. 39. O Presidente do Tribunal de Justiça, quando necessário, diante de eventual aumento na quantidade de recursos, poderá designar Juízes de Direito em número superior ao estabelecido no artigo 36 para exercício temporário em qualquer das Turmas Recursais.

Parágrafo único. O Presidente do Tribunal de Justiça poderá em casos excepcionais instalar Turmas Recursais Extraordinárias, para atender aumento da demanda.

Capítulo VI
DOS CARGOS E FUNÇÕES

Art. 40. Ficam criados 14 (quatorze) Juizados Especiais da Fazenda Pública com a competência prevista na Lei nº 12.153/09, assim discriminados:

I - Juizado Especial da Fazenda Pública, com jurisdição na 1ª Região Administrativa Fazendária Especial;

II - Juizado Especial da Fazenda Pública, com jurisdição na 1ª Região Administrativa Fazendária Especial;

III - Juizado Especial da Fazenda Pública, com jurisdição na 1ª Região Administrativa Fazendária Especial;

IV - Juizado Especial da Fazenda Pública, com jurisdição na 2ª Região Administrativa Fazendária Especial;

V - Juizado Especial da Fazenda Pública, com jurisdição na 2ª Região Administrativa Fazendária Especial;

VI - Juizado Especial da Fazenda Pública, com jurisdição na 3ª Região Administrativa Fazendária Especial;

VII – Juizado Especial da Fazenda Pública, com jurisdição na 4ª Região Administrativa Fazendária Especial;

VIII – Juizado Especial da Fazenda Pública, com jurisdição na 5ª Região Administrativa Fazendária Especial;

IX – Juizado Especial da Fazenda Pública, com jurisdição na 6ª Região Administrativa Fazendária Especial;

X – Juizado Especial da Fazenda Pública, com jurisdição na 7ª Região Administrativa Fazendária Especial;

XI – Juizado Especial da Fazenda Pública, com jurisdição na 8ª Região Administrativa Fazendária Especial;

XII – Juizado Especial da Fazenda Pública, com jurisdição na 9ª Região Administrativa Fazendária Especial;

XIII – Juizado Especial da Fazenda Pública, com jurisdição na 10ª Região Administrativa Fazendária Especial;

XIV – Juizado Especial da Fazenda Pública, com jurisdição na 11ª Região Administrativa Fazendária Especial;

Art. 41. Ficam criados os seguintes cargos de provimento efetivo:

I – 3 (três) cargos de Juiz de Direito de entrância especial e 11 (onze) cargos de Juiz de Direito de entrância comum;

II – 42 (quarenta e dois) cargos de Analista Judiciário;

III – 70 (setenta) cargos de Técnico de Atividade Judiciária.

IV – 42 (quarenta e dois) cargos de Analista Judiciário na especialidade execução de mandados.

Art. 42. Uma vez instalado os Juizados e as Turmas Recursais, serão a eles distribuídos os feitos de sua competência, vedada a redistribuirão dos processos em andamento.

Art. 43. O Presidente do Tribunal de Justiça determinará a instalação dos Juizados Especiais da Fazenda Pública.

Art. 44. Enquanto não instalados todos os Juizados Especiais da Fazenda Pública previstos nesta Lei, a competência territorial de cada órgão será fixada por ato do Presidente do Tribunal de Justiça.

Parágrafo único. O rito previsto na Lei nº 12.153/09 será observado apenas nos juizados especiais da fazenda pública instalados.

Capítulo VII
DA COORDENAÇÃO DOS JUÍZADOS ESPECIAIS

Art. 45. O Sistema dos Juizados Especiais contará com uma Coordenação desempenhada pela Comissão de Juizados Especiais, que será composta no mínimo, por um Desembargador que a presidirá, por um juiz auxiliar da Presidência do Tribunal de Justiça, por um juiz auxiliar da Corregedoria Geral da Justiça, por um juiz do Juizado Especial Cível, um juiz do Juizado Especial Criminal, um Juiz do Juizado Especial da Fazenda Pública, um juiz da vara de Fazenda Pública, e o juiz coordenador das Turmas Recursais.

§ 1º - Os membros da Comissão de Juizados Especiais serão escolhidos pelo Presidente do Tribunal de Justiça, preferencialmente dentre os Juiz de entrância especial e comum, com mandato de dois anos, permitida a recondução.

§ 2º - O Presidente do Tribunal de Justiça poderá designar outros magistrados para integrar a Comissão de Juizados Especiais, de acordo com a necessidade do serviço.

§ 3º - O Desembargador designado pelo Presidente do Tribunal de Justiça para presidir a Comissão de Juizados Especiais terá na Câmara a distribuição reduzida de metade, a título de compensação pela atividade administrativa e jurisdicional realizada na Comissão e na Presidência da Turma de Uniformização.

Art. 46. Caberá a Comissão de Juizados Especiais, dentre outras atribuições que lhe forem estabelecidas por Ato da Presidência do Tribunal de Justiça:

I – propor a elaboração de normas regulamentadoras para o Sistema dos Juizados;

II – orientar e planejar a distribuição de recursos humanos, materiais e orçamentários entre as unidades do Sistema dos Juizados Especiais, e entre elas e a unidades judiciárias comuns;

III – propor o desdobramento de Juizados Especiais e Turmas Recursais quando a distribuição ou congestionamento indicarem a necessidade;

IV – estabelecer critérios para avaliação e indicação do número de conciliadores e juízos leigos;

V – propor medidas de aprimoramento e padronização do Sistema dos Juizados, inclusive de questões procedimentais;

VI – estabelecer rotinas para conciliação pré-processual e processual;

VII – propor e coordenar mutirões e audiências, sentenças e julgamentos nos Juizados Especiais e nas Turmas Recursais, mediante regime de auxílio, voluntário ou não, por magistrados e servidores designados pelo órgão competente;

VIII – propor a celebração de convênios para efetivação da comunicação de atos processuais;

IX – emitir parecer para indicação de juízes para compor a Turma Recursal;

X – promover encontros regionais e estaduais de juízes do Sistema dos Juizados Especiais;

XI – promover a capacitação em técnicas de solução pacífica de conflitos de juízes, conciliadores, juízes leigos, mediadores e serventuários que atuem no Sistema;

XII – propor convênio com entidades públicas e privadas para possibilitar correta aplicação e fiscalização de penas e medidas alternativas e atendimento aos usuários de drogas;

XIII – propor convênios com entidades públicas e privadas para possibilitar a dinamização dos atendimentos prestados pelos Juizados Especiais.

Capítulo VIII
DAS DISPOSIÇÕES FINAIS E TRANSITÓRIAS

Art. 47. Os Juizados Especiais da Fazenda Pública previstos nos incisos IV, V, VI, VII, VIII, IX, X, XI, XII, XIII e XIV do art. 40 serão providos por Juízes de Entrância Comum.

Parágrafo único. Os Juízes de Entrância Comum Titulares dos Juizados Especiais da Fazenda Pública, previstos nos incisos IV, V, VI, VII, VIII e IX do art. 40, quando promovidos poderão optar por permanecer no Juizado Especial da Fazenda Pública.

Art. 48. As despesas decorrentes desta lei serão atendidas pelas dotações orçamentárias próprias, ficando o Poder Executivo autorizado a abrir créditos suplementares.

Art. 49. Não se incluirão na competência dos Juizados Especiais da Fazenda Pública, pelo prazo de 2 (dois) anos a partir da entrada em vigor desta Lei:

I – as ações que digam respeito à entrega de medicamentos e outros insumos de saúde, à realização de exames, de cirurgias, de internações e outras ações fundadas no direito à saúde;

II – as ações referentes a tributos;

III – as ações referentes a benefícios previdenciários.

Parágrafo único. O Presidente do Tribunal de Justiça poderá ampliar a lista de matérias e o prazo de que trata este artigo atendendo à necessidade da organização dos serviços judiciários e administrativos.

Art. 50. Esta lei entrará em vigor na data de sua publicação, revogadas as disposições em contrário.

Rio de Janeiro, em 01 de julho de 2010.

SÉRGIO CABRAL

DIREITO CIVIL E EMPRESARIAL

LEI COMPLEMENTAR Nº 8, DE 25 DE OUTUBRO DE 1977

- DISPÕE SOBRE O REGIME JURÍDICO DOS BENS IMÓVEIS DO ESTADO DO RIO DE JANEIRO E DÁ OUTRAS PROVIDÊNCIAS.

ÍNDICE

Capítulo I
DISPOSIÇÕES PRELIMINARES

Seção I
CONSIDERAÇÕES GERAIS

Art. 1º. Esta lei regula a aquisição, a utilização, a oneração e a alienação dos bens imóveis do Estado.

Art. 2º. Conforme sua destinação, (VETADO) os imóveis do Estado são de uso comum do povo, de uso especial ou dominicais.

Art. 3º. Os imóveis do Estado são imprescritíveis, insusceptíveis de doação, a qualquer título, ou de cessão de uso gratuita e somente alienáveis ou utilizáveis nas modalidades e sob as formas previstas nesta Lei.

Art. 4º. Não se constituirão ônus reis sobre imóveis do Estado, exceto a servidão e a concessão de uso.

Art. 5º. Sem prejuízo do disposto no art. 70, inciso V, da Constituição, compete ao Departamento do Patrimônio Imobiliário do Estado - doravante denominado órgão gestor - o registro das aquisições e das alienações de imóveis bem como a sua gestão.

Parágrafo único - A alienação e a aquisição de imóveis, bem como a sua utilização por repartições estaduais ou por terceiros, dependerão de autorização do Governador. (Nova redação dada pelo art. 1º da Lei Complementar nº 26/81)

Art. 6º. Os contratos que tenham por objeto a aquisição de imóveis para o Estado, bem como sua utilização, oneração ou alienação, serão sempre lavrados em livros do órgão gestor, quando não o forem por escritura pública, observadas minutas padrão elaboradas pela Procuradoria-Geral do Estado.

Art. 7º. Os atos de aquisição, gestão, oneração, alienação, permissão de uso, cessão de uso e concessão de uso de imóveis do Estado serão publicados em seu Diário Oficial.

§ 1º - A publicação será feita no prazo de 20 (vinte) dias, a partir da data de celebração do ato, e a ela ficará condicionada a eficácia deste, como expressamente se fará constar, em cláusula especial, da respectiva escritura ou termo.

§ 2º - A publicação poderá ser feita em resumo, devendo conter, entretanto, os elementos necessários para identificação do negócio jurídico realizado e de sua condições básicas.

§ 3º - Não serão publicados os termos específicos de entrega de imóveis destinados ao uso de repartições públicas e de seus servidores, nem os atos de doação ao Estado ou de permissão de uso com prazo inferior a 60 (sessenta) dias.

Art. 8º. A guarda dos imóveis do Estado competirá:

I - quando de uso comum: ao órgão legalmente competente para a administração do bem;

II - quando de uso especial: à repartição que ocupar;

III - quando dominicais: ao órgão gestor e solidariamente.

§ 1º - O órgão sob cuja guarda se encontrar o imóvel exercerá sobre ele o poder de polícia administrativa e seu dirigente responderá civil, penal e administrativamente pelas irregularidades que forem cometidas.

§ 2º - Todo aquele que, sem estar autorizado pela autoridade competente, ocupar imóvel do Estado, deverá ressarci-lo pelo uso indevido, sem prejuízo das sanções em que haja incorrido.

Seção II
DAS TERRAS DEVOLUTAS

Art. 9º - São devolutas as terras que se enquadrarem nas definições constantes da Lei Imperial nº 601. De 18 de setembro de 1850, e legislação posterior.

§ 1º - As terras devolutas situadas no território do Estado são de sua propriedade, exceto aquelas incluídas entre os bens da União.

§ 2º - O processo discriminatório das terras devolutas será regulado em lei.

* Nova redação dada pelo art. 1º da Lei Complementar nº 26/81

Capítulo II
DA AQUISIÇÃO DE IMÓVEIS E DIREITOS A ELES RELATIVOS

Seção I
CONSIDERAÇÕES GERAIS

Art. 10. O Executivo, mediante decisão do Governador, poderá adquirir imóveis ou direitos a eles relativos, pelas formas previstas nas legislações civil e administrativa.

§ 1º - É admissível o recebimento de imóvel em pagamento de dívida para com o Estado, a critério e por decisão do Governador.

§ 2º - Poderá o Procurador-Geral do Estado autorizar a arrematação de bens imóveis levados à praça, em execução por débito fiscal até o limite do crédito total do Estado.

Art. 11. Qualquer aquisição onerosa de imóvel será precedida de sua avaliação, em laudo devidamente justificado.

Parágrafo único – Quando esta lei exigir avaliação de imóvel, o laudo terá a responsabilidade de três (3) profissionais.

Seção II
DA DESAPROPRIAÇÃO

Art. 12. As desapropriações serão processadas, na fase administrativa, pela Procuradoria-Geral do Estado ou, nos órgãos da administração indireta, por seu serviço jurídico, se houver, cabendo àquela ou a este, se competente por força de lei, instaurar e acompanhar os respectivos processos judiciais.

Capítulo III
DOS ATOS DE ALIENAÇÃO

Seção I
DA VENDA E DA DOAÇÃO

Art. 13. A venda de imóveis do Estado somente poderá ser efetuada mediante concorrência pública, salvo se o adquirente for pessoa jurídica de direito público interno, entidade componente de sua respectiva administração indireta e fundação instituída pelo Poder Público.

Parágrafo único – A doação de imóveis do Estado será admitida, mediante autorização do Governador, se o beneficiário for uma das pessoas referidas no presente artigo. (Nova redação dada pelo art. 1º da Lei Complementar nº 26/81)

Seção II
DA PERMUTA

Art. 14. A permuta é admitida desde que ocorra prevalente interesse do Estado na realização do ato e que o valor do negócio seja compatível com o valor do bem alienado pelo Estado.

Parágrafo único – A avaliação de ambos os imóveis será feita concomitantemente, adotados no laudo os mesmos critérios para um e outro, e levadas em conta as vantagens extraordinárias que a permuta possa gerar em benefício do patrimônio privado e seus reflexos no valor do bem público permutado.

Seção III
DA INVESTIDURA

Art. 15. Poderá ser efetuada, por investidura, a incorporação, aos imóveis contíguos, de áreas do patrimônio estadual que não possam ter utilização autônoma, em decorrência de sua área, dimensões, formato ou localização.

Parágrafo único – O processo de investidura poderá ser promovido pela Administração, ex-oficcio, ou a requerimento do proprietário de imóvel confinante ou ribeirinho.

Art. 16. Ressalvado o disposto no artigo 18 desta Lei, o valor da investidura será fixado pelo órgão gestor, mediante avaliação que levará em conta a valorização trazida ao imóvel beneficiado, os preços correntes no mercado imobiliário e outros elementos pertinentes.

Parágrafo único – A avaliação deverá ser atualizada sempre que o termo de investidura não for assinado dentro de 90 (noventa) dias a contar da data do laudo.

Art. 17. Quando existir mais de um imóvel confinante ou ribeirinho, as áreas a investir serão fixadas em obediência às exigências urbanísticas e a quaisquer outras que venham a ser formuladas.

§ 1º – Sempre que possível, adotar-se-á a regra de dividir proporcionalmente a testada futura pelas testadas dos imóveis confinantes antes da efetivação da investidura.

§ 2º – No caso de álveos abandonados em decorrência de obras públicas ou não, a investidura, se convier ao Estado, far-se-á a cada um dos imóveis antes ribeirinhos, dividindo o álveos pelo meio, adotada a regra do parágrafo anterior.

Art. 18. A investidura será efetivada através de órgãos da administração indireta, que promoverão previamente sua avaliação, quando tiver por objeto áreas incluídas em planos de obras a seu cargo.

Seção IV
DA DAÇÃO EM PAGAMENTO

Art. 19. A dação de imóvel do Estado em pagamento de dívida é admissível (VETADO).

Art. 20. A dação em pagamento será feita mediante prévia avaliação do imóvel.

Seção V
DA RESTITUIÇÃO

Art. 21. Os imóveis desapropriados e não mais necessários ao Estado serão oferecidos em restituição ao expropriado, ainda que a desapropriação tenha sido ultimada por acordo.

Parágrafo único – Esta oferta dependerá de determinação do Governador, por despacho especial para cada imóvel, mesmo nos casos de vários prédios compreendidos num só decreto desapropriatório.

Art. 22. O processamento da restituição ficará condicionado:

I – à desistência do expropriado em efetuar a devolução da indenização com o seu valor monetariamente corrigido, a partir da data do pagamento;

II – à desistência de quaisquer pretensões contra o Estado relacionadas com a desapropriação.

Parágrafo único – Quando houver depósito judicial prévio do preço 80% (oitenta por cento) do seu valor sofrerão, também, correção monetária.

Art. 23. A restituição será feita exclusivamente ao expropriado.

Art. 24. Casa a desnecessidade do imóvel ocorra antes de terminado o processo de desapropriação, revogar-se-á o decreto declaratório, de ofício ou a requerimento do interessado, promovendo-se a conseqüente extinção do processo de desapropriação, por falta de objeto.

Parágrafo único – Se na ação tiver havido a imissão de posse provisória, precedida do necessário depósito, este deverá ser levantado pelo Estado, observando-se o disposto no artigo 22 e só após se restituirá a posse do imóvel, requerendo o Estado a extinção do processo, ou com ela concordando.

Art. 25. As disposições dos artigos anteriores aplicar-se-ão, no que couber, à restituição de imóveis adquiridos pelo Estado por doação com encargos ou subordinados a condição resolutiva, se for revogado o ato de acordo com a lei civil, ou se verificar a condição.

Parágrafo único – Nas doações anteriores à Constituição do Estado, de 23/7/75, feitas às entidades de relevante valor social mencionadas no art. 40 desta lei, será permitida, a fim de assegurar os objetivos da doação, a critério do Governador, a sub-rogação dos ônus ou cláusulas de qualquer natureza que incidam sobre os bens doados, em bens de valor igual ou superior ou ainda, em bens de valor inferior, desde que indenizado o Estado pela diferença apurada.

* Parágrafo acrescentado pelo art. 3º da Lei Complementar nº 26/81

Seção VI
DE OUTROS MODOS DE ALIENAÇÃO

Art. 26. Os imóveis do patrimônio do Estado poderão também ser alienados mediante: (Nova redação dada pelo art. 1º da Lei Complementar nº 26/81)

I – remissão de foro, na forma da legislação em vigor;

II – incorporação ao capital de empresa pública ou de sociedade de economia mista criadas pelo Estado, como forma de integralização do valor das ações que lhe caibam, quer na constituição de capital, quer nos seus eventuais aumentos;

III – dotação para integrar patrimônio de fundação criada ou mantida pelo Estado, sempre sob a condição de inalienabilidade e de sua reversão ao patrimônio Estadual, se a fundação se extinguir;

IV – transferência para a formação do patrimônio de autarquia ou de empresa pública;

V – pagamento de seu valor, total ou parcialmente, por pessoas jurídicas de direito público interno, entidade de sua respectiva administração indireta e fundação instituída pelo Poder Público.

Capítulo IV
DA UTILIZAÇÃO

Seção I
DA UTILIZAÇÃO DO SERVIÇO PÚBLICO

Art. 27. Os imóveis do Estado aplicados no serviço público serão utilizados exclusivamente nas atividades de competência da repartição sob cuja guarda estiverem, revertendo à plena administração do órgão gestor, independentemente de ato especial, uma vez cessada aquela utilização.

§ 1º – A entrega do imóvel será feita pelo órgão gestor, mediante termo de que se fará constar a destinação a ele atribuída, observando-se a mesma formalidade toda vez que outra repartição ali vier a se instalar. O termo disporá sobre a administração das partes comuns, a qual poderá ser confiada a qualquer das repartições no imóvel, exceto quando o imóvel for ocupado por mais de uma Secretaria de Estado ou órgão diretamente subordinado ao Governador, hipótese em que serão observadas as disposições de regulamentação específica.

§ 2º – Ressalvado o disposto no parágrafo seguinte e no § 1º do art. 35, o imóvel entregue não poderá Ter utilização diversa daquela para a qual foi destinado, sob pena de responsabilidade do chefe da repartição, que o permitir.

§ 3º – Os órgãos que administrem imóveis de propriedade do Estado comunicarão ao órgão gestor, no prazo de trinta dias, a contar de sua ocorrência ou ultimação toda e qualquer alteração verificada no imóvel ou obra nele executada.

§ 4º – Considerar-se-á utilizado no serviço público o imóvel integrante do patrimônio do Estado ou imóvel particular sobre o qual este exerça qualquer direito, quando ocupado por repartição pública ou por servidor estadual que nele resida em caráter obrigatório.

Art. 28. Nas repartições que utilizarem imóveis do Estado, o respectivo chefe será responsável pelos deveres de guarda a conservação do imóvel.

Parágrafo único – Fica o Poder Executivo autorizado a fazer à Diretora de cada estabelecimento de ensino um adiantamento, por semestre, até 10 (dez) VR (valor de referência) para atender a despesas de caráter urgente, sendo a forma de concessão e de prestação de contas, simplificada, regulamentada em decreto. (Parágrafo acrescentado pelo art. 4º da Lei Complementar nº 26/81)

Art. 29. Quando o imóvel fizer parte de edificação em condomínio, ao dirigente da repartição que o ocupar, ou, no caso de ser ocupado por mais de uma repartição, ao dirigente designado, compete representar o Estado nas reuniões dos condôminos, velando pelos interesses da Administração Pública e promovendo, nos termos da lei, o cumprimento dos encargos correspondentes.

Seção II
DA UTILIZAÇÃO POR SERVIDOR PÚBLICO

Art. 30. A utilização, obrigatória ou não, de imóvel do Estado, por servidor estadual, será efetuada no que couber, sob o regime de permissão de uso, previamente concedida pelo Governador, e será objeto de remuneração, cobrada sob a forma de desconto em folha, nunca inferior a 10¢ (dez por cento) nem superior a 20% (vinte por cento), do vencimento ou salário.

Parágrafo único – O desconto em folha previsto neste artigo não será computado para efeito de qualquer limite de consignações.

Art. 31. O servidor, que em caráter obrigatório residir em imóvel do Estado, será responsável pela sua guarda e conservação, ficando vedada utilização diversa daquela prevista no ato de permissão de uso.

Art. 32. O servidor, que der ao imóvel por ele utilizado destino diverso daquele previsto no ato de entrega, responderá por falta disciplinar grave, na via administrativa, independentemente das sanções civis e penas.

Art. 33. Cessada a obrigatoriedade de residência no imóvel, o servidor que o ocupar terá o prazo mínimo de 30 (trinta) dias para dele sair, findos os quais se procederá ao desapossamento administrativo, regulado em decreto.

Parágrafo único – No caso de falecimento do servidor, sua família terá o prazo de 90 (noventa) dias para desocupar o imóvel, findo o qual se procederá ao desapossamento administrativo.

Seção III
DA UTILIZAÇÃO POR TERCEIROS

Subseção I
CONSIDERAÇÕES GERAIS

Art. 34. Quando não forem necessários aos serviços públicos, não interessarem a qualquer plano urbanístico ou não se revelarem de vantajosa exploração econômica pelo próprio Estado, os seus imóveis poderão ser, total ou parcialmente, utilizados por terceiros sob as formas de permissão, cessão ou concessão de uso.

Subseção II
DA PERMISSÃO DE USO

Art. 35. A permissão de uso, sempre mediante remuneração ou imposição de encargos, terá caráter eminentemente precário, não induzindo posse, e poderá ser revogada a qualquer tempo, por decisão do Governador, que será comunicada ao permissionário, para que desocupe o imóvel no prazo assinado, mínimo de 30 (trinta) dias. A permissão de uso poderá ser gratuita, a critério do Governador, se o permissionário for pessoa jurídica de direito público interno, entidade componente de sua respectiva administração indireta ou fundação instituída pelo Poder Público. (Nova redação dada pelo art. 1º da Lei Complementar nº 26/81)

§ 1º - Mediante autorização do Secretário de Estado, do Procurador Geral da Justiça ou do Procurador Geral do Estado a que esteja subordinado, o responsável por repartição pública poderá conceder a terceiros e revogar permissão de uso de imóvel para a exploração lucrativa, em dependências pré-determinadas, de serviços que considere úteis à repartição, tais como lanchonete, bar, papelaria e reprodução gráfica,"... VETADO... (Nova redação dada pelo art. 1 da Lei Complementar nº 45/85)

§ 2º - No caso do parágrafo anterior, a permissionária se obrigará a obter, para exercício da atividade objeto da permissão, as autorizações do Poder Público federal, estadual e municipal, que se fizerem necessárias, assumindo o compromisso de manter-se sempre em dia com sua obrigações para com esses órgãos, notadamente as de natureza fiscal e sanitária.

§ 3º - Extinta a permissão de uso, o permissionário não terá direito a qualquer indenização ou retenção, seja a que título for.

§ 4º - (VETADO)

Art. 36. As condições de permissão de uso, além daquelas previstas nesta lei, serão fixadas nos respectivos termos, os quais necessariamente conterão:

I - O encargo ou a remuneração, fixada esta em UFERJ ou vinculada à receita decorrente da permissão, ressalvada a hipótese na Segunda parte do caput do art. 35. (Nova redação dada pelo art. 1º da Lei Complementar nº 26/81)

II - as causas de extinção;

III - cláusula penal.

Parágrafo único - Constituirá causa necessária de extinção o uso do imóvel em fim diverso daquele previsto no termo.

Art. 37. Qualquer construção ou benfeitoria realizada em imóveis do Estado, utilizada por permissionários, tornar-se-á, á medida que for realizada de propriedade pública, independentemente de qualquer indenização por parte do Estado. (Nova redação dada pelo art. 1º da Lei Complementar nº 26/81)

Art. 38. Extinta a permissão de uso, o particular que continuar a se utilizar do imóvel pagará, a título de multa, além da remuneração devida, uma importância diária ficada no termo correspondente, equivalente no mínimo a 10% (dez por cento) da remuneração mensal, sem prejuízo de quaisquer outras sanções.

Art. 39. A mora no pagamento dos débitos relativos à utilização dos imóveis do Estado, importará na correção monetária e na cobrança de juros de 1º (um por cento) ao mês, ambos calculados sobre a dívida principal.

Subseção III
DA CESSÃO DE USO

Art. 40. O Poder Executivo poderá ceder, mediante remuneração ou encargo, o uso de imóveis do Estado.

§ 1° - Se o cessionário for pessoa jurídica de direito privado de relevante valor social, a cessão de uso poderá durar até 20 (vinte) anos, renováveis por igual período, desde que, previamente autorizada pelo Governador, atenda a interesse público devidamente justificado e explicitado no respectivo instrumento.

§ 2° - Se o cessionário for pessoa, jurídica de direito público interno, entidade componente de sua respectiva administração indireta ou fundação instituída pelo Poder Público, a cessão de uso, a critério do Governador, justificado o beneficio auferido para o Estado, poderá ser a título gratuito e sem limitação de prazo.

§ 3º - O Estado poderá cancelar a cessão reocupando o imóvel sempre que o cessionário fizer mau uso do mesmo ou alterar a sua finalidade. (Nova redação dada pela Lei Complementar nº 127/2009)

Art. 41. Ouvidas previamente as Secretarias de Estado relacionadas com a atividade exercida pela entidade beneficiária, a cessão será efetivada mediante termo, que necessariamente conterá:

I - o encargo ou a remuneração, fixada esta em UFERJ ou vinculada à receita decorrente da cessão;

II - as causas de extinção;

III - cláusula penal.

Parágrafo único - Constituirá causa necessária de extinção o uso do imóvel em fim diverso daquele previsto no termo.

Art. 42. Sem prejuízo de competência específica do órgão gestor, caberá à Secretaria de Estado interessada a fiscalização dos serviços prestados pelo cessionário e, quando for o caso, a fiscalização dos encargos a ele impostos.

Art. 43. Aplica-se à cessão de uso o disposto nos arts. 37, 38 e 39.

Subseção IV
DA CONCESSÃO DE USO

Art. 44. Os terrenos de propriedade do Estado poderão ser objeto de concessão de uso, mediante remuneração ou imposição de encargos, por tempo certo e indeterminado, como direito real resolúvel, para fins específicos de urbanização, industrialização, edificação, cultivo da terra, ou outra utilização de interesse social. Se o concessionário for pessoa jurídica de direito público interno, entidade componente de sua respectiva administração indireta ou fundação instituída pelo Poder Público, a concessão de uso, a critério do Governador, poderá ser a título gratuito. (Nova redação dada pelo art. 1º da Lei Complementar nº 26/81)

Art. 45. A concessão de uso dependerá de decisão do Governador e de prévia concorrência, podendo ser contratada por instrumento público ou por termo lavrado pelo órgão gestor e será inscrita e cancelada no Registro de Imóveis.

Parágrafo único – É dispensada a concorrência nas concessões de uso outorgadas a pessoas jurídicas de direito público interno, entidades componentes de suas respectivas administrações indiretas e fundações por elas instituídas.

Art. 46. Desde a inscrição da concessão de uso, o concessionário fruirá plenamente do terreno para os fins estabelecidos no contrato e responderá por todos os encargos civis, administrativos e tributários que venham a incidir sobre o imóvel e suas rendas.

Art. 47. Resolve-se a concessão antes de seu termo, desde que o concessionário dê ao imóvel destinação diversa da estabelecida no contrato ou termo, ou descumpra cláusula resolutória do ajuste, perdendo, neste caso, as benfeitorias de qualquer natureza.

Art. 48. A concessão de uso, salvo disposição contratual em contrário, transfere-se por ato inter-vivos; ou por sucessão legítima ou testamentária, como os demais direitos reais sobre coisas alheias, registrando-se a transferência.

Art. 49. É permitida a concessão de uso do espaço aéreo sobre a superfície de terrenos do Estado, tomada em projeção vertical, na forma dos artigos 44 a 48.

Subseção V
DA AUTORIZAÇÃO DE USO

* Incluída pela Lei Complementar nº 126/2009

Art. 49-A. Considera-se autorização de uso a modalidade de outorga de uso de imóvel público a terceiro mediante ato administrativo negocial e precário, para a realização de eventos de curta duração compatíveis com o interesse público, com prazo máximo de 12 (doze) meses de utilização. (incluído pela Lei Complementar nº 126/2009)

Parágrafo único. A outorga de uso de bem público mediante autorização, devidamente justificada em processo administrativo próprio, poderá ser formalizada a título gratuito, por decisão do Governador do Estado, quando o beneficiário for pessoa jurídica de direito público interno, entidade integrante da Administração Pública Estadual ou pessoa jurídica de direito privado sem fins lucrativos."

Subseção VII
DA UTILIZAÇÃO DE IMÓVEIS PÚBLICOS NO ÂMBITO DE CONVÊNIOS E CONSÓRCIOS PÚBLICOS

* Incluída pela Lei Complementar nº 126/2009

Art. 49-B. Os imóveis públicos poderão ser utilizados no âmbito de convênios, consórcios públicos e demais atos multilaterais firmados pelo Estado com autorização expressa do Governador, por suas autarquias e fundações, observadas, no que couber, as disposições desta Lei. (incluído pela Lei Complementar nº 126/2009.)

Art. 49-C. A utilização de imóveis públicos no âmbito de consórcios públicos e de convênios para gestão associada de serviços públicos, regidos pela Lei Federal nº 11107, de 6 de abril de 2005, observará as normas gerais nela estabelecidas. (incluído pela Lei Complementar nº 126/2009.)

Art. 49-D. A utilização de imóveis públicos no âmbito de convênios e demais atos multilaterais, excluídas as hipóteses previstas no artigo anterior, observará: (incluído pela Lei Complementar nº 126/2009)

I – o regime de permissão de uso, no caso de utilização por particular;

II – o regime de cessão de uso, no caso de utilização por órgão ou entidade da Administração Pública de qualquer esfera de poder.

§ 1º – A permissão de que trata o inciso I do caput deste artigo, somente se dará a título precário e oneroso.

§ 2º – O prazo máximo da outorga de uso de imóvel público ficará vinculado ao prazo fixado no convênio, respeitando-se, em qualquer hipótese, os limites temporais estabelecidos nesta Lei complementar para fins de permissão de uso e cessão de uso.

Capítulo V
DA SERVIDÃO

Seção I
DA SERVIDÃO SOBRE IMÓVEIS DO ESTADO

Art. 50. Será permitida, mediante decisão do Governador, a constituição convencional e onerosa de servidão sobre imóvel do Estado, desde que não lhe reduza substancialmente o valor, nem impeça a sua normal utilização.

Parágrafo único – A servidão poderá resgatada, sem indenizações, a qualquer tempo.

Art. 51. Aos imóveis do Estado, seja qual dor a sua natureza, não se pode impor servidão por usucapião.

Seção II
DA SERVIDÃO EM FAVOR DO ESTADO

Art. 52. Na forma do direito comum, mediante decisão do Governador, o Estado poderá constituir sobre imóvel alheio servidão convencional em favor de imóvel integrante de seu patrimônio.

Art. 53. É ilícito impor servidão administrativa a imóvel particular, quando necessária para garantir a realização ou a manutenção de obras ou serviços públicos.

Art. 54. A servidão administrativa poder ser instituída por Decreto ou por acordo com o proprietário do prédio serviente.

Art. 55. Na hipótese de acordo, o dono do prédio serviente será indenizado, na forma dos parágrafos seguintes:

§ 1º - A indenização corresponderá ao valor dos danos causados pela instalação e pela conservação dos equipamentos aplicados no prédio serviente.

§ 2º - Se a servidão depreciar o prédio serviente, ou torná-lo impróprio à sua destinação, a indenização corresponderá ao quantum da desvalorização.

Art. 56. Não havendo acordo quanto ao valor da indenização, será ele fixado judicialmente.

Art. 57. O instrumento do acordo ou a sentença que fixar o valor da indenização serão registrados no Registro de Imóveis.

Art. 58. As disposições desta Seção não se aplicam a casos especiais de servidão pública regulados por normas específicas, salvo se com estas forem compatíveis.

Capítulo VI
DISPOSIÇÕES GERAIS

Art. 59. Aos bens imóveis do Estado, quando indevidamente ocupados, invadidos, turbados na posse, ameaçados de perigo ou confundidos em suas limitações, cabem os remédios de direito comum, podendo, porém, o órgão gestor promover, preliminarmente, medidas de caráter amigável, ou na via administrativa em defesa desses bens.

Art. 60. As lindes dos bens públicos de uso comum caracterizam-se pelo alinhamento, formal ou informalmente estabelecido; as lindes dos demais bens públicos, pela forma estabelecida em seus respectivos títulos de propriedade.

Parágrafo único - Excetuam-se, por sua própria natureza, as terras devolutas, enquanto não forem objeto de sentença declaratória.

Art. 61. A Procuradoria-Geral do Estado será cientificada das ações de usucapião (Código de Processo Civil/73, art. 942, § 2º).

Art. 62. É vedada a constituição de enfiteuses ou subenfiteuses, subordinando-se as existentes, até sua extinção, às disposições do Código Civil e leis posteriores.

Art. 63. A presente Lei aplica-se às utilizações de imóveis do patrimônio do Estado anteriormente concedidas a qualquer título.

Parágrafo único – O órgão gestor, quando oportuno, notificará os interessados ou fará publicar editais dirigidos àqueles que, a qualquer título utilizem imóveis do patrimônio do Estado para, no prazo que for fixada, regularizarem a ocupação por uma das formas previstas nesta Lei.

Art. 64. O disposto nesta Lei se aplica, no que couber, aos bens imóveis das autarquias do Estado, cabendo a estas a respectiva administração.

Art. 65. Esta Lei entrará em vigor na data de sua publicação, revogadas as disposições em contrário.

Rio de Janeiro, 25 de outubro de 1977

FLORIANO FARIA LIMA

DIREITO FINANCEIRO E TRIBUTÁRIO

DECRETO-LEI Nº 5, DE 15 DE MARÇO DE 1975

- INSTITUI O CÓDIGO TRIBUTÁRIO DO ESTADO DO RIO DE JANEIRO E DÁ OUTRAS PROVIDÊNCIAS.

ÍNDICE

DISPOSIÇÃO PRELIMINAR

Art. 1º. O Código Tributário do Estado do Rio de Janeiro compõe-se dos dispositivos constantes deste Decreto-lei, obedecidos os mandamentos oriundos da Constituição da República Federativa do Brasil, de leis complementares e do Código Tributário Nacional.

LIVRO PRIMEIRO
TRIBUTOS DE COMPETÊNCIA DO ESTADO

TÍTULO I
DISPOSIÇÕES GERAIS

Art. 2º. Os Tributos Estaduais são: (Redação do Artigo 2º, alterado pela Lei Estadual nº 2.657/96, vigente a partir de 01.11.96)

I - Imposto sobre:

1. Transmissão Causa Mortis e Doação - ITD;

2. Circulação de Mercadorias e Serviços - ICMS;

3. Propriedade de Veículos Automotores - IPVA;

II - Taxas em razão do exercício do poder de polícia ou pela utilização, efetiva ou potencial, de serviços públicos específicos e divisíveis, prestados ao contribuinte ou postos à sua disposição;

III - Contribuições de melhoria, decorrentes de obras públicas.

TÍTULO II
LIMITAÇÕES DA COMPETÊNCIA TRIBUTÁRIA

Art. 3º. Os Impostos Estaduais não incidem sobre:

I - o patrimônio, a renda ou os serviços da União, dos Estados, do Distrito Federal e dos Municípios;

II - templos de qualquer culto;

III - o patrimônio, a renda ou os serviços dos partidos políticos e de instituições de educação ou de assistência social, observados os requisitos fixados em lei; e

IV - o livro, o jornal e os periódicos, assim como o papel destinados à sua impressão.

§ 1º - O disposto no inciso I, deste artigo, é extensivo às autarquias, no que se refere ao patrimônio ou aos serviços, ambos vinculados às finalidades essenciais ou delas decorrentes.

§ 2º – A imunidade relativa aos bens imóveis dos templos se restringe àqueles destinados ao exercício do culto.

§ 3º – O disposto neste artigo não exclui a atribuição, às entidades nele referidas, da condição de responsáveis pelos tributos que lhes caiba reter, e não as dispensa da prática de atos previstos neste Código, assecuratórios do cumprimento de obrigações tributárias por terceiros.

§ 4º – O reconhecimento da imunidade de que trata o inciso III, deste artigo, é subordinado à efetiva observância dos seguintes requisitos estatutários pelas entidades nele referidas:

a) fim público, sem qualquer discriminação quanto aos beneficiados;

b) ausência de finalidade de lucro;

c) não distribuírem qualquer parcela de seu patrimônio ou de suas rendas, a título de lucro ou participação em seu resultado;

d) ausência de remuneração para seus dirigentes ou conselheiros;

e) aplicarem integralmente, no País, os seus recursos na manutenção de seus objetivos institucionais; e

f) manterem escrituração de suas receitas e despesas em livros revestidos de formalidades regulamentares capazes de comprovar sua exatidão.

(Nota: Veja o Artigo 150, inciso VI, §§ 2º, 3º e 4º da Constituição da República de 1988).

TÍTULO III
IMPOSTO SOBRE CIRCULAÇÃO DE MERCADORIAS

- (TÍTULO III – Imposto sobre Circulação de Mercadorias, artigos 4º a 70 foi inteiramente substituído pela Lei Estadual nº 2.657/1996, vigente a partir de 01.11.1996).

TÍTULO IV
IMPOSTO SOBRE A TRANSMISSÃO DE BENS IMÓVEIS E DE DIREITOS A ELES RELATIVOS

- (TÍTULO IV – Imposto sobre a Transmissão de Bens Imóveis e de Direitos a Eles Relativos, artigos 71 a 103, foi inteiramente substituído pela Lei Estadual nº 1.427/1989, vigente a partir de 01.03.1989).

TÍTULO V
TAXAS

Capítulo I
TAXA DE SERVIÇOS

Seção I
Da Obrigação Principal

Art. 104. A Taxa de Serviços Estaduais incide sobre os atos expressamente enumerados na Tabela a que se refere o artigo 107 deste Decreto-lei. (redação do Artigo 104, alterado pelo Decreto-lei nº 403/78, de 28.12.78, vigente a partir de 01.01.79)

Art. 105. A taxa não incide sobre: (redação do Artigo 105, alterado pela Lei Estadual nº 3.347/1999, vigente a partir de 01.01.2000)

I - petição ou entranhamento de documentos em inquéritos policiais ou processo atendendo a exigências administrativas ou judiciárias;

II - pedidos de benefícios funcionais e recursos de punições estatutárias.

Seção II
Do Contribuinte

Art. 106. Contribuinte da taxa é a pessoa física ou jurídica que der causa à realização dos atos ou serviços previstos na Tabela a que se refere o art. 107. (redação do Artigo 106, alterado pela Lei Estadual nº 3.347/1999, vigente a partir de 01.01.2000)

Parágrafo único - Estão isentos da taxa:

I – as autarquias e fundações instituídas e mantidas pelo Estado do Rio de Janeiro;

II - a União, os demais Estados, Distrito Federal, Municípios e respectivas autarquias e fundações desde que, em suas legislações, dispensarem ao Estado do Rio de Janeiro e suas autarquias e fundações o mesmo tratamento tributário.

III - Os partidos políticos, as instituições de educação e de assistência social, observados quanto a estas entidades, os requisitos estatutários fixados no § 4º do art. 3º deste Decreto-Lei.

Seção III
Da Liquidação

Art. 107. A taxa será recolhida de acordo com os fatos geradores previstos nas tabelas anexas, através do documento de arrecadação específico, aprovado pela Secretaria de Estado incumbida dos assuntos fazendários, e terá destinação determinada em orçamento anual, vinculada às atividades que lhe deram origem. (caput do Artigo 107, alterado pela Lei nº 7.175/2015, vigente a partir de 29.12.2015)

Parágrafo único – Os valores constantes da Tabela anexa a este artigo serão atualizados segundo a variação da UFIR ou outro indicador de atualização monetária que venha a substituí-la. (Artigo 107, alterado pela Lei Estadual nº 3.347/1999, vigente a partir de 01.01.2000)

- (A anterior tabela anexa ao Art. 107, relativa aos fatos geradores da Taxa de Serviços Estaduais, foi convertida nos Anexos I a VII, pelo Art. 4º da Lei nº 7.175/2015, vigente a partir de 29.12.2015, com efeitos a contar de 28.03.2016).
- (Os valores das tabelas anexas ao Art. 107, relativa aos fatos geradores da Taxa de Serviços Estaduais, são valores históricos, fixados pelo Art. 4º da Lei nº 7.175/2015 e leis posteriores, e não correspondem aos valores atualmente vigentes. os valores atuais são os definidos em Portaria SUAR) .

Art. 107-A. Revogado pela Lei Complementar nº 171/2016, vigente de 23.06.2016, com efeitos retroativos a contar de 28.03.2016.

Seção IV
Do Pagamento

Art. 108. A taxa será recolhida pelo contribuinte, antes da ocorrência do fato gerador, conforme a Tabela a que se refere o artigo anterior e as normas estabelecidas em Regulamento, não sendo consideradas as frações de cruzeiro. (redação do Artigo 108, alterado pelo Decreto-lei nº 403/78, de 28.12.78, D.O.E. de 29.12.78, vigente a partir de 01.01.79)

Seção V
Das Obrigações Acessórias

Art. 109. Compete à Secretaria de Estado de Economia e Finanças a fiscalização da Taxa de Serviços Estaduais.

Parágrafo único – Aos servidores dos órgãos estaduais responsáveis pelos atos tributados pela Taxa, incumbe a verificação do respectivo pagamento na parte que lhe for atinente. (redação do Artigo 109 e parágrafo único, alterado pelo Decreto-lei nº 403/78, de 18.12.78, vigente a partir de 01.01.79)

Seção VI
Das Penalidades

Art. 110. O não-pagamento, total ou parcial, da Taxa de Serviços Estaduais, sujeitará o infrator ou responsável à multa correspondente a 100% (cem por cento) do valor da Taxa não paga, considerada esta pelo seu valor atualizado, nos termos deste Decreto-lei. (redação do Artigo 110, alterado pelo Decreto-lei nº 403/78, de 28.12.78, vigente a partir de 01.01.79)

Art. 111. O não cumprimento do disposto no parágrafo único do artigo 109 sujeitará o infrator à multa igual ao valor da Taxa que deixou de ser exigida pelo seu valor atualizado, nos termos deste Decreto-lei. (redação do Artigo 111, alterado pelo Decreto-lei nº 403/78, de 28.12.78, vigente a partir de 01.01.79)

Capítulo II
DA TAXA JUDICIÁRIA

Seção I
Da Obrigação Principal

Art. 112. A Taxa Judiciária incide sobre os serviços de atuação dos magistrados, e dos membros do Ministério Público, em qualquer procedimento judicial, e será devida, conforme o caso, por aqueles que recorrerem à Justiça Estadual, perante qualquer Juízo ou Tribunal, pelo interessado na prática do ato. (redação do Artigo 112, alterado pela Lei nº 383/1980, de 04.12.80, vigente a partir de 01/01/81, parte que não foi considerada inconstitucional).

Art. 113. Não estão sujeitos ao pagamento da taxa judiciária, em separado, os serviços prestados em qualquer fase do processo de cognição ou execução bem como seus incidentes, ainda que processados em apartado. (redação do Artigo 113, alterada pela Lei nº 383/1980, de 04.12.80, vigente a partir de 01.01.81).

Parágrafo único - Consideram-se autônomos, obrigando aqueles que os promoverem ao pagamento da taxa correspondente:

a) reconvenção;

b) intervenção de terceiros, inclusive oposição;

c) habilitações incidentes;

d) processos acessórios, inclusive embargos de terceiros;

e) habilitações de crédito nos processos de falência ou concordata;

f) embargos do devedor.

Art. 114. A taxa não incide sobre:

I - declarações de crédito e pedidos de alvarás em apenso aos processos de inventário;

II - processos de habilitação para casamento;

III - processos de habeas-corpus;

IV - processos para nomeação e remoção de tutores ou curadores;

V – prestações de contas relativas ao exercício de tutela, curatela, testamentária, inventariança, nas de leiloeiro, corretor, tutor judicial, liquidante judicial, inventariante judicial, em relação a quantias ou valores recebidos para aplicação imediata, quando, não sendo impugnados, independam de processo especial:

VI – processos administrativos de iniciativa da União, dos Estados, dos Municípios, do Distrito Federal, das autarquias do Estado do Rio de Janeiro ou de pessoas no gozo de benefício da justiça gratuita;

VII – processos de restauração, suprimento ou retificação de registros públicos, quando se tratar de registro de pessoas naturais. (redação do Artigo 114, incisos I a VII, alterado pela Lei nº 383/1980, de 04.12.80, vigente a partir de 01.01.81, parte que não foi considerada inconstitucional)

VIII – execução de honorários advocatícios. (Inciso VIII do art. 114 acrescentado pela Lei nº 8201/2018, vigente a partir de 11.12.2018)

Art. 115. Nos processos contenciosos em que sejam autores a União, os Estados, os Municípios, o Distrito Federal, as autarquias do Estado do Rio de Janeiro ou pessoas no gozo de benefício da justiça gratuita, a taxa será devida pela parte contrária, na execução, quando condenada ou no caso de aquiescência ao pedido. (redação do caput do Artigo 115, alterado pelo Decreto-lei nº 403/78, de 28.12.78, vigente a partir de 01.01.79)

Parágrafo único – A aplicação da regra prevista no caput deste artigo está condicionada quanto à União, aos Estados e ao Distrito Federal, à concessão de igual benefício ao Estado do Rio de Janeiro e suas autarquias e, quanto aos Municípios, à concessão de isenção de taxas e contribuições relacionadas ao patrimônio do Estado do Rio de Janeiro e, de suas autarquias e fundações públicas. (redação do parágrafo único, do Artigo 115, acrescentado pela Lei nº 4.168, vigente a partir de 29.09.2003)

Art. 116. Nos processos criminais, nos pedidos de alimentos e nos de indenização por acidentes de trabalho, estes últimos quando requeridos por acidentados, seus beneficiários ou sucessores, será devida a taxa pelo réu na execução, quando condenado ou no caso de acordo. (redação do Artigo 116, alterado pelo Decreto-lei nº 403/78, de 28.12.78, vigente a partir de 01.01.79)

Art. 117. Nos processos de desapropriação, a taxa será devida pelo réu, quando atribuir ao bem desapropriado valor maior do que aquele que realmente for reconhecido ao mesmo na decisão final. (redação do Artigo 117, alterado pelo Decreto-lei nº 403/78, de 28.12.78, vigente a partir de 01.01.79)

Seção II
Da Liquidação

Art. 118. Ressalvadas as hipóteses expressamente previstas neste Capítulo, a taxa será calculada à razão de 2% (dois por cento) sobre o valor do pedido, ainda que seja este diverso do valor da causa fixado para fins processuais, observados os limites estabelecidos no artigo 133, deste Decreto-lei. (redação do Artigo 118, alterado pela Lei nº 815/1984, de 20.12.84)

Art. 119. Considera-se como valor do pedido, para fins deste Decreto-lei, a soma do principal, juros, multas, honorários e quaisquer vantagens pretendidas pelas partes. (redação do Artigo 119, alterado pelo Decreto-lei nº 403/78, de 28.12.78, vigente a partir de 01.01.79)

Art. 120. Quando o litígio tiver por objeto a existência, validade, cumprimento, modificação ou rescisão de obrigação contratual ou legal, entende-se por principal o valor da obrigação. (redação do Artigo 120, alterado pelo Decreto-lei nº 403/78, de 28.12.78, vigente a partir de 01.01.79)

Art. 121. Quando o pedido tiver por objeto prestações periódicas, a taxa será calculada, inicialmente, sobre todas as prestações já vencidas, até a data do pedido e mais as vincendas correspondentes a 1 (um) ano. (redação do Artigo 121, alterado pelo Decreto-lei nº 403/78, de 28.12.78, vigente a partir de 01.01.79)

Art. 122. Nos processos de desapropriação, a taxa será devida sobre a diferença entre o valor pleiteado pelo réu e o fixado na decisão final. (redação do Artigo 122, alterado pelo Decreto-lei nº 403/78, de 28.12.78, vigente a partir de 01.01.79)

Art. 123. Nos processos de extinção de usufruto, de uso, de habitação, de renda constituída sobre imóvel, de fideicomisso e de cláusulas de inalienabilidade, bem como de sub-rogação de gravames, a taxa será calculada à razão de 0,65% (sessenta e cinco centésimos por cento) sobre o valor dos bens, observados os limites previstos no artigo 133. (redação do Artigo 123, alterado pela Lei Estadual nº 2.144/1993, de 27.07.93, vigente a partir de 01.01.94)

Art. 124. Nos inventários e arrolamentos resultantes de óbito ou dissolução de sociedade conjugal, bem como nos pedidos de alvará não previstos no inciso I do artigo 114, a taxa é devida pelo valor equivalente a 1,5 (uma vez e meia) do valor das custas judiciais, fixadas em tabela da Corregedoria Geral da Justiça, referentes aos atos praticados pelos escrivães. (redação do Artigo 124, alterado pela Lei Estadual nº 2.144/1993, de 27.07.93, vigente a partir de 01.01.94)

Art. 125. Nas ações relativas a locações, considera-se como valor do pedido:

I - nas ações de despejo e nas consignações de aluguéis, o valor dos aluguéis de 1 (um) ano;

II - nas ações renovatórias, inicialmente, o aluguel mensal que o autor oferecer pagar, multiplicado por 24 (vinte e quatro); se a decisão final fixar aluguel superior ao proposto na inicial, será devida a taxa calculada sobre a diferença entre o aluguel proposto e o fixado, relativo a 24 (vinte e quatro) meses;

III - nas ações de revisão de aluguel, a diferença de aluguel que o autor pleitear receber, multiplicada pelo número de meses do prazo que pretender que a revisão venha a durar, se não indicar prazo para a duração do aluguel pleiteado, a base de cálculo será de 2 (dois) anos do valor desse aluguel.

Art. 126. Nos mandados de segurança, inclusive preventivos, cada um dos impetrantes e litisconsortes recolherá a taxa, calculada sobre o respectivo valor:

I - do débito cujo cancelamento pleiteie;

II - que possa vir a receber com base no direito pleiteado;

III - de cujo pagamento pretende exonerar-se; e

IV - do pedido, tal como previsto neste Decreto-lei para os casos comuns, quando postule o reconhecimento de direito que consista no recebimento de prestações periódicas.

Parágrafo único - Quando a impetração for desprovida de valor econômico aplicar-se-á o disposto no artigo 133, por impetrante ou litisconsorte. (redação do Artigo 126, incisos I a IV e parágrafo único, alterado pelo Decreto-lei nº 403/1978, de 28.12.78, vigente a partir de 01.01.79.)

Art. 127. Nas ações relativas à posse e nos embargos de terceiros, a taxa será calculada, inicialmente, sobre o valor estimado, cobrando-se, ao final, a diferença, tomando-se por base o valor da causa fixado para fins processuais. (redação do Artigo 127, alterado pelo Decreto-lei nº 403/1978, de 28.12.78, vigente a partir de 01.01.79.)

Art. 128. Nos processos de liquidação de sociedade e de concurso de credores, considera-se como valor do pedido o líquido a partilhar, a adjudicar ou a ratear aos sócios e aos credores.

Parágrafo único - Nos processos de liquidação de sociedade, a taxa será calculada, inicialmente, sobre o quinhão, as cotas ou ações do sócio ou acionista requerente. (redação do Artigo 128, alterado pelo Decreto-lei nº 403/1978, de 28.12.78, vigente a partir de 01.01.79.)

Art. 129. Nas concordatas preventivas, a taxa incidirá sobre a totalidade dos créditos quirografários, à razão de 0,65% (sessenta e cinco centésimos por cento) observados os limites previstos no artigo 133, deste Decreto-lei. (redação do Artigo 129, alterado pela Lei nº 815/1984, vigente a partir de 24.12.84)

Art. 130. Nos processos de falência, a taxa será devida de acordo com as seguintes regras, observados os limites previstos no artigo 133, desde Decreto-lei: (redação do Artigo 130, alterado pela Lei nº 815/1984, vigente a partir de 24.12.84)

I - no caso de ser a falência requerida por um dos credores, a taxa inicial corresponderá à aplicação da alíquota de 0,65% (sessenta e cinco centésimos por cento) sobre o valor do crédito do requerente, abrangendo o principal e os acessórios;

II - na hipótese de ser a falência requerida, pelo devedor, será paga a taxa inicial de 2 UFERJs;

III - declarada a falência, inclusive em virtude de conversão da concordata preventiva, sobre o valor total dos créditos quirografários incluídos no quadro geral de credores, será calculada a taxa de 0,65% (sessenta e cinco centésimos por cento), deduzindo-se a que já tenha sido paga, mas não cabendo restituição de diferença.

Art. 131. Nas ações de usucapião, a taxa será calculada sobre 100% (cem por cento) do valor venal do bem. (redação do Artigo 131, alterado pelo Decreto-lei nº 403/78, de 28.12.78, vigente a partir de 01.01.79)

Art. 132. Nas execuções fiscais, a taxa será de 4% (quatro por cento) sobre o valor total do débito, na data de sua liquidação. (redação do Artigo 132, alterado pelo Decreto-lei nº 403/78, de 28.12.78, vigente a partir de 01.01.79)

Parágrafo único - Considera-se valor total do débito a soma do principal corrigido, monetariamente, acréscimos legais e multas calculados sobre o principal devido atualizado.

Art. 133. A Taxa Judiciária, quando proporcional, não poderá ser inferior a 0,55 (cinqüenta e cinco centésimos) da UFERJ, nem superior a 250 (duzentos e cinqüenta) UFERJs. (redação do Artigo 133, alterado pela Lei nº 815/1984, vigente a partir de 24.12.84)

Art. 134. Será devida a taxa de 0,55 (cinqüenta e cinco centésimos) da UFERJ, nos seguintes casos: (redação do Artigo 134, alterado pelo Decreto-lei nº 403/78, de 28.12.78, vigente a partir de 01.01.79)

I - nos processos em que não se questione sobre valores;

II - nos processos acessórios, exceto nos embargos de terceiros;

III - nas precatórias e rogatórias, vindas de outros Estados;

IV - nos processos criminais;

V - na separação judicial e no divórcio, excluída a parte de inventário;

VI - nos inventários negativos;

VII - nas retificações de registros públicos;

VIII - nos processos de apresentação e aprovação de testamento, não contenciosos;

IX – nas anulações de casamento;

X – nas investigações de paternidade;

XI – nas notificações, interpelações, protestos e justificações de qualquer natureza; e

XII – em qualquer outro processo judicial não sujeito à tributação proporcional.

Parágrafo único – A taxa prevista neste artigo será devida por autor, requerente, impetrante, litisconsorte ou assistente.

Art. 135. Nos processos de execução por título judicial, será levada em conta a taxa paga nos correspondentes processos de cognição. (redação do Artigo 135, alterado pelo Decreto-lei nº 403/78, de 28.12.78, vigente a partir de 01.01.79)

Seção III
Do Pagamento

Art. 136. O pagamento da taxa, na hipótese de que trata o artigo 118, será efetuado antes da apresentação da petição inicial em Juízo, diretamente ou para distribuição. (redação do Artigo 136, alterado pela Lei nº 383, de 04.12.80, vigente a partir de 01.01.81)

Art. 137. Nas hipóteses dos artigos 123 a 124, o pagamento da taxa será efetuado até o último dia útil do sexto mês posterior à distribuição. (Redação do Artigo 137, alterado pela Lei nº 2.144/1993, de 27.07.93, vigente a partir de 01.01.94)

Art. 138. Qualquer complementação de taxa, que deva ser paga de acordo com este Decreto-lei, será apurada e cobrada na forma da legislação estadual sobre processo administrativo fiscal. (redação do caput do Artigo 138, alterado pela Lei nº 6.905/2014, de 09.10.2014, vigente a partir de 10.10.2014)

Parágrafo único – Nos processos de falência, a complementação prevista no inciso III, do artigo 130, será feita pela massa, até 120 (cento e vinte) dias após a publicação do quadro geral de credores, ainda que concedida concordata suspensiva. (redação do Artigo 138, alterado pelo Decreto-lei nº 403/78, de 28.12.78, vigente a partir de 01.01.79)

Art. 139. No pagamento da Taxa Judiciária serão desprezadas as frações inferiores a Cr$ 1,00 (um cruzeiro). (redação do Artigo 139, alterado pelo Decreto-lei nº 403/78, de 28.12.78, vigente a partir de 01.01.79)

Art. 140. O pagamento da taxa em momento posterior ao previsto nesta Seção, observará normas fixadas por decreto do Poder Executivo. (redação do Artigo 140, alterado pelo Decreto-lei nº 403/78, de 28.12.78, vigente a partir de 01.01.79)

Seção IV
Das Obrigações Acessórias

Art. 141. As autoridades judiciárias, em qualquer juízo ou tribunal, nos processos e petições que sejam submetidos a seu exame, para despacho, sentença ou relatório, verificarão se a Taxa Judiciária foi paga corretamente. (redação do Artigo 141, alterado pelo Decreto-lei nº 403/78, de 28.12.78, vigente a partir de 01.01.79)

Parágrafo único - Qualquer irregularidade deverá ser comunicada pela autoridade judiciária à Secretaria de Estado de Economia e Finanças, por ofício, dentro de 10 (dez) dias após a sua constatação, salvo se a taxa devida, juntamente com o valor das sanções e acréscimos legais, foi recolhida antes da expedição do ofício.

Art. 142. Nenhum serventuário ou funcionário da Justiça poderá expedir mandados de pagamento ou de levantamento de quantias, arquivar processos e dar baixas nos registros de distribuição, sem que tenha sido paga a Taxa Judiciária devida, sob pena de, fazendo-o, tornar-se solidariamente responsável com o devedor perante a Fazenda Pública Estadual. (redação do Artigo 142, alterado pelo Decreto-lei nº 403/78, de 28.12.78, vigente a partir de 01.01.79)

Seção V
Das Penalidades

Art. 143. A falta de pagamento, no todo ou em parte, da Taxa Judiciária, sujeitará o devedor, sem prejuízo dos acréscimos legais, à multa de valor igual ao da taxa não paga, considerada esta pelo seu valor atualizado. (redação do Artigo 143, alterado pelo Decreto-lei nº 403/78, de 28.12.78, vigente a partir de 01.01.79)

Art. 144. Havendo sonegação ou fraude, ao infrator e aos que tenham colaborado na infração, será aplicada multa de valor igual ao dobro da taxa que deixou de ser paga, considerada esta pelo seu valor atualizado, com os acréscimos legais. (redação do Artigo 144, alterado pelo Decreto-lei nº 403/78, de 28.12.78, vigente a partir de 01.01.79)

Seção VI
Disposições Diversas

Art. 145. O Estado poderá ingressar em qualquer processo e impugnar o valor declarado pela parte para pagamento da taxa, requerendo inclusive, na forma da legislação processual, o pagamento que for devido. (redação do Artigo 145, alterado pelo Decreto-lei nº 403/78, de 28.12.78, vigente a partir de 01.01.79)

Art. 146. A fiscalização da Taxa Judiciária será exercida pela Secretaria de Estado de Economia e Finanças. (redação do Artigo 146, alterado pelo Decreto-lei nº 403/78, de 28.12.78, vigente a partir de 01.01.79)

Capítulo III
DAS TABELAS

- (Nota: O Capítulo III – DAS TABELAS foi inserido pelo Decreto-lei nº 403/78, de 28.12.78, vigente a partir de 01.01.79)

Art. 147. Os órgãos da administração estadual responsáveis pelos atos tributados pelas taxas de que trata este Título manterão fixadas, em lugar visível para o público, tabelas contendo os serviços a eles inerentes, bem como os respectivos valores.

TAXAS DE SERVIÇOS ESTADUAIS

- (Nota: A Lei Estadual nº 3.347/1999 divulgou a tabela para o exercício de 2000).

TÍTULO VI
CONTRIBUIÇÃO DE MELHORIA

Art. 148. A Contribuição de Melhoria será cobrada pelo Estado para fazer face ao custo de obras públicas que acarretem benefícios diretos a bens imóveis, a serem realizadas, inclusive, através de suas autarquias, empresas públicas, sociedades de economia mista e fundações. (redação do Artigo 148, alterado pela Lei Estadual nº 2.207, de 30.12.93, vigente a partir de 01.01.94)

LIVRO SEGUNDO
NORMAS GERAIS TRIBUTÁRIAS

TÍTULO I
DISPOSIÇÕES GERAIS

Capítulo I
DO CAMPO DE APLICAÇÃO

Art. 149. Este Livro estabelece normas aplicáveis a todos os impostos, taxas e contribuições devidos ao Estado do Rio de Janeiro, sendo considerados como complementares das mesmas os textos legais especiais.

Art. 150. A relação jurídico-tributária será regida, em princípio, pela legislação vigente no momento em que tiver lugar o ato ou fato tributável, salvo disposição expressa em contrário.

Art. 151. A inscrição de alguém como contribuinte ou mesmo o pagamento do tributo não implica em considerar legal ou em legalizar o fato gerador da relação jurídico-fiscal, objeto daquela inscrição ou daquele pagamento.

Parágrafo único - A ilicitude ou ilegalidade de qualquer fato que se inclua no campo de assento de determinado tributo, bem como a prática do mesmo sem licença, não impedem o nascimento e a exigibilidade do crédito fiscal que do fato decorra.

Art. 152. A isenção de imposto ou a imunidade ao mesmo não exonera o interessado de providenciar sua inscrição no órgão competente, ou de cumprir qualquer outra obrigação legal ou regulamentar relativa ao fato gerador.

Capítulo II
DA OBRIGAÇÃO TRIBUTÁRIA

Art. 153. A obrigação tributária é principal ou acessória.

Art. 154. A obrigação principal surge com a ocorrência do fato gerador, tem por objeto o pagamento do tributo ou penalidade pecuniária e extingue-se juntamente com o crédito dele decorrente.

Art. 155. A obrigação acessória decorre da legislação tributária e tem por objeto as prestações, positivas ou negativas, nela previstas, no interesse da arrecadação ou da fiscalização dos tributos.

Art. 156. A obrigação acessória, pelo simples fato de sua inobservância, converte-se em obrigação principal relativamente à penalidade pecuniária.

Capítulo III
DO CRÉDITO TRIBUTÁRIO

Seção I
Disposições Gerais

Art. 157. O crédito tributário decorre da obrigação principal e tem a mesma natureza desta.

Art. 158. As circunstâncias que modificam o crédito tributário, sua extensão ou seus efeitos, ou as garantias ou os privilégios a ele atribuídos, ou que excluem sua exigibilidade, não afetam a obrigação tributária que lhe deu origem.

Seção II
Do Nascimento e da Apuração

Art. 159. Compete privativamente à autoridade administrativa constituir o crédito tributário pelo lançamento, assim entendido o procedimento administrativo tendente a verificar a ocorrência do fato gerador da obrigação correspondente, determinar a matéria tributável, calcular o montante do tributo devido, identificar o sujeito passivo e, sendo o caso, propor a aplicação da penalidade cabível.

Art. 160. O Crédito Tributário não pode ter o seu nascimento obstado, nem os seus elementos modificados por declaração de vontades que não emane do poder competente.

Art. 161. É ineficaz, em relação ao Estado, a cessão da obrigação de pagar qualquer crédito tributário, decorrente de acordo entre pessoas físicas ou jurídicas.

Art. 162. O lançamento deverá ser efetuado e revisto de ofício pela autoridade competente, nos seguintes casos quando:

I – A lei assim o determine.

II – não seja prestada por quem de direito, declaração, no prazo e na forma da legislação tributária;

III – a pessoa legalmente obrigada, embora tenha prestado declaração nos termos do inciso anterior, deixe de atender, no prazo e na forma da legislação tributária, o pedido de esclarecimento formulado pela autoridade administrativa, recuse-se a prestá-lo ou não o preste satisfatoriamente, a juízo daquela autoridade:

IV – se comprove falsidade, erro ou omissão quanto a qualquer elemento definido na legislação tributária como sendo de declaração obrigatória;

V – no exercício da atividade a que se refere o artigo seguinte, se comprove omissão ou inexatidão por parte da pessoa legalmente obrigada;

VI – se comprove ação ou omissão do sujeito passivo, ou de terceiro legalmente obrigado, que dê lugar à aplicação de penalidade pecuniária;

VII – se comprove que o sujeito passivo, ou terceiro, em benefício daquele, agiu com dolo, fraude ou simulação;

VIII – deva ser apreciado fato não conhecido ou não provado por ocasião do lançamento anterior, e

IX – se comprove que, no lançamento anterior, ocorreu fraude ou falta funcional da autoridade que o efetuou, ou omissão, pela mesma autoridade, de ato ou formalidade essencial.

Art. 163. Poderá a administração tributária atribuir ao sujeito passivo o dever de antecipar o pagamento sem prévio exame da autoridade competente.

§ 1º – O pagamento antecipado pelo obrigado, nos termos deste artigo, extingue o crédito, sob condição resolutória de ulterior homologação do lançamento.

§ 2º – Sobre a obrigação tributária não influem quaisquer atos anteriores à homologação, praticados pelo sujeito passivo ou por terceiro, visando à extinção total ou parcial do crédito.

§ 3º - Os atos a que se refere o parágrafo anterior serão, porém, considerados na apuração do saldo porventura devido e, sendo o caso, na imposição da penalidade ou sua graduação.

Art. 164. Cabe ao Estado o direito de pesquisar da forma mais ampla e por todos os meios cabíveis, os elementos necessários à liquidação do crédito tributário, ficando, em conseqüência, toda e qualquer pessoa, contribuinte ou não, obrigada a prestar os esclarecimentos e informações solicitadas pelos funcionários fiscais e a exibir aos mesmos os livros, documentos, bens móveis ou imóveis, inclusive mercadorias, no seu estabelecimento, quando por estes assim for considerado necessário à fiscalização.

Seção III
Do Pagamento

Art. 165. O pagamento de crédito tributário deve ser efetuado em moeda corrente do País ou cheque.

§ 1º - Pode o Executivo, em ato normativo;

1. determinar as garantias exigidas para o pagamento do crédito tributário por cheque; e

2. regular o pagamento de crédito tributário em vale postal, estampilhas, papel selado ou por processo mecânico.

§ 2º - Além das modalidades do pagamento de crédito tributário previstas neste artigo, fica o Poder Executivo autorizado a consentir, em caráter excepcional, e considerando o interesse da Administração, na dação de bens móveis e imóveis, como pagamento de crédito tributário, na forma e nas condições estabelecidas em regulamento próprio. (redação do § 2º, do Artigo 165, alterado pela Lei nº 2.055/1993, de 25.01.93, vigente a partir de 26.01.93)

§ 3º - O regulamento a que se refere o parágrafo anterior, entre outras disposições, estabelecerá o seguinte:

1. competência privativa do Secretário de Estado de Economia e Finanças para decidir sobre pedido de dação em pagamento que, se deferido, será formalizado por escritura ou termo minutado pela Procuradoria Geral do Estado;

2. demonstração da inexistência de liquidez, por parte do devedor, para saldar o débito em dinheiro, mediante análise circunstanciada de sua situação financeira em laudo assinado por dois funcionários lotados e em exercício na Secretaria de Estado de Economia e Finanças;

3. prévia nomeação do órgão da Administração Direta ou Indireta do Estado do Rio de Janeiro, que deverá formalmente assumir a responsabilidade pela guarda, conservação e utilização do bem indicando a atividade em que será aproveitado ou,

se for o caso, consumido, e; (redação do Artigo 165, alterado pela Lei nº 1.241/1987, de 30.11.87, vigente a partir de 01.12.87)

4. consolidação do débito e sua imediata inscrição em dívida ativa, como requisito obrigatório para a apreciação do pedido. (redação do item 4, do Artigo 165, acrescentado pela Lei Estadual nº 2.207, de 30.12.93, vigente a partir de 01.01.94)

Art. 166. O Executivo poderá permitir, em caráter excepcional, pagamento parcelado do crédito tributário em atraso, levando em consideração a situação econômico-fiscal do sujeito passivo.

Parágrafo único – Quando o parcelamento se referir a crédito tributário decorrente do Imposto sobre Circulação de Mercadorias serão observadas as condições definidas em convênios celebrados e ratificados na forma da legislação federal aplicada.

Art. 167. O pagamento de tributos será feito em repartição do Estado ou em estabelecimento de crédito autorizado a recebê-lo, obedecidos os prazos fixados por ato do Poder Executivo.

§ 1º – Até o dia 30 de dezembro de cada ano será baixado ato fixando os prazos de pagamento dos tributos para o exercício seguinte.

§ 2º – Esses prazos poderão ser alterados por superveniência de fatos que justifiquem essa alteração.

§ 3º – Quando os prazos forem diminuídos, deverá mediar, pelo menos, o espaço de 30 (trinta) dias entre a data da publicação do ato da alteração e a nova data de pagamento.

Art. 168. No caso de interrupção de pagamento de débito parcelado, o saldo proporcional remanescente constituirá débito autônomo, sujeito à atualização e aos acréscimos moratórios, a partir da data em que o referido valor havia sido calculado e atualizado. (Redação do Artigo 168, dada pela Lei nº 6.127/2011, com a alteração da Lei 6.269/2012, com vigência a partir de 02.01.2013)

Art. 169. O pagamento de um crédito não importa em presunção de pagamento:

I – quando parcial, das prestações em que se decomponha; e

II – quando total, de outros créditos referentes ao mesmo ou a outros tributos.

Art. 170. As importâncias fixas correspondentes a tributos, a multas, a limites para fixação de multas ou a limites de faixas para efeito de tributação passarão a ser expressas por meio de múltiplos ou submúltiplos da unidade denominada "Unidade de Valor Fiscal do Estado do Rio de Janeiro", a qual figurará nas leis sob a forma abreviada de "UFERJ".

§ 1º - A Unidade de Valor Fiscal do Estado do Rio de Janeiro UFERJ terá expressão monetária:

1. mensal, fixa em cada mês; e

2. diária, sujeita à variação em cada dia, sendo certo que o valor da UFERJ, no primeiro dia de cada mês, será igual ao da UFERJ fixado para o mesmo mês.

§ 2º - O Poder Executivo, através da Secretaria de Estado de Economia e Finanças, divulgará os valores da UFERJ, mensal e diária, calculados com base nos mesmos índices utilizados pelo Governo Federal para a atualização da Unidade Fiscal de Referência UFIR.

§ 3º - Na hipótese de extinção da UFIR, a Secretaria de Estado de Economia e Finanças poderá utilizar a variação do maior índice oficial federal em vigor.

§ 4º - A UFERJ será única e uniforme em todo o Estado, não tendo relevância, para sua aplicação nos casos concretos, a data em que tenham sido publicados os atos normativos que contenham valores expressos na citada unidade fiscal. (redação dos §§ 1º ao 4º, do Artigo 170, alterado pela Lei nº 2.180/1993, de 12.11.93, vigente a partir de 01.01.94)

§ 5º - Para efeito de cálculo da taxa judiciária mínima, considerar-se-ão os valores da UFERJ vigente a 1º de janeiro e 1º de julho de cada ano. Se nas datas indicadas o valor da UFERJ não tiver sido alterado, a atualização será efetuada 30 (trinta) dias após a vigência do novo índice. (redação do § 5º do Artigo 170, alterado pela Lei nº 1.410/1988, de 13.12.88, vigente a partir de 01.01.89)

Seção IV
Da Correção Monetária e da Mora

Art. 171. Os créditos tributários não pagos nas datas fixadas pelo Poder Executivo terão o seu valor atualizado, quando cabível, de acordo com os coeficientes fixados pelo órgão federal competente e constantes de ato do Secretário de Estado de Fazenda. (Redação do caput Artigo 171, dada pela Lei nº 6.127/2011, com a alteração da Lei 6.269/2012, com vigência a partir de 02.01.2013)

Parágrafo único - Revogado pela Lei nº 6.127/2011, com a alteração da Lei 6.269/2012, com vigência a partir de 02.01.2013.

Art. 172. A correção monetária não implica a exoneração dos acréscimos moratórios e das multas que serão calculados sobre o principal devido atualizado. (redação do Artigo 172, alterado pelo Decreto-lei nº 343/1977, de 25/01/77, vigente a partir de 01.03.77)

Art. 173. O crédito tributário, quando não integralmente pago no prazo, sem prejuízo da imposição de penalidades cabíveis e da aplicação de quaisquer medidas de garantia previstas na legislação, será acrescido dos seguintes acréscimos moratórios: (Redação do Artigo 173, alterada pela Lei nº 6.127/2011, com a alteração da Lei 6.269/2012, com vigência a partir de 02.01.2013)

I - juros de mora equivalentes à taxa referencial do Sistema de Liquidação e Custódia - SELIC - para títulos federais, acumulada mensalmente, calculados a partir do primeiro dia do mês subsequente ao vencimento do prazo até o último dia do mês anterior ao do pagamento, e de 1% (um por cento) relativamente ao mês em que o pagamento estiver sendo efetuado;

II - multa de mora equivalente à taxa de 0,33% (trinta e três centésimos por cento) por dia de atraso, calculada a partir do primeiro dia subsequente ao vencimento do prazo até o dia em que ocorrer seu efetivo pagamento, limitada a 20% (vinte por cento).

§ 1º - As penalidades cabíveis previstas na legislação estadual tributária, quando não integralmente pagas no prazo, sem prejuízo da aplicação de quaisquer medidas de garantia previstas na ordenação jurídica, ficam acrescidas dos juros de mora estabelecidos nos termos do inciso I do caput.

§ 2º - No caso de parcelamento de débito, o valor consolidado incluirá até a data da sua consolidação, atualização e demais acréscimos legais.

§ 3º - Na hipótese do § 2º deste artigo, sobre o valor da parcela incidirão juros de mora, determinados na forma do inciso I do caput deste artigo, calculados a partir do mês subsequente à data de consolidação do débito parcelado até o mês de efetiva liquidação de cada parcela.

§ 4º - A multa de mora referida no inciso II do caput deste artigo se aplica na hipótese de pagamento, ainda que mediante parcelamento, por iniciativa do sujeito passivo, antes do início do procedimento de ofício, bem como, no caso de qualquer parcelamento, sobre a parcela inadimplida.

§ 5º - Quando a legislação admitir que determinado tributo seja pago em prestações, incidirão os juros de mora previstos no inciso I deste artigo sobre aquelas que se seguirem à prestação inicial.

Art. 174. No caso de pagamento parcial de débito composto de principal e acréscimos legais, a imputação do pagamento observará a proporcionalidade entre o valor pago e o débito total. (Redação do Artigo 174, alterada pela Lei 7.504/2016, vigente a partir de 30.12.2016, com efeitos a contar de 30.03.2017)

Art. 175. Não se considera em mora o contribuinte, quando tenha deixado de efetuar o pagamento no prazo estipulado, em virtude de decisão do Poder Executivo.

Parágrafo único - Será, no entanto, considerado em mora o contribuinte se, mudando a administração de orientação, não efetuar o pagamento dos tributos devidos no prazo legal ou estipulado.

Art. 176. A consulta sobre matéria tributária, quando protocolada de acordo com as normas regulamentares, suspende o curso da mora.

Parágrafo único - Recomeçará o curso da mora tão logo termine o prazo fixado ao contribuinte para cumprir a solução dada à consulta, prazo esse que não poderá ser inferior a 15 (quinze) dias. (redação do Parágrafo único, do Artigo 176, alterado pelo Decreto-lei nº 343/1977, de 25.01.77, vigente a partir de 26.01.77)

Art. 177. A reclamação ou a impugnação a crédito fiscal ou recurso de decisão proferida em processo fiscal, ainda que em caso de consulta, não interrompe o curso da mora.

Art. 178. Se dentro do prazo fixado para o pagamento o contribuinte depositar nos cofres da pessoa de direito público, a qual devesse efetuar o pagamento, a importância que julgar devida, o crédito fiscal não ficará sujeito à atualização de seu valor, nem sobre ele serão devidas multas ou qualquer acréscimo, até o limite da importância depositada.

Parágrafo único - Quando o depósito for feito fora do prazo, deverá o contribuinte recolher, juntamente com o principal, os acréscimos moratórios já devidos nessa oportunidade.

Art. 179. O termo inicial para cálculo da correção monetária e dos acréscimos moratórios será o do mês em que recair a data correspondente a do término do prazo regulamentar de pagamento do tributo. (redação do Artigo 179, alterado pelo Decreto-lei nº 403/78, de 28.12.78, vigente a partir de 01.01.79)

Parágrafo único Quando o imposto se referir a operações verificadas em determinado período, sem que seja possível precisar a data de ocorrência de cada fato gerador, o termo inicial será o dia seguinte ao período considerado.

Seção V
Do Depósito

Art. 180. O depósito referido no artigo 178 pode ser de duas espécies:

I - depósito livre, isto é, o feito espontaneamente pelo contribuinte para evitar os efeitos da mora, haja ou não exigência de pagamento por parte do fisco;

II - depósito vinculado, isto é, o feito quando a lei ou regulamento o considerar indispensável para que o contribuinte possa praticar qualquer ato de seu interesse.

Art. 181. O depósito livre não ficará vinculado ao débito fiscal e, em conseqüência:

I - poderá ser levantado pela simples manifestação de vontade do depositante; e

II – não obstará o prosseguimento do processo de cobrança do crédito fiscal, nem a aplicação das multas de caráter penal.

Parágrafo único – O depósito livre não está sujeito à atualização do seu valor ou à multa ou qualquer acréscimo moratório, quando devolvido, salvo se forem criados embaraços à sua devolução, caso em que se aplicarão as regras de repetição de pagamentos indevidos.

Art. 182. No caso de devolução do depósito vinculado, por ter sido reconhecido o direito do depositante, será o seu valor acrescido dos juros obtidos pela aplicação da taxa referencial do Sistema Especial de Liquidação e Custódia – SELIC – para títulos federais, acumulada mensalmente a partir do mês subsequente ao da data do depósito até o mês anterior ao da data em que tenha nascido o direito do depositante de pedir sua devolução, e de 1% (um por cento) relativamente ao mês em que tenha nascido o direito do depositante de pedir sua devolução. (Redação do Artigo 182, dada pela Lei nº 6.127/2011, com a alteração da Lei 6.269/2012, com vigência a partir de 02.01.2013)

Seção VI
Da Restituição do Indébito

Art. 183. As quantias recolhidas aos cofres estaduais em pagamento de créditos fiscais, indevidos em face da lei, serão restituíveis, independentemente de protestos ou da prova de erro no pagamento, nos seguintes casos:

I – cobrança ou pagamento espontâneo de tributo indevido ou maior que o devido, em face da legislação tributária aplicável, ou da natureza ou circunstâncias materiais do fato gerador efetivamente ocorrido;

II – erro na identificação do sujeito passivo, na determinação da alíquota aplicável, no cálculo do montante do débito ou na elaboração ou conferência de qualquer documento relativo ao pagamento; e

III – reforma, anulação, revogação ou rescisão da decisão condenatória.

Art. 184. A restituição de tributos que comportem, por sua natureza, transferência do respectivo encargo financeiro, somente será feita a quem prove haver assumido o referido encargo, ou, no caso de tê-lo transferido a terceiro, estar por este expressamente autorizado a recebê-la.

Art. 185. A restituição total ou parcial do tributo dá lugar à restituição, na mesma proporção, dos acréscimos moratórios e das multas, salvo as referentes a infrações de caráter formal não prejudicadas pela causa da restituição.

§ 1º – A restituição vence juros, não capitalizáveis, obtidos pela aplicação da taxa referencial do Sistema Especial de Liquidação e Custódia – SELIC – para títulos federais, acumulada mensalmente a partir do mês subsequente ao da data do trânsito em julgado da decisão definitiva que a determinar até o mês anterior ao da restituição, e de 1% (um por cento) relativamente ao mês em que esta estiver sendo efetuada. (Redação do § 1º do Artigo 185, dada pela Lei nº 6.127/2011, com a alteração da Lei 6.269/2012, com vigência a partir de 02.01.2013)

§ 2º - Nos casos em que o sujeito passivo tenha direito à restituição, seja por depósito efetuado em garantia de instância, seja por pagamento indevido, em virtude de sentença judicial ou procedimento administrativo, ficará a importância a ser restituída sujeita à correção monetária, a partir da data do depósito ou do pagamento indevido. (redação do § 2º, do Artigo 185, acrescentado pela Lei Estadual nº 2.207, de 30.12.93, vigente a partir de 01.01.94)

Art. 186. O direito de pleitear a restituição extingue-se com o decurso do prazo de 5 (cinco) anos, contados:

I - nas hipóteses dos incisos I e II, do artigo 183, da data da extinção do crédito tributário; e

II - na hipótese do inciso III, do artigo 183, da data em que se tornar definitiva a decisão administrativa ou passar em julgado a decisão judicial que tenha reformado, anulado, revogado ou rescindido a decisão condenatória.

Seção VII
Da Responsabilidade Tributária

Art. 187. Poderá o Estado, através de lei, atribuir, de modo expresso, a responsabilidade pelo crédito tributário a terceira pessoa, vinculada ao fato gerador da respectiva obrigação, excluindo a responsabilidade do contribuinte ou atribuindo-a a este em caráter supletivo do cumprimento total ou parcial da referida obrigação.

Art. 188. Nos casos de impossibilidade de exigência do cumprimento da obrigação principal pelo contribuinte, respondem solidariamente com este nos atos em que intervierem ou pelas omissões de que forem responsáveis:

I - os pais, pelos tributos devidos por seus filhos menores;

II - os tutores e curadores, pelos tributos devidos por seus tutelados ou curatelados;

III - os administradores de bens de terceiros, pelos tributos devidos por estes;

IV - o inventariante, pelos tributos devidos pelo espólio;

V - o síndico e o comissário, pelos tributos devidos pela massa falida ou pelo concordatário;

VI - os tabeliães, escrivães e demais serventuários de ofício, pelos tributos devidos sobre os atos praticados por eles, ou perante eles, em razão do seu ofício; e

VII - os sócios, no caso de liquidação de sociedade de pessoas.

Parágrafo único - o disposto neste artigo só se aplica, em matéria de penalidades, às de caráter moratório.

Art. 189. Mediante intimação escrita, são obrigados a prestar à autoridade administrativa todas as informações de que disponham com relação aos bens, negócios ou atividades de terceiros: (redação do Artigo 189, alterado pela Lei nº 5.075/2007, vigente a partir de 16.08.2007)

I - os tabeliães, escrivães e demais serventuários de ofício;

II - os bancos, casas bancárias, caixas econômicas e demais instituições financeiras;

III - as empresas de administração de bens;

IV - os corretores, leiloeiros e despachantes oficiais;

V - os inventariantes;

VI - os síndicos, comissários e liquidatários;

VII - as empresas administradoras de cartões de crédito ou débito, relativamente às operações ou prestações de serviço realizadas por contribuinte do imposto;

VIII - as empresas administradoras de shopping centers ou assemelhados;

IX - as empresas de informática e profissionais autônomos que desenvolvem programas aplicativos para uso em equipamento Emissor de Cupom Fiscal - ECF e para emissão de documentos fiscais e escrituração de livros fiscais por sistema eletrônico de processamento de dados;

X - quaisquer outras entidades ou pessoas que a Lei designe, em razão de seu cargo, ofício, função, ministério, atividade ou profissão.

Parágrafo único - A obrigação prevista neste artigo não abrange a prestação de informação quanto a fatos sobre os quais o informante esteja legalmente obrigado a observar segredos em razão de cargo, ofício, função, ministério, atividade ou profissão.

Seção VIII
Da Compensação

Art. 190. É facultado ao Poder Executivo, mediante as condições e garantias que estipular para cada caso, através de legislação especial, efetuar a compensação de créditos tributários com créditos líquidos e certos, vencidos e vincendos, do sujeito passivo contra a Fazenda Estadual.

Parágrafo único - Sendo vencido o crédito do sujeito passivo, na apuração do seu montante, para os efeitos deste artigo, poderá ser compensada a redução correspondente ao juro de 1% (um por cento) ao mês, pelo tempo a decorrer entre a data da compensação e a do vencimento.

Seção IX
Da Transação

Art. 191. É facultada a celebração entre o Poder Executivo e o sujeito passivo da obrigação tributária de transação para terminação do litígio e conseqüente extinção de créditos tributários, mediante concessões mútuas, determinadas por legislação específica.

Seção X
Da Remissão

Art. 192. Fica o Chefe do Poder Executivo facultado a conceder, por despacho fundamentado, remissão total ou parcial de crédito tributário, nos casos previstos no artigo 172, da Lei Federal nº 5.172, de 25/10/66 (Código Tributário Nacional).

§ 1º - Quando a remissão se referir a crédito tributário decorrente do Imposto sobre Circulação de Mercadorias serão observadas as condições definidas em Convênios celebrados e ratificados pelos Estados, na forma da legislação aplicável.

§ 2º - O despacho concessivo da remissão não gera direito adquirido, podendo ser revogado a qualquer tempo se o beneficiário, ou terceiro, agindo em benefício do mesmo, usar de dolo ou simulação. (Redação do Artigo 192, §§ 1º e 2º, alterado pela Lei nº 868 de 10.07.85, vigente desde 01.06.85)

Capítulo IV
DA DÍVIDA ATIVA

Art. 193. Constitui dívida ativa tributária a proveniente de crédito dessa natureza, regularmente inscrita na Procuradoria Geral do Estado, tão logo esgotado o prazo fixado para seu pagamento por lei, regulamento ou por decisão final proferida em processo regular. (Redação do caput do Artigo 193, dada pela Lei nº 6.127/2011, com a alteração da Lei 6.269/2012, com vigência a partir de 02.01.2013)

§ 1º - Os débitos inscritos em dívida ativa sujeitam-se à atualização monetária aplicável e aos acréscimos moratórios, calculados na forma do artigo 173. (Redação do § 1º do Artigo 193, dada pela Lei nº 6.127/2011, com a alteração da Lei 6.269/2012, com vigência a partir de 02.01.2013)

§ 2º - Revogado pela Lei nº 6.127/2011, com a alteração da Lei 6.269/2012, com vigência a partir de 02.01.2013)

§ 3º - Revogado pela Lei nº 6.127/2011, com a alteração da Lei 6.269/2012, com vigência a partir de 02.01.2013)

Art. 194. A cobrança judicial e extrajudicial da dívida ativa do estado do Rio de Janeiro a que se refere o § 6º do artigo 176 da Constituição Estadual é de competência privativa dos Procuradores do Estado, sem prejuízo das atribuições conferidas pelo artigo 132 da Constituição Federal, pela Lei Complementar nº 15, de 15 de novembro de 1980, e demais legislações aplicável.

§ 1º – Esgotado o procedimento administrativo relativo a crédito do Erário, o respectivo processo será imediatamente remetido à Procuradoria Geral do Estado para efeito de inscrição em dívida ativa e cobrança amigável ou contenciosa.

§ 2º – A Procuradoria Geral do Estado não inscreverá crédito prescrito, nem promoverá ou prosseguirá a cobrança judicial de dívida ativa prescrita. (Redação do Artigo 194, §§ 1º e 2º, alterado pela Lei Estadual nº 2.207, de 30.12.93, vigente a partir de 01.01.94)

Art. 195. O termo da inscrição da dívida ativa, autenticada pela autoridade competente, indicará, obrigatoriamente:

I – o nome do devedor e, sendo o caso, o dos corresponsáveis, bem como, sempre que possível, o domicílio ou a residência de um e de outros;

II – a quantia devida e a maneira de calcular a multa de mora;

III – a origem e a natureza do crédito, mencionada especificadamente a disposição da lei em que seja fundado;

IV – a data em que foi inscrita; e

V – o número do processo administrativo de que se originar o crédito, sendo o caso.

Parágrafo único – A certidão conterá, além dos requisitos deste artigo, a indicação do livro e da folha de inscrição.

Capítulo V
DA PENALIDADE

Art. 196. Não será passível de penalidade aquele que proceder em conformidade com decisão da autoridade competente, nem aquele que apresentar consulta, enquanto não terminar o prazo para cumprimento do decidido nesta.

Art. 197. A responsabilidade por infrações é excluída pela denúncia espontânea da infração pelo sujeito passivo, antes de qualquer procedimento fiscal, desde que seja pago o tributo devido, com seu valor corrigido monetariamente, quando cabível, e os acréscimos moratórios. (Redação do Artigo 197, dada pela Lei nº 6.127/2011, com a alteração da Lei 6.269/2012, com vigência a partir de 02.01.2013)

Art. 198. Salvo disposição legal em contrário, se, concomitantemente com uma infração relativa a descumprimento de obrigação acessória, houver também infração por falta de pagamento total ou parcial de tributo, será o infrator passível de multa unicamente pelo descumprimento da obrigação principal. (Redação do Artigo 198, alterada pela Lei nº 6.357/2012, com vigência a partir de 01.07.2013)

Art. 199. A imposição de qualquer penalidade ou o pagamento da multa respectiva não exime o infrator do cumprimento da obrigação que deu causa à mesma, nem prejudica a ação penal, se cabível no caso, nem impede a cobrança do tributo, porventura devido.

Art. 200. Nos casos de infração às obrigações constantes de dispositivos legais ou regulamentares, para os quais não estejam previstas penalidades específicas, aplicar-se-ão multas de 0,5 (cinco décimos) a 20 (vinte) UFERJs.

Art. 201. As autoridades judiciárias, serventuários, funcionários públicos, funcionários do registro de comércio, que deixarem de exigir a prova do pagamento ou certificado de imunidade ou de isenção de tributos relativos a atos ou fatos translativos de bens ou direitos sujeitos à tributação, ou que deixarem de exigir certificados de não existência de débitos fiscais apurados, nos casos em que a lei determine sua exigência, ou não transcreverem ditos documentos nos instrumentos que lavrarem ou expedirem, ou não anotarem suas características nos registros que efetuarem, ficarão sujeitos à multa equivalente ao débito não pago, em virtude dessa omissão, no mínimo de 0,5 (cinco décimos) da UFERJ.

Art. 202. Àquele que, dentro do prazo mínimo de 5 (cinco) dias úteis, deixar de prestar esclarecimentos e informações, de exibir livros e documentos, ou de mostrar bens móveis ou imóveis, inclusive mercadorias, ou seus estabelecimentos aos funcionários fiscais, quando solicitados por esses funcionários, serão aplicadas as seguintes multas.

I - de 0,5 (cinco décimos) da UFERJ pelo não atendimento do primeiro pedido;

II - de 1 (uma) UFERJ pelo não atendimento da intimação que lhe for feita posteriormente; e

III - de 2 (duas) UFERJs pelo não atendimento de cada uma das intimações subseqüentes.

Parágrafo único – O arbitramento de ofício não impede o fisco de continuar intimando o contribuinte e aplicando-lhe as multas previstas neste artigo.

Capítulo VI
DA APREENSÃO

Art. 203. Poderão ser apreendidos:

I – quando na via pública, se não tiverem sido pagos os tributos respectivos;

a) os veículos;

b) as mercadorias ou quaisquer outros bens móveis colocados à venda; e

c) quaisquer objetos utilizados como meio de propaganda;

II – em qualquer caso, os objetos ou mercadorias:

a) cujo detentor não exiba à fiscalização documento fiscal que comprove sua origem, e que, por lei ou regulamento, deva acompanhar o objeto ou a mercadoria;

b) quando transitarem, ainda que acompanhados de documentos fiscais, sem que, no entanto, possa ser identificado o seu destinatário, nos casos em que a lei ou regulamento o exigir;

c) se houver anotações falsas nos livros e documentos fiscais com eles relacionados, inclusive quanto ao preço, origem e destino;

d) se o detentor, remetente ou destinatário não estiver inscrito na repartição competente quando a isso obrigado; e

e) se existirem indícios veementes de fraude, face à lei ou regulamento fiscal;

III - Os livros, documentos ou quaisquer outros papéis que constituam prova de infração a dispositivos legais ou regulamentares.

Parágrafo único - Havendo prova ou fundada suspeita de que mercadorias, objeto de sonegação ou fraude fiscal, se encontram em residência particular, a busca e apreensão das mesmas será promovida pelos meios regulares sem prejuízo das medidas acautelatórias, a fim de evitar sua remoção clandestina.

Art. 204. Os bens móveis, inclusive semoventes e mercadorias apreendidos em casos em que a lei o permitir, serão vendidos em hasta pública administrativa, se, dentro de 30 (trinta) dias, contados da data da apreensão não tiverem sido liberados, quando permitida essa liberação com o pagamento do imposto porventura devido, das multas e despesas referentes à apreensão e guarda dos mesmos.

§ 1º - O produto apurado na venda será aplicado no pagamento dos débitos referidos no corpo deste artigo, ficando o saldo depositado à disposição do proprietário dos bens vendidos.

§ 2º - No caso de se tratar de mercadorias perecíveis, serão as mesmas distribuídas entre as instituições hospitalares, escolares ou de assistência social, se os pagamentos devidos não forem efetuados imediatamente.

§ 3º - Quando se tratar de mercadorias ou objetos não perecíveis, mas cujo pequeno valor não comporte as despesas de venda em hasta pública, poderá a administração doá-los a instituições hospitalares, escolares ou de assistência social, se o pagamento do débito fiscal não for efetuado dentro do prazo de 30 (trinta) dias, contado da data de apreensão.

§ 4º - Caso a apreensão decorra de qualquer das situações previstas no inciso II do art. 203 e não ocorra a liberação nos termos do caput deste artigo, alternativamente à venda em hasta pública, os objetos e mercadorias poderão ser incorporados ao patrimônio do Estado do Rio de Janeiro, nos termos de regulamentação pelo Poder

Executivo. (Redação do § 4º, Artigo 204, acrescentada pela Lei 7.504/2016, vigente a partir de 30.12.2016, com efeitos a contar de 30.03.2017)

LIVRO TERCEIRO
PROCESSO ADMINISTRATIVO TRIBUTÁRIO

TÍTULO I
DISPOSIÇÕES GERAIS

Capítulo I
DISPOSIÇÕES PRELIMINARES

Art. 205. Este Livro rege o processo administrativo que verse, originariamente ou não, sobre a aplicação ou a interpretação da legislação tributária.

Parágrafo único – A Secretaria de Estado de Economia e Finanças expedirá atos normativos destinados a complementar as disposições do presente Livro e disporá sobre a competência das autoridades para o preparo e julgamento dos processos, inclusive referentes a pedidos de restituição de indébitos tributários. (redação do Parágrafo único, acrescentado pelo Decreto-lei nº 310/1976, de 05.07.76)

Art. 206. O processo poderá ser iniciado de ofício, pela autoridade ou servidor competente, ou por petição da parte interessada.

Capítulo II
DOS PRAZOS

Art. 207. Os prazos são contínuos, excluindo-se em sua contagem o dia do início e incluindo-se o do vencimento.

Art. 208. Os prazos só se iniciam ou se vencem em dia de expediente normal na repartição em que corra o processo ou deva ser praticado o ato.

Art. 209. A autoridade competente pode prorrogar os prazos ou reabri-los, levantando a perempção, atendendo à complexidade da matéria, caso fortuito ou força maior. (redação do Artigo 209, §§ 1º a 3º, alterado pela Lei Estadual nº 2.207, de 30.12.93, vigente a partir de 01.01.94)

§ 1º – A prorrogação será concedida, por igual período e uma única vez, quando comprovada a complexidade da matéria, se requerida dentro do prazo a ser prorrogado.

§ 2º – A reabertura será concedida por igual período e dependerá da comprovação do caso fortuito ou da força maior de que trata o caput deste artigo, desde que haja sido requerida até 48 (quarenta e oito) horas após o término do prazo.

§ 3º - Não havendo prazo fixado na legislação tributária para a prática dos atos processuais, será este de 10 (dez) dias para a parte e de 5 (cinco) dias para o servidor.

Capítulo III
DOS POSTULANTES

Art. 210. O sujeito passivo ou aquele que mantiver interesse jurídico na situação que constitua objeto do processo poderá postular, pessoalmente ou através de despachante estadual ou, ainda, representado mediante mandato expresso. (redação do Artigo 210, alterado pela Lei nº 288/1979, de 05.12.79)

Art. 211. Os órgãos de classe poderão representar os interesses da respectiva categoria econômica ou profissional.

TÍTULO II
DO PROCESSO EM GERAL

Capítulo I
DO REQUERIMENTO

Art. 212. A petição deve conter as indicações seguintes:

I - nome completo do requerente;

II - inscrição fiscal;

III - endereço para recebimento das intimações no local onde for apresentado o requerimento; e

IV - a pretensão e seus fundamentos, assim como declaração do montante que for reputado devido, quando a dúvida ou litígio verse sobre valor.

§ 1º - A petição será indeferida de plano se manifestamente inepta ou quando a parte for ilegítima, sendo, entretanto, vedado recusar seu recebimento. (redação do § 1º, acrescentado pelo Decreto-lei nº 238, de 21.07.75)

§ 2º - É vedado reunir em a mesma petição, matéria referente a tributos diversos, bem como defesa ou recurso, relativo a mais de uma autuação, lançamento, decisão ou contribuinte.

Capítulo II
DA INTIMAÇÃO

Art. 213. Os atos dos servidores, autoridades e órgãos colegiados serão comunicados aos interessados por meio de intimação.

Art. 214. Far-se-á a intimação: (redação do artigo 214, alterado pela Lei nº 5.367/2009, vigente a partir de 06.01.2009)

I - pessoalmente, por servidor competente, na repartição ou fora dela, provada com a assinatura do sujeito passivo, seu mandatário ou preposto, ou, no caso de recusa, com declaração escrita de quem o intimar;

II - por via postal ou telegráfica, com prova de recebimento no domicílio tributário do sujeito passivo;

III - por meio eletrônico, pelo envio da comunicação para a Caixa Postal Virtual - CPV do sujeito passivo, na forma de regulamento do Poder Executivo; (Redação do inciso III, do Artigo 214, alterada pela Lei 7.504/2016, vigente a partir de 30.12.2016, com efeitos a contar de 30.03.2017)

IV - por edital, publicado uma única vez no Diário Oficial do Estado do Rio de Janeiro ou no Diário Eletrônico da Secretaria de Estado de Fazenda, na forma da regulamentação do Poder Executivo, quando resultar improfícuo um dos meios de intimação previstos nos incisos I e II deste artigo. (Redação do inciso IV, do Artigo 214, alterada pela Lei 7.504/2016, vigente a partir de 30.12.2016, com efeitos a contar de 30.03.2017)

§ 1º - Os meios de intimações previstos nos incisos I e II deste Artigo não estão sujeitos à ordem de preferência, mas só podem ser utilizados quando resultar improfícuo o inciso III.

§ 2º - Excepcionalmente, na forma de regulamento do Poder Executivo, poderá ser utilizado o meio de intimação do inciso I sem necessidade de utilização prévia da intimação prevista no inciso III. (Redação do § 2º, do Artigo 214, alterada pela Lei 7.504/2016, vigente a partir de 30.12.2016, com efeitos a contar de 30.03.2017)

Art. 215. Para fins de intimação, considera-se domicílio tributário do sujeito passivo, do seu representante legal, ou do mandatário devidamente constituído: (redação do artigo 215, alterado pela Lei nº 5.367/2009 vigente a partir de 06.01.2009)

I - o endereço postal por ele fornecido, para fins cadastrais, à Administração Tributária;

II - a Caixa Postal Virtual - CPV disponibilizada pela Administração Tributária. (Redação do inciso II, do Artigo 215, alterada pela Lei 7.504/2016, vigente a partir de 30.12.2016, com efeitos a contar de 30.03.2017)

Parágrafo único - A Administração Tributária informará aos sujeitos passivos e seus respectivos representantes as normas e condições da utilização e manutenção da Caixa Postal Virtual - CPV. (Redação do Parágrafo único, do Artigo 215, alterada pela Lei 7.504/2016, vigente a partir de 30.12.2016, com efeitos a contar de 30.03.2017)

Art. 216. Considera-se feita à intimação: (redação do artigo 216, alterado pela Lei nº 5.367/2009, vigente a partir de 06.01.2009)

I – na data da ciência do intimado ou da declaração de quem fizer a intimação, no caso do inciso I do art. 214;

II – na data do recebimento ou, se omitida, 15 (quinze) dias após a data da expedição da intimação no caso do inciso II do art. 214;

III – se por meio eletrônico, no dia e hora em que o sujeito passivo acessar a sua Caixa Postal Virtual – CPV, no caso do inciso III do art. 214; (Redação do inciso III, do Artigo 216, alterada pela Lei 7.504/2016, vigente a partir de 30.12.2016, com efeitos a contar de 30.03.2017)

IV – 15 (quinze) dias após a publicação do edital, se este for o meio utilizado.

§ 1º – Na hipótese de duplicidade de intimações, prevalecerá a que ocorrer primeiro.

§ 2º – O interessado terá vista dos autos no órgão que promoveu a sua intimação.

§ 3º – O acesso à Caixa Postal Virtual – CPV deverá ser realizado no prazo de 10 (dez) dias contados do envio da comunicação para o sujeito passivo, sob pena de considerar-se a intimação automaticamente realizada no 1º dia útil após o término deste prazo. (Redação do § 3º, do Artigo 216, acrescentada pela Lei 7.504/2016, vigente a partir de 30.12.2016, com efeitos a contar de 30.03.2017)

Art. 216-A. A intimação feita por meio eletrônico será considerada realizada em caráter pessoal, para todos os efeitos legais, dispensando-se a sua publicação no Diário Oficial do Estado ou o envio por via postal. (Redação do Artigo 216-A, acrescentada pela Lei 7.504/2016, vigente a partir de 30.12.2016, com efeitos a contar de 30.03.2017)

§ 1º – A intimação a que se refere o caput deste artigo poderá ser válida para todos os estabelecimentos com o mesmo número base no Cadastro Nacional da Pessoa Jurídica – CNPJ, inclusive para os que tiverem a inscrição no CNPJ concedida após o credenciamento da pessoa jurídica.

§ 2º – Será atribuída uma única Caixa Postal Virtual – CPV por número base no Cadastro Nacional da Pessoa Jurídica – CNPJ ou por número no Cadastro da Pessoa Física – CPF, quando o sujeito passivo for pessoa física e for inscrito no CAD-ICMS, na forma a ser disciplinada pelo Poder Executivo.

§ 3º – O acesso à CPV será realizado com a utilização de certificado digital emitido por Autoridade Certificadora credenciada de forma a garantir a identificação inequívoca do signatário.

Capítulo III
DO PROCEDIMENTO PRÉVIO DE OFÍCIO

Art. 217. O procedimento de ofício inicia-se pela ciência do sujeito passivo, seu mandatário, preposto, transportador, ou do requerente, de qualquer ato praticado por servidor competente para esse fim. (Redação do Artigo 217, alterada pela Lei 7.504/2016, vigente a partir de 30.12.2016, com efeitos a contar de 30.03.2017)

Parágrafo Único - Para os efeitos do disposto no caput deste artigo, considera-se preposto do sujeito passivo:

I - aquele que recebe a notificação no estabelecimento do contribuinte, nas hipóteses previstas nos incisos I e II do art. 214;

II - o condutor do veículo de transporte, independentemente de contratação pelo remetente ou destinatário.

Art. 218. O procedimento prévio, com a finalidade de exame da situação do sujeito passivo ou requerente, deverá estar concluído dentro de 60 (sessenta) dias, prorrogáveis pelo mesmo prazo, sucessivamente, por qualquer ato de ciência, ao interessado, dessa prorrogação, antes do término do prazo anterior. (redação do Artigo 218, alterado pelo Decreto-lei nº 238, de 21.07.75)

§ 1º - A prorrogação correrá do dia seguinte à data do término do prazo anterior.

§ 2º - A soma total das prorrogações ininterruptas não poderá ultrapassar 180 (cento e oitenta) dias, salvo casos excepcionais, a critério da autoridade competente.

Art. 219. A apreensão de livros, documentos, mercadorias e outros objetos, para instruir o procedimento, far-se-á sempre mediante auto circunstanciado, cumulado em um só documento, ou não, com o auto de infração, observados, no que couberem, os princípios relativos à lavratura do auto de infração.

Capítulo IV
DO PROCESSO DE OFÍCIO

Art. 220. A exigência do crédito tributário principal acessórios e multas constará de auto de infração ou nota de lançamento, distinto para cada tributo.

Parágrafo único - Quando mais de uma infração ou mais de um crédito tributário decorrer do mesmo fato e a prova de ilicitude de cada infração ou de cada débito depender dos mesmos elementos de convicção uma única autuação ou lançamento poderá consubstanciar todas as infrações, infratores, débitos e devedores.

Art. 221. O auto de infração e a nota de lançamento conterão:

I - a qualificação do autuado ou intimado;

II - o local e data da lavratura;

III - a descrição circunstanciada do fato punível ou dos fatos concretos que justifiquem a exigência do tributo;

IV - a capitulação do fato, mediante citação do dispositivo legal infringido e do que lhe comine a sanção ou do que justifique a exigência do tributo;

V - o valor do tributo e/ou das multas exigidos;

VI - a notificação para o recolhimento do débito no prazo de 30 (trinta) dias, com a indicação de que no mesmo prazo poderá ser apresentada a impugnação;

VII - a indicação da repartição onde será instaurado o processo e daquela em que a impugnação poderá ser apresentada;

VIII - a assinatura do autuante e a indicação de seu cargo ou função e o número de matrícula.

Parágrafo único - Prescindem de assinatura o auto de infração e a nota de lançamento emitidos por processo eletrônico. (redação do Artigo 221, alterado pelo Decreto-lei nº 343/1977, de 25.01.77)

Art. 222. O auto de infração e a nota de lançamento podem ser retificados antes do julgamento de primeira instância, mediante procedimento fundamentado. (redação do Artigo 222, alterado pelo Decreto-lei nº 343/1977, de 25.01.77)

Art. 223. O auto de infração e a nota de lançamento poderão ser cancelados por autoridade ocupante de cargo em comissão de direção superior da área fiscal-tributária, indicada pelo Secretário de Estado de Economia e Finanças, sempre que houver: (redação do Artigo 233, alterado pela Lei nº 1.241/1987, de 30.11.87,vigente a partir de 01.12.87)

I - comprovação inequívoca do pagamento do crédito tributário reclamado, efetuado antes do início de procedimento fiscal, e

II - qualquer vício capaz de resultar em nulidade do procedimento de ofício.

Parágrafo único - Na hipótese deste artigo, será obrigatória interposição de recurso à autoridade hierarquicamente superior.

Art. 224. Os atos e termos processuais serão lavrados sem espaços em branco, sem entrelinhas ou rasuras não ressalvadas, devendo ser lançados com clareza e nitidez, de modo que o texto possa ser lido com facilidade.

Capítulo V
DAS NULIDADES

Art. 225. São nulos;

I - Os atos praticados por autoridade, órgão ou servidor incompetente;

II - As decisões não fundamentadas;

III - Os atos ou decisões que impliquem em preterição ou prejuízo do direito;

IV - O auto de infração e a nota de lançamento que formularem exigência de tributo ou multa já efetuada anteriormente, mediante idêntico procedimento. (redação do Inciso IV, do Artigo 225, acrescentado pela Lei nº 1.241/1987, de 30.11.87, vigente a partir de 01.12.87)

Art. 226. Os atos posteriores ao ato nulo só se consideram nulos quando dependerem ou forem conseqüência dele.

Capítulo VI
DA TRAMITAÇÃO DO PROCESSO

Art. 227. O ingresso do interessado em Juízo, postulando matéria contida em processo administrativo-tributário, originário da aplicação do disposto no artigo 220 deste Decreto-lei, importará em renúncia ao direito de recorrer na esfera administrativa e desistência de recurso acaso interposto. (redação do Artigo 227, alterado pela Lei Estadual nº 2.207, de 30.12.93, vigente a partir de 01.01.94)

Parágrafo único - A cobrança do crédito reclamado no processo administrativo-tributário seguirá seu curso, com imediata inscrição em dívida ativa, e posterior execução fiscal, ressalvados, para seu ajuizamento, os casos de suspensão da exigibilidade do crédito tributário.

Art. 228. A propositura de ação judicial preventiva ou declaratória, com ou sem suspensão da exigibilidade do crédito tributário, não impedirá o lançamento de ofício, caso ainda não efetivada a constituição do crédito. (redação do Artigo 228, alterado pela Lei Estadual nº 2.207, de 30.12.93, vigente a partir de 01.01.94)

Parágrafo único - Na hipótese deste artigo e havendo identidade com o feito, ficará prejudicada a via administrativa para discussão do crédito tributário, e sua cobrança observará o disposto no parágrafo único do artigo 227 deste Decreto-lei.

Art. 229. Nos processos administrativo-tributários correspondentes aos lançamentos de que tratam os artigos 227 e 228 deste Decreto-Lei, deverá ser consignada, se houver, a suspensão da exigibilidade do crédito tributário por ordem judicial ou em virtude de depósito. (redação do Artigo 229, alterado pela Lei Estadual nº 2.207, de 30.12.93, vigente a partir de 01.01.94)

Parágrafo único - O Procurador-Geral do Estado e o Secretário de Estado de Economia e Finanças, em ato conjunto, disciplinarão os procedimentos administrativos necessários ao permanente acompanhamento das decisões judiciais proferidas.

Art. 230. O pedido de parcelamento de crédito tributário, de que trata o artigo 166 deste Decreto-lei, importa em confissão de dívida, devendo o correspondente processo administrativo-tributário seguir seu trâmite, para efeito de cobrança, na hipótese de indeferimento do pedido ou inadimplemento das obrigações. (redação do Artigo 230, alterado pela Lei Estadual nº 2.207, de 30.12.93, vigente a partir de 01.01.94)

Capítulo VII
DISPOSIÇÕES DIVERSAS

Art. 231. Na organização do processo administrativo-tributário se observará, no que forem aplicáveis, as normas pertinentes ao processo administrativo comum.

Art. 232. O Secretário de Estado de Economia e Finanças poderá avocar processo administrativo-tributário, para efeito de decisão ou de novo encaminhamento. (redação do Artigo 232, alterado pela Lei Estadual nº 2.207, de 30.12.93, vigente a partir de 01.01.94)

Parágrafo único - Sem prejuízo do disposto neste artigo, o processo administrativo-tributário considerado de relevante interesse para a Fazenda Estadual, segundo critérios estabelecidos em ato normativo do Secretário de Estado de Economia e Finanças, terá tramitação prioritária.

Art. 233. Sempre que necessária à defesa, a parte terá vista do processo. (redação do Artigo 233, alterado pelo Decreto-lei nº 238, de 21.07.75)

Art. 234. Os documentos apresentados pela parte poderão ser restituídos em qualquer fase do processo, desde que não haja prejuízo para a solução deste, exigindo-se, ou não, que sejam substituídos por cópias autenticadas ou não, conforme o caso.

Art. 235. Podem as partes interessadas pedir certidões das peças dos processos. (redação do Artigo 235, alterado pelo Decreto-lei nº 238, de 21.07.75)

§ 1º - Não serão fornecidas certidões de pareceres, salvo quando indicados na decisão como seu fundamento.

§ 2º - Da certidão constará expressamente se a decisão transitou ou não em julgado na via administrativa.

Art. 236. Os interessados podem apresentar suas petições e os documentos que as instruírem, em duplicata, a fim de que os mesmos lhes sejam devolvidos devidamente autenticados pela repartição, valendo como certidão da entrega das petições e dos documentos.

TÍTULO III
DO PROCESSO CONTENCIOSO

Capítulo I
DO LITÍGIO

Art. 237. Considera-se instaurado o litígio tributário, para os efeitos legais, com a apresentação, pelo contribuinte, de impugnação a:

I - nota de lançamento ou auto de infração;

II - indeferimento de pedido de restituição de tributo, acréscimos ou penalidades;

III - Revogado pela Lei nº 6.357/2012, vigente a partir de 19.12.2012

IV - lançamento de tributo cujo cálculo tenha por base, ou tome em consideração, o valor ou o preço de bens, direitos, serviços ou atos jurídicos. (redação do Inciso IV, do Artigo 237, acrescentado pelo Decreto-lei nº 343/1977, de 25.01.77)

Parágrafo único - O pagamento do auto de infração ou nota de lançamento com reduções, ou sem elas, previstas na legislação tributária estadual, e o pedido de parcelamento importam em reconhecimento da dívida, com renúncia a qualquer defesa ou recursos, pondo fim ao litígio tributário. (redação do Parágrafo único, do Artigo 237, acrescentado pelo Decreto-lei nº 310/1976, de 05.07.76)

Art. 238. A impugnação, formalizada em petição escrita, no prazo de 30 (trinta) dias da comunicação do ato impugnado, terá efeito suspensivo. (redação do Artigo 238, alterado pela Lei Estadual nº 2.207, de 30.12.93, vigente a partir de 01.01.94)

Art. 239. Caso o auto de infração ou a nota de lançamento venha a ser retificada pelo servidor competente, será reaberto, por mais 30 (trinta) dias, o prazo para impugnar a autuação ou o lançamento.(redação do Artigo 239, alterado pela Lei Estadual nº 2.207, de 30.12.93, vigente a partir de 01.01.94)

Art. 240. A impugnação será apresentada por onde tramitar o processo, já instruída com os documentos em que se fundamentar.

Parágrafo único - O pedido de perícia ou de diligência será expresso e fundamentado, com a formulação de quesitos. (redação do Parágrafo único, do Artigo 240, acrescentado pelo Decreto-lei nº 343/1977, de 25.01.77)

Art. 241. Todos os meios legais, ainda que não especificados neste Livro Terceiro, são hábeis para provar a verdade dos fatos arguidos na impugnação.

Art. 242. Na apreciação da prova, a autoridade julgadora formará livremente sua convicção, podendo determinar as diligências que entender necessárias.

Art. 243. Determinada a realização de perícia, a autoridade competente designará servidor para procedê-la, na qualidade de perito. (redação do Artigo 243, §§ 1º e 3º, alterado pelo Decreto-lei nº 238, de 21.07.75)

§ 1º – A parte poderá indicar assistente técnico, responsabilizando-se pelas respectivas despesas e honorários.

§ 2º – O laudo será redigido pelo perito e assinado por ele e pelo assistente técnico.

§ 3º – Se houver divergência entre o perito e o assistente técnico, cada qual redigirá o laudo em separado, dando as razões em que se fundar.

Art. 244. A autoridade competente fixará o prazo para realização da perícia, atendido o grau de complexidade da matéria a ser examinada.

Art. 245. Revogado pelo Decreto-lei nº 343/1977, de 25.01.77

Capítulo II
DA PRIMEIRA INSTÂNCIA

Art. 246. O julgamento do litígio tributário compete em primeira instância administrativa à Junta de Revisão Fiscal, que decidirá em colegiado de 03 (três) julgadores, indicados entre os Auditores Tributários. (redação do caput, do Artigo 246, alterado pela Lei nº 4.080/2003, vigente a partir de 10.02.2003)

§ 1º – Os Auditores Tributários serão de livre escolha do Governador do Estado, por indicação do Secretário de Estado da Receita, escolhidos entre os funcionários públicos estaduais da Secretaria de Estado da Receita ou da Secretaria de Estado de Finanças, de reconhecida experiência em legislação tributária."

§ 2º – Os Auditores Tributários atuarão em rodízio, cujos critérios e mecanismos serão estabelecidos por decreto.

§ 3º – No prazo de 90 (noventa) dias, a contar de seu recebimento, as impugnações serão incluídas na pauta de julgamento da Junta de Revisão Fiscal.

§ 4º – Na hipótese de haver perícia, o prazo mencionado no parágrafo anterior, terá início, a contar da manifestação da parte e do fiscal que lavrou o auto, a respeito da mesma. (redação dos §§ 1º, 2º, 3º e 4º, do Artigo 246, acrescentados pela Lei nº 4.080/2003, vigente a partir de 10.02.2003)

Parágrafo único – Revogado pela Lei nº 4.080/2003, vigente a partir de 10.02.2003.

Art. 247. Fica o Secretário de Estado da Receita autorizado a conferir competência aos titulares das Inspetorias de Fiscalização Especializada e das Inspetorias Seccionais de Fiscalização, para o julgamento dos litígios tributários em primeira instância, que versem sobre descumprimento de obrigações acessórias até o valor fixado em decreto e autuações, cujo crédito tributário seja de valor diminuto, também fixado em decreto. (redação do Artigo 247, alterado pela Lei nº 4.080/2003, vigente a partir de 10.02.2003)

I ao III - Revogados pela Lei nº 4.080/2003, vigente a partir de 10.02.2003.

Art. 248. A impugnação ou recurso poderá limitar-se a parte do auto de infração ou da decisão. (redação do Artigo 248, alterado pelo Decreto-lei nº 368/1977, de 29.12.77, revigorado pelo Decreto-lei nº 387/1978, de 08.05.78, vigente a partir de 01.01.78)

Parágrafo único - Não efetivando o sujeito passivo o reconhecimento da parte não impugnada ou não recorrida, no prazo da impugnação ou no do recurso, efetuar-se-á a sua cobrança, podendo, para tanto, ser formado outro processo que contenha os elementos indispensáveis à instrução dessa cobrança.

Art. 249. As decisões devem ser fundamentadas, justificando-se:

I - a recusa dos argumentos utilizados pelo impugnante ou recorrente; e

II - a decisão propriamente dita, com a citação dos dispositivos legais que lhe dão apoio.

Art. 250. De decisão de Primeira Instância Administrativa poderá ser interposto recurso voluntário, total ou parcial, com efeito suspensivo, no prazo de 30 (trinta) dias, a contar da data da decisão.

§ 1º -No caso em que for dado provimento a recurso de ofício, o prazo para interposição de recurso voluntário começará a fluir da data da ciência, pelo sujeito ativo, da decisão proferida no julgamento do recurso de ofício.

§ 2º ao § 8º - Revogados pela Lei nº 5.367/2009, vigente a partir de 06.01.2009.

Art. 251. Poderá a autoridade julgadora acolher a defesa do sujeito passivo, no todo ou em parte, sendo, todavia, obrigatório o recurso de ofício a uma das Câmaras do Conselho de Contribuintes, por livre distribuição. (redação do Artigo 251, alterado pela Lei nº 4.080/2003, vigente a partir de 10.02.2003)

Parágrafo único - As Câmaras do Conselho de Contribuintes poderão dispensar o recurso de ofício quando:

1 - a importância em litígio for inferior a 10 (dez) UFIR's;

2 - a decisão for fundada exclusivamente em erro de fato, devido a inexatidões materiais resultantes de lapso manifesto e a erros de cálculo.

Art. 252. Da decisão de primeira instância não cabe pedido de reconsideração.

Art. 253. Se a autoridade fiscal negar seguimento à impugnação, por perempta, caberá recurso, com efeito suspensivo, no prazo de 05 (cinco) dias, contado da ciência do despacho, a uma das Câmaras do Conselho de Contribuintes, por livre distribuição, a qual poderá levantar a perempção e reformar o despacho recorrido, se considerar relevantes os argumentos do interessado. (redação do caput, do Artigo 253, alterado pela Lei nº 4.080/2003, vigente a partir de 10.02.2003)

Parágrafo único - Quando se tratar de recurso voluntário, apresentado após o término do prazo, será o mesmo encaminhado ao Conselho de Contribuintes, que apreciará, a existência da perempção face aos dispositivos legais, não podendo levantá-la por motivos de eqüidade ou convicção da justeza dos argumentos do recorrente quanto ao mérito da lide. (redação do parágrafo único, do Artigo 253, alterado pelo Decreto-lei nº 343/1977, de 25.01.77)

Capítulo III
DA SEGUNDA INSTÂNCIA

Art. 254. O recurso voluntário apresentado pelo sujeito passivo contra a decisão da primeira instância administrativa será julgado pelo Conselho de Contribuintes, com sede na Capital do Estado e jurisdição em todo seu território. (redação do Artigo 254, alterado pelo Decreto-lei nº 238, de 21.07.75)

Art. 255. O Conselho de Contribuintes compor-se-á de 16 (dezesseis) membros designados por Conselheiros.(redação do Artigo 255, alterado pela Lei nº 547/1982, de 11.06.82)

Art. 256. O Conselho de Contribuintes dividir-se-á em 4 (quatro) Câmaras, em cuja composição será sempre respeitado o princípio de paridade mencionado no artigo 258 desta lei. (redação do Artigo 256, alterado pela Lei nº 547/1982, de 11.06.82)

Art. 257. Os representantes do Estado serão escolhidos pelo Governador, por indicação do Secretário de Estado de Economia e Finanças, entre os integrantes da carreira de Fiscal de Rendas daquela Secretaria.(redação do Artigo 257, alterado pela Lei nº 1.241/1987, de 30.11.87)

Art. 258. Os representantes dos contribuintes, em igual número ao dos representantes do Estado, serão escolhidos pelo Governador do Estado, entre aqueles 08 (oito) possuidores de conhecimento da Legislação Tributária, e indicados, em lista tríplice, por entidades representativas, dos contribuintes dos impostos estaduais; 03 (três) representantes das indústrias - Federação das Indústrias do Estado do Rio de Janeiro, 02 (dois) representantes dos comerciantes - Federação do Comércio do Estado do Rio de Janeiro, 01 (um) representante dos produtores agrícolas - Federação da Agricultura do Estado do Rio de Janeiro, 01 (um) representante dos prestadores de serviço de transporte interestadual e intermunicipal e 01 (um) representante dos serviços de comunicação.(Redação do Artigo 258, alterado pela Lei nº 5.013/2007, vigente a partir de 09.04.2007)

Art. 259. Haverá um suplente para cada conselheiro, a ser escolhido na forma prevista nos artigos 257 e 258.

Art. 260. Será de 02 (dois) anos o mandato dos Conselheiros e de seus suplentes, permitida a recondução. (redação do Artigo 260, alterado pela Lei nº 5.013/2007, vigente a partir de 09.04.2007)

Parágrafo único – Verificando-se vagas no curso de mandato, a nomeação far-se-á para o restante do período. (redação do parágrafo único, alterado pelo Decreto-lei nº 368/1977, de 29.12.77, revigorado pelo Decreto-lei nº 387/1978, de 08.05.78, vigente a partir de 01.01.78)

Art. 261. O Governador do Estado nomeará, por indicação do Secretário de Estado de Economia e Finanças, o Presidente e o Vice-Presidente do Conselho de Contribuintes e de suas Câmaras que exercerão o mandato por 1 (um) ano.

Parágrafo único – Quando a designação do Presidente recair em membro de uma representação, a Vice-Presidência será exercida por Conselheiros de outra.

Art. 262. Funcionará junto ao Conselho de Contribuintes a Representação da Fazenda, órgão integrante da estrutura da Secretaria de Estado de Economia e Finanças. (redação do Artigo 262, alterado pela Lei nº 1.241/1987, de 30.11.87)

Art. 263. A representação da Fazenda será composta de dois representantes em cada Câmara do Conselho de Contribuintes, com ... VETADO... um Representante Geral da Fazenda, escolhidos entre os Procuradores do Estado do Rio de Janeiro, de reconhecida experiência em legislação tributária. (redação do Artigo 263, alterado pela Lei Estadual nº 2.207, de 30.12.93, vigente a partir de 01.01.94)

§ 1º – O Representante Geral da Fazenda será nomeado pelo Governador do Estado e os Representantes da Fazenda serão designados pelo Secretário de Estado de Economia e Finanças, por indicação do Procurador-Geral do Estado. (redação do § 1º, alterado pela Lei Estadual nº 2.207, de 30.12.93, vigente a partir de 01.01.94)

§ 2º – À Representação da Fazenda, responsável pela defesa da fiel observância da legislação tributária, incumbe atuar como fiscal da lei nos recursos interpostos à segunda instância administrativa, em defesa da ordem jurídica e dos interesses da Fazenda Pública Estadual. (redação do § 2º, do Artigo 262, alterado pela Lei nº 1.241/1987, de 30.11.87)

§ 3º – Compete privativamente ao Representante Geral da Fazenda recorrer ao Secretário de Estado de Economia e Finanças, com observância do disposto no artigo 266, deste Decreto-lei, de decisão do Conselho de Contribuinte contrária à legislação ou à prova constante do Processo Administrativo-Tributário. (redação do § 3º, do Artigo 263, alterado pela Lei nº 1.241/1987, de 30.11.87)

Art. 264. Os membros do Conselho exercerão suas funções até a posse de seus sucessores. (redação do Artigo 264, alterado pelo Decreto-lei nº 343/1977, de 25.01.77)

Parágrafo único – Os prazos dos mandatos contam-se a partir da posse.

Art. 265. O Conselho Pleno deliberará sempre com a presença de, no mínimo, três quartos de seus componentes, do Presidente ou seu substituto, e do Representante Geral da Fazenda ou seu substituto. (redação do Artigo 265, alterado pela Lei nº 547/1982, de 11.06.82)

§ 1º – As Câmaras isoladas somente deliberarão com a totalidade de seus membros.

§ 2º – A decisão referente a processo julgado pelo Conselho de Contribuintes receberá a forma de Acórdão, cujas conclusões serão publicadas no Diário Oficial do Estado, com ementa sumariando a matéria decidida.

§ 3º – As sessões de julgamento serão públicas e realizar-se-ão em dias e horários previamente fixados e divulgados publicamente, ressalvado o disposto no parágrafo seguinte. (redação do § 3º, do Artigo 265, alterado pelo Decreto-lei nº 343/1977, de 25.01.77)

§ 4º – Nos casos de deliberação sobre assunto de ordem interna do Conselho ou de apuração de voto médio, a sessão poderá ser secreta. (redação do § 4º, do Artigo 265, alterado pelo Decreto-lei nº 343/1977, de 25.01.77)

§ 5º – Quando necessário poderão ser convocadas sessões extraordinárias, observado o disposto no § 3º. (redação do § 5º, acrescentado pelo Decreto-lei nº 343/1977, de 25.01.77)

Art. 266. Das decisões do Conselho cabe recurso: (redação do Artigo 266, alterado pela Lei nº 4.014/2002, vigente a partir de 26.11.2002)

I – para o Conselho Pleno, quando a decisão de Câmara não for unânime ou divergir de decisão proferida por outra Câmara ou pelo Conselho Pleno, relativamente ao direito em tese.

II – para o Secretário de Estado de Fazenda, quando a decisão de Câmara, ou a decisão acordada por menos de ¾ (três quartos) do Conselho Pleno, desfavorável à Fazenda, for contrária à legislação tributária ou à evidência da prova constante no processo, e não couber o recurso previsto no inciso anterior, mantido o princípio do contraditório.

§ 1º – Os recursos referidos neste artigo serão interpostos no prazo de 15 (quinze) dias, contados da data da ciência do acórdão.

§ 2º – Para os fins do inciso I, não serão considerada divergente a decisão que tenha sido reformada em grau de recurso, ainda que especial, bem como aquela que contrariar orientação do Conselho consubstanciada em súmula.

§ 3º – A súmula a que se refere o parágrafo anterior deverá ser publicada depois de aprovada pelo Conselho Pleno e pelo Secretário de Estado de Fazenda.

Art. 267. Compete ao Conselho Pleno ou às Câmaras rever, em caráter excepcional, as suas próprias decisões sempre que, para sua execução, se tornar necessária qualquer retificação, ou complementação. (redação do Artigo 267, alterado pela Lei nº 547/1982, de 11.06.82)

Art. 268. A retificação ou complementação de decisão do Conselho, a que se refere o artigo 267 deste Decreto-lei da qual não caiba recurso, será feita para lhe corrigir inexatidões materiais ou sanar dúvidas, omissões ou contradições, mediante representação dirigida ao Presidente do Conselho pela autoridade encarregada da execução do acórdão a ser retificado, ou pelo Representante Geral da Fazenda. (redação do Artigo 268, alterado pela Lei Estadual nº 2.207, de 30.12.93, vigente a partir de 01.01.94)

Parágrafo único – A retificação ou complementação de decisão do Conselho poderá ser requerida no prazo de 5 (cinco) dias, contado da ciência da decisão.

Art. 269. As decisões irrecorríveis ou irrecorridas, referidas nos artigos anteriores, poderão ser impugnadas judicialmente tanto pelo Estado como pelo interessado, quer em processo de iniciativa do vencido, quer em defesa, em processo de iniciativa do vencedor.

Art. 270. O Conselho de Contribuintes do Estado do Rio de Janeiro poderá, por iniciativa de seus membros ou do Representante - Geral da Fazenda, aprovar proposta de enunciado de súmula de suas reiteradas e uniformes decisões. (redação do artigo 270, alterado pela Lei nº 5.367/2009, vigente a partir de 06.01.2009)

§ 1º – Será objeto de enunciado de súmula o julgamento tomado por unanimidade ou por maioria absoluta, pelos membros que integram o Conselho Pleno, em pelo menos cinco julgamentos concordantes, proferidos cada um em mês diferente.

§ 2º – A inclusão da matéria objeto de julgamento no enunciado de súmula do Conselho de Contribuintes será deliberada pelo voto de, pelo menos, dois terços de seus membros efetivos, após parecer do Representante-Geral da Fazenda, no prazo de 30 dias, contados de sua solicitação pelo Presidente do Conselho de Contribuintes.

§ 3º – O enunciado de súmula que for aprovado pelo Conselho Pleno será submetido ao Secretário de Estado de Fazenda.

§ 4º – A proposta de enunciado de súmula que for rejeitada pelo Conselho Pleno não poderá ser reapresentada nos três meses que se seguirem à sua rejeição.

§ 5º – Após a aprovação do Secretário e publicação no Diário Oficial do Estado do Rio de Janeiro, o enunciado de súmula terá efeito vinculante em relação a todos os órgãos da Secretaria de Estado de Fazenda.

Art. 271. O enunciado de súmula poderá ser revisto ou cancelado por propostas de um dos membros do Conselho Pleno ou do Representante-Geral da Fazenda, obedecidos os procedimentos previstos para a sua edição. (redação do artigo 271, alterado pela Lei nº 5.367/2009, vigente a partir de 06.01.2009)

Parágrafo único – A revogação de enunciado de súmula produzirá efeitos na data de sua publicação no Diário Oficial do Estado do Rio de Janeiro.

Art. 272. O Regimento Interno consolidará as disposições legais e regulamentares quanto à composição, competência e funcionamento do Conselho, e disporá sobre a ordem e organização de seus trabalhos, a tramitação interna dos processos e o que mais diga respeito a sua economia e ao exercício de suas atribuições.

TÍTULO IV
DA CONSULTA

Art. 273. A consulta a ser apresentada, por escrito, sobre a matéria tributária, é facultada ao sujeito passivo da obrigação tributária e a outras pessoas, nas condições a serem determinadas pelo Poder Executivo.

Art. 274. A petição deverá ser apresentada, no domicílio tributário do consulente, ao órgão incumbido de administrar o tributo sobre que versa.

Art. 275. A consulta deverá focalizar somente dúvidas ou circunstâncias atinentes à situação do consulente e será formulada objetiva e claramente, formalizando, de modo preciso, a matéria cuja elucidação se fizer necessária e indicará:

I – o fato objeto da consulta;

II – se versa sobre hipóteses em relação à qual já ocorreu o fato gerador da obrigação tributária e, em caso positivo, a sua data; e

III – as razões supostamente aplicáveis à hipótese, inclusive a interpretação dada pelo consulente.

Art. 276. As decisões no processo de consulta, em primeira instância e em grau de recurso, serão proferidas pelo órgão competente da Secretaria de Estado de Economia e Finanças, com observância da orientação normativa fixada pelo respectivo Secretário. (redação do Artigo 276, alterado pelo Decreto-lei nº 310/1976, de 05.07.76)

Art. 277. A consulta não produzirá qualquer efeito e será indeferida, de plano, quando:

I – vier a ser feita depois de iniciado procedimento fiscal contra a consulente;

II – não observar os requisitos do artigo 275;

III – o fato constituir, de acordo com a lei, crime ou contravenção penal; e

IV – manifestamente protelatória.

Art. 278. Os prazos de recurso da resposta contrária, total ou parcialmente, aos contribuintes, bem como para que estes passem a adotar o entendimento da solução dada à consulta ou cumpram a exigência de pagamento de tributos, serão, no mínimo, de 15 (quinze) dias.

Art. 279. Não cabe pedido de reconsideração da decisão de consulta em primeira e segunda instâncias. (redação do Artigo 279, alterado pelo Decreto-lei nº 310/1976, de 05.07.76)

Art. 280. Enquanto não solucionada a consulta, nenhum procedimento fiscal será promovido contra o consulente, em relação à matéria consultada.

Art. 281. A resposta proferida nos processos de consulta será dada ampla divulgação através da Imprensa Oficial, convênio com entidades de classe, editoras especializadas e de outros meios de comunicação ao alcance da repartição.

Art. 282. No processo que versar sobre o reconhecimento de isenção ou de imunidade, deve ser observado, no que couber, o estabelecido neste Título IV.

DISPOSIÇÕES FINAIS E TRANSITÓRIAS

Art. 283. Nos processos não definitivamente julgados aplicar-se-ão as multas das legislações tributárias dos antigos Estados da Guanabara e do Rio de Janeiro, sempre que mais favoráveis aos contribuintes.

Art. 284. Os recolhimentos dos tributos realizados com base nas legislações dos antigos Estados da Guanabara e do Rio de Janeiro, não estarão sujeitos a qualquer multa se efetuados no prazo de 120 (cento e vinte) dias da publicação deste Decreto-lei.

Art. 285. Para os efeitos da Legislação Tributária do Estado do Rio de Janeiro, não têm aplicação quaisquer disposições legais excludentes ou limitativas do direito de examinar mercadorias, livros, arquivos, documentos, papéis e efeitos comerciais ou fiscais, dos comerciantes, industriais ou produtores, ou da obrigação destes de exibi-los.

Parágrafo único – Os livros obrigatórios de escrituração comercial e fiscal e os comprovantes dos lançamentos neles efetuados serão conservados até que ocorra a prescrição dos créditos tributários decorrentes das operações a que se refiram.

Art. 286. Os modelos de guias, documentos e formulários, atualmente em uso nos antigos Estados da Guanabara e do Rio de Janeiro, poderão ser utilizados pelo prazo de 120 (cento e vinte) dias, facultado ao Poder Executivo prorrogá-lo ou tolerar que sejam usados até se esgotarem.

Art. 287. Dentro de 20 (vinte) dias contados da data da publicação deste Decreto-lei, e observado o disposto nos seus artigos 257 e 258, deverão ser apresentadas ao Governador do Estado as indicações de representantes para o Conselho de Contribuintes do Estado, cujos mandatos vigorarão até 15 de março de 1977.

Art. 288. Os contribuintes dos tributos estaduais deverão continuar a proceder seus recolhimentos nos estabelecimentos bancários e órgãos estaduais em que vêm sendo efetuados, até que ato do Secretário de Estado de Economia e Finanças disponha a respeito.

Art. 289. A Secretaria de Estado de Economia e Finanças poderá celebrar, com os municípios, convênios, objetivando a mútua assistência para o controle e fiscalização dos tributos respectivos, bem como a permuta de informações econômico-fiscais.

Art. 290. Para os efeitos do disposto no artigo 119 do Código Tributário Nacional, o Estado do Rio de Janeiro sub-roga-se nos direitos dos antigos Estados da Guanabara e do Rio de Janeiro.

Art. 291. Este decreto-lei entrará em vigor a partir de 15 de março de 1975, revogadas as disposições em contrário.

Rio de Janeiro, 15 de março de 1975

FLORIANO FARIA LIMA

DECRETO Nº 2.473, DE 6 DE MARÇO DE 1979

- APROVA O REGULAMENTO DO PROCESSO ADMINISTRATIVO-TRIBUTÁRIO.

ÍNDICE

Capítulo I
DISPOSIÇÕES GERAIS

Seção I
Introdução

Art. 1º. O processo administrativo-tributário rege-se pelo disposto neste Decreto, salvo a matéria que constitua objeto de legislação específica.

Parágrafo único – Considera-se processo administrativo-tributário aquele que verse sobre a aplicação ou a interpretação da legislação tributária.

Art. 2º. O processo será iniciado de ofício, por ato da parte interessada ou de terceiro, e organizado em ordem cronológica, na forma de autos forenses, com as folhas numeradas e rubricadas.

Art. 3º. Salvo disposição em contrário, a autuação e o encaminhamento do processo incubem à repartição que tiver a jurisdição sobre a localidade onde deva ser iniciado o processo ou onde ocorrer a infração.

Seção II
Dos Postulantes

Art. 4º. São interessados para postular, além do contribuinte, todo aquele a quem a lei atribuir responsabilidade pelo pagamento de crédito tributário ou cumprimento de obrigação acessória.

Art. 5º. Os interessados podem postular pessoalmente, através de despachante estadual ou, ainda, mediante mandato expresso, por intermédio de preposto de despachante estadual, gerente, advogado ou contabilista, exigindo-se, quando for o caso, habilitação profissional.

Art. 6º. Quando o postulante se fizer representar por mandatário, a legitimidade deste se comprovará pela juntada ao processo do instrumento do mandato.

Art. 7º. Consideram-se válidos os atos praticados por mandatário, até o momento em que o mandante declare, expressamente, no processo a extinção do mandato.

Art. 8º. A empresa sem personalidade jurídica, a que for imputada infração à legislação tributária, representada por quem estiver na administração de seus bens.

Parágrafo único – A irregularidade de constituição não poderá ser alegada em proveito próprio.

Art. 9º. Os órgãos de classe podem representar os interesses da respectiva categoria econômica ou profissional, quando tenham por finalidade a orientação dos filiados ou associados, em assuntos de interesse coletivo.

Seção III
Das Petições

Art. 10. As petições devem ser dirigidas à autoridade ou órgão competente para apreciar a matéria.

Parágrafo único – O erro nessa indicação não prejudica o requerente, sendo o processo encaminhado, por quem o detiver, à autoridade ou órgão competente para a sua apreciação.

Art. 11. As petições devem conter:

I – nome, razão social ou denominação do requerente, seu endereço, atividade profissional ou econômica e números de inscrição no Cadastro Fiscal do Estado e no Cadastro Fiscal Federal.

II – a pretensão e seus fundamentos, expostos com clareza e precisão;

III – os meios de prova com que o interessado pretende demonstrar a verdade de suas alegações;

IV – o pedido com suas especificações;

V – indicação, após a assinatura, do nome completo do signatário, do número e do órgão expedidor de sua carteira de identidade.

§ 1º – (Revogado pelo Decreto Estadual nº 36.657/2004)

§ 2º – O requerente deverá comunicar a mudança de endereço ocorrida no curso do processo, sob pena de valerem as intimações feitas com base na indicação constante dos autos.

§ 3º – Na petição que tenha por finalidade a impugnação de valor exigido, deverá o requerente declarar o que repute correto.

Art. 12. A petição será instruída com os documentos em que o requerente fundar sua pretensão, facultando-se sua juntada no curso do processo, se não feita inicialmente, por motivo justificável.

§ 1º – Os documentos podem ser apresentados por cópia, fotocópia ou reprodução permanente por processo análogo, exigindo-se a conferência com o original, quando necessária.

§ 2º – Podem ser apresentadas cópias da petição e dos documentos a ela juntos, para devolução ao requerente, no ato, autenticadas e datadas pela repartição, a fim de servirem como recibo de entrega.

§ 3º – Quando for o caso, o comprovante de recolhimento das taxas a que se referem os itens 11, 12, e 13 do inciso III do Art. 107 do Decreto Lei nº 5/75, com as alterações inseridas pela Lei nº 2.879/97, deverá ser apresentado juntamente com a petição. (redação do § 3º do art. 12, acrescentado pelo Decreto Estadual nº 24.042/1998, vigente desde 12.02.1998.)

Art. 13. A petição será indeferida de plano, se manifestamente inepta ou quando a parte for ilegítima, sendo vedado, entretanto, recusar seu recebimento.

Art. 14. É vedado reunir, na mesma petição, defesas ou recursos referentes a mais de uma autuação, lançamento ou decisão.

Seção IV
Dos Atos e Termos Processuais

Art. 15. No encaminhamento e na instrução do processo, ter-se-á sempre em vista a conveniência da rápida solução, não se formulando senão exigências estritamente necessárias à elucidação da matéria.

Parágrafo único – Quando, por mais de um modo, se puder praticar o ato, ou cumprir a exigência, preferir-se-á o menos oneroso para o requerente.

Art. 16. Os atos e termos processuais devem conter somente o indispensável à sua finalidade, sem espaços em branco e sem entrelinhas, rasuras ou emendas não ressalvadas.

Art. 17. A lavratura dos atos e termos processuais pode ser, no todo ou em parte, manuscrita a tinta, datilografada, impressa, a carimbo ou, ainda, mediante sistema mecanizado ou eletrônico. (Caput do art. 17. alterado pelo Decreto Estadual nº 47.272/2020, vigente a partir de 29.11.2004)

§ 1º - No final dos atos e termos, serão indicadas a localidade, a denominação ou sigla da repartição e a data.

§ 2º - Após a assinatura do servidor, devem constar o seu nome por extenso, o cargo ou função e o número da matrícula, a carimbo ou por outra forma legível.

Art. 18. Os atos e termos, afetos a outra repartição ou a servidor a ela subordinado, devem ser realizados mediante solicitação da autoridade competente nos autos ou, quando sua realização independer do exame direto de quaisquer peças do processo, mediante expediente em separado.

Art. 19. A repartição a que, por equívoco, seja indevidamente remetido o processo, deve promover o seu imediato e direto encaminhamento ao órgão competente.

Art. 20. Os termos de anotações, juntadas e outros semelhantes, relativos ao andamento do processo, devem-se resumir em simples notas.

Art. 21. Nas petições, pareceres, promoções e informações, serão canceladas, pela autoridade julgadora, as expressões descorteses ou injuriosas.

Art. 22. Os documentos juntados ou apreendidos podem ser restituídos, em qualquer fase, a requerimento do interessado, desde que a medida não prejudique a instrução do processo e deles fique cópia autenticada nos autos.

Art. 23. Podem as partes interessadas pedir certidões das peças do processo.

§ 1º - A expedição de certidões depende de pedido escrito, firmado pelo interessado ou seu representante legal, processando-se nos próprios autos.

§ 2º - Não serão expedidas certidões de pareceres, salvo quando indicados na decisão como seu fundamento.

§ 3º - Do requerimento constará, expressamente, a finalidade específica da certidão.

§ 4º - Quando a finalidade da certidão for instruir processo judicial, serão mencionados o direito em questão e fornecidos dados suficientes para identificar a ação.

§ 5º - Caberá o pronunciamento da Procuradoria Geral do Estado:

1 - nos pedidos de certidões formulados pelo Poder Judiciário;

2 - no caso de certidões para prova em juízo, se o Estado for parte na ação em curso ou a ser proposta.

§ 6º - Da certidão constará, expressamente, se a decisão transitou ou não em julgado na via administrativa.

Art. 24. A tramitação do processo deve ser objeto de controle eficaz, de sorte a permitir sua rápida localização e a aferição da regularidade do seu andamento.

Seção V
Dos Prazos

Art. 25. Os prazos serão:

I - de 2 (dois) dias:

1 - para os atos de simples anotação, encaminhamento ou remessa a outro órgão;

2 - para a lavratura de termos que não implique em diligências ou exames;

3 - para o preparo de expedientes necessários ao andamento do feito;

4 - para entrega, na repartição, do auto de infração e/ou apreensão, constatação e termos de arrecadação de livros e documentos.

II - de 10 (dez) dias;

1 - para o lançamento de informações sumárias;

2 - para o cumprimento de exigências;

3 - para a efetivação de diligências;

III - de 30 (trinta) dias:

1 - para a apresentação de impugnação;

2 - para a emissão de pareceres, informações fundamentadas, apresentação de laudos e prolação de decisões;

3 - para a interposição de recursos.

Parágrafo único - Não havendo prazo fixado na legislação tributária, será este de 15 (quinze) dias, para a realização de ato a cargo da parte.

Art. 26. Os prazos, de que tratam o item 1 do inciso II e o item 2 do inciso III do artigo anterior, interrompem-se pela formulação de exigência ao interessado, pela determinação de diligência e pelo pedido de pronunciamento de outra repartição, reiniciando-se a contagem desde a data em que for cumprida a exigência ou diligência, ou recebida a resposta.

Art. 27. Quando, por necessidade, interesse da Administração, complexidade da matéria, ou outro motivo de força maior, o servidor tiver de exceder qualquer dos prazos, solicitará, justificadamente, no processo, ao seu superior imediato, a concessão de novo prazo.

Art. 28. Salvo disposição em contrário, os prazos são contínuos e peremptórios, excluindo-se na sua contagem o dia do início e incluindo-se o do vencimento.

Parágrafo único - Os prazos só se iniciam ou vencem em dia de expediente normal na repartição em que corra o processo ou deva ser praticado o ato.

Art. 29. Contam-se os prazos:

I - para servidores e autoridades, desde o efetivo recebimento do processo ou, estando este em seu poder, da data em que se houver concluído o ato processual anterior ou expirado o seu prazo;

II - para os interessados, desde a intimação ou, se a esta se anteciparem, da data em que manifestarem, por qualquer meio, inequívoca ciência do ato.

Seção VI
Da Prova

Art. 30. São admissíveis no processo administrativo-tributário todas as espécies de prova em direito permitidas.

Art. 31. As declarações constantes de autos, termos e demais escritos, firmados pelo servidor competente para a prática do ato respectivo, gozam de presunção de veracidade, até prova em contrário.

Art. 32. As diligências, inclusive perícias, serão ordenadas pela autoridade julgadora, de ofício, por solicitação da autoridade lançadora ou do autor do procedimento, ou a requerimento do sujeito passivo.

§ 1º - A autoridade julgadora poderá indeferir as diligências e perícias que considerar prescindíveis ou impraticáveis, bem como impugnar os quesitos impertinentes, formulando os que julgar necessários. (primitivo parágrafo único renumerado para § 1º pelo Decreto Estadual nº 24.042/1998.)

§ 2º - Ordenada a perícia pela autoridade julgadora, o processo retornará à repartição competente para intimar o sujeito passivo a recolher a taxa a que se refere o item 11, c, do inciso III, do Decreto Lei nº 5/75, com as alterações inseridas pela Lei nº 2.879/97. (redação do § 2º do art. 32, acrescentado pelo Decreto Estadual nº 24.042/1998, vigente desde 12.02.1998.)

§ 3º - O não recolhimento da taxa mencionada no parágrafo anterior, no prazo de 15 (quinze) dias, contados do recebimento da intimação, implicará em desistência do sujeito passivo do prosseguimento do litígio. (redação do § 3º do art. 32, acrescentado pelo Decreto Estadual nº 24.042/1998, vigente desde 12.02.1998.)

Art. 33. O pedido de perícia será fundamentado, com a formulação de quesitos, devendo constar da defesa ou recurso.

Art. 34. O sujeito passivo, ao requerer perícia, poderá indicar assistente técnico de sua confiança, responsabilizando-se pelas respectivas despesas e honorários.

§ 1º - Na hipótese deste artigo, o sujeito passivo deve mencionar nome, habilitação profissional, identidade e endereço do assistente técnico.

§ 2º - O laudo será redigido pelo perito e assinado por ele e pelo assistente técnico.

§ 3º - Se houver divergência entre o perito e o assistente técnico, cada um redigirá o laudo em separado, oferecendo as razões em que se fundamentarem.

Seção VII
Da Comunicação dos Atos

Art. 35. Os atos dos servidores, autoridades e órgãos colegiados serão levados ao conhecimento dos interessados, por meio de intimação ou de simples comunicação.

Art. 36. A intimação deve indicar:

I - conteúdo do ato ou exigência a que se refere;

II - prazo para pagamento ou recurso, quando for o caso;

III - repartição, local, data, assinatura, nome e matrícula da autoridade ou servidor do qual emana.

Parágrafo único - A intimação de decisão será acompanhada de cópia ou resumo do ato.

Art. 37. Far-se-á a intimação:

I - pessoalmente, por servidor competente, na repartição ou fora dela, provada com a assinatura do sujeito passivo, seu mandatário ou preposto, ou, no caso de recusa, com declaração escrita de quem o intimar;

II - por via postal ou telegráfica, com prova de recebimento no domicílio tributário do sujeito passivo;

III - por meio eletrônico, pelo envio da comunicação para a Caixa Postal Virtual - CPV do sujeito passivo, na forma de regulamento do Poder Executivo; (Inciso III, do Artigo 37, alterado pelo Decreto Estadual nº 45.948/2017, vigente a partir de 29.03.2017)

IV - por edital, publicado uma única vez no Diário Oficial do Estado do Rio de Janeiro ou no Diário Eletrônico da Secretaria de Estado de Fazenda e Planejamento, na forma da regulamentação do Poder Executivo, quando resultar improfícuo um dos meios de intimação previstos nos incisos I e II deste artigo.

§ 1º - Os meios de intimação previstos nos incisos I e II deste artigo não estarão sujeitos a ordem de preferência, mas só poderão ser utilizados quando resultar improfícua a intimação prevista no inciso III.

§ 2º - Excepcionalmente, na forma de regulamento do Poder Executivo, poderá ser utilizado o meio de intimação do inciso I sem necessidade de utilização prévia da intimação prevista no inciso III. (§ 2º, do Artigo 37, alterado pelo Decreto Estadual nº 45.948/2017, vigente a partir de 29.03.2017.)

§ 3º - A intimação prevista no inciso II deste artigo poderá ser feita por notificação ao intimado, com prova de recebimento, e que o direcione para endereço no Portal da internet da Secretaria de Estado de Fazenda onde terá acesso ao inteiro teor do ato administrativo, preservado o sigilo fiscal. (Redação do § 3º do Artigo 37., acrescentada pelo Decreto Estadual nº 43.335/2011, vigente a partir de 07.12.2011.)

Art. 37-A. Para fins de intimação, considera-se domicílio tributário do sujeito passivo, do seu representante legal, ou do mandatário devidamente constituído:

I - o endereço postal por ele fornecido, para fins cadastrais, à Administração Tributária;

II - a Caixa Postal Virtual - CPV disponibilizada pela Administração Tributária. (Inciso II, do Artigo 37-A, alterado pelo Decreto Estadual nº 45.948/2017, vigente a partir de 29.03.2017.)

Parágrafo único - A Administração Tributária informará aos sujeitos passivos e seus respectivos representantes as normas e condições de utilização e manutenção da Caixa Postal Virtual - CPV. (Parágrafo único, do Artigo 37-A, alterado pelo Decreto Estadual nº 45.948/2017, vigente a partir de 29.03.2017.)

Art. 38. Considera-se feita a intimação:

I - na data da ciência do intimado ou da declaração de quem fizer a intimação, na hipótese prevista no inciso I do artigo 37;

II - na data do recebimento ou, se omitida, 15 (quinze) dias após a data da expedição da intimação, na hipótese prevista no inciso II do artigo 37;

III - se por meio eletrônico, no dia e hora em que o sujeito passivo acessar a sua Caixa Postal Virtual - CPV; (Inciso III, do Artigo 38, alterado pelo Decreto Estadual nº 45.948/2017, vigente a partir de 29.03.2017).

IV - 15 (quinze) dias após a publicação do edital, se este for o meio utilizado.

§ 1º - Na hipótese de não haver a prova de recebimento da correspondência postal ou telegráfica no domicilio do sujeito passivo, de que trata o inciso II do artigo 37, não se considerará ocorrida a intimação, devendo o procedimento ser renovado na forma do disposto no artigo 37.

§ 2º – Em caso de duplicidade de intimações prevalecerá a que ocorrer primeiro.

§ 3º – O interessado terá vista dos autos do processo administrativo respectivo no órgão que promoveu a intimação. ((Redação do Artigo 38, alterada pelo Decreto Estadual nº 41.715/2009, vigente desde 29.05.2009).

§ 4º – O acesso à Caixa Postal Virtual – CPV deverá ser realizado no prazo de 10 (dez) dias contados do envio da comunicação para o sujeito passivo, sob pena de considerar-se a intimação automaticamente realizada no 1º dia útil após o término deste prazo. (§ 4º, do Artigo 38, acrescentado pelo Decreto Estadual nº 45.948/2017, vigente a partir de 29.03.2017).

Art. 38-A. A intimação feita por meio eletrônico será considerada realizada em caráter pessoal, para todos os efeitos legais, dispensando-se a sua publicação no Diário Oficial do Estado ou o envio por via postal.

§ 1º – A intimação a que se refere o caput deste artigo poderá ser válida para todos os estabelecimentos com o mesmo número base no Cadastro Nacional da Pessoa Jurídica – CNPJ, inclusive para os que tiverem a inscrição no CNPJ concedida após o credenciamento da pessoa jurídica.

§ 2º – Será atribuída uma única Caixa Postal Virtual – CPV por número base no Cadastro Nacional da Pessoa Jurídica – CNPJ ou por número no Cadastro da Pessoa Física – CPF, quando o sujeito passivo for pessoa física, na forma a ser disciplinada pelo Poder Executivo.

§ 3º – O acesso à CPV será realizado com a utilização de certificado digital emitido por Autoridade Certificadora credenciada de forma a garantir a identificação inequívoca do signatário. (Caput do artigo 38-A, acrescentado pelo Decreto Estadual nº 45.948/2017, vigente a partir de 29.03.2017).

Art. 39. A simples comunicação será feita por qualquer meio, inclusive via postal simples, telegráfica, ou por telefone, consignando-se no processo a providência adotada.

Seção VIII
Da Informação Fundamentada

Art. 40. As informações devem ser redigidas com clareza e precisão, observados, ainda, segundo recomendem a oportunidade e a natureza da matéria, os requisitos seguintes:

I – síntese do assunto e histórico das fases principais do processo;

II – fundamentação, com indicação ou transcrição dos dispositivos legais;

III – conclusão, formulada objetivamente.

Art. 41. A referência a elementos constantes de processo far-se-á com a indicação da respectiva folha e sua data e, se for o caso, do número do processo.

Art. 42. As cópias, relações e demais documentos anexados à informação devem ser rubricados pelo servidor.

Art. 43. As informações precedidas de diligências necessárias à elucidação do assunto serão realizadas, sempre que possível, pelo servidor encarregado do estudo do processo.

Seção IX
Da Suspensão do Processo

Art. 44. O andamento do processo poderá ser suspenso, desde que o interesse da Fazenda não contraindique a suspensão.

§ 1º – O prazo de suspensão não excederá a 180 (cento e oitenta) dias, findo o qual o processo retomará o seu curso.

§ 2º – A suspensão não impedirá o arquivamento do processo, na hipótese de intercorrência de fato que justifique essa providência.

Art. 45. O ingresso do interessado em juízo não suspenderá o andamento do processo nem o seu julgamento, salvo decisão judicial que determine a suspensão.

Parágrafo único – Se a determinação judicial de suspensão do processo não se referir aos atos de pesquisa, preparatórios para a autuação ou lançamento, continuarão aqueles atos a ser praticados sem que se lavre o auto de infração ou a nota de lançamento.

Art. 46. Ressalvado o disposto na parte final do caput do artigo anterior, o andamento do processo somente poderá ser suspenso pelo Secretário de Estado de Fazenda.

Art. 47. Ocorrerá a perempção, se o interessado, no prazo fixado na legislação, não exercer o seu direito ou não cumprir exigência que lhe seja formulada.

§ 1º – Decorrido o prazo, extingue-se, independentemente de declaração da autoridade administrativa, o direito de praticar o ato.

§ 2º – Não havendo interesse da Fazenda nem crédito tributário a recolher, o processo será arquivado.

Seção X
Das Nulidades

Art. 48. São nulos:

I – os atos praticados por autoridade, órgão ou servidor incompetente;

II – os atos praticados e as decisões proferidas com preterição ou prejuízo do direito de defesa;

III – as decisões não fundamentadas;

IV – o auto de infração ou a nota de lançamento que não contenha elementos suficientes para se determinar, com segurança, a infração e o infrator.

Art. 49. A nulidade será declarada unicamente quando não for possível suprir a falta pela retificação ou complementação do ato.

Art. 50. As irregularidades, incorreções e omissões não importarão em nulidade, desde que haja no processo elementos que permitam supri-las sem cerceamento do direito de defesa, ou quando não influírem na solução do litígio.

Art. 51. A nulidade de qualquer ato só prejudica os posteriores que dele diretamente dependam ou sejam conseqüência.

Art. 52. A nulidade será declarada, de ofício ou a requerimento do interessado, pela autoridade ou órgão competente para apreciar o ato.

Parágrafo único – A autoridade que declarar a nulidade deve mencionar a que atos ela se estende, determinando, se for o caso, a repetição dos atos anulados e a retificação ou complementação dos demais.

Art. 53. A nulidade não aproveita ao interessado, quando este lhe houver dado causa.

Capítulo II
DO PROCEDIMENTO PRÉVIO DE OFÍCIO

Seção I
Disposições Gerais

Art. 54. O procedimento prévio de ofício inicia-se com: (Art. 54, alterado pelo Decreto Estadual nº 45.950/2017, vigente a partir de 29.03.2017)

I – o primeiro ato de ofício, escrito, praticado por servidor competente, do qual se dê ciência ao sujeito passivo, seu mandatário, preposto, transportador, ou requerente;

II – a lavratura de termo de arrecadação de livros e documentos;

III – a lavratura de auto de constatação de qualquer situação de fato relevante para a fiscalização;

IV – qualquer procedimento administrativo ou medida de fiscalização tendente à verificação da regularidade fiscal da operação ou prestação realizado em postos fiscais fixos ou volantes.

Art. 55. O início do procedimento exclui a espontaneidade do sujeito passivo em relação às infrações cometidas anteriormente.

Art. 56. A validade do procedimento, para efeito do disposto no artigo anterior, será de 60 (sessenta) dias.

§ 1º – O prazo fixado neste artigo poderá ser prorrogado, sucessivamente, antes do término de cada período, por qualquer ato escrito, em que se cientifique o interessado da prorrogação.

§ 2º – A soma das prorrogações não poderá ultrapassar 180 (cento e oitenta) dias, salvo casos excepcionais a critério da autoridade competente a que estiver subordinado o funcionário encarregado da ação fiscal.

Seção II
Da Denúncia e da Representação

Art. 57. Qualquer pessoa estranha à Administração, que tiver conhecimento de atos ou fatos que considere infração à legislação tributária, poderá apresentar denúncia, para resguardo dos interesses da Fazenda Estadual.

Art. 58. O servidor que verificar a ocorrência de infração à legislação tributária e não for competente para formalizar a exigência comunicará o fato, em representação circunstanciada, a seu chefe imediato, que adotará as providências cabíveis.

Art. 59. A denúncia e a representação devem ser formuladas por escrito e conter:

I – a qualificação do denunciante ou do servidor;

II – a indicação, com a precisão possível, do infrator e do ilícito fiscal;

III – os documentos e quaisquer outros elementos de prova em que, porventura, se baseiem ou referência ao local onde possam ser encontrados.

Parágrafo único – A denúncia e a representação também poderão ser feitas verbalmente, hipótese em que serão reduzidas a termo na repartição em que forem apresentadas.

Art. 60. Recebida a denúncia ou a representação, o expediente será encaminhado à autoridade competente para o procedimento cabível.

Seção III
Do Termo de Arrecadação de Livros e Documentos

Art. 61. Os livros e documentos fiscais, bem como outros papéis que possam interessar à ação fiscal, devem ser arrecadados pelo Fisco, mediante a lavratura do competente termo.

Art. 62. O termo de arrecadação deve conter, no mínimo:

I – a identificação do sujeito passivo;

II – a quantidade e espécie dos livros e documentos arrecadados;

III – a finalidade da arrecadação;

IV – o local, dia e hora;

V – o prazo previsto para a restituição;

VI – a repartição e a assinatura do funcionário que lavrar o termo seguida de sua identificação.

Art. 63. O termo de arrecadação será lavrado em 3 (três) vias, que terão o seguinte destino:

I – a primeira ficará em poder do sujeito passivo até a devolução dos livros ou documentos arrecadados;

II – a segunda ficará em poder do servidor que proceder à sua lavratura;

III – a terceira será entregue à repartição fiscal.

Art. 64. Nenhum livro ou documento arrecadado poderá permanecer com a fiscalização por prazo superior a 10 (dez) dias.

Parágrafo único – Em casos especiais, o titular da repartição poderá prorrogar o prazo estabelecido neste artigo.

Seção IV
Do Auto de Constatação

Art. 65. Sempre que, no interesse da fiscalização, seja necessário consignar a existência de estado ou situação de fato passível de modificação com o decurso do tempo, lavrar-se-á auto circunstanciado da ocorrência.

Art. 66. O auto de constatação deve conter, no mínimo:

I – a identificação do sujeito passivo ou de terceiro que tenha relação direta ou indireta com o objetivo da ação fiscal;

II – a descrição minuciosa de tudo o que foi visto, examinado ou apurado;

III – a espécie e quantidade dos bens ou valores encontrados, quando for o caso;

IV – o local, a data e a hora;

V – a denominação da repartição e a assinatura do funcionário que lavrar o auto, seguidas de sua identificação.

Art. 67. O auto de constatação deve ser lavrado em 3 (três) vias, que terão o seguinte destino:

I – a primeira será entregue ao sujeito passivo, mediante recibo;

II – a segunda ficará em poder do servidor que proceder à sua lavratura;

III – a terceira será entregue à repartição fiscal.

Art. 68. O auto de constatação servirá de prova no processo que lhe deu origem ou que vier a ser instaurado.

Capítulo III
Do Processo Contencioso

Seção I
Disposições Gerais

Art. 69. A impugnação instaura a fase litigiosa do procedimento administrativo-tributário e tem efeito suspensivo.

Parágrafo único – Sujeitam-se à impugnação os seguintes atos:

1 – auto de infração ou nota de lançamento;

2 – indeferimento de pedido de restituição de tributo, acréscimos ou penalidades;

3 – recusa de recebimento de tributo, acréscimos ou penalidades que o contribuinte procure, espontaneamente, recolher;

4 – lançamento de tributo cujo cálculo tenha por base, ou tome em consideração, o valor ou o preço de bens, direitos, serviços ou atos jurídicos.

Art. 70. Deve a impugnação ser formalizada por escrito, observadas as disposições da Seção II do Capítulo I, devendo, outrossim, ser acompanhada do comprovante de recolhimento da taxa a que se refere o item 11, A, do inciso III, do Decreto Lei nº 5/75, com as alterações da Lei nº 2.879/97, e será apresentada à repartição onde se iniciar o processo. (Redação do caput do art. 70, alterado pelo Decreto Estadual nº 24.042/1998, vigente desde 12.02.1998).

Parágrafo único – o não recolhimento da taxa supramencionada, no prazo determinado para a impugnação, importará no não conhecimento da impugnação de que trata o presente artigo. (Redação do parágrafo único, acrescentado pelo Decreto Estadual nº 24.042/1998, vigente desde 12.02.1998).

Art. 71. Encerra-se o litígio com:

I – a decisão definitiva;

II – a desistência do recurso;

III – o pagamento do auto de infração ou nota de lançamento;

IV – o pedido de parcelamento;

V – qualquer ato que importe em confissão de dívida ou reconhecimento de exigência do crédito.

Seção II
Do Processo Originário de Auto de Infração

Subseção I
Do Auto de Infração

Art. 72. A constatação de infração à legislação e a exigência do crédito tributário formalizam-se pelo auto de infração.

Art. 73. A lavratura do auto de infração incumbe, privativamente, aos servidores que tenham competência para a fiscalização do tributo.

Art. 74. O auto de infração conterá os seguintes elementos:

I – nome, razão social ou denominação do autuado, a atividade profissional ou econômica que exerça, seu endereço e números de inscrição no Cadastro Fiscal do Estado e no Cadastro Fiscal Federal;

II – o local, a data e a hora da lavratura;

III – a descrição circunstanciada do fato punível ou dos fatos concretos que justifiquem a exigência do tributo;

IV – o dispositivo legal infringido e o que lhe comine a sanção ou justifique a exigência do cumprimento da obrigação;

V – o valor do tributo e/ou das multas exigidas;

VI – a indicação da repartição em que correrá o processo, com o seu endereço;

VII – a intimação para efetivação do pagamento ou apresentação de defesa com menção dos prazos correspondentes bem como da incidência da taxa a que se refere o item 11, A, do inciso III, do Decreto Lei nº 5/75, com a redação dada pela Lei nº 2.879/97 e eventuais benefícios para o sujeito passivo. ((Redação do inciso VII do art. 74, alterado pelo Decreto Estadual nº 24.042/1998, vigente desde 12.02.1998).

VIII – a assinatura do atuante, autógrafa ou digital, e a indicação de seu nome por extenso, cargo ou função e número da matrícula. (Inciso VIII do art. 74. alterado pelo Decreto Estadual nº 47.272/2020, vigente a partir de 17.09.2020)

Art. 75. A discriminação de débitos pode ser feita através de quadros demonstrativos em separado, que integrarão o auto de infração para todos os efeitos legais.

Art. 76. A intimação de que trata o inciso VII do artigo 74 poderá ser feita por qualquer dos meios previstos no artigo 37.

§ 1º – Na hipótese de intimação na forma prevista no inciso I do artigo 37, a ciência do autuado ou seu preposto não importa em concordância ou confissão, nem a recusa de assinatura, ou o seu lançamento sob protestos, importa em agravamento da infração. (Redação do caput e § 1º do Artigo 76, alteradas pelo Decreto Estadual nº 41.715/2009, vigente desde 29.05.2009).

§ 2º – Na hipótese de recusa de assinatura do auto de infração, o funcionário certificará a ocorrência ficando o autuado intimado na forma do inciso I do artigo 37.

Art. 77. Para infrações de natureza diversa, poderão ser lavrados um ou mais autos de infração, conforme os critérios que venham a ser fixados pelo Secretário de Estado de Fazenda.

Parágrafo único – Quando os ilícitos decorrerem do mesmo fato e a sua comprovação depender dos mesmos elementos de convicção, será lavrado, apenas, um auto de infração.

Art. 78. Lavrado o auto de infração, o autuante consignará, de forma circunstanciada, termo alusivo no livro fiscal próprio da autuada.

Art. 79. Quando, no curso do processo, for constatada a existência de outra infração, decorrente do mesmo fato que deu origem à primeira e cuja comprovação dependa dos mesmos elementos de convicção, lavrar-se-á outro auto de infração.

§ 1º – O processo resultante da segunda lavratura tramitará em separado ou juntamente com o primeiro, conforme o recomende a conveniência da rápida solução dos litígios.

§ 2º – Em se tratando de simples majoração da exigência inicial, antes do julgamento de Primeira Instância, será lavrado termo aditivo e marcado novo prazo para pagamento ou impugnação.

Art. 80. O auto de infração será lavrado em 3 (três) vias, que terão o seguinte destino:

I – a primeira e a terceira serão apresentadas, após sua lavratura, à repartição ou órgão competente, mediante recibo;

II – a segunda será entregue ao infrator ou a seu preposto, por ocasião da lavratura.

Art. 81. O infrator poderá valer-se das reduções previstas na lei, desde que efetue o pagamento nos prazos correspondentes e renuncie, expressamente à defesa.

Subseção II
Do Auto de Apreensão

Art. 82. A apreensão de livros, documentos, mercadorias e outros objetos, nos casos permitidos em lei, far-se-á sempre mediante auto circunstanciado.

Art. 83. O auto de apreensão deverá conter, além dos requisitos previstos nos incisos I, II e VIII do art. 74:

I – disposição legal em que se fundar a medida;

II – quantidade e descrição dos bens apreendidos, de modo que possam ser identificados;

III – assinatura do interessado ou de quem detiver, no momento, os bens apreendidos;

IV – indicação do lugar em que ficarão depositados os bens apreendidos;

V – recibo e assinatura do depositário;

VI – número do auto de infração.

Parágrafo único – havendo recusa em assinar o auto de apreensão, o funcionário certificará o fato, presumindo-se correto o que dele constar.

Art. 84. O auto de apreensão será lavrado em 3 (três) vias que terão destino idêntico aos das vias do auto de infração.

Art. 85. Os bens apreendidos serão, imediatamente, removidos para depósito do Estado.

§ 1º – Na impossibilidade de se observar o disposto neste artigo ou, ainda, quando o interesse da Administração assim o recomendar, o próprio infrator ou terceiro poderá ser nomeado depositário dos bens apreendidos, mediante a lavratura do competente termo, desde que se trate de pessoa jurídica domiciliada no Estado e inscrita no Cadastro Fiscal.

§ 2º – No caso de se tratar de mercadorias perecíveis, serão as mesmas distribuídas entre as instituições hospitalares, escolares ou de assistência social, se os pagamentos devidos não forem efetuados imediatamente.

§ 3º - A apreensão, pelo Fisco estadual, de mercadoria de procedência estrangeira, de origem não comprovada, deverá ser prontamente comunicada ao Inspetor Regional competente e este, no prazo de 24 (vinte e quatro) horas, determinará a entrega do produto da apreensão às autoridades da Receita Federal.

Subseção III
Da Impugnação

Art. 86. É assegurado ao autuado o direito de apresentar impugnação escrita no prazo a que se refere o item 1 do inciso III do artigo 25, com observância do disposto na Seção III do Capítulo I, devidamente acompanhada do comprovante de recolhimento da taxa a que se refere o item 11 do inciso III do Art. 107 do Decreto Lei nº 5/75, com as alterações trazidas pela Lei nº 2.879/97, quando for o caso. (Redação do caput do art. 86, alterado pelo Decreto Estadual nº 24.042/1998, vigente desde 12.02.1998).

Parágrafo único - o não recolhimento da taxa referida no caput deste artigo, no prazo estabelecido para a apresentação da impugnação, implicará no seu não conhecimento. (Redação do parágrafo único, dada pelo Decreto Estadual nº 24.042/1998, vigente desde 12.02.1998).

Art. 87. Durante o prazo de impugnação, o processo aguardará na repartição, onde o autuado ou seu representante dele poderá ter vista.

Art. 88. A impugnação pode referir-se somente a parte da autuação, assegurando-se ao autuado, quanto ao restante, o direito de recolher o crédito tributário com as reduções de penalidades previstas em lei.

Art. 89. Apresentada a impugnação o processo deverá ser encaminhado à autoridade julgadora de primeira instância.

Parágrafo único - (Revogado pelo Decreto nº 40.106/2006, vigente a partir de 06.10.2006)

Art. 90. Revogado pelo Decreto nº 40.012/2006, vigente a partir de 29.09.2006)

Art. 91. Não sendo oferecida impugnação, o autuado será considerado revel e confesso, ficando definitivamente constituído o crédito tributário.

§ 1º - As condições e conseqüências da revelia, conforme dispostas no caput deste artigo, estarão consignadas no Auto de Infração e na Nota de Lançamento.

§ 2º - Constatada a revelia, será lavrado pela autoridade competente o respectivo termo, nos autos do processo administrativo tributário, e adotadas as providências para inscrição do crédito na Dívida Ativa e posterior execução judicial. (redação do Artigo 91, alterado pelo Decreto nº 40.012/2006, vigente a partir de 29.09.2006)

Art. 92. Se a autoridade fiscal negar seguimento à impugnação, por perempta, caberá recurso, com efeito suspensivo, no prazo de 10 (dez) dias, à autoridade indicada em Resolução do Secretário de Estado de Fazenda, a qual poderá levantar a perempção se considerar relevantes os argumentos do interessado.

Seção III
Do Processo Originário de Nota de Lançamento

Art. 93. A exigência do crédito tributário, em todos os casos em que o lançamento do tributo seja efetivado de ofício ou por declaração e não decorra de infração à legislação tributária, formaliza-se pela Nota de Lançamento.

Art. 94. É assegurado ao sujeito passivo o direito de apresentar impugnação escrita no prazo a que se refere o item 1, do inciso III do Art. 25, com observância do disposto na Seção III do Capítulo I, devidamente acompanhada do comprovante de recolhimento da taxa a que se refere o item 11 do inciso III do Art. 107 do Decreto Lei nº 5/75, com as alterações trazidas pela Lei nº 2.879, quando for o caso. (Redação do art. 94, alterado pelo Decreto Estadual nº 24.042/1998, vigente desde 12.02.1998).

Art. 95. A Nota de Lançamento deverá conter:

I – as características do sujeito passivo;

II – o local, a repartição e a data da emissão, exceto no caso de processamento eletrônico;

III – o valor do crédito tributário;

IV – a intimação para a efetivação do pagamento ou apresentação de defesa com menção dos prazos correspondentes, bem como da incidência da taxa a que se refere o item 11, A, do inciso III, do Decreto Lei nº 5/75, com a redação dada pela Lei nº 2.879/97 e eventuais benefícios para o sujeito passivo; (Redação do inciso IV do art. 95, alterado pelo Decreto Estadual nº 24.042/1998, vigente desde 12.02.1998).

V – os percentuais dos juros de mora;

VI – a assinatura da autoridade lançadora, quando exigível, e a indicação de seu nome por extenso, cargo e matrícula.

Art. 96. Aplica-se à Nota de Lançamento, no que couber, o disposto na Seção II deste Capítulo.

Seção IV
Do Processo de Restituição do Indébito

Art. 97. O pedido de restituição de indébito, nos casos admitidos em lei, será apresentado através de requerimento específico do interessado, dirigido à repartição fiscal que jurisdicionar seu estabelecimento ou a localidade onde tenha sido efetivado o recolhimento.

Art. 98. A petição será elaborada em conformidade com o disposto na Seção III do Capítulo I e conterá, sob pena de indeferimento:

I - comprovante do pagamento considerado indevido e, se for o caso, da autorização para recebê-lo;

II - valor cuja restituição se pleiteia;

III - natureza do débito a que se refere o pagamento;

IV - as razões que levaram ao pagamento indevido;

Parágrafo único - Quando o indébito tiver sido reconhecido por despacho da autoridade competente em outro processo, bastará a indicação do número respectivo.

Art. 99. São competentes para apreciar e decidir os pedidos de restituição os titulares das Auditorias Fiscais, que deverão recorrer, de ofício, ao Superintendente de Fiscalização, nos casos de deferimento de restituição de indébito, conforme valores previstos em ato normativo específico do Secretário de Estado de Fazenda e Planejamento. (Art. 99 alterado pelo Decreto Estadual nº 46.337/2018, vigente a partir de 12.06.2018, com efeitos retroativos a contar de 28.12.2017)

Art. 100. O despacho que deferir o pedido determinará que a restituição se faça, conforme convenha à administração:

I - mediante lançamento a crédito na escrita fiscal do requerente;

II - em espécie.

§ 1º - Na hipótese do inciso I, o lançamento a crédito poderá ser realizado a partir da data da ciência.

§ 2º - Na hipótese do inciso II, o processo, após a ciência ao interessado, será remetido ao órgão encarregado de proceder à restituição, que poderá efetuá-la parceladamente.

Art. 101. Indeferido o pedido de restituição, é assegurado ao sujeito passivo o direito de apresentar impugnação escrita, no prazo de 30 (trinta) dias a que se refere o item 1 do inciso III do artigo 25, com observância do disposto na Seção III do Capítulo I.

Art. 102. Apresentada a impugnação, o processo de restituição tramitará, no que for aplicável, de acordo com as normas estabelecidas para o processo originário de auto de infração.

Seção V
Do Processo Originário da Recusa de Recebimento de Tributo

Art. 103. A recusa de recebimento de tributo, acréscimos ou penalidades que o contribuinte procure espontaneamente recolher poderá ser objeto de impugnação, a ser oferecida no prazo a que se refere o item 1 do inciso III do art. 25, com observância ao disposto na Seção III do Capítulo I.

Parágrafo único – Ao processo originário da impugnação a que se refere este artigo, aplica-se, no que couber, o disposto na Seção II deste Capítulo.

Seção VI
Do Processo Originário de Avaliação Contraditória

Art. 104. O lançamento de tributo cujo cálculo tenha por base, ou tome em consideração, o valor ou o preço de bens, direitos, serviços ou atos jurídicos, poderá ser impugnado pelo sujeito passivo no prazo a que se refere o item 1 do inciso III do art. 25, com observância do disposto na Seção III do Capítulo I.

§ 1º – O sujeito passivo indicará, na impugnação, o seu perito, louvando-se a autoridade lançadora em outro por ela designado, fixado em 5 (cinco) dias o prazo comum para oferecimento dos laudos, após o que será o processo encaminhado ao Auditor Tributário, que, sem estar adstrito a nenhum dos laudos, decidirá fundamentadamente.

§ 2º – Ao processo originário da impugnação a que se refere este artigo, aplica-se, no que couber, o disposto na Seção II deste Capítulo.

Capítulo IV
DAS INSTÂNCIAS ADMINISTRATIVAS

Seção I
Disposição Preliminar

Art. 105. As instâncias administrativas são representantes:

I – A primeira, pelas seguintes autoridades:

1 – Titulares das Inspetorias de Fiscalização Especializadas, das Inspetorias Seccionais de Fiscalização e do Departamento de Operações Especiais;

2 – Auditores Tributários da Junta de Revisão Fiscal;

3 – Subsecretário Adjunto da Receita Estadual; e

4 – Presidente da Junta da Revista Fiscal.

II - a segunda, pelo Conselho de Contribuintes;

III - a especial, pelo Secretário de Estado de Fazenda. (Redação dos incisos I,II, e III do art. 105, alterado pelo Decreto Estadual nº 23.593/1997, vigente desde 16.10.1997).

Seção II
Da Primeira Instância

Art. 106. O julgamento do processo compete, em primeira instância, aos titulares das Inspetorias de Fiscalização Especializada, das Inspetorias Seccionais de Fiscalização e do Departamento de Operações Especiais, nos casos previstos em legislação específica, e aos Auditores Tributários da Junta de Revisão Fiscal nas outras situações. (Redação do art. 106, alterado pelo Decreto Estadual nº 23.593/1997, vigente desde 16.10.1997).

Art. 107. A decisão deverá conter:

I - o relatório resumido do processo;

II - os fundamentos de fato e de direito;

III - as disposições legais em que se baseia;

IV - a conclusão;

V - o valor do tributo devido e da penalidade imposta, quando for o caso;

VI - a ordem de intimação.

Art. 108. O titular das unidades fiscais, conforme disposto no item 1 do inciso I do art. 105, recorrerá de ofício para o Presidente da Junta de Revisão Fiscal e o Auditor Tributário para o Subsecretário-Adjunto da Receita Estadual, sempre que proferirem decisão, no todo ou em parte, desfavorável à Fazenda.

§ 1º - O recurso de ofício será apreciado pelo Presidente da Junta de Revisão Fiscal, além da hipótese no caput deste artigo, nos seguintes casos de decisões desfavoráveis à Fazenda:

1. fundadas exclusivamente em erro de fato, devido a inexatidões materiais resultantes de lapso manifesto e a erro de cálculo;

2. em processos em que seja reclamado tributo e/ou multa variável, calculada em percentual do tributo, das operações, ou do valor da mercadoria e cujo montante não ultrapasse o limite de R$ 91.080,00 (noventa e um mil e oitenta reais), equivalentes a 100.000 UFIR.

§ 2º – A UFIR será a unidade de referência que deverá ser aplicadas para fins de atualização monetária do valor enunciado neste artigo.

§ 3º – O recurso de ofício tem efeito suspensivo e será interposto mediante simples declaração na própria decisão.

§ 4º – Enquanto não decidido o recurso de ofício, a decisão não produzirá efeito na parte a ele relativa. (Redação do art. 108, alterado pelo Decreto Estadual nº 23.593/1997, vigente desde 16.10.1997).

Art. 109. A autoridade julgadora poderá solicitar os esclarecimentos e as diligências que entender necessários para formar sua convicção e decidir o litígio.

Art. 110. Se a autoridade julgadora considerar insuficientes os elementos constantes do processo, poderá determinar a realização de perícia ou quaisquer diligências.

Art. 111. Determinada a realização de perícia, a autoridade julgadora remeterá o processo à Inspetoria Regional, que o encaminhará à repartição competente, a fim de ser designado servidor para proceder aos exames, na qualidade de perito.

Art. 112. Designado o perito, o titular da repartição convocará o assistente técnico indicado pelo sujeito passivo para participar da perícia, determinando local, dia e hora de comparecimento.

Art. 113. Compete ao titular da repartição, atendendo à complexidade de cada caso e ao volume de serviço, prorrogar o prazo a que se refere o inciso III do art. 25, não podendo o prazo total ser superior a 60 (sessenta) dias.

Art. 114. O laudo será redigido pelo perito e assinado por ele e pelo assistente técnico.

Parágrafo único – Se houver divergência entre o perito e o assistente técnico, cada qual redigirá um laudo em separado, com as razões em que se fundamentem suas conclusões.

Art. 115. A autoridade julgadora não ficará adstrita ao laudo pericial, podendo formar a sua convicção com outros elementos ou fatos provados nos autos.

Art. 116. Acolhida a impugnação que versar apenas sobre erro de fato, devido a inexatidões materiais resultantes de lapso manifesto e a erros de cálculo, será reiniciada, a partir da ciência da decisão, a contagem do prazo para pagamento do crédito tributário, com o benefício da redução das penalidades, quando cabível.

Art. 117. Encerrada a fase de julgamento, o Presidente da Junta de Revisão Fiscal encaminhará o processo à repartição de origem, a qual promoverá a intimação do sujeito passivo mediante uma das formas estabelecidas no art. Art. 37, determinando, quando for o caso, o cumprimento da decisão de primeira instância no prazo de 30 (trinta) dias. (Redação do Artigo 117, alterada pelo Decreto Estadual nº 41.715/2009, vigente desde 29.05.2009).

Parágrafo único – A ciência e a intimação poderão ser promovidas na sede da repartição preparadora.

Art. 118. As inexatidões materiais devidas a lapso manifesto e os erros de cálculo contidos poderão ser corrigidos de ofício ou a requerimento de interessado.

Art. 119. Se a decisão for omissa a respeito de ponto sobre o qual deveria pronunciar-se, o Presidente da Junta de Revisão Fiscal determinará o sobrestamento do processo e devolvê-lo-á à autoridade julgadora, para que decida integralmente o mérito.

Parágrafo único – Da decisão complementar, será o sujeito passivo intimado na forma do artigo 37.

Art. 120. Da decisão de primeira instância, não cabe pedido de reconsideração.

Seção III
Do Recurso Voluntário

Art. 121. Da decisão de primeira instância, cabe recurso voluntário, total ou parcial, para o Conselho de Contribuintes.

§ 1º – o recurso terá efeito suspensivo.

§ 2º – o recurso deverá ser interposto no prazo de 30 (trinta) dias, com observância do disposto na seção III do Capítulo I, e apresentado na repartição que tenha promovido a intimação devidamente acompanhado do comprovante de recolhimento da taxa a que se refere o item 11 do inciso III do Art. 107 do Decreto Lei nº 5/75, com as alterações trazidas pela Lei nº 2.879/97, quando for o caso. (Redação do § 2º do art. 121, alterado pelo Decreto Estadual nº 24.042/1998, vigente desde 12.02.1998).

Art. 122. Ainda que a autoridade fiscal julgue perempto o recurso, encaminhará o processo ao Conselho de Contribuintes, que apreciará a ocorrência ou não da perempção, em face das disposições legais aplicáveis, não podendo levantá-la por motivo de eqüidade ou convicção da justeza dos argumentos do recorrente quanto ao mérito da lide.

Seção IV
Da Segunda Instância

Art. 123. O julgamento do processo em segunda instância será feito de acordo com as normas do regimento interno do Conselho de Contribuintes.

Seção V
Da Instância Especial

Art. 124. Compete ao Secretário de Estado de Economia e Finanças, em instância especial:

I – julgar os recursos de decisões do Conselho de Contribuinte, interpostos pelo Representante Geral da Fazenda;

II – decidir sobre as propostas de aplicação de eqüidade apresentadas pelo Conselho de Contribuintes;

III – avocar processo administrativo-tributário, para efeito de decisão ou novo encaminhamento, visando a resguardar interesse de ordem pública, e à estrita observância da Justiça fiscal e da legalidade dos atos.

§ 1º – Na hipótese do inciso II, deste artigo, a aplicação da eqüidade ficará restrita à dispensa, total ou parcial, de penalidade, atendendo às características pessoais ou materiais do caso.

§ 2º – A decisão decorrente de avocatória, a que se refere o inciso III, deste artigo, conterá relatório resumido do processo administrativo-tributário, fundamentos legais aplicáveis e ordem de intimação. (Redação do art. 124, alterado pelo Decreto Estadual nº 19.900/1994, vigente desde 03.05.1994).

Art. 125. Proferida a decisão, o processo será encaminhado ao Conselho de Contribuintes, para conhecimento, e, em seguida, remetido diretamente à repartição preparadora, para ciência ao sujeito passivo.

Capítulo V
DA EFICÁCIA E EXECUÇÃO DAS DECISÕES

Seção I
Disposições Gerais

Art. 126. São definitivas as decisões:

I – de primeira instância expirado o prazo para o recurso voluntário, sem que este tenha sido interposto;

II – de segunda instância, de que não caiba recurso ou, se cabível, quando decorrido o prazo sem sua interposição;

III – de instância especial.

Parágrafo único – São também definitivas as decisões na parte que não for objeto de recurso voluntário ou não estiver sujeita a recurso de ofício.

Art. 127. Transitada em julgado a decisão contrária ao sujeito passivo, cumpre à repartição a que estiver afeto o processo promover a execução.

Art. 128. Findo o prazo estabelecido para o cumprimento da decisão, sem que o sujeito passivo haja efetuado o pagamento ou apresentado recurso, a repartição competente promoverá a cobrança amigável do débito, concedendo o prazo de 15 (quinze) dias para sua liquidação.

Art. 129. Quitada a dívida, uma via do comprovante de pagamento será anexada aos autos e, após as conferências e registros necessários, a autoridade preparadora mandará arquivar o processo.

Art. 130. Resultando improfícua a cobrança amigável, será emitida Nota de Débito, para fins de inscrição da dívida e ulterior cobrança judicial.

Seção II
Do Leilão

Art. 131. Quando bens apreendidos e liberados não forem reclamados dentro de 30 (trinta) dias, contados da apreensão, serão vendidos em hasta pública administrativa.

§ 1º – A impugnação e o recurso interrompem o prazo de que trata este artigo, reiniciando-se a contagem a partir da data em que transitar em julgado a decisão.

§ 2º – O produto apurado na venda será aplicado no pagamento do crédito tributário e das despesas de remoção, guarda e leilão, ficando o saldo, se houver, à disposição do proprietário dos bens.

§ 3º – Se o produto da venda não for suficiente para o pagamento total dos débitos, considerar-se-ão quitadas, até o limite permitido pelo montante apurado, na ordem indicada, as parcelas seguintes:

I – gastos com o leilão;

II – despesas de remoção e guarda

III – penalidades;

IV – juros de mora;

V – diferença pela correção monetária;

VI – valor originário do tributo.

Art. 132. A venda em leilão será determinada pelo Inspetor Regional da Fazenda.

Art. 133. Os bens a leiloar serão classificados e avaliados por comissão designada pelo Inspetor Regional de Fazenda.

Parágrafo único - A classificação e a avaliação constarão de laudo, que será anexado ao processo.

Art. 134. A realização do leilão ficará a cargo de comissão de servidores designados pelo Inspetor Regional de Fazenda.

Parágrafo único - A comissão será composta de:

I - um presidente;

II - um secretário;

III - um leiloeiro.

Art. 135. Não pode integrar as comissões a que se referem os dois artigos anteriores o servidor que tiver participado de apreensão dos bens.

Art. 136. É vedada a designação de servidor para integrar, cumulativamente, as duas comissões.

Art. 137. O leilão será precedido de edital publicado no Diário Oficial do Estado uma única vez e afixado na sede da repartição incumbida da sua realização, em local destinado a esse fim e franqueado ao público.

Parágrafo único - O edital será publicado e afixado com a antecedência mínima de 10 (dez) dias da data da realização do leilão, devendo conter:

I - local, dia e hora da realização do leilão, em primeira, segunda e terceira praças;

II - discriminação dos bens e preço da avaliação;

III - designação do lugar onde estiverem depositados os bens;

IV - condições e exigências para a licitação.

Art. 138. A administração pode utilizar outros meios de informação ao seu alcance, para maior divulgação do leilão.

Art. 139. Somente serão admitidos a licitar os contribuintes inscritos no Cadastro Fiscal do Estado.

Parágrafo único - As pessoas naturais podem ser admitidas na licitação, quando a reduzida quantidade, aliada à natureza dos bens integrantes do lote a leiloar, não comporte a presunção de que o licitante tenha em vista a sua comercialização.

Art. 140. Estão proibidos de licitar os funcionários públicos em exercício em repartições fiscais estaduais ou qualquer pessoa direta ou indiretamente interessada no processo.

Art. 141. Os bens serão entregues ao licitante que maior lance oferecer, observado o disposto no artigo 148.

Art. 142. Não se consideram arrematados os bens, se o maior lance oferecido não atingir o preço da avaliação, na primeira praça, ou 85% (oitenta e cinco por cento) e 70% (setenta por cento) daquele preço, respectivamente, nas segunda e terceira praças.

Art. 143. Entre uma e outra praça haverá o intervalo de, no mínimo, 10 (dez) dias.

Art. 144. Se não houver licitante ou não se efetivar a arrematação, os bens serão vendidos por leiloeiro público, escolhido mediante licitação.

Parágrafo único – Na hipótese de que cuida este artigo, os pagamentos referentes à arrematação serão feitos por meio de documento oficial de arrecadação e através do leiloeiro, que terá o prazo de 24 (vinte e quatro) horas para ultimá-los junto ao órgãos arrecadador, sob pena de responsabilidade.

Art. 145. A repartição que promover o leilão registrará os bens arrematados em livro próprio e entregará ao arrematante nota de leilão, que discriminará minuciosamente os bens, de forma a permitir a sua perfeita identificação.

Art. 146. Todas as ocorrências do leilão serão reduzidas a termo, que passará a integrar o processo.

Art. 147. No ato da arrematação, o arrematante recolherá como sinal, no mínimo, 10% (dez por cento) do valor respectivo, obrigando-se, mediante declaração assinada, a pagar o restante dentro de 5 (cinco) dias úteis, contados da data do leilão, diretamente na rede bancária.

Art. 148. A entrega dos bens ao arrematante só será efetivada após o pagamento do total do preço da arrematação.

Art. 149. O disposto nesta seção não se aplica;

I – aos bens de rápida deterioração, não liberados imediatamente por seus proprietários;

II – aos bens de pequeno valor, que não comportem as despesas de hasta pública.

Capítulo VI
DO PROCESSO DE CONSULTA

Seção I
Disposições Gerais

Art. 150. A consulta sobre matéria tributária é facultada;

I – ao sujeito passivo da obrigação;

II – às entidades representativas de categorias econômicas ou profissionais;

III – aos órgãos da administração pública em geral.

Art. 151. A consulta deverá ser formulada por escrito, observado o disposto na seção III do Capítulo I, e apresentada na repartição fiscal a que estiver jurisdicionado o consulente, devidamente acompanhada do comprovante de recolhimento da taxa a que se refere o item 12 do inciso III do Art. 107, do Decreto Lei nº 5/75, com as alterações trazidas pela Lei nº 2.879/97, quando for o caso. (Redação do art. 151, alterado pelo Decreto Estadual nº 24.042/1998, vigente desde 12.02.1998).

Art. 152. A consulta deverá versar, apenas, sobre dúvidas ou circunstâncias atinentes à situação do consulente e focalizar a matéria de forma objetiva, clara e precisa, indicando obrigatoriamente:

I – o fato sobre o qual versa;

II – se, em relação à questão a ser elucidada, já ocorreu o fato gerador da obrigação tributária e, em caso afirmativo, a data de sua ocorrência;

III – a interpretação dada pelo consulente às disposições legais ou regulamentares invocadas.

Art. 153. Compete ao Coordenador de Tributação da Superintendência de Administração Tributária, ou a quem ele delegar, decidir em processo de consulta. (Redação do art. 153, alterado pelo Decreto Estadual nº 10.573/1987, vigente desde 05.11.1987).

Art. 154. Respondida a consulta, o processo será devolvido à repartição de origem, para que esta cientifique o consulente, intimando-o, quando for o caso, a adotar o entendimento da administração e recolher o tributo porventura devido em prazo não inferior a 15 (quinze) dias. (Redação do art. 154, alterado pelo Decreto Estadual nº 39.807/2006, vigente desde 31.08.2006).

Art. 155. Da solução dada à consulta cabe recurso voluntário, com efeito suspensivo, para o Superintendente de Administração Tributária.

Parágrafo único – O prazo para a interposição de recurso é de 15 (quinze) dias. (Redação do art. 155, alterado pelo Decreto Estadual nº 10.573/1987, vigente desde 05.11.1987).

Art. 156. Julgado o recurso, serão observadas as disposições do artigo 154.

Art. 157. Não cabe pedido de reconsideração da decisão proferida, em primeira e segunda instâncias, no processo de consulta.

Art. 158. As soluções dadas em processo de consulta terão ampla divulgação, através da Imprensa oficial, convênios com entidades de classe, editoras especializadas e de outros meios de comunicação ao alcance da repartição.

Art. 159. Modificada qualquer orientação consubstanciada em ato normativo, as obrigações decorrentes dessa modificação serão cumpridas por todos aqueles a que ela se aplicar, no prazo estabelecido no ato modificativo, que obrigará mesmo aqueles que tiverem feito consultas individuais.

Art. 160. São definitivas as soluções dadas à consulta: (Redação do art. 160, alterado pelo Decreto Estadual nº 10.573/1987, vigente desde 05.11.1987).

I - pelo Coordenador de Tributação, expirado o prazo para o recurso voluntário, sem que este haja sido interposto;

II - pelo Superintendente de Administração Tributária.

Art. 161. O não cumprimento da resposta definitiva sujeitará o consulente às penalidades cabíveis, mediante a lavratura de auto de infração.

Seção II
Dos Efeitos da Consulta

Art. 162. A Consulta regularmente formulada suspende o curso da mora em relação à matéria sobre a qual verse a inicial.

Parágrafo único - Recomeçará o curso da mora, a partir do dia seguinte àquele em que se tomar definitiva a solução dada à consulta.

Art. 163. Enquanto não solucionada definitivamente a consulta, nenhum procedimento fiscal será instaurado contra o consulente, em relação à matéria consultada.

Art. 164. No caso de consulta formulada por entidade representativa de categoria econômica ou profissional, os efeitos referidos nos artigos 162 e 163 só alcançarão seus associados ou filiados depois de cientificado o consulente da resposta.

Art. 165. A consulta não será conhecida e deixará de produzir os efeitos que lhe são próprios, quando:

I - for apresentada à repartição após o início de qualquer procedimento fiscal contra o consulente;

II - estiver em desacordo com o disposto nos artigos 151 e 152;

III - a situação estiver disciplinada em ato normativo, publicado antes de sua apresentação;

IV - for manifestamente protelatória;

V - o fato constituir, de acordo com a lei, crime ou contravenção penal.

VI – desacompanhada do comprovante de recolhimento da taxa a que se refere o item 12, do inciso III do Art. 107 do Decreto Lei nº 5/75, com as alterações trazidas pela Lei nº 2.879/97. (redação do Inciso VI do art. 165, acrescentado pelo Decreto Estadual nº 24.042/98, vigente desde 12.02.98).

Capítulo VII
DO PROCESSO DE RECONHECIMENTO DE ISENÇÃO E DE IMUNIDADE

Art. 166. No processo que versar sobre reconhecimento de isenção ou de imunidade, observar-se-á, no que for cabível, o procedimento estabelecido para a consulta.

Art. 166-A. O reconhecimento da isenção estabelecida no inciso XVIII do art. 8º da Lei nº 7.174, de 28 de dezembro de 2015, tem cunho autodeclaratório e não depende de reconhecimento dessa condição por parte do Estado, não se aplicando o disposto no art. 166 deste Decreto. (Art. 166-A acrescentado pelo Decreto nº 47.031/2020, vigente a partir de 16.04.2020)

Capítulo VIII
DISPOSIÇÕES FINAIS E TRANSITÓRIAS

Art. 167. Na organização do processo administrativo tributário observar-se-ão, no que for aplicável, as normas do processo administrativo em geral.

Art. 168. Na ausência de disposição expressa neste Regulamento, aplicam-se subsidiariamente a legislação federal específica e a processual civil, naquilo em que não forem incompatíveis com a índole do processo administrativo-tributário.

Art. 169. Os processos de remissão e de parcelamento de débitos fiscais serão objeto de legislação específica, sem prejuízo das disposições de caráter geral deste Regulamento, que lhes forem aplicáveis.

Art. 170. As disposições deste Regulamento aplicam-se, desde logo, aos processos pendentes, sem prejuízo da validade dos atos praticados na vigência da legislação anterior.

Art. 171. O Secretário de Estado de Fazenda e os órgãos da Secretaria, no âmbito de suas atribuições, baixarão os atos necessários ao cumprimento deste Regulamento.

Art. 172. Este Decreto entrará em vigor na data de sua publicação, revogadas as disposições em contrário.

Rio de Janeiro, 06 de março de 1979.

FLORIANO FARIA LIMA

LEI Nº 287, DE 04 DE DEZEMBRO DE 1979

- APROVA O CÓDIGO DE ADMINISTRAÇÃO FINANCEIRA E CONTABILIDADE PÚBLICA DO ESTADO DO RIO DE JANEIRO E DÁ OUTRAS PROVIDÊNCIAS.

ÍNDICE

TÍTULO I
DAS DISPOSIÇÕES INTRODUTÓRIAS

Art. 1º. Este Código estabelece normas e princípios para ordenar, disciplinar e fiscalizar a Administração Financeira e a Contabilidade Pública do Estado do Rio de Janeiro.

Parágrafo Único – São consideradas normas complementares ao presente Código:

1) os Regulamentos do Poder Executivo;

2) as Resoluções e outros atos normativos dos Secretários de Estado de Fazenda e de Planejamento e Coordenação Geral;

3) as Deliberações e Decisões do Tribunal de Contas, quando a lei lhes atribua, expressamente, eficácia normativa;

4) as Portarias e outras normas expedidas pela Inspetoria Geral de Finanças e pela Auditoria Geral;

5) os pareceres normativos aprovados pelo Governador.

Art. 2º. Na execução do presente Código objetivar-se-ão, sempre, a padronização e a uniformidade dos critérios administrativos, técnicos e jurídicos pertinentes à Administração Financeira e à Contabilidade Pública do Estado.

Art. 3º. As normas e princípios deste Código, para os efeitos da Administração Financeira, consubstanciam as normas gerais de Direito Financeiro, estabelecidas pela União, e as especiais, supletivas e complementares, referentes ao Estado do Rio de Janeiro.

Art. 4º. O Estado do Rio de Janeiro, para efeito de unir esforços e recursos, técnicos e humanos, poderá celebrar acordos, convênios, contratos ou ajustes com a União, o Distrito Federal, os Estados e os Municípios, objetivando sempre a solução de problemas administrativos, técnicos, financeiros e jurídicos.

Parágrafo único – Os acordos, convênios, contratos ou ajustes internacionais obedecerão a legislação federal e a estadual pertinentes.

Art. 5º. O Estado do Rio de Janeiro poderá, mediante convênio com a União e demais unidades políticas da Federação, incumbir servidores, dos seus convenentes, da execução de leis e serviços ou de atos e decisões das suas autoridades, relativos à administração financeira, provendo as necessárias despesas, admitido procedimento recíproco.

Art. 6º. Dos instrumentos convencionais firmados pelo Estado do Rio de Janeiro, para solução de problemas relativos à Administração Financeira, deverão constar obrigatoriamente:

I – o objeto do instrumento;

II – os preceitos normativos;

III – os prazos de vigência e, quando for o caso, o critério de prorrogação;

IV – o seu alcance obrigacional;

V – as garantias de sua execução, quando exigidas, inclusive quanto à fiscalização e ao controle do cumprimento de seus termos, cláusulas e condições.

Art. 7º. Os acordos, convênios, contratos ou ajustes poderão conter cláusulas que permita expressamente a adesão de outras pessoas de Direito Público Interno, não participantes diretos desses atos jurídicos.

Parágrafo único – A adesão efetivar-se-á com o ato que notificar oficialmente as partes contratantes.

Art. 8º. Estão sujeitos a normas especiais, na forma estabelecidas no presente Código, quanto à Administração Financeira:

I – as Autarquias;

II – as Sociedades de Economia Mista e as Empresas Públicas;

III – os Serviços Industriais e Comerciais;

IV – os Fundos Especiais;

V – as Fundações instituídas e mantidas pelo Poder Público.

TÍTULO II
DO EXERCÍCIO FINANCEIRO

Art. 9º. O exercício financeiro coincidirá com o ano civil.

Art. 10. Pertencem ao exercício financeiro:

I – as receitas nele arrecadadas;

II – as despesas nele empenhadas.

Art. 11. Quanto ao exercício financeiro, observar-se-ão os seguintes princípios:

I – constituirão Restos a Pagar as despesas empenhadas e não pagas até 31 de dezembro;

II – os órgãos competentes procederão à liquidação da despesa empenhada em exercícios encerrados, à vista dos processos, se a despesa constar da relação dos Restos a Pagar;

III – as despesas de exercícios encerrados, para as quais o orçamento respectivo consignava crédito próprio, com saldo suficiente para atendê-las, que não se tenham processado na época própria, bem como os Restos a Pagar com prescrição interrompida e os compromissos reconhecidos após o encerramento do exercício correspondente, poderão ser pagos à conta de dotação específica consignada no orçamento, discriminada por elementos, obedecida, sempre que possível, a ordem cronológica;

IV – reverterá à respectiva dotação a importância da despesa anulada no exercício; entretanto, quando a anulação ocorrer após o encerramento do exercício financeiro, a importância anulada será considerada receita do ano em que a anulação se efetivar;

V – a restituição de receita arrecadada indevidamente, quando ocorrer no exercício de sua arrecadação, será atendida mediante anulação na rubrica orçamentária respectiva e, em exercícios posteriores, à conta de crédito orçamentário próprio;

VI – os recebimentos que, dentro do exercício, forem considerados indevidos, serão contabilizados em conta de Depósitos, à disposição do interessado;

VII – quando, fora do exercício financeiro de seu recolhimento, for considerado indevido algum recebimento, seu valor ficará à disposição do interessado, após o devido processamento da despesa equivalente, à conta de crédito próprio;

VIII – as importâncias relativas a tributos, multas e demais créditos fiscais do Estado, lançados e não arrecadados dentro do exercício financeiro de origem, constituirão dívida ativa e serão incorporadas, findo o exercício, em título próprio de conta patrimonial.

TÍTULO III
DA PROPOSTA E DA ELABORAÇÃO ORÇAMENTÁRIA

Capítulo I
Das Disposições Preliminares

Art. 12. O orçamento anual dividir-se-á em corrente e de capital e compreenderá, obrigatoriamente, as despesas e receitas relativas a todos os Poderes, órgãos e fundos, tanto da administração direta quanto da indireta, excluídas, apenas, as entidades que não recebam subvenções ou transferências à conta do orçamento.

§ 1º - A previsão da receita abrangerá todas as rendas e suprimentos de fundos, inclusive operações de crédito autorizadas em lei.

§ 2º - A inclusão, no orçamento anual, da despesa e da receita dos órgãos da administração indireta será feita em dotações globais, e não lhes prejudicará a autonomia na gestão legal dos seus recursos.

§ 3º - Nenhum investimento, cuja execução ultrapasse o exercício financeiro, poderá ser iniciado sem prévia inclusão no orçamento plurianual de investimento ou sem prévia lei que o autorize e fixe o montante das dotações que anualmente constarão do orçamento, durante o prazo de sua execução.

Art. 13. Sob a denominação de Reserva de Contingência, o orçamento anual consignará dotação global, não especificamente destinada a determinada despesa ou unidade orçamentária, cujos recursos serão utilizados para abertura de créditos suplementares, quando se evidenciarem insuficientes, durante o exercício, as dotações orçamentárias constantes do orçamento anual.

Capítulo II
Do Conteúdo e da Forma de Proposta Orçamentária

Art. 14. A proposta orçamentária compor-se-á de:

I - mensagem, que conterá:

a) exposição circunstanciada da situação econômico-financeira, documentada com demonstração da dívida fundada e flutuante, saldos de créditos especiais, restos a pagar e outros compromissos financeiros exigíveis;

b) exposição e justificação da política econômico-financeira do governo;

c) justificação da receita e despesa, particularmente no tocante ao orçamento de capital;

II - projeto de Lei Orçamento;

III - tabelas explicativas das quais, além das estimativas de receita e despesa, constarão em colunas distintas e para fins de comparação:

a) a receita arrecadada nos três últimos exercícios anteriores àqueles em que se elabora a proposta;

b) a receita prevista para o exercício em que se elabora a proposta;

c) a receita prevista para o exercício a que se refere a proposta;

d) a despesa realizada no exercício imediatamente anterior;

e) a despesa fixada para o exercício em que se elabora a proposta; e

f) a despesa prevista para o exercício a que se refere a proposta

IV - especificação dos programas especiais de trabalhos custeados por dotações globais, em termos de metas visadas, decompostas em estimativa de custo das obras a realizar e dos serviços a prestar, acompanhadas de justificação de ordem econômica, financeira, social e administrativa.

Parágrafo único - Constará da proposta orçamentária, para cada unidade administrativa, descrição sucinta de suas principais finalidades, com indicação da respectiva legislação.

Art. 15. As propostas orçamentárias parciais guardarão estrita conformidade com a política econômico-financeira, o programa anual do trabalho do Governo e, quando firmado, o limite global máximo para o orçamento de cada órgão ou unidade administrativa.

Parágrafo único - As propostas orçamentárias parciais serão revistas e coordenadas na proposta geral, considerando-se a receita estimada e as novas circunstâncias.

Art. 16. Os órgãos do Poder Executivo remeterão à Secretaria de Planejamento e Coordenação Geral da Governadoria do Estado, em data que poderá ser fixada por decreto, a respectiva proposta orçamentária.

§ 1º - Os Poderes Legislativo e Judiciário enviarão as suas propostas orçamentárias ao referido órgão dentro do prazo que lhes for solicitado pelo Poder Executivo.

§ 2º - A inobservância das normas estabelecidas neste artigo sujeitará os órgãos de qualquer dos Poderes à repetição, na proposta orçamentária, no que couber, dos quantitativos do orçamento vigente, sem prejuízo da apuração de responsabilidades funcionais.

Art. 17. É de competência do Poder Executivo a iniciativa das leis orçamentárias e das que abram créditos, fixem vencimentos e vantagens dos servidores públicos, concedam subvenção ou auxílio ou de qualquer modo autorizem, criem ou aumentem a despesa pública.

§ 1º - Não será objeto de deliberação, pelo Poder Legislativo, emenda de que decorra aumento de despesa global ou de cada órgão, fundo, projeto e programa, ou que vise a modificar-lhe o montante, a natureza ou o objetivo.

§ 2º - Ao Poder Executivo será facultado enviar mensagem à Assembléia Legislativa, propondo a retificação do projeto do orçamento, desde que não esteja concluída a votação da parte a ser alterada.

Capítulo III
Dos Orçamentos Plurianuais de Investimentos

Art. 18. Respeitadas as diretrizes e os objetivos do Plano Estadual de Desenvolvimento, o Orçamento Plurianual de Investimentos, que abrangerá período de três anos, considerará exclusivamente as despesas de capital.

§ 1º - O Orçamento Plurianual de Investimentos relacionará as despesas de capital e indicará os recursos orçamentários e extra orçamentários anualmente destinados à sua execução, inclusive os financiamentos contratados ou previstos, de origem interna ou externa.

§ 2º - O Orçamento Plurianual de Investimentos compreenderá as despesas de capital de todos os Poderes, órgãos e fundos, tanto da Administração Direta quanto da Indireta, excluídas apenas as entidades que não recebam subvenções ou transferências à conta do orçamento.

§ 3º - A inclusão, no Orçamento Plurianual de Investimentos, das despesas de capital de entidades da Administração Indireta, será feita sob a forma de dotações globais.

Art. 19. Nos termos do disposto no art. 46 da Constituição do Estado, o Orçamento Plurianual de Investimentos será alterado por ato do Poder Executivo, como decorrência de idêntica alteração efetuada no orçamento anual.

Parágrafo Único - O Orçamento Plurianual de Investimentos será igualmente modificado por ato do Poder Executivo, quando se configurarem as hipóteses previstas nos arts. 120 e 123 deste Código.

Art. 20. O Orçamento Plurianual de Investimentos conterá os programas setoriais, com seus subprogramas, projetos e respectivos custos especificados e recursos anualmente destinados à sua execução.

Art. 21. Através de proposição devidamente justificada, o Poder Executivo poderá, a qualquer tempo, propor à Assembléia Legislativa a revisão do Orçamento Plurianual de Investimentos, assim como o acréscimo de exercícios para substituir os já vencidos.

Art. 22. Aplica-se ao Orçamento Plurianual de Investimentos o disposto no art. 17 e seus parágrafos, deste Código.

Art. 23. O Poder Legislativo apreciará o Orçamento Plurianual de Investimentos no prazo de 90 (noventa) dias.

TÍTULO IV
DA LEI DE ORÇAMENTO

Capítulo I
Das Disposições Preliminares

Art. 24. A Lei de Orçamento conterá a discriminação da Receita e Despesa de forma a evidenciar a política econômico-financeira e o programa de trabalho do Governo, obedecidos os princípios de unidade, universalidade, anualidade e exclusividade.

Parágrafo único - Integrarão e acompanharão a Lei de Orçamento os quadros, anexos, sumários e outros elementos determinados pela legislação federal, aplicáveis ao Estado.

Art. 25. A Lei de Orçamento não conterá dispositivo estranho à fixação da despesa e à previsão de receita, não se incluindo nesta proibição:

I - a autorização para abertura de créditos suplementares até determinada importância e operações de crédito por antecipação da receita; e

II - as disposições sobre aplicação do saldo que houver.

Parágrafo único - As despesas de capital obedecerão, ainda, a orçamentos plurianuais de investimentos, na forma prevista em lei complementar federal.

Art. 26. A Lei de Orçamento obedecerá aos requisitos estabelecidos no art. 12 deste Código.

§ 1º - Ressalvados os impostos únicos e as disposições da Constituição da República Federativa do Brasil e de leis complementares, nenhum tributo terá a sua arrecadação vinculada a determinado órgão, fundo ou despesa. A lei poderá, todavia, instituir tributos cuja arrecadação constitua receita do Orçamento de Capital, vedada sua aplicação no custeio de despesas correntes.

§ 2º - Não se considerarão, para os fins do disposto no § 1º deste artigo, as operações de crédito por antecipação da receita e as entradas compensatórias no ativo e passivo financeiros.

§ 3º - O produto estimado de operações de crédito e de alienação de bens imóveis somente se incluirá na receita quando especificamente autorizadas pelo Poder Legislativo, em forma que possibilite ao Poder Executivo realizá-las no exercício.

§ 4º - A autorização legislativa a que se refere o parágrafo anterior, no tocante a operações de crédito, poderá constar da própria Lei de Orçamento.

Art. 27. A Lei de Orçamento não consignará dotações globais destinadas a atender, indiferentemente, a despesas de pessoal, material, serviços de terceiros e encargos, transferência ou quaisquer outras ressalvado o disposto no § 1º do art. 51 deste Código.

Art. 28. Todas as receitas e despesas constarão da Lei de Orçamento pelos seus totais, vedadas quaisquer deduções.

§ 1º - Todas as receitas e despesas serão indicadas em moeda nacional.

§ 2º - As cotas de receitas que as entidades públicas e as pessoas jurídicas devam transferir a outras, incluir-se-ão como despesa no Orçamento das entidades que as forneçam, e, como receita, no das pessoas jurídicas que as devam receber.

Art. 29. As discriminações da receita e da despesa constarão das normas para a elaboração da proposta orçamentária baixadas pelo órgão competente, respeitada a legislação federal pertinente.

Art. 30. O Governador do Estado aprovará, por decreto, os quadros de detalhamento da despesa dos órgãos da administração direta bem como os orçamentos e os quadros de detalhamento da despesa das autarquias e das fundações instituídas pelo Poder Público.

Art. 31. O Poder Executivo fixará cotas e prazos de utilização de recursos para atender à movimentação dos créditos orçamentários ou adicionais.

Capítulo II
Da Receita

Art. 32. A receita pública do Estado constitui-se do produto dos impostos, taxas, multas, contribuições, auxílios, tarifas e preços de alienações, bem como dos rendimentos do seu patrimônio e dos recursos obtidos do lançamento de empréstimos, obedecidos os seguintes princípios:

I - a omissão, na Lei de Orçamento, da receita que não seja de atributo, não libera o devedor ou contribuinte, da obrigação de pagar, nem os encarregados da arrecadação, do dever de cobrar;

II - nenhum tributo será cobrado sem que a lei que o houver instituído ou aumentado esteja em vigor antes do início do exercício financeiro, ressalvados os casos previstos na Constituição da República Federativa do Brasil.

Art. 33. A receita classificar-se-á nas seguintes categorias econômicas: Receitas Correntes e Receitas de Capital.

§ 1º - São Receitas Correntes as receitas tributária, patrimonial, industrial e diversas e, ainda, as provenientes de recursos financeiros recebidos de outras pessoas de direito público ou privado, quando destinadas a atender despesas classificáveis em Despesas Correntes.

§ 2º – São Receitas de Capital as provenientes da realização de recursos financeiros oriundos de constituição de dívidas; da conversão em espécie de bens e direitos; os recursos recebidos de outras pessoas de direito público ou privado, destinados a atender despesas classificáveis em Despesas de Capital e, ainda, o superávit do Orçamento Corrente.

§ 3º – O superávit do Orçamento Corrente, resultante do balanceamento dos totais das receitas e despesas correntes, não constituirá item da receita orçamentária.

Art. 34. Tributo é a receita derivada, instituída pelas entidades de direito público, compreendendo os impostos, as taxas e contribuições, nos termos da Constituição e das leis vigentes em matéria financeira, destinando-se o seu produto ao custeio de atividades gerais ou específicas exercidas por essas entidades.

Capítulo III
Da Despesa

Seção I
Da Classificação e da Discriminação

Art. 35. Constituem despesa pública todos os desembolsos efetuados pelo Estado no atendimento dos serviços e encargos assumidos no interesse geral da comunidade, nos termos da Constituição, da lei, ou em decorrência de contratos e outros instrumentos.

Art. 36. A despesa será classificada nas seguintes categorias econômicas: Despesas Correntes e Despesas de Capital.

§ 1º – Consideram-se Despesas Correntes as Despesas de Custeio e as Transferências Correntes.

§ 2º – Consideram-se Despesas de Capital os Investimentos, as Inversões Financeiras e as Transferências de Capital.

Art. 37. Na Lei de Orçamento serão identificados, obrigatoriamente, a unidade orçamentária e o seu programa de trabalho em termos de funções, programas, subprogramas, projetos e atividades.

Art. 38. Constitui unidade orçamentária o agrupamento de serviços subordinados ao mesmo órgão ou repartição a que serão consignadas dotações próprias.

Parágrafo único – Em casos excepcionais, serão consignadas dotações a unidades administrativas subordinadas ao mesmo órgão.

Art. 39. Na Lei de Orçamento a discriminação da despesa far-se-á, no mínimo, por elementos.

§ 1º – Entende-se por elemento o desdobramento da despesa com pessoal, material, serviços, obras e outros meios de que se serve a administração pública para consecução dos seus fins.

§ 2º – Para efeito de classificação da despesa, considera-se material permanente o de duração superior a dois anos.

Art. 40. Toda a despesa a efetuar-se em diversos anos, só poderá ser inscrita no orçamento pela parte programada e a ser realizada no respectivo exercício, obedecido o disposto no § 5º do art. 48 da Constituição do Estado do Rio de Janeiro.

Seção II
Das Subvenções e Auxílios

Art. 41. Só poderão receber auxílios ou subvenções do Estado associações, agremiações e entidades de qualquer natureza, regularmente organizadas e que mantenham, satisfatoriamente, serviços que visem a um dos seguintes fins:

I – promover e desenvolver a cultura, inclusive física e desportiva, em qualquer de suas modalidades ou graus;

II – promover amparo ao menor, ao adolescente, ao adulto desajustado ou enfermo;

III – promover a defesa da saúde coletiva ou a assistência médico-social ou educacional;

IV – promover o civismo e a educação política;

V – promover a incrementação do turismo e de festejos populares, em datas marcantes do calendário.

§ 1º – As entidades enumeradas neste artigo poderão receber auxílio ou subvenção para prestação de serviço de assistência social, entendimentos como tal a aquisição, construção ou reforma de imóveis ocupados pelas entidades beneficiadas, aquisição de equipamentos ou instalações, e gastos com a prestação de serviços, inclusive pagamento de pessoal, sendo que, nesta última hipótese, mediante prévia aprovação do Conselho Estadual de Serviço Social. (*)

§ 2º – O estabelecimento ou instituição beneficiada pelo Estado prestará contas, ao órgão estadual competente, da correta aplicação dada ao auxílio ou à subvenção recebida, não podendo receber outro benefício antes do cumprimento dessa obrigação.

§ 3º – As subvenções e auxílios ordinários, concedidos anualmente, poderão ultrapassar, para cada instituição, a 300 (trezentos) valores de referência regionais, salvo quando decorrerem de lei especial. (Redação dada pela Lei nº 510 Controle de Leis, de 3 de dezembro de 1983)

§ 4º - Não será permitido conceder subvenções ou auxílios para culto religioso, nos termos da Constituição da República Federativa do Brasil.

Art. 42. O valor da subvenção ou auxílio concedido pelo Estado a estabelecimento de ensino mantido pela iniciativa particular será calculado com base no número de matrículas gratuitas e na modalidade dos respectivos cursos, obedecidos padrões mínimos de eficiência escolar previamente estabelecidos.

Seção III
Das Despesas Correntes

Subseção I
Das Despesas de Custeio

Art. 43. Classificam-se como Despesas de Custeio as dotações para manutenção de serviços anteriormente criados, inclusive as destinadas a atender a obras de conservação e adaptação de bens imóveis.

Subseção II
Das Transferências Correntes

Art. 44. Classificam-se como Transferências Correntes as dotações para despesas às quais não corresponda contraprestação direta em bens ou serviços, inclusive para contribuições e subvenções destinadas a atender à manutenção de outras entidades de direito público ou privado.

Art. 45. Fundamentalmente, e nos limites das possibilidades financeiras, a concessão de subvenções sociais visará à prestação de serviços essenciais de assistência social, médica e educacional, quando a suplementação dos recursos de origem privada, aplicada a esses objetivos, revelar-se mais econômica.

Parágrafo único - O valor das subvenções, sempre que possível, será calculado com base em unidades de serviços efetivamente prestados ou postos à disposição dos interessados, obedecidos os padrões mínimos de eficiência, previamente fixados.

Art. 46. Não se concederá ou pagará, conforme o caso, subvenção social à instituição que:

I - constitua patrimônio de indivíduos;

II - não tenha sido fundada, organizada e registrada no órgão competente de fiscalização até 31 de dezembro do ano anterior ao da elaboração do orçamento ou não esteja registrada no Conselho Nacional do Serviço Social, do Ministério da Educação e Cultura." (Redação dada pela Lei nº 380 Controle de Leis, de 27 de novembro de 1980)

III - não tenha prestado contas de aplicação de subvenção ordinária ou extraordinária anteriormente recebida, acompanhada do balanço do exercício;

IV - não tenha sido considerada em condições de funcionamento satisfatório pelo órgão competente de fiscalização;

V - não tenha feito prova de regularidade do mandato de sua diretoria.

Art. 47. Não será concedida subvenção à instituição que vise à distribuição de lucros ou dividendos a seus sócios ou participantes, excetuados os casos regidos por lei especial.

Art. 48. A cobertura dos déficit de manutenção das empresas públicas, de natureza autárquica ou não, e das sociedades de economia mista, quando cabível na forma da lei, far-se-á mediante subvenções econômicas, expressamente incluídas nas despesas correntes do Orçamento do Estado.

Parágrafo único - Consideram-se, igualmente, como subvenções econômicas:

a) as dotações destinadas a cobrir a diferença entre os preços de mercado e os de revenda, pelo Governo, de gêneros alimentícios ou outros materiais;

b) as dotações destinadas ao pagamento de bonificações a produtores de determinados gêneros ou materiais.

Art. 49. Só mediante lei especial anterior poderá ser consignada, no orçamento, subvenção econômica a empresas com fins lucrativos.

Seção IV
Das Despesas de Capital

Subseção I
Dos Investimentos

Art. 50. Classificam-se como investimentos as dotações para o planejamento e a execução de obras, inclusive as destinadas à aquisição de imóveis considerados necessários à realização destas últimas, bem como para os programas especiais de trabalho, aquisição de instalações, equipamentos e material permanente, e constituição ou aumento de capital de empresas que não sejam de caráter comercial ou financeiro.

Art. 51. Os investimentos serão discriminados na Lei de Orçamento segundo os projetos de obras e de outras aplicações.

§ 1º - Os programas especiais de trabalho que, por natureza, não se possam cumprir subordinadamente às normas gerais de execução da despesa, podendo ser custeados por dotações globais classificadas entre as Despesas de Capital.

§ 2º – Quando o investimento abranger mais de um exercício financeiro, aplicar-se-ão as normas referentes aos programas plurianuais constantes deste Código.

Subseção II
Das Inversões Financeiras

Art. 52. Classificam-se como Inversões Financeiras as dotações destinadas à:

I – aquisição de imóveis, ou de bens de capital já em utilização;

II – aquisição de títulos representativos do capital de empresas ou entidades de qualquer espécie, já constituídas, quando a operação não importe aumento do capital;

III – constituição ou aumento de capital de entidades ou empresas que visem a objetivos comerciais ou financeiros, inclusive operações bancárias ou de seguros.

Subseção III
Das Transferências de Capital

Art. 53. Classificam-se como Transferências de Capital as dotações para investimentos ou inversões financeiras que outras pessoas de direito público ou privado devam realizar, independentemente de contraprestação direta em bens ou serviços, constituindo essas transferências auxílios ou contribuições, segundo derivem diretamente da Lei de Orçamento ou de Lei Especial anterior, bem como as dotações para amortização da dívida pública.

Art. 54. A Lei de Orçamento não consignará auxílio para investimentos que se devam incorporar ao patrimônio das empresas privadas, de fins lucrativos.

Parágrafo único – O disposto neste artigo aplicar-se-á às transferências de capital à conta de fundos especiais ou dotações sob regime de execução especial.

TÍTULO V
DA EXECUÇÃO ORÇAMENTARIA

Capítulo I
Das Disposições Preliminares

Art. 55. O Estado adotará política em relação ao pessoal que o leve a não despender anualmente percentual superior ao estabelecido em Lei Complementar, nos termos do art. 64 da Constituição da República Federativa do Brasil.

Art. 56. A execução orçamentária obedecerá ao princípio de Unidade de Tesouraria e terá como base o Programa de Execução Financeira previsto neste Código.

Art. 57. Com base na Lei do Orçamento, nos créditos adicionais abertos e nas operações extra-orçamentárias, será elaborado o Programa de Execução Financeira, de acordo com os prazos e normas a serem estabelecidos pelas Secretarias de Estado de Fazenda e de Planejamento e Coordenação Geral da Governadoria do Estado.

Art. 58. De acordo com o Programa de Execução Financeira aprovado, a Secretaria de Estado de Fazenda liberará cotas mensais de recursos financeiros para a Assembléia Legislativa, Tribunais Estaduais, Órgãos da Administração Direta, Entidades de Administração indireta e Fundações que recebam recursos à conta do Orçamento do Estado.

Art. 59. As cotas financeiras a serem liberadas serão fixadas em razão do comportamento da receita e das disponibilidades do Tesouro do Estado e correspondem somente às despesas que devam ser direta e efetivamente pagas pelo órgão ou entidade beneficiária da cota.

Art. 60. O montante da cota financeira programada anualmente para cada órgão ou entidade da Administração Estadual, observado o disposto no art. 58, define seu poder de gasto, sendo vedado assumir compromissos e obrigações que ultrapassem aquele montante.

Art. 61. Não serão liberadas cotas mensais de recursos para as Secretarias de Estado, Órgãos da Administração Direta, Entidades da Administração Indireta e Fundações, quando:

I – deixarem de prestar informações às Secretarias de Estado de Fazenda e de Planejamento e Coordenação Geral da Governadoria do Estado, para a formulação da Programação Financeira;

II – deixarem de encaminhar seus balancetes e demonstrativos mensais dentro das normas e prazos fixados.

Art. 62. As cotas liberadas somente terão validade durante o exercício de sua concessão, e os saldos apurados ao fim de cada exercício financeiro só poderão ser movimentados após nova programação financeira, a ser estabelecida pelas Secretarias de Estado de Fazenda e de Planejamento e Coordenação Geral da Governadoria do Estado.

Art. 63. Nenhuma despesa poderá ser realizada sem a existência de crédito que a comporte ou quando imputada a dotação imprópria, vedada expressamente qualquer atribuição de fornecimento ou prestação de serviços cujo custo exceda os limites previamente fixados em lei.

Parágrafo único – Mediante representação do órgão contábil serão impugnados quaisquer atos referentes a despesas que incidam na proibição do presente artigo.

Art. 64. Não serão objeto de publicação os atos praticados pelas autoridades indicadas nos incisos I a X do art. 82, relativos à execução orçamentária e à administração financeira, ressalvados os casos previstos no Título XI deste Código.

Art. 65. As dotações atribuídas às diversas unidades orçamentárias poderão, quando expressamente determinado na Lei de Orçamento, ser movimentadas por órgãos centrais da Administração.

Parágrafo único – É permitida a redistribuição de parcelas das dotações de pessoal, de uma para outra unidade orçamentária, quando consideradas indispensável à movimentação de Pessoal, dentro das tabelas ou quadros comuns às unidades interessadas, obedecidas a legislação específica.

Art. 66. Não será admitida a compensação da obrigação de recolher rendas ou receitas com direito creditório contra a Fazenda Estadual.

Capítulo II
Da Receita

Seção I
Do Lançamento

Art. 67. O lançamento da receita é o ato da repartição competente que verifica a procedência do crédito fiscal e a pessoa que lhe é devedora e inscreve o débito desta.

Parágrafo único – São objeto de lançamento os impostos diretos e quaisquer outras rendas com vencimento determinado em lei, regulamento ou contrato.

Art. 68. As importâncias relativas a tributos, multas e créditos da Fazenda Pública, lançados mas não cobrados ou não recolhidos no exercício de origem, constituem dívida ativa a partir da data de sua inscrição.

Parágrafo único – As importâncias dos tributos e demais rendas não sujeitas a lançamentos ou não lançadas serão escrituradas como receita do exercício em que forem arrecadadas nas respectivas rubricas orçamentárias, desde que até o ato do recebimento não tenham sido inscritas como dívida ativa.

Seção II
Da Arrecadação

Art. 69. A arrecadação é o ato pelo qual o Estado recebe os tributos, multas, tarifas e demais créditos a ele devidos.

Parágrafo Único – Salvo casos especiais previstos em lei, a arrecadação da receita será feita em moeda corrente do País ou em cheque.

Art. 70. A competência para arrecadar receitas do Estado é da Secretaria de Estado de Fazenda, ressalvadas as exceções previstas em lei.

§ 1º – A receita do Estado será codificada com o objetivo de facilitar a sua arrecadação.

§ 2º – É admitida a delegação de competência para arrecadação da receita pública.

Art. 71. A Secretaria de Estado de Fazenda poderá celebrar contratos ou outros instrumentos com outras entidades públicas ou privadas, incumbindo-as dos serviços de arrecadação.

Art. 72. Será admitido, a critério do Secretário de Estado de Fazenda, o pagamento parcelado de créditos fiscais.

Art. 73. Serão classificadas na receita orçamentária, sob as rubricas próprias, todas as receitas arrecadadas, inclusive as provenientes de operações de crédito, ainda que não previstas no orçamento.

§ 1º - Incluem-se nas disposições deste artigo os recolhimentos ocorridos em exercícios posteriores ao de origem, de saldos de adiantamentos e de valores pagos indevidamente, atendidos à conta de créditos próprios.

§ 2º - Excetuam-se das disposições deste artigo os recursos obtidos de operações de crédito realizadas para antecipação de receita.

Seção III
Do Recolhimento

Art. 74. Recolhimento é o ato pelo qual os agentes arrecadadores transferem para o Tesouro Estadual o produto das receitas por eles arrecadadas.

Parágrafo Único - O recolhimento dos valores arrecadados far-se-á nos prazos fixados pela autoridade competente.

Art. 75. O recolhimento de todas as receitas far-se-á em estrita observância ao princípio de unidade de tesouraria, vedada qualquer fragmentação para criação de caixas especiais.

Art. 76. O sistema de unidade de tesouraria engloba todas as receitas orçamentárias e extra-orçamentárias e as provenientes de operações de crédito legalmente autorizadas.

Art. 77. A receita do Estado será centralizada em instituição bancária oficial do Estado, incluindo a receita tributária, os dividendos, outras receitas patrimoniais, as receitas industriais e de prestação de serviços e as demais receitas orçamentárias arrecadadas.

Art. 78. As transferências da União, inclusive as receitas decorrentes de acordos, convênios, contratos ou ajustes serão centralizadas em Contas Únicas do Fundo de Recursos a Utilizar junto ao Banco do Estado do Rio de Janeiro S A - BANERJ.

§ 2º - No caso do parágrafo anterior, a Secretaria de Estado de Fazenda poderá autorizar, excepcionalmente, o desdobramento, em Contas Únicas, do Fundo de Recursos a Utilizar em instituição bancária oficial da União, para movimentação dos recursos respectivos.

§ 3º – As transferências a que se refere o § 1º serão recebidas pelo Tesouro do Estado que as depositará nas contas únicas específicas, junto à instituição de que trata o § 2º, sob a denominação geral de Estado do Rio de Janeiro, com a denominação que se impuser, seguida da expressão Recursos a Utilizar.

§ 4º – A autorização para a abertura das contas e o seu encerramento cabe, exclusivamente, à Secretaria de Estado de Fazenda.

Art. 79. As autoridades competentes ordenarão o recolhimento provisório das importâncias que, com justas razões, suponham desviadas do patrimônio público, sob pena de suspensão, destituição de função ou demissão de cargo e cobrança executiva.

Art. 80. As receitas estaduais não poderão ser objeto de retenção, compensação ou dedução, mas poderão ser dadas como garantia de pagamento. (Redação dada pela Lei nº 479 Controle de Leis, de 12/11/81 modificada pela Lei nº 540 Controle de Leis, de 16/04/82)

Parágrafo único – A proibição constante deste artigo não se aplica às receitas decorrentes de transferências federais.

Capítulo III
Da Despesa

Seção I
Do empenho

Art. 81. A despesa do Estado obedecerá à Lei de Orçamento e às leis especiais, constituindo crime de responsabilidade os atos dos ordenadores que contra elas atentarem.

Art. 82. São competentes para autorizar despesas, movimentar as cotas e transferências financeiras:

I – o Governador;

II – o Vice-Governador;

III – as autoridades do Poder Judiciário, indicadas por lei ou respectivo regimentos;

IV – as autoridades do Poder Legislativo, indicadas no respectivo regimento;

V – o Presidente do Tribunal de Contas;

VI – o Presidente do Conselho de Contas dos Municípios;

VII – os Secretários de Estado;

VIII – o Chefe do Gabinete Militar;

IX – os titulares de autarquias, de empresas públicas, de sociedades de economia mista e de fundações, de acordo com o estabelecido em lei, decreto ou estatuto.

X – os Procuradores Gerais do Estado e da Justiça e o Procurador Chefe do Ministério Público Especial.

§ 1º – A competência prevista neste artigo poderá ser objeto de delegação a ordenadores de despesas, mediante ato normativo expresso, a ser comunicado ao Tribunal de Contas e à Secretaria de Estado de Fazenda.

§ 2º – Os órgãos de contabilidade inscreverão como responsáveis todos os ordenadores de despesas, os quais só poderão ser exonerados de responsabilidade após julgadas regulares suas contas pelo Tribunal de Contas do Estado.

§ 3º – Para fins do disposto neste artigo, entende-se como ordenador de despesas toda e qualquer autoridade de cujos atos resultarem reconhecimento de dívida, emissão de empenho, autorização de pagamento, concessão de adiantamento, suprimento de fundos ou dispêndio de recursos do Estado ou pelos quais este responda.

Art. 83. A aplicação dos créditos orçamentários e adicionais compreende três fases: empenho, liquidação e pagamento.

Art. 84. Empenho de despesa é o ato emanado de autoridade competente que cria, para o Estado, obrigação de pagamento, pendente ou não de implemento de condição.

§ 1º – O empenho de despesa far-se-á, estritamente, segundo a discriminação orçamentária e não poderá exceder o limite dos créditos concedidos.

§ 2º – Ao empenho de despesa deverá preceder licitação ou sua dispensa.

Art. 85. O empenho de despesa compreende a autorização e a formalização.

§ 1º – A autorização é a permissão dada por autoridade competente para a realização da despesa.

§ 2º – A formalização é a dedução do valor da despesa, feita no saldo disponível da dotação ou do crédito apropriado comprovada pela Nota de Empenho.

Art. 86. Para cada empenho será extraído um documento denominado Nota de Empenho.

Parágrafo único – A Nota de Empenho deverá conter em todas as vias:

1) nome do credor;

2) a especificação da despesa;

3) a importância da despesa;

4) a declaração de Ter sido o valor deduzido do saldo da dotação própria, firmada pelo servidor encarregado e visada por autoridade competente;

5) declaração expressa, quando se tratar de despesa de caráter secreto ou reservado.

Art. 87. É vedada a realização de despesa sem prévio empenho, ressalvado do disposto nos §§ 1º e 2º do art. 88.

Parágrafo Único - Os empenhos classificam-se em:

1) Ordinário - quando destinado a atender despesa cujo pagamento se processe de uma só vez;

2) Por Estimativa - quando destinado a atender despesas para as quais não se possa previamente determinar o montante exato;

3) Global - quando destinado a atender despesas contratuais e outras sujeitas a parcelamento, cujo montante exato possa ser determinado.

Art. 88. A despesa que, por determinação legal ou contratual, se tenha de realizar em vários exercícios, só será empenhada, em cada ano, pelos quantitativos correspondentes ao exercício do compromisso.

§ 1º - Além de outras previstas em legislação própria, é dispensada a emissão da nota de empenho para as despesas de pessoal, correspondentes a vencimentos, remunerações, salários e demais vantagens fixadas em leis gerais ou especiais.

§ 2º - No caso dos encargos da Dívida Pública Fundada, é permitida a emissão, a posteriori, das notas de empenho.

Art. 89. Não deverá ser empenhada, dentro de cada trimestre, importância superior à Quarta parte da dotação anual fixada, exceto quando se tratar de empenho global ou por estimativa.

§ 1º - Não se compreendem nesta proibição os saldos não utilizados das cotas dos trimestres anteriores.

§ 2º - Se, em face de razões relevantes, a dotação não puder ser aplicada uniformemente no curso do exercício, as autoridades mencionadas nos incisos I a X do art. 82 poderão autorizar distribuição diversa.

Seção II
Da Liquidação

Art. 90. A liquidação da despesa consiste na verificação do direito do credor, tendo por base os títulos e documentos comprobatórios do respectivos crédito.

§ 1º – Esta verificação tem por fim apurar:

1) a origem e objeto do que se deve pagar;

2) a importância exata a pagar;

3) a quem se deve pagar a importância, para extinguir a obrigação.

§ 2º – A liquidação da despesa por fornecimento feito, serviço prestado ou obra executada terá por base:

1) contrato, ajuste ou acordo, se houver;

2) a nota de empenho;

3) os comprovantes da entrega do material, da prestação efetiva do serviço ou da execução da obra;

4) prova de quitação, pelo credor, das obrigações fiscais incidentes sobre o objeto da liquidação.

§ 3º – Os documentos de que trata o item 3 deverão conter declaração expressa, assinada por dois servidores, excetuado o ordenador da despesa, de que foi recebido o material, executado o serviço público.

§ 4º – Para os fins de item 4 deste artigo, a prova de quitação abrangerá, tão-somente, as obrigações fiscais de ordem estadual que incidam, especificamente, sobre o objeto da liquidação, e poderá ser feita pelo documento fiscal que, para efeito do fornecimento do material, da prestação de serviço ou execução da obra, estiver obrigado o credor a emitir.

§ 5º – Nos casos de realização de obra ou aquisição e instalação de equipamentos especiais, será indispensável declaração assinada por profissional habilitado do Estado em que ateste sua execução, as condições técnicas de realização e a concordância com plantas, projetos, orçamentos e especificações respectivas.

Art. 91. Como comprovante de despesa só serão aceitas as primeiras vias de Nota Fiscal ou documento equivalente, no caso de não obrigatoriedade de emissão da Nota Fiscal.

§ 1º – No caso de extravio ou inutilização da primeira via do documento fiscal, poderá ser aceita cópia do documento devidamente autenticada pela repartição fiscal competente.

§ 2º – Em caso de extravio ou inutilização, a Nota de Empenho poderá ser suprida por cópia reprográfica devidamente autenticada, uma vez publicada a ocorrência no órgão oficial do Estado.

Art. 92. A Liquidação da Despesa, na administração estadual, será feita pelas unidades gestoras executoras da despesa.

Parágrafo único – A regularidade da liquidação da despesa será atestada e certificada por profissional qualificado da área contábil. (Nova redação dada pelo art. 1° da Lei 3506/2000)

Seção III
Do Pagamento

Art. 93. A ordem de pagamento é o despacho exarado por autoridade competente, determinando que a despesa, devidamente liquidada, seja paga.

Parágrafo Único – Revogado pelo art. 1° da Lei 3506/2000.

Art. 94. Para efetivação da ordem de pagamento, o órgão competente examinará:

I – se consta:

a) por extenso, o nome do credor e a importância a pagar; no caso de ordens coletivas, o nome e o número de credores, bem assim as quantias parciais e o total de pagamento;

b) a classificação da despesa;

II – se a despesa foi regularmente liquidada. (Nova redação dada pelo art. 1° da Lei 3506/2000)

Art. 95. Os pagamentos serão feitos pelo Estado, em cheques nominativos, ordens de pagamento, crédito em conta ou, em casos especiais, em títulos da Dívida Pública Estadual, à vista de ordem de pagamento.

§ 1° – As despesas pagáveis fora do Estado, por fornecimento e serviços indispensáveis e urgentes, poderão ser satisfeitas através de ordem de pagamento, de crédito ou remessa de cambais, por intermédio do Banco do Estado do Rio de Janeiro SA – BANERJ

§ 2° – Nenhuma quitação poderá ser aceita sob reserva ou condição.

Art. 96. As autoridades mencionadas nos incisos I a X do artigo 82 deste Código manterão e movimentarão sua respectiva Conta Única de Recursos a Utilizar, em agência do Banco do Estado do Rio de Janeiro SA – BANERJ subordinada ao Fundo de Recursos a Utilizar, que compreende: (Redação dada pela Lei n° 1346 Controle de Leis, de 16 de setembro de 1988)

I – as cotas e as transferências que vierem a ser liberadas para a execução do orçamento;

II – as receitas próprias, as transferências da União ou de Municípios, os recursos provenientes de contratos, acordos, ajustes e convênios, o produto de restituições de consignações a favor de terceiros e outros recursos financeiros de que a entidade seja titular ou depositária.

§ 1º – As contas únicas serão movimentadas exclusivamente por cheques nominativos.

§ 2º – Ás autoridades referidas no caput deste artigo é vedado:

a) a movimentação para outras contas ou outros estabelecimentos bancários

b) a manutenção de depósito a prazo fixo ou outras aplicações financeiras;

c) desdobramento das Contas Únicas para simples controle, exceto nos casos em que, em vista de legislação federal, houver necessidade de demonstrar fontes e aplicações de recursos.

§ 3º – Não se compreendem no disposto no parágrafo anterior as aplicações financeiras das autarquias, empresas públicas, sociedades de economia mista e fundações públicas, com disponibilidades resultantes de receitas próprias, bem como dos Fundos Especiais, desde que devidamente autorizadas pelo Governador. (Redação dada pela Lei nº 1548 Controle de Leis, de 16 de outubro de 1989)

§ 4º – Não será admitido o débito na conta Fundo de Recursos a Utilizar como forma de pagamento de despesa.

Art. 97. O Fundo de Recursos a Utilizar, com as suas respectivas Contas Únicas de Recursos a Utilizar, será mantido e movimentado em instituição bancária oficial designada pela Secretaria de Estado de Fazenda, e terá a denominação de Estado do Rio de Janeiro – Tesouro do Estado – Fundo de Recursos a Utilizar.

§ 1º – Para a movimentação da Conta Única de Recursos a Utilizar o titular da conta ou autoridade delegada requisitará ao Banco talões de cheques assim caracterizados: cruzado em preto, para atender ao pagamento de despesas acima de 5 (cinco) Valores de Referência; sem cruzamento, para as despesas e adiantamentos até 5 (cinco) Valores de Referência.

§ 2º – É vedada a emissão de mais de um cheque sem cruzamento, para pagamento da mesma nota fiscal ou documento equivalente.

§ 3º – A abertura, o encerramento, a fusão ou qualquer modificação da Conta Única de Recursos a Utilizar, bem como os desdobramentos necessários por exigência legal, somente serão processados por ordem expressa da Secretaria de Estado de Fazenda.

§ 4º – As contas em nome do Tesouro Estadual serão movimentadas exclusivamente pela Secretaria de Estado de Fazenda.

Art. 98. No caso de pagamento a mais ou indevido, a autoridade competente providenciará o recolhimento da respectiva importância ao Tesouro Estadual, que será classificada como anulação de despesa, se ainda estiver aberto o exercício relativo ao pagamento ou como receita orçamentária, em caso contrário.

Art. 99. Os serviços e os órgãos de preparo de pagamento manterão registros especiais dos atos suspensivos ou impeditivos de pagamentos.

§ 1º - As quantias sequestradas ou penhoradas a favor de terceiros somente lhes poderão ser pagas mediante mandato, expedido pela autoridade competente.

§ 2º - Enquanto não requisitada a entrega das somas penhoradas ou sequestradas, serão as ordens de pagamento arquivadas nas repartições pagadoras, tendo anexos os mandados relativos ao sequestro ou à penhora.

Art. 100. O Tesouro Estadual não pagará vencimento, remuneração ou quaisquer vantagens, sob qualquer título ou pretexto, sem expressa autorização decorrente de lei ou ato que a regulamente.

Art. 101. O pagamento do inativo ou pensionista só será feito depois de sua inscrição em registro próprio, com base no respectivo processo, após apreciada sua legalidade pelo Tribunal de Contas.

Parágrafo único - O servidor, quando aposentado, receberá, a título de abono de proventos, e a partir da data da publicação do ato de aposentadoria, importância mensal proporcional ao tempo de serviço apurado, computados vencimentos e vantagens, independentemente da apreciação da legalidade, pelo Tribunal de Contas, do respectivo ato.

Art. 102. Os pagamento devidos pela Fazenda Pública, em virtude de sentença judiciária, far-se-ão na ordem de apresentação dos precatórios e à conta dos créditos respectivos, sendo proibida a designação especial de casos ou pessoas nas dotações orçamentárias e nos créditos adicionais aberto para esse fim.

Capítulo IV
Dos Adiantamentos

Seção I
Da Concessão

Art. 103. Para as despesas que não possam ser submetidas ao processo normal de aplicação, permitir-se-á o regimento de adiantamento.

§ 1º - O adiantamento consiste na entrega de numerário a servidor devidamente credenciado, sempre precedida de empenho na dotação própria e só se aplica nos seguintes casos:

1 – despesas com diligências policiais;

2 – despesas eventuais de gabinete;

3 – despesas miúdas de pronto pagamento;

4 – despesas extraordinárias ou urgentes;

5 – despesas de caráter secreto ou reservado.

§ 2º – Constituem despesas extraordinárias ou urgentes aquelas cujas não realização imediata possa causar prejuízo à Fazenda Pública ou interromper o curso do atendimento dos serviços a cargo do órgão responsável.

§ 3º – São despesas de caráter secreto as realizadas no interesse da segurança do Estado e da manutenção da ordem política e social e de caráter reservado aquelas efetuadas com diligências que exigem determinado grau de sigilo, por limitado período de tempo.

§ 4º – Os adiantamentos concedidos para atender despesas de que trata o item 4 do § 1º, deste artigo, quando superiores a 150 (cento e cinqüenta) vezes o Valor da Referência, estão sujeitos a autorização prévia do Governador, observando o disposto no art. 105 deste Código.

§ 5º – O limite de valor estabelecido no parágrafo anterior poderá ser revisto periodicamente pelo Poder Executivo. (§ 5º acrescentado pela Lei nº 559 Controle de Leis, de 11 de agosto de 1982, DOI 12/08/82)

Art. 104. A concessão de adiantamento obedecerá, ainda, aos seguintes princípios:

I – a autorização do adiantamento é de competência das autoridades mencionadas nos incisos I a X do art. 82 do presente Código e sua concessão não se fará a servidor em alcance ou a responsável por dois adiantamentos;

II – a instrução das requisições de adiantamento deverá:

a) indicar o prazo de sua aplicação;

b) ordenar expressamente o tipo de licitação a que obedecerá a aplicação ou autorizar a dispensa de licitação, nos casos previstos no § 3º do art. 217 deste Código.

§ 1º – Caso a despesa por adiantamento esteja sujeita a licitação, esta deverá realizar-se antes da concessão, e os elementos do processamento da licitação instruirão a requisição de adiantamento.(Parágrafo renumerado pelo artigo 3º da Lei 559/82 Controle de Leis)

§ 2º – Os adiantamentos de até 10 (dez) vezes o Valor de Referência, por semestre, concedidos a diretores de estabelecimentos de ensino, para atender a despesas específicas de caráter urgente, terão procedimento simplificado de concessão, aplicação e prestação de contas, conforme dispuser a regulamentação prévia. (§ 2º acrescentado pela Lei nº 559 Controle de Leis, de 11 de agosto de 1982)

Art. 105. Autorizado o adiantamento, o responsável poderá efetuar despesas, cujo pagamento, entretanto, só será permitido após o seu recebimento.

Parágrafo único – O prazo de aplicação do adiantamento será contado a partir da data da autorização.

Art. 106. O pagamento do adiantamento será escriturado como despesa afetiva à conta de dotação própria.

Seção II
Da Aplicação

Art. 107. A aplicação dos adiantamentos não poderá fugir às normas, condições e finalidades constantes da sua requisição, nem os limites do prazo de 60 (sessenta) dias indicados nas respectivas notas de empenho, e obedecerá aos seguintes princípios:

I – os adiantamento serão movimentados por meio de cheques nominativos, sacados sobre conta aberta pelo responsável, no Banco do Estado do Rio de Janeiro S.A.;

II – a abertura da conta referida no inciso anterior será efetuada no prazo máximo de 3 (três) dias úteis do recebimento do adiantamento;

III – os saldos não utilizados e as importâncias retidas a favor de terceiros, deverão ser recolhidos até o último dias do prazo indicado no ato da concessão do adiantamento.

§ 1º – Se o adiantamento for igual ou inferior a 5 (cinco) Valores de Referência ou destinar-se a atender despesas de caráter secreto ou reservado, será permitido o desconto do cheque e a aplicação mediante pagamento em moeda corrente.

§ 2º – As notas fiscais ou faturas e outros comprovantes da despesa serão expedidos em nome do Estado, com indicação do órgão interessado, e os respectivos recibos de pagamento, constantes do próprio documento, serão passados pelas firmas com a declaração expressa do recebimento.

§ 3º – No caso de pagamento por cheque, deverá ser mencionado o seu número e a data da emissão.

§ 4º – O fornecimento de material e a execução de obra ou serviço serão atestados nos comprovantes da despesa por dois servidores que não o responsável pelo adiantamento, nem a autoridade ordenadora da despesa, com visto da autoridade requisitante.

§ 5º – As despesas miúdas, para as quais não haja possibilidade de obtenção de recibos, serão relacionadas pelo responsável e visadas pela autoridade requisitante.

§ 6º - Os adiantamentos somente poderão ser aplicados no exercício financeiro em que forem concedidos, admitida a comprovação da aplicação, no exercício subsequente, respeitado o prazo do art. 109 deste Código.

Art. 108. Ao responsável por adiantamento é reconhecida a condição de preposto da autoridade requisitante e a esta, a de corresponsável pela sua aplicação.

Parágrafo único - Na conformidade deste artigo, a aplicação das penalidades previstas no art. 282, far-se-á, sucessivamente, ao detentor do adiantamento e à autoridade requisitante.

Seção III
Da Comprovação

Art. 109. Os responsáveis por adiantamento prestarão contas de sua aplicação dentro de, no máximo, 30 (trinta) dias contados do último dia útil do prazo indicado pelo ordenador da despesa, para sua aplicação.

§ 1º - Serão considerados em alcance os responsáveis por adiantamentos que não apresentarem a comprovação dentro do prazo citado neste artigo, caso em que estarão sujeitos à multa e à competente tomada de contas.

§ 2º - Se o alcance ocorrer no exercício em que houver sido concedido o adiantamento, o débito do responsável corresponderá a anulação da despesa; se o respectivo exercício já estiver encerrado, equivalerá a uma receita do exercício em que ocorrer.

Art. 110. A comprovação do adiantamento será feita mediante ofício do responsável à autoridade requisitante, instruído pelos seguintes elementos:

I - cópia da Nota de Empenho;

II - recibo do depósito bancário efetuado;

III - mapa discriminativo da despesa realizada;

IV - comprovante das despesas realizadas, numerados seguidamente;

V - extrato da conta bancária;

VI - comprovante do recolhimento do saldo do adiantamento, se houver;

VII - cópia da NAR, se for o caso;

VIII - cheques não utilizados.

Art. 111. A autoridade requisitante deverá entregar à Inspetoria Setorial de Finanças ou órgãos de contabilidade equivalentes, dentro do prazo de 5 (cinco) dias, a contar do seu recebimento, o processo de comprovação do adiantamento.

Art. 112. Entre a data da entrega referida no artigo anterior e a entrada da comprovação no protocolo da Inspetoria Setorial de Finanças ou órgão de contabilidade equivalente, não poderão decorrer mais de 30 (trinta) dias, sendo 25 (vinte e cinco) dias para exame do processo e 5 (cinco) dias para a autoridade ordenadora da despesa aprovar ou impugnar a comprovação, não se computando no prazo concedido à Inspetoria Setorial de Finanças ou órgão equivalente o período necessário ao cumprimento de exigência, o qual não poderá exceder de 20 (vinte) dias.

Art. 113. Nenhuma comprovação será examinada sem que estejam recolhidos o saldo não utilizado e as importâncias porventura retidas em favor de terceiros.

Art. 114. Considera-se interrompida, para todos os efeitos, a aplicação do adiantamento pelo impedimento de seu responsável em prossegui-la.

§ 1º - O impedimento poderá decorrer de força maior ou de afastamento provisório da função pública, devidamente comprovado por meio hábil.

§ 2º - No caso de impedimento, cabe à autoridade requisitante promover a comprovação do adiantamento.

§ 3º - O processo de comprovação deverá ser instruído com o documento comprobatório da ocorrência dos fatos previstos no § 1º do presente artigo.

Art. 115. A comprovação do adiantamento, se aceita, será certificada, para os fins do disposto no inciso I do art. 104, pela Inspetoria Setorial de Finanças ou órgãos de contabilidade equivalentes.

Parágrafo único - A comprovação do adiantamento, se impugnada, será examinada pela Auditoria Geral do Estado que, conforme o caso, expedirá ou não o certificado previsto neste artigo, encaminhando o processo devidamente instruído ao Tribunal de Contas, por intermédio da Secretaria que tenha efetuado a despesa.

Capítulo V
Dos Créditos Adicionais

Art. 116. São créditos adicionais as autorizações de despesas não computadas ou insuficientemente dotadas na Lei de Orçamento.

Art. 117. Os créditos adicionais classificam-se em:

I - suplementares, os destinados a reforço de dotação orçamentária;

II - especiais, os destinados a despesas para as quais não haja dotação orçamentária específica;

III - extraordinários, os destinados a despesas urgentes e imprevisíveis, em caso de guerra, subversão interna ou calamidade pública.

Art. 118. A abertura de créditos suplementares e especiais far-se-á por decreto executivo e depende de autorização legislativa e da existência de recursos disponíveis para ocorrer à despesa.

Art. 119. É vedada a autorização para abertura de créditos ilimitados.

Art. 120. Quando se tratar de recursos colocados à disposição do Estado pela União ou outras entidades nacionais ou estrangeiras, com destinação específica e que não tenham sido previstos no orçamento ou o tenham sido de forma insuficiente, o Poder Executivo poderá abrir o respectivo crédito adicional, observados os limites dos recursos.

§ 1º – Os órgãos competentes deverão pronunciar-se quanto à abertura de créditos suplementares e especiais, tendo em vista sua natureza e existência de recursos disponíveis.

§ 2º – Consideram-se recursos disponíveis para os fins deste artigo, desde que não comprometidos:

1 – o superávit financeiro apurado em balanço patrimonial do exercício anterior;

2 – os provenientes de excesso de arrecadação;

3 – os resultantes de anulação parcial ou total de dotações orçamentárias ou de créditos especiais;

4 – o produto de operações de crédito autorizadas de forma que, juridicamente, possibilite ao Poder Executivo realizá-las;

5 – a dotação consignada à Reserva de Contingência prevista no art. 13 deste Código;

6 – Os recebidos com destinação específica e que não tenham sido previstos na Lei de Orçamento, ou a tenham sido de forma insuficiente.

§ 3º – Entende-se por superávit financeiro a diferença positiva entre o ativo financeiro e o passivo financeiro, conjugando-se, ainda, os saldos dos créditos especiais reabertos e as operações de crédito a eles vinculadas.

§ 4º – entende-se por excesso de arrecadação, o saldo positivo das diferenças acumuladas, mês a mês, entre a arrecadação prevista e a realizada, considerando-se ainda a tendência do exercício.

§ 5º – Para o fim de apurar os recursos utilizáveis, provenientes do excesso de arrecadação, deduzir-se-á importância dos créditos extraordinários abertos no exercício.

§ 6º – O decreto que abrir o crédito especificará a respectiva compensação em função das disponibilidades existentes, indicando o código da despesa quando se tratar de cancelamento, total ou parcial de dotações.

§ 7º – No caso de compensação de crédito na forma do item 3 do § 2º, o cancelamento será, obrigatoriamente, feito em dotações já consignadas ao Poder a que se destine o crédito, salvo se comprovada a inexistência de saldos naqueles recursos.

Art. 121. Os créditos extraordinários serão abertos por decreto do Poder Executivo, que deles dará imediato conhecimento ao Poder Legislativo.

Art. 122. Os créditos adicionais só passam a constituir efetivas dotações de despesa após o ato executivo que lhes defina a natureza, estabeleça a destinação e fixe o valor.

§ 1º – O ato que abrir o crédito adicional indicará a importância, a espécie do mesmo e a classificação da despesa, devendo, contudo, discriminar, no mínimo, até o elemento, salvo quando se tratar de crédito extraordinário, cujas circunstâncias impeçam a discriminação.

§ 2º – Os créditos especiais e extraordinários não poderão ter vigência além do exercício financeiro em que forem autorizados, salvo se o ato da autorização for promulgado nos últimos 4 (quatro) meses do exercício financeiro, caso em que, reabertos nos limites de seus saldos, poderão viger até o término do exercício subsequente.

Art. 123. Fica o Poder Executivo autorizado a abrir créditos especiais ou suplementares às autarquias e fundações mantidas pelo Poder Público, desde que:

I – não seja ultrapassado o total geral das dotações atualizadas consignadas na Lei de Orçamento em favor do órgão;

II – haja recursos colocados à disposição do Estado pela União ou por outras entidades nacionais ou estrangeiras, com destinação específica, e que não tenham sido consignados na Lei de Orçamento;

III – ocorra excesso de arrecadação ou superávit financeiro na entidade.

TÍTULO VI
DA RECEITA E DA DESPESA EXTRA-ORÇAMENTÁRIA

Capítulo I
Da Receita Extra-Orçamentária

Art. 124. A Receita Extra-Orçamentária compreende:

I – os depósitos;

II – as operações de crédito por antecipação da Receita;

III - os Restos a Pagar do exercício, para compensar sua inclusão na Despesa Orçamentária;

IV - os valores arrecadados que revestem características de simples transitoriedade de classificação no passivo.

Parágrafo único - Os depósitos classificam-se em 3 (três) categorias:

a) públicos;

b) especificados;

c) de diversas origens.

Art. 125. Constituem depósitos públicos as importâncias ou valores pertencentes a terceiros e recebidos por ordem emanada de autoridades administrativas ou judiciárias, compreendendo:

I - os efetuados através de repartições policiais ou judiciais, por força de exigência legal ou processual;

II - os creditados em nome do Presidente do Tribunal de Justiça à conta de créditos próprios, destinados ao atendimento de sentenças transitadas em julgado contra a Fazenda Estadual;

III - os outros, desde que não compreendidos no item c do parágrafo único do artigo anterior.

Art. 126. São depósitos especificados:

I - os Restos a Pagar;

II - as consignações descontadas em folhas de pagamento, desde que não constituam renda orçamentária da União ou do Estado.

Art. 127. Constituem depósitos de diversas origens os recolhimentos, descontos ou retenções mandados considerar como depósitos por leis especiais, regulamentos, contratos ou atos administrativos ou judiciais de autoridade competente, não compreendidos no item a do parágrafo único do art. 124 deste Código.

Parágrafo único - Os depósitos de que não se conheça titular certo, serão escriturados em subconta denominada Para quem de direito.

Art. 128. Os valores de receita extra-orçamentária, que revestem características de simples transitoriedade de classificação no passivo, como preliminar de providências ou implementos legais e regulamentares, de que resultem afetações finais da receita orçamentária ou mutações patrimoniais ativas, compreendem os recolhimentos:

I - realizados por contribuintes:

a) em pagamentos parcelados de dívidas fiscais devidamente apuradas;

b) como antecipação de pagamento, para efeito de garantir benefícios especiais de tributação, estabelecidos em lei ou regulamento, ou de elidir correções ou reajustamentos monetários e fiscais;

II - efetuados por concessionários do serviço público de competência estadual, de taxas e contribuições destinadas à expansão daqueles serviços;

III - oriundos de quantitativos não reembolsáveis, fornecidos pela União para fins específicos ou não;

IV - realizados à conta de créditos próprios destinados a aplicação de ordem social econômica.

Art. 129. Os bens e valores não amoedados, pertencentes a terceiros e recolhidos às repartições do Estado, serão vendidos em hasta pública, decorridos 2 (dois) anos do seu recebimento, devendo as importâncias respectivas ser levadas a crédito de conta de depósitos, até a habilitação do legítimo proprietário, quando, então, se fará a restituição, na forma regulamentar, se não houver ocorrido a prescrição.

§ 1º - Não se incluem neste dispositivo os valores em caução nem os recolhidos em virtude de ordem judicial.

§ 2º - Quando se tratar de bens perecíveis ou de valor inferior a 15 (quinze) Valores de Referência regionais, cuja guarda seja onerosa, a Administração poderá vendê-los através de licitação, independentemente do recurso do prazo fixado neste artigo.

§ 3º - O valor das cauções, após sua liberação, será transformado em crédito do interessado, prescritível em 5 (cinco) anos contados da data da notificação.

Art. 130. Sobre os depósitos o Estado não pagará juros ou correção monetária, salvo disposto em lei, convenção em contrário ou, quanto a juros, nos casos de mora.

Capítulo II
Da Despesa Extra-Orçamentária

Art. 131. Constituem despesas extra-orçamentárias os pagamentos da Dívida Flutuante, compreendendo os depósitos, as letras ou notas promissórias, os créditos abertos por estabelecimentos bancários, bem como os valores que revestem características de simples transitoriedade, nos termos do art. 128 deste Código, e serão feitos, por conseguinte, independentemente de dotação orçamentária ou crédito adicional.

Art. 132. A restituição dos depósitos far-se-á sempre à vista do mandado expedido pela própria autoridade que haja ordenado o recolhimento.

Art. 133. No caso de extravio ou destruição de conhecimento de quantia depositada no Tesouro do Estado, que deva ser restituída contra entrega do mesmo conhecimento, este só poderá ser suprido por certidão.

Capítulo III
Dos Restos a Pagar

Art. 134. Constituem Restos a Pagar:

I - A despesa com fornecimento de material, execução de obras ou prestação de serviços legalmente empenhada e não paga dentro do exercício, a qual será relacionada em conta nominal do credor;

II - a despesa de transferência em favor de entidade pública ou privada, legalmente empenhada e não paga no exercício, a qual será relacionada em contra nominal da entidade beneficiária.

§ 1º - Os Restos a Pagar mencionados no item 1 deste artigo terão a vigência de cinco exercícios, a contar do exercício seguinte àquele a que se referir o crédito.

§ 2º - Os Restos a Pagar mencionados no item 2 deste artigo terão a vigência de dois exercícios, a contar do exercício seguinte àquele a que se referir o crédito.

Art. 135. Os registros de Restos a Pagar far-se-ão por exercício e por credor, distinguindo-se as despesas processadas das não processadas.

§ 1º - Constituem despesas processadas, além das caracterizadas no item 2 do art. 134 deste Código, aquelas cujo fornecimento do material, execução da obra ou prestação do serviço tenha se verificado até a data do encerramento do exercício financeiro.

§ 2º - São despesas não processadas as que, empenhadas estejam na dependência da apuração do fornecimento do material, execução da obra ou prestação do serviço, ainda que ocorram depois do encerramento do exercício financeiro.

Art. 136. Os Restos a Pagar serão revistos no fim de cada exercício, para efeito de proceder-se à exclusão dos não mais vigentes, nos termos dos §§ 1º e 2º do art. 134 deste Código, ou dos insubsistentes, levando-se à conta patrimonial a variação daí corrente.

Art. 137. Caberá ao Inspetor Geral de Finanças autorizar a inscrição de despesas na conta Restos a Pagar, obedecendo-se, na liquidação respectiva, às mesmas formalidades fixadas para a administração dos créditos orçamentários.

TÍTULO VII
DA DÍVIDA PÚBLICA

Capítulo I
Das Disposições Preliminares

Art. 138. A Dívida Pública do Estado compreende as obrigações financeiras assumidas em virtude de lei, contrato, acordo, convênio ou tratado e classifica-se em:

I - interna, quando contraída no mercado nacional e, externa, quando contraída no exterior;

II – flutuante, a não inscrita, compreendendo os depósitos exigíveis e as operações de crédito por antecipação da Receita ou contraídas para resgate em prazo que não exceda o exercício financeiro e, fundada, a inscrita, contraída por prazo superior, objetivando a correção de desequilíbrios no setor público ou o financeiro de obras e serviços públicos.

Parágrafo único – A Dívida Fundada desdobra-se em:

a) consolidada, quando decorrente do apelo ao crédito público e representada por apólices, obrigações, cédulas ou títulos semelhantes, nominativos ou ao portador, de livre circulação e cotação em bolsas do país e exterior;

b) não consolidada, se proveniente de operações de crédito contatadas com pessoas jurídicas de Direito Público ou Privado, cujos títulos de dívida são os próprios instrumentos de contrato ou, quando for o caso, notas promissórias a ele vinculadas.

Art. 139. O Estado não poderá instituir empréstimos compulsórios, sendo-lhe vedado contrair empréstimos perpétuos ou que, de qualquer forma, não estabeleçam expressamente o prazo do seu reembolso.

Art. 140. Todas as normas sobre crédito público somente por lei poderão ser instituídas ou derrogadas.

Parágrafo único – Compete à Assembléia Legislativa dispor sobre a Dívida Pública Estadual e autorizar operações de crédito, observados, quando for o caso o art. 36 da Constituição do Estado Constituição Estadual e os incisos IV e VI do art. 42, da Constituição da República Federativa do Brasil.

Art. 141. Na regulamentação das normas de crédito público serão observados os seguintes princípios:

I – o conteúdo, o sentido e o alcance do regulamento serão restritos aos termos da autorização ou determinação prevista em lei;

II – caso ainda não estejam determinadas por lei, o regulamento deverá mencionar, expressamente, às autoridades competentes para expedir circulares, instruções, portarias e demais disposições normativas, necessárias à sua execução.

Art. 142. Na aplicação da legislação sobre crédito público são admissíveis quaisquer métodos ou processo de interpretação.

§ 1º – O emprego da analogia não poderá resultar na instituição de norma geral.

§ 2º – O emprego da equidade não poderá resultar na suspensão ou dispensa de qualquer obrigação contratual ou legal.

Art. 143. Salvo motivo de força maior, o Estado não poderá suspender o pagamento da Dívida Fundada por mais de 2 (dois) anos, observado o disposto no art. 10, inciso V, alínea a, da Constituição da República Federativa do Brasil.

Art. 144. As operações de crédito e a concessão de garantias, pelo Tesouro do Estado, serão efetuadas pela Secretaria de Estado de Fazenda, observadas as normas pertinentes ao endividamento público.

Parágrafo único - As operações de empréstimo e financiamento de qualquer natureza, em favor das entidades da administração indireta e fundações, serão autorizadas pelo Governador, ouvidas previamente as Secretarias de Estado de Fazenda e de Planejamento e Coordenação Geral da Governadoria do Estado.

Capítulo II
Da Dívida Interna

Seção I
Da Dívida Flutuante

Art. 145. O Estado poderá realizar operações de crédito por antecipação da Receita.

Parágrafo único - Operação de crédito por antecipação da Receita é a que, destinando-se a atender momentâneas insuficiências de numerário, realiza-se com base na receita prevista, constante do Orçamento em vigor.

Art. 146. As operações de crédito por antecipação da receita autorizada no Orçamento anual não excederão a Quarta parte da receita total estimada para o exercício financeiro e serão, obrigatoriamente, liquidadas até 30 (trinta) dias depois do encerramento deste.

Parágrafo único - A lei que autorizar operação de crédito a ser liquidada em exercício financeiro subsequente fixará, desde logo, as dotações a serem incluídas no Orçamento anual para os respectivos serviços de juros, amortização e resgate.

Seção II
Da Dívida Fundada Consolidada

Subseção I
Do Lançamento das Emissões de Títulos

Art. 147. O Estado, para efeito de lançamento dos empréstimos voluntários, deverá prestar ao publico, obrigatoriamente, as seguintes informações, tendo em vista a respectiva autorização legislativa:

I - o valor e o tipo dos títulos; o plano de juros; os prazos de amortização e de resgate; o valor total da respectiva emissão e os valores das séries;

II - o sistema de rotatividade das operações;

III - os critérios de conversão e de consolidação;

IV - as garantias oferecidas, discriminando os recursos previstos para o pagamento dos respectivos empréstimos;

V – as vantagens oferecidas aos tomadores, inclusive quanto a isenções tributárias e a eventual correção monetária;

VI – descrição das obras ou serviços públicos a que se destina o empréstimo, com os pormenores necessários, inclusive os orçamentos de custo e os esquemas técnicos, se for o caso;

VII – resumo do estudo do aspecto social das obras ou dos serviços planejados, pelo qual se evidenciem a necessidade de sua execução e as vantagens, que facultarão à comunidade, se for o caso;

VIII – resumo do estudo financeiro e econômico das obras ou serviços, pelo qual se prove a viabilidade da respectiva operação, se for o caso;

IX – indicação do meio ou dos meios utilizados para o ressarcimento das despesas com as obras ou serviços públicos, inclusive a desapropriação por zona, a contribuição de melhoria e o pedágio.

Art. 148. Os títulos da Dívida Pública do Estado, nos limites das respectivas emissões, poderão ser distribuídos em séries autônomas, com juros variáveis, prefixados nas autorizações legislativas, de acordo com a destinação do respectivo empréstimo.

§ 1º – Os títulos de cada série vencíveis de conformidade com os respectivos planos de emissão.

§ 2º – É permitida a rotatividade dessas operações, respeitados o limite máximo da circulação e o prazo de resgate fixado em lei.

Art. 149. Os títulos do Estado poderão ser nominativos ou ao portador.

Parágrafo Único – Para facilidade do resgate os títulos poderão ser emitidos com cupões de amortização, de juros e de correção monetária.

Art. 150. Os órgãos competentes do Estado poderão expedir cautelas e títulos múltiplos representativos das apólices das respectivas emissões.

Parágrafo único – As leis que autorizarem as emissões deverão estabelecer o prazo para entrega dos títulos definitivos.

Subseção II
Das Garantias

Art. 151. O Estado poderá oferecer quaisquer garantias para o fim de lançamento dos seus respectivos empréstimos, observados sempre, porém, os princípios estabelecidos na Constituição da República Federativa do Brasil e na do Estado do Rio de Janeiro.

Parágrafo único – O Orçamento do Estado deverá consignar, obrigatoriamente, dotações específicas para o pagamento dos serviços dos respectivos empréstimos.

Subseção III
Das Vantagens aos Portadores de Títulos

Art. 152. Os títulos estaduais poderão ser utilizados pelos seus tomadores nas condições estabelecidas pelas respectivas leis autorizativas nas condições estabelecidas pelas respectivas leis autorizativas, como:

I – caução para garantia de proposta ou de execução de contratos celebrados com o Estado;

II – caução para garantia de empréstimos em estabelecimentos oficiais de crédito do Estado;

III – depósito para garantia de pagamentos devidos à Fazenda Pública, inclusive autarquias e fundações instituídas pelo Poder Público;

IV – Cauções de depósitos em geral;

V – meio de pagamento de tributos devidos ao Estado ou de parte do preço de venda de bens imóveis de sua propriedade.

Art. 153. Os títulos estaduais poderão conter cláusulas de correção monetária.

Seção III
Da Transformação e da Extinção da Dívida Pública

Art. 154. Operar-se-á transformação da Dívida Pública Estadual:

I – pela consolidação, que é a transformação da Dívida Flutuante em Dívida Consolidada;

II – pela conversão, que é a transformação de um empréstimo em outros, por meio de processo voluntário ou compulsório.

§ 1º – A conversão verificar-se-á por troca, devendo os novos títulos conservar, no mínimo, as mesmas condições.

§ 2º – Os títulos convertidos reputar-se-ão resgatados e serão incinerados.

§ 3º – A troca dos títulos, quando compulsória, é isenta de quaisquer impostos ou taxas.

Art. 155. A extinção dos empréstimos públicos operar-se-á:

I – Pela amortização, que significa o reembolso gradativo da dívida;

II – pela reversão do título à propriedade do Estado;

III - pelo resgate, que expressa o reembolso total do capital empregado e o pagamento dos respectivos juros vencidos;

IV - pela prescrição, obedecidas as normas gerais fixadas em lei.

Art. 156. O Estado deverá prestar ao público, obrigatoriamente, no primeiro trimestre de cada ano, informações sobre a transformação e a extinção de sua Dívida Pública.

Capítulo III
Da Dívida Externa

Art. 157. A Dívida Externa se enquadra no conjunto da Dívida Fundada do Estado e, como tal, classifica-se em:

I - consolidada, quando representada por títulos públicos de livre circulação e cotação em Bolsas estrangeiras;

II - não consolidada, quando proveniente de empréstimos realizados em bancos e entidades financeiras, mediante contrato.

Capítulo IV
Das Normas Especiais

Art. 158. As leis estaduais que versem sobre crédito público não poderão conter dispositivos que importem em:

I - redução da taxa de juros de empréstimos;

II - exclusão, no todo ou em parte, de vantagens legalmente conferidas aos subscritores.

Art. 159. É vedado ao Estado tributar a Dívida Pública da União, dos outros Estados ou Municípios.

Art. 160. Fica mantida a autorização para emissão de obrigações de Tesouro do Estado do Rio de Janeiro, concedida e disciplinada pelo Decreto-Lei nº 22 de 15/03/75.

§ 1º - O órgão responsável pela emissão, permuta, transferência e resgate dos certificados, bem como pelo pagamento dos juros, correção monetária, corretagens, comissões, amortização e taxa de administração, elaborará anualmente uma prestação de contas a ser encaminhada, juntamente com as Contas da Gestão, ao Tribunal de Contas e à Assembléia Legislativa.

§ 2º - A celebração de convênio que importe em transferir, a qualquer entidade oficial, a prática de operação de que trata o parágrafo anterior, importará na inclusão de cláusula obrigatória atribuindo à Auditoria Geral do Estado a competência expressa para acompanhar a execução do vínculo e de emitir Certificado de Auditoria sobre a prestação de contas apresentada pela entidade, a ser encaminhada, com as Contas da Gestão, aos órgãos referidos no parágrafo anterior.

TÍTULO VIII
DO PATRIMÔNIO DO ESTADO

Capítulo I
Das Disposições Preliminares

Art. 161. Constituem patrimônio do Estado:

I – os bens de seu domínio pleno, nos termos do artigo 5º da Constituição da República Federativa do Brasil e da lei, incluindo lagos e rios existentes em terrenos de seu domínio e os que têm nascente e foz no território estadual, as ilhas fluviais e lacustres e as terras devolutas não pertencentes à União;

II – o domínio útil de bens aforados ao Estado;

III – a dívida fiscal ativa e seus demais créditos;

IV – outros bens e direitos que adquirir.

Capítulo II
Dos Bens do Domínio Patrimonial

Seção I
Das Características Gerais

Art. 162. Os bens de domínio patrimonial compreendem:

I – os bens móveis e a dívida ativa;

II – os bens imóveis.

Art. 163. Os bens serão inventariados de acordo com a classificação da lei civil e sua escrituração obedecerá às normas expedidas pelo órgão central de contabilidade da Secretaria de Estado de Fazenda.

Seção II
Dos Bens Móveis

Art. 164. Os bens móveis serão administrados pelas unidades administrativas que os tenham adquirido ou em cuja posse se acharem.

Art. 165. Os bens móveis, qualquer que seja sua natureza ou valor, serão confiados à guarda e conservação de agentes responsáveis.

Parágrafo único – A entrega será efetuada por meio de termo, conferido e achado certo pelo responsável.

Art. 166. Serão considerados inservíveis para a Administração, podendo ser objeto inclusive de descarte, os bens públicos móveis em desuso, irrecuperáveis, antieconômicos, obsoletos, além daqueles que, apesar de recuperáveis, onerem de maneira desproporcional o erário. (Art. 166 – Nova redação dada pela Lei nº 6072/2011.)

§ 1º – Para os fins do disposto nesta Lei consideram-se:

Descarte – ato pelo qual o órgão retira de suas dependências materiais de consumo ou permanentes considerados inservíveis, inutilizando-os ou destinando-os ao sistema de coleta de resíduos da localidade;

Bens em desuso – aqueles que, embora em perfeitas condições de uso, não estiverem sendo aproveitados pelo órgão da Administração Pública;

Bens irrecuperáveis – aqueles que não mais puderem ser utilizados pelo órgão da Administração Pública para o fim a que se destinam devido à perda de suas características ou em razão da inviabilidade econômica de sua recuperação, entendida esta quando o custo de recuperação seja superior a 50% (cinquenta por cento) de seu valor de mercado;

Bens antieconômicos – aqueles cuja manutenção for demasiadamente onerosa ou esteja com seu rendimento precário em virtude de uso prolongado ou desgaste prematuro;

Bens obsoletos – aqueles que, embora em condições de uso, não satisfaçam mais às exigências técnicas do órgão a que pertencem;

Bens recuperáveis – aqueles cujo orçamento de recuperação seja equivalente a, no máximo, 50% (cinquenta por cento) de seu valor de mercado.

§ 2º – As condições de desuso, irrecuperabilidade, antieconomicidade, obsoletismo e recuperabilidade serão verificadas pelo órgão competente de material e formalizadas em documento hábil que servirá:

I – de comprovante para a baixa na carga do responsável, para a transferência a outro órgão da Administração Pública Direta, para alienação ou para o descarte, se for o caso, na forma do que estabelece este Código;

II – de justificativa para reposição ou substituição;

III – de embasamento para a motivação de eventual alienação ou descarte.

§ 3º – Salvo para instalação e funcionamento de novos serviços ou para ampliação dos já existentes, os pedidos de aquisição de material permanente deverão ser justificados pelas entidades administrativas interessadas, na forma estabelecida no presente artigo.

Art. 167. A utilização gratuita, dos bens móveis de qualquer natureza do Estado ou pelos quais este responda, só é permitida:

a) aos servidores a isso autorizados por força das próprias funções, enquanto as exercerem e de acordo com as disposições de leis ou regulamentos;

b) mediante decisão do Governador, à pessoa jurídica de direito público ou privado cujo fim principal consista em atividades de assistência social, benemerência, de amparo à educação ou outras de relevante interesse social.

Art. 168. A doação de bens móveis do Estado dependerá de lei específica de iniciativa exclusiva do Governador, prévia avaliação dos bens e justificativa da oportunidade e da conveniência socioeconômica da doação relativamente à escolha de outra forma de alienação, bem como laudo técnico, comprovando o real estado do bem em questão. (Art. 168 – Nova redação dada pela Lei nº 6072/2011.)

§ 1º – Fica dispensada de lei autorizativa a doação de bens móveis a pessoa jurídica de direito público interno, entidades competentes de sua administração indireta ou fundação instituída pelo Poder Público, hipótese em que exigir-se-á tão somente autorização do Governador ou de autoridade administrativa a que seja delegada tal competência.

§ 2º – Também exclui-se da exigência de lei autorizativa a doação de bens móveis do Estado considerados, nos termos do art. 166 desta Lei, como em desuso, antieconômicos, obsoletos ou irrecuperáveis, que poderão ser doados, com ou sem encargos, à pessoa jurídica de direito privado, reconhecidamente de utilidade pública e cujo fim principal consista em atividade de relevante valor social, caso em que bastará autorização do Governador ou de autoridade administrativa a que seja delegada tal competência.

Art. 169. Mediante decisão do Governador ou de autoridade a que seja delegada tal competência, é permitida a alienação, sob qualquer forma, de bens móveis do Estado.

* § 1º – A alienação onerosa, salvo nas hipóteses previstas no art. 17, inciso II, da Lei Federal nº 8.666/93, far-se-á em conformidade com o disposto nos arts. 17, § 6º e 22, § 5º, do mesmo diploma legal. (Nova redação dada pela Lei nº 6072/2011.)

§ 2º – Os bens móveis do Estado, que se tenham tornado obsoletos, imprestáveis, de recuperação antieconômica, ou inservíveis ao serviço público poderão mediante autorização do Governador ou da autoridade administrativa competente, ser doados, com ou sem encargos, à pessoa jurídica de direito público ou privado, cujo fim principal consista em atividade de relevante valor social.

Art. 169-A. Não havendo interessados em receber os bens em transferência ou alienação, gratuita ou onerosa, nos termos do previsto no art. 169 ou restando constatado o relevante interesse social no descarte do bem, poderá o Governador ou a autoridade administrativa por ele delegada determinar a inutilização dos mesmos ou determinar a sua destinação ao sistema de coleta de resíduos da localidade. (Art. 169-A – Nova redação dada pela Lei nº 6072/2011.)

Parágrafo único – O Governador editará regulamento relativo aos procedimentos de disponibilidade e de destinação final dos bens inservíveis para a Administração.

Art. 170. A aceitação pelo Estado de doação de bens de qualquer natureza, dependerá de prévia decisão:

a) do Secretário de Estado ou titular de órgão autônomo, quando se tratar de doação pura e simples;

b) do Governador do Estado, nos demais casos.

Art. 171. Os dispositivos relativos a bens móveis, constantes do presente Código, aplicam-se, integralmente às autarquias.

Seção III
Da Dívida Ativa

Art. 172. A Dívida Ativa constitui-se dos valores dos tributos, tarifas, rendas ou multas de qualquer natureza, bem como dos créditos do Estado devidos mas não arrecadados nos prazos estabelecidos, e será incorporada em título próprio de conta patrimonial, findo o exercício financeiro e pelas quantias deixadas de arrecadar até o dia 31 de dezembro.

Seção IV
Dos Bens Imóveis

Art. 173. A aquisição, a utilização, a oneração e a alienação dos bens imóveis do Estado regulam-se:

I - pela Constituição da República Federativa do Brasil;

II - pela Constituição do Estado;

III - pela Lei Complementar nº 8 Controle de Leis, de 25 de outubro de 1977, e legislação correlata subsequente.

Parágrafo único - O Departamento do Patrimônio Imobiliário do Estado comunicará ao órgão central de contabilidade, dentro de 30 (trinta) dias, as aquisições e alienações de bens imóveis do Estado, bem como os acréscimos ou demolições que alterem seu valor.

Seção V
Das Correções de Valor dos Elementos do Patrimônio

Art. 174. Os elementos patrimoniais figurarão, em geral, pelos respectivos valores de incorporação primitiva, sendo modificados posteriormente e com vistas à utilização monetária, através de reavaliações, reajustamentos de cotação e conversões.

§ 1º - Serão reajustados às respectivas cotações, na data do levantamento dos balanços gerais do exercício, os títulos e papéis de crédito que, por sua natureza, são suscetíveis de alteração no seu valor.

§ 2º – Serão convertidos, à taxa cambial vigente na data do levantamento dos balanços gerais do exercício, os valores e créditos ativos e passivos em moeda estrangeira.

Art. 175. As variações resultantes das atualizações monetárias referidas no artigo anterior, não implicarão, de modo algum, qualquer afetação de ordem orçamentária, constituindo superveniências ou insubsistências, conforme correspondam a aumentos ou diminuições, respectivamente.

TÍTULO IX
DA CONTABILIDADE

Capítulo I
Das Disposições Preliminares

Art. 176. A contabilidade pública do Estado será organizada de molde a facultar:

I – o conhecimento e acompanhamento:

a) do volume das previsões da receita, das limitações da despesa e dos compromissos assumidos à sua conta;

b) da execução orçamentária e da movimentação financeira;

c) da composição patrimonial;

II – a determinação dos custos dos serviços industriais;

III – a análise e a interpretação dos resultados econômicos e financeiros;

IV – o conhecimento e acompanhamento da situação, perante a Fazenda, de todos quantos, de qualquer modo, preparem e arrecadem receitas, autorizem e efetuem despesas e administrem ou guardem bens a ela pertencentes ou confiados;

V – a organização periódica de balancetes, quadros demonstrativos da gestão em todos os seus aspectos orçamentários, financeiros, econômicos e patrimoniais;

VI – a organização anual dos Balanços Gerais e Demonstrativos da Gestão, que constituem a prestação de contas à Assembléia Legislativa, pelo Poder Executivo.

Art. 177. As operações da gestão dos negócios públicos do Estado serão escrituradas pelo método das partidas dobradas, em subordinação a Plano de Contas Único.

Parágrafo único – O disposto neste artigo não prejudica as normas gerais de Direito Financeiro que forem estabelecidas em lei federal aplicáveis ao Estado.

Art. 178. A contabilidade da gestão dos negócios do Estado abrange quatro aspectos:

I – o Orçamento;

II – o Financeiro;

III – o Patrimonial;

IV – o Compensado.

Art. 179. Todo o ato de gestão orçamentária, financeira ou patrimonial deve ser realizado por força de documento que comprove a operação e seu registro na contabilidade, mediante classificação em conta adequada.

Parágrafo único – Os documentos a que se refere este artigo ficarão arquivados no órgão de contabilidade analítica respectivo e à disposição das autoridades responsáveis pelo acompanhamento administrativo e fiscalização financeira, bem assim dos agentes incumbidos do controle externo de competência do Tribunal de Contas do Estado.

Art. 180. Ressalvada a competência do Tribunal de Contas, a tomada de contas dos agentes responsáveis por bens ou dinheiros públicos será realizada ou superintendida pelos órgãos de contabilidade analítica.

Art. 181. Haverá controle contábil dos direitos e obrigações oriundos dos contratos, convênios, ajustes e acordo em que a administração pública por parte.

Art. 182. Os débitos e créditos serão escriturados com individuação do devedor ou do credor e especificação da natureza, importância e data do vencimento, quando fixada.

Art. 183. A Inspetoria Geral de Finanças, da Secretaria de Estado de Fazenda, é o órgão central do Sistema Estadual de Administração Financeira e Contabilidade Pública do Estado.

Capítulo II
Da Contabilidade Orçamentária

Art. 184. A contabilidade financeira faculta o conhecimento, o acompanhamento e o controle contábil:

I – da execução orçamentária, abrangendo a arrecadação da receita, o pagamento da despesa e a incorporação da Dívida Ativa e dos Restos a Pagar;

II – das mutações patrimoniais, oriundas da execução orçamentária do exercício em curso, ou de exercícios encerrados, relativas a receitas e despesas de capital, inclusive as oriundas de superveniências ou insubsistências;

III – dos resultados da gestão a serem incorporados ao patrimônio.

Art. 186. As contas da contabilidade orçamentária e da contabilidade financeira, nesta última no que se refere à execução orçamentária, obedecerão, nos seus desdobramentos, às especificações constantes da Lei do Orçamento e dos créditos adicionais.

Capítulo IV
Da Contabilidade Patrimonial

Art. 187. A contabilidade patrimonial faculta o conhecimento, o acompanhamento e o controle contábil dos bens, direitos e obrigações que constituem o Patrimônio do Estado.

Art. 188. As contas da contabilidade patrimonial serão grupadas dentro do seguinte esquema:

I - Contas do Ativo, abrangendo:

a) o Real;

b) o Transitório;

c) o Compensado;

II - Contas do Passivo, compreendendo:

a) o Real;

b) o Transitório;

c) o Saldo Patrimonial;

d) o Compensado.

Art. 189. As contas do Ativo consignam a existência e a movimentação dos bens e direitos do Estado.

§ 1º - As contas do Ativo Real registram a existência e a movimentação dos bens e direitos cuja realização não admite dúvidas, seja por sua condição de valores em espécie ou em títulos de poder liberatório, seja por sua característica de créditos de liquidez certa, seja, afinal, pela condição de patrimônio representado por inversões e investimentos;

§ 2º - As contas do Ativo Transitório consignam a existência e a movimentação de parcelas cuja classificação final implica afetações diferenciais, orçamentárias ou extra-orçamentárias.

§ 3º - As contas do Ativo Compensado consignam a existência e a movimentação dos valores representativos:

a) de responsabilidade de agentes e exatores por valores nominais de emissão do Estado, ou por valores não amoedados de terceiros, sob guarda da Fazenda;

b) de coobrigações com terceiros;

c) de valores nominais de propriedade ou emissão do Estado, sob guarda de terceiros, em garantia de obrigações e de responsabilidade da Fazenda;

d) de relações jurídicas que, sem anteriores reflexos orçamentários, financeiros ou patrimoniais, possam, de futuro, criar direitos ou obrigações.

Art. 190. As contas do Passivo consignam a existência e a movimentação das obrigações e das responsabilidades do Estado.

§ 1º – As contas do Passivo Real registram a existência e a movimentação das obrigações e das responsabilidades cuja exigibilidade não admite dúvida, visto representarem dívidas líquidas e certas.

§ 2º – As contas do Passivo Transitório consignam a existência e a movimentação dos valores não restituíveis de receita extra-orçamentária.

Art. 191. A avaliação dos elementos patrimoniais obedecerá às normas seguintes:

I – os débitos e créditos, bem como os títulos de renda, pelo seu valor nominal, feita a conversão, quando em moeda estrangeira, à taxa de câmbio vigente na data do balanço;

II – os bens móveis e imóveis, pelo valor de aquisição ou pelo custo de produção ou de construção;

III – os bens de almoxarifado, pelo preço médio ponderado das compras.

§ 1º – Os valores em espécie, assim como os débitos e créditos, quando em moeda estrangeira, deverão figurar ao lado das correspondentes importâncias em moeda nacional.

§ 2º – As variações resultantes da conversão dos débitos, créditos e valores em espécie serão levadas à conta patrimonial.

§ 3º – Poderão ser feitas reavaliações dos bens móveis e imóveis.

Capítulo V
Das Contas de Compensação

Art. 192. As contas de Compensação registram, no Ativo, contrapondo-se ao Passivo e com valores numéricos iguais, os bens, valores, obrigações e situações que, mediata ou indiretamente, possam vir afetar o patrimônio, compreendendo:

I - os valores em poder de terceiros;

II - os valores nominais emitidos;

III - os valores e bens recebidos de terceiro; e

IV - outros valores e bens.

Capítulo VI
Dos Demonstrativos da Gestão

Art. 193. Os resultados da gestão serão demonstrados mensalmente, através de Balancetes, e, anualmente, mediante Balanços Gerais completados por quadros analíticos das operações.

Art. 194. Sem prejuízo dos Balanços Gerais a que alude o artigo seguintes, a gestão poderá ser acompanhada mensalmente através de demonstrativos parciais organizados pelos órgãos setoriais e consolidados pelo órgão central de contabilidade.

Art. 195. As contas do exercício constituir-se-ão fundamentalmente, dos Balanços Orçamentário, Financeiro, Patrimonial e da Demonstração das Variações Patrimoniais.

Art. 196. Integrarão, ainda, as Contas do Exercício:

I - o relatório do órgão central de contabilidade;

II - os Balanços Gerais Consolidados do Estado, no tríplice aspecto orçamentário, financeiro e patrimonial, resultantes da fusão dos Balanços Gerais da Administração Direta com os Balanços Gerais das Autarquias;

III - os quadros demonstrativos previstos no art. 101 da Lei Federal nº 4320, de 17 de março de 1964.

TÍTULO X
DA FISCALIZAÇÃO E DO CONTROLE DA EXECUÇÃO ORÇAMENTÁRIA E DA ADMINISTRAÇÃO FINANCEIRA

Capítulo I
Das Disposições Preliminares

Art. 197. A fiscalização financeira e orçamentária do Estado será exercida pela Assembléia Legislativa, mediante controle externo, e pelos sistemas de controle interno do Poder Executivo, instituídos por lei.

Art. 198. O controle externo da administração financeira e da execução orçamentária do Estado far-se-á a posteriori e observará as disposições da Lei Federal nº 4320, de 17 de março de 1964, Lei Complementar nº 9 Controle de Leis, de 12 de dezembro de 1977 e legislação correlata subsequente.

Art. 199. O Governador do Estado apresentará, concomitantemente, à Assembléia Legislativa e ao Tribunal de Contas, dentro de 60 (sessenta) dias após a abertura da sessão legislativa, as contas relativas ao ano anterior.

Capítulo II
Do Controle Interno

Art. 200. O controle interno será exercido sobre todas as unidades administrativas dos poderes Legislativo, Executivo e Judiciário do Estado.

Art. 201. A auditoria, no serviço Público Estadual, é atividade de fiscalização e assessoramento e constitui etapa superior e final do controle interno, a fim de:

I - criar condições indispensáveis para assegurar eficácia ao controle externo, a cargo do Tribunal de Contas do Estado e regularidade à realização da receita e despesa;

II - acompanhar a execução dos programas de trabalho e a dos orçamentos;

III - avaliar os resultados alcançados pelos administradores e verificar a execução dos contratos.

Art. 202. O controle interno obedecerá, de modo geral, aos seguintes princípios:

I - verificação da regularidade da arrecadação e recolhimento da receita assim como a do empenho, liquidação e pagamento da despesa;

II - verificação da legalidade dos atos de execução orçamentária, que será prévia, concomitante e subsequente;

III - verificação dos programas de trabalho e de sua execução;

IV - fidelidade funcional dos agentes e responsáveis por bens, numerários e valores.

§ 1º - Além das prestações e tomadas de cotas sistemáticas e periódicas, mensais, anuais ou por fim de gestão haverá, a qualquer tempo, inspeções e verificações locais da ação dos responsáveis por bens, numerário e valores do Estado ou pelos quais este responda.

§ 2º - Os servidores incumbidos do desempenho do controle interno responderão, nos termos da legislação em vigor, pelos danos que causarem ao Estado ou a terceiros, por quebra de sigilo.

Art. 203. Estão sujeitos ao controle interno:

I - o gestor de dinheiro e todos quantos houverem preparado e arrecadado receitas orçamentárias e extra-orçamentárias, hajam ordenado e paga despesas orçamentárias e extra-orçamentárias, ou tenham, sob sua guarda ou administração, bens, numerário e valores do Estado ou pelos quais este responda;

II - os servidores do Estado, ou qualquer pessoa ou entidade, estipendiadas pelos cofres públicos ou não, que derem causa a perda, extravio, dano ou destruição de bens, numerário e valores da Fazenda ou pelos quais elas responda;

III - os dirigentes de entidades autárquicas, fundações instituídas ou mantidas pelo Poder Público, fundos especiais, empresas públicas, sociedade de economia mista e responsáveis por adiantamentos;

IV - os dirigentes de serviços industriais ou comerciais e de repartições ou órgãos incumbidos da execução de serviços ou planos específicos, com autonomia administrativa ou financeira, mas sem personalidade jurídica;

V - as entidades de direito privado beneficiárias de auxílios e subvenções do Estado, na conformidade do art. 41 deste Código.

Art. 204. Para os efeitos do presente Código, incluem-se no Controle Interno:

I - o exame da prestação de contas de entidades de direito privado, beneficiárias de auxílios e subvenções do Estado;

II - em geral, as verificações de ordem contábil e econômico-financeira, em todos os casos de interesse da Fazenda em juízo ou fora dele.

Art. 205. A sujeição ao Controle Interno processar-se-á por meio de:

I - prestação de contas;

II - tomada de contas;

III - acompanhamento dos programas de trabalho.

Art. 206. São competentes para o desempenho de Controle Interno, no âmbito do Poder Executivo:

I - a Auditoria Geral, como órgão central;

II - a Inspetoria Geral de Finanças;

III - as Inspetorias Setoriais de Finanças;

IV - os órgãos de contabilidade, nas autarquias.

Art. 207. Os processos de prestação de tomadas de contas, excetuados os casos enumerados no parágrafo único deste artigo, serão encaminhados ao Tribunal de Contas do Estado, no prazo máximo de 180 (cento e oitenta) dias do encerramento do exercício, instruídos com os elementos e peças exigidos por aquele órgão, acompanhados do Certificado de Auditoria expedido pela Auditoria Geral do Estado.

Parágrafo único – Será de 120 (cento e vinte) dias o prazo indicado no caput do artigo, quando as tomadas de contas resultarem de:

a) impugnação de despesas feitas por adiantamentos;

b) verificação de que os responsáveis sujeitos a prestação de contas deixarem de cumpri-las nos prazos e condições fixados e, lei, regulamento ou instrução;

c) desfalque ou desvio de bens do Estado ou pelos quais este responda;

d) outras irregularidades de que resulte prejuízo à Fazenda Pública.

Art. 208. Os demais Poderes instituirão seus sistemas de controle interno, visando a dar integral cumprimento ao disposto neste Código, adotando as normas e planos de contabilidade vigentes no Poder Executivo.

Capítulo III
Do Controle Externo

Seção I
Da Fiscalização Financeira e Orçamentária

Art. 209. A fiscalização financeira e orçamentária do Estado é exercida pela Assembléia Legislativa, mediante controle externo, e pelos sistemas de controle interno instituídos por este Código.

§ 1º – O controle externo da Assembléia Legislativa é exercido com o auxílio do Tribunal de Contas e compreenderá a apreciação das contas do Governador o desempenho das funções de auditoria financeira e orçamentária, bem como o julgamento das contas dos administradores e demais responsáveis por bens e valores públicos.

§ 2º – O Tribunal de Contas dará parecer prévio, em sessenta dias, sobre as contas que o Governador prestar anualmente; não sendo estas enviadas dentro do prazo, o fato será comunicado à Assembléia Legislativa, para fins de direito, devendo o Tribunal, em qualquer caso, apresentar minucioso relatório do exercício encerrado.

§ 3º – O parecer referido no parágrafo anterior será encaminhado, concomitantemente, à Assembléia Legislativa e ao Governador do Estado.

§ 4º – A auditoria financeira e orçamentária será exercida sobre as contas das unidades administrativas dos Poderes do Estado que, para este fim, deverão remeter demonstrativos contábeis ao Tribunal de Contas, cabendo a este realizar as inspeções que considerar necessárias.

§ 5º – O julgamento da regularidade das contas dos administradores e demais responsáveis será baseado em levantamentos contábeis, certificados de auditoria e pronunciamento das autoridades administrativas, sem prejuízo das inspeções referidas no parágrafo anterior.

Art. 210. A Assembléia Legislativa julgará, no decurso da sessão legislativa em que forem recebidas, as contas que o Governador prestar.

Parágrafo único – Considerar-se-ão aprovadas as contas se a Assembléia Legislativa não se manifestar, em definitivo, dentro do prazo previsto neste artigo.

Seção II
Do Tribunal de Contas

Art. 211. O Tribunal de contas tem jurisdição e competência instituídas pela Constituição do Estado do Rio de Janeiro e definidas na Lei Complementar nº 9 Controle de Leis, de 12 de dezembro de 1977 e legislação posterior.

TÍTULO XI
DAS LICITAÇÕES E DOS CONTRATOS ADMINISTRATIVOS

Capítulo I
Das Disposições Preliminares

Art. 212. Os contatos da administração direta e autárquica do Estado subordinar-se-ão, quanto ao seu conteúdo, ao regime do direito público ou do direito privado, conforme a natureza da prestação a que se obriga o contratante com a administração.

Parágrafo único – Os contratos, para que produzam efeito, deverão ser publicados, ao menos em resumo, no órgão oficial do Estado, observado o disposto no art. 242 deste Código.

Art. 213. Nos casos em que se exige a realização de concorrência, ainda que esta, nos termos do § 3º do art. 217 deste Código, seja dispensada, o contrato escrito é obrigatório, sob pena de nulidade do ato que não se revestir dessa formalidade.

§ 1º – Nos demais casos, ainda que dispensável a licitação, os atos de que possam decorrer obrigações de natureza convencional só são válidos se constarem de documento emitido na forma regulamentar, assim considerados, entre outros, a carta-contrato, a nota de empenho, a autorização de compra ou a ordem de execução de serviço.

§ 2º – Em qualquer caso, no contrato ou documento que a ele corresponder, não poderão ser dispensadas condições exigidas na licitação nem exigidas as que nela não figurem.

Art. 214. As normas do presente Código, salvo disposições em contrário, aplicam-se a todo ato de natureza convencional, entre outros, os acordos, os convênios, os ajustes e os compromissos em que for parte o Estado do Rio de Janeiro ou entidade de sua administração direta ou autárquica.

Capítulo II
Das Licitações e sua Dispensa

Art. 215. As obras, os serviços, as compras e as alienações da administração direta e autárquica do Estado do Rio de Janeiro realizar-se-ão com estrita observância do princípio da licitação, salvo as execuções previstas neste código.

Art. 216. São modalidades de licitação:

I - a concorrência;

II - a tomada de preços;

III - o convite.

§ 1º - Concorrência é a modalidade de licitação a que deve recorrer a administração nos casos de compras, obras ou serviços de vulto, em que se admite a participação de qualquer licitante através de convocação da maior amplitude.

§ 2º - Nas concorrências, haverá, obrigatoriamente, uma fase inicial de habilitação preliminar destinada a comprovar a plena qualificação dos interessados para realização do fornecimento ou execução da obra ou serviço programados.

§ 3º - Tomada de preços é a modalidade de licitação entre interessados previamente registrados, observada a necessária habilitação.

§ 4º - Convite é a modalidade de licitação entre interessados no ramo pertinente ao objeto da licitação, em número mínimo de 3 (três), escolhidos pela unidade administrativa, registrados ou não, e convocados por escrito com antecedência mínima de 3 (três) dias úteis.

§ 5º - Quando cabíveis, na forma do que dispuser o regulamento, serão admitidos, como modalidades de licitação, o leilão e o concurso, observadas, conforme os limites de valores estabelecidos no artigo seguinte, as exigências de publicidade de que trata o art. 218.

§ 6º - Sempre que razões técnicas determinem o fracionamento de obra ou serviço em duas ou mais partes, será escolhida a modalidade de licitação que regeria a totalidade da obra ou do serviço.

§ 7º - As licitações para fornecimento de materiais ou equipamentos, realizadas sob a modalidade de tomada de preços, poderão admitir a proposta de preços unitários considerados válidos para um período de 90 (noventa) dias, contados da data da adjudicação, durante o qual prevalecerão, para atender às requisições que se tornarem necessárias ao serviço público.

Art. 217. As licitações observarão os limites de valores a seguir, considerada como unidade de cálculo o maior Valor de Referência estabelecido na legislação federal (*).

I – para obras:

a) a convite, se inferiores a 250 vezes o Valor da Referência;

b) tomada de preços, se inferiores a 7500 vezes o Valor de Referência;

c) concorrência, iguais ou superiores a 7500 vezes o Valor de Referência;

II – para serviços, compras e alienações:

a) convite, se inferiores a 50 vezes o Valor de Referência;

b) tomada de preços, se inferiores a 5000 vezes o Valor de Referência;

c) concorrência, se iguais ou superiores a 5000 vezes o Valor de Referência.

§ 1º – O Valor de Referência a ser utilizado é o vigente na data em que a abertura da licitação for autorizada ou na data em que a licitação for dispensada.

§ 2º – Se convier ao interesse público, poderá a Administração optar por modalidade de licitação prevista neste Código para valores mais elevados, independentemente dos limites fixados para o caso.

§ 3º – É dispensável a licitação:

a) nos casos de guerra, grave perturbação da ordem ou calamidade pública;

b) quando sua realização comprometer a segurança pública, a juízo do Governador;

c) quando não acudirem interessados à licitação anterior, mantidas, neste caso, as condições preestabelecidas;

d) na aquisição de bens que só possam ser fornecidos por produtor, empresa ou representante comercial exclusivos, bem como na contratação de serviços com profissionais ou firmas de notória especialização;

e) na aquisição de obras de arte e objetos históricos;

f) quando a operação envolver, exclusivamente, concessionário de serviço público ou pessoa de direito público interno, ou entidade sujeita ao seu controle majoritário;

g) na aquisição ou arrendamento de imóveis destinados ao serviço público;

h) nos casos de emergência, caracterizada a urgência de atendimento de situação que possa ocasionar grave prejuízo ou comprometer a segurança de pessoas, obras, bens ou serviços;

i) nas obras até 50 vezes o Valor de Referência e nos serviços, compras e despesas miúdas e de pronto pagamento, até 5 vezes o Valor de Referência.

§ 4º - A dispensa de licitação, nos casos das alíneas d, e, g e h será imediatamente justificada perante a autoridade superior, que a ratificará ou não, e, sendo o caso, promoverá a responsabilidade de quem a determinou.

§ 5º - O disposto no parágrafo anterior só se aplica às despesas de valor superior a 150 vezes o Valor de Referência, exceto a dispensa de licitação com base na alínea h deste artigo.

§ 6º - A concessão de adiantamento, nos casos previstos no § 1º, do artigo 103, do presente Código, importa na dispensa de licitação, capitulando-se esta:

1 - na alínea i, quando relativa a despesas miúdas de pronto pagamento;

2 - na alínea h, quando relativa às seguintes despesas:

a) com diligências policiais;

b) eventuais de Gabinete;

c) extraordinárias ou urgentes;

d) de caráter secreto ou reservado.

§ 7º - Fica o Poder Executivo autorizado a rever, periodicamente, os limites estabelecidos neste artigo, para o fim de ajustá-los às variações, de natureza geral ou específica, nos níveis de preços das obras, serviços, compras e alienações, vigentes no Estado do Rio de Janeiro. § 7º acrescentado pela Lei nº 559 Controle de Leis, de 11 de agosto de 1982)

Art. 218. A publicidade das licitações será assegurada:

I - no caso de concorrência, mediante publicação no órgão oficial e na imprensa diária local, com antecedência mínima de 15 (quinze) dias, de notícia resumida de sua abertura, indicando-se o local em que os interessados poderão obter o edital e todas as informações necessárias;

II - no caso de tomada de preços, mediante afixação de edital, com antecedência mínima de 10 (dez) dias, em local acessível aos interessados, e comunicação às respectivas entidades de classe, facultada a publicação.

§ 1º - Em qualquer caso, se prevista a celebração de contrato escrito, será desde logo, assegurada aos interessados a obtenção da respectiva minuta.

§ 2º – Atendendo à natureza do objeto e ao vulto da concorrência, a administração poderá ampliar os prazos indicados neste artigo e utilizar outras formas de publicidade, nos termos do regulamento.

Art. 219. Para a realização de tomadas de preços manter-se-á registro cadastral de habilitação de firmas, periodicamente atualizados e consoante com as qualificações específicas estabelecidas em função da natureza e do vulto dos fornecimentos, obras ou serviços.

Parágrafo único – Serão fornecidos certificados de registro aos interessados inscritos.

Art. 220. Quando se tratar de execução de obra ou serviços com financiamento obtido em estabelecimentos financeiros oficiais nacionais ou entidades oficiais internacionais poderá constar do edital cláusula que discipline a aplicação de normas especiais de faturamento e/ou reajustamento dos preços contratados.

Art. 221. Constarão obrigatoriamente do edital de licitação, sob pena de invalidade:

I – indicação da modalidade de licitação;

II – dia, hora e local;

III – quem as propostas;

IV – condições de apresentação de propostas e de participação na licitação com indicação do preço estimado;

V – critério de julgamento;

VI – descrição sucinta e precisa do objeto da licitação;

VII – local e horário em que serão prestadas informações e fornecidas plantas, instruções, especificações, minuta de contrato e outros elementos relativos à licitação;

VIII – prazo e condições de execução e de entrega do objeto da licitação;

IX – modalidade de garantia, se exigida;

X – outras indicações específicas relativas à licitação, inclusive, se convier à Administração, a limitação das variações para mais ou para menos, admissíveis nas propostas, em relação ao orçamento previamente calculado.

XI – prazo previsto de consumo do material pelo órgãos da Administração ... VETADO...(Acrescentado pela Lei nº 1051 Controle de Leis, de 22 de outubro de 1986)

XII - possibilidade de ser o fornecimento de bens e serviços realizado por sociedade cooperativa constituída na forma da legislação federal vigente (Lei Federal nº 5764/71). (Acrescentado pela Lei nº 1051 Controle de Leis, de 22 de outubro de 1986)

Art. 222. Na habilitação para as licitações só se exigirá comprovações relativa a:

I - personalidade jurídica;

II - capacidade técnica;

III - idoneidade financeira;

IV - regularidade fiscal, referente à atividade em cujo exercício se licita ou contrata. (Redação dada pela Lei nº 559 Controle de Leis, de 11 de agosto de 1982)

Parágrafo único - Cabe ao Poder Executivo dispor sobre a prova da capacidade jurídica e da regularidade fiscal dos participantes em licitações promovida no âmbito da Administração Direta e Indireta e por Fundações instituídas ou mantidas pelo Poder Público. (Acrescentado Parágrafo único pela Lei nº 559 Controle de Leis, de 11 de agosto de 1982.)

Art. 223. Nas obras e serviços poderão ser adotados os seguintes regimes de execução:

I - execução direta;

II - execução indireta, nas seguintes modalidades:

a) empreitada por preço global;

b) empreitada por preço global;

c) administração contratada;

d) tarefas;

e) prestação de serviço técnico profissional especializado.

Art. 224. No julgamento das propostas serão consideradas, conforme o caso e no interesse do serviço público, as condições seguintes:

I - qualidade;

II - rendimento;

III - preço;

IV - pagamento;

V - prazos;

VI – Ter a firma, no caso de licitação para aquisição de bens ou serviços, sede no Estado do Rio de Janeiro, hipótese em que será assegurada preferência, em igualdade de preços e condições;

VII – outras, previstas no edital ou no convite.

§ 1º – No exame do preço serão consideradas todas as circunstâncias de que resulte vantagem para administração, sendo obrigatória, porém, justificação escrita do órgão ou autoridade competente sempre que não for escolhida a proposta de menor preço.

§ 2º – Não será considerada oferta de vantagem não prevista no edital ou convite, nem preço ou vantagem baseados em oferta de outro licitante.

§ 3º – Serão eliminadas as propostas que excederem as variações, para mais ou para menos, previstas em edital, dos preços correntes na praça ou do orçamento previamente calculado para a obra, o serviço ou a aquisição de material.

§ 4º – Na hipótese do parágrafo anterior, se convier ao Serviço Público, poderão ser reexaminados os valores que serviram de base para a licitação, ficando sobrestado o julgamento final das propostas até a verificação da procedência daqueles excedentes, com vistas a possibilidade de adjudicação ao licitante que tenha apresentado a melhor proposta.

Art. 225. A prestação de garantia, quando exigida, poderá revestir as seguintes modalidades:

I – caução em dinheiro, fidejussória ou em títulos da dívida pública da União e do Estado do Rio de Janeiro;

II – caução em ações ou letras de sociedade de economia mista de que o Estado seja detentor da maioria acionária;

III – fiança bancária;

IV – seguro-garantia;

V – hipoteca.

§ 1º – Os títulos da Dívida Pública e as ações ou letras de sociedade de economia mista indicados nos incisos I e II, serão caucionados pelo seu valor nominal.

§ 2º – Os títulos da Dívida Pública, da União e do Estado do Rio de Janeiro, do tipo reajustável, serão caucionados pelo seu valor atual devidamente comprovado.

§ 3º – As garantis de propostas poderão ser liberadas ou convertidas em caução contratual, uma vez adjudicado o objeto da licitação.

§ 4º - A caução contratual só será restituída após integral cumprimento do contrato, mediante ato liberatório expresso da autoridade que representou o Estado em sua celebração.

Art. 226. Sem prejuízo das perdas e danos e da multa moratória cabíveis, nos termos da lei civil, a administração poderá impor ao licitante, adjudicatário ou contratante, pelo descumprimento total ou parcial das obrigações a que esteja sujeito, as seguintes sanções:

I - multa de até 20% (vinte por cento) sobre o valor do contrato;

II - suspensão temporária da faculdade de licitar e impedimento de contratar com a administração;

III - declaração de inidoneidade para licitar e contratar com a administração.

§ 1º - A declaração de inidoneidade será publicada no órgão oficial.

§ 2º - A recusa, expressa ou não, do adjudicatário de assinar o contrato e aceitar ou retirar o instrumento correspondente, dentro do prazo estipulado, importa descumprimento total das obrigações assumidas mediante a admissão como licitante.

§ 3º - As sanções previstas neste artigo podem cumular-se e não excluem a rescisão unilateral do contrato.

Art. 227. Nos casos de atraso no fornecimento de material, na prestação de serviço ou na realização de obra, ainda que dispensada a licitação, será aplicada ao adjudicatário a multa moratória de 1% (um por cento) ao dia, por dia útil que exceder o prazo sobre o valor da nota de empenho, ou do saldo não atendido, respeitados os limites da lei civil.

§ 1º - Poderá ser relevada a multa de que trata este artigo desde que a administração declare não ter havido prejuízo para o Serviço Público.

§ 2º - A multa moratória de que trata o presente artigo não elide a estabelecida no art. 226, inciso I, que é cabível quando o adjudicatário deixar de cumprir a obrigação assumida em licitação, esgotados os prazos concedidos.

§ 3º - A prorrogação de prazo para o cumprimento de obrigação assumida em virtude de contrato ou outro documento convencional previsto no § 1º, do art. 213 deste Código, competirá à autoridade que tenha firmado o termo contratual ou, quando não houver contrato, ao titular da Unidade Orçamentária diretamente interessada na aquisição do material, na prestação do serviço ou na realização da obra.

§ 4º - O prazo de que trata o parágrafo anterior somente poderá ser objeto de prorrogação se o adjudicatário a requerer antes da respectiva extinção e desde que não cause prejuízo à Administração Pública.

§ 5º - Serão obrigatoriamente publicados no órgão oficial do Estado:

a) despacho que conceder prorrogação;

b) os atos de aplicação de sanções.

Art. 228. O regulamento estabelecerá os casos e o procedimento de impugnação dos atos praticados pela autoridade em qualquer fase da licitação ou da execução do contrato.

Art. 229. Haja ou não declaração no edital, qualquer ato componente do procedimento licitatório será anulado de ofício ou mediante recurso, se ocorrer ilegalidade no respectivo processamento ou julgamento, podendo ainda a licitação ser revogada se assim convier ao interesse público, a juízo da autoridade superior àquela que proceder à licitação.

Parágrafo único – O anulamento ou a revogação constará obrigatoriamente de decisão fundamentada.

Art. 230. O exame da habilitação preliminar e o julgamento das concorrências e tomadas de preços serão atribuídos a comissão especial de pelo menos três membros.

Art. 231. A licitação só será iniciada após definição suficiente do seu objeto e, se referente a obras, quando houver anteprojeto e especificações bastante para perfeito entendimento da obra a realizar.

Parágrafo único – O disposto na parte final deste artigo não se aplicará quando a licitação versar sobre a taxa única de redução ou acréscimo dos preços unitários, objeto da tabela de preços oficial.

Art. 232. A atuação do licitante no cumprimento de obrigações assumidas será anotada no respectivo registro cadastral.

Art. 233. As licitações de âmbito internacional ajustar-se-ão às diretrizes estabelecidas pelos órgãos responsáveis pela política monetária e pela política de comércio exterior.

Art. 234. As disposições deste capítulo aplicam-se, no que couber, às alienações, admitindo-se o leilão, neste caso, como modalidade de licitação.

Art. 235. A elaboração de projetos poderá ser objeto de concurso, com estipulações de prêmios aos concorrentes classificados, obedecidas as condições que se fixarem em regulamento.

Art. 236. Cabe às autoridades mencionadas nos incisos I a X do art. 82, autorizar a abertura de licitação ou a sua dispensa.

Capítulo III
Dos Contratos

Art. 237. Todo contrato mencionará, obrigatoriamente, os nomes das partes e de seus representantes, a finalidade, o ato que autorizou sua lavratura, o número do processo da licitação ou da respectiva dispensa, bem como a sujeição dos contratantes às normas deste Código e às cláusulas contratuais.

Parágrafo Único - Excetuam-se da obrigação do disposto neste artigo in fine as pessoas jurídicas de direito público interno não integrantes da administração estadual.

Art. 238. São Cláusulas necessárias em todo contrato, as que estabeleçam:

I - o objeto e seus elementos característicos;

II - o regime de execução;

III - o preço e as condições de pagamento e, quando for o caso, as condições e critério de reajustamento;

IV - os prazos de início e término com a submissão ao cronograma da despesa;

V - o valor, a dotação orçamentária e o número da Nota de Empenho da despesa;

VI - as penalidades e o valor da multa;

VII - as garantias, quando exigidas;

VIII - os casos de rescisão;

IX - o direito de rescisão administrativa por ato escrito unilateral nos casos indicados em regulamento;

X - quando for o caso, as condições de importação ou exportação, a data e a taxa de câmbio para conversão;

XI - a sujeição do contratante às normas da legislação tributária pertinente, em qualquer das fases ou regime de execução.

Parágrafo único - No contrato com pessoa domiciliada ou residente no estrangeiro é obrigatória a cláusula que declare competente o foro da Capital do Estado do Rio de Janeiro para dirimir qualquer questão contratual, bem como a nomeação de procurador com poderes especiais para receber citação inicial, acordar, confessar, desistir, transigir, comprometer-se em árbitro e dar quitação.

Art. 239. A fiscalização será feita obrigatória e rigorosamente com relação aos serviços executados em cada mês e o reajustamento de preços, neste caso, basear-se-á, exclusivamente, nos índices de custo determinados em cada um desses períodos de tempo.

Art. 240. Salvo disposição contrária de lei especial, os contratos não poderão Ter vigência indeterminada, admitida, porém sua prorrogação.

§ 1º – Nos contratos para arrendamento de prédios ou execução de obras ou de serviços de grande vulto, deverão ser empenhadas tão somente as prestações que, presumivelmente, serão pagas dentro de cada exercício.

§ 2º – Quando se tratar de fornecimento de gêneros alimentícios a ser efetuado por órgão da administração indireta da União, Estado ou Município, de locação de serviço ou imóvel, de fornecimento de medicamentos, nos casos de matrícula ou internamento em estabelecimento escolar ou hospitalar, bem como em outros casos análogos, a critério do Governador, a Administração poderá reconhecer a decorrência dos efeitos contratuais, num prazo máximo de 180 (cento e oitenta) dias, a partir de data anterior à emissão da nota de empenho e desde que não ultrapasse o exercício financeiro.

Art. 241. Os contatos e seus aditamentos serão lavrados nas repartições interessadas:

I – em instrumento avulso, ficando uma via no processo respectivo;

II – em termo, com força de escritura pública, lavrado em livro próprio;

III – mediante escritura pública, quando a lei exigir.

§ 1º – As minutas dos termos de contrato da administração centralizada serão obrigatoriamente submetidas ao exame da Procuradoria Geral do Estado, salvo quando o contrato obedecer às cláusulas uniformes de padrão aprovado.

§ 2º – A administração poderá adotar livro de folhas soltas para os contratos e aditivos, ao qual se destinará a via original.

Art. 242. O contrato será publicado, em extrato, dentro de 20 (vinte) dias da data da assinatura.

Art. 243. Nos casos em que for dispensável a licitação e nos outros expressamente previstos em regulamento, a Administração poderá, mediante despacho fundamentado, consentir na cessão do contrato desde que esta convenha ao interesse público e o cessionário atenda às exigências de habilitação prevista no artigo 222, deste código.

Parágrafo único – O consentimento na cessão não importa em quitação ou exoneração de responsabilidade do cedente perante a Administração.

Art. 244. Salvo disposição contrária, a prorrogação, a rescisão administrativa ou a revisão dos contratos poderá efetuar-se independentemente de cláusula expressa, entre outras estabelecidas em regulamento, observadas, porém, as condições e formalidades previstas para celebração daqueles.

Parágrafo único – A revisão de contrato que tenha por objetivo o reajustamento de preços só será admitida se as condições de revisão de preço estiverem previstas no ato convocatório da licitação.

Art. 245. As despesas relativas à celebração de qualquer contrato cabem ao contratante, salvo casos especiais em que, no interesse exclusivo da Administração ou por convenção expressa, sejam assumidas pelo Estado do Rio de Janeiro.

Art. 246. Não serão passíveis de reajustamento os preços de:

I – trabalhos de natureza exclusivamente técnica, entre eles incluídos os projetos de arquitetura, de estrutura, de instalações e outros congêneres;

II – materiais depositados na obra anteriormente à variação dos preços no mercado;

III – contratos que envolvam apenas fornecimento de material.

§ 1º – Não se aplica o disposto no presente artigo aos contratos cujo prazo contratual previsto for igual ou superior a um ano.

§ 2º – Em nenhuma hipótese, a revisão excluirá do contrato o reconhecimento de que os riscos da execução correm por conta do adjucatário.

Art. 247. Em caso de equipamento ou produto de fabricação nacional de emprego ou instalação em obra ou serviço que, a critério da Administração, seja reconhecido de natureza especial, poderá ser feito reajustamento de preços unitários, sendo lícito considerar as fórmulas que, para esse fim, sejam fornecidas pelos órgãos federais reguladores de preços.

§ 1º – Para efeito do disposto neste artigo considera-se prestação de serviços a fabricação de equipamentos ou implementos pela indústria nacional.

§ 2º – Nos contratos firmados por órgãos da administração direta e indireta e fundações instituídas ou mantidas pelo Poder Público, entre si ou com outros da União, Estados e Municípios, admitir-se-á o emprego de preços indexados segundo padrões estabelecidos em lei federal.

TÍTULO XII
DA ADMINISTRAÇÃO INDIRETA

Capítulo I
Das Disposições Preliminares

Art. 248. Integram a administração indireta as autarquias, as sociedades de economia mista e as empresas públicas.

Art. 249. Para os fins deste Código, considera-se:

I - autarquia - o serviço autônomo, criado por lei, com personalidade jurídica, patrimônio e receita próprios, para executar atividades típicas da administração pública, que requeiram, para seu melhor funcionamento, gestão administrativa e financeira descentralizada;

II - sociedade de economia mista - a entidade dotada de personalidade jurídica de direito privado, criada por lei para a exploração de atividade econômica, sob a forma de sociedade anônima, cujas ações com direito a voto pertençam, em sua maioria, ao Estado ou a entidade da administração indireta;

III - empresa pública - a entidade dotada de personalidade jurídica de direito privado, com patrimônio próprio e capital exclusivo do Estado, criado por lei para a exploração de atividade econômica que o Estado seja levado a exercer por força de contingência administrativa, podendo revestir-se de qualquer das formas admitidas em direito.

Parágrafo único - Desde que a maioria do capital com direito a voto permaneça de propriedade do Estado, será admitida, no capital da empresa pública, a participação de outras pessoas jurídicas de direito público interno, bem como de entidades da administração indireta da União, dos Estados e dos Municípios.

Art. 250. A administração financeira das entidades referidas no artigo anterior, bem como das fundações instituídas ou mantidas pelo Poder Público, obedecerá às normas estabelecidas para a administração direta, sempre que a matéria não estiver disciplinada em norma especial.

Art. 251. As entidades não submetidas ao regime de Conta Única e de Unidade de Tesouraria, só poderão movimentar contas e efetuar operações bancárias em estabelecimento de crédito do qual o Estado detenha a maioria acionária, salvo autorização expressa do Secretário de Estado de Fazenda.

Capítulo II
Das Autarquias

Art. 252. As autarquias funcionarão de acordo com legislação própria, sujeitando-se porém às disposições do presente Código.

Art. 253. As entidades mencionadas no artigo anterior terão seus orçamentos aprovados por decreto do Poder Executivo e estarão sujeitas aos créditos gerais de execução e controle orçamentários, devendo, inclusive, enquadrar-se nas eventuais restrições financeiras e orçamentárias resultantes dos planos de Governo.

Parágrafo único - É obrigatória a inclusão, nos orçamentos das autarquias, de dotação necessária ao pagamento dos seus débitos constantes de precatórios judiciários apresentados até 1º de julho.

Art. 254. Os orçamentos das referidas entidades obedecerão aos padrões e normas instituídos para o orçamento da administração direta, sem prejuízo dos princípios gerais de Direito Financeiro estabelecidos pela lei federal, ajustados às respectivas peculiaridades.

Art. 255. A inclusão no orçamento geral do Estado da receita e da despesa das entidades autárquicas será feita em dotações globais e não lhes prejudicará a autonomia na gestão dos recursos, nos termos da legislação específica, devendo a previsão da receita dessas entidades abranger todas as rendas, inclusive o produto de operações de crédito.

Art. 256. Os dirigentes de autarquias estão sujeitos à prestação de contas na forma do disposto em Lei Complementar e só por ato do Tribunal de Contas podem ser liberados de sua responsabilidade.

Art. 257. A contabilidade das entidades autárquicas, os resultados anuais da gestão, os balanços orçamentário, financeiro e patrimonial e a demonstração das variações patrimoniais, sem prejuízo das peculiaridades daquelas entidades obedecerão às normas de organização e à padronização baixadas pela Inspetoria Geral de Finanças.

Art. 258. Para os fins de incorporação obrigatória dos resultados, ao Balanço Geral do Estado, as autarquias remeterão à Inspetoria Geral de Finanças, até o dia 28 (vinte e oito) de fevereiro de cada ano, os demonstrativos da gestão do exercício anterior, organizados de conformidade com os arts. 195 e 196 deste Código.

Parágrafo único – Os orçamentos e balanços das autarquias serão publicados como complementos dos quadros de detalhamento da despesa e do balanço do Estado.

Capítulo III
Das Sociedades de Economia Mista e das Empresas Públicas

Art. 259. O orçamento das sociedades de economia mista e das empresas públicas observará as normas gerais de Direito Financeiro que lhe forem aplicáveis e, após verificada pelo órgão central do sistema de planejamento sua compatibilidade com a política de desenvolvimento estadual, será submetido ao Governador do Estado.

Parágrafo único – As propostas parciais serão encaminhadas ao órgão central do sistema de planejamento, acompanhadas de parecer da Secretaria de Estado a que estiver vinculada a entidade.

Art. 260. O Poder Executivo, em conseqüência das verificações que resultarem dos controles instituídos, poderá, conforme o caso, declarar a nulidade ou promover a anulação de todo e qualquer ato lesivo ao patrimônio das sociedades mencionadas.

Art. 261. As sociedades de economia mista e as empresas públicas estão sujeitas à fiscalização financeira do Tribunal de Contas do Estado, nos termos do disposto em Lei Complementar, sem prejuízo do controle exercido pelo Poder Executivo.

TÍTULO XIII
DAS FUNDAÇÕES

Art. 262. As fundações instituídas ou mantidas pelo Estado não constituem entidades da administração indireta, mas aplicam-se-lhes as normas de supervisão e de controle estabelecidas neste Código.

Art. 263. O orçamento das fundações instituídas ou mantidas pelo Estado observará as normas gerais de Direito Financeiro que lhe forem aplicáveis e, após verificada pelo órgão central do sistema de planejamento sua compatibilidade com a política de desenvolvimento estadual, será submetido ao Governador do Estado.

Parágrafo único – As propostas parciais serão encaminhadas ao órgão central do sistema de planejamento, acompanhadas de parecer da Secretaria de Estado a cuja supervisão estiver sujeita a fundação.

Art. 264. As fundações instituídas ou mantidas pelo Estado estão sujeitas à fiscalização financeira do Tribunal de Contas do Estado, nos termos do disposto em Lei Complementar, sem prejuízo do controle exercido pelo Poder Executivo.

TÍTULO XIV
DOS SERVIÇOS INDUSTRIAIS E COMERCIAIS

Art. 265. Os serviços industriais e comerciais do Estado poderão ter autonomia administrativa ou financeira, sem personalidade jurídica própria devendo observar os preceitos relativos à administração direta, sem prejuízo das peculiaridades de cada serviço.

TÍTULO XV
DOS FUNDOS ESPECIAIS

Art. 266. Constitui fundo especial o produto de receitas especificadas, que por lei se destinam a realização de determinados objetivos ou serviços, facultada a adoção de normas peculiares de aplicação.

Parágrafo único – A aplicação das receitas previstas neste artigo far-se-á por dotação global, consignada na Lei de Orçamento ou em créditos adicionais.

Art. 267. As receitas das aplicações financeiras realizadas pelos Fundos Especiais do Estado constituem rendas próprias dos respectivos fundos.

Art. 268. Salvo disposição em contrário na lei que o instituir, o saldo do fundo especial, apurado em balanço, será transferido para o exercício seguinte, a crédito do mesmo fundo.

Art. 269. Os gestores de fundos especiais estão sujeitos a prestação de contas e só por ato do Tribunal de Contas podem ser liberados de sua responsabilidade.

TÍTULO XVI
DAS RESPONSABILIDADES, DAS INFRAÇÕES E DAS MULTAS E PENALIDADES

Capítulo I
Das Responsabilidades

Art. 270. A inobservância dos deveres impostos por este Código, poderá sujeitar os infratores a cominações civis, penais e administrativas.

§ 1º - A responsabilidade civil decorre de procedimento doloso ou culposo que importe em prejuízo para o Estado ou para terceiros.

§ 2º - A responsabilidade penal abrange os crimes e contravenções imputados ao servidor, nessa qualidade, tendo em vista o disposto na legislação penal aplicável.

§ 3º - A responsabilidade administrativa resulta de ato ou omissão praticados no desempenho do cargo, função ou em razão deles.

§ 4º - A verificação da responsabilidade por transgressão a qualquer norma deste Código, procedida pelos órgãos de controle, constituirá apuração sumária que se destinará, se for o caso, a instauração de processo disciplinar, na forma da lei aplicável ao servidor.

Art. 271. A responsabilidade pela correção e regularidade dos pagamentos cabe:

I - aos servidores incumbidos pela correção e regularidade dos pagamentos cabe:

a) ordens de pagamento sem os requisitos legais;

b) quantias arrestadas com o seu conhecimento;

c) pagamento a pessoa sem direito ao recebimento;

II - aos pagadores:

a) se os documentos não estiverem revestidos dos requisitos determinados em instruções vigentes:

b) se os documentos estiverem emendados ou rasurados em detrimento de seus requisitos essenciais;

c) se efetuarem pagamentos a pessoas diferentes das indicadas nos documentos;

d) se efetuarem os pagamentos sem recibo ou com recibo inaceitável;

III - aos responsáveis pela liquidação da despesa, se:

a) por erros, falhas ou omissões no processamento, tiverem induzido os ordenadores de despesa a excederem os limites legais desta;

b) as ordens de pagamento contiverem erros insanáveis de classificação;

IV – aos ordenadores de despesa, quando a despesa tiver sido previamente impugnada pelos serviços de contabilidade ou outros órgãos competentes.

Art. 272. Os servidores encarregados do pagamento, arrecadação ou guarda de dinheiro ou valor mobiliário do Estado do Rio de Janeiro, prestarão fiança na forma que vier a ser regulamentada.

Art. 273. É defeso aos dirigentes dos órgãos da administração direta, indireta e das fundações instituídas ou mantidas pelo Poder Público, intervir em qualquer negócio ou operação em que tenham interesse próprio.

Art. 274. Os dirigentes dos órgãos colegiados são solidariamente responsáveis pelos prejuízos ou danos causados pelo não cumprimento dos deveres fixados neste Código.

Parágrafo único – Os dirigentes, convencidos do não cumprimento desses deveres por parte dos demais integrantes do mesmo colegiado, que deixarem de levar, a quem de direito, o conhecimento das irregularidades, tornar-se-ão, por elas, também responsáveis.

Art. 275. Consideram-se valores em poder dos responsáveis, as importâncias correspondentes a:

I – omissões ou faltas de recolhimento de receita;

II – despesas indevidamente realizadas;

III – alcances verificados em caixa.

Art. 276. Os agentes responsáveis por valores do Estado do Rio de Janeiro não serão exonerados da responsabilidade de fundos perdidos ou ilicitamente desapossados por terceiros, senão mediante prova de haverem sido observadas todas as cautelas e prescrições regulamentares.

Capítulo II
Das Infrações e Penalidades

Art. 277. Além das multas aplicáveis pelas autoridades no art. 82 e pelo Tribunal de Contas do Estado, na sua ação Fiscalizadora, o infrator das normas estabelecidas neste Código e seu regulamento, estará sujeito a penas disciplinares.

Parágrafo único – As penas disciplinares a que se refere este artigo serão:

1. genéricas, de acordo com o previsto nas respectivas normas legais ou regulamentos;

2. específicas, quando incidirem nas faltas abaixo discriminadas;

2.1 praticar ato de administração financeira sem documento que comprove a respectiva operação;

2.2 deixar de registrar ou permitir que fique sem registro documento relativo a ato de administração financeira, ou registrá-lo em desacordo com os preceitos deste Código;

2.3 deixar de registrar os atos relativos à dívida pública, fundada ou flutuante, com a individuação e as especificações previstas neste Código, ou em lei relativa a crédito público;

2.4 deixar, como responsável de órgão autárquico, de remeter a proposta do orçamento para o exercício seguinte, com os elementos necessários a sua apreciação, nos prazos previstos neste Código, ou organizá-la em desacordo com os princípios que lhe são aplicáveis;

2.5 infringir, na elaboração da proposta orçamentária do Estado, qualquer norma ou princípio estabelecido neste Código;

2.6 exigir tributo, ou aumentá-lo, sem que a lei o estabeleça, ou cobrá-lo, em cada exercício, sem que a lei que o houver instituído ou aumentado esteja em vigor antes do início do exercício financeiro;

2.7 deixar de realizar a efetiva percepção das rendas que lhe competir arrecadar, ou arrecadá-las fora do prazo previsto em lei;

2.8 deixar de controlar os processos e papéis dos quais resulte direito ou obrigação para o Estado, ou fazê-lo deficientemente;

2.9 deixar de representar, a quem de direito, sobre evasão de tributos ou quaisquer fraudes fiscais;

2.10 deixar de promover ou, de qualquer forma, embaraçar o andamento de processos ou papéis de que resultem receita ou despesa, ou que, de algum modo, interessem aos serviços de contabilidade ou controle.

2.11 Realizar despesas sem o empenho prévio, ressalvadas as exceções previstas em lei;

2.12 Deixar de consignar, na nota de empenho, os requisitos essenciais previstos neste Código;

2.13 Emitir nota de empenho sem prévia autorização ou, quando for o caso, sem a respectiva licitação;

2.14 Pagar despesa sem estar devidamente liquidada;

2.15 Deixar de consignar, individualmente, a responsabilidade de ordenadores ou pagadores de despesas, cuja realização contrarie, no todo ou em parte, as exigências legais.

2.16 Não abrir, o responsável por adiantamento, a conta bancária aludida no inciso II do art. 107 deste Código;

2.17 Entregar adiantamento sem expressa determinação legal;

2.18 Deixar de fazer, como responsável por adiantamento, pagamento por meio de cheques nominativos, quando for o caso;

2.19 Deixar de recolher, dentro dos prazos, os saldos dos adiantamentos e as importâncias retidas em favor de terceiros;

2.20 Deixar de remeter ao Tribunal de Contas do Estado ou a outros órgãos de controle, nos prazos estabelecidos, os elementos indispensáveis à fiscalização da administração financeira;

2.21 Deixar de observar quaisquer normas de controle interno ou externo;

2.22 Dar aos créditos adicionais destinação diversa da prevista;

2.23 Ordenar a execução de obras, seja qual for a modalidade dessa execução e a origem dos recursos, sem que os projetos e orçamentos tenham sido aprovados por autoridade competente;

2.24 Celebrar contrato em desacordo com os princípios estabelecidos neste Código;

2.25 Dispensar garantia quando exigida;

2.26 Reajustar preços ficados em contrato, em desacordo com os critérios preestabelecidos;

2.27 Deixar de realizar licitações na forma e quando exigidos por este Código;

2.28 Infringir princípios relativos ao julgamento das licitações;

2.29 Dar ao empréstimo público, no todo ou em parte, aplicação diversa da estabelecida na lei que o autorizou;

2.30 Deixar de exigir a prestação de contas dos responsáveis, na forma deste Código e do que estabelece a legislação que dispõe sobre o controle externo da administração financeira.

Art. 278. É responsável, civil, penal e disciplinarmente, aquele que der ou cumprir ordens que impliquem em obrigação para o Estado, sem a competente e expressa autorização legal ou regulamentar.

Art. 279. A apuração da responsabilidade administrativa do servidor será disciplinada em regulamento e não prescindirá da audiência dos órgãos de controle interno.

Parágrafo único - Na aplicação da penalidade serão sempre observadas, dentre outras circunstâncias, as condições de exercício da função, a relevância da falta, o grau de instrução do servidor e sua qualificação funcional, bem assim se agiu com dolo ou culpa.

Capítulo III
Das Multas a Servidores

Art. 280. São competentes para aplicar multas, sem prejuízo da ação do Tribunal de Contas, e determinar as formas do seu recolhimento, as autoridades enumeradas no art. 82 do presente Código.

Art. 281. O servidor poderá optar pelo desconto em folha, como meio de quitação.

§ 1º - O número e o valor das parcelas serão fixados pela autoridade administrativa a que alude o art. 82, deste Código.

§ 2º - Se o responsável não pertencer aos quadros do pessoal do Estado, a multa será cobrada conforme determinar a lei civil.

Art. 282. Estarão sujeitos à multa de 0,5 a 30 UFERJs:

a) os servidores indicados nos incisos I a IV do art. 271, pela prática dos atos enumerados nos citados incisos;

b) qualquer servidor não incluído no inciso anterior, responsável por bens, numerário ou valores do Estado, que der causa a perda, extravio, estrago ou destruição dos mesmos;

c) os responsáveis por adiantamento que deixarem de observar o prazo fixado para comprovação, ou cuja comprovação for impugnada pelo respectivo ordenador, bem como o requisitante do adiantamento, pela não observância do prazo para remessa do processo de prestação de contas ao órgão de contabilidade analítica competente.

Art. 283. O recolhimento da multa, na forma do artigo anterior, não isenta o servidor da responsabilidade pela reparação dos danos causados à Fazenda Pública Estadual, nem elide a aplicação das penas genéricas ou específicas, quando cabíveis, a critério da autoridade administrativa.

Art. 284. Se o fato delituoso tiver origem em processo de despesa, este terá curso normal após a instauração da representação e mediante despacho da autoridade competente, consignando o número e a data do processo que formalizará tal representação.

Art. 285. São corresponsáveis e sujeitos às mesmas penas, os servidores que, de qualquer forma, se omitirem no processo ou concorrerem para delito, se, por dever de ofício devessem evitá-lo.

Art. 286. Constitui infração, para os fins do disposto neste capítulo, o não cumprimento das determinações constantes de leis, decretos, e outros atos sobre Administração Financeira, Contabilidade e Auditoria, emanados de autoridade competente.

Art. 287. A falta de cumprimento dos deveres estabelecidos neste Código, assim como das ordens e instruções expedidas pelas autoridades competentes para a execução das normas de administração Financeira e Contabilidade Pública, sujeitará os infratores, se este Código não determinar sanção especial, à pena de 1 (hum) a 30 (trinta) UFERJs, conforme a gravidade da falta, a ser imposta pelo Governador, sem prejuízo da ação do Tribunal de Contas.

Art. 288. Incorrem nas penalidades do artigo anterior os responsáveis pelos órgãos de controle interno que não representarem contra aqueles que, por qualquer forma, se opuserem, embaraçarem ou negligenciarem a observância das normas prescritas neste Código e nas instruções complementares.

TÍTULO XVII
DAS DISPOSIÇÕES FINAIS E TRANSITÓRIAS

Art. 289. A delegação de competência para a prática dos atos previstos neste Código será expressa e far-se-á na conformidade das disposições legais e regulamentares.

Parágrafo único – A autoridade que delegar competência dará imediato conhecimento do seu ato ao Tribunal de Contas e à Secretaria de Estado de Fazenda.

Art. 290. As publicações previstas neste Código serão obrigatoriamente feitas no Diário Oficial do Estado do Rio de Janeiro.

Art. 291. Quaisquer retificações nas peças dos processos deverão ser feitas com tinta carmim, sem rasuras, no texto e na emenda, de modo a ficarem legíveis os caracteres anteriores, devendo ser ressalvadas, datadas e assinadas, ainda a tinta carmim, pelo primitivo signatário ou seu substituto legal.

Art. 292. Ficam mantidos os Decretos-Leis nºs 10 e 22, de 15 de março de 1975, revogados os Decretos-Leis nºs 20 e 21, de 15 de março de 1975, 236 e 237, de 21 de julho de 1975, 298, de 24 de fevereiro de 1976, 376, de 15 de fevereiro de 1978, 389, de 15 de junho de 1978, e demais disposições em contrário.

Art. 293. Este Código entrará em vigor em 1º de janeiro de 1980, devendo as normas regulamentares conseqüentes serem baixadas no prazo de 90 (noventa) dias.

Rio de Janeiro, 04 de dezembro de 1979.

A. DE P. CHAGAS FREITAS

Governador

LEI COMPLEMENTAR Nº 63, DE 01 DE AGOSTO DE 1990

- DISPÕE SOBRE A LEI ORGÂNICA DO TRIBUNAL DE CONTAS DO ESTADO DO RIO DE JANEIRO E DÁ OUTRAS PROVIDÊNCIAS.

- ALTERADA PELA ADI 4191-6/09 (ACÓRDÃO STF - DJE 28.05.20).

ÍNDICE

Capítulo I
DA COMPETÊNCIA

Art. 1º. Ao Tribunal de Contas do Estado do Rio de Janeiro, órgão de controle externo, compete, na forma estabelecida nesta lei: (Redação original restabelecida pela ADI nº 4.191/09 (Acórdão STF – DJE 28.05.20).

I – julgar as contas dos administradores e demais responsáveis por dinheiros, bens e valores públicos das unidades dos Poderes do Estado e das entidades da administração indireta, incluídas as fundações e sociedades instituídas e mantidas pelo Poder Público estadual, os fundos e as contas daqueles que derem causa a perda, extravio ou outra irregularidade de que resulte dano ao erário;

II – exercer a fiscalização contábil, financeira, orçamentária, operacional e patrimonial das unidades dos Poderes do Estado e das demais entidades referidas no inciso anterior.

Art. 2º. No julgamento das contas e na fiscalização que lhe compete, o tribunal decidirá sobre a legalidade, a legitimidade e a economicidade dos atos de gestão e das despesas deles decorrentes, bem como sobre a aplicação de subvenções, auxílios e a renúncia de receitas. (Redação original restabelecida pela ADI nº 4.191/09 (Acórdão STF – DJE 28.05.20).

Art. 3º. Compete, também, ao Tribunal de Contas:

I - apreciar as contas prestadas anualmente pelo Governador do Estado, nos termos do art. 36, desta lei; (Redação original restabelecida pela ADI nº 4.191/09 (Acórdão STF - DJE 28.05.20).

II - acompanhar a arrecadação da receita a cargo do Estado e das entidades referidas no art. 1º, inciso I, desta lei, mediante inspeções e auditorias, ou por meio de demonstrativos próprios, na forma estabelecida no Regimento Interno; (Redação original restabelecida pela ADI nº 4.191/09 (Acórdão STF - DJE 28.05.20).

III - apreciar, para fins de registro, na forma do Regimento Interno, a legalidade dos atos de admissão de pessoal, a qualquer título, na administração direta e indireta, incluídas as fundações instituídas e mantidas pelo Poder Público, excetuadas as nomeações para cargo de provimento em comissão, bem como a das concessões de aposentadorias, transferências para a reserva remunerada, reformas e pensões, e das respectivas fixações de proventos e suas alterações, ressalvadas as melhorias posteriores que não alterem o fundamento legal do ato concessório e, ainda, a das transformações das aposentadorias por invalidez em seguro-reabilitação;

IV - representar ao Poder competente sobre irregularidades ou abusos apurados, indicando o ato inquinado e definindo responsabilidades;

V - aplicar aos responsáveis, em caso de irregularidade de contas ou de despesa, inclusive a decorrente de contrato, as sanções previstas nos arts. 61 a 67, desta lei, e determinar a atualização monetária dos débitos apurados; (Redação original restabelecida pela ADI nº 4.191/09 (Acórdão STF - DJE 28.05.20).

VI - decidir sobre denúncia de irregularidade que lhe seja encaminhada por qualquer cidadão, partido político, associação ou sindicato, nos termos dos arts. 58 a 60, desta lei; (Redação original restabelecida pela ADI nº 4.191/09 (Acórdão STF - DJE 28.05.20).

VII - decidir sobre consulta que lhe seja formulada pelos titulares dos Três Poderes, ou por outras autoridades, na forma estabelecida no Regimento Interno, a respeito de dúvida suscitada na aplicação de dispositivos legais e regulamentares concernentes a matéria de sua competência, sendo que a resposta à consulta tem caráter normativo e constitui prejulgamento da tese, mas não do fato ou caso concreto; (Redação original restabelecida pela ADI nº 4.191/09 (Acórdão STF - DJE 28.05.20).

VIII - decidir sobre recursos interpostos às suas decisões;

IX - realizar, por iniciativa própria, da Assembléia Legislativa, de Comissão Técnica de Inquérito, inspeções e auditorias de natureza contábil, financeira, orçamentária, operacional e patrimonial, nas unidades administrativas dos Poderes Legislativo, Executivo e Judiciário, do Tribunal de Contas e demais entidades referidas no art. 1º, inciso I, desta lei, inclusive para a verificação da execução dos contratos; (Redação original restabelecida pela ADI nº 4.191/09 (Acórdão STF - DJE 28.05.20).

X – fiscalizar a aplicação de quaisquer recursos repassados pelo Estado mediante convênio, acordo, ajuste ou outros instrumentos congêneres;

XI - prestar as informações solicitadas pela Assembléia Legislativa, ou por qualquer de suas Comissões, sobre fiscalização contábil, financeira, orçamentária, operacional e patrimonial, e sobre resultados de auditorias e inspeções realizadas; (Redação original restabelecida pela ADI nº 4.191/09 (Acórdão STF - DJE 28.05.20).

XII – emitir, quando solicitado pela Comissão Permanente de Deputados, pronunciamento conclusivo sobre a matéria de que trata o art. 124, da Constituição Estadual, no prazo de 30 (trinta) dias; (Redação original restabelecida pela ADI nº 4.191/09 (Acórdão STF - DJE 28.05.20).

XIII – impor multas por infração da legislação contábil, financeira, orçamentária, operacional e patrimonial, de normas estatutárias correlatas, por inobservância de prazos legais, regulamentares ou por ele fixados, e por descumprimento de sua decisão, bem como propor a aplicação, aos responsáveis, de outras penalidades administrativas; (Redação original restabelecida pela ADI nº 4.191/09 (Acórdão STF - DJE 28.05.20).

XIV – decidir, em grau de recurso, sobre as multas impostas por autoridade administrativa, no âmbito do controle interno; (Redação original restabelecida pela ADI nº 4.191/09 (Acórdão STF - DJE 28.05.20).

XV – prolatar decisão com eficácia de título executivo, nos casos de imputação de débito ou multa, nos termos do art. 123, § 3º da Constituição Estadual;

XVI – propor, por intermédio da autoridade competente, as medidas necessárias ao arresto dos bens dos responsáveis, julgados em débito; (Redação original restabelecida pela ADI nº 4.191/09 (Acórdão STF - DJE 28.05.20).

XVII – verificar a legalidade, a legitimidade e a economicidade dos editais de licitação, na forma estabelecida em ato próprio; (Redação original restabelecida pela ADI nº 4.191/09 (Acórdão STF - DJE 28.05.20).

XVIII – verificar a legalidade, legitimidade e economicidade das despesas, ou receitas, decorrentes de atos de aprovação de licitação, de contratos ou de instrumentos assemelhados; (Redação original restabelecida pela ADI nº 4.191/09 (Acórdão STF - DJE 28.05.20).

XIX – aplicar as penalidades previstas nesta lei, no caso de constatar despesa ilegal, ilegítima ou antieconômica, decorrentes de contrato já executado, não submetido, em tempo hábil, a seu exame; (Redação original restabelecida pela ADI nº 4.191/09 (Acórdão STF - DJE 28.05.20).

XX - verificar a legalidade, legitimidade e economicidade dos atos de dispensa ou de inexigibilidade de licitação, como disposto em ato próprio do Tribunal; (Redação original restabelecida pela ADI nº 4.191/09 (Acórdão STF - DJE 28.05.20).

XXI - determinar instauração da tomada de contas especial, nos casos previstos no art. 10, desta lei; (Redação original restabelecida pela ADI nº 4.191/09 (Acórdão STF - DJE 28.05.20).

XXII - exercer o controle dos atos administrativos, nos termos dos arts. 79, 80 e 81 da Constituição Estadual; (Redação original restabelecida pela ADI nº 4.191/09 (Acórdão STF - DJE 28.05.20).

XXIII - assinar prazo para que o órgão ou entidade adote as providências necessárias ao exato cumprimento da lei;

XXIV - sustar, se não atendido, a execução do ato impugnado, comunicando a decisão à Assembléia Legislativa.

§ 1º - No caso de contrato, o ato de sustação será adotado diretamente pela Assembléia Legislativa, que solicitará, de imediato, ao Poder respectivo as medidas cabíveis.

§ 2º - Se a Assembléia Legislativa ou o Poder competente, no prazo comum de 90 (noventa) dias, contados do recebimento da comunicação da comunicação do Tribunal de Contas, não efetivarem as medidas previstas no parágrafo anterior, o Tribunal decidirá a respeito.

§ 3º - O Tribunal de Contas poderá declarar, por decisão da maioria absoluta de seus membros, a inidoneidade de contratado ou adjudicatário da administração pública, direta, indireta ou fundacional, na forma do Regimento Interno. (Redação original restabelecida pela ADI nº 4.191/09 (Acórdão STF - DJE 28.05.20).

Art. 4º. compete, ainda, ao Tribunal de Contas:

I - exercer o poder regulamentar, podendo, em consequência, expedir atos e instruções normativas sobre aplicação de leis pertinentes a matéria de suas atribuições e organização dos processos que lhe devam ser submetidos, obrigando ao seu cumprimento, sob pena de responsabilidade; (Redação original restabelecida pela ADI nº 4.191/09 (Acórdão STF - DJE 28.05.20).

II - eleger o Presidente, o Vice Presidente e o Corregedor-Geral e dar-lhes posse; ((Nova redação dada pela Lei Complementar nº 155/2013).

III - conceder licença, férias e outros afastamentos aos Conselheiros, dependendo de inspeção por junta médica a licença para tratamento de saúde, por prazo superior a 6 (seis) meses, bem como deliberar sobre direitos e obrigações que lhes sejam aplicáveis;

IV – elaborar e alterar seu Regimento Interno e dispor sobre sua organização e funcionamento;

V – organizar seus Órgãos Auxiliares, na forma estabelecida no Regimento Interno, e prover-lhes os cargos, funções e empregos, observada a legislação pertinente;

VI – encaminhar à Assembléia Legislativa projeto de lei sobre sua organização e funcionamento, sobre a criação, transformação ou extinção de cargos, empregos e funções do Quadro de Pessoal de seus Órgãos Auxiliares, a fixação da respectiva remuneração, observados os parâmetros estabelecidos na Lei de Diretrizes Orçamentárias, bem como propor a aprovação do Estatuto do seu pessoal;

VII – encaminhar à Assembléia Legislativa, trimestralmente, relatório de suas atividades, dentro de 60 (sessenta) dias subseqüentes ao término de cada período mencionado;

VIII – elaborar sua proposta orçamentária, observadas as normas estabelecidas na Lei de Diretrizes Orçamentárias, e encaminhá-la à Assembléia Legislativa, depois de aprovada pelo Plenário;

IX – prestar, anualmente, à Assembléia Legislativa suas contas, no prazo de 60 (sessenta) dias da abertura da sessão legislativa, acompanhadas do relatório anual de suas atividades;

X – exercer, de forma descentralizada, através de Delegação ou órgãos destinados a auxiliá-lo no exercício de suas funções, a fiscalização das unidades da administração direta, indireta e fundacional, conforme estabelecido em ato próprio. (Redação original restabelecida pela ADI nº 4.191/09 (Acórdão STF – DJE 28.05.20).

Capítulo II
DA JURISDIÇÃO

Art. 5º. O Tribunal de Contas tem jurisdição própria e privativa, em todo o território estadual, sobre as pessoas e matérias sujeitas à sua competência.

Art. 6º. A jurisdição do Tribunal abrange:

I – qualquer pessoa física, órgão ou entidade a que se refere o art. 1º, inciso I, desta lei, e que utilize, arrecade, guarde, gerencie ou administre dinheiros, bens e valores públicos ou pelos quais o Estado responda, ou que, em nome deste, assuma obrigações de natureza pecuniária;

II – os que derem causa a perda, extravio ou outra irregularidade de que resulte dano ao erário;

III – os responsáveis pela aplicação dos recursos provenientes de compensações financeiras ou indenizações recebidas pelo Estado, resultantes do aproveitamento, por terceiros, de seus recursos hídricos, para fins de geração de energia elétrica e minerais, bem como da exploração do petróleo, do xisto betuminoso e do gás natural da bacia sedimentar terrestre e da plataforma continental;

IV - os responsáveis pela aplicação dos recursos tributários arrecadados pela União e entregues ao Estado, nos termos do art. 159, incisos I e II, da Constituição Federal, dos recursos de outra natureza, exceto dos repassados pela União ao Estado, mediante convênio, acordo, ajuste ou outros instrumentos congêneres, consoante o disposto no art. 71, inciso VI, da Constituição Federal;

V - os dirigentes ou liquidantes das empresas encampadas ou sob intervenção, ou que de qualquer modo venham a integrar, provisória ou permanentemente, o patrimônio do Estado ou de outra entidade pública estadual;

VI - os responsáveis por entidades dotadas de personalidade jurídica de direito privado que recebam contribuições parafiscais e prestem serviço de interesse público ou social;

VII - os responsáveis pela aplicação de quaisquer recursos repassados pelo Estado mediante convênio, acordo, ajuste ou outros instrumentos congêneres;

VIII - os responsáveis pela execução dos convênios, acordos, convenções coletivas ou contratos celebrados, com aprovação da Assembléia Legislativa, pelo Poder Executivo do Estado com os Governos Federal, Estadual ou Municipal, entidades de direito público, privado, ou particulares, de que resultem para o Estado quaisquer encargos não estabelecidos na lei orçamentária;

IX - os sucessores dos administradores, e responsáveis a que se refere este artigo, até o limite do valor do patrimônio transferido, nos termos do art. 5º, inciso SLV, da Constituição Federal;

X - os responsáveis pela aplicação de adiantamento, quando as respectivas contas foram impugnadas pelo ordenador da despesa;

XI - os responsáveis pela administração da dívida pública;

XII - os responsáveis pelo registro e escrituração das operações de gestão dos negócios públicos nas entidades mencionadas no art. 1º, inciso I, desta lei, bem como pela fiscalização da execução e da exação dos registros procedidos;

XIII - os administradores de entidades de direito privado que recebam auxílio ou subvenção dos cofres públicos, com referência aos recursos recebidos;

XIV - os administradores de fundos;

XV - os fiadores e representantes dos responsáveis;

XVI – os que ordenem, autorizem ou ratifiquem despesas, promovam a respectiva liquidação ou efetivem seu pagamento;

XVII – os responsáveis pela elaboração dos editais de licitação e dos convites, os participantes das comissões julgadoras dos atos licitatórios, bem como os responsáveis e ratificadores dos atos de dispensa e de inexigibilidade;

XVIII – os que lhe devam prestar contas ou cujos atos estejam sujeitos à sua fiscalização por expressa disposição de lei.

TÍTULO II
DO JULGAMENTO E FISCALIZAÇÃO

Capítulo I
DO JULGAMENTO DAS CONTAS

Seção I
DA PRESTAÇÃO E TOMADA DE CONTAS

Art. 7º. Estão sujeitas a prestação ou tomada de contas, e só por decisão do Tribunal de Contas podem ser liberadas dessa responsabilidade, as pessoas indicadas no art. 6º, incisos I a XVIII, desta lei.

Art. 8º. Para os efeitos desta lei, conceituam-se:

I – prestação de contas, o procedimento pelo qual pessoa física, órgão ou entidade, por final de gestão ou por execução de contrato formal, no todo ou em parte, prestarão contas ao órgão competente da legalidade, legitimidade e economicidade da utilização dos recursos orçamentários e extra-orçamentários, da fidelidade funcional e do programa de trabalho;

II – tomada de contas, a ação desempenhada pelo órgão competente para apurar a responsabilidade de pessoa física, órgão ou entidade que deixarem de prestar contas e das que derem causa a perda, extravio ou outra irregularidade de que resulte, ou possa resultar, dano, ao erário, devidamente quantificado;

III – tomada de contas especial, a ação determinada pelo Tribunal ou autoridade competente ao órgão central do controle interno, ou equivalente, para adotar providências, em caráter de urgência, nos casos previstos na legislação em vigor, para apuração dos fatos, identificação dos responsáveis e quantificação pecuniária do dano;

IV – irregularidade, qualquer ação ou omissão contrárias a legalidade, ou à legitimidade, à economicidade, à moral administrativa ou ao interesse público.

Art. 9º. As contas dos administradores e responsáveis a que se refere o art. 7º, desta lei serão anualmente submetidas a julgamento do Tribunal de Contas, sob a forma de prestação ou tomada de contas, organizadas de acordo com as normas estabelecidas nesta lei e em ato próprio.

§ 1º - Nas prestações ou tomadas de contas a que alude este artigo, devem ser incluídos todos os recursos, orçamentários e extra-orçamentários, geridos, ou não, pela unidade ou entidade.

§ 2º - Os processos de prestação e de tomada de contas anuais deverão ser remetidos ao Tribunal no prazo de 180 (cento e oitenta) dias, contados do encerramento do exercício.

§ 3º - Nos demais casos, o prazo será de 120 (cento e vinte) dias, a contar do recebimento da comunicação ou do conhecimento do fato.

Art. 10. Diante da omissão no dever de prestar contas, da não-comprovação da aplicação dos recursos repassados pela União ou pelo Estado, na forma prevista no art. 6º, incisos III, IV e VII, desta lei, da ocorrência de desfalque ou desvio de dinheiros, bens ou valores públicos ou, ainda, da prática de qualquer ato ilegal, ilegítimo ou antieconômico, bem como nos casos de concessão de quaisquer benefícios fiscais ou de renúncia de receitas, de que resulte dano ao erário, a autoridade administrativa competente, sob pena de responsabilidade solidária, deverá imediatamente adotar providências com vistas à instauração da tomada de contas especial para apuração dos fatos, identificação dos responsáveis e quantificação do dano.

§ 1º - Não atendido o disposto no caput deste artigo, o Tribunal determinará ao órgão central de controle interno, ou equivalente, a instauração da tomada de contas especial, fixando prazo para cumprimento dessa decisão.

§ 2º - A tomada de contas especial, prevista no caput deste artigo e em seu § 1º, será, desde logo, encaminhada ao Tribunal de Contas para julgamento.

Art. 11. Integração a prestação ou tomada de contas, inclusive a tomada de contas especial, dentre outros elementos estabelecidos no Regimento Interno, os seguintes: (Redação original restabelecida pela ADI nº 4.191/09 (Acórdão STF - DJE 28.05.20).

I - relatório de gestão;

II - relatório do tomador de contas, quando couber;

III - relatório e certificado de auditoria, com o parecer do dirigente do órgão de controle interno, que consignará qualquer irregularidade constatada, indicando as medidas adotadas para corrigir as faltas encontradas;

IV - pronunciamento da autoridade competente de cada Poder do Estado e do Tribunal de Contas, bem como das entidades da administração direta, indireta, fundacional e dos fundos;

V - quaisquer outros documentos ou informações que o Tribunal entender necessários para o seu julgamento.

Art. 12. As prestações, as tomadas de contas ou tomadas de contas especiais serão por:

I - exercício financeiro;

II - término de gestão, quando esta não coincidir com o exercício financeiro;

III - execução, no todo ou em parte, de contrato formal;

IV - comprovação de aplicação de adiantamento, quando as contas do responsável pelo mesmo forem impugnados pelo ordenador de despesa;

V - processo administrativo em que se apure extravio, perda, subtração ou deterioração culposa ou dolosa de valores, bens ou materiais do Estado, ou pelos quais este responda;

VI - imputação, pelo Tribunal, de responsabilidade por despesa ilegal, ilegítima ou antieconômica;

VII - casos de desfalque, desvio de bens e de outras irregularidades de que resulte dano ao erário;

VIII - outros casos previstos em lei ou regulamento.

Parágrafo único - O Tribunal de Contas, no caso previsto no inciso VI, deste artigo, poderá promover ex-offício, a tomada de contas do responsável.

Art. 13. Os processos de prestação, de tomada de contas e de tomada de contas especial da administração direta serão encaminhados ao Tribunal de Contas pelo respectivo Secretário de Estado, e os referentes às entidades de administração indireta, das fundações instituídas pelo Poder Público e dos fundos, pelo Secretário de Estado a que estiverem vinculados.

Art. 14. Para o desempenho de sua competência, o Tribunal de Contas receberá, em cada exercício, o rol de responsáveis e sua alterações, bem como outros documentos ou informações que considerar necessários, na forma estabelecida no Regimento Interno. (Redação original restabelecida pela ADI nº 4.191/09 (Acórdão STF - DJE 28.05.20).

Parágrafo único - O Tribunal poderá solicitar ao Secretário de Estado supervisor da área ou à autoridade de nível hierárquico equivalente outros elementos indispensáveis ao exercício de sua competência.

Seção II
DAS DECISÕES EM PROCESSOS DE PRESTAÇÃO OU TOMADA DE CONTAS

Art. 15. O responsável será considerado em juízo, para todos os efeitos de direito, com a entrada do processo no Tribunal de Contas, estabelecendo-se o contraditório quando tomar ciência da decisão prolatada.

Art. 16. A decisão em processo de prestação ou tomada de contas pode ser:

I - preliminar, a decisão pela qual o Tribunal, antes de pronunciar-se quanto ao mérito das contas, resolve sobrestar o julgamento, determinar diligências, ou ordenar a citação ou a notificação dos responsáveis, necessárias ao saneamento do processo;

II - provisória, a decisão pela qual o Tribunal ordena o trancamento das contas que forem consideradas iliquidáveis, nos termos do arts. 24 e 25, desta lei;

III - definitiva, a decisão pela qual o Tribunal julga as contas regulares, regulares com ressalva ou irregulares.

Art. 17. Verificada irregularidade nas contas, o Tribunal:

I - definirá a responsabilidade individual ou solidárias pelo ato inquinado;

II - se houver débito, ordenará a citação do responsável para, no prazo estabelecido no Regimento Interno, apresentar defesa ou recolher a quantia devida; (Redação original restabelecida pela ADI nº 4.191/09 (Acórdão STF - DJE 28.05.20)

III - se não houver débito, notificará o responsável, para, no prazo fixado no Regimento Interno, apresentar razões; (Redação original restabelecida pela ADI nº 4.191/09 (Acórdão STF - DJE 28.05.20)

IV - adotará outras medidas cabíveis.

§ 1º - O responsável cuja defesa for rejeitada pelo Tribunal será cientificado para, em novo e improrrogável prazo estabelecido no Regimento Interno, recolher a importância devida. (Redação original restabelecida pela ADI nº 4.191/09 (Acórdão STF - DJE 28.05.20)

§ 2º - Reconhecida pelo Tribunal a boa-fé, a liquidação tempestiva do débito atualizado monetariamente sanará o processo, se não houver sido observada outra irregularidade nas contas.

§ 3º - O responsável que não atender à citação ou à notificação será considerada revel pelo Tribunal, para todos os efeitos, dando-se prosseguimento ao processo.

Art. 18. O Tribunal de Contas julgará as prestações ou tomadas de contas até o término do exercício seguinte àquele em estas lhe estiverem sido apresentadas.

Art. 19. Ao julgar as contas, o Tribunal decidirá se estas são regulares, regulares com ressalva ou irregulares, definindo, conforme o caso, a responsabilidade civil dos responsáveis.

Art. 20. As contas serão julgadas:

I – regulares, quando expressarem, de forma clara e objetiva, a exatidão dos demonstrativos contábeis, a legalidade e a legitimidade dos atos do responsável;

II – regulares com ressalva, quando evidenciarem impropriedade ou qualquer outra falta de natureza formal ou, ainda, a prática de ato ilegal, ilegítimo ou antieconômico que não seja de natureza grave e não represente injustificado dano ao erário;

III – irregulares, quando comprovada qualquer das seguintes ocorrências:

a) grave infração à norma legal ou regulamentar de natureza contábil, financeira, orçamentária, operacional ou patrimonial;

b) injustificado dano ao erário, decorrente de ato ilegal, ilegítimo ou antieconômico;

c) desfalque, desvio de dinheiros, bens e valores públicos.

Parágrafo único – O Tribunal poderá julgar irregulares as contas no caso de reincidência no descumprimento de determinação de que o responsável tenha tido ciência, feita em processo de prestação ou tomada de contas anterior.

Subseção I
DAS CONTAS REGULARES

Art. 21. Quando julgar as contas regulares, o Tribunal de Contas dará quitação plena ao responsável.

Subseção II
DAS CONTAS REGULARES COM RESSALVA

Art. 22. Quando julgar as contas regulares com ressalva, o Tribunal de Contas dará quitação ao responsável e lhe determinará, ou a quem lhe haja sucedido, a adoção de medidas necessárias à correção das impropriedades ou faltas identificadas, de modo a prevenir a ocorrência de outras semelhantes.

Subseção III
DAS CONTAS IRREGULARES

Art. 23. Quando julgar as contas irregulares, havendo débito, o Tribunal de Contas condenará o responsável ao pagamento da dívida atualizada, monetariamente, acrescida dos juros de mora devidos, podendo, ainda, aplicar-lhe a multa prevista no art. 62, desta lei.

Parágrafo único - Não havendo débito, mas comprovada a ocorrência de que trata o art. 20, inciso III, alínea a, o Tribunal poderá aplicar ao responsável a multa prevista no art. 63, inciso I, desta lei.

Subseção IV
DAS CONTAS ILIQUIDÁVEIS

Art. 24. As contas serão consideradas iliquidáveis quando caso fortuito ou de força maior, comprovadamente alheio à vontade do responsável, tornar materialmente impossível o julgamento de mérito a que se refere o art. 20, desta lei.

Art. 25. O Tribunal de Contas ordenará o trancamento das contas que forem consideradas iliquidáveis e o conseqüente arquivamento do processo.

§ 1º - Dentro do prazo de 5 (cinco) anos, contado da publicação da decisão provisória no Diário Oficial do Estado, o Tribunal poderá, à vista de novos elementos que considere suficientes, autorizar o desarquivamento do processo e determinar que se ultime a respectiva prestação ou tomada de contas.

§ 2º - Transcorrido o prazo referido no parágrafo anterior sem que tenha havido nova decisão, as contas serão consideradas encerradas, com baixa na responsabilidade do responsável.

Seção III
DA EXECUÇÃO DAS DECISÕES

Art. 26. A citação, a notificação ou a comunicação de diligência far-se-ão:

I - mediante ciência do responsável ou do interessado, na forma estabelecida no Regimento Interno; (Redação original restabelecida pela ADI nº 4.191/09 (Acórdão STF - DJE 28.05.20).

II - pelo correio, mediante carta registrada, com aviso de recebimento;

III - por edital publicado no Diário Oficial do Estado, quando o destinatário da citação, notificação ou comunicação de diligência não for localizado, de acordo com o Regimento Interno. (Redação original restabelecida pela ADI nº 4.191/09 (Acórdão STF - DJE 28.05.20).

§ 1º - A rejeição dos fundamentos da defesa ou das razões de justificativa será comunicada ao responsável ou interessado, na forma prevista neste artigo.

§ 2º - O comparecimento espontâneo do responsável ou interessado supre a falta da citação ou da notificação.

Art. 27. A decisão definitiva será formalizada nos termos estabelecidos no Regimento Interno, cuja publicação no Diário Oficial do Estado constituirá: (Redação original restabelecida pela ADI nº 4.191/09 (Acórdão STF - DJE 28.05.20).

I - no caso de contas regulares, certificado de quitação plena do responsável para com o erário;

II - no caso de contas regulares com ressalva, certificado de quitação com determinação, nos termos do art. 22, desta lei;

III - no caso de contas irregulares:

a) obrigação de o responsável, no prazo estabelecido no Regimento Interno, comprovar perante o Tribunal que recolheu aos cofres públicos a quantia correspondente ao débito que lhe tiver sido imputado ou da multa cominada, na forma prevista nos arts. 23 e 62, desta lei; (Redação original restabelecida pela ADI nº 4.191/09 (Acórdão STF - DJE 28.05.20).

b) título executivo bastante para e cobrança judicial da dívida decorrente do débito ou da multa, se não recolhida no prazo pelo responsável;

c) fundamento para que a autoridade competente proceda à efetivação das sanções previstas nos arts. 66 e 67, desta lei.

Art. 28. A decisão do Tribunal de Contas, de que resulte imputação de débito ou cominação de multa, torna a dívida líquida e certa e tem eficácia de título executivo, nos termos do art. 27, inciso III, alínea b desta lei.

Art. 29. O responsável será notificado para, no prazo estabelecido no Regimento Interno, efetuar e comprovar o recolhimento da dívida a que se refere o art. 23, e seu parágrafo único desta lei. (Redação original restabelecida pela ADI nº 4.191/09 (Acórdão STF - DJE 28.05.20).

Art. 30. Em qualquer fase do processo, o Tribunal de Contas poderá autorizar o recolhimento parcelado da importância devida, na forma estabelecida no Regimento Interno, incidindo sobre cada parcela os correspondentes acréscimos legais. (Redação original restabelecida pela ADI nº 4.191/09 (Acórdão STF - DJE 28.05.20).

Parágrafo único - A falta de recolhimento de qualquer parcela importará o vencimento antecipado do saldo devedor.

Art. 31. Comprovado o recolhimento integral, o Tribunal de Contas formalizará a quitação do débito ou da multa com a publicação no Diário Oficial do Estado.

Art. 32. Expirado o prazo a que se refere o caput do art. 29, desta lei, sem manifestação do responsável, o Tribunal de Contas poderá:

I - determinar o desconto integral ou parcelado da dívida nos vencimentos, salários ou proventos na legislação pertinente;

II - ... VETADO ...

Art. 33. A decisão provisória, acompanhada de seus fundamentos, será publicada no Diário Oficial do Estado.

Art. 34. Os prazos referidos nesta lei contam-se da data:

I - do recebimento pelo responsável ou interessado:

a) da citação;

b) da notificação;

c) da comunicação de diligência;

d) da comunicação de rejeição dos fundamentos da defesa ou das razões de justificativa.

II - da publicação do edital no Diário Oficial do Estado, quando, nos casos indicados no inciso anterior, o responsável não for localizado;

III - nos demais casos, salvo disposição legal expressa em contrário, da publicação da decisão no Diário Oficial do Estado.

Capítulo II
DA FISCALIZAÇÃO A CARGO DO TRIBUNAL

Seção I
DO OBJETIVO

Art. 35. O Tribunal de Contas exercerá a fiscalização contábil, financeira, orçamentária, operacional e patrimonial das unidades dos Poderes do Estado, do próprio Tribunal e das entidades da administração indireta, inclusive das fundações e sociedades instituídas e mantidas pelo Poder Público estadual e dos fundos, para verificar a legalidade, legitimidade e a economicidade de atos e contratos, com vistas a assegurar a eficácia do controle que lhe compete e a instruir o julgamento de contas, bem como prestará à Assembléia Legislativa o auxílio que esta solicitar para o desempenho do controle externo a seu cargo.(Redação original restabelecida pela ADI nº 4.191/09 (Acórdão STF - DJE 28.05.20).

Parágrafo único - As decisões do Tribunal, em todas as matérias abrangidas por este Capítulo, observarão, no que couber, o disposto nas Seções II e III, do Capítulo I, do Título II, desta lei. (Redação original restabelecida pela ADI nº 4.191/09 (Acórdão STF - DJE 28.05.20).

Seção II
DAS CONTAS PRESTADAS PELO GOVERNADOR DO ESTADO

Art. 36. Ao Tribunal de Contas compete, na forma estabelecida no Regimento Interno, apreciar as contas prestadas anualmente pelo Governador do Estado, mediante parecer prévio a ser elaborado em 60 (sessenta) dias, a contar de seu recebimento. (Redação original restabelecida pela ADI nº 4.191/09 (Acórdão STF - DJE 28.05.20).

§ 1º - As contas serão apresentadas pelo Governador, concomitantemente, à Assembléia Legislativa e ao Tribunal, dentro de 60 (sessenta) dias, após a abertura da sessão legislativa.

§ 2º - As contas serão constituídas pelos Balanços Orçamentário, Financeiro e Patrimonial, pela Demonstração das Variações Patrimoniais e pelo relatório do órgão central do sistema de controle interno do Poder Executivo sobre a execução dos orçamentos de que trata o art. 206, § 5º da Constituição Estadual.

§ 3º - Se as contas não forem apresentadas dentro do prazo previsto, ou se forem sem atender aos requisitos legais, em relação à sua constituição, o Tribunal, de pleno, comunicará o fato à Assembléia Legislativa, para os fins de direito.

§ 4º - Nas hipóteses figuradas no parágrafo anterior, o prazo marcado ao Tribunal, para apresentação de seu parecer, fluirá a partir do dia seguinte ao da regularização do processo, dando-se ciência do fato à Assembléia Legislativa.

Seção III
DA FISCALIZAÇÃO EXERCIDA POR INICIATIVA DA ASSEMBLÉIA LEGISLATIVA

Art. 37. Compete, ainda, ao Tribunal de Contas:

I - realizar, por iniciativa da Assembléia Legislativa, de Comissão Técnica ou de Inquérito, inspeções e auditorias de natureza contábil, financeira, orçamentária, operacional e patrimonial nas unidades, administrativas dos Poderes Legislativo, Executivo e Judiciário e nas entidades da administração indireta, incluídas as fundações e sociedades instituídas e mantidas pelo Poder Público estadual e os fundos;

II - prestar as informações solicitadas pela Assembléia Legislativa ou por qualquer de suas Comissões, sobre a fiscalização contábil, financeira, orçamentária, operacional e patrimonial e sobre os resultados de inspeções e auditorias realizadas;

III - emitir, no prazo de 30 (trinta) dias, contados do recebimento da solicitação, pronunciamento conclusivo sobre matéria que lhe seja submetida à apreciação pela Comissão Permanente de Deputados, nos termos do art. 124, §§ 1º e 2º, da Constituição Estadual.

Seção IV
DOS ATOS SUJEITOS A REGISTRO

Art. 38. Ao Tribunal de Contas compete apreciar, para fins de registro, a legalidade dos atos de:

I - admissão de pessoal, a qualquer título, na administração direta e indireta, incluídas as fundações instituídas e mantidas pelo Poder Público estadual, excetuadas as nomeações para cargo de provimento em comissão;

II - concessão de aposentadorias, transferências para a reserva remunerada, reforma e pensões, bem como os de fixação dos respectivos proventos;

III - transformação de aposentadorias por invalidez em seguro-reabilitação, conforme previsto no art. 89, §§ 10 e 11, da Constituição Estadual.

§ 1º - Os atos a que se referem os incisos II e III, deste artigo serão, obrigatoriamente, formalizados com a fundamentação legal da concessão ou da transformação e deverão ser publicados e remetidos ao Tribunal, até 30 (trinta) dias, após esgotado o prazo previsto no art. 89, § 8º, da Constituição Estadual.

§ 2º - A fixação dos proventos, bem como as parcelas que os compõem deverão ser expressas em termos monetários, com a indicação do fundamento legal de cada uma e, obrigatoriamente, publicadas em órgão oficial.

§ 3º - Os atos posteriores que modifiquem a fundamentação legal da concessão ou da fixação dos proventos, bem como aqueles que corrijam os quantitativos fixados sujeitam-se a registro pelo Tribunal, independendo de sua apreciação as melhorias posteriores que não alterem o fundamento legal ao ato concessório.

§ 4º - Registro é a transcrição, em livro próprio ou em ficha, de ato do Tribunal, que reconheça a legalidade da admissão de pessoal, a qualquer título da concessão de aposentadoria, transferência para a reserva, remunerada, pensão, reforma, da fixação das respectivas remunerações, bem como da transformação da aposentadoria por invalidez em seguro-reabilitação.

§ 5º - Os atos a que se refere este artigo serão apreciados pelo Tribunal, na forma estabelecida em ato próprio. (Redação original restabelecida pela ADI nº 4.191/09 (Acórdão STF - DJE 28.05.20).

Seção V
DA FISCALIZAÇÃO DE ATOS E CONTRATOS

Art. 39. Para assegurar a eficácia do controle e instruir o julgamento das contas, o Tribunal de Contas efetuará a fiscalização dos atos e contratos de que resultem receitas ou despesa, praticados pelos responsáveis sujeitos à sua jurisdição, competindo-lhe para tanto:

I – acompanhar pela publicação no Diário Oficial do Estado, ou por outro meio estabelecido no Regimento Interno, a lei relativa ao plano plurianual, a Lei de Diretrizes Orçamentárias, a lei orçamentária anual, a abertura de créditos adicionais e o relatório bimestral de que trata o art. 206, § 3º, da Constituição Estadual; (Redação original restabelecida pela ADI nº 4.191/09 (Acórdão STF – DJE 28.05.20).

II – receber uma via dos documentos a seguir enumerados:

a) atos relativos à programação financeira de desembolso;

b) balancetes mensais de receita e despesa e, pelo menos bimestralmente, quadros analíticos comparativos da receita arrecadada e prevista no período e até o período considerado, bem como quadros sintéticos da despesa fixada e emprenhada;

c) relatórios dos órgãos encarregados do controle interno;

d) relação dos responsáveis por dinheiros, bens e valores, com as atualizações decorrentes de qualquer alteração;

e) cópia dos editais de licitação, acompanhados da documentação que a eles diga respeito, ou dos atos de dispensa ou inexigibilidade daquela, acompanhados de seus fundamentos e justificativas, quando for o caso;

f) cópia autenticada dos contratos e, quando decorrentes de licitação, cópia das atas e quadros de julgamento;

g) informações, que solicitar, sobre a administração dos créditos e outras que julgar necessárias; (Redação original restabelecida pela ADI nº 4.191/09 (Acórdão STF – DJE 28.05.20)

III – promover a realização de inspeções *in loco*;

IV – realizar, por iniciativa própria, na forma estabelecida no Regimento Interno, inspeções e auditorias da mesma natureza que as previstas no art. 37, inciso I, desta lei; (Redação original restabelecida pela ADI nº 4.191/09 (Acórdão STF – DJE 28.05.20)

V – fiscalizar, na forma do Regimento Interno, a aplicação de quaisquer recursos repassados pelo Estado mediante convênio, acordo, ajuste ou outros instrumentos congêneres; (Redação original restabelecida pela ADI nº 4.191/09 (Acórdão STF – DJE 28.05.20)

VI – fiscalizar, na forma estabelecida no Regimento Interno, a aplicação dos recursos repassados pela União, de que trata o art. 6º, incisos III e IV, desta lei. (Redação original restabelecida pela ADI nº 4.191/09 (Acórdão STF – DJE 28.05.20)

§ 1º – Os órgãos da administração pública são responsáveis pela remessa ao Tribunal, no prazo estabelecido no Regimento Interno, dos documentos mencionados no inciso II,0 deste artigo. (Redação original restabelecida pela ADI nº 4.191/09 (Acórdão STF - DJE 28.05.20)

§ 2º - As inspeções e auditorias de que trata esta Seção serão regulamentadas no Regimento Interno e realizadas por servidores dos Órgãos Auxiliares do Tribunal, ou, eventual e subsidiariamente, mediante contrato, por empresas ou auditores especializados, sob a coordenação dos referidos servidores. (Redação original restabelecida pela ADI nº 4.191/09 (Acórdão STF - DJE 28.05.20)

§ 3º O Tribunal comunicará às autoridades competentes dos Poderes do Estado o resultado das inspeções e auditorias que realizar, para as medidas saneadoras das impropriedades e faltas identificadas. (Nova redação dada pela Lei Complementar nº 124/2009.

Art. 40. Nenhum processo, documento ou informação poderá ser sonegado ao Tribunal de Contas em suas inspeções ou auditorias, sob qualquer pretexto.

§ 1º - No caso de sonegação, o Tribunal assinará prazo para apresentação dos documentos, informações e esclarecimentos julgados necessários, comunicando o fato à autoridade competente, para as medidas cabíveis.

§ 2º - Vencido o prazo e não cumprida a exigência, o Tribunal aplicará as sanções previstas no art. 63, inciso VI, desta lei.

Art. 41. Ao proceder à fiscalização de que trata este Capítulo, o Tribunal de Contas: (Redação original restabelecida pela ADI nº 4.191/09 (Acórdão STF - DJE 28.05.20).

I - Determinará as providências estabelecidas no Regimento Interno, quando, não apurada transgressão à norma legal ou regulamentar de natureza contábil, financeira, orçamentária, operacional e patrimonial, for constatada, tão somente, falta ou impropriedade de caráter formal; (Redação original restabelecida pela ADI nº 4.191/09 (Acórdão STF - DJE 28.05.20).

II - notificará o responsável, se verificar a ocorrência de irregularidade quanto à legitimidade ou economicidade, para, no prazo estabelecido no Regimento Interno, apresentar justificativa. (Redação original restabelecida pela ADI nº 4.191/09 (Acórdão STF - DJE 28.05.20).

Parágrafo único - Não elidido o fundamento da impugnação, o Tribunal aplicará ao responsável a multa prevista no art. 63, inciso III, desta lei.

- No site da ALERJ o parágrafo único consta como revogado. No site do TCERJ não consta a revogação.

Art. 42. Verificada a ilegalidade do ato ou contrato, o Tribunal de Contas, na forma do Regimento Interno, quando for o caso, assinará prazo para que o responsável adote as providências necessárias ao exato cumprimento da lei, fazendo indicação expressa dos dispositivos a serem observados. (Redação original restabelecida pela ADI nº 4.191/09 (Acórdão STF - DJE 28.05.20).

§ 1º - No caso de ato administrativo, o Tribunal, se não atendido: (Redação original restabelecida pela ADI nº 4.191/09 (Acórdão STF - DJE 28.05.20).

I - sustará a execução do ato impugnado;

II - comunicará a decisão à Assembléia Legislativa;

III - aplicará ao responsável a multa prevista no art. 63, inciso II, desta lei.

§ 2º - No caso de contrato, o Tribunal, se não atendido, comunicará o fato à Assembléia Legislativa, a quem compete adotar o ato de sustação e solicitar, de imediato, ao Poder respectivo as medidas cabíveis. (Redação original restabelecida pela ADI nº 4.191/09 (Acórdão STF - DJE 28.05.20).

§ 3º - Se a Assembléia Legislativa ou o Poder competente, no prazo comum de 90 (noventa) dias, contados do recebimento da comunicação do Tribunal de Contas, não efetivarem as medidas previstas no parágrafo anterior, o Tribunal decidirá a respeito. (Redação original restabelecida pela ADI nº 4.191/09 (Acórdão STF - DJE 28.05.20).

Art. 43. A fiscalização das despesas decorrentes de contratos, de sua rescisão ou anulação, e de outros instrumentos congêneres será feita pelo Tribunal, na forma da legislação pertinente, ficando os órgãos interessados da administração responsáveis pela demonstração da legalidade e regularidade da despesa, bem como da execução dos contratos. (Redação original restabelecida pela ADI nº 4.191/09 (Acórdão STF - DJE 28.05.20).

Art. 44. Em observância ao disposto no art. 77, inciso XXV, da Constituição Estadual, é vedado, nos atos licitatórios, adicionar ao preço, para composição de média ponderada ou cálculos similares, notas técnicas ou quaisquer outras formas de pontuação, na classificação final das propostas, uma vez que, nessa fase os licitantes previamente habilitados ou pré-qualificados estarão em igualdade de condições técnicas. (Redação original restabelecida pela ADI nº 4.191/09 (Acórdão STF - DJE 28.05.20).

Art. 45. A inexigibilidade de licitação pressupõe absoluta, inviabilidade de competição, na forma da lei.

Art. 46. É vedado atribuir efeitos financeiros retroativos aos contratos administrativos e seus aditamentos sob pena de invalidade do ato e responsabilidade de quem lhe deu causa, respeitada a exceção prevista em lei.

Art. 47. A administração pública estadual observará as normas gerais referentes às licitações e aos contratos administrativos fixados na legislação federal e estadual, bem como as normas e instruções expedidas pelo Tribunal, asseguradas:

I - a prevalência de princípios e regras de direito público, inclusive quanto aos contratos celebrados pelas empresas públicas e sociedades de economia mista e fundações;

II - a preexistência de recursos orçamentários para licitação e contratação de obras ou serviços e aquisição de bens.

Art. 48. Se o Tribunal julgar o ato nulo, de pleno direito, por vício insanável, caracterizado por preterição de formalidade essencial, que o deva anteceder, ou de violação de lei, a que se deva obrigatoriamente subordinar, as autoridades competentes, ao conhecerem do julgado, deverão promover e adotar as medidas dele decorrentes, sujeitando-se os responsáveis às penalidades aplicadas pelo Tribunal e ao ressarcimento de eventuais danos causados ao erário.

Parágrafo único - O Tribunal de Contas, especialmente nos casos de edital de licitação, de sua dispensa ou inexigibilidade, e de contrato, determinará e adotará procedimentos de rito sumaríssimo, para a argüição e o julgamento de preliminar de nulidade. (Redação original restabelecida pela ADI nº 4.191/09 (Acórdão STF - DJE 28.05.20).

Art. 49. Qualquer licitante ou contratado, pessoa física ou jurídica, poderá representar ao Tribunal contra irregularidades na aplicação da legislação pertinente.

Art. 50. O Tribunal de Contas, no exercício de sua competência constitucional, expedirá normas e instruções complementares reguladoras dos procedimentos licitatórios e dos contratos administrativos. (Redação original restabelecida pela ADI nº 4.191/09 (Acórdão STF - DJE 28.05.20).

Art. 51. O Tribunal de Contas, independentemente das proposições que possa fazer aos órgãos estaduais competentes, no sentido de sanar eventuais deficiências verificadas, adotará, em relação ao controle externo, e proporá, com referência ao controle interno, normas e procedimentos simplificados, à medida que tais providências não comprometam a eficácia de sua atuação constitucional.

Art. 52. Ao exercer a fiscalização, se configurada a ocorrência de desfalque, desvio de bens ou outra irregularidade de que resulte dano ao erário, o Tribunal de Contas ordenará, desde logo, a conversão do processo em tomada de contas especial, salvo a hipótese prevista no art. 114, desta lei.

Parágrafo único - O processo de tomada de contas especial a que se refere este artigo tramitará em separado das respectivas contas anuais.

Capítulo III
DO CONTROLE INTERNO

Art. 53. Os Poderes Legislativo, Executivo e Judiciário manter, de forma integrada, sistema de controle interno, com a finalidade de:

I - avaliar o cumprimento das metas previstas no plano plurianual, a execução dos programas de governo e dos orçamentos do Estado;

II - comprovar a legalidade e avaliar os resultados, quanto à eficácia, eficiência e economicidade, da gestão orçamentária, financeira e patrimonial nos órgãos e entidades de administração estadual, bem como da aplicação de recursos públicos por entidades de direito privado;

III - exercer o controle das operações de crédito, avais e garantias, bem como dos direitos e haveres do Estado;

IV - apoiar o controle externo no exercício de sua missão institucional.

Art. 54. No apoio ao controle externo, os órgãos integrantes do sistema de controle interno deverão exercer, dentre outras, as seguintes atividades:

I - organizar e executar, por iniciativa própria ou por solicitação do Tribunal de Contas, programação trimestral de auditorias contábil, financeira, orçamentária, operacional e patrimonial nas unidades administrativas sob seu controle, enviando ao Tribunal os respectivos relatórios, na forma estabelecida do Regimento Interno; (Redação original restabelecida pela ADI nº 4.191/09 (Acórdão STF - DJE 28.05.20).

II - realizar auditorias nas contas dos responsáveis sob seu controle, emitindo relatório, certificado de auditoria e parecer previstos no art. 11, inciso III, desta lei;

III - alertar, formalmente, a autoridade administrativa competente para que instaure tomada de contas especial, sempre que tiver conhecimento de qualquer das ocorrências referidas no caput do art. 10, desta lei.

Art. 55. Os responsáveis pelo controle interno, ao tomarem conhecimento de qualquer irregularidade, dela darão ciência de imediato ao Tribunal de Contas, sob pena de responsabilidade solidária.

§ 1º - Na comunicação ao Tribunal, o dirigente do órgão de controle interno competente indicará as providências adotadas para:

I - corrigir a irregularidade apurada;

II - ressarcir o eventual dano causado ao erário;

III - evitar ocorrências semelhantes.

§ 2º - Verificada em inspeção, auditoria ou no julgamento de contas, irregularidade que não tenha sido comunicada tempestivamente ao Tribunal, e provada a comissão, o dirigente do órgão de controle interno, na qualidade de responsável solidário, ficará sujeito às sanções previstas para a espécie nesta lei.

Art. 56. A autoridade competente emitirá, sobre as contas e o parecer do controle interno, expresso e indelegável pronunciamento, no qual atestará haver tomado conhecimento das conclusões nele contidas.

Art. 57. Aplicam-se ao Tribunal de Contas, no que couber, as disposições deste Capítulo.

Parágrafo único – A responsabilidade pelo exercício do controle interno, de que trata este artigo, será atribuída a órgão específico e regulada por ato próprio.

Capítulo IV
DA DENÚNCIA

Art. 58. Qualquer cidadão, partido político, associação ou sindicato é parte legítima para denunciar irregularidades perante o Tribunal de Contas.

Art. 59. A denúncia sobre matéria de competência do Tribunal de Contas deverá referir-se a administrador ou responsável sujeito à sua jurisdição, ser redigida em linguagem clara e objetiva, conter o nome legível do denunciante, sua qualificação e endereço, e estar acompanhada de prova ou indício concernente ao fato denunciado ou à inexistência de irregularidade.

Parágrafo único – O Regimento Interno disporá sobre a tramitação do processo de denúncia.

(Redação original restabelecida pela ADI nº 4.191/09 (Acórdão STF – DJE 28.05.20)

Art. 60. No resguardo dos direitos e garantias individuais, o Tribunal de Contas dará tratamento sigiloso às denúncias formuladas, até decisão definitiva sobre a matéria.

§ 1º – Ao decidir, caberá ao Tribunal manter, ou não, o sigilo quanto ao objeto e à autoria da denúncia.

§ 2º – Reconhecida a existência de dolo, má-fé, ou malévola motivação de caráter político na denúncia, o processo será remetido ao Ministério Público junto ao Tribunal de Contas para as medidas legais cabíveis.

Capítulo V
DAS SANÇÕES

Seção I
DISPOSIÇÃO GERAL

Art. 61. O Tribunal de Contas poderá aplicar aos administradores ou responsáveis, na forma estabelecida no Regimento Interno, as sanções previstas neste Capítulo. (Redação original restabelecida pela ADI nº 4.191/09 (Acórdão STF – DJE 28.05.20)

Seção II
DAS MULTAS

Art. 62. Quando o responsável for julgado em débito, poderá ainda o Tribunal de Contas aplicar-lhe multa de até 100% (cem por cento) vezes do dano causado ao erário.

Art. 63. O Tribunal de Contas poderá aplicar multa de até 1.000 (mil) vezes o valor da UFERJ aos responsáveis por: (Redação original restabelecida pela ADI nº 4.191/09 (Acórdão STF - DJE 28.05.20)

I - contas julgadas irregulares de que não resulte débito, nos termos do art. 23, parágrafo único desta lei:

II - ato praticado com grave infração à norma legal ou regulamentar de natureza contábil, financeira, orçamentária, operacional e patrimonial;

III - ato ilegal, ilegítimo ou antieconômico, inclusive editais de licitação, de que resulte, ou possa resultar, dano, ao erário;

IV - não atendimento, no prazo fixado, sem causa justificada, a diligência ou a decisão do Tribunal;

V - obstrução ao livre exercício das inspeções ou auditorias determinadas;

VI - sonegação de processo, documento ou informação, em inspeções ou auditorias realizadas pelo Tribunal;

VII - reincidência no descumprimento da decisão do Tribunal.

§ 1º - Ficará sujeito à multa prevista no caput deste artigo aquele que deixará de cumprir a decisão do Tribunal, salvo, motivo justificado, a critério do Plenário.

§ 2º - No caso de extinção da UFERJ, enquanto não for fixado por lei outro valor unitário para substituí-la, o Tribunal adotará parâmetro a ser utilizado para o cálculo de multa. (Redação original restabelecida pela ADI nº 4.191/09 (Acórdão STF - DJE 28.05.20)

Art. 64. As multas aplicadas pelo Tribunal de Contas nos termos dos arts. 62 e 63, desta lei, quando pagas após o vencimento, serão atualizadas monetariamente, na data do efetivo pagamento.

Art. 65. O Tribunal de Contas, na conformidade do que dispuser seu Regimento Interno, em atos específicos ou, ainda, in casu, levará em conta, na fixação de multas, entre outras condições, as de exercício da função, a relevância da falta, o grau de instrução do servidor e sua qualificação funcional, bem assim se agiu com dolo ou culpa. (Redação original restabelecida pela ADI nº 4.191/09 (Acórdão STF - DJE 28.05.20)

Seção III
DAS OUTRAS SANÇÕES

Art. 66. O Tribunal de Contas, por maioria absoluta dos seus membros, poderá, cumulativamente, ou não, com as sanções previstas na Seção anterior, aplicar ao responsável, por prática de atos irregulares, a pena de inabilitação para o exercício de cargo em comissão ou função de confiança na administração estadual, por prazo não superior a 5 (cinco) anos, bem como propor a pena de demissão, na forma da lei, no caso de servidor.

Art. 67. O Tribunal de Contas proporá à autoridade competente as medidas necessárias ao arresto dos bens dos responsáveis julgados em débito, devendo ser ouvido quanto à liberação dos bens arrestados e sua respectiva restituição.

Capítulo VI
DOS RECURSOS E COMPETÊNCIA RECURSAL

Art. 68. Em todos os processos submetidos ao Tribunal de Contas, será assegurada ao responsável ou interessado ampla defesa, na forma do Regimento Interno. (Redação original restabelecida pela ADI nº 4.191/09 (Acórdão STF - DJE 28.05.20)

Art. 69. Das decisões originárias proferidas pelo Tribunal de Contas cabem recursos de:

I - reconsideração;

II - embargos de declaração;

III - revisão.

Art. 70. O recurso de reconsideração, que terá efeito suspensivo, será apreciado na forma estabelecida no Regimento Interno, e poderá ser formulado, uma só vez, por escrito, dentro do prazo de 30 (trinta) dias, contados na forma prevista no art. 34, desta lei. (Redação original restabelecida pela ADI nº 4.191/09 (Acórdão STF - DJE 28.05.20).

Art. 71. Cabem embargos de declaração para corrigir obscuridade, omissão ou contradição da decisão recorrida.

Parágrafo único - Os embargos de declaração, opostos, por escrito, dentro do prazo de 30 (trinta) dias, contados nos termos do art. 34, desta lei, suspendem os prazos para cumprimento da decisão embargada e para interposição do pedido de reconsideração.

Art. 72. O efeito suspensivo, em razão de recurso de decisão do Tribunal, que concluir pela nulidade de edital de licitação, não possibilitará o prosseguimento do processo licitatório.

Art. 73. Da decisão definitiva caberá recurso de revisão ao Plenário, sem efeito suspensivo, interposto, uma só vez, por escrito, dentro do prazo de 5 (cinco) anos, contados na forma prevista no art. 34, inciso III, desta lei, e fundar-se-á:

I – em erro de fato, resultante de atos, cálculos ou documentos;

II – em evidente violação literal da lei;

III – em falsidade ou insuficiência de documentos em que se tenha fundamentado a decisão recorrida;

IV – na superveniência de novos documentos, com eficácia sobre a prova produzida;

V – na falta de citação do responsável, quando da decisão.

Art. 74. São competentes para interpor recursos:

I – a Administração;

II – o Ministério Público junto ao Tribunal de Contas;

III – os responsáveis pelos atos impugnados e os alcançados pelas decisões;

IV – todos quantos, a juízo do Tribunal, comprovarem legítimo interesse na decisão.

Art. 75. Caberá recursos administrativo ao Tribunal de Contas, das multas impostas por autoridades administrativas, no âmbito do controle interno.

TÍTULO III
DA ORGANIZAÇÃO DO TRIBUNAL

Capítulo I
DA SEDE E COMPOSIÇÃO

Art. 76. O Tribunal de Contas tem sede na Capital e compõe-se de 7 (sete) Conselheiros.

Art. 76-A. Os Conselheiros, em suas ausências e impedimentos por motivo de licença, férias ou outro afastamento legal, serão substituídos, mediante convocação do Presidente do Tribunal, pelos auditores, observada a ordem de antiguidade no cargo, ou a maior idade, no caso de idêntica antiguidade. (Incluído pela Lei Complementar nº 156/2013)

§ 1º – Os auditores serão também convocados para substituir Conselheiros, para efeito de quórum, sempre que os titulares comunicarem ao Presidente do Tribunal ou da Câmara respectiva, a impossibilidade de comparecimento à sessão.

§ 2º - Em caso de vacância de cargo de Conselheiro, o Presidente do Tribunal convocará auditor para exercer as funções inerentes ao cargo vago, até novo provimento, observado o critério estabelecido no caput deste artigo.

§ 3º - No órgão pleno do Tribunal, não poderá participar concomitantemente mais de um auditor substituto, exceto no caso do auditor substituto compor definitivamente o corpo deliberativo.

Art. 77. Funciona junto ao Tribunal de Contas o Ministério Público, nos termos da legislação pertinente.

Art. 78. O Tribunal de Contas fixará, no Regimento Interno, o período de funcionamento das sessões e o recesso que entender conveniente, sem ocasionar a interrupção total de seus serviços.

Art. 79. O Tribunal de Contas poderá dividir-se em Câmaras, instituir Delegações de Controle, mediante deliberação da maioria absoluta dos Conselheiros, com a composição, jurisdição e competência que lhes forem deferidas pelo Regimento Interno.

Art. 80. O Tribunal de Contas disporá de Órgãos Auxiliares para atenderem às atividades de apoio técnico e administrativo, necessárias ao exercício de sua competência, na forma estabelecida em ato próprio.

Capítulo II
DO PLENÁRIO, CÂMARAS E DELEGAÇÕES

Art. 81. O Plenário, constituído pelo Presidente, Vice-Presidente e demais Conselheiros, além de suas funções jurisdicionais e competência própria e privativa, exerce, também, atribuições normativas regulamentares no âmbito do controle externo e no da administração interna do Tribunal de Contas, de acordo com o disposto na presente lei, no Regimento Interno, bem como no Código de Administração Financeira e de Contabilidade Pública do Estado e legislação correlata. (Redação original restabelecida pela ADI nº 4.191/09 (Acórdão STF - DJE 28.05.20)

Parágrafo único - O Plenário reunir-se-á em Conselho Superior de Administração, sob a presidência do Presidente do Tribunal, na forma, competência e periodicidade estabelecidas em ato próprio.

Art. 82. O Plenário do Tribunal de Contas, dirigido por seu Presidente, terá a competência e o funcionamento regulados no Regimento Interno.

Art. 83. As Delegações de Controle que funcionarão junto às autarquias, empresas públicas, sociedades de economia mista, fundações e fundos têm sua constituição e competência estabelecidas em ato próprio do Tribunal.

Art. 84. Os órgãos a que se referem os arts. 87 e 89, serão estruturados e terão suas atribuições e funcionamento reguladas por ato próprio.

Art. 85. O Tribunal de Contas disporá de Quadro próprio para o Pessoal de seus Órgãos Auxiliares, com a organização e atribuições fixadas em lei e em ato próprio.

Capítulo III
DO PRESIDENTE, VICE-PRESIDENTE E CORREGEDOR-GERAL

- (Nova redação dada pela Lei Complementar nº 155/2013)

Art. 86. VETADO

§ 1º - A eleição realizar-se-á em escrutínio secreto, na primeira sessão ordinária da última quinzena do mês de dezembro, ou, em caso de vaga eventual, na primeira sessão ordinária após sua ocorrência, exigida a presença de, pelo menos, 4 (quatro) Conselheiros, computando-se, inclusive, o voto daquele que presidir o ato.

§ 2º - Os Conselheiros, ainda que em gozo de licença, férias, ou ausentes com causa justificada, poderão tomar parte nas eleições, na forma estabelecida no Regimento Interno.

§ 3º - Considerar-se-á eleito o Conselheiro que obtiver a maioria dos votos. Se houver empate na votação, estará eleito o Conselheiro mais antigo ou, a seguir, o mais idoso, se persistir o empate.

§ 4º - A eleição do Presidente precederá a do Vice-Presidente e a do Corregedor-Geral. (Nova redação dada pela Lei Complementar nº 155/2013)

§ 5º - O Presidente, o Vice Presidente e o Corregedor-Geral eleitos tomarão posse em sessão que se realizará na primeira semana do mês de janeiro do ano subsequente ao das eleições, exceto no caso de vaga eventual, quando a posse ocorrerá na própria sessão da eleição. (Nova redação dada pela Lei Complementar nº 155/2013)

§ 6º - O Vice-Presidente substituirá o Presidente em suas ausências e impedimentos e suceder-lhe-á em caso de vacância do cargo, se esta ocorrer nos 60 (sessenta) dias, anteriores ao do término do mandato, para concluir o período do antecessor. Em caso de vacância, fora do período antes referido, do cargo de Presidente, de Vice-Presidente ou de Corregedor-Geral, proceder-se-á à eleição, na sessão ordinária imediata à ocorrência, e a posse ocorrerá na própria sessão. (Nova redação dada pela Lei Complementar nº 155/2013)

§ 7º - Na ausência ou impedimento do Vice-Presidente, o Presidente será substituído pelo Conselheiro mais antigo em exercício no cargo.

§ 8º - O Presidente e o Vice-Presidente, farão jus à gratificação de função correspondente aos percentuais de, respectivamente, 15% (quinze por cento) e 10% (dez por cento), calculada sobre a remuneração do cargo.

Art. 87. O Presidente exerce, na administração as atribuições de Órgão Executivo Superior, ao qual se subordinam os órgãos da Presidência e os de realização descentralizada do controle externo, bem como os de administração geral.

Art. 88. Compete ao Presidente:

I - dirigir o Tribunal e supervisionar os seus Órgãos Auxiliares;

II - dar posse aos Conselheiros e aos servidores do Tribunal;

III - nomear, contratar, exonerar, dispensar, demitir, readmitir, promover e expedir outros atos da mesma natureza, relativos aos servidores do Tribunal, após aprovação do Plenário reunido em Conselho Superior de Administração, sendo da exclusiva competência do Presidente aposentar, fixar proventos e praticar quaisquer atos de pessoal necessários à administração interna do Tribunal.

IV - autorizar despesas, movimentar as cotas e transferências financeiras;

V - ordenar a expedição de certidões dos documentos que se encontrarem no Tribunal, se não forem de caráter sigiloso;

VI - representar oficialmente o Tribunal;

VII - assinar a correspondência, livros, documentos e quaisquer outros papéis oficiais;

VIII - corresponder-se diretamente com Governador de Estado, Prefeito Municipal, Presidente de Assembléia Legislativa, de Tribunal de Justiça, Tribunal de Alçada, Câmara Municipal e outras autoridades municipais, estaduais e federais;

IX - apresentar ao Plenário o relatório anual dos trabalhos do Tribunal;

X - encaminhar à Assembléia Legislativa os relatórios das atividades do Tribunal, na forma prevista no art. 4º, inciso VII e IX, in fine, desta lei;

XI - delegar competência, de acordo com o que dispuser o Regimento Interno do Tribunal.

Parágrafo único - Das decisões do Presidente caberá recurso ao Plenário, na forma do Regimento Interno.

Art. 88-A. Compete ao Corregedor-Geral: (Incluído pela Lei Complementar nº 155/2013)

I - Presidir as Comissões de Sindicâncias e Processos Administrativos instaurados para apuração de desvios funcionais de Conselheiros, do Procurador-Geral e Membro do Ministério Público e de Auditor;

II - Exercer a correição nos setores técnicos e administrativos do Tribunal.

III – Realizar, ex-officio ou mediante provocação, inspeções ou correições no âmbito de sua competência;

IV – Verificar o cumprimento de prazos regimentais, propondo à Presidência a abertura de sindicância ou processo administrativo-disciplinar quando entender cabíveis;

V – Exercer as atribuições que lhe forem, expressamente, delegadas pelo Presidente, bem como as demais competências fixadas no regimento interno do Tribunal;

VI – O Corregedor, em suas ausências e impedimentos, por motivo de licença, férias ou outro afastamento legal, será substituído pelo Conselheiro mais antigo em exercício no cargo;

VII – O Corregedor-Geral aproveitará a composição e a estrutura de seu respectivo Gabinete, não se desvinculando das atribuições inerentes ao cargo de Conselheiro

Art. 88-B. A Corregedoria-Geral do Tribunal de Contas é órgão de fiscalização e disciplina, sendo o cargo de Corregedor-Geral privativo de Conselheiro efetivo. (Incluído pela Lei Complementar nº 155/2013)

Art. 89. Os órgãos de assessoramento direto aos Conselheiros, denominados Gabinetes, subordinam-se, tecnicamente, aos respectivos titulares, vinculando-se, administrativamente, ao Presidente.

Art. 90. Os cargos em comissão e funções gratificadas dos órgãos a que se referem os arts. 87 e 89, desta lei, serão objeto de livre nomeação, designação, exoneração ou dispensa, por ato do Presidente do Tribunal de Contas, com a exceção prevista no parágrafo único.

Parágrafo único – o provimento e a exoneração dos cargos em comissão e funções gratificadas existentes nos Gabinetes dos Conselheiros cumprirão ao Presidente, mediante proposta dos respectivos titulares.

Capítulo IV
DOS CONSELHEIROS

Art. 91. Os Conselheiros do Tribunal de Contas serão nomeados dentre brasileiros que satisfaçam os seguintes requisitos:

I – mais de 35 (trinta e cinco) e menos de 65 (sessenta e cinco) anos de idade;

II – idoneidade moral e reputação ilibada;

III – formação superior e notórios conhecimentos jurídicos, contábeis, econômicos e financeiros ou de administração pública;

IV – mais de 10 (dez) anos de exercício de função ou de efetiva atividade profissional que exijam os conhecimentos mencionados no inciso anterior.

Art. 92. Os Conselheiros do Tribunal de Contas serão escolhidos:

I – dois pelo Governador do Estado, com aprovação da Assembléia Legislativa, sendo um dentre os membros do Ministério Público junto ao Tribunal de Contas, indicado em lista tríplice pelo Tribunal, segundo os critérios de antigüidade e merecimento;

II – cinco pela Assembléia Legislativa.

§ 1º – Os Conselheiros do Tribunal de Contas terão as mesmas garantias, prerrogativas, impedimentos, vencimentos e vantagens dos Desembargadores do Tribunal de Justiça e somente poderão aposentar-se com as vantagens do cargo quando o tiverem exercido, efetivamente, por mais de 5 (cinco) anos.

§ 2º – Os Conselheiros, no caso de crimes comuns e nos de responsabilidade, serão processados e julgados, originariamente, pelo Superior Tribunal de Justiça.

Art. 93. Os Conselheiros gozarão das seguintes garantias e prerrogativas:

I – vitaliciedade, não podendo perder o cargo senão por sentença judicial transitada em julgado;

II – inamovibilidade;

III – irredutibilidade de vencimentos, observado, quanto à remuneração, o disposto no art. 77, inciso XIII, da Constituição Estadual, art. 150, inciso II, art. 153, inciso III, e § 2º, inciso I, da Constituição Federal;

IV – aposentadoria, com proventos integrais, compulsoriamente aos 70 (setenta) anos de idade ou por invalidez comprovada, e facultativa após 30 (trinta) anos de serviço, contados na forma da lei, observada e ressalva prevista no § 1º, in fine, do artigo anterior.

Art. 94. É vedado ao Conselheiro do Tribunal de Contas, ainda que em disponibilidade, sob pena de perda de cargo:

I – exercer outro cargo ou função pública, bem como qualquer profissão remunerada, salvo uma de magistério;

II – exercer cargo técnico ou de direção de sociedade civil, associação ou fundação, de qualquer natureza ou finalidade, salvo de associação de classe, sem remuneração;

III – exercer comissão remunerada, ou não, inclusive em órgãos da administração direta ou indireta, ou em concessionária de serviço público;

IV – exercer profissão liberal, emprego particular, comércio ou participar de sociedade comercial, exceto como acionista ou cotista;

V – receber, a qualquer título ou pretexto, participação em processos;

VI – celebrar contrato com pessoa jurídica de direito público, empresa pública, sociedade de economia mista, fundação, sociedade instituída e mantida pelo Poder Público ou empresa concessionária de serviço público, salvo quando o contrato obedecer a normas uniformes para todo e qualquer contratante;

VII – dedicar-se a atividade político-partidária.

Art. 95. É defeso aos Conselheiros intervir no julgamento de processo que envolva interesses próprios ou de cônjuge, parente consangüíneo ou afim até o terceiro grau, aplicando-se-lhes as suspeições previstas no Código de Processo Civil.

Art. 96. Não podem ocupar, simultaneamente, cargos de Conselheiro, parentes, consangüíneos ou afins, na linha reta ou na colateral até o segundo grau.

Parágrafo único – A incompatibilidade decorrente da restrição imposta no caput deste artigo resolve-se:

I – antes da posse, contra o último nomeado ou contra o mais moço, se nomeados na mesma data;

II – depois da posse, contra o que lhe deu causa;

III – se a ambos imputável, contra o que tiver menos tempo de exercício no cargo.

Art. 97. Depois de nomeados e empossados, os Conselheiros só perderão seus cargos por efeito de sentença judicial, exoneração a pedido, ou por motivo de incompatibilidade, nos termos do artigo anterior.

Art. 98. Os Conselheiros terão o prazo de 30 (trinta) dias, contados da publicação do ato no órgão oficial, para posse e exercício no cargo.

Parágrafo único – O prazo será prorrogado por mais 30 (trinta) dias, no máximo, por solicitação escrita do interessado.

Art. 99. Os Conselheiros, após um ano de exercício, terão direito a 60 (sessenta) dias de férias, por ano, consecutivos ou parcelados em dois períodos, não podendo gozá-las, simultaneamente, mais de 2 (dois) Conselheiros.

Art. 100. Os Conselheiros, quando designados pelo Tribunal, participarão de delegações ou órgãos destinados a auxiliá-lo no exercício de suas funções e na descentralização dos seus trabalhos.

Art. 100-A. Os auditores, em número de três, serão nomeados pelo Governador do Estado, dentre os cidadãos que sejam detentores de diploma de curso superior e que satisfaçam os requisitos exigidos para o cargo de Conselheiro do Tribunal de Contas, mediante concurso público de provas e títulos, observada a ordem de classificação. (Incluído pela Lei Complementar nº 156/2013)

Parágrafo único O auditor, quando não convocado para substituir Conselheiro, presidirá à instrução dos processos que lhe forem distribuídos, relatando-os com proposta de decisão a ser votada pelos integrantes do Plenário ou da Câmara para a qual estiver designado.

Art. 100-B. O auditor, depois de empossado, só perderá o cargo por sentença judicial transitada em julgado. (Incluído pela Lei Complementar nº 156/2013)

Parágrafo único. Aplicam-se ao auditor as vedações e restrições previstas nos arts. 94 e 95 desta lei.

Capítulo V
DOS ÓRGÃOS AUXILIARES DO TRIBUNAL

Seção I
DO OBJETIVO E ESTRUTURA

Art. 101. Aos Órgãos Auxiliares incumbem a prestação de apoio técnico e a execução dos serviços administrativos do Tribunal de Contas.

Parágrafo único - A organização, atribuições e normas de funcionamento dos Órgãos Auxiliares são as estabelecidas em ato próprio.

Art. 102. Fica criado, diretamente subordinado à Presidência, Instituto que terá a seu cargo:

I - a organização e a administração de cursos de treinamento e de aperfeiçoamento para servidores;

II - a promoção e a organização de simpósios, seminários, trabalhos e pesquisas sobre questões relacionadas com as técnicas de controle da administração pública;

III - a organização e administração de biblioteca e de Centro de documentação, nacional e internacional, sobre doutrina, técnicas e legislação pertinentes ao controle e questões correlatas.

Parágrafo único - O Tribunal regulamentará em ato próprio a organização, as atribuições e as normas de funcionamento do Instituto referido neste artigo.

Seção II
DO PESSOAL

Art. 103. O Tribunal de Contas disporá de Quadro próprio de Pessoal de seus Órgãos Auxiliares, em regime jurídico único.

Art. 104. O número e os níveis dos cargos em comissão e funções gratificadas, necessárias ao funcionamento dos Órgãos Auxiliares, serão fixados pelo Conselho Superior de Administração, mediante transformação, transposição, alteração ou transferência dos cargos e funções que integram seu Quadro, desde que não se configure aumento da despesa global de Pessoal.

Art. 105. Os cargos em comissão e funções gratificadas integrantes da estrutura dos Órgãos Auxiliares serão providos, prioritariamente, por servidores do Quadro de Pessoal do Tribunal.

Seção III
DOS ORÇAMENTOS

Art. 106. O Tribunal de Contas encaminhará à Assembléia Legislativa as propostas aprovadas pelo Plenário referentes aos projetos de lei relativos ao plano plurianual, às diretrizes orçamentárias e ao orçamento anual.

§ 1º – Nenhum investimento cuja execução ultrapasse um exercício financeiro poderá ser iniciado pelo Tribunal, sem prévia inclusão no plano plurianual, ou sem lei que o autorize.

§ 2º – A proposta ao projeto de lei de diretrizes orçamentárias a que se refere o caput deste artigo compreenderá as metas e prioridades do Tribunal e incluirá as despesas de capital para o exercício subsequente.

§ 3º – A proposta referente ao projeto de lei orçamentária anual do Tribunal:

I – correlacionará os recursos programados para o exercício do controle com os recursos a serem controlados;

II – será fundamentada em análise de custos e na demonstração dos recursos necessários ao desempenho de suas competências;

III – somente poderá ser alterada pelos órgãos técnicos competentes, com a prévia audiência do Tribunal.

TÍTULO IV
CAPÍTULO ÚNICO

DO MINISTÉRIO PÚBLICO JUNTO AO TRIBUNAL DE CONTAS

Art. 107. O Ministério Público junto ao Tribunal de Contas tem sua composição, atribuições e competências definidas em Lei Complementar, na forma do art. 118, parágrafo único, inciso V, da Constituição Estadual.

TÍTULO V
DAS DISPOSIÇÕES GERAIS E TRANSITÓRIAS

Art. 108. O Tribunal de Contas, em seu Regimento Interno, ou em ato próprio, disporá sobre a formação, extinção, suspensão, ordem dos processos e procedimentos processuais, bem como sobre os prazos de tramitação, inclusive no Ministério Público junto ao Tribunal, no que concerne ao controle externo. (Redação original restabelecida pela ADI nº 4.191/09 (Acórdão STF - DJE 28.05.20).

Art. 109. O Regimento Interno do Tribunal de Contas somente poderá ser aprovado e alterado pela maioria absoluta dos Conselheiros.

Art. 110. As publicações editadas pelo Tribunal de Contas são as definidas no Regimento Interno.

Art. 111. As atas das sessões do Tribunal de Contas serão publicadas, sem ônus, no Diário Oficial do Estado.

Art. 112. Os atos relativos a despesa de natureza sigilosa serão, com esse caráter, examinados pelo Tribunal de Contas que poderá, à vista das demonstrações recebidas, ordenar a verificação in loco dos correspondentes documentos comprobatórios, na forma estabelecida no Regimento Interno.

Art. 113. O pedido de informação, a inspeção, a diligência ou investigação que envolverem atos ou despesas de natureza sigilosa serão formulados e atendidos com observância desta classificação, sob pena de responsabilidade de quem a violar, apurada na forma da lei.

Art. 114. A título de racionalização administrativa e economia processual, e com o objetivo de evitar que o custo da cobrança seja superior ao valor do ressarcimento, o Tribunal de Contas poderá determinar, desde logo, o arquivamento do processo, sem cancelamento do débito, a cujo pagamento continuará obrigado o devedor, para lhe ser dada quitação.

Art. 115. Os recursos correspondentes às dotações orçamentárias, compreendidos os créditos suplementares e especiais, destinados ao Tribunal de Contas ser-lhe-ão entregues até o dia 20 de cada mês, na forma da lei complementar a que se refere o artigo 165, § 9º, da Constituição Federal, ressalvadas as condições previstas no parágrafo único do artigo 209, da Constituição do Estado.

Art. 116. É indispensável a anuência prévia do Município, mediante lei, para que o Estado possa dispor sobre a renúncia de parcelas de receita pertencentes ao Município, nos termos do art. 199, da Constituição Estadual.

Art. 117. O Tribunal de Contas acompanhará, na forma estabelecida no Regimento Interno, o recebimento e aplicação de quaisquer recursos repassados pela União ao Estado, mediante convênio, acordo, ajuste ou outros instrumentos congêneres.

Art. 118. As gratificações ou parcelas financeiras a que se refere o art. 220, inciso II, do Decreto nº 2479, de 8 de março de 1979, serão incorporadas aos proventos de inatividade dos servidores do Tribunal de Contas, após 12 (doze) meses de sua percepção consecutiva, ou 24 (vinte e quatro) meses interpolados, pelo maior valor percebido.

Art. 119. (Revogado pelo Art. 1º da Lei Complementar nº 88/97, respeitados o ato jurídico perfeito e as situações jurídicas definitivamente constituídas até a publicação da lei complementar 88/97. dia 24/12/97)

Art. 120. (Revogado pela Lei Complementar nº 81/1995.)

Art. 121. ... VETADO ...

Art. 122. É facultativa a filiação, na qualidade de beneficiário, dos destinatários do art. 6º, inciso III, do Decreto-Lei nº 99, de 13 de maio de 1975, consoante o Decreto-Lei nº 193, de 14 de julho de 1975.

Art. 123. O Tribunal de Contas prestará auxílio à Comissão instituída pela Assembléia Legislativa para o exame analítico e pericial dos atos e fatos geradores do endividamento externo do Estado, nos termos do art. 36, do Ato das Disposições Constitucionais Transitórias da Carta Estadual.

Art. 124. As vagas existentes e as primeiras que se verificarem no Tribunal de Contas, até o número reservado ao preenchimento pela Assembléia Legislativa, serão providas por indicação desta; retomando-se, para a nomeação nas subseqüentes, o critério determinado pela origem da vaga, fixado no art. 125, § 2º, da Constituição Estadual.

Art. 125. Aos Conselheiros do Tribunal de Contas que, à data da promulgação da Constituição Estadual de 1989, preenchiam os requisitos necessários à aposentadoria com as vantagens do cargo, não se aplica a ressalva prevista no art. 92, § 1º in fine, desta lei.

Art. 126. O Tribunal de Contas ajustará o exame dos processos em curso às disposições desta lei.

Art. 127. Aplicam-se aos Municípios, exceto ao da Capital, no que couber, as disposições desta lei, até que seja instalado o Conselho Estadual de Contas dos Municípios previsto na Constituição Estadual. (Redação original restabelecida pela ADI nº 4.191/09 (Acórdão STF - DJE 28.05.20).

Art. 128. Esta lei entrará em vigor na data de sua publicação.

Art. 129. Revogam-se as disposições em contrário, em especial, a Lei Complementar nº 21, de 4 de dezembro de 1981.

Rio de Janeiro, 1º de agosto de 1990.

W. MOREIRA FRANCO

Governador

LEI Nº 2.657, DE 26 DE DEZEMBRO DE 1996

- DISPÕE SOBRE O IMPOSTO SOBRE CIRCULAÇÃO DE MERCADORIAS E SERVIÇOS E DÁ OUTRAS PROVIDÊNCIAS.

ÍNDICE

Capítulo I
DO FATO GERADOR

Art. 1º. Fica instituído o imposto sobre operações relativas à circulação de mercadorias e sobre prestações de serviços de transporte interestadual e intermunicipal e de comunicação – ICMS, que tem como fato gerador a operação relativa à circulação de mercadoria e a prestação de serviço de transporte interestadual e intermunicipal e de comunicação, ainda que a operação ou a prestação se inicie no exterior.

Art. 2º. O imposto incide sobre:

I - operações relativas à circulação de mercadorias, inclusive fornecimento de alimentação e bebidas em bares, restaurantes e estabelecimentos similares;

II - prestações de serviços de transporte interestadual e intermunicipal, por qualquer via, de pessoas, bens, mercadorias ou valores;

III - prestações onerosas de serviços de comunicação por qualquer meio, inclusive a geração, a emissão, a recepção, a transmissão, a retransmissão, a repetição e a ampliação de comunicação de qualquer natureza;

IV - fornecimento de mercadorias com prestação de serviços não compreendidos na competência tributária dos Municípios; e

V - fornecimento de mercadorias com prestação de serviços sujeitos ao imposto sobre serviços, de competência dos Municípios, quando a lei complementar aplicável expressamente o sujeitar à incidência do imposto estadual.

VI - Revogado pela Lei 7183/2015

Parágrafo único - O imposto incide também sobre:

I - a entrada de bem ou mercadoria importados do exterior por pessoa física ou jurídica, ainda que não seja contribuinte habitual do imposto, qualquer que seja sua finalidade. (Nova redação dada pela Lei nº 3733/2001.)

II - o serviço prestado no exterior, ou cuja prestação se tenha iniciado no exterior; e

III - a entrada, no território do Estado, de petróleo, inclusive lubrificantes e combustíveis líquidos e gasosos dele derivados, e de energia elétrica, quando não destinados à comercialização ou à industrialização, decorrente de operações interestaduais.

IV - a saída de mercadoria do estabelecimento de contribuinte de que trata o inciso XVIII do § 1º do art. 15, localizado em outra unidade da Federação, destinada a consumidor final não contribuinte localizado neste Estado; e (Incluído pela Lei 7071/2015.)

V - a prestação realizada por contribuinte de que trata o inciso XVIII do § 1º do art. 15, localizado em outra unidade da Federação, destinada a consumidor final não contribuinte localizado neste Estado. (Incluído pela Lei 7071/2015.)

Art. 3º. O fato gerador do imposto ocorre:

I - na saída de mercadoria, a qualquer título, do estabelecimento do contribuinte, ainda que para outro estabelecimento do mesmo titular;

II - na saída de estabelecimento industrializador, em retorno ao do encomendante, ou para outro por ordem deste, de mercadoria submetida a processo de industrialização que não implique prestação de serviço compreendido na competência tributária municipal, ainda que a industrialização não envolva aplicação ou fornecimento de qualquer insumo;

III - no fornecimento de alimentação, bebida ou outra mercadoria por qualquer estabelecimento;

IV - no fornecimento de mercadoria com prestação de serviço:

a) não compreendido na competência tributária dos municípios;

b) compreendido na competência tributária dos municípios, e com indicação expressa de incidência do imposto de competência estadual, como definido em lei complementar aplicável;

V - no desembaraço aduaneiro de mercadoria ou bem importados do exterior;

VI - na entrada no estabelecimento do contribuinte de mercadoria proveniente de outra unidade da Federação, destinada a consumo ou ativo fixo;

VII - na utilização, por contribuinte, de serviço cuja prestação se tenha iniciado em outra unidade da Federação e não esteja vinculada a operação ou prestação subsequente alcançada pela incidência do imposto;

VIII - na aquisição, em licitação promovida pelo Poder Público, de mercadoria ou bem importados do exterior apreendidos ou abandonados;

IX - no início de execução do serviço de transporte interestadual e intermunicipal de qualquer natureza;

X - no ato final de transporte iniciado no exterior;

XI - na prestação onerosa de serviços de comunicação, feita por qualquer meio, inclusive a geração, a emissão, a recepção, a transmissão, a retransmissão, a repetição e a ampliação de comunicado de qualquer natureza;

XII - no recebimento, pelo destinatário de serviço prestado no exterior;

XIII - na transmissão de propriedade de mercadoria depositada em armazém geral ou em depósito fechado, no Estado do transmitente;

XIV - na transmissão de propriedade de mercadoria, ou de título que a represente, quando a mercadoria não tiver transitado pelo estabelecimento transmitente;

XV - na entrada em território do Estado de petróleo, inclusive lubrificantes e combustíveis líquidos e gasosos dele derivados, e de energia elétrica, quando não destinados à comercialização ou à industrialização, decorrente de operações interestaduais;

XVI – na falta de comprovação da saída de mercadoria do território do Estado, na forma e no prazo fixado em ato próprio, quando a mesma transitar acompanhada de passe fiscal ou similar ou quando for encontrada mercadoria em trânsito desacompanhada de passe fiscal de uso obrigatório; (Nova redação dada pela Lei nº 4526/2005.)

XVII – Revogado pela Lei 7183/2015 (que revogou a Lei 4117/2003)

XVIII – na saída de mercadoria de estabelecimento de contribuinte localizado em outra unidade da Federação, destinada a consumidor final não contribuinte localizado neste Estado; e (Incluído pela Lei 7071/2015.)

XIX – na prestação de serviço por contribuinte localizado em outra unidade da Federação, para consumidor final não contribuinte localizado neste Estado. (Incluído pela Lei 7071/2015.)

§ 1º – Aplica-se o disposto no inciso I ainda que o estabelecimento extrator, produtor ou gerador, inclusive de energia, se localize em área contígua àquele onde ocorra a industrialização, a utilização ou o consumo da mercadoria, inclusive quando as atividades sejam integradas.

* § 2º – Revogado pela Lei 6357/2012.

* § 3º – Revogado pela Lei 6357/2012.

§ 4º – Caso o transporte iniciado no exterior seja contratado por etapa, a que for prestada em território estadual, na forma do inciso IX, constitui fato gerador.

§ 5º – Na hipótese do inciso XI, caso o serviço seja prestado mediante ficha cartão ou assemelhado, considera-se ocorrido o fato gerador quando do fornecimento desses instrumentos ao usuário ou ao intermediário.

§ 6º – Na hipótese do inciso V, após o desembaraço aduaneiro, a entrega pelo depositário, de mercadoria ou bem importado do exterior, deverá ser autorizada pelo órgão responsável pelo seu desembaraço, que somente se fará mediante a exibição do comprovante de pagamento do imposto incidente no ato do despacho aduaneiro, salvo disposição em contrário.

§ 7º – Ocorrendo a entrega da mercadoria ou bem importado do exterior antes do ato do despacho aduaneiro, considera-se ocorrido o fato gerador, devendo ser exigida a apresentação do comprovante do pagamento do imposto pelo responsável pela liberação. (Acrescentado pela Lei nº 3733/2001.)

§ 8º – A ocorrência do fato gerador independe da natureza jurídica da operação que o constitua. (Renumerado pela Lei nº 3733/2001.)

§ 9º – O Estado poderá exigir o pagamento antecipado do imposto, com a fixação, se for o caso, do valor da operação ou da prestação subsequente, observando-

-se o disposto no Capítulo V, que regula a substituição tributária. (Renumerado pela Lei nº 3733/2001.)

§ 10 – Revogado pela Lei 7183/2015 (que revogou a Lei 4117/2003)

Art. 3º-A. Consideram-se como saída de mercadorias ou prestação de serviços sem emissão de documento fiscal, os valores referentes a:

I – suprimentos de caixa que não foram devidamente esclarecidos e comprovados;

II – existência de saldo credor de caixa;

III – pagamentos efetuados e não escriturados;

IV – constatação de ativos ocultos;

V – diferença de estoque de mercadorias, quando a quantidade apurada pela fiscalização, com base em livros e documentos fiscais do contribuinte, for maior do que a escriturada no Livro Registro de Inventário ou do que a consubstanciada em auto de constatação decorrente de contagem física;

VI – documento fiscal cancelado após a saída da mercadoria ou a prestação de serviço, ou após a sua escrituração nos livros fiscais do contribuinte;

VII – diferença entre os valores informados pelas administradoras de cartão de crédito ou débito em conta corrente e demais estabelecimentos similares e aqueles registrados nas escritas fiscal ou contábil do contribuinte ou nos documentos por ele emitidos;

VIII – mercadoria entregue a destinatário diverso daquele que constar do documento fiscal, no que tange à operação realizada com o destinatário diverso;

IX – existência de valores creditados em conta de depósito ou de investimento mantida em instituição financeira, em relação aos quais o titular, regularmente notificado a prestar informações, não comprove, mediante documentação hábil e idônea, a origem dos recursos utilizados nessas operações.

X – diferença entre os valores informados pelos prestadores de serviços de que tratam os incisos VIII e IX do art. 18 e aqueles registrados nas escritas fiscal ou contábil do contribuinte ou nos documentos por ele emitidos. (Incluído pela Lei 8795/2020.).

Parágrafo único. Para os efeitos do inciso III do caput deste artigo, os documentos comprobatórios de pagamento, que não contenham a data de sua quitação, consideram-se pagos:

I – na data do vencimento do respectivo título;

II – na data da emissão do documento fiscal, quando não for emitida duplicata.

Art. 3º-B. Consideram-se como decorrente de operação ou prestação tributada realizada pelo contribuinte os valores registrados nos seguintes equipamentos, porventura encontrados em seu estabelecimento e autorizados para terceiros, ainda que para outro estabelecimento da mesma empresa:

I – Emissor de Cupom Fiscal (ECF);

II – Point of Sale (POS) e demais equipamentos destinados ao registro de operação ou prestação paga com cartão de crédito ou débito.

Art. 3º-C. Considera-se como relativa à entrada no estabelecimento, sem documentação fiscal ou sem sua regular escrituração, a diferença de estoque de mercadorias, quando a quantidade apurada pela fiscalização, com base nos livros e documentos fiscais do contribuinte, for menor do que a escriturada no Livro Registro de Inventário ou do que a consubstanciada em auto de constatação decorrente de contagem física.

Parágrafo único. Constatada a ocorrência da hipótese prevista no caput deste artigo, aplica-se o disposto no inciso V do art. 3º-E desta Lei.

Art. 3º-D. Na falta de escrituração ou apresentação de Livro Registro de Inventário, a fiscalização poderá considerar inexistente o estoque de mercadoria relativamente ao período não escriturado ou não apresentado.

Parágrafo único. O disposto no caput não será aplicado na hipótese de o estoque puder ser apurado pela fiscalização por meio de outros livros fiscais ou dos documentos fiscais de entrada e de saídas de mercadorias.

Art. 3º-E. Considera-se posta em circulação a mercadoria:

I – em trânsito desacompanhada de documento fiscal ou acompanhada de documentação inidônea e a proveniente de outra unidade da federação sem destinatário certo;

II – estocada em terminal de carga, armazém geral, depósito ou similares sem estar acompanhada de documentação fiscal ou acompanhada de documentação fiscal inidônea;

III – encontrada em estabelecimento não inscrito ou com inscrição inabilitada;

IV – constante do estoque final, na data do encerramento da atividade;

V – entrada no estabelecimento desacompanhada de documento fiscal ou acompanhada de documento fiscal inidôneo ou, ainda, cuja entrada não tenha sido regularmente escriturada.

Parágrafo único. Na hipótese dos incisos IV e V do caput deste artigo, tomar-se-á como base de cálculo o valor do custo de aquisição mais recente acrescido de 50% (cinquenta por cento).

Art. 3º-F. Considera-se reutilizado, para fins de ocultar a ocorrência do fato gerador do imposto o documento fiscal ou de controle apreendido pela fiscalização de trânsito de mercadorias em poder do transportador, ou do remetente nessa condição, sem estar acompanhado da respectiva mercadoria, devendo o imposto ser cobrado do detentor daquele documento.

Art. 3º-G. Equipara-se à entrada ou à saída de mercadoria a transmissão de sua propriedade ou a sua transferência, quando não transitar pelo estabelecimento do contribuinte.

Art. 3º-H. Na hipótese de emissão de documento fiscal, em operação interna, no qual o destinatário esteja com inscrição estadual inabilitada ou não seja inscrito no cadastro estadual, quando obrigado, presume-se ocorrido o fato gerador subsequente, sendo exigido do emitente, na qualidade de responsável, além do imposto da operação própria, quando devido, também o imposto da operação presumida.

Parágrafo único. O imposto da operação presumida a que se refere o caput deste artigo será exigido da seguinte forma:

I – na hipótese de a mercadoria não estar sujeita à substituição tributária:

a) tomar-se-á como base de cálculo o valor constante do documento fiscal acrescido de 50% (cinquenta por cento);

b) aplicar-se-á a alíquota correspondente à operação ou prestação; e

c) deduzir-se-á o imposto destacado no documento.

II – na hipótese de a mercadoria estar sujeita à substituição tributária, adotar-se-á a forma prevista no art. 26 desta Lei.

Art. 3º-I. As hipóteses relativas a fatos geradores presumidos deste Capítulo não excluem as porventura constantes de outros dispositivos legais ou regulamentares.

Parágrafo único. Nas hipóteses de que trata este artigo, tomar-se-á como base de cálculo a que seria aplicável ao fato gerador correspondente, constante do art. 3º, ressalvado o disposto nos arts. 3º-E e 3º-H.

- Arts. 3º-A, 3º-B, 3º-C, 3º-D, 3º-E, 3º-F, 3º-G, 3º-H e 3º-I acrescentados pela Lei nº 6357/2012.

Capítulo II
DA BASE DE CÁLCULO

Art. 4º. A base de cálculo do imposto é: (Nova redação dada pela Lei 6276/2012.)

I – no caso dos incisos I, XIII e XIV do Artigo 3º, o valor da operação de que decorrer a saída da mercadoria;

II – no caso do inciso II do Artigo 3º, o valor acrescido relativo à industrialização, abrangendo mão-de-obra, insumos aplicados e despesas cobradas do encomendante;

III – no caso do inciso III do Artigo 3º, o valor total da operação, compreendendo o fornecimento da mercadoria e a prestação do serviço;

IV – no caso do inciso IV do Artigo 3º:

a) o valor total da operação, na hipótese da alínea "a";

b) o valor da mercadoria fornecida ou empregada, na hipótese da alínea "b";

V – no caso do inciso V do Artigo 3º, a soma das seguintes parcelas:

a) o valor da mercadoria ou bem constante dos documentos de importação, observado o disposto no artigo 11;

b) imposto de importação;

c) imposto sobre produtos industrializados;

d) imposto sobre operações de câmbio; e

e) quaisquer outros impostos, taxas, contribuições e despesas aduaneiras. (nova redação dada pela Lei nº 6462/2013.)

VI – no caso do inciso VI do caput do art. 3º, o valor da operação de que decorrer a entrada da mercadoria, sendo o imposto a pagar correspondente à diferença entre a alíquota interna do Estado destinatário e a alíquota interestadual; (Nova redação dada pela Lei 7175/2015 (que modificou a Lei 7071/2015)

VII – no caso do inciso VII do caput do art. 3º, o valor da prestação do serviço, sendo o imposto a pagar correspondente à diferença entre a alíquota interna do Estado destinatário e a alíquota interestadual; (Nova redação dada pela Lei 7175/2015 (que modificou a Lei 7071/2015)

VIII – no caso do inciso VIII do Artigo 3º, o valor da operação, acrescido do valor dos impostos sobre importação e produtos industrializados e de todas as despesas cobradas do adquirente;

IX – no caso dos incisos IX do art. 3º, o preço do serviço. (repristinada redação original pela Lei 6347/2012.)

X – no caso do inciso XI e XII do Art. 3º, o valor da prestação do serviço, acrescido, se for o caso, de todos os encargos relacionados com a sua utilização;

XI – no caso do inciso XV do Art. 3º, o valor da operação de que decorrer a entrada; e

XII - Revogado pela Lei 6357/2012.

XIII - Revogado pela Lei 7183/2015 (que revogou a Lei 4117/2003)

XIV - no caso do inciso XVIII do caput do art. 3º, o valor da operação, sendo o imposto a pagar correspondente à diferença entre a alíquota interna do Estado destinatário e a alíquota interestadual; e (Nova redação dada pela Lei 7175/2015. (que modificou a Lei 7071/2015)

XV - no caso do inciso XIX do caput do art. 3º, o valor da prestação do serviço, sendo o imposto a pagar correspondente à diferença entre a alíquota interna do Estado destinatário e a alíquota interestadual."(Nova redação dada pela Lei 7175/2015. (que modificou a Lei 7071/2015)

§ 1º - No fornecimento de máquina, aparelho, equipamento, conjunto industrial ou outras mercadorias, como tapete, cortina, papel de parede, vidro, lambris e outros, cuja alienação esteja vinculada à respectiva montagem, instalação, colocação ou operação similar, a base de cálculo do imposto compreende, também, o valor da montagem, instalação, colocação ou operação similar, salvo disposição expressa em contrário.

§ 2º - Sendo desconhecido o valor dos impostos federais mencionados no inciso V, o imposto correspondente a essas parcelas será recolhido na forma e no prazo estabelecidos pelo Poder Executivo.

§ 3º - Na alienação de bem objeto de arrendamento mercantil, o imposto será calculado com base no valor residual do bem.

§ 4º - Na hipótese do parágrafo anterior, o arrendante poderá se creditar da parcela do imposto destacado no documento fiscal referente à entrada do bem em seu estabelecimento, correspondente à proporção entre o valor residual e o valor total do bem.

§ 5º - Revogado pela Lei 7183/2015 (que revogou a Lei 4117/2003)

§ 6º - Quando o destinatário for empresa interdependente localizada no Estado, para fins de determinação da base de cálculo, aplicar-se-á o preço praticado nas operações da empresa com adquirente não considerado interdependente ou, na falta deste preço, o disposto no art. 7º desta lei. (Incluído pela Lei 6276/2012.)

§ 7º - Aplica-se o disposto no § 6º deste artigo quando a atividade do adquirente não for sujeita ao ICMS. (Incluído pela Lei 6276/2012.)

§ 8º - Para efeito do § 6º deste artigo aplica-se o disposto no § 3º do art. 5º desta Lei. (Incluído pela Lei 6276/2012.)

Art. 5º. Integra a base do cálculo do imposto, inclusive na hipótese do inciso V, do artigo 4º: (Nova redação dada pela Lei nº 3733/2001.)

I – o montante do próprio imposto, constituindo o respectivo destaque mera indicação para fins de controle;

II – o valor correspondente a:

a) seguro, juro e qualquer importância paga, recebida ou debitada, bem como descontos concedidos sob condição;

b) frete, quando o transporte for efetuado pelo próprio remetente ou por sua conta e ordem, e seja cobrado em separado.

Parágrafo e incisos revogados pela Lei nº 5835/2010.

§ 2º – Quando o frete for cobrado por estabelecimento pertencente ao mesmo titular do estabelecimento remetente da mercadoria ou por empresa interdependente, na hipótese em que exceda o nível normal do preço em vigor, no mercado local, para serviço semelhante, constante de tabela elaborada pelo órgão competente, o valor excedente é havido como parte do preço da mercadoria.

§ 3º – Consideram-se interdependentes duas empresas quando: (Nova redação dada pelo art. 1º da Lei nº 3454/2000)

I – uma delas, por si, seus sócios ou acionistas e respectivos cônjuges e filhos menores, for titular de mais de 50% (cinqüenta por cento) do capital da outra;

II – uma mesma pessoa fizer parte de ambas, na qualidade de diretor ou sócio com funções de gerência, ainda que exercidas sob outra denominação;

III – uma tiver vendido ou consignado à outra, no ano anterior; mais de 20% (vinte por cento), no caso de distribuição com exclusividade em determinada área do território nacional, e mais de 50% (cinqüenta por cento), nos demais casos, do volume das vendas dos produtos tributados de sua fabricação, importação ou arrematação;

IV – uma delas, por qualquer forma ou título, for a única adquirente de um ou de mais de um dos produtos industrializados, importados ou arrematados pela outra, ainda quando a exclusividade se refira apenas à padronagem, marca ou tipo do produto;

V – uma vender à outra, mediante contrato de participação ou ajuste semelhante, produto tributado que tenha fabricado, importado ou arrematado.

Art. 6º. Não integra a base de cálculo do imposto o montante do imposto federal sobre produtos industrializados, quando a operação, realizada entre contribuintes e relativa a produto destinado à industrialização ou à comercialização, configure fato gerador de ambos os impostos.

Parágrafo único – Excetuada a hipótese prevista neste artigo, o valor do IPI integra a base de cálculo do ICMS.

Art. 7º. Na falta de valor a que se refere o inciso I do Artigo 4º, ressalvado o disposto nos artigos 8º e 9º, a base de cálculo é:

I – o preço corrente da mercadoria, ou de sua similar, no mercado atacadista do local da operação, ou, na sua falta, no mercado atacadista regional, caso o remetente seja produtor, extrator ou gerador, inclusive de energia;

II – o preço FOB estabelecimento industrial à vista, caso o remetente seja industrial;

III – o preço FOB estabelecimento comercial à vista, nas vendas a outros comerciantes ou industriais, caso o remetente seja comerciante.

§ 1º – Para aplicação dos incisos II e III, adotar-se-á, sucessivamente:

I – o preço efetivamente cobrado pelo remetente na operação mais recente; e

II – caso o remetente não tenha efetuado venda de mercadoria, o preço corrente da mercadoria ou de seu similar no mercado atacadista do local da operação ou, na falta deste, no mercado atacadista regional.

§ 2º – Na hipótese do inciso III, caso o estabelecimento remetente não efetue venda a outros comerciantes ou industriais ou, em qualquer caso, não haja mercadoria similar, a base de cálculo será equivalente a 75% (setenta e cinco por cento) do preço de venda corrente no varejo, observado o disposto no parágrafo anterior.

§ 3º – Caso o estabelecimento remetente não tenha efetuado ainda venda da mercadoria de que trata este artigo, aplica-se a regra contida no artigo 8º.

Art. 8º. Para efeito de fixação da base de cálculo, na saída de mercadoria para estabelecimento do mesmo titular, localizado neste Estado ou em outra unidade da Federação, deve ser observado o seguinte: (Nova redação dada pela Lei 6276/2002)

I – o valor correspondente à entrada mais recente da mercadoria;

II – o custo da mercadoria produzida, assim entendida a soma do custo da matéria-prima, material secundário, mão-de-obra e acondicionamento;

III – tratando-se de mercadorias não industrializadas, o seu preço corrente no mercado atacadista do estabelecimento remetente.

Art. 9º. Na operação de circulação de mercadoria ou na prestação de serviço entre estabelecimentos de contribuintes diferentes, caso haja reajuste do valor depois da remessa ou da prestação, a diferença fica sujeita ao imposto no estabelecimento do remetente ou do prestador.

Art. 10. Na prestação sem preço determinado, a base de cálculo do imposto é o valor corrente do serviço.

Art. 11. O preço de importação expresso em moeda estrangeira será convertido em moeda nacional pela mesma taxa de câmbio utilizada no cálculo do imposto de importação, sem qualquer acréscimo ou devolução posterior se houver variação da taxa de câmbio até o pagamento efetivo do preço.

Parágrafo único - Na hipótese da mercadoria proveniente do exterior estar desonerada do imposto de importação, a conversão em moeda nacional se fará com base na taxa de câmbio vigente na data do desembaraço aduaneiro.

Art. 12. Quando o preço declarado pelo contribuinte for inferior ao de mercado, o Secretário de Estado de Fazenda pode determinar, em ato normativo, que a base de cálculo do imposto seja o preço corrente da mercadoria ou, na sua falta, o preço de produção ou de aquisição mais recente, acrescido de percentual de margem de comercialização.

§ 1º - Havendo discordância em relação ao valor fixado, cabe ao contribuinte comprovar a exatidão do valor por ele declarado, que prevalecerá como base de cálculo.

§ 2º - Na operação interestadual, a aplicação do disposto neste artigo depende de celebração de acordo com o Estado envolvido na operação, para estabelecer os critérios e a fixação da base de cálculo.

Art. 13. Em operação realizada com mercadoria trazida por contribuinte de outro Estado sem destinatário certo neste Estado, o imposto deve ser recolhido antecipadamente, tomando-se como base de cálculo:

I - o referido preço, quando se tratar de mercadoria com preço final de venda no varejo fixado pelo remetente ou por órgão federal competente;

II - o valor constante do documento fiscal de remessa (inclusive o imposto sobre produtos industrializados, se incidente na operação), acrescido de 50% (cinqüenta por cento), nos demais casos.

Parágrafo único - Nas hipóteses deste artigo, é admitida a compensação do imposto pago no Estado de origem, respeitado o limite resultante da aplicação da alíquota interestadual sobre a base de cálculo relativa à remessa.

Capítulo III
DA ALÍQUOTA

Art. 14. A alíquota do imposto é:

I - em operação ou prestação interna: 18% (dezoito por cento);

II - Revogado pela lei 7071/2015.

III - em operação ou prestação interestadual quando o destinatário, contribuinte ou não do imposto, estiver localizado: (Nova redação dada pela Lei 7071/2015.)

a) nas regiões Norte, Nordeste, Centro-Oeste e no Estado do Espírito Santo: 7% (sete por cento);

b) nas demais regiões: 12% (doze por cento);

IV - em operação de importação, na prestação de serviço que se inicie no exterior ou quando o serviço seja prestado no exterior: 16% (dezesseis por cento); (* Nova redação dada pela Lei 7175/2015.)

V - no caso dos incisos VI, VII, XVIII e XIX do caput do art. 3º, aquela resultante da diferença entre a alíquota interna deste Estado e a interestadual; (Nova redação dada pela Lei 7175/2015 (que modificou a Lei 7071/2015)

VI - em operação com energia elétrica:

a) 18% (dezoito por cento) até o consumo de 300 quilowatts/hora mensais;

b) 27% (vinte e sete por cento) quando acima do consumo estabelecido na alínea "a" até o consumo de 450 quilowatts/hora mensais;

c) 28% (vinte e oito por cento) quando acima de 450 quilowatts/hora mensais;

d) 6% (seis por cento) quando utilizada no transporte público eletrificado de passageiros. (Nova redação dada pela Lei 7508/2016.)

VII - em operação interna e de importação, com os produtos abaixo especificados: 37% (trinta e sete por cento): (Nova redação dada pela Lei 7071/2015.)

* a) - arma e munição, suas partes e acessórios;

* b) - perfume e cosmético;

* c) - bebida alcóolica, exceto cerveja, chope e aguardente de cana e de melaço;

* d) - peleteria e suas obras e peleteria artificial; 37% (trinta e sete por cento)

* e) - embarcações de esporte e de recreio; 37% (trinta e sete por cento);

* Nova redação dada pela Lei nº 2880/1997.

VIII - na prestação de serviços de comunicação: 28% (vinte e oito por cento); (Nova redação dada pela Lei 7508/2016.)

IX - em operações com produtos de informática e automação, que estejam beneficiados com redução do Imposto sobre Produtos Industrializados e sejam fabricados por estabelecimento industrial que atenda ao disposto no artigo 4º, da Lei Federal nº 8.248/91: 7% (sete por cento), estornando-se o crédito superior a 7% (sete por cento), obtido na operação anterior, seja operação interna ou interestadual. (Inciso IX, do Artigo 14, alterado pela Lei nº 3.733/2001, com efeitos a partir de 01.01.2002)

X - em operações com arroz, feijão, pão e sal: 12% (doze por cento);

XI – em operações com gado, ave e coelho, bem como os produtos comestíveis resultantes de sua matança, em estado natural, resfriado ou congelado: 12% (doze por cento);

XII – no fornecimento de alimentação, incluídos os serviços prestados, promovido por restaurante, lanchonete, bar, café e similares: 12% (doze por cento);

XIII – em operações com óleo diesel: (Caput do inciso XIII, do Artigo 14, alterado pela Lei nº 4.964/2006, vigente a partir de 22.12.2006)

a) 12% (doze por cento); (Alínea "a" do inciso XIII do Artigo 14, alterado pela Lei Estadual nº 7.982/2018, vigente a partir de 07.06.2018)

b) 6% (seis por cento) quando consumido no transporte de passageiros por ônibus urbano, bem como no transporte de passageiros do sistema hidroviário (aquaviário), regularmente concedido e/ou permitido pelo Poder Concedente Estadual ou pelo Poder Concedente Municipal que tenha estabelecido convênio com a Secretaria de Estado de Fazenda do Rio de Janeiro e com o Departamento de Trânsito Rodoviário – DETRO ou com órgão representante do Poder Concedente Municipal para efeitos de regulamentação a ser estabelecida pela mencionada Secretaria. (Alínea b do inciso XIII, do Artigo 14, alterado pela Lei nº 5.037/2007, com efeitos a partir de 01.01.2007)

XIV – no fornecimento de energia elétrica para cooperativas de eletrificação rural e sua distribuição para produtor rural, assim entendido aquele que mantenha exploração agrícola ou pastoril e esteja inscrito no Cadastro Geral de Contribuintes do Estado do Rio de Janeiro – CADERJ: 12% (doze por cento);

XV – Em operações com máquinas, aparelhos, equipamentos e veículos, destinados à implantação, ampliação e modernização de unidades industriais ou agroindustriais, e visem à incorporação de novas tecnologias, à desconcentração industrial, à defesa do meio ambiente, segurança e saúde do trabalhador e à redução das disparidades regionais: 12% (doze por cento). (Inciso XV, do Artigo 14, alterado pela Lei nº 4.035, vigente a partir de 27.12.2002).

XVI – material ou equipamento especializado para pessoas portadoras de deficiência física e medicamentos para os doentes renais crônicos e transplantados: 7% (sete por cento), estornando-se o crédito superior a 7% (sete por cento), obtido na operação anterior, seja operação interna ou interestadual.

(Atenção: o prazo de fruição dos benefícios fiscais previstos no inciso XVI do art. 14 encerra-se em 30.09.2019, nos termos do Decreto nº 46.409, de 30 de agosto de 2018)

XVII – Revogado pela Lei Estadual nº 4.354/2004, vigente a partir de 15.06.2004.)

XVIII – Revogado pela Lei Estadual nº 4.354/2004, vigente a partir de 15.06.2004.)

XIX – em operação com cigarro, charuto, cigarrilha, fumo e artigo correlato: 35% (trinta e cinco por cento); (Inciso XIX, do Artigo 14, acrescentado pela Lei Estadual nº 2.880/97, vigente a partir de 30.12.1997)

XX – em operação com álcool carburante: 30% (trinta por cento); (Inciso XX, do Artigo 14, alterado pela Lei Estadual nº 7.508/2016, vigente a partir de 30.12.2016, com efeitos a contar de 30.03.2017, enquanto perdurar o estado de calamidade pública financeira de que trata a Lei nº 7483/2016)

XXI – Revogado devido a revogação da Lei Estadual nº 4.117/2003, pela Lei Estadual nº 7.183/2015, vigente a partir de 30.12.2015, com efeitos a contar de 28.03.2016)

XXII – em operação com cerveja e chope: 18% (dezoito por cento); (Inciso XXII, do Artigo 14, alterado pela Lei Estadual nº 7.508/2016, vigente a partir de 30.12.2016, com efeitos a contar de 30.03.2017, enquanto perdurar o estado de calamidade pública financeira de que trata a Lei nº 7483/2016)

XXIII – em operação com refrigerante: 16% (dezesseis por cento). (Inciso XXIII, do Artigo 14, acrescentado pela Lei Estadual nº 4.721/2006, vigente a partir de 15.03.2006)

XXIV – em operação com aguardente: 17% (dezessete por cento). (Inciso XXIV, do Artigo 14, acrescentado pela Lei Estadual nº 4.721/2006, vigente a partir de 15.03.2006)

XXV – 6% (seis por cento) na operação com Gás Natural Veicular – GNV quando consumido por empresa concessionária ou permissionária de transporte coletivo de passageiros por ônibus ou por veículo hidroviário (aquaviário) regularmente concedido e/ou permitido pelo Poder Concedente Estadual ou pelo Poder Concedente Municipal que tenha estabelecido convênio com a Secretaria de Estado de Fazenda do Rio de Janeiro e com o Departamento de Trânsito Rodoviário – DETRO ou com órgão representante do Poder Concedente Municipal para efeitos de regulamentação a ser estabelecida pela mencionada secretaria. (Inciso XXV, do Artigo 14, alterado pela Lei nº 5.037/2007, vigente a partir de 11.06.2007, com efeitos retroativos a partir de 01.01.2007).

XXVI – em operação com querosene de aviação (QAV): 12 % (doze por cento); (Inciso XXVI, do Artigo 14, acrescentado pela Lei Estadual nº 6.104/2011, vigente a partir de 13.12.2011.)

XXVII – em operação com gasolina: 32% (trinta e dois por cento) (Inciso XXVII, do Artigo 14, acrescentado pela Lei Estadual nº 7.508/2016, vigente a partir de 30.12.2016, com efeitos a contar de 30.03.2017, enquanto perdurar o estado de calamidade pública financeira de que trata a Lei nº 7483/2016)

§ 1º – A adoção da alíquota prevista no inciso XV deste artigo fica subordinada à prévia aprovação da Secretaria de Estado de Fazenda, segundo regulamentação específica.

§ 2º – O disposto no inciso XV, combinado com o § 1º, também se aplica nas operações efetuadas pelos estabelecimentos situados nos municípios de: Itaguaí, Mangaratiba, Mesquita, Seropédica, Paracambi, Japeri, Piraí, Queimados, Engenheiro Paulo de Frontim, Mendes, Vassouras, Nova Iguaçu, no Distrito de Conrado, em Miguel Pereira e atuais regiões administrativas de Campo Grande e Santa Cruz, no município do Rio de Janeiro que, de qualquer forma, utilizem ou sejam geradas em função da utilização dos serviços do Porto de Sepetiba. (alterado pela Lei nº 4.035, vigente a partir de 27.12.2002).

§ 3º – Revogado pela Lei Estadual nº 7.071/2015, vigente a partir de 05.10.2015, com efeitos a contar de 01.01.2016)

§ 4º – Revogado pela Lei Estadual nº 6.104/2011, vigente a partir de 13.12.2011.)

§ 5º – Revogado pela Lei Estadual nº 6.104/2011, vigente a partir de 13.12.2011.)

Capítulo IV
DA SUJEIÇÃO PASSIVA

Seção I
DO CONTRIBUINTE

Art. 15. Contribuinte é qualquer pessoa, física ou jurídica, que realize, com habitualidade ou em volume que caracterize intuito comercial, operação de circulação de mercadoria ou prestação de serviços descritas como fato gerador do imposto, observado o disposto no § 2º deste artigo.

§ 1º – Incluem-se entre os contribuintes do imposto:

I – o comerciante, o industrial, o produtor e o extrator; (Redação anterior original do inciso I, do § 1º, do Artigo 15, reestabelecida devido a revogação da Lei Estadual nº 4.117/2003, pela Lei Estadual nº 7.183/2015, vigente a partir de 30.12.2015, com efeitos a contar de 28.03.2016)

II – o industrializador, no retorno da mercadoria ao estabelecimento do encomendante;

III – o fornecedor de alimentação, bebida ou outra mercadoria em qualquer estabelecimento;

IV – o prestador de serviço não compreendido na competência tributária dos municípios e que envolva fornecimento de mercadoria;

V - o prestador de serviço compreendido na competência tributária dos municípios e que envolva fornecimento de mercadoria, com ressalva de incidência do imposto de competência estadual definida em lei complementar;

VI - o importador ou qualquer pessoa, física ou jurídica, de direito público ou privado, que promova importação de mercadoria ou bem do exterior, qualquer que seja sua finalidade; (Inciso VI, do Artigo 15, alterado pela Lei nº 3.733/2001, com efeitos a partir de 01.01.2002)

VII - o destinatário de serviço prestado no exterior ou cuja prestação se tenha iniciado no exterior;

VIII - o arrematante ou qualquer pessoa, física ou jurídica, de direito público ou privado, que adquira em licitação mercadoria ou apreendidos ou abandonados;

IX - o prestador de serviços de transporte interestadual e intermunicipal e de comunicação;

X - a cooperativa;

XI - a instituição financeira e a seguradora; (vide Súmula Vinculante STF nº 32, que declarou não haver incidência de ICMS na alienação de salvados)

XII - a sociedade civil de fim econômico;

XIII - a sociedade civil de fim não econômico que explore estabelecimento de extração de substância mineral ou fóssil, de produção agropecuária, industrial ou que comercialize mercadorias que para esse fim adquira ou produza;

XIV - o órgão da administração pública direta, a autarquia, a empresa pública federal, estadual ou municipal e a fundação instituída e mantida pelo Poder Público que vendam, ainda que apenas a comprador de determinada categoria profissional ou funcional, mercadoria que, para esse fim, adquirirem ou produzirem;

XV - a concessionária ou permissionária de serviço público de transporte, de comunicação e de energia elétrica;

XVI - qualquer pessoa indicada nos incisos anteriores que, na qualidade de consumidor final, adquira bem ou serviço em operação ou prestação interestadual;

XVII - o adquirente de lubrificantes e combustíveis líquidos e gasosos derivados de petróleo e energia elétrica oriundos de outro Estado, quando não destinados à comercialização ou à industrialização; (Inciso XVII, do § 1º, do Artigo 15., alterado pela Lei Estadual nº 3.453/2000, vigente a partir de 29.08.2000)

XVIII - o remetente de mercadoria ou prestador de serviço, localizado em outra unidade da Federação, nas operações e prestações interestaduais que destinem bens e serviços a consumidor final não contribuinte do imposto, localizado neste Estado.

(Inciso XVIII, § 1º do Art. 15, acrescentado pela Lei Estadual nº 7.071/2015, vigente a partir de 05.10.2015, com efeitos a contar de 01.01.2016)

XIX – a pessoa jurídica detentora de site ou de plataforma eletrônica que realize a venda ou a disponibilização, ainda que por intermédio de pagamento periódico, de bens e mercadorias digitais mediante transferência eletrônica de dados; * (Incluído pela Lei 8795/2020.).

XX – a pessoa jurídica detentora de site ou de plataforma eletrônica que realize prestação de serviço de comunicação, ainda que por intermédio de pagamento periódico.(Incluído pela Lei 8795/2020.).

§ 2º – As pessoas físicas ou jurídicas indicadas nos incisos VI, VII, VIII, XVII, XVIII, XIX e XX deste artigo são contribuintes do imposto, independentemente da habitualidade com que pratiquem as operações ou prestações neles descritas. (Nova redação dada pela Lei 8795/2020.)

§ 3º – O disposto no inciso VI do § 1º aplica-se também no caso de importação de mercadoria digital. (Nova redação dada pela Lei 8795/2020.)

Art. 16. Considera-se contribuinte autônomo cada estabelecimento produtor, extrator, gerador, inclusive de energia, industrial, comercial, importador ou prestador de serviço de transporte e de comunicação do mesmo contribuinte, ainda que as atividades sejam integradas e desenvolvidas no mesmo local.

Parágrafo único – Equipara-se a estabelecimento autônomo o veículo utilizado no comércio ambulante e na captura de pescado.

Seção II
DO RESPONSÁVEL

Art. 17. A responsabilidade pelo pagamento do imposto e acréscimos legais não pagos pelo contribuinte ou responsável pode ser atribuída a terceiros, quando os atos ou omissões destes concorrerem para o não-recolhimento do tributo.

§ 1º – Nos serviços de transporte e comunicação, quando a prestação for efetuada por mais de uma empresa, a responsabilidade pelo pagamento do imposto pode ser atribuída, por convênio com outros Estados, àquela que promover a cobrança integral do respectivo valor diretamente do usuário do serviço.

§ 2º – A responsabilidade pelo pagamento do imposto devido nas operações entre o associado e a cooperativa de produtores de que faça parte, situada neste Estado, fica transferida para a destinatária.

§ 3º – O disposto no parágrafo anterior é aplicável à mercadoria remetida pelo estabelecimento de cooperativa de produtores para estabelecimento, situado neste Estado, da própria cooperativa, de cooperativa central ou de Federação de cooperativas de que a cooperativa remetente faça parte.

§ 4º - O imposto devido pelas saídas mencionadas nos §§ 2º e 3º será recolhido pela destinatária quando da saída subseqüente, esteja esta sujeita ou não ao pagamento do imposto.

§ 5º - Revogado.

§ 6º - É facultado ao Poder Executivo submeter ao regime de diferimento operações e prestações, estabelecendo o momento em que deva ocorrer o lançamento e pagamento do imposto e atribuindo a responsabilidade, por substituição, a qualquer contribuinte vinculado ao momento final do diferimento.

§ 7º - Os intermediadores de pagamentos, inclusive a credenciadora e/ou administradora de cartão de crédito/débito ou de outro meio de pagamento, são responsáveis pelo pagamento do imposto devido nas operações por elas intermediadas:

I - quando deixarem de prestar as informações na forma e prazo previstos na legislação;

II - quando o contribuinte esteja em situação cadastral irregular e o intermediário tenha sido informado desta situação previamente pelo Fisco;

III - quando descumprirem demais obrigações previstas na legislação que concorrerem para o não-recolhimento do tributo.(Incluído pela Lei 8795/2020.).

§ 8º - As pessoas jurídicas de que trata o inciso IX do art. 18 desta lei são responsáveis pelo pagamento do imposto devido nas operações por elas intermediadas:

I - quando deixarem de prestar as informações na forma e prazo previstos na legislação;

II - quando o contribuinte esteja em situação cadastral irregular e tenha sido informado ao intermediário previamente pelo Fisco;

III - quando descumprirem demais obrigações previstas na legislação que concorrerem para o não-recolhimento do tributo.(Incluído pela Lei 8795/2020.).

§ 9º - O contribuinte será considerado com situação cadastral irregular, para fins de enquadramento nos casos previstos no inciso II do § 7º e no inciso II do § 8º, quando suspenso em razão de pedido de baixa, paralisado em decorrência de requerimento voluntário, impedido por situações previstas na legislação ou quando notificado pela falta de emissão de nota fiscal não realizar a sua regularização." (Incluído pela Lei 8795/2020.).

Art. 18. São responsáveis pelo pagamento do imposto:

I – o leiloeiro, em relação ao imposto devido sobre a saída de mercadoria decorrente de arrematação em leilão, quando o imposto não for pago pelo arrematante;

II – o síndico, comissário, inventariante ou liquidante, em relação ao imposto devido sobre a saída de mercadoria decorrente de sua alienação em falência, concordata, inventário ou dissolução de sociedade, respectivamente;

III – o armazém geral e o estabelecimento depositário congênere:

a) na saída de mercadoria depositada por contribuinte de outro Estado;

b) na transmissão de propriedade de mercadoria depositada por contribuinte de outro Estado;

c) no recebimento para depósito ou na saída de mercadoria sem documentação fiscal ou com documentação fiscal inidônea;

IV – o transportador, em relação à mercadoria:

a) proveniente de outro Estado para entrega, em território deste Estado, a destinatário não designado;

b) negociada em território deste Estado durante o transporte;

c) que aceitar para despacho ou transportar sem documentação fiscal, ou acompanhada de documento fiscal inidôneo;

d) que entregar a destinatário ou em local diverso do indicado na documentação fiscal.

V – o estabelecimento industrial ou comercial que promover a saída de mercadoria sem documentação fiscal ou com documentação fiscal inidônea, em relação ao imposto devido pela operação subseqüente com a mercadoria;

VI – qualquer possuidor ou detentor de mercadoria desacompanhada de documento fiscal ou acompanhada de documento fiscal inidôneo.

VII – o terminal aquaviário, em relação à mercadoria importada do exterior e desembarcada em seu estabelecimento. (Inciso VII, do Artigo 18, acrescentado pela Lei nº 3.733/2001, com efeitos a partir de 01.01.2002)

VIII – nas operações com bens e mercadorias digitais:

a) a pessoa jurídica detentora de site ou de plataforma eletrônica que realize a oferta, ou entrega por meio de transferência eletrônica de dados, em razão de contrato firmado com o comercializador ou prestador de serviço de comunicação, caso também operacionalize a transação financeira;

b) o intermediador financeiro, inclusive a administradora de cartão de crédito ou de outro meio de pagamento, caso a pessoa jurídica detentora de site ou de plataforma eletrônica apenas realize a oferta ou entrega por meio de transferência eletrônica de dados;

c) o adquirente do bem ou mercadoria digital, na hipótese de o contribuinte ou os responsáveis descritos nas alíneas "a" e "b" não serem inscritos no Estado do Rio de Janeiro;

d) a administradora de cartão de crédito ou débito ou a intermediadora financeira responsável pelo câmbio, nas operações de importação. (Incluído pela Lei 8795/2020.).

IX – nas operações com mercadorias não digitais o proprietário ou possuidor de site ou de plataforma eletrônica que realize a oferta, captação de clientes ou venda, em razão de contrato firmado com o comercializador, quando operacionalizar a transação financeira e o acompanhamento do pedido, sem que seja emitida nota fiscal obrigatória." (Incluído pela Lei 8795/2020.).

Art. 19. Respondem solidariamente pelo pagamento do imposto:

I – o entreposto aduaneiro ou qualquer pessoa que promova:

a) a saída de mercadoria estrangeira com destino ao mercado interno, sem documentação fiscal correspondente ou com destino a estabelecimento de titular diverso daquele que a houver importado ou arrematado;

b) a reintrodução, no mercado interno, de mercadoria depositada para o fim específico de exportação;

II – o representante, mandatário ou gestor de negócio, em relação à operação realizada por seu intermédio;

III – os demais estabelecimentos do mesmo titular.

IV – o destinatário das operações referidas nos incisos XVIII e XIX do art. 3º. (Inciso IV, do caput do Art. 19, acrescentado pela Lei Estadual nº 7.071/2015, vigente a partir de 05.10.2015, com efeitos a contar de 01.01.2016)

Parágrafo único – A solidariedade referida neste artigo não comporta benefício de ordem.

Art. 20. É irrelevante, para excluir a responsabilidade do cumprimento da obrigação ou a decorrente de sua inobservância:

I – a capacidade civil da pessoa natural;

II – o fato de achar-se a pessoa natural sujeita a medida que importe na limitação do exercício de atividade civil, comercial ou profissional, ou da administração direta de seu bem ou negócio;

III - a irregularidade formal na constituição de pessoa jurídica de direito privado ou de firma individual, bastando que configure uma unidade econômica ou profissional;

IV - a inexistência de estabelecimento fixo e a sua clandestinidade, ou precariedade de suas instalações.

Capítulo V
DA SUBSTITUIÇÃO TRIBUTÁRIA

Seção I
Do Contribuinte Substituto

Art. 21. A qualidade de contribuinte substituto, responsável pela retenção e recolhimento do imposto incidente em operações ou prestações antecedentes, concomitantes ou subseqüentes, poderá ser atribuída, nas hipóteses e condições definidas pela legislação tributária:

I - ao industrial, comerciante ou outra categoria de contribuinte, pelo pagamento do imposto devido em operações anteriores;

II - ao produtor, extrator, gerador, importador, industrial, distribuidor, comerciante ou transportador, pelo pagamento do imposto devido nas operações subsequentes; (Inciso II do Artigo 21, alterado pela Lei nº 7.787/2017, vigente a partir de 15.12.2017)

III - ao depositário, a qualquer título, em relação à mercadoria depositada por contribuinte;

IV - ao remetente, pelo pagamento do imposto devido em decorrência da diferença entre a alíquota interna e interestadual, em operações interestaduais que destinem mercadorias ou bens para uso, consumo ou ativo permanente, a destinatário contribuinte localizado neste Estado;

V - ao contratante de serviço ou terceiro que participe da prestação de serviços de transporte interestadual e intermunicipal e de comunicação;

VI - ao adquirente ou destinatário da mercadoria, pelo pagamento do imposto em operações antecedentes ou subseqüentes.

VII - à geradora ou à distribuidora de energia elétrica, ou a qualquer estabelecimento que comercializar energia elétrica, inclusive para o Sistema interligado Nacional, relativamente ao imposto devido nas operações antecedentes, concomitantes ou subsequentes, internas e interestaduais, desde a produção ou importação até a última operação. (Inciso VII, do Artigo 21, acrescentado pela Lei nº 7.787/2017, vigente a partir de 15.12.2017)

§ 1º - Caso o contribuinte substituto remetente esteja localizado em outra unidade federada, a responsabilidade pela retenção e recolhimento do imposto dependerá da celebração de acordo entre o Estado do Rio de Janeiro e a unidade federada de origem da mercadoria.

§ 2º - Sem prejuízo das penalidades cabíveis, poderá perder a qualidade de contribuinte substituto aquele que deixar de cumprir obrigações que interfiram direta ou indiretamente no regime de substituição tributária. (§ 2º do Artigo 21, alterado pela Lei nº 6.276/2012, vigente a partir de 02.07.2012)

§ 3º - No caso do § 2º, poderá ser exigido o pagamento do imposto devido em relação a cada operação por ocasião da saída da mercadoria do estabelecimento do remetente, devendo uma via do comprovante do pagamento acompanhar o transporte da mercadoria.

§ 4º - Na ausência de acordo entre o Estado do Rio de Janeiro e as demais unidades federadas, fica o Poder Executivo autorizado a celebrar Termo de Acordo com contribuinte localizado em outra unidade da Federação para que este assuma a qualidade de contribuinte substituto prevista neste artigo. (Artigo 21, alterado pela Lei nº 5.171/2007, vigente a partir de 26.12.2007)

Seção II
Das Mercadorias Sujeitas ao Regime de Substituição Tributária

Art. 22. Ficam sujeitas ao regime de substituição tributária as operações com as mercadorias listadas no Anexo Único. (Artigo 22, alterado pela Lei nº 5.171/2007, vigente a partir de 26.12.2007)

Seção III
Do Momento em que é Devido o Imposto Relativo à Substituição Tributária

Art. 23. Considera-se devido o imposto por substituição tributária na hipótese: (Artigo 23, alterado pela Lei nº 5.171/2007, vigente a partir de 26.12.2007)

I - do inciso I do artigo 21, na entrada ou recebimento da mercadoria ou do serviço;

II - dos incisos II, III e IV do artigo 21, na saída do estabelecimento do contribuinte substituto;

III - do inciso V do artigo 21, no início da prestação do serviço;

IV - do inciso VI do artigo 21:

1 - na entrada no estabelecimento do destinatário, em se tratando de operações com mercadoria praticadas no próprio Estado do Rio de Janeiro; (item 1 do inciso IV do Artigo 23, alterado pela Lei nº 6.276/2012, vigente a partir de 02.07.2012)

2 - na entrada no território fluminense, em se tratando de operações com mercadoria procedente de outra unidade da Federação; (item 2 do inciso IV do Artigo 23, alterado pela Lei nº 6.276/2012, vigente a partir de 02.07.2012)

Parágrafo único - Na hipótese do inciso I deste artigo, o imposto poderá ser exigido do contribuinte substituto, quando: (Parágrafo único do Artigo 23, alterado pela Lei nº 6.276/2012, vigente a partir de 02.07.2012)

I - da entrada ou recebimento da mercadoria ou do serviço;

II - da saída subseqüente por ele promovida, ainda que isenta ou não tributada;

III - ocorrer qualquer saída ou evento que impossibilite a ocorrência do fato determinante do pagamento do imposto.

Seção IV
Da Base de Cálculo

Art. 24. A base de cálculo do imposto devido por substituição tributária é: (Artigo 24, alterado pela Lei nº 5.171/2007, vigente a partir de 26.12.2007)

I - no caso do inciso I do artigo 21, o valor da operação ou prestações anteriores;

II - no caso dos incisos II e VI do Artigo 21, o preço máximo, ou único, de venda a varejo fixado pela autoridade competente ou, na falta desse preço, o montante formado pelo valor da operação ou prestação própria realizada pelo contribuinte substituto, neste valor incluído o valor do IPI, acrescido do frete e carreto, seguro e outros encargos cobrados ou transferíveis aos adquirentes ou tomadores de serviço, adicionado da parcela resultante da aplicação, sobre o referido montante, da margem de valor agregado, relativa às operações ou prestações subseqüentes, determinada pela legislação;

III - no caso do inciso III do artigo 21, o valor da mercadoria ou, na sua falta, o preço referido no artigo 7º;

IV - no caso do inciso IV do artigo 21, o valor da operação de que decorrer a saída da mercadoria, sendo o imposto a pagar resultante da aplicação, sobre a base de cálculo, do percentual equivalente à diferença entre a alíquota interna e a interestadual;

V - no caso do inciso V do artigo 21, o valor da prestação ou, na sua falta, o valor referido no artigo 10.

§ 1º - Integram, também, a base de cálculo da substituição tributária as bonificações, descontos e quaisquer outras deduções concedidas no valor total ou unitário da mercadoria.

§ 2º - Quando o contribuinte substituto remeter mercadoria sujeita ao regime de substituição tributária a substituído intermediário interdependente, o valor inicial para a determinação da base de cálculo de retenção será o preço praticado por esse último, nas operações com o comércio varejista.

§ 3º - Na hipótese do § 2º, a critério do fisco, pode ser concedido Regime Especial para que o substituído intermediário interdependente assuma a qualidade de contribuinte substituto.

§ 4º - Existindo preço final a consumidor sugerido pelo fabricante ou importador, a base de cálculo será este preço.

§ 5º - Na hipótese de transferência de mercadoria para estabelecimento varejista do contribuinte substituto, a base de cálculo para retenção será:

I - o preço efetivamente praticado pelo estabelecimento varejista do contribuinte substituto, se possuir sistema integrado de contabilidade ou tabela de preços;

II - a estipulada no inciso II do caput deste artigo, tomando-se como valor inicial aquele estabelecido no Artigo 7º desta Lei.

§ 6º - A base de cálculo do imposto devido por empresa distribuidora de energia elétrica, responsável pelo pagamento do imposto relativamente às operações anteriores e posteriores, na qualidade de contribuinte substituto, é o valor da operação da qual decorra o fornecimento do produto ao consumidor.

§ 7º - A margem de valor agregado referida no inciso II do caput, que corresponde à margem praticada pelo comércio varejista, será estabelecida com base em preços usualmente praticados no mercado varejista, obtidos por levantamento, ainda que por amostragem ou através de informações e outros elementos fornecidos por entidades representativas dos setores, adotando-se a média ponderada dos preços coletados, observado ainda os seguintes parâmetros:

I - levantamento de preços efetuado por órgão oficial de pesquisa ou pela Secretaria de Estado de Fazenda;

II - (Revogado pela Lei nº 7.787/2017, vigente a partir de 15.12.2017)

III - as informações resultantes da pesquisa deverão conter os dados cadastrais dos estabelecimentos pesquisados, as respectivas datas das coletas de preços e demais elementos suficientes para demonstrar a veracidade dos valores obtidos.

§ 8º - Para fixação da margem de valor agregado, deverão ser observados os seguintes critérios, entre outros que poderão ser necessários face à peculiaridade da mercadoria:

I - identificação do produto, observadas as características particulares, tais como: tipo, espécie e unidade de medida;

II - preço de venda à vista no estabelecimento fabricante ou importador, incluído o IPI, frete, seguro, e demais despesas cobradas do destinatário, excluído o valor do ICMS relativo à substituição tributária;

III - preço de venda à vista no estabelecimento atacadista, incluído o frete, seguro e demais despesas cobradas do destinatário, excluído o valor do ICMS relativo à substituição tributária;

IV - preço de venda à vista no varejo, incluído o frete, seguro e demais despesas cobradas do adquirente.

§ 9º - No levantamento dos preços para fixação da margem de valor agregado poderão ser desconsiderados os preços de promoção, bem como aqueles submetidos a qualquer tipo de comercialização privilegiada.

§ 10 - A critério do fisco, em substituição ao disposto no inciso II do caput, a base de cálculo em relação às operações ou prestações subsequentes pode ser o preço a consumidor final usualmente praticado no mercado, em condições de livre concorrência, adotando-se para sua apuração as regras estabelecidas nos §§ 7, 8º e 9º. (§ 10 do Artigo 24, alterado pela Lei nº 7.787/2017, vigente a partir de 15.12.2017)

§ 11 - No caso de a base cálculo ser definida na forma do § 10 deste artigo, as pesquisas e os levantamentos de preços a consumidor final serão realizados em periodicidade definida pelo Poder Executivo, de acordo com as peculiaridades de cada atividade econômica, não podendo tais preços terem vigência superior a 12 (doze) meses. (§ 11 do Artigo 24, alterado pela Lei nº 7.787/2017, vigente a partir de 15.12.2017)

§ 12 - Não sendo utilizados os preços depois de esgotado o prazo limite previsto no § 11 deste artigo, passará a ser aplicada a base de cálculo na forma do inciso II deste artigo, com a utilização das margens de valor agregado previstas na legislação. (§ 12, do Artigo 24, acrescentado pela Lei Estadual nº 7.508/2016, vigente a partir de 30.12.2016, com efeitos a contar de 30.03.2017, enquanto perdurar o estado de calamidade pública financeira de que trata a Lei nº 7483/2016)

§ 13 - A regra determinada no § 12 deste artigo também será aplicada em todas as operações interestaduais nas quais o valor da operação própria praticado pelo remetente seja superior a 80% (oitenta por cento) do preço médio ponderado a consumidor final (PMPF) estabelecido para a mercadoria na pauta que estiver em vigor. (§ 13, do Artigo 24, acrescentado pela Lei Estadual nº 7.508/2016, vigente a partir de 30.12.2016, com efeitos a contar de 30.03.2017, enquanto perdurar o estado de calamidade pública financeira de que trata a Lei nº 7483/2016)

Seção V
Da Responsabilidade Solidária

Art. 25. O contribuinte fluminense destinatário da mercadoria, bem ou serviço sujeitos à substituição tributária fica solidariamente responsável pelo pagamento do imposto que deveria ter sido retido na operação anterior. (Artigo 25, alterado pela Lei nº 6.276/2012, vigente a partir de 02.07.2012)

Parágrafo único - O disposto neste artigo:

I - não exime da aplicação da penalidade prevista no inciso I do Art. 60, qualquer contribuinte que, designado substituto, deixar de fazer a retenção do imposto; (Inciso I do Artigo 25, alterado pela Lei nº 6.357/12, vigente a partir de 01.07.2013)

II - não comporta benefício de ordem.

Seção VI
Do Cálculo do Imposto

Art. 26. O imposto devido por substituição tributária será calculado mediante a aplicação da alíquota vigente nas operações internas sobre a base de cálculo estabelecida no artigo 24, deduzindo-se do valor obtido o imposto devido pela operação do próprio remetente. (Artigo 26, alterado pela Lei nº 5.171/2007, vigente a partir de 26.12.2007)

Seção VII
Das Disposições Finais

Art. 27. É assegurado ao contribuinte substituído o direito à restituição do valor do imposto pago por força da substituição tributária correspondente ao fato gerador que não se realizar. (Artigo 27, alterado pela Lei nº 5.171/2007, vigente a partir de 26.12.2007)

§ 1º - Formulado o pedido de restituição e não havendo deliberação no prazo de 90 (noventa) dias, o contribuinte substituído poderá se creditar, em sua escrita fiscal, do valor objeto do pedido, devidamente atualizado, segundo os mesmos critérios aplicáveis ao tributo.

§ 2º - Na hipótese do parágrafo anterior, sobrevindo decisão contrária irrecorrível, o contribuinte substituído, no prazo de 15 (quinze) dias da respectiva notificação, procederá ao estorno dos créditos lançados, também devidamente atualizados, com o pagamento dos acréscimos legais cabíveis.

Art. 28. Nas operações interestaduais entre contribuintes com mercadorias já alcançadas pela substituição tributária, é assegurado ao remetente o ressarcimento do imposto retido na operação anterior, nos termos definidos pelo Poder Executivo. (Artigo 28, alterado pela Lei nº 5.171/2007, vigente a partir de 26.12.2007)

Art. 29. O regime de substituição tributária não se aplica: (Artigo 29, alterado pela Lei nº 5.171/2007, vigente a partir de 26.12.2007)

I – à operação que destine mercadoria a sujeito passivo por substituição da mesma mercadoria;

II – à transferência para outro estabelecimento, exceto varejista, do sujeito passivo por substituição, hipótese em que a obrigação pela retenção e recolhimento do imposto recairá sobre o estabelecimento que promover a saída da mercadoria com destino a empresa diversa;

III – à operação que destinar mercadoria para utilização em processo de industrialização.

Art. 29-A. No interesse da arrecadação e da Administração Fazendária, o Poder Executivo pode determinar que, em relação a qualquer das mercadorias listadas no Anexo Único: (Artigo 29-A, acrescentado pela Lei nº 5.171/2007, vigente a partir de 26.12.2007)

I – seja suspensa temporariamente a aplicação do regime de substituição tributária;

II – sejam separadas em subitens, cada qual com margem de valor agregado e especificação própria;

III – o contribuinte substituto seja qualquer dos estabelecimentos participantes do ciclo de comercialização da mercadoria.

Parágrafo único – Na aplicação do disposto nos incisos I e II devem ser levadas em consideração as peculiaridades do setor econômico encarregado da retenção do imposto, bem como as condições de comercialização da mercadoria produzida no Estado.

Capítulo VI
DO LOCAL DA OPERAÇÃO E DA PRESTAÇÃO

Art. 30. Para efeito de cobrança do imposto e definição do estabelecimento responsável, considera-se:

I – local da operação:

a) o do estabelecimento onde se encontra a mercadoria ou bem, no momento da ocorrência do fato gerador;

b) o do estabelecimento em que se realiza cada atividade de produção, extração, industrialização ou comercialização, na hipótese de atividades integradas;

c) aquele em que se encontra a mercadoria ou bem, quando em situação fiscal irregular, como dispuser a legislação tributária;

d – quanto à mercadoria ou bem importados do exterior: (Alínea d, do inciso I, do art. 30, alterado pela Lei Estadual nº 7.891/2018, vigente a partir de 07.03.2018) d.1 - o do estabelecimento, necessariamente nesta ordem:

d.1.1 - onde ocorrer a entrada física do bem no estado:

d.1.2 - destinatário da mercadoria ou bem, quando a importação for promovida por outro estabelecimento, ainda que situado em outra unidade da Federação, da mesma titularidade daquele ou que com ele mantenha relação de interdependência;

d.1.3 - destinatário da mercadoria ou bem, quando a importação, promovida por outro estabelecimento, ainda que situado em outra unidade da Federação, esteja previamente vinculada ao objetivo de destiná-lo àquele;

d.1.4 - do domicílio do adquirente, quando não estabelecido.

e) aquele em que seja realizada a licitação, no caso de arrematação de mercadoria ou bem importado do exterior e apreendido;

f) o do desembarque do produto, na hipótese de captura de peixes, crustáceos e moluscos;

g) aquele de onde o ouro tenha sido extraído, em relação à operação em que deixe de ser considerado como ativo financeiro ou instrumento cambial;

h) o do estabelecimento destinatário da mercadoria, no caso do inciso VI do artigo 3º;

i) o do estabelecimento que transfira a propriedade, ou título que a represente, de mercadoria por ele adquirida no país e que por ele não tenha transitado, sendo irrelevante o local onde se encontre; e

j) aquele onde estiver localizado o adquirente, inclusive consumidor final, nas operações interestaduais com energia elétrica e petróleo, lubrificantes e combustíveis dele derivados, quando não destinados à industrialização ou comercialização.

l) Revogado tacitamente, devido a revogação da Lei Estadual 4117/2003, pela Lei Estadual nº 7.183/2015, vigente a partir de 30.12.2015, com efeitos a contar de 28.03.2016)

II - local da prestação:

1 - tratando-se de prestação de serviço de transporte:

a) aquele em que tenha início a prestação;

b) o do estabelecimento destinatário do serviço, no caso do inciso VII do artigo 3º;

c) onde se encontre o transportador, quando em situação irregular pela falta de documentação fiscal ou quando acompanhada de documentação inidônea;

2 – tratando-se de prestação onerosa de serviço de comunicação:

a) o da prestação do serviço de radiodifusão sonora e de som e imagem, assim entendido o da geração, emissão, recepção, transmissão, retransmissão, repetição e ampliação;

b) o do estabelecimento da concessionária ou permissionária que forneça ficha, cartão ou assemelhados, necessários à prestação do serviço;

c) o estabelecimento destinatário do serviço, no caso do inciso VII do artigo 3º;

d) o do estabelecimento ou domicílio do tomador do serviço, quando prestado por meio de satélite; (Alínea d, do Item 2, do Inciso II, do Artigo 30, alterado pela Lei Estadual nº 3.453/2000, vigente a partir de 29.08.2000)

e) aquele em que seja cobrado o serviço, nos demais casos. (primitiva alínea d, renumerada para alínea e, do Item 2, do Inciso II, do Artigo 30, pela Lei Estadual nº 3.453/2000, vigente a partir de 29.08.2000)

3 – tratando-se de serviço prestado ou iniciado no exterior, o estabelecimento ou domicílio do destinatário. (item 3, do inciso II, do Artigo 30, alterado pela Lei Estadual nº 4.256, vigente a partir de 30.12.2003)

§ 1º – O disposto na alínea "i" do inciso I não se aplica à mercadoria recebida de contribuinte de Estado diverso do depositário, mantida em regime de depósito.

§ 2º – Para efeito do disposto na alínea "g" do inciso I, o ouro, quando definido como ativo financeiro ou instrumento cambial, deve ter sua origem identificada.

§ 3º – Na hipótese do item 2 do inciso II do caput, tratando-se de serviços não medidos, que envolvam localidades situadas em diferentes unidades da Federação e cujo preço seja cobrado por períodos definidos, o imposto devido será recolhido em partes iguais para as unidades da Federação onde estiverem localizados o prestador e o tomador. (§ 3º, do Artigo 30, acrescentado pela Lei Estadual nº 3.453/2000, vigente a partir de 29.08.2000)

Art. 31. Estabelecimento é o local, privado ou público, edificado ou não, próprio ou de terceiro, onde pessoa física ou jurídica exerça sua atividade em caráter permanente ou temporário, bem como onde se encontre armazenada mercadoria.

§ 1º – Na impossibilidade de determinação do estabelecimento, nos termos deste artigo, considera-se como tal, para os efeitos destas normas, o local em que tenha sido efetuada a operação ou prestação, encontrada a mercadoria ou constatada a prestação.

§ 2º – Considera-se como estabelecimento autônomo, em relação ao estabelecimento beneficiador, industrial, comercial ou cooperativo, ainda que do mesmo titular, cada local de produção agropecuária ou extrativa vegetal ou mineral, de geração, inclusive de energia, de captura pesqueira, situado na mesma área ou em áreas diversas do referido estabelecimento.

§ 3º - Quando a mercadoria for remetida para armazém geral ou para depósito fechado do próprio contribuinte, no mesmo Estado, a posterior saída considerar-se-á ocorrida no estabelecimento do depositante, salvo se para retornar ao estabelecimento remetente.

§ 4º - Para fins destas normas, a plataforma continental, o mar territorial e a zona econômica exclusiva integram o território do Estado e do Município que lhes é confrontante.

§ 5º - Quando o imóvel rural estiver situado no território de mais de um Município, considera-se o contribuinte jurisdicionado no Município em que se encontrar localizada a sede da propriedade.

§ 6º - Considera-se interna a operação destinada a contribuinte localizado em outro Estado ou no Distrito Federal, ou a destinada ao exterior, quando não devidamente comprovada a saída da mercadoria do território do Estado ou a sua efetiva exportação.

Capítulo VII
DA COMPENSAÇÃO DO IMPOSTO

Art. 32. O imposto é não-cumulativo, compensando-se o que for devido em cada operação relativa à circulação de mercadorias ou prestação de serviços de transporte interestadual e intermunicipal e de comunicação com o montante cobrado nas anteriores por esta ou por outra unidade da Federação, nos termos e condições estabelecidos neste capítulo.

Art. 33. O imposto devido resulta da diferença a maior entre os débitos e os créditos escriturais referentes ao período de apuração fixado pelo Poder Executivo.

§ 1º - Os débitos são constituídos pelos valores resultantes da aplicação das alíquotas cabíveis sobre as bases de cálculo das operações ou prestações tributadas.

§ 2º - Os créditos do período são constituídos pelos valores do imposto relativo a operações ou prestações de que decorrerem as entradas de mercadorias no estabelecimento, inclusive a destinada ao seu uso ou consumo ou ao ativo permanente, ou o recebimento de serviços de transporte interestadual e intermunicipal ou de comunicação, observadas as restrições previstas na legislação.

§ 3º - O disposto no parágrafo anterior somente se aplica quando a mercadoria destinada a uso ou consumo, ou ao ativo permanente, for vinculada à atividade fim do contribuinte.

§ 4º - Do valor do imposto devido, apurado na forma do caput, são dedutíveis os recolhimentos antecipados e outros valores expressamente previstos na legislação tributária, transferindo-se para o período subseqüente o eventual saldo credor.

§ 5º - O Poder Executivo poderá, relativamente ao imposto devido: (§ 5º, do Artigo 33, alterado pela Lei Estadual nº 3.344/99, vigente a partir de 30.12.1999)

I - determinar que resulte da diferença a maior entre o montante devido na operação com mercadoria ou na prestação de serviço e o cobrado relativamente às operações e prestações anteriores;

II - dispor que seja apurado por mercadoria ou serviço, dentro de determinado período, ou em relação a cada operação ou prestação;

III - estabelecer que seja pago por estimativa fixa ou variável;

IV - facultar que seja calculado abatendo-se, a título de crédito, do valor total das saídas percentual fixo a ser aplicado sobre o montante das operações e prestações de entrada ou de saída;

V - permitir que seja determinado mediante a aplicação de percentual fixo sobre a receita bruta auferida quando o contribuinte realizar operações com mercadorias tributadas a alíquotas internas diferenciadas.

§ 6º -Em substituição ao regime de apuração previsto neste artigo, lei específica poderá estabelecer que, em função do porte ou da atividade do estabelecimento, o imposto seja pago em parcelas periódicas e calculado por estimativa, para um determinado período, assegurado ao sujeito passivo o direito de impugná-la e instaurar processo contraditório.

§ 7º - Para efeito do disposto no § 2º, relativamente aos créditos decorrentes de entrada de mercadoria no estabelecimento destinada ao ativo permanente, deverá ser observado: (§ 7º, do Artigo 33, alterado pela Lei Estadual nº 3.453/2000, vigente a partir de 29.08.2000)

I - a apropriação será feita à razão de 1/48 (um quarenta e oito avos) por mês, devendo a primeira fração ser apropriada no mês em que ocorrer a entrada no estabelecimento;

II - em cada período de apuração do imposto, não será admitido o creditamento de que trata o inciso anterior, em relação à proporção das operações de saídas ou prestações isentas ou não tributadas sobre o total das operações de saída ou prestações efetuadas no mesmo período;

III - para aplicação do disposto nos incisos I e II, o montante do crédito a ser apropriado será obtido multiplicando-se o valor total do respectivo crédito pelo fator igual a 1/48 (um quarenta e oito avos) da relação entre o valor das operações de saída e prestações tributadas e o total das operações de saída e prestações do período, equiparando-se às tributadas, para fins deste inciso, as saídas e prestações com destino ao exterior;

IV - o quociente de 1/48 (um quarenta e oito avos) será proporcionalmente aumentado ou diminuído, pro rata die, caso o período de apuração seja superior ou inferior a um mês;

V – na hipótese de alienação dos bens do ativo permanente antes de decorrido o prazo de quatro anos contado da data de sua aquisição, não será admitido, a partir da data da alienação, o creditamento de que trata este parágrafo em relação à fração correspondente ao restante do quadriênio;

VI – serão objeto de outro lançamento, além do lançamento em conjunto com os demais créditos, para efeito da compensação prevista neste artigo, em livro próprio ou de outra forma que a legislação determinar, para aplicação do disposto nos incisos I a V;

VII – ao final do quadragésimo oitavo mês contado da data da entrada do bem no estabelecimento, o saldo remanescente do crédito será cancelado.

§ 8º – Para efeito do disposto no § 4º, os débitos e créditos devem ser apurados em cada estabelecimento, compensando-se os saldos credores e devedores entre os estabelecimentos do mesmo sujeito passivo localizados no Estado. (§ 8º, do Artigo 33, acrescentado pela Lei Estadual nº 3.453/2000, vigente a partir de 29.08.2000)

§ 9º – O disposto no parágrafo anterior somente se aplica nos casos em que os estabelecimentos tenham o mesmo Código de Atividade Econômica ou exerçam atividades de forma integrada. (§ 9º, do Artigo 33, acrescentado pela Lei Estadual nº 3.525/2000, vigente a partir de 29.12.2000)

§ 10 – O contribuinte que desenvolver atividade de revenda de combustíveis e outros derivados de petróleo, conforme definidos em legislação federal, e não sendo esta atividade a preponderante de seu estabelecimento, não poderá creditar-se ao imposto relativo à entrada de mercadorias ou de serviços relacionados a esta atividade. (§ 10, do Artigo 33, acrescentado pela Lei Estadual nº 4.721/2006, vigente a partir de 15.03.2006)

Art. 34. O direito ao crédito é condicionado à idoneidade da documentação e à sua regular escrituração, nos prazos e condições estabelecidos na legislação.

Parágrafo único – O direito de utilizar o crédito extingue-se depois de decorridos cinco anos contados da data de emissão do documento.

Art. 35. Não dão direito a crédito as entradas de mercadorias ou utilização de serviços resultantes de operações isentas ou não-tributadas, ou que se refiram a mercadorias ou serviços alheios à atividade do estabelecimento.

Parágrafo único – Salvo prova em contrário, presumem-se alheios à atividade do estabelecimento os veículos de transporte pessoal.

Art. 36. É vedado o crédito relativo a mercadoria entrada no estabelecimento ou a prestação de serviços a ele feita:

I – para integração ou consumo em processo de industrialização ou produção rural, quando a saída resultante não for tributada ou estiver isenta do imposto, exceto quando se tratar de saída para o exterior;

II - para comercialização ou prestação de serviços, quando a operação ou prestação subseqüente for beneficiada por isenção ou não-incidência, exceto as destinadas ao exterior.

Parágrafo único - Operações tributadas, posteriores a saídas de que trata o caput, dão ao estabelecimento que as praticar direito a creditar-se do imposto cobrado nas operações anteriores às isentas ou não-tributadas sempre que a saída isenta ou não tributada seja relativa a produtos agropecuários.

Art. 37. O contribuinte efetuará o estorno do imposto creditado sempre que o serviço tomado ou a mercadoria entrada no estabelecimento:

I - for objeto de saída ou prestação de serviço não tributada ou isenta, sendo esta circunstância imprevisível na data da entrada da mercadoria ou da utilização do serviço;

II - for integrada ou consumida em processo de industrialização, quando a saída do produto resultante não for tributada ou estiver isenta do imposto;

III - vier a ser utilizada em fim alheio à atividade do estabelecimento;

IV - vier a perecer, deteriorar-se ou extraviar-se;

V - gozar de redução da base de cálculo na operação ou prestação subseqüente, hipótese em que o estorno será proporcional à redução.

§ 1º - Quando, por qualquer motivo, a mercadoria for alienada por importância inferior ao valor que serviu de base de cálculo na operação de que decorreu sua entrada, será obrigatória a anulação do crédito correspondente à diferença entre o valor citado e o que serviu de base de cálculo na saída respectiva.

§ 2º - Revogado pela Lei Estadual nº 3.453/2000, vigente a partir de 29.08.2000)

§ 3º - O não creditamento ou o estorno a que se referem o artigo 35 e o caput deste artigo não impedem a utilização dos mesmos créditos em operações posteriores, sujeitas ao imposto, com a mesma mercadoria. (primitivo § 4º renumerada para § 3º pela Lei Estadual nº 2.881/97, vigente a partir de 30.12.1997)

§ 4º - Revogado pela Lei Estadual nº 3.453/2000, vigente a partir de 29.08.2000)

§ 5º - Revogado pela Lei Estadual nº 3.453/2000, vigente a partir de 29.08.2000)

§ 6º - Revogado pela Lei Estadual nº 3.453/2000, vigente a partir de 29.08.2000)

§ 7º - Revogado pela Lei Estadual nº 3.453/2000, vigente a partir de 29.08.2000)

§ 8º - Não serão anulados créditos referentes a mercadorias e serviços que venham a ser objeto de operações ou prestações destinadas ao exterior. (primitivo § 9º renumerada para § 8º pela Lei Estadual nº 2.881/97, vigente de 30.12.1997)

Art. 38. Saldos credores acumulados em decorrência da realização de operações ou prestações destinadas ao exterior poderão ser transferidos na proporção que estas saídas representem do total das saídas realizadas pelo estabelecimento, e conforme dispuser a legislação:

I - para qualquer estabelecimento da mesma empresa situado no Estado; e

II - para outros contribuintes estabelecidos neste Estado, caso haja saldo remanescente após a dedução prevista no inciso anterior.

§ 1º - A transferência de saldos credores acumulados só poderá ocorrer após o exame de sua legitimidade pela autoridade fiscal competente.

§ 2º - O Poder Executivo poderá autorizar a transferência de saldos credores acumulados em demais operações, para contribuintes estabelecidos neste Estado, conforme dispuser em legislação.

Capítulo VIII
DO PAGAMENTO

Art. 39. O imposto é pago na forma e no prazo fixados pelo Poder Executivo. (Artigo 39, alterado pela Lei nº 6.276/2012, vigente a partir de 02.07.2012)

§ 1º - Na hipótese dos incisos VI do art. 21, o contribuinte substituto deverá comprovar o pagamento, na entrada do território fluminense, do imposto relativo às operações subsequentes com mercadorias listadas no Anexo Único.

§ 2º - Na hipótese do art. 25, o destinatário da mercadoria ou bem proveniente de outra unidade da federação deverá comprovar o pagamento do imposto na entrada do território fluminense.

§ 3º - O contribuinte varejista destinatário de mercadoria listada no Anexo Único, proveniente de outra unidade da federação, não enquadrado na hipótese do art. 25, deverá comprovar o pagamento do imposto na entrada do território fluminense.

§ 4º - Na ausência de prazo fixado, o imposto deverá ser pago em 10 (dez) dias contados da ocorrência do fato gerador.

Capítulo IX
DA NÃO INCIDÊNCIA

Art. 40. O imposto não incide sobre operação e prestação: (Caput do Artigo 40, alterado pela Lei nº 6.276/2012, vigente a partir de 02.07.2012)

I - com livro, jornal, periódico e o papel destinado à sua impressão;

II - que destine ao exterior mercadoria ou serviço;

III - que destine a outro Estado e Distrito Federal energia elétrica e petróleo, inclusive lubrificante e combustível líquido e gasoso dele derivados, quando destinados à industrialização ou à comercialização;

IV - com ouro, quando definido em lei como ativo financeiro ou instrumento cambial;

V - com mercadoria em virtude de alienação fiduciária em garantia, na:

a) transmissão de domínio feita pelo devedor fiduciante em favor do credor fiduciário;

b) transferência da posse da mercadoria objeto da garantia, em favor do credor fiduciário, em virtude de inadimplemento do fiduciante; e

c) transmissão do domínio do credor para o devedor, em virtude da extinção, pelo pagamento, da garantia.

VI - com mercadoria de terceiro, na saída de estabelecimento de empresa de transporte ou de depósito, por conta e ordem desta;

VII - com mercadoria, na saída para estabelecimento localizado neste Estado ou na transmissão de sua propriedade, decorrente da transferência de estoque de uma sociedade para outra, em virtude de:

a) transformação, fusão, cisão ou incorporação; e

b) aquisição do estabelecimento.

VIII - com mercadoria, na saída para estabelecimento localizado neste Estado ou na transmissão de sua propriedade, decorrente de transferência de estoque, de uma empresa individual para outra ou para uma sociedade, em virtude de aquisição do estabelecimento;

IX - com mercadoria na saída decorrente da transferência de estoque, dentro do Estado, ou na transmissão de sua propriedade, de firma individual ou de sociedade, para integralização do capital de outra sociedade;

X - com mercadoria componente do estoque do estabelecimento, de um lugar para outro dentro do Estado, em decorrência da mudança de sua localização;

XI - com mercadoria destinada a armazém geral situado neste Estado, para depósito em nome do remetente;

XII - com mercadoria destinada a depósito fechado, do próprio contribuinte, localizado neste Estado;

XIII - de retorno, ao estabelecimento depositante, de mercadoria dos estabelecimentos referidos nos incisos XI e XII;

XIV - de saída de peça, ferramenta, máquina, veículo, equipamento e outros utensílios, integrados ao ativo fixo, desde que devam retornar ao estabelecimento de origem ou a outro do mesmo titular;

XV - com impresso personalizado, promovida por estabelecimento da indústria gráfica diretamente a usuário final, pessoa física ou jurídica;

XVI - com artigo funerário, quando promovida por empresa do ramo concomitantemente com a prestação de serviço funerário;

XVII - com mercadoria, em decorrência de locação ou comodato;

XVIII - de fornecimento, pelo estabelecimento prestador dos serviços compreendidos na competência tributária municipal, de mercadoria a ser ou que tenha sido utilizada na prestação de tais serviços, ressalvados os casos de incidência do imposto estadual definidos em lei complementar;

XIX - de fornecimento de medicamento e refeição, em seu próprio recinto, por hospital, sanatório, casa de saúde e de recuperação ou repouso sob orientação médica, extensivo ao acompanhante, desde que incluído seu valor na respectiva conta de prestação de serviço;

XX - de arrendamento mercantil, não compreendida a venda do bem arrendado ao arrendatário; e

XXI - de transferência de bens móveis salvados de sinistro para companhias seguradoras.

XXII - de aquisição de veículo novo por taxista, na forma de pessoa física ou jurídica que opera no setor, inscrito no órgão municipal competente, para uso específico como táxi, limitado a um veículo por beneficiário, e no equivalente a 1/4 (um quarto) dos veículos registrados pela pessoa jurídica no órgão competente, desde que o mesmo não tenha adquirido veículo com isenção ou não-incidência do ICMS em prazo inferior a 02 (dois) anos. (Inciso XXII, do Artigo 40, alterado pela Lei Estadual nº 4.751/2006, vigente a partir de 02.05.2006)

XXIII - de aquisição de veículo novo por portador de deficiência motora ou por seus responsáveis legais, devidamente atestada pelo órgão competente, para seu uso pessoal limitado a um veículo por beneficiário, e desde que o mesmo não tenha adquirido veículo com isenção ou não-incidência do ICMS em prazo inferior a 02 (dois) anos. (Inciso XXIII, do Artigo 40, alterado pela Lei Estadual nº 4.751/2006, vigente a partir de 02.05.2006)

XXIV - de aquisição de ônibus novos (chassis e carroceria), por parte de empresas concessionárias e permissionárias de transporte coletivo de passageiros, desde que sejam adquiridos até 30 de maio de 2007 e devidamente cadastradas nos órgãos competentes. (Inciso XXIV, do Artigo 40, acrescentado pela Lei Estadual nº 4.963/2006, vigente a partir de 22.12.2006).

XXV - de saída de bem do ativo permanente e de material de uso ou consumo para outro estabelecimento da mesma empresa, ainda que em operação interestadual; (Inciso XXV do Artigo 40, acrescentado pela Lei nº 6.276/2012, vigente a partir de 02.07.2012)

XXVI - de entrada de bem do ativo permanente e de material de uso ou consumo, em relação à diferença entre a alíquota interna e a interestadual, quando recebido em transferência interestadual de outro estabelecimento da mesma empresa. (Inciso XXVI do Artigo 40, acrescentado pela Lei nº 6.276/2012, vigente a partir de 02.07.2012)

§ 1º - O disposto no inciso I deste artigo não se aplica às operações relativas a circulação das seguintes mercadorias:

a) livro em branco ou simplesmente pautado, bem como o utilizado para escrituração de qualquer natureza;

b) agenda ou similar; e

c) catálogo, guia, lista e outros impressos que contenham propaganda comercial. (Alínea c do § 1º do Artigo 40, alterado pela Lei nº 6.276/2012, vigente a partir de 02.07.2012)

§ 2º - Equipara-se às operações de que trata o inciso II deste artigo a saída de mercadoria realizada com o fim específico de exportação para o exterior, destinada a:

I - empresa comercial exportadora, inclusive tradings ou outro estabelecimento da mesma empresa; e

II - armazém alfandegado ou entreposto aduaneiro.

§ 3º - Nas hipóteses do parágrafo anterior, verificado, a qualquer tempo, que a mercadoria não chegou ao destino indicado ou foi reintroduzida no mercado interno, a operação será considerada tributável, ficando o contribuinte obrigado a recolher o imposto relativo à saída, com os acréscimos e penalidades cabíveis.

§ 4º - O disposto no inciso XV não se aplica a saída de impresso destinado a propaganda e publicidade.

§ 5º - O disposto na alínea "c" do § 1º do art. 40 da Lei nº 2.657/96 não se aplica à lista telefônica, ainda que contenha propaganda comercial. (§ 5º do Artigo 40, acrescentado pela Lei nº 6.276/2012, vigente a partir de 02.07.2012)

Capítulo X
DA ISENÇÃO

Art. 41. As isenções serão concedidas ou revogadas nos termos de convênios celebrados e ratificados pelo Estado, conforme o estabelecido em lei complementar federal.

Art. 42. Quando a isenção depender de condição, não sendo esta satisfeita, o imposto será considerado devido no momento em que ocorreu a operação ou a prestação.

Capítulo XI
DAS OBRIGAÇÕES ACESSÓRIAS

Seção I
DA INSCRIÇÃO

Art. 43. Os contribuintes definidos nesta lei, os armazéns gerais e congêneres são obrigados a inscrever seus estabelecimentos antes de iniciarem suas atividades.

§ 1º – No interesse da Administração Fazendária poderá ser exigida a renovação da inscrição já efetivada.

§ 2º – A falta de renovação da inscrição no prazo e na forma previstos na legislação, para todos os efeitos legais, implica ser o estabelecimento considerado não inscrito.

§ 3º – O Secretário de Estado de Fazenda poderá autorizar inscrição que não seja obrigatória, bem como dispensá-la nos casos que considerar conveniente.

§ 4º – A inscrição: (§ 4º, do Artigo 43, acrescentado pela Lei Estadual nº 5.436/2009, vigente a partir de 17.04.2009) .

a) poderá ser concedida por prazo certo ou indeterminado, sem prejuízo do disposto no § 1º;

b) será denegada, se constatada a falsidade de dados declarados ao Fisco e nas demais hipóteses previstas em ato do Secretário de Estado de Fazenda, na forma do art. 46.

§ 5º – A falta de regularidade na inscrição no cadastro inabilita o contribuinte à prática de operações ou prestações de que trata esta Lei. (§ 5º, do Artigo 43, acrescentado pela Lei Estadual nº 5.436/2009, vigente a partir de 17.04.2009) .

§ 6º – Da decisão que indeferir ou que inabilitar a inscrição caberá recurso, conforme disciplinado em ato do Secretário de Estado de Fazenda, na forma do art. 46. (§ 6º, do Artigo 43, alterado pela Lei nº 6.578/2013, vigente a partir de 06.11.2013).

§ 7º – O disposto neste artigo aplica-se, inclusive, aos Microempreendedores Individuais (MEI) optantes pelo Sistema de Recolhimento em Valores Fixos Mensais do Tributos do Simples Nacional (SIMEI). (Incluído pela Lei 8795/2020.).

§ 8º – Ato do Poder Executivo definirá formas de simplificação da inscrição dos Microempreendedores Individuais (MEI) para fins de cumprimento do disposto no § 7º. (Incluído pela Lei 8795/2020.).

Art. 43-A. Sem prejuízo dos demais requisitos estabelecidos em ato do Secretário de Estado de Fazenda, na forma do art. 46, a Secretaria de Estado de Fazenda poderá exigir do interessado, antes de deferir o pedido de inscrição: (Artigo 43-A, acrescentado pela Lei Estadual nº 5.436/2009, vigente a partir de 17.04.2009) .

I - o preenchimento de requisitos específicos, conforme o tipo societário adotado, a atividade econômica a ser desenvolvida, o porte econômico do negócio e o regime de tributação;

II - a apresentação dos documentos adiante indicados, conforme a atividade econômica a ser praticada, que permitam a comprovação:

a) da identidade e da residência dos sócios ou diretores;

b) da capacidade financeira dos sócios ou diretores para o exercício da atividade pretendida.

Art. 43-B. A Secretaria de Estado de Fazenda, no caso de atividades de refino e distribuição de combustíveis, poderá exigir a prestação de garantia do cumprimento das obrigações tributárias, em razão:

I - de antecedentes fiscais ou criminais que desabonem as pessoas físicas ou jurídicas envolvidas, assim como suas sociedades coligadas ou controladas, ou ainda seus sócios ou diretores;

II - de débitos fiscais definitivamente constituídos em nome da empresa, de suas sociedades coligadas ou controladas, assim como de seus sócios ou diretores.

§ 1º - As espécies de garantia admissíveis, bem como as normas necessárias à operacionalização do disposto neste artigo serão estabelecidas em ato do Secretário de Estado de Fazenda, na forma do art. 46.

§ 2º - Sem prejuízo do disposto no caput, será exigida a prestação de garantia consubstanciada em depósito em dinheiro, carta de fiança ou arrolamento de bens e direitos que integrem o patrimônio do contribuinte, sempre que a soma dos créditos tributários de sua responsabilidade, relativos a tributos estaduais, exceda a cinquenta por cento do seu patrimônio conhecido.

§ 3º - No interesse da Administração Fazendária poderá ser exigida a substituição da garantia ofertada por outras, bem como o reforço daquela que se tornar insuficiente.

§ 4º - A garantia, quando prestada na forma do arrolamento de bens e direitos, deverá recair preferencialmente sobre bens imóveis.

§ 5º - A existência de arrolamento, nos termos deste artigo, deverá ser informada, na certidão, acerca da situação do contribuinte em relação aos tributos estaduais.

§ 6º - Em substituição ou complemento à garantia prevista neste artigo, poderá a Secretaria de Estado de Fazenda aplicar, ao contribuinte ou responsável, regime especial para o cumprimento das obrigações tributárias.

§ 7º - Concedida a inscrição, a superveniência de qualquer dos fatos mencionados no *caput* ou no § 1º deste artigo ensejará a exigência de garantia, sujeitando o contribuinte à inabilitação de sua inscrição, caso não a ofereça no prazo fixado, observando-se o disposto no § 6º do art. 43. (§ 7º, do Artigo 43-B, alterado pela Lei nº 6.578/2013, vigente a partir de 06.11.2013).

Art. 43-C. Terá a inscrição estadual imediatamente inabilitada o contribuinte que conste do Cadastro de Empregadores que tenham submetido trabalhadores a condições análogas à de escravo, previsto pela Portaria Interministerial nº 2/2011 - TEM/SDH. (Artigo 43-C, acrescentado pela Lei nº 6.578/2013, vigente a partir de 06.11.2013).

Art. 44. O contribuinte é obrigado a comunicar:

I - as alterações dos dados cadastrais relativos a sua inscrição;

II - a paralisação temporária; e

III - a cessação da atividade.

Art. 44-A. A inscrição poderá ser desativada de ofício temporariamente, garantindo-se o direito do contraditório e da ampla defesa, nas seguintes situações, sem prejuízo de outras hipóteses previstas em ato do Secretário de Estado de Fazenda, na forma do art. 46: (Caput do Artigo 44-A, alterado pela Lei nº 6.357/12, vigente a partir de 01.07.2013)

I - inatividade do estabelecimento para o qual foi obtida a inscrição;

II - prática de atos ilícitos que repercutam no âmbito tributário, tais como:

a) participação em organização ou associação constituída para a prática de fraude fiscal estruturada, assim entendido aquela formada com a finalidade de implementar esquema de evasão fiscal mediante artifícios envolvendo a dissimulação de atos, negócios ou pessoas, e com potencial de lesividade ao erário;

b) embaraço:

1) à ação fiscal, como tal entendido a falta de atendimento da 3ª intimação para apresentação de livros, documentos e arquivos digitais a que estiver obrigado o contribuinte ou para o fornecimento de informações sobre mercadorias e serviços, bens, negócios ou atividades, próprias ou de terceiros, que tenham interesse comum em situação que dê origem a obrigação tributária, sem prejuízo da aplicação das penalidades cabíveis e demais medidas pertinentes;

2) ao controle fiscal, como tal entendido a falta reiterada de apresentação de declarações de caráter econômico-fiscal ou do cumprimento de outras obrigações tributárias, constatada a partir da inexistência de registros nas bases de dados dos sistemas corporativos da Secretaria de Estado de Fazenda, conforme ato do titular da referida Pasta, sem prejuízo da aplicação das penalidades cabíveis e demais medidas pertinentes; (Alínea b do Artigo 44-A, alterado pela Lei nº 6.357/12, vigente a partir de 01.07.2013)

c) resistência à fiscalização, como tal entendida a restrição ou negativa de acesso ao estabelecimento ou qualquer de suas dependências ao domicílio fiscal ou a qualquer outro local onde o contribuinte exerça sua atividade ou onde se encontrem mercadorias, bens, documentos ou arquivos digitais de sua posse ou propriedade, relacionados com situação que dê origem a obrigação tributária;

d) receptação de mercadoria roubada ou furtada;

e) produção, comercialização ou estocagem de mercadoria adulterada ou falsificada;

f) utilização como insumo, comercialização ou estocagem de mercadoria objeto de contrabando ou descaminho.

III – identificação incorreta, falta ou recusa de identificação dos controladores e/ou beneficiários de empresas de investimento sediadas no exterior, que figurem no quadro societário ou acionário da empresa devedora de tributos estaduais ou envolvida em ilícitos fiscais;

IV – inadimplência fraudulenta;

V – práticas sonegatórias que levam ao desequilíbrio concorrencial;

VI – falta de prestação da garantia do cumprimento das obrigações tributárias, prevista no art. 43-B.

§ 1º – A inatividade do estabelecimento, prevista no inciso I do caput será comprovada, por meio da realização de ação fiscal, ou presumida, se decorrente da falta de entrega de informações econômico-fiscais pelo contribuinte, observado o disposto no § 6º do art. 43.

§ 2º – Para fins do disposto no inciso III do *caput*, considera-se:

a) empresa de investimento sediada no exterior (offshore), aquela que tem por objeto a inversão de investimentos financeiros fora de seu país de origem, onde é beneficiada por supressão ou minimização de carga tributária e por reduzida interferência regulatória do governo local;

b) controlador e/ou beneficiário, a pessoa física que efetivamente detém o controle da empresa de investimento (beneficial owner), independentemente do nome de terceiros que eventualmente figurem como titulares em documentos públicos.

§ 3º - Para fins do disposto no inciso IV do *caput*, considera-se inadimplência fraudulenta a falta de pagamento de débito tributário vencido, quando o contribuinte detém disponibilidade financeira comprovada, ainda que por coligadas, controladas ou seus sócios.

§ 4º - Para fins do disposto no inciso V, resta caracterizada a prática sonegatória que leve ao desequilíbrio concorrencial, quando comprovado que o contribuinte tenha:

a) rebaixado artificialmente os preços de venda de mercadoria ou de serviço ou se aproveitado de crédito fiscal indevido;

b) conseguido ampliar a participação relativa em seu segmento econômico, em detrimento de seus concorrentes, em decorrência de um dos procedimentos descritos na alínea anterior.

Art. 44-B. O ato de inscrição no cadastro de contribuintes será declarado nulo de pleno direito, retroagindo-se os efeitos desde a data de sua concessão ou de sua alteração, nas situações em que, mediante procedimento administrativo em conformidade com a legislação em vigor, for constatada: (Artigo 44-B, acrescentado pela Lei Estadual nº 5.436/2009, vigente a partir de 17.04.2009) .

I - simulação de existência do estabelecimento ou da empresa;

II - simulação do quadro societário da empresa;

III - inexistência de estabelecimento para o qual foi efetuada a inscrição ou indicação incorreta de sua localização;

IV - indicação de dados cadastrais falsos.

§ 1º - Considera-se simulada a existência do estabelecimento, ainda que inscrito, ou da empresa quando:

a) a atividade relativa a seu objeto social, segundo declaração do contribuinte, não tiver sido ali efetivamente exercida, ou;

b) não tiverem ocorrido as operações e prestações de serviços declaradas nos registros contábeis.

§ 2º - Considera-se simulado o quadro societário para o qual sejam indicadas pessoas interpostas.

Art. 44-C. Nos processos de concessão, alteração e baixa da inscrição estadual serão atendidas as determinações previstas na Lei Complementar Federal nº 123 de 14 de Dezembro de 2006 e na Lei Estadual nº 6.426 de 05 de abril de 2013, no que se refere a entrada única de dados cadastrais e de documentos, resguardada a independência da base de dados e observada a necessidade de manutenção de informações específicas por parte da Secretaria de Estado de Fazenda. (Artigo 44-C, acrescentado pela Lei nº 6.578/2013, vigente a partir de 06.11.2013).

Parágrafo Único - Serão mantidas à disposição dos usuários, de forma presencial e pela rede mundial de computadores, informações, orientações e instrumentos, de forma integrada e consolidada, que permitam pesquisas prévias às etapas de registro ou inscrição, alteração e baixa, de modo a prover ao usuário certeza quanto à documentação exigível e quanto à viabilidade da inscrição.

Art. 45. A baixa ou quaisquer outras formas de inabilitação da inscrição não implicam quitação de quaisquer débitos porventura existentes ou que venham a ser constituídos. (Artigo 45, alterado pela Lei nº 6.578/2013, vigente a partir de 06.11.2013).

Art. 46. O Secretário de Estado de Fazenda estabelecerá as normas a serem observadas para inscrição ou sua renovação, alteração de dados cadastrais, paralisação temporária das atividades, baixa e quaisquer outras formas de inabilitação da inscrição especificando os documentos que deverão ser apresentados. (Artigo 46, alterado pela Lei nº 6.578/2013, vigente a partir de 06.11.2013).

Seção II
DOS DOCUMENTOS E LIVROS FISCAIS

Art. 47. Os contribuintes e as demais pessoas obrigadas à inscrição deverão, de acordo com a respectiva atividade e em relação a cada um de seus estabelecimentos:

I - emitir documentos fiscais, conforme as operações que realizarem; e

II - manter escrita fiscal destinada ao registro das operações efetuadas.

§ 1º - O Regulamento estabelecerá os modelos dos documentos e livros fiscais que deverão ser utilizados, bem como a forma e os prazos de sua emissão e escrituração.

§ 2º - O documento emitido por máquina registradora, terminal Ponto de Venda - PDV, equipamento Emissor de Cupom Fiscal - ECF, computador, impressora ou equipamento semelhante, referente à operação sujeita ao ICMS, tem valor fiscal para efeito de apuração do imposto. (§ 2º, do Artigo 47, dada pela Lei Estadual nº 2.881/97, vigente a partir de 31.03.1998)

§ 3º - O usuário dos equipamentos mencionados no parágrafo anterior deve colocar à disposição do Fisco as informações registradas nos equipamentos, inclusive em meio magnético ou semelhante, quando for o caso.

§ 4º - No caso de informação registrada em meio magnético ou semelhante, poderá o Fisco determinar a apresentação das informações de maneira selecionada, classificada ou agrupada.

§ 5º - O fabricante, o credenciado ou o produtor de software responderão solidariamente com os usuários sempre que contribuírem para o uso indevido do equipamento, através de mecanismos, dispositivos ou funções de máquina registradora, terminal Ponto de Venda - PDV, equipamento Emissor de Cupom Fiscal - ECF, computador, impressora ou equipamento semelhante, ou de programa. (§ 5º, do Artigo 47, dada pela Lei Estadual nº 2.881/97, vigente a partir de 31.03.1998)

§ 6º - Para fins de escrituração e apuração do Imposto sobre Circulação de Mercadorias e Serviços regulamentado por esta Lei, a atividade destinada à comercialização de medicamentos, drogas lícitas e outros produtos para terapia que dependam de licença da Vigilância Sanitária adotará inscrição e regime de escrituração específicos. (§ 6º, do Artigo 47, acrescentado pela Lei Estadual nº 4.383/2004, com efeitos a partir de 31.08.2004)

Art. 48. No interesse da arrecadação, controle e fiscalização do imposto, o Secretário de Estado de Fazenda poderá:

I - instituir, substituir ou dispensar livros e documentos fiscais;

II - determinar que o valor das operações e do saldo credor ou devedor do imposto, apurado no respectivo período, seja declarado em documento específico, bem como sejam prestadas quaisquer informações complementares; e

III - estabelecer regime especial para cumprimento das obrigações acessórias pelo contribuinte.

IV - exigir que a emissão de documentos fiscais e a sua escrituração nos livros fiscais seja feita por sistema eletrônico de processamento de dados, de acordo com a atividade e o porte do contribuinte. (Inciso IV, do Artigo 48, acrescentado pela Lei nº 3.733/2001, com efeitos a partir de 01.01.2002)

Art. 49. O Secretário de Estado de Fazenda estabelecerá normas que disciplinem a retirada dos livros e documentos fiscais do estabelecimento para efeito de escrituração.

Art. 50. Nos casos de perda ou extravio de livros e documentos fiscais, o contribuinte fica obrigado a comprovar o montante das operações ou prestações de serviços escrituradas ou que deveriam ter sido escrituradas nos referidos livros, para efeito de verificação do pagamento do imposto. (Artigo 50, alterado pela Lei nº 5.356/2008, com efeitos a partir de 24.12.2008)

Parágrafo único - Se o contribuinte, no prazo determinado na intimação, observadas as regras fixadas no Regulamento, deixar de fazer a comprovação, ou não puder fazê-la, e, bem assim, nos casos em que a comprovação for considerada insuficiente ou inidônea, o valor das operações ou das prestações de serviços será arbitrado pelo Fiscal de Rendas nos termos do art. 75, deduzindo-se, do montante devido, os recolhimentos efetivamente comprovados pelo contribuinte ou pelos registros da repartição.

Art. 51. O Secretário de Estado de Fazenda poderá exigir a autenticação dos documentos fiscais a serem utilizados pelo contribuinte, mediante a aposição de visto, selo ou qualquer outro meio. (Artigo 51, alterado pela Lei nº 3.733/2001, com efeitos a partir de 01.01.2002)

Art. 52. Sempre que o documento fiscal referente à entrada de mercadoria for escriturado com atraso, desde que envolva aproveitamento do crédito fiscal, fica o contribuinte obrigado a comunicar a ocorrência, devidamente justificada, à repartição fiscal a que estiver jurisdicionado, no prazo fixado pela legislação.

Art. 53. O Regulamento fixará o prazo de validade dos documentos fiscais, observado o limite mínimo de 3 (três) dias.

Art. 54. O contribuinte é obrigado a apresentar as declarações necessárias à apuração dos índices de participação dos Municípios, no produto da arrecadação do imposto, o documento destinado à apuração e informação do ICMS e todos os demais documentos, formulários e arquivos de caráter econômico-fiscal, conforme ato do Secretário de Estado de Fazenda. (Artigo 54, alterado pela Lei nº 6.357/12, vigente a partir de 01.07.2013)

§ 1º – O imposto, inclusive o relativo à substituição tributária, declarado no documento de informação e apuração e não pago pelo contribuinte ou responsável no prazo regulamentar é exigível independentemente da lavratura de auto de infração, de notificação ou de qualquer outro procedimento e será inscrito em Dívida Ativa e cobrado ainda que tenham sido apresentados requerimentos ou eventuais recursos que visem impugnar o seu valor ou pleitear modalidades de extinção do crédito tributário.

§ 2º – O disposto no § 1º deste artigo também se aplica ao imposto devido pelo contribuinte e informado em sua escrita fiscal por meio do Sistema Público de Escrituração Digital (SPED) ou qualquer outro meio previsto na legislação, na forma estabelecida pelo Poder Executivo.

§ 3º – A declaração destinada à apuração dos índices de participação dos municípios no produto da arrecadação do ICMS somente será computada na apuração se apresentada pelo contribuinte na forma e no prazo estabelecidos em ato do Secretário de Estado da Fazenda.

Art. 55. No interesse da fiscalização, o contribuinte fica obrigado a fornecer, mediante a devida intimação, informações referentes às operações por ele realizadas, inclusive as registradas em meio magnético ou semelhante, ainda que já tenham sido prestadas anteriormente, de maneira selecionada, classificada ou agrupada, segundo os critérios gerais ou setoriais estabelecidos pela autoridade requisitante e nos prazos por ela determinados, não inferiores a quinze dias úteis. (Artigo 55, alterado pela Lei Estadual nº 3.344/99, vigente a partir de 30.12.1999)

Art. 56. O regime especial concedido ao contribuinte, para o cumprimento de suas obrigações, poderá ser cassado, se o beneficiário proceder em desacordo com as normas fixadas para sua concessão.

Capítulo XII
DA MORA E DAS PENALIDADES

Seção I
DA MORA

Art. 57. (Revogado pelo Artigo 12 da Lei Estadual nº 3.521/2000, vigente a partir de 01.01.2001)

Art. 58. (Revogado pelo Artigo 12 da Lei Estadual nº 3.521/2000, vigente a partir de 01.01.2001)

Seção II
DAS DISPOSIÇÕES GERAIS

- (Seção II, alterada pela Lei nº 6.357/12, vigente a partir de 01.07.2013)

Art. 59. O descumprimento de obrigações tributárias, principal ou acessórias, instituídas pela legislação do ICMS sujeita o infrator às penalidades previstas neste Capítulo, mediante lançamento de ofício. (Artigo 59, alterado pela Lei nº 6.357/12, vigente a partir de 01.07.2013)

Art. 59-A. Não é passível de penalidade aquele que proceder na conformidade de decisão da autoridade competente, ou que tenha apresentado consulta relativa à matéria antes do início de qualquer procedimento administrativo ou medida de fiscalização, enquanto não terminar o prazo para cumprimento do decidido nesta. (Artigo 59-A, alterado pela Lei nº 6.357/12, vigente a partir de 01.07.2013)

Seção III
DAS PENALIDADES RELATIVAS A OBRIGAÇÃO PRINCIPAL

Subseção I
DAS INFRAÇÕES E MULTAS

Art. 60. O descumprimento da legislação tributária em relação a obrigação principal sujeita o infrator, contribuinte ou responsável, além da exigência do tributo, às seguintes multas: (Artigo 60, alterado pela Lei nº 6.357/12, vigente a partir de 01.07.2013)

I - 75% (setenta e cinco por cento) do valor do imposto:

a) creditado, deduzido ou compensado em desacordo com a legislação;

b) não destacado, não debitado, não retido, não estornado ou não pago;

II – 120% (cento e vinte por cento) do valor do imposto retido por substituição tributária e não declarado no documento de informação e apuração, se deixar de pagá-lo.

Parágrafo único – A multa será de 150% (cento e cinquenta por cento) do valor do imposto, se, nas hipóteses previstas neste artigo, adulterar, viciar ou falsificar documento ou escrituração de livro, ou, ainda, utilizar documento simulado, viciado ou falso para produção de qualquer efeito fiscal, nos casos em que, por ação ou omissão, tiver concorrido para a prática fraudulenta.

Art. 60-A. Na hipótese de débito declarado e não pago a que se referem os §§ 1º e 2º do art. 54, bem como na de débito autônomo, não se aplicará a multa prevista no artigo 60, mas apenas a multa de mora e demais acréscimos, previstos no art. 173 do Decreto-lei 5/75. (Artigo 60-A, acrescentado pela Lei nº 6.357/12, vigente a partir de 01.07.2013)

Subseção II
DAS DISPOSIÇÕES ESPECÍFICAS

Art. 61. O disposto no art. 60 também se aplica, nas hipóteses de: (Artigo 61, alterado pela Lei nº 6.357/12, vigente a partir de 01.07.2013)

I – apuração do imposto por arbitramento;

II – falta de emissão de documento fiscal ou emissão de documento inidôneo, desde que o imposto não tenha sido pago;

III – transporte, recebimento, posse ou manutenção em estoque de mercadoria desacompanhada de documento fiscal ou acompanhada de documento inidôneo.

Art. 61-A. O disposto no parágrafo único do art. 60 aplica-se, inclusive, na hipótese de documento fiscal que apresente divergência entre os dados constantes de suas vias, na existência de documentos fiscais com numeração paralela, além das hipóteses de emissão ou posse de documento fiscal fraudado, simulado ou viciado. (Artigo 61-A, acrescentado pela Lei nº 6.357/12, vigente a partir de 01.07.2013)

Art. 61-B. Na hipótese de emissão de documento fiscal em desacordo com a legislação, sendo comprovado pela fiscalização que a operação ocorreu em conformidade com o referido documento e que foram observadas as demais exigências da legislação no que se refere à escrituração e ao pagamento do imposto, será devida apenas a multa por descumprimento de obrigação acessória. (Artigo 61-B, acrescentado pela Lei nº 6.357/12, vigente a partir de 01.07.2013)

Art. 61-C. Constatada omissão de receitas, inclusive a partir de informações obtidas com terceiros, o imposto será calculado pela alíquota preponderante aplicável às mercadorias comercializadas ou serviços prestados pelo contribuinte, desconsiderados quaisquer benefícios ou diferimentos, inclusive créditos presumidos, sem prejuízo do adicional previsto na Lei nº 4.056, de 30 de dezembro de 2002. (Artigo 61-C, acrescentado pela Lei nº 6.357/12, vigente a partir de 01.07.2013)

§ 1º - Para os efeitos deste artigo, considera-se alíquota preponderante a utilizada na maior quantidade de operações ou prestações efetuadas pelo contribuinte.

§ 2º - Poderão ser utilizadas as alíquotas específicas aplicáveis às operações e prestações caso, apesar da omissão, se consiga apurar elementos que as denotem.

§ 3º - Na impossibilidade da determinação da alíquota preponderante ou específica, será adotada a maior alíquota aplicável.

Seção IV
DAS PENALIDADES RELATIVAS A OBRIGAÇÕES ACESSÓRIAS

Subseção I
DAS INFRAÇÕES RELATIVAS A INSCRIÇÃO NO CADASTRO DE CONTRIBUINTES

Art. 62. O descumprimento de obrigações acessórias relativas à inscrição no Cadastro de Contribuintes do ICMS ensejará a aplicação das seguintes penalidades: (Artigo 62, alterado pela Lei nº 6.357/12, vigente a partir de 01.07.2013)

I - exercer qualquer atividade sem a devida inscrição no Cadastro de Contribuintes ou com inscrição inabilitada, ou deixar de renovar a inscrição na forma e no prazo determinados na legislação:

1) MULTA: equivalente em reais a 180 (cento e oitenta) UFIR-RJ, por mês ou fração de mês, limitada ao equivalente em reais a 2.160 (duas mil, cento e sessenta) UFIR-RJ;

II - deixar de comunicar qualquer alteração nos dados cadastrais:

1) MULTA: equivalente em reais a 90 (noventa) UFIR-RJ, por mês ou fração, limitada ao equivalente em reais a 1.080 (mil e oitenta) UFIR-RJ;

III - deixar de comunicar a paralisação ou o encerramento da atividade do estabelecimento:

1) MULTA: equivalente em reais a 180 (cento e oitenta) UFIR-RJ, por mês ou fração de mês, limitada ao equivalente em reais a 2.160 (duas mil, cento e sessenta) UFIR-RJ, sem prejuízo da exigência do imposto relativo ao estoque remanescente na data do encerramento, quando cabível.

Parágrafo único - A multa prevista no inciso I deste artigo será aplicada sem prejuízo da exigência:

a) do imposto relativo ao estoque porventura encontrado no estabelecimento e correspondente multa;

b) do imposto relativo às operações realizadas, apurado mediante arbitramento, e correspondente multa;

c) da multa prevista no inciso I do art. 62-A.

Subseção II
DAS INFRAÇÕES RELATIVAS A ESTOQUE DE MERCADORIAS

Art. 62-A. O descumprimento de obrigações acessórias relativas ao estoque de mercadorias ensejará a aplicação das seguintes penalidades: (Artigo 62-A, acrescentado pela Lei nº 6.357/12, vigente a partir de 01.07.2013)

I - possuir ou manter mercadoria isenta ou não tributada em estabelecimento, quando não inscrito no Cadastro de Contribuintes do ICMS e estivesse obrigado à inscrição, ou quando com inscrição inabilitada:

1) MULTA: 5% (cinco por cento) do valor da mercadoria existente no estoque, sem prejuízo das penalidades previstas no inciso I do art. 62;

II - deixar de adotar as providências previstas na legislação, quando:

a) da entrada das mercadorias existentes em estoque no regime de substituição tributária, ou da sua saída desse regime;

1) MULTA: 1% (um por cento) do valor da mercadoria existente no estoque sem prejuízo de penalidade prevista no art. 60.

b) da mudança de regime de tributação do contribuinte;

1) MULTA: 1% (um por cento) do valor da mercadoria existente no estoque sem prejuízo de penalidade prevista no art. 60.

c) do encerramento de atividades do estabelecimento;

1) MULTA: 1% (um por cento) do valor da mercadoria existente no estoque sem prejuízo de penalidade prevista no art. 60.

d) da ocorrência de outras hipóteses previstas em ato do Secretário de Estado de Fazenda.

1) MULTA: 1% (um por cento) do valor da mercadoria existente no estoque sem prejuízo de penalidade prevista no art. 60.

Subseção III
DAS INFRAÇÕES RELATIVAS A ENTREGA DE INFORMAÇÕES E DECLARAÇÕES

Art. 62-B. O descumprimento de obrigações acessórias relativas à entrega de informações e declarações ensejará a aplicação das seguintes penalidades: (Artigo 62-B, acrescentado pela Lei nº 6.357/12, vigente a partir de 01.07.2013)

I - deixar de entregar, quando obrigado, no prazo previsto na legislação, documento, formulário ou arquivo por ela exigido:

a) se a entrega for efetuada antes de ciência de intimação:

1) MULTA: equivalente em reais a 1.000 (mil) UFIR-RJ, observado o disposto no art. 70-A.

b) se a entrega for efetuada após a ciência de intimação:

1) MULTA: 0,25 % (vinte e cinco centésimos por cento) do valor das operações de saídas e prestações efetuadas no período, nunca inferior ao equivalente em reais a 1.500 (mil e quinhentas) UFIR-RJ, limitada ao equivalente em reais a 10.000 (dez mil) UFIR-RJ, caso entregue dentro do prazo estabelecido na 1ª intimação que exigir a apresentação do documento, formulário ou arquivo;

2) MULTA: 0,5% (cinco décimos por cento) do valor das operações de saídas e prestações efetuadas no período, nunca inferior ao equivalente em reais a 2.000 (duas mil) UFIR-RJ, limitada ao equivalente em reais a 15.000 (quinze mil) UFIR-RJ caso entregue dentro do prazo estabelecido na 2ª intimação que exigir a apresentação do documento, formulário ou arquivo, sem prejuízo da aplicação da penalidade prevista no inciso I do art. 65 pelo não-atendimento da 1ª intimação;

3) MULTA: 0,75% (setenta e cinco centésimos por cento) do valor das operações de saídas e prestações efetuadas no período, nunca inferior ao equivalente em reais a 2.500 (duas mil e quinhentas) UFIR-RJ, limitada ao equivalente em reais a 20.000 (vinte mil) UFIR-RJ caso entregue dentro do prazo estabelecido na 3ª intimação que exigir a apresentação do documento, formulário ou arquivo, sem prejuízo da aplicação da penalidade prevista nos incisos I e II do art. 65 pelo não-atendimento da 1ª e da 2ª intimações;

c) caso não entregue dentro do prazo estabelecido na 3ª intimação que exigir a apresentação do documento, formulário ou arquivo:

1) MULTA: 1% (um por cento) do valor das operações de saídas e prestações efetuadas no período, nunca inferior ao equivalente em reais a 3.000 (três mil) UFIR-RJ, limitada ao equivalente em reais a 25.000 (vinte e cinco mil) UFIR-RJ, sem prejuízo da aplicação das penalidades previstas nos incisos I a III do art. 65 pelo não-atendimento das intimações e de outras medidas cabíveis;

II – indicar informação ou dado incorreto ou omiti-lo em documento, formulário ou arquivo exigido pela legislação:

a) (Revogada pela Lei nº 6.987/15, vigente a partir de 22.04.2015)

b) se a retificação for efetuada após a ciência de intimação:

1) MULTA: 0,25 % (vinte e cinco centésimos por cento) do valor das operações de saídas e prestações efetuadas no período, nunca inferior ao equivalente em reais a 1.500 (mil e quinhentas) UFIR-RJ, limitada ao equivalente em reais a 10.000 (dez mil) UFIR-RJ, caso entregue dentro do prazo estabelecido na 1ª intimação que exigir a retificação do documento, formulário ou arquivo;

2) MULTA: 0,5% (cinco décimos por cento) do valor das operações de saídas e prestações efetuadas no período, nunca inferior ao equivalente em reais a 2.000 (duas mil) UFIR-RJ, limitada ao equivalente em reais a 15.000 (quinze mil) UFIR-RJ caso entregue dentro do prazo estabelecido na 2ª intimação que exigir a retificação do documento, formulário ou arquivo, sem prejuízo da aplicação da penalidade prevista no inciso I do art. 65 pelo não-atendimento da 1ª intimação;

3) MULTA: 0,75% (setenta e cinco centésimos por cento) do valor das operações de saídas e prestações efetuadas no período, nunca inferior ao equivalente em reais a 2.500 (duas mil e quinhentas) UFIR-RJ, limitada ao equivalente em reais a 20.000 (vinte mil) UFIR-RJ caso entregue dentro do prazo estabelecido na 3ª intimação que exigir a retificação do documento, formulário ou arquivo, sem prejuízo da aplicação da penalidade prevista nos incisos I e II do art. 65 pelo não-atendimento da 1ª e da 2ª intimações;

c) caso não entregue a retificação dentro do prazo estabelecido na 3ª intimação que a exigiu:

1) MULTA: 1% (um por cento) do valor das operações de saídas e prestações efetuadas no período, nunca inferior ao equivalente em reais 3.000 (três mil) UFIR-RJ, limitada ao equivalente em reais a 25.000 (vinte e cinco mil) UFIR-RJ, sem prejuízo da aplicação das penalidades previstas nos incisos I a III do art. 65 pelo não-atendimento das intimações e de outras medidas cabíveis;

III – deixar de entregar, quando obrigado, na forma e no prazo estabelecido na legislação, qualquer outro documento, formulário ou arquivo não previsto no § 1º deste artigo, ou entregá-lo com informação ou dado incorreto ou omisso.

1) MULTA: equivalente em reais a 1000 (mil) UFIR-RJ, por documento, formulário ou arquivo.

IV – deixar de manter registro fiscal em arquivo digital, referente às operações e prestações efetuadas no período, nos termos da legislação:

1) MULTA: equivalente em reais a 1000 (mil) UFIR-RJ, por arquivo.

V - apresentar as informações solicitadas pelo fisco em desacordo com as exigências da legislação, ou das constantes de intimação, relativas a sua classificação, a sua seleção ou a seu agrupamento.

1) MULTA: equivalente em reais a 1000 (mil) UFIR-RJ, por intimação.

§ 1º - O disposto nos incisos I e II do caput deste artigo aplica-se a:

I - documento destinado à informação e apuração do ICMS,

II - documento destinado à apuração dos índices de participação dos municípios na arrecadação do ICMS;

III - arquivo eletrônico da Escrituração Fiscal Digital (EFD);

IV - arquivos de operações previstos no Manual de Orientação anexo ao Convênio ICMS 57/95, de 28 de junho de 1995 (SINTEGRA);

V - arquivos de operações previstos no Manual de Orientação anexo ao Convênio ICMS 115/03, de 12 de dezembro de 2003;

VI - qualquer outro documento, formulário ou arquivo exigido pela legislação, cuja falta de entrega acarrete, conforme previsão expressa em ato do Chefe do Poder Executivo ou do Secretário de Estado de Fazenda, a aplicação da penalidade.

§ 2º - Na aplicação da multa prevista nos incisos I e II do caput deste artigo, observar-se-á o seguinte:

I - a multa será devida por documento, formulário ou arquivo;

II - no caso das alíneas "b" e "c" de ambos os incisos, inexistindo as operações ou prestações de saída ou sendo desconhecido o seu valor, a multa será o equivalente em reais a 1.500 (mil e quinhentas) UFIR-RJ por documento, formulário ou arquivo, não superior ao equivalente em reais a 10.000 (dez mil) UFIR-RJ, reservado ao fisco o direito de rever o procedimento.

Subseção IV
DAS INFRAÇÕES RELATIVAS A EMISSÃO DE DOCUMENTOS FISCAIS E À ESCRITURAÇÃO DE LIVROS FISCAIS

Art. 62-C. O descumprimento de obrigações acessórias relativas à emissão de documentos fiscais e escrituração de livros fiscais ensejará a aplicação das seguintes penalidades: (Artigo 62-C, acrescentado pela Lei nº 6.357/12, vigente a partir de 01.07.2013)

I - não escriturar operação ou prestação de entrada ou saída nos livros fiscais próprios ou formulários de controle:

1) MULTA: 3% (três por cento) do valor da operação ou prestação não escriturada, sem prejuízo da cobrança do imposto, quando cabível, e de penalidade prevista no art. 60;

II - não possuir documento ou livro fiscal ou deixar de escriturar livro fiscal:

1) MULTA: equivalente em reais a 90 (noventa) UFIR-RJ, por mês ou fração de mês, limitada ao equivalente em reais a 1.080 (mil e oitenta) UFIR-RJ, por livro ou modelo de documento, contado da data da qual era obrigatória sua adoção ou escrituração, sem prejuízo da cobrança do imposto, quando cabível, e de penalidade prevista no art. 60;

III - deixar de emitir ou de entregar ao adquirente ou destinatário da mercadoria ou ao tomador do serviço documento fiscal ou outro documento de controle exigido na legislação ou emitir documentação inidônea:

1) MULTA: 5% (cinco por cento) do valor da operação ou prestação, sem prejuízo da cobrança do imposto, quando cabível, e de penalidade prevista no art. 60;

IV - receber ou possuir mercadoria ou tomar serviço sem documentação fiscal ou com documentação inidônea:

1) MULTA: 5% (cinco por cento) do valor da operação ou prestação, sem prejuízo da cobrança do imposto, quando cabível, e de penalidade prevista no art. 60;

V - transportar mercadoria desacompanhada de documento fiscal ou de outro documento de controle exigido na legislação, ou acompanhada de documentação inidônea, ou entregar mercadoria a destinatário diverso:

1) MULTA: 4% (quatro por cento) do valor da operação, sem prejuízo da cobrança do imposto, quando cabível, e de penalidade prevista no art. 60;

VI - cancelar documento fiscal sem observância das normas previstas na legislação ou após a saída da mercadoria ou prestação de serviços ou ainda após a sua escrituração em livro próprio:

1) MULTA: 3% (três por cento) do valor da operação, sem prejuízo da cobrança do imposto, quando cabível, e de penalidade prevista no art. 60;

VII - deixar de cumprir formalidade prevista na legislação relativa à escrituração extemporânea de crédito do imposto:

1) MULTA: 5% (cinco por cento) do valor do crédito escriturado;

VIII - deixar de destacar imposto em documento fiscal ou fazê-lo indevidamente ou ainda transferir crédito em desacordo com a legislação:

1) MULTA: 30% (trinta por cento) do destaque indevido ou omitido ou do crédito transferido;

IX – imprimir ou mandar imprimir documento fiscal sem a devida autorização ou que não contenha as indicações mínimas previstas na legislação ou que esteja em desacordo com o modelo aprovado:

1) MULTA: equivalente em reais a 2 (duas) UFIR-RJ por documento, limitado ao equivalente em reais a 3.000 (três mil) UFIR-RJ por estabelecimento usuário, aplicável tanto ao impressor, quanto ao usuário;

X – vender, adquirir ou portar formulário de segurança ou assemelhados em desacordo com as exigências previstas na legislação:

1) MULTA: equivalente em reais a 2 (duas) UFIR-RJ por documento, limitado ao equivalente em reais a 3.000 (três mil) UFIR-RJ por estabelecimento usuário, aplicável tanto ao fabricante, quanto ao usuário;

XI – emitir documento fiscal ou outro documento de controle, inclusive eletrônico, inapropriado para a operação ou prestação ou em desacordo com a legislação:

1) MULTA: 3% (três por cento) do valor da operação ou prestação, sem prejuízo da cobrança do imposto, quando cabível, e de penalidade prevista no art. 60;

XII – deixar de comprovar a saída de mercadoria de território deste Estado, quando exigido.

1) MULTA: equivalente em reais a 1.000 (mil) UFIR-RJ por operação, sem prejuízo da cobrança do imposto, quando cabível, e de penalidade prevista no art. 60;

XIII – deixar de cumprir obrigação prevista na legislação, relativa a livros e documentos fiscais, inclusive eletrônicos, para cuja infração não exista penalidade específica nesta Subseção:

1) MULTA: equivalente em reais a 100 (cem) UFIR-RJ por obrigação, limitado ao equivalente em reais a 3.000 (três mil) UFIR-RJ, sem prejuízo da cobrança do imposto, quando cabível, e de penalidade prevista no art. 60.

§ 1º – A multa prevista no inciso II desta artigo: (Parágrafo único renumerado para § 1º, pela Lei nº 6.987/15, vigente a partir de 22.04.2015)

I – não se aplica à Escrituração Fiscal Digital (EFD), devendo-se, nesta hipótese, ser observado o disposto no inciso I do art. 62-B;

II – aplica-se, inclusive, na hipótese de atraso na escrituração do livro fiscal, contando-se a multa a partir do mês seguinte ao último período escriturado.

§ 2º – Não se aplicam as multas previstas neste artigo, quando o sujeito passivo promover a retificação de documentos fiscais e escrituração de livros fiscais na forma regular antes da ciência de intimação do início da ação fiscal. (§ 2º do Artigo 62-C, acrescentado pela Lei nº 6.987/15, vigente a partir de 22.04.2015)

Subseção V
DAS INFRAÇÕES RELATIVAS A SISTEMA ELETRÔNICO DE PROCESSAMENTO DE DADOS (SEPD)

Art. 62-D. O descumprimento de obrigações acessórias relativas à utilização de Sistema Eletrônico de Processamento de Dados (SEPD) para emissão de documentos fiscais ou escrituração de livros fiscais ensejará a aplicação das seguintes penalidades: (Artigo 62-D, acrescentado pela Lei nº 6.357/12, vigente a partir de 01.07.2013)

I – utilizar SEPD sem prévia autorização do fisco;

1) MULTA: equivalente em reais a 1.000 (mil) UFIR-RJ, por mês ou fração de mês, limitada ao equivalente em reais a 12.000 (doze mil) UFIR-RJ;

II – utilizar SEPD em desacordo com as normas estabelecidas pela legislação:

1) MULTA: equivalente em reais a 300 (trezentas) UFIR-RJ, para cada irregularidade, limitada ao equivalente em reais a 3.600 (três mil e seiscentas) UFIR-RJ por auto de infração.

Parágrafo único – As multas previstas nesta Subseção serão aplicadas sem prejuízo das relativas a descumprimento da obrigação principal, a escrituração de livros, a emissão de documentos e a entrega de arquivos, dados ou informações, quando couber.

Subseção VI
DAS INFRAÇÕES RELATIVAS A FALSIFICAÇÃO, VÍCIO, ADULTERAÇÃO DE DOCUMENTO, LIVRO OU ARQUIVO

Art. 62-E. Falsificar, viciar, adulterar ou, por ação ou omissão, concorrer para a prática dessa infração: (Artigo 62-E, acrescentado pela Lei nº 6.357/12, vigente a partir de 01.07.2013)

I – documento, livro ou arquivo destinado ao controle das operações e prestações sujeitas ao imposto ou à apuração do imposto devido:

1) MULTA: 30% (trinta por cento) do valor das operações e prestações efetivamente ocorridas;

II – documento destinado à arrecadação de receita estadual:

1) MULTA: 2 (duas) vezes o valor consignado no documento ou 2 (duas) vezes o valor que efetivamente deveria ter sido pago, o que for maior.

§ 1º – As multas previstas neste artigo serão aplicadas:

I – sem prejuízo da cobrança do imposto e da penalidade prevista no parágrafo único do art. 60;

II - em substituição a qualquer outra multa por descumprimento de obrigação acessória que poderia ser aplicada à infração, salvo se superior, quando será adotada a de maior valor.

§ 2º - Na hipótese de estabelecimento enquadrado em regime especial de tributação, o imposto porventura devido será exigido de acordo com o disposto no § 2º do art. 64-A.

Subseção VII
DAS INFRAÇÕES RELATIVAS A UTILIZAÇÃO DE EQUIPAMENTO EMISSOR DE CUPOM FISCAL (ECF) E PROGRAMA APLICATIVO FISCAL-ECF (PAF-ECF)

Art. 63. O descumprimento de obrigações acessórias relativas à utilização de Equipamento Emissor de Cupom Fiscal (ECF) e Programa Aplicativo Fiscal-ECF (PAF-ECF) ensejará, ao usuário, a aplicação das seguintes penalidades: (Artigo 63, alterado pela Lei nº 6.357/12, vigente a partir de 01.07.2013)

I - deixar de utilizar ECF, quando obrigado:

1) MULTA: equivalente em reais a 300 (trezentas) UFIR-RJ, por mês ou fração de mês, nunca inferior ao equivalente em reais a 900 (novecentas) UFIR-RJ, limitada ao equivalente em reais a 3.600 (três mil e seiscentas) UFIR-RJ;

II - deixar de utilizar PAF-ECF, quando obrigado:

1) MULTA: equivalente em reais a 1.000 (mil) UFIR-RJ por equipamento;

III - utilizar ECF ou PAF-ECF sem autorização fiscal ou utilizá-lo em outro estabelecimento para o qual não esteja autorizado:

1) MULTA: equivalente em reais a 1.000 (mil) UFIR-RJ por equipamento;

IV - deixar de efetuar comunicação prevista na legislação ou efetuá-la em desacordo:

1) MULTA: equivalente em reais a 100 (cem) UFIR-RJ, por comunicação;

V - deixar de emitir, quando obrigado, o comprovante de pagamento com cartão de crédito ou débito automático em conta pelo ECF:

1) MULTA: equivalente em reais a 200 (duzentas) UFIR-RJ, por equipamento, por mês ou fração de mês, nunca inferior ao equivalente em reais a 600 (seiscentas) UFIR-RJ, limitada ao equivalente em reais a 2.400 (duas mil e quatrocentas) UFIR-RJ, por equipamento;

VI – utilizar qualquer outro equipamento ou aplicativo não autorizados que possibilitem o registro ou o processamento de dados relativos a operações com mercadorias ou com a prestação de serviços:

1) MULTA: equivalente em reais a 1.000 (mil) UFIR-RJ por equipamento ou aplicativo;

VII – deixar de emitir, gerar ou disponibilizar relatórios, inclusive em meio digital, relativos a ECF e PAF-ECF, ou fazê-lo com erros ou omissões.

1) MULTA: equivalente em reais a 200 (duzentas) UFIR-RJ, por relatório, limitada ao equivalente em reais a 2.000 (duas mil) UFIR-RJ por tipo de relatório;

VIII – utilizar ECF ou PAF-ECF em desacordo com a legislação:

1) MULTA: equivalente em reais a 100 (cem) UFIR-RJ, por irregularidade, em cada equipamento;

Parágrafo único – As multas previstas neste artigo serão aplicadas sem prejuízo da cobrança do imposto e de penalidade prevista no art. 60.

Art. 63-A. O descumprimento de obrigações acessórias relativas ao fornecimento de ECF por fabricante ou importador ensejará a aplicação das seguintes penalidades: (Artigo 63-A, acrescentado pela Lei nº 6.357/12, vigente a partir de 01.07.2013)

I – fornecer equipamento não aprovado pelo fisco ou fornecê-lo em desacordo com o modelo aprovado:

1) MULTA: equivalente em reais a 2.000 (duas mil) UFIR-RJ, por equipamento fornecido;

II – deixar de prestar as informações na forma e prazo previstos na legislação:

1) MULTA: equivalente em reais a 500 (quinhentas) UFIR-RJ, por informação;

2) MULTA: equivalente em reais a 100 (cem) UFIR-RJ, por lacre, quando se tratar de falta de comunicação de extravio, perda, inutilização, roubo ou furto de lacre, limitada ao equivalente em reais a 6.000 (seis mil) UFIR-RJ;

III – deixar de atender às demais obrigações previstas na legislação:

1) MULTA: equivalente em reais a 100 (cem) UFIR-RJ, por obrigação desatendida.

Art. 63-B. O descumprimento de obrigações acessórias relativas ao fornecimento de ECF, exceto por fabricante ou importador, ensejará ao distribuidor a aplicação das seguintes penalidades: (Artigo 63-B, acrescentado pela Lei nº 6.357/12, vigente a partir de 01.07.2013)

I - exercer sem autorização atividade de fornecimento de ECF:

1) MULTA: equivalente em reais a 2.000 (duas mil) UFIR-RJ, por ECF fornecido;

II - fornecer equipamento não aprovado pelo fisco:

1) MULTA: equivalente em reais a 1.000 (mil) UFIR-RJ, por equipamento fornecido;

III - deixar de prestar as informações na forma e no prazo previstos na legislação:

1) MULTA: equivalente em reais a 500 (quinhentas) UFIR-RJ, por informação;

IV - deixar de atender às demais obrigações previstas na legislação:

1) MULTA: equivalente em reais a 100 (cem) UFIR-RJ, por obrigação desatendida.

Art. 63-C. O descumprimento de obrigações acessórias relativas à intervenção em ECF ensejará, ao interventor, a aplicação das seguintes penalidades: (Artigo 63-C, acrescentado pela Lei nº 6.357/12, vigente a partir de 01.07.2013)

I - realizar intervenção técnica sem possuir atestado de capacitação técnica, específico para o equipamento, fornecido pelo fabricante, e o respectivo credenciamento concedido pelo Fisco deste Estado:

1) MULTA: equivalente em reais a 1.000 (mil) UFIR-RJ, por equipamento, limitada ao equivalente em reais a 10.000 (dez mil) UFIR-RJ;

II - realizar intervenção em desacordo com a legislação:

1) MULTA: equivalente em reais a 400 (quatrocentas) UFIR-RJ, por intervenção;

III - deixar de efetuar comunicação na forma e no prazo previstos na legislação:

1) MULTA: equivalente em reais a 500 (quinhentas) UFIR-RJ, por comunicação;

2) MULTA: equivalente em reais a 100 (cem) UFIR-RJ, por lacre, quando se tratar de falta de comunicação de extravio, perda, inutilização, roubo ou furto de lacre, limitada ao equivalente em reais a 6.000 (seis mil) UFIR-RJ;

IV - deixar de atender às demais obrigações previstas na legislação:

1) MULTA: equivalente em reais a 100 (cem) UFIR-RJ, por obrigação desatendida.

Parágrafo único - As multas previstas neste artigo serão aplicadas sem prejuízo do descredenciamento, quando cabível.

Art. 63-D. O descumprimento de obrigações acessórias relativas ao desenvolvimento de PAF-ECF ensejará ao desenvolvedor a aplicação das seguintes penalidades: (Artigo 63-D, acrescentado pela Lei nº 6.357/12, vigente a partir de 01.07.2013)

I – exercer sem autorização atividade de fornecimento de PAF-ECF:

1) MULTA: equivalente em reais a 1.000 (mil) UFIR-RJ, por mês ou fração de mês, limitada ao equivalente em reais a 12.000 (doze mil) UFIR-RJ;

II – fornecer aplicativo não registrado no fisco ou fornecê-lo em desacordo com a versão registrada:

1) MULTA: equivalente em reais a 1.000 (mil) UFIR-RJ, por fornecimento de aplicativo;

III – deixar de prestar as informações na forma e prazo previstos na legislação:

1)MULTA: equivalente em reais a 500 (quinhentas) UFIR-RJ, por informação;

IV – deixar de atender as demais obrigações previstas na legislação:

1) MULTA: equivalente em reais a 100 (cem) UFIR-RJ, por obrigação desatendida.

Art. 63-E. O descumprimento de obrigações acessórias relativas à fabricação de lacre para ECF ensejará ao fabricante a aplicação das seguintes penalidades: (Artigo 63-E, acrescentado pela Lei nº 6.357/12, vigente a partir de 01.07.2013)

I – exercer sem autorização atividade de fornecimento de lacre para ECF:

1) MULTA: equivalente em reais a 1.000 (mil) UFIR-RJ, por mês ou fração de mês, limitada ao equivalente em reais a 12.000 (doze mil) UFIR-RJ;

II – fornecer lacre em desacordo com as especificações técnicas ou normas previstas na legislação:

1) MULTA: equivalente em reais a 100 (cem) UFIR-RJ, por lacre, limitada ao equivalente em reais a 6.000 (seis mil) UFIR-RJ, por fornecimento;

III – deixar de prestar as informações na forma e prazo previstos na legislação:

1) MULTA: equivalente em reais a 500 (quinhentas) UFIR-RJ, por informação;

2) MULTA: equivalente em reais a 100 (cem) UFIR-RJ, por lacre, quando se tratar de falta de comunicação de extravio, perda, inutilização, roubo ou furto de lacre, limitada ao equivalente em reais a 6.000 (seis mil) UFIR-RJ;

IV – deixar de atender às demais obrigações previstas na legislação:

1)MULTA: equivalente em reais a 100 (cem) UFIR-RJ, por obrigação desatendida.

Parágrafo único – As multas previstas neste artigo serão aplicadas sem prejuízo do descredenciamento, quando cabível.

Art. 63-F. Nas hipóteses de fornecimento, desenvolvimento, utilização ou intervenção de ECF ou PAF-ECF que contenha dispositivo ou programação que permita falsificação, ocultação, vício, adulteração, simulação ou qualquer outro tipo de fraude em operação ou prestação passível de registro: (Artigo 63-F, acrescentado pela Lei nº 6.357/12, vigente a partir de 01.07.2013)

1) MULTA: equivalente em reais a 10.000 (dez mil) UFIR-RJ, por equipamento, sem prejuízo da cobrança do imposto, e da penalidade prevista no parágrafo único do art. 60.

Parágrafo único – Aplica-se o disposto no caput deste artigo ao usuário, fabricante, importador, distribuidor e interventor de ECF, ao desenvolvedor de PAF-ECF e ao fabricante de lacre, sem prejuízo das demais medidas administrativas ou penais cabíveis.

Subseção VIII
DAS INFRAÇÕES RELATIVAS A PERDA, EXTRAVIO OU INUTILIZAÇÃO DE DOCUMENTOS FISCAIS, LIVROS FISCAIS, ECF E QUAISQUER EQUIPAMENTOS OU INSTRUMENTOS DE CONTROLE FISCAL

Art. 64. O descumprimento de obrigações acessórias relativas à perda, extravio ou inutilização de documentos fiscais, livros fiscais, ECF e quaisquer equipamentos ou instrumentos de controle fiscal ensejará a aplicação das seguintes penalidades: (Artigo 64, alterado pela Lei nº 6.357/12, vigente a partir de 01.07.2013)

I – deixar de observar os procedimentos previstos na legislação no caso de perda, extravio ou inutilização de documento fiscal ou formulário destinado a sua emissão:

1) MULTA: equivalente em reais a 20 (vinte) UFIR-RJ por documento fiscal, ou formulário destinado a sua emissão, sem prejuízo do arbitramento do valor das operações e prestações, quando cabível;

II – deixar de observar os procedimentos previstos na legislação no caso de perda, extravio ou inutilização de equipamento ECF ou dispositivo eletrônico:

1) MULTA: equivalente em reais a 3.000 (três mil) UFIR-RJ por equipamento, sem prejuízo do arbitramento do valor das operações e prestações, quando cabível;

III – deixar de restabelecer a escrita de livro fiscal de acordo com os procedimentos e prazos previstos na legislação, no caso de sua perda, extravio ou inutilização:

1) MULTA: equivalente em reais a 1.500 (mil e quinhentas) UFIR-RJ por livro fiscal perdido, extraviado ou inutilizado, sem prejuízo do arbitramento do valor das operações e prestações, quando cabível.

§ 1º – A aplicação de penalidade prevista no inciso I do *caput* deste artigo:

I – dar-se-á em razão da quantidade de documentos fiscais, quando se tratar de:

a) talonário de documento fiscal;

b) jogos soltos;

c) formulários contínuos;

d) formulários de segurança;

e) cupom de leitura;

f) fita-detalhe de ECF;

II – não excederá, no seu total, o equivalente em reais a 3.000 (três mil) UFIR-RJ por ECF, ou por série ou subsérie, ou, se não for utilizada série nem subsérie, por modelo de documento fiscal;

§ 2º – As multas previstas neste artigo aplicam-se também na hipótese de o contribuinte não guardar documentos fiscais, livros fiscais, ECF e quaisquer equipamentos ou instrumentos de controle fiscal pelo prazo constante da legislação.

Subseção IX
DAS INFRAÇÕES RELATIVAS A REGIMES ESPECIAIS DE TRIBUTAÇÃO

Art. 64-A. O descumprimento de obrigações acessórias relativas a enquadramento em regime especial de tributação ensejará a aplicação das seguintes penalidades: (Artigo 64-A, acrescentado pela Lei nº 6.357/12, vigente a partir de 01.07.2013)

I – omitir operação ou prestação de serviço que influa na determinação do valor do imposto devido, ainda que não implique alteração ou desenquadramento do regime:

1) MULTA: 5% (cinco por cento) do valor da operação ou prestação de serviço omitido, independentemente da cobrança do imposto e correspondente multa proporcional quando cabível:

II – deixar de declarar ou apresentar dados considerados para enquadramento ou permanência no regime, ou declará-los ou apresentá-los com inexatidões;

1) MULTA: equivalente em reais a 3.000 (três mil) UFIR-RJ, sem prejuízo da cobrança do imposto e respectiva multa proporcional quando cabível.

III - deixar de declarar ou apresentar dados ou declará-los ou apresentá-los com inexatidões quando não implicar alteração ou desenquadramento do regime e não influir na determinação do valor do imposto devido:

1) MULTA: equivalente em reais a 500 (quinhentas) UFIR-RJ.

§ 1º - O disposto no inciso I do caput deste artigo compreende, inclusive, operação ou prestação isenta, não tributada ou não sujeita ao ICMS, bem como aquela cujo imposto tenha sido retido anteriormente.

§ 2º - O imposto porventura devido será exigido pelo regime de compensação, salvo se a legislação específica do regime especial de tributação dispuser em contrário.

§ 3º - Para fins do disposto nesta Subseção, entende-se como:

I - regime de compensação: quando a apuração do imposto ocorre mediante confronto periódico entre débitos e créditos na forma do art. 33 desta Lei;

II - regime especial de tributação: qualquer forma alternativa de apuração do imposto não enquadrada no inciso I deste parágrafo.

Subseção X
DAS INFRAÇÕES RELATIVAS A PRESTAÇÃO DE INFORMAÇÕES POR TERCEIROS

Art. 64-B. Deixar de entregar no local, na forma ou no prazo previstos na legislação ou em intimação específica, ou ainda, entregar de forma incompleta ou inconsistente: (Artigo 64-B, acrescentado pela Lei nº 6.357/12, vigente a partir de 01.07.2013)

I - pela administradora de cartão de crédito ou de débito ou similar, as informações sobre as operações ou prestações de serviço realizadas pelos estabelecimentos de contribuintes cujos pagamentos sejam feitos através de seus sistemas de crédito, débito ou similar:

1) MULTA: sucessiva e cumulativamente, por arquivo, no valor equivalente em reais a:

a) 20.000 (vinte mil) UFIR-RJ, caso não entregue no prazo da legislação;

b) 50.000 (cinquenta mil) UFIR-RJ, caso não entregue no prazo previsto na 1ª intimação;

c) 100.000 (cem mil) UFIR-RJ caso não entregue no prazo previsto na 2ª intimação;

II - pela administradora de shopping center, de centro comercial ou de empreendimento assemelhado, as informações de que disponha a respeito de contribuintes localizados no seu empreendimento, inclusive sobre o valor relativo a aluguéis e demais encargos.

1) MULTA: sucessiva e cumulativamente, por contribuinte, no valor equivalente em reais a:

a) 500 (quinhentas) UFIR-RJ, caso não entregue no prazo da legislação;

b) 1.000 (mil) UFIR-RJ, caso não entregue no prazo previsto na 1ª intimação;

c) 2.000 (duas mil) UFIR-RJ, caso não entregue no prazo previsto na 2ª intimação.

Parágrafo único. Aplica-se o disposto no inciso I do caput deste artigo aos prestadores de serviços de que tratam os incisos VIII e IX do art. 18 desta Lei. (Incluído pela Lei 8795/2020.).

Subseção XI
DAS INFRAÇÕES RELATIVAS A EMBARAÇO À AÇÃO FISCAL

Art. 65. O descumprimento total ou parcial de intimação expedida por Auditor Fiscal, ainda que por meio eletrônico, ensejará a aplicação das seguintes penalidades: (Artigo 65, alterado pela Lei nº 6.357/12, vigente a partir de 01.07.2013)

I - não atender à primeira intimação:

1) MULTA: equivalente em reais a 500 (quinhentas) UFIR-RJ, por estabelecimento a que se refira a intimação.

II - não atender à segunda intimação:

1) MULTA: equivalente em reais a 1.000 (mil) UFIR-RJ, por estabelecimento a que se refira a intimação.

III - não atender à terceira intimação:

1) MULTA: equivalente em reais a 1.500 (mil e quinhentas) UFIR-RJ, por estabelecimento a que se refira a intimação.

IV - não atender às demais intimações porventura expedidas:

1) MULTA: equivalente em reais a 2.000 (duas mil) UFIR-RJ por intimação, por estabelecimento a que se refira a intimação.

Parágrafo único - Sendo o atendimento à intimação necessário à verificação do valor de operações ou prestações realizadas, o Auditor Fiscal deverá consignar no relato do auto de infração correspondente à 2ª intimação não atendida que o descumprimento à 3ª intimação:

I - caracterizará embaraço à ação fiscalizadora;

II - sujeitará o contribuinte ao arbitramento daquele valor para fixação do imposto devido;

III - ensejará a desativação de ofício da inscrição estadual e adoção de outras medidas administrativas e penais.

Art. 65-A. Deixar de atender à determinação de parada obrigatória ou, quando parar, não apresentar a documentação exigida pela fiscalização, em barreira fiscal, posto fiscal ou, quando solicitado, em operação de fiscalização externa: (Artigo 65-A, acrescentado pela Lei nº 6.357/12, vigente a partir de 01.07.2013)

1) MULTA: equivalente em reais a 1.000 (mil) UFIR-RJ, sem prejuízo de penalidade prevista no art. 60, quando cabível, e de demais penalidades aplicáveis por descumprimento de obrigação acessória.

Parágrafo único - Também comete a infração descrita neste artigo aquele que efetuar a parada em barreira ou posto fiscal somente após advertência ou condução pela autoridade fiscal.

Art. 65-B. Embaraçar, dificultar, retardar ou impedir a ação fiscal de tributos estaduais, por qualquer meio ou forma, assim entendido, inclusive, deixar de mostrar bem móvel ou imóvel, mercadoria ou estabelecimento, pertinentes ao tributo fiscalizado, a Auditor Fiscal, quando por esse solicitado, sem prejuízo de outras medidas preconizadas na legislação: (Artigo 65-B acrescentado pela Lei nº 6.357/12, vigente a partir de 01.07.2013)

1) MULTA: 0,5% (cinco décimos por cento) da receita bruta do estabelecimento no ano anterior à autuação, não inferior ao equivalente em reais a 5.000 (cinco mil) UFIR-RJ.

§ 1º - Caso o estabelecimento tenha funcionado em período inferior a 12 (doze) meses no ano anterior à autuação, a multa será aplicada sobre a receita bruta acumulada no período de funcionamento naquele ano.

§ 2º - Sendo desconhecido o valor da receita bruta do ano anterior à autuação, a multa será o equivalente em reais a 5.000 (cinco mil) UFIR-RJ, reservado ao fisco o direito de rever o procedimento.

§ 3º - Na hipótese de o estabelecimento não ter funcionado no ano anterior à autuação, a multa será o equivalente em reais a 2.000 (duas mil) UFIR-RJ, reservado ao fisco o direito de rever o procedimento.

Subseção XII
DAS INFRAÇÕES RELATIVAS A OUTRAS OBRIGAÇÕES ACESSÓRIAS

Art. 66. Cometer infração relativa a qualquer outra obrigação acessória, para a qual não haja penalidade específica estabelecida nesta Seção: (Artigo 66, alterado pela Lei nº 6.357/12, vigente a partir de 01.07.2013)

1) MULTA: equivalente em reais a 100 (cem) UFIR-RJ por infração, limitada ao equivalente em reais a 2.500 (duas mil e quinhentas) UFIR-RJ, sem prejuízo da cobrança do imposto e respectiva multa proporcional, quando cabível.

Parágrafo único - O limite fixado neste artigo aplica-se uma única vez por tipo de infração, em um mesmo estabelecimento, na mesma ação fiscal, ainda que lavrado mais de um Auto de Infração.

Seção V
DAS REGRAS GERAIS PARA APLICAÇÃO DE PENALIDADES

Art. 67. A aplicação das penalidades previstas neste Capítulo: (Artigo 67, alterado pela Lei nº 6.357/12, vigente a partir de 01.07.2013)

I - deve ser feita sem prejuízo, quando cabível:

a) da exigência do imposto em auto de infração com a correspondente multa por descumprimento de obrigação principal, inclusive por arbitramento, quando a penalidade aplicada referir-se à obrigação acessória;

b) da exigência da multa por descumprimento de obrigação acessória, quando a penalidade aplicada referir-se à obrigação principal;

c) da representação fiscal para fins penais;

II - não exime o infrator do cumprimento da obrigação que lhe deu causa;

III - quando graduada por mês ou fração de mês:

a) considerar-se-á:

1) mês - o tempo decorrido do dia do início de cada período da infração ao dia correspondente do mês civil subsequente; e

2) fração do mês - o mês incompleto, observado o disposto no item 1 desta alínea;

b) não incidirá sobre os períodos já submetidos a multa anterior;

c) será, salvo disposição em contrário, limitada a 12 (doze) vezes o valor da multa estabelecida;

IV - será efetuada sem prejuízo da apreensão de documentos, arquivos, livros, equipamentos, mercadorias ou qualquer outro elemento de prova que possa produzir efeito fiscal;

V - quando tenha por base o valor das operações de saídas e prestações efetuadas no período, considerar-se-á o valor total das operações de saídas e prestações de serviço praticadas a qualquer título e sob qualquer regime tributário, inclusive, as operações ou prestações isentas, imunes, não tributadas, sujeitas à substituição tributária, a regime de recolhimento antecipado de tributo, a diferimento, estimativa, regime especial ou qualquer outro benefício fiscal, exceto as saídas com suspensão do imposto, inclusive as relativas a operações temporárias para demonstração, conserto, comodato e locação;

§ 1º - Para cálculo de multa expressa em UFIR-RJ, considera-se o respectivo valor fixado em moeda corrente para o mês em que for lavrado o auto de infração, aplicando-se, após a lavratura, o disposto no § 1º do art. 173 do Decreto-lei nº 5, de 15 de março de 1975.

§ 2º - Os limites superiores utilizados na fixação das multas previstas na Seção IV deste Capítulo, inclusive o previsto na alínea "c" do inciso III deste artigo, não se aplicam às empresas com valor de receita bruta anual superior ao equivalente em reais a 3.600.000 (três milhões e seiscentas mil) UFIR-RJ.

§ 3º - As multas previstas na Seção IV deste Capítulo não poderão superar o equivalente em reais a 180.000 (cento e oitenta mil) UFIR-RJ, por auto de infração, exceto:

I - as concernentes a falsificação, ocultação, vício, adulteração, simulação ou qualquer outro tipo de fraude;

II - as previstas nos incisos I e II do art. 62-B desta Lei.

§ 4º - Para fins do disposto nos § 2º:

I - será considerado o valor da receita bruta anual da empresa informado em declaração econômico-fiscal entregue pelo contribuinte, relativa:

a) ao ano anterior à autuação, caso já tenha sido entregue;

b) ao ano que anteceder o anterior à autuação, caso ainda não tenha entregado a declaração prevista na alínea "a" deste inciso e não tenha vencido o prazo para sua entrega;

II - na hipótese de a empresa não ter funcionado no ano considerado no inciso I deste parágrafo, considerar-se-á que a sua receita bruta anual foi inferior ao equivalente em reais a 3.600.000 (três milhões e seiscentas mil) UFIR-RJ;

III - sendo desconhecido o valor da receita bruta anual da empresa, não serão considerados quaisquer limites superiores, inclusive o previsto no § 3º deste artigo;

IV - fica reservado ao fisco o direito de aplicar os limites considerando o valor anual efetivo da receita bruta da empresa ou de rever a autuação, caso já aplicada, na hipótese de ser apurado que os valores considerados nos termos dos incisos I a III deste parágrafo não refletem o valor anual efetivo.

Art. 67-A. A prática de qualquer das infrações previstas neste Capítulo ensejará aplicação das penalidades nele estabelecidas em valor nunca inferior ao equivalente em reais a 450 (quatrocentos e cinquenta) UFIR-RJ. (Artigo 67-A, acrescentado pela Lei nº 6.357/12, vigente a partir de 01.07.2013)

Parágrafo único - Na hipótese de cobrança em um mesmo auto de infração de multa por descumprimento de obrigação principal e acessória, o disposto no caput aplicar-se-á somente em relação à multa relativa à obrigação acessória.

Art. 67-B. Se, concomitantemente com uma infração relativa a descumprimento de obrigação acessória, houver também infração por falta de pagamento total ou parcial de tributo, será o infrator passível de multa unicamente pelo descumprimento da obrigação principal. (Artigo 67-B, acrescentado pela Lei nº 6.357/12, vigente a partir de 01.07.2013)

§ 1º - A concomitância é caracterizada pela possibilidade de enquadramento pela fiscalização de uma mesma irregularidade em dois ou mais dispositivos sancionatórios distintos, sendo um relativo à falta de pagamento do tributo.

§ 2º - Excluem-se deste artigo as infrações previstas neste Capítulo que expressamente ressalvarem a aplicação concomitante das multas por descumprimento de obrigação principal e acessória.

Art. 67-C. Para fins do disposto neste Capítulo: (Artigo 67-C, acrescentado pela Lei nº 6.357/12, vigente a partir de 01.07.2013)

I - as penalidades previstas para o descumprimento de obrigação relativa a Emissor de Cupom Fiscal (ECF) aplicam-se, no que couber, aos equipamentos Máquina Registradora (MR) e Terminal Ponto de Venda (PDV);

II - considera-se:

a) como documento de controle, inclusive, romaneio e documentos auxiliares eletrônicos;

b) como documento inidôneo, inclusive, qualquer documento ou registro de operação ou prestação não revestido de valor fiscal.

Art. 67-D. A Secretaria de Estado de Fazenda divulgará, anualmente, o valor atualizado das multas e limites previstos em UFIR-RJ. (Artigo 67-D, acrescentado pela Lei nº 6.357/12, vigente a partir de 01.07.2013)

Seção VI
DA DENÚNCIA ESPONTÂNEA

Art. 68. A responsabilidade por infrações é excluída pela denúncia espontânea da infração pelo sujeito passivo, antes de qualquer procedimento fiscal, desde que seja pago o tributo devido, com seu valor atualizado monetariamente e os acréscimos moratórios. (Artigo 68, alterado pela Lei nº 6.357/12, vigente a partir de 01.07.2013)

Parágrafo único – Salvo nos casos previstos expressamente na legislação, a denúncia espontânea não se aplica às infrações decorrentes do descumprimento de obrigações acessórias, para fins de afastar a aplicação de penalidade.

Seção VII
DOS PROCEDIMENTOS ELETRÔNICOS

Art. 69. A Secretaria de Estado de Fazenda poderá expedir notificação, intimação ou auto de infração por meio eletrônico, visando ao cumprimento de obrigação tributária ou à aplicação de penalidade respectiva". (Artigo 69, alterado pela Lei nº 6.880/14, vigente a partir de 08.09.2014)

Seção VII-A
DOS PROCEDIMENTOS SEM PERDA DE ESPONTANEIDADE

- (Título da Seção VII-A, acrescentado pela Lei nº 6.880/14, vigente a partir de 08.09.2014)

Art. 69-A. A Secretaria de Estado de Fazenda fica autorizada a expedir aviso amigável, inclusive por meio eletrônico, antes de iniciado qualquer procedimento fiscal tendente à aplicação das penalidades previstas neste Capítulo, para que o contribuinte regularize obrigação não cumprida nos termos ou nos prazos previstos na legislação tributária. (Artigo 69-A, alterado pela Lei nº 6.880/14, vigente a partir de 08.09.2014)

§ 1º – O aviso amigável de que trata o caput deste artigo, a ser encaminhado ao contribuinte antes da adoção de qualquer procedimento fiscal de que trata o artigo 69:

I – não implica perda de espontaneidade relativamente ao dever de cumprir obrigação, principal ou acessória, vinculada ao objeto do aviso amigável;

II – não constitui notificação ou intimação a caracterizar o início de procedimento administrativo-fiscal a que se refere o parágrafo único do artigo 138 do Código Tributário Nacional.

§ 2º – O Secretário de Estado de Fazenda baixará os atos necessários ao cumprimento do disposto neste artigo.

Seção VIII
DA REDUÇÃO DE PENALIDADES

Art. 70. O sujeito passivo poderá saldar o seu débito com redução sobre o valor da multa calculada nos seguintes percentuais: (Artigo 70, alterado pela Lei nº 6.357/12, vigente a partir de 01.07.2013)

I – 50% (cinquenta por cento), quando pago no prazo de 30 (trinta) dias, contados da ciência da autuação;

II – 20% (vinte por cento), quando pago a partir do fim do prazo previsto no inciso I do caput até 30 (trinta) dias da data da ciência do julgamento de primeira instância que negar provimento, total ou parcial, à impugnação;

III – 10% (dez por cento), quando pago a partir do fim do prazo previsto no inciso II do caput até 30 (trinta) dias da data da ciência do julgamento de segunda instância que negar provimento, total ou parcial, ao recurso.

Art. 70-A. A multa prevista na alínea "a" dos incisos I e II do art. 62-B será reduzida em 90% (noventa por cento) se a regularização da obrigação acessória ocorrer em até 30 (trinta) dias do vencimento do prazo de entrega. (Artigo 70-A, acrescentado pela Lei nº 6.357/12, vigente a partir de 01.07.2013)

§ 1º – Se a regularização ocorrer após 30 (trinta) dias do vencimento do prazo, aplicar-se-á a redução prevista no art. 70-B.

§ 2º – A redução prevista neste artigo não é cumulativa com as previstas no art. 70.

Art. 70-B. A multa decorrente de descumprimento de obrigação acessória será reduzida em 70% (setenta por cento) na hipótese de a regularização ser promovida antes do início do procedimento fiscal. (Artigo 70-B, acrescentado pela Lei nº 6.357/12, vigente a partir de 01.07.2013)

§ 1º – O disposto no "caput" deste artigo não se aplica quando a obrigação acessória referir-se a:

I – não emissão de documentos fiscais de qualquer natureza;

II – emissão de documento fiscal inapropriado ou inidôneo;

III – não utilização de ECF e PAF-ECF;

IV – falta de inscrição estadual;

V – falsificação, vício ou adulteração de documento, livro ou arquivo;

VI – falta de atendimento de intimação ou embaraço à ação fiscal;

VII – demais casos em que a obrigação não puder ser cumprida a destempo sem causar danos irreparáveis.

§ 2º – A redução prevista neste artigo não é cumulativa com as previstas no art. 70.

Art. 70-C. Aplica-se redução de 50% (cinquenta por cento) nas penalidades constantes desta Lei, sem prejuízo da redução prevista nos artigos 70, 70-A ou 70-B também desta Lei, às microempresas e empresas de pequeno porte, como tal definidas na Lei Complementar nº 123, de 14 de dezembro de 2006, assim qualificadas na data da lavratura do auto de infração. (Artigo 70-C, acrescentado pela Lei nº 6.357/12, vigente a partir de 01.07.2013)

Art. 70-D. O pagamento efetuado com a redução prevista nesta Seção importa renúncia de defesa na esfera administrativa e no reconhecimento do débito, com a desistência de impugnação ao auto de infração ou de recurso ao Conselho de Contribuintes, encerrando-se, com isso, o contencioso. (Artigo 70-D, acrescentado pela Lei nº 6.357/12, vigente a partir de 01.07.2013)

Art. 70-E. Na hipótese de aplicação concomitante de multas por descumprimento de obrigação principal e acessória, nos termos do art. 67-B, será afastada a multa pelo descumprimento de obrigação acessória, desde que sejam pagos integralmente o imposto devido e a respectiva multa proporcional. (Artigo 70-E, acrescentado pela Lei nº 6.357/12, vigente a partir de 01.07.2013)

Parágrafo único - Se, em decisão definitiva do contencioso administrativo, for considerada improcedente a multa por descumprimento de obrigação principal, mas procedente a multa por descumprimento de obrigação acessória, esta será mantida.

Art. 71. As reduções previstas nesta Seção: (Artigo 71, alterado pela Lei nº 6.357/12, vigente a partir de 01.07.2013)

I - serão usufruídas somente se a multa for paga em até 30 (trinta) dias da ciência da autuação ou, na hipótese do art. 70, nos prazos previstos em seus incisos;

II - aplicam-se, inclusive, na hipótese de parcelamento, caso em que os percentuais de redução serão reduzidos em ½ (um meio);

III - aplicam-se, inclusive, no caso de pagamento parcial, em qualquer fase do processo administrativo-tributário, ressalvado o direito da Fazenda de cobrar o saldo restante.

Parágrafo único - Ocorrendo o inadimplemento do parcelamento as reduções serão desconsideradas, sendo devida a multa pelo seu valor proporcional ao saldo remanescente.

Capítulo XIII
DA ADMINISTRAÇÃO TRIBUTÁRIA

Art. 72. A fiscalização e o lançamento do imposto competem privativamente ao Fiscal de Rendas, recaindo a fiscalização sobre toda pessoa natural ou jurídica, contribuinte ou não, que estiver obrigada ao cumprimento da legislação tributária, inclusive a que gozar de imunidade ou isenção.

Art. 73. O acesso do Auditor Fiscal a qualquer local onde deva ser exercida a fiscalização do imposto está condicionado, apenas, à apresentação de sua identidade funcional, sem qualquer outra formalidade. (Artigo 73, alterado pela Lei nº 6.357/12, vigente a partir de 01.07.2013)

§ 1º – É obrigatória a parada em barreira fiscal, posto fiscal ou, quando solicitado, em operação de fiscalização externa, de veículo de carga, ainda que vazio, ou de qualquer outro veículo transportando mercadoria.

§ 2º – Incluem-se na disposição do § 1º, quando demandado pelo Auditor Fiscal, os veículos de transporte de passageiro de qualquer natureza.

§ 3º – No caso de recusa de exibição de livro ou documento fiscal ou comercial ou mercadoria, o Auditor Fiscal, sem prejuízo da autuação cabível, pode lacrar móvel, depósito ou qualquer local onde esteja documento, livro, equipamento ou mercadoria exigidos, ou, ainda, reter veículo para verificação, lavrando termo desse procedimento, com cópia para o interessado, solicitando, de imediato, à autoridade a que estiver subordinado, providências necessárias à exibição judicial desse livro, documento ou mercadoria.

Art. 74. Na hipótese de embaraço ou de desacato, no exercício de sua função, ou quando necessária a efetivação de medida acauteladora de interesse do fisco, ainda que não se configure fato definido como crime, o Fiscal de Rendas, diretamente ou por intermédio da repartição a que estiver vinculado, pode requisitar o auxílio da autoridade policial.

Art. 75. Quando o cálculo do tributo tenha por base, ou tome em consideração, o valor ou o preço de mercadorias, bens, serviços ou direitos, o Auditor Fiscal, mediante processo regular, arbitrará aquele valor ou preço, sempre que sejam omissos ou não mereçam fé as declarações, os esclarecimentos prestados ou os documentos expedidos pelo sujeito passivo ou pelo terceiro legalmente obrigado, ressalvado, em caso de contestação, avaliação contraditória administrativa ou judicial. (Artigo 75, alterado pela Lei nº 6.357/12, vigente a partir de 01.07.2013)

§ 1º – O Auditor Fiscal arbitrará o valor das operações ou das prestações nos casos de:

I – o contribuinte não possuir ou deixar de exibir elementos necessários à comprovação da exatidão do valor das operações ou prestações realizadas ou exibi-los com inconsistências que tornem improfícua a apuração do imposto;

II – existir fundada suspeita de que os documentos fiscais não refletem o valor real das operações;

III – serem omissos ou não merecerem fé, esclarecimento, declaração ou outro elemento constante da escrita fiscal ou comercial do contribuinte ou, ainda, documento emitido por ele ou por terceiro legalmente obrigado;

IV – ser prestado serviço de transporte ou de comunicação, bem como ser feita a entrega, remessa, recebimento, transporte, guarda ou armazenamento de mercadoria sem documento fiscal ou com documento fiscal inidôneo;

V – funcionar o contribuinte sem a devida inscrição no Cadastro de Contribuintes do ICMS ou com inscrição não habilitada.

VI - a quantidade de documentos ou livros apresentados pelo contribuinte tornar improfícua a apuração do imposto e não tiverem sido apresentadas informações ou declarações eletrônicas, ou tiverem sido apresentadas com erros ou omissões.

§ 2º - Para fins de aplicação do inciso I do § 1º deste artigo, entende-se como elementos necessários à comprovação da exatidão do valor das operações ou prestações realizadas, as informações ou declarações eletrônicas, os livros, documentos fiscais ou outros meios necessários à apuração do imposto.

§ 3º - Para fins de aplicação do disposto neste artigo, a critério do Auditor Fiscal, os métodos para o arbitramento serão:

I - inferência com base em amostragem estatística, nos casos dos incisos I e VI do § 1º do caput e, quando couber, nos demais casos;

II - quando não conhecido o valor das saídas e prestação de serviços efetuadas no período, utilização de uma das seguintes alternativas de base de cálculo:

a) um inteiro e cinco décimos do valor das saídas referentes ao último período em que o contribuinte manteve escrituração de acordo com as leis comerciais e fiscais;

b) um inteiro e cinco décimos do valor das compras de mercadorias efetuadas ou dos serviços adquiridos no próprio ou em outro mês.

III - utilização de pauta de preços definida por Ato do Secretário de Estado de Fazenda;

IV - utilização de quaisquer meios indiciários, tais como consumo de energia elétrica, água, gás, valor das operações efetuadas em períodos idênticos, coeficientes médios de lucro bruto ou de valor acrescido e de preços unitários, considerados o processo produtivo, a atividade econômica, a localização e a categoria do estabelecimento.

§ 4º - Nas hipóteses dos incisos I e IV do § 3º deste artigo, sendo desconhecido o valor das entradas, será estimado o valor do crédito, na razão de 40% (quarenta por cento) do valor arbitrado para as saídas.

§ 5º - Os métodos previstos nos incisos do § 3º deste artigo poderão ser utilizados em conjunto.

§ 6º - Os valores utilizados como base para o arbitramento, quando obtidos em período distinto daquele a que se referir as operações e prestações arbitradas, serão ajustados pela variação da UFIR-RJ.

§ 7º - O arbitramento pode ser renovado sempre que sejam apurados dados não considerados em sua elaboração inicial.

§ 8º - O valor apurado por meio de arbitramento considera-se decorrente de operação ou prestação tributada, salvo prova em contrário.

§ 9º – O imposto apurado na forma dos incisos II e IV do § 3º do *caput* deste artigo será calculado pela alíquota preponderante aplicável às mercadorias comercializadas ou serviços prestados pelo contribuinte, desconsiderados quaisquer benefícios ou diferimentos, inclusive créditos presumidos, sem prejuízo do adicional previsto na Lei nº 4.056, de 30 de dezembro de 2002.

§ 10 – Na hipótese do § 9º deste artigo:

I – considera-se alíquota preponderante a utilizada na maior quantidade de operações ou prestações efetuadas pelo contribuinte.

II – poderão ser utilizadas as alíquotas específicas aplicáveis às operações e prestações no caso de haver elementos que as denotem.

§ 11º – A aplicação do disposto neste artigo dar-se-á segundo ato estabelecido pelo Secretário de Estado da Fazenda.

Art. 75-A. Revogado pela Lei nº 7.988/2018, vigente a partir de 15.06.2018)

Art. 76. O contribuinte pode ser submetido a sistema especial de controle, fiscalização e de pagamento do imposto, na forma e condições fixadas pelo Poder Executivo.

Art. 77. O termo de encerramento de fiscalização não implica homologação ou quitação.

Art. 78. Ficam obrigados ao uso de ECF, o estabelecimento que exerça a atividade de venda ou revenda de mercadorias ou bens, o restaurante e estabelecimento similar, ou de prestação de serviços em que o adquirente ou tomador seja pessoa física ou jurídica não contribuinte do imposto. (Artigo 78, alterado pela Lei Estadual nº 3.525/2000, vigente a partir de 29.12.2000).

§ 1º – O ECF deve ter a capacidade de satisfazer as condições estabelecidas na legislação.

§ 2º – Fica o Poder Executivo autorizado a determinar os casos em que o contribuinte poderá ficar desobrigado do uso do ECF.

Art. 79. A utilização, no recinto de atendimento ao público, de equipamento que possibilite o registro ou o processamento de dados relativos a operação com mercadoria ou com a prestação de serviço somente será admitida quando o referido equipamento integrar o equipamento Emissor de Cupom Fiscal (ECF), de acordo com autorização concedida pela repartição fiscal a que estiver vinculado o estabelecimento. (Artigo 79, alterado pela Lei Estadual nº 3.525/2000, vigente a partir de 29.12.2000).

§ 1º – O disposto neste artigo aplica-se também ao estabelecimento não obrigado ao uso de ECF.

§ 2º - O equipamento em uso, sem a autorização a que se refere o caput ou que não satisfaça os requisitos desta, poderá ser apreendido pelo fisco, e utilizado como prova de infração à legislação tributária.

DISPOSIÇÕES FINAIS

Art. 80. As disposições contidas nos arts. 59-A, 62-E, 65, 66, 67, 67-A, 67-B, 68, 69, 69-A e 75-A desta Lei aplicam-se, no que couber, aos demais tributos estaduais. (Artigo 80, alterado pela Lei nº 6.880/14, vigente a partir de 08.09.2014)

Art. 80-A. Para os efeitos do disposto nesta Lei, considera-se mercadoria, todo e qualquer bem móvel, novo ou usado, produto in natura, acabado ou semiacabado, matéria-prima, produto intermediário, material de embalagem ou de uso e consumo e, ainda, o destinado à utilização em caráter duradouro ou permanente, na instalação, exploração ou equipamento do estabelecimento. Artigo 80-A, acrescentado pela Lei nº 6.357/12, vigente a partir de 01.07.2013)

Art. 80-B. Constituído definitivamente o crédito tributário, não suspende sua exigibilidade a apresentação de requerimentos ou eventuais recursos do contribuinte que visem impugnar o seu valor ou pleitear modalidades de extinção do crédito tributário. (Artigo 80-B, acrescentado pela Lei nº 6.357/12, vigente a partir de 01.07.2013)

Art. 81. Fica adotada a Unidade Fiscal de Referência - UFIR, como medida de valor e parâmetro de atualização de tributos e de valores expressos em UFERJ, na legislação estadual, assim como os relativos a multas e penalidades de qualquer natureza.

§ 1º - Para efeitos deste artigo, 1 (uma) UFERJ corresponde a 44,2655 (quarenta e quatro inteiros e dois mil seiscentos e cinqüenta e cinco décimos milésimos) UFIR.

§ 2º - Na hipótese de extinção da UFIR, o Poder Executivo poderá adotar a unidade que vier a substituí-la ou instituir unidade fiscal própria.

Art. 82. O artigo 2º do Decreto-lei 5/75, passa a vigorar com a seguinte redação:

"Art. 2º Os tributos estaduais são:

I - imposto sobre:

1 - transmissão causa mortis e doação - ITD;

2 - circulação de mercadorias e serviços - ICMS; e

3 - propriedade de veículos automotores - IPVA;

II - taxas em razão do exercício do poder de polícia ou pela utilização, efetiva ou potencial, de serviços públicos específicos e divisíveis, prestados ao contribuinte ou postos à sua disposição; e

III - contribuições de melhoria, decorrentes de obras públicas.

Art. 83. Na aplicação do disposto no § 2º do artigo 33 observar-se-á o seguinte:

I - somente darão direito de crédito as mercadorias destinadas ao uso ou consumo do estabelecimento nele entradas a partir de 1º de janeiro de 2033, consoante o inciso I do art. 33 da Lei Complementar nº 87/1996; (Inciso I do art. 83 alterado pela Lei nº 9.113/2020, vigente a partir de 01.12.2020).

II - somente dará direito a crédito a entrada de energia elétrica no estabelecimento:

a) quando for objeto de saída de energia elétrica;

b) quando consumida no processo de industrialização;

c) quando seu consumo resultar em operação de saída ou prestação para o exterior, na proporção destas sobre as saídas ou prestações totais;

d) a partir da data indicada na alínea "d" do inciso II do art. 33 da Lei Complementar nº 87/1996, nas demais hipóteses. (Alínea "d" do inciso II do art. 83 alterado pela Lei nº 9.113/2020, vigente a partir de 01.12.2020)

III - somente dará direito a crédito o recebimento de serviços de comunicação utilizados pelo estabelecimento:

a) ao qual tenham sido prestados na execução de serviços da mesma natureza;

b) quando sua utilização resultar em operação de saída ou prestação para o exterior, na proporção desta sobre as saídas ou prestações totais;

c) a partir de 1º de janeiro de 2033, consoante a alínea "c" do inciso IV do art. 33 da Lei Complementar nº 87/1996, nas demais hipóteses. (Alínea "c", do inciso III, do art. 83 alterado pela Lei nº 9.113/2020, vigente a partir de 01.12.2020).

Art. 84. Os prazos de que tratam os artigos 238, 239, 250 e 266, § 1º do Código Tributário Estadual (Decreto-Lei 5/75, com a redação dada pela Lei Estadual 2207/93), passam a ser de 30 (trinta) dias.

Art. 85. Aplica-se ao ICMS toda a legislação relativa ao ICM que não conflitar com esta Lei.

Art. 86. O Poder Executivo poderá adotar as medidas fiscais, tributárias e administrativas necessárias à proteção da economia do Estado, visando seu desenvolvimento, conquista e manutenção de mercados e segmentos econômicos. (Artigo 86, acrescentado pela Lei Estadual nº 2.881/97, vigente a partir de 30.12.1997)

Parágrafo único - Excetua-se do disposto no caput do presente artigo a concessão de incentivo fiscal, anistia e isenção de tributos estaduais, que deverão ser objeto de prévia autorização da Assembléia Legislativa.

Art. 87. O Poder Executivo baixará as normas que se fizerem necessárias à aplicação desta Lei. (primitivo Artigo 86 renumerada para 87 pela Lei Estadual nº 2.881/97, vigente a partir de 30.12.1997)

Art. 88. Esta Lei entra em vigor na data de sua publicação, produzindo efeitos a partir de 1º de novembro de 1996, revogadas as disposições em contrário, em especial a Lei Estadual 1423/89. (primitivo Artigo 87 renumerada para 88 pela Lei Estadual nº 2.881/97, vigente a partir de 30.12.1997).

LEI Nº 2.778, DE 29 DE AGOSTO DE 1997

- DISPÕE SOBRE O PAGAMENTO DO ICMS RELATIVO AO SERVIÇO DE TRANSPORTE RODOVIÁRIO INTERMUNICIPAL DE PASSAGEIROS E DÁ OUTRAS PROVIDÊNCIAS.

Art. 1º. A empresa prestadora do serviço de transporte rodoviário intermunicipal de passageiros, executado mediante concessão, permissão ou autorização por parte do Estado do Rio de Janeiro, e prestado exclusivamente em seu território deverá, em substituição ao regime de apuração do Imposto sobre Circulação de Mercadorias e Serviços – ICMS, previsto no "caput" do artigo 33, da Lei nº 2.657 Database 'Controle de Leis', View '1.Leis Ordinárias', de 26 de dezembro de 1996, pagar mensalmente o referido imposto por estimativa de acordo com a seguinte tabela:

I – serviço de transporte rodoviário coletivo intermunicipal de passageiros: R$ 800,00 (oitocentos reais), equivalentes a 751,80 UFIR por veículo e por mês;

II – serviço de transporte intermunicipal de passageiros sob o regime de fretamento contínuo: R$ 300,00 (trezentos reais), equivalentes a 281,92 UFIR por veículo e por mês.";

- Incisos com nova redação dada pelo artigo 2º da 3419/2000

III – serviço de transporte de passageiros sob regime de fretamento eventual ou turístico: R$250,00 (duzentos e cinqüenta reais) hoje equivalente a 274.48 (duzentas e setenta e quatro ponto quarenta e oito) UFIRs por veículo e por mês.

Parágrafo único - Os valores estimados nos incisos I, II, III deste artigo serão atualizados monetariamente na mesma proporção e pelos mesmos índices aplicados aos reajustes e às revisões tarifárias praticadas pelos contribuintes submetidos ao regime de apuração previsto nesta Lei. (Nova redação dada pela Lei 2804/97)

Art. 2º. O Imposto a que se refere o artigo anterior será recolhido até o dia 10 (dez) do mês seguinte ao da prestação.

Art. 3º. O contribuinte de que trata esta Lei fica dispensado do cumprimento de obrigações acessórias, exceto com relação à inscrição, à entrega da DECLAN, à comprovação do recolhimento do tributo até o dia 30 do mês seguinte ao da sua competência perante a Administração Fazendária Estadual, e à apresentação mensal da frota, explicitando os veículos que são utilizados na prestação dos serviços referidos no artigo 1º. (Nova redação dada pela Lei 2804/97)

Art. 4º. Os débitos fiscais decorrentes de autos de infração ou não, existentes até a data da eficácia desta Lei, por descumprimento de obrigações acessórias relativas ao ICMS incidentes sobre os serviços prestados no artigo 1º ficam cancelados.

Art. 5º. Ante a compensação financeira do tributo com ausência do seu repasse, fica declarado inexistir diferença a maior entre débitos e créditos escriturais, no período entre a vigência da Lei do ICMS e a eficácia desta Lei, a não resultar em tributo a recolher.

Art. 6º. O regime de apuração previsto na presente Lei aplica-se exclusivamente à hipótese de incidência tributária consubstanciada na prestação do serviço de transporte rodoviário intermunicipal, não afastando a incidência, dentre outros, do ICMS na importação de mercadoria ou bem, tampouco quando da entrada no estabelecimento de mercadoria proveniente de outro Estado da federação, destinada ao consumo ou ativo fixo.

Art. 7º. Aplica-se, subsidiariamente, ao contribuinte e ao regime de apuração ora instituído, o disposto na Lei nº 2.657 Database 'Controle de Leis', View '1.Leis Ordinárias', de 26 de dezembro de 1996.

Art. 8º. Esta Lei entrará em vigor na data de sua publicação, revogadas as disposições em contrário.

Rio de Janeiro, 29 de agosto de 1997.

MARCELLO ALENCAR

GOVERNADOR

LEI FEDERAL Nº 9.496, DE 11 DE SETEMBRO DE 1997

- ESTABELECE CRITÉRIOS PARA A CONSOLIDAÇÃO, A ASSUNÇÃO E O REFINANCIAMENTO, PELA UNIÃO, DA DÍVIDA PÚBLICA MOBILIÁRIA E OUTRAS QUE ESPECIFICA, DE RESPONSABILIDADE DOS ESTADOS E DO DISTRITO FEDERAL.

Art. 1º. Fica a União, no âmbito do Programa de Apoio à Reestruturação e ao Ajuste Fiscal dos Estados, autorizada, até 31 de maio de 2000, a: (Redação dada pela Medida Provisória nº 2192-70, de 2001)

I – assumir a dívida pública mobiliária dos estados e do Distrito Federal, bem como, ao exclusivo critério do Poder Executivo Federal, outras obrigações decorrentes de operações de crédito interno e externo, ou de natureza contratual, relativas a despesas de investimentos, líquidas e certas, exigíveis até 31 de dezembro de 1994;

II – assumir os empréstimos tomados pelos Estados e pelo Distrito Federal junto à Caixa Econômica Federal, com amparo na Resolução no 70, de 5 de dezembro de 1995, do Senado Federal, bem como, ao exclusivo critério do Poder Executivo Federal, outras dívidas cujo refinanciamento pela União, nos termos desta Lei, tenha sido autorizado pelo Senado Federal até 30 de junho de 1999; (Redação dada pela Medida Provisória nº 2192-70, de 2001)

III – compensar, ao exclusivo critério do Ministério da Fazenda, os créditos então assumidos com eventuais créditos de natureza contratual, líquidos, certos e exigíveis, detidos pelas unidades da Federação contra a União;

IV – assumir a dívida pública mobiliária emitida por Estados e pelo Distrito Federal, após 13 de dezembro de 1995, para pagamento de precatórios judiciais, nos termos do art. 33 do Ato das Disposições Constitucionais Transitórias; (Redação dada pela Medida Provisória nº 2192-70, de 2001)

V – refinanciar os créditos decorrentes da assunção a que se referem os incisos I e IV, juntamente com créditos titulados pela União contra as Unidades da Federação, estes a exclusivo critério do Ministério da Fazenda; (Incluído pela Medida Provisória nº 2192-70, de 2001)

§ 1º – As dívidas de que trata o inciso I são aquelas constituídas até 31 de março de 1996 e as que, constituídas após essa data, consubstanciam simples rolagem de dívidas anteriores.

§ 2º – Não serão abrangidas pela assunção a que se referem os incisos I, II e IV, nem pelo refinanciamento a que se refere o inciso V: (Redação dada pela Medida Provisória nº 2192-70, de 2001)

a) as obrigações originárias de contratos de natureza mercantil, excetuadas as compreendidas nas disposições do inciso I;

b) as obrigações decorrentes de operações com organismos financeiros internacionais, excetuadas as compreendidas nas disposições do inciso I;

c) as obrigações já refinanciadas pela União, excetuadas as compreendidas nas disposições do inciso I.

d) a dívida mobiliária em poder do próprio ente emissor, mesmo que por intermédio de fundo de liquidez, ou que tenha sido colocada em mercado após 31 de dezembro de 1998. (Incluído pela Medida Provisória nº 2192-70, de 2001)

§ 3º – As operações autorizadas neste artigo vincular-se-ão ao estabelecimento, pelas Unidades da Federação, de Programa de Reestruturação e de Ajuste Fiscal, acordado com o Governo Federal. (Redação dada pela Medida Provisória nº 2192-70, de 2001)

§ 4º – O prazo previsto no caput poderá ser prorrogado por até noventa dias, por decisão fundamentada do Ministro de Estado da Fazenda, desde que:

a) tenha sido firmado protocolo entre os Governos Federal e Estadual, no âmbito do Programa de Apoio à Reestruturação e ao Ajuste Fiscal dos Estados;

b) o estado tenha obtido as autorizações legislativas necessárias para celebração dos contratos previstos no protocolo a que se refere a alínea anterior.

§ 5º – Atendidas às exigências do § 4º, poderá o Ministro de Estado da Fazenda, para viabilizar a efetiva assunção a que se refere o inciso I deste artigo, autorizar a celebração de contratos de promessa de assunção das referidas obrigações. (Incluído pela Medida Provisória nº 2192-70, de 2001)

§ 6º – O crédito correspondente à assunção a que se refere o inciso II, na parte relativa a fundos de contingências de bancos estaduais, constituídos no âmbito do programa de redução da presença do setor público estadual na atividade financeira bancária, poderá, a critério do Ministro de Estado da Fazenda, ser incorporado ao saldo devedor dos contratos de reestruturação de dívidas, celebrados nos termos desta Lei, quando da utilização dos recursos depositados nos respectivos fundos. (Incluído pela Medida Provisória nº 2192-70, de 2001)

§ 7º - A eventual diferença entre a assunção a que se refere o § 6º e o saldo apresentado nos respectivos fundos poderá, a critério do Ministro de Estado da Fazenda, ser incorporada, em até doze meses, com remuneração até à data da incorporação pela variação da taxa média ajustada nos financiamentos diários apurados no Sistema Especial de Liquidação e de Custódia (SELIC) divulgada pelo Banco Central do Brasil, ao saldo devedor dos contratos de reestruturação de dívidas, celebrados nos termos desta Lei. (Incluído pela Medida Provisória nº 2192-70, de 2001)

Art. 2º. O Programa de Reestruturação e de Ajuste Fiscal, além dos objetivos específicos para cada unidade da Federação, conterá, obrigatoriamente, metas ou compromissos quanto a:

I - dívida consolidada; (Redação dada pela Lei Complementar nº 156, de 2016)

II - resultado primário, entendido como a diferença entre as receitas e despesas não financeiras;

III - despesa com pessoal; (Redação dada pela Lei Complementar nº 156, de 2016)

IV - receitas de arrecadação própria; (Redação dada pela Lei Complementar nº 156, de 2016)

V - gestão pública; e (Redação dada pela Lei Complementar nº 156, de 2016)

VI - disponibilidade de caixa. (Redação dada pela Lei Complementar nº 156, de 2016)

Parágrafo único. Os Programas de Reestruturação e de Ajuste Fiscal de que trata esta Lei adotarão os mesmos conceitos e definições contidos na Lei Complementar no 101, de 4 de maio de 2000. (Redação dada pela Lei Complementar nº 156, de 2016)

Art. 3º. Os contratos de refinanciamento de que trata esta Lei serão pagos em até 360 (trezentos e sessenta) prestações mensais e sucessivas, calculadas com base na Tabela Price, vencendo-se a primeira trinta dias após a data da assinatura do contrato e as seguintes em igual dia dos meses subseqüentes, observadas as seguintes condições:

I - juros: calculados e debitados mensalmente, à taxa mínima de seis por cento ao ano, sobre o saldo devedor previamente atualizado;

II - atualização monetária: calculada e debitada mensalmente com base na variação do Índice Geral de Preços - Disponibilidade Interna (IGP-DI), calculado pela Fundação Getúlio Vargas, ou outro índice que vier a substituí-lo.

§ 1º – Para apuração do valor refinanciado relativo à dívida mobiliária, com exceção da referida no inciso IV do art. 1º, as condições financeiras básicas estabelecidas no caput poderão retroagir até 30 de setembro de 1997. (Redação dada pela Medida Provisória nº 2192-70, de 2001)

§ 2º – Para a apuração do valor a ser refinanciado relativo às demais obrigações, as condições financeiras básicas estabelecidas no caput poderão retroagir até 120 (cento e vinte) dias anteriores à celebração do contrato de refinanciamento, observada, como limite, a data da aprovação do protocolo pelo Senado Federal.

§ 3º – A parcela a ser amortizada na forma do art. 7º poderá ser atualizada de acordo com o disposto no § 1º.

§ 4º – Nas hipóteses dos parágrafos anteriores, caberá à União arcar com os eventuais custos decorrentes de sua aplicação.

§ 5º – Enquanto for exigível o Programa de Reestruturação e de Ajuste Fiscal, o contrato de refinanciamento deverá prever que a unidade da Federação: (Redação dada pela Lei Complementar nº 148 de 2014)

a) não poderá emitir novos títulos públicos no mercado interno, exceto nos casos previstos no art. 33 do Ato das Disposições Constitucionais Transitórias;

b) somente poderá contrair novas dívidas desde que incluídas no Programa de Reestruturação e de Ajuste Fiscal; (Redação dada pela Lei Complementar nº 148 de 2014)

c) não poderá atribuir a suas instituições financeiras a administração de títulos estaduais e municipais junto a centrais de custódia de títulos e valores mobiliários.

§ 6º – O não-estabelecimento do Programa no prazo fixado nos contratos de refinanciamento, ou o descumprimento das metas e compromissos nele definidos, implicarão, enquanto não estabelecido o Programa ou durante o período em que durar o descumprimento, conforme o caso, sem prejuízo das demais cominações pactuadas nos contratos de refinanciamento, a substituição dos encargos financeiros mencionados neste artigo pelo custo médio de captação da dívida mobiliária federal, acrescido de um por cento, e a elevação em quatro pontos percentuais do comprometimento estabelecido com base no art. 5º. (Redação dada pela Medida Provisória nº 2192-70, de 2001)

§ 7º – A aplicação do disposto no § 6º deste artigo poderá ser revista pelo Ministro de Estado da Fazenda, mediante justificativa fundamentada. (Redação dada pela Lei nº 13.631, de 2018)

§ 8º – O montante relativo às prestações acumuladas entre a data de assinatura do contrato de refinanciamento e a de sua eficácia poderá ser parcelado em até trinta e seis prestações mensais e consecutivas, pelo Sistema de Amortização Constante – SAC, com encargos equivalentes à taxa SELIC, vencendo-se a primeira na primeira data de vencimento das prestações do contrato de refinanciamento que ocorrer após a eficácia do contrato e as demais, nas mesmas datas subseqüentes, limitada a última prestação a 30 de novembro de 2002. (Incluído pela Medida Provisória nº 2192-70, de 2001)

§ 9º – As prestações a que se refere o § 8º não estão sujeitas ao limite de comprometimento a que se refere o art. 5º. (Incluído pela Medida Provisória nº 2192-70, de 2001)

§ 10 – A possibilidade de parcelamento de que trata o § 8º somente se aplica aos contratos que tenham sido firmados até 31 de dezembro de 1998. (Incluído pela Medida Provisória nº 2192-70, de 2001)

§ 11 – Em caso de atraso nos pagamentos das obrigações mensais, serão aplicados juros de mora de 1% (um por cento) ao mês sobre os valores em atraso, sem prejuízo da execução de garantias e demais cominações previstas na legislação. (Incluído pela Lei Complementar nº 156, de 2016)

Art. 4º. Os contratos de refinanciamento deverão contar com adequadas garantias que incluirão, obrigatoriamente, a vinculação de receitas próprias e dos recursos de que tratam os arts. 155, 157 e 159, incisos I, "a", e II, da Constituição.

Art. 5º. Os contratos de refinanciamento poderão estabelecer limite máximo de comprometimento da RLR para efeito de atendimento das obrigações correspondentes ao serviço da dívida refinanciada nos termos desta Lei.

Art. 6º. Para fins de aplicação do limite estabelecido no art. 5º, poderão ser deduzidas do limite apurado as despesas efetivamente realizadas no mês anterior pelo refinanciado, correspondentes aos serviços das seguintes obrigações: (Redação dada pela Medida Provisória nº 2192-70, de 2001)

I – dívidas refinanciadas com base na Lei nº 7.976, de 20 de dezembro de 1989;

II – dívida externa contratada até 30 de setembro de 1991;

III – dívidas refinanciadas com base no art. 58 da Lei nº 8.212, de 24 de julho de 1991, e na Lei nº 8.620, de 5 de janeiro de 1993;

IV – dívidas parceladas junto ao Fundo de Garantia do Tempo de Serviço – FGTS, cuja formalização tenha ocorrido até 31 de março de 1996;

V – comissão do agente, incidente sobre o pagamento da prestação decorrente da Lei nº 8.727, de 5 de novembro de 1993;

VI – dívida relativa ao crédito imobiliário refinanciado ao amparo da Lei nº 8.727, de 1993, e efetivamente assumido pelo estado, deduzidas as receitas auferidas com essas operações.

VII – dívidas de que tratam os incisos I e II, de entidades da Administração indireta, que sejam formalmente assumidas pelo Estado até 31 de dezembro de 1997; (Incluído pela Medida Provisória nº 2192-70, de 2001)

VIII – de instituições financeiras estaduais para com o Banco Central do Brasil, que sejam formalmente assumidas pelo Estado até 15 de julho de 1998. (Incluído pela Medida Provisória nº 2192-70, de 2001)

§ 1º – Poderão, ainda, ser deduzidas as despesas referentes a principal, juros e demais encargos das operações decorrentes da Lei nº 8.727, de 1993, realizadas no mês, excetuada comissão do agente.

§ 2º – Os valores que ultrapassarem o limite terão seu pagamento postergado, sobre eles incidindo os encargos financeiros dos contratos de refinanciamento, para o momento em que os serviços das mesmas dívidas comprometer valor inferior ao limite.

§ 3º – O limite de comprometimento estabelecido na forma deste artigo, a partir de 1º de junho de 1999, será mantido até que os valores postergados na forma do § 2º estejam totalmente liquidados. (Redação dada pela Medida Provisória nº 2192-70, de 2001)

§ 4º – Estabelecido nos contratos de refinanciamento o limite de comprometimento, este não poderá ser reduzido nem ser aplicado a outras dívidas que não estejam relacionadas no caput deste artigo.

§ 5º – Eventual saldo devedor resultante da aplicação do disposto neste artigo poderá ser renegociado nas mesmas condições previstas nesta Lei, em até 120 (cento e vinte) meses, a partir do vencimento da última prestação do contrato de refinanciamento.

§ 6º – No caso do parágrafo anterior, as prestações não poderão ser inferiores ao valor da última prestação do refinanciamento.

Art. 6º-A. Poderão, também, ser deduzidos das prestações os valores efetivamente desembolsados pelos Estados, entre a data de assinatura do contrato de refinanciamento e a data do início de sua eficácia, referentes ao pagamento de dívidas objeto do refinanciamento previsto nesta Lei. (Incluído pela Lei nº 9.814 de 1999).

Art. 7º. Fica a União autorizada a receber das Unidades da Federação bens, direitos e ações, para fins de amortização extraordinária dos contratos de refinanciamento celebrados na forma desta Lei.

Art. 7º-A. O pagamento do saldo devedor remanescente em 30 de novembro de 1998 nas contas gráficas abertas nos termos dos contratos de refinanciamento celebrados ao amparo desta Lei, a critério do Ministério da Fazenda, poderá ser prorrogado para 30 de novembro de 2000, ficando a União autorizada, neste ato, a cobrar, sobre essa parcela, encargos equivalentes ao custo médio de captação da dívida mobiliária interna do Governo Federal. (Incluído pela Medida Provisória nº 2192-70, de 2001)

§ 1º – A critério do Ministério da Fazenda, o saldo devedor remanescente da conta gráfica de que trata o caput poderá ser parcelado em até trinta e seis prestações mensais e consecutivas, pelo Sistema de Amortização Constante – SAC, com encargos equivalentes à taxa SELIC, vencendo-se a primeira na primeira data de vencimento das prestações do contrato de refinanciamento que ocorrer após a formalização do parcelamento previsto neste parágrafo e as demais, nas datas subseqüentes, limitada a última prestação a 30 de novembro de 2002. (Incluído pela Medida Provisória nº 2192-70, de 2001)

§ 2º - Os recursos gerados pela alienação dos bens, direitos e ações entregues pelas Unidades da Federação à União para fins de amortização extraordinária dos contratos de refinanciamento celebrados na forma desta Lei serão, obrigatoriamente, destinados à amortização ou liquidação do parcelamento previsto no § 1º. (Incluído pela Medida Provisória nº 2192-70, de 2001)

§ 3º - As prestações a que se refere o § 1º não estão sujeitas ao limite de comprometimento a que se refere o art. 5º. (Incluído pela Medida Provisória nº 2192-70, de 2001)

§ 4º - O disposto neste artigo não exclui as sanções decorrentes do descumprimento de quaisquer outras obrigações previstas contratualmente. (Incluído pela Medida Provisória nº 2192-70, de 2001)

Art. 7º-B. Aplica-se ao valor correspondente à amortização extraordinária (conta gráfica) gerado por ocasião da eficácia do contrato relativo ao refinanciamento da dívida referida no inciso IV do art. 1º, observados os percentuais e condições já definidos nos contratos de refinanciamento firmados com cada Unidade da Federação, o disposto no art. 7º-A. (Incluído pela Medida Provisória nº 2192-70, de 2001)

Art. 8º. Para efeito da amortização extraordinária dos contratos de refinanciamento celebrados na forma desta Lei, poderão ser utilizados pelos estados os créditos não repassados pela União, relativos à atualização monetária do IPI-Exportação.

Parágrafo único. A utilização da prerrogativa de que trata o caput fica condicionada à adoção, pelos estados, das seguintes providências:

a) obtenção da competente autorização legislativa;

b) repasse, aos respectivos municípios, da importância correspondente aos 25% (vinte e cinco por cento) do valor do crédito utilizado, conforme estabelecido no § 3º do art. 159 da Constituição Federal.

Art. 9º. A União poderá contratar com instituição financeira pública federal os serviços de agente financeiro para celebração, acompanhamento e controle dos contratos de refinanciamento de que trata esta Lei, cuja remuneração será, nos termos dos contratos de refinanciamento, custeada pelas unidades da Federação.

Art. 10. O Ministro de Estado da Fazenda encaminhará às Comissões de Finanças da Câmara dos Deputados e do Senado Federal cópias dos contratos de refinanciamento disciplinados nesta Lei.

Art. 11. A União poderá securitizar as obrigações assumidas ou emitir títulos do Tesouro Nacional, com forma de colocação, prazo de resgate e juros estabelecidos em ato do Ministro de Estado da Fazenda, ouvido o Ministério do Planejamento e Orçamento, com vistas à obtenção dos recursos necessários à execução do disposto nesta Lei.

Art. 12. A receita proveniente do pagamento dos refinanciamentos concedidos aos estados e ao Distrito Federal, nos termos desta Lei, será integralmente utilizada para abatimento de dívida pública de responsabilidade do Tesouro Nacional.

Art. 13. O § 4º do art. 4º da Lei nº 5.655, de 20 de maio de 1971, com a redação dada pela Lei nº 8.631, de 4 de março de 1993, passa a vigorar com a seguinte redação:

"Art. 4º ....

§ 4º A Eletrobrás destinará os recursos da RGR aos fins estipulados neste artigo, inclusive à concessão de financiamento às empresas concessionárias, para expansão e melhoria dos serviços públicos de energia elétrica e para reativação do programa de conservação de energia elétrica, mediante projetos específicos, podendo, ainda, aplicar tais recursos na aquisição de ações do capital social de empresas concessionárias sob controle dos Governos Estaduais, com o objetivo de promover a respectiva desestatização."

Art. 14. Ficam convalidados os atos praticados com base na Medida Provisória nº 1.560-8, de 12 de agosto de 1997.

Art. 15. Esta Lei entra em vigor na data de sua publicação.

Brasília, 11 de setembro de 1997; 176º da Independência e 109º da República.

FERNANDO HENRIQUE CARDOSO

Pedro Malan

LEI Nº 2.804, DE 08 DE OUTUBRO DE 1997

- DISPÕE SOBRE O REGIME DE PRESTAÇÃO DO SERVIÇO PÚBLICO DE TRANSPORTE AQUAVIÁRIO DE PASSAGEIROS, CARGAS E VEÍCULOS NO ESTADO DO RIO DE JANEIRO E DÁ OUTRAS PROVIDÊNCIAS.

ÍNDICE

Capítulo I
DO SERVIÇO

Art. 1º. O serviço público de transporte aquaviário de passageiros, cargas e veículos no Estado do Rio de Janeiro poderá ser prestado por particulares sob o regime de concessão ou permissão, nos termos desta Lei, seu regulamento e pelo que dispuserem os respectivos contratos.

§ 1º - Entende-se por transporte aquaviário, que pode ser de passageiros, cargas ou veículos, para os fins desta Lei, o serviço público consistente nas travessias das águas internas ou costeiras de natureza não eventual, entre pontos de atracação previamente definidos, operado por embarcações de pequeno, médio ou grande porte mediante pagamento de tarifas pelos usuários.

§ 2º – Independem de concessão ou permissão os serviços não essenciais e eventuais de transporte de passageiros com características exclusivamente turísticas, realizados por operadoras de turismo no exercício dessa atividade, segundo o que constar do regulamento desta Lei, ressalvada a necessidade de autorização da Autoridade Pública competente.

§ 3º – As concessões ou permissões poderão ser outorgadas para a prestação de todos os tipos de serviços indicados no "caput" deste artigo, ou, atendido o interesse público e as condições especiais de cada linha, apenas para um ou mais, nos termos dos editais de licitação e contratos respectivos.

Capítulo II
DO PODER CONCEDENTE E DA LICITAÇÃO

Art. 2º. O Estado do Rio de Janeiro, na qualidade de Poder Concedente, criará, alterará e extinguirá as linhas de transporte a que se refere esta Lei e concederá ou permitirá, por ato do Chefe do Poder Executivo, os serviços a particulares que demonstrem capacidade técnica e econômica para sua exploração, mediante procedimento licitatório.

§ 1º – A capacitação técnica para prestação de serviços será garantida pela manutenção, no quadro societário da concessionária ou permissionária, de um operador técnico que preencha os requisitos de habilitação, nos termos do que dispuser o edital de licitação respectivo, atendidas as peculiaridades de exploração de cada uma das linhas a serem concedidas ou permitidas.

§ 2º – Os concessionários ou permissionários estarão sujeitos à incidência da taxa de regulação de serviços concedidos ou permitidos, instituída pela Lei nº 2.686 Controle de Leis, de 13 de fevereiro de 1997, devida à Agência Reguladora de Serviços Públicos Concedidos do Estado do Rio de Janeiro – ASEP/RJ.

Art. 3º. Extinta a concessão nos casos previstos em lei, retornam ao Poder Concedente os bens reversíveis ligados à prestação dos serviços objeto da contratação, mediante indenização dos seus custos ainda não depreciados, que tenham sido realizados com o objetivo de garantir a continuidade e atualidade do serviço, na forma do que dispuser o contrato, ou ainda mediante a assunção pelo Poder Concedente dos contratos de aquisição ou arrendamento de embarcações, imóveis e equipamentos, em vigência na oportunidade, na forma do que dispuser o regulamento respectivo.

Capítulo III
DAS CATEGORIAS DAS LINHAS

Art. 4º. São as seguintes as categorias das linhas, que, segundo definição constante do respectivo regulamento, poderão ser subdivididas em classes de serviços:

a) linhas sociais;

b) linhas seletivas.

Art. 5º. A exploração de cada uma das linhas, segundo suas categorias e classes de serviços, com as respectivas áreas de concessão ou permissão, e o seu regime de exclusividade, se existir, serão regulamentados por Decreto do Poder Executivo, observadas as seguintes premissas: (Nova redação dada pela Lei 8037/2018.)

I - fica obrigada a dispor de linhas sociais toda estação que preste serviço de transporte aquaviário no Estado do Rio de Janeiro, inclusive a Estação de Charitas;

II - para os trajetos que dispuserem de linhas seletivas, o número de vagas disponibilizadas para atendimento da linha social não poderá ser inferior às vagas destinadas à linha seletiva;

III - deverá a Agência Reguladora de Serviços Públicos Concedidos de Transportes Aquaviários, Ferroviários e Metroviários e de Rodovias do Estado do Rio de Janeiro (AGETRANSP) fiscalizar a demanda de usuários das linhas sociais, determinando a ampliação da oferta de vagas para o respectivo serviço;

IV - será viabilizada a ampliação da quantidade e do porte atual das embarcações de transporte de passageiros, de modo a garantir tarifas mais baixas para os usuários, após a realização dos necessários estudos econômicos e sociais de impacto de vizinhança, ambiental e viário, para o estabelecimento da possibilidade mais adequada de expansão do serviço;

V - a introdução da linha social não implicará em revisão tarifária da linha seletiva.

Capítulo IV
POLÍTICA TARIFÁRIA

Seção I
DA ESTRUTURA TARIFÁRIA

Art. 6º. As tarifas do serviço público de transporte aquaviário na categoria social, fixadas contratualmente, deverão constituir o limite máximo a ser cobrado pela concessionária ou permissionária, observado o disposto nesta Lei.

§ 1º - A nova estrutura tarifária do transporte aquaviário de passageiros, categoria social, passa a contemplar as seguintes modalidades tarifárias: (Incluído pela Lei 6138/2011.)

a) Tarifa Aquaviária de Equilíbrio;

b) Tarifa Aquaviária Social e Temporária;

c) Tarifa Aquaviária Turística.

§ 2º – A partir de 02 de fevereiro à concessionária do serviço público de transporte aquaviário de passageiros é vedada cobrança de valores diferenciados na exploração dos percursos de categoria social dentro da Baia de Guanabara e na linha intermunicipal Angra - Abraão - Mangaratiba, ficando estabelecido como tarifa de equilíbrio única para essas linhas o valor determinado em Decreto do Chefe do Poder Executivo e refletido no contrato de concessão, respeitados os horários e locais de parada já fixados no contrato de concessão. (Incluído pela Lei 6138/2011.)

§ 3º – A Tarifa Aquaviária de Equilíbrio será proposta pela Agência Reguladora de Serviços de Transportes Concedidos – AGETRANSP, de forma que atenda à união dos preceitos de retorno do capital investido e integral pagamento das despesas suportadas para prestação do serviço, devendo ser publicada no Diário Oficial do Estado do Rio de Janeiro. (Incluído pela Lei 6138/2011.)

§ 4º – A Tarifa Aquaviária Social Temporária é o preço público especial fixado em Decreto do Chefe do Poder Executivo, para atender aos princípios da mobilidade, acessibilidade e universalidade. (Incluído pela Lei 6138/2011.)

§ 5º – A Tarifa Aquaviária Social temporária vigerá, no mínimo, até o dia 31 de dezembro de 2018, independente de estar entregue e em operação todas as novas embarcações a serem adquiridas pelo Estado, especificadas em aditivo contratual a ser celebrado com a concessionária, quando será feita uma revisão extraordinária para a avaliação da tarifa de equilíbrio e publicado no Diário Oficial do Estado do Rio de Janeiro. (Nova redação dada pela Lei nº 6640/2013.(que alterou a Lei 6138/2011)

§ 6º – O Estado subsidiará o usuário da tarifa aquaviária social temporária, pagando a diferença, apurada em equação econômica, entre a tarifa aquaviária de equilíbrio e a tarifa aquaviária social temporária, de que trata o § 1º do art. 1,º multiplicando pelo número de passageiros que fizeram jus à tarifa aquaviária social temporária e sejam cadastrados e portadores do cartão do Bilhete Único, previsto na Lei 5.628, de 29 de dezembro de 2009, ainda que esses usuários utilizem como único modal de transporte o aquaviário. (Incluído pela Lei 6138/2011.)

§ 7º – O usuário, portador do cartão do Bilhete Único, terá direito a realizar duas viagens diárias do transporte aquaviário de passageiros, na categoria social, pagando a tarifa aquaviária social temporária, observada a temporalidade prevista na Lei 5.628, de 29 de dezembro de 2009. (Incluído pela Lei 6138/2011.)

§ 8º – O usuário que não portar o cartão do Bilhete Único ou que ultrapassar o número de viagens fixados no parágrafo anterior deverá pagar o valor da tarifa aquaviária de equilíbrio, sem prejuízo de a concessionária praticar livremente descontos promocionais. (Incluído pela Lei 6138/2011.)

§ 9º – A Tarifa Aquaviária Turística é o preço público especial que poderá ser fixado pela AGETRANSP, guardado o princípio constitucional da modicidade e revisto anualmente no mesmo índice de reajustamento a ser aplicado na correção da

Tarifa Aquaviária de Equilíbrio, sempre na mesma data e na mesma proporção. (Nova redação dada pela Lei 7505/2016.)

* § 10 - A concessionária elevará a oferta diária do serviço público de transporte aquaviário de passageiros, conforme vier a ser estabelecido em cláusula contratual. (Incluído pela Lei 6138/2011.)

* § 11 - No prazo de 120 dias, a contar da publicação da presente Lei, o Poder Concedente realizará auditoria externa independente das contas da concessionária e os resultados obtidos deverão obrigatoriamente ser apresentados em Audiência Pública conjunta da Comissão Permanente de Transporte e da Comissão Permanente de Orçamento, Finanças, Fiscalização Financeira e Controle. (Incluído pela Lei 6138/2011.)

Art. 7º. Na exploração das linhas de categoria social, os concessionários ou permissionários estarão autorizados a cobrar as tarifas constantes dos respectivos contratos, consideradas suficientes, na data de assinatura do mesmo, para a adequada prestação dos serviços, manutenção do equilíbrio econômico-financeiro da contratação e retorno dos investimentos necessários à prestação adequada do serviço.

Art. 8º. As tarifas para a prestação dos serviços nas linhas de categoria seletiva serão livres, devendo ser calculadas e projetadas apenas na fase dos estudos relacionados com o procedimento licitatório para outorga das respectivas concessões ou permissões.

Parágrafo único - Deverá a Agência Reguladora de Serviços Públicos Concedidos do Estado do Rio de Janeiro - ASEP/RJ, fiscalizar o eventual exercício abusivo na fixação das tarifas livres, podendo, para tanto, aplicar as sanções contratuais especificamente estabelecidas para esse fim.

Art. 9º. A estrutura tarifária, contendo os limites que poderão ser praticados pela concessionária ou permissionária na categoria social e respectivas classes de serviços, deverá estar claramente indicada no contrato de concessão ou permissão, vedada a pessoalidade.

Seção II
REAJUSTE DAS TARIFAS

Art. 10. No prazo que a lei federal venha a permitir, a tarifa limite poderá ser reajustada, de acordo com os critérios contratuais, independentemente do disposto no artigo 11 desta Lei, e desde que seja aprovado pela Agência Reguladora de Serviços Públicos Concedidos do Estado do Rio de Janeiro - ASEP/RJ, e seja dada ciência aos usuários com antecedência mínima de 30 (trinta) dias.

Parágrafo único - A Agência Reguladora de Serviços Públicos Concedidos do Estado do Rio de Janeiro - ASEP/RJ terá o prazo de 60 (sessenta) dias para se manifestar sobre o pedido de reajuste.

Seção III
REVISÃO DAS TARIFAS

Art. 11. As tarifas contratualmente fixadas serão ordinariamente revisadas a cada 5 (cinco) anos, com base no custo dos serviços, incluída a remuneração do capital.

§ 1º – Na ocorrência de fato econômico que altere o equilíbrio econômico-financeiro da contratação as tarifas poderão ser revisadas para mais ou para menos.

§ 2º – O limite da tarifa sofrerá revisão, para mais ou para menos, sempre que ocorrer a criação, alteração ou extinção de quaisquer tributos ou encargos legais, após a assinatura do contrato, quando comprovado seu impacto, salvo tributos ou encargos legais sobre a renda, e desde que seja aprovado pela Agência Reguladora de Serviços Públicos Concedidos do Estado do Rio de Janeiro – ASEP/RJ e seja dada ciência aos usuários com antecedência mínima de 30 (trinta) dias.

§ 3º – A metodologia de revisão das tarifas contratualmente fixadas levará em conta a necessidade de estímulo ao aumento da eficiência operacional através da composição de custos, considerada sua evolução efetiva, e da produtividade da concessionária ou permissionária.

Art. 12. Para fins de revisão, a concessionária ou permissionária apresentará à Agência Reguladora de Serviços Públicos Concedidos do Estado do Rio de Janeiro – ASEP/RJ, uma proposta de revisão da estrutura tarifária contratualmente fixada, para vigorar subsequentemente como tarifas limite, instruída com as informações que venham a ser exigidas pela referida Agência.

§ 1º – A Agência Reguladora de Serviços Públicos Concedidos do Estado do Rio de Janeiro – ASEP/RJ terá o prazo de 120 (cento e vinte) dias para se manifestar sobre o pedido de revisão.

§ 2º – O prazo a que se refere o parágrafo anterior poderá ser suspenso por uma única vez, caso a Agência Reguladora de Serviços Públicos Concedidos do Estado do Rio de Janeiro – ASEP/RJ determine a apresentação pela concessionária ou permissionária de informações adicionais, voltando o prazo a fluir a partir do cumprimento das exigências.

Seção IV
DISPOSIÇÕES GERAIS

Art. 13. Caso haja descumprimento dos prazos conferidos na presente Lei ou no contrato de concessão pela Agência Reguladora de Serviços Públicos Concedidos do Estado do Rio de Janeiro – ASEP/RJ, a concessionária ou permissionária poderá colocar em prática as condições constantes da respectiva proposta de reajuste ou revisão das tarifas.

Parágrafo único - Pronunciando-se a Agência Reguladora de Serviços Públicos Concedidos do Estado do Rio de Janeiro - ASEP/RJ fora do prazo a ela conferido, a concessionária ou permissionária estará obrigada a observar, a partir de então, as condições constantes do pronunciamento, operando-se as compensações necessárias, no prazo que lhe for determinado.

Capítulo V
DISPOSIÇÕES FINAIS E TRANSITÓRIAS

Art. 14. A concessionária ou permissionária não poderá se negar a prestar os serviços de transporte aquaviário no Estado do Rio de Janeiro aos usuários que se disponham a suportar as tarifas praticadas, salvo na hipótese de ameaça ao bem estar coletivo.

Art. 15. O concessionário ou permissionário do serviço público do transporte aquaviário de passageiros deverá respeitar a legislação disciplinadora da gratuidade na prestação apenas nas linhas de categoria social.

Art. 16. Fica o Poder Executivo autorizado a contratar empréstimo, financiamento ou qualquer outra operação, inclusive aquisição de títulos ou valores mobiliários, destinada a antecipar as receitas provenientes dos processos de desestatização previstos na Lei nº 2.470 Controle de Leis, de 28 de novembro de 1995, e constituir, em garantia dessas operações, caução das ações do capital de empresas sob o controle direto ou indireto do Estado do Rio de Janeiro incluídas no Programa Estadual de Desestatização, admitindo-se que o pagamento das obrigações decorrentes dos referidos contratos se realize em prazos e condições a serem estabelecidos pelo Poder Executivo, através de uma das seguintes hipóteses:

I - com a receita proveniente da desestatização promovida pelo Estado ou pelo concedente do crédito;

II - com recursos próprios do Estado, provenientes da receita orçamentária.

Parágrafo único - Para fins do disposto no inciso I acima, fica o Poder Executivo autorizado a conferir, em favor do contratante das operações mencionadas no "caput" deste artigo, mandato irrevogável e irretratável, outorgando-lhe poderes para receber, diretamente junto ao liquidante da operação de venda das ações, o valor apurado nesta, podendo, ainda, firmar termos, documentos ou declarações pertinentes à operação, dar quitação e praticar todos os demais atos necessários à respectiva liquidação financeira, ficando, outrossim, investido de poderes para utilizar os recursos recebidos no pagamento de todas as obrigações decorrentes do contrato.

Art. 17. A empresa prestadora de serviço de transporte aquaviário de passageiros, cargas ou veículos, nos termos do inciso II, do artigo 2º da Lei Complementar nº 87 Controle de Leis, de 13 de setembro de 1996, prestado exclusivamente no Estado do Rio de Janeiro, deverá, em substituição ao regime de apuração do Imposto sobre

Circulação de Mercadorias e Serviços, previsto no "caput" do artigo 33, da Lei 2.657 Banco de Dados 'Controle de Leis', Visão 'Leis Ordinárias', de 26 de dezembro de 1996, pagar, até o dia 10 (dez) do mês seguinte ao da prestação, o referido imposto por estimativa, mediante a aplicação da alíquota de 5% (cinco por cento) sobre o valor da prestação do Serviço, acrescido, se for o caso, de todos os encargos relacionados com a sua utilização. (Nova Redação dada pela Lei nº 2869/97 Banco de Dados 'Controle de Leis', Visão 'Leis Ordinárias')

§ 1º - Fica vedado o aproveitamento de quaisquer créditos fiscais na apuração do Imposto sobre Circulação de Mercadorias e Serviços, calculado na forma preconizada no "caput" deste artigo.

§ 2º - O regime de apuração previsto neste artigo aplica-se exclusivamente à hipótese de incidência tributária consubstanciada na prestação do serviço de transporte aquaviário, não afastando a incidência, dentre outros, do ICMS na importação de mercadoria ou bem tampouco quando da entrada no estabelecimento da mercadoria proveniente de outro Estado da Federação, destinada ao consumo ou ativo fixo.

§ 3º - O contribuinte de que trata esta Lei fica dispensado do cumprimento das obrigações acessórias, exceto com relação à inscrição, à entrega de declaração destinada à apuração dos índices de participação dos municípios e demais documentos de interesse econômico-fiscal e à comprovação do recolhimento do tributo até o dia 30 (trinta) do mês seguinte ao da sua competência, perante a Administração Fazendária. (Nova redação dada pelo art. 1º da Lei nº 3457/2000)

§ 4º - Aplicam-se ao contribuinte submetido ao regime de trata este artigo, no que lhe for cabível, bem como no que não conflitar com o disposto no "caput" e demais parágrafos, os artigos 4º, 5º e 7º da Lei nº 2.778 Controle de Leis, de 29 de agosto de 1997.

Art. 18. O parágrafo único do artigo 1º da Lei nº 2.778 Controle de Leis, de 29 de agosto de 1997, passa a vigorar com a seguinte redação:

> "Parágrafo único - Os valores estimados nos incisos I, II, III deste artigo serão atualizados monetariamente na mesma proporção e pelos mesmos índices aplicados aos reajustes e às revisões tarifárias praticadas pelos contribuintes submetidos ao regime de apuração previsto nesta Lei."

Parágrafo único - O artigo 3º da Lei nº 2.778 Controle de Leis, de 29 de agosto de 1997, passa a vigorar com a seguinte redação:

> "Art. 3º - O contribuinte de que trata esta Lei fica dispensado do cumprimento de obrigações acessórias, exceto com relação à inscrição, à entrega da DECLAN, à comprovação do recolhimento do tributo até o dia 30 do mês seguinte ao da sua competência perante a Administração Fazendária Estadual, e à apresentação mensal da frota, explicitando os veículos que são utilizados na prestação dos serviços referidos no artigo 1º,"

Art. 19. A partir da vigência desta Lei, fica determinado o cancelamento de todas as autorizações, permissões ou concessões de travessia de embarcações de passageiros, cargas ou veículos vigentes no Estado do Rio de Janeiro, outorgadas sem licitação, expedidas pela Secretaria de Estado de Transportes no exercício da competência delegada da Superintendência Nacional da Marinha Mercante.

§ 1º - Dado o caráter do serviço prestado, o cancelamento mencionado no "caput" deste artigo não autoriza a suspenção da prestação do serviço nas linhas em atividade, que não sejam objeto de contrato de concessão firmado nos termos desta lei, que deverão assim permanecer pelo prazo de 15 anos, findo o qual será instaurado procedimento licitatório.

(Parte vetada pelo Governador de Estado e mantida pela Assembléia Legislativa, em 09 de março de 1998. Publicado no D.O. - P.II, de 11 de março de 1998)

§ 2º - Nas linhas que não se encontram em atividade, ou cujas obras ou serviços não tenham sido iniciados ou que se encontrem paralisados, quando da entrada em vigor desta Lei, os efeitos do cancelamento serão imediatos, não se lhes aplicando o disposto no parágrafo anterior.

Art. 20. O Poder Executivo regulamentará esta Lei no prazo de 30 (trinta) dias.

Art. 21. Esta lei entrará em vigor na data de sua publicação, revogadas as disposições em contrário.

Rio de Janeiro, 08 de outubro de 1997.

MARCELLO ALENCAR

Governador

LEI Nº 2.869, DE 18 DE DEZEMBRO DE 1997

- DISPÕE SOBRE O REGIME DE PRESTAÇÃO DO SERVIÇO PÚBLICO DE TRANSPORTE FERROVIÁRIO E METROVIÁRIO DE PASSAGEIROS NO ESTADO DO RIO DE JANEIRO, E SOBRE O SERVIÇO PÚBLICO DE SANEAMENTO BÁSICO NO ESTADO DO RIO DE JANEIRO, E DÁ OUTRAS PROVIDÊNCIAS.

ÍNDICE

TÍTULO I - DO REGIME DE PRESTAÇÃO DO SERVIÇO PÚBLICO DE TRANSPORTE FERROVIÁRIO E METROVIÁRIO DE PASSAGEIROS

Capítulo I
DO SERVIÇO

Art. 1º. O serviço público de transporte ferroviário e metroviário de passageiros no Estado do Rio de Janeiro poderá ser prestado por pessoas jurídicas de direito privado sob o regime de concessão ou permissão, nos termos desta Lei, seu regulamento e pelo que dispuserem os respectivos contratos.

§ 1º – Entende-se por serviço de transporte ferroviário de passageiros, para os fins desta Lei, o serviço público prestado através da utilização das linhas ferroviárias existentes, ou a serem implantadas dentro dos limites territoriais do Estado do Rio de Janeiro e cuja competência é a ele atribuída.

§ 2º – Entende-se por serviço de transporte metroviário de passageiros, para os fins desta Lei, o serviço público prestado através da utilização das linhas metroviárias existentes ou a serem implantadas dentro da região metropolitana do Rio de Janeiro e cuja competência é do Estado.

§ 3º – As concessionárias ou permissionárias de que trata o "caput" deste artigo deverão garantir o acesso a pessoas portadoras de deficiência física nos locais da prestação dos serviços, observadas as posturas municipais, na forma do artigo 352 Banco de Dados 'Constituição Estadual', Visão 'Constituição Estadual – Índice' da Constituição Estadual.

§ 4º – Sem prejuízo do disposto nos §§ 1º e 2º, consideram-se para efeitos desta Lei como serviço público de transporte ferroviário e metroviário os serviços dependentes, concorrentes, confluentes ou integrados, tais como elevadores de acesso e teleféricos, desde que tais serviços sejam prestados de forma vinculada aos serviços ferroviários ou metroviários. (Parágrafo incluído pela Lei nº 5841/2010.)

Art. 2º. As concessionárias ou permissionárias não poderão se negar a prestar os serviços de transporte ferroviário e metroviário no Estado do Rio de Janeiro aos usuários que se disponham a suportar as tarifas praticadas, salvo na hipótese de ameaça ao bem estar coletivo.

§ 1º – As concessionárias e permissionárias dos serviços públicos de transporte ferroviário e metroviário deverão respeitar a legislação atualmente vigente, disciplinadora da gratuidade na prestação dos serviços.

§ 2º – Quando concedida a gratuidade, por iniciativa da União ou dos Municípios, esta somente será aceita pelo Estado na hipótese de existência de expressa previsão de recursos, pela respectiva entidade, para ressarcir as perdas da Concessionária.

§ 3º – Fica o Poder Executivo autorizado, nos termos da Lei nº 2.831 Banco de Dados 'Controle de Leis', Visão 'Leis Ordinárias', de 13 de novembro de 1997, a subsidiar a concessão de serviço público de transporte ferroviário, na forma do que dispuser o Edital, a proposta vencedora, o contrato de concessão e as leis orçamentárias anuais.

Capítulo II
DO PODER CONCEDENTE E DA LICITAÇÃO

Art. 3º. O Estado do Rio de Janeiro, na qualidade de Poder Concedente, poderá criar, alterar ou extinguir as linhas de transporte ferroviário ou metroviário a que se refere esta Lei e conceder ou permitir, por ato do Chefe do Poder Executivo, os serviços a pessoas jurídicas de direito privado que demonstrem capacidade técnica e econômica para sua exploração, mediante procedimento licitatório.

§ 1º – A capacitação técnica para prestação de serviços será garantida pela manutenção de pelo menos um operador técnico que preencha os requisitos de habilitação, nos termos do que dispuser o edital de licitação respectivo, atendidas as peculiaridades de exploração de cada uma das linhas a serem concedidas ou permitidas.

§ 2º – As concessionárias ou permissionárias estarão sujeitas à incidência da taxa de regulação de serviços concedidos ou permitidos, instituída pela Lei nº 2.686 Banco de Dados 'Controle de Leis', Visão 'Leis Ordinárias', de 13 de fevereiro de 1997, devida à Agência Reguladora de Serviços Públicos Concedidos do Estado do Rio de Janeiro – ASEP/RJ.

Art. 4º. VETADO.

Capítulo III
POLÍTICA TARIFÁRIA

Seção I
DA ESTRUTURA TARIFÁRIA

Art. 5º. As tarifas do serviço público de transporte ferroviário e metroviário, fixadas contratualmente, deverão constituir o limite máximo a ser cobrado pelas concessionárias ou permissionárias, observado o disposto nesta Lei.

Parágrafo único – Observados os limites máximos, as concessionárias ou permissionárias poderão cobrar tarifas diferenciadas em função das características técnicas e dos custos específicos relativos aos serviços prestados, devendo manter os usuários permanentemente informados, através da afixação de cartazes em locais de livre acesso e circulação, sobre o valor das tarifas máximas fixadas e as efetivamente praticadas.

Art. 6º. A estrutura tarifária, contendo os limites que poderão ser praticados pelas concessionárias ou permissionárias, deverá estar claramente indicada no contrato de concessão ou permissão, vedada a pessoalidade.

Art. 6º-A. As tarifas dos serviços públicos de transporte ferroviário e metroviário, categoria social, poderão contemplar as seguintes modalidades tarifárias:

a) Tarifas Ferroviária e Metroviária de Equilíbrio;

b) Tarifas Ferroviária e Metroviária Sociais e Temporárias.

Art. 6º-B. As tarifas dos serviços públicos de transporte ferroviário e metroviário de Equilíbrio serão anualmente propostas pela Agência Reguladora de Serviços Públicos de Transportes Concedidos – AGETRANSP, de forma que atenda aos preceitos de retorno do capital investido e integral pagamento das despesas suportadas para a prestação dos serviços, devendo ser publicada no Diário Oficial do Estado do Rio de Janeiro, considerando-se o índice constante no Contrato de Concessão.

Art. 6º-C. As tarifas dos serviços públicos de transporte ferroviário e metroviário, sociais temporárias, são os preços públicos especiais fixados, para cada um dos serviços, em Decreto do Chefe do Poder Executivo, para atender aos princípios da mobilidade, acessibilidade e universalidade.

Art. 6º-D. O Estado subsidiará os usuários dos serviços públicos de transporte ferroviário e metroviário, beneficiários das tarifas sociais temporárias, pagando a diferença, apurada na equação econômica, entre as tarifas ferroviária e metroviária de equilíbrio e as tarifas ferroviária e metroviária, sociais temporárias, multiplicando pelo número de passageiros que fizerem jus às tarifas ferroviárias e metroviárias sociais e que sejam cadastrados e portadores do cartão de Bilhete Único, previsto na Lei 5.628, de 29 de dezembro de 2009, ainda que esses usuários utilizem um único modal de transporte.

Art. 6º-E. Os usuários, portadores do cartão de Bilhete Único, terão o direito de realizar duas viagens diárias nos transportes ferroviários e metroviários, na categoria social, pagando as tarifas ferroviárias e metroviárias, sociais temporárias, observada a temporalidade prevista na Lei 5.628, de 29 de dezembro de 2009.

Art. 6º-F. O usuário que não portar o cartão do Bilhete Único ou que ultrapassar o número de viagens fixados no parágrafo anterior deverá pagar o valor das tarifas ferroviária e metroviária de equilíbrio, sem prejuízo das concessionárias realizarem livremente os descontos promocionais.

Art. 6º-G. Às Tarifas Ferroviária e Metroviária Sociais Temporárias aplicam-se integralmente o disposto nos artigos 6º a 21 da Lei 5628, de 29 de dezembro de 2009, para fins de implementação, fiscalização e ressarcimento à concessionária.

Art. 6º-H. As concessionárias ficarão obrigadas a apurar e apresentar em suas planilhas os valores das seguintes receitas de arrecadação:

I – Valores dos aluguéis de espaços de lojas comerciais das estações e ou outros bens imóveis obtidos na concessão;

II – Valores dos aluguéis de espaços de propaganda e plotagem de trens;

III – Valores dos aluguéis eventualmente recebidos pela cessão dos espaços entre trilhos para cabeamentos de concessionárias;

IV – Todos os demais contratos comerciais de aproveitamento dos espaços para fins comerciais.

Art. 6º-I. As despesas de execução das Tarifas Ferroviária e Metroviária correrão à conta das dotações orçamentárias transferidas para o Fundo Estadual de Transportes, utilizando-se a mesma conta prevista no orçamento do Bilhete Único, que poderá ser suplementada.

Art. 6º-J. A primeira tarifa de equilíbrio somente poderá ser implementada no prazo mínimo de 60 (sessenta) dias após a sua fixação, assegurada a ampla divulgação e a facilitação da aquisição do Bilhete Único, previsto na Lei nº 5628, de 29 de dezembro de 2009, pelos usuários.

Parágrafo único. Dentro do prazo previsto no caput, será custeado pelo Estado a aquisição do cartão do Bilhete Único.

Art. 6º-K. O Poder Executivo regulamentará a matéria por Decreto, no que couber.

- Arts. 6º A/K – incluídos pela Lei 6700/2014.

Art. 7º. As concessionárias ou permissionárias dos serviços públicos de transporte ferroviário e metroviário de passageiros deverão respeitar a legislação disciplinadora da gratuidade na prestação, de acordo com o disposto nos contratos de concessão.

Seção II
REAJUSTE DAS TARIFAS

Art. 8º. No prazo que a lei federal venha a permitir, a tarifa limite poderá ser reajustada, de acordo com os critérios contratuais, independentemente do disposto no artigo 9º desta Lei, e desde que seja aprovada pela Agência Reguladora de Serviços Públicos Concedidos do Estado do Rio de Janeiro – ASEP/RJ, e seja dada ciência aos usuários com antecedência mínima de 30 (trinta) dias.

Parágrafo único – A Agência Reguladora de Serviços Públicos Concedidos do Estado do Rio de Janeiro – ASEP/RJ terá o prazo de 30 (trinta) dias para se manifestar sobre o pedido de reajuste.

Seção III
REVISÃO DAS TARIFAS

Art. 9º. As tarifas contratualmente fixadas serão ordinariamente revisadas a cada 5 (cinco) anos, com base no custo dos serviços, incluída a remuneração do capital.

§ 1º – Na ocorrência de fato econômico que altere o equilíbrio econômico-financeiro da contratação, as tarifas poderão ser revisadas para mais ou para menos, mesmo em prazos inferiores ao fixado no "caput" deste artigo, dando-se prévia ciência aos usuários com antecedência mínima de 30 (trinta) dias.

§ 2º – O limite da tarifa sofrerá revisão, para mais ou para menos, sempre que ocorrer a criação, alteração ou extinção de quaisquer tributos ou encargos legais, após a assinatura do contrato, quando comprovado seu impacto, salvo o imposto sobre a renda, e desde que seja aprovado pela Agência Reguladora de Serviços Públicos Concedidos do Estado do Rio de Janeiro – ASEP/RJ, dando-se prévia ciência aos usuários com antecedência mínima de 30 (trinta) dias.

§ 3º – A metodologia de revisão das tarifas contratualmente fixadas levará em conta a necessidade de estímulo ao aumento da eficiência operacional através da composição de custos, considerada sua evolução efetiva, e da produtividade das concessionárias ou permissionárias.

Art. 10. Para fins de revisão, as concessionárias ou permissionárias apresentarão à Agência Reguladora de Serviços Públicos Concedidos do Estado do Rio de Janeiro – ASEP/RJ, uma proposta de revisão das tarifas contratualmente fixadas, para vigorar subsequentemente como tarifas limites, instruída com as informações que venham a ser exigidas pela referida Agência.

§ 1º – A Agência Reguladora de Serviços Públicos Concedidos do Estado do Rio de Janeiro – ASEP/RJ terá o prazo de 30 (trinta) dias para se manifestar sobre o pedido de revisão.

§ 2º – O prazo a que se refere o parágrafo anterior poderá ser suspenso por uma única vez, caso a Agência Reguladora de Serviços Públicos Concedidos do Estado do Rio de Janeiro – ASEP/RJ determine a apresentação pelas concessionárias ou permissionárias de informações adicionais, voltando o prazo a fluir a partir do cumprimento das exigências.

TÍTULO II
DO SERVIÇO PÚBLICO DE SANEAMENTO BÁSICO NO ESTADO DO RIO DE JANEIRO

Capítulo I
DO SERVIÇO

(Os artigos 11 a 21 foram declarados inconstitucionais pelo STF, na ADIN 1842)

Art. 11. O serviço público de saneamento básico compreende todo o ciclo da água e englobará: (Artigo declarado inconstitucional pelo STF, na ADIN 1842)

I – o abastecimento e produção de água, desde sua captação bruta dos mananciais existentes no Estado, inclusive subsolo, a sua adução, tratamento e reservação;

II – a distribuição de água de forma adequada ao consumidor final;

III – o esgotamento sanitário e a coleta de resíduos sólidos e líquidos por meio de canais, tubos ou outros tipos de condutos;

IV – o transporte das águas servidas e denominadas esgotamento, envolvendo seu tratamento e decantação em lagoas para posterior devolução em cursos d'água, lagos, baías e mar, bem como as soluções alternativas para os sistemas de esgotamento sanitário.

Art. 12. O Estado do Rio de Janeiro, através da Agência Reguladora de Serviços Públicos Concedidos do Estado do Rio de Janeiro – ASEP/RJ, deverá estabelecer critérios de regulação para os setores referidos nos incisos I a IV do artigo 11 desta Lei, conforme definição do Plano de Serviço de Saneamento Básico para a Região Metropolitana do Estado do Rio de Janeiro. (Artigo declarado inconstitucional pelo STF, na ADIN 1842)

Capítulo II
DA TARIFA

Art. 13. As tarifas do serviço público de produção de água, fixadas contratualmente pelo Estado na forma dos artigos 12, 14, 19 e 30 da Lei Federal nº 9.433, de 8 de janeiro de 1997, constituirá o limite máximo a ser cobrado pela concessionária produtora à concessionária distribuidora, observado o disposto nesta Lei. (Artigo declarado inconstitucional pelo STF, na ADIN 1842)

Parágrafo único – O serviço público de produção corresponderá ao abastecimento de água, compreendendo sua captação, tratamento e adução, para posterior distribuição ao público consumidor final.

Art. 14. As tarifas do serviço público de distribuição de água e de coleta e tratamento de esgoto sanitário, fixadas contratualmente na forma do artigo 13 supra, também deverão constituir o limite máximo a ser cobrado dos usuários pela concessionária distribuidora, observado o disposto nesta Lei, incluindo-se como seu custo a tarifa de produção. (Artigo declarado inconstitucional pelo STF, na ADIN 1842)

Parágrafo único – O serviço público de coleta e tratamento de esgoto sanitário compreenderá seu transporte e disposição final.

Art. 15. Na hipótese de prestação de serviços de distribuição de água e de coleta e tratamento de esgoto sanitário, cujo objeto abranja também a produção de água e seja prestado pela mesma pessoa jurídica, será fixada tarifa única que corresponda a contraprestação pela totalidade dos serviços prestados. (Artigo declarado inconstitucional pelo STF, na ADIN 1842)

§ 1º – A concessionária responsável pela prestação dos serviços públicos na forma prevista no "caput" deste artigo, deverá ter controle em separado que identifique os custos de cada um dos segmentos que compõe o ciclo da água elencados nos incisos I a IV do artigo 11 desta Lei.

§ 2º – Observado o disposto no artigo 19 desta Lei, a Agência Reguladora de Serviços Públicos Concedidos do Estado do Rio de Janeiro – ASEP/RJ deverá levar em conta os aspectos específicos de cada sistema na fixação, revisão e reajuste da tarifa.

Capítulo III
REAJUSTE DAS TARIFAS

Art. 16. O reajuste das tarifas do serviço público de saneamento básico, englobando a produção e distribuição de água e a coleta e tratamento de esgoto sanitário, será realizado em observância ao critério previsto no artigo 8º desta Lei. (Artigo declarado inconstitucional pelo STF, na ADIN 1842)

Capítulo IV
REVISÃO DA TARIFA LIMITE

Art. 17. As tarifas do serviço público de saneamento básico, englobando a produção e distribuição de água e a coleta e tratamento de esgoto sanitário, contratualmente fixadas, serão revistas a cada 5 (cinco) anos, com base no custo dos serviços, incluída a remuneração do capital, aplicando-se o disposto nos artigos 9º e 10 desta Lei. (Artigo declarado inconstitucional pelo STF, na ADIN 1842)

Art. 18. Não serão considerados para efeitos de revisão das tarifas limite os investimentos custeados pelos usuários, ou por terceiros, inclusive aqueles com instalações e conexões. (Artigo declarado inconstitucional pelo STF, na ADIN 1842)

Capítulo V
ESTRUTURA TARIFÁRIA

Art. 19. A estrutura tarifária, contendo os limites tarifários que poderão ser praticados pela concessionária na produção, distribuição de água, coleta e tratamento de esgoto, deverá estar indicada de forma clara e transparente no respectivo contrato de concessão e individualizada por região, classe de consumidor e faixa de consumo, vedada a pessoalidade na concessão de qualquer benefício tarifário. (Artigo declarado inconstitucional pelo STF, na ADIN 1842)

Parágrafo único – A concessionária poderá apresentar à Agência Reguladora de Serviços Públicos Concedidos do Estado do Rio de Janeiro – ASEP/RJ, em conjunto com a proposta de revisão das tarifas contratualmente fixadas, sugestão de revisão da estrutura tarifária, que deverá ser apreciada no mesmo prazo e nas mesmas condições fixados para a apreciação da revisão das tarifas.

TÍTULO III

Capítulo I
DAS DISPOSIÇÕES GERAIS

Art. 20. Caso haja descumprimento dos prazos conferidos na presente Lei ou no contrato de concessão pela Agência Reguladora de Serviços Públicos Concedidos do Estado do Rio de Janeiro – ASEP/RJ, as concessionárias ou permissionárias poderão colocar em prática as condições constantes da respectiva proposta de reajuste ou revisão das tarifas. (Artigo declarado inconstitucional pelo STF, na ADIN 1842)

§ 1º - Pronunciando-se a Agência Reguladora de Serviços Públicos Concedidos do Estado do Rio de Janeiro - ASEP/RJ fora do prazo a ela conferido, as concessionárias ou permissionárias estarão obrigadas a observar, a partir de então, as condições constantes do pronunciamento, operando-se as compensações necessárias, no prazo que lhes for determinado.

§ 2º - Caso a Agência Reguladora de Serviços Públicos Concedidos do Estado do Rio de Janeiro - ASEP/RJ não aprove o valor da tarifa reajustada ou revisada proposto pela concessionária ou permissionária, deverá ser apresentada à concessionária ou permissionária a respectiva decisão, devidamente fundamentada, expondo de maneira clara e precisa as razões do indeferimento do pedido e indicando o valor correto do limite de reajuste ou revisão que poderá ser praticado.

Capítulo II
DAS DISPOSIÇÕES FINAIS E TRANSITÓRIAS

Art. 21. O Estado poderá, desde que comprovado relevante interesse público e assegurado retorno adequado aos investimentos a serem realizados, determinar à concessionária do serviço público de distribuição e de coleta e tratamento de esgoto, dando-lhe prazo razoável, que passe a prestar o serviço concedido em determinadas áreas que não tenham sistema de distribuição e estação de tratamento em funcionamento, ou que passe a atender às necessidades de usuários especiais. (Artigo declarado inconstitucional pelo STF, na ADIN 1842)

§ 1º - O não atendimento pela concessionária à determinação, por qualquer outro motivo que não seja o comprovado compromisso de fornecimento para outros usuários de toda a água por ela adquirida ou produzida na hipótese do artigo 15 desta Lei, implicará na imediata perda da exclusividade contratual sobre a área objeto da determinação, podendo o serviço, a critério do Estado, passar a ser prestado mediante nova concessão para a área ou subconcessão parcial da já existente, em condições de prestação dos serviços correspondentes àquelas oferecidas à concessionária.

§ 2º - Na hipótese prevista no parágrafo anterior, será assegurado à concessionária distribuidora e à concessionária produtora, inclusive em ocorrendo o disposto no artigo 15 desta Lei, o recebimento de remuneração adequada pela utilização de seus sistemas de produção e de distribuição, obrigando-se a nova concessionária ou subconcessionária, conforme o caso, a arcar com seu respectivo pagamento.

§ 3º - A determinação do Estado, para ser eficaz, deverá delimitar, obrigatoriamente, a área a ser atendida.

Art. 22. A empresa prestadora de serviço de transporte ferroviário e metroviário de passageiros, nos termos do inciso II, do artigo 2º da Lei Complementar nº 87 Controle de Leis, de 13 de setembro de 1996, prestado exclusivamente no Estado do Rio de Janeiro, deverá, em substituição ao regime de apuração do Imposto sobre Circulação de Mercadorias e Serviços, previsto no "caput" do artigo 33 da Lei nº

2.657 Banco de Dados 'Controle de Leis', Visão 'Leis Ordinárias', de 26 de dezembro de 1996, pagar, até o dia 10 (dez) do mês seguinte ao da prestação, o referido imposto por estimativa, mediante a aplicação da alíquota de 5 % (cinco por cento) sobre o valor da prestação do Serviço, acrescido, se for o caso, de todos os encargos relacionados com a sua utilização.

§ 1º - Fica vedado o aproveitamento de quaisquer créditos fiscais na apuração do Imposto sobre Circulação de Mercadorias e Serviços, calculado na forma preconizada no "caput" deste artigo.

§ 2º - O regime de apuração previsto neste artigo aplica-se exclusivamente à hipótese de incidência tributária consubstanciada na prestação do serviço de transporte ferroviário e metroviário de passageiros, não afastando a incidência, dentre outros, do ICMS na importação de mercadoria ou bem, tampouco quando da entrada no estabelecimento da mercadoria proveniente de outro Estado da Federação, destinada ao consumo ou ativo fixo.

§ 3º - O contribuinte de que trata esta Lei fica dispensado do cumprimento das obrigações acessórias, exceto com relação à inscrição, à entrega de declaração destinada à apuração dos índices de participação dos municípios e demais documentos de interesse econômico-fiscal e à comprovação do recolhimento do tributo até o dia 30 (trinta) do mês seguinte ao da sua competência, perante a Administração Fazendária. (Nova redação dada pelo art. 1º da Lei nº 3455/2000)

§ 4º - Aplicam-se ao contribuinte submetido ao regime de que trata este artigo, no que lhe for cabível, bem como no que não conflitar com o disposto no caput e demais parágrafos dos artigos 4º, 5º e 7º da Lei nº 2.778 Banco de Dados 'Controle de Leis', Visão 'Leis Ordinárias', de 29 de agosto de 1997.

Art. 23. Altera o "caput" do artigo 17 da Lei 2.804 Banco de Dados 'Controle de Leis', Visão 'Leis Ordinárias', de 08 de novembro de 1997, que passa a ter a seguinte redação:

> "Art. 17 - A empresa prestadora de serviço de transporte aquaviário de passageiros, cargas ou veículos, nos termos do inciso II, do artigo 2º da Lei Complementar nº 87 Controle de Leis, de 13 de setembro de 1996, prestado exclusivamente no Estado do Rio de Janeiro, deverá, em substituição ao regime de apuração do Imposto sobre Circulação de Mercadorias e Serviços, previsto no "caput" do artigo 33, da Lei 2.657 Banco de Dados 'Controle de Leis', Visão 'Leis Ordinárias', de 26 de dezembro de 1996, pagar, até o dia 10 (dez) do mês seguinte ao da prestação, o referido imposto por estimativa, mediante a aplicação da alíquota de 5% (cinco por cento) sobre o valor da prestação do Serviço, acrescido, se for o caso, de todos os encargos relacionados com a sua utilização".

Art. 24. Fica incluído o inciso XIV ao art. 1º da Lei 2.674 Banco de Dados 'Controle de Leis', Visão 'Leis Ordinárias', de 27 de janeiro de 1997, que passa a ter a seguinte redação:

"Art. 1º -

XIV - as dívidas líquidas e certas, de natureza contratual, relativas a despesas de investimentos, referidas no art. 1º, inciso I, da Lei Federal nº 9.496, de 11 de setembro de 1997."

Art. 25. O Poder Executivo regulamentará o regime de prestação do serviço público de transporte ferroviário e metroviário de passageiros no Estado do Rio de Janeiro no prazo de 30 dias.

Art. 26. Esta Lei entrará em vigor na data de sua publicação, revogadas as disposições em contrário.

Rio de Janeiro, 18 de dezembro de 1997.

MARCELLO ALENCAR

LEI Nº 2.877, DE 22 DE DEZEMBRO DE 1997

- DISPÕE SOBRE O IMPOSTO SOBRE A PROPRIEDADE DE VEÍCULOS AUTOMOTORES (IPVA).

ÍNDICE

Capítulo I
DO FATO GERADOR E DO CONTRIBUINTE

Art. 1º. O Imposto sobre a Propriedade de Veículos Automotores Terrestres – IPVA, devido anualmente, tem como fato gerador a propriedade de veículo automotor terrestre por proprietário domiciliado ou residente no Estado do Rio de Janeiro. (caput com nova redação dada pela Lei 7068/2015.)

Parágrafo único. Considera-se ocorrido o fato gerador: (Nova redação dada pela Lei nº 5430/2009)

I - em 1º de janeiro de cada exercício ou quando o veículo for encontrado no território do Estado do Rio de Janeiro sem o comprovante do pagamento do imposto objeto desta Lei;

II - na data de sua primeira aquisição por consumidor final, no caso de veículo novo;

III - na data do desembaraço aduaneiro, em se tratando de veículo novo ou usado importado do exterior pelo consumidor final.

IV - no primeiro dia do exercício subsequente ao registro da transferência no órgão executivo de trânsito deste Estado, em se tratando de veículo transferido de outra unidade da federação, desde que preenchida as seguintes condições: (Incluído pela Lei 7068/2015)

a) o registro da transferência no órgão executivo de trânsito deste Estado ocorra no prazo de 90 (noventa) dias da aquisição;

b) seja comprovada a quitação do IPVA no exercício em que se deu a transferência para a unidade da federação de origem do veículo. (NR)";

Art. 2º. Contribuinte do imposto é a pessoa física ou jurídica proprietária do veículo automotor.

Art. 3º. São responsáveis pelo pagamento do imposto e acréscimos legais:

I - o adquirente do veículo, pelo imposto e acréscimos legais anteriormente devidos e não pagos;

II - o alienante de veículo automotor que não comunicar a alienação do veículo ao órgão executivo de trânsito no prazo e condições estabelecidos na legislação específica, em relação ao imposto cujo fato gerador ocorrer entre a data da alienação e a da comunicação ao órgão executivo de trânsito;

III - o leiloeiro ou a empresa contratada pela realização do leilão público, se houver, em relação ao veículo adquirido ou arrematado em leilão público e entregue sem comprovação do pagamento do imposto devido e acréscimos legais sobre o mesmo até a data da realização do leilão;

IV - o arrendatário, em relação ao veículo objeto de arrendamento mercantil.

§ 1º - A responsabilidade prevista nos incisos I, II e IV deste artigo é solidária e não comporta benefício de ordem.

§ 2º - Na hipótese do inciso III deste artigo, a responsabilidade se limitará ao valor de arrematação nos leilões realizados."

§ 3º - Para efeito de comunicação de venda perante o órgão executivo de trânsito, será permitido ao alienante a apresentação de recibo e/ou nota fiscal de compra e venda, informando a descrição do veículo, código do RENAVAM, nome e endereço do adquirente, número do CPF e/ou CNPJ, data e local da venda, nos casos de alienações de veículos realizadas com pessoa física ou jurídica, em substituição ao documento de Autorização para Transferência de Veículo. (NR);

§ 4º - Na hipótese do inciso II deste artigo, uma vez realizada a comunicação de alienação do veículo dentro do prazo previsto no Art. 134 da Lei Federal nº º 9.503, de 22 de setembro de 1997, o órgão executivo de trânsito oficiará imediatamente, não podendo ultrapassar o prazo máximo de 10 (dez) dias, à Secretaria de Estado de Fazenda informando sobre o registro em seu banco de dados da Autorização para Transferência de Veículo efetuada pelo alienante. (Nova redação dada pela Lei 7068/2015.)

Capítulo II
DA NÃO-INCIDÊNCIA

Art. 4º. O imposto não incide sobre os veículos de propriedade:

I - da União, dos Estados, do Distrito Federal e dos Municípios;

II - dos templos de qualquer culto;

III - dos partidos políticos e suas fundações;

IV - das entidades sindicais dos trabalhadores;

V - das instituições de educação e de assistência social sem fins lucrativos.

VI - veículos pertencentes a empresa pública estadual custeada com recursos do Tesouro Estadual. (Inciso acrescentado pelo artigo 1º da Lei nº 3507/2000.)

§ 1º - O disposto neste artigo estende-se, somente, aos veículos de propriedade das autarquias e das fundações instituídas e mantidas pelo Poder Público, utilizados na consecução de suas finalidades essenciais ou delas decorrentes.

§ 2º - O reconhecimento da não-incidência de que trata o inciso V deste artigo fica condicionado à observância dos seguintes requisitos estatutários pelas entidades nele referidas:

1 - fim público, sem qualquer discriminação quanto aos beneficiados;

2 - ausência de finalidade de lucro;

3 - não distribuírem qualquer parcela do seu patrimônio ou de suas rendas, a título de lucro ou de participação em seu resultado;

4 - ausência de remuneração para seus dirigentes ou conselheiros;

5 - aplicarem integralmente, no país, os seus recursos na manutenção de seus objetivos institucionais; e

6 - manterem escrituração de suas receitas e despesas em livros revestidos de formalidades regulamentares capazes de comprovar sua exatidão.

Capítulo III
DA ISENÇÃO

Art. 5º. Estão isentos do pagamento do imposto:

I – os veículos automotores de propriedade das pessoas jurídicas de direito público externo, quando destinados ao uso de sua missão diplomática ou consulado;

II – os veículos automotores que ingressarem no país conduzidos por estrangeiros não residentes no Brasil, portadores de "certificados internacionais de circular e conduzir", pelo prazo estabelecido nesses documentos, mas nunca superior a 1 (um) ano, e desde que o país de origem conceda igual tratamento aos veículos daqui procedentes, conduzidos por residentes no Brasil;

III – tratores e máquinas agrícolas; (Nova redação dada pela Lei nº 5430/2009.)

IV – Revogado pela Lei 5430/2009.

V – veículos terrestres de propriedade de pessoa com deficiência ou de seu representante legal, desde que únicos em cada espécie e categoria, nos termos da classificação constante da legislação de trânsito, e conforme regulamentação disponha; (Nova redação dada pela Lei 7582/2017.)

VI – embarcação pertencente a pescador, pessoa física, utilizada na atividade artesanal ou de subsistência, comprovada por entidade representativa da classe, limitada a um veículo por beneficiário; (Nova redação dada pela Lei nº 3335/99.)

VII – veículos automotores terrestres com mais de 15 (quinze) anos de fabricação;

VIII – Revogado pela Lei 5430/2009.

IX – táxis de propriedade de profissionais autônomos, bem como os veículos automotores terrestres que sejam objeto de contrato de arrendamento mercantil (leasing), que sejam efetivamente utilizados como táxi pelos mesmos profissionais; (Nova redação dada pelo art. 2º da Lei 3422/2000.)

X – ambulâncias pertencentes às instituições de saúde e assistência social sem fins lucrativos, observados os requisitos do § 2º do artigo 4º;

XI – veículos automotores de Associações representativas de pessoas portadoras de deficiência.

XII – Vans, Kombis, Topics ou veículos similares pertencentes às Cooperativas, devidamente regularizadas no órgão público estadual competente na forma da Lei a ser editada, destinadas exclusivamente ao transporte complementar de passageiros. (Acrescentado pela Lei nº 3335/99)

XIII – Revogado pela Lei 5430/2009.

XIII-A - Revogado pela Lei 5430/2009.

XIV - Revogado pela Lei 5430/2009.

XV - veículos automotores de transporte escolar, devidamente legalizados pelo órgão público municipal competente conforme o Código Brasileiro de Trânsito - CBT, na forma a ser regulamentada por ato do Poder Executivo. (Incluído pela Lei 7068/2015.)

§ 1º - O disposto no inciso I deste artigo estende-se aos veículos de propriedade de funcionários de carreira das embaixadas, consulados e representações de organismos internacionais, desde que haja reciprocidade de tratamento tributário, em seus países de origem, declarada, anualmente, pelo Ministério das Relações Exteriores. (Renumerado pela Lei nº 5430/2009.)

§ 2º - O disposto no inciso III deste artigo aplica-se também aos veículos destinados ao transporte de produtos das propriedades rurais para as cooperativas e destas para as centrais, desde que devidamente registradas em órgão competente da Secretaria de Estado de Fazenda. (Incluído pela Lei nº 5430/2009.)

* § 3º - As isenções previstas nos incisos I, V e XV deste artigo serão efetivadas por despacho da autoridade administrativa, em requerimento com o qual o interessado faça prova do preenchimento das condições e do cumprimento dos requisitos previstos para concessão, constante de ato publicado pelo Secretário de Estado de Fazenda. (Incluído pela Lei 7068/2015.)

§ 4º - A isenção prevista no inciso V deste artigo:

I - vigorará:

a) em se tratando de veículo novo, no mesmo exercício de sua aquisição, desde que o requerimento de que trata o § 3º deste artigo seja efetuado no prazo de 120 (cento e vinte) dias, contado da data da emissão do documento fiscal de aquisição;

b) nas demais hipóteses, a partir do exercício seguinte àquele em que houver sido feito o requerimento;

II - somente será concedida ao contribuinte que não possua débitos de IPVA em seu próprio nome, inscritos ou não em dívida ativa, salvo se a exigibilidade estiver suspensa;

III - será aplicável até o limite anualmente fixado por ato do Poder Executivo. (Incluído pela Lei 7068/2015.)

§ 5º - Para os efeitos da isenção prevista no inciso V deste artigo, é considerada pessoa com: (Incluído pela Lei 7068/2015.)

I – deficiência física, aquela que apresenta alteração completa ou parcial de um ou mais segmentos do corpo humano, acarretando o comprometimento da função física, apresentando-se sob a forma de paraplegia, paraparesia, monoplegia, monoparesia, tetraplegia, tetraparesia, triplegia, triparesia, hemiplegia, hemiparesia, amputação ou ausência de membro, paralisia cerebral, membros com deformidade congênita ou adquirida, exceto as deformidades estéticas e as que não produzam dificuldades para o desempenho de funções;

II – deficiência visual, aquela que apresenta acuidade visual igual ou menor que 20/200 (tabela de Snellen) no melhor olho, após a melhor correção, ou campo visual inferior a 20º, ou ocorrência simultânea de ambas as situações;

III – deficiência intelectual, aquela que apresenta o funcionamento cognitivo significativamente inferior à média, com manifestação anterior aos dezoito anos e limitações associadas a duas ou mais áreas de habilidades adaptativas;

IV – autismo, aquela que apresenta transtorno autista ou autismo atípico.

§ 6º – A comprovação de uma das deficiências descritas nos Incisos I a III e do autismo descrito no Inciso IV, todos do § 5º deste artigo, será feita, por apresentação da identidade especial emitida pelo Departamento de Trânsito do Estado do Rio de Janeiro (DETRAN). (Nova redação dada pela Lei 8605/2019.)

§ 7º – A condição de pessoa com deficiência intelectual ou autismo a que se referem os incisos III e IV do § 5º deste artigo será atestada mediante Laudo de Avaliação emitido em conjunto por médico e psicólogo, em formulários específicos, seguindo os critérios diagnósticos constantes da Portaria Interministerial nº 2, de 21 de novembro de 2003, do Ministro de Estado da Saúde e do Secretário Especial dos Direitos Humanos, ou outra que venha a substituí-la, emitido por prestador de serviço público de saúde. (Incluído pela Lei 7068/2015.)

* § 8º – Caso a pessoa com deficiência ou o autista, beneficiário da isenção, não seja o condutor do veículo, por qualquer motivo, o veículo deverá ser dirigido por seu representante legal ou condutor autorizado. (Incluído pela Lei 7068/2015.)

Capítulo IV
DA BASE DE CÁLCULO

Art. 6º. A base de cálculo do imposto é o valor venal do veículo automotor.

Art. 7º. Tratando-se de veículo usado, o valor do imposto constará de tabela baixada, anualmente, pelo Secretário de Estado de Fazenda.

Parágrafo único – Para a apuração do valor venal poderão ser levados em conta os preços mensalmente praticados no mercado e os preços médios aferidos por publicações especializadas, podendo ainda ser considerados: peso, potência, capacidade máxima de tração, cilindrada, número de eixos, tipo de combustível e dimensões do veículo.

Art. 8º. No caso de veículo novo, o valor venal será o preço comercial tabelado pelo órgão competente ou, na sua falta, o preço à vista constante do documento fiscal emitido pelo revendedor.

§ 1º – Entende-se como veículo novo, se de fabricação nacional, aquele entregue, sem uso, pelo fabricante, pela concessionária ou agente, ao primeiro adquirente, qualquer que seja o ano de sua fabricação.

§ 2º – Na hipótese deste artigo, a base de cálculo do imposto não poderá ser inferior à que prevalecer para a fixação do valor do imposto devido por veículo usado de iguais características, de fabricação mais recente, constante da tabela a que se refere o artigo 7º.

§ 3º – Quando se tratar de veículo cuja montagem final resulte da conjugação de atividades de fabricantes, montadores ou prestadores de serviços, em diversas etapas, o valor venal será, no mínimo, o somatório dos valores constantes dos documentos relativos à participação de cada um deles para a obtenção do veículo acabado.

Art. 9º. Veículos novos ou usados, importados diretamente do exterior pelo consumidor final, terão como base de cálculo o valor constante do documento de importação, acrescido dos valores dos tributos e quaisquer despesas aduaneiras devidos pela importação, ainda que não recolhidos pelo importador, observado o disposto no § 2º do art. 8º.

Capítulo V
DA ALÍQUOTA

Art. 10. A alíquota do imposto é de:

I – Revogado pela Lei 5430/2009.

II – 4% (quatro por cento) para automóveis de passeio e camionetas, inclusive à gasolina ou à diesel, exceto utilitários; (Nova redação dada pela Lei 7068/2015.)

II-A – Revogado pela Lei 7068/2015.

II-B – 2% (dois por cento) para motocicletas, ciclomotores, triciclos, quadriciclos e motonetas; (Incluído pela Lei 7068/2015.)

III – 3% (três por cento) para utilitários;

IV – 2% (dois por cento) para ônibus e micro-ônibus; (Nova redação dada pela Lei 7068/2015.)

V - 1% (um por cento) para caminhões, caminhões-tratores e tratores não agrícolas; (Nova redação dada pela Lei 7068/2015.)

V-A - 1% (um por cento) para veículos de transporte de passageiros a taxímetro e aos de serviços de transporte acessível exclusivo legalmente habilitados pertencentes a pessoas jurídicas; (Incluído pela Lei 7068/2015.)

VI - 2% (dois por cento) para automóveis que utilizem motor especificado de fábrica para funcionar, exclusivamente, com álcool; (Nova redação dada pela Lei 7068/2015.)

VI-A - 1,5% (um e meio por cento) para veículos que utilizem gás natural ou veículos híbridos que possuem mais de um motor de propulsão, usando cada um seu tipo de energia para funcionamento sendo que a fonte energética de um dos motores seja a energia elétrica; (Incluído pela Lei 7068/2015.)

VII - 0,5% (meio por cento) para veículos que utilizem motor de propulsão especificado de fábrica para funcionar, exclusivamente, com energia elétrica; (Nova redação dada pela Lei 7068/2015.)

VIII - 0,5% (meio por cento) para automóveis com até 3 (três) anos de fabricação de propriedade de pessoa jurídica constituída sob a forma de sociedade empresarial que desempenhem a atividade de locação e que sejam destinados exclusivamente para a referida atividade excluindo ônibus e caminhões nos contratos de locação com condutor, devidamente comprovada nos termos da legislação aplicável, ou na sua posse em virtude de contrato formal de arrendamento mercantil ou propriedade fiduciária. (Nova redação dada pela Lei 7215/2016.)

IX - 4% (quatro por cento) para demais veículos não alcançados pelos incisos anteriores, inclusive os veículos de procedência estrangeira; (Nova redação dada pela Lei n° 3335/99.)

X - VETADO.

§ 1º - Para a aplicação do disposto neste artigo, define-se utilitário como veículo destinado ao transporte de carga, podendo transportar até 2 passageiros, exclusive o condutor. (Acrescentado pela Lei n° 3335/99.)

§ 2º - Ficam anistiados de multas e mora, referente aos débitos dos exercícios até 1998, os contribuintes que recolherem o IPVA em cota única. (Acrescentado pela Lei n° 3335/99.)

§ 3º - O disposto no inciso V também se aplica aos veículos que, utilizados como táxi por pessoa jurídica, sejam objeto de contrato de arrendamento mercantil (leasing).(Acrescentado pela Lei nº 3422/2000.)

§ 4º - Quando se tratar de ônibus usado, a alíquota a que se refere o inciso IV, será reduzida nos anos de 2000 a 2004 de forma a corresponder aos seguintes percentuais: (Acrescentado pela Lei nº 3518/2000)

I - 1,0% (um por cento) para o ano de 2000;

II - 1,2% (um inteiro e dois décimos por cento) para o ano de 2001;

III - 1,4% (um inteiro e quatro décimos por cento) para o ano de 2002;

IV - 1,6% (um inteiro e seis décimos por cento) para o ano de 2003;

V - 1,8% (um inteiro e oito décimos por cento) para o ano de 2004.

VI - 2,0% (dois por cento) para o ano de 2005.

§ 5º - Para efeitos do disposto no parágrafo anterior, o ônibus é considerado usado no exercício seguinte ao do primeiro registro de sua propriedade no órgão de trânsito competente. (Acrescentado pela Lei nº 3518/2000.)

§ 6º - O imposto recolhido no exercício de 2000 em valor superior ao resultante da aplicação da alíquota efetiva estabelecida no parágrafo 4º deste artigo, pode ser compensado em reais ou em equivalente expresso em indicador de atualização monetária que por ventura vier a ser adotado, por veículo e por mês, com o imposto devido nos exercícios seguintes. (Acrescentado pela Lei nº 3518/2000.)

§ 7º - A alíquota prevista no inciso VIII deste artigo somente se aplica às locadoras que possuírem frota igual ou superior a 20 (vinte) automóveis de locação, devidamente registrados neste Estado. (Incluído pela Lei 7068/2015.)

§ 8º - Para fazer jus ao benefício fiscal da alíquota diferenciada prevista no inciso VIII deste artigo a locadora deverá se cadastrar junto à Secretaria de Estado de Fazenda e requerer o benefício para cada automóvel dedicado exclusivamente à atividade de locação. (Incluído pela Lei 7068/2015.)

§ 9º - O benefício previsto no inciso VIII deste artigo vigorará: (Incluído pela Lei 7068/2015)

I - em se tratando de veículo novo, no mesmo exercício de sua aquisição, desde que o requerimento de que trata o § 8º deste artigo seja efetuado no prazo de 90 (noventa) dias, contado da data da emissão do documento fiscal de aquisição;

II - nas demais hipóteses, a partir do exercício seguinte àquele em que houver sido feito o requerimento.

§ 10 - O veículo de locadora, conforme disposto no inciso VIII deste artigo, com prazo superior a 03 (três) anos de fabricação, utilizará à alíquota prevista nos demais incisos conforme o respectivo enquadramento. (Incluído pela Lei 7068/2015.)

§ 11 - O Poder Executivo regulamentará o benefício previsto no inciso VIII deste artigo, podendo determinar, quando necessário, o recadastramento das empresas locadoras de veículos. (Incluído pela Lei 7068/2015.)

§ 12 - Para fazer jus ao benefício fiscal da alíquota diferenciada prevista no inciso VIII deste artigo, no caso de aquisição de veículo novo ou importação, o mesmo deve ser adquirido de fornecedores, pessoas jurídicas, inscritas no cadastro de contribuintes do imposto sobre operações relativas à circulação de mercadorias e sobre prestações de serviços de transporte interestadual e intermunicipal e de comunicação (CAD-ICMS) do Estado do Rio de Janeiro, ou importados pelos portos deste Estado, conforme regulamentação do Poder Executivo. (Incluído pela Lei 7068/2015.)

Capítulo VI
DO PAGAMENTO

Art. 11. O imposto é devido anualmente e recolhido nos prazos e forma previstos em resolução do Secretário de Estado de Fazenda, podendo ser parcelado para pagamento em até três cotas, iguais, mensais, a critério do contribuinte. (Nova redação dada pela Lei nº 3335/1999.)

* § 1º - O imposto poderá ser pago á vista, ou em três parcelas, mensais e iguais, sem acréscimo; (Acrescentado pela Lei nº 3335/1999.)

* § 2º - Sobre o valor do imposto a ser recolhido integralmente poderá ser concedido desconto a ser fixado por Decreto do Poder Executivo Estadual. (Acrescentado pela Lei nº 3335/1999.)

* § 3º - O recolhimento do imposto deverá ser efetuado no prazo de 30 (trinta) dias contados da data da emissão da nota fiscal referente à aquisição do veículo. (Acrescentado pela Lei nº 3335/1999.)

Art. 12. O imposto é devido por duodécimos ou fração que faltem para o término do exercício, nas hipóteses de: (Nova redação dada pela Lei 7068/2015.)

I - aquisição, no exercício, de veículo novo, por adquirente consumidor final;

II - importação, no exercício, de veículo novo ou usado, por consumidor final que o importe diretamente;

III - perda da condição de não-incidência, benefício fiscal ou de isenção;

Art. 13. Na perda total por sinistro, roubo ou furto, apropriação indébita, estelionato, ou qualquer outro delito que resulte a privação do direito de propriedade, quando o contribuinte não houver pago o IPVA, o imposto é devido por duodécimo ou fração, contado até à data da ocorrência.

Parágrafo único. Advindas a recuperação e a liberação do veículo, o imposto será devido: (Nova redação dada pela Lei nº 6570/2013.)

I - por duodécimos correspondentes ao período que faltar para o encerramento do exercício, quando a perda ocorrer em exercício anterior ao da liberação;

II - por duodécimos correspondentes ao período em que o veículo estiver na posse do proprietário, quando a perda e a liberação ocorrerem no mesmo exercício.

Art. 13-A. Na perda total por sinistro, roubo ou furto, apropriação indébita, estelionato, ou qualquer outro delito que resulte a privação do direito de propriedade, o imposto pago será restituído proporcionalmente, excluindo-se o mês da ocorrência, a critério do contribuinte, nos termos seguintes: (Acrescentado pela Lei nº 6570/2013)

I - mediante a compensação do crédito tributário no pagamento de novo IPVA, seja no mesmo exercício ou no seguinte, na aquisição de outro veículo pelo contribuinte; ou,

II - mediante a restituição do valor pago, no exercício seguinte à ocorrência do delito ou sinistro.

Parágrafo único. O contribuinte somente fará jus ao crédito tributário previsto no caput deste artigo se fizer o registro de ocorrência do sinistro perante à autoridade policial competente.

Art. 14. Revogado pela Lei 5430/2009.

Capítulo VII
DA PARTICIPAÇÃO NA ARRECADAÇÃO

Art. 15. Do produto da arrecadação do imposto e seus respectivos acréscimos, 50% (cinquenta por cento) constituem receita do Estado e 50% (cinquenta por cento) do município onde estiver registrado e licenciado o veículo, observado o disposto na Lei Federal nº 11494, de 20 de junho de 2007. (Nova redação dada pela Lei nº 5430/2009.)

§ 1º - Na hipótese do art. 1º, parágrafo único, item 1, in fine, considerar-se-á o município em que se verificar o fato; (Nova redação dada pela Lei nº 5430/2009.)

§ 2º - O repasse, de que trata o presente artigo, será efetuado na forma e prazo estabelecidos em resolução do Secretário de Estado de Fazenda.

Capítulo VIII
DAS MULTAS E DOS ACRÉSCIMOS

Art. 16. A falta de recolhimento do imposto nos prazos fixados acarreta atualização monetária e sujeita o contribuinte aos acréscimos moratórios na forma prevista em legislação tributária. (Nova redação dada pela Lei 7068/2015.)

Art. 17. O descumprimento das obrigações previstas nesta Lei sujeita o infrator às seguintes penalidades:

I – 100% (cem por cento) do valor do imposto devido, nunca inferior ao equivalente em reais a 200 (duzentas) UFIR-RJ, quando a falta de pagamento, total ou parcial, decorra de omissão ou inexatidão de informações, em decorrência de dolo, fraude ou simulação, que tenham influído no cálculo do tributo ou provocado a declaração da não-incidência, isenção, redução do imposto ou suspensão do crédito tributário;

II – 100% (cem por cento) do valor do imposto devido, nunca inferior ao equivalente em reais a 200 (duzentas) UFIR-RJ, quando a falta de pagamento decorra de utilização de meios irregulares para promover indevidamente o registro e o licenciamento do veículo em outra Unidade da Federação;

III – 100% (cem por cento) do valor do imposto devido até a data da arrematação em hasta pública, apurado nos termos da legislação, nunca inferior ao equivalente em reais a 200 (duzentas) UFIR-RJ, não quitado no prazo de até 30 (trinta) dias da realização do leilão;

IV – 50% (cinquenta por cento) do valor do imposto devido, nunca inferior ao equivalente em reais a 100 (cem) UFIR-RJ, quando da não comunicação da venda ou transferência da propriedade de veículo que usufruía da alíquota reduzida de locação referente ao inciso VIII do art. 10;

V – 10 (dez) vezes o valor consignado no documento, no mínimo ao equivalente em reais a 1.000 (mil) UFIR-RJ, para aquele que falsificar, viciar ou adulterar documento destinado à arrecadação do imposto ou que o utilizar como comprovante do seu pagamento, sem prejuízo das demais penalidades cabíveis;

VI – o equivalente em reais a 180 (cento e oitenta) UFIR-RJ, por veículo, pela omissão de informação à Secretaria de Estado de Fazenda sobre a realização de leilão público;

VII – o equivalente em reais a 90 (noventa) UFIR-RJ, pelo não atendimento da primeira intimação efetuada por autoridade fiscal, quando por este solicitado, dentro do prazo de 5 (cinco) dias úteis;

VIII – o equivalente em reais a 180 (cento e oitenta) UFIR-RJ, pelo não atendimento da segunda intimação efetuada por autoridade fiscal, quando por este solicitado, dentro do prazo de 5 (cinco) dias úteis;

IX – o equivalente em reais a 360 (trezentos e sessenta) UFIR-RJ, pelo não atendimento de cada uma das intimações subsequentes efetuadas por autoridade fiscal, quando por este solicitado, dentro do prazo de 5 (cinco) dias úteis;

X – o equivalente em reais a 90 (noventa) UFIR-RJ, por veículo e por ano ou fração de ano, pelo não atendimento de qualquer das obrigações previstas nas alíneas do inciso II do art. 28-C.

§ 1º – Cada intimação não atendida, ainda que parcialmente, ensejará, além da lavratura do auto de infração para cobrança da penalidade cabível, a emissão de nova intimação, a qual deverá observar o prazo mínimo previsto nos incisos VIII, IX e X, para exigência do que não tiver sido apresentado ou cumprido.

§ 2º – Sendo o atendimento à intimação necessário à verificação do valor venal do veículo, a autoridade fiscal deverá consignar no relato do auto de infração correspondente à 2.ª intimação não atendida, que o descumprimento à 3.ª intimação caracterizará embaraço à ação fiscalizadora e sujeitará o contribuinte ao arbitramento daquele valor para fixação do imposto devido.

§ 3º – O arbitramento não impedirá o Fisco de continuar intimando o contribuinte, caso ainda seja necessário, e de aplicar outras medidas cabíveis. (Nova redação dada pela Lei 7068/2015.)

Art. 18. No caso de infração a obrigação acessória constante de dispositivo legal ou regulamentar, para o qual não esteja prevista penalidade específica, aplicar-se-á multa com valor equivalente em reais de 90 (noventa) UFIR-RJ.

(Nova redação dada pela Lei 7068/2015.)

Art. 19. A responsabilidade por infrações é excluída pela denúncia espontânea da infração pelo sujeito passivo, antes de qualquer procedimento fiscal, desde que seja pago integralmente o tributo devido, com seu valor atualizado monetariamente e os acréscimos moratórios.

Parágrafo único. Salvo nos casos previstos expressamente na legislação, a denúncia espontânea não se aplica às infrações decorrentes do descumprimento de obrigações acessórias, para fins de afastar a aplicação de penalidade. (Nova redação dada pela Lei 7068/2015.)

Art. 20. O imposto, quando não recolhido no prazo regulamentar, ficará sujeito, além da atualização de seu valor monetário, a acréscimos moratórios de 5 % (cinco por cento), 10 % (dez por cento) e 15 % (quinze por cento) se o recolhimento for efetuado, ainda que espontaneamente, respectivamente, até 30 (trinta), 60 (sessenta) ou 90 (noventa) dias, contados do término do prazo regulamentar do tributo.

Parágrafo único – O crédito será acrescido, ainda, de 1 % (um por cento) ao mês ou fração que se seguir ao atraso de 90 (noventa) dias, quer em cobrança administrativa ou judicial, com ou sem parcelamento.

Capítulo IX
DA INSCRIÇÃO

Art. 21. Revogado pela Lei nº 5430/2009.

Art. 22. Revogado pela Lei nº 5430/2009.

Art. 23. Revogado pela Lei nº 5430/2009.

Capítulo X
DA FISCALIZAÇÃO

Art. 24. Incumbem à Secretaria de Estado de Fazenda as atividades relacionadas com o lançamento, a homologação ou retificação e exercer controles do pagamento do imposto.

Art. 25. O órgão estadual de trânsito não poderá promover o licenciamento ou qualquer modificação em seus assentamentos cadastrais, sem a comprovação do recolhimento do imposto relativo ao veículo.

Art. 26. O descumprimento do disposto no artigo anterior sujeitará o servidor responsável pela prática do ato à multa de 100 % (cem por cento) do valor do débito.

Art. 27. O não pagamento do imposto, até as datas limites fixadas, sujeita o infrator às penalidades estabelecidas nesta Lei, bem como à lavratura do competente auto de infração por Auditor Fiscal da Receita Estadual, ficando vedado o recolhimento ou apreensão do veículo pela identificação do não pagamento do imposto. (Nova redação dada pela Lei 7068/2015.)

Art. 28. Os clubes náuticos e os aeroclubes, sempre que solicitados, apresentarão à fiscalização da Secretaria de Estado de Fazenda os registros das embarcações e aeronaves de seus associados, nos quais se identifique o veículo automotor, o nome e o endereço do proprietário.

***Art. 28-A.** A concessão de isenção, benefício fiscal ou não incidência, não concedida em caráter geral, será efetivada em cada caso, por despacho da autoridade administrativa, em requerimento com o qual o interessado faça prova do preenchimento das condições e dos requisitos previstos na legislação tributária. (Incluído pela Lei 7068/2015.)

Parágrafo único. Visando à economia processual, a Secretaria de Estado da Fazenda, nos casos em que a concessão de isenção, benefício fiscal ou não incidência do veículo abranger o Imposto sobre a Propriedade de Veículos Automotores Terrestres - IPVA e o Imposto sobre a Circulação de Mercadorias e Serviços de Transporte Interestadual e Intermunicipal e de Comunicação - ICMS, poderá realizar análise única do requerimento do interessado.

Art. 28-B. A Secretaria de Estado da Fazenda, resguardado o sigilo fiscal, e o órgão executivo de trânsito permutarão informações relativas ao cadastro dos proprietários de veículos no interesse da administração do imposto. (Incluído pela Lei 7068/2015.)

Capítulo XI
DAS OBRIGAÇÕES ACESSÓRIAS

- (Incluído pela Lei 7068/2015.)

Art. 28-C. São obrigações do sujeito passivo da obrigação tributária: (Incluído pela Lei 7068/2015.)

I - verificar, anualmente, a publicação da tabela prevista no art. 7º e a forma estabelecida pelo Poder Executivo para efetuar o pagamento do imposto;

II - comunicar ao órgão de cadastro do veículo, no prazo de 30 (trinta) dias:

a) a aquisição de veículo automotor;

b) qualquer alteração de característica do veículo;

c) a alteração de seu endereço ou domicílio;

d) a alienação do veículo, informando nome, endereço e CPF ou CNPJ do adquirente; e

e) a mudança de categoria no caso de veículo anteriormente utilizado como táxi.

III - manter arquivados, pelo prazo decadencial, os comprovantes de pagamento do imposto.

Art. 28-D. Ficam obrigados a prestar os esclarecimentos e informações solicitadas pela Secretaria de Estado de Fazenda, mediante intimação, na forma estabelecida pelo Poder Executivo: (Incluído pela Lei 7068/2015.)

I - os fabricantes, revendedores de veículos e os importadores, sobre os veículos novos vendidos e respectivos adquirentes;

II - os revendedores, sobre as operações com veículos usados;

III - as empresas locadoras, sobre os veículos locados ou colocados à disposição para locação neste Estado;

IV - os leiloeiros e as empresas contratadas, se houver, pela realização do leilão público de veículo automotor, sobre os veículos objeto do leilão, os valores das respectivas arrematações, o nome e endereço dos alienantes e dos adquirentes, entre outras informações;

V - os despachantes que auxiliarem no registro ou transferência de veículos, sobre os veículos, bem como os valores das transferências e o nome e endereço do alienante e do adquirente;

VI - os notários, sobre as transações com veículos perante eles realizadas, sem ônus para as partes do negócio;

VII - as seguradoras de veículos, sobre os veículos segurados ou indenizados;

VIII - as empresas de arrendamento mercantil, sobre os veículos arrendados e seus respectivos arrendatários;

IX - as instituições financeiras, sobre os veículos financiados e os respectivos adquirentes;

X - qualquer pessoa que alugue veículo de locadora, em relação aos contratos realizados, pagamentos efetuados e demais documentos necessários para a comprovação da efetiva locação.

DISPOSIÇÕES FINAIS

Art. 29. O Poder Executivo adotará as providências necessárias ao cumprimento do disposto nesta lei.

Art. 30. Esta Lei entra em vigor na data de sua publicação, revogadas as disposições em contrário, especialmente a Lei nº 948 Controle de Leis, de 26 de dezembro de 1985.

Rio de Janeiro, 22 de dezembro de 1997.

MARCELLO ALENCAR

Governador

DECRETO Nº 42.063, DE 06 DE OUTUBRO DE 2009

- REGULAMENTA O TRATAMENTO FAVORECIDO, SIMPLIFICADO E DIFERENCIADO PARA AS MICROEMPRESAS E EMPRESAS DE PEQUENO PORTE NAS CONTRATAÇÕES PÚBLICAS, NO ÂMBITO DO PODER EXECUTIVO, E DÁ OUTRAS PROVIDÊNCIAS.

Art. 1º. Nas contratações públicas de bens, serviços e obras, deverá ser concedido tratamento favorecido, diferenciado e simplificado para as microempresas e empresas de pequeno porte, objetivando:

I – a promoção do desenvolvimento econômico e social no âmbito municipal e regional;

II – a ampliação da eficiência das políticas públicas voltadas para as microempresas e empresas de pequeno porte; e

III – o incentivo à inovação tecnológica.

§ 1º – Subordinam-se ao disposto neste Decreto, além dos órgãos da Administração Pública Estadual Direta, os Fundos Especiais, as Autarquias, as Fundações Públicas, as Empresas Públicas, as Sociedades de Economia Mista e as demais entidades controladas direta ou indiretamente pelo Estado.

§ 2º – Para fins do disposto neste Decreto será utilizada a expressão pequena empresa para se referir às microempresas e às empresas de pequeno porte.

Art. 2º. Para fins do disposto neste Decreto o enquadramento como pequena empresa dar-se-á nas condições do Estatuto Nacional da Microempresa e Empresa de Pequeno Porte, instituído pela Lei Complementar Federal nº 123, de 14 de dezembro de 2006, em especial quanto ao seu art. 3º, devendo ser exigida de tais empresas a declaração, sob as penas da lei, de que cumprem os requisitos legais para a qualificação como microempresas ou empresas de pequeno porte, estando aptas a usufruir do tratamento favorecido estabelecido nos arts. 42 a 49 da Lei Complementar Federal nº 123, de 14 de dezembro de 2006.

Parágrafo único – A declaração mencionada pelo caput deste artigo deverá ser entregue pela empresa interessada no momento de seu cadastramento junto ao Cadastro de Fornecedores ou no momento da apresentação de documentação ou de acordo com o estabelecido pelo instrumento convocatório.

Art. 3º. Para a ampliação da participação das pequenas empresas nas licitações, os órgãos ou entidades contratantes deverão, sempre que possível:

I – adequar o cadastro de fornecedores para identificar as pequenas empresas sediadas regionalmente, com as respectivas linhas de fornecimento, de modo a possibilitar a notificação das licitações e facilitar as subcontratações e a formação de parcerias;

II – estabelecer e divulgar um planejamento anual das contratações públicas a serem realizadas, com a estimativa de quantitativo e de data das contratações; e

III – padronizar e divulgar as especificações dos bens e serviços contratados, de modo a orientar as pequenas empresas para que adequem os seus processos produtivos.

Art. 4º. A comprovação de regularidade fiscal das pequenas empresas somente será exigida para efeito de contratação, e não como condição para participação na licitação.

§ 1º – Na fase de habilitação deverá ser apresentada pela empresa e conferida pela Administração Pública toda a documentação estabelecida como necessária pelo instrumento convocatório, e, havendo alguma restrição na comprovação da regularidade fiscal, será assegurado o prazo de 02 (dois) dias úteis, cujo termo inicial corresponderá ao momento em que o proponente for declarado vencedor do certame, prorrogável por igual período, a critério da Administração Pública, para a regularização da documentação, pagamento ou parcelamento do débito, e emissão de eventuais certidões negativas ou positivas com efeito de certidão negativa.

§ 2º – A declaração do vencedor de que trata o § 1º deste artigo acontecerá no momento imediatamente posterior à fase de habilitação, no caso do pregão, conforme estabelece o art. 4º, inciso XV, da Lei Federal nº 10.520, de 17 de julho de 2002, e no caso das demais modalidades de licitação, no momento posterior ao julgamento das propostas, aguardando-se os prazos de regularização fiscal para a abertura da fase recursal.

§ 3º - A prorrogação do prazo previsto no § 1º deste artigo deverá sempre ser concedida pela Administração quando requerida pelo licitante, exceto quando exista urgência na contratação ou prazo insuficiente para a emissão da Nota de Empenho, devidamente justificados.

§ 4º - A não regularização da documentação no prazo previsto no § 1º deste artigo implicará na decadência do direito à contratação, sem prejuízo das sanções previstas no art. 81 da Lei Federal nº 8.666, de 21 de junho de 1993, sendo facultado à Administração convocar os licitantes remanescentes, na ordem de classificação, ou revogar a licitação.

§ 5º - O disposto pelo § 4º deste artigo deverá constar do documento convocatório da licitação.

§ 6º - Na habilitação em licitações para o fornecimento de bens para pronta entrega ou para locação de materiais não será exigida da pequena empresa a apresentação de balanço patrimonial do último exercício social.

Art. 5º. Nas licitações do tipo menor preço, será assegurada, como critério de desempate, preferência de contratação para as pequenas empresas.

§ 1º - Entende-se por empate aquelas situações em que as ofertas apresentadas pelas pequenas empresas sejam iguais ou até 10% (dez por cento) superiores ao menor preço.

§ 2º - Na modalidade de pregão, o intervalo percentual estabelecido pelo § 1º deste artigo será de até 5% (cinco por cento) superior ao menor preço.

§ 3º - A preferência de que trata este artigo será concedida da seguinte forma:

I - a pequena empresa melhor classificada poderá apresentar proposta de preço inferior àquela considerada vencedora do certame, situação em que será o objeto adjudicado em seu favor;

II - não ocorrendo a contratação da pequena empresa, na forma do inciso I deste parágrafo, serão convocadas as remanescentes que porventura se enquadrem em situação de empate, na ordem classificatória, para o exercício do mesmo direito;

III - no caso de equivalência dos valores apresentados pelas pequenas empresas que se encontrem na situação de empate, será realizado sorteio entre elas para que se identifique aquela que primeiro poderá apresentar melhor oferta.

§ 4º - Não se aplica o sorteio disposto no inciso III do § 3º deste artigo quando, por sua natureza, o procedimento não admitir o empate real, como acontece na fase de lances do pregão, em que os lances equivalentes não são considerados iguais, sendo classificados conforme a ordem de apresentação pelos licitantes.

§ 5º – O disposto neste artigo somente se aplicará quando a menor oferta inicial não tiver sido apresentada por pequena empresa.

§ 6º – Na hipótese da não contratação nos termos previstos nos incisos I, II e III do § 3º deste artigo, o contrato será adjudicado em favor da proposta originalmente vencedora do certame.

§ 7º – No caso do pregão, após o encerramento dos lances, a pequena empresa melhor classificada será convocada para apresentar nova proposta no prazo máximo de cinco minutos, por item em situação de empate, após o encerramento dos lances, sob pena de preclusão.

§ 8º – Nas demais modalidades de licitação, o prazo para os licitantes apresentarem nova proposta deverá ser estabelecido pelo órgão ou entidade licitante e estar expressamente previsto pelo instrumento convocatório.

Art. 6º. Nas contratações cujo valor seja de até R$ 80.000,00 (oitenta mil reais), os órgãos e entidades contratantes deverão realizar processo licitatório destinado exclusivamente à participação de pequenas empresas.

§ 1º – No caso de não acudirem interessados à licitação realizada nos termos do caput deste artigo, o procedimento licitatório deverá ser refeito, podendo dele participar as empresas de outros portes.

§ 2º – Não se aplica o disposto neste artigo quando ocorrerem as situações previstas no art. 9º, devidamente justificadas.

Art. 7º. Nas licitações para fornecimento de bens, serviços e obras, os órgãos e entidades contratantes poderão estabelecer, nos instrumentos convocatórios, a exigência de subcontratação de pequena empresa, desde que o percentual máximo do objeto a ser subcontratado não exceda a 30% (trinta por cento) do total licitado, sob pena de desclassificação, determinando que:

I – as pequenas empresas a serem subcontratadas deverão estar indicadas e qualificadas pelos licitantes com a descrição dos bens e serviços a serem fornecidos e seus respectivos valores;

II – no momento da habilitação deverá ser apresentada a documentação da regularidade fiscal e trabalhista das pequenas empresas subcontratadas, bem como ao longo da vigência contratual, sob pena de rescisão, aplicando-se-lhes o prazo para regularização previsto no § 1º do art. 4º;

III – a empresa contratada compromete-se a substituir a subcontratada, no prazo máximo de trinta dias, na hipótese de extinção da subcontratação, mantendo o percentual originalmente subcontratado até a sua execução total, notificando o órgão ou entidade contratante, sob pena de rescisão, sem prejuízo das sanções cabíveis, ou demonstrar a inviabilidade da substituição, em que ficará responsável pela execução da parcela originalmente subcontratada;

IV – a empresa contratada responsabiliza-se pela padronização, compatibilidade, gerenciamento centralizado e qualidade da subcontratação.

§ 1º – Deverá constar ainda do instrumento convocatório que a exigência de subcontratação não será aplicável quando o licitante for, alternativamente:

I – pequena empresa;

II – consórcio composto em sua totalidade por pequenas empresas, respeitado o disposto no art. 33 da Lei nº 8.666, de 21 de junho de 1993; ou

III – consórcio composto parcialmente por pequenas empresas com participação igual ou superior ao percentual exigido de subcontratação.

§ 2º – Não será admitida a exigência de subcontratação para o fornecimento de bens, exceto quando estiver vinculado à prestação de serviços acessórios.

§ 3º – O disposto no inciso II do caput deste artigo deverá ser comprovado no momento da aceitação, quando a modalidade de licitação for pregão, ou no momento da habilitação nas demais modalidades.

§ 4º – Não deverá ser exigida a subcontratação quando esta for inviável, não for vantajosa para a Administração Pública ou representar prejuízo ao conjunto ou complexo do objeto a ser contratado, o que deverá ser devidamente justificado no processo administrativo referente à licitação.

§ 5º – Será vedada a exigência no instrumento convocatório de subcontratação de itens ou parcelas determinadas ou de empresas específicas.

§ 6º – Os empenhos e pagamentos referentes às parcelas subcontratadas serão destinados diretamente às pequenas empresas.

Art. 8º. Nas licitações para fornecimento de bens, serviços e obras de natureza divisível, e desde que não haja prejuízo para o conjunto ou complexo do objeto, os órgãos e entidades contratantes poderão reservar cota de até 25% (vinte e cinto por cento) do objeto contratual para a contratação de pequenas empresas.

§ 1º – O disposto neste artigo não impede a contratação das pequenas empresas na totalidade do objeto.

§ 2º – O instrumento convocatório deverá prever que, não havendo vencedor para a cota reservada, esta poderá ser adjudicada ao vencedor da cota principal, ou, diante de sua recusa, aos licitantes remanescentes, desde que pratiquem o preço do primeiro colocado.

§ 3º - Se a mesma empresa vencer a cota reservada e a cota principal, a contratação da cota reservada deverá ocorrer pelo preço da cota principal, caso este tenha sido menor do que o obtido na cota reservada.

§ 4º - Admitir-se-á a divisão da cota reservada em múltiplas cotas, objetivando-se a ampliação da competitividade, e observando-se que a soma do percentual de cada cota em relação ao total do objeto não poderá ultrapassar a 25% (vinte e cinco por cento).

Art. 9º. Não se aplica o disposto nos arts. 6º ao 8º nas seguintes hipóteses, alternativamente:

I - quando não houver um mínimo de 03 (três) fornecedores competitivos enquadrados como pequenas empresas sediadas local ou regionalmente e capazes de cumprir as exigências estabelecidas no instrumento convocatório;

II - quando o tratamento diferenciado e simplificado para as pequenas empresas não for vantajoso para a Administração ou representar prejuízo ao conjunto ou complexo do objeto a ser contratado;

III - a licitação for dispensável ou inexigível, nos termos dos art. 24 e 25 da Lei Federal nº 8.666, de 21 de junho de 1993;

IV - aos tipos de licitação de melhor técnica, técnica e preço e maior lance; ou

V - o tratamento diferenciado e simplificado não for capaz de alcançar os objetivos previstos pelo art. 1º deste Decreto, o que deverá ser devidamente justificado no processo administrativo referente à licitação.

Parágrafo único - Para o disposto no inciso II deste artigo, considerar-se-á não vantajosa a contratação quando resultar em preço superior ao valor estabelecido como referência.

Art. 10. O valor licitado por meio do disposto nos arts. 6º a 8º deste Decreto não poderá exceder a 25% (vinte e cinco por cento) do total licitado pelo mesmo órgão ou entidade em cada ano civil.

Art. 11. As contratações diretas com base nos incisos I e II do art. 24, da Lei Federal nº 8.666, de 21 de junho de 1993, deverão ser preferencialmente realizadas com as pequenas empresas situadas no Estado do Rio de Janeiro.

Parágrafo único - Os órgãos e entidades contratantes poderão, nas contratações diretas fundamentadas nos incisos I e II do art. 24 da Lei Federal nº 8.666, de 21 de junho de 1993, realizar cotação de preços exclusivamente em favor de pequenas empresas, desde que demonstrando-se vantajosa a contratação.

Art. 12. Os critérios de tratamento diferenciado e simplificado para as pequenas empresas deverão estar expressamente previstos no instrumento convocatório.

Art. 13. Caberá à Secretaria de Estado de Planejamento e Gestão expedir normas complementares para o cumprimento deste Decreto.

Art. 14. Este decreto entra em vigor 60 (sessenta) dias após a data de sua publicação, revogadas as disposições em contrário, em especial a alínea "a" do inciso III do art. 2º do Decreto nº 16.671, de 28 de junho de 1991, o Decreto nº 16.672, de 28 de junho de 1991, o Decreto nº 18.037, de 18 de novembro de 1992, e o Decreto nº 31.723, de 23 de agosto de 2002.

Rio de Janeiro, 06 de outubro de 2009

SÉRGIO CABRAL

LEI Nº 7.174, DE 28 DE DEZEMBRO DE 2015

– DISPÕE SOBRE O IMPOSTO SOBRE A TRANSMISSÃO CAUSA MORTIS E DOAÇÃO DE QUAISQUER BENS OU DIREITOS (ITD), DE COMPETÊNCIA DO ESTADO DO RIO DE JANEIRO.

ÍNDICE

Capítulo I
DISPOSIÇÕES PRELIMINARES

Art. 1º. Esta Lei dispõe sobre o Imposto sobre a Transmissão Causa Mortis e Doação de Quaisquer Bens ou Direitos (ITD), de competência do Estado do Rio de Janeiro.

Capítulo II
DA OBRIGAÇÃO PRINCIPAL

Seção I
Do Fato Gerador

Art. 2º. O imposto tem como fatos geradores:

I – a transmissão causa mortis de quaisquer bens ou direitos; e

II – a doação de quaisquer bens ou direitos.

Parágrafo único. Nas transmissões causa mortis e doações ocorrem tantos fatos geradores distintos quantos sejam os beneficiários, usufrutuários, cessionários, fiduciários, herdeiros, legatários ou donatários.

Art. 3º A transmissão causa mortis ocorre em todos os casos de sucessão de bens e direitos, inclusive a provisória.

§ 1º – Na transmissão causa mortis, o fato gerador ocorre na data da abertura da sucessão.

§ 2º – No caso de aparecimento do ausente, fica assegurada a restituição do imposto recolhido em decorrência de sucessão provisória.

§ 3º – Incide o imposto relativo à sucessão legítima ou testamentária, ainda que gravados a herança ou o legado.

Art. 4º. A doação se opera nos termos da lei civil quando uma pessoa, por liberalidade, transfere bens ou direitos do seu patrimônio para o de outra que os aceita expressa, tácita ou presumidamente, com ou sem encargo, em especial nos casos de:

I – cessão gratuita a qualquer título, inclusive de herança ou legado;

II – revogação ou reversão de doação ou cessão, exceto aquelas operadas no prazo de 12 (doze) meses a contar do pagamento efetivo do imposto;

III – excesso de meação ou quinhão quando, na divisão do patrimônio comum ou partilha, em sucessão causa mortis, dissolução de sociedade conjugal ou de união estável, alteração do regime de bens ou dissolução de condomínio, associação, sociedade empresarial ou civil, qualquer dos cônjuges, companheiros, herdeiros, condôminos, associados ou quotistas receber montante que exceda a meação, quinhão, quota ou fração ideal a que fazem jus;

IV - permuta, quando uma das partes receber montante que exceda o recebido pela outra parte;

V - instituição gratuita de quaisquer direitos reais sobre coisa alheia, exceto os de garantia;

VI - doação do direito de superfície;

VII - não restituição de bem emprestado, quando o mutuante abrir mão do bem em favor do mutuário;

VIII - remissão de dívida;

IX - mandato em causa própria; e

X - transmissão patrimonial não onerosa decorrente de reorganizações ou operações societárias.

Art. 5º. O imposto é devido ao Estado do Rio de Janeiro:

I - na transmissão de bem imóvel, bem como de direitos a ele relativos, se o mesmo estiver situado neste Estado; ou

II - na transmissão de bem móvel ou de bem imóvel situado no exterior, bem como de direitos a eles relativos, se nele estiver localizado o domicílio:

a) do doador;

b) do donatário, quando o doador for domiciliado no exterior;

c) do falecido, na data da sucessão, observado o disposto no § 3° deste artigo; ou

d) do herdeiro ou legatário, quando o falecido, na data da sucessão, era residente ou domiciliado no exterior.

§ 1° - Para os efeitos do disposto neste artigo, considera-se domicílio:

I - da pessoa natural, a sua residência habitual, observado o disposto no § 2° deste artigo; e

II - da pessoa jurídica, o estabelecimento que praticar o fato gerador.

§ 2° - No caso de pessoa natural com residência em mais de uma unidade federada, presume-se como domicílio tributário para fins de pagamento do imposto:

I - o local onde, cumulativamente, possua residência e exerça profissão; ou

II - caso exerça profissão em mais de um local ou onde não possua residência, ou não exerça profissão, o endereço constante da declaração de Imposto de Renda.

§ 3° - Quando o falecido, na data da sucessão, não tinha domicílio certo ou tinha mais de um domicílio, o imposto relativo aos bens móveis é devido ao Estado do Rio de Janeiro se nele for processado o inventário judicial ou administrativo, nos termos do Código de Processo Civil.

Art. 6º. Na hipótese de excesso de meação ou quinhão em que o valor total do patrimônio atribuído ao donatário for composto de bens e direitos suscetíveis à tributação por mais de uma unidade da Federação, o imposto é devido ao Estado do Rio de Janeiro:

I – relativamente a bem imóvel situado neste Estado e respectivos direitos, na proporção de seu valor em relação ao valor total do patrimônio atribuído ao donatário;

II – relativamente a bem móvel e respectivos direitos, quando domiciliado neste Estado o doador, na proporção de seu valor em relação ao valor total do patrimônio atribuído ao donatário.

Seção II
Da Não Incidência

Art. 7º. O imposto não incide:

I – quando houver renúncia pura e simples à herança ou ao legado, sem ressalva ou condição, desde que o renunciante não indique beneficiário ou tenha praticado ato que demonstre aceitação;

II – no recebimento de capital estipulado de seguro de vida contratado com cláusula de cobertura de risco;

III – na extinção de usufruto ou de qualquer outro direito real;

IV – sobre o fruto e rendimento do bem do espólio havidos após o falecimento do autor da herança ou legado; e

V – nas hipóteses relativas às imunidades previstas no inciso VI do caput do art. 150 da Constituição Federal.

Seção III
Das Isenções

Art. 8º. Estão isentas do imposto:

I – a doação do domínio direto relativo à enfiteuse;

II – a doação a Estado estrangeiro de imóvel destinado exclusivamente ao uso de sua missão diplomática ou consular;

III – a transmissão dos bens ao cônjuge, em virtude da comunicação decorrente do regime de bens do casamento, assim como ao companheiro, em decorrência de união estável;

IV - a caducidade ou extinção do fideicomisso, com a consolidação da propriedade na pessoa do fiduciário ou do fideicomissário;

V - a doação de imóvel para residência própria, por uma única vez, a qualquer título, quando feita a ex-combatentes da Segunda Guerra Mundial, assim considerados os que participaram das operações bélicas, como integrantes do Exército, da Aeronáutica, da Marinha de Guerra e da Marinha Mercante do Brasil;

VI - a transmissão causa mortis de valores não recebidos em vida pelo falecido, correspondentes a salário, remuneração, rendimentos de aposentadoria e pensão, honorários e saldos das contas individuais do Fundo de Garantia do Tempo de Serviço - FGTS e do Fundo de Participação PIS-PASEP, excluídos os casos de que trata o art. 23;

VII - a transmissão causa mortis de bens e direitos integrantes de monte-mor cujo valor total não ultrapasse a quantia equivalente a 13.000 (treze mil) Unidades Fiscais de Referência do Estado do Rio de Janeiro (UFIRs-RJ);

VIII - a doação, em dinheiro, de valor que não ultrapasse a quantia equivalente a 11.250 (onze mil, duzentas e cinquenta) UFIRs-RJ por ano civil, por donatário;

IX - a doação de imóvel ocupado por comunidade de baixa renda, destinado a regularização fundiária e urbanística promovida pelo Poder Público;

X - a doação de imóvel destinado a programa habitacional promovido pelo Poder Público, destinado a pessoas de baixa renda ou em decorrência de calamidade pública;

XI - a transmissão causa mortis de imóveis residenciais a pessoas físicas, desde que a soma do valor dos mesmos não ultrapasse o valor equivalente a 60.000 (sessenta mil) UFIRs-RJ. (Nova redação dada pela Lei 7786/2017.)

XII - a transmissão causa mortis de um único imóvel para residência própria, por única vez, quando feita a herdeiros necessários de policiais militares e civis, e agentes penitenciários mortos comprovadamente em decorrência do desempenho da atividade profissional;

XIII - a transmissão causa mortis de imóveis residenciais dos Programas de Arrendamento Residencial (PAR) e Minha Casa Minha Vida, observados os valores dos respectivos programas;

XIV - a transmissão causa mortis de imóveis localizados em Unidades de Conservação da Natureza onde os residentes pertençam à comunidades tradicionais e quilombolas, devidamente comprovados, na forma da legislação;

XV - a doação de um único imóvel para residência própria, por uma única vez, quando feita pela vítima de violência praticada por agente de Estado, quando transitada em julgado a sentença condenatória;

XVI – a doação de um único imóvel para residência própria, por uma única vez, quando feita a pensionistas de policiais militares e civis, e inspetores de segurança da administração penitenciária, mortos em, serviço ou em decorrência dele.

XVII – a doação ou transmissão causa mortis a pessoas físicas de um único imóvel residencial localizado em comunidades de baixa renda, na forma a ser regulamentada pelo Poder Executivo. (Incluído pela Lei 7786/2017.)

XVIII – A transmissão causa mortis e a doação a fundações de direito privado com sede no Estado do Rio de Janeiro, bem como a associações de assistência social, saúde e educação, ou das que mantenham atividades em ao menos um dos temas citados nos incisos do artigo 3º da Lei 5.501 de Julho de 2009, independente de certificação, inclusive as instituições sem finalidade econômica financiadoras e daquelas dedicadas a constituição de fundos para financiamento das instituições isentas ou de suas atividades. (Incluído pela Lei 7786/2017.)

§ 1º – O cálculo do valor total do monte-mor, para efeitos da fruição da isenção prevista no inciso VII, não inclui o valor dos imóveis de que trata o inciso XI, ambos do caput deste artigo.

§ 2º – Fica dispensado o pagamento do crédito tributário quando o valor total da guia de lançamento não ultrapassar o valor equivalente a 20 (vinte) UFIRs-RJ.

§ 3º – O disposto no inciso XVIII deste artigo não se aplica às entidades legalmente constituídas na forma de Organizações Sociais. (Incluído pela Lei 7786/2017.)

Art. 9º. O reconhecimento de imunidade, não incidência, isenção, ou suspensão do pagamento do imposto será realizado pela autoridade fiscal, na forma estabelecida pelo Poder Executivo, sendo expedido, nos casos previstos na legislação, o respectivo certificado declaratório.

§ 1º – O reconhecimento das isenções previstas nos incisos IX, X, XIII e XIV do caput do art. 8º dependerá de prévia verificação da satisfação das condições relativas ao imóvel doado, por órgão técnico que emitirá manifestação conclusiva, na forma da legislação específica.

§ 2º – Nas hipóteses previstas nos incisos VI e VII do caput do art. 8º, quando o inventário se processar sob o rito convencional ou em caso de requerimento autônomo de alvará, o reconhecimento das isenções se dará no âmbito do processo judicial, não se aplicando o disposto no caput deste artigo.

§ 3º – Quando constatado, a posteriori, o não atendimento das condições para o gozo de imunidade, não incidência, isenção, ou suspensão do pagamento do imposto, inclusive em decorrência de sobrepartilha, o reconhecimento respectivo será revisto de ofício, com a cobrança do imposto e acréscimos legais, sem prejuízo da aplicação das penalidades previstas no art. 37.

§ 4º – A critério do Poder Executivo, o reconhecimento de imunidade, não incidência, isenção, remissão ou suspensão do pagamento do imposto poderá ser concedido automaticamente, quando o benefício a ser concedido for determinável segundo critérios objetivos. (Incluído pela Lei 7786/2017.)

Seção IV
Do Contribuinte

Art. 10. O contribuinte do imposto é o beneficiário, usufrutuário, cessionário, fiduciário, herdeiro, legatário ou donatário, assim entendida a pessoa em favor da qual se opera a transmissão do bem ou direito, por doação ou causa mortis.

Seção V
Dos Responsáveis

Art. 11. São solidariamente obrigados pelo pagamento do crédito tributário devido pelo contribuinte ou responsável:

I - o doador, o cedente ou o donatário quando não contribuinte;

II - os notários, os registradores, os escrivães e os demais servidores do Poder Judiciário, em relação aos atos praticados por eles ou perante eles, em razão de seu ofício, que não exigirem o cumprimento do disposto na legislação tributária;

III - a empresa, a instituição financeira ou bancária e todo aquele a quem caiba a responsabilidade pelo registro ou pela prática de ato que implique na transmissão de bem móvel ou imóvel e respectivos direitos e ações;

IV - o inventariante ou o testamenteiro em relação aos atos que praticarem;

V - o titular, o administrador e o servidor dos demais órgãos ou entidades de direito público ou privado onde se processe o registro, a anotação ou a averbação de doação;

VI - qualquer pessoa natural ou jurídica que detenha a posse do bem transmitido ou doado;

VII - o cessionário, inclusive na cessão onerosa, em relação ao imposto devido pela transmissão causa mortis dos direitos hereditários a ele cedidos;

VIII - a pessoa natural ou jurídica que tenha interesse comum na situação que constitua o fato gerador da obrigação principal; e

IX - os coerdeiros, legatários e codonatários, em relação à totalidade do bem transmitido.

Art. 12. O cessionário, inclusive na cessão onerosa, é responsável pelo pagamento do imposto devido sobre as cessões anteriores realizadas sem o respectivo pagamento.

Art. 13. São responsáveis pela retenção e recolhimento do imposto:

I – as instituições autorizadas pelo Banco Central do Brasil a operar no mercado de câmbio, nas doações realizadas por meio de transferências financeiras para o exterior e do exterior para o País; e

II – as entidades de previdência complementar, bem como as sociedades seguradoras autorizadas, na hipótese da transmissão causa mortis referida no art. 23.

Parágrafo único. Não efetuada a retenção referida no caput deste artigo, o pagamento do imposto pode ser exigido do responsável ou do contribuinte.

Seção VI
Da Base de Cálculo

Art. 14. A base de cálculo do imposto é o valor de mercado do bem ou do direito transmitido.

§ 1º – O valor de mercado é determinado por meio de avaliação judicial ou administrativa, que poderão considerar, dentre outros elementos, as disposições desta seção, o valor declarado pelo contribuinte, valores praticados ou oferecidos em operações onerosas relativas aos bens e direitos transmitidos ou a similares, ou fixados para incidência de outros tributos, bem como indicadores de mercado e normas técnicas ou contábeis aplicáveis.

§ 2º – Excluem-se da base de cálculo do imposto:

I – desde que comprovadas a origem, autenticidade e pré-existência, as dívidas:

a) do falecido; ou

b) que onerem o bem doado.

II – as despesas de funeral.

§ 3º – Não se aplica o disposto no inciso I do § 2º deste artigo quando:

I – o valor da dívida já tiver sido levado em consideração para determinação do valor de mercado do bem ou direito; ou

II – a dívida estiver acobertada por seguro total.

§ 4º – Nos casos não previstos nesta seção, a base de cálculo do imposto será o valor do bem ou direito na data da avaliação.

Art. 15 Para fins de fixação da base de cálculo, resolução do Secretário de Estado de Fazenda poderá estabelecer valores mínimos dos bens e direitos transmitidos, por meio de plantas de valores, sempre que possível municipais.

Art. 16 A base de cálculo será apurada mediante avaliação judicial dos bens ou direitos nas transmissões causa mortis processadas por inventário e nas demais transmissões não onerosas sujeitas a processos judiciais, excetuado o arrolamento.

Parágrafo único. Não se procederá à avaliação judicial:

I - quando capazes todas as partes e a Fazenda Pública, intimada na forma da lei processual, concordar expressamente com o valor atribuído aos bens do espólio; ou

II - se os herdeiros concordarem com o valor dos bens apurado pela Fazenda Pública.

Art. 17 A base de cálculo será apurada pela autoridade fiscal mediante avaliação administrativa dos bens ou direitos, nas seguintes hipóteses:

I - inventário processado na forma de arrolamento;

II - inventário e demais partilhas de bens realizados por escritura pública;

III - doação; e

IV - qualquer outra hipótese não prevista no art. 16.

Parágrafo único. A contestação da avaliação administrativa do bem ou direito poderá ser realizada por meio de impugnação do lançamento, nos termos do § 1º do art. 28.

Art. 18. Na transmissão de moeda nacional, seja em espécie, saldo em conta corrente ou aplicação financeira, inclusive na forma de quotas de fundo de investimento, a base de cálculo é o valor do montante na data do fato gerador, nas transmissões causa mortis, ou na data do lançamento, nos casos de doação.

Art. 19. Na transmissão de moeda estrangeira, a base de cálculo é o valor do montante convertido para a moeda nacional pela taxa de câmbio disponibilizada pelo Banco Central do Brasil na data do fato gerador, nas transmissões causa mortis, ou na data imediatamente anterior à do lançamento, nos casos de doação.

Art. 20. Na transmissão de veículos automotores será adotada a base de cálculo do Imposto sobre a Propriedade de Veículos Automotores (IPVA).

Art. 21. A base de cálculo, na transmissão de:

I - bens e direitos negociados em bolsa de valores, é o valor de cotação média do pregão realizado na data do fato gerador, nas transmissões causa mortis, ou do último pregão realizado antes da data de lançamento, nos casos de doação.

II - títulos da dívida pública, é o valor da cotação oficial na data do fato gerador, nas transmissões causa mortis, ou do lançamento, nos casos de doação.

Parágrafo único. Nas transmissões causa mortis referidas no inciso I do caput deste artigo, não havendo pregão na data do fato gerador, a base de cálculo será o valor da cotação média do último pregão realizado anteriormente.

Art. 22. Na transmissão de ações não negociadas em bolsas, quotas ou outros títulos de participação em sociedade simples ou empresária, a base de cálculo será apurada conforme o valor de mercado da sociedade, com base no montante do patrimônio líquido registrado no balanço patrimonial anual do exercício imediatamente anterior ao do fato gerador.

§ 1º – Quando o valor do patrimônio líquido não corresponder ao valor de mercado, a autoridade fiscal poderá proceder aos ajustes necessários à sua determinação, conforme as normas e práticas contábeis aplicáveis à apuração de haveres e à avaliação patrimonial.

§ 2º – Aplica-se o disposto neste artigo, no que couber, à transmissão de acervo patrimonial de empresário individual.

Art. 23. Na transmissão causa mortis de valores e direitos relativos a planos de previdência complementar com cobertura por sobrevivência, estruturados sob o regime financeiro de capitalização, tais como Plano Gerador de Benefício Livre (PGBL) ou Vida Gerador de Benefício Livre (VGBL), para os beneficiários indicados pelo falecido ou pela legislação, a base de cálculo é:

I – o valor total das quotas dos fundos de investimento, vinculados ao plano de que o falecido era titular na data do fato gerador, se o óbito ocorrer antes do recebimento do benefício; ou

II – o valor total do saldo da provisão matemática de benefícios concedidos, na data do fato gerador, se o óbito ocorrer durante a fase de recebimento da renda.

Art. 24. Na transmissão de bens imóveis ou de direitos a eles relativos, a base de cálculo é:

I – o valor integral do bem na:

a) transmissão do domínio pleno;

b) doação com reserva de usufruto ou outro direito real;

c) transmissão da nua-propriedade, sendo o transmitente o último titular do domínio pleno;

d) instituição de fideicomisso;

e) transmissão do domínio útil relativo à enfiteuse; e

f) transmissão da propriedade resolúvel.

II - 50% (cinquenta por cento) do valor do bem na transmissão da nua-propriedade, não sendo o transmitente o último titular do domínio pleno;

III - 50% (cinquenta por cento) do valor do bem na:

a) instituição de usufruto, uso e habitação; e

b) instituição e transmissão do direito de superfície.

IV - o valor integral do bem na transmissão da posse.

§ 1º - No caso de promessa de compra e venda, devidamente registrada, a base de cálculo será proporcional:

I - sendo transmitente o promitente vendedor, à parcela ainda não quitada do valor do bem;

II - sendo transmitente o promitente comprador, à parcela já quitada do valor do bem.

§ 2º - Na transmissão de direitos relativos a bens adquiridos por meio de alienação fiduciária, a base de cálculo será proporcional à parcela já quitada do valor do bem.

§ 3º - Resolução do Secretário de Estado de Fazenda pode estabelecer, como limite mínimo para fixação do valor do bem, dentre outros critérios:

I - valor fixado para o lançamento do Imposto sobre a Propriedade Predial e Territorial Urbano - IPTU, em se tratando de imóvel urbano ou de direito a ele relativo; ou

II - valor total do imóvel informado pelo contribuinte para efeito do Imposto sobre a Propriedade Territorial Rural - ITR, em se tratando de imóvel rural ou de direito a ele relativo.

§ 4º - Constatado que os valores mencionados nos incisos do § 3º deste artigo são inferiores aos de mercado, poderão ser aplicados índices de ajuste aos mesmos.

Art. 25. Na transmissão de bens móveis ou de direitos a eles relativos, a fixação da base de cálculo observará, além da previsão dos artigos específicos contidos nesta seção, o disposto no art. 24, no que couber.

Seção VII
Da Alíquota

Art. 26. O imposto é calculado aplicando-se, sobre o valor fixado para a base de cálculo, considerando-se a totalidade dos bens e direitos transmitidos, a alíquota de:

I - 4,0% (quatro e meio por cento), para valores até 70.000 UFIR-RJ;

II - 4,5% (quatro e meio por cento), para valores acima de 70.000 UFIR-RJ e até 100.000 UFIR-RJ;

III – 5,0% (cinco por cento), para valores acima de 100.000 UFIR-RJ e até 200.000 UFIR-RJ;

IV – 6% (seis por cento), para valores acima de 200.000 UFIR-RJ até 300.000 UFIR-RJ;

V – 7% (sete por cento), para valores acima de 300.000 UFIR-RJ e até 400.000 UFIR-RJ;

VI – 8% (oito por cento) para valores acima de 400.000 UFIR-RJ

§ 1º – Em caso de sobrepartilha que implique a mudança de faixa de alíquotas, será cobrada a diferença do imposto, com os acréscimos legais, sem prejuízo da aplicação das penalidades previstas no art. 37, caso não comprovados os requisitos previstos no Código de Processo Civil.

§ 2º – Aplica-se a alíquota vigente ao tempo da ocorrência do fato gerador. (Nova redação dada pela Lei 7786/2017.)

Capítulo III
DA CONSTITUIÇÃO DO CRÉDITO TRIBUTÁRIO

Seção I
Da Declaração

Art. 27. O sujeito passivo deverá prestar ao Fisco declaração relativa à ocorrência do fato gerador do ITD e aos bens e direitos transmitidos, contendo todas as informações indispensáveis à efetivação do lançamento, conforme previsto na legislação.

§ 1º – Não produzirá efeitos a declaração que não contiver as informações necessárias à efetivação do lançamento, bem como as declarações realizadas para a simulação do cálculo do imposto, podendo ser cancelada por petição simples a qualquer tempo. (Nova redação dada pela Lei 7786/2017.)

§ 2º – A declaração é obrigatória também nos casos de imunidade, não incidência, isenção ou suspensão do imposto, ressalvados os casos previstos no § 2º do art. 9º.

§ 3º – A declaração relativa à doação deverá ser prestada pelo donatário ou, caso não cumprida a obrigação, pelo doador.

§ 4º – O sujeito passivo deverá prestar a declaração:

I – no prazo máximo de 60 (sessenta) dias contados da intimação:

a) da decisão homologatória do cálculo, na transmissão causa mortis que se processe sob o rito de inventário;

b) da sentença homologatória, quando o inventário se processar sob a forma de arrolamento; ou

c) da sentença de partilha judicial de bens, em especial nos casos de dissolução conjugal, alteração do regime de bens ou extinção de condomínio.

II - no prazo máximo de 90 (noventa) dias contados da data:

a) do óbito, nas sucessões processadas de forma extrajudicial;

b) em que os bens se tornem passíveis de serem sobrepartilhados, desde que comprovados os requisitos previstos no Código de Processo Civil; ou

c) em que ocorrer o fato ou ato jurídico determinante da consolidação da propriedade, exceto no caso de doação da nua-propriedade.

III - antes da ocorrência da doação, com ou sem a lavratura de instrumento público ou particular, ainda que fora do estado; ou

IV - na forma e prazos estabelecidos em resolução do Secretário de Estado de Fazenda, nos casos previstos no art. 13.

Seção II
Do Lançamento

Art. 28. O ITD é tributo lançado pela autoridade fiscal com base na declaração do sujeito passivo e na avaliação judicial ou administrativa dos bens e direitos transmitidos.

§ 1º - O prazo para impugnação do lançamento é de 30 (trinta) dias contados da data de ciência do lançamento pelo contribuinte, que se realizará:

I - pelo recebimento da guia de lançamento, inclusive quando emitida por meio eletrônico; ou

II - pela intimação relativa a lançamento de ofício.

§ 2º - Não ocorrido o fato gerador, o contribuinte deverá requerer o cancelamento da guia de lançamento, no prazo de 60 (sessenta) dias a contar da data de vencimento do imposto, sob pena de aplicação da multa prevista no inciso VI do caput do art. 37.

§ 3º - Por ocasião do lançamento, o valor do imposto apurado será atualizado monetariamente, desde a data da avaliação ou do fato gerador, conforme o caso, de acordo com o índice adotado pela Fazenda.

§ 4º - Quando o lançamento for realizado com base:

I – na avaliação administrativa dos bens e direitos transmitidos, poderá ser revisto de ofício pela autoridade fiscal quando se comprove falsidade, erro ou omissão na declaração referida no art. 27, bem como nas demais hipóteses previstas na legislação, enquanto não extinto o direito da Fazenda Pública;

II – no valor dos bens e direitos transmitidos informados pelo sujeito passivo, sem prévia avaliação administrativa, com o efetivo recolhimento do imposto, ficará sujeito à posterior homologação pela autoridade fiscal.

Art. 29. O direito de a Fazenda Pública efetuar o lançamento extingue-se após 5 (cinco) anos, contados do primeiro dia do exercício seguinte àquele em que o lançamento poderia ter sido efetuado com base nas informações necessárias à formalização do crédito tributário, obtidas por meio da declaração de que trata o art. 27.

Capítulo VI
DO PAGAMENTO DO IMPOSTO

Seção I
Do Prazo de Pagamento

Art. 30. O imposto deverá ser pago, a critério do contribuinte:

I – integralmente, no prazo de 60 (sessenta) dias contados da ciência do lançamento; ou

II – em quatro parcelas mensais, iguais e sucessivas, sem acréscimo, vencida a primeira no prazo de 30 (trinta) dias contados da ciência do lançamento, não se aplicando o disposto no § 5º do art. 173 do Decreto-Lei nº 05, de 15 de março de 1975.

§ 1º – No caso de doação realizada com ou sem a lavratura de instrumento público ou particular, ainda que fora do Estado, o imposto deverá ser pago antes da ocorrência do fato gerador, dentro dos prazos estabelecidos no caput deste artigo.

§ 2º – Nas hipóteses referidas no art. 13, o imposto será retido e recolhido na forma e prazos estabelecidos em Resolução do Secretário de Estado de Fazenda.

§ 3º – Quando constituído por meio de auto de infração, o prazo para pagamento do crédito tributário é de 30 (trinta) dias contados da intimação.

§ 4º – O crédito tributário não pago nos prazos previstos neste artigo sofrerá os acréscimos moratórios previstos no art. 173 do Decreto-Lei nº 05 de 15 de março de 1975.

§ 5º – Em caso de inventário judicial, os herdeiros poderão se utilizar do montante constante do espólio para fins de quitação do ITD.

Seção II
Do Parcelamento

Art. 31. Fica permitido o parcelamento do imposto vencido, em até 24 (vinte e quatro) meses sucessivos, nos termos e condições estabelecidos em Resolução do Secretário de Estado de Fazenda.

Parágrafo único. O prazo previsto no caput deste artigo poderá ser ampliado por meio de decreto, em até 60 (sessenta) meses sucessivos.

Seção III
Da Compensação

Art. 32. Para a liquidação de créditos tributários relativos ao imposto fica autorizada, conforme estabelecido pelo Poder Executivo, a compensação dos mesmos com créditos líquidos e certos do sujeito passivo contra a Fazenda, correspondentes a valores concernentes ao ITD pagos indevidamente ou a maior.

Capítulo VII
DAS OBRIGAÇÕES DE TERCEIROS

Art. 33. Os titulares ou responsáveis do Tabelionato de Notas, do Registro de Títulos e Documentos, do Registro Civil das Pessoas Jurídicas, do Registro de Imóveis, do Registro de Distribuição, do Registro Civil das Pessoas Naturais e do Registro de Contratos Marítimos, de acordo com suas atribuições, prestarão à Secretaria de Estado de Fazenda, em prazo não superior a 60 (sessenta) dias corridos, informações referentes:

I - à celebração de escritura ou ao registro de doação;

II - à instituição e à extinção de direitos reais ou de fideicomisso;

III - à alteração de contrato social que constitua fato gerador do imposto;

IV - aos títulos judiciais ou particulares translativos de direitos reais ou possessórios sobre móveis e imóveis;

V - aos testamentos e atestados de óbito; e

VI - a outros eventos ou atos, como dispuser resolução do Secretário de Estado de Fazenda.

Parágrafo único. Os serventuários mencionados no caput deste artigo ficam obrigados a exibir à autoridade fiscal livros, registros, fichas e outros documentos que estiverem em seu poder, bem como entregar, se solicitadas, fotocópias ou certidões de inteiro teor, independentemente do pagamento de emolumentos.

Art. 34. Sem o prévio recolhimento do imposto, não se fará a lavratura, o registro ou a averbação, nos termos da lei, dos atos, instrumentos ou títulos relativos à transmissão de imóveis ou de direitos reais imobiliários, ou à ocorrência de fato ou ato jurídico determinante da consolidação da propriedade, inclusive formais de partilha e cartas de adjudicação, bem como os referentes à transmissão de títulos, de créditos, de ações, de quotas, de valores e de outros bens móveis de qualquer natureza ou de direitos a eles relativos.

Parágrafo único. Para a comprovação do recolhimento do imposto, ou de sua inexigibilidade, os oficiais de registro público, tabeliães, escreventes e demais serventuários deverão, no ato da lavratura, registro ou averbação dos atos, instrumentos ou títulos referidos no caput deste artigo, realizar consulta de autenticidade da declaração e da guia de lançamento, bem como da quitação ou exoneração do ITD.

Art. 35. Sem o prévio recolhimento do imposto, não se fará a averbação ou registro dos atos sujeitos à competência da Junta Comercial do Estado do Rio de Janeiro que constituam fato gerador do imposto.

Parágrafo único. A Junta Comercial do Estado do Rio de Janeiro enviará à Secretaria de Estado de Fazenda informações sobre os atos referidos no caput deste artigo, em prazo não superior a 60 (sessenta) dias corridos.

Art. 36. As autoridades judiciárias e os escrivães darão vista aos representantes judiciais do Estado:

I – dos processos em que sejam inventariados, avaliados, partilhados ou adjudicados bens de espólio, ressalvados os inventários processados por arrolamento, e dos de liquidação de sociedades em virtude de falecimento de sócio;

II – de precatórias ou rogatórias para avaliação de bens ou direitos alcançados pela incidência do imposto; e

III – de quaisquer outros processos nos quais se faça necessária a intervenção da Fazenda para evitar evasão do imposto.

Capítulo VIII
DAS PENALIDADES

Art. 37. O descumprimento das obrigações previstas nesta Lei sujeita o infrator à aplicação das seguintes penalidades:

I – a quem não prestar a declaração nos prazos previstos no § 4º do art. 27 ou no art. 46, será aplicada MULTA de 10% (dez por cento) do valor do imposto devido, acrescida de 10 (dez) pontos percentuais a cada doze meses adicionais, até o limite de 40% (quarenta por cento) do imposto devido, ou MULTA de 80% (oitenta por cento) do valor do imposto devido, quando constatada a infração no curso de procedimento fiscal;

II – a quem não prestar a declaração nos prazos previstos no § 4º do art. 27, quando não exigível o imposto, será aplicada MULTA de valor equivalente a 450 (quatrocentas e cinquenta) UFIRs-RJ por bem ou direito, cobrada em dobro quando constatada a infração no curso de procedimento fiscal, não superior às multas previstas no inciso I do caput deste artigo, caso fosse exigível o imposto;

III - a quem prestar a declaração com omissão ou inexatidão que provoque a redução total ou parcial do valor do imposto, inclusive relativa a imunidade, não incidência, isenção ou suspensão, será aplicada MULTA de 20% (vinte por cento) do valor do imposto não pago, ou MULTA de 100% (cem por cento) do valor do imposto não pago, quando caracterizada a intenção fraudulenta no curso de procedimento fiscal, ficando dispensada a MULTA caso feita a retificação antes da data inicial de vencimento do imposto;

IV - a quem falsificar ou alterar documento de arrecadação ou que tenha servido de base para o lançamento, ou utilizar documento falsificado ou alterado como comprovante de quitação do imposto, será aplicada MULTA de 150% (cento e cinquenta por cento) do valor do imposto não pago, não inferior a valor equivalente a 1.000 (mil) UFIRs-RJ por documento;

V - a quem não requerer a abertura do processo judicial de inventário e partilha dentro de 2 (dois) meses, a contar da abertura da sucessão, será aplicada MULTA de 10% (dez por cento) do valor do imposto devido, cobrada em dobro quando constatada a infração no curso de procedimento fiscal;

VI - a quem não requerer o cancelamento da guia de lançamento, quando não ocorrido o fato gerador, no prazo previsto no § 2º do art. 28, será aplicada MULTA de valor equivalente a 450 (quatrocentas e cinquenta) UFIRs-RJ, cobrada em dobro quando constatada a infração no curso de procedimento fiscal;

VII - a quem não prestar, ou prestar de forma incompleta, as informações previstas no art. 33, será aplicada MULTA de 1% (um por cento) do valor não informado, cobrada em dobro quando constatada a infração no curso de procedimento fiscal, não inferior a valor equivalente a 1.000 (mil) UFIRs-RJ;

VIII - a quem não recolher o imposto na forma e prazos estabelecidos na resolução referida no § 2º do art. 30, será aplicada MULTA de 10% (dez por cento) do valor do imposto retido e não recolhido, cobrada em dobro quando constatada a infração no curso de procedimento fiscal, não inferior a valor equivalente a 1.000 (mil) UFIRs-RJ;

IX - a quem não realizar a consulta que comprove a autenticidade da guia de lançamento, conforme previsto no parágrafo único do art. 34, será aplicada MULTA de 10% (dez por cento) do valor do imposto não pago, não inferior a valor equivalente a 1.000 (mil) UFIRs-RJ;

X - a quem não atender, total ou parcialmente, intimação expedida no âmbito de procedimento fiscal, para que forneça informações ou documentos que deva elaborar ou manter, conforme previsto em legislação, ou necessário ao lançamento do imposto, será aplicada:

a) no caso da primeira intimação, MULTA de valor equivalente a 450 (quatrocentas e cinquenta) UFIRs-RJ;

b) no caso da segunda intimação, MULTA de valor equivalente a 700 (setecentas) UFIRs-RJ;

c) no caso da terceira intimação, MULTA de valor equivalente a 1.000 (mil) UFIRs-RJ, com a caracterização do embaraço à ação fiscal;

d) no caso das demais intimações posteriormente expedidas: MULTA de valor equivalente a 1.500 (mil e quinhentas) UFIRs-RJ por intimação.

XI – a quem embaraçar, dificultar, retardar ou impedir a ação fiscal por qualquer meio ou forma, nos casos não previstos no inciso X do caput deste artigo, será aplicada MULTA de valor equivalente a 2.000 (duas mil) UFIRs-RJ.

§ 1º – A aplicação das penalidades previstas nos incisos do caput deste artigo:

I – implica valor nunca inferior ao equivalente a 450 (quatrocentas e cinquenta) UFIRs-RJ;

II – não exime o infrator do cumprimento da obrigação inobservada; e

III – não é afastada pelo pagamento do imposto, no caso de infração pelo descumprimento de obrigação acessória.

§ 2º – As multas elencadas no caput deste artigo serão reduzidas em:

I – 50% (cinquenta por cento), quando o pagamento ocorrer no prazo de 30 (trinta) dias contados da ciência da autuação;

II – 20% (vinte por cento), quando o pagamento ocorrer após vencido o prazo previsto no inciso I deste parágrafo e até 30 (trinta) dias contados da data da ciência do julgamento de primeira instância que negar provimento, total ou parcial, à impugnação; ou

III – 10% (dez por cento), quando o pagamento ocorrer após vencido o prazo previsto no inciso II deste parágrafo e até 30 (trinta) dias contados data da ciência do julgamento de segunda instância que negar provimento, total ou parcial, ao recurso.

§ 3º – A aplicação das reduções de penalidades previstas no § 2º deste artigo depende:

I – da prévia desistência da impugnação ou do recurso, com renúncia de defesa na esfera administrativa e reconhecimento do débito; e

II – do prévio pagamento ou parcelamento do imposto, sempre que devido.

§ 4º – A não apresentação de declaração relativa a bem ou direito implica a aplicação das penalidades previstas nos incisos I ou II do caput deste artigo, conforme o caso, mesmo que tenham sido declarados outros bens e direitos relacionados ao mesmo fato gerador.

Art. 38. A autoridade fiscal poderá desconsiderar total ou parcialmente atos ou negócios jurídicos, a despeito de alegadamente onerosos, quando o adquirente não dispuser de capacidade financeira ou a contrapartida tiver valor significativamente inferior ao valor de mercado do bem ou direito adquirido, observados os procedimentos fixados nos parágrafos deste artigo e demais normas regulamentares a serem editadas pela Secretaria de Estado de Fazenda.

§ 1º – Para a realização da desconsideração do ato ou negócio jurídico prevista no caput deste artigo, após o início da ação fiscal a autoridade fiscal deverá intimar o sujeito passivo a prestar esclarecimentos e informações, no prazo de 30 (trinta) dias, sobre os fatos, causas, motivos e circunstâncias que justifiquem a prática do ato ou do negócio jurídico, capazes de afastar a premissa de falta de capacidade financeira e/ou desproporção do valor atribuído.

§ 2º – Não atendida a intimação a que se refere o § 1º deste artigo, ou sendo insuficientes as informações ou esclarecimentos, a autoridade fiscal efetuará a lavratura de auto de infração, fundamentado com a descrição do ato ou negócio jurídico, a justificativa de sua desconsideração e a especificação da base de cálculo do imposto, da alíquota incidente e dos acréscimos legais.

§ 3º – Além do procedimento de que trata o § 1º deste artigo, o direito ao contraditório e à ampla defesa será exercido no contencioso relativo ao auto de infração lavrado com base no disposto neste artigo.

Capítulo IX
DISPOSIÇÕES TRANSITÓRIAS E FINAIS

Art. 39. A comunicação com o sujeito passivo poderá ser realizada por via eletrônica, na forma da legislação específica.

Art. 40. Enquanto não editada a resolução de que trata o § 2º do art. 30, o pagamento do imposto, nas hipóteses referidas no art. 13, observará o disposto no caput e § 1º do art. 30.

Art. 41. Ficam extintos por remissão os créditos tributários de Imposto sobre Transmissão de Bens Imóveis e de Direitos a eles Relativos (ITBI), não inscritos em dívida ativa até a data de produção de efeitos deste artigo, constituídos ou não, cujos fatos geradores tenham ocorrido até 28 de fevereiro de 1989, exceto aqueles que se encontram parcelados, bem como os créditos de ITD prescritos e não inscritos em Dívida Ativa.

Art. 42. Por ocasião da extinção de direito real reservado pelo transmitente quando da transmissão da titularidade do bem, realizada anteriormente à produção de efeitos deste artigo, deverá ser paga a segunda parcela do imposto, em complemento à primeira parcela de 50% (cinquenta por cento), recolhida no momento da ocorrência do fato gerador.

Art. 43. Aplica-se ao Imposto sobre a Transmissão Causa Mortis e Doação de Quaisquer Bens ou Direitos toda legislação tributária que não conflitar com esta Lei.

Art. 44. O Poder Executivo regulamentará a presente Lei, por Decreto, devendo o Secretário de Estado de Fazenda editar todos os atos necessários à sua aplicação.

Parágrafo único. Além das obrigações específicas previstas nesta Lei, poderá o regulamento, no interesse da fiscalização e da arrecadação do imposto, estabelecer ou dispensar outras acessórias de natureza geral ou particular.

Art. 45. Para efeito da aplicação das penalidades previstas no inciso I do caput do art. 37, no caso de fatos geradores ocorridos anteriormente à vigência desta Lei, o prazo para prestação da declaração será de 180 (cento e oitenta) dias, contados da data da vigência desta Lei.

Art. 46. Ficam revogadas as seguintes leis e disposições:

I - Lei nº 1.427, de 13 de fevereiro de 1989, observado o disposto no parágrafo único deste artigo;

II - Lei nº 1.618, de 23 de fevereiro de 1990;

III - art. 1º da Lei nº 2.052, de 31 de dezembro de 1992;

IV - Lei nº 2.821, de 07 de novembro de 1997;

V - Lei nº 3.515, de 21 de dezembro de 2000;

VI - Lei nº 3.633, de 13 de setembro de 2001;

VII - Lei nº 5.440, de 05 de maio de 2009; e

VIII - Lei n° 7.069, de 02 de outubro 2015.

Parágrafo único. A produção de efeitos da revogação da Lei nº 1.427, de 1989 se dará em dois momentos, da forma seguinte:

I - a revogação do art. 3º, dos incisos I e II do caput do art. 11 e do art. 17 da Lei nº 1.427, de 1989 produzirá efeitos no ano subsequente ao da publicação desta Lei e após decorrido o prazo de 90 (noventa) dias;

II - a revogação dos demais dispositivos da Lei nº 1.427, de 1989 produzirá efeitos em 1º de julho de 2016.

Art. 47. Esta Lei entra em vigor na data de sua publicação, sendo que os arts. 8º, 9º, 24, 26, 41 e 42, bem como a revogação dos dispositivos referidos no inciso I do parágrafo único do 46, produzem efeitos no ano subsequente e após decorrido o prazo de 90 (noventa) dias, e os demais dispositivos em 1º de julho de 2016.

Rio de Janeiro, em 28 de dezembro de 2015.

LUIZ FERNANDO DE SOUZA

Governador

LEI Nº 7.455, DE 18 DE OUTUBRO DE 2016

- CRIA O PROGRAMA DE ESTÍMULO À CIDADANIA FISCAL DO ESTADO DO RIO DE JANEIRO - NOTA FLUMINENSE.

Art. 1º. Institui o Programa de Estímulo à Cidadania Fiscal do Estado do Rio de Janeiro, com o objetivo de incentivar os adquirentes de mercadorias, bens e serviços de transporte interestadual a exigirem, do fornecedor, a entrega de documento fiscal hábil.

Art. 2º. A pessoa natural ou jurídica que adquirir mercadorias, bens ou serviços de transporte interestadual de estabelecimento fornecedor localizado no Estado do Rio de Janeiro, que seja contribuinte do Imposto sobre Operações Relativas à Circulação de Mercadorias e sobre Prestações de Serviços de Transporte Interestadual e Intermunicipal e de Comunicação – ICMS, fará jus ao recebimento de créditos do Tesouro do Estado.

§ 1º – Os créditos previstos no caput deste artigo somente poderão ser concedidos se:

I – o documento relativo à aquisição for um Documento Fiscal Eletrônico, assim entendido aquele constante de relação a ser divulgada pela Secretaria da Fazenda;

II – o adquirente inscrito no Cadastro de Pessoas Físicas do Ministério da Fazenda – CPF/MF ou no Cadastro Nacional da Pessoa Jurídica – CNPJ/MF for:

a) pessoa física;

b) entidade de direito privado sem fins lucrativos, conforme estabelecido pela Secretaria da Fazenda;

c) condomínio edilício.

§ 2º - Os créditos previstos no caput deste artigo não serão concedidos:

I - na hipótese de aquisições que não sejam sujeitas à tributação pelo ICMS;

II - relativamente às operações de fornecimento de energia elétrica e gás canalizado ou de prestação de serviço de comunicação;

III - se o adquirente for órgão da administração pública direta da União, dos Estados e dos Municípios, bem como suas autarquias, fundações instituídas e mantidas pelo Poder Público, empresas públicas, sociedades de economia mista e demais entidades controladas direta ou indiretamente pela União, pelos Estados ou pelos Municípios; e

IV - na hipótese de o documento emitido pelo fornecedor:

a) não ser documento fiscal hábil;

b) não indicar corretamente o adquirente; e

c) tiver sido emitido mediante fraude, dolo ou simulação.

Art. 3º. O valor correspondente a até 10% (dez por cento) do ICMS que cada estabelecimento tenha efetivamente recolhido será distribuído como crédito entre os respectivos adquirentes de mercadorias, bens e serviços de transporte interestadual, favorecidos na forma do Art. 2º e do inciso IV do Art. 4º desta Lei, na proporção do valor de suas aquisições.

§ 1º - Para fins de cálculo do valor do crédito a ser concedido aos adquirentes, será considerado:

I - o mês de referência em que ocorreram os fornecimentos; e

II - o valor do ICMS recolhido relativamente ao mês de referência indicado no inciso I deste parágrafo.

§ 2º - A cada valor em compras definido pela Secretaria da Fazenda e registradas em Documentos Fiscais Eletrônicos, o adquirente fará jus a um cupom numerado para concorrer, gratuitamente, e na forma a ser disciplinada pela Secretaria da Fazenda, a sorteio a que se refere o inciso III do Art. 4º desta Lei.

§ 3º - O crédito calculado na forma deste artigo fica limitado a 2,5% (dois e meio por cento) do valor do documento fiscal.

§ 4º - Na hipótese de mercadoria, bem ou serviço adquirido de fornecedor, cuja atividade econômica preponderante seja a indústria ou o comércio atacadista, o valor do crédito será calculado por meio da multiplicação do valor da aquisição pelo Índice Médio de Crédito - IMC relativo ao mês da aquisição, observado o disposto nos §§ 5º a 7º, deste artigo.

§ 5º - O crédito de que trata o § 4º deste artigo será disponibilizado na forma, prazo e limites estabelecidos pela Secretaria da Fazenda.

§ 6º - Compete à Secretaria da Fazenda calcular o IMC relativo ao mês da aquisição, com base no valor médio global efetivamente distribuído nos termos do caput deste artigo.

Art. 4º. A Secretaria da Fazenda poderá, atendidas as demais condições previstas nesta Lei:

I - estabelecer cronograma para a implantação do Programa de Estímulo à Cidadania Fiscal do Estado do Rio de Janeiro e definir o percentual de que trata o caput do Art. 3º desta Lei, em razão da atividade econômica preponderante, do regime de apuração do imposto, do porte econômico do fornecedor ou da região geográfica de localização do estabelecimento fornecedor;

II - autorizar o direito de crédito em relação a documentos fiscais emitidos em papel, desde que sejam objeto de Registro Eletrônico na forma estabelecida pela Secretaria da Fazenda;

III - instituir sistema de sorteio de prêmios, observando-se o disposto na legislação federal, para consumidor final que seja pessoa física, condomínio edilício e pessoa enquadrada no inciso IV deste artigo, identificado no Documento Fiscal Eletrônico relativo à aquisição;

IV - nas hipóteses em que o Documento Fiscal Eletrônico não indicar o nome do consumidor permitir, segundo regulamento estabelecido pela Secretaria da Fazenda, que sejam indicadas, como favorecidas pelo crédito previsto no Art. 2º desta Lei, entidades estabelecidas no Estado do Rio de Janeiro, desde que, não tenham fins lucrativos e atuem nas seguintes áreas:

a) assistência social;

b) saúde;

c) cultural ou desportiva;

d) defesa e proteção animal;

e) educação.

V - disciplinar a execução do Programa de Estímulo à Cidadania Fiscal do Estado do Rio de Janeiro.

Art. 5º. A pessoa natural ou jurídica, que receber os créditos a que se refere o Art. 2° desta Lei, na forma e nas condições estabelecidas em regulamento estabelecido pela Secretaria de Estado da Fazenda, poderá:

I – utilizar os créditos para reduzir o valor do débito do Imposto sobre a Propriedade de Veículos Automotores - IPVA do exercício seguinte, relativo a veículo de sua propriedade;

II – solicitar depósito dos créditos em conta corrente ou poupança de sua titularidade, mantida em instituição do Sistema Financeiro Nacional; e

III – utilizar os créditos em outras finalidades, conforme estabelecido em regulamento da Secretaria da Fazenda.

§ 1º – O depósito do crédito, a que se refere o inciso II deste artigo, somente poderá ser efetuado se o valor a ser creditado corresponder a montante mínimo, conforme regulamento estabelecido pela Secretaria de Estado da Fazenda.

§ 2º – Serão cancelados os créditos que não forem utilizados no prazo de doze meses, contados da data em que tiverem sido disponibilizados pela Secretaria da Fazenda.

§ 3º – Não poderão utilizar os créditos os inadimplentes em relação a obrigações pecuniárias, de natureza tributária ou não-tributária, do Estado do Rio de Janeiro.

§ 4º – A utilização dos créditos ocorrerá conforme cronograma a ser estabelecido pela Secretaria da Fazenda.

§ 5º – O IPVA, quando abatido ou quitado pelo crédito previsto no Art. 2º desta Lei não poderá sofrer qualquer decréscimo quanto ao cálculo do percentual destinado aos municípios.

Art. 6º. À Secretaria de Estado da Fazenda compete fiscalizar os atos relativos à concessão e utilização do crédito previsto no Art. 2º desta Lei bem como à realização do sorteio a que se refere o inciso III do Art. 4º desta Lei, com o objetivo de assegurar o cumprimento do disposto nesta Lei e a proteção ao erário.

§ 1º – No exercício da competência prevista no caput deste artigo, a Secretaria da Fazenda poderá, dentre outras providências:

I – suspender a concessão e utilização do crédito previsto no Art. 2º desta Lei e a participação no sorteio a que se refere o inciso III do Art. 4º desta Lei quando houver indícios de ocorrência de irregularidades; e

II – cancelar os benefícios mencionados no inciso I deste parágrafo, se a ocorrência das irregularidades for confirmada após procedimento administrativo, conforme regulamento estabelecido pela Secretaria de Estado da Fazenda.

§ 2º - Os benefícios referidos no inciso I do § 1º deste artigo serão suspensos, automaticamente, com a instauração do procedimento administrativo e, ante a não confirmação de irregularidades, serão restabelecidos ao final do procedimento, ressalvadas as hipóteses de participação em sorteios, a qual ficará prejudicada.

Art. 7º. O Poder Executivo promoverá campanhas de educação fiscal com o objetivo de informar, esclarecer e orientar a população, especialmente em relação:

I - ao direito e dever de exigir que o fornecedor cumpra suas obrigações tributárias e emita documento fiscal válido a cada operação ou prestação;

II - ao exercício do direito de que trata o Art. 2° desta Lei;

III - aos meios disponíveis para verificar se o fornecedor está adimplente com suas obrigações tributárias perante o Estado do Rio de Janeiro;

IV - à verificação da geração do crédito relativo a determinada aquisição e do seu saldo de créditos; e

V - aos documentos fiscais e equipamentos a eles relativos.

Art. 8º. A Secretaria de Estado da Fazenda deverá divulgar e disponibilizar, por meio da "internet", estatísticas do Programa de Estímulo à Cidadania Fiscal do Estado do Rio de Janeiro, incluindo-se as relativas à quantidade de reclamações e denúncias registradas em seu âmbito.

§ 1º - As estatísticas de que trata o caput deste artigo poderão ser segregadas por atividade econômica preponderante e por fornecedores, inclusive com a indicação do nome empresarial, CNPJ e endereço.

§ 2º - Sem prejuízo do disposto no § 1º deste artigo, quando se tratar de reclamações e denúncias, as estatísticas versarão sobre apontamentos, registros e objetivos do respectivo banco de dados, sem a realização de qualquer juízo de valor sobre as práticas ou condutas comerciais dos fornecedores nele catalogados, e não poderão conter informações negativas referentes a período superior a cinco anos.

Art. 9º. O estabelecimento fornecedor deverá informar, ao consumidor, a possibilidade de solicitar a indicação do número de seu CPF ou CNPJ no documento fiscal relativo à operação.

Parágrafo único - O estabelecimento indicado no caput deste artigo deverá afixar, em pontos de ampla visibilidade, a logomarca do Programa Nota Fluminense, na forma definida em Regulamento.

Art. 10. Ficará sujeito à multa, no montante equivalente a R$ 1.000,00 (mil reais), por documento não emitido ou entregue, o fornecedor que deixar de emitir ou de entregar, ao consumidor, documento fiscal hábil, relativo ao fornecimento de mercadorias, bens ou serviços, sem prejuízo de outras penalidades previstas na legislação.

§ 1º – Ficará sujeito à mesma penalidade, por documento, o fornecedor que violar o direito do consumidor pela prática das seguintes condutas:

I – emitir documento fiscal que não seja hábil ou adequado ao respectivo fornecimento;

II – deixar de efetuar o Registro Eletrônico do documento fiscal na forma, prazo e condições estabelecidos pela Secretaria de Estado da Fazenda do Estado do Rio de Janeiro;

III – dificultar ao consumidor o exercício dos direitos previstos nesta Lei, inclusive por meio de omissão de informações ou pela criação de obstáculos procedimentais;

IV – induzir, por qualquer meio, o consumidor a não exercer os direitos previstos nesta Lei;

V – deixar de afixar em pontos de ampla visibilidade a logomarca do Programa Nota Fluminense, na forma definida em regulamento;

VI – deixar de informar ao tomador de serviço a possibilidade de solicitar a indicação do número de seu CPF ou CNPJ no documento fiscal relativo à operação.

§ 2º – A multa de que trata este artigo será reduzida:

I – em se tratando de empresa optante pelo Regime Especial Unificado de Arrecadação de Tributos e Contribuições – Simples Nacional, instituído pela Lei Complementar Federal nº 123, de 14 de dezembro de 2006, em:

a) 60% (sessenta por cento), se o autuado não tiver autuação;

b) 45% (quarenta e cinco por cento), se o autuado tiver até dez autuações; e

c) 30% (trinta por cento), se o autuado tiver entre onze e vinte autuações.

II – nos demais casos, em:

a) 40% (quarenta por cento), se o autuado não tiver autuação;

b) 30% (trinta por cento), se o autuado tiver até dez autuações; e

c) 20% (vinte por cento), se o autuado tiver entre onze e vinte autuações.

§ 3º – Para fins do disposto neste artigo serão consideradas, apenas, as autuações efetuadas nos 36 (trinta e seis) meses anteriores, desde que não tenham sido canceladas ou estejam sujeitas a recursos no âmbito administrativo.

§ 4º – A multa de que trata este artigo poderá ser recolhida com redução de:

I - 50% (cinquenta por cento), no prazo de trinta dias, contado da notificação da lavratura do Auto de Infração - AI;

II - 30% (trinta por cento), no prazo de trinta dias, contado da notificação da decisão administrativa que julgar defesa do fornecedor interposta tempestivamente; e

III - 20% (vinte por cento), no prazo de sessenta dias, contado do trânsito em julgado da autuação no âmbito administrativo.

§ 5º - Na hipótese de o fornecedor, relativamente à mesma aquisição, incorrer nas condutas previstas nos incisos III e IV do § 1º deste artigo, ou praticar uma delas juntamente com qualquer outra infração prevista neste artigo, as penalidades serão aplicadas de forma cumulativa.

Art. 11. Os créditos a que se referem o Art. 2º e o inciso IV do Art. 4º desta Lei, bem como os recursos destinados ao sorteio de prêmios previsto no inciso III do Art. 4º desta Lei, serão contabilizados à conta da receita do ICMS.

Art. 12. Esta Lei entra em vigor na data de sua publicação.

Assembleia Legislativa do Estado do Rio de Janeiro, em 18 de outubro de 2016.

DEPUTADO JORGE PICCIANI

Presidente

LEI COMPLEMENTAR FEDERAL Nº 156, DE 28 DE DEZEMBRO DE 2016

- ESTABELECE O PLANO DE AUXÍLIO AOS ESTADOS E AO DISTRITO FEDERAL E MEDIDAS DE ESTÍMULO AO REEQUILÍBRIO FISCAL; E ALTERA A LEI COMPLEMENTAR NO 148, DE 25 DE NOVEMBRO DE 2014, A LEI Nº 9.496, DE 11 DE SETEMBRO DE 1997, A MEDIDA PROVISÓRIA Nº 2.192-70, DE 24 DE AGOSTO DE 2001, A LEI Nº 8.727, DE 5 DE NOVEMBRO DE 1993, E A LEI COMPLEMENTAR NO 101, DE 4 DE MAIO DE 2000.

ÍNDICE

Capítulo I
DO PLANO DE AUXÍLIO AOS ESTADOS E AO DISTRITO FEDERAL

Seção I
Das Dívidas de que Tratam a Lei nº 9.496, de 11 de setembro de 1997, e a Medida Provisória nº 2.192-70 de 24 de agosto de 2001, e as Dívidas com Recursos do Banco Nacional do Desenvolvimento Econômico e Social - BNDES

Art. 1º. A União poderá adotar, nos contratos de refinanciamento de dívidas celebrados com os Estados e o Distrito Federal com base na Lei nº 9.496, de 11 de setembro de 1997, e nos contratos de abertura de crédito firmados com os Estados ao amparo da Medida Provisória nº 2.192-70, de 24 de agosto de 2001, mediante celebração de termo aditivo, o prazo adicional de até duzentos e quarenta meses para o pagamento das dívidas refinanciadas.

§ 1º – O aditamento previsto no caput deste artigo está condicionado à celebração do aditivo contratual de que trata o art. 4º da Lei Complementar nº 148, de 25 de novembro de 2014.

§ 2º – O novo prazo para pagamento será de até trezentos e sessenta meses, conforme efetivamente definido em cada um dos contratos vigentes, acrescido do prazo de que trata o caput deste artigo, contado a partir da data de celebração do instrumento contratual original e, caso o ente federado tenha firmado um instrumento relativo à Lei nº 9.496, de 11 de setembro de 1997, e outro relativo à Medida Provisória nº 2.192-70, de 24 de agosto de 2001, será contado a partir da data em que tiver sido celebrado o primeiro dos dois contratos.

§ 3º – Para fins do aditamento contratual referido no caput deste artigo, serão considerados os valores consolidados dos saldos devedores das obrigações referentes ao refinanciamento objeto da Lei nº 9.496, de 11 de setembro de 1997, e dos financiamentos de que trata a Medida Provisória nº 2.192-70, de 24 de agosto de 2001, quando for o caso.

§ 4º – As prestações mensais e consecutivas serão calculadas com base na Tabela Price, afastando-se as disposições contidas nos arts. 5º e 6º da Lei nº 9.496, de 11 de setembro de 1997.

§ 5º – Os efeitos financeiros decorrentes do aditamento de que trata este artigo serão aplicados a partir de 1º de julho de 2016.

§ 6º – Estão dispensados, para a assinatura do aditivo de que trata o caput deste artigo, todos os requisitos legais exigidos para a contratação com a União, inclusive os dispostos no art. 32 da Lei Complementar nº 101, de 4 de maio de 2000.

§ 7º – O prazo para a assinatura do termo aditivo a que se refere o caput deste artigo é de trezentos e sessenta dias, contado da data de publicação desta Lei Complementar.

§ 8º – A concessão do prazo adicional de até duzentos e quarenta meses de que trata o caput deste artigo e da redução extraordinária da prestação mensal de que trata o art. 3º depende da desistência de eventuais ações judiciais que tenham por objeto a dívida ou o contrato ora renegociados, sendo causa de rescisão do termo aditivo a manutenção do litígio ou o ajuizamento de novas ações.

Art. 2º. Ficam dispensados os requisitos legais para contratação de operação de crédito e para concessão de garantia, exigidos nos arts. 32 e 40 da Lei Complementar nº 101, de 4 de maio de 2000, nas renegociações dos contratos de empréstimos e financiamentos celebrados até 31 de dezembro de 2015 entre as instituições públicas federais e os Estados e o Distrito Federal, com recursos do Banco Nacional de Desenvolvimento Econômico e Social – BNDES.

Parágrafo único. Para aplicação do disposto neste artigo, as renegociações deverão ser firmadas em até trezentos e sessenta dias contados da publicação desta Lei Complementar.

Art. 3º. Fica a União autorizada a conceder redução extraordinária da prestação mensal das dívidas referidas no art. 1º mediante a celebração de aditivo contratual.

§ 1º – O aditamento previsto no caput deste artigo está condicionado à celebração do aditivo contratual de que trata o art. 4º da Lei Complementar nº 148, de 25 de novembro de 2014.

§ 2º – Os valores pagos à União serão imputados prioritariamente ao pagamento dos juros contratuais, sendo o restante destinado à amortização do principal da dívida.

§ 3º – Para os meses de julho a dezembro de 2016, poderá ser concedida redução extraordinária de até 100% (cem por cento) da parcela mensal devida nos termos dos contratos de que trata a Lei nº 9.496, de 11 de setembro de 1997, e a Medida Provisória nº 2.192-70, de 24 de agosto de 2001.

§ 4º – Para os meses de janeiro de 2017 a junho de 2018, poderá ser concedida redução extraordinária da parcela mensal devida nos termos dos contratos de que trata a Lei nº 9.496, de 11 de setembro de 1997, e a Medida Provisória nº 2.192-70, de 24 de agosto de 2001, da seguinte forma:

I – para janeiro de 2017, redução extraordinária de 94,73% (noventa e quatro inteiros e setenta e três centésimos por cento);

II – para fevereiro de 2017, redução extraordinária de 89,47% (oitenta e nove inteiros e quarenta e sete centésimos por cento);

III – para março de 2017, redução extraordinária de 84,21% (oitenta e quatro inteiros e vinte e um centésimos por cento);

IV – para abril de 2017, redução extraordinária de 78,94% (setenta e oito inteiros e noventa e quatro centésimos por cento);

V – para maio de 2017, redução extraordinária de 73,68% (setenta e três inteiros e sessenta e oito centésimos por cento);

VI – para junho de 2017, redução extraordinária de 68,42% (sessenta e oito inteiros e quarenta e dois centésimos por cento);

VII – para julho de 2017, redução extraordinária de 63,15% (sessenta e três inteiros e quinze centésimos por cento);

VIII – para agosto de 2017, redução extraordinária de 57,89% (cinquenta e sete inteiros e oitenta e nove centésimos por cento);

IX – para setembro de 2017, redução extraordinária de 52,63% (cinquenta e dois inteiros e sessenta e três centésimos por cento);

X – para outubro de 2017, redução extraordinária de 47,36% (quarenta e sete inteiros e trinta e seis centésimos por cento);

XI – para novembro de 2017, redução extraordinária de 42,10% (quarenta e dois inteiros e dez centésimos por cento);

XII – para dezembro de 2017, redução extraordinária de 36,84% (trinta e seis inteiros e oitenta e quatro centésimos por cento);

XIII – para janeiro de 2018, redução extraordinária de 31,57% (trinta e um inteiros e cinquenta e sete centésimos por cento);

XIV – para fevereiro de 2018, redução extraordinária de 26,31% (vinte e seis inteiros e trinta e um centésimos por cento);

XV – para março de 2018, redução extraordinária de 21,05% (vinte e um inteiros e cinco centésimos por cento);

XVI – para abril de 2018, redução extraordinária de 15,78% (quinze inteiros e setenta e oito centésimos por cento);

XVII – para maio de 2018, redução extraordinária de 10,52% (dez inteiros e cinquenta e dois centésimos por cento);

XVIII – para junho de 2018, redução extraordinária de 5,26% (cinco inteiros e vinte e seis centésimos por cento).

§ 5º – A redução extraordinária de que trata o caput deste artigo fica limitada ao valor de R$ 500.000.000,00 (quinhentos milhões de reais), por Estado, para cada prestação mensal.

§ 6º – Enquanto perdurar a redução extraordinária das prestações referida no caput deste artigo, fica afastada a incidência de encargos por inadimplemento sobre as parcelas da dívida refinanciada não pagas, assim como o registro do nome do Estado ou do Distrito Federal em cadastros restritivos em decorrência, exclusivamente, dessa redução.

§ 7º – O disposto no § 6º não se aplica às situações nas quais houver inadimplemento em relação à parcela da prestação devida.

§ 8º – Os valores não pagos correspondentes à redução extraordinária serão apartados e posteriormente incorporados ao saldo devedor em julho de 2018, devidamente atualizados pelos encargos financeiros contratuais de adimplência.

Art. 4º. Para celebração, lastreada no Acordo Federativo celebrado entre a União e os entes federados em 20 de junho de 2016, dos termos aditivos de que tratam os arts. 1º e 3º desta Lei Complementar, tendo em vista o que dispõe o art. 169 da Constituição Federal, respeitadas a autonomia e a competência dos entes federados, fica estabelecida a limitação, aplicável nos dois exercícios subsequentes à assinatura do termo aditivo, do crescimento anual das despesas primárias correntes, exceto transferências constitucionais a Municípios e Programa de Formação do Patrimônio do Servidor Público – PASEP, à variação da inflação, aferida anualmente pelo Índice Nacional de Preços ao Consumidor Amplo – IPCA ou por outro que venha a substituí-lo, a ser observada pelos Estados e pelo Distrito Federal, cabendo-lhes adotar as necessárias providências para implementar as contrapartidas de curto prazo constantes do Acordo acima referido.

§ 1º – O não cumprimento da medida de que trata o caput implicará a revogação do prazo adicional de que trata o art. 1º e da redução de que trata o art. 3º.

§ 2º – Revogado o prazo adicional, ficam afastados seus efeitos financeiros, devendo o Estado ou o Distrito Federal restituir à União os valores diferidos por força do prazo adicional nas prestações subsequentes à proporção de um doze avos por mês, aplicados os encargos contratuais de adimplência.

§ 3º – A avaliação do cumprimento da medida de que trata o caput será regulamentada por ato do Poder Executivo.

Art. 5º. Fica a União autorizada a receber as parcelas de dívida vencidas e não pagas em decorrência de mandados de segurança providos pelo Supremo Tribunal Federal no âmbito das discussões quanto à capitalização composta da taxa do Sistema Especial de Liquidação e de Custódia – SELIC para efeito do disposto no art. 3º da Lei Complementar nº 148, de 25 de novembro de 2014, em até vinte e quatro prestações mensais e consecutivas, devidamente atualizadas pelos encargos de adimplência contratuais vigentes, vencendo-se a primeira em julho de 2016, e sempre na data de vencimento estabelecida nos contratos de refinanciamento.

Parágrafo único. As prestações de que trata o caput serão apuradas pelo Sistema de Amortização Constante – SAC.

Art. 6º. Fica a União, por intermédio das instituições financeiras integrantes da administração pública federal, autorizada a prestar assessoria técnica na alienação de bens, direitos e participações acionárias em sociedades empresárias controladas por Estados e pelo Distrito Federal.

Art. 7º. A Lei Complementar no 148, de 25 de novembro de 2014, passa a vigorar com as seguintes alterações:

"Art. 5º ....

§ 1º ....

I – à dívida consolidada;

....

III – à despesa com pessoal;

IV – às receitas de arrecadação própria;

....

VI – à disponibilidade de caixa.

...." (NR)

"Art. 5º-A. A avaliação relativa ao cumprimento das metas ou dos compromissos de que trata o § 1º do art. 5º desta Lei Complementar obedecerá adicionalmente aos seguintes critérios:

I – no caso de cumprimento das metas mencionadas nos incisos I e II do § 1º do art. 5º desta Lei Complementar, o Estado ou Município de Capital será considerado adimplente, para todos os efeitos, em relação ao Programa de Acompanhamento Fiscal, inclusive se ocorrer descumprimento das metas previstas nos incisos III, IV, V ou VI do § 1º do art. 5º desta Lei Complementar;

II – no caso de descumprimento das metas referentes aos incisos I ou II do § 1º do art. 5º desta Lei Complementar, a avaliação poderá ser revista pelo Ministro de Estado da Fazenda, para todos os efeitos, à vista de justificativa fundamentada apresentada pelo Estado ou Município de Capital;

III – as operações de crédito a contratar previstas no Programa de Acompanhamento Fiscal somente poderão ser contratadas se o Estado ou Município de Capital estiver adimplente com o Programa de Acompanhamento Fiscal;

IV – adicionalmente, para os Municípios das Capitais que tiverem aderido ao Programa de Acompanhamento Fiscal, por meio de termo aditivo ao contrato vigente do refinanciamento de dívidas firmado com a União ao amparo da Medida Provisória nº 2.185-35, de 24 de agosto de 2001:

a) o descumprimento das metas e dos compromissos fiscais, definidos nos Programas de Acompanhamento Fiscal, implicará a imputação, a título de amortização extraordinária exigida juntamente com a prestação devida, de valor correspondente a 0,20% (vinte centésimos por cento) de um doze avos da receita corrente líquida, nos termos definidos no art. 2º da Lei Complementar no 101, de 4 de maio de 2000, correspondente ao exercício imediatamente anterior ao de referência, por meta não cumprida; e

b) a penalidade prevista na alínea a será cobrada pelo período de seis meses, contados da notificação, pela União, do descumprimento, e sem prejuízo das demais cominações pactuadas nos contratos de refinanciamento."

Art. 8º. A Lei nº 9.496, de 11 de setembro de 1997, passa a vigorar com as seguintes alterações:

"Art. 2º ....

I - dívida consolidada;

....

III - despesa com pessoal;

IV - receitas de arrecadação própria;

V - gestão pública; e

VI - disponibilidade de caixa.

Parágrafo único. Os Programas de Reestruturação e de Ajuste Fiscal de que trata esta Lei adotarão os mesmos conceitos e definições contidos na Lei Complementar no 101, de 4 de maio de 2000." (NR)

"Art. 3º ....

....

§ 11. Em caso de atraso nos pagamentos das obrigações mensais, serão aplicados juros de mora de 1% (um por cento) ao mês sobre os valores em atraso, sem prejuízo da execução de garantias e demais cominações previstas na legislação." (NR)

Art. 9º. O inciso I do parágrafo único do art. 26 da Medida Provisória nº 2.192-70, de 24 de agosto de 2001, passa a vigorar com a seguinte redação:

"Art. 26. ....

Parágrafo único. ....

I – o descumprimento das metas e dos compromissos fiscais, definidos nos Programas de Reestruturação e de Ajuste Fiscal, implicará a imputação, sem prejuízo das demais cominações pactuadas nos contratos de refinanciamento, a título de amortização extraordinária exigida juntamente com a prestação devida, de valor correspondente a 0,20% (vinte centésimos por cento) de um doze avos da receita corrente líquida, nos termos definidos no art. 2º da Lei Complementar nº 101, de 4 de maio de 2000, correspondente ao exercício imediatamente anterior ao de referência, por meta não cumprida;

...." (NR)

Art. 10. As alterações a que se referem os arts. 7º, 8º e 9º serão processadas mediante assinatura do respectivo termo aditivo.

Art. 11. O Poder Executivo deverá encaminhar ao Congresso Nacional, até o último dia útil do mês subsequente de cada semestre, relatório do cumprimento dos compromissos e metas relativos aos contratos de que trata o art. 1º pelos Estados e pelo Distrito Federal, evidenciando, no caso de descumprimento, as providências tomadas.

Seção II
Das Dívidas de que Trata a Lei nº 8.727, de 5 de novembro de 1993

Art. 12. É a União autorizada a efetuar a quitação das obrigações assumidas com base na Lei nº 8.727, de 5 de novembro de 1993, que envolvam recursos oriundos do Fundo de Garantia do Tempo de Serviço (FGTS), perante a Caixa Econômica Federal, mediante cessão definitiva dos direitos creditórios derivados das operações firmadas ao amparo da referida Lei com os Estados, o Distrito Federal e os Municípios, ou com as respectivas entidades da administração indireta. (Redação dada pela Lei Complementar nº 159, de 2017)

Parágrafo único. As operações de que trata o caput são aquelas para as quais foram mantidos os prazos, os encargos financeiros e as demais condições pactuadas nos contratos originais, inclusive aquelas para as quais houve renegociação nos termos da Resolução no 353, de 19 de dezembro de 2000, do Conselho Curador do Fundo de Garantia do Tempo de Serviço - CCFGTS.

Art. 12-A. A União poderá adotar nos contratos de refinanciamento de dívidas celebrados com os Estados e o Distrito Federal com base na Lei nº 8.727, de 5 de novembro de 1993, mediante celebração de termo aditivo, prazo adicional de até 240 (duzentos e quarenta) meses para o pagamento das dívidas refinanciadas cujos créditos sejam originalmente detidos pela União ou por ela adquiridos. (Incluído pela Lei Complementar nº 159, de 2017)

§ 1º – As operações de que trata o caput deste artigo não abrangem aquelas para as quais foram mantidos os prazos, os encargos financeiros e as demais condições pactuadas nos contratos originais. (Incluído pela Lei Complementar nº 159, de 2017)

§ 2º – O novo prazo para pagamento será de até 240 (duzentos e quarenta) meses, conforme efetivamente definido em cada um dos contratos vigentes, acrescido do prazo de que trata o caput deste artigo. (Incluído pela Lei Complementar nº 159, de 2017)

§ 3º – As prestações mensais e consecutivas serão calculadas com base na Tabela Price, afastando-se as disposições contidas no art. 2º da Lei nº 8.727, de 5 de novembro de 1993. (Incluído pela Lei Complementar nº 159, de 2017)

§ 4º – Para efeito de cálculo das prestações na forma do § 3º deste artigo, serão considerados o saldo devedor e o prazo remanescente existentes na data de celebração do termo aditivo, após a aplicação da extensão do prazo de que trata o caput deste artigo. (Incluído pela Lei Complementar nº 159, de 2017)

§ 5º – Estão dispensados, para a assinatura do aditivo de que trata o caput deste artigo, todos os requisitos legais exigidos para a contratação com a União, inclusive os dispostos no art. 32 da Lei Complementar no 101, de 4 de maio de 2000. (Incluído pela Lei Complementar nº 159, de 2017)

§ 6º – O prazo para a assinatura do termo aditivo a que se refere o caput deste artigo é de 360 (trezentos e sessenta) dias, contado da data de publicação desta Lei Complementar. (Incluído pela Lei Complementar nº 159, de 2017)

§ 7º – A concessão do prazo adicional de até 240 (duzentos e quarenta) meses de que trata o caput deste artigo depende da desistência de eventuais ações judiciais que tenham por objeto a dívida ou o contrato ora renegociados, sendo causa de rescisão do termo aditivo a manutenção do litígio ou o ajuizamento de novas ações. (Incluído pela Lei Complementar nº 159, de 2017)

Art. 13. A cessão de que trata o art. 12 desta Lei Complementar só poderá ser realizada caso o Estado, o Distrito Federal e o Município, ou a respectiva entidade da administração indireta, celebre, concomitantemente, perante o agente operador do FGTS, repactuação da totalidade de suas dívidas decorrentes de financiamentos obtidos com recursos do FGTS, vencidas e vincendas, derivadas de operações de crédito contratadas até 1º de junho de 2001, abrangidas ou não pela Lei nº 8.727, de 5 de novembro de 1993, ainda que essas dívidas tenham sido objeto de renegociação anterior. (Redação dada pela Lei Complementar nº 159, de 2017)

§ 1º – É a União autorizada a conceder garantia à repactuação prevista no caput deste artigo, mediante concessão de contragarantias por parte dos Estados, do Distrito Federal e dos Municípios, representadas por suas receitas próprias e pelos recursos de que tratam os arts. 155, 156, 157, 158 e as alíneas "a" e "b" do inciso I e o inciso II do caput do art. 159 da Constituição Federal, conforme o caso. (Redação dada pela Lei Complementar nº 159, de 2017)

§ 2º – A repactuação de que trata o caput obedecerá às mesmas condições aprovadas pelo Conselho Curador do Fundo de Garantia do Tempo de Serviço – CCFGTS para as renegociações de dívidas dos demais agentes financeiros perante o FGTS.

§ 3º – Para fins da repactuação prevista no caput, estão dispensados todos os requisitos legais exigidos para a contratação com a União, bem como fica dispensada a verificação dos requisitos exigidos pela Lei Complementar nº 101, de 4 de maio de 2000, para a realização de operações de crédito e para a concessão de garantia pela União, sem prejuízo do disposto nos incisos VII e VIII do art. 52 da Constituição Federal.

Art. 14. O art. 12 da Lei nº 8.727, de 5 de novembro de 1993, passa a vigorar acrescido dos seguintes §§ 1º e 2º:

"Art. 12. ....

§ 1º Compreende-se como incluído nas despesas assumidas pela União o pagamento de eventuais divergências entre os saldos dos contratos de refinanciamento de que trata o art. 1º desta Lei e os saldos originados das condições ajustadas nos contratos transferidos à União, a que se refere o art. 10.

§ 2º À critério da União, o pagamento a que se refere o § 1º poderá ser antecipado, observado o valor econômico dos créditos, mediante a emissão de títulos da dívida pública mobiliária federal, sob a forma de colocação direta, cujas características serão definidas pelo Ministro de Estado da Fazenda." (NR)

Capítulo II
(VETADO)

Capítulo III
DAS MEDIDAS DE REFORÇO À RESPONSABILIDADE FISCAL

Art. 27. O art. 48 da Lei Complementar no 101, de 4 de maio de 2000, passa a vigorar com as seguintes alterações, renumerando-se o atual parágrafo único para § 1º:

"Art. 48. ....

§ 1º ....

II – liberação ao pleno conhecimento e acompanhamento da sociedade, em tempo real, de informações pormenorizadas sobre a execução orçamentária e financeira, em meios eletrônicos de acesso público; e

....

§ 2º A União, os Estados, o Distrito Federal e os Municípios disponibilizarão suas informações e dados contábeis, orçamentários e fiscais conforme periodicidade, formato e sistema estabelecidos pelo órgão central de contabilidade da União, os quais deverão ser divulgados em meio eletrônico de amplo acesso público.

§ 3º Os Estados, o Distrito Federal e os Municípios encaminharão ao Ministério da Fazenda, nos termos e na periodicidade a serem definidos em instrução específica deste órgão, as informações necessárias para a constituição do registro eletrônico centralizado e atualizado das dívidas públicas interna e externa, de que trata o § 4º do art. 32.

§ 4º A inobservância do disposto nos §§ 2º e 3º ensejará as penalidades previstas no § 2º do art. 51.

§ 5º Nos casos de envio conforme disposto no § 2º, para todos os efeitos, a União, os Estados, o Distrito Federal e os Municípios cumprem o dever de ampla divulgação a que se refere o caput.

§ 6º Todos os Poderes e órgãos referidos no art. 20, incluídos autarquias, fundações públicas, empresas estatais dependentes e fundos, do ente da Federação devem utilizar sistemas únicos de execução orçamentária e financeira, mantidos e gerenciados pelo Poder Executivo, resguardada a autonomia." (NR)

Capítulo IV
DAS REGRAS DE RESPONSABILIZAÇÃO

Art. 28. As vedações introduzidas pelo Regime de Recuperação Fiscal não constituirão obrigação de pagamento futuro pela União ou Estado ou direitos de outrem sobre o erário.

Capítulo V
DISPOSIÇÃO FINAL

Art. 29. Esta Lei Complementar entra em vigor na data de sua publicação.

Brasília, 28 de dezembro de 2016; 195º da Independência e 128º da República.

LEI Nº 7.626, DE 09 DE JUNHO DE 2017

- AUTORIZA O PODER EXECUTIVO A REALIZAR COMPENSAÇÃO DE DÍVIDAS RECONHECIDAS COM AS CONCESSIONÁRIAS, AUTORIZATÁRIAS E FORNECEDORAS DE COMBUSTÍVEIS COM CRÉDITOS TRIBUTÁRIOS, NA FORMA QUE ESPECÍFICA.

Art. 1º. Fica o Poder Executivo autorizado a realizar a compensação de dívidas líquidas e certas do Estado do Rio de Janeiro com concessionárias ou autorizatárias por conta da prestação de serviço público de telecomunicações, de fornecimento de energia elétrica e de fornecimento de gás canalizado e com empresas fornecedoras de combustíveis ao Estado, com créditos tributários vincendos ou com débitos tributários vencidos inscritos em Dívida Ativa, relativos ao ICMS devido pelas concessionárias, autorizatárias e empresas fornecedoras de combustíveis, na forma do previsto nos artigos 170 e 170-A do Código Tributário Nacional e no artigo 190 do Código Tributário do Estado do Rio de Janeiro.

§ 1º - Para os efeitos desta Lei, as dívidas mencionadas no caput serão aquelas devidamente reconhecidas pela Administração, nos termos da legislação vigente, em processo próprio, até 31 de maio de 2017, inclusive em exercícios anteriores, e contraídas em função da prestação dos serviços e do fornecimento dos produtos mencionados no caput aos órgãos da Administração Direta, Autarquias e Fundações Públicas do Estado do Rio de Janeiro, prestados diretamente pelas empresas que aderirem à compensação objeto desta Lei.

§ 2º - As dívidas mencionadas no parágrafo anterior serão consolidadas pela Secretaria de Estado de Fazenda e Planejamento, cabendo às concessionárias, às autorizatárias e às empresas fornecedoras de combustíveis requererem a realização da compensação, nos termos da regulamentação prevista no art. 8º desta Lei, até o dia 30 de junho de 2017.

§ 3º – Caso o Estado, na data de promulgação desta lei, se encontre em débito com município fluminense em razão de repasses constitucionais não realizados, fica o Poder Executivo autorizado a pagar, mediante créditos tributários vincendos de ICMS, dívidas contraídas pelo mesmo Município junto a concessionárias de serviços públicos, desde que haja manifesta concordância do ente municipal, sendo abatido este valor da dívida referente aos repasses constitucionais não realizados.

§ 4º – Fica excluída da compensação, de que trata esta Lei, o valor que corresponde à parcela do Estado destinada ao Fundo de Manutenção e Desenvolvimento da Educação Básica e de Valorização dos Profissionais da Educação (FUNDEB).

§ 5º – Fica vedada a compensação de dívidas com valores referentes ao adicional do ICMS destinado ao Fundo Estadual de Combate à Pobreza e às Desigualdades Sociais (FECP), de que trata a Lei nº 4.056, de 30 de dezembro de 2002.

§ 6º – É vedada a compensação de dívidas cujos valores sejam objeto de precatórios ou de sentença judicial transitada em julgado.

§ 7º – O Poder Executivo encaminhará em até 90 (noventa) dias, à Assembleia Legislativa do Estado do Rio de Janeiro e ao Tribunal de Contas do Estado do Rio de Janeiro e fará publicar no Diário Oficial do Estado e no Portal da Transparência, relação consolidada das dívidas líquidas e certas com as concessionárias, autorizatárias e empresas fornecedoras de combustíveis, bem como divulgará, de forma clara e destacada, nos mesmos locais, a relação consolidada e detalhada dos débitos destas empresas inscritos na dívida ativa.

Art. 2º. A compensação mencionada no artigo 1º desta Lei, efetivada com créditos tributários vincendos, poderá ser feita em até 18 parcelas mensais, iguais e sucessivas, a contar de julho de 2017, devendo o Poder Executivo encaminhar à Assembleia Legislativa do Estado do Rio de Janeiro planilha com o valor das referidas parcelas mensais.

§ 1º – A compensação poderá ser efetivada, no que couber, mediante concessão de crédito escritural a ser utilizado na forma dos artigos 32 e 33 da Lei nº 2.657, de 26 de dezembro de 1996.

§ 2º – O parcelamento de que trata o caput não poderá ultrapassar a data de 31/12/2018.

Art. 3º. É condição à compensação a que se refere o artigo 1º desta Lei que a concessionária, a autorizatária por conta da prestação de serviço público de telecomunicações, de fornecimento de energia elétrica, de fornecimento de gás canalizado e a empresa fornecedora de combustíveis deixe de exigir qualquer acréscimo sobre o valor devido pelo Estado em decorrência da incidência de juros, mora, penalidade ou correção monetária, dando-se, neste caso, ao Estado, plena, rasa e irrestrita quitação, de forma irrevogável e irretratável.

Parágrafo único - Aplicar-se-á ao Estado do Rio de Janeiro a disposições contidas no caput deste artigo, quando a compensação de ICMS for realizada com débitos tributários inscritos em dívida ativa."

Art. 4º. A opção à compensação prevista nesta Lei implica renúncia expressa, irrevogável e irretratável, por parte da concessionária, da autorizatária e da empresa fornecedora de combustíveis da interposição de qualquer processo judicial ou administrativo com o objetivo de questionar valor ou matéria relativa à compensação prevista nesta Lei, assim como importará na desistência das ações judiciais ou impugnações em tramitação.

Art. 5º. O valor a ser compensado deverá prever o repasse da parcela de 25% da repartição do ICMS destinada aos municípios nos termos do disposto no art. 158, IV, da Constituição Federal e será contabilizado para fins do disposto no art. 13 da Lei Complementar nº 134, de 29 de dezembro de 2009.

Art. 6º. No Relatório de Gestão Fiscal da Lei Complementar nº 101/2000 - Lei de Responsabilidade Fiscal deverá constar o quantitativo da dívida compensada pelos créditos vincendos com as respectivas origens.

Art. 7º. O Poder Executivo publicará trimestralmente no Diário Oficial e de maneira permanente no portal de transparência do Governo do Estado relatório contendo:

I - listagem das dívidas do Estado do Rio de Janeiro reconhecidas na forma desta lei;

II - os valores já compensados de ICMS;

III - a previsão para liquidação da dívida.

Art. 8º. Fica vedado a interrupção de serviços públicos essenciais, tais como saúde, educação e segurança pelo não pagamento das dívidas do estado com as concessionárias, autorizatárias e empresas fornecedores de combustíveis mencionadas no Art. 1 desta lei.

Art. 9º. O Poder Executivo editará os atos regulamentares necessários ao integral cumprimento desta Lei, em até 30 (trinta) dias a partir de sua publicação.

Art. 10. A presente Lei entrará em vigor na data de sua publicação.

Rio de Janeiro, em 09 de junho 2017.

LUIZ FERNANDO DE SOUZA

Governador

LEI Nº 7.725, DE 09 DE OUTUBRO DE 2017

- AUTORIZA O PODER EXECUTIVO A REALIZAR COMPENSAÇÃO DE DÍVIDAS DE IPVA COM CRÉDITOS DOS SALÁRIOS ATRASADOS DOS SERVIDORES DO ESTADO DO RIO DE JANEIRO.

Art. 1º. Fica o Poder Executivo autorizado a realizar a compensação de dívidas vencidas e vincendas do Imposto sobre Propriedade de Veículos Automotores (IPVA) dos servidores públicos estaduais com créditos dos salários vencidos, que não vem sendo pagos em dia pelo Governo do Estado do Rio de Janeiro, na forma do previsto no Arts. 170 e 170-A do Código Tributário Nacional e no Art. 190 do Código Tributário do Estado do Rio de Janeiro.

§ 1° – Para os efeitos desta Lei, as dívidas de IPVA mencionadas no caput poderão ser compensadas enquanto durar o estado de calamidade financeira decretado pelo Governo do Estado e reconhecido pela Assembleia Legislativa do Estado do Rio de Janeiro.

§ 2º – As dívidas de IPVA mencionadas no caput serão consolidadas pela Secretaria de Estado de Fazenda, e só serão compensadas mediante requerimento do servidor, nos termos da regulamentação prevista no Art. 5º desta Lei.

§ 3º – É vedada a compensação da dívida do IPVA sem a devida autorização do servidor público estadual.

Art. 2º. A compensação de créditos, a que se refere o caput do Art. 1º, se dará sobre a última parcela vencida do salário do servidor, a ser paga pelo Estado, não podendo este, em nenhuma hipótese, atrasar o calendário de pagamento daquele.

Art. 3º. Fica facultado, aos sujeitos ativo e passivo da obrigação tributária, de que trata esta lei, celebrar transação, mediante concessões mútuas, com a possibilidade de exclusão ou diminuição do valor de eventual multa e juros de mora, resultando na consequente extinção de crédito tributário.

Art. 4º. A opção à compensação prevista nesta Lei implica renúncia expressa por parte do servidor público da interposição de recurso administrativo ou ação judicial, no limite do valor da compensação, importando na sua irrevogabilidade e irretratabilidade.

Art. 5º. O Poder Executivo regulamentará a presente Lei no prazo de 60 (sessenta) dias, contados após a data de sua publicação.

Art. 6º. Esta Lei entra em vigor na data de sua publicação

Assembleia Legislativa do Estado do Rio de Janeiro, em 09 de outubro de 2017.

DEPUTADO JORGE PICCIANI

Presidente

LEI Nº 8.002, DE 20 DE JUNHO DE 2018

- DISPÕE SOBRE A VEDAÇÃO DA COBRANÇA DO IMPOSTO SOBRE PROPRIEDADE DE VEÍCULOS AUTOMOTORES - IPVA, APÓS A COMUNICAÇÃO DE VENDA DO VEÍCULO.

Art. 1º. Nos termos do Art. 134 da Lei Federal nº 9.503, de 22 de setembro de 1997, fica vedada a cobrança do Imposto sobre Propriedade de Veículos Automotores – IPVA do proprietário de veículo automotor, após a comunicação de venda do veículo devidamente protocolizada.

Parágrafo Único. Recebida a comunicação de venda do veículo, o Departamento de Trânsito do Estado do Rio de Janeiro – DETRAN-RJ procederá imediatamente a inclusão em seu Banco de Dados do local e data da venda, nome, número do documento de identidade, número do CPF ou CNPJ e endereço do comprador.

Art. 2º. Uma vez efetuada a alteração em seu Banco de Dados, o Departamento de Trânsito do Estado do Rio de Janeiro – DETRAN-RJ oficiará, no prazo máximo de 10 (dez) dias, a Secretaria de Estado da Receita, informando o registro da Autorização para Transferência de Veículo efetuada pelo antigo proprietário.

Art. 3º. O proprietário de veículo automotor deverá efetuar a comunicação de venda ao Departamento de Trânsito do Estado do Rio de Janeiro – DETRAN-RJ no prazo máximo de 30 (trinta) dias, após a assinatura da Autorização para Transferência de Veículo, sem prejuízo do disposto nos artigos 123, § 1º da Lei Federal nº 9.503, de 22 de setembro de 1997.

Art. 4º. Para efetiva comunicação de venda de veículo é obrigatória a apresentação do original e/ou cópia autenticada da Autorização para Transferência de Veículo.

Parágrafo único. Nas operações de vendas realizadas entre o proprietário de veículo automotor e as revendedoras de automóveis, na ausência da Autorização para Transferência de Veículo, será permitido ao proprietário de veículo automotor a apresentação de recibo e/ou nota fiscal de compra e venda do veículo, informando a descrição do veículo, código do RENAVAM, nome, número do CNPJ, endereço da revendedora e o local e data da venda.

Art. 5º. Não se aplica o disposto nesta lei para veículos que apresentem débitos anteriores do Imposto de Propriedade de Veículos Automotores – IPVA, em observância ao Art. 25 da Lei Estadual nº 2.877 de 22 de dezembro de 1997.

Art. 6º. A comunicação de venda do veículo, bem como a transferência da propriedade será efetuada sem qualquer ônus ao proprietário de veículo automotor.

Art. 7º. Esta lei entra em vigor na data de sua publicação.

Rio de Janeiro, em 20 de junho de 2018

LUIZ FERNANDO DE SOUZA

Governador

RELAÇÕES DE TRABALHO E PREVIDÊNCIA

NA ADMINISTRAÇÃO PÚBLICA E PRINCÍPIOS INSTITUCIONAIS DA PGE

DECRETO-LEI Nº 220, DE 18 DE JULHO DE 1975

- DISPÕE SOBRE O ESTATUTO DOS FUNCIONÁRIOS PÚBLICOS CIVIS DO PODER EXECUTIVO DO ESTADO DO RIO DE JANEIRO.

ÍNDICE

Art. 1º. Este Decreto-lei institui o regime jurídico dos funcionários públicos civis do Poder Executivo do Estado do Rio de Janeiro.

Parágrafo único – Para os efeitos deste Decreto-lei funcionário é a pessoa legalmente investida em cargo público estadual do Quadro I (Permanente).

TÍTULO I DO PROVIMENTO, DO EXERCÍCIO E DA VACÂNCIA (ART. 2º A 17)

Art. 2º. A nomeação para cargo de provimento efetivo depende de prévia habilitação em concurso público.

§ 1º - O concurso objetivará avaliar:

1) conhecimento e qualificação profissionais, mediante provas ou provas e títulos;

2) condições de sanidade físico-mental; e

3) desempenho das atividades do cargo, inclusive condições psicológicas, mediante estágio experimental, ressalvado o disposto no § 11 deste artigo. (Nova redação dada pela Lei nº 1820/1991)

§ 2º - Revogado pela Lei Complementar nº 140/2011.

§ 3º - A designação prevista no parágrafo anterior observará a ordem de classificação nas provas e o limite das vagas a serem preenchidas, percebendo o estagiário retribuição correspondente a 80% (oitenta por cento) do vencimento do cargo, assegurada a diferença, se nomeado afinal.

§ 4º - O prazo de validade das provas será fixado nas instruções reguladoras do concurso, aprovadas pelo Órgão Central do Sistema de Pessoal Civil do Estado e poderá ser prorrogado, uma vez, por período não excedente a 12 (doze) meses.

§ 5º - O candidato que, ao ser designado para o estágio experimental, for ocupante, em caráter efetivo, de cargo ou emprego em órgão da Administração Estadual direta ou autárquica ficará dele afastado com a perda do vencimento ou salário e vantagens, observado o disposto no inciso IV do art. 20 e ressalvado o salário-família, continuando filiado à mesma instituição de previdência, sem alteração da base de contribuição.

§ 6º - O candidato não aprovado no estágio experimental será considerado inabilitado no concurso e voltará automaticamente ao cargo ou emprego de que se tenha afastado, na hipótese do parágrafo anterior.

§ 7º - O candidato aprovado permanecerá na situação de estagiário até a data da publicação do ato de nomeação, considerada a mesma data, para todos os efeitos, início do exercício do cargo, ressalvado o disposto no parágrafo terceiro antecedente e no artigo seguinte.

§ 8º - As atribuições inerentes ao cargo servirão de base para o estabelecimento dos requisitos a serem exigidos para inscrição no concurso, inclusive a limitação da idade, que não poderá ser inferior a 18 (dezoito) nem superior a 45 (quarenta e cinco) anos.

§ 9º – Não ficará sujeito ao limite máximo de idade o servidor de órgão da administração pública, direta ou indireta.

§ 10 – Além dos requisitos de que trata o § 8º deste artigo, são exigíveis para inscrição em concurso público:

1) nacionalidade brasileira;

2) pleno gozo dos direitos políticos;

3) quitação das obrigações militares.

§ 11 – A norma contida no item 3 do § 1º deste artigo não se aplica ao candidato habilitado nas provas para o preenchimento de cargo de professor ou de cargos destinados ao pessoal de apoio ao magistério. (Nova redação dada pela Lei nº 2289/1994.)

Art. 3º. O funcionário nomeado na forma do artigo anterior adquirirá estabilidade após 2 (dois) anos de efetivo exercício, computando-se, para esse efeito, o período de estágio experimental em que tenha sido aprovado.

Parágrafo único – O funcionário que se desvincular de um cargo público do Estado do Rio de Janeiro ou de suas autarquias para investir-se em outro conservará a estabilidade já adquirida.

Art. 4º. O funcionário estável poderá ser transferido da administração direta para a autárquica e reciprocamente, ou de um para outro Quadro de mesma entidade, desde que para cargo de retribuição equivalente, atendida a habilitação profissional; ou removido de uma Unidade Administrativa para outra do mesmo órgão ou entidade, desde que haja claro na lotação.

Art. 5º. Invalidada a demissão do funcionário, será ele reintegrado e ressarcido.

§ 1º – Far-se-á a reintegração no cargo anteriormente ocupado; se alterado, no resultante da alteração; se extinto, noutro de vencimento equivalente, atendida a habilitação profissional.

§ 2º – Não ocorrendo qualquer das hipóteses previstas no parágrafo anterior, restabelecer-se-á o cargo anteriormente exercido, que ficará como excedente, e nele se fará a reintegração.

§ 3º – A reintegração ocorrerá, sempre, no sistema de classificação a que pertencia o funcionário.

§ 4º – Reintegrado o funcionário, aquele que não ocuparia cargo de igual classe se não tivesse ocorrido o ato de demissão objeto da medida será exonerado ou reconduzido ao cargo anterior, sem direito a qualquer ressarcimento, se não estável; caso contrário, será ele provido em vaga existente ou permanecerá como excedente até a ocorrência da vaga.

Art. 6º. O funcionário em disponibilidade poderá ser aproveitado em cargo de natureza e vencimento compatíveis com os do anteriormente ocupado.

Art. 7º. O funcionário estável fisicamente incapacitado para o pleno exercício do cargo poderá ser ajustado em outro de vencimento equivalente e compatível com suas aptidões e qualificações profissionais.

Art. 8º. A investidura em cargo de provimento efetivo ocorrerá com o exercício, que, nos casos de nomeação, reintegração, transferência e aproveitamento, se iniciará no prazo de 30 (trinta) dias, contado da publicação do ato de provimento.

§ 1º – São requisitos essenciais para essa investidura, verificada a subsistência dos previstos no § 10 do art. 2º, os seguintes:

1) habilitação em exame de sanidade e capacidade física realizada exclusivamente por órgão oficial do Estado;

2) declaração de bens;

3) habilitação em concurso público;

4) bons antecedentes;

5) prestação de fiança, quando a natureza da função o exigir;6) declaração sobre se detém outro cargo, função ou emprego, ou se percebe proventos de inatividade; e

7) inscrição no Cadastro de Pessoa Física (CPF).

§ 2º – A prova dos requisitos a que se referem os itens 1 e 3 do § 10 do art.2º e 3 e 4 do parágrafo anterior não será exigida nos casos de reintegração e aproveitamento.

§ 3º – A critério da administração, ocorrendo motivo relevante, o prazo para o exercício poderá ser prorrogado.

§ 4º – Será tornada sem efeito a nomeação se o exercício não se verificar no prazo estabelecido.

Art. 9º. O funcionário que deva entrar em exercício em nova sede terá, para esse efeito, prazo de 5 (cinco) dias, contados da data da publicação do ato que o determinar.

Art. 10. A investidura em cargo em comissão ocorrerá com a posse, da qual se lavrará termo incluindo o compromisso de fiel cumprimento dos deveres da função pública.

§ 1º – O termo de posse consignará a apresentação de declaração de bens.

§ 2º – A competência para dar posse será a indicada em legislação específica.

§ 3º – Quando a investidura de que trata este artigo recair em pessoas estranhas ao serviço público, será exigida a comprovação dos requisitos a que se referem os itens 1 a 3 do § 10 do art. 2º e 1, 2, 4, 6 e 7 do § 1º do art. 8º.

Art. 11. Considerar-se-á em efetivo exercício o funcionário afastado por motivo de:

I – férias;

II – casamento e luto, até 8 (oito) dias;

III – desempenho de cargo ou função de confiança na administração pública federal, estadual ou municipal;

IV – o estágio experimental;

V – licença-prêmio, licença à gestante, acidente em serviço ou doença profissional;

VI – licença para tratamento de saúde;

VII – doença de notificação compulsória;

VIII – missão oficial;

IX – estudo no exterior ou em qualquer parte do território nacional desde que de interesse para a Administração e não ultrapasse o prazo de 12 (doze) meses;

X – prestação de prova ou exame em concurso público. (Nova redação dada pela Lei Complementar nº 110/2005.)

XI – recolhimento à prisão, se absolvido afinal;

XII – suspensão preventiva, se inocentado afinal;

XIII – convocação para serviço militar, júri e outros serviços obrigatórios por lei; e

XIV – trânsito para ter exercício em nova sede.

§ 1º – As faltas do servidor por motivo de doença, inclusive em pessoa da família, até o máximo de 03 (três) dias durante o mês, serão abonadas mediante a apresentação de atestado ou laudo médico expedido pelo órgão médico oficial competente do Estado ou por outros aos quais ele transferir ou delegar atribuições. (Acrescido pela Lei Complementar nº 110/2005.)

§ 2º – Admitir-se-á, na hipótese de inexistência de órgão médico oficial do Estado na localidade, atestado expedido por órgão médico de outra entidade pública, dentre estes os Hospitais do IASERJ, da Polícia Militar e do Corpo de Bombeiros. (Acrescido pela Lei Complementar nº 110/2005.)

Art. 12. O afastamento para o exterior, exceto em gozo de férias ou licença, dependerá, salvo delegação de competência, de prévia autorização do Governador do Estado.

Art. 13. O afastamento do funcionário de sua unidade administrativa dar-se-á somente para desempenho de cargo ou função de confiança e com ônus para a unidade requisitante.

Art. 14. O cargo ou função de confiança poderá ser exercido, eventualmente, em substituição, hipótese em que a investidura independerá de posse.

Parágrafo único – A substituição será sempre remunerada e não poderá recair em pessoa estranha ao serviço público estadual.

Art. 14. O cargo ou função de confiança poderá ser exercido, eventualmente, em substituição. hipótese em que a investidura independerá da posse. (Nova Redação alterada pela Lei nº 214/1978)

§ 1º – Ressalvada a hipótese prevista em regulamento, a substituição será gratuita, salvo quando o afastamento exceder de 30 (trinta) dias.

§ 2º – A substituição não poderá recair em possa estranha ao serviço público.

Art. 15. Dar-se-á a vacância do cargo ou função na data do fato ou da publicação do ato que implique desinvestidura. (Nova Redação alterada pela Lei nº 214/1978)

Parágrafo único – Na vacância do cargo ou função, e até o seu provimento, poderá ser designado, pela autoridade imediatamente superior, responsável pelo expediente, aplicando-se à hipótese o disposto no art. 14.

Art. 16. A exoneração ou dispensa, ocorrerá:

I – a pedido; e

II – ex-officio.

Parágrafo único – Aplicar-se-á a exoneração ou dispensa ex-officio:

1) no caso de exercício de cargo ou função de confiança;

2) no caso de abandono de cargo, quando extinta a punibilidade por prescrição e o funcionário não houver requerido a exoneração; e

3) na hipótese prevista no art. 5º, § 4º.

Art. 17. Declarar-se-á a perda do cargo:

I – nas hipóteses previstas na legislação penal; e

II – nos demais casos especificados em lei.

TÍTULO II
DOS DIREITOS E DAS VANTAGENS (ART. 18 A 32)

Art. 18. O funcionário gozará, por ano de exercício, 30 (trinta) dias consecutivos de férias, que somente poderão ser acumuladas até o máximo de 2 (dois) períodos, em face de imperiosa necessidade do serviço.

§ 1º - É vedado levar à conta de férias qualquer falta ao serviço.

§ 2º - Revogado pela Lei Complementar nº 121/2008.

Art. 19. Conceder-se-á licença:

I - para tratamento de saúde, com vencimento e vantagens, pelo prazo máximo de 24 (vinte e quatro) meses;

II - por motivo de doença em pessoa da família, com vencimento e vantagens integrais nos primeiros 12 (doze) meses; e, com dois terços, por outros 12 (doze) meses, no máximo;

III - à gestante, com vencimentos e vantagens, pelo prazo de seis meses, prorrogável, no caso de aleitamento materno, por no mínimo trinta e no máximo noventa dias, mediante a apresentação de laudo médico circunstanciado emitido pelo serviço de perícia médica oficial do Estado, podendo retroagir sua prorrogação até 15 (quinze) dias, a partir da data do referido laudo. (Nova redação dada pela Lei Complementar Nº 128, de 26 de junho de 2009.)

IV - para serviço militar, na forma da legislação específica;

V - sem vencimento, para acompanhar o cônjuge eleito para o Congresso Nacional ou mandado servir em outras localidades se militar, servidor público ou com vínculo empregatício em empresa estadual ou particular; (Nova redação dada pela Lei nº 800/1984.)

VI - a título de prêmio, pelo prazo de 3 (três) meses; com vencimento e vantagens do cargo efetivo, depois de cada quinquênio ininterrupto de efetivo exercício no serviço público estadual ou autárquico do Estado do Rio de Janeiro;

VII - sem vencimento, para desempenho de mandato eletivo.

VIII - sem vencimentos, para trato de interesses particulares. (Acrescentado pela Lei nº 490/1981.)

IX - Sem vencimento, pelo prazo de cinco anos, prorrogável uma única vez, ao servidor da área da saúde, que for contratado por empresa ou aderir a cooperativa que administre hospitais públicos terceirizados, nos termos fixados em Lei, sendo-lhe garantida a contagem de tempo de serviço para fins de aposentadoria, se obedecido o que prevê o § 5º deste artigo.

§ 1º - No caso de inciso V, existindo, na localidade, unidade administrativa onde haja claro na lotação ou vaga, processar-se-á a movimentação cabível.

§ 2º - Suspender-se-á, até o limite de 90 (noventa) dias, em cada caso, a contagem de tempo de serviço para efeito de Licença-Prêmio, durante as licenças:

1) para tratamento de saúde;

2) por motivo de doença em pessoa da família; e

3) por motivo de afastamento do cônjuge.

§ 3º - Revogado pela Lei Complementar nº 121/2008.

§ 4º - expirado o prazo da licença a que se refere o inciso IX deste artigo, o servidor deverá retornar imediatamente ao serviço público.

§ 5º - Durante o período de licença a que se refere o inciso IX deste artigo o servidor deverá continuar contribuindo para o Instituto de Previdência do Estado do Rio de Janeiro IPERJ, com base no valor da última remuneração recebida dos cofres públicos, corrigida no tempo em função e pelos mesmos percentuais dos reajustes gerais e da categoria.

§ 6º - A extinção, por qualquer motivo, do contrato de trabalho do servidor licenciado na forma do inciso IX deste artigo com a sociedade prestadora de serviços hospitalares terceirizados, ou seu desligamento da cooperativa a esse fim direcionada, importará em imediata suspensão da licença sem vencimento, obrigando o servidor a retornar ao serviço público ou a converter sua licença para uma das outras modalidades previstas neste Decreto-Lei.

§ 7º - Na hipótese do parágrafo anterior, as cooperativas e as empresas de serviços hospitalares terceirizados deverão comunicar à Secretaria de Estado de Saúde, no dia útil imediatamente posterior, a extinção do contrato de trabalho ou o desligamento do cooperado que se encontrar licenciado do serviço público.

§ 8º - No caso do inciso III, a licença à gestante de recém-nascidos pré-termo será acrescida do número de semanas equivalente à diferença entre o nascimento a termo - 37 semanas de idade gestacional - e a idade gestacional do recém-nascido, devidamente comprovada. (Acrescentado pela Lei nº 3862, de 17/06/2002)

§ 9º - A servidora pública em gozo da licença maternidade e ou aleitamento materno será concedida, imediatamente após o término das mesmas, licença prêmio a que tiver direito, mediante requerimento da servidora. (Acrescentado pela Lei complementar nº 128, de 26 de junho de 2009.)

Art. 20. O funcionário deixará de receber vencimentos e vantagens, exceto gratificação adicional por tempo de serviço, quando se afastar do exercício do cargo:

I - para prestar serviço à União, a outro Estado, a Município, à Sociedade de Economia Mista, à Empresa Pública, à Fundação ou à Organização Internacional, salvo quando, a juizo do Governador, reconhecido o afastamento como de interesse do Estado;

II - em decorrência de prisão administrativa, salvo se inocentado afinal;

III - para exercer cargo ou função de confiança, ressalvado o direito de opção legal; e

IV - para estágio experimental.

Art. 21. O funcionário deixará de receber:

* I - um terço do vencimento e vantagens, durante o recolhimento à prisão por ordem judicial não decorrente de condenação definitiva, ressalvado o direito à diferença se absolvido afinal. (Nova redação dada pela Lei Complementar nº 96/2001.)

II - dois terços do vencimento e vantagens, durante o cumprimento, sem perda do cargo, de pena privativa de liberdade; e

III - o vencimento e vantagens do dia em que não comparecer ao serviço, salvo por motivo de força maior devidamente comprovado.

Parágrafo único - Na hipótese do artigo 59 o recebimento do vencimento e vantagens será proporcional ao tempo de serviço, ressalvado o direito à diferença em caso de arquivamento do inquérito. (Incluído pela Lei Complementar nº 96/2001.)

Art. 22. As reposições e indenizações à Fazenda Pública far-se-ão em parcelas mensais não excedentes à décima parte do vencimento, exceto na ocorrência de má fé, hipótese em que não se admitirá parcelamento.

Parágrafo único - Será dispensada a reposição nos casos em que a percepção indevida tiver ocorrido de entendimento expressamente aprovado pelo Órgão Central do Sistema de Pessoal Civil ou pela Procuradoria Geral do Estado.

Art. 23. O vencimento e as vantagens pecuniárias do funcionário não serão objeto de penhora, salvo quando se tratar:

I - de prestação de alimentos; e

II - de dívida para com a Fazenda Pública.

Art. 24. O Poder Executivo disciplinará a concessão de:

I - ajuda de custo e transporte ao funcionário mandado servir em nova sede;

II - diárias ao funcionário que, em objeto de serviço, se deslocar eventualmente da sede;

III - indenização de representação de gabinete;

IV - prêmio por sugestões que visem ao aumento de produtividade e à redução de custos operacionais da Administração;

V - gratificação pela participação em órgão de deliberação coletiva;

VI - gratificação pelo encargo de auxiliar ou membro de banca ou de comissão examinadora de concurso, ou pela atividade temporária de auxiliar ou professor de curso oficialmente instituído; e

VII - adicional por tempo de serviço.

VIII - gratificação de encargos especiais. (Inciso acrescentado pelo art. 34 da Lei nº 720/1981.)

Art. 25. Extinto o cargo ou declarada sua desnecessidade, o funcionário estável será posto em disponibilidade, com proventos proporcionais ao tempo de serviço.

Art. 26. Revogado pela Lei Complementar nº 121/2008.

Art. 27. Revogado pela Lei Complementar nº 121/2008.

Art. 28. Revogado pela Lei Complementar nº 121/2008.

Art. 29. Para efeito de aposentadoria, observado o limite temporal estabelecido no art. 4º da Emenda Constitucional nº 20, de 15 de dezembro de 1998, e de disponibilidade, será computado: (Nova redação dada pela Lei Complementar nº 121/2008.)

I - o tempo de serviço público civil federal, estadual, ou municipal, na administração direta ou indireta;

II - o tempo de serviço militar; e

III - o tempo de disponibilidade.

IV - em dobro, inclusive para os efeitos do art. 224 do Decreto nº 2479, de 8 de março de 1979, os períodos de férias e de licença prêmio não gozadas e, para os servidores que apurem, nos termos do art. 76 §§ 1º e 2º do mencionado Decreto nº 2479/79, tempo de serviço não inferior a 20 (vinte) anos, o de exercício de cargo em comissão na Administração Direta do Estado. (Inciso acrescentado pela Lei nº 1713/1990, e suprimido pelo art. 10 da Lei nº 1820/1991.)

§ 1º - O tempo de serviço a que se referem os incisos I e II deste artigo será, também, computado para concessão de adicional por tempo de serviço.

§ 2º - O tempo de serviço computar-se-á somente uma vez para cada efeito, vedada a acumulação daquele prestado concomitantemente.

§ 3º - A prestação de serviço gratuito será excepcional e somente surtirá efeito honorífico.

Art. 30. * Revogado pela Lei Complementar nº 121/2008.

Art. 31. É assegurado aos funcionários o direito de requerer ou representar.

Parágrafo único - O recurso não tem efeito suspensivo; seu provimento retroagirá à data do ato impugnado.

Art. 32. O direito de requerer prescreverá:

I - em 5 (cinco) anos, quanto aos atos de demissão, de cassação de aposentadoria ou de disponibilidade e quanto às questões que envolvam direitos patrimoniais;

II - em 120 (cento e vinte) dias, nos demais casos, ressalvados os previstos em leis especiais.

§ 1º - O prazo de prescrição contar-se-á da data da ciência do interessado, a qual se presumirá da publicação do ato.

§ 2º - Não correrá a prescrição enquanto o processo estiver em estudo.

§ 3º - O recurso interrompe a prescrição até duas vezes.

TÍTULO III
DA PREVIDÊNCIA E DA ASSISTÊNCIA (ART. 33)

Art. 33. O Poder Executivo disciplinará a previdência e a assistência ao funcionário e à sua família, compreendendo:

I - salário-família;

II - auxílio-doença;

III - assistência médica, farmacêutica, dentária e hospitalar;

IV - financiamento imobiliário;

V - auxílio-moradia;

VI - auxílio para a educação dos dependentes;

VII - tratamento por acidente em serviço, doença profissional ou internação compulsória para tratamento psiquiátrico;

VIII - auxílio-funeral, com base no vencimento, remuneração ou provento;

IX - pensão em caso de morte por acidente em serviço ou doença profissional;

X – plano de seguro compulsório para complementação de proventos e pensões.

Parágrafo único – A família do funcionário constitui-se dos dependentes que, necessária e comprovadamente, vivam a suas expensas.

TÍTULO IV
DA ACUMULAÇÃO (ART. 34 A 37)

Art. 34. É vedada a acumulação remunerada de cargos e funções públicos, exceto o de:

I – um cargo de juiz com outro de professor;

II – dois cargos de professor;

III – um cargo de professor com outro técnico ou científico; ou

IV – dois cargos privativos de médico.

§ 1º – Em qualquer dos casos, a acumulação somente será permitida quando houver correlação de matérias e compatibilidade de horários.

§ 2º – O regime de acumulação abrange cargos funções e empregos da União, dos Territórios, dos Estados, do Distrito Federal e dos Municípios, bem como das Autarquias, das Sociedades de Economia Mista e das Empresas Públicas.

§ 3º – Não se compreende na proibição de acumular, nem está sujeita a quaisquer limites, a percepção:

1) conjunta, de pensões civis ou militares;

2) de pensões com vencimento, remuneração ou salário;

3) de pensões com proventos de disponibilidade, aposentadoria, jubilação ou reforma;

4) de proventos resultantes de cargos legalmente acumuláveis; e

5) de proventos com vencimento ou remuneração, nos casos de acumulação legal.

Art. 35. o funcionário não poderá participar de mais de um órgão de deliberação coletiva, com direito a remuneração, nem exercer mais de uma função gratificada. (Nova redação dada pela Lei nº 252/1979)

Art. 36. Poderá o aposentado, sem prejuízo dos proventos, desempenhar mandato eletivo, exercer cargo ou função de confiança ou ser contratado para prestar serviços técnicos ou especializados, bem como participar de órgão de deliberação coletiva.

Art. 37. Considerada ilegítima, pelo órgão competente, acumulação informada, oportunamente, pelo funcionário, será este obrigado a optar por um dos cargos.

Parágrafo único - O funcionário que não houver informado, oportunamente, acumulação considerada ilegítima quando conhecida pela Administração, sujeitar-se-á a inquérito administrativo, após o qual, se apurada má fé, perderá os cargos envolvidos na situação cumulativa ou sofrerá a cassação da aposentadoria ou disponibilidade, obrigando-se, ainda, a restituir o que tiver percebido indevidamente.

Capítulo I
INFRAÇÃO DISCIPLINAR (ART. 38)

Art. 38. Constitui infração disciplinar toda ação ou omissão do funcionário capaz de comprometer a dignidade e o decoro da função pública, ferir a disciplina e a hierarquia, prejudicar a eficiência do serviço ou causar dano à Administração Pública.

Capítulo II
DOS DEVERES (ART. 39)

Art. 39. São deveres do funcionário:

I - assiduidade;

II - pontualidade;

III - urbanidade;

IV - discrição;

V - boa conduta;

VI - lealdade e respeito às instituições constitucionais e administrativas a que servir;

VII - observância das normas legais e regulamentares;

VIII - obediência às ordens superiores, exceto quando manifestamente ilegais;

IX - levar ao conhecimento de autoridade superior irregularidades de que tiver ciência em razão do cargo ou função;

X - zelar pela economia e conservação do material que lhe for confiado;

XI - providenciar para que esteja sempre em ordem, no assentamento individual, sua declaração de família;

XII - atender prontamente às requisições para defesa da Fazenda Pública e à expedição de certidões para defesa de direito;

XIII – guardar sigilo sobre a documentação e os assuntos de natureza reservada de que tenha conhecimento em razão do cargo ou função;

XIV – submeter-se à inspeção médica determinada por autoridade competente, salvo justa causa.

Capítulo III
DAS PROIBIÇÕES (ART.40)

Art. 40. Ao funcionário é proibido:

I – referir-se de modo depreciativo, em informação, parecer ou despacho, às autoridades e atos da Administração Pública, ou censurá-los, pela imprensa ou qualquer outro órgão de divulgação pública, podendo, porém, em trabalho assinado, criticá-los, do ponto de vista doutrinário ou da organização do serviço;

II – retirar, modificar ou substituir livro ou documento de órgão estadual, com o fim de criar direito ou obrigação, ou de alterar a verdade dos fatos, bem como apresentar documento falso com a mesma finalidade;

III – valer-se do cargo ou função para lograr proveito pessoal em detrimento da dignidade da função pública;

IV – coagir ou aliciar subordinados com objetivo de natureza partidária;

V – participar de diretoria, gerência, administração, conselho técnico ou administrativo, de empresa ou sociedade:

1) contratante, permissionária ou concessionária de serviço público;

2) fornecedora de equipamento ou material de qualquer natureza ou espécie, a qualquer órgão estadual;

3) de consultoria técnica que execute projetos e estudos, inclusive de viabilidade, para órgãos públicos.

VI – praticar a usura, em qualquer de suas formas, no âmbito do serviço público;

VII – pleitear, como procurador ou intermediário, junto aos órgãos estaduais, salvo quando se tratar de percepção de vencimento, remuneração, provento ou vantagem de parente, consanguíneo ou afim, até o segundo grau civil;

VIII – exigir, solicitar ou receber propinas, comissões, presentes ou vantagens de qualquer espécie em razão do cargo ou função, ou aceitar promessa de tais vantagens;

IX – revelar fato ou informação de natureza sigilosa, de que tenha ciência em razão do cargo ou função, salvo quando se tratar de depoimento em processo judicial, policial ou administrativo;

X – cometer a pessoa estranha ao serviço do Estado, salvo nos casos previstos em lei, o desempenho de encargo que lhe competir ou a seus subordinados;

XI – dedicar-se, nos locais e horas de trabalho, a palestras, leituras ou quaisquer outras atividades estranhas ao serviço, inclusive ao trato de interesses de natureza particular;

XII – deixar de comparecer ao trabalho sem causa justificada;

XIII – empregar material ou quaisquer bens do Estado em serviço particular;

XIV – retirar objetos de órgãos estaduais, salvo quando autorizado por escrito pela autoridade competente;

XV – fazer cobranças ou despesas em desacordo com o estabelecido na legislação fiscal e financeira;

XVI – deixar de prestar declaração em inquérito administrativo, quando regularmente intimado;

XVII – exercer cargo ou função pública antes de atendido os requisitos legais, ou continuar a exercê-los sabendo-o indevidamente.

Capítulo IV
DA RESPONSABILIDADE (ART. 41 a 45)

Art. 41. Pelo exercício irregular de suas atribuições, o funcionário responde civil, penal e administrativamente.

Art. 42. A responsabilidade civil decorre de procedimento doloso ou culposo que importe em prejuízo da Fazenda Estadual ou de terceiros.

§ 1º – Ressalvado o disposto no art. 22, o prejuízo causado à Fazenda Estadual no que exceder os limites da fiança, poderá ser ressarcido mediante desconto em prestações mensais não excedentes da décima parte do vencimento ou remuneração à falta de outros bens que respondam pela indenização.

§ 2º – Tratando-se de dano causado a terceiros, responderá o funcionário perante a Fazenda Estadual em ação regressiva proposta depois de transitar em julgado a decisão de última instância que houver condenado a Fazenda a indenizar o terceiro prejudicado.

Art. 43. A responsabilidade penal abrange os crimes e contravenções imputados ao funcionário nessa qualidade.

Art. 44. A responsabilidade administrativa resulta de atos praticados ou omissões ocorridas no desempenho do cargo ou função, ou fora dele, quando comprometedores da dignidade e do decoro da função pública.

Art. 45. As cominações civis, penais e disciplinares poderão cumular-se, sendo umas e outras independentes entre si, bem assim as instâncias civil, penal e administrativa.

Capítulo V
DAS PENALIDADES (ART. 46 a 57)

Art. 46. São penas disciplinares:

I - advertência;

II - repreensão;

III - suspensão;

IV - multa;

V - destituição de função;

VI - demissão;

VII - cassação de aposentadoria, jubilação ou disponibilidade.

Art. 47. Na aplicação das penas disciplinares serão consideradas a natureza e a gravidade da infração, os danos que dela provierem para o serviço público e os antecedentes funcionais do servidor.

Parágrafo único - As penas impostas ao funcionário serão registradas em seus assentamentos.

Art. 48. A pena de advertência será aplicada verbalmente em casos de negligência e comunicada ao órgão de pessoal.

Art. 49. A pena de repreensão será aplicada por escrito em casos de desobediência ou falta de cumprimento dos deveres, bem como de reincidência específica em transgressão punível com pena de advertência.

Art. 50. A pena de suspensão será aplicada em casos de:

I - falta grave;

II - desrespeito a proibições que, pela sua natureza, não ensejarem pena de demissão;

III - reincidência em falta já punida com repreensão.

§ 1º - A pena de suspensão não poderá exceder a 180 (cento e oitenta) dias.

§ 2º – O funcionário suspenso perderá todas as vantagens e direitos decorrentes do exercício do cargo.

§ 3º – Quando houver conveniência para o serviço, a pena de suspensão, por iniciativa do chefe imediato do funcionário, poderá ser convertida em multa, na base de 50% (cinquenta por cento) por dia de vencimento ou remuneração, obrigado, nesse caso, o funcionário a permanecer no serviço durante o número de horas de trabalho normal.

Art. 51. A destituição de função dar-se-á quando verificada falta de exação no cumprimento do dever.

Art. 52. A pena de demissão será aplicada nos casos de:

I – falta relacionada no art. 40, quando de natureza grave, a juízo da autoridade competente, e se comprovada má fé;

II – incontinência pública e escandalosa; prática de jogos proibidos;

III – embriaguez habitual ou em serviço;

IV – ofensa física em serviço, contra funcionário ou particular, salvo em legítima defesa;

V – abandono de cargo;

VI – ausência ao serviço, sem causa justificada, por (vinte) dias, interpoladamente, durante o período de 12 (doze) meses; (Nova redação dada pela Lei Complementar nº 85/1996)

VII – insubordinação grave em serviço;

VIII – ineficiência comprovada, com caráter de habitualidade, no desempenho dos encargos de sua competência;

IX – desídia no cumprimento dos deveres.

§ 1º – Para fins exclusivamente disciplinares, considera-se como abandono de cargo a que se refere o inciso V deste artigo, a ausência ao serviço, sem justa causa, por 10 (dez) dias consecutivos. (Nova redação dada pela Lei Complementar nº 85/1996)

§ 2º – Entender-se-á por ausência ao serviço com justa causa a que assim for considerada após a devida comprovação em inquérito administrativo, caso em que as faltas serão justificadas apenas para fins disciplinares.

Art. 53. O ato de demissão mencionará sempre a causa da penalidade.

Art. 54. Conforme a gravidade da falta, a demissão poderá ser aplicada com a nota a bem do serviço público.

Art. 55. A pena de cassação de aposentadoria ou de disponibilidade será aplicada se ficar provado, em inquérito administrativo, que o aposentado ou disponível:

I - praticou, quando ainda no exercício do cargo, falta suscetível de determinar demissão;

II - aceitou, ilegalmente, cargo ou função pública, provada a má fé;

III - perdeu a nacionalidade brasileira.

Parágrafo único - Será cassada a disponibilidade ao funcionário que não assumir, no prazo legal, o exercício do cargo ou função em que for aproveitado.

Art. 56. São competentes para aplicação de penas disciplinares:

I - o Governador, em qualquer caso e, privativamente, nos casos de demissão, cassação de aposentadoria ou disponibilidade;

II - os Secretários de Estado e demais titulares de órgãos diretamente subordinados ao Governador em todos os casos, exceto nos de competência privativa do Governador;

III - os dirigentes de unidades administrativas em geral, nos casos de penas de advertência, repreensão, suspensão até 30 (trinta) dias e multa correspondente.

§ 1° - A aplicação da pena de destituição de função caberá à autoridade que houver feito a designação do funcionário.

§ 2° - Nos casos dos incisos II e III, sempre que a pena decorrer de inquérito administrativo, a competência para decidir e para aplicá-la é do Secretário de Estado de Administração.

Art. 57. Prescreverá:

I - em 2 (dois) anos, a falta sujeita às penas de advertência, repreensão, multa ou suspensão;

II - em 5 (cinco) anos, a falta sujeita:

1) à pena de demissão ou destituição de função;

2) à cassação da aposentadoria ou disponibilidade.

§ 1° - A falta também prevista como crime na lei penal prescreverá juntamente com este.

§ 2° - O curso da prescrição começa a fluir da data do evento punível disciplinarmente e interrompe-se pela abertura de inquérito administrativo.

Capítulo VI
DA SUSPENSÃO PREVENTIVA*

- Nova redação dada pela Lei Complementar nº 96/2001

Art. 58 e §§ – revogados pela Lei Complementar nº 96/2001.

Art. 59. A suspensão preventiva até 30 (trinta) dias será ordenada pelas autoridades mencionadas no art. 56, desde que o afastamento do funcionário seja necessário para que este não venha a influir na apuração da falta.

§ 1º – A suspensão de que trata este artigo poderá ser ordenada, a qualquer tempo, no curso inquérito administrativo pela autoridade competente para instaurá-lo e estendida até 90 (noventa) dias. (Nova redação dada pela Lei Complementar nº 96/2001.)

§ 2º revogado pela Lei Complementar nº 96/2001.

§ 3º – O funcionário que responder por malversação, alcance de dinheiro público ou infração de que possa resultar a pena de demissão, poderá permanecer suspenso preventivamente, a critério da autoridade que determinar a abertura do respectivo inquérito, até decisão final do processo administrativo. (Nova redação dada pela Lei Complementar nº 96/2001.)

§ 4º – Os policiais civis, suspensos preventivamente, terão a arma, o distintivo, a carteira funcional ou qualquer outro bem patrimonial, que mantenham mediante cautela, devidamente recolhidos, caso tal providência ainda não tenha sido tomada. (Acrescido pela Lei Complementar nº 96/2001.)

Art. 60. A suspensão preventiva é medida acautelatória e não constitui pena. (Nova redação dada pela Lei Complementar nº 96/2001.)

Capítulo VII
DA APURAÇÃO SUMÁRIA DA IRREGULARIDADE (ART.61 a 63)

Art. 61. A autoridade que tiver ciência de qualquer irregularidade no serviço público é obrigada a promover, imediatamente, a apuração sumária, por meio de sindicância. (Nova redação dada pela Lei nº 2945, de 15/05/1998)

Parágrafo único – A autoridade promoverá a apuração da irregularidade diretamente por meio de inquérito administrativo, sem a necessidade de sindicância sumária, quando:

1 – Já existir denúncia do Ministério Público:

2 – Tiver ocorrido prisão em flagrante; e

3 – For apurar abandono de cargo ou função.

Art. 62. A apuração sumária, por meio de sindicância não ficará adstrita ao rito determinado para o inquérito administrativo, constituindo simples averiguação, que poderá ser realizada por um único funcionário.

Art. 63. Se no curso da apuração sumária ficar evidenciada falta punível com pena superior à advertência, repreensão, suspensão até 30 (trinta) dias ou multa correspondente, o responsável pela apuração comunicará o fato ao superior imediato, que solicitará, pelos canais competentes, a instauração do inquérito administrativo.

Capítulo VIII
DO INQUÉRITO ADMINISTRATIVO (ART. 64 a 76)

Art. 64. O inquérito administrativo precederá sempre à aplicação das penas de suspensão por mais de 30 (trinta) dias, destituição de função, demissão e cassação de aposentadoria ou disponibilidade.

Art. 65. A determinação de instauração de inquérito é da competência do Secretário de Estado de Administração, inclusive em relação a servidores autárquicos.

Parágrafo único – Mesmo que seja outra a autoria de seu órgão competente para a apuração, por meios sumários, sindicância ou mediante inquérito administrativo, de grave irregularidade de que tenha ciência no Serviço Público (artigo 40 e 52) e secretário de Estado de administração será sempre competente para determinar, de imediato, a instauração de inquérito, inclusive em relação a servidores autárquicos, quando chega a seu conhecimento, independentemente de qualquer comunicação, a ocorrência de irregularidade, inobservância de deveres ou infrações de proibições funcionais, em quaisquer área do Poder Executivo Estadual. (Parágrafo único, acrescentado pela Lei nº 386/1980)

Art. 66. Promoverá o inquérito uma das Comissões Permanentes de Inquérito Administrativo da Secretaria de Estado de Administração.

Art. 67. Se, de imediato ou no curso do inquérito administrativo, ficar evidenciado que a irregularidade envolve crime, a autoridade instauradora ou o Presidente da Comissão a comunicará ao Ministério Público.

Parágrafo único – Quando a autoridade policial tiver conhecimento de crime praticado por funcionário público com violação de dever inerente ao cargo, ou com abuso de poder, fará comunicação do fato à autoridade administrativa competente para a instauração do inquérito cabível.

Art. 68. O inquérito deverá estar concluído no prazo de 90 (noventa) dias, contados a partir do dia em que os autos chegarem à Comissão, prorrogáveis, sucessivamente, por períodos de 30 (trinta) dias, em caso de força maior a juízo do Secretário de Estado de Administração, até o máximo de 180 (cento e oitenta) dias.

§ 1º – A não observância desses prazos não acarretará nulidade do processo, importando, porém, quando não se tratar de sobrestamento, em responsabilidade administrativa dos membros da Comissão.

§ 2º – O sobrestamento de inquérito administrativo só ocorrerá em caso de absoluta impossibilidade de prosseguimento, a juízo do Secretário de Estado de Administração.

§ 3º – Em se tratando de abandono de cargo o inquérito deverá estar concluído no prazo de 60 dias, contados a partir da chegada dos autos à Comissão, prorrogáveis por 2 (dois) períodos de 30 (trinta) dias cada um, a juízo do Secretário de Estado de Administração. (Parágrafo acrescentado pela Lei nº 1497/89.)

Art. 69. Os órgãos estaduais, sob pena de responsabilidade de seus titulares, atenderão com a máxima presteza às solicitações da Comissão, inclusive requisição de técnicos e peritos, devendo comunicar prontamente a impossibilidade de atendimento, em caso de força maior.

Art. 70. Ultimada a instrução será feita no prazo de 3 (três) dias a citação do indiciado para apresentação de defesa no prazo de 10 (dez) dias, que será comum sendo mais de um indiciado, com vista dos autos na sede da Comissão. (Artigo 70, § 1º, § 2º e § 3º – Nova redação dada pela Lei nº 1497/1989.)

§ 1º – Estando o indiciado em lugar incerto, será citado por edital, no órgão oficial de divulgação do Estado por 3 (três) dias consecutivos.

§ 2º – O prazo de defesa será contado a partir da última publicação do edital de citação.

§ 3º – As diligências e oitivas de testemunhas requeridas pela defesa ficarão a cargo do interessado e deverão ser concluídas no prazo de 10 (dez) dias, sob pena de perda de prova.

Art. 71. Nenhum acusado será julgado sem defesa que poderá ser produzida em causa própria.

Parágrafo único – Será permitido o acompanhamento do inquérito pelo funcionário acusado ou por seu defensor.

Art. 72. Em caso de revelia, o Presidente da Comissão designará, de ofício, um funcionário efetivo, bacharel em Direito, para defender o indiciado.

Art. 73. Concluída a defesa a Comissão opinará sobre a inocência ou a responsabilidade do indiciado em relatório circunstanciado que deverá ser concluído no prazo de 60 (sessenta) dias, contados do encerramento da defesa. (Nova redação dada pela Lei nº 1497/1989.)

Art. 74. Recebido o processo, o Secretário de Estado de Administração proferirá a decisão no prazo de 20 (vinte) dias, ou o submeterá, no prazo de 8 (oito) dias, ao Governador do Estado, para que julgue nos 20 (vinte) dias seguintes ao seu recebimento.

§ 1º – A autoridade julgadora decidirá à vista dos fatos apurados pela Comissão, não ficando, todavia, vinculada às conclusões do relatório.

§ 2º – Se a autoridade julgadora entender que os fatos não foram apurados devidamente, determinará o reexame do inquérito pelo órgão competente.

Art. 75. Em caso de abandono de cargo ou função, a Comissão iniciará seu trabalho, fazendo publicar, por 3 (três) vezes, edital de chamada do acusado, no prazo máximo de 20 (vinte) dias.

Art. 76. O funcionário só poderá ser exonerado a pedido após a conclusão do inquérito administrativo a que responder e do qual não resultar pena de demissão.

Capítulo IX
DA REVISÃO (ART. 77 a 82)

Art. 77. Poderá ser requerida a revisão do inquérito administrativo de que haja resultado pena disciplinar, quando forem aduzidos fatos ainda não conhecidos, comprobatórios da inocência do funcionário punido.

Parágrafo único – Tratando-se de funcionário falecido, desaparecido ou incapacitado de requerer, a revisão poderá ser solicitada por qualquer pessoa.

Art. 78. A revisão processar-se-á em apenso ao processo originário.

Art. 79. Não constitui fundamento para a revisão a simples alegação de injustiça da penalidade.

Art. 80. O requerimento, devidamente instruído, será encaminhado ao Governador, que decidirá sobre o pedido.

Art. 81. Autorizada a revisão, o processo será encaminhado à Comissão Revisora, que concluirá o encargo no prazo de 90 (noventa) dias, prorrogável pelo período de 30 (trinta) dias, a juízo do Secretário de Estado de Administração.

Parágrafo único – O julgamento caberá ao Governador, no prazo de 30 (trinta) dias, podendo, antes, o Secretário de Estado de Administração determinar diligências, concluídas as quais se renovará o prazo.

Art. 82. Julgada procedente a revisão, será tornada sem efeito a pena imposta, restabelecendo-se todos os direitos por ela atingidos.

DISPOSIÇÕES GERAIS E TRANSITÓRIAS (ART. 83 A 88)

Art. 83. As disposições de natureza estatutária que se contiverem no Plano de Classificação de Cargos previsto no art. 18 da Lei Complementar nº 20, de 1º de julho de 1974, bem como no Plano de Retribuição, e que vier a lhe corresponder, integrar-se-ão para todos os efeitos, neste diploma legal.

Art. 84. As normas legais e regulamentares referentes à promoção e acesso, bem como as vantagens pessoais de funcionários dos Quadros II e III (Suplementares) continuam em vigor no que não colidirem com as disposições deste Decreto-Lei e até posterior disciplinamento da matéria, enquanto não forem incluídos no Quadro I (Permanente), nos termos do que vier a dispor o Plano de Classificação de Cargos do Estado do Rio de Janeiro.

Art. 85. Contar-se-ão por dias corridos os prazos previstos neste Decreto-Lei.

§ 1º – Na contagem dos prazos, exclui-se o dia do começo e inclui-se o do vencimento.

§ 2º – Prorroga-se para o primeiro dia útil seguinte o prazo vincendo em dia em que não haja expediente.

Art. 86. É vedada a subordinação imediata do funcionário ao cônjuge ou parente até segundo grau, salvo em funções de confiança, limitadas a duas.

Art. 87. O dia 28 de outubro é consagrado ao serviço público estadual.

Art. 88. Este Decreto-lei entrará em vigor na data de sua publicação, revogadas as disposições em contrário.

DECRETO Nº 2.479, DE 08 DE MARÇO DE 1979

- APROVA O REGULAMENTO DO ESTATUTO DOS FUNCIONÁRIOS PÚBLICOS CIVIS DO PODER EXECUTIVO DO ESTADO DO RIO DE JANEIRO.

ÍNDICE

TÍTULO I
DISPOSIÇÕES PRELIMINARES

Capítulo Único

Art. 1º. O regime jurídico dos funcionários públicos civis do Poder Executivo do Estado do Rio de Janeiro, instituído pelo Decreto-Lei nº 220, de 18 de julho de 1975, fica disciplinado na forma deste Regulamento.

§ 1º – Para os efeitos deste Regulamento, funcionário é a pessoa legalmente investida em cargo público estadual do Quadro I (Permanente), de provimento efetivo ou em comissão, previsto no Plano de Cargos e Vencimentos do Estado do Rio de Janeiro.

§ 2º – Aos servidores contratados no exercício de função gratificada, com suspensão dos respectivos contratos de trabalho, e aos estagiários, somente serão reconhecidos e concedidos os direitos e vantagens que expressamente lhes estejam assegurados por este Regulamento.

TÍTULO II
DO PROVIMENTO, DO EXERCÍCIO E DA VACÂNCIA

Capítulo I
Disposições Gerais

Art. 2º. Os cargos públicos são providos por:

I - nomeação;

II - reintegração;

III - transferência;

IV - aproveitamento;

V - readaptação;

VI - outras formas determinadas em lei.

Art. 3º. O funcionário não poderá, sem prejuízo de seu cargo, ser provido em outro cargo efetivo ou admitido como contratado, salvo nos casos de acumulação legal.

Art. 4º. O ato de provimento deverá indicar necessariamente a existência de vaga, com todos os elementos capazes de identificá-la.

Art. 5º. A nomeação para cargo de provimento efetivo depende de prévia habilitação em concurso público de provas ou de provas e títulos.

Seção I
Do Concurso

Art. 6º. O concurso de provas ou de provas e títulos para provimento de cargos por nomeação será sempre público, dele se dando prévia e ampla publicidade da abertura de inscrições, requisitos exigidos, programas, realização, critérios de julgamento e tudo quanto disser respeito ao interesse dos possíveis candidatos.

Art. 7º. O concurso objetivará avaliar:

I - o conhecimento e a qualificação profissionais, mediante provas ou provas e títulos;

II - as condições de sanidade físico-mental;

III - o desempenho das atividades do cargo, inclusive as condições psicológicas do candidato, mediante estágio experimental.

Art. 8º. Das instruções para o concurso constarão:

I - o limite de idade dos candidatos, que poderá variar de 18 (dezoito) anos completos até 45 (quarenta e cinco) incompletos, dependendo da natureza do cargo a ser provido;

II - o grau de instrução exigível, a ser comprovado mediante apresentação de documento hábil;

III - o número de vagas a ser preenchido, distribuído por especialização, quando for o caso;

IV – o prazo de validade das provas, de 2 (dois) anos no máximo, só prorrogável uma vez, por período não excedente a 12 (doze) meses, havendo motivos relevantes, a juízo do Secretário de Estado de Administração, contados da publicação da classificação geral;

V – o prazo de duração do estágio experimental, que não será inferior a 6 (seis) nem superior a 12 (doze) meses.

§ 1º – As instruções reguladoras do concurso serão aprovadas pelo Órgão Central do Sistema de Pessoal Civil do Estado.

§ 2º – Independe de limite de idade a inscrição em concurso de servidores da Administração Direta ou Indireta, ressalvados os casos em que, pela tipicidade das tarefas ou atribuições de cada cargo, deva ser fixado limite próprio pelas instruções especiais de cada concurso.

§ 3º – Além dos requisitos de que trata este artigo, são exigíveis para inscrição em concurso público:

1) nacionalidade brasileira ou portuguesa, desde que reconhecida, na forma da legislação federal pertinente, a igualdade de direitos e obrigações civis;

2) pleno gozo dos direitos políticos;

3) quitação das obrigações militares.

§ 4º – Encerradas as inscrições, regularmente processadas, para concurso destinado ao provimento de qualquer cargo, não se abrirão novas inscrições para a mesma categoria funcional antes da publicação da homologação do concurso.

§ 5º – Para as vagas que ocorrerem após a publicação das instruções reguladoras do concurso, a critério da Administração poderão ser designados para estágio candidatos habilitados, desde que dentro do prazo de validade das provas.

Art. 9º. O candidato habilitado nas provas e no exame de sanidade físico-mental será submetido a estágio experimental, mediante ato de designação do Secretário de Estado, titular de órgão integrante da Governadoria ou dirigente de autarquia.

Parágrafo único – O ato de designação indicará expressamente o prazo do estágio, conforme o fixado pelas respectivas instruções reguladoras do concurso.

Art. 10. A designação prevista no artigo anterior observará a ordem de classificação nas provas e o limite de vagas a serem preenchidas, percebendo o estagiário retribuição correspondente a 80% (oitenta por cento) do vencimento do cargo, assegurada a diferença se nomeado afinal.

§ 1º – O candidato que, ao ser designado para estágio experimental, for ocupante, em caráter efetivo, de cargo ou emprego em órgão da Administração Estadual

Direta ou Autárquica, ficará dele afastado com a perda do vencimento ou salário, das vantagens e do auxílio-moradia, ressalvado o adicional por tempo de serviço.

§ 2º – Este afastamento não alterará a filiação ao sistema previdenciário do estagiário, nem a base de contribuição.

§ 3º – Não se exigirá o afastamento referido no § 1º, se o cargo efetivo for acumulável com o do objeto do concurso.

Art. 11. O candidato não aprovado no estágio experimental será considerado inabilitado no concurso e retornará automaticamente ao cargo ou emprego de que se tenha afastado, se for o caso.

Art. 12. Expirado o prazo de duração do estágio experimental, a autoridade que tiver designado o estagiário comunicará ao órgão promotor do concurso o resultado do desempenho das atividades exercidas no cargo, inclusive suas condições psicológicas, idoneidade moral, assiduidade, disciplina e eficiência, concluindo pela aprovação ou não do candidato.

§ 1º – O chefe imediato do estagiário encaminhará à autoridade referida neste artigo, nos 15 (quinze) dias anteriores ao término do estágio, relatório circunstanciado sobre o desempenho das atividades do interessado, se motivo relevante não justificar encaminhamento antes deste prazo.

§ 2º – Quando a autoridade competente para a avaliação concluir desfavoravelmente ao estagiário, fará publicar sua imediata dispensa.

§ 3º – Recebidos pelo órgão promotor do concurso os resultados da avaliação de todos os estagiários, será publicada no órgão oficial a classificação final do concurso, que se homologará por ato do Secretário de Estado de Administração.

§ 4º – O prazo de validade do concurso é de 90 (noventa) dias, contados de sua homologação, dentro do qual serão nomeados, por proposta do Secretário de Estado de Administração, os candidatos habilitados, observada rigorosamente a classificação obtida.

§ 5º – Enquanto não publicado o ato de nomeação a que se refere o parágrafo anterior, o candidato permanecerá na condição de estagiário.

Art. 13. A data da publicação do ato de nomeação será considerada, para todos os efeitos, o início do exercício do cargo, salvo para a percepção da diferença de retribuição a que se refere o artigo 10 e para aquisição de estabilidade, quando se computará o período do estágio experimental.

Seção II
Da Investidura

Art. 14. A investidura em cargo em comissão, integrante do Grupo I - Direção e Assessoramento Superiores - DAS, ocorrerá com a posse; em cargo de provimento efetivo, do Grupo III - Cargos Profissionais, com o exercício. Em ambos os casos, iniciar-se-á dentro do prazo de 30 (trinta) dias, contados da publicação do ato de provimento.

§ 1º - Mediante requerimento do interessado e ocorrendo motivo relevante, o prazo para investidura poderá ser prorrogado ou revalidado, a critério da Administração, em até 60 (sessenta) dias, contados do término do prazo de que trata este artigo.

§ 2º - Será tornado sem efeito o ato de provimento, se a posse ou o exercício não se verificar nos prazos estabelecidos.

Art. 15. São requisitos para a posse, além dos enumerados nos itens 1 a 3, do § 3º, do artigo 8º:

I - habilitação em exame de sanidade físico-mental realizado exclusivamente por órgão oficial do Estado;

II - declaração de bens;

III - bom procedimento, comprovado por atestado de antecedentes expedido por órgão de identificação do Estado do domicílio do candidato à investidura ou mediante informação, em processo, ratificada pelo Secretário de Estado de Segurança Pública;

IV - declaração sobre se detém outro cargo, função ou emprego, na Administração Direta ou Indireta de qualquer esfera de Poder Público, ou se percebe proventos de inatividade;

V - atendimento às condições especiais previstas em lei ou regulamento para determinados cargos.

§ 1º - Quando o funcionário efetivo for provido em cargo em comissão, não se exigirá a comprovação dos requisitos de que trata este artigo, exceto os indicados nos incisos II e VI.

§ 2º - Quando o provimento recair em inativo, este atenderá às exigências do artigo, além do requisito estabelecido no item 2, do § 3º, do artigo 8º.

Art. 16. Da posse se lavrará termo do qual constará compromisso de fiel cumprimento dos deveres da função pública, e se consignará a apresentação de declaração de bens do empossado, incluídos os do seu cônjuge, se for o caso.

Parágrafo único - Os termos de posse, acompanhados das respectivas declarações de bens, deverão ser encaminhados, dentro de 48 (quarenta e oito) horas, à Secretaria de Estado de Administração, ressalvados os relativos às autarquias.

Art. 17. São competentes para dar posse:

I - O Governador, aos Secretários de Estado e demais autoridades que lhe sejam diretamente subordinadas;

II - os Secretários de Estados, aos ocupantes de cargo em comissão no âmbito das respectivas Secretarias, inclusive aos dirigentes de autarquias a estas vinculadas;

III - o Chefe do Gabinete Militar, o Procurador-Geral do Estado e o Procurador-Geral da Justiça, aos ocupantes de cargo em comissão no âmbito dos respectivos órgãos;

IV - os dirigentes de autarquias, aos ocupantes de cargo em comissão das respectivas entidades.

Art. 18. São requisitos para o exercício os mesmos estabelecidos para a posse, bem como a prestação de fiança, quando a natureza da função o exigir.

Parágrafo único - A comprovação dos requisitos a que se referem os itens 1 e 3, do § 3º, do artigo 8º, e o inciso III, do artigo 15, não será exigida nos casos de reintegração e aproveitamento.

Art. 19. É competente para dar exercício o Secretário de Estado de Administração, quando se tratar de investidura em cargos de provimento efetivo.

Art. 20. A competência para dar posse e exercício poderá ser objeto de delegação.

Seção III
Da Fiança

Art. 21. Quando o provimento em cargo ou função depender de prestação de fiança, não se dará investidura sem a prévia satisfação dessa exigência.

§ 1º - A fiança poderá ser prestada em:

1) dinheiro;

2) títulos de dívida pública da União ou do Estado;

3) apólices de seguro de fidelidade funcional, emitidas por instituição oficial ou legalmente autorizada para esse fim.

§ 2º - Não poderá ser autorizado o levantamento da fiança, antes de tomadas as contas do funcionário.

§ 3º - O responsável por alcance ou desvio de material não ficará isento do procedimento administrativo e criminal que couber, ainda que o valor da fiança seja superior ao prejuízo verificado.

Capítulo II
Das Funções de Confiança

Seção I
Dos Cargos em Comissão

Art. 22. O cargo em comissão se destina a atender a encargos de direção e de chefia, consulta ou assessoramento superiores, e é provido mediante livre escolha do Governador, podendo esta recair em funcionário, em servidor regido pela legislação trabalhista ou em pessoa estranha ao serviço público, desde que reúna os requisitos necessários e a habilitação profissional para a respectiva investidura.

§ 1º - A competência e as atribuições dos cargos em comissão e de seus titulares serão definidas nos regimentos dos respectivos órgãos.

§ 2º - Não poderão ocupar cargo em comissão os maiores de 70 (setenta) anos e os que tenham sido aposentados por invalidez para o Serviço Público, desde que subsistentes os motivos que determinaram a inatividade.

Art. 23. Recaindo a nomeação em funcionário do Estado, este optará pelo vencimento do cargo em comissão ou pela percepção do vencimento e vantagens do seu cargo efetivo acrescida de uma gratificação correspondente a 70% (setenta por cento) do valor fixado para o cargo em comissão.

Parágrafo único - A opção pelo vencimento do cargo em comissão não prejudicará o adicional por tempo de serviço devido ao funcionário, que será calculado sobre o valor do cargo que ocupa em caráter efetivo.

Art. 24. O servidor contratado, que aceitar nomeação para cargo em comissão da estrutura da Administração Direta ou das autarquias, terá suspenso seu contrato de trabalho, enquanto durar o exercício do cargo em comissão.

§ 1º - Exonerado do cargo em comissão, o servidor reverterá imediatamente ao exercício do contrato.

§ 2º - O afastamento em virtude da condição temporária do exercício do cargo em comissão e o retorno à situação primitiva serão obrigatoriamente anotados na carteira profissional, bem como nos registros relativos ao servidor.

§ 3º - A retribuição pelo exercício de cargo em comissão será o valor do respectivo símbolo, não podendo o servidor contratado exercer a opção prevista no artigo 23.

§ 4º - O regime previdenciário dos servidores no exercício de cargo em comissão é o dos funcionários efetivos da Administração Direta.

Art. 25. Somente após ter sido colocado à disposição do Poder Executivo do Estado, para o fim determinado, poderá o ato de nomeação recair em funcionário de outro Poder ou de outra esfera de Governo.

Parágrafo único – Na hipótese do artigo, desde que o funcionário tenha sido colocado à disposição do Governo Estadual sem ônus para a esfera do poder a que pertence, receberá, pelo exercício do cargo em comissão, o vencimento para este fixado; caso contrário, observará o procedimento estabelecido no artigo 23.

Art. 26. O inativo provido em cargo em comissão perceberá integralmente o vencimento para este fixado, cumulativamente com o respectivo provento.

Art. 27. A posse em cargo em comissão determinará o concomitante afastamento do funcionário do cargo efetivo de que for titular, ressalvados os casos de acumulação legal.

Seção II
Das Funções Gratificadas

Art. 28. Função gratificada de preenchimento em confiança, integrante do Grupo II – Chefia e Assistência Intermediárias – CAI, é a criada pelo Poder Executivo, com símbolo próprio, para atender a encargos de chefia, secretariado, assessoramento e outros, em níveis intermediário e inferior.

Art. 29. O Poder Executivo, ao criar as funções gratificadas, observará os recursos orçamentários existentes para esse fim, bem como os símbolos e respectivas gratificações prefixadas em lei.

Art. 30. O exercício da função gratificada, não constituindo emprego, guardará correspondência de atribuições com as do cargo efetivo exercido pelo funcionário designado, e a gratificação respectiva tem o caráter de vantagem acessória ao seu vencimento, de acordo com o ANEXO II do Decreto-Lei nº 408, de 02 de fevereiro de 1979.

Art. 31. Com exceção dos aposentados e dos ocupantes de empregos cujos contratos tenham sido suspensos, nos termos do Decreto-Lei nº 147, de 26 de junho de 1975, somente poderá ser designado para prover função gratificada funcionário efetivo do Estado.

§ 1º – A retribuição pelo exercício de função gratificada corresponderá ao valor do respectivo símbolo, a que se acrescentará, como gratificação suplementar temporária, o valor correspondente ao que o servidor vinha percebendo no exercício do contrato suspenso.

§ 2º – Aplicam-se à função gratificada as regras do § 2º, do artigo 22 e do artigo 24 e seus §§ 1º, 2º e 4º.

Art. 32. São competentes para designar e dispensar ocupantes de funções gratificadas, no âmbito das respectivas unidades administrativas, e dentre os servidores que lhes são mediata ou imediatamente subordinados, as autoridades referidas nos incisos II, III e IV, do artigo 17.

Parágrafo único – Quando a designação deva recair em servidor lotado em órgão diferente, é indispensável a prévia concordância do dirigente desse órgão.

Art. 33. Independe de exame de sanidade físico-mental a investidura em função gratificada, salvo quando a designação recair em inativo ou em servidor regido pela legislação trabalhista.

Art. 34. Compete à autoridade a que ficar subordinado o servidor designado para função gratificada dar-lhe exercício no prazo de 30 (trinta) dias, independentemente de posse.

Parágrafo único – Aplica-se à função gratificada o disposto nos §§ 1º e 2º, do artigo 14.

Seção III
Da Substituição

Art. 35. Os cargos em comissão ou funções gratificadas poderão ser exercidos, eventualmente, em substituição, nos casos de impedimento legal e afastamento de seus titulares.

§ 1º – A substituição, que será automática ou dependerá de ato de designação, independe de posse.

§ 2º – A substituição automática é a estabelecida em lei, regulamento ou regimento, e processar-se-á independentemente de ato.

§ 3º – Quando depender de ato e se a substituição for indispensável, o substituto será designado pela autoridade imediatamente superior àquela substituída.

§ 4º – Pelo tempo de substituição o substituto perceberá o vencimento e vantagens atribuídas ao cargo em comissão ou função gratificada, ressalvado o caso de opção pelo vencimento e vantagens do seu cargo efetivo.

§ 5º – Quando se tratar de detentor de cargo em comissão ou função gratificada, o substituto fará jus somente à diferença de remunerações.

Art. 36. A substituição não poderá recair em servidor contratado ou em pessoa estranha ao serviço público estadual, salvo na hipótese do § 5º do artigo anterior.

Art. 37. Na vacância de cargo em comissão ou de funções gratificadas, e até o seu provimento, poderão ser designados funcionários do Estado para responder pelo seu expediente.

Parágrafo único – Aplicam-se ao responsável pelo expediente as disposições desta Seção.

Capítulo III
Das Formas de Provimento

Seção I
Da Nomeação

Art. 38. A nomeação será feita:

I – em caráter efetivo, quando se tratar de cargo de classe singular ou de cargo de classe inicial de série de classes;

II – em comissão, quando se tratar de cargo que, em virtude de lei, assim deva ser provido.

Art. 39. A nomeação em caráter efetivo obedecerá à ordem rigorosa de classificação dos candidatos habilitados em concurso.

Seção II
Da Reintegração

Art. 40. A reintegração, que decorrerá de decisão administrativa ou judicial, é o reingresso do funcionário exonerado ex officio ou demitido do serviço público estadual, com ressarcimento do vencimento e vantagens e reconhecimento dos direitos ligados ao cargo.

Parágrafo único – A decisão administrativa que determinar a reintegração será sempre proferida em pedido de reconsideração, recurso hierárquico ou revisão de processo.

Art. 41. A reintegração será feita no cargo anteriormente ocupado; se alterado, no resultante da alteração; se extinto, noutro de vencimento equivalente, observada a habilitação profissional.

Parágrafo único – Não ocorrendo qualquer das hipóteses previstas nesse artigo, o funcionário será reintegrado no cargo extinto, que será restabelecido, como excedente.

Art. 42. A reintegração ocorrerá sempre no sistema de classificação a que pertencia o funcionário.

Art. 43. Reintegrado o funcionário, quem lhe houver ocupado o lugar, se não estável, será exonerado de plano; ou, se exercia outro cargo e este estiver vago, a ele ou a outro vago da mesma classe será reconduzido, em qualquer das hipóteses sem direito à indenização.

Parágrafo único – Se estável, o funcionário que houver ocupado o lugar do reintegrado será obrigatoriamente provido em igual cargo, ainda que necessária a sua criação, como excedente ou não.

Art. 44. O funcionário reintegrado será submetido à inspeção médica e aposentado se julgado incapaz.

Seção III
Da Transferência

Art. 45. Transferência, quando não se tratar da definida no inciso IV, alínea "c", do artigo 14 do Decreto-Lei nº 408, de 02 de fevereiro de 1979, é o ato de provimento do funcionário em outro cargo de denominação diversa e de retribuição equivalente.

Art. 46. A transferência se fará à vista de comprovação competitiva de habilitação dos interessados para o exercício do novo cargo, realizada perante a Fundação Escola de Serviço Público do Estado do Rio de Janeiro.

Art. 47. A transferência poderá ser feita de cargo de Administração Direta para outro da autárquica, ou reciprocamente; e de um para outro cargo de quadros diferentes da mesma entidade.

Art. 48. Quando se tratar de cargo de classe inicial de série de classes, a transferência não poderá ser feita para cargo vago destinado a provimento por concurso já aberto.

Art. 49. A transferência será feita a pedido do funcionário, atendidos o interesse e a conveniência da Administração.

Art. 50. A transferência não interromperá o exercício para efeito de adicional por tempo de serviço.

Art. 51. No caso de transferência para cargo correspondente à atividade profissional regulamentada, a habilitação será condicionada à prévia comprovação de que o interessado satisfaz às exigências para o exercício da profissão.

Art. 52. Não poderá ser transferido o funcionário que não tenha adquirido estabilidade.

Seção IV
Do Aproveitamento

Art. 53. Aproveitamento é o retorno ao serviço público estadual do funcionário colocado em disponibilidade.

Art. 54. O funcionário em disponibilidade poderá ser aproveitado em cargo de natureza e vencimento compatível com os do anteriormente ocupado.

§ 1º – Restabelecido o cargo, ainda que modificada sua denominação, poderá nele ser aproveitado o funcionário posto em disponibilidade quando da sua extinção.

§ 2º – O aproveitamento dependerá de prova de sanidade físico-mental verificada mediante inspeção médica.

Art. 55. Havendo mais de um concorrente à mesma vaga, terá preferência o de maior tempo de disponibilidade e, no caso de empate, o de maior tempo de serviço público estadual.

Art. 56. Será tornado sem efeito o aproveitamento e cassada a disponibilidade, se o funcionário não entrar em exercício no prazo legal, salvo caso de doença comprovada em inspeção médica.

Parágrafo único - Provada a incapacidade definitiva em inspeção médica, será decretada a aposentadoria.

Seção V
Da Readaptação

Art. 57. O funcionário estável poderá ser readaptado ex officio ou a pedido em função mais compatível, por motivo de saúde ou incapacidade física.

Art. 58. A readaptação de que trata o artigo anterior se fará por:

I - redução ou cometimento de encargos diversos daqueles que o funcionário estiver exercendo, respeitadas as atribuições da série de classes a que pertencer, ou do cargo de classe singular de que for ocupante;

II - provimento em outro cargo.

§ 1º - A readaptação dependerá sempre de prévia inspeção realizada por junta médica do órgão oficial competente.

§ 2º - A readaptação referida no inciso II deste artigo não acarretará descenso nem elevação de vencimento.

Art. 59. A readaptação será processada:

I - quando provisória, mediante ato do Secretário de Estado de Administração, pela redução ou atribuição de novos encargos ao funcionário, na mesma ou em outra unidade administrativa, consideradas a hierarquia e as funções do seu cargo;

II - quando definitiva, por ato do Governador, para cargo vago, mediante transferência, observados os requisitos de habilitação fixados para a classe respectiva.

Capítulo IV
Da Vacância

Art. 60. Dar-se-á vacância do cargo ou da função na data do fato ou da publicação do ato que implique desinvestidura.

Art. 61. A vacância decorrerá de:

I - exoneração;

II - demissão;

III - transferência;

IV - aposentadoria;

V - falecimento;

VI - perda do cargo;

VII - determinação em lei;

VIII - dispensa;

IX - destituição de função.

Art. 62. Dar-se-á exoneração ou dispensa:

I - a pedido;

II - ex-officio.

Parágrafo único - A exoneração ou dispensa ex officio ocorrerá nas seguintes hipóteses:

1) de exercício de cargo em comissão ou função gratificada, salvo se a pedido, aceito pela Administração;

2) de abandono de cargo, quando, extinta a punibilidade administrativa por prescrição, o funcionário não houver requerido exoneração;

3) na prevista no artigo 43, primeira parte.

Art. 63. O funcionário perderá o cargo:

I - em virtude de sentença judicial ou mediante processo administrativo disciplinar em que se lhe tenha assegurado ampla defesa;

II - quando, por ser desnecessário, for extinto, ficando o seu ocupante, se estável, em disponibilidade;

III - nos demais casos especificados em lei.

TÍTULO III
DA REMOÇÃO

Capítulo Único

Art. 64. A remoção, a pedido ou ex officio, é o deslocamento do funcionário de sua lotação para a de outra Secretaria de Estado ou órgão diretamente subordinado ao Governador.

§ 1º - A remoção só poderá dar-se para lotação em que houver claro.

§ 2º - O funcionário removido, quando em férias, não as interromperá.

Art. 65. A remoção por permuta será processada a pedido escrito de ambos os interessados.

Art. 66. Cabe ao Secretário de Estado de Administração expedir os atos de remoção, após audiência dos titulares dos órgãos interessados.

Parágrafo único - Quando se tratar de provimento de cargo em comissão, a remoção decorrerá da publicação do respectivo ato de nomeação.

TÍTULO IV
DO TEMPO DE SERVIÇO

Capítulo I
Disposições Gerais

Art. 67. O início, a interrupção e o reinício do exercício serão registrados no assentamento individual do funcionário.

§ 1º - Ao entrar em exercício o funcionário apresentará ao órgão competente os elementos necessários à abertura de seu assentamento individual.

§ 2º - O início do exercício e as alterações que nele ocorrerem serão comunicados ao órgão setorial de pessoal, pelo titular da unidade administrativa em que estiver servindo o funcionário.

Art. 68. O funcionário entrará em exercício no prazo de 30 (trinta) dias contados da data:

I - da publicação do ato de nomeação em cargo efetivo;

II - da publicação do ato de reintegração, de transferência ou de aproveitamento;

III - da publicação do ato de provimento em função gratificada.

Art. 69. A transferência, a promoção e a readaptação por motivo de saúde não interrompem o exercício, que é contado na nova classe a partir da validade do ato.

Art. 70. O funcionário removido para outra unidade administrativa terá prazo de 5 (cinco) dias, contados da data da publicação do respectivo ato, para reiniciar suas atividades.

§ 1º - Quando em férias, licenciado ou afastado legalmente de seu cargo, esse prazo será contado a partir do término do impedimento.

§ 2º - O prazo a que se refere este artigo será considerado como período de trânsito, computável como de efetivo exercício para todos os efeitos.

§ 3º - O prazo referido no caput deste artigo poderá ser prorrogado, no máximo por igual período, por solicitação do interessado, a juízo da autoridade competente para dar-lhe exercício.

Art. 71. O funcionário terá exercício na unidade administrativa para a qual for designado.

Art. 72. Haverá lotação única de funcionários em cada Secretaria de Estado ou órgão diretamente subordinado ao chefe do Poder Executivo.

§ 1º - Entende-se por lotação o número de funcionários de cada série de classes ou de classes singulares, inclusive de ocupantes de funções de confiança, que, segundo as necessidades, devam ter exercício em cada órgão de Governo referido neste artigo.

§ 2º - O funcionário nomeado integrará lotação na qual houver claro, observando-se igual critério quanto às demais formas de provimento.

Art. 73. O afastamento do funcionário de sua unidade administrativa, quando para desempenho de função de confiança no Estado, dar-se-á somente com ônus para a unidade requisitante.

Art. 74. O funcionário será afastado do exercício de seu cargo:

I - enquanto durar o mandato legislativo ou executivo, federal ou estadual;

II - enquanto durar o mandato de Prefeito ou Vice-Prefeito;

III - enquanto durar o mandato de Vereador, se não existir compatibilidade de horário entre o seu exercício e o da função pública;

IV - durante o lapso de tempo que mediar entre o registro da candidatura eleitoral e o dia seguinte ao da eleição.

Art. 75. Preso preventivamente, pronunciado, denunciado por crise funcional ou condenado por crime inafiançável em processo no qual não haja pronúncia, o funcionário será afastado do exercício do cargo, até decisão transitada em julgado.

§ 1º - Será, ainda, afastado o funcionário condenado por sentença definitiva à pena que não determine demissão.

§ 2º - O funcionário suspenso disciplinar ou preventivamente, ou preso administrativamente, será afastado do exercício do cargo.

Capítulo II
Da Apuração

Art. 76. A apuração do tempo de serviço será feita em dias, não considerado, para qualquer efeito, o exercício de função gratuita.

§ 1º - O número de dias será convertido em anos, considerado o ano como de 365 (trezentos e sessenta e cinco) dias.

§ 2º - Feita a conversão, os dias restantes até 182 (cento e oitenta e dois) não serão computados, arredondando-se para um ano quando exceder esse número, nos casos de cálculo para aposentadoria.

Art. 77. Os dias de efetivo exercício serão computados à vista de documentação própria que comprove a freqüência.

Art. 78. Admitir-se-á como documentação própria comprobatória do tempo de serviço público:

I – certidão de tempo de serviço, extraída de folha de pagamento;

II – certidão de freqüência, extraída de folha de pagamento;

III – justificação judicial.

§ 1º – Os elementos probantes indicados nos incisos acima são exigíveis na ordem direta de sua enumeração, somente sendo admitido o posterior quando acompanhado de certidão negativa, fornecida pelo órgão competente para a expedição do elemento a que se refere o anterior.

§ 2º – Sobre tempo de serviço comprovado mediante justificação judicial, será prévia e obrigatoriamente ouvida a Procuradoria-Geral do Estado.

Art. 79. Será considerado como de efetivo exercício o afastamento por motivo de:

I – férias;

II – casamento e luto, até 8 (oito) dias;

III – exercício de outro cargo ou função de governo ou de direção, de provimento em comissão ou em substituição, no serviço público do Estado do Rio de Janeiro, inclusive respectivas autarquias, empresas públicas e sociedades de economia mista, ou serviço prestado à Presidência da República em virtude de requisição oficial;

IV – exercício de outro cargo ou função de governo ou de direção, de provimento em comissão ou em substituição, no serviço público da União, de outros Estados e dos Municípios, inclusive respectivas autarquias, empresas públicas e sociedades de economia mista, quando o afastamento houver sido autorizado pelo Governador, sem prejuízo do vencimento do funcionário;

V – estágio experimental;

VI – licença-prêmio;

VII – licença para repouso à gestante;

VIII – licença para tratamento de saúde;

IX – licença por motivo de doença em pessoa da família, desde que não exceda o prazo de 12 (doze) meses;

X – acidente em serviço ou doença profissional;

XI – doença de notificação compulsória;

XII – missão oficial;

XIII – estudo no exterior ou em qualquer parte do território nacional, desde que de interesse para a Administração e não ultrapasse o prazo de 12 (doze) meses;

XIV – prestação de prova ou de exame em curso regular ou em concurso público;

XV – recolhimento à prisão, se absolvido afinal;

XVI – suspensão preventiva, se inocentado afinal;

XVII – convocação para serviço militar ou encargo da segurança nacional, júri e outros serviços obrigatórios por lei;

XVIII – trânsito para ter exercício em nova sede;

XIX – faltas por motivo de doença comprovada, inclusive em pessoas da família, até o máximo de 3 (três) durante o mês, e outros casos de força maior;

XX – candidatura a cargo eletivo, conforme o disposto nos incisos IV e V, do artigo 74;

XXI – mandato legislativo ou executivo, federal ou estadual;

XXII – mandato de Prefeito ou Vice-Prefeito;

XXIII – mandato de Vereador, nos termos do disposto no inciso III, do artigo 74;

XXI – mandato legislativo ou executivo, federal ou estadual;

XXII – mandato de Prefeito ou Vice-Prefeito;

XXIII – mandato de Vereador, nos termos do disposto no inciso III, do artigo 74.

Parágrafo único – O afastamento para o exterior, exceto em gozo de férias ou licenças, dependerá de prévia autorização do Governador.

Art. 80. Para efeito de aposentadoria, observado o limite temporal estabelecido no art. 4º da Emenda Constitucional nº 20, de 15 de dezembro de 1998, e de disponibilidade, será computado: (Nova redação dada pela Lei Complementar nº 121/2008.)

I – o tempo de serviço público federal, estadual e municipal;

II – o período de serviço ativo nas Forças Armadas, computado pelo dobro o tempo em operações de guerra, inclusive quando prestado nas Forças Auxiliares e na Marinha Mercante;

III – o tempo de serviço prestado como extranumerário ou sob qualquer outra forma de admissão, desde que remunerado pelos cofres públicos;

IV – o tempo de serviço prestado em autarquia, empresa pública ou sociedade de economia mista;

V – o período de trabalho prestado à instituição de caráter privado que tiver sido transformada em estabelecimento de serviço público;

VI – o tempo em que o funcionário esteve em disponibilidade ou aposentado;

VII – em dobro, o tempo de licença-prêmio não gozada;

VIII – em dobro, os períodos de férias não gozadas a partir do exercício de 1977, limitadas a 60 (sessenta) dias, ressalvado o direito à contagem de períodos anteriores para os amparados por legislação vigente até a edição do Decreto-Lei nº 363, de 04 de outubro de 1977.

Art. 81. Ao funcionário será assegurada a contagem, qualquer que tenha sido o regime da relação empregatícia, como de serviço público estadual, do tempo prestado anteriormente à Administração Direta ou Indireta do Estado.

Parágrafo único – O disposto neste artigo não se aplica para os efeitos de concessão de licença-prêmio.

Art. 82. É vedada a acumulação de tempo de serviço prestado, concorrente ou simultaneamente, em dois ou mais cargos, funções ou empregos em qualquer das hipóteses previstas no art. 80.

Capítulo III
Da Freqüência e do Horário

Art. 83. A freqüência será apurada por meio de ponto.

§ 1º – Ponto é o registro pelo qual se verificarão, diariamente, as entradas e saídas do funcionário.

§ 2º – Nos registros do ponto deverão ser lançados todos os elementos necessários à apuração da freqüência.

Art. 84. É vedado dispensar o funcionário do registro do ponto, bem como abonar faltas ao serviço, salvo nos casos expressamente previstos em lei ou regulamento.

§ 1º – A falta abonada é considerada, para todos os efeitos, presença ao serviço.

§ 2º – Excepcionalmente e apenas para elidir efeitos disciplinares, poderá ser justificada falta ao serviço.

§ 3º – O abono e a justificação de faltas ao serviço serão da competência do chefe imediato do funcionário.

Art. 85. O Governador, mediante expediente submetido a sua apreciação pelo Secretário de Estado de Administração, e quando assim considerar de interesse público, poderá dispensar do registro de ponto funcionários que, comprovadamente, participarem de Congressos, Seminários, Jornadas ou quaisquer outras formas de reunião de profissionais, técnicos, especialistas, religiosos ou desportistas.

Art. 86. O Governador determinará, quando não discriminado em lei ou regulamento, o número de horas diárias de trabalho dos órgãos e unidades administrativas do Estado e das várias categorias profissionais.

§ 1º – O funcionário deverá permanecer em serviço durante as horas de trabalho ordinário e as do extraordinário, quando convocado.

§ 2º – Nos dias úteis, somente por determinação do Governador, poderão deixar de funcionar os serviços públicos ou ser suspensos os seus trabalhos, no todo ou em parte.

TÍTULO V
DOS DIREITOS E DAS VANTAGENS

Capítulo I
Da Estabilidade

Art. 87. Estabilidade é o direito que adquire o funcionário de não ser demitido senão em virtude de sentença judicial ou processo administrativo disciplinar em que se lhe tenha assegurado ampla defesa.

Parágrafo único – O disposto neste artigo não se aplica aos ocupantes dos cargos em comissão.

Art. 88. A estabilidade será adquirida pelo funcionário, quando nomeado em caráter efetivo, depois de aprovado no estágio experimental.

§ 1º – É de 2 (dois) anos de efetivo exercício o prazo aquisitivo da estabilidade, computando-se, para esse efeito, o período e estágio experimental.

§ 2º – As disposições deste Capítulo não se aplicam ao contratado ocupante de função gratificada, que continuará subordinado, necessariamente, ao regime de tempo de serviço a que estava vinculado, nos termos da legislação trabalhista.

Art. 89. A estabilidade já adquirida será conservada se, sem interrupção do exercício, o funcionário desvincular-se de seu cargo estadual, inclusive autárquico, para investir-se em outro.

Capítulo II
Das Férias

Art. 90. O funcionário gozará, obrigatoriamente, 30 (trinta) dias consecutivos de férias remuneradas por ano civil, de acordo com escala respectiva.

§ 1º – A escala de férias poderá ser alterada, de acordo com as necessidades do serviço, por iniciativa do chefe interessado, comunicada a alteração ao órgão competente.

§ 2º – Somente depois do primeiro ano de efetivo exercício adquirirá o funcionário direito a férias, as quais corresponderão ao ano em que se completar esse período.

§ 3º – É vedado levar à conta de férias qualquer falta ao trabalho.

§ 4º – Não serão concedidas férias com início em um exercício e término no seguinte.

§ 5º – Os ocupantes de cargo em comissão ou função gratificada farão jus a 30 (trinta) dias ininterruptos de férias, ainda que o regime de seu cargo efetivo estabeleça período diverso.

§ 6º – O funcionário aposentado que exerça cargo em comissão fará jus ao gozo das férias previstas neste artigo, inclusive as relativas ao ano da publicação do ato de aposentadoria, caso não utilizado o respectivo período.

§ 7º – Quando o ocupante de cargo efetivo participar, como membro, de órgão de deliberação coletiva, as respectivas férias serão gozadas, obrigatória e simultaneamente, nas duas situações funcionais.

Art. 91. É proibida a acumulação de férias, salvo imperiosa necessidade de serviço, não podendo a acumulação, nesse caso, abranger mais de dois períodos.

Parágrafo único – O impedimento decorrente de necessidade de serviço, para o gozo de férias pelo funcionário, não será presumido, devendo o seu chefe imediato fazer comunicação expressa do fato ao órgão competente de pessoal, sob pena de perda do direito à acumulação excepcional de dois períodos.

Art. 92. No absoluto interesse do serviço, as férias poderão ser interrompidas ou admitido o seu gozo parcelado.

§ 1º – As férias parceladas poderão ser gozadas:

1) em períodos de 10 (dez) dias;

2) em períodos de 15 (quinze) dias.

§ 2º – Na hipótese de interrupção de férias, se o período restante não se ajustar ao estabelecido nos itens do parágrafo anterior, o prazo será contado para efeito da acumulação de que trata o artigo precedente.

Art. 93. Por motivo de provimento em outro cargo, o funcionário em gozo de férias não será obrigado a interrompê-las; a investidura decorrente, quando for o caso, terá como termo inicial do seu prazo a data em que o funcionário voltar ao serviço.

Art. 94. Todos os servidores, que operem diretamente com Raios X ou substâncias radioativas, gozarão obrigatoriamente férias remuneradas de 20 (vinte) dias consecutivos por semestre de atividade, não parceláveis nem acumuláveis.

Parágrafo único - O Secretário de Estado de Administração, em ato próprio, poderá estender o disposto no presente artigo aos servidores que lidem diretamente com outras substâncias consideradas altamente tóxicas ou insalubres, ou estejam em contato direto e permanente com portadores de doenças infectocontagiosas.

Art. 95. O funcionário, ao entrar em férias, comunicará ao chefe imediato o seu endereço eventual.

Art. 96. As disposições deste Capítulo são extensivas aos contratados em exercício de função gratificada, e aos estagiários, na hipótese do § 5º do artigo 12.

Capítulo III
Das Licenças

Seção I
Disposições Gerais

Art. 97. Conceder-se-á licença:

I - para tratamento de saúde;

II - por motivo de doença em pessoa da família;

III - para repouso à gestante;

IV - para serviço militar, na forma da legislação específica;

V - para acompanhar o cônjuge;

VI - a título de prêmio;

VII - para desempenho de mandato legislativo ou executivo.

Art. 98. Salvo os casos previstos nos incisos IV, V e VII, do artigo anterior, o funcionário não poderá permanecer em licença por prazo superior a 24 (vinte e quatro) meses.

§ 1º - Excetua-se do prazo estabelecido neste artigo a licença para tratamento de saúde, quando o funcionário for considerado recuperável, a juízo da junta médica.

§ 2º - Nas licenças dependentes de inspeção médica, expirado o prazo deste artigo e ressalvada a hipótese referida no parágrafo anterior, o funcionário será submetido a nova inspeção, que concluirá pela sua volta ao serviço, pela readaptação, ou pela aposentadoria, se for julgado definitivamente inválido para o serviço público em geral.

Art. 99. As licenças nos incisos I, II e III, do art. 97, serão concedidas pelo órgão médico oficial competente ou por outros aos quais aquele transferir ou delegar atribuições, e pelo prazo indicado nos respectivos laudos.

§ 1º – Estando o funcionário, ou pessoa de sua família, absolutamente impossibilitado de locomover-se e não havendo na localidade qualquer dos órgãos referidos neste artigo, poderá ser admitido laudo expedido por órgão médico de outra entidade pública e, na falta, atestado passado por médico particular, com firma reconhecida.

§ 2º – Nas hipóteses referidas no parágrafo anterior, o laudo ou atestado deverá ser encaminhado ao órgão médico competente, no prazo máximo de 3 (três) dias contados da primeira falta ao serviço; a licença respectiva somente será considerada concedida com a homologação do laudo ou atestado, a qual será sempre publicada.

§ 3º – Será facultado ao órgão competente, em caso de dúvida razoável, exigir nova inspeção por outro médico ou junta oficial.

§ 4º – No caso do laudo ou atestado não ser homologado, o funcionário será obrigado a reassumir o exercício do cargo dentro de 3 (três) dias contados da publicação do despacho denegatório, sendo considerados como de efetivo exercício os dias em que deixou de comparecer ao serviço, por esse motivo.

§ 5º – Se, na hipótese do parágrafo anterior, a não homologação decorrer de falsa afirmativa por parte do médico atestante, os dias de ausência do funcionário serão tidos como faltas ao serviço, sujeitos, um e outro, a processo administrativo disciplinar, que apurará e definirá responsabilidades; caso o médico atestante não esteja vinculado ao Estado para fins disciplinares, este comunicará o fato ao Ministério Público e ao Conselho Regional de Medicina, em que seja inscrito.

Art. 100. Terminada a licença, o funcionário reassumirá imediatamente o exercício, ressalvados os casos de prorrogação e o previsto no artigo 111.

Art. 101. A licença poderá ser prorrogada ex officio ou a pedido.

§ 1º – O pedido de prorrogação deverá ser apresentado antes de findo o prazo da licença; se indeferido, contar-se-á como de licença o período compreendido entre a data do término e a da publicação oficial do despacho.

§ 2º – A licença concedida dentro de 60 (sessenta) dias contados do término da anterior será, a critério médico, considerada como sua prorrogação.

Art. 102. Ressalvada a hipótese referida na primeira parte do inciso XIX, do artigo 79, que será tida como de abono de faltas, o tempo necessário à inspeção médica será considerado como de licença.

§ 1º – Considerado apto, o funcionário reassumirá o exercício, sob pena de serem computados como faltas os dias de ausência ao serviço.

§ 2º - Se da inspeção ficar constatada simulação do funcionário, as ausências serão havidas como faltas ao serviço, e o fato será comunicado ao órgão de pessoal para as providências disciplinares cabíveis.

Art. 103. Ao funcionário provido em comissão, ou designado para função gratificada, não se concederão, nesta qualidade, as licenças referidas nos incisos IV, V, VI e VII, do artigo 97.

§ 1º - Aos contratados, quando no exercício de função gratificada, conceder-se-ão apenas as licenças de que tratam os incisos I a III, do artigo 97.

§ 2º - As disposições do parágrafo precedente aplicam-se ao ocupante de cargo em comissão não detentor de cargo efetivo estadual.

§ 3º - Aos providos em substituição não se concederão, nesta qualidade, as licenças referidas no artigo 97.

Art. 104. A concessão de licença ao funcionário, exceto a decorrente de acidente em serviço ou de doença profissional, não impedirá a sua exoneração ou dispensa, quando esta se der em virtude do caráter precário ou temporário de seu provimento.

Art. 105. A licença superior a 90 (noventa) dias, com fundamento nos incisos I e II, do artigo 97, dependerá de inspeção por junta médica.

Art. 106. No processamento das licenças dependentes de inspeção médica, será observado o devido sigilo sobre os respectivos laudos ou atestados.

Art. 107. No curso das licenças a que se referem os incisos I e II, do artigo 97, o funcionário abster-se-á de qualquer atividade remunerada, sob pena de interrupção da licença, com perda total do vencimento e demais vantagens, até que reassuma o exercício do cargo.

Parágrafo único - Os dias correspondentes à perda de vencimento, de que trata este artigo, serão considerados como faltas ao serviço.

Art. 108. O funcionário licenciado comunicará ao chefe imediato o local onde poderá ser encontrado.

Art. 109. Os estagiários não gozarão, nesta condição, das licenças referidas no artigo 97; a ocorrência de qualquer fato ou circunstância tipificadora daquelas licenças importará no seu imediato afastamento do estágio e eliminação do respectivo concurso.

§ 1º - Na hipótese do estagiário sofrer acidente em serviço, contrair doença profissional ou sofrer internação compulsória para tratamento psiquiátrico, a eliminação do concurso não prejudicará a percepção de sua retribuição, que se fará até que o órgão médico oficial competente declare seu pleno restabelecimento.

§ 2º - Aplica-se aos estagiários o disposto no artigo 246, excetuada a regra estabelecida em seu § 1º.

Seção II
Da Licença para Tratamento de Saúde

Art. 110. A licença para tratamento de saúde será concedida, ou prorrogada, ex officio ou a pedido do funcionário ou de seu representante, quando não possa ele fazê-lo.

§ 1º – Em qualquer dos casos é indispensável a inspeção médica, que será realizada, sempre que necessário, no local onde se encontrar o funcionário.

§ 2º – Incumbe à chefia imediata promover a apresentação do funcionário à inspeção médica, sempre que este a solicitar.

Art. 111. O funcionário não reassumirá o exercício do cargo sem nova inspeção médica, quando a licença concedida assim o tiver exigido; realizada essa nova inspeção, o respectivo atestado ou laudo médico concluirá pela volta ao serviço, pela prorrogação da licença, pela readaptação do funcionário ou pela sua aposentadoria.

Art. 112. Em caso de doença grave, contagiosa ou não, que imponha cuidados permanentes, poderá a junta médica, se considerar o doente irrecuperável, determinar, como resultado da inspeção, sua imediata aposentadoria.

Parágrafo único – A inspeção, para os efeitos deste artigo, será realizada obrigatoriamente por uma junta composta de pelo menos 3 (três) médicos.

Art. 113. O funcionário que se recusar à inspeção médica ficará impedido do exercício do seu cargo, até que se verifique a inspeção.

Parágrafo único – Os dias em que o funcionário, por força do disposto neste artigo, ficar impedido do exercício do cargo, serão tidos como faltas ao serviço.

Art. 114. No curso da licença poderá o funcionário requerer inspeção médica, caso se julgue em condições de reassumir o exercício ou de ser aposentado.

Art. 115. Quando a licença para tratamento de saúde for concedida em decorrência de acidente em serviço ou de doença profissional, esta circunstância se fará expressamente consignada.

§ 1º – Considera-se acidente em serviço todo aquele que se verifique pelo exercício das atribuições do cargo, provocando, direta ou indiretamente, lesão corporal, perturbação funcional ou doença que determine a morte; a perda total ou parcial, permanente ou temporária, da capacidade física ou mental para o trabalho.

§ 2º – Equipara-se ao acidente em serviço o ocorrido no deslocamento entre a residência e o local do trabalho, bem como o dano resultante da agressão não provocada, sofrida pelo funcionário no desempenho do cargo ou em razão dele.

§ 3º – A prova do acidente será feita em processo especial, no prazo de 8 (oito) dias, prorrogável por igual período, quando as circunstâncias o exigirem.

§ 4º – Entende-se por doença profissional a que se deve atribuir, como relação de efeito e causa, às condições inerentes ao serviço ou fatos nele ocorridos.

§ 5º – A prova pericial da relação de causa e efeito a que se refere o parágrafo anterior será produzida por junta médica oficial.

Art. 116. A licença para tratamento de saúde será concedida sempre com vencimento e vantagens integrais.

Seção III
Da Licença por Motivo de Doença em Pessoa da Família

Art. 117. O funcionário poderá obter licença por motivo de doença na pessoa de ascendente, descendente, colateral consangüíneo ou afim, até o 2º grau civil, cônjuge do qual não esteja legalmente separado, ou pessoa que vive a suas expensas e conste do respectivo assentamento individual, desde que prove ser indispensável sua assistência pessoal e esta não possa ser prestada simultaneamente com o exercício do cargo.

Art. 118. A licença referida no artigo anterior será concedida, ou prorrogada, a pedido do funcionário.

Art. 119. A licença de que trata esta Seção será concedida com vencimento e vantagens integrais nos primeiros 12 (doze) meses, e com 2/3 (dois terços) por outros 12 (doze) meses, no máximo.

Seção IV
Da Licença para Repouso à Gestante

Art. 120. À funcionária gestante será concedida licença, pelo prazo de 4 (quatro) meses.

Parágrafo único – Salvo prescrição médica em contrário, a licença será concedida a partir do oitavo mês de gestação.

Art. 121. À funcionária gestante, quando em serviço incompatível com seu estado, se aplicará, a partir do quinto mês da gestação e até o início da licença de que trata o artigo anterior, o disposto no inciso I, do artigo 58.

Art. 122. A licença de que trata esta Seção será concedida com vencimento e vantagens integrais.

Seção V
Da Licença para Serviço Militar

Art. 123. Ao funcionário que for convocado para serviço militar ou outro encargo da segurança nacional, será concedida licença pelo prazo que durar a sua incorporação ou convocação.

§ 1º – A licença será concedida à vista do documento oficial que prove a incorporação ou convocação.

§ 2º – Do vencimento descontar-se-á a importância que o funcionário percebe na qualidade de incorporado, salvo se optar pelas vantagens do serviço militar.

§ 3º – Ao funcionário desincorporado ou desconvocado conceder-se-á prazo não excedente de 30 (trinta) dias para que reassuma o exercício, sem perda do vencimento.

Art. 124. Ao funcionário oficial da reserva das Forças Armadas será também concedida a licença referida no artigo anterior durante os estágios previstos pelos regulamentos militares.

Parágrafo único – Quando o estágio for remunerado, assegurar-se-lhe-á o direito de opção.

Seção VI
Da Licença para Acompanhar o Cônjuge

Art. 125. O funcionário casado terá direito à licença sem vencimento quando se cônjuge for exercer mandato eletivo ou, sendo militar ou servidor da Administração Direta, de autarquia, de empresa pública, de sociedade de economia mista ou de fundação instituída pelo Poder Público, for mandado servir, ex officio, em outro ponto do território estadual, nacional ou no exterior.

Parágrafo único – Existindo no novo local de residência órgão estadual, o funcionário nele será lotado, havendo claro, ou não havendo, poderá ser-lhe concedida, em caso de interesse da Administração, permissão de exercício, enquanto ali durar sua permanência.

Art. 126. A licença dependerá de pedido devidamente instruído, que deverá ser renovado de 2 (dois) em 2 (dois) anos; finda a sua causa, o funcionário deverá reassumir o exercício dentro de 30 (trinta) dias, a partir dos quais a sua ausência será computada como falta ao trabalho.

Art. 127. Independentemente do regresso do cônjuge, o funcionário poderá reassumir o exercício a qualquer tempo, não podendo, neste caso, renovar o pedido de licença senão depois de 2 (dois) anos da data da reassunção, salvo se o cônjuge for transferido novamente.

Art. 128. As normas desta Seção aplicam-se aos funcionários que vivem maritalmente, desde que haja impedimento legal ao casamento e convivência por mais de 5 (cinco) anos.

Seção VII
Da Licença-Prêmio

Art. 129. Após cada quinquênio de efetivo exercício prestado ao Estado, ou a suas autarquias, ao funcionário que a requerer, conceder-se-á licença-prêmio de 3 (três) meses, com todos os direitos e vantagens de seu cargo efetivo.

§ 1º – Não será concedida a licença-prêmio se houver o funcionário, no quinquênio correspondente:

1) sofrido pena de suspensão ou de multa;

2) faltado ao serviço, salvo se abonada a falta;

3) gozado as licenças para tratamento de saúde, por motivo de doença em pessoa da família e por motivo de afastamento do cônjuge, por prazo superior a 90 (noventa) dias, em cada caso.

§ 2º – Suspender-se-á, até o limite de 90 (noventa) dias, em cada uma das licenças referidas no item 3, do parágrafo anterior, a contagem de tempo de serviço para efeito de licença-prêmio.

§ 3º – O gozo da licença prevista no inciso III, do art. 97, não prejudicará a contagem do tempo de serviço para efeito de licença-prêmio.

§ 4º – Para apuração do quinquênio computar-se-á, também, o tempo de serviço prestado anteriormente em outro cargo estadual, desde que entre um e outro não haja interrupção de exercício.

Art. 130. O direito à licença-prêmio não tem prazo para ser exercitado.

Art. 131. A competência para a concessão de licença-prêmio é do Diretor da Divisão de Pessoal do Departamento de Administração de cada Secretaria de Estado ou de órgão diretamente subordinado ao Governador.

Art. 132. O funcionário investido em cargo de provimento em comissão ou função gratificada será licenciado com o vencimento e vantagens do cargo de que seja ocupante efetivo.

Art. 133. Quando o funcionário ocupar cargo em comissão ou função gratificada por mais de 5 (cinco) anos, apurados na forma do artigo 129, assegurar-se-lhe-á, no gozo da licença, importância igual à que venha percebendo pelo exercício do cargo em comissão ou da função gratificada.

Parágrafo único - Adquirido o direito à licença-prêmio de acordo com o estabelecido neste artigo, a ulterior exoneração do cargo em comissão ou dispensa da função gratificada não prejudicará a forma de remuneração nele adotada, quando do efetivo gozo da licença pelo funcionário.

Art. 134. Em caso de acumulação de cargos, a licença-prêmio será concedida em relação a cada um deles, simultânea ou separadamente.

Parágrafo único - Será independente o cômputo do quinquênio em relação a cada um dos cargos acumuláveis.

Art. 135. A licença-prêmio poderá ser gozada integralmente, ou em períodos de 1 (um) a 2 (dois) meses.

Parágrafo único - Se a licença for gozada em períodos parcelados, deve ser observado intervalo obrigatório de 1 (um) ano entre o término de um período e o início de outro.

Art. 136. O funcionário poderá, a qualquer tempo, reassumir o exercício do seu cargo, condicionado o gozo dos dias restantes da licença à regra contida no artigo anterior.

Parágrafo único - Se na interrupção da licença se verificar que o funcionário gozou período não conforme o disposto no artigo 135, o prazo restante da licença referente ao mesmo quinquênio, qualquer que seja ele, ficará insuscetível de gozo, sendo computável apenas para efeito de aposentadoria, nos termos do artigo 80, inciso VII.

Art. 137. É vedado transformar em licença-prêmio faltas ao serviço ou qualquer outra licença concedida ao funcionário.

Seção VIII
Da Licença para Desempenho de Mandato Legislativo ou Executivo

Art. 138. O funcionário será licenciado sem vencimento ou vantagens de seu cargo efetivo, para desempenho de mandato eletivo, federal ou estadual.

Parágrafo único - A licença a que se refere este artigo será concedida a partir da diplomação do eleito, pela Justiça Eleitoral, e perdurará pelo prazo do mandato.

Art. 139. O funcionário investido no mandato eletivo de Prefeito ou Vice-Prefeito ficará licenciado desde a diplomação pela Justiça Eleitoral, até o término do mandato, sendo-lhe facultado optar pela percepção do vencimento e vantagens do seu cargo efetivo.

Art. 140. Quando o funcionário exercer, por nomeação, mandato executivo federal ou municipal, ficará, desde a posse, licenciado sem vencimento e vantagens do seu cargo efetivo, ressalvado, para o âmbito municipal, o direito de opção pela remuneração do cargo efetivo.

Art. 141. Investido o funcionário no mandato de Vereador e havendo compatibilidade de horários, perceberá o vencimento e as vantagens do seu cargo sem prejuízo dos subsídios a que faz jus; inexistindo compatibilidade, ficará afastado do exercício do seu cargo sem percepção do vencimento e vantagens.

Capítulo IV
Do Vencimento

Art. 142. Vencimento é a retribuição pelo efetivo exercício do cargo, correspondente à referência ou símbolo fixado em lei.

Art. 143. Perderá o vencimento e vantagens do cargo efetivo o funcionário que se afastar:

I - para prestar serviço à União, a outro Estado, a Município, a sociedade de economia mista, a empresa pública, a fundação instituída pelo Poder Público ou a Organização Internacional, salvo quando, a juízo do Governador, reconhecido o afastamento como de interesse do Estado;

II - em decorrência de prisão administrativa, salvo se inocentado afinal;

III - para exercer cargo em comissão, ressalvado o direito de opção e o de acumulação legal;

IV - para estágio experimental.

Parágrafo único - Os afastamentos de que tratam os incisos deste artigo não implicam suspensão de pagamento adicional por tempo de serviço, em cujo gozo se encontre o funcionário.

Art. 144. O funcionário perderá, ainda, o vencimento e vantagens do seu cargo:

I - enquanto durar o mandato eletivo, federal ou estadual;

II - enquanto durar o mandato executivo municipal, eletivo ou por nomeação, salvo o direito de opção previsto nos artigos 139 e 140;

III - quando estiver no efetivo exercício de seu mandato, se eleito Vereador, e se, havendo incompatibilidade de horários com o exercício de seu cargo, dele ficar afastado.

Art. 145. O funcionário deixará de receber:

I - 1/3 (um terço) do vencimento e vantagens, durante o afastamento por motivo de suspensão preventiva ou recolhimento à prisão por ordem judicial não decorrente de condenação definitiva, ressalvado o direito à diferença se absolvido afinal, ou se o afastamento exceder o prazo de condenação definitiva;

II - 2/3 (dois terços) do vencimento e vantagens, durante o cumprimento, sem perda do cargo, de pena privativa de liberdade;

III - vencimento e vantagens do dia em que não comparecer ao serviço, salvo o disposto no inciso XIX, do artigo 79;

IV - vencimento e vantagens do dia, se comparecer ao serviço após os 60 (sessenta) minutos seguintes à hora inicial do expediente, ou se sem autorização por mais de 60 (sessenta) minutos;

V - 1/3 (um terço) do vencimento e vantagens do dia, se comparecer ao serviço dentro dos 60 (sessenta) minutos seguintes à hora inicial do expediente ou retirar-se sem autorização, dentro dos 60 (sessenta) minutos finais, ou, ainda, ausentar-se sem autorização por período inferior a 60 (sessenta) minutos.

§ 1º - No caso de faltas sucessivas serão computados, para efeito de descontos, os sábados, domingos, feriados e pontos facultativos intercalados.

§ 2º - Na hipótese do inciso V, os descontos acumuláveis havidos em um mesmo mês não serão convertidos em faltas para efeito de contagens de tempo de serviço.

Art. 146. Nenhum funcionário poderá perceber menos do que o salário-mínimo vigente na capital do Estado.

Art. 147. O vencimento, o provento, ou qualquer vantagem pecuniária não sofrerá descontos além dos previstos em lei, nem será objeto de penhora, salvo quando se tratar de:

I - prestação de alimentos determinada judicialmente;

II - dívida para com a Fazenda Pública.

Art. 148. As reposições e indenizações devidas à Fazenda Estadual serão descontadas, em parcelas mensais consecutivas, não excedentes da décima parte do vencimento ou provento, exceto na ocorrência de má fé, hipótese em que não se admitirá parcelamento.

§ 1º - Será dispensada a reposição nos casos em que a percepção indevida tiver decorrido de entendimento expressamente aprovado pelo Órgão Central do Sistema de Pessoal Civil ou pela Procuradoria-Geral do Estado.

§ 2º - Quando o funcionário for exonerado, demitido ou vier a falecer, a quantia devida será inscrita como dívida ativa e cobrada judicialmente.

Capítulo V
Das Vantagens

Seção I
Disposições Gerais

Art. 149. Além do vencimento, poderá o funcionário perceber as seguintes vantagens pecuniárias:

I - adicional por tempo de serviço;

II - gratificações;

III - ajuda de custo e transporte ao funcionário mandado servir em nova sede;

IV - diárias, àquele que, em objeto de serviço, se deslocar eventualmente da sede.

Seção II
Do Adicional por Tempo de Serviço

Art. 150. O adicional por tempo de serviço será objeto de disciplina própria a ser baixada, observado o disposto no artigo 19, do Decreto-Lei nº 408, de 02 de fevereiro de 1979, e no § 6º do artigo 7º do Decreto-Lei nº 415, de 20 de fevereiro de 1979.

Seção III
Das Gratificações

Subseção I
Disposições Gerais

Art. 151. Conceder-se-á gratificação:

I - de função;

II - pelo exercício de cargo em comissão;

III - pela prestação de serviço extraordinário;

IV - de representação de Gabinete;

V - de representação de Gabinete;

VI - pela participação em órgão de deliberação coletiva;

VII - pelo exercício:

a) de encargos de auxiliar ou membro de banca ou comissão examinadora de concurso;

b) de atividade temporária de auxiliar ou professor de curso oficialmente instituído.

Subseção II
Da Gratificação de Função

Art. 152. Gratificação de função é a que corresponde ao exercício de função gratificada instituída e remunerada na forma do que dispõe a Seção II, Capítulo II, Título II.

Art. 153. A gratificação de função será mantida nos casos de afastamento previstos nos incisos I, II, VII, VIII, X, XI, XII, XIII, XIV, XVII, exceto convocação para serviço militar, e XIX, do artigo 79.

Parágrafo único – Na hipótese do afastamento referido no inciso VI do artigo 79, obedecer-se-á, quando for o caso, ao disposto no artigo 133.

Art. 154. O exercício de função gratificada impede o recebimento da gratificação pela prestação de serviço extraordinário.

Art. 155. Além do exercício de função gratificada regularmente instituída, poderá ser atribuída, na forma de regulamentação específica, gratificação de função a funcionários que desempenhem atividades especiais ou excedentes às atribuições de seu cargo, vedado o seu recebimento cumulativo com as gratificações específicas das funções de confiança.

Subseção III
Da Gratificação pelo Exercício de Cargo em Comissão

Art. 156. A gratificação pelo exercício de cargo em comissão equivale a 70% do valor fixado para o símbolo a ele correspondente, e a ela faz jus o funcionário que, no exercício desse cargo, haja optado pelo vencimento do seu cargo efetivo, conforme o estabelecido no artigo 23, segunda parte.

Art. 157. À gratificação de que trata o artigo anterior, aplica-se o disposto nos artigos 153 e 154.

Subseção IV
Da Gratificação pela Prestação de Serviço Extraordinário

Art. 158. A gratificação pela prestação de serviço extraordinário se destina a remunerar as atividades executadas fora do período normal de trabalho a que estiver sujeito o funcionário, no desempenho de seu cargo efetivo.

Parágrafo único – A prestação de serviço extraordinário poderá dar-se em outro órgão que não o de lotação do funcionário, desde que se manifestem favoravelmente os respectivos dirigentes.

Art. 159. A duração normal do trabalho dos funcionários da Administração Direta poderá, excepcionalmente, ser acrescida de horas extraordinárias, respeitado o limite de duas horas diárias, não se admitindo recusa por parte do funcionário em prestá-las.

Parágrafo único – Os limites a que se refere o artigo poderão ser ampliados, havendo concordância expressa do funcionário designado para a realização do serviço extraordinário, observado, porém, o disposto no artigo 161.

Art. 160. O acréscimo de horas extraordinárias, proposto pelo chefe da unidade administrativa interessada e ouvida a Inspetoria Setorial de Finanças sobre a existência de saldo na dotação orçamentária, será submetido às autoridades diretamente subordinadas ao Governador, para autorização, que será publicada no órgão oficial.

Parágrafo único – A proposta deverá caracterizar a natureza da medida e justificar a necessidade da prestação do serviço em horário extraordinário.

Art. 161. A gratificação pela prestação de serviço extraordinário será paga por hora de trabalho prorrogado ou antecipado, ressalvados os casos previstos neste regulamento.

§ 1º – O valor da hora extraordinária será obtido dividindo-se o valor da referência correspondente ao vencimento mensal, que regulou a duração normal do trabalho, por 30 (trinta) vezes o número de horas da jornada normal, aumentado de 25% (vinte e cinco por cento) o resultado, salvo em se tratando de serviço extraordinário noturno, como tal considerado o que for prestado entre as 22 (vinte e duas) horas de um dia e as 5 (cinco) horas do dia imediato, hipótese em que o aumento será de 50% (cinqüenta por cento).

§ 2º – A gratificação pela prestação de serviço extraordinário não poderá exceder, em cada mês, a 50% (cinqüenta por cento) do valor da referência correspondente ao vencimento.

Art. 162. Ao funcionário não se concederá gratificação por serviço extraordinário quando:

I – no exercício de cargo em comissão ou função gratificada;

II – a prestação do serviço extraordinário decorrer de execução de atividade a ser retribuída pela gratificação:

a) de representação de Gabinete;

b) de encargo de auxiliar ou membro de banca ou comissão examinadora de concurso;

c) de atividade temporária de auxiliar ou professor de curso oficialmente instituído;

III – em regime de acumulação de cargos, empregos ou funções.

Art. 163. Considerar-se-ão automaticamente autorizadas as horas extraordinárias ocorridas em virtude de acidente com o equipamento de trabalho, incêndio, inundação e outros motivos de casos fortuitos ou de força maior.

Parágrafo único – As horas extraordinárias a que se refere este artigo poderão ser compensadas posteriormente por folga em período equivalente.

Art. 164. Não será submetido ao regime de serviço extraordinário:

I – o funcionário em gozo de férias ou licenciado;

II – o ocupante de cargo beneficiado por horário especial em virtude do exercício de atividades com risco de vida ou saúde.

Art. 165. A gratificação por serviço extraordinário tem caráter transitório, não gerando a sua percepção qualquer direito de incorporação ao vencimento ou provento de aposentadoria, sobre ela não incidindo o cálculo de qualquer vantagem.

Parágrafo único – O desempenho de atividades em horas extraordinárias não será computado como tempo de serviço público para qualquer efeito.

Subseção V
Da Gratificação de Representação de Gabinete

Art. 166. A gratificação de representação de Gabinete é a que tem por fundamento a compensação de despesas de apresentação inerentes ao local do exercício ou a remuneração de encargos especiais.

Parágrafo único – A representação dos funcionários ocupantes de cargo em comissão ou função gratificada é a fixada em lei.

Art. 167. A gratificação poderá ser concedida:

I – aos funcionários em exercício nos Gabinetes dos Secretários de Estado, nos Gabinetes da Governadoria e nos da Procuradoria Geral do Estado e Procuradoria Geral da Justiça;

II – Aos funcionários que, a critério dos titulares dos órgãos referidos no inciso anterior, assim devam ser remunerados.

§ 1º – O valor global da gratificação de representação de Gabinete, por Secretaria, será aprovado pelo Governador, ouvida a Secretaria de Planejamento e Coordenação Geral quanto aos aspectos orçamentários e financeiros.

§ 2º – O valor individual da gratificação será fixado em tabela aprovada pelos titulares dos órgãos referidos no inciso II deste artigo, observado o disposto no parágrafo anterior, não podendo exceder a 50% (cinqüenta por cento) do vencimento do cargo efetivo do funcionário.

Art. 168. A gratificação de representação de Gabinete não será suspensa nos afastamentos seguintes:

I – férias;

II – casamento;

III - luto;

IV - júri e outros serviços obrigatórios por lei;

V - licenças para tratamento de saúde e repouso à gestante;

VI - faltas até o máximo de 3 (três) durante o mês, por motivo de doença comprovada pelo órgão competente, inclusive quando em pessoa da família.

Subseção VI
Da Gratificação pela Participação em Órgão de Deliberação Coletiva

Art. 169. A gratificação pela participação em órgão de deliberação coletiva destina-se a remunerar a presença dos componentes dos órgãos colegiados regularmente instituídos.

§ 1º - A gratificação de que trata este artigo será fixada por decreto em base percentual calculada sobre o valor de símbolo de cargo em comissão ou função gratificada, e paga por dia de presença às sessões do órgão colegiado.

§ 2º - Compete ao Governador arbitrar a ajuda de custo a ser paga ao funcionário designado para missão no exterior.

Art. 170. É vedada a participação do funcionário em mais de um órgão de deliberação coletiva, salvo quando na condição de membro nato.

Parágrafo único - Quando o funcionário for membro nato de mais de um órgão de deliberação coletiva, poderá optar pela gratificação de valor mais elevado.

Art. 171. A gratificação pela participação em órgão de deliberação coletiva é acumulável com quaisquer outras vantagens pecuniárias atribuídas ao funcionário.

Parágrafo único - Durante os afastamentos legais do titular, apenas o suplente perceberá a gratificação pela participação em órgão de deliberação coletiva.

Subseção VII
Da Gratificação pela Participação em Banca Examinadora de Concurso ou em Curso Oficialmente Instituído

Art. 172. Pelo exercício de encargo de auxiliar ou membro de banca ou comissão examinadora de concurso ou de atividade temporária de auxiliar ou professor de curso oficialmente instituído, ao funcionário será atribuída gratificação conforme o estabelecido nesta Subseção.

Art. 173. Entende-se como encargo de membro de banca ou comissão examinadora de concurso a tarefa desempenhada, por designação especial de autoridade competente, no planejamento, organização e aplicação de provas, correção e apuração dos resultados, revisão e decisão dos recursos interpostos, até a classificação definitiva, nos concursos, provas de seleção ou de habilitação, quando eventualmente realizados pelos órgãos da Administração Direta do Estado para provimento de cargos, preenchimento de empregos ou admissão a cursos oficialmente instituídos.

Art. 174. Professor de curso oficialmente instituído é o designado pela autoridade competente, para exercer atividade temporária de magistérios nas áreas de treinamento e aperfeiçoamento de pessoal.

Art. 175. Somente funcionário do Estado poderá ser designado para exercer as atividades de auxiliar de banca ou comissão examinadora de concurso, ou para a atividade temporária de auxiliar de curso oficialmente instituído.

Art. 176. A gratificação pelo exercício de atividade temporária de auxiliar de professor de curso oficialmente instituído somente será atribuída ao funcionário se o trabalho for realizado além das horas de expediente a que está sujeito.

Art. 177. As gratificações de que trata esta Subseção serão arbitradas, em cada caso, pelo Governador, mediante proposta fundamentada do órgão promotor do curso ou do concurso.

Art. 178. A concessão das gratificações de que cuida esta Subseção não prejudicará a percepção cumulativa de outras vantagens pecuniárias atribuídas ao funcionário.

Seção IV
Da Ajuda de Custo e da Indenização de Transporte ao Funcionário Mandado Servir em Nova Sede

Subseção I
Da Ajuda de Custo

Art. 179. Será concedida ajuda de custo, a título de compensação das despesas de viagem, mudança e instalação, ao funcionário que, em razão de exercício em nova sede com caráter de permanência, efetivamente deslocar sua residência.

Art. 180. A ajuda de custo será arbitrada pelos Secretários de Estado ou dirigentes de órgãos diretamente subordinados ao Governador e não será inferior a uma nem superior a três vezes a importância correspondente ao vencimento do funcionário, salvo quando se tratar de missão no exterior.

§ 1º – No arbitramento da ajuda de custo serão levados em conta o vencimento do cargo do funcionário designado para nova sede ou missão no exterior, as despesas a serem por ele realizadas, bem como as condições de vida no local do novo exercício ou no desempenho da missão.

§ 2º – Compete ao Governador arbitrar a ajuda de custo a ser paga ao funcionário designado para missão no exterior.

Art. 181. Sem prejuízo das diárias que lhe couberem, o funcionário obrigado a permanecer fora da sede de sua unidade administrativa, em objeto de serviço, por mais de 30 (trinta) dias, perceberá ajuda de custo correspondente a um mês do vencimento de seu cargo.

Parágrafo único – A ajuda de custo será calculada sobre o valor atribuído ao símbolo do cargo em comissão, quando o seu ocupante não for também de cargo efetivo.

Art. 182. Não se concederá ajuda de custo:

I - ao funcionário que, em virtude de mandato legislativo ou executivo, deixar ou reassumir o exercício do cargo;

II - ao funcionário posto a serviço de qualquer outra entidade de direito público;

III - quando a designação para a nova sede se der a pedido.

Art. 183. O funcionário restituirá a ajuda de custo:

I - quando se transportar para a nova sede ou local da missão, nos prazos determinados;

II - quando, antes de decorridos 3 (três) meses do deslocamento ou do término da incumbência, regressar, pedir exoneração ou abandonar o serviço.

§ 1º - A restituição é de exclusiva responsabilidade do funcionário e não poderá ser feita parceladamente.

§ 2º - O funcionário que houver percebido ajuda de custo não entrará em gozo de licença-prêmio antes de decorridos 90 (noventa) dias de exercício na nova sede, ou de finda a missão.

§ 3º - Não haverá obrigação de restituir:

1) quando o regresso do funcionário for determinado ex officio ou decorrer de doença comprovada ou de motivo de força maior;

2) quando o pedido de exoneração for apresentado após 90 (noventa) dias de exercício na nova sede ou local da missão.

Subseção II
Da Indenização de Transporte ao Funcionário Mandado Servir em Nova Sede

Art. 184. Independentemente da ajuda de custo concedida ao funcionário, a este será assegurado transporte para a nova sede, inclusive para seus dependentes.

§ 1º - O funcionário que utilizar condução própria no deslocamento para nova sede fará jus, para indenização da despesa de transporte, à percepção da importância integral correspondente ao valor da tarifa rodoviária no mesmo percurso, acrescida de 50% (cinqüenta por cento) do referido valor por dependente que o acompanhe, até o máximo de 3 (três).

§ 2º - Na hipótese do parágrafo anterior, a Administração fornecerá passagens para o transporte rodoviário dos dependentes que comprovadamente não viajem em companhia do funcionário.

Art. 185. Nos deslocamentos a que se refere o artigo 179, serão custeados pela Administração o transporte do mobiliário e bagagens do funcionário e de seus dependentes, observado o limite máximo de 12,00m³ (doze metros cúbicos) ou 4.500kg (quatro mil e quinhentos quilogramas) por passagem inteira, até o número de duas, acrescida de 3,00m³ (três metros cúbicos) ou 900kg (novecentos quilogramas) por passagem adicional, até o máximo de 3 (três).

Art. 186. São considerados dependentes do funcionário, para efeitos desta Subseção:

I - o cônjuge ou a companheira legalmente equiparada;

II - o filho de qualquer condição ou enteado, bem assim o menor que, mediante autorização judicial, viva sob a guarda e o sustento do funcionário;

III - os pais, sem economia própria, que vivam a expensas do funcionário;

IV - 1 (um) empregado doméstico, desde que comprovada essa condição.

§ 1º - Atingida a maioridade, os referidos no inciso II deste artigo perdem a condição de dependente, exceto a filha que se conservar solteira e sem economia própria, o filho inválido e, até completar 24 (vinte e quatro) anos, quem for estudante, sem exercer qualquer atividade lucrativa.

§ 2º - Para efeito do disposto neste artigo, sem economia própria significa não perceber rendimento em importância igual ou superior ao valor do salário-mínimo vigente na região em que resida.

Art. 187. Em face da peculiaridade do serviço, poderá ser concedido o pagamento da indenização de despesa de transporte aos funcionários que tenham assegurado o direito ao uso individual de viaturas oficiais e que utilizarem veículo próprio no desempenho de suas funções, conforme faixas de remuneração a serem definidas em Resolução do Secretário de Estado de Administração.

§ 1º - Na Resolução a que se refere este artigo serão reservadas faixas próprias de indenização de despesa de transporte a serem atribuídas aos funcionários que, para o desempenho de seus cargos, tenham de se deslocar habitualmente pelo interior do Estado.

§ 2º - Os valores da indenização serão fixados de acordo com os índices apurados pela Superintendência de Transportes Oficiais e aprovados pelo Governador.

Art. 188. A autorização para a utilização da viatura de propriedade do funcionário a serviço do Estado será da competência do Secretário de Estado de Administração, por intermédio da Superintendência de Transportes Oficiais, ouvido o órgão interessado.

Art. 189. Concedida a autorização, o Estado não se responsabilizará por danos causados a terceiros, ou ao veículo, ainda que a ocorrência se verifique em serviço.

Parágrafo único - Todas as despesas decorrentes do uso do veículo correrão por conta do usuário.

Art. 190. Quando convier, o Estado cancelará, em qualquer época, a atribuição da indenização de despesas de transporte, cuja concessão não gerará qualquer direito à continuidade da respectiva percepção.

Art. 191. É vedado o uso de viatura oficial por quem já seja portador de autorização para utilização de veículo particular a serviço do Estado.

Parágrafo único - A infração do disposto neste artigo sujeita o funcionário às penalidades cabíveis, cancelando-se, ainda, a autorização concedida em seu favor.

Art. 192. Ao receber a autorização para utilização de viatura própria em serviço, o usuário assinará, na Superintendência de Transportes Oficiais, o competente "Termo de Compromisso", submetendo-se aos preceitos regulamentares da matéria.

Seção V
Das Diárias

Art. 193. Ao funcionário que se deslocar, temporariamente, em objeto de serviço, da localidade onde estiver sediada sua unidade administrativa, conceder-se-á, além de transporte, diária, a título de compensação das despesas de alimentação e pousada ou somente de alimentação.

Parágrafo único - A vantagem de que trata este artigo poderá também ser concedida ao servidor contratado, no exercício de função gratificada, bem como ao estagiário.

Art. 194. Será concedida diária:

I - de alimentação e pousada, nos deslocamentos superiores a 100km (cem quilômetros) de distância da sede, desde que o pernoite se realize por exigência do serviço;

II - de alimentação, nos deslocamentos inferiores a 100km (cem quilômetros) e superiores a 50km (cinqüenta quilômetros) de distância da sede;

III - em qualquer caso:

a) de alimentação e pousada, quando o afastamento da sede exceder de 18 (dezoito) horas;

b) de alimentação, quando o afastamento for inferior a 18 (dezoito) e superior a 8 (oito) horas.

Art. 195. O valor da diária resultará da incidência de percentuais sobre o valor básico da UFERJ, atendida a tabela que for expedida por ato do Governador, observados, em sua elaboração, a natureza, o local, as condições do serviço e o vencimento do funcionário.

Art. 196. Não se concederá diária:

I - durante o período de trânsito;

II - quando o deslocamento se constituir em exigência permanente do exercício do cargo ou da função;

III - quando o município para o qual se deslocar o funcionário seja contíguo ao da sua sede, constituindo-se, em relação a este, em unidade urbana e apresentando facilidade de transporte, ressalvadas as hipóteses do inciso III do artigo 194;

IV - quando as despesas do deslocamento correrem por conta de outras entidades subordinadas ou vinculadas à Administração Pública.

Art. 197. Ao regressar à sede, o funcionário restituirá, dentro do prazo de 48 (quarenta e oito) horas, as importâncias recebidas em excesso.

Parágrafo único - O descumprimento do disposto neste artigo ocasionará o desconto em folha das importâncias recebidas em excesso pelo funcionário, sem prejuízo das sanções disciplinares aplicáveis à espécie.

Art. 198. A concessão indevida de diárias sujeitará a autoridade que as conceder à reposição de importância correspondente, aplicando-se-lhe, e ao funcionário que as receber, as cominações estatutárias pertinentes.

Capítulo VI
Do Direito de Petição

Art. 199. É assegurado ao funcionário o direito de petição em toda a sua amplitude, assim como o de representar.

Art. 200. O requerimento será dirigido à autoridade competente para decidi-lo e encaminhado por intermédio daquela a quem estiver imediatamente subordinado o requerente.

§ 1º – O erro na indicação da autoridade não prejudicará a parte, devendo o processo ser encaminhado, por quem o detiver, à autoridade competente.

§ 2º – Do requerimento constará:

1) o nome, cargo, matrícula, unidade administrativa em que é lotado o funcionário, e sua residência;

2) os fundamentos, de fato e de direito, da pretensão;

3) o pedido, formulado com clareza.

§ 3º – Não será recebido, e se o for, não será despachado, sem a prévia satisfação da exigência, o requerimento que não contiver as indicações do item 1, do parágrafo anterior.

§ 4º – O requerimento será instruído com os documentos necessários, facultando-se ao funcionário, mediante petição fundamentada, a respectiva anexação no curso do processo.

§ 5º – Os documentos poderão ser apresentados por cópia, fotocópia, xerocópia ou reprodução permanente por processo análogo, autenticada em cartório ou conferida na apresentação pelo servidor que a receber.

§ 6º – Excetuam-se da disposição de que trata o parágrafo precedente as certidões de tempo de serviço, que serão apresentadas sempre em seus originais, e outros documentos que assim sejam exigidos pela Administração.

§ 7º – Nenhum documento será devolvido sem que dele fique, no processo, cópia ou reprodução autenticada pela repartição.

Art. 201. Da decisão que for prolatada caberá, sempre, pedido de reconsideração.

§ 1º – O pedido de reconsideração será diretamente encaminhado à autoridade que houver expedido o ato ou proferido a decisão, não podendo ser renovado.

§ 2º – O requerimento e o pedido de reconsideração terão prazo de 8 (oito) dias para sua instrução e encaminhamento, e serão decididos no prazo máximo de 30 (trinta) dias, salvo em caso que obrigue a realização de diligência ou de estudo especial.

§ 3º – A autoridade que receber o pedido de reconsideração poderá processá-lo como recurso hierárquico, encaminhando-o à autoridade superior.

Art. 202. Caberá recurso hierárquico:

I – do indeferimento do pedido de reconsideração;

II – das decisões sobre os recursos sucessivamente interpostos.

§ 1º - Ressalvado o disposto no Decreto-Lei nº 114, de 22 de maio de 1975, o recurso será decidido pela autoridade imediatamente superior àquela que tiver expedido o ato ou proferido a decisão, sucessivamente, em escala ascendente, pelas demais autoridades.

§ 2º - No processamento do recurso observar-se-á o disposto no § 2º do artigo 201.

Art. 203. O pedido de reconsideração e o recurso hierárquico não têm efeito suspensivo, mas o que for provido retroagirá, em seus efeitos, à data do ato impugnado.

Art. 204. O direito de pleitear na esfera administrativa prescreverá:

I - em 5 (cinco) anos, quanto aos atos de demissão, cassação de aposentadoria ou disponibilidade e quanto às questões que envolvam direitos patrimoniais;

II - em 120 (cento e vinte) dias, nos demais casos, ressalvados os previstos em leis especiais.

§ 1º - Se consumada a prescrição administrativa, poderá a Administração relevá-la caso seja ilegal o ato impugnado e não estiver exaurido o acesso à via judicial.

§ 2º - Os prazos de prescrição estabelecidos neste artigo contar-se-ão da data da ciência do interessado, a qual se presumirá da publicação do ato impugnado, ou quando este for de natureza reservada, da data da ciência do interessado, que deverá constar sempre do processo respectivo.

§ 3º - O pedido de reconsideração e o recurso hierárquico, quando cabíveis, interrompem a prescrição até duas vezes.

§ 4º - A prescrição interrompida recomeça a correr, pela metade do prazo, da data do ato que a interrompeu, ou do último ato do processo para a interromper.

§ 5º - Não correrá a prescrição enquanto o processo estiver em estudo.

Art. 205. Após despacho decisório, ao funcionário interessado ou a seu representante legal é assegurado o direito de vista do processo administrativo, no recinto do órgão competente e durante seu horário de expediente.

Art. 206. É assegurada a expedição de certidões de atos ou peças de processos administrativos, requeridas para defesa de direito do funcionário ou para esclarecimento de situações.

Art. 207. A certidão deverá ser requerida com indicação de finalidade específica a que se destina, a fim de que se possa verificar o legítimo interesse do requerente na sua obtenção.

§ 1º - Quando a finalidade da certidão for instruir processo judicial, deverão ser mencionados o direito em questão, o tipo de ação, o nome das partes e o respectivo juízo, se a ação já tiver sido proposta.

§ 2º – Se o requerimento for assinado por procurador, deverá ser juntado o competente instrumento de mandato.

Art. 208. A competência para decidir sobre o pedido de certidão é do Secretário de Estado, das autoridades do mesmo nível e dos presidentes das autarquias a quem estiver subordinada a autoridade incumbida de expedi-la, podendo ser delegada.

Art. 209. O pedido de certidão será indeferido quando:

I – o requerente não tiver interesse legítimo no processo;

II – a matéria a certificar se referir a:

a) assunto cuja divulgação afete a segurança pública;

b) pareceres ou informações, salvo se a decisão proferida aos mesmos se reporte;

c) processo sem decisão final da Administração.

Art. 210. Caberá o pronunciamento da Procuradoria Geral do Estado:

I – nos pedidos de certidões formulados pelo Poder Judiciário;

II – no caso de certidões para prova em juízo, se o Estado for parte na ação em curso ou a ser proposta;

III – se a autoridade competente para autorizar a certidão tiver dúvidas sobre o requerimento, os documentos que o instruem ou sobre a maneira de atendê-lo.

Parágrafo único – Nas hipóteses previstas nos incisos I e III, em que o aludido pronunciamento é obrigatório, a autoridade, ao encaminhar o processo, deverá instruí-lo previamente com a minuta da certidão a ser expedida.

Art. 211. As certidões sobre matéria de pessoal só serão fornecidas pelo Órgão Central do Sistema de Pessoal Civil, à vista de dados e elementos constantes dos seus registros.

Capítulo VII
Da Inatividade

Seção I
Da Disponibilidade

Art. 212. Extinto o cargo, ou declarada sua desnecessidade, por ato do Poder Executivo, será o funcionário, se estável, colocado em disponibilidade.

§ 1º - O funcionário em disponibilidade perceberá provento proporcional ao tempo de serviço e poderá ser aproveitado em cargo de natureza e vencimento compatíveis com os do anteriormente ocupado.

§ 2º - Restabelecido o cargo, ainda que modificada a sua denominação, poderá nele ser aproveitado o funcionário posto em disponibilidade, quando de sua extinção ou da declaração de sua desnecessidade, ressalvado o direito de optar por outro cargo em que já tenha sido aproveitado.

Art. 213. O funcionário em disponibilidade poderá ser aposentado.

Seção II
Da Aposentadoria

Art. 214 ao 216. * Revogado pela Lei Complementar nº 121/2008.

Art. 217. Será aposentado o funcionário que for considerado inválido para o serviço e não puder ser readaptado, conforme o previsto no artigo 57.

Art. 218. A aposentadoria por invalidez será sempre precedida de licença por período não inferior a 24 (vinte e quatro) meses, salvo quando ocorrer a hipótese prevista no artigo 112.

Art. 219 e 220. Revogado pela Lei Complementar nº 121/2008.

Art. 221. O funcionário que completar condições para aposentadoria voluntária fará jus à inclusão, no cálculo do provento, das vantagens do mais elevado cargo em comissão de Direção e Assessoramento Superiores - DAS ou da função gratificada de Chefia e Assistência Intermediárias - CAI, que tiver exercido na Administração Direta ou Autárquica no mínimo por um ano, desde que:

I - sem interrupção, nos últimos 5 (cinco) anos imediatamente anteriores à passagem para a inatividade, o exercício de cargos em comissão ou funções gratificadas;

II - com interrupção, mas por 10 (dez) anos, o referido exercício.

§ 1º - Em se tratando de cargo em comissão, a incorporação da vantagem se fará no valor correspondente a 70% (setenta por cento) do fixado no respectivo símbolo; tratando-se de função gratificada, a vantagem será integralmente incorporada.

§ 2º - Para os efeitos deste artigo considerar-se-ão, igualmente, quaisquer gratificações deferidas ao funcionário na qualidade de ocupante de função de confiança, as quais se incorporarão ao respectivo provento pelo valor efetivamente percebido.

Art. 222 ao 224 * Revogado pela Lei Complementar nº 121/2008.

TÍTULO VI
DAS CONCESSÕES

Capítulo I
Disposições Gerais

Art. 225. Sem prejuízo do vencimento, direitos e vantagens, o funcionário poderá faltar ao serviço até (oito) dias consecutivos por motivo de:

I - casamento;

II - falecimento do cônjuge, companheiro ou companheira, pais, filhos ou irmãos.

§ 1º - Computar-se-ão, para os efeitos deste artigo, os sábados, domingos e feriados compreendidos no período.

§ 2º - A qualidade de companheiro ou companheira, exclusivamente para esse efeito, será demonstrada pela coabitação por prazo mínimo de 02 (dois) anos, desnecessária em havendo filho comum.

Art. 226. Ao licenciado para tratamento de saúde em virtude de acidente em serviço ou doença profissional, que deva ser deslocado de sua sede para qualquer ponto do território nacional, por exigência do laudo médico, será concedido transporte à conta dos cofres estaduais, inclusive para um acompanhante.

§ 1º - Será, ainda, concedido transporte à família do funcionário falecido no desempenho do serviço, fora da sede de seus trabalhos, inclusive quando no exterior.

§ 2º - Correrão, também, por conta do Estado, as despesas com a remoção e com o sepultamento do funcionário falecido no desempenho do serviço.

Art. 227. Ao funcionário estudante matriculado em estabelecimento de ensino de qualquer grau, oficial ou reconhecido, será permitido faltar ao serviço, sem prejuízo do seu vencimento ou de quaisquer direitos e vantagens, nos dias de provas ou de exames, mediante apresentação de atestado fornecido pelo respectivo estabelecimento.

Art. 228. Ao estudante que necessitar mudar de domicílio para passar a exercer cargo ou função pública, será assegurada transferência do estabelecimento de ensino que estiver cursando, para outro da nova residência, onde será matriculado em qualquer época, independentemente de vaga, se integrante do sistema estadual de ensino.

Art. 229. Os atos que deslocarem ex-offício os funcionários estudantes de uma para outra cidade ficarão suspensos, se, na nova sede ou em localidade próxima, não existir estabelecimento congênere, oficial, reconhecido ou equiparado àquele em que o interessado esteja matriculado.

§ 1º - Efetivar-se-á deslocamento se o funcionário concluir o curso, for reprovado, ou deixar de renovar sua matrícula.

§ 2º – Anualmente o interessado deverá fazer prova, perante o órgão setorial de pessoal a que esteja subordinado, de que está matriculado.

Art. 230. O funcionário estudante matriculado em estabelecimento de ensino que não possua curso noturno, poderá, sempre que possível, ser aproveitado em serviços cujo horário não colida com o relativo ao período das aulas.

Parágrafo único – Sendo impossível o aproveitamento a que se refere o presente artigo, poderá o estudante, com assentimento do respectivo chefe, iniciar o serviço uma hora depois do expediente ou dele se retirar uma hora antes do seu término, conforme o caso, desde que a compense, prorrogando ou antecipando o expediente normal.

Art. 231. O funcionário terá preferência, para sua moradia, na locação de imóvel pertencente ao Estado.

Parágrafo único – A locação se fará pelo aluguel que for fixado e mediante concorrência, que versará sobre as qualificações preferenciais dos candidatos, relativas ao número de dependentes, remuneração e tempo de serviço público.

Art. 232. As concessões estabelecidas neste Título aplicam-se:

I – aos servidores contratados no exercício de função gratificada, as constantes dos artigos 225, 226 e 227 e as dos Capítulos II, III, IV, VI e VII, do Título VI;

II – aos estagiários, as dos artigos 225 e 226 e as dos Capítulos IV, VI e VII, do Título VI.

Capítulo II
Do Salário-Família

Art. 233. Salário-família é o auxílio pecuniário especial concedido pelo Estado ao funcionário ou inativo, como contribuição ao custeio das despesas de manutenção de sua família.

Parágrafo único – A cada dependente relacionado no artigo seguinte corresponderá uma cota de salário-família.

Art. 234. Conceder-se-á salário-família:

I – por filho menor de 21 (vinte e um) anos, que não exerça atividade remunerada;

II – por filho inválido;

III – por filha solteira, separada judicialmente ou divorciada sem economia própria;

IV – por filho estudante que frequente curso médio ou superior e que não exerça atividade lucrativa, até a idade de 24 (vinte e quatro) anos;

V - pelo ascendente, sem rendimento próprio, que viva a expensas do funcionário;

VI - pela esposa que não exerça atividade remunerada;

VII - pelo esposo que não exerça atividade remunerada, por motivo de invalidez permanente;

VIII - pela companheira, assim conceituada na lei civil.

Parágrafo único - Compreendem-se neste artigo o filho de qualquer condição, o enteado, o adotivo e o menor que comprovadamente viva sob a guarda e o sustento do funcionário.

Art. 235. Quando pai e mãe forem funcionários ou inativos de qualquer órgão público federal, estadual ou municipal, e viverem em comum, o salário-família será concedido exclusivamente ao pai.

Parágrafo único - Se não viverem em comum, será concedido ao que tiver os dependentes sob sua guarda; se ambos os tiverem, de acordo com a distribuição dos dependentes.

Art. 236. Ao pai e à mãe equiparam-se o padrasto e a madrasta e, na falta deste, os representantes legais dos incapazes ou os que, mediante autorização judicial, tenham sob sua guarda e sustento os dependentes a que se refere o artigo 234.

Art. 237. A cota de salário-família por dependente inválido corresponderá ao triplo da cota normal.

Parágrafo único - A invalidez que caracteriza a dependência é a comprovada incapacidade total e permanente para o trabalho; ou presumida, em caso de ancianidade.

Art. 238. O salário-família será pago independentemente de freqüência do funcionário e não poderá sofrer qualquer desconto, nem ser objeto de transação ou consignação em folha de pagamento.

Parágrafo único - O salário-família não está, também, sujeito a qualquer imposto ou taxa, nem servirá de base para qualquer contribuição, ainda que de finalidades previdenciária e assistencial.

Art. 239. O salário-família será pago mesmo nos casos em que o funcionário ou inativo deixar de receber o respectivo vencimento ou provento.

Art. 240. Nos casos de acumulação legal de cargos, o salário-família será pago somente em relação a um deles.

Art. 241. Em caso de falecimento do funcionário ou inativo, o salário-família continuará a ser pago aos seus beneficiários.

Parágrafo único - Se o funcionário ou inativo falecido não se houver habilitado ao salário-família, a Administração, mediante requerimento de seus beneficiários, providenciará o seu pagamento, desde que atendidos os requisitos necessários à concessão desse benefício.

Art. 242. O cancelamento do salário-família será feito de ofício nos casos de implemento da idade pelo dependente, salvo se o funcionário ou inativo, no caso de filho estudante que não exerça atividade remunerada, apresentar comprovação de freqüência de curso secundário ou superior até 30 (trinta) dias antes de completar 21 (vinte e um) anos, e anualmente, por ocasião da matrícula escolar, até que atinja 24 (vinte e quatro) anos.

Parágrafo único - O cancelamento será feito, a requerimento do interessado, nos casos de exercício de atividade remunerada, falecimento, abandono de lar, casamento, separação judicial ou divórcio do dependente, respondendo o funcionário ou inativo, civil, penal e administrativamente pela omissão ou inexatidão de suas declarações.

Art. 243. O salário-família, relativo a cada dependente, será devido a partir do mês em que tiver ocorrido o fato ou ato que lhe deu origem, embora verificado no último dia do mês.

Art. 244. Deixará de ser devido o salário-família, relativo a cada dependente, no mês seguinte ao em que se tenha verificado o ato ou fato que haja determinado a sua supressão, embora ocorrido no primeiro dia do mês.

Capítulo III
Do Auxílio-Doença

Art. 245. Após cada período de 12 (doze) meses consecutivos de licença para tratamento de saúde, o funcionário terá direito a um mês de vencimento, a título de auxílio-doença.

§ 1º - Quando ocorrer o falecimento do funcionário, o auxílio-doença a que tiver feito jus será pago de acordo com as normas que regulam o pagamento de vencimento não recebido.

§ 2º - O auxílio-doença não sofrerá descontos de qualquer espécie, ainda que para fins de previdência e assistência.

Art. 246. O tratamento do funcionário acidentado em serviço, acometido de doença profissional ou internado compulsoriamente para tratamento psiquiátrico, correrá integralmente por conta dos cofres do Estado, e será realizado, sempre que possível, em estabelecimento estadual de assistência médica.

§ 1º - Ainda que o funcionário venha a ser aposentado em decorrência de acidente em serviço, de doença profissional ou de internação compulsória para tratamento psiquiátrico, as despesas previstas neste artigo continuarão a correr pelos cofres do Estado.

§ 2º - Nas hipóteses deste artigo não será devido ao funcionário o pagamento do auxílio-doença.

Art. 247. O titular do órgão competente para a concessão de licenças médicas aos funcionários do Estado decidirá sobre os pedidos de pagamento do auxílio-doença e do tratamento a que se refere o artigo anterior.

Art. 248. Nos casos de acumulação legal de cargos, o auxílio-doença devido será pago somente em relação a um deles, e calculado sobre o de maior vencimento, se ambos forem estaduais.

Capítulo IV
Do Auxílio-Funeral

Art. 249. À família do funcionário ou inativo falecido será concedido auxílio-funeral.

§ 1º - o auxílio será pago:

1) no valor correspondente a 10 (dez) UFERJs, quando o do vencimento e vantagens ou proventos do falecido for igual ou inferior a esse quantitativo;

2) no valor correspondente a 20 (vinte) UFERJs, nos demais casos.

§ 2º - A despesa com auxílio-funeral correrá à conta de dotação orçamentária própria.

Art. 250. Aplica-se ao auxílio-funeral a norma estabelecida no artigo 248.

§ 1º - Se as despesas do funeral não forem ocorridas por pessoa da família do funcionário ou inativo, o respectivo auxílio será pago a quem as tiver comprovadamente realizado.

§ 2º - O pagamento do auxílio-funeral obedecerá a processo sumaríssimo, concluído no prazo de 48 (quarenta e oito) horas da apresentação da certidão de óbito e documentos que comprovem a satisfação da despesa pelo requerente, incorrendo em pena de suspensão o responsável pelo retardamento.

Capítulo V
Do Auxílio-Moradia

Art. 251. Será concedido auxílio-moradia ao funcionário que for designado ex officio para ter exercício definitivo em nova sede e nesta não vier a residir em imóvel pertencente ao Poder Público.

Art. 252. O auxílio-moradia corresponderá a 20% (vinte por cento) do vencimento-base do funcionário.

Art. 253. O pagamento do auxílio-moradia é devido a partir da data em que o funcionário passar a ter exercício na nova sede e cessará:

I – quando completar 1 (um) ano de serviço na nova sede;

II – quando passar a residir em imóvel pertencente ao Poder Público.

Art. 254. O auxílio-moradia, pago mensalmente junto com vencimento do funcionário, será suspenso nas hipóteses previstas nos incisos III, IV, V, XVIII e XX do artigo 79.

Parágrafo único – Será ainda suspenso o pagamento do auxílio quando o funcionário:

1) exercer mandato legislativo ou executivo, federal ou estadual;

2) exercer mandato municipal e este importar no afastamento do funcionário do exercício de seu cargo;

3) for convocado para prestação de serviço militar.

Art. 255. O período de 1 (um) ano a que se refere o inciso I do artigo 253 começa a ser contado a partir da data em que o funcionário iniciar o exercício na nova sede, recomeçando a contagem do prazo a cada nova designação.

Capítulo VI
Da Pensão Especial em Caso de Morte por Acidente em Serviço ou Doença Profissional

Art. 256. Aos beneficiários do funcionário falecido em conseqüência de acidente ocorrido em serviço ou doença nele adquirida, é assegurada pensão mensal equivalente ao vencimento mais as vantagens percebidas em caráter permanente, por ocasião do óbito.

Art. 257. A prova das circunstâncias do falecimento será feita por junta médica oficial, que se valerá, se necessário, de laudo médico-legal, além da comprovação a que se refere o § 3º do artigo 115, quando for o caso.

Art. 258. Do valor da pensão concedida serão abatidas as importâncias correspondentes à pensão recebida do IPERJ.

Parágrafo único – Em nenhuma hipótese, a soma das pensões será inferior ao valor do salário-mínimo vigente na capital do Estado.

Art. 259. O disposto neste Capítulo aplica-se, também, aos beneficiários do inativo, quando o evento morte for conseqüência direta de acidente em serviço ou doença profissional.

Capítulo VII
Do Prêmio por Sugestões de Interesse da Administração

Art. 260. A Administração estimulará a apresentação, por parte de funcionários, de sugestões e trabalhos que visem ao aumento da produtividade e à redução de custos operacionais do serviço público.

Art. 261. Será estabelecido um prêmio anual, em importância a ser fixada pelo Governador, destinado ao trabalho que melhor se ajustar às finalidades de sua instituição, nos termos de regulamentação própria a ser baixada pelo Secretário de Estado de Administração.

Art. 262. Caberá a uma Comissão, composta de 5 (cinco) membros, de reconhecida competência em técnicas de administração, avaliar e julgar os trabalhos recebidos.

§ 1º – Anualmente será designada a Comissão por ato do Secretário de Estado de Administração, que indicará seu Presidente.

§ 2º – Integração a Comissão, indicados pelos respectivos titulares, além do seu Presidente, representantes das Secretarias de Governo, de Planejamento e Coordenação Geral e de Fazenda e da Fundação Escola de Serviço Público do Estado do Rio de Janeiro.

§ 3º – O julgamento da Comissão será irrecorrível.

Art. 263. Ao autor do trabalho premiado se reconhecerá a relevância do serviço e o respectivo prêmio será entregue em ato solene, no dia 28 de outubro.

Art. 264. Não será distribuído o prêmio no ano em que os trabalhos apresentados forem julgados insatisfatórios pela Comissão.

TÍTULO VII
DA PREVIDÊNCIA E DA ASSISTÊNCIA

Capítulo ÚNICO

Art. 265. O Estado prestará assistência ao funcionário, ao inativo, e a suas famílias.

Art. 266. Entre as formas de assistência incluem-se:

I – assistência médica, farmacêutica, dentária e hospitalar, além de outras julgadas necessárias, inclusive em sanatórios e creches;

II – a manutenção obrigatória dos sistemas previdenciários e de seguro social, em favor de todos os funcionários e inativos;

III – plano de seguro compulsório para complementação de proventos e pensões;

IV – assistência judiciária;

V – financiamento para aquisição de imóvel destinado à residência;

VI – auxílio para a educação dos dependentes;

VII – cursos e centros de treinamento, aperfeiçoamento e especialização profissional;

VIII – centros de aperfeiçoamento moral e cultural dos funcionários e suas famílias, fora das horas de trabalho.

Art. 267. A assistência, sob qualquer das formas, será prestada diretamente pelo Estado ou através de instituições próprias, criadas por lei, às quais poderá o funcionário ou inativo ser obrigatoriamente filiado.

Parágrafo único – Para execução do disposto neste artigo poderão ser celebrados convênios com entidades públicas ou privadas.

Art. 268. Legislação especial estabelecerá os planos, bem como as condições de organização e funcionamento dos serviços assistenciais referidos neste Título.

Art. 269. Nos trabalhos insalubres executados pelos servidores do Estado, este é obrigado a fornecer-lhes, gratuitamente, os equipamentos próprios exigidos pelas disposições específicas relativas à higiene e segurança do trabalho.

Parágrafo único – Os equipamentos de que trata este artigo serão de uso obrigatório pelos servidores do Estado, sob pena de suspensão.

Art. 270. Aos servidores contratados no exercício de função gratificada, e aos estagiários, aplicam-se as disposições dos incisos IV, VII e VIII, do artigo 266, e as do artigo 269.

Parágrafo único – Aplica-se, ainda, aos servidores contratados quando no exercício de função gratificada, e aos estagiários a que se refere o § 1º, do artigo 10, o estabelecido nos incisos I e VI, do artigo 266.

TÍTULO VIII
DO REGIME DISCIPLINAR

Capítulo I
Da Acumulação

Art. 271. É vedada a acumulação remunerada de cargos e funções públicas, exceto a de:

I – um cargo de juiz com outro de magistério superior;

II - dois cargos de professor;

III - um cargo de professor com outro técnico ou científico

IV - dois cargos privativos de médico.

§ 1º - A acumulação, em qualquer dos casos, só é permitida quando haja correlação de matérias e compatibilidade de horários.

§ 2º - A proibição de acumular se estende a cargos, funções de qualquer modalidade ou empregos no Poder Público Federal, Estadual ou Municipal, da Administração Centralizada ou Autárquica, inclusive em sociedade de economia mista e empresas públicas.

§ 3º - A supressão do pagamento relativo a um dos cargos, funções ou empregos referidos no parágrafo anterior, não descaracteriza a proibição de acumular, salvo nas hipóteses previstas no § 1º do artigo 10, nos artigos 23 e 24, e no § 4º, do artigo 35.

Art. 272. O funcionário não poderá participar de mais de um órgão de deliberação coletiva, com direito à remuneração, seja qual for a natureza desta, nem exercer mais de uma função gratificada.

Art. 273. Fica excluído da proibição de acumular provento o aposentado quanto ao exercício de mandato eletivo, cargo em comissão, função gratificada, ou ao contrato para prestação de serviços técnicos ou especializados, bem quanto à participação em órgão de deliberação coletiva.

Parágrafo único - Exceto quanto ao exercício de mandato eletivo, o disposto neste artigo não se aplica ao aposentado compulsoriamente, nem ao aposentado por invalidez, se não cessadas as causas determinantes de sua aposentadoria.

Art. 274. Não se compreende na proibição de acumular, nem está sujeita a quaisquer limites, a percepção:

I - conjunta, de pensões civis ou militares;

II - de pensões, com vencimento ou salário;

III - de pensões, com provento de disponibilidade, aposentadoria, jubilação ou reforma;

IV - de proventos resultantes de cargos legalmente acumuláveis;

V - de provento, com vencimento nos casos de acumulação legal.

Art. 275. Cargo técnico ou científico é aquele para cujo exercício seja indispensável e predominante a aplicação de conhecimento científico ou artístico de nível superior de ensino.

Parágrafo único - Considera-se, também, como técnico ou científico:

1) o cargo para cujo exercício seja exigida habilitação em curso legalmente classificado como técnico, de segundo grau ou de nível superior de ensino;

2) o cargo de direção, privativo de ocupante de cargo técnico ou científico.

Art. 276. Cargo de Professor é o que tem como atribuição principal e permanente lecionar em qualquer grau ou ramo de ensino legalmente previsto.

Parágrafo único - Inclui-se, também, para efeito de acumulação, o cargo de direção privativo de professor.

Art. 277. A simples denominação de "técnico" ou "científico" não caracteriza como tal o cargo que não satisfizer às condições dos artigos 275 e 276.

Parágrafo único - As atribuições do cargo, para efeito de reconhecimento de seu caráter técnico ou científico, serão consideradas na forma do parágrafo único do artigo 278.

Art. 278. A correlação de matéria pressupõe a existência de relação íntima e recíproca entre os conhecimentos específicos, cujo ensino ou aplicação constitua atribuição principal dos cargos acumuláveis, de sorte que o exercício simultâneo favoreça o melhor desempenho de ambos os cargos.

Parágrafo único - Tal relação não se haverá por presumida, mas terá de ficar provada mediante consulta a dados objetivos, tais como os programas de ensino, no caso de professor, e as atribuições legais, regulamentares ou regimentais do cargo, no caso de cargo técnico ou científico.

Art. 279. Para os efeitos deste Capítulo, a expressão "cargo" compreende os cargos, funções ou empregos referidos no § 2º do artigo 271.

Art. 280. A compatibilidade de horários será reconhecida quando houver possibilidade do exercício dos dois cargos, em horários diversos, sem prejuízo do número regulamentar de horas de trabalhos determinado para cada um.

§ 1º - A verificação dessa compatibilidade far-se-á tendo em vista o horário do servidor na unidade administrativa em que estiver lotado, ainda que ocorra a hipótese de estar dela legalmente afastado.

§ 2º - No caso de cargos a serem exercidos no mesmo local ou em municípios diferentes, levar-se-á em conta a necessidade de tempo para a locomoção entre um e outro.

Art. 281. O funcionário que ocupe dois cargos em regime de acumulação legal poderá ser investido em cargo em comissão, desde que, com relação a um deles, continue no exercício de suas atribuições, observado sempre o disposto no artigo anterior.

§ 1º - Ocorrendo a hipótese, o ato de provimento do funcionário mencionará em qual das duas condições funcionais está sendo nomeado para que, em relação ao outro cargo, seja observado o disposto neste artigo.

§ 2º - O tempo de serviço, bem como quaisquer direitos ou vantagens adquiridos em função de determinada situação jurídica, são insuscetíveis de serem computados ou usufruídos em outras, salvo se extinto seu fato gerador.

§ 3º - Se computados na hipótese do parágrafo anterior, in fine, em determinada situação, a ela ficarão indissoluvelmente ligados, ressalvado o caso de ocorrer também sua extinção.

Art. 282. Verificada, em processo administrativo disciplinar, a acumulação proibida, e provada a boa fé, o funcionário optará por um dos cargos, sem obrigação de restituir.

§ 1º - Provada a má fé, além de perder ambos os cargos, restituirá o que tiver percebido indevidamente pelo exercício do cargo que gerou a acumulação.

§ 2º - Na hipótese do parágrafo anterior, se o cargo gerador da acumulação proibida for de outra esfera de Poder Público, o funcionário restituirá o que houver percebido desde a acumulação ilegal.

§ 3º - Apurada a má fé do inativo, este sofrerá a cassação de sua aposentadoria ou disponibilidade, obrigado, ainda, a restituir o que tiver recebido indevidamente.

Art. 283. A inexatidão das declarações feitas pelo funcionário no cumprimento da exigência constante do inciso IV, do artigo 15, constituirá presunção de má fé, ensejando, de logo, a suspensão do pagamento do respectivo vencimento e vantagens, ou provento.

Art. 284. As acumulações serão objeto de estudo e parecer individuais por parte do órgão estadual para esse fim criado, que fará a apreciação de sua legalidade, ainda que um dos cargos integre os quadros de outra esfera de poder.

Capítulo II
Dos Deveres

Art. 285. São deveres do funcionário:

I - assiduidade;

II - pontualidade;

III - urbanidade;

IV - discrição;

V - boa conduta;

VI – lealdade e respeito às instituições constitucionais e administrativas a que servir;

VII – observância das normas legais e regulamentares;

VIII – observância às ordens superiores, exceto quando manifestamente ilegais;

IX – levar ao conhecimento de autoridade superior irregularidades de que tiver ciência em razão do cargo ou função;

X – zelar pela economia e conservação do material que lhe for confiado;

XI – providenciar para que esteja sempre em ordem, no assentamento individual, sua declaração de família;

XII – atender prontamente às requisições para defesa da Fazenda Pública e à expedição de certidões para defesa de direito;

XIII – guardar sigilo sobre a documentação e os assuntos de natureza reservada de que tenha conhecimento em razão do cargo ou função;

XIV – submeter-se à inspeção médica determinada por autoridade competente, salvo justa causa.

Capítulo III
Das Proibições

Art. 286. Ao funcionário é proibido:

I – referir-se de modo depreciativo, em informação, parecer ou despacho, às autoridades e atos da Administração Pública, ou censurá-los, pela imprensa ou qualquer outro órgão de divulgação pública, podendo, porém, em trabalho assinado, criticá-los, do ponto de vista doutrinário ou da organização do serviço;

II – retirar, modificar ou substituir livro ou documento de órgão estadual, com o fim de criar direito ou obrigação, ou de alterar a verdade dos fatos, bem como apresentar documento falso com a mesma finalidade;

III – valer-se do cargo ou função para lograr proveito pessoal em detrimento da dignidade da função pública;

IV – coagir ou aliciar subordinados com objetivo de natureza partidária;

V – participar de diretoria, gerência, administração, conselho técnico ou administrativo, de empresa ou sociedade:

1) contratante, permissionária ou concessionária de serviço público;

2) fornecedora de equipamento ou material de qualquer natureza ou espécie, a qualquer órgão estadual;

3) de consultoria técnica que execute projetos e estudos, inclusive de viabilidade, para órgãos públicos.VI – praticar a usura, em qualquer de suas formas, no âmbito do serviço público;

VII – pleitear, como procurador ou intermediário, junto aos órgãos estaduais, salvo quando se tratar de percepção de vencimento, remuneração, provento ou vantagem de parente, consangüíneo ou afim, até o segundo grau civil;

VIII – exigir, solicitar ou receber propinas, comissões, presentes ou vantagens de qualquer espécie em razão do cargo ou função, ou aceitar promessa de tais vantagens;

IX – revelar fato ou informação de natureza sigilosa, de que tenha ciência em razão do cargo ou função, salvo quando se tratar de depoimento em processo judicial, policial ou administrativo;

X – cometer à pessoa estranha ao serviço do Estado, salvo nos casos previstos em lei, o desempenho de encargo que lhe competir ou a seus subordinados;

XI – dedicar-se, nos locais e horas de trabalho, a palestras, leituras ou quaisquer outras atividades estranhas ao serviço, inclusive ao trato de interesses de natureza particular;

XII – deixar de comparecer ao trabalho sem causa justificada;

XIII – empregar material ou quaisquer bens do Estado em serviço particular;

XIV – retirar objetos de órgãos estaduais, salvo quando autorizado por escrito pela autoridade competente;

XV – fazer cobranças ou despesas em desacordo com o estabelecido na legislação fiscal e financeira;

XVI – deixar de prestar declaração em processo administrativo disciplinar, quando regularmente intimado;

XVII – exercer cargo ou função pública antes de atendidos os requisitos legais, ou continuar a exercê-lo, sabendo-o indevidamente.

Capítulo IV
Da Responsabilidade

Art. 287. Pelo exercício irregular de suas atribuições, o funcionário responde civil, penal e administrativamente.

Art. 288. A responsabilidade civil decorre de procedimento doloso ou culposo que importe em prejuízo da Fazenda Estadual ou de terceiros.

§ 1º – Ressalvado o disposto no artigo 148, in fine, o prejuízo causado à Fazenda estadual, no que exceder os limites da fiança, poderá ser ressarcido mediante desconto em prestações mensais não excedentes da décima parte do vencimento ou remuneração, à falta de outros bens que respondam pela indenização.

§ 2º - Tratando-se de dano causado a terceiros, responderá o funcionário perante a Fazenda Estadual em ação regressiva proposta depois de transitar em julgado a decisão que houver condenado a Fazenda a indenizar o terceiro prejudicado.

Art. 289. A responsabilidade penal abrange os crimes e contravenções imputados ao funcionário nessa qualidade.

Art. 290. A responsabilidade administrativa resulta de atos praticados ou omissões ocorridas no desempenho do cargo ou função, ou fora dele, quando comprometedores da dignidade e do decoro da função pública.

Art. 291. As cominações civis, penais e disciplinares poderão cumular-se, sendo umas e outras independentes entre si, bem assim as instâncias civil, penal e administrativa.

Parágrafo único - Só é admissível, porém, a ação disciplinar ulterior à absolvição no juízo penal, quando, embora afastada a qualificação do fato com crime, persista, residualmente, falta disciplinar.

Capítulo V
Das Penalidades

Art. 292. São penas disciplinares:

I - advertência;

II - repreensão;

III - suspensão;

VI - multa;

V - destituição de função;

VI - demissão;

VII - cassação de aposentadoria, jubilação e disponibilidade.

Art. 293. Na aplicação das penas disciplinares serão consideradas a natureza e a gravidade da infração, os danos que dela provierem para o serviço público e os antecedentes funcionais do servidor.

Parágrafo único - As penas impostas ao funcionário serão registradas em seus assentamentos.

Art. 294. A pena de advertência será aplicada verbalmente em casos de negligência e comunicada ao órgão de pessoal.

Art. 295. A pena de repreensão será aplicada por escrito em casos de desobediência ou falta de cumprimento dos deveres, bem como de reincidência específica em transgressão punível com pena de advertência.

Parágrafo único - Havendo dolo ou má fé, a falta de cumprimento dos deveres será punida com pena de suspensão.

Art. 296. A pena de suspensão será aplicada nos casos de:

I - falta grave;

II - desrespeito a proibições que, pela sua natureza, não ensejarem pena de demissão;

III - reincidência em falta já punida com repreensão.

§ 1º - A pena de suspensão não poderá exceder a 180 (cento e oitenta) dias.

§ 2º - O funcionário suspenso perderá todas as vantagens e direitos decorrentes do exercício do cargo.

§ 3º - Quando houver conveniência para o serviço, a pena de suspensão, por iniciativa do chefe imediato do funcionário, poderá ser convertida em multa, na base de 50% (cinqüenta por cento) por dia de vencimento ou remuneração, obrigado, nesse caso, o funcionário a permanecer no serviço durante o número de horas de trabalho normal.

Art. 297. A destituição de função dar-se-á quando verificada falta de exação no cumprimento do dever.

Parágrafo único - O disposto neste artigo não impede a aplicação da pena disciplinar cabível quando o destituído for, também, ocupante de cargo efetivo.

Art. 298. A pena de demissão será aplicada nos casos de:

I - falta relacionada no art. 286, quando de natureza grave, a juízo da autoridade competente, e se comprovada má fé;

II - incontinência pública e escandalosa ou prática de jogos proibidos;

III - embriaguez, habitual ou em serviço;

IV - ofensa física, em serviço, contra funcionário ou particular, salvo em legítima defesa;

V - abandono de cargo;

VI - ausência ao serviço, sem causa justificada, por 60 (sessenta) dias, interpoladamente, durante o período de 12 (doze) meses;

VII - insubordinação grave em serviço;

VIII - ineficiência comprovada, com caráter de habitualidade, no desempenho dos encargos de sua competência;

IX - desídia no cumprimento dos deveres.

§ 1º - Considera-se abandono de cargo a ausência ao serviço, sem justa causa, por 30 (trinta) dias consecutivos.

§ 2º - Entender-se-á por ausência ao serviço, com justa causa, a que assim for considerada após a devida comprovação em processo administrativo disciplinar, caso em que as faltas serão justificadas apenas para fins disciplinares

§ 3º - A demissão aplicada nas hipóteses previstas nos incisos I a IX, quando estas tiverem uma configuração penal típica, será cancelada e o funcionário reintegrado administrativamente, se e quando o pronunciamento da Justiça for favorável ao indiciado, sem prejuízo, porém, da ação disciplinar que couber, na forma do parágrafo único do artigo 291.

§ 4º - Será, ainda, demitido o funcionário que, nos termos da lei penal, incorrer na pena acessória de perda da função pública.

Art. 299. O ato de demissão mencionará sempre a causa da penalidade.

Art. 300. Conforme a gravidade da falta, a demissão poderá ser aplicada com a nota "a bem do serviço público".

Art. 301. A pena de cassação de aposentadoria, jubilação ou de disponibilidade será aplicada se ficar provado, em processo administrativo disciplinar, que o aposentado ou disponível:

I - praticou, quando ainda no exercício do cargo, falta suscetível de determinar demissão;

II - aceitou, ilegalmente, cargo ou função pública, provada a má fé;

III - perdeu a nacionalidade brasileira, ou, se português, for de declarada extinta a igualdade de direitos e obrigações civis e do gozo de direitos políticos.

Parágrafo único - Será cassada a disponibilidade do funcionário que não assumir, no prazo legal, o exercício do cargo ou função em que for aproveitado.

Art. 302. São competentes para aplicação de penas disciplinares:

I – O Governador, em qualquer caso e, privativamente, nos casos de demissão, cassação de aposentadoria, jubilação ou disponibilidade;

II – os Secretários de Estado e demais titulares de órgãos diretamente subordinados ao Governador em todos os casos, exceto nos de competência privativa do Governador;

III – os dirigentes de unidades administrativas em geral, nos casos de penas de advertência, repreensão, suspensão até 30 (trinta) dias e multa correspondente.

§ 1º – A aplicação da pena de destituição de função caberá à autoridade que houver feito a designação do funcionário.

§ 2º – Nos casos dos incisos II e III, sempre que a pena decorrer de processo administrativo disciplinar, a competência para decidir e para aplicá-la é do Secretário de Estado de Administração.

Art. 303. Prescreverá:

I – em 2 (dois) anos, a falta sujeita às penas de advertência, repreensão, multa ou suspensão;

II – em 5 (cinco) anos, a falta sujeita:

1) à pena de demissão ou destituição de função;

2) à cassação da aposentadoria, jubilação ou disponibilidade.

§ 1º – A falta também prevista como crime na lei penal prescreverá juntamente com este.

§ 2º – O curso da prescrição começa a fluir da data do evento punível disciplinarmente, ou do seu conhecimento, e interrompe-se pela abertura de processo administrativo disciplinar.

TÍTULO IX
DO PROCESSO ADMINISTRATIVO DISCIPLINAR E DA SUA REVISÃO

Capítulo I
Disposições Gerais

Art. 304. Poder disciplinar é a faculdade conferida ao Administrador Público com o objetivo de possibilitar a prevenção e repressão de infrações funcionais de seus subordinados, no âmbito interno da Administração.

Art. 305. Constitui infração disciplinar toda ação ou omissão do funcionário capaz de comprometer a dignidade e o decoro da função pública, ferir a disciplina e a hierarquia, prejudicar a eficiência do serviço ou causar dano à Administração Pública.

Art. 306. A autoridade que tiver ciência de qualquer irregularidade no serviço público é obrigada a promover-lhe a apuração imediata, por meios sumários ou mediante processo administrativo disciplinar.

Capítulo II
Da Prisão Administrativa e da Suspensão Preventiva

Art. 307. Cabe aos Secretários de Estado e demais dirigentes de órgãos diretamente subordinados ao Governador ordenar, fundamentalmente e por escrito, a prisão administrativa do funcionário responsável pelo alcance, desvio ou omissão em efetuar as entradas, nos devidos prazos, de dinheiro ou valores pertencentes à Fazenda Estadual ou que se acharem sob a guarda desta.

§ 1º – A autoridade que ordenar a prisão comunicará imediatamente o fato à autoridade judiciária competente e providenciará no sentido de ser realizado, com urgência, o processo de tomada de contas.

§ 2º – A prisão administrativa, que será cumprida em estabelecimento especial e não excederá de 90 (noventa) dias, será relaxada tão logo seja efetuada a reposição do quantum relativo ao alcance ou desfalque.

§ 3º – Não se ordenará a prisão administrativa quando o valor da fiança seja suficiente para garantir o ressarcimento de prejuízo causado à Fazenda Estadual, ou quando o responsável pela malversação, alcance ou desfalque haja oferecido as necessárias garantias de indenização.

Art. 308. A suspensão preventiva até 30 (trinta) dias será ordenada pelas autoridades mencionadas no artigo 308, desde que o afastamento do funcionário seja necessário para que este não venha a influir na apuração da falta.

§ 1º – A suspensão de que trata este artigo poderá, ainda, ser ordenada pelo Secretário de Estado de Administração, no ato de instauração de processo administrativo disciplinar, e estendida até 90 (noventa) dias, findos os quais cessarão automaticamente os efeitos da mesma, ainda que o processo não esteja concluído.

§ 2º – O funcionário suspenso preventivamente poderá ser administrativamente preso.

§ 3º – Não estando preso administrativamente, o funcionário que responder por malversação ou alcance de dinheiro ou valores públicos será sempre suspenso preventivamente, e seu afastamento se prolongará até a decisão final do processo administrativo disciplinar.

Art. 309. A prisão administrativa e a suspensão preventiva são medidas acautelatórias e não constituem pena.

Art. 310. O funcionário, afastado em decorrência das medidas acautelatórias referidas no artigo anterior, terá direito:

I – à contagem de tempo de serviço relativo ao afastamento, desde que reconhecida sua inocência afinal;

II – à contagem do tempo de serviço relativo à suspensão preventiva, se do processo resultar pena disciplinar de advertência ou repreensão;

III – à contagem do período de afastamento que exceder do prazo da suspensão disciplinar aplicada.

§ 1º – O cômputo do tempo de serviço nos termos deste artigo implica o direito à percepção do vencimento e vantagens no período correspondente.

§ 2º – Será computado na duração da pena ou suspensão disciplinar imposta o período de afastamento decorrente de medida acautelatória.

§ 3º – Ocorrendo a hipótese do parágrafo anterior, o funcionário restituirá, na proporção do que houver recebido, o vencimento e vantagens percebidos na forma do disposto no inciso I, do artigo 145.

Capítulo III
Da Apuração Sumária de Irregularidade

Art. 311. A apuração sumária por meio de sindicância não ficará adstrita ao rito determinado para o processo administrativo disciplinar, constituindo-se em simples averiguação.

Parágrafo único – A critério da autoridade que a instaurar, e segundo a importância maior ou menor do evento, a sindicância poderá ser realizada por um único funcionário ou por uma Comissão de 3 (três) servidores, preferivelmente efetivos.

Art. 312. A instauração de sindicância não impede a adoção imediata, através de comunicação à autoridade competente, das medidas acautelatórias previstas no Capítulo II, deste Título.

Art. 313. Se, no curso da apuração sumária, ficar evidenciada falta punível com pena superior à de suspensão por mais de 30 (trinta) dias, ou multa correspondente, o responsável pela apuração comunicará o fato ao superior imediato que solicitará, pelos canais competentes, a instauração de processo administrativo disciplinar.

Art. 314. São competentes para determinar a apuração sumária de irregularidades, ocorridas no serviço público do Estado, os dirigentes de unidades administrativas até o nível de Chefe de Seção.

§ 1º - Se o fato envolver a pessoa do chefe da unidade administrativa, a abertura de sindicância caberá ao superior hierárquico imediato.

§ 2º - Em qualquer caso, a designação será feita por escrito.

Art. 315. O sindicante deverá colher todas as informações necessárias, ouvindo o denunciante, à autoridade que ordenou a sindicância, quando conveniente; o suspeito, se houver; os servidores e os estranhos eventualmente relacionados com o fato, bem como procedendo à juntada do expediente de instauração da sindicância e de quaisquer documentos capazes de bem esclarecer o ocorrido.

Art. 316. Por se tratar de apuração sumária, as declarações do servidor suspeito serão recebidas também como defesa, dispensada a citação para tal fim, assegurada, porém, a juntada pelo mesmo, no prazo de 5 (cinco) dias, de quaisquer documentos que considere úteis.

Art. 317. A sindicância não poderá exceder o prazo de 30 (trinta) dias, prorrogável uma única vez até 8 (oito) dias em caso de força maior, mediante justificativa à autoridade que houver determinado a sindicância.

Art. 318. Comprovada a existência ou inexistência de irregularidades deverá ser, de imediato, apresentado relatório de caráter expositivo, contendo, exclusivamente, de modo claro e ordenado, os elementos fáticos colhidos ao curso da sindicância, abstendo-se o relator de quaisquer observações ou conclusões de cunho jurídico, deixando à autoridade competente a capitulação das eventuais transgressões disciplinares verificadas.

Art. 319. Recebido o relatório, caso tenha sido configurada irregularidade e identificado o seu autor, a autoridade que houver promovido a sindicância aplicará, de imediato, a pena disciplinar cabível, ressalvada a hipótese prevista no artigo 313.

Capítulo IV
Do Processo Administrativo Disciplinar

Art. 320. O processo administrativo disciplinar precederá sempre a aplicação das penas de suspensão por mais de 30 (trinta) dias, destituição de função, demissão, cassação de aposentadoria, jubilação ou disponibilidade.

Art. 321. A determinação de instauração do processo administrativo disciplinar é da competência do Secretário de Estado de Administração, inclusive em relação a servidores autárquicos.

Art. 322. Promoverá o processo uma das Comissões Permanentes de Inquérito Administrativo da Secretaria de Estado de Administração.

Parágrafo único - Não se aplica a regra estabelecida neste artigo aos casos previstos no parágrafo único do artigo anterior.

Art. 323. Se, de imediato ou no curso do processo administrativo disciplinar, ficar evidenciado que a irregularidade envolve crime, a autoridade instauradora ou o Presidente da Comissão a comunicará ao Ministério Público.

Parágrafo único - Quando a autoridade policial tiver conhecimento de crime praticado por funcionário público com violação de dever inerente ao cargo, ou com abuso de poder, fará comunicação do fato à autoridade administrativa competente para a instauração do processo disciplinar cabível.

Art. 324. O processo administrativo disciplinar deverá estar concluído no prazo de 90 (noventa) dias, contados da data em que os autos chegarem à Comissão prorrogáveis sucessivamente por períodos de 30 (trinta) dias, até o máximo de 3 (três), em caso de força maior e a juízo do Secretário de Estado de Administração.

§ 1º - A não observância desses prazos não acarretará nulidade do processo, importando, porém, quando não se tratar de sobrestamento, em responsabilidade administrativa dos membros da Comissão.

§ 2º - O sobrestamento do processo administrativo disciplinar só ocorrerá em caso de absoluta impossibilidade de prosseguimento, a juízo do Secretário de Estado de Administração.

Art. 325. Os órgãos estaduais, sob pena de responsabilidade de seus titulares, atenderão com a máxima presteza às solicitações da Comissão, inclusive requisição de técnicos e peritos, devendo comunicar prontamente a impossibilidade de atendimento em caso de força maior.

Art. 326. A Comissão assegurará, no processo administrativo disciplinar, o sigilo necessário à elucidação do fato ou o exigido pelo interesse da Administração.

Art. 327. Quando a infração deixar vestígio, será indispensável o exame pericial, direto ou indireto, não podendo supri-lo a confissão do acusado.

Parágrafo único - A autoridade julgadora não ficará adstrita ao laudo, podendo aceitá-lo ou rejeitá-lo, no todo ou em parte.

Art. 328. A acareação será admitida entre acusados, entre acusados e testemunhas e entre testemunhas, sempre que divergirem em suas declarações sobre fatos ou circunstâncias relevantes.

Parágrafo único - Os acareados serão reperguntados, para que expliquem os pontos de divergência, reduzindo-se a termo o ato de acareação.

Art. 329. Ultimada a instrução, será feita, no prazo de 3 (três) dias, a citação do indiciado para apresentação de defesa no prazo de 10 (dez) dias, sendo-lhe facultada vista do processo, durante todo esse período, na sede da Comissão.

§ 1º - Havendo dois ou mais indiciados, o prazo será comum e de 20 (vinte) dias.

§ 2º - Estando o indiciado em lugar incerto, será citado por edital, publicado 3 (três) vezes no órgão oficial de imprensa durante 15 (quinze) dias, contando-se o prazo de 10 (dez) dias para a defesa da última publicação.

§ 3º - O prazo de defesa poderá ser prorrogado pelo dobro, para diligências consideradas imprescindíveis.

Art. 330. Nenhum acusado será julgado sem defesa, que poderá ser produzida em causa própria.

Parágrafo único - A constituição de defensor independerá de instrumento de mandato, se o acusado o indicar por ocasião do interrogatório.

Art. 331. Sempre que o acusado requeira, será designado pelo Presidente da Comissão um funcionário estável, bacharel em Direito, para promover-lhe a defesa, ressalvado o seu direito de, a todo tempo, nomear outro de sua confiança ou a si mesmo, na hipótese da parte final do caput do artigo anterior.

Art. 332. Em caso de revelia, o Presidente da Comissão designará, de ofício, um funcionário efetivo, bacharel em Direito, para defender o indiciado.

§ 1º - O defensor do acusado, quando designado pelo Presidente da Comissão, não poderá abandonar o processo senão por motivo imperioso, sob pena de responsabilidade.

§ 2º - A falta de comparecimento do defensor, ainda que motivada, não determinará o adiantamento de ato algum do processo, devendo o Presidente da Comissão designar substituto, ainda que provisoriamente ou para só o efeito do ato.

Art. 333. Para assistir pessoalmente aos atos processuais, fazendo-se acompanhar de defensor, se assim o quiser, o acusado será sempre intimado, e poderá, nas inquirições, levantar contradita, formular perguntas e reinquirir testemunhas; nas perícias apresentar assistente e formular quesitos cujas respostas integrarão o laudo; e fazer juntada de documentos em qualquer fase do processo.

Parágrafo único - Se, nas perícias, o assistente divergir dos resultados, poderá oferecer observações escritas que serão examinadas no relatório final e na decisão.

Art. 334. No interrogatório do acusado, seu defensor não poderá intervir de qualquer modo nas perguntas e nas respostas.

Art. 335. Antes de indiciado, o funcionário intimado a prestar declarações à Comissão poderá fazer-se acompanhar de advogado, que, entretanto, observará o disposto no artigo anterior.

Parágrafo único - Não se deferirá, nessa fase, qualquer diligência requerida.

Art. 336. Concluída a defesa, a Comissão remeterá o processo à autoridade competente, com relatório onde será exposta a matéria de fato e de direito, concluindo pela inocência ou responsabilidade do indiciado, indicando, no último caso, as disposições legais que entender transgredidas e a pena que julgar cabível.

Art. 337. Recebido o processo, o Secretário de Estado de Administração proferirá a decisão no prazo de 20 (vinte) dias, ou o submeterá, no prazo de 8 (oito) dias, ao Governador, para que julgue nos 20 (vinte) dias seguintes ao seu recebimento.

Parágrafo único – A autoridade julgadora decidirá à vista dos fatos apurados pela Comissão, não ficando, todavia, vinculada às conclusões do relatório.

Art. 338. Quando a autoridade julgadora entender que os fatos não foram apurados devidamente, determinará o reexame do processo.

§ 1º – Na hipótese do artigo, os autos retornarão à Comissão para cumprimento das diligências expressamente determinadas e consideradas indispensáveis à decisão da autoridade julgadora.

§ 2º – As diligências determinadas na forma do parágrafo anterior serão cumpridas no prazo máximo de 30 (trinta) dias.

§ 3º – Verificado o caso tratado neste artigo, o prazo de julgamento será contado da data do novo recebimento do processo.

Art. 339. Em caso de abandono de cargo ou função, a Comissão iniciará seu trabalho fazendo publicar, por 3 (três) vezes, edital de chamada do acusado, no prazo máximo de 20 (vinte) dias.

§ 1º – O prazo para apresentação da defesa pelo acusado começará a correr da última publicação do edital no órgão oficial.

§ 2º – Findo o prazo do parágrafo anterior e não havendo manifestação do faltoso, ser-lhe-á designado pelo Presidente da Comissão defensor, que se desincumbirá do encargo no prazo de 15 (quinze) dias, contados da data de sua designação.

Art. 340. A Comissão, recebendo a defesa, fará a sua apreciação sobre as alegações e encaminhará relatório à autoridade instauradora, propondo o arquivamento do processo ou a expedição do ato de demissão, conforme o caso.

Art. 341. O processo administrativo disciplinar de abandono de cargo observará, no que couber, as disposições deste Capítulo.

Art. 342. O funcionário só poderá ser exonerado a pedido após a conclusão do processo administrativo disciplinar a que responder e do qual não resultar pena de demissão.

Capítulo V
Da Revisão

Art. 343. Poderá ser requerida a revisão do processo administrativo de que haja resultado pena disciplinar, quando forem aduzidos fatos ainda não conhecidos, comprobatórios da inocência do funcionário punido.

Parágrafo único – Tratando-se de funcionário falecido, desaparecido ou incapacitado de requerer, a revisão poderá ser solicitada por qualquer pessoa.

Art. 344. A revisão processar-se-á em apenso ao processo originário.

Art. 345. Não constitui fundamento para a revisão a simples alegação de injustiça da penalidade.

Art. 346. O requerimento devidamente instruído será encaminhado ao Governador que decidirá sobre o pedido.

Art. 347. Autorizada a revisão, o processo será encaminhado à Comissão Revisora, que concluirá o encargo no prazo de 90 (noventa) dias, prorrogável pelo período de 30 (trinta) dias, a juízo do Secretário de Estado de Administração.

Parágrafo único – No desenvolvimento de seus trabalhos a Comissão Revisora observará as disposições do Capítulo anterior, no que couber, e não colidir com as deste.

Art. 348. O julgamento caberá ao Governador, no prazo de 30 (trinta) dias, podendo, antes, o Secretário de Estado de Administração determinar diligências, concluídas as quais se renovará o prazo.

Art. 349. Julgada procedente a revisão, será tornada sem efeito a pena imposta, restabelecendo-se todos os direitos por ela atingidos.

TÍTULO X
DISPOSIÇÕES GERAIS E TRANSITÓRIAS

Art. 350. O Secretário de Estado de Administração expedirá os atos complementares de natureza procedimental necessários à plena execução das disposições do presente Regulamento.

Art. 351. O dia 28 de outubro será consagrado ao Servidor Público do Estado.

Art. 352. Quando, para efeitos específicos, não estiver definido de forma diversa, consideram-se pertencentes à família do funcionário, além do cônjuge e filhos, quaisquer pessoas que, necessária e comprovadamente, vivam a suas expensas e constem do seu assentamento individual.

Art. 353. Os prazos previstos neste Regulamento serão contados por dias corridos.

Parágrafo único – Na contagem dos prazos observar-se-á ainda:

1) Os prazos dependentes de publicação serão dilatados de tantos dias quantos forem os relativos ao atraso na circulação do órgão oficial;

2) Excluir-se-á o dia do começo e incluir-se-á o do vencimento, prorrogando-se este para o primeiro dia útil seguinte, quando incidir em Sábado, Domingo, feriado ou ponto facultativo, ou por qualquer motivo não houver ou for suspenso o expediente nas repartições públicas.

Art. 354. É vedado ao funcionário e ao contratado servir sob a direção imediata do cônjuge ou parente até o segundo grau, salvo em funções de confiança ou livre escolha, não podendo, neste caso, exceder de 2 (dois) o seu número.

Art. 355. A função de jornalista profissional é compatível com a de servidor público, desde que este não exerça aquela atividade no órgão onde trabalha e não incida em acumulação ilegal.

Art. 356. Aos servidores do Estado regidos por legislação especial não se reconhecerão direitos nem se deferirão vantagens pecuniárias previstos neste regulamento, quando, por força do regime especial a que se achem sujeitos, fizerem jus a direitos e vantagens com a mesma finalidade, ressalvado o caso de acumulação legal.

Art. 357. Por motivo de convicção filosófica, religiosa ou política, nenhum servidor poderá ser privado de qualquer de seus direitos, nem sofrer alteração em sua atividade funcional.

Art. 358. Com a finalidade de elevar a produtividade dos servidores e ajustá-los às suas tarefas e ao seu meio de trabalho, o Estado promoverá o treinamento necessário, na forma de regulamentação própria.

Art. 359. Mediante seleção e concurso adequados, poderão ser admitidos servidores de capacidade física reduzida, inclusive os portadores de cegueira parcial ou total, para cargos ou empregos especificados em lei.

Parágrafo único – Aos servidores admitidos na forma deste artigo, não se concederão quaisquer benefícios, direitos ou vantagens em razão da deficiência física já existente ao tempo de sua admissão.

Art. 360. O funcionário que, sem justa causa, deixar de atender a qualquer exigência para cujo cumprimento seja assinado prazo certo, terá suspenso o pagamento do vencimento e vantagens, até que satisfaça essa exigência, sem prejuízo das sanções disciplinares cabíveis.

Art. 361. Ao funcionário será fornecida, gratuita e obrigatoriamente, carteira de identificação funcional.

Parágrafo único – A carteira a que se refere este artigo será padronizada para todos os funcionários do Estado, segundo modelo a ser aprovado pelo Secretário de

Estado de Administração, salvo quando, pela natureza da atividade exercida, deva obedecer o modelo próprio.

Art. 362. É vedada a prestação de serviços gratuitos, salvo os excepcionalmente prestados, que surtirão apenas efeito honorífico.

Art. 363. Este Regulamento é extensivo, no que lhes for aplicável, aos funcionários das autarquias estaduais.

Art. 364. As disposições regulamentares de natureza estatutária que decorrerem do Plano de Cargos, lavrado para cumprimento ao artigo 18 da Lei Complementar nº 20, de 1º de julho de 1974, bem como do Plano de Vencimentos que lhe corresponde, integrar-se-ão, para todos os efeitos, neste Regulamento.

LEI COMPLEMENTAR Nº 15, DE 25 DE NOVEMBRO DE 1980

- LEI ORGÂNICA DA PROCURADORIA-GERAL DO ESTADO DO RIO DE JANEIRO.

ÍNDICE

TÍTULO I
DA PROCURADORIA-GERAL DO ESTADO

Capítulo Único

Art. 1º. Esta Lei complementar regula a organização da Procuradoria-Geral do Estado do Rio de Janeiro suas atribuições e funcionamento e dispõe sobre o regime jurídico dos Procuradores do Estado.

Art. 2º. A Procuradoria Geral do Estado tem autonomia administrativa e financeira, dispondo de dotação orçamentária própria. Suas atribuições são as previstas no art. 176 e parágrafos da Constituição do Estado, competindo-lhe: (Nova redação dada pela Lei Complementar nº 104/2002.)

I – privativamente, exercer a representação judicial do Estado, atuar extra judicialmente em defesa dos interesses deste, e oficiar obrigatoriamente no controle interno da legalidade da Administração Pública, inclusive por meio da supervisão e coordenação das Assessorias Jurídicas dos órgãos integrantes da Administração Direta e Indireta, que se subordinarão à sua orientação técnico-jurídica, exceto em relação às Universidades Públicas Estaduais que possuem constitucionalmente autonomia administrativa e órgão jurídico próprio. (Nova redação dada pela Lei nº 137/2010.)

II – privativamente, promover a inscrição da dívida ativa do Estado, bem como proceder à sua cobrança judicial e extrajudicial; (Nova redação dada pela Lei Complementar nº 104/2002.)

III – a defesa em Juízo ou fora dele, ativa ou passivamente, dos atos e prerrogativas do Governador do Estado;

IV – o exercício de funções de consultoria jurídica da administração direta, no plano superior, inclusive no que respeita às decisões das questões interadministrativas, bem como emitir pareceres, normativos ou não, para fixar a interpretação governamental de leis ou atos administrativos; (Nova redação dada pela Lei Complementar nº 104/2002.)

V – defender em juízo ou fora dele o Legislativo, ressalvado o disposto no art. 121 e no Parágrafo Único do art. 133 da Constituição Estadual, e o Judiciário e responder a consultas, quando de iniciativa destes e desde que encaminhadas pela Chefia dos referidos Poderes; (Nova redação dada pela Lei Complementar nº 104/2002.)

VI – elaborar minuta de informações a serem prestadas ao Judiciário em mandados de segurança impetrados contra ato do Governador e de outras autoridades que forem indicadas em norma regulamentar;

VII – sugerir ao Governador a propositura de ação direta de inconstitucionalidade de quaisquer normas, minutar a correspondente petição, bem como as informações que devam ser prestadas pelo Governador na forma da legislação federal específica; (Nova redação dada pela Lei Complementar nº 104/2002.)

VIII - propor ao Governador o encaminhamento de representação de inconstitucionalidade de leis ou de atos normativos estaduais ou municipais em face da Constituição do Estado; (Nova redação dada pela Lei Complementar nº 104/2002.)

IX - propor ao Governador a iniciativa de ações, arguições ou quaisquer outras medidas previstas na Constituição Federal para as quais seja legitimado; (Nova redação dada pela Lei Complementar nº 104/2002.)

X - defender os interesses do Estado e do Governador junto aos contenciosos administrativos;

XI - assessorar o Governador, cooperando na elaboração legislativa;

XII - opinar sobre providência de ordem jurídica aconselhadas pelo interesse público e pela aplicação das leis vigentes;

XIII - propor ao Governador a edição de normas legais ou regulamentares de natureza geral;

XIV - propor ao Governador, para os órgãos da administração direta ou indireta e das fundações instituídas ou mantidas pelo Poder Público, medidas de caráter jurídico que visem a proteger-lhes o patrimônio, ou aperfeiçoar as práticas administrativas;

XV - propor ao Governador medidas que julgar necessárias à uniformização da jurisprudência administrativa;

XVI - elaborar minutas padronizadas de editais de licitação, e atos de contratação, tais como contratos, convênios, ajustes e acordos, inclusive os de natureza trabalhista, e minutas de qualquer ato de contratação que disponham diversamente da padronização estabelecida por decisão do Procurador-Geral do Estado; (Nova redação dada pela Lei Complementar nº 104/2002.)

XVII - opinar, por determinação do Governador sobre as consultas que devam ser formuladas pelos órgãos da administração direta e indireta ao Tribunal de Contas e demais órgãos de controle financeiro e orçamentário;

XVIII - opinar previamente com referência ao cumprimento de decisões judiciais e, por determinação do Governador, nos pedidos de extensão do julgados, relacionados com a administração Direta Estadual;

XIX - examinar as manifestações e expedientes de natureza jurídica dos órgãos setoriais ou locais do sistema jurídico do Estado, que lhes sejam submetidos na forma do § 1º deste artigo; (Nova redação dada pela Lei nº 111/2006.)

XX - opinar, sempre que solicitada, nos processos administrativos em que haja questão judicial correlata ou que neles possa influir, como condição do seu prosseguimento;

XXI - desempenhar outras atribuições que lhes forem expressamente cometidas pelo Governador.

XXII – propor medidas, prestar ou solicitar apoio a qualquer entidade da Administração Pública direta, indireta ou fundacional, em assuntos pertinentes à proteção e à defesa dos Direitos Humanos, dos Direitos do Consumidor e do Meio Ambiente; (Inciso acrescentado pela Lei Complementar nº 104/2002.)

XXIII – promover o desenvolvimento da ciência jurídica e social em áreas de interesse do Estado do Rio de Janeiro, realizando atividades de pesquisa e promovendo cursos por intermédio da Escola Superior de Advocacia Pública do Estado ou com o auxílio de outras instituições de ensino e pesquisa; (Inciso acrescentado pela Lei Complementar nº 104/2002.)

XXIV – exercer privativamente a chefia das assessorias jurídicas das Secretarias de Estado; (Nova redação dada pela Lei Complementar nº 137, de 29 de junho de 2010.)

XXV – exercer amplamente a sua autonomia administrativa, orçamentária e financeira, mediante a celebração, na forma da lei, de contratos de gestão com a administração pública direta, indireta e fundacional. (Inciso acrescentado pela Lei Complementar nº 104/2002.)

XXVI – praticar atos próprios de gestão, administrar os fundos a ela vinculados, expedindo os competentes demonstrativos, e adquirir bens e contratar serviços, efetuando a respectiva contabilização; (Acrescentado pela Lei Complementar nº 111/2006.)

XXVII – praticar atos e decidir sobre a situação funcional e administrativa do pessoal, ativo e inativo, de carreira e dos serviços auxiliares, organizados em quadros próprios; (Acrescentado pela Lei Complementar nº 111/2006.)

XXVIIII – propor ao Poder Executivo a criação e a extinção de seus cargos e a fixação e o reajuste dos subsídios dos seus membros; (Acrescentado pela Lei Complementar nº 111/2006.)

XXIX – propor ao Poder Executivo a criação e extinção dos cargos de seus serviços auxiliares, bem como a fixação e o reajuste dos vencimentos dos seus servidores; (Acrescentado pela Lei Complementar nº 111/2006.)

XXX – compor seus órgãos de administração e organizar seus órgãos especializados, corregedoria, repartições administrativas e serviços auxiliares; (Acrescentado pela Lei Complementar nº 111/2006.)

XXXI – dispor sobre seus regimentos e regulamentos internos; (Acrescentado pela Lei Complementar nº 111/2006.)

XXXII – exercer outras competências decorrentes de seus princípios institucionais. (Acrescentado pela Lei Complementar nº 111/2006.)

XXXIII – elaborar sistema próprio de registro de preços e aderir a registros de preços de outras entidades públicas, de qualquer esfera federativa, desde que garantidas as mesmas condições de fornecimento ou prestação licitadas; (Acrescentado pela Lei Complementar nº 137/2010.)

§ 1º - Ressalvado o disposto no inciso V deste artigo, todas as consultas à Procuradoria Geral do Estado só poderão ser formuladas pelo Governador do Estado, por Secretário de Estado ou pela Chefia de entidades da administração indireta que mantenham convênios ou contratos com a Procuradoria Geral do Estado, após manifestação conclusiva das respectivas assessorias jurídicas. (Nova redação dada pela Lei Complementar nº 111/2006.)

§ 2º - Terão prioridade absoluta, em sua tramitação, os processos referentes a pedidos de informação e diligência, formulados pela Procuradoria-Geral do Estado.

§ 3º - Mediante convênios ou contratos, a critério do Procurador-Geral do Estado, poderá a Procuradoria Geral do Estado prestar consultoria jurídica e encarregar-se de atos e providências judiciais do interesse dos Municípios do Estado do Rio de Janeiro, podendo, também, por ato próprio do Procurador-Geral do Estado ou por determinação do Governador do Estado, em cada caso, prestar tais serviços a entidades da Administração Indireta do Estado ou fundações por ele criadas ou mantidas, assegurados, em conseqüência, o reembolso de eventuais despesas, acréscimos remuneratórios ou prêmios por produtividade aos Procuradores que exerçam funções no âmbito da Procuradoria Geral do Estado ou em cargo pertencente ao sistema jurídico do Estado do Rio de Janeiro. (Nova redação dada pela Lei Complementar nº 111/2006.)

§ 4º - Os acréscimos remuneratórios ou prêmios de produtividade, de que trata o § 3º deste artigo, corresponderão a valor equivalente ao percentual de 1% (um por cento) a 5% (cinco por cento) do valor total da remuneração de Procurador do Estado de terceira categoria, a ser fixado por ato exclusivo do Procurador-Geral do Estado, caso a caso, avaliados a complexidade e o volume das ações judiciais. (Acrescentado pela Lei Complementar nº 111/2006.)

§ 5º - Os contratos a que se referem o inciso XXV e o § 3º deste artigo serão regulamentados por ato do Procurador-Geral do Estado. (Acrescentado pela Lei Complementar nº 111/2006.)

§ 6º - As decisões da Procuradoria Geral do Estado fundadas em sua autonomia funcional, administrativa e financeira, obedecidas as formalidades legais, têm eficácia plena e executoriedade imediata, interna corpore, ressalvada a competência constitucional do Governador, do Poder Judiciário, do Poder Legislativo, do Ministério Público e do Tribunal de Contas do Estado. (Acrescentado pela Lei Complementar nº 111/2006.)

§ 7º - A Procuradoria Geral do Estado é o órgão central do Sistema Jurídico do Estado do Rio de Janeiro, cabendo-lhe a supervisão e coordenação dos órgãos locais e setoriais do Sistema Jurídico Estadual, excluídos os órgãos jurídicos das Universidades Estaduais. (Acrescentado pela Lei Complementar nº 137/2010.)

TÍTULO II
DA ORGANIZAÇÃO DA PROCURADORIA-GERAL DO ESTADO

Capítulo I
Dos Órgãos da Procuradoria-Geral do Estado

Art. 3º. Integram a Administração Superior da Procuradoria-Geral do Estado: (Nova redação dada pela Lei Complementar nº 53/1988.)

I – o Procurador-Geral do Estado;

II – A Subprocuradoria-Geral do Estado;

III – o Conselho da Procuradoria-Geral do Estado.

IV – a Assessoria do Procurador-Geral do Estado; (Acrescentado pela Lei Complementar 111/2006.)

V – a Corregedoria; (Acrescentado pela Lei Complementar 111/2006.)

VI – as Chefias das Procuradorias Especializadas e respectivos Procuradores-Assistentes; (Acrescentado pela Lei Complementar 111/2006.)

Art. 4º. Os Procuradores do Estado são os órgãos de atuação da Procuradoria-Geral do Estado no exercício de suas atribuições.

Capítulo II
Da caracterização e das atribuições dos órgãos da Procuradoria-Geral do Estado

Seção I
Do Procurador-Geral

Art. 5º. O Procurador-Geral do Estado, nomeado pelo Governador do Estado dentre os integrantes das duas classes finais da carreira, maiores de 35 (trinta e cinco) anos e com mais de 10 (dez) anos de carreira, integra o Secretariado Estadual. (Nova redação dada pela Lei Complementar nº 104/2002.)

Art. 6º. Compete ao Procurador-Geral do Estado, sem prejuízo de outras atribuições:

I – chefiar a Procuradoria-Geral do Estado e o Sistema Jurídico do Estado;

II – superintender e coordenar as atividades da Procuradoria-Geral, orientando-lhe a atuação;

III – despachar diretamente com o Governador;

IV – baixar resoluções e expedir instruções;

V – celebrar todas as espécies de atos de contratação, inclusive, contratos de gestão; (Nova redação dada pela Lei Complementar nº 104/2002.)

VI – prover os cargos iniciais da carreira, promover, exonerar, aposentar, bem como praticar todo e qualquer ato que importe em provimento ou vacância dos cargos da carreira de Procurador do Estado, dos cargos em comissão e do quadro de apoio da estrutura da Procuradoria Geral do Estado; (Nova redação dada pela Lei Complementar nº 104/2002.)

VII – propor demissão ou cassação de aposentadoria de Procurador do Estado;

VIII – apresentar ao Governador, no início de cada exercício, relatório das atividades da Procuradoria-Geral do Estado, durante o ano anterior, sugerindo medidas legislativas e providências adequadas ao seu aperfeiçoamento;

IX – convocar as eleições do Conselho da Procuradoria-Geral do Estado, regulamentando-as;

X – convocar e presidir as reuniões do Conselho da Procuradoria Geral do Estado e editar seu regimento interno e suas normas de procedimento; (Nova redação dada pela Lei Complementar nº 104/2002.)

XI – promover a abertura de concurso público para a carreira de Procurador do Estado; (Nova redação dada pela Lei Complementar nº 104/2002.)

XII – dar posse aos nomeados para cargos efetivos da carreira de Procurador do Estado e para os das carreiras do quadro de apoio da Procuradoria Geral do Estado, bem como aos nomeados em comissão para cargos da Procuradoria Geral do Estado e para os cargos de exercício privativo por Procurador do Estado; (Nova redação dada pela Lei Complementar nº 104/2002.)

XIII – adir Procuradores do Estado ao Gabinete para o desempenho de atribuições específica, no interesse do serviço;

XIV – fazer publicar semestralmente, até 31 de janeiro a 31 de julho, a lista de antigüidade dos Procuradores do Estado;

XV – conceder férias e licenças aos Procuradores do Estado;

XVI – deferir benefícios ou vantagens concedidas por lei aos Procuradores do Estado;

XVII – determinar sindicância e instauração de processo administrativo-disciplinar;

XVIII – aplicar penas disciplinares aos Procuradores do Estado, na forma desta lei;

XIX – determinar exames de sanidade para verificação de incapacidade física ou mental dos Procuradores do Estado;

XX – expedir atos de lotação, remoção e designação dos Procuradores do Estado;

XXI – dirimir conflitos e dúvidas de atribuições entre os órgãos da Procuradoria--Geral do Estado, ouvindo o Conselho da Procuradoria-Geral, se julgar conveniente;

XXII – requisitar dos órgãos da Administração Pública documentos, exames, diligências e esclarecimentos necessários à atuação da Procuradoria-Geral do Estado;

XXIII – tomar iniciativa referente a matéria da competência da Procuradoria--Geral do Estado;

XXIV – avocar encargo de qualquer Procurador do Estado, podendo atribuí-lo a outro, e, também, designar qualquer Procurador do Estado, ainda que se encontre no exercício de funções de cargo de chefia de assessoria jurídica de Secretaria de Estado, para a execução de trabalho específico, independentemente de sua lotação; (Nova redação dada pela Lei Complementar nº 104/2002.)

XXV – solicitar ao Governador que confira caráter normativo a parecer emitido pela Procuradoria-Geral do Estado, vinculando a Administração Pública Direta e Indireta, inclusive Fundações, ao entendimento estabelecido;

XXVI – atribuir normatividade, no âmbito do sistema Jurídico, a pareceres emitidos pela Procuradoria-Geral do Estado, comunicando sua iniciativa ao Governador;

XXVII – receber as citações iniciais ou comunicações referentes a quaisquer ações ou processos a juizados contra o Estado, ou nos quais deva intervir a Procuradoria-Geral do Estado;

XVIII – visar os pareceres emitidos por Procuradores do Estado;

XXIX – encaminhar ao Governador, para deliberação, os expedientes de cumprimento ou de extensão de decisão judicial;

XXX – determinar a propositura de ações que entender necessárias à defesa e ao resguardo dos interesses do Estado;

XXXI – autorizar o parcelamento de créditos não tributários, decorrentes de decisão judicial, ou objeto de ação judicial, em curso ou a ser proposta, dentro dos limites fixados pelo Governador;

XXXII – fixar a área de atuação de cada Procuradoria Regional, indicando as Comarcas nela compreendidas;

XXXIII – presidir a elaboração da proposta orçamentária da Procuradoria-Geral do Estado, autorizar despesas e ordenar empenhos;

XXXIV – determinar a realização de licitações, dispensá-las, aprová-las ou anulá-las;

XXXV – aprovar laudos de avaliação e minutas de escrituras, de termos de contratos e convênios, e de outros instrumentos jurídicos;

XXXVI – indicar, quando solicitado, Procuradores do Estado a serem nomeados para os cargos de Chefia das Assessorias Jurídicas das Secretarias de Estado e para os cargos de direção dos órgãos jurídicos das autarquias, fundações, empresas públicas e sociedades de economia mista. (Nova redação dada pela Lei Complementar nº 111/2006.)

XLIX – dispor por ato próprio e celebrar, na forma da lei, contratos de gestão;" (NR)

XXXVII – indicar ou designar os Procuradores para integrar os órgãos que devam contar com representantes da Procuradoria-Geral do Estado;

XXXVIII – designar, quando necessário, os substitutos eventuais dos que exercem cargos em comissão ou função gratificada;

XXXIX – arbitrar, na forma do que dispuser a legislação específica, as vantagens devidas aos Procuradores e servidores lotados na Procuradoria-Geral do Estado;

XL – baixar o Regimento Interno da Procuradoria-Geral do Estado e de seu Conselho;

XLI – baixar o ato regulamentar do estágio confirmatório (art. 22), ouvido o Conselho da Procuradoria-Geral do Estado;

XLII – fixar o índice de pontos correspondente a gratificação de produtividade a Serventuários da Justiça, de que trata o Decreto-Lei nº 215, de 10.11.69, estabelecendo os seus limites e valores-índices, bem como excluir Serventuários da folha mensal da vantagem, nos termos da legislação específica;

XLIII – designar a comissão organizadora dos concursos para ingresso na carreira de Procurador do Estado e aprovar a composição das bancas examinadoras, bem como as condições necessárias à inscrição de candidatos, mediante prévia aprovação do Conselho da Procuradoria-Geral do Estado (art. 9º, V);

XLIV – autorizar a suspensão do processo (C.P.C. art. 265, II);

XLV – autorizar: (Nova redação dada pela Lei Complementar nº 104/2002.)

a) – a não propositura ou a desistência de medida judicial, especialmente quando o valor do benefício pretendido não justifique a ação ou, quando do exame da prova, se evidenciar improbabilidade de resultado favorável;

b) – a dispensa da interposição de recursos judiciais cabíveis, ou a desistência dos interpostos, especialmente quando contraindicada a medida em face da jurisprudência;

c) – a não execução de julgados quando a iniciativa for infrutífera, notadamente pela inexistência de bens do executado.

XLVI – decidir todos os processos relativos ao interesse da Procuradoria-Geral do Estado, inclusive os referentes a direitos e deveres dos Procuradores do Estado e servidores da Procuradoria-Geral do Estado, na forma desta Lei e da legislação aplicável;

XLVII – delegar, através de Resolução, atribuições a seus subordinados, autorizando expressamente a sua subdelegação quando for o caso.

XLVIII – promover a representação de inconstitucionalidade de leis ou de atos normativos estaduais ou municipais em face da Constituição Estadual e oficiar nas demais representações em que não seja autor; (Inciso acrescentado pela Lei Complementar nº 104/2002.)

XLIX – dispor por ato próprio e celebrar, na forma da lei, contratos de gestão; (Nova redação dada pela Lei Complementar nº 111/2006.)

L – designar ou autorizar Procurador do Estado, com ou sem prejuízo de suas funções e na forma estabelecida em resolução própria, para a realização de atividades de pesquisa ou de cursos perante a Escola Superior de Advocacia Pública, de conformidade com o disposto no inciso XXIII do art. 2º desta Lei; (Inciso acrescentado pela Lei Complementar nº 104/2002.)

LI – promover a abertura de concurso público para as carreiras do quadro de apoio da estrutura da Procuradoria Geral do Estado. (Inciso acrescentado pela Lei Complementar nº 104/2002.)

Seção II
Da Subprocuradoria-Geral do Estado

- Nova redação dada pela Lei Complementar nº 53/1988

Art. 7º. A Subprocuradoria-Geral do Estado é exercida por 2 (dois) Subprocuradores-Gerais, que têm prerrogativas e representações de Subsecretário de Estado, competindo-lhes: (Nova redação dada pela Lei Complementar nº 53/1988.)

I – substituir automaticamente o Procurador-Geral em seus impedimentos, ausências temporárias, férias, licenças ou afastamentos ocasionais bem como, no caso de vacância do cargo, até nomeação de novo titular;

II – chefiar o Gabinete do Procurador-Geral;

III – coadjuvar o Procurador-Geral no exercício das atribuições previstas no artigo 6º;

IV – prestar assistência direta ao Procurador-Geral;

V – exercer, mediante delegação de competência, as atribuições que lhe forem conferidas;

VI – exercer outras atribuições que lhe forem, legal ou regularmente, cometidas.

Parágrafo único - O Procurador-Geral do Estado definirá em ato próprio, as atribuições de cada Subprocurador-Geral. (Acrescentado pela Lei Complementar nº 53/1988.)

Seção III
DO CONSELHO DA PROCURADORIA-GERAL DO ESTADO

Art. 8º. O Conselho da Procuradoria Geral do Estado, órgão de assessoramento do Procurador-Geral do Estado e por este presidido, é integrado por ele, com voto próprio e de qualidade, e por onze Procuradores eleitos pelos demais em escrutínio direto e secreto, na forma prescrita por seu Regimento Interno. (Art. 8º com nova redação e acréscimo dos §§ 1º e 2º dada pela Lei Complementar nº 111/20006.)

§ 1º - O Procurador-Geral do Estado, por ato próprio, normatizará a eleição do Conselho da Procuradoria Geral do Estado.

§ 2º - Os Procuradores em atividade, que já houverem exercido o cargo de Procurador-Geral do Estado e que não façam parte do grupo de Procuradores eleitos, bem como o Corregedor, poderão ser convidados, a critério do Procurador-Geral do Estado, a participar das sessões do Conselho, podendo opinar e registrar suas manifestações, sem direito a voto.

Art. 9º - Compete ao Conselho da Procuradoria-Geral do Estado:

I - pronunciar-se sobre qualquer matéria ou questão que lhe seja encaminhada pelo Procurador-Geral;

II - Sugerir ao Procurador-Geral e opinar sobre alterações na estrutura da Procuradoria-Geral e do Sistema Jurídico e nas respectivas atribuições;

III - organizar listas tríplices para promoção, por merecimento, na carreira de Procurador do Estado;

IV - representar ao Procurador-Geral sobre providências que lhe pareçam reclamadas pelo interesse público ou pelas conveniências do serviço na Procuradoria-Geral e no Sistema Jurídico do Estado.

V - manifestar-se previamente sobre a composição da comissão organizadora dos concursos de ingresso na carreira de Procurador do Estado e sobre a composição das bancas examinadoras, bem como decidir sobre as condições necessárias para a inscrição de candidatos em concurso (artigos 6º, XLIII, e 13, § 2º);

VI - colaborar com o Procurador-Geral no exercício do poder disciplinar, relativo aos Procuradores do Estado, propondo-lhe, sem prejuízo da iniciativa deste, a aplicação de penas disciplinares;

VII - instruir e dar curso, até final, à sindicância e ao processo administrativo disciplinar (artigo 116).

Seção IV
DOS PROCURADORES DO ESTADO

Art. 10. A Procuradoria-Geral do Estado atua através dos Procuradores do Estado, aos quais incumbe o exercício da competência que lhes é própria (art. 2º) e, por delegação, das atribuições do Procurador-Geral e dos Subprocuradores-Gerais (art. 6º e 7º). (Nova redação dada pela Lei Complementar nº 53/1988.)

Parágrafo único – Os poderes a que se refere o artigo 2º desta Lei, são inerentes à investidura no cargo, não carecendo, por sua natureza constitucional, de instrumento do mandato, qualquer que seja a instância, foro ou Tribunal.

Seção V
DA CORREGEDORIA DA PROCURADORIA GERAL DO ESTADO

Art. 10-A. A Corregedoria da Procuradoria Geral do Estado será chefiada pelo Procurador-Corregedor, competindo-lhe: (Art. 10-A – Nova redação dada pela Lei Complementar nº 137/2010.)

I – fiscalizar a atuação e o desempenho dos Procuradores do Estado e dos servidores do quadro da Procuradoria-Geral do Estado;

II – realizar correições ordinárias e extraordinárias, de ofício ou por determinação do Procurador-Geral, nos órgãos técnico-jurídicos da Procuradoria Geral do Estado e nos demais órgãos e entidades integrantes do Sistema Jurídico;

III – propor a adoção das medidas administrativas e disciplinares cabíveis, em vista do que for apurado nas correições;

IV – acompanhar o estágio probatório, auxiliado pela Comissão a que se refere o art. 22 desta Lei, e encaminhar o relatório circunstanciado, pela mesma apresentado, ao Conselho da Procuradoria Geral do Estado;

V – encaminhar à deliberação do Procurador-Geral do Estado os assuntos decorrentes das atividades de correição realizadas;

VI – propor ao Procurador-Geral do Estado a edição de atos normativos visando ao aprimoramento dos serviços da Procuradoria Geral do Estado;

VII – prestar auxílio ao Procurador-Geral do Estado e aos dirigentes dos órgãos da Procuradoria Geral do Estado na execução das medidas que objetivem o melhoramento e a regularidade das atividades e serviços da Procuradoria Geral do Estado e dos órgãos e entidades do Sistema Jurídico;

VIII – exercer outras atividades correlatas ou que lhe vierem a ser atribuídas ou delegadas pelo Procurador-Geral do Estado.

§ 1º – O Procurador-Corregedor será nomeado pelo Procurador-Geral do Estado para o exercício de mandato de 2 (dois) anos.

§ 2° – No curso do mandato, o Procurador-Corregedor só poderá ser exonerado mediante ato sujeito à prévia aprovação do Conselho da Procuradoria Geral do Estado.

§ 3° – O Procurador-Corregedor será escolhido dentre os Procuradores do Estado em atividade e que contem com, pelo menos, 05 (cinco) anos de exercício efetivo, permitida uma recondução.

§ 4º – O Procurador-Corregedor poderá contar, para o desempenho de suas funções, com até 02 (dois) Procuradores do Estado, designados pelo Procurador-Geral, que exercerão as funções de Procuradores Corregedores Assistentes.

§ 5º – As chefias dos órgãos da Procuradoria Geral do Estado e das Assessorias Jurídicas dos órgãos e entidades que compõem o Sistema Jurídico deverão prestar auxílio ao Procurador-Corregedor, informando sobre a regularidade e o funcionamento dos respectivos serviços, e fornecendo todos os documentos requisitados para fins de correição.

§ 6º – O Procurador-Corregedor poderá requisitar à Chefia dos órgãos e entidades referidos no parágrafo anterior autos de procedimentos administrativos, mediante comunicação com antecedência mínima de 48 (quarenta e oito) horas.

§ 7º – O Procurador-Corregedor guardará sigilo na elucidação dos fatos e no exercício de toda e qualquer atividade correcional.

§ 8º – Nos meses de janeiro e de julho de cada ano, os órgãos da Procuradoria Geral do Estado deverão encaminhar ao Procurador-Corregedor um relatório circunstanciado das atividades desempenhadas pelos mesmos, identificando, entre outros, o total de procedimentos administrativos e judiciais do acervo de cada Procurador do Estado, as decisões favoráveis e desfavoráveis havidas em cada qual, o quantitativo de contestações apresentadas, de recursos interpostos e de peças de igual relevância, bem como de pareceres emitidos.

§ 9º – Sempre que for necessário e sem prejuízo do disposto no artigo 101, o Procurador-Corregedor poderá convocar qualquer Procurador do Estado ou servidor do Quadro para verificar as razões de qualquer desvio funcional, orientando-os na superação de eventuais dificuldades e auxiliando-os no retorno ao desempenho profícuo e normal de suas atividades profissionais. (NR)

Subseção I
Da Correição Ordinária

Art. 10-B. As correições ordinárias terão por objeto a verificação da regularidade do serviço, da eficiência e da pontualidade dos Procuradores do Estado no cumprimento das suas atribuições, bem como da observância das determinações emanadas do Procurador-Geral do Estado. (Art. 10-B – Acrescentado pela Lei Complementar nº 137/2010.)

§ 1º – Terminada a correição, o Procurador-Corregedor poderá fazer as recomendações que entender convenientes aos Procuradores do Estado, visando à rápida emenda de equívocos e erros, omissões ou abusos, bem ainda correções necessárias à regularidade do serviço.

§ 2º – Concluída a correição ordinária, o Procurador-Corregedor encaminhará relatório circunstanciado ao Conselho da Procuradoria Geral do Estado, mencionando os fatos observados, as providências adotadas e propondo as medidas de natureza administrativa e de caráter disciplinar que entender pertinentes.

Subseção II
Da Correição Extraordinária

Art. 10-C. As correições extraordinárias serão realizadas pelo Procurador-Corregedor, de ofício ou por determinação do Procurador Geral do Estado, sem natureza de procedimento sancionatório, para verificação dos fatos, sempre que houver indício de: (* Art. 10-C – Acrescentado pela Lei Complementar nº 137/2010.)

I – descumprimento de dever funcional ou procedimento incorreto;

II – atos que comprometam o prestígio e a dignidade da Instituição.

§ 1º – Nas correições extraordinárias poderá o Procurador-Corregedor ser auxiliado por Procuradores do Estado designados por ato do Procurador Geral do Estado.

§ 2º – As correições extraordinárias serão comunicadas com pelo menos 5 (cinco) dias de antecedência.

§ 3º – Aplicam-se à correição extraordinária, no que couber, as normas estatuídas para a correição ordinária.

TÍTULO III
DA CARREIRA DE PROCURADOR DO ESTADO

Capítulo I
Dos Cargos

Art. 11. Os cargos de Procurador do Estado são organizados em carreira escalonada em 1ª, 2ª e 3ª Categorias, sendo iguais os direitos e deveres de seus ocupantes. (Nova redação dada pela Lei Complementar nº 137/2010.)

§§ 1º e 2º – revogados pela Lei Complementar nº 137/2010.

Capítulo II
Da Lotação

Art. 12. Os Procuradores do Estado serão lotados nas unidades administrativas da Procuradoria-Geral do Estado.

Parágrafo único – O Procurador em exercício fora da Procuradoria-Geral do Estado terá como lotação a Secretaria dessa Procuradoria.

Capítulo III
Do Concurso

Art. 13. O ingresso na carreira de Procurador do Estado, dar-se-á no cargo inicial de Procurador de 3ª Categoria e dependerá necessariamente de aprovação e ordem de classificação em concurso público de provas e títulos realizados pela Procuradoria-Geral do Estado com a participação de representante da Ordem dos Advogados do Brasil, indicado pelo respectivo Conselho Seccional, observado o disposto nos artigos 6º, inciso XLIII, e 9º, inciso V, desta Lei.

§ 1º – O edital do concurso indicará se todas ou algumas das provas serão eliminatórias.

§ 2º – Só poderá inscrever-se no concurso Bacharel em Direito, aprovado para o exercício da Advocacia pela Ordem dos Advogados, de reputação ilibada, que tenha condições pessoais compatíveis com a função, a critério do Conselho da Procuradoria Geral do Estado, vedada a consideração de aspectos ideológicos, podendo, a critério do Procurador-Geral do Estado, ouvido o Conselho, exigir, no edital do concurso, a comprovação de prática, por período não superior a 05 (cinco) anos, de atividade que envolva a aplicação de conhecimentos jurídicos. (Nova redação dada pela Lei nº 111/2006.)

§ 3º – Só poderá ser provido no cargo inicial da carreira de Procurador do Estado quem contar, na data da abertura da inscrição para o respectivo concurso, idade não superior a 40 (quarenta) anos, ressalvado limite diverso estabelecido em dispositivo de maior hierarquia, enquanto vigente, ou se for servidor público do Estado do Rio de Janeiro ou do Município do Rio de Janeiro. (Nova redação dada pela Lei Complementar nº 53/1988.)

§ 4º – O servidor que pretender acumular o cargo já ocupado com o de Procurador do Estado, ficará sujeito aos limites de idade estabelecidos neste artigo.

§ 5º – O concurso será válido por 02 (dois anos) a partir da publicação da homologação de seu resultado, podendo o prazo ser prorrogado, por decisão do Procurador-Geral do Estado, até o limite máximo fixado pela Constituição Federal. (Nova redação dada pela Lei Complementar nº 111/2006.)

Capítulo IV
Da Nomeação

Art. 14. Os cargos iniciais da carreira de Procurador do Estado serão providos, na forma do inciso VI do art. 6º desta Lei, obedecida a ordem de classificação no concurso público de que trata o disposto no artigo anterior. (Nova redação dada pela Lei Complementar nº 104/2002.)

Capítulo V
Da Posse

Art. 15. Os Procuradores do Estado serão empossados pelo Procurador-Geral do Estado.

Art. 16. É de 30 (trinta) dias, contados da publicação do ato de nomeação oficial, o prazo para a posse.

§ 1º - O prazo previsto neste artigo poderá ser prorrogado por mais 60 (sessenta) dias, a requerimento do interessado e a critério do Procurador-Geral do Estado.

§ 2º - Será tornado sem efeito o ato de provimento se a posse não se verificar no prazo estabelecido.

Art. 17. São requisitos para a posse:

I - a habilitação em exame de sanidade e capacidade física e mental; (NR)

(Nova redação dada pela Lei Complementar nº 111/2006.

II - bons antecedentes;

III - declaração de bens;

IV - declaração de cargo, função ou emprego que ocupe e de quaisquer rendimentos que perceba dos cofres públicos;

V - prova de estar no gozo dos direitos políticos e em dia com as obrigações do serviço militar.

Art. 18. Poderá, a juízo do Procurador-Geral do Estado, haver posse por procuração.

Capítulo VI
Do Exercício

Art. 19. O Procurador do Estado de 3ª Categoria, salvo motivo justo, deverá entrar em exercício no prazo de 10 (dez) dias, a contar da data da posse, sob pena de exoneração.

Art. 20. Em caso de remoção para comarca diversa, o Procurador do Estado deverá assumir suas novas funções no prazo de 5 (cinco) dias.

§ 1º – A remoção não interromperá o exercício.

§ 2º – O prazo de que trata este artigo poderá ser prorrogado, havendo motivo justo, a critério do Procurador-Geral.

§ 3º – Quando o Procurador do Estado, removido, estiver em gozo de licença ou qualquer afastamento legal, o prazo previsto neste artigo será contado da data do término do respectivo afastamento.

Capítulo VII
Do Estágio Confirmatório

Art. 21. A contar da data em que o Procurador do Estado de 3ª categoria houver entrado em exercício e durante o período 03 (três) anos, será apurado o preenchimento dos requisitos necessários à sua confirmação na carreira. (Nova redação dada pela Lei Complementar nº 104/2002.)

§ 1º – Os requisitos de que trata este artigo são os seguintes:

I – idoneidade moral;

II – zelo funcional;

III – eficiência;

IV – disciplina.

§ 2º – Não será isento do estágio confirmatório previsto nesta lei o Procurador do Estado de 3ª Categoria que já se tenha submetido a estágio, ainda que da mesma natureza, em outros cargo.

Art. 22. O Procurador-Geral do Estado, ouvido o Conselho da Procuradoria-Geral do Estado, regulamentará o estágio confirmatório e designará comissão que acompanhará a atuação dos Procuradores do Estado de 3ª Categoria durante o estágio.

Art. 23. A Comissão encaminhará, no prazo de 15 (quinze) dias, a contar do término do estágio, relatório circunstanciado ao Procurador-Corregedor, o qual opinará motivadamente pela confirmação ou não do Procurador do Estado na carreira. (Nova redação dada pela Lei Complementar nº 104/2002.)

Art. 24. Quando o relatório concluir pela não-confirmação, dele terá conhecimento o Procurador do Estado, que poderá oferecer alegações no prazo de 10 (dez) dias.

Art. 25. Ao Procurador-Geral do Estado compete, após manifestação do Conselho da Procuradoria Geral do Estado, por decisão motivada e fundamentada, confirmar o Procurador do Estado na carreira ou proceder à sua exoneração. (Nova redação dada pela Lei Complementar nº 111/2006.)

Art. 26. O Procurador-Geral do Estado proferirá sua decisão até 15 (quinze) dias após a manifestação do Conselho da Procuradoria Geral do Estado a ser emitida no prazo de 30 (trinta) dias, a contar do opinamento do Procurador-Corregedor. (Nova redação dada pela Lei Complementar nº 104/2002.)

Parágrafo único – Revogado pelo artigo 18 da Lei Complementar nº 104/2002.

Capítulo VIII
Da Promoção

Art. 27. As promoções na carreira de Procurador do Estado serão feitas de categoria para categoria, por antigüidade e por merecimento, alternadamente.

§ 1º – A 1º de janeiro, caso as vagas ocorridas na 1ª categoria, durante o ano anterior, e destinadas a promoção, não alcancem 10% (dez por cento) do quantitativo de cargos que ordinariamente a compõem, proceder-se-á a promoções até alçar-se tal percentual, ficando os Procuradores promovidos como excedentes na categoria, a serem absorvidas na forma do disposto no parágrafo 3º.

§ 2º – Tornar-se-ão transitoriamente indisponíveis para provimento, nas categorias inferiores, cargos cujo quantitativo corresponda ao de Procuradores excedentes na forma prevista no parágrafo anterior.

§ 3º – As vagas que ocorrerem no curso do ano civil, posteriormente às promoções referidas na parte final do § 1º, destinar-se-ão, primeiramente, à absorção dos excedentes.

§ 4º – O Procurador-Geral do Estado, ouvido o Conselho da Procuradoria Geral do Estado, poderá disciplinar como requisito para promoção, a participação dos Procuradores, mediante freqüência mínima, em atividades promovidas pela Escola Superior de Advocacia Pública e outras de aperfeiçoamento profissional, inclusive congressos, cursos e seminários. (Nova redação dada pela Lei Complementar nº 104/2002.)

Art. 28. A antigüidade será apurada pelo tempo de efetivo exercício na Categoria.

§ 1º – O empate na classificação por antigüidade resolver-se-á pelo maior tempo de serviço como Procurador do Estado e, se necessário, pelos critérios de maior tempo de serviço estadual, maior tempo de serviço público em geral e do de mais idade. Na Categoria inicial o empate resolver-se-á pela ordem de classificação no concurso.

§ 2º – Em janeiro e julho de cada ano, o Procurador Geral mandará publicar, no órgão oficial, a lista de antigüidade dos Procuradores do Estado em cada categoria, a qual conterá o tempo de serviço na categoria, a qual conterá o tempo de serviço na categoria, na carreira, no serviço público estadual e no serviço público em geral, bem como o computado para efeito de aposentadoria. (Nova redação dada pela Lei Complementar nº 47/1985.)

§ 3º – As reclamações contra a lista deverão ser apresentados no prazo de 10 (dez) dias da respectiva publicação. (Nova redação dada pela Lei Complementar nº 48/1986.)

Art. 29. O mérito para efeito de promoção será aferido pelo Conselho da Procuradoria-Geral, em atenção ao conceito pessoal e funcional dos Procuradores do Estado, considerados a conduta do Procurador, sua pontualidade, dedicação, eficiência, contribuição à organização e melhoria dos serviços, aprimoramento de sua cultura jurídica e atuação em setor que apresente particular dificuldade.

Art. 30. A promoção por merecimento dependerá de lista tríplice para cada vaga, organizada pelo Conselho da Procuradoria-Geral, em sessão secreta, com ocupantes dos dois primeiros terços da lista de antigüidade, que contem pelo menos o interstício de 1 (um) ano de efetivo exercício na Categoria, salvo se não houver quem preencha tal requisito.

§ 1º – Serão incluídos na lista tríplice os nomes dos que obtiverem os votos da maioria absoluta dos votantes, procedendo-se a tantos escrutínios quantos sejam necessários para a composição da lista.

§ 2º – A lista de promoção por merecimento poderá conter menos de 3 (três) nomes, se os remanescentes da categoria com os requisitos para promoção forem em número inferior a 3 (três). Quando houver mais de uma vaga a prover, pelo critério do merecimento, a lista conterá tantos nomes quantas sejam as vagas, mais dois. Para elaboração da lista podem ser consideradas as vagas que irão ocorrer na segunda categoria em virtude de promoções para as que já existirem na primeira. (Nova redação dada pela Lei Complementar nº 47/1985.)

Art. 31. O Procurador-Geral do Estado promoverá um dos indicados na lista. (Nova redação dada pela Lei Complementar nº 104/2002.)

Art. 32. Ainda que ocorram vagas simultaneamente, organizar-se-ão, sucessivamente, tantas listas tríplices quantas forem as vagas. Cada uma das listas somente será elaborada após a escolha do Procurador-Geral do Estado com referência à lista anterior. (Nova redação dada pela Lei Complementar nº 104/2002.)

Art. 32-A O artigo 32-A, seus incisos e parágrafo único foram revogados pela Lei Complementar nº 137/2010.

Capítulo IX
Da Reintegração e do Aproveitamento

Art. 33. A reintegração importa no retorno do Procurador do Estado ao cargo que anteriormente ocupava, restabelecidos os direitos e vantagens atingidos pelo ato demissório, observado o seguinte:

I – se o cargo estiver extinto, o reintegrado será posto em disponibilidade;

II – se no exame médico for considerado incapaz, o reintegrado será aposentado com direitos e vantagens a que faça jus na data de sua reintegração.

Art. 34. Aproveitamento é o retorno à ativa do Procurador do Estado que tenha sido posto em disponibilidade.

Parágrafo único – O aproveitamento dar-se-á em cargo vago de categoria a que pertencia o Procurador do Estado em disponibilidade.

Art. 35. Será tornado sem efeito o aproveitamento e cassada a disponibilidade se o Procurador do Estado, cientificado, não tomar posse no prazo de 30 (trinta) dias, prorrogável, a critério do Procurador-Geral, por mais 30 (trinta).

Capítulo X
Da Vacância

Art. 36. A vacância de cargos na carreira de Procurador do Estado decorrerá de:

I – exoneração;

II – demissão;

III – promoção;

IV – aposentadoria;

V – falecimento.

Art. 37. O Procurador do Estado que tomar posse em outro cargo efetivo deverá, no mesmo ato, exonerar-se do cargo de Procurador do Estado, sob pena de demissão, salvo a hipótese de acumulação permitida.

Art. 38. Dar-se-á a vacância na data do fato ou da publicação do ato que der causa.

TÍTULO IV
DOS DIREITOS, DAS GARANTIAS E DAS PRERROGATIVAS

Capítulo I
Disposições Gerais

Art. 39. Os Procuradores do Estado, Magistrados, Membros do Ministério Público, da Defensoria Pública e Advogados se devem consideração e respeito mútuos, inexistindo entre eles, na administração da justiça para a qual concorrem, qualquer relação de hierarquia ou subordinação, respeitando-se o devido tratamento isonômico às carreiras jurídicas do Estado. (Nova redação dada pela Lei Complementar nº 111/2006.)

Art. 40. Nos termos das disposições constitucionais e legais, são assegurados aos Procuradores do Estado direitos, garantias e prerrogativas concedidos aos advogados em geral.

Art. 41. Os Procuradores do Estado, após 03 (três) anos de exercício e desde que confirmados em estágio probatório, não podem ser demitidos senão por sentença judicial ou em conseqüência de processo administrativo em que se lhes faculte o contraditório e a ampla defesa. (Nova redação dada pela Lei Complementar nº 111/2006.)

Parágrafo único – Antes de completar o prazo previsto neste artigo, o Procurador do Estado só poderá ser exonerado pela sua não-confirmação na carreira, ou demitido por justa causa (artigo 106), comprovada em procedimento administrativo no qual se lhe assegura o direito de defesa.

Art. 42. Os Procuradores do Estado serão originariamente processados e julgados pelo Tribunal de Justiça, nos crimes comuns e nos de responsabilidade, mediante denúncia privativa do Procurador-Geral da Justiça.

Art. 43. Em caso de infração penal imputada a Procurador do Estado, a autoridade policial, tomando dela conhecimento, comunicará o fato ao Procurador-Geral do Estado, ou a seu substituto legal.

Parágrafo único – A prisão ou detenção de Procurador do Estado, em qualquer circunstância, será imediatamente comunicada ao Procurador-Geral do Estado, sob pena de responsabilidade de quem não o fizer, e só será efetuada em quartel ou prisão especial, à disposição da autoridade competente.

Art. 44. São prerrogativas dos Procuradores do Estado:

I – usar distintivos de acordo com os modelos oficiais;

II – possuir carteira de identidade e funcional conforme modelo aprovado pelo Procurador-Geral, sendo-lhes assegurado o porte de arma e a requisição de auxílio e colaboração das autoridades públicas para o desempenho de suas funções;

III – requisitar das autoridades competentes certidões, informações e diligências necessárias ao desempenho de suas funções (artigo 2º, § 2º);

IV – tomar ciência pessoal de atos e termos dos processos em que funcionarem;

V – agir, no desempenho de suas funções, em juízo ou fora dele, com dispensa de emolumentos e custas, que não são devidos mesmo que as serventias não sejam oficializadas;

VI – Ter vista dos processos fora dos cartórios e secretarias, ressalvadas as vedações legais.

VII – Ser ouvido como testemunha em qualquer inquérito ou processo, em dia e hora previamente ajustados com a autoridade competente; (Acrescentado pela Lei Complementar nº 29/1982.)

VIII – Utilizar-se dos meios de comunicação estaduais quando o interesse do serviço o exigir; (Acrescentado pela Lei Complementar nº 29/1982.)

IX – Exercitar o direito conferido pelo art. 89, inciso XXIII, da Lei nº 4215, de 27-04-63. (Acrescentado pela Lei Complementar nº 29/1982.)

Capítulo II
Do Estipêndio

Seção I
Disposições Gerais

Art. 45. Os Procuradores do Estado serão remunerados sob a forma de subsídio que, quando fixado, deverá obedecer aos princípios e parâmetros estabelecidos pelos artigos 39 e 47-A, sem prejuízo de outras vantagens e prêmios admitidos em lei. (Nova redação dada pela Lei Complementar nº 111/2006.

Parágrafo único – As verbas de caráter indenizatório, tais como aquelas previstas nos artigos 54, 57-A e 57-B desta Lei, não serão objeto de desconto de contribuição previdenciária, nem consideradas para efeitos tributários, na forma da Lei.

Art. 46. Os proventos dos Procuradores do Estado e os benefícios de pensão por morte de seus beneficiários são irredutíveis e serão, sempre, equivalentes aos valores que o Procurador do Estado percebia em atividade, aplicando-se-lhes os mesmos percentuais de reajuste concedidos aos Procuradores em atividade, desde que tenha sido efetuado o desconto da contribuição previdenciária sobre o total de sua remuneração, excluídas as verbas de caráter indenizatório. (Nova redação dada pela Lei Complementar nº 111/2006.)

Art. 47. O estipêndio dos Procuradores do Estado somente sofrerá os descontos facultativos e os previstos em lei, e só será objeto de aresto ou penhora quando se tratar de pagamento de prestação-alimentícia.

§ 1º – As reposições e ressarcimentos devidos à Fazenda Pública serão descontados em parcelas mensais, não-excedentes da décima parte do vencimento.

§ 2º – Não haverá reposição nos casos em que a percepção indevida do estipêndio tiver decorrido de ato normativo ou entendimento aprovado por órgão administrativo competente.

Art. 47-A. A retribuição estipendial dos agentes integrantes da classe final da carreira de que trata esta Lei Complementar não será inferior ao limite fixado, para os Procuradores, no âmbito estadual, pelo art. 37, XI, da Constituição da República. (Nova redação dada pela Lei Complementar nº 111/2006.

Parágrafo único – A retribuição estipendial fixada no caput somente poderá ser alterada por Lei específica de iniciativa do Chefe do Poder Executivo estadual, respeitado o disposto no artigo 37, inciso XV, da Constituição da República de 1988.

Seção II
Do Vencimento

Art. 48. O vencimento dos Procuradores do Estado guardará a diferença de 10% (dez por cento) de uma para outra categoria da carreira, a partir do fixado por lei, para o cargo de Procurador do Estado de 1ª Categoria. (Nova redação dada pela Lei nº 137/2010.)

Art. 49. Aplicam-se aos Procuradores do Estado os reajustes de vencimentos que, em caráter geral, venham a ser concedidos aos demais funcionários estaduais.

Seção III
Das Vantagens

Art. 50. O Procurador do Estado terá direito a perceber, além da retribuição estipendial a que se refere o art. 47-A desta Lei, ou do subsídio, quando fixado, as seguintes vantagens: (Nova redação dada pela Lei Complementar nº 111/2006.)

I – Gratificações;

II – ajuda de custo;

III – diárias;

IV – auxílio doença;

V – salário-família;

VI – moradia e transporte, quando no exercício de suas funções na Capital Federal, em caráter permanente;

VII – outras vantagens concedidas em lei;

VIII – Auxílio-moradia, comprovada a necessidade de residência em comarca onde o Procurador do Estado não possua residência ou não exista residência oficial, em valor equivalente, no mínimo a 5% (cinco por cento) e no máximo a 10% (dez por cento) de seu vencimento, a ser fixado pelo Procurador Geral, tendo em vista as características locais. (Acrescentado pela Lei Complementar nº 29/1982.)

IX – gratificação por acréscimo de atribuições; (Inciso acrescentado pela Lei Complementar nº 104/2002.)

X – ajuda de custo para despesa de transporte e mudança. (Inciso acrescentado pela Lei Complementar nº 104/2002.)

XI – benefício de permanência em atividade. (Acrescentado pela Lei Complementar nº 111/2006.)

§ 1º – Os Procuradores do Estado farão jus à percepção de uma verba de representação na forma estabelecida em lei, e à gratificação de 10% (dez por cento) do vencimento básico pelo exercício em comarca de difícil acesso, assim definida em lei. (Acrescentado pela Lei Complementar nº 29/1982.)

§ 2º – As vantagens não-disciplinadas na presente lei, serão auferidas na forma das normas pertinentes, aplicáveis ao funcionalismo em geral. (Renumerado pela Lei Complementar nº 29/1982.)

Subseção I
Das Gratificações

Art. 51. Os integrantes da carreira de Procurador do Estado farão jus a uma gratificação adicional por tempo de serviço correspondente ao percentual de 10% (dez por cento) para o primeiro triênio e de 5% para os demais, até o limite de 60% (sessenta por cento) equivalente a 11 (onze) triênios, podendo o Procurador do Estado que já tenha completado o tempo de serviço para a aposentadoria voluntária, ultrapassar o limite referido até o máximo de 70% (setenta por cento) equivalente a 13 (treze) triênios, desde que permaneça em atividade pelo período mínimo necessário à sua aquisição. (Nova redação dada pela Lei Complementar nº 104/2002.)

Parágrafo único – O adicional de que trata este artigo é devido a partir do dia imediato àquele em que o Procurador do Estado completar o triênio, sendo que o tempo de serviço necessário à obtenção dos 2 (dois) triênios superiores ao limite de 60% (sessenta por cento) só será computado a partir da data em que o Procurador do Estado houver completado o tempo de serviço para a aposentadoria voluntária. (Nova redação dada pela Lei Complementar nº 104/2002.)

Art. 52. A atribuição de outras gratificações far-se-á na forma da legislação específica.

Subseção II
Da Ajuda de Custo

Art. 53. No caso de afastamento do Estado, por prazo superior a 30 (trinta) dias, em cumprimento de missão que lhe seja confiada pelo Procurador Geral, o Procurador do Estado fará jus, a título de ajuda de custo, ao equivalente a um estipêndio por mês, até o limite de 3 (três). (Nova redação dada pela Lei Complementar nº 29/1982.)

Parágrafo único – No caso de transferência, a qualquer título, de uma para outra comarca, comprovada a mudança de residência para a nova sede, o Procurador do Estado fará jus, a título de ajuda de custo, ao valor equivalente a 1 (um) mês do seu estipêndio. (Acrescentado pela Lei Complementar nº 29/1982.)

Subseção III
Das Diárias

Art. 54. O Procurador do Estado terá direito à percepção de diárias, nunca excedentes a 5% (cinco por cento) de sua remuneração, na forma estabelecida em Resolução do Procurador-Geral, obedecida, quanto ao mais, a legislação pertinente. (Nova redação dada pela Lei Complementar nº 104/2002.)

Parágrafo único – Terão também direito a diárias os Procuradores do Estado que se desloquem, a serviço, da sede da Procuradoria Regional em que estiverem lotados, bem como, quando em inspeção, os titulares de cargos em comissão da Procuradoria-Geral do Estado.

Art. 55. Também fará jus à percepção de diária o Procurador do Estado que se afastar do Estado, a serviço, por prazo inferior a 30 (trinta) dias, inclusive para a participação, como autor de tese, membro de Comissão Técnica ou delegado do Procurador-Geral, em congresso, simpósios, seminários e outros conclaves, dependendo sempre de ato do Procurador-Geral do Estado.

Subseção IV
Do Auxílio-Doença

Art. 56. Após cada período de 12 (doze) meses consecutivos de licença para tratamento de saúde, o Procurador do Estado terá direito a 1 (um) mês de vencimento, a título de auxílio-doença.

§ 1º – Quando ocorrer o falecimento, o auxílio-doença será pago de acordo com as normas que regulam o pagamento de vencimento não-recebido.

§ 2º – O auxílio-doença não sofrerá descontos de qualquer espécie, ainda que para fins de assistência e previdência.

Subseção V
Do Salário-Família

Art. 57. Os Procuradores do Estado perceberão salário-família na forma que for vigente no âmbito do Poder Executivo.

Subseção VI
Da Gratificação por Acréscimo de Atribuições

Art. 57-A. O Procurador do Estado, quando exercer, além de suas atribuições ordinárias, outras decorrentes da substituição de outro Procurador do Estado, em virtude de férias, licença ou qualquer outra hipótese de afastamento ou impedimento, perceberá gratificação mensal equivalente a 1/3 (um terço) da retribuição estipendial a que se refere o art. 47-A desta Lei. (Nova redação dada pela Lei Complementar nº 111/2006.

Parágrafo único. O valor da gratificação será concedido por ato do Procurador-Geral do Estado, proporcionalmente ao período da substituição.(Nova redação dada pela Lei Complementar nº 137/2010.)

Subseção VII
Da Ajuda de Custo Para Transporte e Mudança

Subseção VII
Acrescentada pela Lei Complementar nº 104/2002.

Art. 57-B. O Procurador do Estado, quando designado para ter exercício em Procuradoria Regional ou Comarca distante mais de 50 Km (cinqüenta quilômetros) de sua residência ou removido para outro órgão que implique em mudança de residência, perceberá ajuda de custo equivalente a 20% (vinte por cento) da retribuição estipendial a que se refere o art. 47-A desta Lei. (Nova redação dada pela Lei Complementar nº 111/2006.)

* Subseção VIII
Do Benefício de Permanência em Atividade

- (Acrescentado pela Lei Complementar nº 111/2006.)

Art. 57-C. Fica instituído o Benefício de Permanência em Atividade para os Procuradores do Estado do Rio de Janeiro, no percentual de 5% (cinco por cento), calculados sobre a retribuição estipendial e demais vantagens a que fizer jus o Procurador do Estado, o qual se estenderá, a cada ano de serviço que exceder ao tempo de aquisição da aposentadoria, até o limite de 25% (vinte cinco por cento). (* Art. 57-C e §§ acrescentados pela Lei Complementar nº 111/2006.)

§ 1º – A percepção do benefício será devida ao Procurador do Estado que, tendo direito de se aposentar, permanecer em atividade, iniciando o pagamento tão logo completado 01 (um) ano após o período aquisitivo da aposentadoria voluntária.

§ 2º – O pagamento do benefício será incorporado aos proventos no momento em que o Procurador do Estado aposentar-se, voluntária ou compulsoriamente.

§ 3º – O benefício deste artigo será regulamentado por ato do Procurador-Geral do Estado do Rio de Janeiro, atendendo os limites e as condições estabelecidos nesta Lei.

Art. 58. Os proventos de aposentadoria ou de disponibilidade dos Procuradores do Estado serão calculados sobre a soma do vencimento com as vantagens incorporáveis.

Parágrafo único – Integram os proventos quaisquer gratificações ou parcelas financeiras percebidas em caráter permanente, considerando-se como tais as que tiverem sido pagas, ininterruptamente, nos últimos 5 (cinco) anos anteriores ao implemento das condições necessárias à aposentadoria ou, interpoladamente, por 10 (dez) anos.

Art. 59. Os proventos serão:

I – integrais, quando o Procurador do Estado:

1 - completar tempo de serviço para aposentadoria voluntária;

2 - for atingido por invalidez em virtude de acidente no serviço, doença profissional ou tuberculose ativa, alienação mental, neoplasia maligna, cegueira posterior ao ingresso no serviço público, lepra, cardiopatia grave, doença de Parkinson, paralisia irreversível e incapacitante, espondilartrose anquilosante, nefropatia grave, estados avançados de doença de Paget (osteite deformante) e outras moléstias que a lei indicar;

3 - na inatividade, for acometido de qualquer das doenças especificadas no item anterior.

II - proporcionais ao tempo de serviço, nos demais casos.

§ 1º - Para os efeitos desta Lei, entende-se por acidente no trabalho o evento que cause dano físico ou mental ao Procurador do Estado e que seja relacionado com o exercício de suas funções.

§ 2º - Equipara-se ao acidente no trabalho o ocorrido no deslocamento entre a residência e o local de trabalho e vice-versa.

§ 3º - Equipara-se ao acidente no trabalho a agressão, quando não provocada, sofrida pelo Procurador do Estado no serviço ou em razão dele.

§ 4º - Por doença profissional, para os efeitos desta Lei, entende-se aquela peculiar ou inerente ao trabalho exercido, comprovada, em qualquer das hipóteses, a relação de causa e efeito.

§ 5º - Nos casos previstos nos parágrafos anteriores deste artigo, o laudo resultante da inspeção médica deverá estabelecer rigorosamente a caracterização do acidente no trabalho e da doença profissional.

Art. 60. Aos Procuradores do Estado inativos são assegurados os direitos e vantagens previstos na legislação aplicável ao tempo do ingresso na inatividade.

§ 1º - Os proventos da inatividade serão reajustados na mesma proporção dos aumentos de vencimentos que forem concedidos, a qualquer título, aos Procuradores em atividade.

§ 2º - Os proventos dos Procuradores do Estado na inatividade não poderão exceder à correspondente remuneração da atividade.

Capítulo IV
Do Tempo de Serviço

Seção I
Disposições Gerais

Art. 61. A apuração do tempo de serviço dos Procuradores do Estado será feita em dias.

Parágrafo único – O número de dias será convertido em anos e meses, considerado o ano como 365 (trezentos e sessenta e cinco) dias e o mês como de 30 (trinta) dias.

Art. 62. Será computado integralmente para os efeitos da aposentadoria, disponibilidade e acréscimos o tempo de serviço público federal, estadual e municipal, tanto da Administração Direta quanto da Indireta; para efeitos de aposentadoria e disponibilidade, até o máximo de 15 (quinze) anos, o tempo de exercício de advocacia, apurado conforme critérios estabelecidos em decreto executivo, desde que não-desempenhado cumulativamente com qualquer outra função pública.

Art. 63. Considerar-se-á em efetivo exercício do cargo o Procurador do Estado afastado em virtude de:

I – casamento, até 8 (oito) dias;

II – luto, por falecimento de cônjuge, pais, filhos ou irmãos até 8 (oito) dias;

III – missão oficial;

IV – convocação para o serviço militar, outros encargos de segurança nacional e outros serviços obrigatórios por lei;

V – desempenho de cargo, ou função de confiança no serviço público federal, estadual ou municipal, da Administração Direta e Indireta;

VI – férias;

VII – licença para tratamento de saúde;

VIII – doença de notificação compulsória;

IX – licença por doença em pessoa da família, na forma do artigo 76 desta Lei;

X – licença à gestante e licença-paternidade; (Nova redação dada pela Lei Complementar 111/2006.)

XI – licença especial;

XII – trânsito para Ter exercício em nova sede;

XIII – estudo no exterior ou em qualquer parte do território nacional desde que do interesse da Administração e não ultrapasse o prazo de 12 (doze) meses, bem assim o afastamento de que trata o artigo 55;

XIV – outras causas legalmente previstas.

Parágrafo único – Os períodos gozados a título de qualquer uma das licenças constantes deste artigo não serão computados para fins de estágio confirmatório, o qual será suspenso durante o seu gozo. (Acrescentado pela Lei Complementar 111/2006.)

Art. 64. O período de afastamento do Procurador do Estado para exercício de mandato eletivo será contado nos termos do artigo 104 e §§ 1º a 4º da Constituição Federal.

Seção II
Das Férias

Art. 65. As férias e licença dos Procuradores do Estado serão concedidas pelo Procurador-Geral e as deste, pelo Governador do Estado.

Art. 66. Os Procuradores do Estado gozarão férias individuais por 60 (sessenta) dias em cada ano.

§ 1º – As férias não gozadas no período e que não tenham sido indenizadas, poderão sê-lo, cumulativamente, em oportunidade posterior. (Nova redação dada pela Lei Complementar nº 111/2006.

§ 2º – Aos Procuradores do Estado fica assegurado o pagamento, a título de indenização, dos períodos de férias renunciados ou indeferidos em razão de absoluta necessidade de serviço e averbadas para gozo em tempo conveniente, quando não usufruídas integralmente.(Nova redação dada pela Lei Complementar nº 111/2006.)

§ 3º – As férias serão gozadas por períodos consecutivos, ou não, de 30 (trinta) dias cada, de acordo com o interesse do serviço.

Art. 66-A. O direito à indenização de que trata o § 2º do artigo 66 dependerá de requerimento do Procurador do Estado, que deverá ser formulado no momento da renúncia das férias ou em até 60 (sessenta) dias, no máximo, em se tratando de indeferimento, contando-se o prazo a partir da cientificação do ato ao interessado. (Acrescentado pela Lei Complementar nº 111/2006.)

Art. 66-B. Para fins do cálculo da indenização a que se refere o § 2º do art. 66 desta Lei serão considerados a retribuição estipendial a que se refere o art. 47-A desta Lei, os adicionais e demais vantagens incorporadas, vigentes à época do efetivo pagamento, e terá como base apenas um terço de cada período de férias do Procurador do Estado. (Acrescentado pela Lei Complementar nº 111/2006.)

§ 1º – O valor da indenização, em relação às férias, corresponderá a 1/3 (um terço) da remuneração total bruta percebida pelo Procurador do Estado, sem prejuízo de qualquer outra gratificação, em especial a do inciso XVII do art. 7º da Constituição Federal.

§ 2º – Ao Procurador-Geral do Estado caberá disciplinar, por intermédio de ato administrativo interno, a forma da concessão do benefício, respeitados os fatores pertinentes à conveniência do serviço e ao bom desempenho das funções institucionais.

Art. 67. O Procurador do Estado de 3ª Categoria só gozará férias após completar o 1º ano de efetivo exercício.

Art. 68. Não poderá entra em gozo de férias o Procurador do Estado que tiver processo em seu poder por tempo excedente ao prazo legal.

Art. 69. O Procurador do Estado comunicará ao Procurador-Geral, antes de entrar em férias, o endereço onde poderá ser encontrado, caso se afaste da sede onde tem exercício.

Art. 70. O Procurador do Estado, removido durante o gozo de férias, contará do término destas o prazo para assumir suas novas funções.

Art. 71. Finda as férias, o Procurador do Estado comunicará ao Procurador-Geral o retorno ao exercício de suas funções.

Seção III
Das Licenças

Subseção I
Disposições Preliminares

Art. 72. Conceder-se-á licença:

I – para tratamento de saúde;

II – por doença em pessoa da família;

III – à gestante e paternidade; (Nova redação dada pela Lei Complementar nº 111/2006.

IV – especial.

V – por motivo de afastamento para o trato de interesses particulares;

VI – por motivo de afastamento do cônjuge.

VII – nos casos previstos em leis.

Art. 73. O Procurador do Estado comunicará ao Procurador-Geral o lugar onde poderá ser encontrado, quando em gozo de licença.

Art. 74. Finda a licença, observar-se-á o disposto no artigo 71 desta Lei.

Subseção II
Da Licença para Tratamento de Saúde

Art. 75. Aos Procuradores do Estado será concedida licença para tratamento de saúde, nos termos da legislação aplicável ao funcionalismo civil do Poder Executivo.

Parágrafo único – O licenciado perceberá integralmente os vencimentos e as vantagens do cargo.

Subseção III
Da Licença por Motivo de Doença em Pessoa da Família

Art. 76. Será concedida licença por motivo de doença em pessoa da família quando o Procurador do Estado comprove ser indispensável sua assistência pessoal ao enfermo e que esta não possa ser prestada concomitantemente com o exercício de suas funções, limitado o prazo pelo Procurador-Geral.

Art. 77. A licença de que trata o artigo anterior será concedida nos termos da legislação aplicável ao funcionalismo civil do Poder Executivo.

Subseção IV
Da Licença à Gestante

Art. 78. À gestante será concedida, mediante inspeção médica, licença pelo prazo de 4 (quatro) meses, sem prejuízo de seus vencimento e vantagens.

Subseção V
Da Licença-Prêmio

Art. 79. Após cada quinquênio ininterrupto de efetivo exercício no serviço público estadual, o Procurador do Estado terá direito ao gozo de licença-prêmio pelo prazo de 3 (três) meses, com todos os direitos e vantagens do cargo ou função que esteja exercendo. (Nova redação dada pela Lei Complementar nº 29/1982.)

§ 1º – O período de licença-prêmio não-gozado contar-se-á em dobro par efeito de aposentadoria e disponibilidade.

§ 2º – A licença-prêmio poderá ser gozada parceladamente, em períodos não inferiores a 30 (trinta) dias, atendida a conveniência do serviço.

§ 3º – O direito à licença-prêmio não terá prazo fixado para ser exercitado.

Subseção VI
Da Licença para Trato de Interesses Particulares

Art. 80. O Procurador do Estado, após 2 (dois) anos de exercício de suas funções poderá obter, sem vencimentos, licença para tratar de interesses particulares.

Subseção VII
Da Licença por Motivo de Afastamento do Cônjuge

Art. 81. Será concedida ao Procurador do Estado licença sem vencimentos para acompanhar o cônjuge que tenha sido eleito para o Congresso Nacional ou mandado servir em outra localidade, se servidor público civil ou militar.

Art. 82. A concessão da licença dependerá de pedido devidamente instruído que deverá, se for o caso, ser renovado de dois em dois anos.

Capítulo V
Da Aposentadoria e da Disponibilidade

Seção I
Da Aposentadoria

Art. 83. O Procurador do Estado será aposentado:

I - compulsoriamente aos 70 (setenta) anos de idade;

II - voluntariamente, aos 35 (trinta e cinco) anos de serviço, quando do sexo masculino e aos 30 (trinta), quando feminino, ou com menor tempo, se o autorizar legislação específica;

III - por invalidez comprovada.

Parágrafo único - A aposentadoria compulsória vigorará a partir do dia em que for atingida a idade-limite.

Art. 84. A aposentadoria por invalidez dependerá da verificação de moléstia que venha a determinar ou haja determinado o afastamento contínuo da função por mais de 2 (dois) anos.

Parágrafo único - A inspeção de saúde para os fins do presente artigo poderá ser determinada pelo Procurador-Geral, ex-officio, ou mediante proposta do Conselho.

Art. 85. Para efeito de aposentadoria computar-se-á:

I - o tempo de serviço militar, nos casos previstos em lei;

II - pela metade, o tempo de serviço prestado em estágio forense instituído pelas Procuradorias-Gerais do Estado, de Justiça e da Defensoria Pública; (Nova redação dada pela Lei Complementar nº 53/1988.)

III - o tempo de serviço público, nos casos previstos em lei.

Seção II
Da Disponibilidade

Art. 86. Será colocado em disponibilidade o Procurador do Estado cujo cargo for extinto, e o que se encontrar na situação prevista no art. 33 inciso I, desta Lei.

Art. 87. Aos Procuradores do Estado que passarem à disponibilidade aplica-se o disposto no art. 85 desta Lei.

TÍTULO V
DOS DEVERES, PROIBIÇÕES E IMPEDIMENTOS

Capítulo I
Dos Deveres e Proibições

Art. 88. Os Procuradores do Estado devem Ter irrepreensível procedimento na vida pública e particular, pugnando pelo prestígio da Administração Pública e da Justiça, velando pela dignidade de suas funções e respeitando a dos Magistrados, membros do Ministério Público, da Assistência Judiciária e dos Advogados.

§ 1º – É dever dos Procuradores do Estado:

I – desincumbir-se diariamente de seus encargos funcionais, no foro ou repartição, só podendo residir fora da sede onde tiver exercício com autorização do Procurador-Geral;

II – desempenhar com zelo e presteza, dentro dos prazos, os serviços a seu cargo e os que, na forma da lei, lhes forem atribuídos pelo Procurador-Geral;

III – zelar pela regularidade dos feitos em que funcionarem e, de modo especial, pela observância dos prazos legais;

IV – observar sigilo funcional quanto à matéria dos procedimentos em que atuar e, especialmente, nos que transitam em segredo de Justiça;

V – velar pela boa aplicação dos bens confiados à sua guarda;

VI – representar ao Procurador-Geral sobre irregularidades que afetem o bom desempenho de suas atribuições funcionais;

VII – sugerir ao Procurador-Geral providências tendentes à melhoria dos serviços no âmbito de sua atuação;

VIII – prestar as informações solicitadas pelos seus superiores hierárquicos.

IX – velar, permanentemente, pelo bom nome e prestígio da Procuradoria Geral do Estado como instituição essencial à Justiça, bem como pelo de seus integrantes. (Inciso acrescentado pela Lei Complementar nº 104/2002.)

§ 2º – Os Procuradores do Estado não estão sujeitos a ponto, mas o Procurador-Geral poderá, quando necessário, estabelecer normas para comprovação de comparecimento.

Art. 89. Além das proibições decorrentes do exercício do cargo público, aos Procuradores do Estado é vedado especialmente:

I – aceitar cargo, exercer função pública ou mandato fora dos casos autorizados em lei;

II – empregar em qualquer expediente oficial expressão ou termos desrespeitosos;

III – Exercer a advocacia fora de suas atribuições institucionais, quando no regime de dedicação exclusiva a que se refere o parágrafo único deste artigo. (Nova redação dada pela Lei Complementar nº 53/1988.)

IV – valer-se da qualidade de Procurador do Estado para obter vantagem indevida, ainda que no desempenho de atividade estranha às suas funções;

V – manifestar-se, por qualquer meio de divulgação, sobre assunto pertinente às suas funções, salvo quando autorizado pelo Procurador-Geral.

Parágrafo único – A Lei poderá instituir regime remuneratório próprio para os Procuradores do Estado que optarem por exercer a advocacia inerente exclusivamente a suas atribuições institucionais. (Acrescentado pela Lei Complementar nº 53/1988.)

Capítulo II
Dos Impedimentos

Art. 90. É defeso ao Procurador do Estado exercer as suas funções em processo ou procedimento:

I – em que seja parte, ou de qualquer forma interessado;

II – em que haja atuado como advogado de qualquer das partes;

III – em que seja interessado cônjuge, parente consangüíneo ou afim, em linha reta, ou na colateral, até 3º grau;

IV – no qual haja postulado como advogado de qualquer das pessoas mencionadas no inciso anterior;

V – nos casos previstos na legislação processual.

Art. 91. O Procurador do Estado não poderá participar de Comissão ou Banca de Concurso, intervir no seu julgamento e votar sobre organização de lista para promoção, quando concorrer parente consangüíneo ou afim, em linha reta, ou colateral até o 3º grau, bem como seu cônjuge.

Art. 92. Não poderão servir sob a chefia imediata de Procurador do Estado o seu cônjuge e parente consangüíneo ou afim, em linha reta, ou colateral até 3º grau.

Art. 93. O Procurador do Estado dar-se-á por suspeito quando:

I – houver proferido parecer favorável à pretensão deduzida em Juízo pela parte adversa;

II – houver motivo de ordem íntima que o iniba de funcionar;

III – ocorrer qualquer dos casos previstos na legislação processual.

Art. 94. Nas hipóteses previstas nos incisos I e II do artigo anterior, o Procurador do Estado comunicará ao Procurador-Geral do Estado, em expediente reservado, os motivos da suspeição, para que este os acolha ou rejeite.

Art. 95. Aplicam-se ao Procurador-Geral as disposições sobre impedimentos, incompatibilidade e suspeições constantes deste Capítulo. Ocorrendo qualquer desses casos, o Procurador-Geral dará ciência do fato a seu substituto legal, para os devidos fins.

TÍTULO VI
DA RESPONSABILIDADE FUNCIONAL

Capítulo I
Disposições Gerais

Art. 96. Pelo exercício irregular da função pública, o Procurador do Estado responde penal, civil e administrativamente.

Art. 97. O Procurador do Estado será civilmente responsável quando, no exercício de suas funções, proceder com dolo ou fraude.

Art. 98. A responsabilização administrativa do procurador do Estado dar-se-á sempre através de procedimento determinado pelo Procurador-Geral do Estado.

Art. 99. A atividade funcional dos Procuradores do Estado estará sujeita a inspeção permanente, através de correições ordinárias ou extraordinárias, determinadas pelo Procurador-Geral.

§ 1º – A correição ordinária será feita, em caráter de rotina, para verificar a eficiência e assiduidade dos Procuradores do Estado, bem como a regularidade dos serviços que lhes sejam afetos.

§ 2º – A correição extraordinária será determinada pelo Procurador-Geral do Estado, sempre que lhe parecer conveniente, visando a fim específico do interesse do serviço.

Art. 100. Concluída a correição, ouvido, o Conselho da Procuradoria-Geral, o Procurador-Geral do Estado adotará as medidas cabíveis.

Capítulo II
Das Sanções Disciplinares

Art. 101. São aplicáveis aos Procuradores do Estado as seguintes sanções disciplinares:

I - advertência;

II - censura;

III - multa;

IV - suspensão;

V - demissão;

VI - cassação da aposentadoria ou da disponibilidade.

§ 1º - A decisão que impuser sanção disciplinar será sempre motivada e levará em conta a natureza, as circunstâncias, a gravidade e as conseqüências da falta, bem como os antecedentes do faltoso.

§ 2º - Nenhuma sanção será aplicada a Procurador do Estado, sem que lhe seja assegurada defesa.

Art. 102. A advertência será aplicada nos casos de:

I - negligência no exercício das funções;

II - faltas leves em geral.

Parágrafo único - A advertência será feita verbalmente ou por escrito, sempre de forma reservada.

Art. 103. A censura caberá nas hipóteses de:

I - falta de cumprimento do dever funcional;

II - procedimento reprovável;

III - desatendimento a determinações dos órgãos da administração superior da Procuradoria-Geral;

IV - reincidência em falta punida com pena de advertência.

Parágrafo único - A censura será feita por escrito, reservadamente.

Art. 104. A multa será aplicada nos casos de retardamento injustificado de ato funcional ou de descumprimento dos prazos legais, nos termos e na forma da legislação processual ou da fiscalização financeira e orçamentária.

Art. 105. A suspensão será aplicada nos seguintes casos:

I – violação intencional do dever funcional;

II – prática de ato incompatível com a dignidade ou o decoro do cargo;

III – reincidência em falta punida com as penas de censura ou multa.

§ 1º – A suspensão não excederá a 90 (noventa) dias e acarretará a perda dos direitos e vantagens decorrentes do exercício do cargo, não podendo Ter início durante o período de férias ou de licença.

§ 2º – Quando houver conveniência para o serviço, o Procurador-Geral poderá converter a suspensão em multa diária equivalente a 50% (cinqüenta por cento) dos vencimentos, permanecendo o Procurador do Estado no exercício de suas funções.

Art. 106. Aplicar-se-á a pena de demissão nos casos de:

I – abandono do cargo, pela interrupção injustificada do exercício das funções por mais de 30 (trinta) dias consecutivos, ou 60 (sessenta) intercalados, durante o período de 12 (doze) meses;

II – conduta incompatível com o exercício do cargo, tal como a prática de jogos proibidos, a embriaguez habitual, o uso de tóxicos e a incontinência pública e escandalosa; (Nova redação dada pela Lei Complementar nº 111/2006.

III – improbidade funcional;

IV – perda da nacionalidade brasileira.

Parágrafo único – Conforme a gravidade da falta, a demissão será aplicada com a nota a bem do serviço público.

Art. 107. A cassação da aposentadoria ou da disponibilidade terá lugar se ficar comprovada a prática, quando ainda no exercício do cargo, de falta suscetível de determinar demissão.

Art. 108. Ocorrerá a prescrição:

I – em 2 (dois) anos, quando a falta for sujeita às penas de advertência, censura ou multas;

II – em 5 (cinco) anos, nos demais casos.

§ 1º – A prescrição, em caso de falta também prevista como infração criminal, ocorrerá no prazo fixado na lei penal.

§ 2º – O curso da prescrição começa a fluir da data do fato, exceto na hipótese do parágrafo anterior, em que se observará o que dispuser a lei penal.

Capítulo III
Da Sindicância

Art. 109. A sindicância, sempre de caráter sigiloso, será determinada pelo Procurador-Geral, nos seguintes casos:

I - como preliminar do processo disciplinar, quando julgada necessária, observado o parágrafo único do artigo 116;

II - para apuração de falta funcional, em qualquer outro caso, sempre que necessária.

Art. 110. A sindicância deverá estar concluída em 30 (trinta) dias, prorrogáveis por igual período, a critério do Procurador-Geral.

Art. 111. As provas serão colhidas através dos meios pertinentes, aplicando-se, no que couber, as disposições relativas ao processo disciplinar.

Art. 112. Na sindicância será obrigatoriamente ouvido o sindicado.

Art. 113. Encerrada a sindicância, os autos serão encaminhados ao Procurador-Geral, com relatório conclusivo.

Capítulo IV
Do Processo Disciplinar

Art. 114. Compete ao Procurador-Geral do Estado determinar a instauração de processo disciplinar para apuração de falta de Procurador do Estado punível com as penas de suspensão, demissão ou cassação de aposentadoria ou disponibilidade, observado o sigilo no procedimento.

Art. 115. O ato que determinar a instauração do processo disciplinar deverá conter a exposição sucinta dos fatos e, sempre que possível, o nome e a qualificação do indiciado.

Art. 116. O processamento da sindicância e do processo disciplinar será da competência do Conselho da Procuradoria-Geral do Estado.

Parágrafo único - Em processo administrativo-disciplinar que lhe esteja afeto, poderá o Conselho da Procuradoria-Geral do Estado solicitar ao Procurador-Geral, como medida preliminar, a realização de sindicância (inciso I do artigo 109).

Art. 117. Examinado o processo, o relator opinará, desde logo, pelo arquivamento ou pela convolação da sindicância em processo disciplinar, levando a matéria à deliberação preliminar do Conselho, para posterior decisão do Procurador-Geral do Estado. (Nova redação dada pela Lei Complementar nº 111/2006.)

Parágrafo único - O Conselho poderá deliberar que a instrução da fase probatória seja cometida a um ou mais de seus membros.

Art. 118. Decidido pelo Conselho que o fato articulado pode constituir infração disciplinar, o relator notificará o indiciado para, dentro de 15 (quinze) dias, apresentar suas alegações e indicar as diligências que entender necessárias ao esclarecimento do articulado.

§ 1º - Cabe ao relator, com recurso para o Conselho, deferir ou indeferir a diligência requerida.

§ 2º - O indiciado poderá, nos 5 (cinco) dias seguintes à ciência do indeferimento da diligência, recorrer para o Conselho.

Art. 119. O recurso, de que cuida o § 2º do artigo anterior, suspenderá o curso do processo disciplinar e terá como relator, sem direito a voto, o Conselheiro que houver proferido a decisão recorrida.

Art. 120. O relator promoverá a efetivação das diligências deferidas e das que, do ofício, determinar.

Art. 121. Na sessão de julgamento, após o relatório, dar-se-á a palavra por 10 (dez) minutos, prorrogáveis a critério do Presidente, ao indiciado, ou a seu procurador, para sustentação da defesa.

Parágrafo único - Após a sustentação oral a sessão voltará a ser secreta, com a presença exclusiva dos Conselheiros.

Art. 122. Dar-se-á defensor ao indiciado revel, hipótese em que se reabrirá o prazo de que cuida o artigo 120.

Art. 123. Da deliberação do Conselho, caberá recurso, no prazo de 15 (quinze) dias, para o Procurador-Geral do Estado.

Art. 124. O processo disciplinar será confidencial. Nas publicações, quando necessárias, far-se-á referência exclusivamente ao número do processo, sem menção ao fato de tratar-se de processo disciplinar.

Art. 125. Ao determinar a instauração do processo disciplinar, ou no curso deste, o Procurador-Geral do Estado poderá, se julgar necessário, ordenar o afastamento provisório do indiciado de suas funções.

§ 1º - O afastamento será determinado pelo prazo de 30 (trinta) dias, prorrogável, no máximo, por mais 60 (sessenta) dias.

§ 2º - O afastamento dar-se-á sem prejuízo dos direitos e vantagens do indiciado, constituindo medida acauteladora, sem caráter de sanção.

Art. 126. Aplicam-se, supletivamente, ao processo disciplinar de que cuida este Capítulo, no que couber, as normas da legislação atinente aos funcionários público civis do Poder Executivo do Estado.

Capítulo V
Da Revisão do Processo Disciplinar

Art. 127. Admitir-se-á, a qualquer tempo, a revisão do processo disciplinar de que tenha resultado imposição de sanção, sempre que forem alegados vícios insanáveis no procedimento ou fatos e provas, ainda não apreciados, que possam justificar nova decisão.

§ 1º – Não constitui fundamento para a revisão a simples alegação de injustiça da penalidade imposta.

§ 2º – Não será admitida a reiteração do pedido de revisão pelo mesmo motivo.

Art. 128. A revisão poderá ser pleiteada pelo punido ou, em caso de sua morte ou desaparecimento, pelo cônjuge, filho, pai ou irmão.

Art. 129. O pedido de revisão será dirigido à autoridade que houver aplicado a sanção, e aquela, se o admitir, determinará o seu processamento em apenso aos autos originais, na forma dos artigos 116 e seguintes desta Lei.

Parágrafo único – A petição instruída com as provas de que o requerente dispuser e indicará as que pretenda sejam produzidas.

Art. 130. Julgada procedente a revisão, poderá ser cancelada ou modificada a pena imposta ou anulado o processo.

§ 1º – Se a pena cancelada for a de demissão, o requerente será reintegrado.

§ 2º – Procedente a revisão, o requerente será ressarcido dos prejuízos que tiver sofrido e terá restabelecidos todos os direitos atingidos pela sanção imposta.

Art. 131. O Procurador do Estado que houver sido punido com pena de advertência ou censura poderá requerer ao Procurador-Geral o cancelamento das respectivas notas em seus assentamentos, decorridos 3 (três) anos da decisão final que as aplicou. O cancelamento será deferido se o procedimento do requerente, no triênio que antecedeu ao pedido, autorizar a convicção de que não reincidirá na falta.

TÍTULO VII
DISPOSIÇÕES FINAIS E TRANSITÓRIAS

Art. 132. Os Procuradores do Estado dos Quadros II e III (Suplementares) passam a integrar, com os respectivos cargos, Quadro Único – Permanente, para esse fim ora criado, cujo total de cargos, por categorias, é o mesmo estabelecido no § 1º, do artigo 4º, do Decreto-Lei nº 12, de 15 de março de 1975.

Parágrafo Único – Ficam extintos os Quadros I, II e III, previstos no Decreto-Lei nº 12, de 15 de março de 1975, bem como revogado o seu artigo 5º.

Art. 133. A primeira vaga a ser provida, por promoção, no Quadro Único – Permanente, atenderá à ordem de antigüidade resultante da fusão das carreiras objeto dos quadros extintos conforme lista que o Procurador-Geral fará publicar dentro de 90 (noventa) dias, após o início da vigência da presente Lei.

Art. 134. São privativos de Procuradores do Estado os cargos em comissão de Subprocurador-Geral, Procurador-Assessor, Procurador-Chefe, Procurador-Coordenador e Procurador-Assistente de Coordenação. (Nova redação dada pela Lei Complementar nº 53/1988.)

Art. 135. O disposto nos Títulos IV a VI desta Lei aplica-se aos Procuradores do Estado ocupantes de cargos e funções em outros órgãos da Administração.

Art. 136. Aos atuais Procuradores do Estado fica assegurado o direito às vantagens de que são destinatários, de acordo com a legislação vigente à data desta Lei.

Art. 137. Considera-se tempo de serviço estadual, para os efeitos desta Lei, todo aquele que tiver sido prestado aos antigos Estados da Guanabara e do Rio de Janeiro.

Art. 138. Aplica-se, subsidiariamente, aos Procuradores do Estado, o regime jurídico do funcionalismo estadual do Quadro Permanente.

Art. 139. Fica assegurada a permanência de exercício, na Capital do Estado, dos Procuradores que, nela desempenhem suas funções na data da publicação desta Lei.

Art. 140. Até que a legislação municipal disponha diversamente, incumbirá aos Procuradores do Estado, mediante convênio, o exercício, no que couber, das atribuições que lhe são previstas pela presente Lei, relativamente ao Município do Rio de Janeiro, especialmente as de representação em Juízo e cobrança judicial da Dívida Ativa.

Art. 141. Terão fé pública, para todos os efeitos, os exemplares decorrentes de processos de reprodução mecanizada e que tenham sido conferidos e autenticados por servidor da Procuradoria-Geral do Estado, devidamente autorizado pelo Procurador-Geral.

Art. 142. Fia alterada, sem aumento de despesa, a denominação dos cargos em comissão de Inspetor de Cobrança da Dívida Ativa e Diretor da Divisão de Execução Fiscal para Procurador-Coordenador da Cobrança da Dívida Ativa e Procurador-Diretor da Divisão de Execução Fiscal, respectivamente.

Art. 143. A fixação, alteração e consolidação da estrutura básica da Procuradoria Geral do Estado serão estabelecidas mediante ato privativo do Procurador-Geral do Estado. (Nova redação dada pela Lei Complementar nº 111/2006.)

Parágrafo Único – O Regimento Interno da Procuradoria-Geral do Estado estabelecerá o desdobramento operacional de sua estrutura básica, a competência, a subordinação e o funcionamento de suas unidades administrativas e as atribuições dos servidores nelas lotados, promovendo o Procurador-Geral, junto ao governo, as transformações de cargos em comissão que se fizerem necessárias. (Acrescentado pela Lei Complementar nº 53/1988.)

Art. 143-A – Ao Governador do Estado cabe a nomeação para os cargos de Chefia das Assessorias Jurídicas das Secretarias de Estado e de Direção dos órgãos jurídicos das Autarquias e Fundações. (Acrescentado pela Lei Complementar nº 104/2002.)

Art. 144. Continua vigendo a legislação anterior no que não contrarie a presente Lei.

Art. 145. A pensão por morte devida aos dependentes do Procurador do Estado será reajustada sempre que forem alterados os vencimentos dos Procuradores do estado em atividade. (Acrescentado pela Lei Complementar nº 29/1982.)

Art. 146. É mantido o atual modelo de Carteira de Identidade funcional e de porte de arma de Procurador de Estado, expedida na forma da legislação em vigor (Lei Complementar nº 15/80, art. 44, inciso II). (Acrescentado pela Lei Complementar nº 29/1982.)

Art. 147. Esta Lei entrará em vigor na data de sua publicação, revogadas as disposições em contrário. (Renumerado pela Lei Complementar nº 29/1982.)

Rio de Janeiro, 25 de novembro de 1980.

CHAGAS FREITAS

Governador

LEI Nº 1.698, DE 23 DE AGOSTO DE 1990

- INSTITUI REGIME JURÍDICO ÚNICO PARA OS SERVIDORES ESTADUAIS, E DÁ OUTRAS PROVIDÊNCIAS.

Art. 1º. O regime jurídico único dos servidores da Administração Direta, das Autarquias e Fundações Públicas do Estado do Rio de Janeiro, incluídos aqueles vinculados aos órgãos dos Poderes Legislativo e Judiciário, passa a ser o estatutário, aplicando-se-lhes as normas contidas no Decreto-Lei nº 220, de 18/07/75, e respectivo regulamento, Decreto nº 2479, de 08/03/79, com as modificações posteriormente introduzidas e legislação complementar, observados, ainda, o constante em diplomas específicos de determinadas categorias funcionais e o disposto na presente Lei.

Art. 2º. Em decorrência do disposto no artigo anterior, os servidores ali referidos e atualmente vinculados na forma da Consolidação das Leis do Trabalho terão seus empregos transformados em cargos públicos, respeitado o princípio constitucional de irredutibilidade dos salários percebidos na data da vigência desta Lei.

§ 1º – A transformação em cargos não abrangerá:

I – os contratos de trabalho a prazo determinado, os quais prevalecerão, tão-somente, até o termo fixado, sob pena de responsabilidade funcional e pecuniária do encarregado da sua supervisão;

II – os admitidos, por seu caráter precário, para o desempenho de funções de natureza técnica especializada a que aludia o art. 106 da Constituição Federal anteriormente em vigor, aplicando-se, também à hipótese, o disposto na parte final do inciso anterior;

III – os servidores que, na data desta Lei, contem 70 (setenta) ou mais anos de idade, adotando-se, quanto a estes, as alternativas previstas na legislação da Previdência Social de âmbito Federal;

IV – os estrangeiros;

V – os contratados para o exercício específico de cargos de confiança;

VI – aqueles que, apesar de não abrangidos por qualquer das hipóteses dos incisos anteriores, expressamente manifestarem, no prazo de 10 dias, opção negativa quanto à sua integração no regime estatutário previsto; e

VII – os optantes de que trata o inciso VI do § 1º deste artigo integrarão um QUADRO SUPLEMENTAR, continuando regidos pela legislação pertinente, com a garantia de seus direitos e vantagens, extinguindo-se os respectivos empregos à medida que vagarem ou forem transformados.

§ 2º – Os servidores elencados nos incisos IV, V e VI do parágrafo anterior integrarão Tabela de Empregos, de caráter estritamente temporário, extinguindo-se tais empregos, obrigatoriamente, nas duas primeiras hipóteses, ou transformando-se em cargos equivalentes, na medida do desligamento de seus titulares, na terceira hipótese.

§ 3º – Ainda para efeito do constante do caput do presente artigo, na conceituação de salário será respeitado o disposto no art. 457, § 1º, da Consolidação das Leis do Trabalho, salvo no que concerne a gratificações em razão do tempo de serviço, em relação às quais se dará a unificação pelo regime de triênios.

§ 4º – Quanto a esse tempo de serviço, no emprego transformado, será integralmente computado no novo regime, estatutário, para todos os efeitos.

§ 5º – Os servidores a que se refere o inciso VI, do parágrafo 1º, terão seus empregos também escalonados em carreira, obedecido, para tanto, os princípios insculpidos na Lei de Diretrizes Gerais aludida no artigo 4º, caput.

Art. 3º. A transformação de empregos em cargos referidos no artigo 2º implementar-se-á da forma seguinte:

I – pelo enquadramento automático dos servidores celetistas em cargos de atribuições idênticas àquelas do emprego ocupado, na esfera da Administração Direta e Autarquias;

II – pela alteração do regime jurídico de vinculação, mantida, transitoriamente, a nomenclatura do emprego transformado, no que concerne a Fundações Públicas;

§ 1º – Na hipótese do inciso I, o servidor que tiver seu emprego transformado em cargo sem que atenda à escolaridade exigida para a titularidade deste, ou qualquer outro requisito para tanto previsto pelo Quadro Geral de Pessoal em vigor para o órgão ou entidade autárquica de sua lotação, será posicionado em Parte Suplementar já prevista nesses Quadros.

§ 2º - Se do disposto no parágrafo anterior resultar decesso remuneratório, a diferença ser-lhe-á assegurada, a título de direito pessoal, sujeito, apenas, aos reajustes gerais de vencimentos do funcionalismo público.

§ 3º - No prazo máximo de 90 (noventa) dias, o setor de pessoal de cada órgão, entidade autárquica e Fundações Públicas providenciará a expedição do competente ato de investidura e demais procedimentos decorrentes do disposto no presente artigo, dentre eles a expedição da "Autorização para Movimentação do Fundo de Garantia por Tempo de Serviço", esta num prazo máximo de 15 (quinze) dias, cabendo a coordenação dos trabalhos à Secretaria de Estado de Administração.

§ 4º - Até que venham a formular as propostas para implantação de novos Quadros Gerais de Pessoal, com os correspondentes Planos de Carreira, em suas respectivas esferas de competência, os servidores dos Poderes Legislativo e Judiciário que se apresentem nas condições previstas no § 1º integrarão Parte Suplementar daqueles hoje existentes, igualmente posicionados no nível inicial previsto para o cargo resultante da transformação.

§ 5º - Aplicar-se-á também em relação a esses Poderes a disposição lançada no § 3º, salvo no que respeita à Coordenação das medidas ali previstas, para o que designarão órgão de seu próprio âmbito de atuação.

Art. 4º. No prazo máximo de 90 (noventa) dias a contar da vigência desta Lei, o Poder Executivo apresentará Projeto de Lei estabelecendo as Diretrizes Gerais dos Planos de Carreira, pela qual se balizará, também, a compatibilização da situação funcional dos servidores estaduais à nova política de pessoal, obedecidos, em todos os casos, os princípios insculpidos nos arts. 37, caput, e 39 da Constituição Federal e artigos 77, caput e 82 da Constituição Estadual, dando-se ênfase ao mérito do servidor, objetivamente apurado.

§ 1º - A partir da Lei a que se refere o caput do presente artigo, serão elaborados os Planos de Carreira e Subquadros.

§ 2º - Previamente ao encaminhamento da competente mensagem, o projeto será levado ao conhecimento dos diversos Sindicatos e Associações de Classe, para críticas e sugestões, por prazo não inferior a 30 (trinta) dias, mediante publicação em órgão oficial, onde se estabelecerá, igualmente, a forma pela qual deverão ser veiculadas as observações desses organismos representativos.

§ 3º - VETADO

Art. 5º. Respeitada a autonomia administrativa e financeira dos Poderes Legislativo e Judiciário, caberá aos respectivos Chefes e elaboração em igual prazo, do Projeto de Lei a que alude o artigo 4º.

Art. 6º. Até que venham a implementar-se os diplomas substitutivos, permanecerão em vigor, com as adaptações previstas na presente Lei, os Quadros de Pessoal e os Planos de Cargos das Fundações Públicas, salvo no que colidirem com a legislação mencionada no artigo 1º e a Lei nº 1608, de 15 de janeiro de 1990.

Parágrafo único – Caberá às Secretarias de Estado de Administração e Fazenda a orientação normativa a fiscalização do fiel atendimento ao disposto no presente artigo.

Art. 7º. VETADO

Art. 8º. As despesas decorrentes da presente Lei correrão à conta de dotações orçamentárias próprias.

Art. 9º. Esta Lei entrará em vigor na data de sua publicação, revogadas as disposições em contrário.

Rio de Janeiro, 23 de agosto de 1990.

W. MOREIRA FRANCO

Governador

LEI Nº 3.189, DE 22 DE FEVEREIRO DE 1999

- INSTITUI O FUNDO ÚNICO DE PREVIDÊNCIA SOCIAL DO ESTADO DO RIO DE JANEIRO - RIOPREVIDÊNCIA E DÁ OUTRAS PROVIDÊNCIAS.

ÍNDICE

Capítulo I
DAS DISPOSIÇÕES GERAIS

Art. 1º. Fica instituído o FUNDO ÚNICO DE PREVIDÊNCIA SOCIAL DO ESTADO DO RIO DE JANEIRO – RIOPREVIDÊNCIA com a finalidade de arrecadar, assegurar e administrar recursos financeiros e outros ativos para o custeio dos proventos de aposentadoria ou reforma, das pensões e outros benefícios, concedidos e a conceder aos membros e servidores estatutários e seus dependentes, pelo Estado do Rio de Janeiro, suas autarquias e fundações. (Nova redação dada pela Lei nº 5260/2008.)

§ 1º – O RIOPREVIDÊNCIA deverá efetuar os pagamentos dos proventos de aposentadoria e reforma, das pensões e de outros benefícios devidos, nos termos estabelecidos na legislação relativa ao regime jurídico próprio e único de previdência dos membros e servidores públicos estatutários estaduais. (Nova redação dada pela Lei nº 5260/2008.)

§ 2º – O Tesouro Estadual é garantidor das obrigações do RIOPREVIDÊNCIA derivadas do dever de custeio dos valores devidos por proventos pela aposentadoria, reforma, pensões e outros benefícios, concedidos e a conceder, conforme previsto nesta lei.

§ 3º – Ao Estado do Rio de Janeiro compete responder solidariamente pelas obrigações assumidas pelo RIOPREVIDÊNCIA com relação aos membros e servidores estatutários, ativos e inativos, bem como seus beneficiários. (Nova redação dada pela Lei nº 5260/2008.)

Art. 2º. O RIOPREVIDÊNCIA, na consecução de suas finalidades, atenderá, obrigatoriamente, aos seguintes princípios:

I – provimento de sistema público e solidário de seguridade social;

II – caráter democrático e eficiente de gestão, com a participação de representantes do Poder Público Estadual, dos segurados, participantes e beneficiários;

III – transparência na gestão de seus recursos;

IV – gestão administrativo-financeira autônoma em relação ao Estado do Rio de Janeiro;

V – custeio da previdência social, mediante contribuições do Estado do Rio de Janeiro, e das entidades abrangidas por esta lei, e dos segurados, participantes e beneficiários, segundo critérios socialmente justos e atuarialmente compatíveis;

VI – preservação do equilíbrio financeiro e atuarial; e

VII – proibição da criação, majoração ou extensão de quaisquer benefícios ou serviços, sem a correspondente fonte de custeio total.

Capítulo II
DA ORGANIZAÇÃO DO FUNDO ÚNICO DA PREVIDÊNCIA SOCIAL DO ESTADO DO RIO DE JANEIRO – RIOPREVIDÊNCIA.

Art. 3º. O RIOPREVIDÊNCIA é uma autarquia vinculada à Secretaria de Estado de Administração e Reestruturação do Estado, dotada de personalidade jurídica de direito público, patrimônio e receitas próprios, gestão administrativa, técnica, patrimonial e financeira descentralizadas.

Parágrafo único – O RIOPREVIDÊNCIA operará com contas distintas das pertencentes ao Tesouro Estadual.

Art. 4º. O RIOPREVIDÊNCIA, com sede e foro na Capital do Estado, goza, em toda a sua plenitude, no que se refere a seus bens, serviços e ações, dos privilégios, inclusive processuais, e imunidades do Estado.

Art. 5º. O RIOPREVIDÊNCIA contará, na sua estrutura diretiva, com os seguintes órgãos:

I - Conselho de Administração; e

II - Diretoria Executiva.

Art. 6º. O Conselho de Administração será composto por 15 (quinze) membros, a saber: (Nova redação dada pela Lei nº 5260/2008.)

I – o Secretário de Estado de Planejamento e Gestão;

II – o Secretário Chefe da Casa Civil;

III – o Secretário de Estado de Fazenda;

IV – o Procurador-Geral do Estado;

V – o Defensor Público Geral do Estado;

VI – um representante indicado pelo Tribunal de Justiça do Estado;

VII – um representante indicado pela Assembléia Legislativa;

VIII – um representante indicado pelo Ministério Público;

IX – um representante indicado pelo Tribunal de Contas do Estado;

X – cinco representantes dos segurados e beneficiários, sendo um de cada um dos Poderes, um do Ministério Público e um do Tribunal de Contas, escolhidos e nomeados pelo Governador a partir de lista tríplice, formada pelas respectivas associações de classe;

XI – o Diretor-Presidente do RIOPREVIDÊNCIA.

§ 1º – O Presidente do Conselho de Administração será eleito pelos seus pares.

§ 2º – As reuniões do Conselho instalar-se-ão, com a presença da maioria absoluta de seus membros.

§ 3º – O Conselho deliberará por maioria simples de votos, cabendo ao Presidente do Conselho, em caso de empate nas deliberações, além do seu, o voto de qualidade.

§ 4º – Cada membro do Conselho possuirá um suplente, observados os mesmos critérios de escolha dos titulares. (Nova redação dada pela Lei nº 5260/2008.)

Art. 7º. Compete ao Conselho de Administração do RIOPREVIDÊNCIA:

I – reunir-se, ordinariamente, na forma de seu Regimento Interno, no mínimo a cada 3 (três) meses, e, extraordinariamente, por convocação de seu Presidente ou da maioria de seus membros; (Nova redação dada pela Lei nº 5260/2008.)

II – fixar as diretrizes gerais de gestão, investimento e alocação dos recursos;

III – exercer a supervisão das operações do Fundo;

IV – examinar e aprovar, anualmente, sua avaliação atuarial e o plano de custeio;

V – autorizar a celebração de contratos, acordos e convênios que importem na constituição de ônus reais sobre os bens do Fundo; e

VI – elaborar e modificar o seu Regimento Interno.

VII – estabelecer, privativamente, os parâmetros para funcionamento do sistema unificado de pagamento do regime jurídico próprio e único de previdência dos membros e servidores públicos estatutários estaduais; (Incluído pela Lei nº 5260/2008.)

VIII – supervisionar a gestão da folha e do sistema unificado de pagamento de benefícios previdenciários. (Incluído pela Lei nº 5260/2008.)

Parágrafo único – O Regimento Interno do Conselho de Administração será elaborado no prazo de 60 (sessenta) dias após a posse de seus membros.

Art. 8º. A Diretoria Executiva será composta por 05 (cinco) Diretores, nomeados pelo Governador do Estado, sendo um Diretor-Presidente, um Diretor de Seguridade, um Diretor de Investimentos, um Diretor Jurídico e um Diretor Administrativo e Financeiro.

Parágrafo único – O Diretor de Seguridade será indicado, em lista tríplice, pelas entidades de classe representativas dos segurados e beneficiários.

Art. 9º. As atribuições dos Diretores serão estabelecidas no decreto regulamentador, que fixará também a estrutura básica do Fundo, classificado como autarquia do Grupo A, consoante o art. 1º da Lei 1272/87, com cargos em comissão e funções de confiança a serem criados, sem aumento de despesa, mediante transformação.

§ 1º – O quadro de pessoal inicial poderá ser formado por servidores públicos, bem como por funcionários do Banco do Estado do Rio de Janeiro – em liquidação, cedidos ao RIOPREVIDÊNCIA, mediante requisição de seu Diretor-Presidente ao Governador do Estado.

§ 2º – A constituição do quadro permanente de pessoal será objeto de lei específica.

Art. 10. O RIOPREVIDÊNCIA contará com Conselho Fiscal composto de 03(três) membros efetivos e 03 (três) membros suplentes, escolhidos, entre segurados e/ou beneficiários, ouvidas as respectivas entidades representativas de classe, na forma do inciso X do Artigo 6º, até o dia 10 de março de cada ano, e nomeados pelo

Governador para o exercício de mandato de um ano. (Nova redação dada pela Lei nº 5260/2008.)

Art. 11. Compete ao Conselho Fiscal:

I – reunir-se, ordinariamente, uma vez em cada trimestre civil, por convocação de seu Presidente;

II – examinar e emitir parecer sobre as contas apuradas nos balancetes;

III – dar parecer sobre o balanço anual, contas e atos da Diretoria Executiva, bem como sobre o cumprimento do plano de custeio e coerência dos resultados da avaliação atuarial, inclusive em relação às hipóteses;

IV – examinar, a qualquer tempo, livros e documentos do Fundo;

V – lavrar, em livro de atas e pareceres, os resultados dos exames procedidos;

VI – relatar, ao Conselho de Administração, as irregularidades eventualmente apuradas, sugerindo medidas saneadoras;

VII – solicitar, motivadamente, ao Conselho de Administração, a contratação de assessoramento de técnico ou empresa especializada, sem prejuízo do controle de contas externo.

Parágrafo único – As deliberações do Conselho Fiscal serão tomadas por maioria de votos.

Art. 12. O RIOPREVIDÊNCIA é representado por seu Diretor-Presidente.

§ 1º – O patrocínio judicial do RIOPREVIDÊNCIA será exercido, privativamente, pela Procuradoria Geral do Estado do Rio de Janeiro, a qual não terá poderes para receber citação.

§ 2º – Os créditos do RIOPREVIDÊNCIA constituem dívida ativa considerada líquida e certa quando esteja devidamente inscrita em livro próprio, com observância dos requisitos exigidos na legislação adotada pelo Estado para o mesmo fim.

Capítulo III
DO PATRIMÔNIO E DAS RECEITAS

Art. 13. Fica o Poder Executivo autorizado a incorporar ao patrimônio e do RIOPREVIDÊNCIA os seguintes ativos:

I – os bens imóveis dominicais de titularidade do Estado do Rio de Janeiro;

II – os bens imóveis dominicais de titularidade de autarquias e fundações públicas estaduais;

III – Revogado pela Lei nº 5260/2008.

IV – Revogado pela Lei nº 5260/2008.

V – os créditos de natureza previdenciária devidos ao Instituto de Previdência do Estado do Rio de Janeiro – IPERJ;

VI – os créditos devidos à conta da compensação financeira prevista no art. 201, § 9º da Constituição da República Constituição Federal;

VII – créditos, tributários e não tributários, inscritos até 1997 em dívida ativa do Estado do Rio de Janeiro, de suas autarquias e fundações ou recursos advindos da respectiva liquidação;

VIII – as participações societárias de propriedade do Estado, de suas autarquias e fundações, bem como de empresas públicas e sociedades de economia mista estaduais, mediante prévia autorização legislativa específica;

IX – recursos do Fundo de Mobilização Social oriundos do Programa Estadual de Desestatização.

X – ativos, inclusive financeiros, de sociedades controladas pelo Estado extintas com base na autorização prevista pela Lei nº 3.475, de 06 de outubro de 2000. (Inciso acrescentado pelo art. 1º da Lei nº 3502/2000)

XI – recebíveis, direitos de crédito, direitos a título, participações em fundos de que seja titular o Estado do Rio de Janeiro. (Inciso acrescentado pelo art. 1º da Lei nº 3695/2001)

XII – direitos pertinentes às receitas a que o Estado do Rio de Janeiro faz jus por força do disposto no § 1º do art. 20 da Constituição Federal. (Acrescentado pela Lei nº 4237/2003.)

XIII – os créditos devidos ao Estado do Rio de Janeiro à conta da compensação financeira pela União aos Estados, ao Distrito Federal e aos Municípios, abatida da parcela devida ao Fundo de Manutenção e Desenvolvimento da Educação Básica e de Valorização dos Profissionais de Educação – FUNDEB oriundas da Lei Complementar n° 87/1996 – Lei Kandir e do Auxílio Financeiro para Fomento das Exportações – FEX; (Acrescentado pela Lei 8123/2018.)

XIV – compensação financeira de créditos pretéritos oriundos da Lei Complementar n° 87/1996 – Lei Kandir referentes aos anos de 1996 a 2018 e dos créditos futuros devidos ao Estado do Rio de Janeiro pela União aos Estados, Distrito Federal e Municípios em função da perda de receita decorrente da desoneração de ICMS sobre exportações de bens e da concessão de crédito nas operações anteriores, conforme o artigo 91 do Ato das Disposições Constitucionais Transitórias da Constituição Federal – ADCT que será regulamentado por Lei Complementar, e na decisão do Supremo Tribunal Federal – STF de 30/11/2016 que julgou procedente a Ação Direta de Inconstitucionalidade por Omissão – ADO nº 25, descontados as parcelas devidas pelo Fundo de Manutenção e Desenvolvimento da Educação Básica e de Valorização dos Profissionais de Educação – FUNDEB". (Acrescentado pela Lei 8123/2018.)

XV – direitos pertinentes às receitas a que o Estado do Rio de Janeiro faz jus por força do disposto no inciso I, do artigo 157, da Constituição Federal e do inciso I do artigo 201 da Constituição Estadual. (Incluído pela Lei 8146/2018.)

- Nota: Lei 3695, art. 2º – Fica autorizado ao RIOPREVIDÊNCIA a alienação integral dos ativos econômicos referidos no inciso XI do art. 13 da Lei nº 3189, de 22 de fevereiro de 1999, com a redação dada pelo artigo 1º da presente Lei.

Parágrafo único – Os ativos incorporados ao RIOPREVIDÊNCIA serão avaliados em conformidade com o que dispõe a Lei 4.320, de 17 de março de 1964, e alterações posteriores.

Art. 14. Constituem, dentre outras, fontes de receita do Fundo:

I – as contribuições de natureza previdenciária dos servidores públicos estatutários, ativos e inativos, do Estado do Rio de Janeiro, suas autarquias e fundações, bem como dos beneficiários de pensão por morte de servidor público estadual estatutário; (Nova redação dada pelo art. 1º da Lei nº 4275, de 05/02/2004)

II – Revogado pela Lei nº 5260/2008.

III – as contribuições de natureza previdenciária do Estado do Rio de Janeiro, e suas autarquias e fundações, na forma da lei; (Nova redação dada pela Lei nº 5260/2008.)

IV – Revogado pela Lei nº 5260/2008.

V – as dotações orçamentárias destinadas ao pagamento de pessoal (inativo), pensões e outros benefícios devidos pelo Estado do Rio de Janeiro, suas autarquias e fundações das quais sejam seus servidores segurados ou beneficiários;

- Expressão (inativo) suspensa por Liminar deferida pelo STF nº 2188-5

VI – as doações, legados e rendas extraordinárias ou eventuais;

VII – os rendimentos de seu patrimônio, tais como os obtidos com aplicações financeiras ou com o recebimento de contrapartida pelo uso de seus bens; e

VIII – o produto da alienação de seus bens.

IX – Recursos transferidos pela LOTERJ para pagamento da respectiva folha de inativos e pensionistas. (Incluído pela Lei 7457/2016.)

X – 7,5% (sete vírgula cinco por cento) da arrecadação bruta da emissão de Documento Único do DETRAN (DUDA); (Nova redação dada pela Lei 7606/2017.)

Parágrafo único. Para os fins de que trata o inciso IX deste artigo, a LOTERJ recolherá mensalmente ao Fundo Único de Previdência, de forma complementar e obrigatória, os recursos necessários ao pagamento de sua folha de inativos e pensionistas, conforme relação nominal e montante a ser previamente apresentado pelo RIOPREVIDÊNCIA.(Incluído pela Lei 7457/2016.)

Art. 15. Sem prejuízo dos ativos que venham a ser integralizados e das receitas do Fundo, o Estado proporá, quando necessário, a abertura de créditos orçamentários adicionais, visando assegurar ao RIOPREVIDÊNCIA a alocação de recursos orçamentários destinados à cobertura de eventuais insuficiências financeiras para a garantia do pagamento das aposentadorias, reformas, pensões e outros benefícios devidos.

Art. 16. O Departamento de Patrimônio Imobiliário do Estado do Rio de Janeiro procederá ao inventário dos bens enquadrados nos incisos I e II do art. 13, devendo, a cada 30 dias, a contar da publicação desta lei, promover a publicação dos bens inventariados no período.

§ 1º – Cumprida a formalidade prevista no "caput", o Poder Executivo promoverá a incorporação dos aludidos bens imóveis ao Fundo, que se efetivará através de termo administrativo elaborado segundo minuta padrão aprovada pela Procuradoria Geral do Estado.

§ 2º – Os próprios estaduais com situação dominial ainda não titularizada perante o Registro de Imóveis competente serão objeto de processo de regularização pelo Departamento de Patrimônio Imobiliário do Estado do Rio de Janeiro, com o necessário suporte jurídico da Procuradoria Geral do Estado, passando-se, em seguida, sua titularidade para o RIOPREVIDÊNCIA, nos termos do parágrafo anterior.

Art. 17. A inscrição como contribuinte do RIOPREVIDÊNCIA será ex officio.

Art. 18 As contribuições de natureza previdenciária e quaisquer outras importâncias devidas ao RIOPREVIDÊNCIA pelos servidores estatutários, ativos e inativos, e pensionistas serão arrecadadas mediante desconto em folha, pelos órgãos responsáveis pelos respectivos pagamentos e por estes recolhidas, à conta do RIOPREVIDÊNCIA, até o dia 25 (vinte e cinco) do mês subsequente da competência da folha de pagamento de vencimentos, proventos ou pensões, devendo o mesmo prazo ser aplicado para as contribuições devidas pelos Poderes, Ministério Público, Defensoria Pública e o Tribunal de Contas. (Nova redação dada pela Lei 7628/2017.)

Parágrafo único. A não observância dos prazos de recolhimento das contribuições resultará na cobrança do valor principal, sobre o qual incidirá apenas correção monetária, sendo esta devida pelo órgão responsável pelo recolhimento.

Art. 19 O segurado em gozo de licença sem vencimentos contribuirá para o regime jurídico próprio e único de previdência dos membros e servidores públicos estatutários estaduais durante o período de afastamento, recolhendo a contribuição, inclusive a patronal, diretamente ao RIOPREVIDÊNCIA, por meio de documento próprio de arrecadação. (Redação dada pela Lei 7628/2017.)

§ 1º - Durante o período de licença sem remuneração, permanece o vínculo com o regime jurídico próprio e único de previdência social.

§ 2º - O não recolhimento de, no mínimo, 3 (três) contribuições previdenciárias consecutivas ou não, desde que por responsabilidade comprovada do servidor, importará na suspensão do exercício dos direitos previdenciários disposta no § 1º do art. 20 desta Lei.

§ 3º - O período de licença sem vencimentos contará como tempo de contribuição para fins de aposentadoria, caso seja realizado o devido recolhimento.

§ 4º - No retorno do período de licença sem vencimentos, o servidor deverá, no prazo de até 90 (noventa) dias, apresentar ao órgão de origem a Certidão de Situação Previdenciária (CSP) e, se houver débito previdenciário, autorizar o desconto da dívida em folha, observado o § 4º do art. 20 desta Lei.

Art. 19-A. As contribuições previdenciárias dos segurados cedidos a órgãos de outros entes da Federação, sem ônus para o Estado do Rio de Janeiro, serão recolhidas ao Fundo pelo órgão cessionário. (Incluído pela Lei nº 5260/2008.)

Art. 20. Os contribuintes, cujos valores devidos não forem descontados de sua remuneração, ficam obrigados a recolhê-los, até o dia 10 (dez) do mês seguinte àquele em que deveriam ter sido pagos.

§ 1º - A inobservância, por 3 (três) meses consecutivos ou não, do disposto neste artigo resultará na suspensão dos direitos previdenciários, sem prejuízo de outras sanções previstas em Lei. (Nova redação dada pela lei 7628/2017.)

§ 2º - A suspensão mencionada no parágrafo anterior só cessará após o recolhimento, pelo segurado ou beneficiário, de todas as quantias em atraso, atualizadas monetariamente e acrescidas dos juros de mora.

§ 3º - Ocorrendo o óbito do segurado que estiver com seus direitos suspensos em relação ao Fundo por período ininterrupto de até 1 (um) ano, os benefícios devidos aos seus dependentes poderão ser pagos, desde que requerido dentro dos prazos estabelecidos em lei e respectivos regulamentos para o exercício de tais direitos e após o recolhimento das quantias devidas ao RIOPREVIDÊNCIA, com as atualizações e sanções legais.

§ 4º - Os débitos poderão ser parcelados em até 36 (trinta e seis) vezes, vezes, cabendo ao servidor ou dependente optar por realizar o pagamento através de documento de arrecadação previdenciária ou, quando o valor da parcela mensal não superar 30 (trinta) por cento de sua renda, através de desconto em folha de pagamento. (Nova redação dada pela lei 7628/2017.)

§ 5º – Caso a quitação do parcelamento, previsto no parágrafo anterior seja realizada mediante desconto em folha de pagamento, deverá ser respeitada a respectiva margem consignável. (Redação dada pela Lei 7628/2017.)

Art. 21. Artigo revogado pelo art. 5º da Lei nº 4275/2004.

Art. 22. Ao servidor ocupante exclusivamente de cargo em comissão declarado em lei de livre nomeação e exoneração, bem como de outra função temporária ou de emprego público, aplica-se o regime geral de previdência social, na forma do § 13 do art. 40 da Constituição da República Constituição Federal .

Art. 23. Após a concessão da aposentadoria, reforma ou pensionamento, os órgãos competentes do Poder Executivo, suas autarquias e fundações, encaminharão ao RIOPREVIDÊNCIA os autos do procedimento administrativo, para verificação e imediata implantação em folha de pagamento. (Nova redação dada pela Lei nº 5260/2008.)

§ 1º – Revogado pela Lei nº 5260/2008.

§ 2º – As disposições do "caput" aplicam-se às refixações de proventos de aposentadorias e reforma, no que couber.

§ 3º – Revogado pela Lei nº 5260/2008.

Capítulo IV
DA GESTÃO PATRIMONIAL

Art. 24. A gestão do RIOPREVIDÊNCIA deverá, dentre outros princípios aplicáveis à administração pública, obedecer:

I – às diretrizes gerais de gestão, investimento e alocação dos recursos aprovados pelo Conselho de Administração;

II – aos parâmetros atuariais sugeridos pela Diretoria de Seguridade, visando a sua gradual estabilização;

III – a inspeções anuais de auditoria por entidades independentes legalmente habilitadas;

IV – a sistema de registro contábil individualizado de cada servidor e dos entes estatais;

V – ao pleno acesso dos segurados às informações relativas à gestão do regime ora instituído;

VI – definida a política de investimentos pelo Conselho de Administração, a aplicação de recursos financeiros por entidades escolhidas mediante processo de licitação pública, a fim de buscar elevado padrão de segurança e rentabilidade;

VII – à minimização dos custos administrativos, vedados quaisquer outros pagamentos de despesas de natureza não previdenciária; e (Nova redação dada pela Lei nº 5260/2008.)

VIII – aos princípios contábeis pertinentes à matéria, conforme determinado por legislação federal, e contabilização dos ativos por fontes de recursos e gastos.

Parágrafo único – Na aplicação de recursos financeiros, conforme previsto no inciso VI do "caput" deste artigo, ficam vedados os investimentos em títulos públicos, com exceção daqueles de emissão do governo federal.

Art. 25. O exercício financeiro coincidirá com o ano civil e a contabilidade obedecerá, no que couber, às normas gerais públicas da administração financeira.

Art. 26. Os orçamentos, a programação financeira e os balanços do RIOPREVIDÊNCIA obedecerão aos padrões e normas instituídos por legislação específica, ajustados às suas peculiaridades.

Parágrafo único – Juntamente com o balanço geral, a cada ano, deverá a Diretoria Executiva realizar, obrigatoriamente, a avaliação atuarial do RIOPREVIDÊNCIA.

Art. 27. O plano de contas e o processo de escrituração serão estabelecidos em instruções do Diretor-Presidente do RIOPREVIDÊNCIA, ouvido o órgão técnico da instituição.

Art. 28. O balanço geral com a apuração do resultado do exercício deverá ser apresentado pelo Diretor-Presidente do RIOPREVIDÊNCIA ao Tribunal de Contas, nos prazos definidos em lei.

Art. 29. As importâncias devidas ou recebidas a mais pelos segurados ou seus dependentes serão pagas ao RIOPREVIDÊNCIA, podendo o seu montante ser parcelado na forma regulamentar.

Parágrafo único – Ficam dispensados de ajuizamento de ação para respectiva cobrança, sem prejuízo de procedimento administrativo visando a sua liquidação, os débitos de valor inferior a 1/3 (um terço) do menor vencimento pago pelo Estado do Rio de Janeiro.

Art. 30. Respeitado o disposto nesta lei, aplica-se, no que couber, aos bens imóveis pertencentes ao Fundo, a Lei Complementar nº 8 Controle de Leis, de 25 de outubro de 1977, com suas modificações.

§ 1º – A gestão dos bens imóveis independe de autorização do Governador do Estado e será realizada utilizando-se, por parâmetros, os valores praticados pelo mercado imobiliário.

§ 2º – Fica autorizada a alienação e a oneração dos bens imóveis pertencentes ao Fundo desnecessários ao funcionamento de suas atividades administrativas, desde que ocorram no cumprimento de suas finalidades, devendo o RIOPREVIDÊNCIA enviar trimestralmente à Assembléia Legislativa listagem de tais bens.

§ 3º – A gestão de imóveis pertencentes ao Fundo poderá ser atribuída a terceiros, mediante prévio procedimento licitatório.

§ 4º – A presente lei também aplica-se às utilizações de imóveis regularmente concedidas pelo Estado a qualquer título.

Art. 31. Serão considerados necessários à consecução dos objetivos do Fundo os imóveis que integram seu patrimônio com a finalidade de gerar receitas, inclusive mediante alienação, para o cumprimento do disposto no art. 1º.

Art. 32. É vedada a utilização de recursos do RIOPREVIDÊNCIA para empréstimos de qualquer natureza à União, Estados, Distrito Federal e Municípios, suas autarquias, fundações e demais entidades integrantes da administração indireta.

Capítulo V
DISPOSIÇÕES GERAIS E TRANSITÓRIAS

*__Art. 33.__ A contribuição a que se refere o art. 14, inciso I, desta Lei será devida pelos servidores públicos estatutários, ativos e inativos, do Estado do Rio de Janeiro, suas autarquias e fundações, vinculados ao plano financeiro e ao plano previdenciário, bem como pelos beneficiários de pensão por morte de servidor público estadual estatutário sob a alíquota de 14% (quatorze por cento) passando a ser arrecadada a favor do RIOPREVIDÊNCIA e a compor suas receitas. (Nova redação dada pela Lei 7606/2017.)

Art. 34. A contribuição prevista no artigo anterior incidirá sobre a seguinte base de cálculo:

I – para os membros do Poder Judiciário, do Ministério Público, da Defensoria Pública, do Tribunal de Contas e os servidores públicos estatutários inativos, o montante de seus proventos de aposentadoria que exceder o limite máximo estabelecido para os benefícios do regime geral de previdência social de que trata o art. 201, combinado com o art. 40, § 21, ser for o caso, ambos da Constituição da República;

II – para os pensionistas, o montante da pensão por morte ou do somatório das cotas de pensão, quando repartida por dois ou mais dependentes, que exceder ao limite máximo estabelecido para os benefícios do regime geral de previdência social de que trata o art. 201, combinado com o art. 40, § 21, se for o caso, ambos da Constituição da República;

III – para os membros do Poder Judiciário, do Ministério Público, da Defensoria Pública, do Tribunal de Contas e os servidores públicos estatutários ativos o subsídio ou a remuneração do cargo efetivo, acrescido das vantagens pecuniárias permanentes estabelecidas em lei, as adicionais de caráter individual ou quaisquer outras vantagens, excluídas:

a) as diárias para viagens;

b) a ajuda de custo em razão da mudança de sede;

c) a indenização de transporte;

d) o salário-família;

e) o auxílio-alimentação;

f) o auxílio-creche;

g) as parcelas remuneratórias pagas em decorrência de local de trabalho;

h) a parcela percebida em decorrência do exercício de cargo em comissão ou de função de confiança; e

i) o abono de permanência de que tratam o § 19 do art. 40 da Constituição Federal, o § 5º do art. 2º e o § 1º do art. 3º da Emenda Constitucional nº 41, de 19 de dezembro de 2003.

§ 1º – O membro do Poder Judiciário, do Ministério Público, da Defensoria Pública, do Tribunal de Contas e o servidor público estatutário poderão optar pela inclusão na base de cálculo da contribuição de parcelas remuneratórias percebidas em decorrência de local de trabalho, do exercício de cargo em comissão ou de função de confiança, para efeito de cálculo do benefício.

§ 2º – Para os casos descritos no inciso III do caput deste artigo, a contribuição prevista no artigo anterior incidirá sobre a parcela do subsídio ou da remuneração do cargo efetivo, calculados na forma ali estabelecida, que não exceder ao limite máximo de benefícios do regime geral de previdência social, em se tratando de servidores e membros:

a) que tenham ingressado no serviço público a partir da data do início do funcionamento da RJPREV, independentemente de adesão ao regime de previdência complementar ali instituído;

b) que tenham ingressado no serviço público em data anterior ao início do funcionamento da RJPREV e tenham optado por aderir ao regime de previdência complementar ali instituído.

Art. 34. nova redação dada pela Lei nº 6243/2012.

Art. 35. Artigo revogado pelo art. 5º da Lei nº 4275/2004

Art. 35-A. A contribuição devida pelo Estado do Rio de Janeiro, incluídas suas autarquias e fundações, ao regime próprio de previdência social dos servidores ativos será: (Nova redação dada pela Lei 7606/2017.)

I - de 28% (vinte e oito por cento) sobre a totalidade da base de contribuição do servidor relativamente àqueles servidores vinculados ao plano financeiro, devendo o produto de sua arrecadação ser contabilizado em conta específica;

II - de 22% (vinte e dois por cento) sobre a totalidade da base de contribuição do servidor relativamente àqueles servidores vinculados ao plano previdenciário, devendo o produto de sua arrecadação ser contabilizado em conta específica.

Art. 36. Ficam extintos, a contar da publicação desta Lei, os pensionamentos aos dependentes de servidores do Poder Executivo, derivados do regime especial instituído pela Lei 7.301, de 23 de novembro de 1973, ficando revogadas por consequência as normas legais pertinentes aos referidos servidores, em especial os arts. 118, "caput" e parágrafo único e 119 da Lei Complementar nº 69 Controle de Leis, de 19 de novembro de 1990.

§ 1º - Excluem-se do disposto neste artigo os pensionamentos já devidos aos beneficiários dos servidores destinatários das normas legais referidas no "caput" a serem pagos pelo RIOPREVIDÊNCIA.

§ 2º - Fica revogada ainda a Lei nº 1084 Controle de Leis, de 03 de dezembro de 1986.

Art. 37. Os servidores, ativos *(e inativos), destinatários das leis referidas no "caput" do art. 36, passarão a contribuir, obrigatoriamente, para o RIOPREVIDÊNCIA com a alíquota previdenciária prevista no art. 33 incidente sobre a base de cálculo instituída no art. 34.

- Expressão (e inativos) suspensa por Liminar deferida pelo STF nº 2188-5

Art. 38 ao 42. Revogados pela Lei 5260/2008.

Art. 42. Os bens imóveis transferidos pelo Estado do Rio de Janeiro ao RIOPREVIDÊNCIA e que estejam sendo utilizados mediante contrapartida ou remuneração de valor inferior ao praticado pelo mercado imobiliário de locações, deverão ser alienados e ter sua situação adequada ao § 1º do art. 30.

Art. 43. Os imóveis de propriedade do Estado, suas fundações e autarquias, de uso residencial e com vocação habitacional, transferidos ao RIOPREVIDÊNCIA e que estiverem sendo utilizados para esse fim por funcionários públicos de baixa renda do Estado, suas fundações ou autarquias, poderão ser alienados a esses funcionários, mediante pagamento do preço em parcelas mensais, na forma a ser determinada no decreto regulamentar.

Art. 44. A Diretoria Executiva deverá, decorridos 120 (cento e vinte) dias a contar da publicação desta lei, promover a avaliação atuarial inicial do RIOPREVIDÊNCIA.

Art. 45. Os membros do Conselho de Administração e do Conselho Fiscal serão nomeados, no prazo de 45 (quarenta e cinco) dias a contar da publicação desta lei, observando-se os critérios de indicação previstos respectivamente, nos arts. 6º e 10 desta lei.

Art. 46. Em caso de extinção do RIOPREVIDÊNCIA, todo o seu patrimônio passará, obrigatoriamente, a integrar o patrimônio do Estado do Rio de Janeiro, que o sucederá em todos os seus direitos e obrigações.

Art. 47. Com a finalidade de operacionalizar o contido nos arts. 1º e 13 desta lei, fica autorizado o Poder Executivo a repactuar contratos de empréstimos realizados com a União Federal e/ou a Caixa Econômica Federal, bem como o respectivo Contrato de Abertura de Contas, Nomeação de Agente Fiduciário e Outros Pactos e/ou obter as necessárias autorizações a que o RIOPREVIDÊNCIA e seus ativos figurem como contragarantidores da operação de crédito.

Art. 48. Para os destinatários desta Lei, fica revogada a contribuição obrigatória dos servidores ativos e inativos, bem como de seus pensionistas, prevista no artigo 9º, I do Decreto Lei nº 99, de 13/05/75, e cujo montante estava previsto no artigo 10, "caput", deste mesmo diploma legal e devida para o custeio do Instituto de Assistência dos Servidores do Estado do Rio de Janeiro – IASERJ.

§ 1º – A assistência médico-hospitalar aos policiais-militares e aos bombeiros-militares, assim como, a seus dependentes, será prestada com recursos provenientes:

I – ~~da contribuição mensal de 10% (dez por cento) do soldo do policial-militar ou bombeiro-militar~~;

II – da contrapartida mensal do Estado, mediante dotação orçamentária específica, ~~obedecida a seguinte proporção, desde a data da publicação desta Lei, em relação à arrecadação prevista no inciso anterior:~~

~~a) 25% (vinte e cinco por cento) no primeiro ano;~~

~~b) 50% (cinqüenta por cento) no segundo ano;~~

~~c) 75% (setenta e cinco por cento) no terceiro ano;~~

~~d) 100% (cem por cento) no quarto ano~~;

III – ~~da contribuição mensal de 1% (um por cento) do soldo do policial-militar ou do bombeiro-militar, por dependente, até o limite total de sua margem consignável~~.

IV – de doações e legados;

V – de indenizações por atendimento conveniado.

§ 2º – Os recursos de que trata este artigo terão destinação específica, com escrituração sob a rubrica "FUNDO DE SAÚDE DA CORPORAÇÃO" e serão geridos por uma comissão designada pelos respectivos Comandantes Gerais, ...VETADO..., em conta vinculada a estabelecimento bancário, com praça no Estado do Rio de Janeiro.

§ 3º – Os recursos mencionados nos incisos I * e II deste artigo, serão repassados imediatamente à conta referida no parágrafo anterior.

§ 4º – O Poder Executivo poderá abrir créditos suplementares e especiais para fazer face às despesas necessárias para custeio da assistência médico-hospitalar dos policiais-militares e dos bombeiros-militares. (Nova redação dada pelo art. 1º da Lei nº 3465/2000)

- Declarada a inconstitucionalidade dos incisos I e III, do § 1º, do art. 48, bem como a expressão "obedecida a seguinte proporção, desde a data da publicação desta Lei, em relação à arrecadação prevista no inciso anterior" contida no inciso II do mesmo dispositivo, e suas alíneas, e, no § 3º, a menção ao inciso I do § 1º como fonte de recurso, com a redação dada pela Lei 3465/2000, com efeitos ex tunc. Direta de Inconstitucionalidade nº 0066252-34.2010.8.19.0000 Órgão Especial

Art. 49. Revogado pela Lei 5260/2008.

Art. 50. Fica o Poder Executivo autorizado a instituir a reversão ao serviço ativo, nas respectivas carreiras, dos servidores do Quadro Permanente da Polícia Civil aposentados, quando insubsistentes os motivos da aposentadoria.

§ 1º – A reversão far-se-á a pedido e será feita no mesmo cargo anteriormente ocupado pelo aposentado e dependerá das seguintes condições:

I – inexistência de candidato aprovado em concurso, quando se tratar de reversão para o cargo de classe inicial de carreira;

II – existência de vaga em cargo de 2ª classe a ser provido mediante promoção por merecimento;

III – independentemente de vaga, os servidores policiais de 1ª classe ficarão agregados às respectivas carreiras, no quadro a que se refere o parágrafo único do art. 21 da Lei nº 256 Controle de Leis, de 30 de agosto de 1979;

IV – contar o aposentado menos de 65 anos de idade à data do pedido;

V – o pedido pelo interessado deverá ser apresentado até 120 dias a partir da publicação desta Lei.

§ 2º – A reversão dependerá de inspeção média favorável.

§ 3º – Será contado como tempo de serviço, para todos os efeitos legais, o período entre a aposentadoria e a reversão, somente se aquela tiver sido causada por erro administrativo para o qual não haja concorrido o aposentado.

Art. 51. Fica o Estado do Rio de Janeiro autorizado a aquiescer com os pedidos de renúncia de aposentadoria de seus servidores e proceder aos registros pertinentes junto aos órgãos competentes.

Parágrafo Único - A opção prevista no "caput" terá o caráter definitivo e irretratável e poderá ser realizada enquanto superado o limite estabelecido no artigo 169 da Constituição Federal, condicionada, em qualquer hipótese, à prévia aprovação do Chefe do respectivo Poder.

Art. 51-A. O Fundo Único de Previdência do Estado do Rio de Janeiro - Rioprevidência poderá acessar todos os dados relativos às aposentadorias e demais benefícios pagos aos inativos de todos os Poderes, estando compreendidos o Poder Executivo, o Poder Legislativo, o Tribunal de Contas do Estado, o Poder Judiciário, O Ministério Público e a Defensoria Pública, bem como a administração indireta, incluídas as autarquias, fundações públicas, fundações públicas com personalidade jurídica de direito privado, instituídas e mantidas pelo Poder Púbico, empresas públicas e sociedades de economia mista. (Incluído pela Lei 7425/2016.)

§ 1º - O controle de fixação das aposentadorias, constitucionalmente, é conferido ao Tribunal de Contas do Estado, no caso do Rioprevidência verificar distorções no cálculo de qualquer aposentadoria, deverá encaminhar o procedimento para análise e decisão do Tribunal de Contas do Estado do Rio de Janeiro.

§ 2º - O Tribunal de Contas do Estado poderá disponibilizar funcionários estatutários da área de auditoria para assessorar o Rioprevidência em tal tarefa revisional.

Art. 52. Os servidores inativos do Poder Executivo, e seus pensionistas farão jus ao mesmo percentual de aumento em suas aposentadorias e pensões que for concedido aos servidores ativos.

Art. 53. Fica o Poder Executivo autorizado a abrir créditos suplementares para implementação do disposto nesta lei

Art. 54. Esta lei entrará em vigor na data de sua publicação, revogadas as disposições em contrário.

Rio de Janeiro, em 22 de fevereiro de 1999.

ANTHONY GAROTINHO

Governador

LEI Nº 3.548, DE 10 DE ABRIL DE 2001

- DISPÕE SOBRE O LIMITE MÁXIMO DE REMUNERAÇÃO DOS SERVIDORES ATIVOS E INATIVOS E PENSIONISTAS DO ESTADO DO RIO DE JANEIRO.

Art. 1º. Fica estabelecido em R$ 9.600,00 (nove mil e seiscentos reais) o limite bruto máximo de remuneração e subsídios dos ocupantes de cargos, funções e empregos públicos da administração direta, autárquica, fundacional e das empresas públicas, sociedades de economia mista e suas subsidiárias, dos membros do Poder Executivo e os proventos, pensões ou outras espécie remuneratória percebidos cumulativamente ou não, incluídas as vantagens pessoais ou de qualquer outras natureza.

§ 1º – Para os servidores ativos ou inativos e os pensionistas que perceberem remuneração, subsídios, proventos, pensões ou outra espécie remuneratória de mais de uma fonte pagadora, o limite fixado no "caput" recairá sobre o somatória das verbas devidas.

§ 2º – São excluídos do limite máximo de remuneração fixado no "caput".

I – décimo terceiro salário;

II – acréscimo retributivo devido por ocasião das férias;

III – parcelas de natureza indenizatória.

Art. 2º. Os subsídios, vencimentos, remuneração, proventos da aposentadoria, pensões e quaisquer outras espécies remuneratórias serão adequados ao limite máximo de remuneração fixado no art. 1º, não se admitindo a percepção de excesso, a qualquer título.

Art. 3º. O Poder Executivo, em regulamento, adotará providências para que sejam efetivadas as reduções dos subsídios, vencimentos, remuneração, proventos da aposentadoria, pensões e quaisquer outras espécies remuneratórias que excederem ao limite fixado no art. 1º.

Art. 4º. Esta Lei entrará em vigor na data de sua publicação, retroagindo seus efeitos a 1º de janeiro de 1999, revogadas as disposições em contrário.

Rio de Janeiro,10 de abril de 2001.

ANTHONY GAROTINHO

Governador

DECRETO Nº 40.500, DE 01 DE JANEIRO DE 2007

- DISCIPLINA O SISTEMA JURÍDICO DO ESTADO, DISPÕE SOBRE A ATUAÇÃO DE SEU ÓRGÃO CENTRAL E DÁ OUTRAS PROVIDÊNCIAS.

Art. 1º. O Sistema Jurídico do Estado do Rio de Janeiro, sob coordenação da Procuradoria Geral do Estado, é integrado pelos seguintes órgãos:

I – ÓRGÃO CENTRAL: Procuradoria Geral do Estado

II – ÓRGÃOS LOCAIS: Assessorias Jurídicas dos órgãos integrantes da Administração Direta

III – ÓRGÃOS SETORIAIS: Assessorias Jurídicas das entidades integrantes da Administração Indireta

Art. 2º. A Procuradoria Geral do Estado oficiará no controle interno da legalidade dos atos da Administração Pública, inclusive por meio da supervisão dos órgãos locais e setoriais integrantes do Sistema Jurídico Estadual, que se subordinarão à sua orientação técnico-jurídica.

Art. 3º. Compete à Procuradoria Geral do Estado, no exercício do controle e supervisão dos órgãos locais e setoriais do Sistema Jurídico Estadual: (alterado pelo Decreto nº 46.552/2019)

I – propor ao Governador, em relação aos órgãos da Administração Direta e entidades da Administração Indireta o aperfeiçoamento das práticas administrativas, mediante, inclusive, a adoção de providências que visem à prevenção de litígios e evitem a propositura de novas ações judiciais, bem ainda propor e adotar medidas de caráter jurídico, que visem à proteção do patrimônio da Administração Pública, inclusive no que diz respeito à recomposição de danos; (alterado pelo Decreto nº 46.552/2019)

II – editar Orientações Administrativas, com vistas a uniformizar e racionalizar os procedimentos dos órgãos da Administração Direta e entidades da Administração Indireta, bem ainda editar Enunciados, com base em seus precedentes, para a orientação dos órgãos locais e setoriais do Sistema Jurídico do Estado; (alterado pelo Decreto nº 46.552/2019)

III – elaborar minutas padronizadas de editais de licitação e de contratos, convênios, ajustes e acordos, inclusive os de natureza trabalhista;

IV – examinar as manifestações e expedientes de natureza jurídica dos órgãos locais ou setoriais do sistema jurídico do Estado, que lhes sejam submetidos pelo Governador;

V – solicitar ao Governador que confira caráter normativo a parecer emitido pela Procuradoria-Geral do Estado, comunicando sua iniciativa ao Governador;

VI – atribuir normatividade, no âmbito do Sistema Jurídico, a pareceres emitidos pela Procuradoria-Geral do Estado, comunicando sua iniciativa ao Governador;

VII – examinar previamente as minutas de editais, contratos, convênios, ajustes e acordos, inclusive de natureza trabalhista, que disponham diversamente de padronização estabelecida por ato do Procurador-Geral do Estado;

VIII – estabelecer a padronização de atos e procedimentos no âmbito Sistema Jurídico Estadual;

IX – realizar correições nos órgãos locais e setoriais do Sistema Jurídico Estadual;

X – determinar aos órgãos locais e setoriais do Sistema Jurídico do Estado a adoção de providências para a correção de deficiências e distorções, prevenção de falhas e supressão de omissões nos serviços jurídicos prestados, avocando, quando o resguardo ao interesse público assim o justificar, o exame jurídico de qualquer matéria; (alterado pelo Decreto nº 46.552/2019)

XI – exercer o controle e a coordenação das atividades relativas à representação judicial das Autarquias e Fundações Públicas, orientar os órgãos integrantes do Sistema Jurídico do Estado sobre a metodologia de fiscalização da representação judicial das empresas estatais a cargo de advogados internos ou de escritórios de advocacia contratados, avocando, quando o resguardo ao interesse público assim o justificar, o patrocínio de ação judicial; (alterado pelo Decreto nº 46.552/2019)

XII – prevenir e dirimir as controvérsias entre os órgãos locais e setoriais do Sistema Jurídico;

XIII – editar enunciados de súmula administrativa, resultantes de jurisprudência iterativa dos Tribunais, inclusive para fins de dispensa genérica de recursos judiciais;

XIV - fixar a interpretação governamental da Constituição, das leis e demais atos normativos, podendo, para tanto, editar enunciados consolidando os entendimentos já pacificados;

Art. 4º. Compete aos órgãos locais e setoriais do Sistema Jurídico Estadual: (alterado pelo Decreto nº 46.552/2019)

I - observar a orientação técnico-jurídica fixada pela Procuradoria Geral do Estado, cumprindo a todas as suas determinações e recomendações; (alterado pelo Decreto nº 46.552/2019)

II - assessorar os Titulares das Pastas e das entidades da Administração Indireta juridicamente e no controle interno da legalidade, inclusive a respeito da interpretação de atos normativos, de atos editados pelo Poder Público, de contratos e outros instrumentos celebrados pela Administração; (alterado pelo Decreto nº 46.552/2019)

III - emitir pronunciamento em processos e assuntos que envolvam matéria jurídica da Secretaria de Estado ou entidade da Administração Indireta, cujo exame tenha sido solicitado pelo Secretário de Estado, Subsecretário de Estado ou autoridade competente no âmbito da entidade da Administração Indireta; (alterado pelo Decreto nº 46.552/2019)

IV - colaborar na elaboração de minutas de atos administrativos, de decretos, de anteprojetos de lei, de contratos ou outros ajustes de interesse das respectivas Pastas e entidades, sem prejuízo de expressa manifestação conclusiva quanto à respectiva forma, conteúdo e legalidade; (alterado pelo Decreto nº 46.552/2019)

V - analisar, previamente, e, em seguida, devidamente instruído com parecer conclusivo, submeter à Procuradoria Geral do Estado os procedimentos que tenham por objeto: (alterado pelo Decreto nº 46.552/2019)

a) minutas de editais de concurso público;

b) projetos de reforma estatutária, acordos de acionistas, regimentos internos e quaisquer atos normativos outros que impliquem alteração de contrato de trabalho;

c) propostas que possam resultar em criação, implementação, concessão, extensão ou majoração, em caráter genérico ou específico, de vantagem remuneratória de qualquer natureza a servidor público efetivo;

d) minutas de editais, contratos, convênios, ajustes e acordos, inclusive de natureza trabalhista, que disponham diversamente da padronização estabelecida pela Procuradoria Geral do Estado, explicitando as dúvidas ou divergências e destacando as alterações promovidas;

e) minutas de Termo de Ajustamento de Conduta;

f) conclusões que contrariem orientações consolidadas nas Orientações Administrativas, Enunciados e Pareceres da Procuradoria Geral do Estado, devendo a divergência ser explicitada no pronunciamento;

g) o exame de ato normativo, ainda que este não seja o objeto principal do procedimento, e se conclua pela respectiva inconstitucionalidade ou ilegalidade;

h) matéria de grande importância, impacto ou possibilidade de repercussão geral para a Administração Pública;

VI – examinar e aprovar, previamente, observadas as minutas padronizadas pela Procuradoria Geral do Estado, as minutas de editais de licitação, de contratos, convênios, ajustes e acordos, inclusive de natureza trabalhista; (alterado pelo Decreto nº 46.552/2019)

VII – opinar, previamente, sobre os atos em que se pretenda reconhecer a inexigibilidade ou decidir pela dispensa de licitação, ressalvados, a critério do administrador, os atos de dispensa em razão do valor; (alterado pelo Decreto nº 46.552/2019)

VIII – elaborar as minutas de informações a serem prestadas ao Poder Judiciário em mandados de segurança, mandados de injunção, habeas corpus e habeas data impetrados contra ato de Secretário de Estado e de Titular de entidade da Administração Indireta e, a pedido destes, contra ato de outra autoridade superior da respectiva Secretaria ou entidade; (alterado pelo Decreto nº 46.552/2019)

IX – remeter à Procuradoria Geral do Estado, em até 48 (quarenta e oito) horas, cópia da petição inicial e das informações prestadas, no caso do inciso anterior, bem como cópia das citações, intimações e notificações que lhes forem comunicadas pelo Poder Judiciário, devidamente acompanhadas da documentação necessária para a elaboração de defesa do Estado ou respectiva entidade em juízo; (alterado pelo Decreto nº 46.552/2019)

X – fornecer à Procuradoria Geral do Estado, no prazo fixado por esta, os subsídios necessários à defesa do Estado ou respectiva entidade em juízo, velando pelo cumprimento dos prazos por parte dos órgãos que disponham da informação, bem como pela resposta integral às indagações formuladas; (alterado pelo Decreto nº 46.552/2019)

XI – defender os interesses da Secretaria de Estado e da respectiva entidade em contenciosos administrativos; (alterado pelo Decreto nº 46.552/2019)

XII – apresentar relatórios de atividades jurídicas desenvolvidas à Procuradoria Geral do Estado, para fins de controle e supervisão, bem ainda participar de reuniões periódicas, cujo conteúdo e periodicidade serão definidos pelo Procurador Geral do Estado, por meio de Resolução própria; (alterado pelo Decreto nº 46.552/2019)

XIII – sugerir a adoção de medidas pertinentes em relação aos atos administrativos de interesse da Secretaria de Estado ou entidade da Administração Indireta, propondo a edição de atos normativos e soluções que visem ao aperfeiçoamento das práticas administrativas, mediante, inclusive, a adoção de providências que visem à prevenção de litígios e evitem a propositura de novas ações judiciais, bem ainda propor e adotar medidas de caráter jurídico, que visem à proteção do patrimônio da Administração Pública, inclusive no que diz respeito à recomposição de danos. (alterado pelo Decreto nº 46.552/2019)

§ 1º – O descumprimento pelos órgãos locais e setoriais das obrigações estabelecidas neste Decreto será comunicado à Corregedoria da Procuradoria-Geral do Estado para fins de apuração e proposição das medidas administrativas e disciplinares cabíveis.

§ 2º – O Procurador-Geral do Estado, na defesa dos interesses públicos e em situações que possam trazer reflexos de natureza econômica, ainda que indiretos, ao erário estadual, poderá avocar ou integrar e coordenar os trabalhos judiciais e extrajudiciais a cargo dos órgãos locais e setoriais integrantes do Sistema Jurídico.

§ 3º – Para fins da alínea "h" do inciso V, será considerada "matéria de grande importância, impacto ou possibilidade de repercussão geral para a Administração Pública", necessariamente e sem prejuízo de outros, todo processo, ato, contrato ou demais acordos, inclusive seus respectivos termos aditivos, que impliquem criação ou execução de despesa, inclusive por renúncia de receitas, com impacto financeiro-orçamentário igual ou superior a R$ 10.000.000,00 (dez milhões de reais), ainda que meramente estimados e de implemento parcelado. (acrescido pelo Decreto nº 46.552/2019)

§ 4º – Os Secretários de Estado e os Titulares de entidades da Administração Indireta submeterão obrigatoriamente ao prévio pronunciamento dos órgãos locais e setoriais do Sistema Jurídico as matérias enumeradas no caput, notadamente as referidas nos incisos III, IV, V, VI, VII e VIII. (acrescido pelo Decreto nº 46.552/2019)

Art. 5º. As consultas à Procuradoria Geral do Estado só poderão ser formuladas pelo Governador do Estado, por Secretario de Estado ou pela Chefia de entidades da administração indireta que mantenham convênios ou contratos com a Procuradoria Geral do Estado, após manifestação conclusiva das respectivas assessorias jurídicas.

§ 1º – As dúvidas a serem dirimidas pela Procuradoria Geral do Estado devem estar explicitadas na consulta formulada.

§ 2º – Atendida a consulta, fica vedado a qualquer órgão de outro nível emitir, no caso, parecer divergente do proferido pela Procuradoria Geral do Estado.

§ 3º – As autoridades referidas neste artigo poderão solicitar à Procuradoria Geral do Estado o reexame dos seus pareceres, com indicação dos motivos do pedido.

Art. 6º. A chefia das Assessorias Jurídicas das Secretarias de Estado será exercida exclusivamente por Procurador do Estado.

§ 1° – No exercício da função prevista no caput, o Procurador do Estado encaminhará suas manifestações: (alterado pelo Decreto nº 46.552/2019)

a) à Procuradoria Geral do Estado, com ciência do Titular da Pasta, nas hipóteses do inciso V do artigo 4º deste Decreto; (alterado pelo Decreto nº 46.552/2019)

b) diretamente ao Secretário de Estado ou Subsecretário de Estado, autoridades competentes para a formulação de consultas, nas demais hipóteses. (alterado pelo Decreto nº 46.552/2019)

§ 2º – O Procurador-Geral do Estado, diante da complexidade da matéria, da ausência de precedentes ou do impacto generalizado sobre a Administração Pública ou sobre suas finanças, poderá submeter o parecer a exame no âmbito da Procuradoria Geral do Estado.

§ 3° – O Procurador-Geral do Estado poderá, nas hipóteses previstas no parágrafo anterior, avocar o processo administrativo para que seja proferido parecer no âmbito da Procuradoria-Geral do Estado.

§ 4º – A avocação de que trata o parágrafo anterior poderá ser provocada, motivadamente, mediante a explicitação da dúvida pelo Procurador do Estado no exercício da função prevista no caput.

§ 5º – Compete, ainda, ao Procurador do Estado no exercício da função a que se refere o caput examinar o relatório de atividades das Assessorias Jurídicas das entidades integrantes da Administração Indireta vinculada a Secretaria, na forma de resolução específica do Procurador-Geral do Estado.

§ 6° – A nomeação e exoneração dos Procuradores do Estado para os cargos de Chefias de Assessorias Jurídicas, bem como as dos demais cargos de assessoramento de natureza técnico-jurídica das Assessorias Jurídicas das Secretarias de Estado, ficam delegadas privativamente ao Procurador-Geral do Estado, sendo exercidos por sua livre escolha. (incluído pelo Decreto nº 46.552/2019)

Art. 7º. Quando a Chefia da Assessoria Jurídica da Administração Indireta for ocupada por Procurador do Estado, aplica-se o disposto no artigo anterior.

Art. 8º. A Procuradoria Geral do Estado, mediante convênio, poderá representar judicialmente as autarquias e fundações de direito público, assegurados, em conseqüência, o reembolso de eventuais despesas, acréscimos remuneratórios ou prêmios por produtividade aos Procuradores que exerçam funções no âmbito da Procuradoria Geral do Estado ou em cargo pertencente ao sistema jurídico do Estado do Rio de Janeiro.

Art. 9º. A representação judicial das empresas públicas, sociedades de economia mista e fundações de direito privado integrantes da Administração Pública Indireta será exercida, como regra, por meio de seus advogados e obedecerá à orientação estabelecida pela Procuradoria Geral do Estado, em benefício da certeza e segurança jurídicas, da uniformidade de atuação judicial, da defesa do erário, do patrimônio público e da ordem jurídica.

§ 1º - A representação judicial a que ser refere o caput será desempenhada pela Procuradoria Geral do Estado nas causas em que os integrantes do serviço jurídico setorial respectivo sejam interessados, além de outras situações especiais, em que o interesse público e a defesa da ordem jurídica o recomendem.

§ 2º - Todas as minutas de proposta de acordo judicial, em ações judiciais em curso na Justiça Comum ou na Justiça do Trabalho, em qualquer instância ou Tribunal, deverão ser previamente submetidas pelas entidades integrantes da Administração Indireta à Procuradoria Geral do Estado.

§ 3º - Os órgãos setoriais das entidades integrantes da Administração Indireta deverão manter cadastro atualizado de todas as ações judiciais na qual o ente figure como parte.

§ 4º - Quando as empresas públicas ou sociedades de economia mista estaduais forem representadas em juízo por advogados terceirizados, caberá aos órgãos setoriais, sob a supervisão dos órgãos locais, a fiscalização da correta execução do desempenho da atividade, devendo a Procuradoria Geral do Estado ser consultada para dirimir eventuais dúvidas.

Art. 10. As autoridades e dirigentes de qualquer nível deverão prestar a colaboração necessária à Procuradoria Geral do Estado, com vistas a possibilitar o cumprimento das atribuições que lhe competem.

Art. 11. Os atos que importem alteração na organização do Sistema Jurídico Estadual, inclusive dos cargos que o integram e respectivas remunerações, deverão ser submetidos à prévia apreciação da Procuradoria Geral do Estado. (alterado pelo Decreto nº 46.552/2019)

Parágrafo único - Os Assessores-Chefes e demais Assessores lotados nos órgãos locais do Sistema Jurídico do Estado ficam sujeitos aos critérios de remuneração e qualificação determinados pelo Governador do Estado ou, por delegação, pelo Procurador Geral do Estado. (incluído pelo Decreto nº 46.552/2019)

Art. 12. Terão prioridade absoluta, em sua tramitação, os processos referentes a pedidos de informação e diligências formulados pela Procuradoria Geral do Estado.

§ 1º - Sempre que o Sistema SEI esteja implantado nos órgãos e nas entidades envolvidas na comunicação, a comunicação entre a Procuradoria Geral do Estado e os órgãos locais e setoriais do Sistema Jurídico do Estado prescindirá da remessa de ofício e/ou processo administrativo, por meio físico; (incluído pelo Decreto nº 46.552/2019)

§ 2º - Caso o volume de documentos necessários ao acompanhamento da informação a ser prestada exceda os limites suportados pelo Sistema eletrônico, estes deverão ser enviados em separado, por ofício em meio físico, imediatamente após o fornecimento das informações por meio eletrônico, em cujo corpo tal fato será ressalvado; (incluído pelo Decreto nº 46.552/2019)

§ 3º – Em caso de não atendimento injustificado dos pedidos de informações e diligências formulados pela Procuradoria Geral do Estado, a ocorrência deverá ser comunicada à Corregedoria da Procuradoria Geral do Estado e aos demais órgãos correcionais eventualmente competentes para a adoção das providências disciplinares cabíveis, em regime de urgência. (incluído pelo Decreto nº 46.552/2019)

Art. 13. As disposições deste decreto se aplicam no que couber, a todas as unidades do Sistema Jurídico Estadual e entidades em que o Estado do Rio de Janeiro, detentor do controle acionário, participe da administração.

Art. 14. Este Decreto entra em vigor na data de sua publicação, revogados as disposições em contrário, em especial os Decretos nº 10.443, de 09.10.1987, nº 15.624, de 05.10.1990 e Decreto nº 20.267, de 26.07.1994.

Rio de Janeiro, 01 de Janeiro de 2007

SÉRGIO CABRAL

LEI Nº 5.260, DE 11 DE JUNHO DE 2008

- ESTABELECE O REGIME JURÍDICO PRÓPRIO E ÚNICO DA PREVIDÊNCIA SOCIAL DOS MEMBROS DO PODER JUDICIÁRIO, DO MINISTÉRIO PÚBLICO, DA DEFENSORIA PÚBLICA, DO TRIBUNAL DE CONTAS E DOS SERVIDORES PÚBLICOS ESTATUTÁRIOS DO ESTADO DO RIO DE JANEIRO E DÁ OUTRAS PROVIDÊNCIAS.

ÍNDICE

TÍTULO I
DA FINALIDADE E DOS PRINCÍPIOS BÁSICOS DO REGIME PRÓPRIO DE PREVIDÊNCIA SOCIAL DOS MEMBROS DO PODER JUDICIÁRIO, DO MINISTÉRIO PÚBLICO, DA DEFENSORIA PÚBLICA, DO TRIBUNAL DE CONTAS E DOS SERVIDORES PÚBLICOS ESTATUTÁRIOS DO ESTADO DO RIO DE JANEIRO

Art. 1º. A previdência social dos membros do Poder Judiciário, Legislativo, do Ministério Público, da Defensoria Pública, do Tribunal de Contas e dos servidores públicos estatutários do Estado do Rio de Janeiro se organiza em regime jurídico próprio e único, de caráter contributivo e solidário, mediante contribuição dos entes públicos, dos membros, dos servidores estatutários, ativos e inativos, e dos pensionistas, observados os critérios que preservem o equilíbrio financeiro e atuarial e o disposto nesta Lei.

Parágrafo único. Caberá ao RIOPREVIDÊNCIA o pagamento dos benefícios do regime de previdência de que cuida esta Lei, sem prejuízo da responsabilidade do Estado.

Art. 2º. O regime próprio de previdência social dos membros do Poder Judiciário, do Ministério Público, da Defensoria Pública, do Tribunal de Contas e dos servidores públicos estatutários do Estado do Rio de Janeiro assegurará a seus beneficiários meios indispensáveis de manutenção, por motivo de incapacidade, idade avançada, tempo de contribuição, prisão ou morte daqueles de quem dependiam economicamente.

TÍTULO II
DA UNIDADE GESTORA DO REGIME PREVIDENCIÁRIO

Art. 3º. Compete ao Fundo Único de Previdência Social do Estado do Rio de Janeiro - RIOPREVIDÊNCIA, de acordo com o disposto na presente Lei, bem como no art. 40, § 20, da Constituição da República e na Lei nº 3.189, de 22 de fevereiro de 1999, a gestão do regime previdenciário próprio do Estado do Rio de Janeiro mediante o exercício das seguintes atribuições:

I - arrecadação das contribuições previdenciárias dos membros e servidores, ativos e inativos, e pensionistas, bem como do Estado do Rio de Janeiro;

II - administração de recursos financeiros e outros ativos incorporados ao seu patrimônio, para fins de custeio dos benefícios previdenciários descritos na presente Lei, concedidos ou a conceder;

III - gerenciamento da folha de pagamento dos membros e servidores aposentados e dos pensionistas, nos estritos termos dos §§ 1º, 2º e 3º deste artigo.

§ 1º - O exercício da competência prevista no inciso III deste artigo se dará nos termos dos atos de concessão, fixação ou alteração dos benefícios, praticados pelos Poderes Executivo, Legislativo e Judiciário, pelo Ministério Público, pela Defensoria

Pública e pelo Tribunal de Contas do Estado, relativamente a seus membros, servidores e pensionistas.

§ 2° – O pagamento dos benefícios previdenciários se dará através de sistema unificado gerenciado pelo RIOPREVIDÊNCIA e operado pelos Poderes, pelo Ministério Público, pela Defensoria Pública e pelo Tribunal de Contas que, para tanto, deverão manter permanentemente atualizadas as informações relativas ao cadastro individualizado dos respectivos beneficiários.

§ 3° – Caberá aos Poderes, ao Ministério Público e ao Tribunal de Contas atualizarem, mensalmente, o sistema com suas alterações, formando sua base de dados, cabendo ao RIOPREVIDÊNCIA a consolidação dos dados, auditagem e conseqüente crítica, podendo corrigir erros materiais e reportar eventuais irregularidades ao respectivo poder ou instituição concedente para reavaliação, no âmbito de sua autonomia constitucional, sem prejuízo da imediata comunicação ao Tribunal de Contas do Estado.

- Representação por Inconstitucionalidade nº 0045692-66.2013.8.19.0000 – Declarada a inconstitucionalidade da expressão "podendo corrigir erros materiais".

TÍTULO III
DOS BENEFICIÁRIOS

Art. 4º. São beneficiários do regime próprio de previdência social dos membros do Poder Judiciário, do Ministério Público, da Defensoria Pública, do Tribunal de Contas e dos servidores públicos estatutários do Estado do Rio de Janeiro os segurados e dependentes, na forma dos dispositivos integrantes deste Título.

Art. 5º. São segurados, em caráter obrigatório:

I – os titulares de cargo de provimento efetivo do Poder Executivo, incluídos os servidores das autarquias e fundações regidas pelas normas de Direito Público, ativos e inativos;

II – os titulares de cargo de provimento efetivo do Poder Legislativo, ativos e inativos;

III – os magistrados, de carreira ou investidos no cargo na forma do artigo 94 da Constituição da República, e os titulares de cargo de provimento efetivo do Poder Judiciário, ativos e inativos;

IV – os membros do Ministério Público e os titulares de cargo de provimento efetivo do Ministério Público, ativos e inativos;

V – os Conselheiros do Tribunal de Contas do Estado os titulares de cargo de provimento efetivo do Tribunal de Contas, ativos e inativos;

VI – membros da Defensoria Pública.

Art. 6º. São dependentes os beneficiários que, nos termos da presente Lei, fazem jus a pensão por morte de segurado ou auxílio-reclusão.

TÍTULO IV
DOS BENEFÍCIOS

Capítulo I
DISPOSIÇÕES GERAIS

Art. 7º. O regime próprio de previdência social dos membros do Poder Judiciário, do Ministério Público, da Defensoria Pública, do Tribunal de Contas e dos servidores públicos estatutários do Estado do Rio de Janeiro compreende as seguintes prestações:

I – quanto aos segurados:

a) aposentadoria voluntária:

1 – por idade;

2 – por tempo de contribuição;

b) aposentadoria compulsória por idade;

c) aposentadoria por invalidez permanente;

II – quanto aos dependentes:

a) pensão por morte;

b) auxílio-reclusão.

Art. 8º. O pagamento dos benefícios previdenciários respeitará os limites remuneratórios máximos de cada Poder, do Ministério Público, da Defensoria Pública e do Tribunal de Contas do Estado, na forma do art. 37, inciso XI da Constituição Federal e Emenda Constitucional nº 58/2014, da Constituição Estadual. (Nova redação dada pela Lei 7628/2017.)

§ 1º – O pagamento dos benefícios previdenciários respeitará, o calendário de pagamento de servidores ativos do Poder Executivo, exceto em situações excepcionais de calamidade financeira.

§ 2 – A soma de todos os benefícios previdenciários pagos aos aposentados e pensionistas de todos os poderes, não poderá ultrapassar os limites constitucionais.

Capítulo II
DA APOSENTADORIA

Seção I
DISPOSIÇÕES GERAIS

Art. 9º. A aposentadoria dos membros do Poder Judiciário, do Ministério Público, da Defensoria Pública, do Tribunal de Contas e dos servidores públicos estatutários do Estado do Rio de Janeiro rege-se pelas normas constitucionais e legais vigentes quando da aquisição do respectivo direito, assim consideradas:

I – a data de preenchimento do requisito constitucional de idade mínima, nos casos de aposentadoria voluntária por idade;

II – a data de preenchimento de ambos os requisitos constitucionais de idade mínima e tempo de contribuição, nos casos de aposentadoria voluntária por tempo de contribuição;

III – a data de preenchimento do requisito constitucional de idade, nos casos de aposentadoria compulsória por idade;

IV – a data do laudo médico ou a data nele fixada, nos casos de aposentadoria por invalidez; (Nova redação dada pela Lei 7628/2017.)

V – a data de preenchimento dos requisitos legais, nos casos de aposentadoria especial. (Nova redação dada pela Lei 7628/2017.)

§ 1º No caso de aposentadoria compulsória por idade, o segurado afastar-se-á do exercício de seu cargo no dia a que se refere o inciso III deste artigo, sendo o ato de aposentação meramente declaratório, para todos os efeitos jurídicos. (Nova redação dada pela Lei 7628/2017.)

§ 2º Concorrendo as condições previstas para a aposentadoria voluntária por tempo de contribuição, por invalidez permanente ou compulsória, o servidor poderá optar, uma única vez, por qual delas deseja se aposentar, assegurado os direitos e vantagens inerentes ao cargo. (Nova redação dada pela Lei 7628/2017.)

§ 3º Não sendo realizada a opção a que se refere o inciso anterior, ter-se-á presumido o pedido pela aposentadoria que gere os proventos de maior valor bruto. (Incluído pela Lei 7628/2017.)

§ 4º Na hipótese prevista no inciso IV deste artigo, os efeitos financeiros da aposentadoria por invalidez serão produzidos a partir do ato concessório, dispensando-se o servidor de restituir diferenças eventualmente verificadas entre o valor da remuneração e o valor dos proventos de aposentadoria. (Incluído pela Lei 7628/2017.)

§ 5º O segurado aposentado por invalidez poderá ser convocado a qualquer momento, com antecedência mínima de 30 (trinta) dias, para avaliação das condições que ensejaram a aposentadoria ou reforma, concedida judicial ou administrativamente devendo, entretanto, a suspensão dos benefícios ser precedida de processo administrativo onde sejam assegurados ao aposentado a ampla defesa e o contraditório. (Incluído pela Lei 7628/2017.)

Seção II
DA FIXAÇÃO DOS PROVENTOS DE APOSENTADORIA

Art. 10. A fixação e atualização dos proventos obedecerá ao disposto no § 3º do artigo 40, da Constituição da República, os artigos 2º, 3º e 6º da Emenda Constitucional nº 41, de 19 de dezembro de 2003, e no artigo 3º da Emenda Constitucional nº 47, de 5 de julho de 2005, observado o disposto na Lei Federal nº 10.887, de 18 de junho de 2004. (Nova redação dada pela Lei 7628/2017.)

Art. 11. Os proventos de aposentadoria serão proporcionais ao tempo de contribuição, exceto na hipótese de aposentadoria por invalidez decorrente de acidente em serviço, moléstia profissional ou doença grave, contagiosa ou incurável adquirida após o ingresso do servidor em cargo efetivo do Estado do Rio de Janeiro.

§ 1º – Para gerar direito a proventos de aposentadoria integrais, a doença grave, contagiosa ou incurável referida no caput deverá constar da lista elaborada pelos Ministérios da Saúde e da Fazenda, atualizada a cada 3 (três) anos, de acordo com os critérios de estigma, deformação, mutilação, deficiência ou outro fator que lhe confira especificidade e gravidade que mereçam tratamento particularizado, conforme especificado no art. 26, inciso II da Lei Federal nº 8.213/91, alterado pela Lei Federal n.13.135/2015.

§ 2º – Para os efeitos desta lei, entende-se por:

I – Acidente de serviço: aquele que acarreta dano físico ou mental que tenha relação mediata ou imediata com o exercício do cargo bem como o ocorrido no deslocamento entre a residência e o local de trabalho e, ainda, a agressão física ocorrida em decorrência do exercício do cargo, salvo quanto provocada pelo próprio segurado.

II – Doença profissional: a que resultar da natureza e das condições de trabalho. (Nova redação dada pela Lei 7628/2017.)

Art. 12. Considerar-se-ão, para determinação da base de cálculo dos proventos de aposentadoria o subsídio ou a remuneração do cargo efetivo, acrescido das vantagens pecuniárias permanentes estabelecidas em lei, os adicionais de caráter individual ou quaisquer outras vantagens, excluídas: (Art. 12 – nova redação dada pela Lei 6243/2012.)

I – as diárias para viagens;

II – a ajuda de custo em razão de mudança de sede;

III – a indenização de transporte;

IV – o salário-família;

V – o auxílio-alimentação;

VI – o auxílio-creche;

VII – as parcelas remuneratórias pagas em decorrência de local de trabalho;

VIII – a parcela percebida em decorrência do exercício de cargo em comissão ou de função de confiança; e

IX – o abono de permanência de que tratam o § 19 do art. 40 da Constituição Federal, o § 5º do art. 2º e o § 1º do art. 3º da Emenda Constitucional nº 41, de 19 de dezembro de 2003.

§ 1º – Os proventos calculados de acordo com a média das remunerações estabelecida pela Lei Federal nº 10.887/2004, por ocasião da sua concessão, não poderão ser inferiores ao valor do salário-mínimo estadual – piso estabelecido em lei estadual ou salário-mínimo nacional, o que for de valor maior – , nem exceder a remuneração do servidor no cargo efetivo em que se deu a aposentadoria, bem como deverá respeitar, em todos os casos, o teto constitucional estabelecido no artigo 37, XI da Constituição da República Federativa do Brasil. (Redação dada pela Lei 7628/2017.)

§ 2º – Integrarão a base de cálculo dos proventos de aposentadoria, calculados na forma do § 1º, as parcelas remuneratórias percebidas em decorrência de local de trabalho, do exercício de cargo em comissão ou de função de confiança sobre as quais tenha incidido contribuição previdenciária, na proporção do tempo de contribuição; (Redação dada pela Lei 7628/2017.)

§ 3º – Os proventos de aposentadoria não excederão o limite máximo de benefícios do regime geral de previdência social, em se tratando de segurados:

a) que tenham ingressado no serviço público a partir da data do início do funcionamento da RJPREV, independentemente de adesão ao regime de previdência complementar ali instituído;

b) que tenham ingressado no serviço público em data anterior ao início do funcionamento da RJPREV (Lei nº 6243, de 21 de maio de 2012) e tenham optado por aderir ao regime de previdência complementar ali instituído, exceto participante sem patrocínio; ou (nova redação da alínea b pela Lei 7628/2017.)

c) que sejam oriundos do serviço público em outro ente da Federação e ali estivessem vinculados ao Regime de Previdência Complementar, na forma do artigo 40, §§ 14 a 16, da Constituição da República Federativa do Brasil, independentemente de adesão ao plano de benefícios administrado por entidade fechada de previdência complementar. (Redação dada pela Lei 7628/2017.)

Art. 13. Para efeito de aposentadoria, é assegurada a contagem do tempo de contribuição para os regimes próprios de previdência social dos servidores estatutários da União, de outros Estados, Distrito Federal e de Municípios, incluídas as autarquias e fundações, bem como a contagem do tempo de contribuição para o regime geral de previdência social, observado o disposto no art. 201, § 9º, da Constituição da República.(Redação dada pela Lei 7628/2017.)

Capítulo III
DA PENSÃO POR MORTE

Seção I
DOS DEPENDENTES

Art. 14. São beneficiários da pensão por morte, na qualidade de dependentes do segurado:

I – o cônjuge, a companheira ou o companheiro, os parceiros homoafetivos e os filhos não emancipados, de qualquer condição, menores de 21 (vinte e um) anos ou maiores, se inválidos ou interditados; (Redação dada pela Lei 7628/2017.)

II – os pais;

III – os irmãos, de qualquer condição, menores de 21 (vinte e um) anos, ou inválidos.

IV – os filhos não emancipados, de qualquer condição, até 24 (vinte e quatro) anos, se estudantes universitários.(Incluído pela Lei 7628/2017.)

§ 1º – A existência de dependente de qualquer das classes deste artigo exclui do direito às prestações os das classes seguintes.

§ 2º – O enteado, o menor sob guarda judicial e o menor tutelado equiparam-se a filho mediante comprovação documental. (Redação dada pela Lei 7628/2017.)

§ 3º – Considera-se companheira ou companheiro a pessoa que mantém união estável com o segurado, nos termos dos artigos 1723 a 1727 do Código Civil, equiparada, para os efeitos desta Lei, ao casamento.

§ 4º – Para a configuração da parceria homoafetiva, aplicam-se no que couber, os preceitos legais incidentes sobre a união estável.

§ 5º – A condição de dependente se verificará mediante a comprovação da existência, ao tempo do óbito do segurado, de relação de dependência econômica, que é presumida para as pessoas indicadas no inciso I, ressalvados os termos do § 2º deste artigo.

§ 6º – O beneficiário de pensão concedida em razão da invalidez poderá ser convocado a cada ano para avaliação das condições que ensejaram a concessão do benefício, devendo, entretanto a suspensão dos benefícios ser precedida de processo administrativo onde sejam assegurados ao beneficiário a ampla defesa e o contraditório. (Incluído pela Lei 7628/2017.)

Art. 15. A metade da pensão por morte será concedida a uma das pessoas seguintes: ao cônjuge, à companheira, ao companheiro ou ao parceiro homoafetivo; e a outra metade, repartidamente e em proporções iguais entre si, aos filhos de qualquer condição (inciso I do art. 14) e aos equiparados na forma do § 2º do art. 14.

Art. 16. O cônjuge, a companheira ou o companheiro, e os parceiros homoafetivos não serão considerados beneficiários da pensão por morte nas seguintes hipóteses: (Redação dada pela Lei 7628/2017.)

I – no caso do cônjuge, especificamente, se estiver separado judicialmente ou divorciado por ocasião do falecimento do segurado, sem que lhe tenha sido assegurado judicialmente prestação de alimentos ou outro auxílio; e, também, pela anulação do casamento;

II – em qualquer caso, encontrando-se o cônjuge, o companheiro, a companheira ou o parceiro homoafetivo separado(a) de fato por mais de 2 (dois) anos, sem pensão alimentícia ou outro auxílio determinado em juízo.

Parágrafo único. Caberá ao cônjuge, à companheira ou ao companheiro, e ao parceiro homoafetivo comprovar a efetiva constância do casamento ou da união estável. (Incluído pela Lei 7628/2017.)

Art. 17. A companheira, o companheiro ou o parceiro homoafetivo concorre para a percepção da pensão com a esposa ou o marido do segurado, separados de fato há menos de 02 (dois) anos, ou que esteja recebendo pensão alimentícia ou outro auxílio fixado em juízo.

§ 1º – O cônjuge separado, de fato ou judicialmente, ou divorciado, ou, ainda, a ex-companheira ou o ex-companheiro que esteja recebendo prestação de alimentos terá direito ao valor da pensão por morte correspondente ao percentual desses alimentos arbitrados judicialmente, destinando-se o restante da pensão aos demais dependentes habilitados.

§ 2º – Na hipótese do caput deste artigo, a pensão por morte que caberá à esposa ou ao marido será dividida em partes iguais com a companheira, o companheiro ou o parceiro homoafetivo, ou na forma prevista no § 1º deste artigo.

§ 3º – Na hipótese do § 1º deste artigo, quando existir companheira, companheiro ou parceiro homoafetivo com direito ao benefício, a pensão do alimentado não poderá ultrapassar 50% (cinqüenta por cento) da parcela a eles destinada; e, se superior, dividir-se-á em partes iguais aquela parcela.

Art. 18. O dependente perde a qualidade de beneficiário da pensão por morte:

I – em qualquer caso:

a) se cessada a dependência econômica, assegurada a ampla defesa;

b) se condenado, após trânsito em julgado, pela prática de crime da qual tenha dolosamente resultado a morte do segurado;

c) pelo falecimento;

d) pela renúncia expressa ao direito à pensão;

II – no caso de cônjuge, companheira ou companheiro e parceiro homoafetivo:

a) a qualquer tempo, pelo novo casamento ou união estável;

b) a qualquer tempo, se comprovada simulação ou fraude no casamento ou na união estável, ou sua formalização com o fim exclusivo de constituir benefício previdenciário, assegurado ao beneficiário direito ao contraditório e ampla-defesa;

c) pela cessação da invalidez ou da interdição, se inválido ou interditado, respeitados os períodos mínimos decorrentes da aplicação das alíneas "d" e "e";

d) em 4 (quatro) meses, se o óbito ocorrer sem que o segurado tenha vertido 18 (dezoito) contribuições mensais ou se o casamento ou a união estável tiverem sido iniciados em menos de 2 (dois) anos antes do óbito do segurado;

e) transcorridos os seguintes períodos, estabelecidos de acordo com a idade do beneficiário ao término do ano do óbito do segurado, se o óbito ocorrer depois de vertidas 18 (dezoito) contribuições mensais e pelo menos 2 (dois) anos após o início do casamento ou da união estável:

1) 3 (três) anos, com menos de 21 (vinte e um) anos de idade;

2) 6 (seis) anos, entre 21 (vinte e um) e 26 (vinte e seis) anos de idade;

3) 10 (dez) anos, entre 27 (vinte e sete) e 29 (vinte e nove) anos de idade;

4) 15 (quinze) anos, entre 30 (trinta) e 40 (quarenta) anos de idade

5) 20 (vinte) anos, entre 41 (quarenta e um) e 43 (quarenta e três) anos de idade;

III – no caso de irmãos e filhos, ou equiparados:

a) a qualquer tempo, pelo casamento ou união estável, ou pela emancipação;

b) pelo implemento da idade de 24 (vinte e quatro) anos ou, para o menor sob guarda e o menor tutelado, a idade de 18 (dezoito) anos, exceto na hipótese da alínea "c";

c) pela cessação da invalidez ou da interdição, se inválidos ou interditados;

§ 1º – Será vitalícia a pensão do cônjuge, companheira ou companheiro, e parceiro homoafetivo se contarem com a idade de 44 (quarenta e quatro) anos completos ao término do ano do óbito do segurado e este ocorrer depois de vertidas 18 (dezoito) contribuições mensais e pelo menos 2 (dois) anos após o início do casamento ou da união estável;

§ 2º – Ao cônjuge, companheira ou companheiro, e parceiro homoafetivo serão aplicados, conforme o caso, a regra contida na alínea "c" ou os prazos da alínea "e", do inciso II, independentemente do recolhimento de 18 (dezoito) contribuições mensais ou da comprovação de 2 (dois) anos de casamento ou união estável, se o óbito do segurado decorrer de causas não naturais ou de doença profissional ou do trabalho.

§ 3° - O tempo de contribuição a outros Regimes Próprios de Previdência Social e ao Regime Geral de Previdência Social, será considerado na contagem das 18 (dezoito) contribuições mensais referidas nas alíneas "d" e "e" do inciso II, cabendo ao interessado comprovar o período de contribuição aos outros regimes"

§ 4° - Após o transcurso de pelo menos 3 (três) anos e desde que nesse período se verifique o incremento mínimo de um ano inteiro na média nacional única, para ambos os sexos, correspondente à expectativa de sobrevida da população brasileira ao nascer, poderão ser fixadas, em números inteiros, novas idades para os fins previstos na alínea "e" do inciso II, limitado o acréscimo na comparação com as idades anteriores ao referido incremento.

§ 5º - A perda da condição de dependente, para fins de percepção da pensão por morte, é definitiva, sendo inviável o seu restabelecimento sob qualquer fundamento, ressalvada as hipóteses de decisão judicial.

§ 6º - Cabe ao pensionista informar ao RIOPREVIDÊNCIA a mudança de situação que o faça perder a qualidade de beneficiário, sob pena de restituição dos valores indevidamente pagos e apuração de má-fé, com aplicação das penalidades legais.

§ 7º - Fica mantida a qualidade de beneficiário da pensão por morte, ainda que cessada a dependência econômica, ao dependente que se enquadre nas hipóteses previstas no inciso II, alínea "e" deste artigo, respeitado os prazos estabelecidos neste dispositivo.

§ 8º - Não se aplica a restrição referente ao número de contribuições mínimas previstos no Inciso II, letra "d", bem como os períodos estabelecidos pela letra "e" do mesmo inciso, sendo as pensões sempre vitalícias, às pensionistas de servidores das seguintes carreiras: (Redação dada pela Lei 7628/2017.)

I - Policiais Civis

II - Policiais Militares

III - Bombeiros Militares

IV - Inspetores de Segurança e Administração Penitenciária

V - Agentes Socioeducativos .

Art. 19. A concessão da pensão por morte não será adiada pela possibilidade de existirem outros dependentes.

§ 1º - O pedido de redistribuição da pensão por morte que ocasionar a inclusão ou a exclusão de dependentes produzirá efeito a partir do fato que o determinar.

§ 2º - Ao cônjuge ausente, assim declarado em juízo, será aplicável, para fins de pensão por morte, a disciplina relativa ao cônjuge separado de fato. (Redação dada pela Lei 7628/2017.)

Art. 20. A dependência econômica a que se refere esta Lei, quando não presumida, somente será admitida em relação àqueles que não auferirem, a qualquer título, rendimentos superiores ao limite máximo estabelecido para os benefícios do regime geral de previdência social de que trata o art. 201 da Constituição da República no mês do óbito.

Art. 21. Ressalvado o direito de opção, é vedada a percepção cumulativa de mais de duas pensões. (Redação dada pela Lei 7628/2017.)

Art. 22. Por morte presumida do segurado ou seu desaparecimento em conseqüência de acidente, desastre ou catástrofe, declarados pela autoridade judiciária competente, decorridos seis meses de ausência, será concedida a seus dependentes uma pensão provisória, a contar da data da declaração, na forma estabelecida nesta Seção.

Parágrafo único. Verificado o reaparecimento do segurado, o pagamento da pensão cessará imediatamente, desobrigados os beneficiários da reposição das quantias já recebidas.

Art. 23. O pagamento da pensão por morte será devido a partir da data em que ocorrer o falecimento do segurado, desde que seja requerido em até 60 (sessenta) dias após o óbito.

Parágrafo único. Decorrido o prazo de 60 (sessenta) dias, a pensão será devida a partir da data do requerimento. (Redação dada pela Lei 7628/2017.)

Art. 24. A pensão por morte somente reverterá entre os pensionistas nas hipóteses seguintes:

I – da viúva para a companheira ou parceiro homoafetivo, do viúvo para o companheiro ou parceira homoafetiva, ou vice-versa, pelo falecimento, e na falta destes, em partes iguais, para os filhos de qualquer condição e seus equiparados, nos termos desta Lei;

II – de um filho para os outros, inclusive seus equiparados, pelo atingimento das idades máximas referidas no artigo 14, inciso I, da presente Lei, pela emancipação, pela cessação da invalidez ou da interdição, pelo casamento ou pelo falecimento;

III – no último filho, ou equiparado, nas hipóteses do inciso II deste artigo, para a viúva, viúvo, companheira, companheiro ou parceiro homoafetivo do segurado, atendidas as demais condições exigidas nesta Lei para a concessão da pensão;

IV – da viúva ou viúvo, separados de fato, dos separados judicialmente, desquitados ou divorciados, da ex-companheira ou ex-companheiro, da ex-parceira ou ex-parceiro que perceba pensão alimentícia ou outro auxílio determinado em Juízo, pelo falecimento, para o cônjuge supérstite, a companheira, o companheiro ou parceiro homoafetivo e, na falta deste, para os filhos;

V – de um dos pais para o outro, se dependentes economicamente do segurado, inválidos ou interditos, ou pelo falecimento de um deles;

VI – de um irmão para outro, pelo atingimento da idade limite prevista no art. 14, I, pela cessação da invalidez, pelo falecimento ou pelo casamento.

Art. 25. Revogado pela Lei 7628/2017.

Seção II
DA FIXAÇÃO DA PENSÃO POR MORTE

Art. 26. A pensão por morte de segurado corresponderá:

I – ao valor da totalidade da remuneração do servidor no cargo efetivo em que se deu o falecimento, até o limite máximo estabelecido para os benefícios do Regime Geral de Previdência Social (RGPS), acrescido de 70% (setenta por cento) da parcela excedente a este limite, caso em atividade na data do óbito; ou

II – ao valor da totalidade dos proventos do servidor falecido, até o limite máximo estabelecido para os benefícios do Regime Geral de Previdência Social (RGPS), acrescido de 70% (setenta por cento) da parcela excedente a este limite, caso aposentado à data do óbito. (Redação dada pela Lei 7628/2017.)

§ 1º – Revogado pela Lei 7628/2017.

§ 2º – As pensões não excederão o limite máximo de benefícios do Regime Geral de Previdência Social quando decorrentes de óbitos de segurados: (Redação dada pela Lei 7628/2017.)

a) que tenham ingressado no serviço público a partir da data do início do funcionamento da RJPREV, independentemente de adesão ao regime de previdência complementar ali instituído; (Redação dada pela Lei nº 6243/2012.)

b) que tenham ingressado no serviço público em data anterior ao início do funcionamento da RJPREV e tenham optado por aderir ao regime de previdência complementar ali instituído, exceto no caso de participante sem patrocínio; ou (Redação dada pela Lei 7628/2017.)

c) que sejam oriundos do serviço público em outro ente da Federação e ali estivessem vinculados ao Regime de Previdência Complementar, na forma do artigo 40, §§ 14 a 16, da Constituição da República Federativa do Brasil, independentemente de adesão ao plano de benefícios administrado por entidade fechada de previdência complementar. (Redação dada pela Lei nº 6243/2012.)

Art. 26-A. Será pago adicional de 100% (cem por cento) aos benefícios da pensão por morte, observando-se os limites constitucionais sobre o total, quando o óbito decorrer no exercício das funções para os beneficiários dos segurados das seguintes carreiras:

I - Policiais Civis;

II - Policiais Militares;

III - Bombeiros Militares;

IV - Inspetores de Segurança e Administração Penitenciária;

V - Agentes Socioeducativos.

§ 3º - O adicional estabelecido no caput também será pago na ocorrência de falecimento de servidor público civil ou militar elencado nos incisos I ao V e de servidores públicos da área da saúde, em virtude da COVID-19, devidamente comprovada, contraída no pleno exercício de suas funções em órgão ou entidade pública dos estabelecimentos de saúde durante o estado de calamidade pública no Estado do Rio de Janeiro em decorrência do Novo Coronavírus, nas funções da área de segurança pública, da saúde e de assistência social, observadas as condições estabelecidas nos parágrafos anteriores.

§ 4º - O adicional estabelecido no caput também será pago nas hipóteses de falecimento de servidor público estatutário dos Programas Segurança Presente, Lei Seca e Barreira Fiscal e Assistentes Sociais, em decorrência da COVID-19, devidamente comprovada, contraída no efetivo exercício de suas funções durante o estado de calamidade pública no Estado do Rio de Janeiro em decorrência do Coronavírus (COVID-19), observadas as condições e requisitos estabelecidos nos parágrafos anteriores. (* Nova redação dada pela Lei 8865/2020.

Art. 27. Revogado pela Lei 7628/2017.

Capítulo IV
DO AUXÍLIO-RECLUSÃO

Seção I
DISPOSIÇÕES GERAIS

Art. 28. O auxílio-reclusão será devido aos dependentes dos segurados de baixa renda recolhidos à prisão. (Nova redação dada pela Lei nº 5352/2008.)

§ 1º - Não acarreta perda do direito ao recebimento do auxílio-reclusão pelos seus dependentes o exercício de atividade remunerada pelo segurado recluso em cumprimento de pena em regime fechado ou semiaberto que contribuir na condição de segurado, ou mesmo no caso de não exercer este atividade remunerada e nem estar vinculado a qualquer regime de previdência social.

§ 2º - Aplicam-se para o auxílio-reclusão, no que couber, as normas previstas no Capítulo III do Título IV desta Lei.

§ 3º - Consideram-se segurados de baixa renda aqueles que recebem remuneração ou subsídio mensal igual ou inferior menor piso salarial do Estado. (Redação dada pela Lei 7628/2017.)

Art. 29. O auxílio-reclusão será pago durante o cumprimento da pena e cessa imediatamente no dia em que o segurado for posto em liberdade, ainda que condicional.

§ 1º - Concedido o auxílio-reclusão, será feita a comunicação ao órgão controlador do cumprimento da pena, para fins de anotação da concessão do benefício na ficha carcerária do segurado ou ex-segurado, a fim de que o referido órgão comunique ao RIOPREVIDÊNCIA o dia da respectiva libertação, sob pena de caracterização de transgressão disciplinar do servidor responsável pela comunicação.

§ 2º - Suspende-se o benefício em caso de fuga do segurado, restabelecendo-se o mesmo a partir da data de recaptura ou de reapresentação à prisão.

§ 3º - Não será devido o auxílio-reclusão enquanto estiver o segurado evadido ou durante o período de fuga.

Art. 30. O auxílio-reclusão, observadas as condições para a sua concessão, só será pago a partir do mês em que for requerido, aplicando-se-lhe, no mais, as disposições que regulam a pensão, exceto quanto à prescrição que, no caso, se consumará no prazo apenas de um ano a contar do mês em que a prestação for devida e não reclamada.

Parágrafo único O requerimento do auxílio-reclusão deverá ser instruído com certidão do efetivo recolhimento à prisão, sendo obrigatória, para a manutenção do benefício, a apresentação de declaração de permanência na condição de presidiário.

Art. 31. Em caso de falecimento do segurado ou ex-segurado na prisão, converte-se o auxílio-reclusão em pensão por morte no mesmo valor, aplicando-se as disposições do Capítulo III do Título IV desta Lei.

Seção II
DA FIXAÇÃO DO AUXÍLIO-RECLUSÃO

Art. 32. O auxílio-reclusão corresponderá:

I - a dois terços das parcelas estipendiais recebidas pelo segurado, sobre as quais incida contribuição previdenciária, quando afastado por motivo de prisão em flagrante ou preventiva, determinada pela autoridade competente, enquanto perdurar a prisão;

II - a metade das parcelas estipendiais recebidas pelo segurado, sobre as quais incida contribuição previdenciária, durante o afastamento em virtude de condenação por sentença definitiva que não determine ou de que não decorra a perda do cargo.

TÍTULO V
DO CUSTEIO

Art. 33. O custeio dos benefícios previdenciários do regime próprio de previdência social dos membros do Poder Judiciário, do Ministério Público, da Defensoria Pública, do Tribunal de Contas e dos servidores públicos estatutários do Estado do Rio de Janeiro se dará nos termos da Lei 3.189, de 22 de fevereiro de 1999, com suas posteriores alterações, observadas, ainda as disposições desta Lei e da Lei nº 5.166, de 19 de dezembro de 2007.

TÍTULO VI
DISPOSIÇÕES GERAIS E TRANSITÓRIAS

Art. 34. A Lei nº 3.189, de 22 de fevereiro de 1999, passa a vigorar com os seguintes acréscimos e modificações:

"Art. 1º Fica instituído o FUNDO ÚNICO DE PREVIDÊNCIA SOCIAL DO ESTADO DO RIO DE JANEIRO - RIOPREVIDÊNCIA com a finalidade de arrecadar, assegurar e administrar recursos financeiros e outros ativos para o custeio dos proventos de aposentadoria ou reforma, das pensões e outros benefícios, concedidos e a conceder aos membros e servidores estatutários e seus dependentes, pelo Estado do Rio de Janeiro, suas autarquias e fundações. (NR)

§ 1º - O RIOPREVIDÊNCIA deverá efetuar os pagamentos dos proventos de aposentadoria e reforma, das pensões e de outros benefícios devidos, nos termos estabelecidos na legislação relativa ao regime jurídico próprio e único de previdência dos membros e servidores públicos estatutários estaduais. (NR)(...)

§ 3º Ao Estado do Rio de Janeiro compete responder solidariamente pelas obrigações assumidas pelo RIOPREVIDÊNCIA com relação aos membros e servidores estatutários, ativos e inativos, bem como seus beneficiários." (NR)

Art. 6º O Conselho de Administração será composto por 15 (quinze) membros, a saber:

I - o Secretário de Estado de Planejamento e Gestão;

II - o Secretário Chefe da Casa Civil;

III - o Secretário de Estado de Fazenda;

IV - o Procurador-Geral do Estado;

V - o Defensor Público Geral do Estado;(NR)

VI - um representante indicado pelo Tribunal de Justiça do Estado; (NR)

VII - um representante indicado pela Assembléia Legislativa; (NR)

VIII - um representante indicado pelo Ministério Público; (NR)

IX - um representante indicado pelo Tribunal de Contas do Estado; (NR)

X - cinco representantes dos segurados e beneficiários, sendo um de cada um dos Poderes, um do Ministério Público e um do Tribunal de Contas, escolhidos e nomeados pelo Governador a partir de lista tríplice, formada pelas respectivas associações de classe; (NR)

XI – o Diretor-Presidente do RIOPREVIDÊNCIA.(NR)

(...)

§ 4º Cada membro do Conselho possuirá um suplente, observados os mesmos critérios de escolha dos titulares."

"Art. 7 º(...)

I – reunir-se, ordinariamente, na forma de seu Regimento Interno, no mínimo a cada 3 (três) meses, e, extraordinariamente, por convocação de seu Presidente ou da maioria de seus membros; (NR)

(...)

VII – estabelecer, privativamente, os parâmetros para funcionamento do sistema unificado de pagamento do regime jurídico próprio e único de previdência dos membros e servidores públicos estatutários estaduais; (NR)

VIII – supervisionar a gestão da folha e do sistema unificado de pagamento de benefícios previdenciários." (NR)"

"Art. 10. O RIOPREVIDÊNCIA contará com Conselho Fiscal composto de 03(três) membros efetivos e 03 (três) membros suplentes, escolhidos, entre segurados e/ou beneficiários, ouvidas as respectivas entidades representativas de classe, na forma do inciso X do Artigo 6º, até o dia 10 de março de cada ano, e nomeados pelo Governador para o exercício de mandato de um ano." (NR)

"Art. 14 – (...)

III – as contribuições de natureza previdenciária do Estado do Rio de Janeiro, e suas autarquias e fundações, na forma da lei;" (NR)

"Art. 19 – O segurado em gozo de licença sem remuneração, salvo opção expressa, contribuirá para o regime jurídico próprio e único de previdência dos membros e servidores públicos estatutários estaduais durante o período de afastamento, recolhendo a contribuição, inclusive a patronal, diretamente ao RIOPREVIDÊNCIA, por meio de documento próprio de arrecadação. (NR)

§ 1º – Durante o período de licença sem remuneração, permanece o vínculo com o regime jurídico próprio e único de previdência social, independente do recolhimento da contribuição.

§ 2º – Realizada a opção a que se refere o caput, o não recolhimento da contribuição previdenciária por prazo superior a 12 (doze) meses importa a suspensão do exercício dos direitos previdenciários. (NR)

§ 3º – O período da licença sem remuneração será computado como tempo de contribuição para fins de aposentadoria, caso seja realizado o devido recolhimento." (NR)

"Art. 19-A – As contribuições previdenciárias dos segurados cedidos a órgãos de outros entes da Federação, sem ônus para o Estado do Rio de Janeiro, serão recolhidas ao Fundo pelo órgão cessionário." (NR)

"Art. 20 – (...)

§ 4º Os débitos existentes serão parcelados em até 60 (sessenta) vezes a critério do servidor.

I – Caso o comprometimento da renda do servidor supere o percentual de 40% (quarenta por cento), poderá haver o alongamento do prazo para quitação do débito.

§ 5º Caso a quitação do parcelamento, previsto no parágrafo anterior, seja realizada mediante desconto em folha de pagamento, deverá ser respeitada a respectiva margem consignável." (NR)

"Art. 23 Após a concessão da aposentadoria, reforma ou pensionamento, os órgãos competentes do Poder Executivo, suas autarquias e fundações, encaminharão ao RIOPREVIDÊNCIA os autos do procedimento administrativo, para verificação e imediata implantação em folha de pagamento." (NR)

"Art. 24 – (...)

VII – à minimização dos custos administrativos, vedados quaisquer outros pagamentos de despesas de natureza não previdenciária;" (NR)

"Art. 34 A contribuição prevista no artigo anterior incidirá sobre a seguinte base de cálculo:

I – para os membros do Poder Judiciário, do Ministério Público, da Defensoria Pública, do Tribunal de Contas e os servidores públicos estatutários inativos, o montante de seus proventos de aposentadoria que exceder o limite máximo estabelecido para os benefícios do regime geral de previdência social de que trata o art. 201, combinado com o art. 40, § 21, ser for o caso, ambos da Constituição da República;

II – para os pensionistas, o montante da pensão por morte ou do somatório das cotas de pensão, quando repartida por dois ou mais dependentes, que exceder ao limite máximo estabelecido para os benefícios do regime geral de previdência social de que trata o art. 201, combinado com o art. 40, § 21, se for o caso, ambos da Constituição da República;

III – para os membros do Poder Judiciário, do Ministério Público, da Defensoria Pública, do Tribunal de Contas e os servidores públicos estatutários ativos o subsídio ou a remuneração do cargo efetivo, acrescido das vantagens pecuniárias permanentes estabelecidas em lei, as adicionais de caráter individual ou quaisquer outras vantagens, excluídas:

a) as diárias para viagens;

b) a ajuda de custo em razão da mudança de sede;

c) a indenização de transporte;

d) o salário-família;

e) o auxílio-alimentação;

f) o auxílio-creche;

g) as parcelas remuneratórias pagas em decorrência de local de trabalho;

h) a parcela percebida em decorrência do exercício de cargo em comissão ou de função de confiança; e

i) o abono de permanência de que tratam o § 19 do art. 40 da Constituição Federal, o § 5º do art. 2º e o § 1º do art. 3º da Emenda Constitucional nº 41, de 19 de dezembro de 2003.

Parágrafo único. O membro do Poder Judiciário, do Ministério Público, da Defensoria Pública, do Tribunal de Contas e o servidor público estatutário poderão optar pela inclusão na base de cálculo da contribuição de parcelas remuneratórias percebidas em decorrência de local de trabalho, do exercício de cargo em comissão ou de função de confiança, para efeito de cálculo do benefício." (NR)

Art. 35. Não integrarão os proventos dos segurados as parcelas remuneratórias pagas em decorrência de local de trabalho, de função de confiança ou de cargo em comissão, exceto quando tais parcelas integrarem a remuneração de contribuição do servidor que se aposentar com fundamento no artigo 40 da Constituição da República, respeitado, em qualquer hipótese, o limite do § 2º do citado artigo. (Nova redação dada pela Lei nº 5352/2008.)

Art. 36. Restituem-se ao patrimônio do Estado do Rio de Janeiro os seguintes ativos:

I – os saldos das contas correntes A e B originadas do empréstimo concedido pela Caixa Econômica Federal para o financiamento, a título de ajuste prévio, de obrigações decorrentes da liquidação extrajudicial da PREVI-BANERJ, para com os ex-participantes e ex-pensionistas desta e eventuais obrigações pecuniárias de responsabilidade do Banco do Estado do Rio de Janeiro S.A. (BANERJ), assumidas pelo Estado e decorrentes da liquidação extrajudicial deste;

II – recursos financeiros e outros ativos oriundos do patrimônio da PREVI-BANERJ.

Art. 37. Até que seja implantado o sistema unificado de pagamento de que trata o art. 3º, § 2º, os Poderes Legislativo, Judiciário, o Ministério Público e o Tribunal de Contas informarão mensalmente ao RIOPREVIDÊNCIA o montante de recursos necessários ao pagamento dos benefícios previdenciários previstos nesta Lei.

Art. 38. Ficam assegurados os direitos constituídos até a data de vigência desta Lei.

Parágrafo único. Ficam mantidos os benefícios já concedidos com base na Lei nº 7.301, de 23 de novembro de 1973, revogada pela Lei nº 3.189, de 22 de fevereiro de 1999, que continuarão a ser pagos à conta do Tesouro Estadual.

Art. 39. Ficam revogados:

I – a Lei nº 2.173, de 26 de outubro de 1993;

II – a Lei nº 285, de 03 de dezembro de 1979;

III – a Lei nº 3.308, a Lei nº 3.309, a Lei nº 3.310 e a Lei nº 3.311, todas de 30 de novembro de 1999, ressalvado o disposto nos §§ 1º e 2º deste artigo;

IV – os artigos 13, incisos III e IV, 14, incisos II e IV, 23, §§ 1º e 3º, 34, § 4º, 38, caput e parágrafo único, 39, 40, 41 e 49 da Lei nº 3.189, de 22 de fevereiro de 1999.

§ 1º – Permanecerão vigentes, pelo prazo de 90 (noventa) dias contados da data de publicação desta Lei:

I – o artigo 10 e seus respectivos incisos da Lei nº 3.308, de 30 de novembro de 1999;

II – o artigo 10 e seus respectivos incisos da Lei nº 3.309, de 30 de novembro de 1999;

III – o artigo 10 e seus respectivos incisos da Lei nº 3.310, de 30 de novembro de 1999;

IV – o artigo 11 e seus respectivos incisos da Lei nº 3.311, de 30 de novembro de 1999.

§ 2º – Aplicar-se-ão ao produto da arrecadação efetuada com base nos dispositivos legais mencionados no § 1º deste artigo, no que couber, as normas da Lei nº 3.189, de 22 de fevereiro de 1999.

Art. 40. Os militares terão um regime próprio de previdência conforme determina a Constituição Federal.

Art. 41. Esta Lei entra em vigor na data de sua publicação.

Rio de Janeiro, 11 de junho de 2008.

SÉRGIO CABRAL

Governador

LEI Nº 6.067, DE 25 DE OUTUBRO DE 2011

- DISPÕE SOBRE RESERVA DE VAGAS PARA NEGROS E ÍNDIOS NOS CONCURSOS PÚBLICOS PARA PROVIMENTO DE CARGOS EFETIVOS E EMPREGOS PÚBLICOS INTEGRANTES DOS QUADROS PERMANENTES DE PESSOAL DO PODER LEGISLATIVO, JUDICIÁRIO, MINISTÉRIO PÚBLICO, TRIBUNAL DE CONTAS DO ESTADO DO RIO DE JANEIRO E EXECUTIVO DO ESTADO DO RIO DE JANEIRO E DAS ENTIDADES DE SUA ADMINISTRAÇÃO INDIRETA.

- Norma submetida a ação de inconstitucionalidade no TJRJ (RI 0059568-59.2011.8.19.0000 – ainda não julgada).

Art. 1°. Ficam reservadas aos negros e índios 20% (vinte por cento) das vagas oferecidas nos concursos públicos para provimento de cargos efetivos e empregos públicos integrantes dos quadros permanentes de pessoal do Poder Legislativo, Judiciário, Ministério Público, Tribunal de Contas do Estado do Rio de Janeiro e Executivo do Estado do Rio de Janeiro e das entidades de sua Administração Indireta. (Nova redação dada pela Lei 6740/2014.)

§ 1° – Se, na apuração do número de vagas reservadas a negros e índios, resultar número decimal igual ou maior do que 0,5 (meio), adotar-se-á o número inteiro imediatamente superior; se menor do que 0,5 (meio), adotar-se-á o número inteiro imediatamente inferior.

§ 2° – Os candidatos destinatários da reserva de vagas a negros e índios sempre concorrerão à totalidade das vagas existentes, sendo vedado restringir-lhes o acesso aos cargos ou empregos objeto do certame às vagas reservadas.

§ 3° – Os candidatos que não sejam destinatários da reserva de vagas a negros e índios concorrerão às demais vagas oferecidas no concurso, excluídas aquelas objeto da reserva.

§ 4° – Para os efeitos desta Lei será considerado negro ou índio o candidato que assim se declare no momento da inscrição, sendo vedada qualquer solicitação por parte do candidato após a conclusão da inscrição ou participação do certame.

§ 5° – A autodeclaração é facultativa, ficando o candidato submetido às regras gerais estabelecidas no edital do concurso, caso não opte pela reserva de vagas.

§ 6° – Não havendo candidatos negros ou índios aprovados, as vagas incluídas na reserva prevista neste artigo serão revertidas para o cômputo geral de vagas oferecidas no concurso, podendo ser preenchidas pelos demais candidatos aprovados, obedecida a ordem de classificação.

§ 7º – Estende-se o disposto nesta Lei aos concursos públicos realizados pelo Poder Legislativo Estadual.

§ 8º – Se o número de vagas oferecidas for igual ou inferior a 20 (vinte) o percentual da reserva citada no caput será de 10% (dez por cento).

Art. 2º. Detectada a falsidade da declaração a que se refere o Art. 1°, § 4°, será o candidato eliminado do concurso, cópia dos documentos tidos como falsos serão imediatamente remetidas ao Ministério Público do Estado do Rio de Janeiro para a instrução da devida ação penal e, se houver sido nomeado, ficará sujeito à anulação da sua admissão ao serviço público, após procedimento administrativo em que lhe seja assegurado o contraditório e a ampla defesa, sem prejuízo de outras sanções cabíveis.

Art. 3º. Na apuração dos resultados dos concursos, serão formuladas listas específicas para identificação da ordem de classificação dos candidatos cotistas entre si.

§ 1° – A nomeação dos candidatos aprovados será de acordo com a ordem de classificação geral no concurso, mas, a cada fração de 5 (cinco) candidatos, a quinta vaga fica destinada a candidato negro ou índio aprovado, de acordo com a sua ordem de classificação na lista específica.

§ 2° – Na ocorrência de desistência de vaga por candidato negro aprovado, essa vaga será preenchida por outro candidato negro ou índio, respeitada a ordem de classificação da lista específica.

Art. 4º. A reserva de vagas a que se refere a presente Lei constará expressamente dos editais de concurso público, devendo a entidade realizadora do certame fornecer toda orientação necessária aos candidatos interessados nas vagas reservadas.

Art. 5º. A presente Lei vigorará por 10 (dez) anos, devendo a Secretaria de Estado de Assistência Social e Direitos Humanos promover o acompanhamento permanente dos seus resultados e produzir relatório conclusivo a cada dois anos.

Parágrafo único. No primeiro trimestre do último ano de vigência da presente Lei, o Secretário de Estado de Assistência Social e Direitos Humanos enviará ao Governador do Estado e à Assembleia Legislativa relatório final sobre os resultados alcançados, podendo recomendar ou não a edição de nova Lei sobre o tema.

Art. 6º. A presente Lei entra em vigor 30 (trinta) dias após sua publicação.

LEI Nº 6.243, DE 21 DE MAIO DE 2012

- INSTITUI O REGIME DE PREVIDÊNCIA COMPLEMENTAR NO ÂMBITO DO ESTADO DO RIO DE JANEIRO, FIXA O LIMITE MÁXIMO PARA A CONCESSÃO DE APOSENTADORIAS E PENSÕES DE QUE TRATA O ARTIGO 40 DA CONSTITUIÇÃO FEDERAL, AUTORIZA A CRIAÇÃO DE ENTIDADE FECHADA DE PREVIDÊNCIA COMPLEMENTAR, NA FORMA DE FUNDAÇÃO, E DÁ OUTRAS PROVIDÊNCIAS.

ÍNDICE

Capítulo I
DO REGIME DE PREVIDÊNCIA COMPLEMENTAR

Art. 1º. Fica instituído, no âmbito do Estado do Rio de Janeiro, o regime de previdência complementar a que se referem os §§ 14, 15 e 16 do art. 40 da Constituição da República Federativa do Brasil.

§ 1º – O regime de previdência complementar de que trata esta Lei terá caráter facultativo e será aplicável aos servidores que ingressarem no serviço público a partir da data do início do funcionamento da entidade fechada a que se refere o art. 5º desta Lei.

§ 2º – São abrangidos pela previdência complementar dos servidores do Estado do Rio de Janeiro:

I – os titulares de cargo de provimento efetivo do Poder Executivo, incluídos os servidores das autarquias e fundações públicas e excluídos os militares;

II – os titulares de cargo de provimento efetivo do Poder Legislativo;

III – os magistrados, de carreira ou investidos no cargo na forma do art. 94 da Constituição da República, e os titulares de cargo de provimento efetivo do Poder Judiciário;

IV – os membros do Ministério Público e os titulares de cargo de provimento efetivo do Ministério Público;

V – os Conselheiros do Tribunal de Contas do Estado e os titulares de cargo de provimento efetivo ou vitalício do Tribunal de Contas;

VI – membros da Defensoria Pública;

VII – os empregados da entidade a que se refere o art. 5º desta Lei.

§ 3º – Os valores a serem repassados à entidade gestora do regime de previdência complementar a título de contribuição do patrocinador deverão ser pagos com recursos do orçamento de cada um dos órgãos, entidades ou Poderes indicados no § 2º deste artigo a serem previstas no PPA, LDO, e LOA.

§ 4º – Revogado pelo art. 7º da Lei 7628/2017.

§ 5º – Poderão, mediante livre, prévia e expressa opção, aderir ao regime de que trata este artigo os titulares de cargo ou emprego referidos no § 2° deste artigo que tenham ingressado no serviço público em data anterior ao início do funcionamento da entidade fechada a que se refere o art. 5° desta Lei.

§ 6º – O prazo para a opção de que trata o § 5º será de até 360 (trezentos e sessenta dias), contados a partir da data do início do funcionamento da entidade fechada a que se refere o Art. 5º desta.

§ 7º O exercício da opção a que se refere o § 5º deste artigo é irrevogável e irretratável, não sendo devida pelo Estado do Rio de Janeiro, suas autarquias e fundações públicas qualquer contrapartida referente ao valor da contribuição previdenciária que tenha incidido sobre a parcela da remuneração superior ao limite máximo de benefícios do Regime Geral da Previdência Social no período anterior à adesão de que trata o § 5º deste artigo.

§ 8º - Os municípios do Estado do Rio de Janeiro poderão, desde que autorizados por lei municipal, desde que não contrarie o ditame da presente Lei, que institua regime de previdência complementar para os seus servidores, firmar convênio de adesão com a entidade fechada a que se refere o art. 5° desta Lei, hipótese em que será facultado aos membros e servidores da Administração direta, autarquias e fundações daqueles entes a participação em plano de benefícios na modalidade contribuição definida.

§ 9º - O convênio de adesão a que aludem os §§ 7° e 8° deste artigo deverá obedecer às condições previstas no estatuto da entidade fechada de previdência complementar, em especial quanto à cobertura dos benefícios de risco, devendo ser encaminhada cópia do referido convênio e eventuais termos aditivos a Assembléia Legislativa do Estado do Rio de Janeiro, ao Tribunal de Contas do Rio de Janeiro e ao Ministério Público.

§ 10 - Os convênios a que se refere o § 8º deste artigo asegurarão o caráter facultativo para os antigos servidores municipais só podendo ser compulsório para novos servidores municipais.

§ 11 - Os abrangidos pelo regime de previdência complementar do Estado do Rio de Janeiro referidos no § 2º deste artigo, que venham a ingressar no serviço público do Estado do Rio de Janeiro e que estejam submetidos ao limite máximo estabelecido no artigo 4º desta Lei, serão automaticamente inscritos no respectivo plano de previdência complementar: (Incluído pela Lei 7628/2017.)

I - desde a data de entrada em exercício, caso sua remuneração inicial seja superior ao limite máximo estabelecido para os benefícios do Regime Geral de Previdência Social, ou;

II - na data em que sua remuneração superar o limite máximo estabelecido para os benefícios do Regime Geral de Previdência Social.

§ 12 - Fica assegurado ao participante o direito de requerer, a qualquer tempo, o cancelamento de sua inscrição, nos termos do regulamento do plano de benefícios. (Incluído pela Lei 7628/2017.)

§ 13 - Na hipótese do cancelamento ser requerido no prazo de até noventa dias da data da inscrição, fica assegurado o direito à restituição integral das contribuições vertidas, a ser paga em até sessenta dias do pedido de cancelamento, corrigidas monetariamente. (Incluído pela Lei 7628/2017.)

§ 14 - O cancelamento da inscrição previsto no parágrafo anterior não constitui resgate. (Incluído pela Lei 7628/2017.)

§ 15 - A contribuição aportada pelo patrocinador será devolvida à respectiva fonte pagadora no mesmo prazo da devolução da contribuição aportada pelo participante. (Incluído pela Lei 7628/2017.)

§ 16 – O valor inicial de contribuição do participante decorrente da inscrição automática deverá ser estabelecido pelo Conselho Deliberativo da RJPREV, e não poderá ser superior ao limite máximo estabelecido no caput do artigo 27 desta Lei. (Incluído pela Lei 7628/2017.)

Art. 2º. As condições para a adesão e as características dos planos serão definidas em regulamento.

Art. 3º. Para os efeitos desta Lei entende-se por:

I – patrocinador:

a) O Estado do Rio de Janeiro, por meio dos Poderes Executivo, Legislativo e Judiciário e do Tribunal de Contas, do Ministério Público e da Defensoria Pública.

b) As autarquias e fundações públicas do Estado do Rio de Janeiro.

c) Os municípios do Estado do Rio de Janeiro autorizados por lei e que tenham celebrado convênio de adesão com a entidade fechada a que se refere o art. 5º desta Lei, na forma prevista em estatuto daquela entidade, bem como suas autarquias e fundações.

II – participante: a pessoa física definida no art. 1º que aderir ao plano de benefícios administrado pela RJPREV.

III – participante sem patrocínio: o participante que, por qualquer das razões especificadas na legislação, optar por contribuir para o regime de previdência complementar de que trata esta Lei sem que haja contrapartida por parte do patrocinador.

IV – assistido: o participante ou seu beneficiário em gozo de benefício de prestação continuada.

V – contribuição: os valores vertidos ao plano de benefícios previdenciários complementares pelos participantes e pelo patrocinador, com o objetivo de constituir as reservas que garantam os benefícios contratados e custear despesas administrativas da RJPREV;

VI – estatuto: o conjunto de regras que define a constituição e funcionamento da RJPREV;

VII – multipatrocinada: a entidade fechada de previdência complementar que congrega mais de um patrocinador;

VIII – multiplano: a entidade fechada de previdência complementar que administra plano ou conjunto de planos de benefícios para diversos grupos de participantes, com independência patrimonial e financeira entre planos;

IX – plano de benefícios previdenciários complementares: o conjunto de obrigações e direitos derivado das regras do regulamento definidoras do custeio e dos benefícios de caráter previdenciário complementar, que possui patrimônio próprio, independência patrimonial, contábil e financeira com relação aos demais planos de benefícios previdenciários complementares administrados pela RJPREV, inexistindo solidariedade entre os planos;

X – regulamento: o conjunto de normas disciplinadoras do plano de benefícios previdenciários complementares;

XI – renda: o benefício de renda mensal continuada paga ao assistido, conforme regras estabelecidas no regulamento do plano de benefícios previdenciários complementares;

XII – longevidade: sobrevivência do assistido além da previsão da tábua biométrica no momento do início do gozo do benefício, de acordo com as regras do regulamento do Plano de Benefícios.

Art. 4º. Aplica-se o limite máximo estabelecido para os benefícios do regime geral de previdência social às aposentadorias e pensões a serem concedidas pelo Regime Próprio de Previdência dos Servidores do Estado de que trata o art. 40 da Constituição da República Federativa do Brasil aos membros e servidores referidos no art. 1º, § 2º, desta Lei que:

I – ingressarem no serviço público a partir da data do início do funcionamento da entidade fechada a que se refere o art. 5º desta Lei, independentemente de sua adesão a plano de benefícios;

II – tenham ingressado no serviço público até a data do início do funcionamento da entidade fechada a que se refere o art. 5º desta Lei e exerçam a opção prevista no art. 1º, §§ 5º e 6º;

III – sejam oriundos do serviço público em outro ente da Federação e ali estivessem vinculados ao Regime de Previdência Complementar, na forma do artigo 40, §§ 14 a 16, da Constituição da República Federativa do Brasil, independentemente de adesão a plano de benefícios administrado por entidade fechada de previdência complementar.

§ 1º – Nos casos previstos no caput deste artigo, o benefício pago pelo regime de previdência de que trata o art. 40 da Constituição da República Federativa do Brasil será calculado na forma do § 3º e revisado na forma do § 8º, ambos do art. 40 da Constituição da República Federativa do Brasil, na redação dada pela Emenda Constitucional nº 41, de 19 de dezembro de 2003, ainda que o participante enquadre-se nas regras transitórias definidas pelas Emendas Constitucionais nº 41, de 19 de dezembro de 2003, e nº 47, de 5 de julho de 2005.

§ 2º – A opção a que se refere o inciso II deste artigo implica renúncia irrevogável e irretratável aos direitos decorrentes das regras previdenciárias anteriores, não sendo devido pelo Regime Próprio dos Servidores, pelo Estado do Rio de Janeiro, por meio dos Poderes Executivo, Legislativo e Judiciário, do Tribunal de Contas, do Ministério Público e da Defensoria Pública, ou por entidades integrantes da Administração estadual qualquer contrapartida ou devolução referente ao valor dos descontos já efetuados sobre base de contribuição acima do limite previsto no caput deste artigo.

Capítulo II
DA ENTIDADE FECHADA DE PREVIDÊNCIA COMPLEMENTAR

Seção I
Da criação de entidade

Art. 5º. Fica o Poder Executivo autorizado a criar entidade fechada de previdência complementar, de natureza pública, denominada Fundação de Previdência Complementar do Estado do Rio de Janeiro – RJPREV, com a finalidade de administrar e executar plano de benefícios de caráter previdenciário complementar, nos termos das Leis Complementares federais nºs 108 e 109, ambas de 29 de maio de 2001.

§ 1º – A RJPREV será estruturada na forma de fundação pública de direito privado, gozará de autonomia administrativa, financeira e gerencial e terá sede e foro na Capital do Estado do Rio de Janeiro.

§ 2º – A entidade criada na forma deste artigo submete-se à legislação sobre licitação e contratos administrativos.

§ 3º – À exceção dos cargos considerados de livre nomeação, a contratação de pessoal deve se dar por meio de concurso público de provas ou de provas e títulos, na forma do art. 37, II, da Constituição da República Federativa do Brasil.

§ 4º – O regime de pessoal da RJPREV será o previsto na legislação trabalhista.

§ 5º – A criação de empregos e fixação dos quantitativos e dos salários será definida em ato do Poder Executivo;

§ 6º – A RJPREV deverá publicar, anualmente, na Imprensa Oficial do Estado e em sítio oficial da administração pública, os seus demonstrativos contábeis, atuariais, financeiros e de benefícios, sem prejuízo do fornecimento de informações aos participantes e assistidos do plano de benefícios previdenciários complementares, ao órgão regulador e fiscalizador das entidades fechadas de previdência complementar, na forma das Leis Complementares federais nºs 108 e a 109, ambas de 29 de maio de 2001, e a Assembleia Legislativa do Estado do Rio de Janeiro, ao Tribunal de Contas do Estado do Rio de Janeiro e ao Ministério Público.

§ 7º – A RJPREV será fiscalizada pela Assembleia Legislativa do Estado do Rio de Janeiro, Tribunal de Contas do Estado do Rio de Janeiro e Ministério Público e pelos órgãos fiscalizadores de Previdência fechada.

Seção II
Da organização da RJPREV

Art. 6º. A estrutura organizacional da RJPREV será constituída de Conselho Deliberativo, Conselho Fiscal e Diretoria Executiva.

Art. 7º. O Conselho Deliberativo, órgão máximo da estrutura organizacional, é responsável pela definição da política geral de administração da entidade e de seus planos de benefícios previdenciários complementares.

§ 1º – A composição do Conselho Deliberativo, integrado por 06 (seis) membros titulares e respectivos suplentes, será paritária entre representantes dos participantes e assistidos e dos patrocinadores.

§ 2º – Os membros do Conselho Deliberativo representantes do patrocinador serão designados pelo Governador do Estado.

§ 3º – A presidência do Conselho Deliberativo, que terá, além do seu, o voto de qualidade, será exercida por um dos representantes do patrocinador, mediante indicação do Governador do Estado.

§ 4º – O mandato dos membros do Conselho Deliberativo será de 04 (quatro) anos, com garantia de estabilidade, na forma do art. 12 da Lei Complementar Federal nº 108/ 2001.

Art. 8º. O Conselho Fiscal é o órgão de controle interno da RJPREV.

§ 1º – A composição do Conselho Fiscal, integrado por até 04 (quatro) membros titulares e respectivos suplentes, será paritária entre representantes dos participantes e assistidos e dos patrocinadores.

§ 2º – Os membros do Conselho Fiscal representantes do patrocinador serão designados pelo Governador do Estado.

§ 3º – A presidência do Conselho Fiscal, que terá, além do seu, o voto de qualidade, será definida por votação entre todos os Conselheiros, devendo a escolha recair sobre um dos representantes eleitos pelos participantes e assistidos.

§ 4º – O mandato dos membros do conselho fiscal será de quatro anos, na forma do art. 16 da Lei Complementar Federal nº 18, de maio de 2001, vedada a recondução.."

Art. 9º. A escolha dos representantes dos participantes e assistidos nos Conselhos Deliberativo e Fiscal dar-se-á por meio de eleição direta entre seus pares, na forma do regulamento a ser expedido pelo Poder Executivo.

Art. 10. A Diretoria Executiva é responsável pela administração da entidade, em conformidade com a política de administração traçada pelo Conselho Deliberativo.

§ 1º – Os membros da Diretoria Executiva, em número máximo de 04 (quatro), serão nomeados pelo Conselho Deliberativo, mediante indicação do Governador do Estado.

§ 2º – Compete ao Conselho Deliberativo, mediante decisão fundamentada, a exoneração de membros da Diretoria Executiva, observando-se o disposto no estatuto da RJPREV.

§ 3º – Os membros da diretoria-executiva deverão atender aos seguintes requisitos mínimos:

a) comprovada experiência no exercício de atividade na área financeira, administrativa, contábil, jurídica, de fiscalização, atuarial ou de auditoria;

b) não ter sofrido condenação criminal transitada em julgado;

c) não ter sofrido penalidade administrativa por infração da legislação da seguridade social, inclusive da previdência complementar ou como servidor público; e

d) ter formação de nível superior.

Art. 11. Por ato da Diretoria Executiva, deverão ser criados:

I – um Comitê Gestor para cada plano de benefícios previdenciários complementares;

II – um comitê de investimentos.

§ 1º – O Comitê Gestor é o órgão responsável pela definição da estratégia das aplicações financeiras e acompanhamento do respectivo plano de benefícios previdenciários complementares da RJPREV, inclusive por meio da apresentação de propostas e sugestões, observadas as diretrizes fixadas pelo Conselho Deliberativo e pelo comitê de investimentos, conforme seja previsto no estatuto da entidade.

§ 2º – O Poder Executivo, O Poder Legislativo, o Poder Judiciário, o Tribunal de Contas do Estado, o Ministério Público e a Defensoria Pública indicarão membros que comporão o Comitê Gestor do plano de benefícios ao qual estejam vinculados seus membros e servidores, cabendo a sua nomeação ao Conselho Deliberativo.

§ 3º – O Comitê de Investimentos é o órgão responsável por assessorar a Diretoria Executiva na gestão econômico-financeira dos recursos administrados pela RJPREV, conforme seja previsto no estatuto da entidade.

§ 4° – nenhum parlamentar poderá fazer parte de qualquer Conselho quer seja Deliberativo ou Fiscal, nem tampouco, do Comitê Gestor ou de Investimento.

Art. 12. A remuneração e as vantagens de qualquer natureza dos membros da Diretoria Executiva serão fixadas pelo seu Conselho Deliberativo, dentro de limites máximo e mínimo definidos em ato do Poder Executivo, observado o disposto no inciso XI do art. 37 da Constituição Federal.

§ 1º – A remuneração mensal dos membros dos Conselhos Deliberativo e Fiscal será fixada por ato do Governador do Estado em até 15% (quinze por cento) do valor da remuneração dos membros da Diretoria Executiva.

§ 2º – A remuneração mensal dos membros do Comitê Gestor será fixada por ato do Governador do Estado em até 10% (dez por cento) do valor da remuneração dos membros da Diretoria Executiva.

§ 3º – Os membros do Comitê de Investimentos não serão remunerados.

Art. 13. Os requisitos previstos nos incisos I a IV do art. 20 da Lei Complementar federal nº 108/2001, aplicam-se aos membros da Diretoria Executiva, do Conselho Deliberativo e do Conselho Fiscal.

Art. 14. Aos membros da diretoria-executiva é vedado:

I – exercer simultaneamente atividade no patrocinador;

II – integrar concomitantemente o Conselho Deliberativo ou Fiscal da entidade e, mesmo depois do término do seu mandato na diretoria-executiva, enquanto não tiver suas contas aprovadas; e

III – ao longo do exercício do mandato prestar serviços a instituições integrantes do sistema financeiro.

§ 1º – Nos 12 (doze) meses seguintes ao término do exercício do cargo, o ex-diretor estará impedido de prestar, direta ou indiretamente, independentemente da forma ou natureza do contrato, qualquer tipo de serviço às empresas do sistema financeiro que impliquem a utilização das informações a que teve acesso em decorrência do cargo exercido, sob pena de responsabilidade civil e penal.

§ 2º – Durante o impedimento, ao ex-diretor que não tiver sido destituído ou que pedir afastamento será assegurada a possibilidade de prestar serviço à entidade, mediante remuneração equivalente a do cargo de direção que exerceu ou em qualquer outro órgão da Administração Pública.

§ 3º – Incorre na prática de advocacia administrativa, sujeitando-se às penas da lei, o ex-diretor que violar o impedimento previsto neste artigo, exceto se retornar ao exercício de cargo ou emprego que ocupava junto ao patrocinador, anteriormente à indicação para a respectiva diretoria-executiva, ou se for nomeado para exercício em qualquer órgão da Administração Pública.

Art. 15. A Chefia do órgão de assessoramento jurídico da RJPREV será exercida, privativamente, por Procurador do Estado.

Seção III
Da gestão dos recursos garantidores

Art. 16. A gestão das aplicações dos recursos da RJPREV poderá ser própria, por entidade autorizada e credenciada ou mista.

§ 1º – Para os efeitos do disposto neste artigo, considera-se:

I – gestão própria: as aplicações realizadas diretamente pela RJPREV;

II – gestão por entidade autorizada e credenciada: as aplicações realizadas por intermédio de instituição financeira ou de outra instituição autorizada nos termos da legislação vigente para o exercício profissional de administração de carteiras;

III – gestão mista: as aplicações realizadas em parte por gestão própria e em parte por gestão por entidade autorizada e credenciada.

§ 2º – A definição da composição e dos percentuais máximos de cada modalidade de gestão constará na política de investimentos dos planos de benefícios a ser fixada anualmente pelo Conselho Deliberativo.

Seção IV
Das disposições gerais

Art. 17. O Conselho Deliberativo instituirá código de ética e conduta, que conterá, dentre outras, regras para a prevenção de conflito de interesses e para proibir operações dos dirigentes com partes relacionadas e terá ampla divulgação, especialmente entre participantes e assistidos.

Art. 18. A RJPREV observará os princípios norteadores da administração pública, em especial os da eficiência e da economicidade, bem como adotará mecanismos de gestão operacional que maximizam a utilização de recursos.

§ 1º – As despesas administrativas terão sua fonte de custeio definida no regulamento de plano de benefícios previdenciários complementares, observado o disposto no "caput" do art. 7º da Lei Complementar Federal nº 108, de 29 de maio de 2001, e o orçamento anual da RJPREV;

§ 2º – O montante de recursos destinados à cobertura das despesas administrativas será revisado ao final de cada ano para o atendimento do disposto no "caput" deste artigo.

Art. 19. A RJPREV será mantida integralmente por suas receitas, oriundas das contribuições dos participantes, assistidos e patrocinadores, dos resultados financeiros de suas aplicações e de doações e legados de qualquer natureza.

§ 1º – A contribuição normal do patrocinador para o plano de benefícios previdenciários complementares não poderá exceder a contribuição individual dos participantes.

§ 2º - Cada patrocinador será responsável pelo recolhimento de suas contribuições e pelo repasse à RJPREV das contribuições descontadas dos participantes a ele vinculados, observado o disposto no estatuto da Fundação e no regulamento do plano de benefícios.

§ 3º - Os recursos previdenciários oriundos da compensação financeira de que trata a Lei federal nº 9.796, de 05 de maio de 1999, pertencerão exclusivamente ao Fundo Único de Previdência Social do Estado do Rio de Janeiro - RIOPREVIDÊNCIA, na qualidade de entidade gestora do Regime Próprio de Previdência dos Servidores.

Capítulo III
DOS PLANOS DE BENEFÍCIOS

Seção I
Das linhas gerais dos planos de benefícios

Art. 20. Os planos de benefícios complementares, na modalidade contribuição definida, serão criados por ato do Conselho Deliberativo.

§ 1º - Os patrocinadores definidos no art. 3º poderão solicitar a criação de plano de previdência complementar para os participantes a ele vinculados, no prazo de até 120 (cento e vinte) dias da data da autorização para o funcionamento da RJPREV pelo órgão regulador e fiscalizador das entidades fechadas de previdência complementar, ou quando da celebração de convênio de adesão com a entidade, quando for o caso.

§ 2º - Até que seja criado o plano de previdência complementar específico para determinado grupo de participantes, na forma do § 1º deste artigo, será oferecido um dos planos de previdência complementar destinado aos servidores do Poder Executivo a todos aqueles abrangidos pelo art. 1º, § 2º desta lei, assegurada a transferência para o plano próprio quando for instituído

§ 3º - O não-exercício da faculdade prevista no § 1º pelos patrocinadores não excluirá os participantes a eles vinculados da submissão ao disposto nos §§ 14 a 16 do art. 40 da Constituição da República.

Art. 21. Os planos de benefícios da RJPREV serão estruturados na modalidade de contribuição definida, nos termos do disposto nos §§ 14 a 16 do artigo 40 da Constituição da República, nas Leis Complementares federais nºs 108 e 109, ambas de 29 de maio de 2001, da regulamentação estabelecida pelos órgãos regulador e fiscalizador das entidades fechadas de previdência complementar, e financiados de acordo com os planos de custeio definidos nos termos do art. 18 da Lei Complementar federal nº 109, de 29 de maio de 2001, observadas as demais disposições da Lei Complementar federal nº 108, de 29 de maio de 2001.

§ 1º - Observado o disposto no § 3º do art. 18 da Lei Complementar federal nº 109/ 2001, o valor dos benefícios programados será calculado de acordo com o montante do saldo de conta acumulado, devendo o valor do benefício ser anualmente ajustado ao referido saldo, na forma prevista no regulamento do respectivo plano de benefícios previdenciários complementares.

§ 2º – Os benefícios não programados serão definidos no regulamento do respectivo plano de benefícios previdenciários complementares, devendo ser assegurados, no mínimo, os benefícios decorrentes dos eventos de invalidez e de morte.

§ 3º – A concessão dos benefícios de que trata o § 2º deste artigo aos participantes ou assistidos pela entidade fechada de previdência complementar é condicionada à concessão do benefício pela previdência pública, ressalvada a hipótese de inexistência de dependentes aptos à percepção de benefício pela previdência pública, hipótese em que será possível o resgate do saldo acumulado.

Art. 22. Os requisitos para aquisição, manutenção e perda da qualidade de participante e de assistido, forma de concessão, cálculo e pagamento dos benefícios deverão constar dos regulamentos dos planos de benefícios previdenciários complementares, observadas as disposições das Leis Complementares federais nºs 108 e 109, ambas de 29 de maio de 2001, e a regulamentação dos órgãos regulador e fiscalizador das entidades fechadas de previdência complementar.

§ 1º – Somente será elegível o participante aposentado pelo Regime Próprio de Previdência dos Servidores ou pelo Regime Geral de Previdência Social relativamente ao cargo ou emprego sobre cuja remuneração tenha incidido a contribuição para a RJPREV.

§ 2º – O participante elegível ou em gozo de benefício programado que tenha perdido a vinculação com o ente patrocinador manterá o direito à percepção de benefício programado.

§ 3º – O disposto no § 2º deste artigo também se aplica:

I – na hipótese de nova investidura em cargo público de provimento efetivo, ainda que a perda de vinculação com o ente patrocinador tenha ocorrido em virtude de aposentadoria não acumulável com o novo cargo, na forma do art. 37, XVI, da Constituição Federal;

II – na hipótese de o participante elegível que, cessado o vínculo com o patrocinador em virtude de aposentadoria, renunciar aos proventos do regime próprio de previdência dos servidores públicos por força da vedação prevista no art. 11 da Emenda Constitucional nº 20/98.

Art. 23. Os planos de benefícios não poderão receber aportes patronais a título de serviço passado.

Seção II
Da manutenção e da filiação

Art. 24. Poderá permanecer filiado ao respectivo plano de benefícios complementares o participante:

I – cedido a outro órgão ou entidade da Administração Pública direta ou indireta da União, Estados, Distrito Federal e Municípios, inclusive suas empresas públicas e sociedades de economia mista;

II – afastado ou licenciado do cargo efetivo temporariamente, com ou sem recebimento de remuneração;

III – que optar pelo benefício proporcional diferido ou pelo autopatrocínio, na forma do regulamento do plano de benefícios complementares.

§ 1º – No caso do inciso I deste artigo, o patrocinador arcará com a sua contribuição somente no caso de a cessão implicar ônus para a origem, devendo o órgão ou entidade do destino, na hipótese de cessão com ônus para si, arcar com a contribuição do patrocinador.

§ 2º – No caso do inciso II deste artigo, o patrocinador arcará com a sua contribuição somente quando o afastamento ou a licença se der sem prejuízo do recebimento da remuneração do participante, devendo este, nos demais casos, optar pelo autopatrocínio, conforme regras do seu plano de benefícios.

§ 3º – A remuneração do servidor, quando devida durante afastamentos e licenças considerados por lei como de efetivo exercício, será integralmente coberta pelo ente público, continuando a incidir a contribuição para o regime instituído por esta Lei.

§ 4º – O regulamento do plano de benefícios disciplinará as regras para a manutenção do custeio do plano de benefícios, observada a legislação aplicável.

Seção III
Do participante sem patrocínio

Art. 25. Considera-se participante sem patrocínio aquele que, por receber remuneração inferior ao valor do maior benefício pago pelo Regime Geral de Previdência Social, por não mais manter vínculo com o patrocinador ao qual esteve originalmente vinculado ou por qualquer outra razão especificada em Lei, não tem direito à contrapartida do patrocinador e opta por contribuir para o regime de Previdência Complementar de que trata esta Lei.

§ 1º – O participante sem patrocínio não contribuirá para o Fundo de Cobertura da Longevidade e não terá direito aos benefícios assegurados por este Fundo.

§ 2º – O participante sem patrocínio não contribuirá para o Fundo de Cobertura dos Benefícios Não-Programados e o plano de benefícios deverá prever a contratação externa dos benefícios decorrentes dos eventos de invalidez e morte, ao qual o participante poderá, facultativamente, aderir.

Seção IV
Da base de cálculo

Art. 26. As contribuições do patrocinador e do participante incidirão sobre a parcela da remuneração que exceder o valor máximo de benefícios do Regime Geral da Previdência Social, observado, o disposto no inciso XI do art. 37 da Constituição da República Federativa do Brasil como limite para a base de contribuição.

§ 1º – Os abrangidos pelo disposto no art. 1º desta Lei cuja remuneração seja inferior ao valor do maior benefício pago pelo Regime Geral de Previdência Social poderão optar por contribuir para a RJPREV, sem a contribuição do patrocinador, sendo que a base de cálculo será definida no plano de custeio.

§ 2º – Os titulares de cargo ou emprego referidos no § 2º do art. 1º desta Lei que tenham ingressado no serviço público em data anterior ao início do funcionamento da entidade fechada a que se refere o art. 5º desta Lei e não tenham feito a opção de que trata o § 5º do art. 1º desta Lei poderão optar por contribuir para a RJPREV, sem a contribuição do patrocinador, sendo que a base de cálculo será definida no plano de custeio.

§ 3º – Os planos de benefícios poderão prever a possibilidade de o participante contribuir com alíquota maior do que a definida originalmente para o plano, observando-se que a contribuição do patrocinador não acompanhará o percentual facultativo de contribuição.

§ 4º – Para os efeitos desta Lei e para os planos em que seja patrocinador o Estado do Rio de Janeiro, por meio dos Poderes Executivo, Legislativo e Judiciário, do Tribunal de Contas, do Ministério Público, da Defensoria e das entidades integrantes da Administração Pública indireta, considera-se remuneração:

I – o valor do subsídio do participante;

II – o valor dos vencimentos, do soldo ou do salário do participante, acrescido das vantagens pecuniárias permanentes estabelecidas em lei, incorporadas ou incorporáveis, e, mediante opção expressa do servidor, das parcelas remuneratórias não incorporáveis, excluídas:

a) as parcelas indenizatórias, tais como diárias para viagem, auxílio-transporte, salário-família, auxílio alimentação e outras;

b) o abono de permanência.

Art. 27. Para os planos em que seja patrocinador o Estado do Rio de Janeiro, por meio dos Poderes Executivo, Legislativo e Judiciário, do Tribunal de Contas, do Ministério Público, da Defensoria Pública e das entidades integrantes da Administração Pública indireta, o valor da contribuição do patrocinador não poderá exceder a do participante, estando, ainda, limitada a 8,5% (oito inteiros e cinco décimos por cento) sobre a base de cálculo definida no art. 26 desta Lei.

§ 1º – O benefício de risco, cujo valor será limitado à base de cálculo da contribuição, como definida no art. 26 desta Lei, será custeado com contribuições em separado, definidas no plano de benefícios, não podendo a contribuição do patrocinador exceder a do participante.

§ 2º – Além da contribuição normal de que trata o caput deste artigo, o regulamento poderá admitir o aporte de contribuições extraordinárias, na forma prevista no art. 19, parágrafo único, inciso II, da Lei Complementar federal nº 109/2001, sem aporte correspondente do patrocinador.

Seção V
Das disposições especiais

Art. 28. O plano de custeio previsto no art. 18 da Lei Complementar federal nº 109/2001 discriminará o percentual mínimo da contribuição do participante e do patrocinador, conforme o caso, para cada um dos benefícios previstos no plano de benefícios previdenciários complementares, observado o disposto no art. 6º da Lei Complementar federal nº 108/ 2001 e no art. 24, § 2º, da presente Lei.

§ 1º – O plano de custeio referido no caput deverá prever parcela da contribuição do participante e do patrocinador com o objetivo de compor o Fundo de Cobertura da Longevidade, observado o disposto no art. 25 e seus parágrafos desta Lei.

§ 2º – Caberá ao regulamento do plano de custeio referido no caput definir os benefícios não programados, assegurados, no mínimo, os benefícios decorrentes dos eventos de invalidez ou morte, que poderão ser contratados externamente ou assegurados pelo próprio plano de benefícios previdenciários complementares, mediante a instituição de Fundo de Cobertura dos Benefícios não-Programados, observado, em todo caso, no art. 25 e seus parágrafos desta Lei.

Art. 29. A RJPREV manterá o controle das reservas constituídas em nome do participante, registrando contabilmente as contribuições deste e as do patrocinador.

Art. 30. Durante a fase de percepção de renda programada e atendidos os requisitos estabelecidos no plano de benefícios previdenciários complementares, o assistido poderá portar as reservas constituídas em seu nome para entidade de previdência complementar ou companhia seguradora autorizada a operar planos de previdência complementar, com o objetivo específico de contratar plano de renda vitalícia, observado o disposto no § 2º do art. 33 da Lei Complementar federal nº 109/2001.

Capítulo IV
DO CONTROLE E DA FISCALIZAÇÃO

Art. 31. A supervisão e fiscalização da RJPREV e de seus planos de benefícios previdenciários complementares compete ao órgão fiscalizador das entidades fechadas de previdência complementar.

§ 1º – A competência exercida pelo órgão referido no caput deste artigo não exime o patrocinador da responsabilidade pela supervisão e fiscalização sistemática das atividades da RJPREV.

§ 2º – Os resultados da supervisão e fiscalização exercidas pelo patrocinador serão encaminhados ao órgão mencionado no "caput" deste artigo.

Art. 32. Aplica-se, no âmbito da RJPREV, o regime disciplinar previsto no Capítulo VII da Lei Complementar federal nº 109/ 2001.

Capítulo V
DAS DISPOSIÇÕES FINAIS E TRANSITÓRIAS

Art. 33. Fica o Estado do Rio de Janeiro autorizado, em caráter excepcional, no ato de criação da RJPREV, a promover o aporte de até R$ 20.000.000,00 (vinte milhões de reais) a título de adiantamento de contribuição, para cobertura de despesas administrativas e/ou de benefícios de risco.

Parágrafo único. Fica autorizado o Poder Executivo a abrir créditos adicionais para o atendimento das despesas referidas no caput deste artigo.

Art. 34. A RJPREV deverá ser criada no prazo de até 180 (cento e oitenta) dias, contados da publicação desta Lei, e iniciar seu funcionamento nos termos dos parágrafos deste artigo.

§ 1º – Considera-se como o início do funcionamento da RJPREV a data correspondente a 180 (cento e oitenta) dias após a publicação da autorização de funcionamento concedida pelo órgão regulador e fiscalizador das entidades fechadas de previdência complementar

§ 2º – Caso não seja autorizada a oferta de plano de benefícios previdenciários complementares no prazo referido no parágrafo anterior, para fins de instituição do Regime de Previdência Complementar, considera-se o início do funcionamento da RJPREV a data correspondente a 60 (sessenta) dias após a publicação da autorização concedida pelo órgão regulador e fiscalizador das entidades fechadas de previdência complementar para o funcionamento do plano de que trata o art. 20, § 2º desta lei.

§ 3º – As referidas datas marco serão publicadas no Diário Oficial do Estado do Rio de Janeiro.

Art. 35. Aplicam-se ao regime de previdência complementar de que trata esta Lei as disposições da Lei Complementar federal nº 108 e, no que com esta não colidir, da Lei Complementar federal nº 109, ambas de 29 de maio de 2001.

Art. 36. A RJ PREV deverá organizar concurso público para a seleção de pessoal no prazo de até 180 (cento e oitenta) dias contados da data do início do seu funcionamento.

§ 1º – Até que se realize o concurso público para a seleção de pessoal da RJPREV, fica autorizada a contratação temporária, na forma da Lei nº 4.599, de 27 de setembro de 2005, que serão substituídos na sua totalidade, pelos aprovados no concurso público.

§ 2º – O pessoal contratado na forma do § 1º do presente artigo será progressivamente substituído na medida do preenchimento dos empregos pelos aprovados em concursos públicos

Art. 37. O Governador do Estado designará os membros que deverão compor provisoriamente o Conselho Deliberativo e o Conselho Fiscal da RJPREV na qualidade de representantes dos participantes e assistidos.

Parágrafo único. O mandato dos conselheiros de que trata o caput deste artigo será de até 24 (vinte e quatro) meses, durante os quais será realizada eleição direta para que os participantes e assistidos escolham os seus representantes.

Art. 38. O art. 34 da Lei Estadual nº 3.189, de 22 de fevereiro de 1999, passa a vigorar com a seguinte redação:

"Art. 34. A contribuição prevista no artigo anterior incidirá sobre a seguinte base de cálculo:

I – para os membros do Poder Judiciário, do Ministério Público, da Defensoria Pública, do Tribunal de Contas e os servidores públicos estatutários inativos, o montante de seus proventos de aposentadoria que exceder o limite máximo estabelecido para os benefícios do regime geral de previdência social de que trata o art. 201, combinado com o art. 40, § 21, ser for o caso, ambos da Constituição da República;

II – para os pensionistas, o montante da pensão por morte ou do somatório das cotas de pensão, quando repartida por dois ou mais dependentes, que exceder ao limite máximo estabelecido para os benefícios do regime geral de previdência social de que trata o art. 201, combinado com o art. 40, § 21, se for o caso, ambos da Constituição da República;

III – para os membros do Poder Judiciário, do Ministério Público, da Defensoria Pública, do Tribunal de Contas e os servidores públicos estatutários ativos o subsídio ou a remuneração do cargo efetivo, acrescido das vantagens pecuniárias permanentes estabelecidas em lei, as adicionais de caráter individual ou quaisquer outras vantagens, excluídas:

a) as diárias para viagens;

b) a ajuda de custo em razão da mudança de sede;

c) a indenização de transporte;

d) o salário-família;

e) o auxílio-alimentação;

f) o auxílio-creche;

g) as parcelas remuneratórias pagas em decorrência de local de trabalho;

h) a parcela percebida em decorrência do exercício de cargo em comissão ou de função de confiança; e

i) o abono de permanência de que tratam o § 19 do art. 40 da Constituição Federal, o § 5º do art. 2º e o § 1º do art. 3º da Emenda Constitucional nº 41, de 19 de dezembro de 2003.

§ 1º. O membro do Poder Judiciário, do Ministério Público, da Defensoria Pública, do Tribunal de Contas e o servidor público estatutário poderão optar pela inclusão na base de cálculo da contribuição de parcelas remuneratórias percebidas em decorrência de local de trabalho, do exercício de cargo em comissão ou de função de confiança, para efeito de cálculo do benefício.

§ 2º Para os casos descritos no inciso III do caput deste artigo, a contribuição prevista no artigo anterior incidirá sobre a parcela do subsídio ou da remuneração do cargo efetivo, calculados na forma ali estabelecida, que não exceder ao limite máximo de benefícios do regime geral de previdência social, em se tratando de servidores e membros:

a) que tenham ingressado no serviço público a partir da data do início do funcionamento da RJPREV, independentemente de adesão ao regime de previdência complementar ali instituído;

b) que tenham ingressado no serviço público em data anterior ao início do funcionamento da RJPREV e tenham optado por aderir ao regime de previdência complementar ali instituído."

Art. 39. A Lei Estadual nº 5.260, de 11 de junho de 2008 passa a vigorar com os seguintes acréscimos e modificações:

"Art. 12. Considerar-se-ão, para determinação da base de cálculo dos proventos de aposentadoria o subsídio ou a remuneração do cargo efetivo, acrescido das vantagens pecuniárias permanentes estabelecidas em lei, os adicionais de caráter individual ou quaisquer outras vantagens, excluídas:

I – as diárias para viagens;

II – a ajuda de custo em razão de mudança de sede;

III – a indenização de transporte;

IV – o salário-família;

V – o auxílio-alimentação;

VI – o auxílio-creche;

VII – as parcelas remuneratórias pagas em decorrência de local de trabalho;

VIII – a parcela percebida em decorrência do exercício de cargo em comissão ou de função de confiança; e

IX – o abono de permanência de que tratam o § 19 do art. 40 da Constituição Federal, o § 5º do art. 2º e o § 1º do art. 3º da Emenda Constitucional nº 41, de 19 de dezembro de 2003.

§ 1º. Integrarão a base de cálculo dos proventos de aposentadoria as parcelas remuneratórias percebidas em decorrência de local de trabalho, do exercício de cargo em comissão ou de função de confiança, sobre as quais tenha incidido contribuição previdenciária, na proporção do tempo de contribuição.

§ 2º Os proventos de aposentadoria não excederão o limite máximo de benefícios do regime geral de previdência social, em se tratando de segurados:

a) que tenham ingressado no serviço público a partir da data do início do funcionamento da RJPREV, independentemente de adesão ao regime de previdência complementar ali instituído;

b) que tenham ingressado no serviço público em data anterior ao início do funcionamento da RJPREV e tenham optado por aderir ao regime de previdência complementar ali instituído; ou

c) que sejam oriundos do serviço público em outro ente da Federação e ali estivessem vinculados ao Regime de Previdência Complementar, na forma do artigo 40, §§ 14 a 16, da Constituição da República Federativa do Brasil, independentemente de adesão ao plano de benefícios administrado por entidade fechada de previdência complementar."

"Art. 26. A pensão por morte de segurado corresponderá ao valor da totalidade das parcelas estipendiais recebidas pelo segurado falecido em atividade, sobre as quais tenha incidido contribuição previdenciária, ou dos proventos, quando se tratar de segurado aposentado à data do óbito, até o limite máximo estabelecido para os benefícios do regime geral de previdência social de que trata o art. 201 da Constituição da República, acrescido de 70 % (setenta por cento) da parcela excedente a este limite, observadas as exceções constitucionais.

§ 1º. Na hipótese de o óbito do segurado ter ocorrido anteriormente à data de publicação da Emenda Constitucional nº 41, de 19 de dezembro de 2003, a pensão por morte corresponderá à totalidade da remuneração do segurado falecido, ou proventos, quando se tratar de segurado aposentado à data do óbito.

§ 2º As pensões não excederão o limite máximo de benefícios do regime geral de previdência social, quando decorrentes dos óbitos de segurados:

a) que tenham ingressado no serviço público a partir da data do início do funcionamento da RJPREV, independentemente de adesão ao regime de previdência complementar ali instituído;

b) que tenham ingressado no serviço público em data anterior ao início do funcionamento da RJPREV e tenham optado por aderir ao regime de previdência complementar ali instituído; ou

c) que sejam oriundos do serviço público em outro ente da Federação e ali estivessem vinculados ao Regime de Previdência Complementar, na forma do artigo 40, §§ 14 a 16, da Constituição da República Federativa do Brasil, independentemente de adesão ao plano de benefícios administrado por entidade fechada de previdência complementar."

Art. 40. Esta Lei entrará em vigor na data de sua publicação.

Rio de Janeiro, em 21 de maio de 2012.

SÉRGIO CABRAL

GOVERNADOR

LEI Nº 6.901, DE 02 DE OUTUBRO DE 2014

- DISPÕE SOBRE A CONTRATAÇÃO DE PESSOAL POR PRAZO DETERMINADO PARA ATENDER A NECESSIDADE TEMPORÁRIA DE EXCEPCIONAL INTERESSE PÚBLICO, NOS TERMOS DO INCISO IX DO ART. 37 DA CONSTITUIÇÃO FEDERAL, E DÁ OUTRAS PROVIDÊNCIAS.

Art. 1º. Para atender a necessidades temporárias de excepcional interesse público, os órgãos da Administração direta, autárquica e fundacional do Estado do Rio de Janeiro poderão efetuar contratações de pessoal por tempo determinado, nos termos do art. 37, inciso IX, da Constituição Federal, nas condições e nos prazos previstos nesta Lei.

§ 1º – Do contingente contratado, será obedecido, na forma da legislação estadual, o percentual destinado aos negros, aos índios e aos portadores de deficiência, desde que a deficiência seja compatível com a atividade a ser exercida.

§ 2º – Para as contratações a que se refere o caput, deverá o Poder Executivo diligenciar para que sejam observados critérios objetivos e impessoais de recrutamento, além de dar ampla divulgação de todas as fases do processo de seleção.

Art. 2º. Para os efeitos desta Lei, considera-se necessidade temporária de excepcional interesse público aquela que, tendo duração determinada ou previsível, não possa ser satisfeita pela Administração Pública com os recursos de pessoal disponíveis no momento de sua ocorrência, ou que não justifique a criação ou provimento de cargos.

- (Expressão "ou que não justifique a criação ou provimento de cargos", na parte final do artigo 2º, caput declarada inconstitucional pela Representação de Inconstitucionalidade nº 0031189-35.2016.8.19.0000)

§ 1º – Caracterizam-se como de necessidade temporária de excepcional interesse público as seguintes hipóteses:

I – assistência a situações de calamidade pública e de emergência; (Expressão "e de emergência", na parte final do artigo 2º, I; declarada inconstitucional pela Representação de Inconstitucionalidade nº 0031189-35.2016.8.19.0000)

II – combate a surtos endêmicos e realização de campanhas de saúde pública;

- (Expressão "e realização de campanhas de saúde pública", na parte final do artigo 2º, § 1º, II; declarada inconstitucional pela Representação de Inconstitucionalidade nº 0031189-35.2016.8.19.0000)

III – realização de grandes eventos;

IV – carência de pessoal em decorrência de afastamento ou licença de servidores ocupantes de cargos efetivos, quando o serviço público não puder ser desempenhado a contento com o quadro remanescente;

V – número de servidores efetivos insuficiente para a continuidade dos serviços públicos essenciais, desde que não haja candidatos aprovados em concurso público aptos à nomeação, ficando a duração dos contratos limitada ao provimento dos cargos mediante concurso público;

- (Incisos III, IV e V, do § 1º, do artigo 2º declarados inconstitucionais pela Representação de Inconstitucionalidade nº 0031189-35.2016.8.19.0000)

VI – admissão de professor substituto e professor visitante para instituições de ensino superior mantidas pelo Poder Executivo Estadual;

VII – admissão de professor e pesquisador visitante estrangeiro para as instituições de ensino superior mantidas pelo Poder Executivo Estadual; e

VIII – carência de pessoal para o desempenho de atividades sazonais ou emergenciais que não justifiquem a criação ou o provimento de cargos, especialmente:

a) as relacionadas à defesa agropecuária e ambiental, para atendimento de situações de iminente risco à saúde animal, vegetal ou humana;

b) as desenvolvidas no âmbito dos projetos específicos de defesa do meio ambiente;

c) as decorrentes de aumento desproporcional da demanda por serviços auxiliares no sistema penitenciário;

d) as decorrentes de aumento desproporcional dos serviços de assistência à infância e adolescência e atendimento socioeducativo aos adolescentes em conflito com a lei;

e) as que tenham por objeto técnicas especializadas, no âmbito de projetos de cooperação com prazo determinado, implementados mediante acordos e convênios, desde que haja, em seu desempenho, subordinação do contratado a órgão ou entidade pública;

f) as que tenham por objeto serviços especializados de tecnologia da informação, de comunicação e de revisão de processos de trabalho, que se caracterizem como projetos específicos criados por prazo determinado; e

g) as que tenham por objeto a realização de temporadas artísticas de música ou dança.

h) as relacionadas às demandas decorrentes da expansão das instituições estaduais de educação profissional e tecnológica, respeitados os limites e as condições fixadas por Decreto do Executivo;

- (Alíneas "b", "c", "d", "e", "f" e "h", do inciso VIII, do § 1º, do artigo 2º; declaradas inconstitucionais pela Representação de Inconstitucionalidade nº 0031189-35.2016.8.19.0000

i) as relacionadas às demandas de formação profissional específica, decorrentes de necessidades regionais do Estado, por meio das instituições estaduais de educação profissional e tecnológica, respeitados os limites e as condições fixadas por Decreto do Executivo.

§ 2º – A necessidade temporária de excepcional interesse público deverá ser previamente declarada por Decreto do Executivo, observados os requisitos previstos no artigo 6º desta lei, de acordo com o respectivo processo administrativo que justifique as contratações temporárias.

§ 3º – Para os fins do inciso V do § 1º deste artigo, consideram-se serviços públicos essenciais aqueles que, assim declarados por Decreto do Executivo, sejam desenvolvidos nas áreas de saúde, defesa civil, educação, segurança pública, sistema penitenciário, assistência à infância e à adolescência, atendimento socioeducativo aos adolescentes em conflito com a lei, assistência social e direitos humanos e meio ambiente.

§ 4º – É vedada a contratação temporária prevista no inciso V do § 1º deste artigo para os casos de afastamento voluntário incentivado.

§ 5º – No caso do inciso V do § 1º deste artigo, serão adotadas, após a contratação, as providências necessárias à realização do concurso público para provimento dos cargos, ressalvada a hipótese em que a contratação se der para suprir carência decorrente de pendência de processo admissional.

§ 6º – O número total de professores e pesquisadores de que tratam os incisos VI e VII do § 1º deste artigo não poderá ultrapassar 20% (vinte por cento) do total de docentes efetivos em exercício na instituição de ensino.

§ 7º – A contratação de professor visitante e de professor visitante estrangeiro, de que tratam os incisos VI e VII do § 1º deste artigo, tem por objetivo:

I – apoiar a execução dos programas de pós-graduação stricto sensu;

II – contribuir para o aprimoramento de programas de ensino, pesquisa e extensão;

III – contribuir para a execução de programas de capacitação docente; ou

IV – viabilizar o intercâmbio científico e tecnológico.

§ 8º – A contratação de professor visitante e o professor visitante estrangeiro, de que tratam os incisos VI e VII do § 1º deste artigo, deverão:

I – atender a requisitos de titulação e competência profissional; ou

II – ter reconhecido renome em sua área profissional, atestado por deliberação do Conselho Superior da instituição de ensino.

§ 9º – São requisitos mínimos de titulação e competência profissional para a contratação de professor visitante ou de professor visitante estrangeiro, de que tratam os incisos VI e VII do § 1º deste artigo:

I – ser portador do título de doutor, no mínimo, há 2 (dois) anos;

II – ser docente ou pesquisador de reconhecida competência em sua área; e

III – ter produção científica relevante, preferencialmente nos últimos 5 (cinco) anos.

§ 10 – As contratações a que se referem as alíneas "e" e "f" do inciso VIII do § 1º deste artigo serão vinculadas exclusivamente a projeto determinado, vedado o aproveitamento dos contratados para qualquer outro fim.

Art. 3º. A contratação de que trata esta Lei será feita mediante processo seletivo simplificado, após ampla divulgação prévia, inclusive no órgão oficial de imprensa do Estado, prescindindo de concurso público.

§ 1º – O Edital do processo seletivo simplificado deverá conter, no mínimo:

I – o objeto da contratação temporária, observadas as hipóteses previstas no art. 2º, § 1º, desta Lei;

II – o prazo de validade do processo seletivo simplificado;

III – o prazo de duração do contrato a ser celebrado, respeitado o prazo máximo previsto no art. 5º desta Lei;

IV – os critérios objetivos da seleção, os quais deverão estar expressos em cláusulas que explicitem os pressupostos mínimos de contratação, em consonância com a natureza e a complexidade da função a ser desempenhada;

V – o número de vagas a serem preenchidas;

VI – o percentual destinado aos negros, aos índios e aos portadores de deficiência, desde que a deficiência seja compatível com a atividade a ser exercida;

VII – a função e a carga horária;

VIII – a remuneração e as demais vantagens asseguradas aos contratados; e

IX – as etapas do processo de seleção e o respectivo calendário.

§ 2º – Os candidatos selecionados não terão direito adquirido à contratação, podendo ser convocados a qualquer tempo, observado o prazo de validade do processo seletivo simplificado e observada a ordem de classificação.

§ 3º – Para as situações de urgência, perigo público iminente e nas hipóteses dos incisos IV e V do § 1° do artigo 2°, assim reconhecidas por Decreto do Executivo, poderá ser autorizada a realização de processo seletivo simplificado com base em simples análise curricular.

Art. 4º. As contratações de que trata esta Lei serão efetivadas mediante contrato administrativo.

Art. 5º. As contratações de que trata esta Lei serão feitas por tempo determinado, até o prazo de 02 (dois) anos, admitida a prorrogação dos contratos pelo prazo máximo de até 01 (um) ano.

§ 1º – O termo inicial do prazo previsto no caput é a data da publicação da homologação do resultado final do processo seletivo simplificado de que trata o artigo 3º desta Lei.

§ 2º – A prorrogação dos contratos temporários demanda a demonstração pormenorizada da manutenção da situação de necessidade temporária de excepcional interesse público que os originou, a autorização prévia do Governador do Estado no bojo do processo administrativo específico para tanto e a celebração de termo aditivo para cada contrato.

§ 3º – Excetuam-se do prazo previsto no caput as contratações referidas nas alíneas "e" e "f" do inciso VIII do § 1º do artigo 2º, que poderão vigorar pelo prazo de duração dos respectivos projetos e serviços.

- (Por arrastamento, o artigo 2º, §§ 3º, 4º, 5º e 10º; artigo 3º, § 3º e artigo 5º, § 3º. foram declarados inconstitucionais pela Representação de Inconstitucionalidade nº 0031189-35.2016.8.19.0000)

Art. 6º. As contratações de que trata esta Lei somente poderão ser feitas com amparo de dotação orçamentária específica, mediante prévia autorização expressa do Governador do Estado, em procedimento administrativo específico, o qual conterá a justificação acerca da ocorrência das situações que as autorizam.

Art. 7º. É proibida a contratação, na forma desta Lei, de servidores da Administração direta ou indireta da União, dos Estados, do Distrito Federal e dos Municípios, bem como de empregados ou servidores de suas subsidiárias e controladas.

Parágrafo único – Excetua-se do disposto no caput a contratação de servidores enquadrados nas hipóteses previstas no inciso XVI do art. 37 da Constituição Federal, desde que comprovada a compatibilidade de horários.

Art. 8º. É vedado o desvio de função da pessoa contratada na forma desta Lei, sob pena de nulidade da contratação e responsabilidade administrativa e civil da autoridade contratante e do contratado.

Parágrafo único – Qualquer caso de violação ao disposto nesta Lei deverá ser comunicado pela autoridade competente no prazo máximo de 48 (quarenta e oito) horas, contados da ciência do fato, ao Governador do Estado, ao Procurador-Geral do Estado e ao Procurador-Geral da Justiça, que adotarão as medidas cabíveis no âmbito de suas respectivas competências.

Art. 9º. É vedado ao pessoal contratado nos termos desta Lei:

I – receber atribuições, funções ou encargos não previstos no respectivo contrato;

II – ser nomeado ou designado, ainda que a título precário ou em substituição, para o exercício de cargo em comissão ou função de confiança; e

III – ser novamente contratado, pela Administração direta e indireta do Estado do Rio de Janeiro, com fundamento no inciso IX do art. 37 da Constituição Federal, antes de decorridos 12 (doze) meses do encerramento de seu contrato anterior.

Parágrafo único – A inobservância do disposto neste artigo importará na nulidade do contrato, sem prejuízo da responsabilização administrativa das autoridades envolvidas e do contratado.

Art. 10. Para fins disciplinares, aplicam-se aos contratados nos termos desta Lei os deveres e obrigações previstos no Decreto-Lei nº 220/75, devendo o respectivo procedimento sancionador ser concluído no prazo de trinta dias.

Art. 11. Aos contratados na forma desta Lei são assegurados:

I – licença maternidade;

II – licença paternidade;

III – férias, inclusive proporcionais;

IV – 13º salário, inclusive proporcionais;

V – Adicional de periculosidade, desde que preenchidos os requisitos legais; e

VI – Adicional de insalubridade, desde que preenchidos os requisitos legais.

VII – Remuneração não inferior ao piso regional fixado em Lei Estadual, de acordo com a respectiva categoria.

Art. 12. O contrato firmado de acordo com esta Lei extinguir-se-á sem direito a indenizações:

I – pelo término do prazo contratual;

II – por iniciativa do contratado;

III – por conveniência motivada da Administração Pública contratante;

IV – pelo cometimento de infração contratual ou legal por parte do contratado, apurada em regular processo administrativo;

V – no caso de ser ultimado, com nomeação de candidatos, o concurso público com vistas ao provimento de vagas correspondentes às funções desempenhadas pelos servidores contratados com base nesta Lei;

VI – pela extinção da situação ou conclusão do objeto, nas hipóteses previstas no inciso VIII do § 1º do art. 2º desta Lei;

VII – nas hipóteses de o contratado:

a) ser convocado para serviço militar obrigatório, quando houver incompatibilidade de horário;

b) assumir mandato eletivo que implique afastamento do serviço.

VIII – se o contratado faltar ao trabalho por três dias consecutivos ou cinco intercalados em um período de 12 meses, ressalvadas as faltas abonadas por motivo de doença do contratado, cônjuge, ascendentes ou descentes diretos, desde que devidamente comprovada;

IX – afastamento por motivo de doença do contratado por prazo superior a 15 (quinze) dias consecutivos, e por doença do cônjuge, ascendentes ou descendentes diretos por prazo superior a 10 (dez) dias consecutivos.

Parágrafo único – A extinção do contrato, por iniciativa do órgão ou entidade contratante, decorrente de conveniência administrativa, importará no pagamento do correspondente a 1 (uma) vez o valor da remuneração mensal fixada no contrato, assim como no pagamento do 13º salário e férias proporcionais.

Art. 13. As contratações temporárias em vigor serão regidas pelas disposições desta Lei, assegurando-se, quanto ao prazo total de vigência, o prazo de 5 (cinco) anos contados da respectiva celebração do contrato.

Art. 14. A remuneração do servidor temporário não poderá ser inferior ao piso salarial regional.

Art. 15. É vedada a contratação de cônjuge, companheiro ou parente, consangüíneo ou afim, em linha reta ou colateral, até o terceiro grau, do Governador, do Vice-Governador, de Secretários, de Subsecretários, de Diretores de Autarquias, Fundações e Empresas Públicas e Sociedades de Economia Mista da Administração Indireta, de Deputados Estaduais e de Conselheiros do Tribunal de Contas do Estado do Rio de Janeiro, para quaisquer serviços relativos aos contratos temporários de que trata esta lei.

Art. 16. Fica o Poder Executivo autorizado a abrir os créditos orçamentários necessários à execução do disposto nesta Lei.

Art. 17. Esta Lei entrará em vigor na data de sua publicação, revogadas as disposições em contrário, especialmente as Leis nº 2.399, de 11 de maio de 1995, nº 2.701, de 17 de março de 1997, 2.873, de 19 de dezembro de 1997, nº 3.241, de 05 de agosto de 1999, nº 4.599, de 27 de setembro de 2005, e nº 5.490, de 25 de junho de 2009.

Rio de Janeiro, em 02 de outubro de 2014.

LUIZ FERNANDO DE SOUZA

Governador

RESOLUÇÃO PGE Nº 3.968, DE 09 DE NOVEMBRO DE 2016

- CONSOLIDA O REGIMENTO INTERNO DA PROCURADORIA GERAL DO ESTADO DO RIO DE JANEIRO (ATUALIZADA ATÉ A RESOLUÇÃO PGE 4.629/2020).

ÍNDICE

REGIMENTO INTERNO DA PROCURADORIA GERAL DO ESTADO

TÍTULO I
DISPOSIÇÃO INTRODUTÓRIA

Art. 1º. Este Regimento estabelece normas sobre a competência, organização, estrutura e funcionamento da Procuradoria Geral do Estado e dispõe sobre as atribuições dos respectivos órgãos.

TÍTULO II
COMPETÊNCIA, ORGANIZAÇÃO E ESTRUTURA DA PROCURADORIA GERAL DO ESTADO

Capítulo I
COMPETÊNCIA

Art. 2º. À Procuradoria Geral do Estado, compete:

I – privativamente, exercer a representação judicial do Estado, atuar extrajudicialmente em defesa dos interesses deste, e oficiar obrigatoriamente no controle interno da legalidade da Administração Pública, inclusive por meio da supervisão e coordenação das Assessorias Jurídicas dos órgãos integrantes da Administração Direta e Indireta, que se subordinarão à sua orientação técnico-jurídica;

II – privativamente, promover a inscrição da dívida ativa do Estado, bem como proceder à sua cobrança judicial e extrajudicial;

III – a defesa em Juízo ou fora dele, ativa ou passivamente, dos atos e prerrogativas do Governador do Estado;

IV – o exercício de funções de consultoria jurídica da Administração Direta, no plano superior, inclusive no que respeita às decisões das questões interadministrativas, bem como emitir pareceres, normativos ou não, para fixar a interpretação governamental de leis ou atos administrativos;

V – defender em Juízo ou fora dele o legislativo, ressalvado o disposto no art. 121 e no Parágrafo Único do art. 133 da Constituição Estadual, e o Judiciário e responder a consultas, quando de iniciativa destes e desde que encaminhadas pela Chefia dos referidos Poderes;

VI – elaborar minuta de informações a serem prestadas ao Judiciário em mandados de segurança impetrados contra ato do Governador e de outras autoridades que forem indicadas em norma regulamentar;

VII – sugerir ao Governador a propositura de ação direta de inconstitucionalidade de quaisquer normas, minutar a correspondente petição, bem como as informações que devam ser prestadas pelo Governador na forma da legislação federal específica;

VIII – propor ao Governador o encaminhamento de representação de inconstitucionalidade de leis ou de atos normativos estaduais ou municipais em face da Constituição do Estado;

IX – propor ao Governador a iniciativa de ações, arguições ou quaisquer outras medidas previstas na Constituição Federal para as quais seja legitimado;

X – defender os interesses do Estado e do Governador junto aos contenciosos administrativos;

XI – assessorar o Governador, cooperando na elaboração legislativa;

XII – opinar sobre providências de ordem jurídica aconselhadas pelo interesse público e pela aplicação das leis vigentes;

XIII – propor ao Governador a edição de normas legais ou regulamentares de natureza geral;

XIV – propor ao Governador, para os órgãos da Administração Direta ou Indireta e das fundações instituídas ou mantidas pelo Poder Público, medidas de caráter jurídico que visem a proteger-lhes o patrimônio, ou aperfeiçoar as práticas administrativas;

XV – propor ao Governador medidas que julgar necessárias à uniformização da jurisprudência administrativa;

XVI – elaborar minutas padronizadas de editais de licitação, e atos de contratação, tais como, contratos, convênios, ajustes e acordos, inclusive os de natureza trabalhista, e minutas de qualquer ato de contratação que disponham diversamente da padronização estabelecida por decisão do Procurador-Geral do Estado;

XVII – opinar, por determinação do Governador, sobre as consultas que devam ser formuladas pelos órgãos da administração direta e indireta ao Tribunal de Contas e demais órgãos de controle financeiro e orçamentário;

XVIII – opinar previamente com referência ao cumprimento de decisões judiciais e, por determinação do Governador, nos pedidos de extensão de julgados, relacionados com a Administração Direta Estadual;

XIX – examinar as manifestações e expedientes de natureza jurídica dos órgãos setoriais ou locais do sistema jurídico do Estado, que lhes sejam submetidos na forma do § 1º deste artigo;

XX – opinar, sempre que solicitada, nos processos administrativos em que haja questão judicial correlata ou que neles possa influir, como condição de seu prosseguimento;

XXI – desempenhar outras atribuições que lhes forem expressamente cometidas pelo Governador;

XXII – propor medidas, prestar ou solicitar apoio a qualquer entidade da Administração Pública direta, indireta ou fundacional, em assuntos pertinentes à proteção e à defesa dos Direitos Humanos, dos Direitos do Consumidor e do Meio Ambiente;

XXIII – promover o desenvolvimento da ciência jurídica e social em áreas de interesse do Estado do Rio de Janeiro, realizando atividades de pesquisa e promovendo cursos por intermédio da Escola Superior de Advocacia Pública ou com o auxílio de outras instituições de ensino e pesquisa;

XXIV – exercer, privativamente, a chefia das assessorias jurídicas das Secretarias de Estado;

XXV – exercer amplamente a sua autonomia administrativa, orçamentária e financeira, mediante a celebração, na forma da lei, de contratos de gestão com a Administração Pública Direta, Indireta e fundacional;

XXVI – praticar atos próprios de gestão, administrar os fundos a ela vinculados, expedindo os competentes demonstrativos, e adquirir bens e contratar serviços, efetuando a respectiva contabilização;

XXVII – praticar atos e decidir sobre a situação funcional e administrativa do pessoal, ativo e inativo, de carreira e dos serviços auxiliares, organizados em quadros próprios;

XXVIII – propor ao Poder Executivo a criação e a extinção de seus cargos e a fixação e o reajuste dos subsídios dos seus membros;

XXIX – propor ao Poder Executivo a criação e extinção dos cargos de seus serviços auxiliares, bem como a fixação e o reajuste dos vencimentos dos seus servidores;

XXX – compor seus órgãos de administração e organizar seus órgãos especializados, corregedoria, repartições administrativas e serviços auxiliares;

XXXI – dispor sobre seus regimentos e regulamentos internos;

XXXII – exercer outras competências decorrentes de seus princípios institucionais;

XXXIII – elaborar sistema próprio de registro de preços e aderir a registro de preços de outras entidades públicas, de qualquer esfera federativa, desde que garantidas as mesmas condições de fornecimento ou prestação licitadas.

§ 1º – Ressalvado o disposto no inciso V deste artigo, todas as consultas à Procuradoria Geral do Estado só poderão ser formuladas pelo Governador do Estado, por Secretário de Estado ou pela Chefia de entidades da administração indireta que mantenham convênios ou contratos com a Procuradoria Geral do Estado, após manifestação conclusiva das respectivas assessorias jurídicas.

§ 2º – Terão prioridade absoluta, em sua tramitação, os processos referentes a pedidos de informação e diligência, formulados pela Procuradoria Geral do Estado.

§ 3º – Mediante convênios ou contratos, a critério do Procurador-Geral do Estado, poderá a Procuradoria Geral do Estado prestar consultoria jurídica e encarregar-se de atos e providências judiciais do interesse dos Municípios do Estado do Rio de Janeiro, podendo, também, por ato próprio do Procurador-Geral do Estado ou por determinação do Governador do Estado, em cada caso, prestar tais serviços a entidades da Administração Indireta do Estado ou fundações por ele criadas ou mantidas, assegurados, em consequência, o reembolso de eventuais despesas, acréscimos remuneratórios ou prêmios por produtividade aos Procuradores que exerçam funções no âmbito da Procuradoria Geral do Estado ou em cargo pertencente ao sistema jurídico do Estado do Rio de Janeiro.

§ 4º – Os acréscimos remuneratórios ou prêmios de produtividade, de que trata o § 3º deste artigo, corresponderão a valor equivalente ao percentual de 1% (um por cento) a 5% (cinco por cento) do valor total da remuneração de Procurador do Estado de terceira categoria, a ser fixado por ato exclusivo do Procurador-Geral do Estado, caso a caso, avaliados a complexidade e o volume das ações judiciais.

§ 5º – Os contratos a que se referem o inciso XXV e o § 3º deste artigo serão regulamentados por ato do Procurador-Geral do Estado.

§ 6º – As decisões da Procuradoria Geral do Estado fundadas em sua autonomia funcional, administrativa e financeira, obedecidas as formalidades legais, têm eficácia plena e executoriedade imediata, interna corpore, ressalvada a competência constitucional do Governador, do Poder Judiciário, do Poder Legislativo, do Ministério Público e do Tribunal de Contas do Estado.

§ 7º – A Procuradoria Geral do Estado é o órgão central do Sistema Jurídico do Estado do Rio de Janeiro, cabendo-lhe a supervisão e coordenação dos órgãos locais e setoriais do Sistema Jurídico Estadual

Capítulo II
ORGANIZAÇÃO

Art. 3º. São órgãos da Administração Superior da Procuradoria Geral do Estado, o Procurador-Geral do Estado, as Subprocuradorias-Gerais do Estado, o Conselho da Procuradoria Geral do Estado, a Assessoria do Procurador-Geral do Estado, a Corregedoria da Procuradoria Geral do Estado e as Chefias das Procuradorias Especializadas e respectivos Procuradores-Assistentes.

Parágrafo único – A Assessoria do Procurador-Geral do Estado é composta pela Secretaria de Gestão, Procuradores Assessores e Chefia de Gabinete. (alterado pela Resolução PGE 4.449/2019)

Art. 4º. Os Procuradores do Estado são os órgãos de atuação da Procuradoria Geral do Estado no exercício de suas atribuições.

Capítulo III
ESTRUTURA

Art. 5º. A Procuradoria Geral do Estado estrutura-se da seguinte forma:

I – Órgãos da Administração Superior:

a) Procurador-Geral do Estado;

1. Gabinete do Procurador-Geral – PG-2;

i. Chefia de Gabinete (incluído pela Resolução PGE 4.579/2020)

a) Assessoria de Perícias e Avaliações Imobiliárias; (incluído pela Resolução PGE 4.579/2020)

b) – Assessoria de Cálculos e Perícias Contábeis; (incluído pela Resolução PGE 4.579/2020)

c) – Assessoria Administrativa do Gabinete; (incluído pela Resolução PGE 4.579/2020)

d) – Assessoria de Perícias Médicas e Saúde Ocupacional; (incluído pela Resolução PGE 4.579/2020)

ii. Ouvidoria; (incluído pela Resolução PGE 4.579/2020)

iii. Secretaria de Controle Interno; (incluído pela Resolução PGE 4.579/2020)

a. Assessoria de Auditoria; (incluído pela Resolução PGE 4.579/2020)

b. Assessoria de Controle; (incluído pela Resolução PGE 4.579/2020)

iv. Coordenadoria Militar; (incluído pela Resolução PGE 4.579/2020)

2. Subprocuradoria Geral do Estado;

3. Secretaria de Controle Interno; (incluído pela Resolução PGE 4.380/2019)

I – Assessoria de Auditoria; (incluído pela Resolução PGE 4.380/2019)

II – Assessoria de Controle. (incluído pela Resolução PGE 4.380/2019)

b) Conselho da Procuradoria Geral do Estado;

1. Secretaria do Conselho;

c) Corregedoria da Procuradoria Geral do Estado;

d) Assessoria Técnica do Procurador-Geral do Estado;

1. Procuradores-Assessores;

i. Apoio Técnico;

ii. Apoio de Requisitórios;

2. Secretaria de Gestão; (alterado pela Resolução PGE 4.449/2019)

i. Gerência de Desenvolvimento Organizacional;

ii. Gerência de Arquitetura, Projetos e Obras

iii. Comitê de Tecnologia da Informação e Comunicação;

3. Secretaria de Gestão; (incluído pela Resolução PGE 4.579/2020)

4. Secretaria de Controle Interno; (incluído pela Resolução PGE 4.471/2019)

5. Ouvidoria da Procuradoria Geral do Estado; (incluído pela Resolução PGE 4.471/2019)

e) Chefias das Procuradorias Especializadas;

1. Procuradores-Assistentes das Procuradorias Especializadas;

2. Procuradores-Regionais e Procuradores-Adjuntos.

f) Câmara Administrativa de Solução de Conflitos. (incluído pela Resolução PGE 4.4552/2020)

II – Órgãos Técnicos:

a) Procuradoria Tributária – PG-3;

b) Procuradoria de Pessoal – PG-4;

c) Procuradoria da Dívida Ativa – PG-5;

1. Revogado pela Resolução PGE 4.317/2019

d) Procuradoria do Patrimônio e do Meio Ambiente – PG-6;

e) Procuradoria Previdenciária – PG-7;

f) Procuradoria de Serviços Públicos – PG-8;

g) Procuradoria Trabalhista – PG-10;

h) Coordenadoria Geral das Procuradorias Regionais – PG-11;

1. 1ª Procuradoria Regional – Niterói;

2. 2ª Procuradoria Regional – Duque de Caxias;

3. 3ª Procuradoria Regional – Nova lguaçu;

4. 4ª Procuradoria Regional - Barra do Piraí;

5. 5ª Procuradoria Regional - Volta Redonda;

6. 6ª Procuradoria Regional - Angra dos Reis;

7. 7ª Procuradoria Regional - Petrópolis;

8. 8ª Procuradoria Regional - Nova Friburgo;

9. 9ª Procuradoria Regional - Macaé;

10. 10ª Procuradoria Regional - Campos dos Goytacazes;

11. 11ª Procuradoria Regional - Itaperuna;

12. 12ª Procuradoria Regional - Cabo Frio;

13. 13ª Procuradoria Regional - São Gonçalo;

i) Procuradoria na Capital Federal - PG-13;

j) Procuradoria de Sucessões - PG-14; (alterado pela Resolução PGE 4.317/2019)

k) Coordenadoria do Sistema Jurídico - PG-15. (incluído pela Resolução PGE 4.581/2020)

1. Núcleo de Defesa da Probidade (incluído pela Resolução PGE 4.581/2020)

l) Procuradoria de Serviços de Saúde - PG-16; (incluído pela Resolução PGE 4.317/2019)

m) Procuradoria Administrativa - PG-17. (incluído pela Resolução PGE 4.317/2019)

n) Procuradoria de Petróleo, Gás Natural e Outros Recursos Naturais (PG-18) (incluído pela Resolução PGE 4.629/2020)

2. Núcleo de Ações Fiscais Estratégicas (incluído pela Resolução PGE 4.190/2018)

III - Órgãos da Administração Gerencial e Operacional - Gestão e Administração:

a) Centro de Estudos Jurídicos - CEJUR - PG-09;

b) Diretoria de Gestão - PG-12

TÍTULO III ATRIBUIÇÕES DOS ÓRGÃOS DA PROCURADORIA GERAL DO ESTADO

Capítulo I ÓRGÃOS DA ADMINISTRAÇÃO SUPERIOR

Seção I Procurador-Geral do Estado

Art. 6º. Ao Procurador-Geral do Estado compete, sem prejuízo de outras atribuições:

I – chefiar a Procuradoria Geral do Estado e o Sistema Jurídico estadual;

II – superintender e coordenar as atividades da Procuradoria Geral do Estado, orientando-lhe a atuação;

III – despachar diretamente com o Governador;

IV – baixar resoluções e expedir instruções:

V – celebrar todas as espécies de atos de contratação, inclusive contratos de gestão;

VI – prover os cargos iniciais da carreira, promover, exonerar, aposentar, bem como praticar todo e qualquer ato que importe em provimento ou vacância dos cargos da carreira de Procurador do Estado, dos cargos em comissão e do quadro de pessoal de apoio da estrutura da Procuradoria Geral do Estado;

VII – propor demissão ou cassação de aposentadoria de Procuradores do Estado;

VIII – apresentar ao Governador, no início de cada exercício, relatório das atividades da Procuradoria Geral do Estado, durante o ano anterior, sugerindo medidas legislativas e providências adequadas ao seu aperfeiçoamento;

IX – convocar as eleições do Conselho da Procuradoria Geral do Estado, regulamentando-as;

X – convocar e presidir as reuniões do Conselho da Procuradoria Geral do Estado e editar seu regimento interno e suas normas de procedimento;

XI – promover a abertura de concurso público para a carreira de Procurador do Estado;

XII – dar posse aos nomeados para cargos efetivos da carreira de Procurador do Estado e para os das carreiras do quadro de pessoal de apoio da Procuradoria Geral do Estado, bem como aos nomeados em comissão para cargos da Procuradoria Geral do Estado e para os cargos de exercício privativo por Procurador do Estado;

XIII – adir Procuradores do Estado ao Gabinete para o desempenho de atribuição específica, no interesse do serviço;

XIV – fazer publicar semestralmente, até 31 de janeiro e 31 de julho, a lista de antiguidade dos Procuradores do Estado;

XV – conceder férias e licenças aos Procuradores do Estado;

XVI – deferir benefícios ou vantagens concedidos por lei aos Procuradores do Estado, bem como aos integrantes do quadro de apoio da Procuradoria Geral do Estado;

XVII – determinar sindicância e instauração de processo administrativo disciplinar;

XVIII – aplicar penas disciplinares aos Procuradores do Estado, bem como aos integrantes do quadro de apoio da Procuradoria Geral do Estado, na forma da Lei Complementar nº 15/1980;

XIX – determinar exames de sanidade para verificação de incapacidade física ou mental dos Procuradores do Estado e dos integrantes do quadro de apoio da Procuradoria Geral do Estado;

XX – expedir atos de lotação, remoção e designação dos Procuradores do Estado, bem como dos integrantes quadro de apoio da Procuradoria Geral do Estado;

XXI – dirimir conflitos e dúvidas de atribuições entre os órgãos da Procuradoria Geral do Estado, ouvido o Conselho da Procuradoria Geral do Estado, se julgar conveniente;

XXII – requisitar dos órgãos da Administração Pública documentos, exames, diligências e esclarecimentos necessários à atuação da Procuradoria Geral do Estado;

XXIII – tomar iniciativa referente à matéria da competência da Procuradoria Geral do Estado;

XXIV – avocar encargos de qualquer Procurador do Estado, podendo atribuí-lo a outro, e, também, designar qualquer Procurador do Estado, ainda que se encontre no exercício de funções de cargo de chefia de assessoria jurídica de Secretaria de Estado, para a execução de trabalho específico, independentemente de sua lotação;

XXV – solicitar ao Governador que confira caráter normativo a parecer emitido pela Procuradoria Geral do Estado, vinculando a Administração Pública Direta e Indireta, inclusive Fundações, ao entendimento estabelecido;

XXVI – atribuir normatividade, no âmbito do Sistema Jurídico, a pareceres emitidos pela Procuradoria Geral do Estado, comunicando sua iniciativa ao Governador;

XXVII - receber as citações iniciais ou comunicações referentes a quaisquer ações ou processos ajuizados contra o Estado, ou nos quais deva intervir a Procuradoria Geral do Estado;

XXVIII - visar os pareceres emitidos por Procuradores do Estado;

XXIX - encaminhar ao Governador, para deliberação, os expedientes de cumprimento ou de extensão de decisão judicial;

XXX - determinar propositura de ações que entender necessárias à defesa e ao resguardo dos interesses do Estado;

XXXI - autorizar o parcelamento de créditos não tributários, decorrente de decisão judicial, ou objeto de ação judicial, em curso ou a ser proposta, dentro dos limites fixados pelo Governador;

XXXII - fixar a área de atuação de cada Procuradoria Regional, indicando as Comarcas nela compreendidas;

XXXIII - presidir a elaboração da proposta orçamentária da Procuradoria Geral do Estado, autorizar despesas e ordenar empenhos;

XXXIV - determinar a realização de licitações, dispensá-las, aprová-las ou anulá-las;

XXXV - aprovar laudos de avaliação e minutas de escrituras, de termos de contratos e convênios, e de outros instrumentos jurídicos;

XXXVI - indicar, quando solicitado, Procuradores do Estado a serem nomeados para os cargos de Chefia das Assessorias Jurídicas das Secretarias de Estado e para os cargos de direção dos órgãos jurídicos das autarquias, fundações, empresas públicas e sociedades de economia mista;

XXXVII - indicar ou designar os Procuradores para integrar os órgãos que devam contar com representantes da Procuradoria Geral do Estado;

XXXVIII - designar, quando necessário, os substitutos eventuais dos que exercem cargos em comissão ou funções gratificadas;

XXXIX - arbitrar, na forma do que dispuser a legislação específica, as vantagens devidas aos Procuradores e servidores lotados na Procuradoria Geral do Estado;

XL - baixar o Regimento Interno da Procuradoria Geral do Estado e de seu Conselho;

XLI - baixar o ato regulamentar do estágio confirmatório (art.22 da L. C. nº 15/80), ouvido o Conselho da Procuradoria Geral do Estado;

XLII – fixar o índice de pontos correspondente à gratificação de produtividade a Serventuários da Justiça, de que trata o Decreto-Lei nº 215, de 10.11.69, estabelecendo os seus limites e valores-índices, bem como excluir Serventuários da folha mensal da vantagem, nos termos da legislação especifica;

XLIII – designar a comissão organizadora dos concursos para ingresso na carreira de Procurador do Estado e aprovar a composição das bancas examinadoras, bem como as condições necessárias à inscrição de candidatos, mediante prévia aprovação do Conselho da Procuradoria Geral do Estado (art. 9º, V);

XLIV – autorizar a suspensão do processo;

XLV – autorizar:

a) a não propositura ou desistência de medida judicial, especialmente quando o valor do benefício pretendido não justifique a ação ou, quando do exame da prova, se evidenciar improbabilidade de resultado favorável;

b) a dispensa da interposição de recursos judiciais cabíveis, ou a desistência dos interpostos, especialmente quando contraindicada a medida em face da jurisprudência;

c) a não execução de julgados quando a iniciativa for infrutífera, notadamente pela inexistência de bens do executado.

XLVI – decidir todos os processos relativos ao interesse da Procuradoria Geral do Estado, inclusive os referentes a direitos e deveres dos Procuradores do Estado e servidores da Procuradoria Geral do Estado, na forma da legislação aplicável;

XLVII – delegar, através de Resolução, atribuições a seus subordinados, autorizando expressamente a sua subdelegação quando for o caso;

XLVIII – promover a representação de inconstitucionalidade de leis ou de atos normativos estaduais ou municipais em face da Constituição Estadual e oficiar nas demais representações em que não seja autor;

XLIX – dispor por ato próprio e celebrar, na forma da lei, contratos de gestão;

L – designar ou autorizar Procurador do Estado, com ou sem prejuízo de suas funções e na forma estabelecida em resolução própria, para a realização de atividades de pesquisa ou de cursos perante a Escola Superior de Advocacia Pública, de conformidade com o disposto no inciso XXIII do art. 2º da Lei Complementar nº 15/1980;

LI – promover a abertura de concurso público para as carreiras do quadro de apoio da estrutura da Procuradoria Geral do Estado;

LII – determinar, quando julgar necessário, a realização de consultas internas sobre atos a serem editados no âmbito da Procuradoria Geral do Estado.

Subseção I.I
Gabinete do Procurador-Geral do Estado - PG-02

Art. 7º. Ao Gabinete do Procurador-Geral do Estado, compete prestar assistência direta, técnica e administrativa ao Procurador-Geral, bem como dirigir, orientar e coordenar as atividades elencadas no art. 2° do presente ANEXO.

Subseção I.I.I
Chefia de Gabinete

Art. 7º-A. À Chefia de Gabinete cabe prestar assistência técnico-jurídica e administrativa ao Procurador-Geral do Estado para desempenho das atribuições definidas no art. 6º da Lei Complementar nº 15, de 25 de novembro de 1980, podendo exercer diretamente, mediante delegação de competência, as atribuições que lhe forem conferidas. (renumerado pelo art. 2º, da Resolução PGE 4.579/2020)

Art. 7º-B. À Assessoria de Perícias e Avaliações Imobiliárias compete: (renumerado pelo art. 3º, da Resolução PGE 4.579/2020)

I – atividades que envolvam planejamento, coordenação, controle e execução especializada em grau de maior complexidade, ou execução, sob supervisão superior, de trabalhos de auditoria, com análise, crítica e elaboração de perícias e laudos, judiciais ou extrajudiciais, em matéria imobiliária, e outras que, por sua natureza, se incluam no âmbito das profissões de engenheiro civil e arquiteto;

II – prestar assistência técnica, na área de engenharia, nos feitos judiciais em que o Estado e suas entidades, quando patrocinadas pela Procuradoria Geral do Estado, figurem como parte ou interessado;

III – realizar vistorias, examinar plantas, elaborar memoriais descritivos, emitir laudos de avaliação e pareceres técnicos acerca de imóveis, sempre que estiver presente interesse da Administração Pública Estadual;

IV – cumprir prazos judiciais;

V – realizar consulta, sempre que necessário, aos órgãos e entidades oficiais vinculados às atividades da Assessoria de Perícias e Avaliações Imobiliárias;

VI – cumprir e fazer cumprir todas as normas e disposições legais disciplinadoras das atividades da competência da Assessoria de Perícias e Avaliações Imobiliárias;

VII – coordenar as atividades do Núcleo de Perícias Médicas.

Art. 7º-C. À Assessoria de Cálculos e Perícias Contábeis compete: (renumerado pelo art. 3º, da Resolução PGE 4.579/2020)

I – atividades que envolvem orientação, supervisão, planejamento, coordenação, controle e execução especializada, em grau de maior complexidade, ou execução, sob supervisão superior, de trabalhos de contabilidade e auditoria, compreendendo análise, cálculos judiciais e laudos periciais contábeis, e outras atribuições compatíveis com sua especialização;

II – prestar assistência técnica, na área contábil, nos feitos judiciais em que o Estado e suas entidades, quando patrocinadas pela Procuradoria Geral do Estado, figurem como parte ou interessado;

III – examinar, conferir e elaborar cálculos e perícias judiciais, laudos, pareceres e relatórios com o objetivo de subsidiar o procedimento administrativo ou judicial, observando os critérios e prazos estipulados pelo procurador, bem como toda a legislação vigente;

IV – realizar outras atribuições de natureza técnica conferida por lei aos profissionais de contabilidade.

Art. 7º-D. À Assessoria Administrativa do Gabinete compete: (renumerado pelo art. 3º, da Resolução PGE 4.579/2020)

I – executar os serviços burocráticos e normativos do Gabinete do Procurador-Geral do Estado;

II – receber, registrar e encaminhar ao destino especificado, processos administrativos, processos judiciais, resoluções, pareceres e ofícios;

III – manter registro da tramitação de todos os precatórios remetidos à Procuradoria Geral do Estado, encaminhá-los às Procuradorias Especializadas e comunicar ao Procurador do feito a respectiva remessa ao Tribunal;

IV – prestar as informações e cumprir as diligências solicitadas pelos Procuradores lotados no Gabinete do Procurador-Geral, nos prazos assinalados.

Art. 7º-E. Sem prejuízo das atribuições fixadas em Resolução específica, compete à Assessoria de Perícia Médica e Saúde Ocupacional, a avaliação física e mental laborativa de Procuradores do Estado e servidores do Quadro Permanente de Pessoal de Apoio, cedidos de outros órgãos e ocupantes de cargo em comissão, bem como de candidatos de concursos realizados pela Procuradoria Geral do Estado do Rio de Janeiro. (incluído pela Resolução PGE 4.579/2020)

§ 1º – Incumbe, ainda, ao órgão referido no caput, nos termos da regulamentação específica:

I – realizar o exame médico admissional de candidatos aos cargos da Procuradoria;

II – emitir laudo médico para fins de licenciamento (Perícia Regular), readaptação, aposentadoria por invalidez e concessão de isenção de imposto de renda na fonte dos Procuradores do Estado e Servidores do Quadro Permanente de Pessoal de Apoio;

III – prestar assistência técnica nas demandas em que for parte ou interessado o Estado do Rio de Janeiro e suas entidades, quando patrocinadas pela Procuradoria Geral do Estado, podendo para tanto apresentar quesitos e esclarecimentos;

§ 2º – Para fins de Controle Interno a Assessoria de Perícia Médica e Saúde Ocupacional vincula-se diretamente ao Gabinete do Procurador-Geral (PG-02), referido no art.7º, da Resolução nº 3.968/2016.

§ 3º – Constarão em Resolução própria os objetos, as atribuições específicas, a composição e a estrutura da Assessoria de Perícia Médica e Saúde Ocupacional.

Art. 7º-F. O Procurador Ouvidor será escolhido pelo Procurador-Geral do Estado dentre os Procuradores do Estado. (incluído pela Resolução PGE 4.471/2019 e renumerado pela Resolução PGE 4.579/2020)

Art. 7º-G. A Ouvidoria da Procuradoria Geral do Estado cumulará as competências do Serviço de Informações ao Cidadão – SIC referido no Decreto nº 46.475/2018, competindo-lhe: (incluído pela Resolução PGE 4.471/2019 e renumerado pela Resolução PGE 4.579/2020)

I – coordenar a implantação e supervisão de sistemas de acesso entre o cidadão e a Procuradoria Geral do Estado;

II – receber, analisar e responder, em prazo de até 20 (vinte) dias corridos, quaisquer manifestações que lhe sejam encaminhadas, inclusive os pedidos de acesso a informações formulados com base na Lei Federal nº 12.527/2011;

III – assegurar ao cidadão a proteção de sua identidade e demais atributos de identificação, nos termos do art. 31, da Lei Federal nº 12.527, de 18 de novembro de 2011, incluindo a proteção do nome, endereço e demais dados, que serão documentados separadamente, caso tal proteção seja solicitada;

IV – requerer aos diversos órgãos da Procuradoria Geral do Estado e do Sistema Jurídico Estadual as informações pertinentes, devendo os referidos órgãos atender os pedidos de informações da Ouvidoria em prazo não superior a 10 (dez) dias corridos;

V – encaminhar ao Procurador-Geral do Estado sugestões de medidas para sanar problemas que sejam identificados a partir de manifestações encaminhadas à Ouvidoria;

VI – organizar, analisar, consolidar e guardar as informações oriundas das demandas recebidas de seus usuários;

VII – elaborar relatórios gerenciais trimestrais de natureza quantitativa, com indicadores sobre as atividades de ouvidoria e publicá-los no sítio institucional da Procuradoria Geral do Estado, na internet.

§ 1º – Sempre que as informações apresentadas pelo cidadão forem insuficientes para a análise da manifestação, a Ouvidoria solicitará ao usuário a complementação de informações, que deverá ser atendida no prazo de 30 (trinta dias), contado da data de seu recebimento.

§ 2º – A solicitação de complementação de informações suspenderá o prazo previsto no § 1º, que será retomado a partir da data de resposta do usuário.

§ 3º – A falta de complementação da informação pelo usuário de serviços públicos no prazo estabelecido no § 1º, acarretará o arquivamento da manifestação, sem a produção de resposta conclusiva.

§ 4º – Sendo a manifestação referente a outro órgão do Estado do Rio de Janeiro que não seja a Procuradoria Geral do Estado do Rio de Janeiro, o Procurador Ouvidor informará ao cidadão tal fato a fim de que ele possa encaminhá-la ao órgão correto.

§ 5º – A Comissão de Gestão de Documentos da Procuradoria Geral do Estado deixa de ter competência para apreciar os pedidos de acesso a informação.

Art. 7º-H. Compete à Secretaria de Controle Interno, unidade de controle interno de assessoramento do Procurador Geral do Estado e de seu Gabinete, a avaliação da gestão e dos controles internos administrativos, com vistas a subsidiar o processo decisório estratégico por meio da fiscalização orçamentária, financeira, contábil, operacional e patrimonial, sob os aspectos da legalidade, legitimidade, economicidade, eficácia, eficiência e moralidade, bem como o exercício das atividades de controle e, ainda, promover apoio técnico às atividades de outros órgãos de controle do estado do Rio de Janeiro. (incluído pela Resolução PGE 4.380/2019 e Renumerado pela Resolução PGE 4.579/2020)

§ 1º – Entende-se por controles internos administrativos da Procuradoria Geral do Estado o conjunto de atividades, planos, métodos, indicadores e procedimentos interligados destinados a mitigar os riscos e fornecer razoável segurança na consecução da missão, dos objetivos e das metas institucionais; (incluído pela Resolução PGE 4.380/2019 e Renumerado pela Resolução PGE 4.579/2020)

§ 2º – São objetivos fundamentais dos controles internos: (incluído pela Resolução PGE 4.380/2019 e Renumerado pela Resolução PGE 4.579/2020)

I – observar o cumprimento das leis e normas aplicáveis;

II – assegurar a exatidão, confiabilidade, integridade e oportunidade das informações contábeis, financeiras, orçamentárias, operacionais e patrimoniais;

III – evitar erros, desperdícios, abusos, práticas antieconômicas e fraudes;

IV – propiciar informações oportunas e confiáveis, inclusive de caráter administrativo/operacional, sobre os resultados e efeitos atingidos;

V – salvaguardar os ativos financeiros e físicos quanto à sua boa e regular utilização e assegurar a legitimidade do passivo;

VI – permitir a implementação de programas, projetos, atividades, sistemas e operações, visando à eficácia, eficiência e economicidade na utilização dos recursos;

VII – assegurar a aderência das atividades às diretrizes, planos e normas institucionais, bem como ao gerenciamento de riscos das unidades executoras da PGE.

§ 3º – Constarão de Resolução própria os objetos principais das atividades, as vedações, estrutura e estatuto da Secretaria de Controle Interno, contemplando suas respectivas Assessorias de Auditoria Setorial e de Controle. (incluído pela Resolução PGE 4.380/2019 e Renumerado pela Resolução PGE 4.579/2020)

Art. 7º-I. À Coordenadoria Militar de Segurança e Frota compete: (renumerado pela Resolução PGE 4.579/2020)

I – planejar, coordenar e controlar as medidas necessárias ao aprimoramento da segurança física de pessoas e instalações da Procuradoria Geral do Estado;

II – planejar e executar medidas preventivas contra incêndios ou contra quaisquer ações que possam causar danos ou ameaças ao patrimônio ou ao pessoal nas dependências da Procuradoria Geral do Estado;

III – acompanhar, orientar, executar e controlar as atividades de segurança pessoal do Procurador-Geral do Estado e dos Subprocuradores Gerais do Estado, quando assim determinado, nos locais onde tramitarem ou permanecerem;

IV – acompanhar os registros das câmeras de segurança, noticiando imediatamente à Autoridade Superior sobre condutas e movimentos considerados suspeitos;

V – coordenar, executar e controlar a movimentação e utilização dos carros oficiais;

VI – acompanhar e fiscalizar a execução do contrato de prestação de serviços de vigilância desarmada e guarda patrimonial da PGE, locação de veículos e brigada de incêndios, bem como os demais contratos específicos que sejam concernentes ao transporte e à segurança do prédio;

VII – promover o registro e controle de entrada e saída do prédio sede da PGE, de bens de posse alheia, bem como a saída de bens de consumo e patrimoniados pela PGE.

Subseção I.II
Subprocuradoria Geral do Estado

Art. 8º. À Subprocuradoria Geral do Estado compete, sem prejuízo de outras atribuições:

I – substituir automaticamente o Procurador-Geral do Estado em seus impedimentos, ausências temporárias, férias, licenças ou afastamentos ocasionais, bem como, no caso de vacância do cargo, até a nomeação de novo titular;

II - chefiar o Gabinete do Procurador-Geral;

III - coadjuvar o Procurador-Geral do Estado no exercício das atribuições previstas no artigo 6º, especialmente:

a) no recebimento, por delegação, das citações iniciais;

b) na distribuição, às Procuradorias Especializadas, dos processos administrativos encaminhados à Procuradoria Geral do Estado;

c) no visto aos pareceres emitidos;

IV - prestar assistência direta ao Procurador-Geral do Estado;

V - exercer, mediante delegação de competência, as atribuições que lhe forem conferidas;

VI - exercer as outras atribuições que lhe forem, legal ou regularmente, cometidas.

Parágrafo único - O Procurador-Geral do Estado definirá, em ato próprio, as atribuições de cada Subprocurador-Geral.

Subseção I.III
Secretaria de Controle Interno.

(incluído pela Resolução PGE 4.380/2019 e renumerado para Subseção I.I.I, art. 7-H, da Seção I, do Capítulo I, do Título III, conforme Resolução PGE 4.579/2020)

Art. 8º-A. (Renumerado para Subseção I.I.I, art. 7-H, da Seção I, do Capítulo I, do Título III, conforme Resolução PGE 4.579/2020)

Seção II
Conselho da Procuradoria Geral do Estado e Secretaria do Conselho

Art. 9º. O Conselho da Procuradoria Geral do Estado, órgão colegiado do Procurador-Geral do Estado e por este presidido, integrado por ele, com voto próprio e de qualidade, e por onze Procuradores eleitos pelos demais em escrutínio direto e secreto, compete, sem prejuízo de outras atribuições que sejam especificadas em seu Regimento:

I - pronunciar-se sobre qualquer matéria ou questão que lhe seja encaminhada pelo Procurador-Geral do Estado;

II - sugerir ao Procurador-Geral do Estado e opinar sobre alterações na estrutura da Procuradoria Geral do Estado e do Sistema Jurídico estadual e nas respectivas atribuições;

III - deliberar sobre promoção por antiguidade e organizar e deliberar listas tríplices para promoção por merecimento na carreira de Procurador do Estado;

IV – representar ao Procurador-Geral do Estado sobre providências que lhe pareçam reclamadas pelo interesse público ou pela conveniência do serviço da Procuradoria Geral do Estado e do Sistema Jurídico estadual;

V – manifestar-se previamente sobre a abertura de concurso, a composição de comissão organizadora dos concursos de ingresso na carreira de Procurador do Estado e sobre a composição das bancas examinadoras, bem como decidir sobre as condições necessárias para a inscrição de candidatos em concurso;

VI – colaborar com o Procurador-Geral do Estado no exercício do poder disciplinar, no que concerne aos Procuradores do Estado e aos Servidores da PGE, propondo-lhe, sem prejuízo da iniciativa deste, a aplicação de penas disciplinares;

VII – instruir e dar curso, até final, à sindicância e ao processo administrativo disciplinar;

VIII – opinar sobre pedido de afastamento do Procurador do Estado para estudo no exterior ou em outro Estado;

IX – aprovar, por voto de 2/3 (dois terços) de seus membros, deliberação acerca de afastamento do critério objetivo de lotação, conforme determinado no art. 5º da Resolução nº 3920/2016;

X – apreciar os relatórios elaborados pela comissão de supervisão do estágio confirmatório na carreira de Procurador do Estado e servidores da Procuradoria Geral do Estado, deliberando sobre os requisitos exigidos para a confirmação do cargo;

XI – promover a pedido ou "ex-officio", o desagravo de Procurador do Estado que tenha sido afrontado ou desrespeitado no exercício regular de suas funções, sem prejuízo de outras medidas que recomendar a espécie;

XII – apreciar os pedidos de afastamento de Procurador do Estado, mediante licença específica, nos termos de resolução editada pelo Procurador-Geral.

Parágrafo Único – A Secretaria do Conselho será exercida por um servidor designado pelo Procurador-Geral do Estado, com atribuições fixadas no Regimento do Conselho.

Seção III
Corregedoria da Procuradoria Geral do Estado

Art. 10. À Corregedoria da Procuradoria Geral do Estado compete:

I – fiscalizar a atuação e o desempenho dos Procuradores do Estado e dos servidores do quadro da Procuradoria Geral do Estado;

II – realizar correições ordinárias e extraordinárias, de ofício ou por determinação do Procurador-Geral, nos órgãos técnico-jurídicos da Procuradoria Geral do Estado e nos demais órgãos e entidades integrantes do Sistema Jurídico;

III – propor a adoção das medidas administrativas e disciplinares cabíveis, em vista do que for apurado nas correições;

IV – acompanhar o estágio confirmatório, auxiliado pela Comissão a que se refere o art. 22 da L.C. nº 15/80, e encaminhar o relatório circunstanciado, pela mesma apresentado, ao Conselho da Procuradoria Geral do Estado;

V – encaminhar à deliberação do Procurador-Geral do Estado os assuntos decorrentes das atividades de correição realizadas;

VI – propor ao Procurador-Geral do Estado a edição de atos normativos visando ao aprimoramento dos serviços da Procuradoria Geral do Estado;

VII – prestar auxílio ao Procurador-Geral do Estado e aos dirigentes dos órgãos da Procuradoria Geral do Estado na execução das medidas que objetivem o melhoramento e a regularidade das atividades e serviços da Procuradoria Geral do Estado e dos órgãos e entidades do Sistema Jurídico;

VIII – receber as manifestações e sugestões decorrentes das consultas internas determinadas pelo Procurador-Geral do Estado do Rio de Janeiro, na forma do art. 6º inciso LII deste ANEXO;

IX – exercer outras atividades correlatas ou que lhe vierem a ser atribuídas ou delegadas pelo Procurador-Geral do Estado.

§ 1º – O Procurador-Corregedor será nomeado pelo Procurador-Geral do Estado para o exercício de mandato de 2 (dois) anos.

§ 2º – No curso do mandato, o Procurador-Corregedor só poderá ser exonerado mediante ato sujeito à prévia aprovação do Conselho da Procuradoria Geral do Estado.

§ 3º – O Procurador-Corregedor será escolhido dentre os Procuradores do Estado em atividade e que contem com, pelo menos, 05 (cinco) anos de exercício efetivo, permitida uma recondução.

§ 4º – O Procurador-Corregedor poderá contar, para o desempenho de suas funções, com até 02 (dois) Procuradores do Estado, designados pelo Procurador-Geral, que exercerão as funções de Procuradores Corregedores Assistentes.

§ 5º – As chefias dos órgãos da Procuradoria Geral do Estado e das Assessorias Jurídicas dos órgãos e entidades que compõem o Sistema Jurídico deverão prestar auxílio ao Procurador-Corregedor, informando sobre a regularidade e o funcionamento dos respectivos serviços, e fornecendo todos os documentos requisitados para fins de correição.

§ 6º – O Procurador-Corregedor poderá requisitar à Chefia dos órgãos e entidades referidos no parágrafo anterior autos de procedimentos administrativos, mediante comunicação com antecedência mínima de 48 (quarenta e oito) horas.

§ 7º – O Procurador-Corregedor guardará sigilo na elucidação dos fatos e no exercício de toda e qualquer atividade correcional.

§ 8º – Nos meses de janeiro e de julho de cada ano, os órgãos da Procuradoria Geral do Estado deverão encaminhar ao Procurador-Corregedor um relatório circunstanciado das atividades desempenhadas pelos mesmos, identificando, entre outros, o total de procedimentos administrativos e judiciais do acervo de cada Procurador do Estado, as decisões favoráveis e desfavoráveis havidas em cada qual, o quantitativo de contestações apresentadas, de recursos interpostos e de peças de igual relevância, bem como de pareceres emitidos.

§ 9º – Sempre que for necessário e sem prejuízo do disposto no artigo 101, o Procurador-Corregedor poderá convocar qualquer Procurador do Estado ou servidor do Quadro para verificar as razões de qualquer desvio funcional, orientando-os na superação de eventuais dificuldades e auxiliando-os no retorno ao desempenho profícuo e normal de suas atividades profissionais.

Seção IV
Procuradores-Assessores

Art. 11. À Assessoria Técnica, por seus Procuradores-Assessores, incumbe prestar assistência direta ao Procurador-Geral do Estado e aos Subprocuradores-Gerais do Estado, coadjuvando-os no exercício de suas atribuições, notadamente:

I – no exame de processos submetidos à decisão do Procurador-Geral do Estado;

II – na realização das tarefas previstas nos artigos 6º e 8° deste Regimento Interno;

III – na análise dos pedidos de não interposição de recurso;

IV – no desempenho de atribuições específicas que lhes sejam cometidas pelo Procurador-Geral do Estado.

V – na emissão de parecer jurídico sobre as minutas de editais de licitação e contratos, acordos, convênios ou ajustes, bem como as dispensas e inexigibilidades pretendidas pelo Centro de Estudos Jurídicos – CEJUR (PG-09) e pela Diretoria de Gestão (PG-12). (incluído pela Resolução PGE 4.193/2018)

Subseção IV.I
Apoio Técnico

Art. 12. Ao Apoio Técnico cabe, entre outras tarefas que lhe sejam demandadas:

I – minutar ofícios, petições, manifestações, requerimentos de dispensa, memoriais e demais documentos;

II – pesquisar jurisprudência;

III – registrar informações, trâmite, classificações e decisões dos processos administrativos no sistema eletrônico;

IV – requisitar arquivamento e desarquivamento de processos;

V – acompanhar, movimentar, analisar, instruir e elaborar relatórios de processos judiciais e administrativos;

VI – gerar relatórios;

VII – controlar dados e indicadores da Assessoria Técnica.

Subseção IV.II
Apoio de Requisitórios

Art. 13. Ao Apoio de Requisitórios cabe, entre outras tarefas que lhe sejam demandadas:

I – manter registro da tramitação de todos os precatórios e requisições de pequeno valor expedidos contra o Estado do Rio de Janeiro e suas entidades, inclusive das prévias e das manifestações apresentadas pelos Procuradores do Estado;

II – cadastrar as informações pertinentes a todos os eventuais incidentes envolvendo os requisitórios, tais como: retificações, cessões de créditos, compensações, habilitações, precatórios complementares.

Seção V
Secretaria de Gestão

(alterado pela Resolução PGE 4.449/2019)

Art. 14. Incumbe ao Secretário Geral de Gestão e Planejamento Institucional, sem prejuízo de outras atribuições que lhe forem cometidas pelo Procurador-Geral do Estado:

I – estruturar e monitorar a execução do Planejamento Estratégico da Procuradoria;

II – coordenar, supervisionar e planejar as atividades administrativas da Diretoria de Gestão – PG-12, da Coordenadoria Geral das Procuradorias Regionais – PG-11 e do Centro de Estudos Jurídicos da Procuradoria – PG-09/CEJUR;

III – coordenar as atividades da Gerência de Inovação e Gestão – PG-Inova, da Gerência de Arquitetura, Projetos e Obras e Comitê de Tecnologia da Informação e Comunicação (alterado pela Resolução PGE 4.579/2020);

IV – auxiliar o Gabinete do Procurador Geral na definição e sistematização dos fluxos e rotinas das especializadas;

V – acompanhar, junto à Corregedoria, os estudos para racionalização dos recursos humanos da Procuradoria, especialmente, em relação à fixação de quantitativo e critérios referentes à lotação de Procuradores e servidores;

VI – apresentar ao Procurador-Geral, para aprovação e encaminhamento ao Governador, no início de cada exercício, relatório das atividades da Procuradoria-Geral do Estado, durante o ano anterior, sugerindo medidas legislativas e providências adequadas ao seu aperfeiçoamento (art. 6º VIII LC 15/80);

VII – auxiliar o Procurador-Geral na elaboração da proposta orçamentária da Procuradoria-Geral do Estado (art. 6º XXXIII LC 15/80)

Subseção V.I
Gerência de Inovação e Gestão – PG-Inova

Art. 15. À Gerência de Inovação e Gestão – PG-Inova compete: (alterado pela Resolução PGE 4.579/2020)

I – apoiar a elaboração e implantação do planejamento estratégico;

I-A – planejar, dirigir, coordenar, fomentar, orientar e avaliar as atividades de inovação voltadas ao desenvolvimento de novos produtos, serviços ou processos para o aprimoramento das atividades finalísticas e de sustentação da Procuradoria-geral do Estado ou de interesse geral da comunidade fluminense; (incluído pela Resolução PGE 4.579/2020)

I-B – explorar tendências, metodologias, estratégias, evidências de políticas públicas e iniciativas inovadoras, por meio do diálogo com outros laboratórios, órgãos públicos, entidades privadas e academia, assim como pela participação em eventos de aprendizagem; (incluído pela Resolução PGE 4.579/2020)

II – realizar Reuniões de Gestão Estratégica, com objetivo de monitorar a efetivação do planejamento estratégico;

III – fomentar e disseminar sistemática de boas práticas em gestão;

IV – desdobrar as metas globais da Procuradoria Geral do Estado em metas de desempenho das especializadas, procuradores e demais servidores, quando possível;

V – fornecer ao Gabinete do Procurador-Geral, por meio de análise de dados, informações para discussão do desempenho e os rumos da organização;

VI – analisar sistematicamente os resultados da Procuradoria Geral do Estado, por meio do controle dos indicadores de desempenho de todas as especializadas, analisando as causas dos desvios das metas e estabelecendo ações corretivas com os gestores responsáveis;

VII – acompanhar a aplicação da metodologia de gestão na Procuradoria Geral do Estado em seus níveis estratégico, gerencial e operacional, buscando sempre a melhoria dos seus resultados;

VIII – fornecer suporte metodológico e ferramentas em gerenciamento de projetos aos responsáveis pelos projetos, atuando como elo entre estes e o Gabinete do Procurador-Geral;

IX – identificar necessidades de treinamento em gerenciamento de projetos e coordenar a capacitação dos gerentes de projetos e equipes;

X – desenvolver e gerenciar a aplicação de metodologia e documentos-padrão de gerenciamento de projetos;

XI – acompanhar e reportar o andamento dos projetos da Procuradoria Geral do Estado no que tange ao escopo, cronograma, orçamento, recursos, qualidade e riscos.

XII – realizar estudos para revisão, adequação e renovação das estruturas organizacionais dos órgãos e unidades administrativas;

XIII – manter atualizados os organogramas das áreas e providenciar sua divulgação;

XIV – aperfeiçoar a gestão de processos e métodos de trabalho, compreendendo a racionalização e otimização dos procedimentos, adoção de padronização de rotinas e seu efetivo registro;

XV – assessorar as unidades da Procuradoria Geral do Estado na implantação das melhorias de processo e estrutura;

XVI – coordenar a Gestão do Conhecimento com objetivo de controlar, facilitar o acesso e manter gerenciamento integrado das informações;

XVII – coordenar pesquisa básica ou aplicada de caráter científico ou tecnológico de interesse da Procuradoria-Geral do Estado ou de interesse geral da comunidade fluminense; (alterado pela Resolução PGE 4.579/2020)

XVIII – (Revogado pela Resolução PGE 4.579/2020).

XIX – disseminar suas atividades e resultados por meio de notícias, relatórios e organização de eventos, difundindo interna e externamente projetos, práticas e métodos inovadores; (incluído pela Resolução PGE 4.579/2020).

Parágrafo Único – Para o exercício de suas atribuições, a PG-Inova contará com o apoio dos demais órgãos da Procuradoria Geral do Estado, com o fim de viabilizar a exploração, o uso e a capacitação em ferramentas, técnicas, sistemas e processos de trabalho, independentemente da decisão posterior sobre sua adoção em escala para toda a organização. (incluído pela Resolução PGE 4.579/2020).

Subseção V.II
Gerência de Arquitetura, Projetos e Obras

Art. 16. A Gerência de Arquitetura, Projetos e Obras é responsável por prestar assistência técnica na área de arquitetura, atuar nos processos e fiscalização de contratos relativos a imóveis afetos à Procuradoria Geral do Estado e respectivas instalações prediais, especialmente na elaboração de laudos de avaliação, no desenvolvimento de projetos, croquis e plantas de layout e processos de licitação correlatos.

Subseção V.III
Comitê de Tecnologia da Informação e Comunicação

Art. 17. Compete ao CTIC, dentre outras atribuições a serem estabelecidas pelo Procurador-Geral do Estado:

I – coordenar a elaboração do PDTIC – Plano Diretor de Tecnologia da Informação e Comunicação, submetendo-o à aprovação do Procurador-Geral;

II – acompanhar a implantação do PDTIC por meio de plano integrado de ações;

III – estabelecer as prioridades e direcionamento dos recursos financeiros a serem aplicados nos projetos de tecnologia da informação;

IV – aprovar a abertura de processos de contratação na área de Tecnologia da Informação e Comunicação com valores superiores a R$ 500.000,00;

V – recomendar projetos e medidas com vistas ao aperfeiçoamento de normas e padrões técnicos e ao uso de recursos de tecnologia e segurança da informação (software e hardware) .

Subseção V.IV
Gerencia de Tecnologia da Informação

(acrescentada pela Resolução PGE 4.317/2019)

Art. 17-A. A Gerência de Tecnologia da Informação tem como finalidade planejar, coordenar e executar, no âmbito da Procuradoria Geral do Estado do Rio de Janeiro, os processos referentes à gestão dos recursos de Tecnologia da Informação – TI, especialmente os relacionados a equipamentos, programas (hardware e software) e serviços correlatos à sistemas de informação, bancos de dados, redes de comunicação digital, segurança da informação, qualidade de produtos e serviços, suporte e relacionamento com o usuário. (alterado pela Resolução PGE 4.294/2018 e renumerado pela Resolução PGE 4.317/2019)

§ 1º – Todas as atividades devem estar em conformidade com as políticas e diretrizes do Comitê de Tecnologia da Informação – CTIC da PGE-RJ. (alterado pela Resolução PGE 4.294/2018 e renumerado pela Resolução PGE 4.317/2019)

§ 2º – Compete à Gerência de Tecnologia da Informação: (alterado pela Resolução PGE 4.294/2018 e renumerado pela Resolução PGE 4.317/2019)

I – Planejar, acompanhar e aprovar os projetos de tecnologia da informação;

II – Submeter à aprovação do Comitê de Tecnologia da Informação projetos de TI, recomendações técnicas, minutas de normas e padrões de segurança da informação e uso de recursos tecnológicos a serem adotados no âmbito da PGE;

III – Estabelecer prioridades internas, em conformidade com as deliberações do CTIC;

IV – Gerenciar os processos internos de TI;

V – Coordenar a implantação de programas e ações relativas à Tecnologia da Informação em conjunto com os servidores e procuradores da PGE-RJ;

VI – Propor os membros da comissão fiscalização de contratos de TI;

VII – Esclarecer dúvidas do preposto/representante da Contratada que estiverem sob a sua alçada, encaminhando as questões que surgirem quando lhe faltar competência;

VIII – Gerenciar os recursos humanos do setor;

IX – Elaborar o planejamento para o aperfeiçoamento e capacitação dos servidores públicos lotados no setor;

X – Participar ativamente de seminário, eventos, fóruns e reuniões CONSETI, CTIC e outros de TI;

XI – Promover reuniões e intercâmbio com chefes de TI de outros órgãos e empresas públicas;

§ 3º – À Assessoria de Gestão de TI compete: (alterado pela Resolução PGE 4.294/2018 e renumerado pela Resolução PGE 4.317/2019)

I – Receber, analisar e responder aos diversos expedientes administrativos;

II – Controlar a tramitação e arquivamento de documentos ou processos administrativos, no âmbito da Gerência de Tecnologia da Informação;

III – Elaborar Ofícios, Comunicações Internas, Despachos em Processos Administrativos etc;

IV – Auxiliar na elaboração de Estudos Técnicos Preliminares e Especificações Técnicas, com vistas à aquisição de bens e/ou serviços de TI;

V – Providenciar a abertura, a digitalização, o acompanhamento e o encerramento dos processos administrativos referentes às contratações de TI.

VI – Criar e Propor modelos, com vistas à padronização dos diversos produtos administrativos, gerados pela TI;

VII – Auxiliar na elaboração de normas e procedimentos para uso dos ativos de TI;

VIII – Auxiliar na elaboração de normas e procedimentos para uso dos serviços de TI, disponibilizados pela Gerência de Tecnologia da Informação.

§ 4º – À Assessoria de Sistemas compete: (alterado pela Resolução PGE 4.294/2018 e renumerado pela Resolução PGE 4.317/2019)

I – Dar garantia referente ao planejamento, execução e manutenção do processo de desenvolvimento de software durante todo o ciclo de vida do sistema;

II – Autorizar a atualização de uma versão de produção do sistema, por uma nova versão estabelecida pela área de gestão de mudanças;

III – Definir para cada membro envolvido nas atividades, seu respectivo papel e as permissões que lhe serão atribuídas;

IV – Identificar objetivos do sistema a ser desenvolvido;

V – Levantar o escopo do produto com principais funcionalidades e recursos a serem oferecidos;

VI – Elaborar cronograma para o projeto com previsão de – no mínimo – prazo, responsabilidade e recurso para as principais atividades que devam envolver a participação da PGE-RJ, com as etapas estabelecidas na metodologia de desenvolvimento de sistemas aprovada pela GTI;

VII – Supervisionar a integração de sistemas e dados;

VIII – Avaliar e implementar novas tecnologias de desenvolvimento de sistemas;

IX – Supervisionar as demandas direcionando-as para respectiva coordenação de acordo com suas características;

X – Sugerir para a Gerência de Tecnologia da Informação uma escala de treinamento que abranja os temas propostos pelas coordenações.

§ 5º – À Assessoria de Gestão e Projetos de TIC compete: (alterado pela Resolução PGE 4.294/2018 e renumerado pela Resolução PGE 4.317/2019)

I – Apoiar na identificação, análise e avaliação de soluções tecnológicas em uso no Governo do Estado do Rio de Janeiro e em outros entes estaduais e federais, que possam ser utilizados nesta Procuradoria para automatizar a consecução de suas atividades institucionais;

II – Apoiar, monitorar e avaliar as soluções tecnológicas existentes;

III – Apoiar, elaborar e participar de estudos preliminares de projetos concernentes à área;

IV – Apoiar a realização de intercâmbio com outras entidades públicas/privadas, objetivando a integração dos sistemas e dados;

V – Apoiar, elaborar, analisar e avaliar relatórios de acompanhamento das solicitações técnicas;

VI – Analisar e validar previamente a criticidade e alçada do requisitante do pedido de consulta a base de dados dos sistemas da PGE-RJ, apontando inconsistências ou priorizando a sua execução em conjunto com o gerente da GTI;

VII – Apoiar na fiscalização de execução das atividades de controle e inspeção sistemática dos objetos contratados (aquisição de bens e serviços de TI) pela Administração, obedecendo às especificações, prazos estabelecidos e demais obrigações previstas;

VIII – Apoiar na elaboração dos termos de referências e especificações técnicas de TI;

IX – Apoiar no acompanhamento da execução dos serviços e na medição dos serviços efetivamente realizados;

X – Gerenciar e Apoiar as atividades das Coordenadorias de escritório de projetos de TIC e governança;

XI – Assessorar a Gerência de TI no processo de transformação digital;

XII – Assessorar a Gerência de TI no gerenciamento das equipes;

XIII – Assessorar a Gerência de TI no controle e manutenção do desempenho dos serviços;

XIV – Assessorar as atividades da Gerência de Tecnologia da Informação.

§ 6º – À Assessoria de Infraestrutura Tecnológica compete: (alterado pela Resolução PGE 4.294/2018 e renumerado pela Resolução PGE 4.317/2019)

I – Configurar, manter e administrar ativos de rede e conectividade de links de Internet;

II – Pesquisar e definir projetos para compra de novos servidores, storages, switches, roteadores ou peças complementares como memoria, hard disks etc;

III – Monitorar os elementos de rede de forma a identificar problemas técnicos (elétricos e ou tráfegos indesejáveis);

IV – Estabelecer, junto à PGE-RJ, estratégias de roteamento de tráfegos, isolando-os em VLANS;

V – Elaborar e implementar políticas de segurança condizentes com as normas do CONSETI;

VI – Pesquisar os padrões e tendências de mercado adotados como melhores práticas;

VII – Sugerir adoção de mecanismos que tragam evolução no nível de segurança da rede da PGE-RJ;

VIII – Pesquisar novos softwares e soluções para à PGE-RJ;

IX – Manter os produtos atualizados e com as configurações necessárias;

X – Manter o backup de todos os sistemas em produção no ambiente;

XI – Manter as rotinas de desastre e recuperação atualizadas;

XII – Configurar, manter e administrar os servidores de banco de dados;

XIII – Estabelecer rotinas para avaliação de performance dos bancos de dados;

XIV – Sugerir implementações de mecanismos que tragam evolução no desempenho e segurança dos dados;

XV – Criar e controlar os acessos à extranet, correios eletrônicos, login de rede, UPO, rede estadual, Sistema Integrado de Gestão de Aquisições – SIGA, SIGRH e demais sistemas que dependem de senhas;

XVI – Administrar as listas de distribuição criadas;

XVII – Configurar, manter e administrar as redes de comunicação digital, locais (LAN) e de longa distância (Wan), orientadas para atendimento das necessidades da PGE-RJ;

XVIII – Controlar a produção e analisar o resultado final dos produtos, sistemas de informação e serviços de rede;

XIX – Gerenciar a operação e o desempenho dos sistemas implantados na PGE-RJ;

XX – Coordenar e fiscalizar os contratos e serviços pertinentes;

XXI – Rejeitar bens e serviços que estejam em desacordo com as especificações do objeto contratado. A ação do fiscal, nesses casos, deverá observar o que reza o termo de contrato e/ou o ato convocatório da licitação procurando auxílio em caso de dúvidas técnicas ou jurídicas;

XXII – Controlar a fila de chamados nível 3, distribuindo os chamados entre os técnicos e garanti o fechamento dos chamados dentro do SLA.

§ 7º – À Assessoria de Atendimento Técnico compete: (alterado pela Resolução PGE 4.294/2018 e renumerado pela Resolução PGE 4.317/2019)

I – Atender chamadas telefônicas, responder e-mails referentes aos sistemas de informações, programas aplicativos e serviços de rede implantados na PGERJ, registrando, orientando ou resolvendo os problemas apresentados no nível de atuação. Na impossibilidade, encaminhar o relatório de atendimento para o suporte técnico mais especializado interno ou externo, em conformidade com os procedimentos implantados;

II – Acessar remotamente a estação de trabalho do usuário a fim de facilitar a identificação do problema;

III – Controlar a fila de chamados nível 1 e nível 2, distribuindo os chamados entre os técnicos ou escalonando para outra área de atendimento, se for o caso e garantir o fechamento dos chamados dentro do SLA.

IV – Instalar programas aplicativos e sistemas de informação;

V – Testar a conectividade da rede; VI-Fazer o inventário dos equipamentos de informática (computadores e monitores);

VII. Fazer a gestão de senhas eletrônicas e entregas de Token Criptográfico na PGE-RJ;

VIII – Coordenar e fiscalizar os contratos e serviços pertinentes;

IX – Rejeitar bens e serviços que estejam em desacordo com as especificações do objeto contratado. A ação do fiscal, nesses casos, deverá observar o que reza o termo de contrato e/ou o ato convocatório da licitação, procurando auxílio em caso de dúvidas técnicas ou jurídicas.

Seção VI
Chefia de Gabinete

(Renumerado para Subseção I.I.I, art. 7-A, da Seção I, do Capítulo I, do Título III, conforme Resolução PGE 4.579/2020)

Art. 18. Renumerado para Subseção I.I.I, art. 7-A, da Seção I, do Capítulo I, do Título III, conforme Resolução PGE 4.579/2020.

Subseção VI.I
Assessoria de Perícias e Avaliações Imobiliárias

(Renumerado para Subseção I.I.I, art. 7-B, da Seção I, do Capítulo I, do Título III, conforme Resolução PGE 4.579/2020.)

Art. 19. (Renumerado para Subseção I.I.I, art. 7-B, da Seção I, do Capítulo I, do Título III, conforme Resolução PGE 4.579/2020)

Subseção VI.I.1
Núcleo de Perícias Médicas

(Revogada pelo art. 5º, da Resolução PGE 4.579/2020)

Art. 20. Revogado pelo art. 5º, da Resolução PGE 4.579/2020.

Subseção VI.II
Assessoria de Cálculos e Perícias Contábeis

(Renumerado para Subseção I.I.I, art. 7-C, da Seção I, do Capítulo I, do Título III, conforme Resolução PGE 4.579/2020)

Art. 21. (Renumerado para Subseção I.I.I, art. 7-C, da Seção I, do Capítulo I, do Título III, conforme Resolução PGE 4.579/2020)

Subseção VI.III
Central de Mandados Físicos

Art. 22. A Central de Mandados Físicos é responsável pelo recebimento dos mandados físicos de citações e intimações dos órgãos, entidades e fundações do Estado do Rio de Janeiro representadas pela Procuradoria Geral do Estado, demais estados e União.

Subseção VI.IV
Assessoria Administrativa do Gabinete

(Renumerado para Subseção I.I.I, art. 7-D, da Seção I, do Capítulo I, do Título III, conforme Resolução PGE 4.579/2020)

Art. 23. (Renumerado para Subseção I.I.I, art. 7-D, da Seção I, do Capítulo I, do Título III, conforme Resolução PGE 4.579/2020)

Seção VII
Chefias das Procuradorias Especializadas

Art. 24. Aos Procuradores-Chefes incumbe, observada a competência dos órgãos que dirijam:

I – orientar e supervisionar o funcionamento dos órgãos que lhes são subordinados, bem como o exercício das funções pelos servidores neles lotados, zelando pela qualidade e eficiência do serviço;

II – providenciar, junto à Diretoria de Gestão, pessoal, material, equipamento e transporte necessários à manutenção e ao desenvolvimento das atividades da respectiva Procuradoria;

III – propor ao Procurador-Geral o regime de trabalho dos servidores lotados na respectiva Procuradoria;

IV – fiscalizar a atuação e avaliar o desempenho dos agentes, velando pela pontualidade, assiduidade, observância dos prazos, disciplina, zelo funcional, eficiência e produtividade;

V – distribuir os processos judiciais que lhes forem encaminhados, atuando pessoalmente nos feitos de relevante interesse público, sempre que julgar conveniente;

VI – manter o controle das ações judiciais em curso e dos processos entregues aos Procuradores do Estado para medidas judiciais;

VII – distribuir os processos administrativos que lhes forem encaminhados para elaboração de pareceres ou emiti-los quando julgarem conveniente;

VIII – manter o controle dos processos entregues aos Procuradores do Estado para parecer;

IX – apreciar os pareceres emitidos pelos Procuradores lotados na respectiva procuradoria, aprovando-os, ou não, e encaminhá-los ao visto do Procurador-Geral do Estado;

X – realizar reuniões periódicas, no mínimo mensais, com os Procuradores do Estado lotados nas respectivas Procuradorias, especialmente para discussão das conclusões de pareceres que versem temas como a constitucionalidade de leis ou decretos, mudanças de orientação da Procuradoria Geral do Estado, bem assim qualquer matéria nova ou de especial relevância para a administração pública;

XI – representar ao Procurador-Geral do Estado sobre qualquer assunto de interesse do serviço ou irregularidade ocorrida;

XII – promover a apuração de irregularidades concernentes a atos praticados por Procuradores e servidores, tomando desde logo as medidas de caráter disciplinar de sua alçada, e representando aos dirigentes a que são subordinados nas demais hipóteses;

XIII – organizar a tabela de férias dos Procuradores do Estado e do pessoal que lhe for subordinado, submetendo-a ao Procurador-Geral do Estado;

XIV – indicar, para posterior aprovação e designação pelo Procurador-geral do Estado, aqueles que substituirão os titulares de cargos em comissão das respectivas estruturas, nos impedimentos, férias, ausências temporárias, licenças ou afastamentos ocasionais e, bem assim, no caso da vacância, até nomeação ou designação do novo titular;

XV – baixar atos regulamentares e expedir instruções;

XVI – delegar e avocar funções;

XVII – promover a divisão de tarefas, constituindo grupos de trabalho ou designando agentes para o exercício de atribuições específicas, no interesse do serviço;

XVIII – orientar e fiscalizar os estagiários na prática profissional, na forma do Regimento do Estágio;

XIX – apreciar os pedidos de dispensa de interposição de recursos ou oferecimento de defesa formulados pelos Procuradores lotados na respectiva procuradoria, para posterior encaminhamento ao Gabinete do Procurador-Geral;

XX – elaborar, para encaminhamento ao Procurador-Geral do Estado, até 15 de janeiro de cada ano, relatório relativo ao exercício anterior;

XXI – manter os dados da Procuradoria Especializada atualizados, conforme determinação do Gabinete do Procurador-Geral;

XXII – gerir o desempenho da Procuradoria Especializada, atribuindo metas, acompanhando seus resultados e propondo ações de melhoria e projetos.

§ 1º – Aos Procuradores-Chefes da Procuradoria Trabalhista e da Coordenadoria Geral das Procuradorias Regionais incumbe, sem prejuízo de idêntica atribuição do Procurador-Geral e dos Subprocuradores-Gerais, receber as citações, notificações e intimações oriundas da Justiça do Trabalho.

§ 2º – Ao Procurador-Chefe da Procuradoria da Dívida Ativa, incumbem a estruturação, a organização, o planejamento e a supervisão do órgão de inteligência mencionado no item 2, da alínea 'c', do inciso II, do art. 5º, desta Resolução para fins de compartilhar e tramitar documentos e informações de inteligência, com o objetivo de otimizar a recuperação dos créditos tributários do Estado do Rio de Janeiro inscritos em Dívida Ativa, do qual participará o Procurador-Chefe da Coordenadoria Geral das Procuradorias Regionais, ou seu Procurador-Assistente, para atender as demandas das Procuradorias Regionais. (incluído pela Resolução PGE 4.190/2018)

Subseção VII.I
Procuradores-Assistentes e Procuradores-Coordenadores

Art. 25. Incumbe aos Procuradores-Assistentes:

I – substituir automaticamente os Procuradores-Chefes em seus impedimentos, ausências temporárias, férias, licenças ou afastamentos ocasionais, bem como, no caso de vacância do cargo, até a nomeação de novo titular;

II – coadjuvar os Procuradores-Chefes no exercício das atribuições descritas no art. 37º ou exercê-las mediante delegação.

Art. 26. Incumbe aos Procuradores-Coordenadores:

I – substituir automaticamente os Procuradores-Assistentes em seus impedimentos, ausências temporárias, férias, licenças ou afastamentos ocasionais, bem como, no caso de vacância do cargo, até a nomeação de novo titular;

II – coadjuvar os Procuradores-Chefes no exercício das atribuições descritas no art. 37º ou exercê-las mediante delegação.

Subseção VII.II
Procuradores-Regionais e Procuradores-Adjuntos

Art. 27. Aos Procuradores-Regionais incumbe exercer, no que couber, as atribuições previstas no art. 37, no âmbito das respectivas Procuradorias Regionais.

Art. 28. Aos Procuradores-Adjuntos incumbe substituir automaticamente os Procuradores-Regionais em seus impedimentos, ausências temporárias, férias, licenças ou afastamentos ocasionais, bem como, no caso de vacância do cargo, até a nomeação de novo titular.

Seção VII-A
Câmara Administrativa de Solução de Conflito.

Art. 28-A. À Câmara Administrativa de Solução de Conflitos (CASC) compete: (incluído pela Resolução PGE 4.4552/2020)

I – prevenir e dirimir controvérsias internas entre os órgãos e entidades da Administração Pública Estadual Direta e Indireta;

II – prevenir e dirimir controvérsias internas entre os órgãos e entidades da Administração Pública Estadual Direta e Indireta, bem como entre esses e os Municípios;

III – prevenir e dirimir controvérsias de particulares com os órgãos e entidades da Administração Pública Estadual Direta e Indireta;

IV – resolver conflitos que envolvam equilíbrio econômico-financeiro dos contratos administrativos, a teor do disposto no § 5º, do art. 32, da Lei nº 13.140/2015.

Parágrafo único – Não poderá ser objeto de autocomposição a controvérsia que somente possa ser resolvida por atos ou concessões de direitos que dependam de autorização do Poder Legislativo, bem como a pretensão contrária: (incluído pela Resolução PGE 4.4552/2020)

I – à orientação jurídico-formal da Procuradoria-Geral do Estado; e

II – à jurisprudência consolidada pelos Tribunais Superiores.

Seção VIII
Ouvidoria da Procuradoria Geral do Estado

(incluído pela Resolução PGE 4.471/2019 e renumerado para Subseção I.I.I, art. 7-F e 7-G, da Seção I, do Capítulo I, do Título III, conforme Resolução PGE 4.579/2020)

Art. 28-A. (incluído pela Resolução PGE 4.471/2019 e renumerado para Subseção I.I.I, art. 7-F e 7-G, da Seção I, do Capítulo I, do Título III, conforme Resolução PGE 4.579/2020)

Art. 28-B. (incluído pela Resolução PGE 4.471/2019 e renumerado para Subseção I.I.I, art. 7-F e 7-G, da Seção I, do Capítulo I, do Título III, conforme Resolução PGE 4.579/2020)

Capítulo II
ÓRGÃOS TÉCNICOS

Seção I
Procuradoria Tributária - PG 3

Art. 29. À Procuradoria Tributária compete:

I - representar o Estado em juízo, na Capital do Estado, nos processos que versem matéria tributária;

II - representar o Estado, suas autarquias e fundações públicas em juízo, nos processos que tenham por objeto a exigência de tributos alegadamente devidos por essas entidades;

III - atuar, mediante solicitação, em procedimentos administrativos que tratem de matéria tributária;

IV - opinar em consultas de natureza tributária, ressalvadas as da competência da Procuradoria da Dívida Ativa e da Procuradoria de Sucessões;

V - coordenar e atuar, em conjunto com a Coordenadoria, Consultoria e Advocacia Preventiva do Sistema Jurídico, na identificação das demandas repetitivas e das suas causas, bem como das questões que potencialmente possam resultar na propositura de novas ações judiciais;

VI - exercer especificamente as atribuições que lhe forem cometidas pelo Procurador-Geral do Estado.

Seção II
Procuradoria de Pessoal - PG-4

Art. 30. À Procuradoria de Pessoal, ressalvadas as atribuições da Procuradoria Trabalhista e da Procuradoria Previdenciária, compete:

I - representar o Estado, suas autarquias e fundações públicas em juízo, na Capital do Estado, nos processos que tenham por objeto principal os seguintes temas:

a) questões decorrentes de vínculo funcional mantido com a administração pública por servidores públicos ativos, civis ou militares, e ex-servidores públicos;

b) pretensões de ingresso no serviço público;

c) pretensões de reparação de dano moral, quando decorrentes dos litígios mencionados neste inciso;

II - opinar em consultas que tenham por objeto as matérias indicadas no inciso I, acima;

III - coordenar e atuar, em conjunto com a Coordenadoria, Consultoria e Advocacia Preventiva do Sistema Jurídico, na identificação das demandas repetitivas e das suas causas, bem como das questões que potencialmente possam resultar na propositura de novas ações judiciais;

IV - exercer especificamente as atribuições que lhe forem cometidas pelo Procurador-Geral do Estado.

Seção III
Procuradoria da Dívida Ativa - PG-5

Art. 31. À Procuradoria da Dívida Ativa compete:

I - examinar a legalidade dos atos administrativos dos diversos órgãos públicos estaduais que fundamentem créditos inscritos ou a serem inscritos em dívida ativa, submetendo ao Procurador-Geral do Estado proposta de encaminhamento da matéria ao exame da Procuradoria Especializada em cuja competência ela se inclua;

II - promover a inscrição em dívida ativa de todos os créditos estaduais, que a tal inscrição se sujeitem;

III - oficiar ao Procurador-Geral do Estado sobre os cancelamentos de certidões de dívida ativa;

IV - orientar os diversos órgãos e entidades estaduais sobre a legalidade dos procedimentos administrativos tendentes à inscrição de créditos estaduais em dívida ativa;

V - cobrar, administrativa e judicialmente, os créditos inscritos em dívida ativa;

VI – oficiar em todos os processos de execução fiscal do Estado do Rio de Janeiro e em todos os incidentes processuais relativos a tais processos;

VII – manifestar-se ao Procurador-Geral do Estado sobre todos os assuntos relativos à dívida ativa estadual;

VIII – submeter os pedidos de parcelamentos de créditos inscritos em dívida ativa e as eventuais propostas de acordos à decisão do Procurador-Geral do Estado;

IX – exercer o controle de pagamentos dos créditos inscritos em dívida ativa, articulando-se, para este fim, com o órgão fazendário competente;

X – gerir, administrar e propor alterações do sistema de informática que instrumentaliza a inscrição e a cobrança da dívida ativa estadual;

XI – funcionar, judicialmente, na Capital do Estado, nos processos de falências e concordatas, nas dissoluções judiciais e nos processos de execução entre particulares em que se abra vista à Procuradoria Geral do Estado após a realização da arrematação dos bens penhorados;

XII – manifestar-se nos processos judiciais em que se abra vista à Procuradoria Geral do Estado para exame de questões relativas a custas e taxa judiciária;

XIII – coordenar e atuar, em conjunto com a Coordenadoria, Consultoria e Advocacia Preventiva do Sistema Jurídico, na identificação das demandas repetitivas e das suas causas, bem como das questões que potencialmente possam resultar na propositura de novas ações judiciais;

XIV – exercer especificamente as atribuições que lhe forem cometidas pelo Procurador-Geral do Estado;

XV – Revogado pela Resolução PGE 4.317/2019.

Subseção III.I
Procuradoria de Sucessões

(alterado pela Resolução PGE 4.317/2019)

Art. 32. À Procuradoria de Sucessões compete: (alterado pela Resolução PGE 4.317/2019)

I – intervir nos inventários, alvarás, arrolamentos, dissoluções de sociedade conjugal, liquidações e dissoluções de firmas ou sociedades e outros processos judiciais em que se possa identificar a ocorrência de fato gerador do imposto estadual sobre transmissão causa mortis e sobre doações, e bem assim o cumprimento das respectivas obrigações tributárias;

II – representar o Estado em juízo, na Capital do Estado, nos processos de natureza contenciosa em que haja discussão acerca do imposto estadual sobre transmissão causa mortis e sobre doações;

III – manifestar-se ao Procurador-Geral sobre questões atinentes ao imposto estadual sobre transmissão causa mortis e doações.

Seção IV
Procuradoria do Patrimônio e do Meio Ambiente – PG-6

Art. 33. À Procuradoria do Patrimônio e do Meio Ambiente compete:

I – representar o Estado, suas autarquias e fundações públicas em juízo, na Capital do Estado, nos processos que tenham por objeto principal os seguintes temas:

a) domínio e posse de bens públicos;

b) desapropriações diretas ou indiretas;

c) meio ambiente;

d) indenizações decorrentes de atos do poder público que, alegadamente, importem no esvaziamento do conteúdo econômico da propriedade imobiliária;

e) posse de bens imóveis de terceiros utilizados pela administração pública estadual;

f) cobrança de taxas de ocupação devidas como contraprestação pelo uso de imóveis públicos, desde que não se trate de crédito inscrito em dívida ativa;

g) consignação em pagamento de taxas de ocupação devidas como contraprestação pelo uso de imóveis públicos;

h) discriminação dos imóveis públicos;

i) incorporação de terras devolutas;

j) quaisquer discussões relativas a autorizações, permissões, cessões ou concessões de uso de imóveis;

k) quaisquer discussões relativas a negócios jurídicos que tenham por finalidade a transferência do domínio de imóveis, ou de direitos a eles relativos;

l) demarcação dos terrenos marginais dos lagos, lagoas e rios do Estado;

m) regularização dos títulos de domínio;

n) constituição de servidão;

o) direito urbanístico.

II - opinar em consultas que tenham por objeto as matérias elencadas no inciso I, acima;

III - elaborar e examinar as minutas dos atos jurídicos relativos ao patrimônio do Estado e à aquisição de bens, assim como as dos decretos declaratórios de utilidade pública ou de interesse social para fins de desapropriação;

IV - comunicar aos órgãos competentes as mutações do patrimônio imobiliário estadual, relacionadas com a sua atividade;

V - encaminhar aos órgãos competentes do controle da administração financeira vias ou cópias autenticadas de escrituras e demais instrumentos relativos a atos jurídicos cuja celebração tenha decorrido de procedimentos administrativos de sua competência;

VI - coordenar e atuar, em conjunto com a Coordenadoria, Consultoria e Advocacia Preventiva do Sistema Jurídico, na identificação das demandas repetitivas e das suas causas, bem como das questões que potencialmente possam resultar na propositura de novas ações judiciais;

VII - exercer especificamente as atribuições que lhe forem cometidas pelo Procurador-Geral do Estado.

Parágrafo único - Não se incluem entre as atribuições da Procuradoria do Patrimônio e do Meio Ambiente a atuação em processos judiciais ou a consultoria em hipóteses relativas a contratos de locação ou de comodato, em que a entidade pública figure como locatária ou comodatária.

Seção V
Procuradoria Previdenciária - PG-7

Art. 34. À Procuradoria Previdenciária compete:

I - representar o Estado, suas autarquias e fundações públicas em juízo, na Capital do Estado, nos processos que tenham por objeto principal os seguintes temas:

a) questões relacionadas a servidores públicos inativos, decorrentes de anterior vínculo funcional com a Administração Pública, inclusive no que diz respeito aos critérios de concessão de benefício e fixação de proventos;

b) previdência pública, aí abrangidas quaisquer discussões relativas a auxílio natalidade, pensões previdenciárias típicas, pensões militares, auxílio-educação, auxílio-funeral, auxílio-reclusão e pecúlio post mortem;

c) previdência privada, aí abrangidas quaisquer discussões relativas a planos de previdência privada complementar de servidores e empregados públicos;

d) justificações judiciais objetivando a comprovação de união estável ou de parceria homoafetiva para fins previdenciários;

e) pensões especiais;

f) contribuições para o sistema previdenciário próprio do Estado;

g) pretensões de reparação de dano moral, quando decorrentes dos litígios mencionados neste inciso;

II – opinar em consultas que tenham por objeto as matérias indicadas no inciso I, acima;

III – coordenar e atuar, em conjunto com a Coordenadoria, Consultoria e Advocacia Preventiva do Sistema Jurídico, na identificação das demandas repetitivas e das suas causas, bem como das questões que potencialmente possam resultar na propositura de novas ações judiciais;

IV – exercer especificamente as atribuições que lhe forem cometidas pelo Procurador-Geral do Estado.

Seção VI
Procuradoria de Serviços Públicos – PG-8

Art. 35. À Procuradoria de Serviços Públicos compete:

I – atuar nos procedimentos administrativos e nos processos judiciais que não se enquadrem nas competências das demais Procuradorias;

II – coordenar e atuar, em conjunto com a Coordenadoria, Consultoria e Advocacia Preventiva do Sistema Jurídico, na identificação das demandas repetitivas e das suas causas, bem como das questões que potencialmente possam resultar na propositura de novas ações judiciais;

III – exercer especificamente as atribuições que lhe forem cometidas pelo Procurador-Geral do Estado.

Seção VII
Procuradoria Trabalhista – PG-10

Art. 36. À Procuradoria Trabalhista compete:

I – representar o Estado, suas autarquias e fundações públicas em juízo, na Capital do Estado, nos processos que tenham por objeto principal pretensões de natureza trabalhista;

II – opinar em consultas que tenham por objeto as matérias indicadas no inciso I deste artigo;

III – coordenar e atuar, em conjunto com a Coordenadoria, Consultoria e Advocacia Preventiva do Sistema Jurídico, na identificação das demandas repetitivas e das suas causas, bem como das questões que potencialmente possam resultar na propositura de novas ações judiciais;

IV – exercer especificamente as atribuições que lhe forem cometidas pelo Procurador-Geral do Estado.

Parágrafo Único – A competência da Procuradoria Trabalhista não abrangerá as questões relativas à aposentadoria de servidores públicos estaduais.

Seção VIII
Coordenadoria Geral das Procuradorias Regionais – PG-11

Art. 37. À Coordenadoria Geral das Procuradorias Regionais compete:

I – exercer a coordenação e a supervisão das Procuradorias Regionais;

II – exercer o controle e a supervisão das atividades relativas à representação judicial do Estado, suas autarquias e fundações públicas nas comarcas integrantes das respectivas Procuradorias Regionais;

III – exercer, no que couber, o controle e a coordenação das atividades relacionadas com a cobrança judicial e extrajudicial da dívida ativa, nas comarcas do interior do Estado;

IV – coordenar e atuar, em conjunto com a Coordenadoria, Consultoria e Advocacia Preventiva do Sistema Jurídico, na identificação das demandas repetitivas e das suas causas, bem como das questões que potencialmente possam resultar na propositura de novas ações judiciais.

§ 1° – As Procuradorias Regionais são subordinadas administrativamente à Coordenadoria Geral das Procuradorias Regionais e, tecnicamente, no campo das respectivas competências, às Procuradorias Especializadas.

§ 2° – Compete às Procuradorias Regionais, por seus Procuradores, exercer, nas comarcas integrantes das respectivas regiões, as atribuições da Procuradoria Geral do Estado, bem como as demais atribuições que lhes forem conferidas em ato específico do Procurador-Geral do Estado.

§ 3° – Incumbe aos Procuradores do Estado lotados nas Procuradorias Regionais, no momento oportuno, encaminhar os feitos em que haja funcionado à Procuradoria Especializada, por intermédio da Coordenadoria Geral das Procuradorias Regionais, para atuação perante os tribunais.

§ 4° – As Procuradorias Regionais da Procuradoria Geral são:

a) 1ª Procuradoria Regional – Niterói

b) 2ª Procuradoria Regional - Duque de Caxias

c) 3ª Procuradoria Regional - Nova Iguaçu

d) 4ª Procuradoria Regional - Barra do Piraí

e) 5ª Procuradoria Regional - Volta Redonda

f) 6ª Procuradoria Regional - Angra dos Reis

g) 7ª Procuradoria Regional - Petrópolis

h) 8ª Procuradoria Regional - Nova Friburgo

i) 9ª Procuradoria Regional - Macaé

j) 10ª Procuradoria Regional - Campos dos Goytacazes

k) 11ª Procuradoria Regional - Itaperuna

l) 12ª Procuradoria Regional - Cabo Frio

m) 13ª Procuradoria Regional - São Gonçalo.

Seção IX
Procuradoria na Capital Federal - PG-13

Art. 38. À Procuradoria na Capital Federal compete:

I - exercer as atribuições da Procuradoria Geral do Estado em Brasília;

II - coordenar e atuar, em conjunto com a Coordenadoria, Consultoria e Advocacia Preventiva do Sistema Jurídico, na identificação das demandas repetitivas e das suas causas, bem como das questões que potencialmente possam resultar na propositura de novas ações judiciais;

III - exercer atribuições específicas que lhe forem cometidas pelo Procurador-Geral do Estado.

Seção X
Coordenadoria do Sistema Jurídico - PG-15

(renomeada pela Resolução PGE 4.581/2020)

Art. 39. Compete à Coordenadoria do Sistema Jurídico supervisionar e coordenar as atividades jurídicas dos órgãos locais e setoriais do Sistema Jurídico do Estado e atuar em conjunto com as Procuradorias Especializadas na prevenção de litígios, incumbindo-lhe: (alterado pela Resolução PGE 4.581/2020)

I - exercer o controle, a coordenação e a articulação das atividades jurídicas dos órgãos integrantes do Sistema Jurídico do Estado, propondo ao Procurador-Geral do Estado as medidas que visem a resguardar o interesse público;

II - examinar os relatórios das atividades jurídicas, na forma definida em Resolução do Procurador-Geral do Estado;

III - atuar como órgão mediador e conciliador, sempre que determinado pelo Procurador-Geral do Estado;

IV - coordenar e atuar, em conjunto com as demais Procuradorias Especializadas, na identificação das demandas repetitivas e das suas causas, bem como das questões que potencialmente possam resultar na propositura de novas ações judiciais;

V - orientar, após a aprovação do Procurador-Geral do Estado, os órgãos e entidades da Administração Pública Estadual sobre as medidas e providências administrativas que podem ser adotadas com vistas a prevenir litígios e evitar a propositura de novas ações judiciais;

VI - propor ao Procurador-Geral do Estado a edição de Orientação Administrativa, com vistas a uniformizar e racionalizar os procedimentos dos órgãos e entidades da Administração Pública Estadual, com vistas, inclusive, a prevenir litígios e evitar a propositura de novas ações judiciais;

VII - propor ao Procurador-Geral do Estado a edição, com base nos precedentes desta Procuradoria Geral do Estado, de enunciados para a orientação dos órgãos integrantes do Sistema Jurídico do Estado;

VIII - exercer a consultoria jurídica do Estado nas matérias que não se enquadrem nas competências das demais Procuradorias Especializadas;

IX - exercer o controle e a coordenação das atividades relativas à representação judicial das autarquias e fundações públicas, sem prejuízo da competência específica das Procuradorias Especializadas;

X - orientar os órgãos locais e setoriais sobre a metodologia de fiscalização da representação judicial das empresas estatais a cargo de advogados internos ou de escritórios de advocacia por elas contratados;

XI - orientar a adoção das medidas cabíveis para o cumprimento, pelos órgãos do Sistema Jurídico do Estado, de providências materiais relacionadas com o objeto de parecer emitido e aprovado pelo Procurador-Geral do Estado;

XII - propor ao Procurador-Geral do Estado medidas que visem ao aperfeiçoamento das práticas jurídicas dos órgãos locais e setoriais do Sistema Jurídico do Estado;

XIII – realizar reuniões periódicas e visitas técnicas aos órgãos locais e setoriais do Sistema Jurídico do Estado, com o objetivo de identificar as principais questões jurídicas e aspectos estruturais enfrentados pelos referidos órgãos;

XIV – estabelecer a padronização de atos e procedimentos no âmbito do Sistema Jurídico do Estado, promovendo a sua constante atualização de acordo com as alterações legislativas e normativas;

XV – examinar as minutas que não adotarem a padronização da Procuradoria Geral do Estado ou que indiquem a necessidade de alteração substancial em cláusula padronizada;

XVI – propor ao Procurador-Geral do Estado a elaboração de projetos de leis sobre assuntos que apresentem repercussão no Sistema Jurídico do Estado;

XVII – Revogado pela Resolução PGE 4.193/2018;

XVIII – gerir e controlar os convênios de assistência jurídica firmados com os Municípios;

XIX – exercer especificamente as atribuições que lhe forem cometidas pelo Procurador-Geral do Estado.

Art. 39-A. Integra a estrutura da PG-15 o Núcleo de Defesa da Probidade. (incluído pela Resolução PGE 4.581/2020)

§ 1º – O Núcleo será composto por um Presidente e, no mínimo, outros 02 (dois) membros, todos Procuradores do Estado em atividade. (incluído pela Resolução PGE 4.581/2020)

§ 2º – O Presidente do Núcleo sugerirá ao Procurador-Geral o nome dos demais membros. (incluído pela Resolução PGE 4.581/2020)

§ 3º – É assegurada a participação, como convidados, a critério do Presidente do Núcleo, de outros Procuradores do Estado nas reuniões deste órgão. (incluído pela Resolução PGE 4.581/2020)

Art. 39-B. Compete ao Núcleo de Defesa da Probidade: (incluído pela Resolução PGE 4.581/2020)

I – estudar as oportunidades e promover a atuação do Estado do Rio de Janeiro, como legitimado processual extraordinário, em ações de defesa de direitos transindividuais, coletivos e individuais homogêneos de relevante interesse social;

II – patrocinar o ingresso do Estado, de suas autarquias e fundações, quando cabível, no polo ativo de ação civil pública ou ação popular, ou, ainda, quando o ente público integrar o feito na forma do artigo 17, § 3º, da Lei nº 8.429/1992, sempre que essas ações se referirem a atos de corrupção ou improbidade administrativa;

III – propor, nos termos da Lei nº 8.429/1992 e da Lei nº 12.846/2013, ação civil pública por ato de improbidade administrativa ou de corrupção;

IV – acompanhar o trâmite e atuar, inclusive como assistente processual, quando conveniente, em ações penais de forma a garantir o ressarcimento de dano ao Erário;

V – requerer judicialmente as medidas solicitadas pela Controladoria Geral do Estado no âmbito de Investigações Preliminares e de Processo Administrativo de Responsabilização - PAR, nos termos da Lei nº 12.846/2013 e do Decreto Estadual nº 46.366/2018;

VI – responder às consultas, no âmbito administrativo, a respeito dos atos praticados no exercício de suas atribuições, bem como quanto ao processo de responsabilização administrativa - PAR e celebração de acordo de leniência, previstos na Lei nº 12.846/2013;

VII – receber e processar as representações sobre atos de corrupção e improbidade que lhe forem remetidas por órgãos da Administração Pública, por Procuradores do Estado e por terceiros, dando o encaminhamento cabível;

VIII – requisitar documentos que entenda necessários para aferição da ocorrência e responsabilidade do ato de corrupção ou de improbidade administrativa;

IX – instaurar procedimentos administrativos para colheita e complementação de elementos de convencimento quanto à adoção ou não das medidas judiciais ou administrativas previstas neste artigo, inclusive com a solicitação de documentação dos órgãos competentes e oitiva de pessoas, a fim de fundamentar o encaminhamento a ser proposto;

X – analisar, discutir e aprofundar temas referentes à atuação da Procuradoria Geral do Estado na defesa da probidade e da lisura na Administração Pública;

XI – atuar em parceria com outros órgãos de controle da Administração Pública, tais como o Tribunal de Contas, o Ministério Público e a Controladoria Geral do Estado, dentre outros, em atividades específicas preventivas e repressivas referentes a atos de corrupção e de improbidade administrativa;

XII – representar, por determinação do Procurador-Geral do Estado, a Procuradoria Geral do Estado em eventos relacionados ao controle da Administração Pública;

XIII – discutir questões estratégicas e técnicas que visem ao aprimoramento da legislação aplicável, bem como dos mecanismos administrativos e gerenciais de combate à corrupção, à improbidade e aos atos que ocasionem lesão ao patrimônio público estadual;

XIV – propor a adoção de ferramentas e arranjos consensuais que visem ao aperfeiçoamento da governança pública estadual, sempre em observância ao princípio da eficiência constante do artigo 37, caput, da Constituição Federal; e

XV – exercer outras atividades inerentes à sua finalidade designadas pelo Procurador-Geral do Estado.

§ 1º – No desempenho da atribuição disposta no inciso I, o Núcleo dará ênfase e prioridade para a atuação em áreas que apresentem um déficit de atuação judicial corretiva, com o propósito de evitar desnecessária concorrência com outros órgãos ou entes com legitimação extraordinária. (incluído pela Resolução PGE 4.581/2020)

§ 2º – Ressalvados os incisos VIII, IX, X e XIII, o exercício das atribuições do Núcleo de Defesa da Probidade, dispostas neste artigo, dependerá de prévia ciência e autorização do Procurador-Geral do Estado, lançada em expediente próprio e específico para cada ato. (incluído pela Resolução PGE 4.581/2020)

Art. 39-C. Nas reuniões do Núcleo, realizadas por convocação de seu Presidente, as decisões serão tomadas pela maioria dos membros presentes. (incluído pela Resolução PGE 4.581/2020)

Art. 39-D. Salvo determinação em sentido contrário do Procurador-Geral, a atribuição contenciosa do Núcleo será exaurida com a distribuição da ação judicial cabível ou com a prática pontual de ato processual de sua competência, cabendo ao Gabinete do Procurador-Geral do Estado (PG-02) decidir sobre a distribuição do feito. (incluído pela Resolução PGE 4.581/2020)

Seção XI
Procuradoria de Serviços de Saúde - PG-16

Art. 40. À Procuradoria de Serviços de Saúde, compete:

I – representar o Estado em juízo, na Capital do Estado, nos processos que tenham por objeto principal os seguintes temas:

a) o cumprimento do dever de saúde pública, tal como o fornecimento de medicamentos, insumos, materiais, ou equipamentos médicos;

b) a realização de tratamentos, exames médicos, ou procedimentos cirúrgicos, com fundamento no dever de saúde pública;

c) o tratamento médico e hospitalar fora do domicílio;

d) a internação em unidades hospitalares e o atendimento médico móvel;

e) a alteração de políticas e programas públicos de saúde;

f) habilitação e credenciamento da rede complementar;

g) indenização por despesas médicas e hospitalares; e

h) o exercício de direito de regresso relacionado ao dever público de saúde;

II – opinar em consultas que tenham por objeto as matérias indicadas no inciso anterior;

III – orientar as atividades da câmara de resolução de litígios de saúde, sob coordenação e supervisão do Gabinete do Procurador-Geral do Estado;

IV – estudar e sugerir medidas de caráter administrativo, legislativo e judicial que tenham por objeto a redução ou mesmo a eliminação de novos processos judiciais dentre aqueles relacionados com sua atividade;

V – atuar de forma coordenada com o Procurador-Chefe da Coordenadoria Geral das Procuradorias Regionais a fim de manter fluxo de informações entre a Procuradoria de Serviços de Saúde e as Procuradorias Regionais no que se refere às ações de sua atribuição;

VI – coordenar e atuar, em conjunto com a Coordenadoria, Consultoria e Advocacia Preventiva do Sistema Jurídico, na identificação das demandas repetitivas e das suas causas, bem como das questões que potencialmente possam resultar na propositura de novas ações judiciais;

VII – exercer especificamente as atribuições que lhe forem cometidas pelo Procurador-Geral do Estado.

Seção XII
Procuradoria Administrativa – PG-17

Art. 40-A. À Procuradoria Administrativa compete a elaboração de pareceres em matérias de alta indagação atinentes ao Direito Administrativo e ao Direito Constitucional, desde que não afetas à competência das demais Procuradorias Especializadas, bem como em outras consultas que lhe sejam encaminhadas pelo Procurador Geral do Estado por sua especial relevância, respeitado, em todo caso, o art. 5º do Decreto nº 40.500, de 10 de janeiro de 2007. (alterado pela Resolução PGE 4.325/2019)

Seção XIII
Procuradoria de Petróleo, Gás Natural e Outros Recursos Naturais – PG-18

(incluído pela Resolução PGE 4.629/2020)

Art. 40-B – À Procuradoria de Petróleo, Gás Natural e Outros Recursos Naturais, sem prejuízo do desempenho de outras funções, compete atuar nos temas relacionados à exploração e produção de petróleo, gás natural e outros recursos naturais, especificamente: (incluído pela Resolução PGE 4.629/2020)

I – prestar assessoramento jurídico ao Procurador-Geral do Estado em relação aos temas do caput;

II – exercer a consultoria jurídica e a representação extrajudicial do Estado, suas autarquias e fundações públicas, mediante solicitação do órgão ou entidade, perante órgãos federais, estaduais e municipais, em relação aos temas do caput;

III – elaborar pareceres em matérias atinentes aos temas do caput;

IV – responder consultas encaminhadas pelo Governador e pelos Secretários de Estado que digam respeito aos temas do caput;

V – coordenar, em conjunto com as demais Procuradorias Especializadas, a atuação nos processos judiciais, inclusive em execuções fiscais e seus incidentes relacionados aos temas do caput;

VI – atuar na identificação de questões que potencialmente possam resultar na propositura de ações judiciais, medidas administrativas ou propostas legislativas, em relação aos temas do caput;

VII – manifestar-se em projetos de lei ou atos normativos afetos aos temas do caput;

VIII – manter interação com os Poderes, órgãos e entidades estaduais no que diz respeito aos temas do caput;

IX – exercer outras atividades inerentes à sua finalidade ou por designação especial do Procurador-Geral do Estado."

Capítulo III
ÓRGÃOS DE GESTÃO E ADMINISTRAÇÃO

Seção I
Centro de Estudos Jurídicos - CEJUR - PG-9

Art. 41. Ao Centro de Estudos Jurídicos (CEJUR) compete:

I – promover o aperfeiçoamento intelectual e profissional dos Procuradores do Estado e dos servidores da Procuradoria Geral do Estado; (alterado pela Resolução PGE 4.590/2020)

II – realizar estudos e estimular pesquisas objetivando o aperfeiçoamento da ordem jurídica; (alterado pela Resolução PGE 4.590/2020)

III – dirigir o estágio de nível médio, técnico, de graduação e de pós-graduação, editando os atos de admissão e desligamento de estagiários; (alterado pela Resolução PGE 4.590/2020)

IV – custear a participação de Procuradores do Estado e servidores em cursos, congressos, seminários e outros eventos de aperfeiçoamento profissional em outras Instituições de Ensino; (alterado pela Resolução PGE 4.590/2020)

V – promover a cobrança administrativa de honorários advocatícios devidos ao Fundo Orçamentário Especial do CEJUR; (alterado pela Resolução PGE 4.590/2020)

VI – realizar a administração financeira e orçamentária do Fundo Orçamentário Especial do CEJUR; (alterado pela Resolução PGE 4.590/2020)

VII – contratar a aquisição de bens e a prestação de serviços relativos às suas atividades finalísticas; (alterado pela Resolução PGE 4.590/2020)

VIII – gerir o auxílio-saúde e o auxílio-educação devidos a Procuradores do Estado e servidores, na forma das Resoluções específicas; (alterado pela Resolução PGE 4.590/2020)

IX – desempenhar outras atribuições que lhe sejam conferidas pelo Procurador-Geral do Estado; (alterado pela Resolução PGE 4.590/2020)

X – dirigir o Programa de Residência Jurídica, editando os atos de admissão e desligamento de alunos-residentes;

XI – dirigir o estágio profissional de advocacia e das demais áreas de interesse da Procuradoria Geral do Estado, editando os atos de admissão e desligamento de estagiários;

XII – estabelecer intercâmbio com organizações nacionais e estrangeiras congêneres;

XIII – organizar o concurso público para ingresso na carreira de Procurador do Estado;

XIV – organizar os processos seletivos para ingresso de estudantes no Programa de Residência Jurídica e de estágio forense;

XV – promover a cobrança administrativa de honorários advocatícios devidos ao Fundo Orçamentário Especial do CEJUR;

XVI – realizar a administração financeira e orçamentária do Fundo Orçamentário Especial do CEJUR;

XVII – contratar a aquisição de bens e a prestação de serviços relativos às suas atividades finalísticas;

XVIII – gerir o auxílio-saúde e o auxílio-educação devidos aos Procuradores e servidores, nos termos das resoluções específicas;

XIX – desempenhar outras atribuições que lhe sejam conferidas pelo Procurador-Geral do Estado.

Art. 42. O Centro de Estudos Jurídicos (CEJUR) será composto pelos seguintes órgãos: (alterado pela Resolução PGE 4.590/2020)

I - Gabinete

II - Núcleo de Apoio ao Gabinete;

III - Assessoria de Comunicação Institucional;

IV - Assessoria de Administração Financeira; V - Coordenadoria de Estágio;

VI - Coordenadoria de Educação Corporativa (PG-Educ);

VII - Coordenadoria de Cerimonial, Eventos e Mídias Sociais;

VIII - Escola Superior de Advocacia Pública (ESAP);

IX - Biblioteca Marcos Juruena Villela Souto.

Art. 43. Ao Gabinete compete definir as diretrizes, coordenar e apoiar as atividades de todos os órgãos do Centro de Estudos Jurídicos. (alterado pela Resolução PGE 4.590/2020)

Art. 44. Ao Núcleo de Apoio Administrativo compete: (alterado pela Resolução PGE 4.590/2020)

I - secretariar todos os atos, reuniões ou demais atividades do Gabinete do CEJUR;

II - praticar todos os atos de apoio ao Gabinete do CEJUR;

III - acompanhar e demandar das demais unidades o cumprimento das determinações do Gabinete do CEJUR;

IV - analisar os expedientes recebidos, instruindo-os se necessário, distribuindo-os aos setores internos do CEJUR e encaminhando-os para outros órgãos ou instituições;

V - publicar, no Diário Oficial do Estado, resoluções, portarias, ordens de serviço, editais e outros atos normativos do CEJUR, e efetuar a respectiva divulgação na internet;

VI - coordenar a agenda, as viagens e os deslocamentos dos representantes da Procuradoria-Geral do Estado e seus convidados, quando estiverem em missão oficial.

Art. 45. À Assessoria de Comunicação Institucional compete: (alterado pela Resolução PGE 4.590/2020)

I - elaborar planejamentos de trabalho que incluem a definição dos veículos-alvo, dos editorias escolhidos e dos assuntos que poderão ser enviados para a imprensa;

II - apurar os fatos demandados para atender a imprensa da forma mais direta e rápida, sem deixar de assegurar os interesses da Instituição;

III – confeccionar releases e notas a serem transmitidos para a imprensa e de textos para o site institucional;

IV – contactar colunistas, editores, chefes de reportagem e repórteres, após o envio de notas e releases, para sedimentar, da forma mais direta e pessoal, a pauta a ser divulgada;

V – atuar em situações que envolvam o nome e os interesses da Procuradoria-Geral do Estado;

VI – enviar mensagens eletrônicas (mailing) atualizado das redações e jornalistas;

VII – realizar o acompanhamento e monitoramento (follow-up) das notícias de interesse institucional;

VIII – manter o relacionamento com a imprensa para além das pautas oficiais;
IX – elaborar a seleção (clipping) das notícias de interesse institucional;

X – abastecer, monitorar e interagir nas redes sociais da Procuradoria-Geral do Estado;

XI – produzir e selecionar o conteúdo para a TV Institucional;

XII – manter relacionamento e alinhar as pautas com a equipe de comunicação do Governo do Estado;

XIII – efetuar o treinamento de mídia (media training) e acompanhar as entrevistas de Procuradores do Estado, sempre que autorizado pelo Procurador-Geral.

Art. 46. À Assessoria de Administração Financeira compete: (alterado pela Resolução PGE 4.590/2020)

I – exercer a administração financeira e orçamentária do Fundo Orçamentário Especial do Centro de Estudos Jurídicos;

II – efetuar a cobrança amigável de honorários advocatícios;

III – realizar a transferência de parte da receita dos honorários da Dívida Ativa, devidos ao CEJUR;

IV – analisar e autorizar o parcelamento de honorários de sucumbência, observando os regulamentos específicos;

V – calcular e pagar o repasse dos honorários de sucumbência;

VI – realizar prestação de serviços e adiantamentos, providenciando os respectivos pagamentos;

VII – instruir os procedimentos de dispensa e inexigibilidade de licitação;

VIII - calcular e pagar diárias de viagem autorizadas pela autoridade competente, conforme resolução vigente;

IX - processar o pagamento de auxilio-saúde e auxilio-educação, observando os regulamentos específicos;

X - acompanhar o processamento de empenhos e ordens de pagamentos, fiscalizando o seu cumprimento.

Art. 47. À Coordenadoria de Estágio compete: (alterado pela Resolução PGE 4.590/2020)

I - coordenar o processo de seleção de estagiários de nível médio, técnico, graduação e pós-graduação;

II - adotar medidas administrativas necessárias à admissão, designação, remoção e desligamento de estagiários e alunos residentes;

III - exercer outras atribuições que decorram da legislação pertinente ao estágio profissional;

IV - planejar e executar os programas de estágio de nível médio, técnico, graduação e pós-graduação.

Art. 48. À Coordenadoria de Cerimonial, Eventos e Mídias Sociais compete: (alterado pela Resolução PGE 4.590/2020)

I - planejar, coordenar, organizar e apoiar a realização de eventos sociais e acadêmicos, bem como outras atividades correlatas;

II - coordenar e autorizar a utilização dos auditórios, bem como fazer o acompanhamento da visita técnica ao local;

III - organizar o cerimonial dos eventos;

IV - adotar as providências de logística de chegada, partida, recepção, hospedagem e permanência dos palestrantes, conferencistas e demais autoridades participantes dos eventos, solicitando à Coordenadoria Militar de Segurança e Frota ou outros órgãos da Procuradoria-Geral do Estado do Rio de Janeiro a prestação de apoio logístico necessário;

V - prestar apoio operacional em todos os eventos, especialmente na preparação do expediente necessário para a organização das recepções, palestras, conferências e outras atividades correlatas;

VI - produzir o material destinado à divulgação dos eventos e atividades da Procuradoria-Geral do Estado;

VII – realizar o registro fotográfico e audiovisual de eventos e atividades correlatas, bem como a sua transmissão ao vivo pelas plataformas institucionais;

VIII – divulgar os eventos e atividades correlatas no site e redes sociais da Escola Superior da Advocacia Pública.

Parágrafo único – O Procurador-Geral do Estado poderá, a qualquer momento, requisitar o apoio da Coordenadoria de Eventos para a organização de eventos institucionais ou para a recepção de autoridades em visita à Procuradoria-Geral do Estado. (alterado pela Resolução PGE 4.590/2020)

Art. 48-A. À Coordenadoria de Educação Corporativa (PGEduc) compete: (incluído pela Resolução PGE 4.590/2020)

I – em conjunto com a Diretoria de Gestão – PG12, levantar as necessidades de capacitação e treinamento profissional;

II – planejar o Programa de Capacitação e Treinamento Profissional de Procuradores do Estado e servidores da Procuradoria-Geral do Estado;

III – executar as atividades internas de capacitação de Procuradores do Estado e servidores da Procuradoria-Geral do Estado que não sejam de atribuição da Escola Superior de Advocacia Pública;

IV – coordenar e autorizar a utilização das salas de aula vinculadas às suas atividades;

V – produzir o relatório anual das atividades de capacitação e treinamento profissional realizadas.

Art. 48-B. À Escola Superior de Advocacia Pública compete: (incluído pela Resolução PGE 4.590/2020)

I – gerar, promover e disseminar conhecimento jurídico de excelência que sirva de referência para a Advocacia de Estado, no âmbito nacional e internacional;

II – incentivar a criação e participar de redes educacionais formadas pelos Centros de Estudos e Escolas de Governo das demais Procuradorias dos Estados e do Distrito Federal, bem como de estruturas semelhantes da União, dos Municípios e de outros países, sempre visando a colaboração e o intercâmbio de experiências;

III – buscar e celebrar parcerias estratégicas e duradouras com entidades nacionais e internacionais de ensino superior de notória capacidade técnica e reconhecida relevância institucional;

IV – organizar cursos de atualização, de extensão, congressos, simpósios, seminários e outros eventos similares, acessíveis, quando possível, a toda comunidade jurídica nacional e internacional;

V – organizar cursos de pós-graduação lato e stricto sensu, bem como os respectivos concursos de ingresso, cursos esses que serão acessíveis, sempre que for possível, a toda comunidade jurídica nacional e internacional;

VI – auxiliar no aperfeiçoamento intelectual dos Procuradores do Estado do Rio de Janeiro, por meio da participação e custeio de cursos de atualização e de extensão, congressos, simpósios, seminários e outros eventos similares, ou ainda em nível de Pós-Graduação Stricto e Lato Sensu.

VII – desenvolver, apoiar e aperfeiçoar as atividades de investigação, pesquisa e produção científica;

VIII – editar e distribuir as publicações científicas, tais como:

a) a Revista de Direito da Procuradoria Geral do Estado;

b) a Revista Brasileira de Advocacia Pública;

c) o Informativo de Jurisprudência;

d) outras obras científicas no campo do Direito, da Administração Pública, da História, da Literatura e de outras áreas das Ciências Humanas;

IX – organizar e publicar a Revista da Advocacia Pública, publicação eletrônica destinada a debater grandes questões da Advocacia Pública nacional;

X – editar e publicar obras científicas no campo do Direito, da Administração Pública, da História, da Literatura e de outras áreas das Ciências Humanas;

XI – organizar os Concursos Públicos de ingresso na Classe Inicial da Carreira de Procurador do Estado do Rio de Janeiro, bem como promover a integração dos aprovados na Procuradoria-Geral do Estado do Rio de Janeiro;

XII – promover atividades culturais de natureza não-jurídica que sejam de relevante interesse social ou cultural. Parágrafo Único – A organização interna da Escola Superior de Advocacia Pública será definida através de Resolução específica.

Art. 48-C. À Biblioteca Marcos Juruena Villela Souto compete: (incluído pela Resolução PGE 4.590/2020)

I – catalogar, classificar e indexar documentos e gerir o sistema informatizado de consulta, empréstimo e controle de acesso aos documentos, notadamente pareceres, promoções, leis, decretos, portarias e resoluções da PGE;

II – observar as normas técnicas de guarda, preservação e acesso aos documentos produzidos e recebidos pela Procuradoria Geral do Estado;

III – receber as solicitações internas e externas de pesquisa, consulta e reprodução de documentos, observadas eventuais restrições e em conformidade com a Lei de Acesso à Informação e a Lei de Direitos Autorais;

IV – aplicar a Tabela de Temporalidade de Documentos de Atividades Meio do Poder Executivo do Estado do Rio de Janeiro aos documentos armazenados no setor;

V – aplicar e propor alterações, quando cabíveis, à Tabela de Temporalidade de Documentos de Atividades-Fim da Procuradoria Geral do Estado;

VI – promover a seleção, aquisição e processamento técnico de materiais informacionais, visando manter o acervo atualizado e apto a atender às necessidades da PGE; VII – manter registro e acompanhamento da legislação estadual (Leis, Decretos, Resoluções e Portarias da PGE);

VIII – realizar pesquisas de informações sobre matéria doutrinária ou legislativa;

IX – zelar pela preservação dos livros, periódicos, jornais oficiais, obras raras/especiais e demais documentos;

X – realizar intercâmbio com outras Bibliotecas;

XI – guardar e conservar a produção intelectual da PGE promovendo a disseminação, acessibilidade e visibilidade do conhecimento gerado na instituição;

XII – compilar os pareceres e as promoções dos Procuradores do Estado, com vistas à publicação na Revista de Direito da Procuradoria Geral e no Boletim Informativo;

XIII – preservar a memória institucional da Procuradoria-Geral do Estado, da Escola Superior de Advocacia Pública e da Advocacia Pública Nacional.

Seção II
Diretoria de Gestão – PG 12

Art. 49. À Diretoria de Gestão compete o planejamento, a direção e a execução das seguintes atividades, sem prejuízo de outras que lhe sejam cometidas especificamente pelo Procurador-Geral do Estado:

I – realizar a administração financeira e orçamentária da Procuradoria Geral do Estado, inclusive referente ao Fundo Especial da Procuradoria Geral do Estado;

II – fazer o controle patrimonial (bens móveis e imóveis) e de almoxarifado;

III – realizar a administração dos recursos humanos e pagamento dos Procuradores do Estado e Servidores da Procuradoria Geral do Estado;

IV – prestar suporte à atividade fim da Procuradoria Geral do Estado;

V – administrar os recursos tecnológicos, bem como prestar suporte técnico e operacional aos usuários;

VI – estabelecer e acompanhar resultados, metas e indicadores traçados pela Secretaria de Gestão; (alterado pela Resolução PGE 4.449/2019)

VII – realizar e acompanhar as licitações para contratação de bens, serviços e obras da Procuradoria Geral do Estado;

VIII – fazer a gestão dos contratos nos quais a Procuradoria-Geral do Estado figure como contratante, bem como fiscalizar sua execução, inclusive, com a consequente aplicação ou sugestão de penalidades cabíveis;

IX – encaminhar ao Gabinete do Procurador-Geral minuta de resposta devidamente instruída às diligências determinadas pelo Tribunal de Contas relativas a processos de pessoal e contratos da Procuradoria Geral do Estado.

Art. 50. Compõem a estrutura da Diretoria de Gestão: (alterado pela Resolução PGE 4.294/2018 e pela Resolução PGE 4.579/2020)

I – Coordenadoria de Suporte Administrativo; (alterado pela Resolução PGE 4.579/2020)

II – Gerência de Contabilidade; (alterado pela Resolução PGE 4.579/2020)

III – Gerência de Bens e Serviços; (alterado pela Resolução PGE 4.579/2020)

IV – Gerência Financeira; (alterado pela Resolução PGE 4.579/2020)

V – Gerência de Licitações e Contratos; (alterado pela Resolução PGE 4.579/2020)

VI – Gerência de Recursos Humanos; (alterado pela Resolução PGE 4.579/2020)

VII – Gerência de Suporte Processual(alterado pela Resolução PGE 4.579/2020)

VIII – Gerência de Recursos Humanos;

IX – Gerência de Suporte Processual;

X – Revogado pela Resolução PGE 4.317/2019;

XI – Assessoria de Gestão.

Art. 51. À Coordenadoria de Suporte Administrativo compete:

I – prestar as funções de secretariado e suporte à Diretoria de Gestão;

II – preparar a emissão de identidade funcional dos Procuradores e Servidores da Procuradoria Geral do Estado;

III – coordenar e executar os serviços burocráticos e a movimentação dos processos e expedientes da Diretoria de Gestão;

IV – fazer a leitura diária e a distribuição do Diário Oficial a todos os setores da Diretoria de Gestão;

V – publicar, no Diário Oficial do Estado resoluções, portarias, ordens de serviço e outros atos normativos da Procuradoria Geral do Estado;

VI – manter cadastro com a relação de precedência entre os Procuradores para lotação em cada uma das Especializadas, bem como lista atualizada de lotações dos Procuradores do Estado;

VII – gerir o arquivo de processos correntes da Diretoria de Gestão, exceto o arquivo da Gerência de Recursos Humanos;

VIII – auxiliar e controlar os prazos das diligências do Tribunal de Contas do Estado.

Art. 51-A. À Assessoria de Gestão compete: (incluído pela Resolução PGE 4.294/2018)

I – Apoiar os atos atinentes à Diretoria de Gestão;

II – Planejar, organizar, monitorar, gerenciar e avaliar os serviços e processos da Diretoria de Gestão;

III – Realizar o controle administrativo das demandas relacionadas às Gerências, Assessorias e Coordenadorias que compõem a Diretoria de Gestão;

IV – Gerenciar e prestar suporte necessários ao desenvolvimento das atividades-fim da Procuradoria Geral do Estado;

V – Executar outras tarefas por delegação ou atribuição

Art. 52. (Renumerado para Subseção I.I.I, art. 7-I, da Seção I, do Capítulo I, do Título III, conforme Resolução PGE 4.579/2020)

Art. 53. Revogado pela Resolução PGE 4.380/2019.

Art. 54. À Gerência de Contabilidade, que é responsável pelo registro, controle e gestão dos atos e fatos que afetam o patrimônio da Procuradoria Geral do Estado do Rio de Janeiro e de suas unidades orçamentárias, bem como a observação da legislação pertinente e demais normas vigentes, compete: (alterado pela Resolução PGE 4.579/2020)

I. planejar, organizar e supervisionar a área contábil, visando assegurar que todos os relatórios e registros sejam feitos de acordo com os princípios e normas contábeis e financeiras, dentro dos prazos e das normas estabelecidas pela legislação pertinente;

II. atuar com Gestor de Usuários do Sistema de Administração Financeira do Estado do Rio de Janeiro – SIAFE – Rio, orientando quanto à utilização do mesmo;

III. responder aos questionamentos dos órgãos de controle interno e externo dos atos e fatos referentes a área da sua competência;

IV. analisar e assinar o balanço patrimonial, balanço financeiro, balanço orçamentário, demonstrações das variações patrimoniais e outros demonstrativos e quadros que compõem a prestação de contas anual da Procuradoria Geral do Estado, FUNPERJ e do CEJUR;

V. atender às demandas por informações contábeis necessárias para a tomada de decisão solicitadas pelos diversos setores que compõem a Diretoria de Gestão;

VI. efetuar os ajustes necessários de acordo com as notas técnicas e manuais ordenados pela Subsecretaria de Contabilidade da Secretaria de Estado e Fazenda;

VII. cientificar os ordenadores de despesa quanto a possibilidade de ocorrência de atos e fatos que possam ensejam dano ao patrimônio ou infringência às normas contábeis e legais;

VIII. oficiar em processos e outros documentos, de matérias pertinentes à sua competência.

IX. por intermédio da Coordenadoria de Análise e Conformidade Contábil:

a) gerar balanços, balancetes e demais demonstrativos que se fizerem necessários relativos aos bens, direitos e obrigações da Instituição e de suas unidades orçamentárias;

b) apurar e elaborar o Relatório Contábil periódico;

c) apresentar propostas e colaborar na elaboração da proposta anual de orçamento;

d) elaborar e analisar o processo de prestação de contas anual dos ordenadores de despesa, de término de gestão, relatório de gestão fiscal e outros, observadas a legislação e demais normas vigentes, a serem encaminhados aos órgãos de controle interno e externo;

e) elaborar as demonstrações contábeis relativas a bens patrimoniais e materiais, a serem incluídos na prestação anual de contas;

f) organizar e manter cadastro dos responsáveis por adiantamentos e respectivas comprovações, para atender ao Tribunal de Contas do Estado;

g) manter controle dos atos referentes às nomeações e designações dos ordenadores de despesas, responsáveis por numerários, valores,

h) proceder exames nos processos de licitação, dispensa ou inexigibilidade, bem como examinar os processos de pagamento, visando ao acerto da despesa nos termos da legislação vigente;

i) propor, mediante representação à autoridade competente, a impugnação de quaisquer atos referentes a despesas efetuadas sem a existência de créditos, ou quando imputadas à adoção imprópria, no âmbito da PGE;

j) examinar, para fins de tomada de contas, os arrolamentos do almoxarifado de bens patrimoniais;

k) oficiar em processos e outros documentos, de matérias pertinentes à sua Gerência.

X – por intermédio da Coordenadoria de Revisão Contábil e Análise Tributária:

a) analisar, classificar, registrar e contabilizar os atos e fatos de gestão orçamentária, financeira e patrimonial, observadas a legislação e demais normas vigentes;

b) contabilização das receitas e despesas;

c) realizar conciliação bancária;

d) – proceder ao registro contábil e controle dos contratos administrativos, cauções, garantias e seguro garantia, quando houver;

e) promover a escrituração da aplicação dos recursos recebidos do Tesouro Estadual;

f) analisar, classificar e contabilizar a folha de apropriação das despesas de pessoal e encargos, bem assim os documentos relativos às cotas financeiras e aos recursos recebidos;

g) efetuar os registros contábeis das variações ativas e passivas, evidenciando o resultado econômico do exercício e a posição dos componentes patrimoniais em sua área de competência;

h) examinar a prestação de contas, registrando se constatada qualquer inobservância às normas e legislação em vigor, a responsabilidade do signatário do adiantamento;

i) atuar junto aos processos de contratação no que se refere a análise tributária dos contratos com fornecedores e prestação de serviços de acordo com a legislação vigente;

j) verificar e calcular a retenção de impostos sobre os contratos de prestação de serviços e fornecimento de materiais, quando for o caso;

k) oficiar em processos e outros documentos, de matérias pertinentes à sua Gerência;

XI – examinar a prestação de contas, registrando se constatada qualquer inobservância às normas e legislação em vigor, a responsabilidade do signatário do aditamento;

XII – organizar e manter cadastro dos responsáveis por adiantamentos e respectivas comprovações, para atender ao Tribunal de Contas do Estado;

XIII – propor, mediante representação à autoridade competente, a impugnação de quaisquer atos referentes a despesas efetuadas sem a existência de créditos, ou quando imputadas à adoção imprópria, no âmbito da PGE;

XIV – examinar, para fins de tomada de contas, os arrolamentos do almoxarifado de bens patrimoniais;

XV – oficiar em processos e outros documentos, de matérias pertinentes à sua Assessoria.

Art. 55. A Gerência de Bens e Serviços é responsável pelo controle patrimonial e de almoxarifado, pela aquisição de materiais, pela fiscalização dos contratos da Procuradoria Geral do Estado do Rio de Janeiro, bem como pela demanda de serviços e aquisições conforme identificação das necessidades da PGE.

I – por intermédio da Assessoria de Bens Patrimoniais e Almoxarifado:

a) manter atualizado cadastro de documentação dos bens imóveis da Procuradoria Geral do Estado, atuando juntamente com as Coordenadorias abaixo listadas;

b) efetuar o controle do estoque e consumo dos materiais de almoxarifado, bem como inventário anual do estoque de materiais existentes.

II – por intermédio da Coordenadoria de Almoxarifado:

a) receber, armazenar e conferir os materiais de consumo e permanente, atestando o respectivo recebimento;

b) atender às requisições de material, providenciando a distribuição aos setores solicitantes;

c) efetuar o controle do estoque e consumo dos materiais, com vistas à emissão do pedido de compra e do demonstrativo mensal das movimentações ocorridas;

d) elaborar as especificações técnicas pertinentes às contratações da sua área de atuação;

e) realizar o inventário anual do estoque de materiais existentes, elaborando relatório com demonstrativo físico e financeiro desses bens.

III – por intermédio da Coordenadoria de Patrimônio:

a) organizar e manter atualizado o registro e o cadastro dos bens patrimoniais da PGE, contendo a descrição, a localização e o valor desses bens;

b) promover o inventário físico do material permanente, assim como elaborar relação dos bens baixados no exercício financeiro.

IV – por intermédio da Assessoria de Serviços e da Coordenadoria Administrativa. (alterado pela Resolução PGE 4.294/2018)

Art. 56. À Gerência Financeira, incumbida do planejamento, controle e execução orçamentário-financeiro, empenho, liquidação e pagamento de fornecedores e dos serviços prestados, compete:

I – supervisionar a execução da despesa orçamentária, informando a autoridade competente, na hipótese de identificação de inobservância aos preceitos legais e normativos vigentes;

II – planejar, organizar e supervisionar as atividades de registro e controle financeiro do pagamento das despesas de pessoal;

III – acompanhar os resultados da gestão orçamentária e financeira, submetendo a matéria à chefia da Diretoria de Gestão, com vistas à articulação com os órgãos próprios do Estado, visando à obtenção de recursos orçamentários e financeiros, quando necessário;

IV – colaborar para a elaboração da Proposta Anual de Orçamento;

V – supervisionar, organizar e conferir as atividades de gestão dos recursos do Fundo Especial da Procuradoria Geral do Estado – FUNPERJ, controlando receitas, aplicações e saldos, apresentando, bimestralmente, relatório de resultados à autoridade superior;

VI – instruir o procedimento administrativo referente às audiências públicas para tratativas das diretrizes dos investimentos no ano exercício, bem como para divulgação dos atos de controle e gestão do Fundo Especial da Procuradoria Geral do Estado – FUNPERJ.

VII – por intermédio da Assessoria Financeira e Orçamentária: a) executar as atividades de execução da despesa orçamentária e financeira;

b) controlar saldos orçamentários e financeiros dos Programas de Trabalho;

c) emitir documentação para autorização de despesas e empenho dos recursos correspondentes, na forma da legislação vigente;

d) emitir autorização de despesas e empenhos de recursos, na forma da legislação vigente;

e) controlar as movimentações das contas bancárias da PGE;

f) controlar o saldo financeiro dos empenhos estimativos e globais;

g) registrar e controlar as contas a pagar de responsabilidade da PGE;

h) acompanhar o repasse de cotas financeiras;

i) operacionalizar as atividades pertinentes à execução da despesa orçamentária;

j) registrar os créditos orçamentários adicionais e suas alterações;

Art. 57. A Gerência de Licitações e Contratos é responsável pelas contratações realizadas no âmbito da Procuradoria Geral do Estado, tanto relativamente ao preparo de licitações e contratações diretas, como na gestão dos contratos celebrados e;

I – por intermédio da Assessoria de Licitações e Contratos:

a) elaborar minutas de edital e contratos;

b) promover todos os meios previstos para divulgação do edital conforme as características do procedimento;

c) organizar e manter atualizado o cadastro de fornecedores e prestadores de serviços;

d) realizar pesquisa de mercado;

e) gerir os prazos dos contratos celebrados pela PGE;

f) manter registro atualizado da legislação pertinente;

g) consubstanciar as requisições elaboradas pelos setores requisitantes em termos de referência.

Art. 58. A Gerência de Recursos Humanos é responsável por gerir a situação funcional dos Procuradores do Estado e Servidores da Procuradoria Geral do Estado, os registros nos Assentamentos Funcionais, a concessão e a administração de benefícios, a gestão da folha de pagamento, bem como a avaliação de desempenho e a capacitação de pessoal e;

I – por intermédio da Assessoria de Folha de Pagamento:

a) planejar e coordenar as atividades inerentes ao processamento da folha de pagamento dos Procuradores e Servidores da PGE;

b) planejar, implementar e manter as regras de parametrizações em sistema, priorizando a geração automatizada da folha de pagamento;

c) coordenar o fluxo operacional de processamento da folha de pagamento de pessoal até a sua liquidação junto à rede bancária;

d) operacionalizar o sistema eletrônico de folha de pagamento;

e) manter a integração com os órgãos competentes do Poder Executivo, encaminhando as informações específicas da folha de pagamentos;

f) projetar a despesa de pessoal e de encargos sociais a partir do acompanhamento da folha de pagamento;

g) produzir e disponibilizar relatórios periódicos com informações gerenciais sobre as ações adotadas no contexto de sua esfera de atuação.

II – por intermédio da Assessoria de Pagamento:

a) dirigir e coordenar as atividades de controle financeiro e registro e controle de pagamento;

b) operacionalizar o sistema informatizado de Gestão de Recursos Humanos do Estado (SIGRH-RJ);

c) implantar no sistema de pagamento os valores devidos a título de férias, renúncias, abono de permanência, benefício de permanência, isenção de Imposto de Renda, Adicional de Qualificação, Gratificação de Remuneração Variável, Ajuda de Custo, cotas de subsistência e planos de benefício do RJPREV;

d) acompanhar, em conjunto com a Gerência Financeira, os saldos orçamentários e financeiros pertinentes às despesas de pessoal, solicitando a adoção de medidas visando à obtenção de recursos orçamentários e financeiros quando necessário;
e) colaborar para a elaboração da Proposta Anual de Orçamento, no que tange à matéria de pessoal;

f) oferecer subsídios para que sejam prestadas informações referentes a feitos judiciais, solicitadas por qualquer Juízo ou Especializada, bem como adotar, de acordo com a orientação válida, as medidas necessárias para o efetivo cumprimento de julgados;

g) elaborar folha de pagamento, informando alterações funcionais e financeiras com suas respectivas bases de cálculo;

h) instruir processo e adotar as demais providências destinadas ao encerramento de folha de pagamento;

i) promover a entrega anual das declarações de rendimentos destinadas à Receita Federal;

j) manter cadastro atualizado, no que tange aos aspectos afetos à sua competência, dos Procuradores do Estado e Servidores da Procuradoria Geral do Estado, ativos e inativos, bem como de seus pensionistas;

k) preparar os processos referentes a restos a pagar e reconhecimento de dívida em matéria de pessoal;

l) realizar demonstração de cálculos de benefícios, observada a legislação vigente;

m) oficiar em processos e documentos pertinentes a assuntos afetos a sua competência;

n) promover a implantação e manter o controle das cotas de subsistência;

o) oficiar em processos e documentos pertinentes a assuntos afetos a sua competência.

III – por intermédio da Assessoria de Benefícios e Informações Funcionais:

a) manter atualizado o cadastro funcional dos Procuradores do Estado, Assistentes Jurídicos e Servidores da Procuradoria Geral do Estado, ativos e inativos, bem como de seus pensionistas;

b) operacionalizar o sistema informatizado de Gestão de Recursos Humanos do Estado (SIGRH-RJ);

c) prestar informações nos processos referentes às concessões de benefícios a Procuradores do Estado e Servidores da Procuradoria Geral do Estado;

d) controlar o provimento e a vacância de cargos e funções; e) proceder, nos títulos de investidura e nomeação, à lavratura de apostilas;

f) emitir certidão de tempo de serviço ou contribuição; g) expedir o Mapa de Tempo de Serviço (MTS);

h) elaborar escalas de licença especial e relação de férias;

i) emitir a Apresentação para Inspeção Médica;

j) prestar informações nos processos referentes aos requerimentos de aposentadoria;

k) propor a fixação de proventos de aposentadoria;

l) oferecer subsídios para que sejam prestadas informações referentes a feitos judiciais, solicitadas por qualquer Juízo ou Especializada, quanto às matérias afetas à sua competência;

m) elaborar relação semestral de lista de tempo de serviço dos Procuradores, para fins de promoção (art. 28, § 2º, da Lei Complementar nº 15/80);

n) preparar o procedimento inicial para promoção dos Procuradores do Estado;

o) preparar o procedimento para progressão e promoção dos servidores do Quadro da Procuradoria Geral do Estado;

p) elaborar as minutas dos atos de nomeação, exoneração, designação, remoção e disposição dos Procuradores do Estado, Assistentes Jurídicos e Servidores da Procuradoria Geral do Estado;

q) elaborar, semestralmente, as listas de lotação dos Procuradores do Estado e Servidores do Quadro da Procuradoria Geral do Estado;

r) manter cadastro atualizado dos cargos em comissão da Procuradoria Geral do Estado;

s) expedir Documento de Atualização de Pensão (DAP);

t) responder às diligências propostas pelo Tribunal de Contas do Estado, em matérias afetas à sua competência, diligenciando no sentido do cumprimento dos prazos estabelecidos;

u) operacionalizar o sistema informatizado destinado ao controle da folha de ponto dos servidores da Procuradoria Geral do Estado;

v) distribuir contracheques;

w) implantar e gerir os benefícios de auxílio alimentação e vale transportes.

IV – por intermédio da Coordenadoria de Capacitação e Avaliação de Servidores:

a) planejar, organizar e controlar os planos de avaliação de desempenho, treinamento e capacitação dos servidores da Procuradoria Geral do Estado;

b) administrar o Convênio com a Fundação da Infância e Adolescência.

Art. 59. A Gerência de Suporte Processual é responsável pela administração das áreas que prestam suporte à atividade processual da Procuradoria Geral do Estado;

I – A Coordenadoria de Mandados, Núcleo de Publicação, Apoio ao Usuário do Processo Eletrônico e Cadastramento de Processos são responsáveis pelas seguintes atividades: (alterado pela Resolução PGE 4.294/2018)

a) prestar suporte aos usuários do processo eletrônico;

b) interagir com órgãos correlatos dos Tribunais para tratar de práticas referentes ao processo eletrônico;

c) dar encaminhamento administrativo aos mandados de citações e intimações dos órgãos, entidades e fundações do Estado do Rio de Janeiro representadas pela Procuradoria Geral do Estado, demais Estados e União;

d) fazer a leitura das publicações relativas aos feitos sujeitos ao controle e acompanhamento da Procuradoria;

e) encaminhar às Procuradorias Especializadas e Procuradorias Regionais os mandados de citações e intimações e as informações referentes às publicações;

f) elaborar quadro estatístico dos mandados de citações e intimações e das publicações, relativo a cada Procuradoria Especializada e Procuradorias Regionais;

g) formar processos administrativos.

II – por intermédio do Núcleo de Protocolo Geral:

a) coordenar os serviços burocráticos de movimentação de processos e expedientes físicos da Procuradoria Geral do Estado – exceto os realizados no Protocolo da Procuradoria da Dívida Ativa, Núcleo de Sucessões e das atividades exclusivas do Gabinete;

b) organizar e distribuir as correspondências direcionadas à PGE

III – por intermédio do Núcleo de Arquivo Geral:

a) gerenciar o trâmite de processos e documentos das Procuradorias Especializadas e Regionais da PGE para custódia externa;

b) receber, registrar, classificar, organizar e encaminhar os processos e documentos, sendo a decisão de arquivamento responsabilidade das Procuradorias Especializadas e Regionais.

Art. 60. Renumerado para o art. 17-A, conforme art. 2º, § 2º, da Resolução PGE 4.317/2019.

TÍTULO IV
ATRIBUIÇÕES DOS AGENTES DA PROCURADORIA GERAL DO ESTADO

Capítulo I
PROCURADORES DO GABINETE DO PROCURADOR-GERAL DO ESTADO

Art. 61. Ao Procurador-Geral do Estado compete o exercício das atribuições descritas no art. 6° deste Regimento; aos Subprocuradores Gerais, as do art. 8°, e aos Procuradores-Assessores, as do art. 13.

Capítulo II
PROCURADORES DO ESTADO

Art. 62. Aos Procuradores do Estado no exercício de suas atribuições (art. 2°), compete, especialmente:

I – promover a imediata propositura das medidas judiciais que tenham sido determinadas pelo Procurador-Geral do Estado, devendo, nos casos em que ainda não estejam reunidas todas as condições para a instauração do processo judicial, dar imediato conhecimento ao Procurador-Chefe, para que fique autorizado o retardamento ou para que se diligenciem as medidas necessárias à instrução processual;

II - diligenciar, pessoalmente, para que sejam prestadas as informações necessárias à defesa do Estado, requisitando dos órgãos da administração pública os documentos, exames, providências e esclarecimentos correspondentes;

III - acompanhar o andamento dos processos judiciais que lhes forem distribuídos;

IV - apresentar memoriais e sustentar oralmente nas sessões de julgamento dos tribunais;

V - encaminhar ao Gabinete do Procurador-Geral do Estado as cartas precatórias a serem cumpridas em outros Estados;

VI - proferir, no prazo estabelecido em resolução, os pareceres que lhes sejam solicitados;

VII - orientar e fiscalizar os servidores, residentes e estagiários na prática profissional;

VIII - nos casos em que deva o Estado dar cumprimento a liminar ou julgado que lhe tenha sido desfavorável, solicitar, por meio de ofício ao Procurador-Geral do Estado, cujo encaminhamento se fará juntamente com processo administrativo relativo à ação judicial, seja providenciada a autorização do Governador ou, por delegação de competência, do próprio Procurador-Geral, para o fim de cumprimento da decisão judicial, constando do ofício as seguintes informações:

a) a identificação das partes e do Juízo;

b) o resumo da decisão exequenda;

c) se a decisão é definitiva ou provisória e, neste último caso, se houve prestação de fiança ou caução;

d) a explicitação da providência a ser tomada, com a indicação do órgão competente.

Art. 63. Aos Procuradores do Estado, salvo quando expressamente autorizados, nos casos e formas legais, é vedado:

I - confessar, reconhecer a procedência do pedido, transigir, desistir, renunciar ao direito sobre que se funda a ação, receber, dar quitação e firmar compromisso;

II - deixar de interpor, renunciar ou desistir de recursos e abster-se de executar julgados em favor do Estado. Parágrafo Único - A dispensa de interposição de recurso deverá ser solicitada em requerimento fundamentado ao Procurador-Chefe, que, estando de acordo, encaminhará os autos do procedimento administrativo correspondente para decisão do Procurador-Geral do Estado; caso a autorização não chegue em tempo hábil ao conhecimento do Procurador responsável pelo feito, o recurso deverá ser interposto.

Art. 64. Poderão os Procuradores do Estado, em execução fiscal, sem necessidade de autorização superior:

I - requerer a substituição da certidão de inscrição em dívida ativa, em casos de incorreção material ou formal;

II - requerer a baixa das anotações no órgão distribuidor e o arquivamento dos autos judiciais, nas seguintes hipóteses:

a) cancelamento da inscrição em dívida ativa por ato da autoridade fazendária competente;

b) ocorrência de pagamento anterior à inscrição ou duplicidade de cobrança, ouvida previamente a autoridade fazendária.

TÍTULO V
DISPOSIÇÕES GERAIS E FINAIS

Art. 65. São privativos de Procuradores do Estado os cargos em comissão de Procurador-Geral, Subprocuradores-Gerais do Estado, Procurador-Corregedor, Procuradores-Assessores, Procuradores-Chefes, Procuradores-Assistentes, Procuradores-Coordenadores, Procuradores Regionais e Procuradores-Adjuntos.

Art. 66. Sempre que a causa ou a consulta versarem sobre mais de um tema jurídico, considerar-se-á, para efeito de distribuição, a natureza do tema principal.

Art. 67. O Procurador do Estado no exercício da presidência de associação estadual que represente mais de 50% (cinquenta por cento) dos Procuradores do Estado do Rio de Janeiro terá acervo compatível com o desempenho da função, inclusive com a necessidade de comparecimento a compromissos institucionais fora do Estado.

Art. 68. Os casos omissos neste Regimento serão resolvidos pelo Procurador-Geral do Estado.

Art. 69. Este Regimento entra em vigor na data de sua publicação, revogadas as disposições em contrário.

ANOTAÇÕES

ANOTAÇÕES

ANOTAÇÕES

ANOTAÇÕES

ANOTAÇÕES

ANOTAÇÕES

ANOTAÇÕES

ANOTAÇÕES

ANOTAÇÕES

ANOTAÇÕES

EDITORA *Jus*PODIVM
www.editorajuspodivm.com.br

Impresso por:

Docuprint

Dek Comércio e Serviços LTDA.
CNPJ 01.036.332/0001-99